Lectures on Derivatives

파생상품 강의

유 진
Ph.D.,CFA,FRM

부모님께.

서문

저자는 지난 2003년에 『채권과 이자율파생상품』을, 2016년에는 『채권 투자론』을 각각 집필한 바 있다. 이제 지난 25년의 대학 및 일반 강의 체험을 반영하여 새로운 파생상품 입문서를 내놓는다. 지난 25년 동안 저자는 초급 및 중급 파생상품 과목을 강의하면서 다양한 내용의 강의 노트를 만들었는데, 이 책에서는 이 강의 노트의 내용을 모두 담아, 특히 배우는 입장에서의 고민과 어려움을 완화하려 다양한 시도를 하였다.

이 책은 경영, 경제 전공의 대학생뿐 아니라 고교를 졸업한 모든 일반인들이 읽을 수 있도록 쓰여졌다. 파생상품이라는 말만 들으면 왠지 부담스럽게만 느꼈던 많은 독자들이 이 책을 보다 편하게 읽고 도움을 얻기를 소망한다. 특히 이 책의 제1장 제1절 및 제2절을 일단 읽어보기를 권한다. 이 책의 독특한 특성이 제1장 제1절에 설명되어 있으며, 제2절은 독자에게 관심과 열정을 선물할 것이라고 예상한다.

이 책에서는

▷ 선도(선물) 거래 ▷ 옵션 기초 ▷ 옵션 이항 모형
▷ 위험중립평가법 ▷ 브라운 운동과 이또스 렘마
▷ 블랙-숄즈 모형 소개 및 심화 학습 ▷ 배리어 옵션 가치평가
▷ 확률측도 ▷ 일반 자산 가치평가

등의 주요 주제를 논의하며, 특히 파생상품 공부를 시작하는 독자들을 배려하여 가능한 쉽고 친절하게 쓰려 노력하였다. 본서에서 다루는 주제들은 내용상으로는 쉽지 않은 것들이지만, 고등학교를 졸업한 모든 독자들이 "쉽게" 읽을 수 있도록 저자 나름대로는 최선의 노력을 경주했다. 구체적으로는, 100개가량의 질의-응답, 그리고 40개가량의 예제풀이를 통해, 이론적으로 배운 내용을 즉각 구체적인 질문과 예제로 강화하였다.

실무적으로 중요한 주제들도 광범위하게 다루었다. 가령 "KOSPI 200 주가지수 차익거래"를 어떻게 구체적으로 실행하는지를 이론 및 예제로 상세히 설명하였다. 파생상품에 관한 대학 교재 중 주가지수 차익거래의 실제 운용에 대해 구체적인 사례를 들어 설명한 책은 아마도 본서가 유일할 것으로 생각된다. 실제로도 저자는 파생상품 전략가로 자산운용회사 재직 시 지수 차익거래도 담당했었다.

현존 최고 옵션 가치평가 모형인 블랙-숄즈 모형에 대해서도 심층적으로 분석했는데, 가령 옵션 공식의 일부인 $N(d_1)$의 의미도 확률측도 개념을 활용하여 명료하게 제시하였다. $N(d_2)$의 의미를 제시한 교재는 많아도 $N(d_1)$의 경제적 의미를 분석한 교재는 아마도 거의 없을 것으로 생각한다. 콜 옵션의 델타라는 의미와는 별개로.

또한 키코(KIKO) 옵션 포트폴리오 사태를 촉발한 배리어 옵션의 가치평가 등 시사적인 주제도 심도 있게 설명하였다. 이 책의 내용에 대한 문의나 건의는 저자의 이메일(jyoo@hanyang.ac.kr, jyoonyu@gmail.com)로 보내주시기를 바란다.

이 책의 발간에 즈음하여 깊은 감사를 드리고 싶은 분들이 계신다. 내게 생명, 사랑, 가족과 가정을 주셨을 뿐 아니라, 내가 힘들었을 때마다 나를 손수 들어 올리시어 당신 품에 안고 가신 주님께 다함이 없는 감사와 찬미를 드린다. 이 책을 쓰는 근 1년 동안 주님께서 함께해 주셔서 어려운 개념들을 쉽고 직관적으로 설명할 수 있었다. 또한 나를 낳으시고 키워주시고 성원해 주신 부모님, 내게 조건 없는 사랑을 주는 내 정배 요세피나, 주님 사랑의 징표인 아들 베드로에게도 사랑과 감사를 전한다.

어린 나의 손을 잡아 빛이신 주님께로 이끄셨고 지금은 하늘나라에 계신 내 어머니와 아버지께 이 책을 바친다. 주님, 혹시라도 두 영혼이 아직 당신을 뵙지 못하고 있다면 특별한 자비를 베푸시어 영원한 안식을 주소서. 아멘.

2024년 8월
유 진(Josaphat)

차례

Chapter

1

파생상품 공부의 기초

영어로 "Derivatives" 혹은 "Derivative Securities"라 하는 "파생상품"은 공부하기가 쉽지 않은 분야로 일반적으로 알려져 있습니다. 이는 무엇보다 주식과 비교하면 쉽게 알 수 있습니다. 주식은 파생상품과 달리 많은 개인투자자들이 실제로 투자하고 있기 때문에 주식 공부에 대해서는 일단 사람들이 적잖은 관심을 가지게 됩니다. 또 주식 공부에는 복잡한 수학이 그다지 필요하지 않아 주식에 관한 책들도 비교적 쉽게 읽히는 편입니다. 반면 파생상품은 일반인들이 주식만큼 쉽게 투자할 수 없어 일반인들에게 생소한 편입니다. 또한 파생상품 교재들의 내용을 보면 숫자와 수리적 분석이 많아 딱딱하고 어렵게 여겨집니다. 그러면 과연 파생상품 공부를 어떻게 하면 좋을까요?

이 책은 파생상품 공부에 어려움을 겪는 "모든 이"를 위해 발간되었습니다. 즉, 이 책의 적절한 독자는 고등학교를 졸업한 모든 이들이라 할 수 있습니다. 그런데 사실은 대학생뿐 아니라 대학원생, 어쩌면 대학 강사(교수)에게도 이 책이 나름대로 의미가 있을 수 있습니다. 그분들이 파생상품을 몰라서 이 책을 읽어야 한다는 것이 아니라, 이 책의 접근방식이 다른 책들의 그것과는 근본적으로 다르기 때문입니다.

대학에서도 주입식 교육이 주를 이루고, 학생들은 수업 중 질문을 거의 하지 않고, 강사(교수)들도 학생들의 질문을 그다지 독려하지 않는 대한민국에서는, 교과서에 나와 있는 내용만을 이해하고 암기하는 것 외에 (색)다른 질문을 생각할 필요도, 기회도 없습니다. 오히려 질문을 하려는 학생들은 잘난 체한다며 눈총을 받을 수도 있는 것이 우리나라 수업의 현실입니다. 반면 이 책은 첫 장부터 마지막 장까지 끊임없이 독자들에게 질문을 하고, 그 질문들에 어떻게 접근할 것인가를 논의하며 답을 제시하고자 합니다. 이는 재무금융 분야의 다른 책들과는 확연히 구별되는 점입니다. 즉, 이 책은 독자들에게 끊임없이 문제의식을 가지도록 독려하고 있습니다. 사실 사물이나 현상에 대한 문제의식을 가지고 왜 그런지 질문하는 것, 그리고 그 질문에 답하려 시도하는 것이 모든 배움의 근본입니다.

이 질문들은 그냥 나온 것이 아닙니다. 저자가 약 25년 동안 대학 강단과 외부에서 파생상품, 채권, 위험관리 및 재무관리(재무경제학) 등의 강의를 하면서 "어떻게 하면 학생들이 내 강의 내용을 더 쉽게, 더 직관적으로, 더 명료하게 이해할 수 있을까"라는 질문을 스스로에게 하다가 나온 질문들입니다. 그렇다면 왜 이런 질문을 하는 것일까요? 이유는 간단합니다. 질문을 하고 답하는 과정에서 알고 있는 것은 더 명확해지고 몰랐던 것은 새로 드러나, 결과적으로 학생은 물론 교수자 자신의 이해도 보다 깊어지기 때문입니다. 이때 강의와 배움의 효율성은 최대가 됩니다.

적절한 질문은 새로 배울, 혹은 새로 배운 내용들을 보다 명확하게 알게 해줍니다. 많은 강의나 발표 시 "Q&A"라는 질의-응답 시간을 별도로 마련하는 것이 바로 이것 때문입니다. 저자는 오랜 강의 체험을 통해 이 점을 매우 중시하게 되어, 이 책 전반에 걸쳐 독자들을 위해 적절한 질문들을 지속적으로 시도합니다. 어떤 면에서 배움은 질문과 답변의 지속입니다.

제 1 절 재무금융 공부와 합리적 사고

흔히 수학을 잘하면 재무금융 공부를 잘할 수 있을 것이라 생각합니다. 세부 분야에 따라 차이가 나지만 재무금융은 근본적으로 가치평가, 손익, 위험관리 등을 다루는 학문이고 이들은 숫자를 통해 표현되므로, 수학을 잘하는, 특히 대수(algebra)를 잘하는 사람에게 유리한 점이 있습니다. 그러나 보다 중요한 사실이 있습니다. 수학(산수)은 초등학생부터 대학 교수까지 모든 이가 접하는 공부(학문) 중 가장 논리적인 분야입니다. 가장 논리적인 수학을 잘하는 사람은 합리적 사고를 할 가능성이 큽니다. 결국 재무금융(을 포함한 모든) 분야에서 중요한 자질은 수학이 아니라 논리적, 합리적 사고입니다.[1]

---

[1] 합리적 사고를 하는 사람도 투자 "행태"가 비합리적일 수 있는데 사고 자체가 비합리적이면 두말할 나위도

사실 우리 삶에는 비합리적인 것들이 많습니다. 이들이 존재하고 있음과 그 이유를 인식하는 것도 합리적 사고를 기르는 좋은 방법이 됩니다. 가령 2024년 6월 현 시점에서는, 우리나라에서도 사람들의 만 나이를 연령의 기준으로 삼고 있습니다만, 불과 2년 전까지만 해도 그렇지 않았습니다. 즉, 최근까지도 우리나라에서는 아기가 태어나자마자 1살이고, 달력 날짜로 12월 31일을 넘기면 2살이었습니다. 직장 나이도 마찬가지입니다. 입사 후 첫 12월 31일을 넘기면 무조건 2년(차)입니다. 입사를 11월 1일에 했어도 말입니다. 더 흥미로운 것은 아예 이러한 것들이 합리적이라 주장하기도 했었다는 것입니다. 아래 질문을 한번 생각해 보고 답해 봅시다.

질문 1-1〉 태아가 엄마 뱃속에서 약 1년(270일) 정도를 보내는 것을 감안해서 태어나자마자 1살이 되는 것이 맞다는 주장이 있습니다. 이 주장이 합리적일까요?

답변 1-1〉 태아가 엄마 뱃속에서 약 1년을 보내기 때문에 태어나자마자 1살로 간주한다고 하는 것도 일리가 있어 보입니다. 하지만 엄마 뱃속에서 1년을 보낸 모든 태아 중 왜 어떤 태아는 태어난 지 이틀 후에 2살이 되고 왜 어떤 태아는 태어난 지 11달 후에 2살이 되어야 하는가는 여전히 설명이 되지 않습니다. 그러므로 이 설명은 합리적이지 않습니다.

또 하나 유사한 질문을 해보겠습니다. 대한민국이 군인 출신 대통령 치하에 있던 1980년대 중반 어느 날 저자가 본 TV 토론에서 나온 주장입니다. 당시만 하더라도 군장교 중 일부가 (고급)공무원으로 임명 혹은 파견되어 정부 부처에서 일하기도 했던 모양입니다. 사실 당시 대통령이 군 출신일 뿐 아니라 장관, 국회의원, 도지사, 시장 등 정관계 요직을 군 출신들이 지배하던 시대여서 이런 일이 가능했던 것 같습니다.[2] 당시 TV 토론에 나온 한 사람이 이러한 관행이 잘못된 것이고 군장교들을 특별히 우대하는 제도라고 지적했습니다. 그러자 다른 사람이 다음과 같이 반박했습니다.

질문 1-2〉 "그런 제도도 다 이유가 있는 것입니다. 군에서 선발된 인력을 실제로 공무원으로 일을 시켜보니, 군대도 하나의 조직이고 정부도 하나의 조직이라서 그런지 군장교들이 정부 내에서도 일을 잘하더라 말입니다." 이 주장이 합리적일까요?

없습니다.

2 당시 지방자치가 이루어지지 않아 도지사, 시장 등을 대통령이 임명했습니다.

답변 1-2〉 "군장교들을 공무원으로 써 보니까 일을 잘하더라"라는 말은 그 잘못된 제도에 대한 합리화일 뿐입니다. 그런 논리라면, 경찰도 하나의 조직이고 기업도 하나의 조직이고 (경제/증권)연구원들도 하나의 조직이므로, 군대뿐 아니라 경찰, 기업, 연구원에서도 정부에 인력을 파견하여 공무원으로 일할 수 있게 해야 합니다. 그런데 그러지 않고 유독 군장교들만 공무원으로 일할 수 있게 하는 것은 군장교들에 대한 공공연한 특혜입니다. 설사 군장교 출신들이 일을 괜찮게 한다는 사후적 평가를 받더라도 그 사후적 평가와는 상관 없이, 사전적으로 군장교들에게만 특별 기회를 준다는 점에서 형평성과 기회의 균등이 결여된 불공정한 제도일 뿐입니다.

질문 1, 2에 대한 최초 답변들은 일견 그럴듯해 보이지만 엄밀히 말하면 동문서답입니다. 왜 이런 엉뚱한 답변이 나왔을까요? 이는 질문의 본질을 제대로 이해하지 못했기 때문입니다. 이런 면에서, 주어진 문제를 합리적으로 해결하려는 출발점은 문제의 본질에 대한 명확한 인식이라 하겠습니다.

또 다른 예를 들겠습니다. 모든 스포츠에서 승리는 순득점(=득점-실점)이 0보다 클 때 가능하므로, 1점을 더 따는 것과 1점을 덜 주는 것의 가치는 같고, 따라서 공격수와 수비수의 중요성도 같습니다. 하지만 일반적으로 수비수들의 연봉은 공격수들의 그것보다 적습니다. 뛰어난 공격수의 가치가 뛰어난 수비수의 그것보다 더 높아 보이기 때문일 것이며, 그 이유는 아마도 인간의 "제한된 합리성(bounded rationality)"인 것 같습니다. 가령 축구를 보면 아르헨티나의 메시나 프랑스의 음바페 같은 뛰어난 공격수들의 몸값은 천정부지인 반면, 가장 중요한 수비수인 골키퍼의 경우 아무리 뛰어난 선수라도 뛰어난 공격수 수준의 연봉을 받는 골키퍼는 축구 역사상 단 한 명도 없었습니다. 1점을 더 얻는 것의 가치와 1점을 덜 주는 것의 가치는 동일함에도 불구하고. 하지만 경기의 승리 가능성 측면에서는 이는 엄연히 비효율적, 비합리적 의사결정일 뿐입니다. 마찬가지로, 재무금융과 같이 투자자의 첨예한 이해관계를 다루는 분야에서도 비합리적 방식으로 의사결정을 하는 일은 없어야 합니다. 이러한 비합리적, 비체계적 의사결정의 오류를 제거하기 위해 본서에서는 다양한 질문과 예제를 통해 모든 사안을 가능한 명료하게 파악하고 가능한 여러 각도에서 분석합니다.

본서에서 활용할 (파생상품) 공부 방법론에 대한 대략적인 소개는 이 정도로 합니다. 다음 절에서는 분위기를 바꿔 자못 흥미로운 사례를 하나 소개하겠습니다.

제 2 절 내기에서 이기려면?

독자 여러분에게 흥미로운, 어쩌면 흥분되는 사실이 하나 있습니다. 파생상품 투자 개념을 제대로 이해하면 실제 삼성전자 주가(stock price)나 NVIDIA 주가 관련 내기에서 여러분은 '언제나' 이길 수 있습니다. 즉, 이런 내기에서 언제나 돈을 벌 수 있습니다. 이것이 어떻게 가능할까요?

보통 내기라 함은 미래 불확실한 결과가 그 대상이므로, 누가 내기를 하든 항상 내기에서 이긴다는 것은 불가능합니다. 미래를 언제나 정확히 예측할 수는 없기 때문입니다. 하지만 파생상품 공부를 (이 책과 함께) 제대로 하면, 이런 내기에서도 언제나 이길 수 있습니다. 구체적 예를 들어 설명해 보겠습니다.

현 시점은 $t = 0$이고 미래 두 시점을 $t1$, $t2$라 하겠습니다. 물론 시점 $t2$가 시점 $t1$보다 늦은 시점입니다($t2 > t1 > 0$). 가령

"$t2 = 2$일 후, $t1 = 1$일 후"가 될 수 있고
혹은
"$t2 = 2$주일 후, $t1 = 1$주일 후"

가 될 수 있습니다. 이 두 미래 시점의 특정 주식의 주가를 각각 S_{t1}, S_{t2}라 하겠습니다. 그리고 여러분(A)이 상대방(B)과 다음 거래(X)를 한다고 합시다.

X의 내용:
시점 $t2$에서 (혹은 그 이후)
A는 B로부터
$S_{t2} - S_{t1}$의 현금을 받든지 $S_{t1} - S_{t2}$의 현금을 받는다.

그러므로 위 거래는 결국 어느 미래 시점의 두 주가 중 어느 주가가 더 높을 것인가에 대한 내기와 같습니다. 그런데 미래 두 주가 중 어느 주가가 더 높을 것인지 현재로서는 알 수가 없습니다. 시점 $t2$가 지나야만 어느 주가가 더 높은지 알 수 있습니다. 그러기에 상대방 B는, 위 거래의 손익을 운에 맡겨, A가 어떤 쪽을 선택하든 그대로 응하겠다고 한다고 가정하겠습니다. 이때 A는 어떤 쪽을 선택해야 할까요? 이런

거래에서 A가 항상 돈을 벌 수 있는 방법이 과연 있기는 있는 것일까요?

결론부터 말하면, 그런 방법이 있습니다. 이에 대해 설명해 보겠습니다. A는 B와 다음의 거래를 합니다.

시점 $t2$에 (즉, S_{t1}, S_{t2} 값이 다 알려진 이후)
A는 B로부터 "$S_{t2} - S_{t1}$"의 현금을 받고
B는 A로부터 "$S_{t1} - S_{t2}$"의 현금을 받는

거래를 선택합니다. 가령 $S_{t2} - S_{t1} = 10$으로 판명났다면, A는 B로부터 10을 받습니다. 이는 곧 B는 A로부터 "$-10(= S_{t1} - S_{t2})$"을 받음을 의미합니다. 이 거래 결과 A에게는 다음 현금흐름이 확정됩니다.

$$S_{t2} - S_{t1}.$$

이 내기로부터 돈을 벌기 위해 A는 다음 거래를 추가적으로 합니다. 오늘(= $t1$ 이전 시점) A는 제3의 거래자 C로부터 이 주식 1주를 빌려서 미래 시점 $t2$에 되돌려 주기로 합니다. 그리고 시점 $t1$이 도래하면 이 주식을 매도하여 S_{t1}의 현금을 얻습니다. 이 현금을 시점 $t2$까지 (연)이자율 r로 예치하면, 시점 $t2$에는

$$S_{t1} \cdot \big(1 + r \times (t2 - t1)\big)$$

의 현금을 얻습니다. 가령 (연)이자율이 12%이고 $t2 - t1 =$ 한 달 $= \frac{1}{12}$(년)이면, A는

$$\begin{aligned} & S_{t1} \cdot \big(1 + r \times (t2 - t1)\big) \\ &= S_{t1} \cdot \left(1 + 0.12 \times \frac{1}{12}\right) \\ &= S_{t1} \times 1.01 \end{aligned}$$

의 현금을 얻을 것입니다. 시점 $t2$에 말입니다.

시점 $t2$가 도래하면 A는 이 주식 1주를 매수하여 C에게 돌려 줍니다. 그러면 주식 1주를 사야 하니, 이 시점에는 "$-S_{t2}$"의 현금흐름을 얻습니다. 결국 이러한 거래들을 통하여 시점 $t2$에 A는 C에게 부채를 청산하고 다음 현금흐름을 얻게 됩니다.

$$S_{t1} \cdot (1 + r \times (t2 - t1)) - S_{t2}.$$

이 현금흐름에, 애초 A와 B의 내기에 따른 현금흐름 $S_{t2} - S_{t1}$을 더하면 A의 최종 현금흐름은

$$S_{t1} \cdot (1 + r \times (t2 - t1)) - S_{t2} \quad + \quad (S_{t2} - S_{t1})$$

이 됩니다. 이를 정리하면

$$S_{t1} \times r \times (t2 - t1) > 0$$

입니다. 즉, 이 전략을 사용하여 A는 B와의 내기에서 이익을 얻을 수 있습니다.

참고로 이 내기 규모를 10배로 하면, 즉 내기 내용이

$10 \times (S_{t2} - S_{t1})$의 현금을 받든지 $10 \times (S_{t1} - S_{t2})$의 현금을 받는다

라면, 위 결과의 10배 이익을 얻을 수도 있습니다. B가 이런 내기는 어차피 운에 달린 것이라 생각한다면, 이런 내기에도 응할 수 있을 것입니다. 그렇다면 B는 이런 내기에서 항상 돈을 잃을까요? 그렇지는 않습니다. B 예상대로, B는 이런 내기에서 돈을 잃을 수도 딸 수도 있습니다. 그리고 그 이유는 본서 제4장에 나와 있습니다. 물론 왜 A가 이 내기에서 항상 돈을 버는지도 본서 제4장에 나와 있습니다. 이 내기 사례로부터 우리가 알게 된 것은, 파생상품 공부가 단순히 파생상품 가치평가나 위험관리만을 위한 지식일 뿐 아니라, 사적인 내기에서도 활용할 수 있는 지식이라는 것입니다.

자, 이제 파생상품 공부를 시작합니다. 다음 절에서는 본서에서 자주 사용될 연속복리법에 대해 설명합니다. 연속복리법은 파생상품 가치평가에서 지속적으로 활용되는 이자 계산 방식이므로 여러분이 집중해서 읽기를 바랍니다. 내용이 다소 지루할 수도 있지만, 그때마다 위의 내기를 연상하며 힘내기 바랍니다.

제 3 절 연속복리법

본절에서는 재무금융 세계에서 매우 중요한 연속복리법(continuous compounding)에 대해 공부합니다. 본절 내용은 다소 딱딱하지만 재무금융 공부에 가장 기본적인 내용입니다. 연속복리 개념을 알고 있는 독자는 본절을 생략해도 됩니다.

1. 개념

통상 우리는 1년 이자율 r이 주어졌을 때, 미래가치를 (혹은 현재가치를) 계산하는 단위기간으로 1년, 6개월, 혹은 3개월 등을 사용하였습니다. 이와 같이 계산하는 방식을 "이산복리법(discrete compounding)"이라 합니다. 이산복리법을 사용할 경우, 현재의 투자액 $P(0)$, (연)이자율 r, 그리고 투자기간 n(년)이 주어졌을 때 연간 복리계산 횟수 k에 따라 이 투자의 미래가치 $P(n,k)$는 다음과 같이 변동하게 됩니다.

정리 1〉 이산복리법과 미래가치

이산복리법 사용 시, 현재의 투자액 $P(0)$, (연)이자율 r, 투자기간 n(년)이 주어졌을 때 연간 복리계산 횟수 k에 따라 이 투자의 미래가치 $P(n,k)$는 다음과 같다.

$$P(n,k) = P(0) \times \left[1 + \frac{r}{k}\right]^{n \cdot k}.$$

이 내용을 예제로 확인해 보겠습니다.

예제 1-1〉 연간 복리계산 횟수와 미래가치

현재의 현금 $1을 1년 이자율 (혹은 수익률) 10%로 1년 동안 투자할 때, 이자 계산 단위기간을 1년과 6개월로 달리 하여 n=1년 후의 미래가치 P(1, k)를 계산하여 봅시다.[3] 이 경우 단위기간이 1년인 경우는 $1×(1+0.10)=$1.1이고, 단위기간이 6개월=0.5년인 경우는 $1.1025가 됩니다.

---

[3] 본서에서는 $ 표시를 대부분 무시하고 읽는 것으로 합니다. 금액을 표시할 때 $를 붙이는 경우와 그렇지 않은 경우가 있기 때문입니다. 그러므로 "$1"은 그냥 "1"로 읽습니다.

$$P(n,k) = P(0)\left(1+\frac{r}{k}\right)^{kn} = 1 \times \left(1+\frac{0.10}{2}\right)^{2\times 1}$$
$$= \$1 \times (1+0.05)(1+0.05) = (\$1+\$0.05)(1+0.05) = \$1.1025$$

이자 계산 단위기간이 짧아질 때 미래가치가 커지는 이유는, 즉 1.1025>1.1의 이유는, 첫번째 산출된 이자 금액 $0.05가 두 번째 이자 계산 시 원금($1+$0.05)에 포함되어 다시 자신의 이자를 만들어 내기 때문입니다. ▣

예제 1-2〉 연간 복리계산 횟수와 미래가치

복리 이자를 한 번 계산하는 단위기간이 1일이라면 $1의 1년 후의 미래가치는 어떤 값을 가질까요? 이 경우는 연간 복리계산 횟수 $k=365$이므로 $P(1, 365)$는 다음과 같이 $1.105156가 됩니다.

$$P(1{,}365) = P(0)\left(1+\frac{r}{k}\right)^{kn} = 1 \times \left(1+\frac{0.10}{365}\right)^{365\times 1}$$
$$= 1 \times (1+0.000274)^{365} = 1.105156$$ ▣

만일 복리 이자를 계산하는 단위기간이 1초처럼 (무한히) 작다면 1년 후의 미래가치는 어떤 값을 가질까요? 이는 결국 $k\to\infty$가 될 때의 $P(1,k)$를 구한다는 의미인데, 이처럼 이자 계산의 단위기간을 무한히 짧게 하여 미래의 가치를 구하는 접근법을 "연속복리법(continuous compounding)"이라 하고 연속복리법이 적용되는 이자율을 "연속복리이자율"이라 합니다. 위의 예의 경우 $r = 0.10, P(0) = \$1$이므로 연속복리법에 의한 $P(1,\infty)$의 산출식은 다음과 같습니다.

$$P(1,\infty) = 1 \times \left[\lim_{k\to\infty}\left(1+\frac{0.10}{k}\right)^{k}\right]$$

그런데 위의 극한값은 다음의 값으로 알려져 있습니다.

정의 1〉 연속복리의 정의

$$\lim_{k\to\infty}\left(1+\frac{r}{k}\right)^{k} = (2.718281828\cdots)^{r} = e^{r}.$$

이자율 r의 함수인 이 극한값을 우리는 "지수함수(exponential function)"라 하는데, 여기서 지수 e는 2.71828⋯ 값을 나타내는 자연 상수(natural constant)입니다. 위 예제의 경우 이자율 $r=0.10$이므로 $P(1,\infty)$의 값은 다음과 같이 1.105171이 됩니다.

$$P(1,\infty) = 1 \times \left[\lim_{k\to\infty}\left(1+\frac{0.10}{k}\right)^k\right] = (2.718281828\cdots)^{0.10} = e^{0.10} = 1.105171$$

이처럼 이자율 r이 주어졌을 때, 연속복리법에 의한 $P(1,\infty)$의 값 1.105171은 이산복리법에 의한 $P(1,k)$의 그 어떤 값보다도 (미세하나마) 큰 값을 가지게 됩니다. 이제 지수 e에 대해 조금만 더 알아보겠습니다.

참고 1〉 지수 e의 정의와 사용법

지수 e의 원래 정의는 $e=\lim_{c\to\infty}\left(1+\frac{1}{c}\right)^c$ 입니다. 그런데 이 식에서 c 값으로 $c=\frac{k}{r}$를 대입할 수 있습니다. 여기서 r은 임의의 양수인 상수이고 k는 (양의) 변수입니다. 이렇게 하면

$$e = \lim_{\frac{k}{r}\to\infty}\left(1+\frac{1}{\frac{k}{r}}\right)^{\frac{k}{r}} = \lim_{k\to\infty}\left(1+\frac{r}{k}\right)^{\frac{k}{r}}$$

이 성립합니다. 다시 양변을 r승 하면 $(e)^r = \lim_{k\to\infty}\left[\left(1+\frac{r}{k}\right)^{\frac{k}{r}}\right]^r = \lim_{k\to\infty}\left(1+\frac{r}{k}\right)^k$이 되어 비로소 상수 e와 연속복리법의 의미가 명확해집니다. ▣

지금까지는 동일한 이자율 r을 사용하여 이산복리법과 연속복리법을 적용하였을 때의 미래 현금 가치 $P(1,k)$를 계산하고 비교해 보았습니다. 그런데 현금의 현재가치와 미래가치가 고정되었을 때, 이산복리법으로 산출한 (1년) 이자율 혹은 수익률과 연속복리법에 의한 그것은 서로 다릅니다. 왜냐하면 이자율을 계산하기 위한 단위기간이 동일하지 않기 때문입니다. 즉, 연속복리법은 이자율 계산의 단위기간이 무한히 짧아 무한히 많은 복리 계산이 이루어집니다. 그러므로 동일한 미래가치를 산출하기 위한 연속복리 이자율은 보다 작은 값으로 계산됩니다. 이를 예제를 통해 알아봅시다.

예제 1-3〉 연속복리이자율

$P(0)=\$1$, $P(1)=\$1.10$으로 실현된 경우 이 기간 동안의 투자 수익률을 두 방법으로 구하면, 1년을 단위기간으로 한 이산복리 수익률은 $P(1)=P(0)\times(1+r)$로부터 $r=0.10$으로, 연속복리 수익률은 $P(1)=P(0)\times e^R$로부터 $R=0.09531$로 산출됩니다.[4] ▣

또 현재 투자액 P(0)를 연속복리이자율 r로 n년 동안 투자하는 경우 미래 시점 $t=n$(년)에서의 가치 $P(n,\infty)$는 아래와 같이 나타낼 수 있습니다.

정의 2〉 연속복리법과 미래가치

$$P(n,\infty)=P(0)\times\left[\lim_{k\to\infty}\left(1+\frac{r}{k}\right)^k\right]^n=P(0)\times(e^r)^n=P(0)\times e^{r\cdot n}.$$

예제 1-4〉 연속복리법과 미래가치

현재 투자액 \$100을 연속복리이자율 0.10으로 3년 동안 투자하는 경우 3년 후 시점에서의 이 투자의 가치 $P(3)$는 다음과 같습니다.

$$P(3,\infty)=P(0)\times e^{r\cdot n}=100\times e^{0.10\times3}=100\times e^{0.30}=134.9859$$ ▣

한편 이자계산 횟수 k가 커짐에 따라 ($r=0.1$일 때) 현재 투자액 \$100의 1년 후, 30년 후의 가치는 아래와 같습니다. 아래 도표에서 알 수 있듯이, 이산복리법과 연속복리법의 미래가치 차이는 1년 후에는 그리 크지 않지만, 장기간인 30년 후에는 꽤 큽니다. 가령 1년에 한 번 이자계산을 하는 경우는 30년 후 원리금이 \$1,745 정도임에 반해 연속복리법 적용 시에는 약 \$2,009가 되어 약 15% 정도의 차이가 발생합니다.

---

[4] R을 산출하는 방법은 다음과 같습니다. 먼저 관련된 식을 정리하면 $e^R=\frac{P(1)}{P(0)}=1.1$이 됩니다. 이제 밑수를 e로 하는 자연로그, 즉 $\log_e(\cdot)=\ln(\cdot)$를 양 변에 취하면 좌변은 $\log_e(e^R)=R$, 우변은 $\log_e(1.1)=\ln(1.1)$이 되어 $R=\ln(1.1)=0.09531$이 산출됩니다. 이렇게 구한 "로그수익률" R이 연속복리 수익률 값으로 사용됩니다. 이에 대하여는 본절의 후반에 다시 설명합니다.

➢ 도표 1–1 연속복리법의 미래가치

k	P(0) = 100	
	P(1, k)	P(30, k)
1	110.00	1744.94
2	110.25	1867.92
4	110.38	1935.81
∞	110.52	2008.55

2. 이산복리 이자율과의 비교

여기서는 연속복리법을 사용하는 이유에 대하여 파악해 보겠습니다. 복잡해 보이는 연속복리법을 굳이 사용하는 이유는, 우리에게 보다 익숙한 이산복리법이 비과학적 특성을 지니고 있어서 이를 사용할 경우 혼란스러운 결과가 나타날 수 있는 반면 연속복리법은 이러한 문제점이 없기 때문입니다. 여기서는 이산복리법의 대표적인 문제점들, 즉 연속복리법의 대표적인 장점들을 살펴보기로 합니다.

질문 1-3〉 여러분의 연봉이 향후 4년간 다음과 같이 변한다고 합시다. 최초 2년간은 매년 10%씩 상승하고 마지막 2년간은 매년 10%씩 하락합니다. 이때 4년 후 여러분의 연봉은 현재의 그것보다 많을까요, 적을까요, 아니면 동일할까요?

얼핏 생각하면 현재나 4년 후나 연봉 수준이 같을 것처럼 보입니다. 연봉이 매 2년동안 동일한 정도로 성장 및 하락을 했으니까 말입니다. 그런데 계산을 해보면 4년 후 연봉이 현재 연봉보다 적음을 알게 됩니다. 가령 현재 연봉이 1이라고 하면 4년 후 연봉은 다음과 같습니다.

$$1 \times (1+0.1)^2 \times (1-0.1)^2 = 1.1^2 \times 0.9^2 = (1.1 \times 0.9)^2 = 0.99^2 = 0.9801$$

즉, 4년 후 연봉은 현재 연봉 1보다 작습니다. 왜 이런 모순 같은 일이 발생했을까요? 이는 이산복리법, 즉 $(1+r)$ 혹은 $(1-r)$ 방식을 사용했기 때문입니다. 곧 $(1+r) \times (1-r) = 1-r^2$은 1과 같지 않기 때문입니다. 이제 이자율 r이 주어진 똑같은 상황에서 연속복리법으로 4년 후 연봉을 계산해 보겠습니다. 먼저 이산복리법의 $(1+r)$은 연속복리법하에서는 e^r로, $(1-r)$은 연속복리법하에서는 e^{-r}이 됨을 기억합시다. 그러면 4년 후 연봉은 다음과 같이 계산됩니다.

$$1 \times (e^{0.1})^2 \times (e^{-0.1})^2 = e^{0.2} \times e^{-0.2} = e^0 = 1$$

즉, 4년 후 연봉도 현재 연봉과 같은 1이 됩니다. 왜냐하면 $(1+r) \times (1-r)$의 연속복리형 버전인 $e^r \times e^{-r} = e^{r-r} = e^0 = 1$이 되기 때문입니다. ▣

또 하나의 사례를 보겠습니다.

예제 1-5〉

원달러 환율이 ₩1,000/$에서 ₩1,500/$로 변했습니다. 이때 달러화가치는 몇 % 절상되고 원화 가치는 몇 % 절하되었을까요?

두 환율 수치에 1,000과 1,500이 보이므로 얼핏 생각하면 달러화 가치는 50% 절상되고 원화가치는 50% 절하된 것처럼 보입니다. 그런데 이는 사실과 다릅니다. 먼저 달러화 가치는 50% 절상된 것이 맞습니다. 원화나 달러화나 모두 자산(통화)임을 기억하고, 달러라는 자산으로 원화라는 자산을 구매하는 경우를 봅시다. 예전에는 $1로 1,000개의 원(₩)을 구입했는데 지금은 $1로 1,500개의 원(₩)을 구매할 수 있습니다. 동일한 $1로 구매할 수 있는 (원화)자산이 1,000개에서 1,500개로 늘었으니 $1의 가치는 50% 상승한 것입니다.

이제 원화라는 자산으로 달러라는 자산을 구매하는 경우를 봅시다. 예전에는 ₩3,000으로 3개의 달러($)를 구입했는데 새 환율에서는 단지 2개의 달러($)를 구입할 수 있습니다. 동일한 ₩3,000으로 구매할 수 있는 (달러화)자산이 3개에서 2개로 줄었으니 ₩3,000의 가치는, 즉 원화 가치는 33% 하락한 것입니다. 이처럼 두 통화의 상대적인 상승률과 하락률이 비일관적으로 산출됩니다.

왜 이런 불일치가 발생했을까요? 그 이유는 동일한 ₩500/$의 변동이라도 1,000을 출발점으로 할 때와 $\frac{1}{1000}$을 출발점으로 할 때 측정되는 변동률이 다르기 때문입니다. 애초 $1의 가치는 1,000개의 원(₩)이었으므로 달러화 가치는 이 1,000개가 몇 개로 변하는지를 따지면 됩니다. 위 예의 경우 1,500개로 변했으니 50% 평가절상이 이루어진 것입니다. 반면 애초 ₩1의 가치는 $\frac{1}{1000}$개의 달러($)였으므로, 원화 가치는 이 $\frac{1}{1000}$개가 몇 개로 변하는 것인가를 따지면 됩니다. 위 예의 경우 $\frac{1}{1500}$개로 변했습니다. 이를 소수로 표시하면 1원의 가치가 0.001개의 달러에서 0.00067개의 달러로 변한 것입니다. 상대 비율로 따지면, 1원의 가치가 어떤 자산 100개에서 67개로 변한 것과 같으므로 원화 가치는 33% 하락한 것입니다.

달러화 절상 정도를 x라 하면, $1000\times(1+x)=1500$에서 $x=0.5$가 됩니다. 반면 원화 절하 정도를 y라 하면, $\frac{1}{1000}\times(1-y)=\frac{1}{1500}$이 됩니다. 이 식 양변에 (1000×1500)을 곱하면, $1500\times(1-y)=1000$이 되고 $y=0.33$이 됩니다. 결국 $1000\times(1+x)=1500$과 $1500\times(1-y)=1000$을 만족시키는 x와 y 값이 서로 다르다는 말입니다. 그 이유는 $(1+x)$, $(1-y)$를 사용하여 평가절상, 평가절하 정도를 측정하는 방식이 $(1+r)$ 혹은 $(1-r)$을 사용하는 이산복리법 방식이기 때문입니다.

만일 $(1+x)$, $(1-y)$의 연속복리법 버전인 e^x, e^{-y}를 애초에 사용했다면 어떻게 될까요? $1000\times e^x=1500$에서 $e^x=1500/1000=1.5$이고 $x=\ln(1.5)=0.41$이 산출됩니다. 또한 $\frac{1}{1000}\times e^{-y}=\frac{1}{1500}$에서 양변에 (1000×1500)을 곱하면, $1500\times e^{-y}=1000$이 됩니다. 양변에 e^y를 곱하면 $1500=1000\times e^y$가 되므로 $e^y=1500/1000=1.5$이고 $y=\ln(1.5)=0.41$이 되어 $x=y=0.41$이 됩니다. 즉, 달러화 평가절상 정도와 원화 평가절하 정도가 정확히 일치합니다. 그러므로 통화의 평가절상, 절하에서도 애초부터 연속복리법 방식을 사용하면 일관성 있는 결과가 얻어집니다. 이처럼 연속복리법은 이산복리법에 비해 합리적이고 체계적인 분석과 결과가 가능하기 때문에 재무금융이나 경제 분야에서는 이 방식을 필요에 의해 자주 사용합니다. ▣

보다 일반적으로 말한다면, 이산복리법의 문제점은 다음과 같습니다.

정리 2〉 이산복리법의 문제점

(1) 증권의 가격이 (−) 값을 가지는 경우가 발생한다.
(2) 이자 계산의 중간 시점에서의 가치평가가 일치하지 않는다.
(3) 평균 수익률 계산에서 오류가 있다.

이제 이 세 가지 문제점을 하나씩 파악하여 봅시다.

(1) 증권의 가격이 (−) 값을 가지는 경우가 발생합니다.

현재 시점 t=0에서의 어느 주식의 가격 $P(0)$가 주어지고 t =1(년)에서의 미래가치 $P(1)$을 추정한다고 가정합시다. 미래는 불확실하므로 $P(1)$을 어느 하나의 값으로만 추정할 수는 없고 여러 개의 값들과 그 값들의 확률로 추정하여야 할 것입니다. 이는 곧 $P(1)$의 확률분포를 추정함을 의미합니다. $P(1)$의 확률분포를 추정하기 위하여 가장 일반적으로 사용되는 방법은, 이 주식의 수익률 r의 확률분포를 추정하고 이를 이용하여 $P(1) = P(0) \times (1 + r)$의 확률분포를 추정하는 방법입니다.

확률변수의 여러 분포 중 그 특성이 잘 알려져 있고 또 모든 분야에서 가장 광범위하게 쓰이는 정규분포를 r의 확률분포로 사용한다고 가정하여 봅시다. 그런데 정규분포의 특성상 r은 $(-\infty)$부터 $(+\infty)$까지의 모든 값을 가질 수 있는데, 이러한 특성은 매우 곤혹스러운 결과를 초래합니다. 즉, 정규분포의 특성에 의하여 $r = -0.1$, -0.5, -1, -10, ⋯ 등의 값을 가질 수 있는데, 특히 $r < (-1)$인 경우 $P(1) = P(0) \times (1 + r) < 0$이 되어 1년 후 주가 $P(1)$이 (−)의 값을 가지는 결과가 초래됩니다. (−) 값을 가지는 주가는 현실적으로 불가능합니다.

한편 "연속복리법"에 의한 수익률 R이 정규분포를 따른다고 가정할 경우 음(−)의 주가 가능성이 완전히 제거됩니다. $P(1) = P(0) \times e^R$에서 정규분포를 따르는 R의 어떠한 (음수) 값에 대해서도 $e^R = (2.7183)^R > 0$이므로 $P(1) = P(0) \times e^R > 0$이 됩니다. 그러므로 $P(1)$은 음수 값을 가질 수 없습니다.

(2) 이자 계산의 중간 시점에서의 가치평가가 일치하지 않습니다.

위에서 현재가치와 미래가치를 구해 보았습니다. 그런데 현재가치와 미래가치는 동전의 양면과 같이, 시점을 달리하여 동일한 실체를 파악한 수치들입니다. 여기서의 동일한 실체란 주어진 현금(흐름)을 의미합니다. 가령 2년 만기의 무이표채의 액면가(par value, par)가 \$121이라 합시다. 여기서 무이표채(zero-coupon bond)란 채권(bonds)의 일종으로, 이 무이표채 보유자는 그 채권을 발행한 기업으로부터 특정한 날짜에 특정 금액을 받습니다. 위 무이표채의 경우 특정 날짜는 2년 후이고 특정 금액은 \$121입니다. 이 특정 날짜를 이 채권의 만기일, 특정 금액을 이 채권의 액면가라 합니다. 그리고 채권시장에서 이러한 채권들의 가격으로부터 결정되는 (시장) 이자율이 채권들의 만기와 관계없이 모두 연 10%라 합시다. 그러면 만기 2년, par $121인 이 무이표채의 현재 가격이 $100으로 산출됩니다. 이 사실이 의미하는 바는, t=0인 현재 시점에서의 $100과 t=2인 미래 시점에서의 $121이 투자자들에게는 동등하다는(equivalent) 것입니다.

현재가치와 미래가치의 수치들이 서로 다른 유일한 이유는 단지 평가 시점이 다르기 때문입니다. 만일 평가 시점이 같아진다면 두 가치도 같아져야 합니다. 가령 평가 시점이 t=1인 경우, t=0 시점의 가치 100에다 수익률 10%를 적용하여 구한 t=1 시점의 가치와 t=2 시점의 가치 121에다 할인율 10%를 적용하여 구한 t=1 시점에서의 가치는 같아져야 합니다. 실제로 전자는 100×(1+0.10)=110, 후자는 121/(1+0.10)=110으로 양자는 일치합니다.

그렇다면, 평가 시점이 t=3/12과 같이 중간 시점인 경우에도 양자는 일치할까요? 먼저 위 예를 통하여 알아보면, t=0 시점의 가치로부터 환산하는 경우

$$100 \times \left[1 + \left(0.1 \times \frac{3}{12}\right)\right] = 102.5$$

이고, t=2 시점의 가치로부터 환산하는 경우에는

$$\frac{121}{(1+0.1)\left(1+0.1 \times \frac{9}{12}\right)} = 102.3256$$

으로 두 수치는 일치하지 않습니다.[5] 이 불일치는 이산복리법의 계산 원리로부터 필연적으로 발생하는 문제입니다. 한편 연속복리법을 사용할 경우 특정 현금흐름은 특정 시점에서는 언제나 단일한 가치만을 가집니다. 위의 예에서, 시장의 연속복리이자율이 연 10%이어서 만기 2년, par $121인 무이표채의 현재가치가

$$\frac{121}{e^{0.1\times 2}} (= 99.0664)$$

---

5 참고로 1년 미만의 기간을 위처럼 적용하지 않고 승수에 적용하는 경우에는 두 값은 일치합니다. 다만 이 방식은 실무에서 선호되는 방식은 아닙니다.

로 산출되어 채권시장에서 거래되고 있다 합시다. 이제 평가 시점이 t = 3/12인 경우의 이 채권의 가치는, t = 0 시점의 가치로부터 환산하는 경우

$$\left(\frac{121}{e^{0.1\times2}}\right)\times e^{0.1\times\frac{3}{12}} = 121\times e^{-0.1\times\frac{21}{12}}\ (= 101.5743)$$

이고, t = 2 시점의 가치 121로부터 환산하는 경우에도

$$\frac{121}{e^{0.1}\cdot e^{0.1\times\frac{9}{12}}} = \frac{121}{e^{0.1\times\frac{21}{12}}} = 121\times e^{-0.1\times\frac{21}{12}}\ (= 101.5743)$$

으로 일치합니다. 연속복리법은 이처럼 특정 현금흐름의 가치가 특정 시점에서 하나의 값으로 결정되는 합리적인 계산 방식인 반면, 이산복리법은 비체계적이라는 취약점을 가지고 있습니다.

(3) 평균 수익률 계산에서 오류가 있습니다.

투자기간(investment horizon)이 1년을 초과하는 경우 통상 연평균 수익률을 계산하여 투자 성과를 측정하게 됩니다. 가령 현재 주가가 $100,000인 삼성전자에 향후 2년간 투자하는 경우를 상정합시다. 이 기간 동안의 주가의 움직임이 1년 뒤에는 $110,000 그리고 2년 뒤에는 다시 $100,000이 된다고 하면, 이 2년 동안 연수익률은 첫해에는 110,000/100,000 − 1 = 0.1, 둘째 해에는 100,000/110,000 − 1 = −0.090909⋯ ≈ −0.09091입니다. 투자기간 동안의 연평균 수익률을 구하기 위하여 두 수익률들을 합산한 후 투자기간으로 나누면 $[0.10 + (-0.09091)]/2 = 0.00455$입니다. 그러나 실제적으로는 투자원금 $100,000과 2년 후의 가치가 동일하므로 투자기간 2년 동안의 평균 수익률은 0이 됩니다. 그러므로 이산복리법에 의한 평균 수익률과 실제의 평균 수익률은 오차를 보이게 됩니다.

한편 연속복리법에 의한 연수익률 $r(1)$, $r(2)$를 구하면,

$$100{,}000\times e^{r(1)} = 110{,}000, \qquad 110{,}000\times e^{r(2)} = 100{,}000$$

이므로, 각 식 양변에 자연로그 ln(·)을 취하고 $r(1)$, $r(2)$에 관해 정리하면

$$r(1) = \ln\left(\frac{110{,}000}{100{,}000}\right) = 0.09531, \qquad r(2) = \ln\left(\frac{100{,}000}{110{,}000}\right) = -0.09531$$

이 됩니다. 이때 연평균 수익률은 $[r(1)+r(2)]/2=[0.09531+(-0.09531)]/2=0$이 되므로 실제의 평균 수익률(= 0)과 일치함을 알 수 있습니다.

이처럼 재무금융 분야의 수익률 계산에서는 이산복리법의 단점이 다양하게 존재합니다. 연속복리법은 이러한 단점이 없는 체계적인 수익률 계산 방법이라는 점에서, 자주 이산복리법을 대체하여 사용되고 있습니다. 본서에서도 보다 명료한 분석이 필요할 경우에는 연속복리법을 사용하여 예를 들고 논의를 전개하기로 합니다. 마지막으로 저자가 한 신문에 기고한 연속복리법 관련 칼럼 내용을 본 단원을 정리할 겸 보겠습니다.

〈수익률과 연속복리〉

향후 2년간 내 연봉이 첫해에는 10% 상승(또는 하락)하고 다음해에는 10% 하락(또는 상승)한다 하자. 2년 후 내 연봉은 현재 연봉보다 많을까? 또 환율이 달러당 1,000원에서 1,500원으로 변하면, 달러화(원화)의 가치는 몇 % 절상(절하)되었을까? 이 두 질문의 직관적, 즉각적 대답은, "2년 후 연봉은 현재 내 연봉과 같다"와 "달러 가치는 50% 절상, 원화 가치는 50% 절하"이다.

그런데 틀렸다. 첫째 질문의 답은 1×(1+0.1)(1−0.1) = 1.1×0.9 = 0.99가 되어, 오늘 연봉 1억원은 2년 후 9,900만원이 된다. 둘째로, 달러화는 원화 대비 50% 절상된다. 예전에는 1달러로 원화라는 자산을 1,000개 구입했는데 이제는 1,500개 구입할 수 있으니까. 반면 예전에는 3,000원으로 달러를 3개 구입했는데 이제는 2개만 구입할 수 있으므로 원화는 달러화 대비 33% 평가절하된다.

왜 우리 직관과 정답이 다를까? 그 이유는 (1+이자율) 혹은 (1+절상율)이라는 방식이 비일관적이기 때문이다. 연봉 10% 인상과 10% 인하의 경우, 같은 "10%"가 적용되는 토대(base)가 다르다. 10% 연봉 인상이 발생하면 새 연봉이 일억천만원이 되어 천만원 상승하지만, 그 후 10% 인하가 발생하면 일억천만원의 토대에 10% 인하가 적용되어 천백만원이 하락한다. 이처럼 10% 인상의 결과와 10% 인하의 결과가 다르다.

환율은 어떤가? 달러당 천원에서 천오백원으로 환율이 변하면, 달러 절상 계산의 토대는 천과 천오백이라는 두 값이다. 반면 원화 절하 계산의 토대는 천분의 일과 천오백분의 일이라는 두 값이다. 예전에 1원으로 달러 1/1,000개를 샀지만 지금은 1/1,500개만을 살 수 있기 때문이다.

주식 투자 등에서도 (1+수익률)로 계산하면, 수익률이 정규분포를 따른다는 일반적 가정을 활용할 수 없다. 정규분포에서는 수익률 값이 -1.2도 될 수 있는데, 이 경우 투자 결과가 음수가 되기 때문이다. 이 모든 오류들을 막기 위해 재무금융에서는 "연속복리"를 사용하는데 이는 특수한 지수함수 e^x를 이용하는 것이다. 여기서 $e = 2.7183\cdots$라는 상수로 $e^{0.1} = 1.1052$, $e^{-0.1} = 0.9048$이 되어 $1+0.1$, $1-0.1$과 거의 같다. 하지만 $1 \times e^{0.1} \times e^{-0.1} = e^0 = 1$이 되어 (1+수익률)의 비일관성 오류를 정정할 수 있다. 참고로 전자계산기 자판의 e는 바로 이 e이다. 이러한 특성 때문에 채권 수익률을 이론적으로 계산(호가)할 때 연속복리를 사용하기도 한다.

(한국경제신문, 2016년 4월 28일 A28면)

3. 연속복리법과 로그정규분포

여기서는 연속복리법과 매우 밀접한 관련을 가지고 있는 로그정규분포에 대하여 알아보기로 합시다. 수식을 위한 용어는 위에서 쓰던 용어를 그대로 사용합니다. 먼저 어떤 주식의 현재 가격 $P(0)$, 1년 후 가격 $P(1)$, 그리고 이 주식의 1년간 (연속복리) 수익률 R의 관계는 다음과 같습니다.

$$P(0) \times e^R = P(1).$$

즉,

$$e^R = \frac{P(1)}{P(0)}$$

이고, 양변에 자연로그 $log_e(\cdot) = \ln(\cdot)$을 취하면 좌변은

$$log_e(e^R) = R$$

이고 우변은

$$\ln\left(\frac{P(1)}{P(0)}\right)$$

이 되어 결국

$$R = \ln\left(\frac{P(1)}{P(0)}\right)$$

입니다. 또 R이 평균 μ, 분산 σ^2의 정규분포를 따른다면

$$\ln\left(\frac{P(1)}{P(0)}\right) = R \sim N(\mu, \sigma^2)$$

이 성립합니다. 여기까지는 수익률이 정규분포를 따른다는 내용입니다. 그런데 로그의 특성에 따라 위 식은 다음과 같이 변환할 수 있습니다.

$$\ln\big(P(1)\big) - \ln\big(P(0)\big) = R \sim N(\mu, \sigma^2).$$

$P(0)$는 현 시점에서 알 수 있는 값이므로 $\ln\big(P(0)\big)$는 상수입니다. 그러므로

$$\ln\big(P(1)\big) = \ln\big(P(0)\big) + R \sim N\Big(\ln\big(P(0)\big) + \mu, \sigma^2\Big)$$

이 성립합니다. 이때 좌변 $\ln\big(P(1)\big)$은 수익률이 아니고 일종의 가격입니다. 즉, 1년 후 이 주식의 주가 $P(1)$에 로그를 씌운 것뿐입니다. 이를 로그 주가라 부릅니다. 그리고 미래 주가인 $P(1)$은 우리가 그 값을 현재로서는 알 수 없는 확률변수입니다. 위 식의 의미는, 확률변수인 미래 주가 $P(1)$에 로그를 취한 로그 주가 $\ln\big(P(1)\big)$이 평균 $\ln\big(P(0)\big) + \mu$, 분산 σ^2인 정규분포를 따른다는 것입니다. 이처럼 확률변수 X에 로그를 취한 $\ln(X)$가 정규분포를 따를 때, 우리는 확률변수 X가 "로그정규분포"를 따른다고 말합니다. 위 예의 경우 확률변수 $P(1)$은 평균 $\ln\big(P(0)\big) + \mu$, 분산 σ^2의 로그정규분포를 따릅니다.

원래 우리는 연속복리수익률 혹은 로그수익률이 정규분포를 따른다고 출발했는데, 주가가 로그정규분포를 따른다는 결과가 도출되었습니다. 이처럼 연속복리법이 적용되는 (증권의) 로그수익률이 정규분포를 따른다고 하면 이 증권의 가격은 로그정규분포를 따름을 의미합니다. 재무금융 교재에서 자주 언급되는, 주식이나 채권 가격이 로그정규분포를 따른다는 가정의 배경에는 이러한 원리가 존재하는 것입니다.

한편 이산복리 수익률 $r = \frac{P(1)-P(0)}{P(0)} = \frac{P(1)}{P(0)} - 1$이니

$$P(1) = P(0) \times (1 + r)$$

이고 연속복리 수익률 R은

$$R = \ln\left[\frac{P(1)}{P(0)}\right] = \ln\left[\frac{P(0)\times(1+r)}{P(0)}\right] = \ln[1+r]$$

인데 r이 0에 가까워질수록 R에 가까워집니다. 가령 $r = 0.001$이면 $R = \ln(1+0.001) = 0.0009995 \approx 0.001$입니다.

➢ 도표 1–2 이산복리 수익률(r)과 연속복리 수익률(R)의 차이

r	R	차이
0.1000	0.095310180	0.004689820
0.0100	0.009950331	0.000049669
0.0010	0.000999500	0.000000500
0.0001	0.000099995	0.000000005

위 도표에서처럼 r이 작으면 $r \approx R$이 되고 이에 따라 $1 + r \approx e^R = \exp[R]$이 됩니다. 즉, 증권의 현재가치와 미래가치가 주어졌을 때, 이 가치들로부터 역산한 이산복리 수익률과 연속복리 수익률 차이가, r이 작으면, 점점 사라진다는 말입니다.

한편 현재가치만 주어지고 미래가치는 주어지지 않았을 때에는 다음이 성립합니다. r, R이 같은 값이더라도, 즉 $r = R$이어도, 그 값이 작아질수록 $1 + r \approx e^R$이 됩니다. 즉, 연속복리 이자율과 이산복리 이자율이 같은 값일 때, 특정 현재가치로부터 산출한 두 미래가치의 차이가, r이 작을수록, 작아진다는 것입니다. 이를 도표로 보겠습니다.[6]

➢ 도표 1–3 이산복리 수익률(r)과 연속복리 수익률(R)의 차이

r, R	$(1+r)$	e^R	차이
0.1000	1.1000	1.105170918	0.005170918
0.0100	1.0100	1.010050167	0.000050167
0.0010	1.0010	1.001000500	0.000000500
0.0001	1.0001	1.000100005	0.000000005

---

[6] 이를 역으로 말하면, 연속복리이자율과 이산복리이자율이 같은 값일 때, 특정 미래가치로부터 산출한 두 현재가치의 차이가, r이 작을수록, 작아진다는 의미가 됩니다.

그러므로 R과 r은 다음과 같은 관계를 가집니다.

정리 3〉 이산복리 수익률(r)과 연속복리 수익률(R)의 관계

i) 현재가치와 미래가치가 주어졌을 때 r이 작으면 $r \approx R$이다.

ii) r, R이 같고 작은 값이면 $1 + r \approx e^R$이다.

Chapter 2

선도 거래와 선물 거래

제 1 절 파생상품 공부

선물(futures), 옵션(options), 스왑(swaps) 등은 주식이나 채권 등의 다른 증권과는 근본적으로 다른 증권 혹은 계약입니다. 이들을 우리말로는 파생상품이라 하고 영어로는 'derivative securities' 혹은 간단하게 'derivatives'라고 합니다. 파생상품의 가장 중요한 특성은 그 가치가 타 자산의 가치와 결부되어 결정된다는 사실입니다. 그렇기에 이들이 파생상품이라 불리는 것입니다. 파생상품의 가치를 결정하는 바로 그 자산을 우리는 파생상품의 "기초 자산"이라 부릅니다. 영어로는 'underlying asset', 혹은 간단히 'underlier'라고 합니다. 가령 삼성전자 주식에 대한 옵션(option)이 있다면 이 옵션의 가치는 삼성전자 주가에 의해 (주로) 결정됩니다.[1] 시장의 무위험 이자율이나 이 옵션의 만기 등도 이 옵션 가치에 어느 정도 영향을 미치지만 말입니다.

파생상품 공부에 있어서 가장 중요한 (독자들의) 태도나 마음가짐이 있다면 논리성(logic)이라 할 수 있습니다. 사실 우리가 논리적이면 파생상품 공부뿐 아니라 모든 공부, 모든 학습을 효율적으로 수행할 수 있습니다. 그에 더해 다른 덕목 하나를 더 추가한다면, 여러분은 현재 본서로 파생상품을 공부하고 있는데, 본서로 공부하는 여러분에게 필요한 또 하나의 마음가짐은 '믿음'입니다. 어떤 면에서, 이미 여러분은 저자와 본서를 믿고 지금 저자와 함께 파생상품 공부를 해 나가고 있는 것 아니겠습니까? 믿는 대로 이루어진다는 얘기는 아마 여러분들도 한 번 이상 들어보았을 것입니다. 그

[1] '기초 자산 가격이 파생상품 가치를 "주로" 결정한다'는 말의 의미는 추후 옵션을 공부할 때 상세히 설명합니다.

리고 여러분들에게도 실제로 그런 일들이 발생했을 수도 있습니다. 자신을 믿고, 그리고 본서를 믿고, 같이 파생상품 공부를 해 나가면, 어느 순간 그 믿음이 여러분에게 보답할 것입니다.

제 2 절 선도 거래(forward transaction)

파생상품 공부를 처음 하는 사람들은 당연히 선도 거래 혹은 forward transaction이란 말도 처음 듣게 됩니다. 이런 다소 이질적인 용어가 쉽게 이해되지 않을 수도 있습니다. 본서에서는 이러한 새로운 용어, 새로운 개념 이해를 위해, 서두르지 않고 차근차근 설명하려 합니다. 가령 선도 거래 이해를 위해서는 먼저 공매도를 이해하는 것이 중요하므로, 공매도에 대한 개념을 먼저 파악합니다.

질문 2-1〉 공매도(short sale)란 무엇인가요?

모든 배움에 있어 일정 시점에 도달하면 고비가 옵니다. 그것이 고비인 것은 종래의 사고로는 수용하기 쉽지 않기 때문입니다. 저자에게 (당시) 중학교 수학에서 가장 새로웠던 부분은 음수의 도입이었습니다. '5 – 3 = 2'가 5에다 –3을 더하면 2가 된다는 것으로 이해할 수 있다는 것입니다. 영어도 마찬가지입니다. '한 사람도 오지 않았다'를 'nobody came'이라고 한다는 것입니다. 누군가 오긴 왔는데 'nobody'가 왔다는 것이고, 이것이 곧 아무도 오지 않았다는 뜻이 된다는 것입니다. 처음에는 생소했지만, 나중에는 음수나 nobody를 매우 유용하게 사용하게 되었습니다.

투자에도 공매도(short sale)라는 개념이 있는데 이를 이해하기 위해선 투자에 대한 선입견을 버려야 합니다. 일반적으로 주식이나 채권 투자로 이익을 얻으려면 싸게 사서 비싸게 팔아야 합니다. 즉, 매수가 먼저고 매도가 나중입니다. 그런데 대한민국 헌법이나 증권법에 매수가 꼭 먼저여야 한다는 조항은 없습니다. 그렇다면 먼저 비싸게 매도해 놓고 나중에 싸게 매수해도 이익을 얻을 수 있지 않을까요? 그런데 내가 가지고 있지도 않은 주식을 어떻게 먼저 팔 수 있을까요?

흥미롭게도, 이 문제는 거래자 사이에 신뢰만 있으면 해결됩니다. 가령 투자자

A(B)는 삼성전자 주식의 현재 주가 12만원이 과소평가(과대평가)되어서 추후 상승(하락)할 것으로 믿는다고 합시다. A, B 누구도 이 주식을 가지고 있지 않지만 A는 사고 싶고 B는 팔고 싶습니다. 편의상 A와 B가 1년 후에는 이런 투자를 끝낸다고 합시다. 그렇다면, 오늘 A가 B에게 12만원을 송금하고, 1년 후에는 그때 주가에 해당하는 금액을 B가 A에게 송금하기로 약속합니다.[2] 또 1년 중 어느 시점에 삼성전자가 주당 배당금 1만원을 주주들에게 지급한다면, 같은 시점에 B가 A에게 1만원을 송금하거나 아니면 1년 후 그 배당금에 이자를 더해 A에게 지급합니다. A, B가 향후 1년간 이 약속을 충실히 이행하면, A는 오늘 주식을 사고 1년 후 팔고, B는 오늘 주식을 팔고 1년 후 사는 것과 100% 동일한 효과가 있습니다. 이때 B가 오늘 (보유하지 않은) 주식을 먼저 팔고 12만원을 받는 것을 공매도라 합니다.

이것이 현실적으로도 충분히 가능한 이유는, A, B 중 누구도 이 주식을 실물로 보유해서 침대 밑에 소중히 보관한 후, 매일 밤 잠자리에 들기 전에 이 주식을 한 번 꺼내보고 흐뭇해하거나, 아니면 자기 품에 안고 자려는 사람들이 아니기 때문입니다. 두 사람 모두, 이 주식 거래를 통해 돈을 버는 것이 (주)목적이지 그 외 다른 이유로 이런 거래를 하는 것이 아니기 때문입니다. 실제로 그 어떤 투자자도 주식 거래 시 실물 주식을 개별적으로 보유하는 게 아니고 한국예탁결제원에서 모든 보관-기록-결제를 담당하며, 이 기관을 믿고 있기에 투자자들은 의심 없이 단순히 자신들 계좌에 주식이 있다는 기록에 의지하여 투자 활동을 하는 것입니다. 그러므로 서두에 강조했듯, 투자자들(과 유관기관) 사이에 신뢰 관계만 있다면, 위의 공매도가 얼마든지 가능합니다.

한편 공매도가 완전히 새로운 개념은 아닙니다. 자동차 보험을 판매하는 보험사는 1년분 보험료를 계약자로부터 먼저 받고 향후 1년 동안 그 계약자의 사고와 관련된 비용을 부담합니다. 이때 보험회사에 발생하는 현금흐름의 순서는 공매도의 그것과 비슷합니다. 현금 유입, 즉 cash inflow가 먼저 발생하고 현금 유출, 즉 cash outflow는 나중에 발생합니다. 오늘 모든 혜택을 미리 받고 향후 그와 관련된 채무를 갚는 식입니다. 또 이 개념은 파생상품 거래에서 매도를 먼저 하는 숏포지션(short position) 개념과 내용이 같습니다. ▣

---

2 "(1년 후) 그때 주가에 해당하는 금액"을 영어로는 "the then prevailing stock price"라고 표현할 수 있습니다.

공매도 개념에 대해 배웠으니, 이제 선도 거래에 대해 알아보겠습니다.

질문 2-2〉 선도 거래(forward transaction)란 무엇인가요?

이를 알기 위해, 우리가 통상적으로 알고 있는 거래를 먼저 생각해 볼 필요가 있습니다. 우리가 통상적으로 알고 있는 거래는, 즉석에서 현금과 재화를 맞바꾸는 경우가 대부분입니다. 즉, 매수자와 매도자의 거래 조건이 즉각적으로 충족되어 이루어지는 거래라 할 수 있는데, 이를 현물 거래(spot transaction)라 합니다. 즉, 우리가 익히 알고 있는 거래는, 굳이 선도 거래와 구별한다면, "현물 거래"입니다.

반면 선도 거래는, 즉석에서는 거래의 "조건"에 합의할 뿐이고, 그 조건에 따라 실제로 현금과 재화를 맞바꾸는 것은 미래 특정 시점에 이루어지는 거래입니다. 예를 들면, 두 친구 A, B 사이에서 A가 B에게 특정 중고 노트북 컴퓨터를 특정 가격에 1주일 뒤 팔기로 오늘 약속한다면, 이것도 선도 거래에 해당합니다. 보다 전문적이고 보편적인 선도 거래의 예로는, 가령 한 수출업체 A가 3개월 뒤 특정 제품을 외국 수입업체 B에게 수출하고 받을 외화(가령 $1,000,000)의 환위험(exchange rate risk)을 헤지하기 위해, 현 시점에서 상업은행 C와 그 외화를 대한민국 원화로 환전하는 환율을 결정하는 것입니다. 3개월 후에 받을 그 달러화를 그 시점의 원달러 환율(the then prevailing exchange rate)로 환전할 수도 있지만, 이 경우 환위험에 노출되어 A가 최종적으로 받을 원화 금액은 예상보다 많을 수도 적을 수도 있습니다. 물론 예상보다 크면 좋겠지만 그 반대도 가능하므로, 그리고 A는 이런 위험을 회피하고 싶으므로,[3] 이런 오늘의 외환 "선도" 거래가 3개월 뒤 외화 현물 거래보다 더 선호되는 것입니다. ▣

그러므로 선도 거래 혹은 선도 계약(forward contract)의 첫 번째 특징은 이것이 두 당사자 간 사적 거래, 사적 계약(private contract)이라는 것입니다. 가령 바로 위의 사례는 특정 은행과 특정인의 사적인 외환 선도 계약에 해당합니다. 그리고 이들은 이 거래를 통해 모든 거래 조건을 결정합니다. 그런데 재무금융에서 말하는 선도 거래는 대부분 현금이 수반되는 거래로, 통상 물물교환은 그 대상이 아닙니다. 그러므로 항상 현금과 특정 자산을 교환하는 것이 일반적인데, 자산의 경우 주식 등의 금융자산

---

[3] In finance, people are usually assumed to be risk-averse.

(financial assets), 금이나 은 혹은 실물 자산 등이 이에 해당합니다. 이러한 자산들을 선도 거래 혹은 (나중에 배울) 선물 거래에 있어서 "기초 자산(underlying assets)"이라 합니다. 즉, 선도 거래 혹은 선물 거래의 대상은 기초 자산입니다. 그러므로 선도 거래(계약)에서는 우선 어느 기초 자산을 얼마의 가격으로 언제 거래할 것인가를 결정하여야 하며, 이에 수반되는 자세한 조건들도 함께 결정됩니다. 이렇게 결정된 가격을 선도 가격(forward price)이라 하고, 이 거래를 실행할 미래 날짜를 선도 거래의 만기일(maturity date)이라 합니다. 그리고 이 모든 조건에 합의하여 계약을 맺은 날과 만기일 간의 기간을 만기(maturity)라고 합니다. 즉, 20##년 2월 1일에 선도 계약을 맺고 20##년 8월 1일에 이를 실행하기로 두 당사자가 합의한다면 이 선도 계약의 만기는 6월입니다. 가령 삼성전자 1주를 6개월 후 10만원에 거래하기로 오늘 두 당사자가 선도 계약을 맺는다면 {underlying asset, maturity, forward price}는 각각 {삼성전자 1주, 6개월 후, 10만원}이 됩니다.

선도 계약의 또 하나의 특징은, 계약 당일에는, 혹은 편의상 오늘은, 두 당사자 간 약속만 할 뿐 아무 일도 발생하지 않고, 만기일이 되어서야 실제 거래가 이루어진다는 것입니다. 여기서 '오늘 아무 일도 일어나지 않는다' 함은 오늘 현금 유출입이나 기초 자산 유출입이 없다는 뜻입니다. 이는 현물 거래와 가장 뚜렷하게 구별되는 특징입니다. 현물 거래에서는 오늘 거래가 이루어지면서 현금 및 자산 교환이 발생하기 때문입니다.[4]

정리 1〉 선도 계약(forward contract)의 특징

1) 계약의 두 당사자 간 사적인 계약(private contract)이다.
2) 계약 당시에는 현금 유출입 없다.
3) 계약을 이행할 미래 특정 시점, 즉 만기일을 정한다.
4) 만기일에 거래될 기초 자산의 가격, 즉 선도 가격을 정한다.
5) 만기일에 현금과 자산을 교환하면서 계약을 이행한다.
6) 두 당사자 중 한 당사자 혹은 두 당사자가 계약을 이행하지 않을 위험이 있다.

[4] 신용카드로 결제하면 현금 유출입이 며칠 늦추어질 수는 있습니다만, 신용카드 결제도 재무금융에서는 현물 거래로 인식하지 선도 거래로 인식하지는 않습니다.

참고로 위 정리 중 6)번 내용은 이른바 선도 거래의 신용위험(credit risk) 혹은 거래상대방 위험(counterparty risk)이라 합니다. 두 상대방의 약속 이행에 관한 아무런 보장 장치가 없기에, 어떤 면에서 선도 거래의 가장 심각한 약점이라 할 수 있습니다. 그리고 이런 약점 때문에 이를 보강한 선물 거래(futures transaction)가 태동하게 되었습니다. 이 내용은 위험 관리 분야에서 주로 연구하는 주제로, 본서에서는 이 정도로만 설명하겠습니다.

이제 다음 주제로 넘어갑시다. 선도 거래의 선도 가격은 어떻게 결정될까요? 동일한 (기초) 자산에 대한 현물 거래 가격(spot price)과 선도 가격(forward price)이 서로 어떻게 다를까요? 이에 관한 질문을 직접 다루어 보겠습니다.

질문 2-3〉 한 선도 거래에서 매수자가 삼성전자 1주를 3개월 후 매도자로부터 받기로 한다면, 이 거래에서 선도 가격(forward price)은 어떻게 결정될까요?

현재 삼성전자 1주 가격이 10만원이라면 현물 거래에서는 당연히 매수자가 10만원을 지불하고 삼성전자 1주를 매도자로부터 받습니다. 그런데 위의 선도 거래에서는 매수자가 3개월 후 매도자에게 얼마를 지불해야 할까 하는 것입니다. 동일하게 10만원을 지불해야 할까요? 아니면 10만원보다 더 많은 금액 혹은 더 적은 금액을 지불해야 할까요?

이 질문의 답은,

"현물 거래와 선도 거래 중 어느 하나가 매수자나 매도자에게 특별히 유리하지 않도록 선도 가격이 결정된다"

입니다. 이는 어찌 보면 당연한 말입니다. 매수자 A가 현물 거래 후 이 주식을 장기간 보유한다고 가정하면 (재무금융에서 장기란 통상 1년 이상 의미) 3개월 후에도 그 주식을 보유하고 있을 것입니다. 그렇다면 A가 현물 거래로 이 주식을 매수하든지 선도 거래로 매수하든지 모두 3개월 후에는 그 주식 1주를 보유하게 됩니다. 그러므로 이처럼 동일한 자산 구매 원가가 선도 거래냐 현물 거래냐에 따라 서로 다르다면, 합리적인 매수자(들)은 더 저렴한 거래를 선택할 것이고, 그러면 더 저렴한 거래의 가격은 상승하여 결국 더 비싼 거래의 가격과 같아질 때까지 상승하게 될 것이며, 두 거래의 자산 취득원가가 같아질 때에만 더 이상 가격 변동이 없는 균형을 이룰 것입니다. 이렇게 결정될 선도 가격은 현물 거래 시의 가격보다 더 클 수도 혹은 더 작을 수도 있습니다. 경제학에서는 이를 균형 가격이라 하고 재무금융에서는 이를 "무차익 가격(no arbitrage price)"이라 합니다. 원래 균형 가격과 무차익 가격의 의미는 다소 다르지만, 이 경우에는 결과적으로 같습니다. 여기서 "차익(arbitrage profit)"이란 아무런 위험 없이 벌어들이는 이익이란 뜻이고 ("무위험 차익"이라고도 합니다) 무차익 가격이란 이런 차익이 발생할 수 없는 가격이란 뜻입니다.

또한 "현물 거래와 선도 거래 중 어느 하나가 매수자나 매도자에게 특별히 유리하지 않도록 결정된다"는 말을 다르게 표현하면 "기회비용(opportunity cost)을 감안하여 선도 가격이 결정된다"는 것입니다. 즉, 기회비용을 포함한 자산 취득의 "총"비용이 동일하도록 선도 가격이 결정된다는 것입니다. 이 대전제 아래 선도 가격이 어떻게 구체적으로 결정되는가는 지금부터 사례를 포함하여 설명할 것입니다. 사실 가장 정확하게 표현하면, 기회비용 및 기회혜택(opportunity benefit)을 모두 감안하여 선도 가격이 결정됩니다. 기회혜택은 기회비용의 반대 개념으로 이에 대해서는 추후 다양한 기초 자산에 대한 이론 선도 가격 결정을 공부할 때 상세히 설명하겠습니다. ▣

위에서 설명한 선도 가격 결정 논리를 다르게 표현하면 "the law of one price", 혹은 "replication principle"이라고 설명할 수 있습니다. "the law of one price"는 동일한 자산에 대해서는 동일한 (하나의) 가격이 적용되어야 한다는 의미이고 "replication principle"은 특정 자산과 실질적으로 동일한 복제 자산은 동일한 가격을 가져야 한다는 것입니다. 선도 거래를 통하여 취득할 자산이나 현물 거래를 통하여 취득할 자산이 현금흐름 측면에서 동일한 자산이라면 동일한 가격(비용)으로 취득할 수 있어야 합니다. 참고로 "replication principle"은 옵션 가격 결정에 더 자주 활용되는 전략으로, 특정 옵션의 현금흐름과 동일한 어떤 자산 포트폴리오를 구성할 때 소요될 비용(가격)은 그 옵션의 가격과 동일해야 함을 의미합니다. 이 원칙은 물론 현물 가격과 선도(선물) 가격에도 적용됩니다. 이를 하나의 정리로 요약하면 다음과 같습니다. 아래에서 순기회비용은 기회비용과 기회혜택을 모두 포함하는 개념입니다. 앞으로 다양한 기초 자산의 선도 가격을 공부하면서 이 정리가 구체적으로 적용될 것입니다.

정리 2〉

선도 가격은 현물 가격에 (순)기회비용을 감안하여 결정된다.

질문 2-4〉 모든 유형의 자산에 있어 현물 거래와 선도 거래가 상호 완벽한 대체가 될 수 있나요?

중요한 질문입니다. 결론부터 말하면, 두 거래는 그 자체만으로는 완벽한 대체 혹은 대체재(substitutes)가 될 수 없고, 그러기에 두 거래의 차이를 반영하여 선도 거래 가격, 즉 선도 가격을 결정하게 됩니다. 무엇보다 두 거래에서 기초 자산을 거래하는 "시점"이 서로 다르기에, 이것 하나만으로도 두 거래는 완벽한 대체재가 될 수는 없습니다. 거래 시점의 차이가 두 거래의 모든 차이를 발생시킨다고 해도 과언이 아닙니다. 가령 오늘 원유(crude oil)를 사(서 보유하)는 것과 1년 후 원유를 사는 것이 동일한 효용을 줄 수는 없고, 마찬가지로 오늘 삼성전자 주식 1주를 사(서 보유하)는 것과 1년 후 이 주식을 사는 것이 동일한 효용을 줄 수는 없습니다. 전자의 경우, 오늘 원유를 사면 오늘 이후 언제라도 소비할 수 있지만 선도 거래로 1년 후 사면 그렇지 못합니다. 후자의 경우 오늘 그 주식을 사면 1년간 배당금을 받을 수 있지만 선도 거래로 1년 후 사면 그렇지 못합니다. 또 원유든 주식이든 오늘 현금을 지불하고 사면, 그 현금에 대한 기회비용, 즉 이자 비용이 발생하지만, 선도 거래로 원유나 주식을 사면 이 거래가 실행될까지는 이자 비용이 발생하지 않습니다. 이러한 다양한 차이를 감안하여 선도 거래의 가격, 즉 선도 가격이 결정되어야 합니다. ▣

이제 이 주제를 심층 분석하기 위해 자산을 최소한 두 가지 유형으로 구분할 필요가 있습니다. 투자 자산(investment asset)과 소비 자산(consumption asset)이 그것입니다. 투자 자산이란 대부분의 거래자가 금전적인 이익을 위해 거래하는 자산으로 주식, 채권, 외환과 같은 금융 자산(financial assets)이 대표적입니다. 투자 자산은 선도 거래 혹은 선물 거래의 대상이 되는 데 있어 문제가 많지는 않습니다. 다만 현물 거래와 선도 거래의 거래 시점이 다른 것을 감안하여 선도 가격이 결정되어야 합니다. 거래 시점이 다르면 거래에 수반되는 비용과 혜택도 달라지기 때문입니다. 반면 소고기, 돼지고기, 원유(crude oil) 등은 대부분 매수자가 그것들의 소비를 위해 매수하는 것이기에 소비 자산으로 분류됩니다. 소비 자산은 오늘 그 자산을 구입하는 것과 1년 후 구입하는 것의 차이가, 투자 자산의 경우보다 더 크다고 할 수 있습니다. 가령 지금 당장 혹은 가까운 시점에 먹기 위해 소고기를 필요로 한다면 이는 현물 거래로는 가능하지만, 미래 시점에 소고기를 얻는 선도 거래에서는 가능하지 않으므로, 두 거래는 질적으로 매우 다른 거래가 됩니다.[5] 부연하면, 위에서 말한 소고기 선물, 돼지고기 선물을 보다 정확히 설명하면, 세계 최대의 시카고 상품 거래소(Chicago Mercantile Exchange, CME)의 경우 선물의 기초 자산이 소고기나 돼지고기가 아니고 소, 돼지 자체인 상품입니다.

참고로 투자 자산과 소비 자산 구분이 확실하지 않은 경우도 있습니다. 가령 투자자 A가 금을 투자 목적으로 살 수도 있고, 금 세공업자 B가 금을 소비 목적으로 살 수도 있습니다. 또한 투자 자산이나 소비 자산이 아닌 자산도 있습니다. 미술품을 하나의 예로 들 수 있습니다. 어느 미술품 애호가가 자신이 좋아하는 저명 화가의 작품을 지금 구입하여 집에 걸어 두고 오늘부터 그 작품을 보면서 즐길 수 있습니다. 이 경우 그 작품은 소비되어 없어지는 것은 아니므로 소비 자산이라 하기 어렵습니다. 또 이 경우에도 오늘 현물 거래로 그 미술품을 입수하는 것과 선도 거래를 통해 미래에 그것을 입수하는 것도 서로 완벽한 대체재가 될 수 없습니다.

다시 본론으로 돌아 오면, 결론적으로 소비 자산, 투자 자산, 미술품 등을 막론하고, 이 자산들의 현물 거래와 선도 거래는 상호 완벽한 대체재가 될 수 없고 비용 면에서 혹은 혜택(효용) 면에서 차이가 날 수밖에 없습니다. 만일 차이가 나지 않는다면 선도 거래 가격과 현물 거래 가격이 같아야 합니다만, 그런 경우는 우연을 제외하고는 없습니다. 이러한 두 거래의 차이는, 주관적 차이를 제외하고는 대부분 객관적으로 수치화할 수 있습니다. 이 수치를 반영하여 선도 가격이 결정됩니다.

가령 투자 목적으로 금을 1년 후에 확실하게 보유하고 싶은 매수자 A가 있다고 합시다. A에게는 두 가지 선택이 가능합니다. 오늘 금을 사서 1년 동안 보유하면, 1년 후 시점에는 금을 보유하고 있을 것입니다. 혹은 선도 거래를 통해 만기일인 1년 후에 B

---

[5] 주식, 채권, 외환 같은 투자 자산은 매수하자마자 바로 소비하는 경우가 거의 없습니다. 그리고 소비는 매도와는 또 다른 개념으로 그 자산 자체가 사라져버림을 뜻합니다. 그러므로 투자 자산은 매도는 될 수 있지만 소비되지는 못합니다.

로부터 금을 사더라도 A는 1년 후에 금을 보유하고 있을 것입니다. 단, A가 금을 현물 거래로 1,000온스(ounce) 가량 산다면, 금 1,000온스를 신중하게 보관해야 할 것입니다. 즉, 금을 현물로 사는 경우에는 향후 1년 동안 보관 비용이 추가로 발생할 수 있습니다. 게다가 오늘 현금을 지불하니 이 현금에 대한 이자를 포기하게 되어 이른바 기회비용이 발생하기도 합니다. 결국 현물 거래로 금을 사는 경우 보관 비용과 기회비용이 함께 발생합니다. 반면 금을 선도 거래로 살 경우에는 1년 후에 현금을 지불하므로 이 1년간은 보관 비용도 이자 비용도 치를 필요가 없습니다. 이러한 두 거래의 비용의 차이, 나아가 혜택이 있다면 그것의 차이까지 적절하게 반영되어 금 선도 거래의 가격이 정해져야 합니다.

선도 거래는 그 기초 자산의 유형에 따라 (순)기회비용 산정이 달라질 수 있습니다. 여기서 순기회비용이라 칭하는 이유는, 기회비용뿐 아니라 기회혜택도 발생할 수 있기 때문입니다. 가령 삼성전자 주식을 현물 거래로 오늘 10만원에 사면, 이 10만원에 대한 이자 비용, 즉 기회비용이 발생하는 동시에, 주주로서 이 주식에 대한 배당금도 받게 되어 기회혜택도 발생합니다. 여기서 왜 굳이 기회비용, 기회혜택이라 쓰면서 "기회"를 강조하는가 하면, 현물 거래의 불완전한 대체재인 선도 거래에서는 발생하지 않는 비용 및 혜택이기 때문입니다. 이때 이 기회비용과 기회혜택을 별도로 취급할 수도 있고, 같은 관점에서 취급하여 기회비용에서 기회혜택을 뺀 나머지를 순기회비용이라 할 수도 있습니다.

본절에서는 선도 거래에서 무위험 공짜 이익, 즉 차익이 발생하지 않을 선도 가격 결정을 논의합니다. 선도 거래의 기초 자산으로는 주식, 외화, (원유, 금 등의) 상품, 채권(bonds) 등을 다룰 것입니다. 가장 먼저 주식이 기초 자산인 경우부터, 그리고 가장 간단한 경우부터 점차 복잡한 경우를 살펴보겠습니다. 그리고 실제 투자자 사이에서는 선도 거래보다 선물 거래(futures transaction)가 대부분이므로, 아래 내용들의 제목은 "주식 선물", "통화 선물" 등으로 하겠습니다. 선물 거래는 사적인 선도 거래를 공적인 시장으로 끌어들여 표준화된 금융 상품으로 만든 것으로, 이에 대해서는 본절에서 선도 거래를 설명한 이후에 상세히 설명하겠습니다. 또 전술했듯이 어느 자산을 현물로 보유하는 경우에 기회비용과 기회혜택이 함께 발생할 수도 있습니다. 그러므로 비용, 혜택을 별도로 구분해서 선도 가격을 산출할 수도, 또 구분하지 않고 순기회비용 관점에서 선도 가격을 산출할 수도 있습니다.

1. 주식 선물(Stock Futures)

여기서는 기초 자산을 주식으로 하는 선물 혹은 선도 거래의 적정 가격을 산출하며 그 원리를 파악해 봅니다. 주식 선물은 선물에 관한 논의 중 가장 기초적인 논의이며 동시에 가장 중요한 논의라 할 수 있습니다. 주식 선물의 무차익 가격 결정 과정을 제대로 이해하면 다른 기초 자산의 선물 가격 결정도 쉽게 이해할 수 있습니다.

(1) 가장 기본적인 경우

먼저 현금 배당이나 주식 배당, 액면분할(stock split), 액면병합(reverse stock split) 등이 없는 경우, 즉 오늘 1주를 매수해서 선도 거래 만기일까지 보유해도 여전히 그 1주만을 오롯이 보유하게 되는 경우입니다. 반면, 가령 그 만기일 이전에 이 주식으로부터 현금 배당이 있게 되면, 선도 거래 만기일 시점에는 주식 1주와 그 배당금(의 미래가치)을 보유하게 됩니다. 이런 배당금 등의 교란 요인이 없는 평이한 선물 거래를 일단 대상으로 공부하겠습니다. 편의상 이 주식에 대한 선도 거래 만기일을 1년 후라 가정합니다. 현재 특정 상장기업(B) 1주 가격이 10만원이라 가정합시다. 이 경우 오늘 이 주식을 구매하는 것이나 1년 후 선도 거래 통해 구매하는 것이나 경제적으로는 아무 차이가 없습니다. 오늘 1주 구입해서 1년 동안 보유해도 그 보유자에게 현금 배당 등의 금전적 혜택이 없기 때문입니다. 또 1년 후 그 주식 가격이 상승할지 하락할지 아무도 모르기 때문에, 1년 보유한다 해서 특별한 이익 혹은 손실이 발생한다고도 볼 수 없습니다. 그러므로 만기 1년의 선도 거래로 이 주식을 1주 구매할 때의 선도 가격은 10만원이 되어야 할 것 같습니다. 동일한 효용을 주는, 동일한 자산을 구매하는 것이니까.

하지만 이 경우에도 “기회비용(opportunity cost)”을 감안하면 문제는 달라집니다. 오늘 10만원의 가치와 1년 후 10만원의 가치는 일반적으로 다르기 때문입니다. 이 문제를 지금부터 차근차근 파악해 보겠습니다. 무위험 이자율이 연 5%인 경우를 가정하겠습니다. 무위험 이자율이란 표현이 생소하면, 편하게 그냥 상업은행들(commercial banks)의 1년 정기예금 이자율이 5%로 생각해도 됩니다. 그렇다면 오늘 10만원을 1년 정기예금에 예치하면 1년 후에는 105,000원이 됩니다. 이는 곧 오늘 100,000원과 1년 후 105,000원이 근본적으로 동등한(equivalent) 가치임을 암시합니다. 그러므로 오늘

10만원의 비용을 지불하는 것은 1년 후 105,000원의 비용을 지불하는 것과 동일한 가치를 갖는다고 볼 수 있습니다. 왜냐하면 두 수치가 현재가치(PV) 관점에서 10만원으로 동일한 가치이고, 미래가치(FV) 관점에서도 105,000원으로 동일하기 때문입니다.[6] 선도 거래의 선도 가격은 미래가치 관점이므로, 이 주식의 합당한 선도 가격은 다음과 같은 공식으로 일반화할 수 있습니다. 여기서 S, F, r은 각각 기초 자산 가격, 선도 가격 및 (1년) 이자율입니다. 그리고 실제로는 개별 상업은행들의 정기예금 이자율이 아닌, 대한민국 정부가 발행하는 국채(government bonds) 중 국고채의 금리 혹은 1년 이하의 단기 금리일 경우 은행이 발행하는 CD(certificate of deposit) 금리와 같은 시장 이자율을 사용합니다. 그러면 F는 다음과 같이 산출됩니다.

$$F = S \times (1 + r).$$

이제 현재 시점을 $t(\geq 0)$로, 선도 거래 만기 시점을 $T(> \mathrm{t})$라 하고, 현재 시점을 통상적으로 $t = 0$으로 표시하고, 만기가 1년이면 $T = 1$로 표시합시다. 만일 선도 거래 후 3개월이 지나면 $t = 0.25,\ T = 1$이 됩니다. 그러면 위 식은 다음과 같이 수정될 수 있습니다. 여기서 $F_{t,T}$는 만기가 T인 선도 계약에서 자산 S에 대한 시점 t의 선도 가격, r은 (1년)무위험 이자율, S_t는 이 선도 거래의 기초 자산의 시점 t의 현물 가격입니다.

> ➢ 식 1〉 기초 자산 가격과 선도 가격
>
> $$F_{t,T} = \ S_t \times \left(1 + r(T - t)\right).$$

또 연속복리이자율을 사용한다면, 위 식은 다음과 같이 표현될 수 있습니다.

> ➢ 식 2〉 기초 자산 가격과 선도 가격 (연속복리)
>
> $$F_{t,T} = \ S_t \times e^{r(T-t)}.$$

---

6 PV = present value, FV = future value 를 뜻합니다.

이때 암묵적으로 가정되고 있는 사항은, 무위험 이자율의 수익률 곡선(yield curve)이 모든 만기에 걸쳐 수평하고(flat) 그 값이 r이라는 것입니다. 이는 곧, 현재 시점에서 모든 만기의 무위험 이자율이 연율로 r이라는 (편리한) 가정입니다. 참고로 수익률 곡선(yield curve)은 채권 공부 때 배우는 개념이지만 재무금융 공부에서는 누구나 상식적으로 알고 있어야 하는데, 이에 대해서는 아래에서 곧 설명할 것입니다. 또한 연율은 "interest rate per annum"이라 합니다. 재무금융에서는 이처럼 모든 이자율을 연율로 표시합니다. 연율에 관해서 간단한 질의-응답을 해 보겠습니다.

질문 2-5〉 "모든 이자율이 연율로 r"은 무슨 뜻입니까?

네, 좋은 질문입니다. 가령 오늘 100을 투자해서 3개월 후 104를 받을 수 있다면 이때 이자율 혹은 수익률은 4%입니다. 이 투자를 A라 하겠습니다. 또 오늘 100을 투자해서 6개월 후 107을 받을 수 있다면 이때 이자율은 7%입니다. 이 투자를 B라 하겠습니다. 또한 오늘 100을 투자해서 1년 후 110을 받을 수 있다면 이때 이자율은 10%입니다. 이 투자를 C라 하겠습니다. 이 세 투자의 수익률을 각각 4%, 7%, 10%로 표현하는 것은 정확한 것 같습니다. 하지만 이렇게 표현하면 착오가 생길 수 있습니다. C 투자의 수익성이 가장 높고, B 투자 수익성이 두 번째로 높아 보일 수 있기 때문입니다. 과연 그럴까요? 이렇게 이자율을 표현하면 각 투자기간이 반영되지 못합니다. 그러므로 모든 투자를 공정한 기준으로 평가하기 위해, 각 투자기간이 공히 1년이라면 어떤 수익률을 성취한 결과가 될까를 표현하는 것이 공평하고 정교한 방법이 될 것입니다. 그러므로 세 투자의 투자기간을 모두 1년으로 가정하여 각 수익률을 연율화(annualize)하면, A의 수익률은 연 16%, B의 그것은 연 14%, 그리고 C의 그것은 당연히 10%로 산출됩니다. 이렇게 되어야 각 투자의 수익성이 제대로 평가된다고 할 수 있습니다. 물론 반드시 1년을 benchmark로 하지 않고 다른 기간을 benchmark로 해서 세 투자의 수익성을 평가할 수도 있습니다만, 그렇게 해도 A의 수익성이 가장 높게, B의 그것이 두 번째로 높게 평가됩니다. 가령 6개월을 benchmark로 하여 수익성을 평가하면 A의 수익률은 8%, B의 그것은 7%, 그리고 C의 그것은 5%로 산출됩니다. 하지만 굳이 1년을 기준으로 하는 이유는 재무금융의 관행과 관계 있습니다. 재무금융 분야에서는 1년 미만을 단기로, 1년 이상을 장기로 분류하는 관행이 있습니다. 또한 선물, 옵션 등 파생상품 투자는 최대 1년 정도의 기간이 대부분이므로, 수익률 산정의 기준을 1년으로 하는 것이 그다지 이질적이지 않습니다. ▣

위에서 "연율화(annualization)"라는 표현을 사용했는데, 본서에서는 이를 다음과 같이 사용합니다. 가령 오늘 현금 100을 3개월 동안 어느 은행의 정기예금에 예치하면, 3개월 후 101을 받는다고 합시다. 이때 직접 이자율을 계산하면 1%=0.01이 될 것입니다. 하지만 연율화하면 $0.01 \times \frac{12}{3} = 0.04$가 됩니다. 그러면 이 정기예금의 이자율은 $r = 0.04$로 표시한다는 것입니다. 즉, 100을 투자해서 101을 얻는 이 투자를 r을 사용하면

$$100 \times \left(1 + r \times \frac{3}{12}\right) = 100 \times \left(1 + 0.04 \times \frac{3}{12}\right) = 100 \times (1 + 0.01) = 101$$

로 표시합니다. 본서에서도 대부분 이런 표현, 즉 연율화한 r를 사용합니다. 가령 두 시점 t와 $T(> t)$의 이자율이 r이라 하면, 이 r은 이미 연율화된 이자율이기에 이 두 시점 동안의 투자에 관한 수익률은 r이 아니라 $r \times (T - t)$가 됩니다. 재무금융에서 '기간=1'이라 함은 1년을 말합니다. 가령 두 시점 t와 T 사이의 기간이 3개월이면 $T - t = \frac{3}{12}$이 됩니다. 이 $r \times (T - t)$ 표현은 본서에서 매우 자주 사용되는데, 위와 같은 의미가 됩니다.

한편 이자율이라 함은 통상 "현물 이자율(spot rates)"을 의미하는데 이에 대해 알아봅시다. 나중에 배울 선도 이자율과는 차별적인 개념입니다. 먼저 간단히 정의하고 그 개념을 심도 있게 논의하겠습니다.

정의 1〉 현물 이자율(spot rates)

현물 이자율이란 현재 시점에서 자금을 투자할 때 실현할 수 있는 연간 수익률입니다.[7] 또한 현물 이자율은 이러한 수익률만을 의미하는 것이 아니고, 맥락에 따라서는 미래의 현금을 현재가치로 할인할 때의 연간 할인율을 의미하기도 합니다. 수익률과 할인율 개념을 모두 의미하는 이유는, 현물 이자율은 현재 시점의 가치 A와 미래 시

---

7 위에서 설명했듯이, 3개월 혹은 6개월 이자율 등 1년 미만 투자의 수익률도 모두 연율화해서 표시합니다.

점의 가치 B를 연결하는데, 어느 방향으로 A, B를 바라보는가에 따라 현물 이자율이 다르게 "해석"될 수 있기 때문입니다. 현재 시점에서 미래 시점을 향해 이자율을 볼 때는 수익률이지만, 미래 시점으로부터 현재 시점을 향해 이자율을 볼 때는 할인율인 것입니다. 여기서 A는 현재가치(PV, present value)라 하고 B는 미래가치(FV, future value)라고 합니다. 사실 이 두 가치는 동등(equivalent)합니다. 즉, 1년 현물 이자율이 10%일 때 오늘의 $100과 1년 후의 $\$100 \times (1 + 0.1) = \$110$은 실질적으로는(effect-ively) 동일한 가치를 의미하고, 단지 측정 시점이 다를 뿐입니다. 이때 우리는 현재가치로서의 100과 미래가치로서의 110이 동등하다고(equivalent) 합니다.[8] 그리고 여기서 이 0.1을 맥락에 따라 수익률 혹은 할인율이라 한다는 것입니다. 곧 1년 후의 가치 $110을 현재 시점의 가치 $100으로 환산할 때 이 0.1이 사용되면 할인율이라 불리고, 현재 시점의 가치 $100을 1년 후의 가치 $110으로 변환할 때 이 0.1이 사용되면 수익률이라 불린다는 의미입니다.

참고로 현물 이자율은 단순히 현재 시점과 미래 시점을 연결하는 모든 이자율을 의미하는 것은 아닙니다. 그럼 어떤 이자율을 의미하는 것일까요? 구체적으로 현물 이자율은, 채무불이행 위험(default risk)이 없는 미래 현금흐름에 대한 기대 수익률, 요구 수익률 혹은 할인율을 의미하는데, 현실적으로는 정부가 발행한 국채로부터 기대되는 미래 현금흐름에 대한 할인율이 대표적인 현물 이자율입니다. 사기업체 등이 발행한 채권은 채무불이행 위험이 있다고 간주되어 국채에 대한 현물 이자율에 위험 프리미엄이 가산된 할인율에 의하여 가격이 결정됩니다.

이제 각 만기에 따른 현물 이자율 $\{r(t) | t = 1, 2, 3, 4\}$가 다음과 같이 주어졌다고 가정합시다.

➢ 도표 2-1 현물 이자율 예시

t	1	2	3	4
$r(t)$	3.0%	4.0%	5.0%	6.0%

현물 이자율이 이렇게 주어지면 오늘의 현금 100과 미래 특정 시점의 미래가치는 다음과 같은 관계를 가집니다. 즉, 오늘 현금 100을 1년간 투자하면

---

8 또한 이 두 수치를 동전의 양면(two sides of a coin)이라고도 말합니다.

1년 후의 미래 현금의 크기는 $100\times(1+0.03)=103$,

2년간 투자하면 2년 후의 미래 현금은 $100\times(1+0.04)^2=108.16$,

3년간 투자하면 3년 후의 미래 현금은 $100\times(1+0.05)^3=115.7625$,

4년간 투자하면 4년 후의 미래 현금은 $100\times(1+0.06)^4=126.247696$

이 됩니다. 여기서 투자란 만기가 각각 1, 2, 3, 4년인 무이표채(zero coupon bond)를 구입하여 만기까지 보유하는 것을 의미합니다. 즉, 오늘 이 채권들에 투자하면, 이 채권들의 만기일까지는 아무런 현금(coupon) 지급이 없고 만기일이 되면 약속한 일정액(par value)을 지급하는 채권들을 의미합니다. 은행의 정기예금 같은 투자입니다. 만기일에 약속된 이자를 포함한 원리금을 받는 투자인 것입니다. 만일 만기 이전에도 이런 투자로부터 일정 현금(cash flow)이 지급된다면 이 투자의 실질 수익률에는 이 현금 수입까지 반영해야 하므로 다소 복잡해집니다. 그러므로 만기일 이전까지 아무 현금 지급이 없는 무이표채에 대한 수익률 혹은 할인율이 현물 이자율인 것입니다.

참고로 만기일 이전에 일정 현금을 지급하는 채권을 이표채(coupon bond)라고 합니다. 그리고 이때 지급되는 현금을 액면이자(coupons)라고 하는데, 흔히 이자라고도 합니다. 그런데 이표채에서 지급되는 이자(coupon) 혹은 이표채의 액면이자율(coupon rate)은, 한국어에서는 발음이 동일한 "이자(율)"란 표현을 쓰지만, 지금 우리가 거론하는 현물 이자율과는 아무 상관 없고, 영어로는 coupon (rate)이라 하기에 현물 이자율(spot interest rates)과는 구별되는 개념입니다.

다시 본론으로 돌아가겠습니다. 다시 강조하면, 현물 이자율은 투자기간의 총수익률이 아니고 연평균 수익률이란 것입니다. 위 현물 이자율이 주어지면, 2년 투자의 경우 오늘의 100이 2년 후 108.16이 되므로 총수익률은 8.16%이지만 현물 이자율은 4%입니다. 이처럼 총수익률이 아닌 연율로 표시하는 이유는 이자율 간의 비교를 의미있게 하려는 데 있습니다. 만일 1년간 총수익률이 3%인 투자와 2년간 총수익률이 6.05%인 투자의 수익성을 비교한다면, 얼핏 보아서는 후자의 수익성이 더 높아 보일 수 있습니다. 하지만 연평균 수익률을 보면 후자는 $(1.0605)^{0.5}-1=1.0298-1=0.0298=2.98\%$로서 전자인 3%보다 작습니다. 그러므로 채권의 수익률은 상호 비교가 가능하게 항상 연율로 표시됩니다.

한편 미래가치의 할인율로서의 현물 이자율의 의미는 다음과 같습니다. 즉,

1년 후의 미래 현금 100의 현재가치는 $100/(1+0.03) = 97.087$,

2년 후의 현금 100의 현재가치는 $100/(1+0.04)^2 = 92.456$,

3년 후 그것의 현재가치는 $100/(1+0.05)^3 = 86.384$,

4년 후 그것의 현재가치는 $100/(1+0.06)^4 = 79.209$

가 됩니다. 마지막으로, x−축을 만기로, y−축을 현물 이자율로 표시한 그래프를 수익률 곡선(yield curve)이라 합니다. 가령 수익률 곡선이 0.05로 수평하다면(flat), 1년 현물 이자율도 2년 현물 이자율도 그리고 모든 만기의 현물 이자율도 연간 5%임을 뜻합니다. ▣

다시 선물 가격 논의로 돌아갑시다. 이제 식 (1) 혹은 (2)를 해석해 보겠습니다. 두 식은 차례로 다음과 같습니다.

$$F_{t,T} = S_t \times \big(1 + r(T - t)\big).$$
$$F_{t,T} = S_t \times e^{r(T-t)}.$$

먼저 좌변 F는 (현물 거래가 아닌) 선도 거래로 이 기초 자산(=주식 1주)을 매수하기 위한 선도 가격입니다. 그러므로 이는 선도 거래 만기일 시점에서 이 자산을 구입하기 위한 "총비용" 혹은 "총원가"를 말합니다. 우변은 그 "총비용"을 산출하는 공식입니다. 총비용에는 가시적 및 비가시적 비용이 모두 포함되는데, 가장 먼저 생각나는 비용으로는 이 주식의 현재 주가인 S입니다. 즉, S는 이 주식 1주의 취득원가(acquisition cost)에 해당합니다. 그런데 이 주식을 오늘 시점 t에 사서 선물 거래 만기일인 $T(> t)$까지 보유한다면, 오늘 주가 S만이 비용이 아니라 또 다른 비용도 있습니다. 그것은 다름 아닌, 이렇게 지불한 현금 S의 향후 "$T - t$"년 동안의 기회비용입니다. $T - t$년 동안 현금 S를 정기예금에 투자하면 받을 수 있는 이자를 포기해야 하기 때문입니다. 그러므로 현물 거래를 통해 오늘 그 1주를 매입하여 $T - t$년 동안 보유하는 총비용은 S와 그 이자를 합친 금액이고, 식 (1)이나 식 (2)의 우변은 바로 이를 반영하는 공식입니다.

선도 거래 시 비용, 즉 선도 가격은 갑자기 하늘에서 뚝 떨어진 수치가 아닙니다.

이 선도 거래에 1 : 1로 대응하는 현물 거래가 있어 이에 근거하여 선도 가격의 합리적 산출이 가능합니다. 만일 위 주식을 매매하는 현물 거래가 없다면, 미래 시점 T에 거래할 이 주식의 가격은 두 거래당사자의 투기적 전망에 의해서만 추정될 수 있을 것입니다. 하지만 현실에서는 이 선도 거래에 상응하는 현물 거래가 항상 존재합니다. 동일한 자산을 거래하는 두 개의 거래가 존재한다면, 이 두 거래에서 발생하는 이 자산 취득원가는 동일해야 합니다. 그렇지 아니하면 이른바 차익거래가 발생하여 누군가 공짜로 그리고 무한대로 무위험 차익을 실현할 수 있게 되는데 이는 현실에서는 불가능하기 때문입니다.

시점 T에 주식 1주를 매수할 선도 거래에 상응하는 현물 거래는 오늘 이 주식을 가격 S에 매수하여 시점 T까지 보유하는 거래입니다. 오늘 아니고 나중에, 가령 시점 T의 1일 전에 이 주식을 매수하면 하루 이자만이 기회비용 아니냐고 반문할 수 있겠지만, 그렇게 매수하면 미래 시점(인 T의 1일 전) 주가를 오늘 알 수 없습니다.[9] 그러므로 어떠한 선도 거래라 하더라도 그 선도 거래에 상응하는 현물 거래는

지금 그 주식을 현 주가 S에 사서
선도 거래 만기일 T까지 보유하는

거래입니다. 이렇게 해야 시점 T에 (확정된) 가격으로 그 자산을 보유하게 되는 것입니다. 선도 거래처럼 말입니다. 다만 오늘 S를 지불해서 그 주식을 사서 시점 T까지 보유하면, 우리도 모르게 S에 대한 기회비용까지 지불하는 셈입니다. 그러므로 이 기회비용까지 포함한 총비용을 산출해야, 시점 T 관점에서의 정확한 비용이 산출됩니다.

만일 선도 거래의 비용(=선도 가격)이 이 현물 거래의 총비용과 다르면 둘 중 더 저렴한 거래를 통해 그 자산을 구입할 것입니다. 즉, 그 선도 가격은 효율적 가격이라 할 수 없습니다. 여기서 효율적 가격이란 합리적인 주체들이(rational investors) 수용할 가격이란 뜻입니다. 이런 조건에서는 선도 가격이 현물 거래의 총비용과 일치하는 식 (1)이나 식 (2)의 가격으로 결정됩니다. 그렇다면, 가령 연속복리 세계에서, 식 (2)가 지켜지지 않으면 어떤 차익거래가 발생할 수 있을까요? 먼저 차익거래 개념을 명확히 정의한 후 예제를 통해 알아보겠습니다.

---

[9] 사실은 현재의 주가가 아닌, 1시간 뒤 주가도 알 수 없습니다.

정의 2〉 차익거래의 개념

차익거래란 위험을 전혀 부담하지 않으면서 이익을 실현하는 거래를 의미합니다. 한 예로 삼성전자 주식이 유가증권시장과 KOSDAQ 시장 모두에 상장되어 거래되고 있다고 합시다. 만일 유가증권시장에서 거래되는 삼성전자 1주의 가격이 현재 $1,000이고 KOSDAQ에서의 가격이 $1,200이라면 차익거래가 발생할 수 있습니다. 즉, 유가증권시장에서 삼성전자를 1주당 $1,000에 매입한 후 KOSDAQ 시장에서 $1,200에 매도하면 아무런 위험 없이 1주당 $200의 무위험 차익을 실현할 수 있습니다.

재무이론에서는 차익거래가 가능한 상황에서는 시장은 균형을 이루지 못한다고 전제합니다. 왜냐하면 합리적인 모든 투자자들은 이러한 공짜 이익의 기회를 내버려 두지 않기 때문입니다. 즉, 많은 투자자들이 위의 차익거래를 통하여 1주당 $200의 공짜 이익을 얻으려고 할 것이 틀림없다고 가정한다는 것입니다. 이러한 상황에서 유가증권시장의 주가 $1,000과 KOSDAQ의 주가 $1,200이 시장 균형 가격이 될 수는 없습니다. 투자자들의 매입 주문이 몰리는 전자의 경우는 주가가 상승하며, 투자자들의 매도 주문이 폭주할 후자의 경우는 주가가 하락합니다. 두 시장의 주가가 일치할 때에만 더 이상의 차익거래가 발생하지 않게 되고 이때의 주가가 삼성전자 1주의 시장 균형 가격이라고 할 수 있습니다.[10]

이제 무위험 이익 혹은 공짜 이익이라고 설명된 "차익(arbitrage profit)"의 개념에 대하여 보다 엄밀히 살펴보기로 합니다. 맥락에 따라서는 무위험 이익을 실현할 확률이 반드시 1이 아니라 단순히 0보다 큰 경우까지 포함하여 차익을 정의하기도 하지만, 여기서는 보다 명쾌한 정의를 위하여 보다 엄밀한 의미에서 차익을 정의하기로 합니다. 차익이란 다음의 세 가지 조건을 만족시키는 이익을 의미합니다.

(i) no risk
(ii) no money
(iii) no time

첫째 조건은 문자 그대로 위험이 수반되지 않아야 한다는 것입니다. 통상 차익거래

[10] 이론적으로는, 이러한 차익거래를 위해서 동일 주식을 두 시장 모두에서 거래할 때의 거래 비용(transaction cost)이 없다고 가정합니다.

라 하면 이 조건만을 충족시키는 거래로 생각되는 경우가 많습니다. 그러나 엄밀한 의미에서는 "무위험"은 차익거래의 충분조건이 아니라 필요조건입니다. 둘째 조건은 자신의 자금이 없어도 거래를 할 수 있어야 한다는 것입니다. 만일 차익거래를 수행할 때 투자자 자신의 자금이 반드시 필요하다면, 차익거래가 투자자의 한정된 자금 범위 내에서만 수행되므로 시장 가격에 미치는 영향(impact)이 제한됩니다. 그러므로 타인의 자금을 빌려서 투자하는 것이 가능하여야 합니다. 그런데 이 경우에도 자금 차입의 범위가 한정되면 차익거래의 규모가 여전히 제한됩니다. 그러므로 차익거래가 시장 가격에 온전한 영향력을 행사하기 위하여는 무제한의 자금 차입이 가능해야 합니다. 셋째 조건은 이익의 실현이 "즉각적으로" 지금 당장 가능해야 한다는 것입니다. 가령 미래에 실현되는 (불확실성 없는) "무위험 이익"은 당연히 무위험 이자율로 할인하여 현재가치로 환산될 수 있는데, 이처럼 미래의 이익을 현재 시점에서 즉각적으로 실현할 수 있어야 진정한 차익이 됩니다. 이때 현재가치로 환산된 이익의 크기가 바로 차익의 크기가 됩니다. 물론 현재 우리가 공부하는 선도 거래는 미래 시점을 전제로 한 것이므로 차익의 크기가 미래가치로 나타나는데, 이 차익이 확실하게 발생하므로 이 미래 현금을 현재가치로 환산할 수 있습니다. 이 현재가치로서의 차익이 보다 엄밀한 차익의 개념입니다만, 선도 거래를 공부하는 상황에서는 당분간 미래가치로서의 차익의 크기를 논하기로 합니다. ▣

예제 2-1〉

현재 주식 B의 가격은 \$900, 1년 (현물) 이자율은 0.1, 그리고 1년 후 이 주식을 거래하는 어느 선도 거래에 있어 거래자 C는 이 주식을 매수하든지 매도하든지 1주당 \$1,050으로 거래할 의사가 있다고 합니다. 내가 C와 선도 거래를 통하여 차익거래를 실행하려면 어떻게 해야 할까요?

식 (2)에 따르면 무위험 차익이 발생하지 않을 선도 가격은

$$F_{t,T} = S_t \times e^{r(T-t)} = 900 \times e^{0.1\times(1-0)} = 995$$

입니다. 이 수치는 위 선도 거래의 가격 1,050보다 작습니다. 그러므로 나는 이 가격

차이를 이용하여 차익거래(arbitrage transaction)를 통해 공짜 이익을 얻을 수 있습니다(이 차익의 크기는 1,050과 995의 차액인 55가 될 것으로 예상). 무릇 모든 차익거래는

"buy low, sell high"

원리에 의해 작동됩니다. 즉, 동일한 자산이 두 개의 다른 값으로 거래된다면, 그 중 낮은 가격으로 그 자산을 사고 "동시에" 비싼 가격으로 그것을 파는 거래를 실행하는 것입니다. 왜 "동시에"가 중요한가 하면, 1초라도 시간이 지나면 이 두 값이 어떻게 변동될지 모르기 때문에 지금 확실하게 알려진 두 값을 활용해서 거래를 확정해야 하기 때문입니다. 한편 이 거래의 궁극적 결과로, 내게 자산이나 부채는 아무것도 남지 않게 되며 오로지 현금만이 남게 됩니다. 이 현금 액수가 양수(+)면 그것이 바로 차익이 되는 것입니다.

동일한 자산을 동시에 싸게 사서 비싸게 팔았으니 필경 차익이 발생할 것입니다. 그런데 차익이 발생하는 시점 자체는 미래인데 어떻게 지금 그 차익 크기를 알 수 있는가 하면, 오늘 시점에서 모든 거래의 가격들이 확정되기에 아무런 불확실성이 없기 때문입니다. 거래의 일부가 미래 시점에 이루어져도 손익 계산은 오늘 시점에서 확정되기 때문에 거래의 (가격) 위험이 없습니다. 이렇게 손쉽게 공짜 이익, 즉 차익을 벌어들일 기회이니, 모든 합리적인 투자자들은 이 차익거래에 가담할 것으로 예상되어(재무금융에서는 그냥 이렇게 가정) 모든 선도 거래에서 선도 가격은 이 차익이 더 이상 발생할 수 없는 무차익 가격(no-arbitrage price)으로 결정되는 것입니다.

다시 본 문제로 돌아가면, 선도 거래 관련하여 두 개 값이 존재합니다. 하나는 이론적인 선도 가격인 995, 다른 하나는 실제 선도 가격인 1,050입니다. $1{,}050 > 995$이니, buy-low-sell-high 원리에 따라 일단 나는 995에 이 주식을 사고 또 동시에 이 주식을 1,050에 파는 거래를 하면 될 것 같습니다. C가 1,050의 선도 가격에 이 주식을 살 수 있다고 하니, 나는 C에게 이 주식 1주를 파는 선도 거래를 하면 됩니다. 그런데 995에 내가 이 주식을 사는 거래란 무엇을 말하는 것일까요? 이 995 수치가 나온 과정을 보면, $F_{t,T} = S_t \times e^{r(T-t)} = 900 \times e^{0.1\times(1-0)} = 995$ 임을 알 수 있습니다. 즉, 995란 수치의 출발점은 현재 그 주식 가격인 900입니다. 사실 995는 현재 가격 900의 미래 버전입니다. 즉, 현재 가격 900과 미래 가격 995는 동등한(equivalent) 값입

니다. 995는 현물 주가(spot stock price)와 관련된 값이고, 995가 1,050보다 작으니 995의 가격으로 뭔가 사야 한다면 이는 이 주식을 현물 거래로 사야 함을 의미합니다. 결국 995의 가격으로 주식을 산다는 것은, 미래가치 995와 동등한 현재 가격 900으로 그 주식을 현물 거래로 사야 함을 뜻합니다. 이는 중요한 내용이니 정리로 요약하겠습니다.

> **정리 3〉**
>
> 선도 거래에서 기초 자산의 실제 선도 가격 F와 그 자산의 이론 선도 가격 F^{Th}의 크기가 다를 때에는 다음과 같이 차익거래를 실행한다. 여기서 F^{Th}는 현물로 그 자산을 구입할 때의 취득원가에 (선도 거래 만기일까지의) 이자 등 기회비용을 더한 것으로 그 기초 자산의 현물 가격의 미래가치다. 즉, F^{Th}는 (선도 거래가 아닌) 현물 거래에 기반한 가격이다.
>
> **(ⅰ) $F > F^{Th}$이면 선도 거래로 기초 자산을 매도하고 현물 거래로 그 자산을 매수한다.**
> **(ⅱ) $F < F^{Th}$이면 선도 거래로 기초 자산을 매수하고 현물 거래로 그 자산을 매도한다.**

그런데 이 주식을 살 돈이 지금 내게 있나요? 있을 수도 없을 수도 있습니다. 그러므로 기준을 통일하기 위해, 모든 차익거래에서는 내가 아무것도 가지고 있지 않다고 가정하며 시작합니다. 즉, 주식이든, 현금이든 나는 현재 아무것도 보유하지 않고 있다고 가정한 후 이 거래들을 실행하고, 추후 모든 자산-부채 관계를 청산하고 남은 현금이 있다면 그 값이 바로 차익이라고 이해하는 것입니다. 그러므로 이 전제하에 나는 현재 현금이 없으니, 현물 거래로 이 주식을 사고 선도 거래로 이 주식을 팔기 위해서는 주식을 살 돈을 빌려야 합니다(선도 거래에서는 오늘 약속만 하고 만기일에 모든 거래가 실행되니 오늘 돈이 필요하지 않음).

오늘 (D로부터) $900을 연 이자율 10%로 차입하여 이 주식 1주를 사고, 동시에 이 주식을 $1,050에 1년 후 팔기로 C와 선도 거래를 맺습니다. 즉, 현물 거래와 선도 거래를 오늘 동시에 합니다(1년 후 D에게 원금과 이자 $900 \times e^{0.1\times(1-0)} = 995$를 갚아야 합니다). 이처럼 오늘 현물 거래와 선도 거래를 끝내고 나면 오늘 내게는 아무런 현금이 남지 않습니다. 오늘 내가 매수한 주식도 1년 후 C에게 넘겨야 하니, 사실상 오늘 이 차익거래 결과 내게 (계속) 남은 것은 전무한 것이나 마찬가지입니다. 이제 1년 후 C에게 이 주식을 넘기고 1,050을 받습니다. 그리고 D에게 차입금 900에 이자를 합쳐 995를 갚습니다. 이렇게 해서 부채 관계가 청산되면 내게는 1,050 − 995 = 55만큼의 차익이 발생합니다. 이 차익의 크기는 애초 예상했던 55와 정확히 일치합니다. ▣

그런데 잠깐, 좀 이상한 게 있지 않나요? 오늘 D로부터 $900을 이자율 10%로 차입하여 이 주식 1주를 산다고 했는데, 도대체 D가 누굽니까? 네, 좋은 질문입니다. 가장 편리한 예로는 그냥 은행에서 돈을 신용대출 받는 것입니다. 즉, D는 어떤 은행입니다. 단, 대부분 개별 경제 주체의 신용도는 정부의 신용도만큼 높지 않기에 위 예제에서 주어진 1년 무위험 (현물) 이자율 10%로는 자금을 빌릴 수 없습니다.[11] 즉, 은행에서는 차입자에게 더 높은 이자율을 부과할 것입니다. 그러므로 누군가 은행에서 돈을 빌린다면 10%보다 더 높은 이자율이 적용될 것입니다. 심지어 차입자가 은행인 경우에도 마찬가지입니다. 만일 내가 금융기관이고 이 기관이 한국은행에서 돈을 빌린다면 무위험 이자율 10%보다 다소 높은 이자율로 자금을 빌릴 수 있을 것입니다. 이런 식으로 지속하다 보면, 차입자가 (대한민국 정부와 같은) 무위험 기관이 아닌 한 정확히 무위험 현물 이자율 10%로 자금을 차입하기는 불가능합니다. 그러므로 재무금융 이론에서는 원활한 이론 전개를 위해 "편의상" 다음을 "가정"합니다. 어느 차입자라도, 마치 신용위험이 전혀 없는 차입자처럼, 무위험 이자율로 자금을 차입할 수 있다라고 가정합니다. 마찬가지로 자금을 빌려 줄(투자할) 때에도 무위험 이자율로 빌려 줄(투자할) 수 있다고 가정합니다. 이 두 번째 가정은 현실적입니다. 정부가 발행한 채권을 내가 사면, 바로 무위험 이자율로 내 돈을 빌려주거나 투자하는 것이기 때문입니다.

정리 4〉

차익거래에서는 모든 투자자가 무위험 이자율로 자금을 빌리거나 빌려 줄 수 있다고 가정한다.

---

[11] 정부는 필요시 화폐를 찍어 낼 수 있기에 신용위험이 전혀 없는 경제 주체이지만, 정부를 제외한 모든 경제 주체는 최소한의 신용위험을 지니고 있습니다.

그런데 현실은 위 가정과 다르기에, 위 가정을 전제로 한 재무금융 이론이 현실에서도 성립하는지는 따져 봐야 합니다. 이런 연구를 실증(분석) 연구라 하는데, 학계에서는 이런 실증 연구가 많이 이루어지고 있습니다. 이자율을 주제로 하는 실증 연구뿐 아니라 다양한 주제의 실증 연구도 많이 진행되고 있습니다.[12]

이제 차익거래와 관련하여 조금 까다로운 질문(challenging question)을 해 볼까요? 위 예제의 차익거래에서는 차익이 미래 시점에서 확보되었습니다. 즉, 선도 거래의 만기일인 1년 후 시점에서 55의 차익이 확보되었습니다. 그런데 엄격한 의미의 차익거래는 차익 실현이 지금 당장이라도 가능해야 합니다. 그렇다면 위 예제의 미래 차익 55는 어떻게 지금 당장 실현될 수 있을까요? 이에는 두 가지 방법이 있습니다. 첫째 방법은 일단 위 차익거래를 끝낸 다음, 미래 차익을 현재화하여 실현하는 것입니다. 즉, 차익을 오늘 실현하기 위해 2단계에 걸쳐 차익거래를 완성하는 것입니다. 둘째 방법은 지금 당장 차익 실현이 가능하도록 차익거래 전략을 설계하는 것입니다. 이 방식은 차익을 오늘 실현하기 위해 2단계가 아닌 한 번에 차익거래를 완성하는 것입니다. 이 두 방식을 차례로 알아보겠습니다.

> 질문 2-6〉 현재 주식 B의 가격은 \$900, 1년 (현물) 이자율은 0.1, 그리고 1년 후 이 주식을 거래하는 어느 선도 거래에 있어 거래자 C는 이 주식을 매수하든지 매도하든지 1주당 \$1,050으로 거래할 의사가 있다고 합니다. 내가 C와의 선도 거래를 통하여 차익거래를 실행하려면 어떻게 해야 할까요? 단, 차익은 반드시 오늘 실현되어야 합니다.

첫 번째 방식으로, 차익거래로 미래 차익을 확보한 후에 그 차익을 현재화하는 방법을 설명하겠습니다. 위 예제의 경우 1년 후 현금 55가 확보되었습니다. 그렇다면 이 현금을 감안하여 나는 오늘 시점에서 대출받을 수 있습니다. 이 미래 현금에 상당하는 오늘 현금 액수는

$$55 \times e^{-0.1\times(1-0)} = 49.77$$

---

[12] 재무금융 이론을 새로 만들어 내는 이론 연구보다 이런 실증 연구가 대부분 학자들에게 더 용이하기 때문이기도 합니다.

입니다. 즉, 오늘 현금액 49.77과 1년 후 현금액 55는 동등한 가치를 지니고 있습니다. 그러므로 1년 후 내가 확보할 현금액 55를 내 상대방에게 확인시켜 준 후 그 상대방으로부터 49.77을 빌릴 수 있습니다. 이 현금이 바로 내가 오늘 실현할 차익입니다. 1년 후에는, 내 차익 55를 그 상대방에게 주면 이 시점의 내 순현금=0이 됩니다. 즉, 나는 오늘 49.77의 차익을 얻고 1년 후 내 순자산=0이 됩니다. 이렇게 미래 차익을 오늘 차익으로 만들 수 있습니다.

위 설명을 보다 professional 하게, 보다 재무금융적으로 설명하면 다음과 같습니다. 나는 위 차익거래 1단계를 일단 실행합니다. 1년 후 차익 55가 발생할 그 차익거래 말입니다. 그 직후 1년 만기 무이표채를 49.77만큼 공매도합니다. 이 공매도로 인해 나는 공매도 상대방에게 1년 후 55를 지급해야 합니다. 그 상대방이 실제로 1년만기 무이표채를 오늘 매수한다면, 그 사람은 1년 후 그 무이표채의 액면가 55를 받을 권리가 있기 때문입니다. 이 채권의 1년 수익률=0.1이기에 그렇습니다. 이렇게 오늘 그 채권을 공매도하여 49.77을 얻고, 1년 후에는 내가 얻을 공짜 이익 55의 현금을 그 공매도 상대방에게 지불하면 됩니다. 그러면 오늘 공매도로 인한 내 부채가 완전히 청산되고, 이 미래 시점의 내 순자산=순부채=0이 됩니다.

이제 차익을 오늘 한 방에 실현할 두 번째 방법을 설명하겠습니다. 한 번의 차익거래로 오늘 차익을 실현하기 위해서는, 오늘 내 차익거래 규모를 이에 맞게 조정하면 됩니다. 미래 얻을 차익 55는 미래 이 주식의 주가가 어떤 값이 되든지 상관없이 내가 확정적으로 얻을 차익입니다. 그렇다면 이 55를 (무위험) 이자율 0.1로 할인하여 산출되는 수치가 바로 이 차익의 현재가치가 됩니다. 즉, $55 \cdot e^{-0.1} = 49.77$이 차익의 현재가치고, 현재 시점에서 이 현재가치를 차익으로 실현하도록 차익거래를 설계하겠습니다.

먼저 오늘 (D로부터) $900을 차입하지 않고, 900+49.77=$949.77을 연율 10%로 차입하고 이 주식 1주를 $900에 사고, 동시에 이 주식을 $1,050에 1년 후 팔기로 C와 선도 거래를 맺습니다. 그러면 내 수중에는 $49.77이 남게 되는데, 나는 이 현금을 내 차익으로 챙깁니다. 이렇게 별도로 내 차익을 챙겨 놓고도 선도 거래 만기일의 내 순자산=순부채=순현금흐름(net cash flow)이 0이 되면 내 차익거래가 완전함이 입증되는 것입니다. 이를 입증하겠습니다. 나는 1년 후 D에게 원금과 이자 $949.77 \times e^{0.1} =$

1,050을 갚아야 합니다. 실제로 나는 1년 후 C에게 이 주식을 인도하고 1,050을 받습니다. 그리고 D에게 원리금 1,050을 갚습니다. 이렇게 해서 선도 거래 만기일 내 순현금흐름은 0이 되고, 오늘의 차익은 $49.77로 확정되는 것입니다

이 두 번째 방식을 보다 professional 하게, 보다 재무금융적으로 설명하면 다음과 같습니다. "오늘 D로부터 $949.77을 연율 10%로 차입하고"를 다음과 같이 바꾸면 됩니다. "오늘 D에게 1년만기 무이표채를 949.77만큼 공매도합니다"로. 이렇게만 바꾸어 주면 오늘 차익 $49.77을 실현하는 위 차익거래와 똑같은 결과가 도출됩니다. ▣

그러므로 미래 실현할 차익을 오늘 실현하기 위해서는 다음과 같은 방법을 활용하면 됩니다.

> **정리 5〉 차익거래를 통해 미래에 얻을 차익을 오늘 실현하는 방법**
>
> (i) 미래 차익의 현재가치에 해당하는 현금액을 무위험 이자율로 차입
> (ii) 혹은 미래 차익의 현재가치와 동일한 가격의 무이표채를 공매도
>
> 이렇게 하여 오늘 실현될 차익의 크기는 미래 실현될 차익의 현재가치(PV)에 해당합니다.

한편 위에서도 언급했지만, 여러분을 비롯한 대부분의 경제 주체는 신용위험이 0인 경제 주체가 아니기 때문에 내 차입 이자율은 무위험 이자율에다 (신용) 위험 프리미엄이 더해집니다. 그러므로 위에서 가정한 "내 차입 이자율=무위험 이자율"은 문제가 있습니다. 이 문제를 조금 살펴보고 다른 주제를 논의하겠습니다. 이 문제는 응용문제이고 매우 실무적인 문제이므로, 다소 어렵게 여겨지면 skip 해도 됩니다.[13]

---

[13] 여러분의 마음의 평화를 위해 참고로 언급하면, 선물 관련 학교 시험이나 외부 시험에서 이런 문제는 아마도 출제되지 않을 것입니다.

참고 1〉 나의 차입 이자율과 무위험 이자율이 다르면?

이 문제는 꽤 실무적이고 "challenging"한 문제입니다. 만일 내게 돈을 빌려주는 대출자가 나에게 무위험 이자율을 초과하는 대출 이자율을 부과하면, 미래 차익을 무위험 이자율로 할인한 수치와 오늘 내가 실현하는 차익의 수치가 다릅니다. 마찬가지로, 위에서 내가 무위험 무이표채를 공매도한다고 가정했는데, 나는 대한민국 정부처럼 신용위험이 0인 경제 주체가 아니기에 나의 공매도는 (즉, 내가 1년 후 1,050을 갚겠다고 하는 내 약속은) 위험 없는 약속이 아닌 것입니다. 그러므로 나는 마치 정부처럼 그 무위험 이자율로 돈을 빌리거나 채권을 공매도하거나 발행할 수 없습니다(채권 공매도는 채권 발행과 동일합니다. 현금흐름 관점에서). 그 결과 미래 차익을 무위험 이자율로 할인한 수치와 오늘 내가 실현하는 차익의 수치가 다르게 됩니다. 이를 일반적으로 입증하겠습니다. 편의상 여기서는 이산복리법을 사용하는데, 연속복리법을 사용해도 "다르다"는 결과는 같습니다.

내게 적용될 차입 이자율이 무위험 이자율 r이 아니고 $r+a$라 하겠습니다($a>0$). 현재 기초 자산 가격이 S이고 선도 가격이 F인데 $F>S(1+r+a)$라 합시다. F가 $S(1+r+a)$보다 크기에 이 식을 등식으로 만들면 $F=S(1+r+a)+G$라 할 수 있습니다(G > 0). 즉, $G=F-S(1+r+a)$입니다. 오늘 나는 그 자산을 F에 파는 선도 거래를 맺고 또 대출자로부터 S만큼 빌려 그 자산을 삽니다. 선도 거래 만기일에 그 자산을 선도 거래 상대방에게 F의 가격으로 인도하고 내 차입금의 이자까지 다 갚으면 내게는 $F-S(1+r+a)=G$만큼이 남습니다. 이 미래 차익은 확정된 것이므로, 즉 아무 불확실성이 없으므로, 이를 현재가치로 환산하려면 무위험 이자율 r을 써서 $\frac{G}{1+r}$가 됩니다. 아무 위험이 없는 미래 현금을 무위험 이자율보다 더 높은 할인율을 사용하여 현재가치로 환산할 필요가 없고 나아가 그렇게 환산하면 안 됩니다.

한편 오늘 바로 차익을 실현하는 방식으로 차익거래를 해보겠습니다. 오늘 나는 그 자산을 F에 파는 선도 거래를 맺고 또 대출자로부터 (S + B)만큼 빌려(B > 0) 이 중 S만 지불하고 기초 자산을 사면 내게는 B만큼의 현금이 남습니다. 이것이 공짜 이익이 되려면, 선도 거래 만기일에 내 순현금흐름 = 0이 되도록 하면 됩니다. 만기일에 그 자산을 선도 거래 상대방에게 F의 가격으로 인도하고 내 차입금의 이자까지 다 갚으면 $F-(S+B)(1+r+a)=0$이 되어야 합니다. 곧 $F-(S+B)(1+r+a)=F-$

$S(1+r+a)-B(1+r+a)=0$입니다. 그런데 이 식 좌변에서 $F-S(1+r+a)=G$이므로, 바로 $G-B(1+r+a)=0$이 됩니다. 그러면 $B=\frac{G}{1+r+a}<\frac{G}{1+r}$이므로, B와 $\frac{G}{1+r}$는 차이가 납니다. 즉, 내가 오늘 실현할 차익 규모 B는, 내가 1년 후 실현할 차익 규모 G를 단순히 무위험 이자율 r로 할인한 값이 아니라(이때 분모는 $1+r$), 내 신용위험을 감안한 "$r+a$"로 할인한 수치가 됩니다(이때 분모는 $1+r+a$).

단, 재무금융 이론에서는, 혹은 재무금융 교재에서는 편의상 (정부를 포함한) 모든 경제 주체가 무위험 이자율로 차입 혹은 대출할 수 있다는 가정 아래 논의를 전개합니다. ▣

(2) 배당이 있는 경우

이제 위에서 논의한 경우보다 조금 복잡해 보이는, 하지만 원리는 동일한, 배당금을 주는 주식(dividend-paying stock)의 경우를 봅시다. 배당에도 현금 배당과 주식 배당이 있는데 여기서는 현금 배당을 논의하고, 주식 배당(stock dividend)은 주식 분할(stock split)을 논의할 때 설명합니다. 현재 주가 10만원인 주식 B를 구입하면 3개월 후 배당금으로 1,000원을 받는다고 가정합니다. 이 주식 1주를 선도 거래를 통해 1년 후에 받게 된다면 선도 가격은 어떻게 결정되어야 할까요? 투자자 A가 선도 거래를 통해 선도 가격 F로 1년 후 이 주식 1주를 구입하면, 1년 후 시점에서 이 주식 1주를 보유하기 위해 F의 가격을 지불하는 셈입니다. 이 가격을 지불하고 주식 1주만을 얻을 뿐, (3개월 후 받게 될) 배당금은 받을 수 없습니다. 반면 오늘 10만원을 지불하고 주식 1주를 구입하면, 3개월 후에 배당금 1,000원을 받으므로, 선도 거래 만기일인 1년 후에는 주식 1주와 배당금 1,000원을 보유하게 됩니다. 더 정확히는 3개월 후 받은 배당금 1,000원을 선도 거래 만기까지 잔여 기간(9개월) 동안 연이자율 r로 투자하면, 1년 후 A는 주식 1주와 현금 $1{,}000\times\left(1+r\times\frac{9}{12}\right)$를 보유합니다.

그러므로 현물 거래의 총비용은 세 가지 비용 혹은 혜택을 모두 반영해야 합니다. 이 총비용은 가시적 비용과 기회비용으로 구성되는데, 전자는 주식 취득원가인 10만원입니다. 후자 기회비용은 조금 복잡합니다. 주식 구입에 10만원을 소비함으로써 그에 대한 이자를 포기하는 손실이 발생하는 반면, 이 주식 구입으로 배당금 $1{,}000\times\left(1+r\times\frac{9}{12}\right)$를 받는 이익이 발생하므로, 순기회비용은 10만원에 대한 이자에서 $1{,}000\times\left(1+r\times\frac{9}{12}\right)$를 차감한 액수가 됩니다. 즉, 순기회비용은 기회비용에서 기회이익을 차감한 값이 됩니다(기회이익은 opportunity benefit이라 합니다). 그러므로 이 선도 거래의 선도 가격은 다음과 같은 식으로 표시될 수 있는데, 여기서 D는 현금 배당액, t는 오늘 시점, 그리고 t_1는 배당금 수령 시점, T은 선도 거래 만기일입니다($t < t_1 < T$).

> ➢ 식 3〉 배당이 있는 경우 선도 가격
>
> $$F_{t,T} = S_t\big(1 + r(T - t)\big) - D(1 + r(T - t_1)).$$

또 연속복리이자율을 사용한다면, 위 식은 다음과 같이 표현될 수 있습니다.

> ➢ 식 4〉 배당이 있는 경우 선도 가격 (연속복리)
>
> $$F_{t,T} = S_t \cdot e^{r(T-t)} - D \cdot e^{r(T-t_1)}.$$

여기서 유의할 사항이 있습니다. 현재 모든 만기에 대한 (현물) 이자율들이 연율 r이라는 것과, 미래 시점의 (현물) 이자율이 r인 것은 서로 다른 의미입니다. 일단 후자의 경우, 즉 미래 배당을 받을 시점인 3개월 후 시장에서 실현될 이자율들은 현재로서는 알 수가 없는, 일종의 확률 변수(random variable)입니다. 이런 점에서 식 (3)과 식 (4)는 정확하지는 않은 표현으로 보입니다. 이를 정확히 표현하려면, 배당받을 3개월 후 시점에서 존재할 (선도 거래 만기까지의) 9개월 현물 이자율을 r 대신 사용해서 배당금 D의 미래가치를 산정해야 합니다. "the then prevailing interest rate"을 r로 사용해야 한다는 것입니다.

그런데 채권과 이자율을 공부하다 보면, 미래 두 시점 동안의 불확실한 이자율을 확정하는 방법이 있음을 알게 됩니다. 두 미래 시점 사이에 적용될 이자율을 현재 시점에서도 확정할 수 있는데. 현물 이자율들로부터 산출되는 선도 이자율(implied forward rates)이 바로 그것입니다. 네, 맞습니다. 여기서도 선도(forward)라는 개념이 사용됩니다. 그리고 현재 시장의 모든 현물 이자율이 (연율) r이면, 모든 미래 시점들 사이에 적용될 선도 이자율도 r이 되며, 이 또한 무위험 차익거래에 의해서 보장됩니다. 이 내용은 채권과 관련된 내용으로 여기까지만 간략히 설명하며, 결국 시장의 모든 현물 이자율이 r이면 (3), (4)와 같은 식을 사용해도 됩니다. 참고로 선도 이자율에 대한 자세한 설명은 다음 절 3절에 있습니다.

교재에 따라서는 이런 복잡한 배경을 설명하지 않고 다른 방식을 채택합니다. 이 방식에 따르면, 미래 배당금의 현재가치를 구하고, 이 현재가치를 다시 선도 거래 만기일까지 투자하여 미래가치를 구합니다. 왜냐하면 이 방식을 통하면, 미래 두 시점을 연결하는 미래 이자율이 개입되지 않고, 현재 우리가 알고 있는 현물 이자율들만 사용해서 미래 받을 배당금의 (더 먼) 미래가치를 알 수 있기 때문입니다. 그런데 수익률 곡선이 r에서 수평일 때는, 즉 모든 현물 이자율들이 r이라면, 이 방식을 사용해도 식 (4)와 같은 결과가 나옵니다. 즉, 현재 시점($t = 0$)에서 3개월 이자율은 r이므로 미래 배당금의 현재가치는 $D \cdot e^{-r(t_1 - t)}$임을 알 수 있습니다. 이 금액을 선도 거래 만기인 T년 후까지 이자율 r로 투자하면 $D \cdot e^{-r(t_1 - t)} \times e^{r(T-t)}$가 되는데, 이 금액은 결국 $D \cdot e^{-r(t_1 - t) + r(T-t)} = D \cdot e^{r(T - t_1)}$이 되므로 식 (4)와 일치합니다[단, 식 (3)을 이용하면 이것이 완벽히 성립하지는 않는데, 이는 연속복리와는 달리 이산복리법이 비체계적이라는 한계가 있기 때문].

이제 이런 'dividend-paying stock'에 대한 차익거래 예제를 하나 풀어보겠습니다.

예제 2-2〉

현재 주식 B의 주가는 $900인데 이 주식은 3개월 후 1주당 $50의 현금 배당이 예정되어 있습니다. 그리고 모든 만기에 걸쳐 (현물) 이자율은 0.1입니다. 1년 후 이 주식을 거래하는 어느 선도 거래에 있어 거래자 C는 이 주식을 매수하든지 매도하든지 1주당 $995로 거래할 의사가 있다고 합니다. 이 상황에서 가능한 차익거래를 제시하십시오. 단, 선도 거래의 규모는 1주로 제한합니다. 그렇지 않으면 선도 거래 규모에 따라 차익 규모가 달라지기 때문입니다.

이 상황에서 이론적으로 정확한 선도 가격 수식은 다음과 같습니다.

$$F_{t,T} = S_t \cdot e^{r(T-t)} - D \cdot e^{r(T-t_1)}.$$

여기서 $r = 0.1,\ T = 1,\ t = 0,\ t_1 = 0.25,\ S_0 = 900,\ D = 50$이므로 이론적인 선도 가격은

$$
\begin{aligned}
F_{t,T} &= F_{0,T} \\
&= 900 \cdot e^{0.1(1-0)} - 50 \cdot e^{0.1(1-0.25)} \\
&= 994.65 - 53.89 \\
&= 940.76
\end{aligned}
$$

입니다. 그런데 C는 995의 선도 가격으로 이 주식을 매수 혹은 매도하는 선도 거래를 할 의향이 있습니다. 이론적으로 맞는 선도 가격은 940.76이므로 C의 선도 가격은 과대평가된 것입니다. 그러므로 나는 이 차익거래 기회를 이용하여, 비싼 가격으로 이 주식을 팔고 싼 가격으로 이 주식을 사면 됩니다. 즉, 이 주식 1주를 995의 가격으로 팔고, 동시에 이 주식을 940.76에 삽니다. 이를 위해 C에게 선도 거래를 통해 1년 후 이 주식 1주를 995에 팔기로 합니다. 그런데 이 주식을 940.76에 사려 하는데 어떻게 이를 실행할 수 있을까요? 940.76에 팔겠다는 사람이 없는데 말입니다. 네, 이 940.76이란 값은 현재 주가 900으로부터 나온 것으로 900의 미래가치입니다. 그러므로 이 주식을 940.76에 사겠다는 것은 곧 지금 이 주식을 현재 주가 900으로 1주 사겠다는 의미가 됩니다.

그러면 900이라는 현금을 나는 어떻게 마련할까요? 차익거래 실행 시 나 같은 차익거래자(arbitrageur)는 아무런 현금도 아무런 자산도 없다고 가정하는데 말입니다. 네, 그 자금은 빌리면 됩니다. 재무금융적으로 말하면, 무이표채(zero-coupnd bond)를 공매도하면 됩니다. 어떤 무이표채를 얼만큼? 1년 후 만기가 되는 무이표채를 900만큼 A에게 공매도합니다. 지금 1년 현물 이자율이 0.1이니 1년 후 나는 A에게 $900 \times e^{0.1\times(1-0)} = 994.65$를 지급하면 됩니다. A가 실제로 그런 무이표채를 매수했더라도 그 무이표채로부터 1년 후 만기 시점에 받을 금액, 즉 이 무이표채의 액면가(par)는 994.65이기 때문입니다. 어떻게 아냐구요? 애초에 이 무이표채의 액면가 X와 현재 가격 900으로부터 역산되어 1년 현물 이자율이 산출되었던 것인데 그 이자율이 0.1이므로, 이를 적용하면 $900 \times e^{0.1\times(1-0)} = 994.65 = X$이므로 이 무이표채의 액면가는 994.65임이 확인됩니다.

그리고 아직 하나 더 할 것이 있습니다. 바로 3개월 후 받게 될 배당금 50에 대한 처리입니다. 물론 3개월 후 50을 받아서 그때 이 현금을 남은 9개월 동안 예치할 수 있습니다만, 3개월 후의 9개월짜리 현물 이자율을 아무도 모릅니다. 그러므로 3개월 후 내가 받을 50의 현금이 1년 후 얼마만큼의 현금으로 변할지 불확실합니다. 차익거래에서는 이런 불확실성이 존재하면 안 되며 모든 것이 확실하고 확정되어야 합니다. 이 불확실성을 제거하기 위해, 나는 또 하나의 선도 거래를 합니다. 즉, 내가 3개월 후 D에게 50을 빌려 주고(투자하고) 1년 후 D로부터 특정 금액을 받는 선도 거래를 해야 합니다. 그런데 모든 만기의 현물 이자율이 0.1로 주어져 있으므로, 이 선도 거래의 9개월 이자율 또한 (연) 0.1로 결정됩니다(이 부분은 추후 선도 이자율 논의 때 설명). 이 선도 거래를 통해, 3개월 후의 나의 배당금 50은 1년 후의 현금 $50 \times e^{0.1\times(1-0.25)} = 53.89$가 됩니다.

이제 오늘의 차익거래를 요약해 보겠습니다. 아래의 모든 거래는, 현물 거래든 선도 거래든 "오늘" 맺는 것입니다. 그럼으로써 오늘 현재 모든 가격들이 확정됩니다.

(i) 액면가 994.65이고 현재 가격이 900인 무이표채를 오늘 A에게 공매도한다. (나는 1년 후 A에게 994.65를 지불해야 한다)

(ii) A에게 무이표채를 공매도하여 받은 900으로 이 주식 1주를 산다.

(iii) 이 주식 1주를 1년 후 C에게 955의 가격으로 매도하는 선도 거래를 오늘 맺는다.

(iv) 3개월 후 현금 50을 D에게 빌려 주고 1년 후 D로부터 53.89를 받는 선도 거래를 오늘 맺는다.

3개월 후 나의 거래는 다음과 같습니다.

(v) 배당금 50을 받아 D에게 연 이자율 0.1로 빌려 준다.

그러므로 3개월 후 이 거래로 인한 내 현금흐름은 0입니다. 50 받아서 바로 D에게 빌려 주었기 때문입니다.

1년이 지났습니다. 이 시점에서 나의 현금흐름은 어떻게 될까요? (i), (ii)를 통해 나는 주식 1주를 1년간 보유해 왔는데, 이 주식을 (iii)에 의거하여 C에게 955에 팝니다. 또한 (iv)에 의거하여, D로부터 53.89를 받습니다. 또한 (i)에 의거하여 A에게 994.65를 지불합니다. 그러면 이 시점의 내 현금흐름은 다음과 같습니다.

$$995 + 53.89 - 994.65 = 54.24.$$

즉, 이 시점에서 내가 부채 관계를 모두 청산하면 54.24가 남는데, 이것이 내 차익거래로 인해 내가 얻는 차익의 크기입니다. 이 수치는 어떤 수치와 관련 있을까요?

애초 내가 계약한 선도 거래의 선도 가격 995와 (이론적으로 맞는) 940.76의 차이가 바로

$$995 - 940.76 = 54.24$$

입니다. 즉, C가 차익거래 이론을 모르고 제시한 선도 가격 995와 차익거래 이론을 아는 내가 산출한 940.76의 차이가 바로 내가 얻은 차익의 크기가 됩니다.[14] ■

만일 기초 자산인 주식의 두 번의 배당금 D_1과 D_2가 시점 $t_1(< t_2)$과 $t_2(< T)$에 각각 지급된다면 이 자산의 선도 가격은 다음과 같은데, 이는 위에서 공부한 내용을 그대로 반영한 것이므로 증명은 생략합니다.

$$F_{t,T} = S_t \cdot e^{r(T-t)} - D_1 \cdot e^{r(T-t_1)} - D_2 \cdot e^{r(T-t_2)}.$$

마찬가지로 이 주식의 N번의 배당금 $D_1, D_2, D_3, \cdots, D_N$이 시점 $t_1, t_2, t_3, \cdots, t_N(< T)$에 각각 지급된다면$(t_i < t_{i+1},\ i = 1, 2, 3, \cdots, N-1)$, 이 주식의 선도 가격은 다음과 같습니다.

정리 6〉 다수 현금 배당의 경우

$$F_{t,T} = S_t \cdot e^{r(T-t)} - \sum_{i=1}^{N} \left[D_i \cdot e^{r(T-t_i)} \right].$$

(3) 연속 배당

한편 배당금을 1회성 혹은 몇 번 지급하지 않고 "연속적으로(continuously)" 지급하는 경우는 어떻게 될까요? 또 재무금융에서 "연속적으로 배당을 지급하는 경우"란 어떤 경우일까요? 참고로 이 논의는 다소 지루할 수 있으니 여러분의 집중을 요합니다.

---

[14] 참고로 미래 두 기간에 자금을 투자 혹은 차입할 때의 이자율을 현재 시점에서 확정하기 위해서는 이자율 스왑(interest rate swap)을 이용할 수도 있습니다.

연속복리(continuous compounding)를 생각해 보면 참고가 됩니다. 연속복리를 정의하는 식을 먼저 소환해 보겠습니다.

$$\lim_{k\to\infty}\left(1+\frac{r}{k}\right)^k = (2.718281828\cdots)^r = e^r.$$

위 식의 뜻을 다시 한번 생각해 보겠습니다. 여러분이 어느 은행의 1년 정기예금에 현금 1을 예치한다고 하겠습니다. 이 정기예금의 (연)이자율은 r입니다. 단, 이 예금은 연속복리를 적용하여 이자를 지급합니다. 그러면 이것이 무슨 의미일까요? 찰나와도 같은 짧은(infinitesimally small) 시간이 경과할 때 이자를 지급합니다. 그러면 이 시간이 경과하면 원금 1에 그 이자가 더해져 1보다 더 큰 수치 $x_1(>1)$이 됩니다. 다시 또 찰나와도 같은 짧은 시간이 경과하면 또 이자를 지급합니다. 그러면 이 시간이 경과하면 원금 x_1에 그 이자가 더해져 x_1보다 더 큰 수치 x_2가 됩니다. 이 과정이 1년 내내 지속될 때 연속복리 원리금이 산출됩니다.

더 상세히 설명해 보겠습니다. 이 찰나와도 같은 시간에 이 정기예금은 얼마의 이자를 지급해야 할까요? 1년 이자율이 r이고 원금이 1이니, 1년 전체에 걸쳐 지급할 이자는 $1\times r=r$입니다. 또한 매우 짧은 기간의 이자율은 당연히 r보다 작을 것입니다. 가령 1년을 $k(>1)$개의 기간으로 나눈다면 그 중 한 기간에 해당하는 이자율은 r이 아니고 $\frac{r}{k}$입니다. 가령 1년을 두 기간으로 나눠 이자를 지급한다면, 즉 $k=2$라면, 6개월에 대한 이자율은 $\frac{r}{2}$입니다. 마찬가지로 1년을 세 기간으로 나눠 이자를 지급한다면, 즉 $k=3$이라면, 4개월에 대한 이자율은 $\frac{r}{3}$입니다. 일반적으로 1년을 k 기간으로 나눠 이자를 지급한다면 한 기간에 대한 이자율은 $\frac{r}{k}$입니다. 이때 각 기간별 원리금이 어떻게 산출될까요?

각 기간의 이자율이 $\frac{r}{k}$이므로, 애초의 원금 1이 처음 한 기간이 지나면 $1\times\left(1+\frac{r}{k}\right)=1+\frac{r}{k}$로 증가합니다. 다시 한 기간이 지나면 이 새로운 원금을 대상으로 이자율 $\frac{r}{k}$을 적용하므로 새 원금은 $\left(1+\frac{r}{k}\right)\times\left(1+\frac{r}{k}\right)=\left(1+\frac{r}{k}\right)^2$으로 증가합니다. 동일한 원리로 다시 한 기간이 지나면 새 원금은 $\left(1+\frac{r}{k}\right)^3$으로 증가합니다. 1년 동안 이런 식으로 원금이 계속 증가하고, 1년에 k개의 기간이 있으므로 1년 후의 원금, 즉 최종 원리금은

$\left(1+\frac{r}{k}\right)^k$가 됩니다. 그런데 연속복리란 1년에 이 k개 기간이 무한히 많은 경우($k \to \infty$)를 전제하기에, 연속복리에서 1년 후 이 원리금은 다음과 같이 산출됩니다.

$$\lim_{k\to\infty}\left(1+\frac{r}{k}\right)^k = (2.718281828\cdots)^r = e^r$$

이 연속복리를 기억하면서 이제 연속 배당에 대해 공부해 보겠습니다. 상세히 설명하니 여러분의 집중을 요합니다. 먼저 배당수익률(dividend yield) 개념을 파악해 봅시다. 어느 기업에서 그 주주들에게 매년 배당을 지급한다고 합시다. 이때 매년 동일한 현금액을 배당을 주는 것은 비합리적입니다. 주가가 매년 달라지기 때문입니다. 가령 주가가 100일 때 배당금을 1만큼 줄 수 있습니다. 그런데 5년 후 주가가 200으로 상승해도 1의 배당금을 주는 것이 합리적일까요? 10년 후 주가가 600으로 상승하거나 40으로 하락해도 1의 배당금 액수가 여전히 합당할까요? 그렇지 않을 것입니다. 현 주가의 일정 비율, 가령 현 주가의 1%를 배당으로 지급하는 것이 더 합리적이지 않을까요? 이때 배당금을 현 주가로 나눈 값을 배당수익률(dividend yield)이라 합니다. 가령 현 주가가 200인데 1년간 2를 배당으로 주면 배당수익률은 1%입니다.[15]

어느 기업이 주주들에게 특정 (연) 배당수익률 q로 배당을 준다고 가정하겠습니다. 가령 $q = 0.02$이면 매년 기준 주가의 2%만큼 현금 배당을 준다는 뜻입니다. 그런데 1년에 한 번이 아니고 두 번에 나누어서 배당을 준다면 어떻게 될까요? 가령 올해 1월 2일과 7월 1을 배당 기준일로 삼고 배당수익률 $q = 0.02$로 설정하면 구체적으로 배당을 얼마 주면 될까요? 1월 2일 주가가 100이고 7월 1일 주가가 150이라 합시다. 매 6개월의 배당수익률은 $0.5 \times q = 0.5 \times 0.02 = 0.01$이 되므로, 첫 번째 배당금은 $100 \times 0.01 = 1$이고 두 번째 배당금은 $150 \times 0.01 = 1.5$가 될 것입니다.

그런데 단순히 여러 번이 아니라 무한대로 여러 번 배당을 준다면? 즉, 1초보다도 짧은 찰나와 같은 각 기간마다 연 배당수익률 q로 배당을 준다면 이는 어떤 의미가 될까요? 그 의미는 다음과 같습니다. 편의상 가장 짧은 시간=1초라 하고, 1초를 dt하겠습니다. 그러면 $dt = \frac{1}{365\times24\times60\times60} = 0.000000031$(년)이 되고, 1년 영업일 250

---

[15] 물론 1년 중 어느 시점을 배당의 기준으로 할 것이냐의 문제가 있습니다만, 매년 특정 시점, 시기의 주가를 기준으로 하면 별 문제 없습니다. 특정 시점이 아닌 시기(period)의 경우 그 시기의 평균 주가를 기준으로 할 수 있습니다.

일과 1일 영업시간 6시간만을 고려하면 $dt = \frac{1}{250\times6\times60\times60} = 0.000000185$(년)이 됩니다. 사실 dt는 미분 개념으로 1초보다도 더 짧은 무한소(infinitesimally small) 시간 개념으로 0에 무한히 가까운 값이지만 편의상 이 정도로 하겠습니다. 또 0.5년 기간의 배당수익률은 $q \times 0.5$가 되고, n(년)의 배당수익률은 $q \times n$이 되듯이(n이 1보다 크거나 작을 수도), $dt = 0.000000185$(년)의 배당수익률은 $q \times dt$가 됩니다.

최초 시점을 0, 현재 시점을 $t(> 0)$, 현 주가를 S_t라 합시다. 그러면 dt 기간의 배당금은 주가 S_t에 배당수익률 $q \times dt$를 곱해서 $S_t \cdot q \cdot dt$입니다. 이 배당금으로 다시 그 주식을 매수한다고 합시다. 그 결과로 산출되는, 시점 t의 주식 수를 X_t라 하겠습니다. 즉, 애초 $t = 0$에서 $X_0 = 1$이고, $0 < t \leq T$ 시점에서는 $X_t > 1$이 될 것입니다. 다시 말하면 시점 t의 {주가, 주식 수} = $\{S_t, X_t\}$입니다. 이 시점에서 지급할 1주당 배당금은 1주당 $S_t \cdot q \cdot dt$인데, 주식 수가 X_t이므로 X_t주에 대한 총배당금은 주식 수에 1주당 배당금을 곱한

$$X_t \cdot (S_t \cdot q \cdot dt) = S_t \cdot X_t \cdot q \cdot dt$$

입니다. 이 배당금으로 (현 주가 S_t인) 주식을

$$\frac{S_t \cdot X_t \cdot q \cdot dt}{S_t} = X_t \cdot q \cdot dt$$

개 더 매수할 수 있습니다. 가령 시점 t의 주식 수 $X_t = 2$라면 이때 배당금을 받아

$$X_t \cdot q \cdot dt = 2 \cdot q \cdot dt$$

개의 주식을 더 살 수 있습니다(dt가 매우 작은 값이므로 $2 \cdot q \cdot dt$ 또한 매우 작은 양수). 또 위 논의에 따라, 현 주식 수가 X_t일 때 배당으로 증가된 주식 수는

$$X_t \cdot q \cdot dt$$

이니, 시점 t에서 dt기간이 경과하는 동안 주식 수는 X_t에서 $X_t + X_t \cdot q \cdot dt$로 증가합니다. 이것이 새 X_t가 되는 것인데, 시간이 dt만큼 증가했으므로 이 시점은 "$t + dt$"가 됩니다. 즉, 다음이 성립합니다.

$$X_{t+dt} = X_t + X_t \cdot q \cdot dt$$

우변의 X_t를 좌변으로 옮기면 다음과 같습니다.

$$X_{t+dt} - X_t = X_t \cdot q \cdot dt$$

이제 좌변의 의미는 시간이 dt만큼 경과할 때의 X_t의 변화량입니다. 이를 수식으로는 dX_t라 합니다. 즉,

$$dX_t = X_{t+dt} - X_t = X_t \cdot q \cdot dt$$

여기서 dX_t의 $d(\cdot)$는 "$dy = 2dx$" 같은 식에서 우리가 보아 온 dy의 d와 같은 의미입니다. "$dy = 2dx$"에서 dy는 "y의 변화량"의 의미이고, 구체적으로는 x가 아주 조금(infinitesimally small) 변할 때 y의 변화량이란 의미입니다. y는 x의 함수이고 종속변수이니 x의 변화가 있어야만 y의 변화가 발생합니다. 곧 $dy = 2dx$의 의미는 $y = x^2(+C)$이고, y는 x의 함수입니다($y = y(x)$). 그렇다면 dX_t는 구체적으로 무엇이 아주 작게 변할 때의 X_t의 변화량일까요? 그 답은 "시간 t"가 아주 작게 변할 때의 X_t의 변화량입니다. 즉, X_t를 변화시키는 동인(driving force)은 다름 아닌 시간 t입니다. 이는 위의 dX_t 정의에서도 잘 알 수 있습니다. dX_t 정의는 시간 t가 dt만큼 변할 때의 X_t의 변화량이었습니다.

$$dX_t = X_{t+dt} - X_t$$

그러므로 X_t는 다음과 같이 표현하기도 합니다.

$$X_t = X(t).$$

$dX_t = X_t \cdot q \cdot dt$인데 우변의 dt가 무한소이므로 우변 자체도 매우 작은 값입니다. 즉, 주식 수 X_t의 변화는 (dt 기간 동안) 아주 작게 증가합니다. dt가 무한소라 워낙 짧은 기간이니 이 기간의 배당수익률 $q \cdot dt$도 (무한소로) 작고 이 배당수익률을 적용하여 지급하는 배당금도 (무한소로) 작을 수밖에 없고, 이 배당금으로 다시 이 주식을 사도 (무한소로) 적은 수의 주식을 더 살 수만 있는 것입니다.

이제 $dX_t = X_t \cdot q \cdot dt$의 양변을 dt로 나누면 다음이 도출됩니다.

$$\frac{dX_t}{dt} = X_t \cdot q$$

이 미분방정식(A)의 해(solution)는 무엇일까요? 바로

$$X_t = e^{q\times t}\cdot X(0)$$

입니다. 그런데 애초($t=0$) 주식 수는 1이었으므로 $X(0)=1$이 되어

$$X_t = e^{q\times t}$$

입니다. 이 식을 B라 합시다. 왜 B가 A의 해가 되는지 여기서는 자세한 설명은 생략합니다만, B를 t로 미분하면 A가 됨을, 즉

$$\frac{d(B)}{dt}=\frac{dX_t}{dt}=\frac{d(e^{q\times t})}{dt}=e^{q\times t}\cdot q = X_t\cdot q = A$$

를 증명할 수는 있습니다. $\frac{d(e^{f(t)})}{dt}=e^{f(t)}\cdot\frac{d(f(t))}{dt}$의 chain rule을 적용하면

$$\frac{dX_t}{dt}=\frac{d(e^{q\times t})}{dt}=e^{q\times t}\cdot\frac{d(q\times t)}{dt}=e^{q\times t}\cdot q = X_t\cdot q$$

가 됩니다(증명 끝). 가령 1년 후 주식 수는, 즉 $X_t = X_1 = X(1)$은 다음과 같습니다.

$$X_1 = e^{q\times 1} = e^q.$$

지수 함수의 특성상 $e^q > 1$이므로 1년 뒤 주식 수는 1보다 크게 됩니다.

일반적으로 미래 시점을 $t>0$이라 해도 동일하게 적용됩니다. 시점 0에서 1주를 보유하면 시점 t에서는 $X_t = e^{q\times t}$주를 보유하고 더 늦은 시점 $T(>t)$에서는 $X_T = e^{q\times T}$를 보유합니다. 그러므로 두 시점 t, T 사이의 주식 수가 증가하는 비율은

$$\frac{X_T}{X_t}=\frac{e^{q\times T}}{e^{q\times t}}=e^{q\times(T-t)}$$

입니다. 가령 $q=0.1$이고 $t=0.2, T=1$이면 $X_t=e^{q\times t}=e^{0.1\times 0.2}=1.020$이고 $X_T = e^{q\times T}=e^{0.1\times 1}=1.105$이고 그 증대 비율은 $\frac{X_T}{X_t}=\frac{e^{q\times T}}{e^{q\times t}}=\frac{1.105}{1.020}=1.083$입니다. 두 기간 중 주식 수 증대 비율이 1.083이라 함은, $t=0.2$ 시점에서 이 주식 1주를 매수하면 $T=1$ 시점에서는 주식 수가 1.083주가 된다는 뜻입니다. 이제 요약을 좀 해 볼까요?

질문 2-7〉 지금까지 우리가 무슨 짓을 (왜) 한 것인가요?

네, 중요한 질문입니다. 지금까지 우리가 한 작업의 내용은 다음과 같습니다.

1) 어느 선도 거래의 기초 자산 주식이 있다.
2) 이 주식은 배당수익률 q로 현금 배당을 지급한다.
3) 이 배당을 매 순간, 가령 1초마다 지급하며 그 배당금으로는 다시 그 주식을 매수한다.
4) 오늘$(= t)$ 이 주식을 사서 $T - t$년간 보유하면 오늘의 1주는 $T - t$년 후 $e^{q\times(T-t)}$주가 된다.
5) 이를 감안하여 선도 거래의 선도 가격을 결정해야 한다. ▣

이제 이런 주식을 기초 자산으로 하는 선도 거래의 무차익 선도 가격을 구해 보겠습니다. 오늘$(t \geq 0)$ 투자자 A가 이 주식 1주를 S_t의 가격으로 매수하여 선도 거래 만기일인 시점 T까지 보유하면 시점 T에 A가 보유할 주식 수는

$$X_T = e^{q\times(T-t)}$$

입니다. 그러므로 오늘 주식 취득원가(acquisition cost) S_t는 (선도 거래 만기일에는) 1주 취득비용이 아니라 $e^{q\times(T-t)}$주 취득비용이 됩니다. 더 정확히는, 취득원가 S_t의 미래가치 $S_t \cdot e^{r(T-t)}$가 시점 T에서는 이 주식 $e^{q\times(T-t)}$개의 취득원가가 됩니다. 그러므로 이 주식 "1주"를 시점 T에 매수할 때의 비용은 $S_t \cdot e^{r(T-t)}$가 아니고 이 비용을 $e^{q\times(T-t)}$개의 주식으로 나눈 값이어야 합니다. 즉, 이 선도 거래의 선도 가격은

$$\frac{S_t \cdot e^{r(T-t)}}{e^{q\times(T-t)}} = S_t \cdot e^{(r-q)\cdot(T-t)}$$

가 됩니다. 이를 다음 식으로 요약할 수 있습니다.

> ➢ 식 5〉 연속 배당 시 주식 1주의 선도 가격
>
> $$F_{t,T} = S_t \cdot e^{(r-q)\cdot(T-t)}.$$

참고로, 가령 $t = 0, T = 1, r = 0.05, q = 0.02$라면, 이렇게 연속 배당을 주는 주식을 오늘 사면 1년 후 그 주식 수는 $e^{q(T-t)} = e^{0.02\cdot(1-0)} = 1.0202$가 됩니다. 이 결과만 보면 흥미있습니다. 만일 이 주식이 연속 배당을 하지 않고 매년 초에 주가의 2%를 현금 배당으로 주면, 그리고 그 배당금으로 바로 그 주식을 0.02개 사면 결국 1년 후에는 주식 수가 정확히 1.02개 됩니다. 위 연속 배당 주식의 경우의 1.0202와 별로 다르지 않습니다. 하지만 근본 내용은 차이가 있습니다. 마치 (연)이자율 $r = 0.2$를 이산복리로 적용하면 오늘의 현금 1이 1년 후 $1+r = 1.02$가 되지만 연속복리 적용 시에는 오늘의 1이 1년 후 $e^r = e^{0.02} = 1.0202$가 되는 것과 같은 이치입니다. 두 값은 거의 차이가 나지 않지만 두 값을 산출하는 근본 원칙은 다르고, 재무금융에서는 연속복리가 더 과학적이고 정교한 방식임을 본서에서는 이미 강조한 바 있습니다.

질문 2-8〉 위 공식을 더 직관적으로 쉽게 이해 혹은 기억하는 법을 알려주세요.

네, 다시 이 공식을 보면 대칭적으로 되어 있음을 알 수 있습니다.

$$F_{t,T} = S_t \cdot e^{(r-q)\cdot(T-t)}.$$

뭐가 대칭적인 것 같습니까? 바로 r, q의 부호가 상호 대칭적입니다. 즉, r, q가 이 선도 가격에 미치는 효과가 정확히 반대가 됩니다. 둘의 효과가 정반대가 되는 이유를 찾으려면 이 둘의 의미를 생각해 보면 됩니다. 이자율 r은 현물로 이 주식을 보유할 때 감수해야 하는 (기회)비용입니다. 반면 배당률 q는 현물로 이 주식을 보유할 때 향유하는 (기회)혜택 혹은 (기회)이익입니다. 즉, 한편에서는 비용 r이 발생하는 동시에 다른 한편에서는 혜택 q가 발생하는 것입니다. 그것도 동일한 연속 시간(continuous time) 차원에서, 그리고 비율(ratio) 차원에서 말입니다. 그러므로 이 주식을 현물로 보유할 때의 순(기회)비용은 r이 아니라 "$r - q$"인 것입니다. 그 결과 이 주식의 선도 가격이

$$F_{t,T} = S_t \cdot e^{(r-q)\cdot(T-t)}$$

가 됩니다. ■

(4) 주식 배당(주식 분할) 경우

이 주제는 배당으로 현금을 받는 것이 아니고 1주당 일정 개수의 주식을 배당으로 받는 경우입니다. 그러므로 주식 보유자에게 오늘의 1주는 미래 시점에는 1주를 초과한 주식 수와 같은 의미를 갖습니다. 가령 주식 B의 모든 주주들이 6개월 후 1주당 0.5주를 주식 배당으로 받는다면, 오늘 1주는 6개월 후 1.5주와 동등한(equivalent) 가치를 가질 것입니다. 주식 분할도 유사합니다. 오늘 1주를 6개월 후 2주로 분할한다면, 오늘 1주는 6개월 후 2주와 동등한 가치를 가질 것입니다. 여기서는 편의상, 주식 배당이든 주식 분할이든 B 주식 1주가 6개월 후에($= t_2 = 0.5 < T$) 주식 분할을 통해 2주가 된다고 가정하겠습니다. 오늘(t) 투자자 A가 이 주식 1주를 매수하여 "$T - t$"년간 보유하면, 선도 거래 만기일에는(T) A는 2주를 갖게 됩니다. 그러므로 오늘 주식 취득원가 S_t는, (선도 거래 만기일에는) 1주 취득비용이 아니라 2주 취득비용이 됩니다. 더 정확히는, 이 취득원가 S_t의 미래가치 $S_t \cdot e^{r(T-t)}$가 시점 T에서는 이 주식 2주의 취득원가(acquisition cost)가 됩니다. 그러므로 이 주식 "1주"를 시점 T에 거래하는 선도 거래에서의 선도 가격은 $S_t \cdot e^{r(T-t)}$가 아니고 $\frac{S_t \cdot e^{r(T-t)}}{2}$가 됩니다. 보다 일반적으로, 주식 1주가 N주로 분할되는 주식 분할이 있으면, 선도 거래에서의 주식 1주의 선도 가격은 다음과 같습니다.

> ➢ 식 6〉 주식 분할(배당)과 선도 가격
>
> $$F_{t,T} = \frac{S_t \cdot e^{r(T-t)}}{N}.$$

만일 위 식이 성립하지 않으면, 선도 거래 참여자는 누구나 아무런 위험 없이 공짜로 돈을 벌 수 있습니다. 즉, 무위험 차익을 얻을 수 있습니다. 이를 예제를 통해 알아보겠습니다.

예제 2-3〉

현재 주식 B의 가격은 \$900, 모든 만기의 현물 이자율은 0.1, 그리고 향후 3개월 후 이 주식은 분할되어, 1주는 이 시점에서 3주가 됩니다. 그리고 6개월 후 이 주식을 거래하는 어느 선도 거래에 있어 거래자 C는 이 주식을 매수하든지 매도하든지 1주당 $400으로 거래할 수 있다고 합니다. 내가 C와 선도 거래한다면 어떤 조건으로 거래하여 돈을 벌 수 있을까요?

위 식에 따르면 무위험 차익이 발생하지 않을 선도 가격은

$$F_{t,T} = \frac{S_t \cdot e^{r(T-t)}}{N} = \frac{900 \times e^{0.1 \times (0.5-0)}}{3} = 315.3$$

입니다. 이 수치는 C가 제시한 선도 거래의 가격 400보다 작습니다. 그러므로 나는 이 가격 차이를 이용하여 차익거래를 통해 공짜 이익을 얻을 수 있습니다(이 공짜 이익, 즉 차익의 크기는 400과 315.3의 차액인 84.7이 될 것으로 예상). $400 > 315.3$이니 나는 315.3에 이 주식을 매수하고 400에 이 주식을 매도하는 거래를 하면 될 것 같습니다. 현재 선도 거래에서는 C가 400에 살 수 있다고 하니, 나는 C에게 주식을 매도하는 선도 계약을 오늘 맺습니다.

그런데 315.3에 내가 이 주식을 사는 거래란 무엇을 말하는 것일까요? 이 315.3 수치가 나온 과정을 보면, $F_{t,T} = \frac{S_t \cdot e^{r(T-t)}}{N} = \frac{900 \times e^{0.1 \times (0.5-0)}}{3} = 315.3$입니다. 즉, 315.3 이란 수치의 출발점은 오늘 현재 그 주식 가격인 900이니 이 수치는 결국 현물 주가와 관련된 값이고, 이 가격으로 주식을 사야 한다 함은 곧 이 주식을 "현물 거래"로 사야 함을 의미합니다.

오늘 (D로부터) $900을 연율 10%로 차입하고 이 주식 1주를 사고, 동시에 이 주식 3주를 주당 $400에 6개월 후 팔기로 C와 선도 거래를 맺습니다. 3주를 팔기로 하는 이유는, 주식 1주를 보유하면 3개월 뒤 주식 분할로 3주가 되어 선도 거래 만기일인 6개월 후에는 내가 3주를 보유하기 때문입니다. 이처럼 오늘 현물 거래와 선도 거래를 끝내고 나면 내게는 아무런 현금이나 주식이 남지 않습니다. 6개월 후 C에게 이 3주를 주당 400, 합계 1200에 건네고 1200을 받습니다. 그리고 D에게 차입금 900에 6개월 이자까지 더해 $900 \times e^{0.1 \times (0.5-0)} = 946$을 갚습니다. 이렇게 해서 부채 관계가 청산되면 내게는 1200−946=254만큼의 차익이 남게 됩니다. 그런데 이 차익의 크기는 애초 예상했던 400−315.3=84.7과 다릅니다. 다른 이유는, 이론적인 선도 가격 315.3과 실제 선도 가격 400의 차이 84.7은 주식 1주당 그만큼 차이가 난다는 의미이고, 실제

나의 선도 거래에서는 3주를 거래해야 했기에 차이가 발생한 것입니다. 1주를 거래하는 차익거래로부터 84.7의 차익을 얻을 수 있다면, 3주 거래하는 경우에는 84.7×3=254.1≈254의 차익을 얻을 수 있으니, 애초 예상한 그대로 1주당 차익 84.7을 실현하는 셈입니다.

그런데 만일 현물 거래로 1주를 사고 선도 거래에서도 1주만 거래하기로 한다면 어떤 결과가 될까요? 그 답은, 이익을 실현할지 손실이 발생할지 불확실한 결과가 된다는 것입니다. 위 차익거래의 경우 6개월 뒤 나에게 남은 것은 $254만큼의 확정적인 현금입니다. 하지만 현물 거래로 1주를 사고 선도 거래에서도 1주만 판다면 그 결과는 불확실합니다. 이를 설명하겠습니다. 6개월 뒤에는 내가 (주식 분할로) 총 3주를 가지게 되므로 결국 다음과 같은 자산 및 부채를 가지게 됩니다. 주식 3주 중 1주는 C에게 400에 매도하면 주식 2개가 남고, 동시에 D에게는 $946만큼 갚아야 하므로 현금이 $546 부족합니다. 즉, 자산으로는 주식 2개, 부채로는 $546이 남습니다. 이 6개월 후에 이 주식의 주가가 어떻게 될지 모르므로, 자산 가치가 부채 가치보다 더 높을지 불확실합니다. 즉, 이 거래를 통해서 내가 이익을 실현할지 손실을 실현할지를 알 수 없습니다. 그러므로 이 거래는 차익거래가 될 수 없습니다. 반면 그 이전에 설명한 차익거래에서는 오늘 시점에서 모든 것을 확정적으로 설정하므로, (즉 주식 3주를 어느 값에 처분할지 오늘 결정되므로) 6개월 후 실현될 주가에 전혀 영향을 받지 않습니다. ▣

(5) 주식 병합 경우

이 경우는 오늘 특정 주식의 N주(N shares)가 미래 시점에서는 1주로 병합되는 경우로, 가령 오늘 N주는 6개월 후 1주로 병합되는 경우입니다. 이때 오늘 N주는 6개월 후 1주와 동등한(equivalent) 가치를 가질 것입니다. 여기서는 B 주식 N주가 6개월 후에$(= t_2 = 0.5 < T)$ 주식 병합을 통해 1주가 된다고 가정하겠습니다. 오늘(t) 투자자 A가 이 주식 N주를 매수하여 "$T - t$"년간 보유하면, 선도 거래 만기일에는(T) 1주를 갖게 됩니다. 그러므로 오늘 주식 취득원가 $N \cdot S_t$는, (선도 거래 만기일에는) 1주 취득비용이 됩니다. 더 정확히는, 이 취득원가의 미래가치 $N \cdot S_t \cdot e^{r(T-t)}$가 시점 T에서는 이 주식 1주 구입비용이 됩니다. 그러므로 이 주식 "1주"를 시점 T에 거래하는 선도 거래에서의 선도 가격은 $S_t \cdot e^{r(T-t)}$가 아니고 $N \cdot S_t \cdot e^{r(T-t)}$가 됩니다.

> ➢ 식 7〉 주식 병합과 선도 가격
>
> $$F_{t,T} = N \cdot S_t \cdot e^{r(T-t)}.$$

만일 위 식이 성립하지 않으면, 선도 거래 참여자는 누구나 아무런 위험 없이 무위험 차익을 얻을 수 있습니다. 예제를 통해 알아보겠습니다.

예제 2-4〉

현재 주식 B의 가격은 $900, 모든 만기의 현물 이자율은 0.1, 그리고 향후 3개월 후 이 주식은 병합되어, 이 시점까지의 2주는 이 시점부터는 1주가 됩니다. 그리고 6개월 후 이 주식을 거래하는 어느 선도 거래에 있어 거래자 C는 이 주식을 1주당 $1,500으로 매수 혹은 매도 의향이 있습니다. 내가 C와 선도 거래를 통하여 차익거래를 실행하려며 어떻게 해야 할까요?

위 식에 따르면 무위험 차익이 발생하지 않을 선도 가격은 $F_{t,T} = N \cdot S_t \cdot e^{r(T-t)} = 2 \cdot 900 \cdot e^{0.1\times(0.5-0)} = 1{,}892$ 입니다. 이 수치는 위 선도 거래 가격 1,500보다 큽니다. 그러므로 차익거래를 통해 차익을 얻을 수 있습니다(이 차익의 크기는 이론 가격 1,892와 실제 거래 가격 1,500의 차액인 392가 될 것으로 예상). $1{,}892 > 1{,}500$ 이니 나는 1,500에 이 주식을 사고 1,892에 파는 이 주식을 파는 거래를 하면 될 것 같습니다. 현재 선도 거래에서는 C가 이 주식을 1,500에 팔 수 있다고 하니, C로부터 이 주식을 사는 선도 거래를 하면 됩니다. 그런데 1,892에 이 주식을 파는 거래란 무엇을 말하는 것일까요? 이 1,892라는 수치는 $F_{t,T} = N \cdot S_t \cdot e^{r(T-t)} = 2 \cdot 900 \cdot e^{0.1\times(0.5-0)} = 1{,}892$ 과정을 거쳐 산출됐으니 현물 주가와 관련된 값이고, 이 수치가 1,500보다 크니 이 가격으로 이 주식을 팔아야 한다 함은 곧 이 주식을 현물 거래로 팔아야 함을 의미합니다.

그런데 이 주식이 내게 없는데 어떻게 팔 수 있나요? 공매도를 통해 팔 수 있습니다. 이 주식을 사려는 D와 나 사이에 신뢰 관계가 있으면 나는 D에게 이런 거래를 제시할 수 있습니다. 그 주식 살 때 필요한 현금을 내게 주면, 내가 6개월 후 그 주식을 네게 주겠고, 혹시라도 이 6개월 사이에 배당 등이 있게 되면, 그것도 네게 주겠다. 궁극적으로, 네가 6개월간 주주로 있으면서 받을 모든 혜택을 네게 줄 수 있으니, 네가 오늘 주식 살 돈을 내게 맡기면 6개월 후 주식들을 직접 네게 전달해 줄게. 그렇다면 D 입장에서는 본인이 직접 주식을 6개월간 소유하고 있거나 나를 통해 간접적으로 소유하거나 무차별하게 됩니다. 그러므로 D와의 이런 합의를 통해, D에게 주식 2주 살 돈 1,800을 빌립니다. 그리고 이 돈을 6개월간 정기예금에 예치하면 6개월 후 나는 $2 \cdot 900 \cdot e^{0.1\times(0.5-0)} = 1{,}892$를 받게 됩니다. (6개월간 아무런 현금 배당이 없으므로, 나는 나중에 D에게 주식만 주면 됩니다)

6개월 후 나는 정기예금 원리금 1,892를 인출해서 (선도 거래 상대방인) C에게 이 1주를 1,500에 삽니다. 그러면 현금 392가 남을 것입니다. 그리고 이 주식을 D에게 전달해 줍니다. D가, 왜 너는 6개월 전 내가 준 돈으로 주식 2주를 샀는데, 지금 내게 1주만 주냐고 항의하면, 네가 파생상품 강의를 수강 안 해서 그런 것 같다고 말해 주면서, 네가 2주를 그때 샀어도 지금 1주가 되어 있을 것 아니냐고 설명하면 D가 이해할 것입니다.[16] 이제 나의 모든 자산 부채 관계가 다 청산되고 내겐 현금 392만 남아 있으며, 이것이 바로 이 차익거래의 차익입니다. ■

이제 하나만 더 질문해 보겠습니다.

질문 2-9〉 이 차익거래에서도 오늘 차익을 실현하려면 어떻게 해야 할까요?

이제는 이런 질문에 좀 편안하게 답할 수 있을 것입니다. 위 차익거래의 결과 6개월 후 항상 나는 392의 차익을 확실하게 얻을 수 있습니다. 그렇다면 이 현금을 대상으로 오늘 그 현재가치만큼 돈을 빌릴 수 있을 것입니다. 즉,

$$392 \times e^{-0.1\times(0.5-0)} = 373$$

을 (6개월 동안) 차입하여 오늘의 차익으로 챙기고, 이 돈을 빌려준 대출자에게는 6개월 후 이자까지 합쳐 392를 갚아 주면 됩니다.

이 거래를 보다 professionally 한다면? 돈 빌리고 갚고 뭐 이런 초보적인 방식 말고 보다 우아한 방식이 있을까요? 네, 돈을 빌린다는 것은 결국 채권을 공매도하는 것과 동등(equivalent)합니다. 현금흐름 관점에서 말입니다. 오늘 내게 현금 유입(cash

---

16 D가 또 이해를 못하면, 네가 선물과 옵션 수업을 수강 안 해서…

inflow)이 발생하고 추후 현금 유출(cash outflow)이 발생하기 때문입니다. 그러므로 오늘 6개월 만기 무이표채를 \$373만큼 B에게 공매도합니다. 6개월 만기 현물 이자율도 0.1이라고 가정했으므로 이 무이표채의 액면가(par value)는,

$$373 \times e^{0.1\times(0.5-0)} = 392$$

입니다. 즉, 6개월 만기, 액면가 392, 현재 가격 373인 무이표채를 B에게 공매도합니다. 그리고 6개월 후 B에게 392를 지불하면, B 본인이 오늘 그 무이표채를 매수하고 보유하다가 6개월 후 만기가 되어 그 채권의 액면가 392를 받는 것과 동일한 결과를 얻습니다. 그러므로 B는 아무 불만이 없고, 나와 B와의 채무 관계도 완전히 청산됩니다. ◼

참고로 이러한 채권 공매도는 내가 B에게 그 채권을 발행하는 것과 같습니다. 그 채권을 발행하면서 B로부터 373을 받고, 채권 만기일에 그 액면가인 392를 내가 B에게 지급하는(pay back) 것입니다. 재무금융에서 누구나 무위험 이자율로 자금을 차입할 수 있다고 가정하므로, 마치 내가 대한민국 정부처럼 이 무위험 채권을 발행할 수 있다고 가정하는 셈입니다. 그러므로 다음 세 가지 financing은 재무금융에서는 동일한 의미를 가집니다.

정리 7〉 자금 조달(financing), 자금 차입(borrowing)의 의미

다음 세 가지 financing은 동일한 내용의 자금 흐름을 의미하기에, 재무금융에서는 동일한 의미, 동일한 효과를 가진다.

(i) 한 경제 주체가 무위험 이자율로 현금을 빌린 후 만기에 갚는다.
(ii) 한 경제 주체가 무위험 채권을 공매도한다.
(iii) 한 경제 주체가 무위험 채권을 발행한다.

여기서 (ii)와 (iii)의 차이는, (ii)는 B가 발행한 채권을 A가 C에게 공매도함을 의미하고 (iii)은 A가 스스로 그와 같은 채권을 C에게 발행하는 것입니다. 그러므로 채권의 신용위험(credit risk)을 따진다면, 즉 채무 불이행 위험(default risk)을 따진다면, (ii)의 경우 발행 주체인 B의 신용위험이 관련되고 (iii)의 경우 발행 주체인 A의 신용위험이 관련됩니다. 단, 재무금융에서, 특히 차익거래를 논할 때, 누구나 무위험 이자율로 자

금을 차입 혹은 대출할 수 있다고 가정하기에, B가 발행하든 A가 발행하든 모두 신용 위험이 없는 경제 주체로 간주할 수 있어 아무 문제가 안 됩니다. (ii), (iii)이 난해하게 느껴지면 그냥 (i)의 경우만을 이해해도 됩니다만, 이 경우 재무금융 세계를 너무 초보적으로만, naive하게만 이해하게 된다는 한계가 있습니다. 그러므로 지금은 조금 낯설더라도 여러분 스스로 (ii), (iii)과 친밀해지도록 노력할 필요가 있습니다. 본서에서는 편의상 자주 (i)의 방식으로 설명하지만 (ii), (iii)도 동일한 의미임을 기억하기 바랍니다.

(6) 주식 분할 및 현금 배당

어느 선도 거래의 기초 자산이 주식이고, 이 선도 거래 만기 전에 이 주식의 현금 배당 D가 있는 경우의 이론적인 선도 가격은 다음과 같음을 우리는 이미 알고 있습니다.

$$F_{t,T} = S_t \cdot e^{r(T-t)} - D \cdot e^{r(T-t_1)}.$$

그런데 현금 배당만 있지 않고, 선도 거래 만기 전까지 이 주식의 주식 분할이 예정된 경우에는 이론 선도 가격이 어떻게 될까요? 이 경우에도 주식 분할이 현금 배당보다 이른 시점인지 아닌지가 중요합니다. 왜냐하면 현금 배당은 1주당 배당금을 산정하기에, 주식 분할로 주식 수가 증가한 후 현금 배당이 있게 되면 배당을 받게 될 주식 수가 많아져 현금 배당액이 증가하기 때문입니다. 반면 현금 배당 후에야 주식 분할이 있으면 배당 시에는 주식 수가 아직 증가하지 않기에 1주의 현금 배당액만 고려하면 됩니다. 우리는 이 중 다소 복잡한, 주식 분할 후 현금 배당이 있는 경우의 이론적인 선도 가격을 구해 보기로 합니다.

먼저 미래 시점들의 선후 관계를 $t < t_2 < t_3 < T$ 이렇게 설정합니다. 통상 t는 오늘 시점이고, T는 선도 거래의 만기 시점입니다. 선도 거래 만기일 이전에 (1주당) N 주로의 주식 분할이 시점 t_2에서, 또 현금 배당이 t_3에서 예정된, B 주식 1주를 오늘 S_t 가격에 산다고 가정합니다. 그러면 일단 이 주식 취득비용의 미래 (만기일) 가치는 $S_t \cdot e^{r(T-t)}$이 됩니다. 이제 시점 t_2가 되면 내가 보유한 1주는 N주가 됩니다. 그리고 시점 t_3가 되면 1주당 D만큼의 현금 배당을 받으므로, 총액 N x D만큼의 현금 배당을 받습니다. 이 현금을 선도 거래 만기 시점까지 연 이자율 r로 예치해 놓으면 만기 T에는 $N \cdot D \cdot e^{r(T-t_3)}$만큼의 현금이 됩니다. 이 모든 상황을 종합하면, 결국 오늘 내가

S_t만큼의 비용을 지불하면 미래 시점 T에는 이 주식 N주와 현금 $N \cdot D \cdot e^{r(T-t_3)}$을 보유하게 된다는 의미입니다. 그리고 오늘 지불한 비용 S_t는 시점 T에서는 $S_t \cdot e^{r(T-t)}$ 만큼의 비용이 됩니다. 그러므로 모든 것을 시점 T에 맞추어 평가하면, 내 비용 $S_t \cdot e^{r(T-t)}$만큼을 투자하니 주식 N주와 현금 $N \cdot D \cdot e^{r(T-t_3)}$을 보유하게 되었습니다. 그러면 주식 N주를 소유하기 위한 순비용(net cost)은 $S_t \cdot e^{r(T-t)} - N \cdot D \cdot e^{r(T-t_3)}$입니다. 이는 곧 주식 1주를 소유하기 위한 비용이

$$\frac{S_t \cdot e^{r(T-t)} - N \cdot D \cdot e^{r(T-t_3)}}{N}$$

이라는 의미입니다.

이 값을 산출할 때 우리는 모든 시점을 T로 일관되게 맞추었습니다. 그렇다면 바로 이 시점 T에서 이 주식 1주를 구입하는 선도 거래의 가격이 바로 이 값이 되어야 합니다. 그렇지 아니한 선도 거래가 있다면, 모든 투자자들은 차익거래를 통해 무위험 차익을 얻을 수 있으므로, 이러한 선도 거래의 선도 가격은 더 이상 존재하기 어렵습니다. 즉, 합리적 경제 주체들의 선도 거래에서는 아래와 같은 선도 가격으로 결정될 것입니다.

> ➢ 식 8〉 주식 분할과 현금 배당 있는 경우 선도 가격
>
> $$F_{t,T} = \frac{S_t \cdot e^{r(T-t)} - N \cdot D \cdot e^{r(T-t_3)}}{N}.$$

이제 이와 관련된 예제를 하나 풀어 보겠습니다.

예제 2-5〉

현재 주식 B의 가격은 \$900, 모든 만기의 현물 이자율은 0.1, 그리고 향후 3개월 후 이 주식은 분할되어, 이 시점까지의 1주는 이 시점부터는 2주가 됩니다. 그리고 6개월 후에는 주식 1주당 \$10의 현금 배당이 지급됩니다. 1년 후 이 주식을 거래하는 어느 선도 거래에 있어 거래자 C는 이 주식을 1주당 \$500으로 매수 혹은 매도할 의

향이 있습니다. 내가 C와 선도 거래한다면 어떤 조건으로 거래하여 차익을 얻을 수 있을까요?

위 식에 따르면 무위험 차익이 발생하지 않을 선도 가격은

$$F_{t,T} = \frac{S_t \cdot e^{r(T-t)} - N \cdot D \cdot e^{r(T-t_3)}}{N}$$
$$= \frac{900 \cdot e^{0.1(1-0)} - 2 \cdot 10 \cdot e^{0.1(1-0.5)}}{2}$$
$$= 486.8$$

입니다. 이 수치는 C의 선도 거래 가격 500보다 작습니다. 그러므로 차익거래를 통해 차익을 얻을 수 있습니다. 500 > 486.8이니 나는 486.8에 이 주식을 사고 500에 파는 거래를 하면 될 것입니다. 현재 선도 거래에서 C가 이 주식을 500에 살 수 있다고 하니, C에게 주식을 1년 후 500에 파는 선도 계약을 지금 맺습니다. 단, 계약 규모는 1주가 아니라 2주를 1,000에 팔기로 하는 계약이어야 합니다. 1년 후 내 주식 수는 2주가 될 것이기 때문입니다.

한편 486.8에 내가 이 주식을 사는 거래란 무엇을 말하는 것일까요? 이 486.8 수치가 나온 과정을 보면 다음과 같습니다.

$$F_{t,T} = \frac{S_t \cdot e^{r(T-t)} - N \cdot D \cdot e^{r(T-t_3)}}{N}$$
$$= \frac{900 \cdot e^{0.1(1-0)} - 2 \cdot 10 \cdot e^{0.1(1-0.5)}}{2}$$
$$= 486.8$$

즉, 486.8이란 수치의 출발점은 오늘 현재 주식 가격인 900임을 알 수 있습니다. 그러므로 486의 가격으로 이 주식을 산다는 것은 곧 이 주식을 현물 거래로 사야 함을 의미합니다. 그러므로 나는 오늘 (D로부터) $900을 연율 10%로 차입하고 이 주식 1주를 삽니다. 1년 후 나는 D에게 $900 \times e^{0.1 \times (1-0)} = 994.7$을 갚아야 합니다. 혹은 오늘 나는 D에게 다음 무이표채를 공매도합니다. 현재 가격은 $900, 만기는 1년 후, 액면가는 994.7인 무이표채를 공매도하면, 나는 1년 후 D에게 994.7을 지불하여 공매도를 청산해야 합니다.

3개월 후에는 내 주식 수가 2주가 되며, 6개월 후에는 1주당 \$10의 현금 배당, 즉 모두 \$20의 현금을 받게 됩니다. 이 금액을 남은 6개월간 연율 10%로 예금하면, 1년 후에는 $20 \times e^{0.1\times(0.5-0)} = 21$을 얻을 수 있습니다. 1년 후에는 내 주식 2주를 C에게 주당 500에 팔면 나는 1,000의 현금을 갖게 됩니다. 이 현금 중에서 D에게 994.7을 지불하면 내게 남는 것은, 1,000+21−994.7=26.3입니다. 이 수치는 우리가 애초 계산한 이론적인 차익인 (1주당) 500−486.8=13.2의 두 배입니다(오차는 반올림 오차). ▣

한편 주식 선물과는 달리 주가지수 선물(stock index futures)도 존재합니다. 이 선물은 주식과 관련된 선물 중 가장 많이 거래되는 선물이고 그 내용도 다소 복잡합니다. 이런 연유로 본서에는 추후 개별 주제인 "지수차익거래"에서 이를 상세히 설명하도록 하겠습니다.

2. 통화 선물(Currency Futures)

이제 선도 거래의 기초 자산이 미달러와 같은 외화(foreign currency)인 경우를 생각해 보겠습니다. 외화라 해서 특별히 달리 취급할 이유는 없습니다. 즉, 주식처럼 외화도 하나의 자산으로 간주하고 선도 가격을 산출하면 됩니다. 이때도 마찬가지로, 외화를 구입하기 위해서는 주식 구입처럼 취득원가(acquisition cost)가 발생합니다. 또 이 취득원가에 대한 기회비용도 발생합니다. 마지막으로, 외화라는 자산을 구입하면 (마치 주식 구입 시 배당받는 것처럼) 배당금 같은 수입도 발생합니다. 가령 외화 정기예금의 이자율이 그것입니다. 이는 외화를 현물로 보유할 때의 기회혜택(opportunity benefit)입니다. 결국 외화라는 자산을 현물 거래로 보유하면, 배당 있는 주식을 보유할 때처럼, 기회비용과 기회혜택이 모두 발생합니다. 이를 정확히 선도 가격에 반영하면 됩니다.

오늘 현재의 ₩/\$(원달러 환율)을 S_t라 합시다. 가령 지금 당장 달러화를 매수할 때 지불하는 가격이 1달러당 1,300원이면 $S_t = 1{,}300$입니다. 이 S_t는 현물 환율(spot exchange rate)이라 불립니다. 반면 선도 거래의 원달러 환율을 $F_{t,T}$라 하면, 이는 선도 환율(forward exchange rate)이라 불립니다. 미달러화라는 기초 자산의 선도 가격인 셈입니다. 현재 시점이 t이고, 선도 거래를 통해 $T(> t)$년 후 \$1를 $F_{t,T}$의 가격으로 살 수 있다고 합시다.[17] 여기서 $S_t =$ ₩1,300, $F_{t,T} =$₩1,250 등 이들의 단위는 원화인데 이 값들은 \$1라는 자산의 "가격"입니다. 주가가 주식이라는 자산의 가격인 것처럼. 이제 선도 거래가 아닌 현물 거래로 내가 \$1를 구입한다고 합시다. 그러기 위해서는 S_t 만큼의 (원화) 현금이 필요하니 S_t가 \$1의 취득원가(acquisition cost)입니다. T년까지 이 자산을 보유한다면, 이 취득원가에 대한 이자 소득을 놓치는 기회비용이 발생하므로, T년 후 시점에서의 이 자산 보유 총비용은 $S_t \times e^{r(T-t)}$입니다. 그런데 내가 이 자산 \$1를 T(년)까지 달러화 정기예금에 예치하면 그리고 그 연이자율을 $r_\$$라 하면, T년이 되면 $\$1 \times e^{r_\$(T-t)}$만큼의 달러화 원리금을 보유하게 됩니다. 그러므로 오늘 내가 S_t만큼의 원화를 지불하여 구입한 달러화 규모는 \$1가 아니라 (시점 T에서는) $\$1 \times e^{r_\$(T-t)} = \$e^{r_\$(T-t)}$ 입니다. 이만큼의 달러를 구입하기 위해 내가 (T 시점에서) $S_t \times e^{r(T-t)}$만큼의 원화를 비용으로 지불한 것입니다. 그러므로 시점 T에서 \$1를 구매하는 비용은 총비용을 총달러화 규모로 나눈 값입니다. 즉,

$$\frac{S_t \times e^{r(T-t)}}{e^{r_\$(T-t)}} = S_t \cdot e^{(r-r_\$)(T-t)}$$

이 바로 그 값입니다. 그러면 당연히, 선도 거래를 통해 시점 T에서 \$1를 구매하는 선도 가격도 이 가격이 되어야 합니다. 그러지 아니하면 차익거래를 통해 신속하게 그 잘못된 가격이 교정됩니다. 그러므로 이론적인 통화 선물 가격은 다음과 같습니다. (편의상 선도 환율과 통화 선물을 같은 의미로 사용)

> ➢ 식 9〉 통화 선물 가격(환율)
>
> $$F_{t,T} = S_t \cdot e^{(r-r_\$)(T-t)}.$$

한편 또 다른 방식으로 선도 환율이 위 식과 같이 정해져야 함을 입증할 수 있습니다. 오늘 내가 ₩1을 달러화로 환전하여 $\frac{1}{S_t}$ 만큼의 달러를 구입한 후 이를 달러화 정기예금에 1년간 예치하면 $\frac{1}{S_t} \times e^{r_\$(T-t)}$만큼의 달러화가 됩니다. 이를 오늘 맺을 선도 거

---

[17] 통화 선물을 다루는 이 주제에서는 달러화, 원화를 구별해야 하므로 \$를 '달러'라고 읽는 것으로 합니다.

래에서의 선도 환율 $F_{t,T}$로 원화로 환전하면 원화 규모가 산출됩니다. 그 원화 규모는

$$\left(\frac{1}{S_t} \times e^{r_\$(T-t)}\right) \times F_{t,T} = \frac{e^{r_\$(T-t)} \times F_{t,T}}{S_t}$$

입니다(선도 환율 $F_{t,T}$도 달러당 원화 환율입니다). 이 수치는 오늘 현 시점에서 확정된 상수입니다.

한편 오늘 내가 ₩1을 T년까지 정기예금에 예치하면 시점 T에는 그 원리금이 $1 \times e^{r(T-t)}$이 됩니다. 이 두 수치는 모두 오늘 현 시점에서 확정된, 동일한 ₩1을 투자하여 1년 후 받을 원화 금액입니다. 이 두 확정된 수치들이 서로 다르다면 차익거래에 의해 신속히 같아질 수밖에 없습니다. 그러므로

$$\frac{e^{r_\$(T-t)} \times F_{t,T}}{S_t} = e^{r(T-t)}$$

이 성립하며, 이는 곧

$$F_{t,T} = S_t \cdot e^{(r-r_\$)(T-t)}$$

를 뜻합니다. 이처럼 두 통화의 이자율 $r, r_\$$의 차이에 따라 결정되는 선도 환율을 "Interest Rate Parity"라고 합니다. "Interest Rate Parity"에 의해 도출된 외화 자산의 선도 가격과 위 정리에 의해 도출된 선도 가격은 일치합니다.

한편 통화 선물의 선도 가격 수식은 직관적으로도 이해할 수 있습니다. 이 식 구조에 따르면, $r > r_\$$이면 선도 환율 $F_{t,T}$가 현재 현물 환율 S_t보다 큰 값이 되고 그 반대면 더 작은 값이 됩니다. 즉, $r > r_\$$이면 선도 환율에 의한 $1당 원화 개수가 현(물) 환율에 따른 원화 개수보다 많고 $r < r_\$$이면 선도 환율에 의한 $1당 원화 개수가 현 환율에 따른 원화 개수보다 적습니다. 왜냐하면 $r > r_\$$이면 원화 정기예금 이자율이 달러화 정기예금 이자율보다 더 높으므로, 오늘 1달러를 사기 위해 원화를 포기할 때의 1년 이자가 (즉, 달러 구매의 기회비용이) 이 자산을 사서 얻을 수 있는 달러 이자보다 (즉, 달러 구매의 기회혜택보다) 더 크기에, 이 더 큰 기회비용을 반영하여 1달러 구매 총비용이 1년 후에는 지금의 비용보다 더 크고 (지금의 현물 환율보다 더 높고), 이 때문에 이 자산을 1년 후 시점에서 구매하는 비용도 현재의 구매 비용보다 더 높

아져야 하기 때문입니다. (현재의 1달러 구매 비용은 단순히 S_t) 또 유사한 논리로 $r < r_\$$의 경우도 설명할 수 있습니다.

질문 2-10〉 선도 환율을 기억할 수 있는 또 다른 방법도 있을까요?

네, 있습니다. 앞에서 여러분이 공부했던 "주식 선물"의 내용 중에서 '연속 배당'의 경우를 기억해 보는 것입니다. 기초 자산인 주식이 매 초마다 배당을 줄 때, 그리고 그 배당수익률(dividend yield)이 연간 q일 때 이 자산의 선도 가격은 다음과 같았습니다.

$$F_{t,T} = S_t \cdot e^{(r-q)\cdot(T-t)}.$$

위 식이 도출된 이유가 무엇이었습니까? 그 이유를 여기 그대로 소환하면 다음과 같습니다. (본문과의 구별을 위해 "**소환**〉" 캡션을 사용)

소환 1〉

이자율 r은 현물로 이 주식을 보유할 때 감수해야 하는 (기회)비용입니다. 반면 배당률 q는 현물로 이 주식을 보유할 때 향유하는 (기회)혜택입니다. 즉, 한편에서는 비용 r이 발생하는 동시에 다른 한편에서는 혜택 q가 발생하는 것입니다. 그것도 동일한 연속 시간(continuous time) 차원에서, 그리고 비율(ratio) 차원에서 말입니다. 그러므로 이 주식을 현물로 보유할 때의 순(기회)비용은 r이 아니라 "$r - q$"인 것입니다. 그 결과 이 주식의 선도 가격이 다음과 같이 산출됩니다.

$$F_{t,T} = S_t \cdot e^{(r-q)\cdot(T-t)}$$

(소환 끝)

위 설명을 통화 선물의 가격(환율)에도 그대로 적용할 수 있습니다. 한번 적용해 보겠습니다.

(원화) 이자율 r은 현물로 달러화를 보유할 때 감수해야 하는 (기회)비용입니다. 반면 달러화 정기예금 이자율 $r_\$$는 현물로 이 달러화를 보유할 때 향유하는 (기회)혜택입니다. 즉, 한편에서는 비용 r이 발생하는 동시에 다른 한편에서는 혜택 $r_\$$가 발생하는 것입니다. 그것도 동일한 연속 시간(continuous time) 차원에서, 그리고 비율(ratio)

차원에서 말입니다. 그러므로 이 달러화를 현물로 보유할 때의 순(기회)비용은 r이 아니라 "$r - r_{\$}$"인 것입니다. 그 결과 이 달러화의 선도 가격(환율)이 다음과 같이 산출됩니다.

$$F_{t,T} = S_t \cdot e^{(r-r_{\$})\cdot(T-t)}$$

위 선도 환율을 쉽게 기억하기 위해 간단한 수치들만을 써서 예시로 설명해 보겠습니다. 현(물) 환율 $S_t = 1$이라 합시다. 이때 1년 후를 만기로 하는 선도 거래에서도 1달러=1원이 될 수 있을까요? 즉, $F_{t,T} = F_{0,1} = 1$이 될 수 있을까요? 그 답은 r 및 $r_{\$}$의 크기에 달렸습니다. $r = 1 = 100\%$, $r_{\$} = 0$이라고 해 보겠습니다. 원화 정기예금 이자율은 100%이니 오늘 1원을 예치하면 1년 후 원리금은 2원이 되고(이산복리), 연속복리로 산출하면 2원보다 더 많은 2.72원이 됩니다($S_t \cdot e^r = 1 \cdot e^1 = 2.72$).

이 상황에서 선도 환율이 1이라면, 모든 투자자가 이 선도 환율로 달러를 사서 차익을 얻을 것입니다. 오늘 1원으로는 달러화를 1개만 살 수 있었는데, 이 선도 환율을 이용하면 1년 후에는 2.72원으로 달러화를 2.72개 살 수 있으니 말입니다. 즉, 오늘 나는 다음 거래를 합니다.

1) B와의 선도 거래를 통해 1년 후 1달러를 1원에 매수하기로 합니다.
2) C에게 1달러를 공매도합니다. 1년 후 갚아주기로 하면서.
3) C로부터 받은 1달러를 현 환율로 환전하면 1원이 됩니다.
4) 이 1원을 1년 정기예금에 예치합니다.

1년 후에는 다음과 같은 일이 발생할 것입니다.

5) 내 정기예금의 원리금은 2.72원이 되었습니다.
6) B에게 1원을 주고 1달러를 받아 이를 C에게 건네줍니다. 달러화에 대한 이자율($r_{\$}$)은 0이니, C에게는 이자 없이 1달러만 주면 됩니다.
7) 내게는 2.72 – 1 = 1.72의 차익이 발생합니다.

그러므로 모든 투자자들은 선도 거래로 달러를 매수하기만 할 것입니다. 이는 선도 거래의 환율, 즉 달러화 가격이 너무 낮기 때문입니다. 선도 환율이 두 이자율이 차이를 반영해야 하는데($r - r_{\$} > 0$) 현재의 선도 환율은 이를 전혀 반영 못하기에 이런 일이 벌어지는 것입니다. 결국 $F_{t,T} = 1 = S_t$가 아니라 $F_{t,T} > 1 = S_t$가 되어야 하는데, 정확하게는

$$F_{t,T} = 1 \cdot e^1 = 1 \times 2.72 = 2.72$$

이 되어야 합니다. 왜냐하면

$$F_{t,T} = 1 \cdot e^1 = S_t \cdot e^{1\times1} = S_t \cdot e^{r\times(T-t)} = S_t \cdot e^{(r-r_\$)\cdot(T-t)}$$

이기 때문입니다. 즉, 선도 환율은 1보다 상승해서 2.72가 되어야 합니다. 그리고 그 이유는 오롯이 두 통화의 이자율 $r, r_\$$의 차이에서 비롯된 것입니다. ▣

마지막으로 일반적인 예제를 통해 통화 선물의 차익거래를 공부해 보겠습니다.

예제 2-6〉

현재 원달러 환율은 S_t =₩1,300/$, 원화 정기예금 (연)이자율은 $r = 0.02$, 달러화 정기예금 이자율은 $r_\$ = 0.06$이고, 1년 후 달러화를 거래하는 어느 선도 거래에 있어 거래자 C는 달러를 사든지 팔든지 $1당 ₩1,280으로 거래할 수 있다고 합니다. 내가 C와 선도 거래한다면 어떤 조건으로 거래하여 차익을 얻을 수 있을까요?

식 (9)에 따르면 무위험 차익이 발생하지 않을 선도 환율은 $F_{t,T} = S_t \cdot e^{(r-r_\$)(T-t)} = 1{,}300 \cdot e^{(0.02-0.06)(1-0)} = 1{,}249$입니다. 이 수치는 실제 선도 환율 1,280보다 작습니다. 그러므로 차익거래를 통해 차익을 얻을 수 있습니다. $1{,}280 > 1{,}249$이니 나는 1,249에 달러를 사고 1,280에 파는 거래를 하면 될 것입니다. 현재 C가 선도 거래를 통해 1,280에 달러를 살 수 있다고 하니, 나는 C에게 1달러를 1년 후 1,280에 파는 선도 계약을 오늘 지금 맺습니다. 한편 1,249에 내가 달러를 사는 거래란 무엇을 말하는 것일까요? 이 1,249 수치가 나온 과정을 보면, $F_{t,T} = S_t \cdot e^{(r-r_\$)(T-t)} = 1300 \cdot e^{(0.02-0.06)(1-0)} = 1{,}249$임을 알 수 있습니다. 즉, 1,249의 출발점은 오늘 현재 1달러의 가격인 1,300입니다. 그러므로 1,249원으로 달러를 산다 함은 달러를 지금 현물 환율로 사야 함을 의미합니다. 이런 연유로, 나는 오늘 (D로부터) ₩1,300을 연율 $r = 0.02$로 차입하고 이 1달러를 삽니다.

그럴듯한가요? Nope. 오늘 1달러를 사면 안 됩니다. 왜냐하면 오늘 1달러를 사서 달러화 정기예금에 예치하면 1년 후에는 $1 \times e^{r_\$ \cdot (T-t)}$만큼의 달러가 되기 때문입니다. 나는 1년 후 C에게 1달러를 팔기로 했기에, 오늘 내게 필요한 달러 개수는 1이 아니고, 달러 정기예금 이자로 불어날 것을 감안하면 $\frac{1}{e^{r_\$ \cdot (T-t)}}$만큼의 달러만 사면 됩니다. 왜냐하면 $\frac{1}{e^{r_\$ \cdot (T-t)}} \times e^{r_\$ \cdot (T-t)} = 1$이므로, 오늘 이만큼의 달러가 1년 후 1달러가 되기 때문입니다. 내가 오늘 $\frac{1}{e^{r_\$ \cdot (T-t)}} = \frac{1}{e^{0.06 \times \cdot (1-0)}} = 0.94176$달러를 현물 환율로 사면 $0.94176 \times 1{,}300 = 1{,}224$원입니다. 이 금액이 내겐 없으므로 D에게 이 금액을 빌리고, 1년 후엔 D에게 $1{,}224 \times e^{r(T-t)} = 1{,}224 \times e^{0.02(1-0)} = 1{,}249$원을 갚으면 됩니다. 이제 이 \$0.94176을 달러화 정기예금에 1년간 예치합니다. 1년 후 원리금 \$1를 찾아 C에게 건네 주고 1,280원을 받습니다. 그리고 D에게 1,249원을 갚으면, 1,280 – 1,249 = 31원이 내 차익이 됩니다. 이 차익은 실제 선도 환율 1,280과 이론 선도 환율 1,249의 차이에서 비롯된 것입니다. ▣

위 예를 기억하며 한 가지 코멘트를 하겠습니다. 주식 배당 혹은 주식 분할이 예정된 주식의 경우, 오늘 자산 1단위를 보유하면 미래에는 1단위를 초과하는 자산을 보유하게 됩니다. 외화 자산도 마찬가지입니다. 외화 정기예금 이자율($r_\$$)이 0보다 크기 때문입니다. 그러므로 외화에 대한 차익거래에서는, 선도 거래로 외화 1단위를 거래하기로 하면 오늘 현물 거래에서 거래할 외화 단위는 1단위보다 작아야 합니다. 동일한 원리로, 오늘 현물 거래에서 거래할 외화 단위가 1단위라면 선도 거래에서 거래할 외환 단위는 1단위보다 더 커야 합니다. 후자의 경우를 아래 예제로 확인해 보겠습니다.

예제 2-7〉

현재 원달러 환율은 $S_t =$₩1,300/\$, 원화 정기예금 (연)이자율은 $r = 0.02$, 달러화 정기예금 이자율은 $r_\$ = 0.06$이고, 1년 후 달러화를 거래하는 어느 선도 거래에 있어 거래자 C는 달러를 사든지 팔든지 \$1당 ₩1,200으로 거래할 수 있다고 합니다. 내가 C와 선도 거래한다면 어떤 조건으로 거래하여 차익을 얻을 수 있을까요?

식 (9)에 따르면 무위험 차익이 발생하지 않을 선도 환율은 $F_{t,T} = S_t \cdot e^{(r-r_\$)(T-t)} =$

$1{,}300 \cdot e^{(0.02-0.06)(1-0)} = 1{,}249$입니다. 1,200 < 1,249이니 나는 1,249에 달러를 팔고 1,200에 사는 거래를 하면 될 것입니다. 현재 C가 선도 거래를 통해 1,200에 달러를 팔 수 있다고 하니, 나는 C에게 1달러를 1년 후 1,200에 사는 선도 계약을 오늘 맺습니다. 한편 1,249에 내가 달러를 파는 거래란 무엇을 말하는 것일까요? 이 1,249 수치가 나온 과정을 보면, $F_{t,T} = S_t \cdot e^{(r-r_\$)(T-t)} = 1{,}300 \cdot e^{(0.02-0.06)(1-0)} = 1{,}249$임을 알 수 있습니다. 즉, 1249의 출발점은 오늘 현재 1달러의 가격인 1,300입니다. 그러므로 1,249원으로 달러를 판다 함은 달러를 지금 현물 환율로 팔아야 함을 의미합니다. 이런 연유로, 나는 오늘 (D에게) 1달러를 공매도 합니다.

그럴듯한가요? Nope. 오늘 이런 일들을 실행하면 현물 거래와 선도 거래가 정확히 매칭되지 못합니다. 왜냐하면 오늘 D에게 1달러를 공매도하면 1년 후에는 $1 \times e^{r_\$\cdot(T-t)}$만큼의 달러를 되갚아 주어야 하는데, C와의 선도 거래에서 나는 1달러만을 사는 계약을 맺었기 때문입니다. 그러므로 D와의 공매도를 그대로 진행한다면, C와의 선도 거래를 수정해야 합니다. 어떻게? C에게 1년 후 1달러를 사는 게 아니고 $1 \times e^{r_\$\cdot(T-t)}$만큼의 달러를 사는 선도 계약을 맺는 것입니다. 이만큼의 달러를 구입해야 D에 대한 부채를 갚을 수 있기 때문입니다. 결과적으로 나는 오늘 다음과 같은 투자를 합니다.

1) C와는 $e^{r_\$\cdot(T-t)} = e^{0.06\times(1-0)} = 1.062$개의 달러를 ₩1200/$의 환율로 1년 후 매수하는 선도 거래를 합니다. 즉, 1년 후 C로부터 $1.062를 받고 나는 $1.062 \times 1{,}200 = 1{,}274$원을 C에게 지불하기로 합니다.
2) 오늘 D에게 1달러를 (현물 환율인) 1,300원에 공매도합니다.
3) D에게 받은 1,300원을 1년 정기예금에, 혹은 1년 만기 국채에 투자합니다. 이 투자로 인해 1년 후 나는 $1{,}300 \times e^{r} = 1{,}300 \times e^{0.02} = 1{,}326$원을 받을 것입니다.

1년이 경과했습니다. 나는 다음의 후속 거래를 합니다.

4) 국채 투자로부터 1,326원을 받습니다.
5) C에게 1,274원을 지불하고 $1.062를 받습니다.
6) D에게 $1.062를 지불하고 공매도를 청산합니다.

이때 내게는 1,326 – 1,274 = 52원의 차익이 발생합니다. 이 차익은 실제 선도 환율 1,200과 실제 선도 환율 1,249의 차이 49원에서 비롯된 것으로, 1달러당 49원의 차익이 발생합니다. 그런데 내 선도 거래에서는 1달러가 아닌 $e^{r_{\$}\cdot(T-t)} = e^{0.06\times(1-0)} = \$1.062$만큼을 거래했습니다. 그러므로 내 차익거래의 차익 규모는 $49 \times 1.062 = 52$원이 되는 것입니다. ▣

3. 상품 선물(Commodity Futures)

이제 선도 거래의 기초 자산이 주식, 외화와 같은 금융 자산(financial assets)이 아니고, 금, 은, 원유, 천연가스, 옥수수, 우유 같은 실물 자산일 경우를 생각해 보겠습니다. 이러한 기초 자산을 “상품(commodity)”이라 합니다. 우리말로 상품이라 해서 영어로 goods를 의미하는 것은 아니고 (선도 혹은 선물 거래에서는) 영어로는 commodity라 합니다.[18] 그리고 실제로 이런 상품들은 금융자산보다도 더 자주 (선도 거래 아닌) 선물 거래로 이루어집니다.[19] 이런 자산(commodity)들은 개인이 취급하기에는 보안 문제, 보관 문제 등 복잡한 문제들이 존재하기 때문입니다.

여기서는 대표적으로 금을 거래하는 경우를 논의하겠습니다. 금 거래가 주식, 외화 등의 금융 자산 거래와 다른 점은 보관비용이 발생할 수 있다는 것입니다. 금 1온스(ounce)를 사는 경우라면 몰라도, 금 1,000온스에 해당하는 골드바를 산다면 이를 개인의 장롱 속이나 침대맡에 놓고 보관할 수는 없기 때문입니다. 특정 수량의 금을 전문적인 보안, 보관 업체에 보관할 때 최초 시점에서 보관비 U를 지불해야 한다고 합시다. 타 업체를 이용하지 않더라도, 본인 스스로 일정한 비용을 들여 금 보관을 철저히 하는 경우에 지불해야 하는 보관비용이 U가 될 수도 있습니다. 그러면 애초 이 금을 살 때 금의 취득원가(S_t)와 보관비를 합쳐서 지불해야 합니다. 그러므로 만일 선도 거래에서 시점 T에 이 금을 거래하기로 한다면 그 선도 가격은 다음과 같습니다.

---

[18] 사실은 영어 commodity를 한국어로 상품이라 번역한 것입니다.

[19] 사실 대부분 유형의 기초 자산들은 선물 거래에서 흔히 이루어지고 선도 거래는 선물 거래를 이해하기 위한 출발점으로 인식됩니다.

> ➢ 식 10〉 상품 선물 가격 결정 1
>
> $$F_{t,T} = (S_t + U) \cdot e^{r(T-t)}.$$

만일 보관비를 특정 금액 U가 아니라 금 가격에 대한 일정 비율 u로 요구된다면 그 선도 가격은 $F_{t,T} = S_t \cdot \big(1 + (r + u)(T - t)\big)$입니다. 연속복리법으로는 다음과 같습니다.

> ➢ 식 11〉 상품 선물 가격 결정 2
>
> $$F_{t,T} = S_t \cdot e^{(r+u)(T-t)}.$$

4. 채권 선물(Bond Futures)

채권을 기초 자산으로 하는 선물도 다른 자산을 기초 자산으로 하는 선물과 다르지 않습니다. 채권을 사서 선물 만기일까지 보유할 때의 기회비용과 기회혜택을 적절히 반영하여 선물 가격이 결정됩니다. 그런데 통상 채권은 주식과 달리 정기적으로 확정된 이자(coupon interest)를 지급합니다. 이는 곧 주식 보유자가 현금 배당을 받는 것과 본질적으로 동일하게 취급될 수 있습니다. 그러므로 채권 선물의 이론 가격은 현금 배당이 예정된 주식의 이론 선물 가격을 산출하는 방식과 기본적으로 동일합니다. 다만 전술했듯이, 미래 받게 될 채권 이자를 선물 만기일까지 어떤 이자율로 재투자해야 하는지가 관건입니다. 그런데 모든 현물 이자율이 r로 동일하면, 미래 시점에 적용될 이자율("선도 이자율"이라 합니다)도 오늘 현재 시점에서 확정할 수 있고, 특히 연속복리법을 사용하면 미래 시점의 모든 이자율이 r이 됩니다(이산복리법 사용 시에는 r과 다소 다른 값이 됩니다).

채권 선물은 금리 선물(interest rate futures)과도 관련이 있습니다. 채권 가격은 그 채권에 대해 시장이 요구하는 이자율(yield)의 함수이기 때문입니다. 이자율을 중심으로 생각하면 금리 선물이 되고, 가격을 중심으로 생각하면 채권 선물이 될 것입니다. 실제로는 이자율을 중심으로 설정된 금리 선물조차도 채권 가격 100을 기준으로 해서 이자율만큼 차감한 값으로 선물 가격이 정해지는 경우가 많습니다. 한편 전 세계적으로 가장 많이 거래되는 미국채 선물(U.S. Treasury Bond Futures)의 이론 가격을 산출하려면 새로운 개념들의 이해가 필수적입니다. 가령 conversion factor, quality option, cheapest to deliver 등이 그것입니다. 또 그 기초 자산인 U.S. Treasury Bond Futures의 가격 결정에 대해서도 별도로 공부해야 합니다. 이 모든 사항들은 다른 선물 상품의 이론가 산출에 비해 채권 선물 혹은 금리 선물의 그것이 훨씬 더 복잡할 것임을 암시합니다. 선물의 이론가라는 기본적인 학습을 하는 단계에서는 이 채권 선물 혹은 금리 선물은 상대적으로 복잡한 상품이기에, 여기서는 이에 대한 자세한 설명은 지양합니다. 참고로, 이런 선물에 관한 논의는 통상 채권 관련 교재의 "금리 선물"이라는 별도의 장(chapter)에서 설명됩니다.[20]

5. 관련 용어

여기서는 (무차익) 선도 가격(no-arbitrage forward price) 결정에 있어 여러분들이 참고하면 좋을 용어, 개념들을 소개합니다. 구체적으로 "convenience yield"와 "cost of carry"에 대해 간략하게 설명하겠습니다. 이 개념들을 설명하기 위해서는 여러분들이 투자 자산(investment asset)과 소비 자산(consumption asset)을 구별할 필요가 있습니다. 투자 자산이란 대부분의 거래자가 금전적인 이익을 위해 거래하는 자산으로 주식, 채권, 외환과 같은 금융 자산이 대표적입니다. 반면 소고기, 돼지고기, 원유(crude oil) 등은 대부분 매수자가 그것들의 소비를 위해 매수하는 것이기에 소비 자산으로 분류됩니다.[21]

소비 자산 중 원유 같은 경우는 지금 당장 소비를 위해서도 구매할 수 있지만 향후 소비를 위해서도 구매할 수 있습니다. 원유를 예로 설명해 보겠습니다. 원유를 정제하여 얻어진 여러 부산물이 다양한 산업에서 광범위하게 사용되는데 주요 사용 범주로는 가솔린, 디젤 등의 연료 제품, 플라스틱 등의 화학 제품, 액화석유가스(LPG)와

[20] 참고로 저자가 2025년에 "채권과 이자율 파생상품" 개정판 혹은 "채권 투자론" 개정판을 발간할 예정인데, 이 교재에 "금리 선물"이 상세히 설명되어 있을 것입니다.

[21] 소비 자산의 특징은, 소비에 의하여 사라진다는 것입니다. 반면 투자 자산은 소비(consume)가 적용될 수가 없고 사라지지도 않습니다. 투자 자산은 매매에 의해 보유자가 바뀔 뿐입니다. 단, 채권, 옵션처럼 만기가 있는 투자 자산은 만기일이 되면 소멸됩니다.

천연가스 등을 생각할 수 있습니다. 그러기에 모든 국가에서는 연중 내내 원유를 광범위하게 소비하고 있습니다. 그러면 모든 국가들이 매일마다 아니면 매주마다 원유를 현물 거래로 구매할까요? 아닙니다. 항상 현물 거래로만 원유를 구매하면, 그때그때 원유의 가격 위험(price risk)에 노출됩니다. 이런 위험을 헤지하기 위해 (원유를 현물 거래로 일부 구매도 하지만) 선도 거래를 통해서도 미래 필요한 원유를 오늘 확정된 가격으로 구매하는 것이 보다 일반적입니다. 이처럼 소비 자산인 원유가 선물 혹은 선도 거래로 구매될 때 선도 가격은 어떻게 결정될까요?

네, 일단 다른 자산의 선도 가격 결정과 마찬가지로 현물로 원유를 살 때의 취득원가 및 기회비용이 반영되어 원유 선도 가격도 결정됩니다. 단, 투자 자산의 선도 가격과 다른 점이 있습니다. 투자 자산은 소비를 위해 구매되지는 않지만 원유는 소비를 위해 구매되어 궁극적으로는 소비되어 사라진다는 것입니다. 이는 원유뿐 아니라 소고기, 돼지고기 등 모든 소비 자산의 공통점입니다. 아울러, 만일 원유를 현물 거래를 통해 구매하면, 현재 소비를 위해서도 사용할 수 있고 미래 소비를 위해서도 사용할 수 있습니다.[22] 반면 원유를 (선물 혹은) 선도 거래로 구매하면 선도 거래 만기일 이전에는 소비될 수 없습니다. 이것이 원유 같은 소비 자산의 선도 거래와 주식 같은 투자 자산의 선도 거래의 중요한 차이점입니다. 결국 이러한 차이를 감안하여 원유의 선도 가격이 결정됩니다.

물론 주식 등의 투자 자산도 현물 거래로 매수하여 보유할 때 배당 등의 혜택을 받을 수 있고 선도 거래로 보유할 때는 (만기일 이전의) 이런 배당 혜택을 받을 수 없습니다. 하지만 이런 금전적, 정량적(quantitative) 차이는 쉽게 선도 가격에 반영될 수 있습니다. 우리가 앞에서 배운 현금 배당 혹은 주식 배당 있는 주식의 선도 가격 결정이 바로 그런 문제를 다루고 있습니다. 즉, 현물 거래로 인한 이런 혜택(benefits)이 선도 가격에 반영되어 이 혜택의 (미래) 가치만큼 그 선도 가격이 작아집니다. 그리고 선도 가격이 작아지는 정도는 차익거래에 의해 특정 수치로 결정됩니다. 한편 원유의

---

[22] (먼) 미래 소비를 위해 원유를 현물 거래로 구매하면 일정 보관비용이 발생할 수 있으므로 원유 선도 가격에 이 비용도 반영되어야 합니다. 이때 먼 미래의 기준은 선도 거래 만기일 이후가 될 수 있습니다. 반면 가까운 미래 소비의 경우에도 보관비용이 발생할 수는 있으므로, 기본적으로 원유의 선도 가격에는 보관료를 반영하는 것이 합리적입니다. 원유뿐만 아니라 보관비용이 발생하는 모든 기초 자산의 선도 가격에는 보관비용이 반영되어야 합니다.

경우에도 현물 거래로 사서 보유하면 오늘이든 1주일 후든 어느 미래 시점이든 보유자가 원하는 시점에 소비할 수 있다는 융통성과 편리성(convenience)이 부여됩니다. 이러한 장점은 분명 선도 거래로부터는 제공받을 수 없는 혜택(benefit)입니다. 왜냐하면 선도 거래의 경우 만기일 이후에만 원유를 보유하게 되므로, 현재부터 만기일까지의 기간에는 원유를 소비하고 싶어도 소비할 수 없기 때문입니다. 그러므로 "언제든 사용 가능"이라는 혜택이 없는 선도 거래에서의 원유 가격은 이 혜택만큼 작아져야 할 것입니다. 단, 이 혜택은 현금 배당이나 주식 배당같이 가시적이거나 정량적이지 않아 객관적인 값으로 특정하기 어렵습니다. 그럼에도 불구, 원유의 선도 거래가 이런 불리함을 반영하게 되어 그 선도 가격이 작아집니다. 무엇과 비교하여 작아진다는 말일까요? 이런 불리함이 전혀 없는 기초 자산의 선도 가격에 비해 작아진다는 것입니다.

한편 이런 불리함이 전혀 없는 (현물) 기초 자산은 어떤 것들이 있을까요? 현금 배당이나 주식 배당 없는 주식, 즉 non-dividend-paying stock이 바로 그런 기초 자산입니다. 그리고 이 자산의 선도 가격은 다음과 같이 결정됨을 우리는 잘 알고 있습니다.

$$F_{t,T} = S_t \times e^{r(T-t)}.$$

반면, 당장 소비할 수는 없다는 불편함이 있기에 위 가격 형태보다 낮은 가격으로 소비 자산의 선도 가격이 결정되면 (가령 원유의 선도 가격) 정확하게는 표현할 수 없어도 다음과 같이 표현할 수는 있습니다.

$$F_{t,T} = S_t \times e^{r(T-t)} - Y, \qquad \text{where } Y > 0.$$

위 식이 보기에 좀 불편하니 "compact"하게 다음과 같이 바꾸어 쓸 수 있습니다.

$$F_{t,T} = S_t \times e^{(r-y)(T-t)}, \qquad \text{where } y > 0.$$

즉, 원유 선도 가격이 작아지는 정도를 어떤 절댓값 Y가 아니라 수익률 y로 변환 혹은 측정할 수 있습니다. 이런 y를 "convenience yield"라고 합니다. 원유를 현물로 구입하면 "convenience"가 확보되는데 이를 선도 거래로 구입하면 그렇지 못하기에, 현물의 "convenience"로 인한 혜택을, 즉 "convenience"로 인한 수익률(yield)을 선도 가격에서 빼야 한다는 의미입니다. 이와 유사한 경우가 뭐가 있었을까요? 연속 배당률 q만큼 배당을 주는 주식의 선도 가격이 바로 그 유사한 경우입니다. 이 주식의 선도 가격 공식은, 여러분이 기억하듯이

$$F_{t,T} = S_t \cdot e^{(r-q)\cdot(T-t)}$$

이었습니다. 그러므로 이 식과 원유 선도 가격 식의 형태는 동일합니다. 배당을 줄 수 없는 (주식) 선도 가격에서 배당수익률 q를 빼 주었듯이, "언제든지 가능한 소비"를 제공할 수 없는 원유 선도 가격에서 "편리함의 수익률" y를 빼주어야 한다는 것입니다.

정리 8〉 Convenience yield

선도 거래의 기초 자산을 현물로 보유할 때 일정한 "convenience"가 존재하면, 이 기초 자산의 선도 가격은 이를 수익률에 반영하여 다음과 같이 표현할 수 있다. 이때 $y(>0)$를 "convenience yield"라 한다.

$$F_{t,T} = S_t \times e^{(r-y)(T-t)}, \qquad \text{where } y > 0.$$

이제 예제를 통해 위 정리를 확인해 보겠습니다.

예제 2-8〉

현재 원유 현물 가격은 배럴(barrel)당 50이고, 1년 후 원유를 거래하는 선물 거래의 가격은 배럴당 53이다. 무위험 이자율 $r = 0.1$이다. 이 원유 선물 거래의 convenience yield를 추정하라.

먼저 아래 식을 통해 convenience yield (y) 값을 추정할 수 있습니다. 위 선물 가격 F가 아래 공식을 충족한다고 합시다.

$$F = S_t \times e^{(r-y)(T-t)}.$$

양변에 로그를 취하면

$$\ln(F) = \ln\left(S_t \times e^{(r-y)(T-t)}\right) = \ln(S_t) + (r-y)(T-t).$$

그러므로

$$(r-y)(T-t) = \ln(F) - \ln(S_t).$$

이제

$$r - y = \frac{\ln(F) - \ln(S_t)}{T-t}.$$

그러므로

$$y = r - \frac{\ln(F) - \ln(S_t)}{T-t}$$

이제 관련된 값들을 대입하면

$$y = 0.1 - \frac{\ln(53) - \ln(50)}{1} = 0.1 - (3.9703 - 3.9120) = 0.0417.$$

마지막으로, $y = 0.0417$이 정확히 맞는 값인지 검산해 보겠습니다.

$$\begin{aligned} F &= S_t \times e^{(r-y)(T-t)} \\ &= 50 \times e^{(0.1-0.0417)\times 1} \\ &= 50 \times 1.06 = 53 \end{aligned}$$

이니 $y = 0.0417$이 맞습니다. ▣

이제, 현물 거래로 S_t 가격으로 원유를 사서 보유할 때 보관비용이 들고, 그 보관비용도 수익률 차원에서 u로 S_t의 총비용에 반영할 수 있다고 합시다. 그러면 현물 거래의 이자 비용, 보관비용 및 convenience yield를 모두 감안한 선도 가격은 다음과 같습니다.

정리 9〉 이자 비용, 보관비용 및 Convenience yield

선도 거래의 기초 자산을 현물로 보유할 때 이자 비용(r), 보관비용(u) 및 "convenience yield y"가 존재하면, 이 기초 자산의 선도 가격은 이를 수익률에 반영하여 다음과 같이 표현할 수 있다.

$$F_{t,T} = S_t \times e^{(r+u-y)(T-t)}, \quad \text{where} \quad u > 0, \quad y > 0.$$

자, 이제 "cost of carry"에 대해 설명하겠습니다. cost of carry란 현물로 기초 자산을 보유할 때의 최종적인 비용, 즉 순비용(net cost)을 수익률 차원에서 표현(측정)한 것입니다. 그런데 기초 자산의 특성에 따라 현물 보유의 순비용은 다를 수 있습니다. 주식을 기초 자산으로 한다면, 가장 간단한 경우는 non-dividend-paying stock인데 이 기초 자산의 선도 가격은 다음과 같습니다.

$$F_{t,T} = S_t \times e^{r(T-t)}.$$

이때 이 기초 자산을 현물로 보유할 때 순비용을 "c"라 하면, 그리고 이를 수익률 차원에서 표시한다면, 위 식은 다음과 같이 표시할 수 있습니다. 즉, '$c = r$'이 됩니다.

$$F_{t,T} = S_t \times e^{r(T-t)} = S_t \times e^{c(T-t)}.$$

연속 배당률 q로 배당을 주는 dividend-paying stock의 선도 가격은 다음과 같습니다. 즉, '$c = r - q$'입니다.

$$F_{t,T} = S_t \times e^{(r-q)(T-t)} = S_t \times e^{c(T-t)}.$$

미달러화와 같은 통화의 경우에는 '$c = r - r_\$$'이 됩니다.

$$F_{t,T} = S_t \times e^{(r-r_\$)(T-t)} = S_t \times e^{c(T-t)}.$$

그렇다면 "편리함의 수익률', 즉 "convenience yield"를 제공하는 원유 같은 기초 자산의 경우는 어떨까요? 이때에는 convenience yield를 객관적 수치로 나타내기 어렵습니다. 그러므로 convenience yield는 다른 방식으로 취급할 수 있습니다. 가령 convenience yield(y)를 제공하는 기초 자산의 선도 가격은 다음과 같이 표시할 수

있습니다.

$$F_{t,T} = S_t \times e^{(c-y)(T-t)}.$$

즉, 기초 자산을 현물로 보유할 때의 모든 비용이나 수익을 "cost of carry"에 포함시키고 단지 convenience yield만을 별도로 취급하는 방식으로 선도 가격을 표시하는 것입니다. 이때 기초 자산 특성에 따라 c는 $r, r-q, r-r_\$$ 등이 될 수 있습니다.[23]

제 3 절 선도 이자율(forward interest rate)

본절은 제2절 중 주식 선물에서 거론됐던, 미래 배당금의 투자가 어떻게 실행된다고 가정해야 하는지에 대한 답변을 다루고 있습니다. 결론적으로, 미래 배당금을 주식 선물의 만기까지 위험 없이 투자할 수 있으며, 이는 선도 이자율 개념을 통해서 설명할 수 있습니다. 참고로 이 내용은 파생상품의 기초적 공부를 위해서 필수적인 내용이라기보다는 advanced된 내용입니다. 그런데 본서의 주식 선물 주제에서 미래 배당금의 만기일 가치 계산에 "시장의 모든 현물 이자율이 r이면 미래 두 시점의 (선도) 이자율도 r"이라는 전제가 활용되었기에 이에 대한 설명이 필요하여 여기에 포함합니다. 또 선도 이자율 자체도 선도 거래의 한 유형으로 볼 수 있기에 본절에서 설명하는 바입니다.

1. 선도 이자율의 의미

선도 이자율(forward interest rates)이란 현물 이자율(spot interest rates)에 대비되는 개념입니다. 현물 이자율은 본장 초기에 정의되고 설명된 바 있는데, 참고로 여기 간단히 요약하면 다음과 같습니다. 현물 이자율은 현재 시점에서 자금을 투자할 때 실현할 수 있는 연간 수익률입니다. 즉, 오늘 투자해서 3개월 후, 1년 후, 3년 후 등의 미래

---

[23] 참고로 convenience yield와 cost of carry 개념은 상식적으로 알고 있으면 선물이나 선도 거래 관련 대화, 소통에 도움이 되며, 실제 학교 내외의 시험에서는 자주 출제되는 내용은 아닙니다.

시점까지 무이표채(zero-coupon bond)를 보유할 때 실현할 수 있는 (연평균) 수익률을 말합니다. 또한 현물 이자율은 미래의 현금을 현재가치로 할인할 때의 연간 할인율을 의미하기도 합니다. 반면 선도 이자율은 현재 시점이 아닌 미래 시점에서 투자할 때 실현할 수 있는 (연평균) 수익률을 의미합니다. 다시 말하면, 선도 이자율은 두 미래 시점을 연결하는 이자율입니다. 또한, 현물 이자율의 두 가지 해석이 있는 것처럼, 미래 두 시점을 t_1, $t_2(t_2 > t_1)$이라 하면, t_1 시점에서 현금 투자 시 t_2 시점에서 실현될 수익률을 의미하기도 하고, 반대로 t_2 시점의 현금을 t_1 시점으로 환산할 때 사용하는 할인율을 의미할 수도 있습니다. 보통은 전자 개념으로 선도 이자율이 더 자주 사용됩니다.

선도 이자율 개념을 확실히 파악하기 위하여 일단 연간복리계산 횟수를 1회로 가정하겠습니다. 또 만기 t에 따라 시장의 현물 이자율 $\{r(t)\}$가 아래 도표와 같이 주어졌다고 합시다.

➢ 도표 2-2 (채권) 만기와 현물 이자율

t	1	2	3	4	5	6	7	8
$r(t)$	3.0%	4.0%	5.0%	6.0%	7.0%	6.5%	6.0%	5.5%

현물 이자율과 관련된 무이표채에 대한 설명을 다시 해 보겠습니다. 채권 중에서 만기에만 현금(par value)을 지불하고 만기 전까지는 아무런 이자(coupon)를 지급하지 않는 채권을 무이표채(zero coupon bond)라 합니다. 위 도표에 따라 각 무이표채를 만기까지 보유할 때의, 가령 1년 만기 무이표채에 투자할 경우의 연수익률은 3%, 2년 만기의 무이표채에 투자할 경우의 연(평균)수익률은 4%입니다. 그런데 만기 2년의 무이표채에 투자한다 함은, 1년 만기의 무이표채에 2년 동안 연속적으로 투자하는(roll over) 경우와 대비될 수 있습니다. 단, 후자의 경우 1년 후 시점에서의 "1년 현물 이자율"이 현재로서는 불확실하기 때문에, 현재로부터 2년 동안의 총수익률이나 연평균 수익률이 불확실합니다. 반면 만기 2년의 무이표채에 투자하면 이러한 불확실성이 제거되어 연평균 수익률이 4%로 확정됩니다. 그러므로 만기 2년의 무이표채에 투자한다는 것은 마치 1년 후 시점의 1년 수익률을 현재 시점에서 확정하는 것과 같습니다. 그런데

$$(1+0.04)^2 \approx (1+0.03)(1+0.05)$$

입니다. 그러므로 향후 2년 동안 연수익률 4%로 2년 만기 무이표채에 투자한다 함은, 1년 현물 이자율 3%를 제공하는 1년 만기 무이표채에 투자하고 1년 후 다시 1년 수익률을 약 5%로 확정하면서 투자하는 것과 같은 결과가 됩니다. 이때 현 시점에서 결정되는(보장되는) 1년 후의 1년 수익률 5%를 "선도 이자율(forward rates)"이라 합니다(선도 이자율의 정확한 계산 방법은 추후 소개).

이처럼 선도 이자율은

"현재 시점에서 확정된 미래의 이자율"

이라는 의미가 됩니다. 이러한 점에서 선도 이자율과 현물 이자율의 차이가 두드러집니다. 즉, 현물 이자율은 현재 시점 t_0와 미래 시점 t_1을, 혹은 현재 시점 t_0와 미래 시점 t_2를, 연결해 주는 이자율인 반면, 선도 이자율은 미래 시점 t_1과 또 다른 미래 시점 t_2를 연결해 주는 이자율입니다. 위 예에서 선도 이자율은 $t_1 = 1$(년)과 $t_2 = 2$(년)의 두 미래 시점을 연결해 주고 있습니다. 단 이렇게 확정되는 선도 이자율, 가령 위 예의 경우 선도 이자율 약 0.05가 실제로 1년 후 1년 현물 이자율 값이 된다는 보장은 없습니다. 선도 이자율은 단지 현 시점의 현물 이자율들로부터 역산되는 이자율 수치일 뿐입니다. 위 예의 경우 선도 이자율 0.05는 관련된 현물 이자율 0.03과 0.04로부터 추출되는 이자율 수치일 뿐이고, 실제로 1년 후 채권시장에서 결정될 1년 현물 이자율은 아니란 말입니다(미래 결정될 이자율을 현재 시점에서 알 수 있다면 미래에 아무 위험이 존재하지 않으므로 재무금융에서 위험 관리를 공부할 필요가 없음).

2. 선도 계약과 차익거래

수익률로서의 선도 이자율은 미래의 투자 조건을 오늘 확정할 때 유효하게 사용됩니다. 현물 이자율이 위 도표와 같이 주어졌을 때 한 투자자가 1년 후 임의의 금액 A를 1년 동안 투자하는 계약을 오늘 맺는다고 하면 2년 후 받을 금액이 어떻게 결정되어야 할까요? 선도 이자율 5%를 활용하면, 2년 후 받을 금액이 $A \times (1 + 0.05) = 1.05A$로 결정되어야 한다는 것을 알 수 있습니다. 만일 2년 후 받을 금액이 1.05A가 아니라면, 효율적인 시장에서는 존재하기 어려운 무위험 차익이 존재하게 됩니다. 이를 예제를 통하여 파악하여 봅시다.

예제 2-9〉 선도 계약과 차익거래

2년 후 받을 금액이 1.05A가 아니라 그보다 많은 1.06A로 정해져 이 1년의 약정 이자율이 6%가 된다고 합시다. 이때 약정 이자율 6%는 현물 이자율들로부터 결정되는 선도 이자율 5%보다 높은 수익률이므로, 투자자들은 이 기회를 이용하기 위해 2년 만기의 무이표채를 사지 않고 1년 만기의 무이표채를 사고 동시에 수익률 6%의 이 (선도) 계약을 오늘 맺을 것입니다. 이러한 거래를 함으로써 현재 채권시장에서 얻을 수 있는 2년의 연평균 수익률 4%를 초과할 수 있습니다. 2년 만기 무이표채의 시장가격은

$$\frac{100}{(1+0.04)^2} = 92.46$$

이므로, 오늘 92.46으로 2년 만기의 무이표채를 매입한 후 만기까지 보유하면 2년 후 100.00을 얻게 됩니다.

반면 오늘 1년 만기의 무이표채를 사고 동시에 1년 후 6%의 약정 이자율로 1년간 투자하는 계약을 한다고 가정하여 봅시다. 1년 현물 이자율이 3%이므로 95.23의 액면가(par)를 가지는 만기 1년의 무이표채의 현재 시장가격은 $95.23/(1+0.03)=92.46$입니다. 그러므로 오늘 92.46으로 만기 1년의 무이표채를 매입하면 1년 후 액면가인 95.23을 받게 됩니다. 그리고 1년 후에 받게 될 이 95.23이 위 선도 계약에 의해 약정 이자율 6%로 1년간 투자되면 $95.23\times(1+0.06)=100.94$가 됩니다. 이 금액은 앞에서 2년 만기의 무이표채에 92.46을 투자한 경우에 얻게 되는 100보다 큽니다. 그러므로 2년 동안 확정된 수익률로 투자하려는 모든 투자자들은 2년 만기 무이표채를 매입하지 않고 1년 만기 무이표채를 매입하고 동시에 이러한 (선도) 계약을 맺어 초과 수익을 얻으려 할 것입니다.[24] 이러한 거래는 이 계약의 약정 이자율(x)과 (현물 이자율로부터 추출되는) 선도 이자율(y)이 같아질 때까지 계속될 것이므로 두 이자율 x, y가

---

[24] 보다 정확히 말하면, 투자자들은 2년 만기 무이표채를 발행하여 혹은 공매도(short sale)하여 받게 되는 금액으로 1년 만기 무이표채를 매입하고 위의 계약을 맺음으로써 무위험 차익을 실현할 것입니다.

같아질 때 균형에 도달합니다. 혹은 재무금융적으로 말하면, 두 이자율이 같아질 때 더 이상 차익거래가 발생하지 않습니다. ▣

이와 같은 이유로 합리적인 거래자 사이에서는 위 계약의 수익률은 (현물 이자율에서 추출되는) 선도 이자율인 5%와 가까운 값이 되는데 위 계약, 즉 미래 특정 시점에 특정 수익률로 특정 기간 동안 투자할 것을 오늘 확정하는 계약은 지금까지 우리가 공부해 온 "선도 계약", "선도 거래"인 것입니다. 다른 점이 있다면 이 선도 계약은 "미래 수익률에 관한 선도 거래"라는 것뿐입니다. 선도 계약의 약정 이자율은 무작위로 결정되지 않고, 위 예제에서와 같이 5%로 혹은 이에 매우 가까운 값으로 결정됩니다. 이 5%는 1년 현물 이자율인 3%와 2년 현물 이자율인 4%로부터 추출되는 값입니다. 선도 이자율이 이처럼 현물 이자율에 의하여 결정된다는 의미에서 이를 특히 "현물 이자율 값에 내포된 선도 이자율(implied forward rates)"이라 합니다.

3. 선도 이자율 계산

$(t-1)$년 후 1년 동안 투자하는 선도 계약을 오늘 체결할 때 적용되는 선도 이자율을 f(t)로 쓰기로 합시다. 현물 이자율이 위 도표와 같이 주어지면, 2년 만기의 무이표채를 92.46만큼 매입하여 만기까지 보유할 경우, 이러한 투자로부터 오늘 확정되는 2년 후 미래가치는

$$92.46 \times (1 + 0.04)^2$$

입니다. 한편 1년 만기의 무이표채를 92.46만큼 매입하고 동시에 f(2)의 이자율로 선도 계약을 체결할 경우, 이러한 투자로부터 오늘 확정되는 2년 후 미래가치는

$$92.46 \times (1 + 0.03)(1 + f(2))$$

입니다.

즉, 92.46의 투자자금으로 2년간 투자하는 이 두 경우에 있어서 전자의 경우 오늘 확정된 2년 후의 미래가치가 $92.46 \times (1 + 0.04)^2$이고 후자의 경우는 확정된 2년 후의 미래가치가 $92.46 \times (1 + 0.03)(1 + f(2))$ 입니다. 두 경우 모두 2년 후 받게 될

현금이 확정되어 불확실성이 전혀 없으므로, 투자자들이 합리적이라면 혹은 시장이 효율적이라면 양자는 같아져야만 합니다. 즉,

$$92.46 \times (1+0.04)^2 = 92.46 \times (1+0.03)(1+f(2))$$

가 됩니다. 이를 정리하면

$$f(2) = \frac{(1+0.04)^2}{1+0.03} - 1$$

이 됩니다.

일반적으로, 현물 이자율 $\{r(t)|t=1,2,\cdots\}$가 주어지고 이자 계산의 단위기간이 1년일 때, $(t-1)$년 후 1년 동안 투자하는 선도 계약의 이자율 $f(t)$는 아래 식과 같이 결정됩니다. 단, $r(0)=0$으로 정의됩니다.

> ➢ 식 12〉 선도 이자율 결정
>
> $$f(t) = \frac{[1+r(t)]^t}{[1+r(t-1)]^{t-1}} - 1.$$

이 식에 의하면 $f(1)$은 $1-1=0$년 후 1년 동안 투자하는 선도 계약의 이자율이므로, 이는 곧 현 시점에서 1년 동안 투자하는 이자율, 즉 현물 이자율 $r(1)$을 의미함을 알 수 있습니다. 그러므로 $f(1)=r(1)$이 성립합니다.

예제 2-10〉 선도 이자율의 계산

아래 도표의 현물 이자율 $\{r(t)\}$가 주어졌을 때 위 식을 이용하여 선도 이자율 $f(4)$를 구하면

$$f(4) = \frac{[1+r(4)]^4}{[1+r(3)]^3} - 1 = \frac{1.06^4}{1.05^3} - 1 = 0.0906 = 9.06\%$$

입니다. 같은 방법으로 선도 이자율 $\{f(t)\}$를 구하면 다음과 같습니다.

➢ 도표 2-3 만기, 현물 이자율과 선도 이자율

t	1	2	3	4	5
$r(t)$	3.00%	4.00%	5.00%	6.00%	7.00%
$f(t)$	3.00%	5.01%	7.03%	9.06%	11.10%

▣

참고로, 여러분들은 위 예제 같은 경우 눈으로 보기만 하지 말고 실제 계산기를 이용하여 스스로 계산해 보고 확인해 보기를 권합니다. 재무금융 공부는 눈으로만 하는 것이 아니고 계산 과정을 체험함으로써 더 잘 이해하고 더 오래 기억할 수 있습니다.

한편 이자 계산의 단위기간이 6개월이고 현물 이자율 $\{r(t)|t = 0.5, 1, 1.5, \cdots\}$가 주어졌을 때에는, $(t-0.5)$년 후 0.5년 동안 투자하는 선도 계약의 이자율 $f(t)$는 아래 식과 같이 결정됩니다($t = 0.5, 1, 1.5, \cdots$). 이때 $r(0) = 0$으로 정의되고, 아래 식에 의해 $f(0.5) = r(0.5)$입니다.

➢ 식 13〉 선도 이자율 결정 (1년에 2회 복리계산)

$$\frac{f(t)}{2} = \frac{\left[1 + \frac{r(t)}{2}\right]^{2t}}{\left[1 + \frac{r(t-0.5)}{2}\right]^{2(t-0.5)}} - 1.$$

위 식을 쉽게 이해하는 한 방법은 오늘 1(원)을 t년 동안 투자하는 두 가지 전략을 비교해 보는 것입니다. 하나는 선도 이자율이 필요하지 않는 전략이고 다른 하나는 위의 선도 이자율 $f(t)$가 필요한 전략입니다. 첫 번째 전략은 다음과 같습니다. 오늘 내가 만기 t년의 무이표채를 사서 이 기간 동안 투자하면 t년 후 내가 받을 금액이 확정될 것입니다. 그리고 t년 후 내가 받을 금액은 다름 아닌 그 무이표채의 액면가(par)인 것입니다. 가령 그 무이표채의 가격이 1이라면, 그 액면가는

$$1 \times \left(1 + \frac{r(t)}{2}\right)^{2t}$$

가 됩니다. 한편 오늘 1을 t년 동안 투자하는 다른 전략은 오늘 내가 만기 "$t - 0.5$"년의 무이표채를 사서 이 기간 동안 투자하고, 남은 0.5년은 선도 거래의 선도 이자율

$f(t)$로 확정하여 투자하는 것입니다. 물론 이 남은 0.5년은 두 미래 시점 "$t-0.5$"와 "t" 사이의 기간입니다. 이 경우에도 오늘 내가 투자한 1의 t년 후 가치가 확정됩니다. 그러므로 이 두 전략으로 인한 확정적인 두 미래가치는 같아야 하며 그렇지 않으면 차익거래에 의해 신속히 같아집니다. 이 두 확정적인 미래가치는

$$1\times\left(1+\frac{r(t)}{2}\right)^{2t}=1\times\left(1+\frac{r(t-0.5)}{2}\right)^{2(t-0.5)}\times\left(1+\frac{f(t)}{2}\right)$$

입니다. 그리고 위 식을 $f(t)$에 관해서 정리하면

$$\frac{f(t)}{2}=\frac{\left[1+\frac{r(t)}{2}\right]^{2t}}{\left[1+\frac{r(t-0.5)}{2}\right]^{2(t-0.5)}}-1$$

이 됩니다.

참고로 두 번째 투자 전략에서 $\left(1+\frac{r(t-0.5)}{2}\right)^{2(t-0.5)}$는 다름 아니고 만기가 "$t-0.5$"(년)인 무이표채의 액면가입니다. 이 무이표채에 오늘 1을 투자하면 만기일인 "$t-0.5$"년 후에는 이 액면가를 받게 됩니다.

예제 2-11〉 선도 이자율의 계산

아래 도표에서와 같이 현물 이자율 $\{r(t)|t=0.5, 1, 1.5, \cdots\}$가 주어졌을 때 위 선도 이자율 공식을 이용하여 선도 이자율 $f(t)$를 구하면 다음과 같습니다.

➢ 도표 2-4 만기, 현물 이자율과 선도 이자율

t	0.5	1	1.5	2	2.5	3	3.5
$r(t)$	2.5%	10.0%	20.0%	20.5%	21.0%	21.5%	22.0%
$f(t)$	2.5%	17.8%	41.5%	22.0%	23.0%	24.0%	25.0%

▣

이제 1년을 이자 계산 단위로 하여 산출한 선도 이자율 공식인 식 (12)를 이용하여 현물 이자율과 선도 이자율의 관계를 다른 관점에서 살펴봅시다. 이 식은 선도 이자율

$f(t)$를 현물 이자율 $r(t)$, $r(t-1)$의 함수로 표시한 식입니다. 그런데 이 식으로부터 (거꾸로) 현물 이자율을 선도 이자율들의 함수로 표시할 수도 있습니다. 즉, 식 (12)로부터

$$[1+r(t)]^t = [1+f(t)] \times [1+r(t-1)]^{t-1}$$

이 성립하는데, 여기서 $[1+r(t-1)]^{t-1}$은 식 (12)에 의하여 다시

$$[1+f(t-1)] \times [1+r(t-2)]^{t-2}$$

가 됩니다. 그러므로

$$\begin{aligned}[1+r(t)]^t &= [1+f(t)] \times [1+r(t-1)]^{t-1} \\ &= [1+f(t)] \times [1+f(t-1)] \times [1+r(t-2)]^{t-2}\end{aligned}$$

입니다. 이를 반복하면 현물 이자율 $r(t)$를 다음과 같이 선도 이자율만의 함수로 표현할 수 있습니다.

> ➢ 식 14〉 현물 이자율과 선도 이자율
>
> $$[1+r(t)]^t = [1+f(t)] \times [1+f(t-1)] \times \cdots \times [1+f(1)] = \prod_{k=1}^{t}[1+f(k)].$$

그러므로 $[1+r(t)]$는 $[1+f(1)]$, $[1+f(2)]$, ⋯, $[1+f(t)]$의 기하평균과 같습니다. 하지만 현물 이자율 $r(t)$ 자체는 t개의 선도 이자율 $f(1)$, $f(2)$, ⋯, $f(t)$의 기하평균이라고는 할 수 없습니다. 그러므로 흔히 현물 이자율이 선도 이자율의 기하평균이라고 말하는 것은 엄밀히 따지면 잘못된 것입니다. 단지 위 식의 구조상, 현물 이자율 $r(t)$는 t개의 선도 이자율 $\{f(t)|t=1, 2, \cdots, t\}$의 최대값과 최소값 사이의 값으로만 결정되므로, $r(t)$는 이 선도 이자율들의 일종의 평균값에 가까울 것이라 편의적으로 해석할 수 있습니다. 실제로 $r(t)$는 관련된 t개의 선도 이자율들의 산술평균과 매우 가깝습니다. 가령 <도표 2-3>을 보면, 만기 4년의 현물 이자율 0.0600은 관련된 4개의 선도 이자율 0.0300, 0.0501, 0.0703, 0.0906의 산술평균 0.0603과 매우 가까운 것을 확인할 수 있습니다.

마찬가지로, 이자 계산의 단위기간이 6개월인 경우의 현물 이자율은 아래 식과 같이 6개월 기간의 선도 이자율들의 함수로 표현됩니다.

> ➢ 식 15〉 현물 이자율과 선도 이자율 (연간 2회 복리계산)
>
> $$\left[1+\frac{r(t)}{2}\right]^{2t}=\left[1+\frac{f(t)}{2}\right]\times\left[1+\frac{f(t-0.5)}{2}\right]\times\cdots\times\left[1+\frac{f(1)}{2}\right]\times\left[1+\frac{f(0.5)}{2}\right]$$
> $$=\prod_{k=1}^{2t}\left[1+\frac{f\left(\frac{k}{2}\right)}{2}\right].$$

한편 이자 계산의 단위기간이 무한히 작은 연속복리법의 경우에는 현물 이자율과 선도 이자율의 관계가 보다 명료하게 나타납니다. 가령 <도표 2-2>에 주어진 현물 이자율이 연속복리법으로 산출된 이자율이라면, 오늘 100을 2년 만기의 무이표채에 투자하여 만기까지 보유하는 경우, 확정되는 2년 후 미래가치는 $100\times e^{2\times 0.04}$입니다. 한편 1년 만기의 무이표채를 100만큼 매입하고 동시에 $f(2)$의 이자율로 선도 계약을 체결하는 투자로부터 확정되는 2년 후 미래가치는 $100\times e^{0.03}\times e^{f(2)}=100\times e^{0.03+f(2)}$입니다. 효율적 시장에서 양자는 같아져야 하므로 $100\times e^{2\times 0.04}=100\times e^{0.03+f(2)}$이고 결국 $f(2)=2\times 0.04-0.03=0.05$가 됩니다.

마찬가지로, 오늘 100을 3년 만기의 무이표채에 투자하여 만기까지 보유하는 경우 확정되는 3년 후 미래가치는 $100\times e^{3\times 0.05}$이고, 2년 만기의 무이표채를 100만큼 매입하고 동시에 $f(3)$의 이자율로 선도 계약을 체결하는 투자로부터 확정되는 3년 후 미래가치는 $100\times e^{2\times 0.04}\times e^{f(3)}=100\times e^{2\times 0.04+f(3)}$입니다. 양자는 같아져야 하므로 $f(3)=3\times 0.05-2\times 0.04=0.07$이 됩니다.

일반적으로, 연속복리로 산출된 현물 이자율 $\{r(t)|t=1,2,\cdots\}$이 주어지면 $(t-1)$년 후에 1년 동안 투자하는 선도 계약의 이자율 $f(t)$는 다음과 같습니다. 단, $r(0)=0$입니다.

> ➢ 식 16〉 선도 이자율 결정 (연속복리법)
>
> $$f(t)=t\times r(t)-(t-1)\times r(t-1).$$

연속복리를 가정하고, 주어진 현물 이자율 $\{r(t)\}$에 대해 선도 이자율 $\{f(t)\}$를 구하면 아래 도표와 같습니다. 이산복리법을 적용한 선도 이자율과 달리 연속복리법 적용 시 각 선도 이자율은 3%, 4% 등으로 깔끔하게 산출됩니다. 이는 (곧 설명되겠지만) 연속복리법에서는 현물 이자율이 정확히 선도 이자율들의 산술평균이기 때문입니다.

➢ **도표 2-5 연속복리법과 선도 이자율**

t	1	2	3	4	5	6	7	8
$r(t)$	3.00%	4.00%	5.00%	6.00%	7.00%	6.50%	6.00%	5.50%
$f(t)$	3.00%	5.00%	7.00%	9.00%	11.0%	4.00%	3.00%	2.00%

한편 $f(t)$ 공식(=식 16)을 활용하면 $f(t-1)$은 다음과 같습니다.

$$f(t-1) = (t-1) \times r(t-1) - (t-2) \times r(t-2).$$

이를 $r(t-1)$로 정리하면 다음과 같습니다.

$$(t-1) \times r(t-1) = (t-2) \times r(t-2) + f(t-1).$$

이를 다시 $f(t)$ 공식에 대입하면 다음이 성립합니다.

$$f(t) = t \times r(t) - (t-2) \times r(t-2) - f(t-1).$$

이를 $r(t)$로 정리하면 다음과 같습니다.

$$t \times r(t) = f(t) + f(t-1) + (t-2) \times r(t-2).$$

마찬가지로, $f(t)$ 공식을 활용하여 $f(t-2)$를 $r(t-2)$와 $r(t-3)$의 함수로 표시할 수 있고 (위에서처럼) 몇 번 더 정리하면 다음 식이 도출됩니다.

$$t \times r(t) = f(t) + f(t-1) + f(t-2) + (t-3) \times r(t-3).$$

이 과정을 반복하면

$$t \times r(t) = f(t) + f(t-1) + f(t-2) + \cdots + f(1).$$

이 성립합니다. 이 식을 $r(t)$에 대하여 정리하면 다음 식과 같습니다.

➢ 식 17〉 현물 이자율과 선도 이자율 (연속복리법)

$$r(t) = \frac{f(1) + f(2) + \cdots + f(t-1) + f(t)}{t} = \sum_{k=1}^{t} \frac{f(k)}{t}.$$

즉, 연속복리법으로 이자율을 계산할 경우 현물 이자율은 선도 이자율의 “정확한” 산술평균이 됩니다.

한편 현물 이자율 $r(t)$가 t기간 동안의 “평균 이자율”로 해석된다면, 선도 이자율 $f(t)$는 t기간의 “한계 이자율”로 해석될 수 있습니다. 즉, 투자기간 t가 한 단위 더 늘어날 때, 새 평균 수익률은 현물 이자율이고 추가적인 수익률은 선도 이자율이라고 해석할 수 있습니다. 아래 그림에서 선도 이자율의 변화는 급격한 반면 현물 이자율의 변화는 완만함을 알 수 있는데, 이러한 차이도 한계 이자율과 평균 이자율의 차이로 이해될 수 있습니다. 아래 그림은 <도표 2-5>의 현물 이자율과 선도 이자율을 그래프로 나타낸 것입니다. 이 그래프에는 변동이 심한 한계 이자율로서의 선도 이자율과 변동이 완만한 평균 이자율로서의 현물 이자율의 차이가 잘 나타나 있습니다.

➢ 그림 2-1 만기, 현물 이자율과 선도 이자율

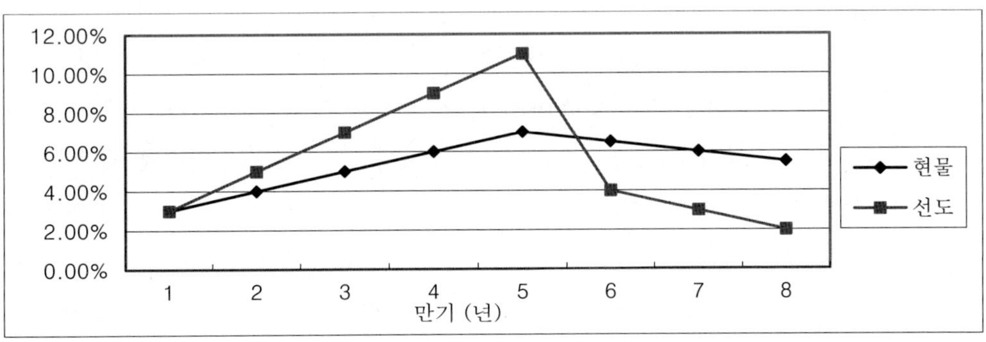

현물 이자율과 선도 이자율과 관련된 비유를 하나 든다면, 2024년 현재 미국 프로야구(MLB)에서 활약 중인 선수 오타니의 게임당 자책점과 평균 자책점을 생각해 볼 수 있습니다.[25] 통상 자책점은 특정 시합에서 투수가 내 준 점수 중 자신에게 책임이

---

25 2016년에 발행된 저자의 다른 책에서는 류현진 선수를 예로 들었는데, 2024년 현재로서는 오타니 선수가 메

있는 점수를 의미하고, 평균 자책점은 투수가 9이닝까지 완투했을 경우로 환산한 자책점입니다. 여기서는 편의상 오타니 투수가 매 게임마다 항상 9이닝 완투함을 가정하겠습니다. 이 투수의 경기 수가 많아질수록, 새 경기에서의 게임당 자책점이 지금까지의 평균 자책점에서 크게 벗어나도 새로 업데이트된 평균 자책점이 크게 달라지지 않습니다. 가령 지난 10경기에서의 이 투수의 게임당 자책점은 항상 2점이어서 그의 평균 자책점도 2였는데, 오늘의 새 경기에서 게임당 자책점이 크게 낮아져 1점이 되었다 하더라도 새로운 평균 자책점은 21/11=1.91점이 됩니다.[26] 이때 새로운 평균 자책점 1.91은 현물 이자율에 비유할 수 있고, 새 게임당 자책점 1점은 선도 이자율에 해당합니다. 반면 이 투수의 평균 자책점이 2.0에서 새 경기 후 2.2가 되었다면, 새 경기에서의 게임당 자책점은 2.2×11−2.0×10=4.2점이 됩니다. 평균 자책점은 2.0에서 2.2로 10%만 상승했는데 게임당 자책점은 2점에서 4.2점으로 110% 상승했습니다. 마찬가지로 현물 이자율이 조금만 변해도 (이와 관련된) 선도 이자율은 크게 변하게 되고 이는 위 그래프에 잘 나타나 있습니다.

제 4 절 선물 거래(forward transaction)

그런데 지금까지 우리가 공부한 선도 거래의 가장 큰 문제점은 무엇일까요? 그것은 이 거래에는 신용위험(credit risk) 혹은 상대방 위험(counterparty risk)이 존재한다는 사실입니다. 지금까지는 선도 거래 두 당사자가 그들이 오늘 약속한 계약을 모두 성실히 이행함을 가정했습니다. 하지만 선도 거래가 두 당사자 간 사적인 계약이기에 어느 한 당사자가 약속을 이행하지 않을 수도 있습니다. 어떤 경우에 이런 일이 발생할까요? 결과적으로 선도 거래로 손해를 보게 될 확률이 더 높은 당사자가 이 계약을 이행하지 않으려 할 수 있습니다. 선도 거래에서 거래될 기초 자산의 선도 가격($F_{t,T}$)과 미래 시점(T)의 그 자산 가격(S_T)과의 비교에서 자신의 예상과 달리 자신이 손실을 입

이저리그를 대표하는, 국내에도 잘 알려진 선수라 오타니 선수를 활용(?)합니다. 이 선수는 국적을 떠나 한미일의 많은 야구팬은 물론 야구 선수들까지도 좋아하는, 실력은 물론 본받을 만한 인격과 인성을 갖춘 인물로 알려져 있습니다.

[26] 왜 21점이 분자가 되었을까요?

게 되면 그 당사자는 선도 계약을 이행하지 않으려 할 수 있습니다. 가령 A가 특정 주식 1주를 B로부터 1년 후 $50에 사겠다고 오늘 (사적인) 선도 계약을 맺었다고 합시다. 1년 후 실제 그 주식 가격이 $40이 된다면, A는 손해를 보게 됩니다. 이 경우 A는 B와의 선도 계약을 이행하지 않으려 할 수도 있습니다. 약속 불이행에 대한 법적인 장치가 정교히 마련되어 있지 않다면 말입니다. 보통 선도 거래 당사자는 미래 위험을 회피하려는 헤저(hedgers)나 미래 자산 가격에 대한 자신의 정보를 기반으로 이익을 취하려는 투기자(speculators)가 많습니다. 헤저는 미래 위험을 회피하려 선도 거래를 하므로, 설혹 결과적으로 미래에 손해를 보더라도 오늘 시점에서 특정 자산의 가격을 확정하는 것이 주목적이라서, 불확실성을 회피하는 대가인 미래의 (발생할 수 있을) 손실에 대해서는 크게 영향받지 않습니다. 하지만 투기자의 경우에는 오로지 자신의 이익을 위해서 선도 거래를 하기에, 자신 예상과 달리 손실을 실현하게 되면 그 선도 거래를 이행하지 않으려 할 수도 있습니다. 선도 거래는 이처럼 당사자들의 약속 이행 여부, 곧 신용이 큰 문제가 될 수 있습니다.

선물 거래(futures transaction) 혹은 선물 계약(futures contract)은 선도 거래의 신용위험을 제거하기 위하여, 사적인 선도 거래를 공적인 시장에서의 거래로 변형한 것입니다. 즉, 선도 거래의 시장 버전이 바로 선물 거래입니다. 두 거래를 비교하면 다음과 같습니다. 선도 거래에서는 두 당사자가 합의하면 어떠한 조건의 거래도 가능합니다. 가령 A와 B가 오늘 맺는 선도 계약에서는, 3일 후 새벽 1시에 서울 동대문 근처 특정 편의점 앞에서 만나 A가 소장한 특정 가수의 노래가 녹음된, 1980년대 발매된 카세트 테이프를 B가 10달러에다 1,000원을 더한 가격을 지불하고 구입하기로 약속할 수 있습니다. 심지어 10달러에 1유로를 더한 가격으로 지불할 수도 있습니다. 두 당사자가 합의만 하면 됩니다. 하지만 선물 거래에서는 이러한 비상식적인 거래는 상상할 수 없습니다. 이러한 거래로는 많은 사람들이 참여할 수 없기 때문입니다. 그러므로 시장에서 선물 거래가 원활해지기 위해서는, 거래의 신용위험을 불식하는 것은 물론이고, (많은 사람들이 참여하는 주식시장과 같이) 모든 거래 여건이 상식적, 보편적이어야 합니다. 상식적이고 보편적이기 위한 가장 중요한 조건은 표준화(standardization)입니다. 주식시장에서처럼 자산을 거래하는 시간, 거래되는 자산의 종류, 자산 거래의 방식 등이 모든 참여자들에게 상식적이고 편리해야 하는 것입니다. 가령 우리나라 주식시장에서는 주가가 5만원 이상 10만원 미만인 주식 거래 시 최소 호가 단위는 100원입니다. 반면 현 주가가 6만원인 주식이라도 두 당사자의 선도 거래에서는 60,006원의 가격으로도 거래할 수 있습니다. 두 당사자가 합의만 한다면 말입니다. 또한 거래 시간도 우리나라 유가증권시장이나 코스닥 상장 기업의 주식들은 오전 9시에서 오후 3시 30분까지 거래할 수 있지만, 선도 거래에서는 밤 9시에도 오프라인으로 혹은 온라인으로 거래할 수 있습니다.

그렇다면 선도 거래의 신용위험을 불식하기 위한 선물 거래의 제도로는 어떤 것들이 있을까요? 본 절에서는 이에 대해 차근차근 알아보기로 합니다.

1. 증거금(Margins)

선물 거래에 있어 증거금(margin)이란, 모든 선물 거래 당사자가 거래 시작 전에, 혹은 필요 시 거래 시작 후에도, 납부해야 하는 일종의 담보금(collateral)이라 할 수 있습니다. 그럼 담보란 무엇인가요? 거래 당사자가 거래를 충실히 이행하지 않을 경우에 대비해서 미리 예치해 놓은 현금 등을 말합니다. 가장 대표적인 경우가, 주택을 구입하기 위해 은행에서 자금을 차입할 때, 통상 은행에서는 차입자에게 담보를 요구하는데 그 차입자가 구입할 주택 자체가 담보가 되어, 그 주택의 법적인 최우선 권리 행사자는 은행이 되며 그 차입자가 차입 원금과 이자를 다 갚으면 비로소 차입자가 그 주택의 최우선 권리를 가지게 됩니다.

그렇다면 이런 증거금 액수는 어떻게 결정될까요? 선도 거래에서는 두 당사자의 사적인 계약이므로 고정적인, 객관적인 증거금 수준이 존재하지 않습니다. 만일 상호 신뢰가 높은 두 당사자가 선도 거래를 한다면 증거금이 거의 0이 될 수도 있습니다. 다만 편의상 선도 거래에서도 증거금을 준비해야 한다면 어떤 수준이 될지를 상식적으로 설명하겠습니다. 실제로 증거금을 반드시 예치해야 하는 선물 계약에서는 (증권거래소에서 설정한) 증거금에 관한 구체적 공식이 존재합니다. 선도 거래에서는, 이 거래에서 약속을 준수하지 않을 당사자의 최대 손실 금액이 최소한의 증거금이 될 것입니다. 가령 두 당사자 A와 B가 오늘 선도 계약을 맺기를, 내일 (한국거래소에 상장된) 특정 주식 C의 1주를 거래하기로 한다 합시다. 오늘의 주가는 10만원인데, A가 B로부터 11만원에 사기로 합니다. 그렇다면 만일 내일 누군가가 선도 거래 이행하지 않을 때 A와 B가 각각 입을 최대 손실액은 얼마가 될까요? 내일 주가가 어떻게 실현될지 모르지만, 한국거래소에 상장된 모든 주식은 1일 가격제한폭이 30%입니다. 즉, 내일 최대 주가는 13만원이고 최소 주가는 7만원입니다. 만일 내일 주가가 13만원까지 상승하면, B의 경우 (11만원에 팔기로 했으므로) 2만원의 최대 손실이 발생합니다. 또 내일 주가가 7만원까지 하락하면, A의 경우 (11만원에 사기로 했으므로) 4만원의 최대 손실이 발생합니다. 선도 거래는 제로섬 게임(zero-sum game)이므로, 각자의 손실은 상대방의 이익입니다. 그러므로 A(B)가 실제로 내일 손실이 발생했는데 그 손실액을 부담하지 않으려 내일 도망가면, B(A)는 자기가 얻을 이익만큼 손해를 봅니다. 즉, A가 B에게 입히는 최대 손실액은 4만원, B가 A에게 끼칠 그것은 2만원입니다. 그러므로 A는 선도 거래 시작할 때 4만원을, B도 2만원을 제3자에게 맡기면 됩니다.

내일 주가가 어떤 값으로 실현되더라도 A가 B로부터 그 주식 1주를 11만원에 사는 약속을 각자가 이행하면 아무 문제가 발생하지 않으므로, 추후 그 제3자에게 맡긴 각자의 증거금은 다시 반환받으면 됩니다. 그러므로 이런 점에서 그 제3자도 정직하고 신뢰 있는 사람 혹은 기관이어야 할 것입니다. 우리나라의 경우 이 제3자는 한국거래소(내부 조직인 청산소)이고 실제적으로는 각 거래자들의 주문을 받아 실행하는 증권회사가 증거금 관련 업무를 수행합니다. 또한 기술적으로는(technically) A와 B가 서로 거래 상대방이 되어서 거래하는 것이 아니라 거래소(의 하부 조직인 청산소)가 A의 상대방이 되고 또 동시에 B의 상대방도 되어서 거래하는 것입니다. 즉, A가 선물 매수 주문을 내고 B가 선물 매도 주문을 내면 그리고 이들의 선물 매매 가격이 일치하면, A의 매수 포지션에 대응하는 상대방의 매도 포지션을 거래소가 취하고, 마찬가지로 B의 매도 포지션에 대응하는 상대방의 매수 포지션을 역시 거래소가 취하는 형태가 됩니다. A, B의 거래 수량이 일치하지 않아도 거래소는 이들 아닌 다른 거래자들의 선물 가격의 매수 및 매도 포지션을 합쳐서 총매수와 총매도가 일치할 때만 거래를 성사시키기 때문에 아무 문제가 없습니다. 그리고 이 거래의 주문 및 실행을 A, B가 이용하는 증권회사가 대행해 주는 것입니다. 이처럼 공적기관인 한국거래소(Korea Exchange)가 A, B의 거래상대방이 되고, 한국거래소가 약속을 파기할 위험은 전혀 없기에 A, B의 선물 거래의 신용위험이 제거됩니다.

한편 증거금에는 크게 두 종류가 있는데, 개시 증거금 혹은 위탁 증거금(initial margin)과 유지 증거금(maintenance margin)이 그것들입니다.[27] 개시 증거금은 (특정 시점에 아무런 선물 계약이 없던) 선물 거래자가 새로이 선물 거래를 하기 위해서 자신 계좌에 보유하고 있어야 할 현금 수준이고, 유지 증거금은 일단 이 거래자가 선물 계약을 보유한 상황에서 최소한도로 보유해야 할 현금 수준입니다. 반드시 현금으로 보유해야 하는 경우도 있고 일부는 유동성 높은 자산(cash equivalent)으로 보유할 수 있는 경우도 있습니다. 물론 이 증거금 수준은 거래자들의 선물 거래 규모, 즉 위험성에 비례하여 (거래소에 의해) 결정됩니다. 통상 개시 증거금은 유지 증거금보다 높은 수준으로 설정됩니다. 이 두 증거금에 대해서는 아래 "일일정산(daily marking to market)" 주제에서 다시 설명합니다.

2. 일일정산(Daily Marking to Market)

선물 거래와 선도 거래의 또 하나의 차이로 선물 거래의 일일정산(daily marking to market, daily settlement)을 들 수 있습니다. 일일정산의 의미 등을 공부하기 전에, 왜 이런 방식이 필요한지 하나의 비유로 설명해 보겠습니다.

비유 1〉 일일정산과 내기

두 사람 A와 B가 어떤 프로 야구 시합에 대해 내기를 한다고 하겠습니다. 미국 메이저리그 팀들인 Atlanta Braves와 Brooklyn Dodgers(현재의 L.A, Dodgers) 두 팀의 경기 결과에 대한 내기입니다. 두 팀을 각각 Atlanta Braves＝AA, Brooklyn Dodgers＝BB로 명명하겠습니다. 즉, A는 AA(팀)을, B는 BB를 각각 응원하며, 자신의 팀이 이길 것이라고 믿습니다. 그리고 경기 결과 나타난 점수 차이에 대해서 1점당 $1,000을 내기로 겁니다. 가령 경기에서 성취한 두 팀의 점수가 AA : BB＝6 : 1이라면, B가 A에게 $5,000을 지불해야 합니다.

---

27 우리나라에서는 공식적으로는 위탁 증거금이란 용어를 사용하고 있습니다만, 개시 증거금이 initial margin을 직역한 표현이라 본서에서는 개시 증거금으로 표현합니다. 위탁이든 개시이든 그 내용은, 선물 계약이 없던 거래자가 새로이 선물 계약을 맺을 때 최소한 보유해야 할 현금 수준입니다.

이러한 내기에 있어서 한 가지 문제점은 무엇일까요? 네, 점수 차가 크게 났을 때 과연 두 당사자가 각자의 부채를 지불할 능력이 있는가의 문제입니다. 야구 경기는 가끔 매우 큰 점수 차가 나는 경우도 있기에, 가령 점수 차가 10점이라면 누군가는 $10,000을 상대방에게 지불해야 하기 때문입니다.

그래서 이런 문제를 없애기 위해, 두 사람은 다음의 내기 규칙을 만들었습니다. 야구 경기에는 모두 9이닝이 있는데, 각 이닝이 끝나면 그때의 점수 차이만큼 정산하는 것입니다. 가령 1이닝이 끝난 후, 즉 1회초와 1회말이 끝난 후, 두 팀의 점수가 AA : BB = 2 : 0이 된다면, B가 A에게 일단 $2,000을 지불합니다. 그후 2회말이 끝나고 점수가 AA : BB = 3 : 4가 된다면, 이 2회만의 경기에서는 AA : BB = 1 : 2의 결과가 나왔으므로, A가 B에게 $1,000을 지불합니다. 이를 다른 식으로 말하면, 1회말 끝나서 B가 A에게 일단 $2,000을 지불한 후에는, 더 이상 1회의 점수 2 : 0을 기억하지 않고, 다시 점수 = 0 : 0으로 reset하고 이때부터는 2회만의 점수만을 기록하여 그 점수에 따라 두 사람 간 현금을 지불한다는 것입니다. 물론 이렇게 해도, 9회말까지 매회 점수에 따라 두 사람 상호간 현금을 지불하면, 그 종합적인 결과는 단순히 9회 끝날 때까지 기다렸다 한꺼번에 지불할 때의 결과와 같을 것입니다. 단 하나만 빼고 말입니다. 그 단 하나가 무엇일까요?

경기가 9회까지 다 끝난 후 점수 차가 매우 큰 경우에는, 가령 AA : BB = 11 : 0이 되면, B가 A에게 $11,000을 모두 지불할 수 없을 수 있습니다. 반면 매회마다 서로 간에 내기를 정산하면 이런 위험은 회피할 수 있습니다. 가령 B가 가진 현금이 $5,000이라 합시다. 그렇다면 매회 점수 차에 따라 두 사람이 정산을 하다가, 어느 순간 특정 회가 끝난 후 누적된 점수 차이가 5 : 0보다 더 커질 것입니다. 그 순간이 되면 B는 더 이상 이 내기를 지속할 수 없습니다. 가령 3회가 끝나니 점수가 AA : BB = 6 : 0이 되면 B는 A에게 자신의 전 재산(현금) $5,000을 주고 이 내기는 끝날 수밖에 없습니다. 3회 끝난 시점에서 B가 A에게 자신의 부채 $6,000을 지불하지 못했기 때문입니다. 심지어 1회가 끝났는데 점수가 AA : BB = 6 : 0이 된다면, 1회 끝나고 B가 A에게 $5,000을 지불하고 이 내기는 여기서 멈춥니다. B가 가진 현금이 다 지불되어, B가 더 이상 이 내기를 지속할 자격을 상실했기 때문입니다.

자, 그렇다면 이런 방식으로 매회 정산을 해도, A는 손실을 입을 수 있습니다. 1회 끝난 후 B로부터 $6,000을 받아야 하는데, B가 가진 현금이 $5,000밖에 안 되어 $1,000을 받지 못하기 때문입니다. 이런 B의 채무불이행 위험(default risk, credit risk)를 제거하기 위해, 매회 끝나면 즉각 정산을 하고, 그 정산을 100% 이행하지 못하면 내기를 바로 끝내기로 하는 안전 장치를 마련했음에도 말입니다. 이런 추가적 위험까지 완벽하게 방지하기 위해서는, 1회(one inning, not first inning)에 낼 수 있는 가장 큰 점수 차를 감안하여, 매회 시작하기 전에 두 당사자가 그 가장 큰 점수 차이를 감당할 만한 현금 액수를 보유하고 있는지를 검증해야 합니다. 가령, 지금까지 메이저리그 역사를 감안할 때, 한 회에 기록할 수 있는 최대 점수가 15점이라고 합시다. 그러면 야구 시합의 총 9회에서 매회 시작할 때마다 A, B가 현금 잔액 $15,000 이상을 보유하고 있는지를 확인한 후 매회 내기를 해야 합니다. 가령 두 팀의 경기 전에 A, B 각각 $20,000씩 보유했는데, 1회말이 끝난 후 점수가 AA : BB＝3 : 0이 되고 B가 A에게 $3,000을 지불하면 A, B의 현금 잔액은 각각 $23,000, $17,000가 됩니다. 그러므로 2회에도 내기를 지속할 수 있습니다. 그런데 2회가 끝난 후 (누적) 점수가 AA : BB＝6 : 0이 되면, 즉 2회만의 점수가 3 : 0이 되면, B가 A에게 $3,000을 또 지불하므로 A, B의 현금 잔액은 각각 $26,000, $14,000가 됩니다. 그리고 B는 최소 현금액 $15,000을 보유하지 못하므로, 이 시점에서 이 내기에서 퇴출되는 것입니다. 그러므로, 만일 최종적으로 9회가 끝난 후 점수가 AA : BB＝7 : 9가 된다면 B는 오히려 이 내기에서 이겨 A로부터 $2,000을 더 받을 수 있었겠지만, 2회 끝났을 때 충분한 현금 잔액을 보유하지 못하여 (억울하게) 이 내기가 중도에 끝난 셈이 됩니다. 물론 최종 결과만 보면 B가 억울해 하겠지만, 이 최종적인 결과는 2회말 시점에서는 누구도 알 수 없습니다. 즉, 이런 게임의 법칙을 채택하면 사후적으로 B처럼 억울해 할 수도 있지만, 사전적으로는 누구에게나 공정한 원칙이라 할 수 있습니다. 참고로 여기에서 설명한 매회 시작 전 요구되는 최소한도의 현금액을, 선물 용어로는 "증거금(margin)"이라 합니다. ▣

다시 일일정산에 대해 공부해 보겠습니다. 먼저 일일정산의 영어 표현인 "daily marking to market"이 무슨 뜻인지 살펴보겠습니다. "daily"는 물론 매일매일 실행된다는 뜻이고 "marking to market"은 "시장 가격으로 표시한다"는 뜻입니다. 즉, 이 표현

의 long version은

"daily mark the balance of your margin account to market prices"

입니다. 위에서 'mark'의 원 의미는 '표시하다'인데 여기서는 'adjust(조정하다)'로 이해하면 됩니다. 즉, "daily marking to market"의 의미는

선물 거래자들의 계좌가 선물시장 가격을 반영하도록 그 계좌 잔액을
매일매일 조정한다(선물시장 가격으로 표시한다(mark))

는 것입니다. 이를 우리말로 "일일정산"이라 하며, 결국 이는 거래자의 증거금 계좌의 잔액 수준을 매일매일 선물 가격에 맞추어 조정한다는 것입니다. 그렇다면 왜 매일매일 이런 짓을 할까요? 선도 거래의 경우, 가령 오늘 선도 계약을 맺고 그 만기일인 1년 후 혹은 3개월 후에 거래를 실행하면 되므로, 매일매일 조정할 대상이 없습니다. 즉, 선도 거래의 경우 현금의 조정은 만기일에만 발생합니다. 반면 선물 거래에서는, 선도 거래와 동일한 내용의 거래라 하더라도, 다양한 이유로 매일매일 현금 조정이 필요합니다. 이를 표를 통해 파악해 보겠습니다. 아래 표에는 동일한 기초 자산에 대한 세 거래, 즉 현물 거래, 선도 거래 및 선물 거래 시 시간 경과에 따른 현금흐름이 표시되어 있습니다. 여기서 일일정산은 선물 거래에만 해당되는데, 이를 설명해 보겠습니다.

➤ 도표 2-6 선도 거래와 선물 거래의 현금흐름

date		1	2	3	4 = T
spot (현물)	price	100	90	105	110
	cash flow	−100	0	0	110
	cumulative CF	−100	−100	−100	10
forward (선도)	price	103			110
	cash flow	0	0	0	7
	cumulative CF	0	0	0	7
futures (선물)	price	103	92	106	110
	cash flow to M.A.	0	−11	14	4
	cumulative CF	0	−11	3	7

선도 거래의 기초 자산이 있듯이 선물 거래에서도 동일한 의미의 기초 자산이 있으며, 여기서는 그 기초 자산이 주식 D라 가정합니다. 그리고 편의상 이 주식의 현물 거래나 선물 거래에 있어 투자자 A는 항상 매 거래일의 종가(closing price)에 거래한다고 가정합니다. 이제 투자자 A가 D 주식 1주를 오늘 사서 3일 후 팔아 이익을 얻고자 합니다. 물론 이익이 실현될지는 미지수입니다. A의 이러한 목적을 실현시켜 줄 거래는 현물 거래, 선도 거래, 그리고 선물 거래 등 세 가지가 있습니다. 그리고 이들 거래로 인한 A의 현금흐름의 양상은 각각 다릅니다. 먼저 이 주식의 현재 주가는 100이고 1일, 2일, 3일 후 주가는 각각 90, 105 및 110으로 실현될 것이라 가정하겠습니다. A가 이 주식을 현물 거래로 사고 판다면, 오늘 100을 지불하고 3일 후 110을 받게 됩니다. 그러므로 오늘을 포함한 이 4일의 현금흐름은 각각 −100, 0, 0, 110이 되고, 누적 현금흐름은 −100, −100, −100, 10이 됩니다(위 도표 참조. CF는 cash flow 약자).

한편 선도 거래의 현금흐름은 어떻게 될까요? 오늘은 상대방 B와 사적인 약속만 하니 A에게 (B에게도) 현금흐름이 없습니다. 그리고 3일 후 거래할 선도 가격은 현 주가와 다를 수 있습니다. 현 주가는 100이지만 3일 후 주가에 대해서는 A, B의 전망이 100과 다를 수 있기 때문입니다. 둘 사이의 일련의 소통 결과 A가 B로부터 3일 후 그 주식 1주를 103에 사기로 선도 계약을 맺었다고 합시다. 이는 이들의 3일 후 주가 전망에 대한 합의가 103이었음을 의미하며, 혹은 A는 3일 후 주가가 103보다 클 것으로, B는 그보다 작을 것으로 전망하기 때문일 수도 있습니다. 이들이 모두 투기자(speculators)라면 말입니다. 이제 오늘을 포함해 선도 거래 만기일 직전까지는 A에게 아무런 현금흐름이 발생하지 않으며 만기일에서야 비로서 현금흐름이 발생합니다. 만기일에 A는 B로부터 그 주식을 103의 가격에 사서 그날 시장 가격인 110에 팔면 7이 남습니다. 그러므로 이 선도 거래로부터의 A의 현금흐름은 위 도표와 같이 0, 0, 0, 7이 됩니다.

그런데 A, B 사이에 이와는 다른 정산 방식이 있을 수 있습니다. 금융자산 선도 거래에서 자주 채택되는 현금 결제라는 방식을 파악해 보겠습니다.

참고 2〉 현금 결제(cash settlement)

위에서는 A가 자신의 선도 거래를 종료할 때 항상 거래상대방으로부터 그 기초 자산을 거래한 후 즉각 그 자산을 시장 가격으로 매도함을 전제했습니다. 그런데 A가 그 기초 자산을 실제로 계속 보유하거나 소비하려 하지 않는다면, 번거롭게 기초 자산을 거래하고 다시 시장 가격으로 처분하는 과정을 거치지 않고, 이른바 현금 결제(cash settlement)로 정산할 수 있습니다. 현금 결제란 기초 자산을 실제로 거래하지 않더라도 동일한 금전적인 결과를 가져오도록, 기초 자산의 두 거래 가격 차이만큼 현금으로 직접 주고 받는 정산을 의미합니다. 즉, 기초 자산 그 자체가 거래되는 것이 아니고, 만기일의 기초 자산 가격에 맞춰 두 당사자 간에 현금으로만 손익을 정산하는 것입니다. 위 선도 거래의 경우 결과적으로 A는 (상대방으로부터) $7의 금전적 이익을 실현했습니다. 그렇다면 A와 상대방이 번거롭게 기초 자산을 실제로 인도하고 A는 이를 다시 시장(가격)에 처분하지 않고, 단순히 상대방이 A에게 $7의 현금을 주면 동일한 결과가 됩니다. 특히 기초 자산이 주식이나 채권, 외화 등 금융 자산인 경우에는 통상 이 자산들을 거래하는 주목적은 금전적 이익을 얻으려는 것이므로 이런 정산 방식이 더 효율적입니다. 기초 자산이 주식과 같은 금융 자산(financial assets)인 경우 선물 거래에서는 이런 현금 결제가 일반화되어 있습니다.

현금 결제가 (주식) 선물 거래에 의미하는 바는 무엇일까요? 소비를 목적으로 하지 않고 투자 이익이 주 목적인 (주식 같은) 기초 자산을 거래하는 선물 거래에서 진정 중요한 것은 기초 자산이라기보다는 그것의 “가격”이라는 것입니다. “가격”이라는 숫자만이 중요하다는 것입니다. 이는 본절에서 나중에 배울 주가지수 선물(index futures)의 이해에도 큰 도움이 됩니다. 주가지수 선물이란 주가지수를 기초 자산으로 하는 선물입니다. 삼성전자 주식 같은 특정 자산이 아닌, 주가지수라는 “숫자”를 기초 자산으로 하는 선물이라는 점에서, 선물을 배우는 대부분의 초심자들은 이 선물 상품을 이해하기가 쉽지 않습니다. 하지만, 주가지수 선물이 아닌, 주식 선물처럼 우리가 익히 잘 아는 선물 거래에서도 실제로 중요한 것은 기초 자산의 가격이라는 “숫자”임을 기억한다면, 주가지수라는 숫자를 대상으로 하는 선물의 이해에도 도움이 될 수 있습니다. 앞으로는 본서에서도 필요한 경우 현금 결제 개념을 사용하여 선물 거래를 설명합니다. ▣

마지막으로 <도표 2-6>의 선물 거래의 현금흐름을 봅시다. 일일정산의 의미를 강조하기 위해 선물 거래의 두 증거금을 제외하고 논의를 전개해 보겠습니다.[28] 선물 거래를 시작한 A의 오늘의 현금흐름은 0입니다. 그리고 오늘의 선물 가격도 선도 거래와 같이 103으로 가정합니다. 이는 곧 오늘 증권 시장에서 이 선물 거래에 참여하는 많은 거래자들의 최종적인 합의가 다음과 같음을 의미합니다. 3일 후 주가에 대해 여러 거래자들의 전망이 다를 수 있지만, 가장 많은 거래자들이 103으로 전망하고 있기에 오늘의 이 선물 가격(종가)은 103으로 결정됩니다. 이는 주식 거래에서도 결국은 가장 많은 사람들이 거래하려는 가격으로 시장 가격이 형성되는 것과 동일한 이치입니다. 단지 현재 주가가 아니고 3일 후 주가에 대한 많은 이들의 전망이 반영될 뿐입니다(선물 일일정산 설명을 위해, 선물 가격이 무차익 가격으로 결정되는 원리를 잠시 무시하고 거래자들의 전망으로 결정된다고 가정). 아무튼 오늘 선물 가격 종가는 103으로 결정되었고, A는 선물시장 마감 직전에 거래를 하여 A 또한 103의 가격으로 매수하기로 선물 거래를 했다고 가정합니다. 이는 마치 선도 거래에서처럼, 만기일에 103의 가격으로 매수하기로 오늘 약속했고 만일 만기일 주가가 110으로 실현되면 7만큼 이익을 실현하고 주가가 100으로 실현되면 3만큼 손해를 볼 것이라는 의미가 됩니다. 또 만기일 주가가 103으로 실현되면 A는 이익도 손해도 보지 않습니다. 이처럼 선물 거래 등 파생상품 거래에서 거래자 A가 기초 자산을 103에 매수하기로 한 것을 A가 "매수 포지션(long position)"을 취했다고 합니다. 만일 A가 기초 자산을 103에 매도하기로 한다면 A가 "매도 포지션(short position)"을 취했다고 합니다.

이제 시간이 흘러 하루가 경과했습니다. 즉, t=둘째 날=2/260이 되었습니다. 정확히는 t=2/260는 이 둘째 날 선물시장이 종료하는 시점을 의미합니다. 그러므로 t=첫날=1/260도 이 첫날의 장 종료 시점을 의미합니다. 왜냐하면, 우리는 특정일 종가를 중심으로 논의를 진행하기에 일단은 이러한 장 종료 시점 중심으로 설명하겠습니다. 전술한 바 재무금융에서 시간 단위는 통상 1=1년이고, 1년에는 대략 260개의 (혹은 250개의) 거래일(trading days)이 있으므로, 하루가 지났다 함은 t=1/260에서 t=2/260

---

[28] 물론 이 두 증거금은 선물 거래자가 새로운 선물 매매를 하기 위해 보유해야 할 최소 현금인 개시 증거금(initial margin)과 현재의 선물 매매 포지션으로 인하여 최소한도 보유해야 할 현금인 유지 증거금(maintenance margin)을 말합니다.

이 됐다는 뜻입니다. 어제 이 주식 종가는 100이었지만, 오늘은 다시 이 주식 가치에 대한 새로운 정보와 뉴스가 반영되어 주식 가격이 90으로 하락했습니다. 부정적인 뉴스나 정보가 많았기 때문일 것입니다. 그렇다면 마찬가지로 t=2/260인 오늘, 많은 선물 거래자들이 생각할 만기일(t=4/260)의 적정 주가도 영향을 받을 것입니다. 즉, 어제는 이 선물 만기일의 주식 가격이 103이라는 전망이 지배적이었지만, 오늘은 새 부정적 정보 유입으로 인해 만기일 적정 주가에 대한 전망도 달라질 수 있습니다. 그 달라진 가격이 바로 92입니다. (내일도 또 이 주식에 대한 새로운 정보가 유입될 것이고 이에 따라 새로운 선물 종가로 결정될 것입니다.)

이 새 선물 가격이 A에게 좋은 뉴스일까요 나쁜 뉴스일까요? 어제 A는 이 주식을 선물 만기일에 103에 사기로 매수 포지션을 취했습니다. 그런데 오늘 시장의 새로운 선물 가격은 92가 되었습니다. 만일 이 92가 만기일까지 계속 유지된다면 (즉, 만기일에 실제로 주가가 92가 된다면) A는 어제 자신의 매수 포지션에 의거하여 그 주식을 만기일에 103에 사면, 92의 가치가 있는 자산을 103에 사는 셈입니다. 또 즉각 그 주식을 시장 가격 92에 처분한다면 11만큼의 손실이 발생합니다. 그러므로 어제 103이었던 선물 가격이 오늘 92가 됐다는 사실은 A에게 있어 일단은 나쁜 소식이고, 이는 곧 손실 발생 가능성이 (어제보다) 높아졌다는 소식이 됩니다. 그러면 A는 어떤 반응을 보일 수 있을까요? 아직 결정적으로 손실이 확정된 것은 아닙니다. 만기일까지 가봐야 그 주가가 어떻게 결정될지 알 수 있으니까요. 하지만 만기일까지 이틀 남은 오늘 시장 참여자들은 대부분 그날의 주가를 92로 전망하고 있습니다. 그러므로 A는 이 거래를 후회하며, 심지어 거래를 중도에 포기하고 도망가고 싶은 생각도 나고, 또 실제로 도망갈 수도 있습니다. 특히 이것이 두 당사자의 사적인 선도 거래였다면, 주가가 어제 100에서 오늘 90으로 하락한 것을 보면서, 이틀 후 주가도 (본인의 선도 거래 매수 가격인) 103보다 작아질 수 있다고 생각하고 오늘 A가 도망갈 수 있습니다. 선물 거래는 이러한 A의 채무불이행 위험, 신용위험을 제거하기 위해 만들어진 것이므로, 이 가능성을 제거하기 위해 오늘 종가 결정 직후 103−92=11만큼의 현금을 A의 계좌에서 빼앗아 갑니다. 즉, 선물 가격이 11만큼 하락한 오늘 A의 계좌에서는 즉각적으로 11만큼의 손실이 실현됩니다. A가 뺏긴 현금 11은 어디로 갈까요? 그 11은, A와 반대로 103에 팔기로 선물 매도 포지션을 잡은 어느 거래자의 계좌로 입금됩니다. 마치 주식시장에서 A가 어떤 주식을 50에 사면 A 계좌에서 50이 인출되어, 그 주식을 50에 매도한 어떤 매도자 계좌에 입금되는 것과 같습니다. 단, 주식은 거래자들이 매매를 하는 날(day)에만 현금이 이동하지만, 선물 거래의 경우에는 매매를 하지 않고 기존 포지션을 보유만 하고 있는 날에도 매일매일의 선물 종가 변화를 반영하여 이런 현금 정산이 이루어집니다.

예제 2-12〉

만일 A계좌 현금 잔액이 11보다 작으면 어떻게 됩니까?

네, A계좌 현금 잔액은 11보다 작을 수 없습니다. 한국거래소가 (증권회사를 통해) 선물 거래자의 증거금이 불충분하면 아예 선물 거래를 시작도 할 수 없게 해 놓았기 때문입니다. 이에 대해 설명해 보겠습니다.

선물 거래 계좌를 "margin account" 그리고 우리말로는 증거금 계좌라 합니다. 이 계좌를 개설하기 위해서는 각 투자자는 한국거래소가 요구하는 [실제로는 중개기관(broker)인 증권회사가 요구하는] 최소의 현금을 예치해야 합니다. 2024년 6월 현재 이 현금 수준은 1,000만원입니다. 이렇게 증거금 계좌에 최소 1,000만원이 입금되어 있어야 비로소 선물, 옵션 거래를 할 수 있습니다. 하지만 이 1,000만원을 예치했다 해서 모든 선물, 옵션 거래가 가능한 것은 아닙니다. (선물 계약이 없던 상태에서) 새로이 선물 거래(계약)를 하려면 이 신규 선물 거래 규모로 초래되는 위험에 비례하여 증거금(현금)이 있어야 합니다. 이를 개시 증거금(initial margin)이라 합니다. 신규 선물 거래 규모가 크면 그 "채무불이행 위험(default risk)"도 크고 개시 증거금 요구액도 높아져 1,000만원 이상의 개시 증거금이 필요할 수도 있습니다. 물론 신규 선물 거래 규모가 작으면 그 개시 증거금이 1,000만원보다 작을 수 있고, 이때에는 신규 선물 거래가 가능합니다.

위에서 증거금이 필요한 이유로 단순히 거래자가 손실을 (크게) 입을 위험이 있어서가 아니라 거래자의 "파산 위험"이 있기 때문이라고 설명한 이유는 다음과 같습니다. A가 당한 손실이 크다 해도, 가령 1억원이라 해도, A의 증거금 계좌 잔액이 2억원이라면 이 손실은 A 자신만의 손실로 끝납니다. 반면 A의 손실이 제한적이더라도, 가령 2,000만원이라도, A의 증거금 잔액이 1,500만원이면, A 거래자의 상대방인 B까지 억울한(unfair) 피해를 입습니다. 이 위험이 바로 A의 채무불이행 위험입니다. 이런 A의 위험, 다른 말로는 신용위험(credit risk) 혹은 상대방 위험(counterparty risk) 때문에 충분한 증거금이 필요한 것입니다.

한편 개시 증거금과는 별도로, 유지 증거금(maintenance margin)이 존재하여, 매일 매일 선물 거래 정산 후 거래자 계좌의 현금 잔액이 이 유지 증거금보다 작을 경우에는 다시 그 거래자가 현금을 새로 본인 계좌에 납부하여 개시 증거금(initial margin) 이상의 잔액이 되도록 해야 합니다. 이처럼 한국거래소 혹은 한국거래소를 실제적으로 대신하는 증권회사에서 선물 거래자에게 추가 증거금을 납부하라는 명령을 하는 것을 "선물 거래자가 'margin call'을 받다"라고 합니다. 이 'margin call'은 선물의 매일 정산이 끝나는 장 종료 후에 발동되고, 이때 해당 거래자는 그 다음날 특정 시간까지, 가령 낮 12시까지 추가로 증거금을 납부해야 합니다. 그렇지 못하면, 이 거래자가 취한 선물 계약의 일부 혹은 전부가 강제로 반대매매에 의해서 청산됩니다. 그러면 남은 선물 계약이 줄어들어 선물 투자 위험도 줄어들어, 계좌에 있는 현금이 이 선물 계약에 필요한 증거금 수준보다 더 크게 되어 이 거래자의 신용위험이 사라지는 것입니다. 준비금 및 마진 콜에 대한 추가적인 내용은 아래의 일일정산(deaily marking to market) 주제를 설명한 뒤 다시 상세하게 논의하겠습니다. ▣

이제 다시 원 문제로 돌아가 다음 질문을 해 보겠습니다.

질문 2-11〉 선물 가격이 어제 103에서 오늘 92로 변하고 이에 따라 A는 11을 지불해야 했습니다. 이것이 궁극적으로 선물 거래자(들)에게 의미하는 바는 무엇입니까?

선물 가격 변화의 가장 중요한 의미는, 어제 A가 최초로 약정한 선물 계약은 이제 더 이상 유효하지 않으며 오늘 새 선물 가격이 A의 새로운, 유효한 선물 계약이 된다는 것입니다. 마치, 앞에서 야구 경기 내기로 비유한 사례에서, 야구 경기 1회가 끝난 후 점수 차에 근거해 두 내기 당사자가 정산한 이후에는 두 야구 팀의 점수가 0 : 0으로 reset되어 2회부터 새출발하는 것과 유사합니다. 어제 A는 그 주식을 (t=4/260 시점에) 103에 매수하기로 선물 계약을 맺었는데, 오늘 선물 가격이 92로 하락함에 따라

11을 지불해야 했습니다. 이런 일일정산을 통해 A는 오늘 완전히 새로운 계약을 맺은 결과가 된다는 것입니다.

이 부분을 설명하기 위해, 이런 일일정산이 없는 경우를 상정하겠습니다. 즉, 선물 가격이 오늘 92로 하락했지만 A가 11을 지불하지 않아 A 계좌 현금 잔액에 변화가 없는 경우입니다. 이제 만기일에도 이 주식 종가가 92로 끝나면 A의 현금흐름은 어떻게 될까요? 애초 103에 그 주식을 사기로 했으니, 103에 사서 즉각 시장 가격 92로 팔면 11만큼의 손실이 발생하고 A의 계좌 현금이 11만큼 줄어들 것입니다. 반면 일일정산을 통해 (선물 가격이 92로 하락함에 따라) 오늘 A가 11만큼의 현금을 지불했다고 합시다. 만기일에 주가가 92로 끝나면, 이 경우 A의 현금흐름은 어떻게 될까요? (다음 날의 선물 가격을 무시하고) 일일정산에 의해 매일 A의 현금흐름이 결정되는데, 선물 가격이 오늘 92에서 만기일 92로 변동되면 당연히 A는 아무 현금도 지불할 필요가 없습니다. 이것이 암시하는 바는, A가 오늘 새로 맺은 선물 계약의 내용이 그 주식을 $t=4/260$에 92에 산다는 것인데, 실제 $t=4/260$에 주식 가격이 92가 되었으니, 이날 그 주식을 92에 (선물 매도자로부터) 사서 바로 시장 가격 92에 팔면 A의 현금흐름은 0이 된다는 것입니다. 즉, 일일정산이 없으면 A의 현금흐름은 만기일에 11이 빠져나가는 것이고, 일일정산이 있으면 그 11이 만기일 아닌 오늘 빠져나간다는 것만이 유일한 차이입니다. 이때 일일정산의 효과는, 선물 가격 92가 A의 새로운 선물 계약상의 매수 가격으로 업데이트된 것입니다. 그러므로 일일정산에 의해 A는 어제 자신이 맺은 선물 매수 가격 103은 (잊어)버리고, 오늘의 선물 가격 92를 자신의 새 선물 가격으로 받아들인다는 것입니다.

주식을 현물 거래로 매수하여 보유하면, 매일매일 주가가 변동하더라도 미실현 손익만 발생할 뿐 주식 보유자의 현금흐름은 변하지 않습니다. 반면 같은 주식을 선물 거래로 매수하여 그 매수 포지션을 유지하면, 매일매일 선물 가격이 변하면 일일정산에 의해 현금 유출입이 발생함으로써 매일매일 손익이 실현됩니다. 이처럼 선물 거래 만기일에 한꺼번에 손익이 실현되지 않고 매일매일 실현되는 이유는, 전술한 바 선물 거래자들의 신용위험을 미리 제거하기 위한 것입니다. 그리고 이렇게 매일매일 손익을 정산하더라도 누적 손익은, 만기일에 한꺼번에 손익을 정산하는 선도 거래에서의 (누적) 손익과 같아집니다(도표 참조). 결국 선물 거래의 독특한 제도인 일일정산은, 선물 계약 상 매수(매도) 포지션을 취한 보유자에게 있어 매일 완전히 새로운 선물 가격으로 자신의 매수(매도) 가격이 업데이트됨을 의미합니다.

영어 격언에 "Let bygones be bygones"라는 말이 있습니다. 과거는 과거로 돌리라는 의미입니다. 이 표현은 과거에 별로 안 좋았던 일을 잊으라는 의미로 주로 사용되지만, 중립적으로 이 표현을 사용할 때 훌륭히 적용되는 상황 중 하나가 바로 A의 선물 거래 상황이라 할 수 있습니다. A가 애초 103의 가격으로 선물 약정을 맺었지만, 일일정산으로 11을 지불함과 동시에 과거 선물 가격 103도 소멸되고, 103 – 11 = 92가 A의 새 약정 가격이 되는 것을 잘 설명하는 표현이기 때문입니다. 즉, A의 매수 포지션을 유지하는 동안은 매일매일 새 매수 가격으로 업데이트되어, 과거 매수 가격은 말 그대로 지나간 과거일 뿐입니다. 또한 이러한 일일정산을 영어로 "daily marking to market"이라고 표현하는 이유도 새삼 이해할 수 있습니다. 새로운 시장 가격을 반영하여 A의 포지션을 새로 표시한다는(mark) 의미이기 때문입니다. ▣

참고로, 장외시장(OTC market, over-the-counter market)에서 많이 거래되는 옵션(options)이나 구조화 증권(structured products) 등은 공적인 시장 가격이 존재하지 않습니다.[29] 또 은행에서 차입자에게 대출해 준 대출금의 가치도 차입자의 신용도가 하락하면 같이 하락하게 되는데, 이때에도 특정 차입자에 대한 대출금의 시장 가격이 존재하지 않습니다. 이런 경우에는 옵션이나 대출금 등의 가치가 시간이 지남에 따라 변하는 것을 시장 가격에 기반하여 업데이트 할 수 없고, 그 대신 이런 거래를 하는 기관들 내부의 "pricing model"에 의거하여 가치를 업데이트 할 수 있습니다. 이를 marking to market 에 대비적으로 "marking to model"이라 합니다. 이때 얼마나 모델링을 잘하는가에 따라 기관투자자들의 경쟁력이 결정됩니다.

이제 다시 우리의 예로 돌아옵시다. 또 하루가 지나, 정확히는 한 거래일이 경과해서 t = 3/260이 되었습니다. 이 주식의 어제 종가는 90이었지만, 오늘은 105로 상승했습니다. 이번에는 긍정적인 뉴스나 정보가 많았기 때문일 것입니다. 시장에서 선물 가격도 영향을 받아 106으로 상승했습니다. 이제 선물 만기일까지 단 1일이 남아 만기

[29] 옵션 종류는 워낙 다양해서 거래소 시장뿐 아니라 장외시장에서 많이 거래됩니다.

일 주가와 오늘 주가의 차이가 별로 크지 않을 것으로 전망되고, 따라서 (선물 거래자들에게 중요한) 내일 이 주식 종가는 바로 오늘 주식 종가와 유사한 가격이 될 것이라 믿기 때문입니다. 어제 92였던 선물 가격이 오늘 106이 됐는데 이것이 A에게 의미하는 바는 무엇일까요? 이제는 이 질문에 대한 답이 생각날 것입니다. 선물시장 참여자들의 합의는, 어제는 만기일에(t=4/260) 그 주식을 92에 사기로 했는데 오늘은 만기일에 106에 사기로 했다는 것입니다. 모든 선물 거래자들의 치열한 수요 공급에 의해서 (선물 가격에 대한 상호 주문에 의해서) 선물 가격이 106으로 상승했으니 A로서는 일단 좋은 뉴스입니다. A는 92에 그 주식을 사기로 했는데 이제 106의 가격으로 거래되고 있으니 말입니다. 물론 내일 만기일에는 또 어떻게 변할지 모르지만, 일단은 A에게 좋은 뉴스입니다. 그리고 선물시장에서는 그 좋은 뉴스를 오늘 바로 실현시켜 줍니다. 일일정산에 의해서 말입니다. 즉, 오늘 A계좌에 14만큼의 현금이 유입됩니다.

물론 이 14만큼의 현금은, 어제 시점에서 92에 팔기로 매도 포지션을 취한 매도자 중 1인의 계좌에서 (한국거래소가) 14를 인출하여 A에게 주는 것입니다. 어제 매수자가 매수하려는 선물 계약 수와 매도자가 매도하려는 선물 계약 수가 같기 때문에 (양자가 같아지는 가격이 바로 92였습니다) 누구에서 얼만큼 인출해서 누구에게 얼마만큼 주는가는 걱정할 필요가 없습니다. 마치 주식 거래에서 특정 주식이 100의 가격으로 500주가 거래되었다면, 매도자 각각의 계정으로 매수자들의 돈이 개별 거래량에 따라 입금되는 것과 같은 이치입니다. 선물 거래에 있어서도 A가 만일 애초 2주를 매수 포지션으로 취했다면 A의 현금흐름은 앞의 도표상 매일매일의 현금흐름의 2배가 됩니다. 또 이 경우를 "A takes a long position in two futures contracts on date 3/260"이라 합니다. (t=4/260를 만기일로 하는) 선물 2계약에 대해 A가 매수 포지션을 시점 t=3/260에 취했다는 의미입니다. 물론 "t=4/260"는 실제로는 "December 3" 등의 구체적 날짜로 표시됩니다. 우리가 지금까지 얘기한 "2주를 103에 사기로 했다"는 선물 거래는 이처럼 "기초 자산 1개를 103에 매매하는 선물 2계약에 대해 매수 포지션을 취했다"는 내용이 됩니다.

참고로 실제 선물 거래는 많은 거래자가 참여할 수 있도록 계약 조건이 표준화되어 있으므로, 특정 주식 1주가 아니라 100주 단위로 거래될 수 있습니다. 가령 금 선물의 경우 금 1온스가 아니라 금 100온스를 한 단위로 거래될 수 있습니다. 이를

contract size, 즉 계약 규모라 합니다.

t = 4/260, 즉 만기일이 되어 실제 주가가 110이 되더라도 A계좌에는 동일한 원리에 의한 일일정산이 발생합니다. 이는 t = 2/260, t = 3/260에서의 일일정산의 원칙과 동일하므로 여기서는 설명을 생략합니다. 결과적으로, 선물 거래는 일일정산에 의해 매일매일 현금흐름이 발생한다는 점, 그리고 이를 위해 증거금이 필요하다는 점 등이 다를 뿐 누적적인 현금흐름, 즉 누적 손익은 선도 거래에서의 그것과 같습니다. 즉, 선도 거래에서 손익이 110 − 103 = 7이었듯이 이 선물 거래에서도 "누적" 손익은 0, −11, 3, 7이 되어 최종 누적 손익은 7이 됩니다.

참고로 앞의 도표에서는 편의상 매거래일의 선물 가격 결정 원리를 대략적으로만 설명했지만, 실제로는 선도 거래에서 배운 것처럼 선물 가격도 차익거래에 의한 "no-arbitrage price", 즉 무차익 가격으로 결정됩니다. 무차익 가격으로 결정되면 기초 자산 가격과는 (이자율, 배당률 등만 반영되므로) 거의 차이가 없습니다. 연 이자율이 5%라 하더라도, 위 도표에서 첫날 주식시장이 종료된 시점과 3일 후의 시간적 차이는 단 3일, 즉 3/260 = 0.0115(년)이 되어 이 3일간 적용될 최종 이자율은 5%×0.0115 = 0.0575%에 불과합니다. 가령 오늘 주식 종가가 100이면 위 선물의 가격은 $F_{t,T} = S_t \times e^{r(T-t)} = 100 \times e^{0.05\times(0.0115-0)} = 100.058$ 입니다. 그러므로 현물 가격과 선물 가격 차이가 거의 없어 두 개념의 차이를 명확히 설명하기가 쉽지 않기에 일부러 차이가 큰 수치들을 사용했습니다. 매일매일의 주가 차이도, 그에 따른 선물 가격 차이를 선명하게 설명하기 위해 일부러 크게 설정했습니다.

그리고 편의상 A가 첫날 그 선물의 종가로 매수 포지션을 취한다고 가정했지만, 이는 단순히 편의적 가정일 뿐, 통상적으로는 그날 장중 가격으로 선물 거래를 합니다(They usually trade during market hours). 주식도 대부분은 장중에 장중 가격으로 거래되듯이 말입니다. 그러므로 첫날 A가 장중에 105의 가격으로 이 선물 계약 매수 포지션을 취했다면, 이날 장 종료 후 A의 현금흐름은 103−105 = −2가 됩니다. 105에 사기로 한 A의 포지션은 103으로 끝난 선물 가격에 비해 2만큼 불리하기 때문에 A의 계좌에서 2가 빠져 나가고, A는 103에 사기로 하는 새 선물 계약을 맺은 결과가 되는 것입니다.

질문 2-12〉 선물 거래 만기 시점에서 선물 가격과 현물 가격의 관계는 어떻게 됩니까?

선물 거래 만기일, 정확히는 만기일의 선물시장 종료 시점에서는, 선물 가격은 그 기초 자산의 시장 가격(종가)과 같습니다. 기초 자산이 주식이라고 합시다. 이미 만기 시점 주식시장에서 그 주식 종가가 확정됐는데 그 주식 종가에 대한 예상 가격으로서의 선물 가격은 그 가격 외 다른 값을 가질 수 없기 때문입니다. 실제로는 선물시장은 주식시장의 종가가 확정된 이후 시점에 종료가 되는 경우가 많은데, 이는 이 주식 종가에 근거하여 모든 선물 거래자의 포지션에 따른 청산을 하기 때문이기도 합니다. 아무튼 기초 자산의 만기 시점 가격이 확정되면, 그 자산을 만기 시점에 거래하는 선물 거래에서의 가격은 당연히 그 가격이 됩니다. 앞의 도표에서도 이런 사항이 잘 나타나 있습니다. ▣

질문 2-13〉 선물 거래를 시작하면 반드시 만기일까지 자신의 포지션을 유지해야 합니까?

그럴 필요 없습니다. 주식 보유자가 어느 때라도 주식 매도할 수 있듯이 선물 거래자도 언제라도 자신의 포지션을 청산(close out)할 수 있습니다. 가령 앞의 예의 경우, A는 선물 거래 시작 후 하루 만에 11을 잃었습니다. 만일 A가 선물 거래를 위한 계좌(margin account)를 어느 증권사를 통해 개설했을 때 거래소에서 요구한 개시 증거금이 30이었고 A가 정확히 이 금액만큼만 자신 계좌에 입금했다면 A는 하루 만에 투자 금액의 11/30＝36.7%를 잃은 셈입니다. 이에 놀라 A가 더 이상 선물 거래를 하고 싶지 않을 수 있습니다. 주식의 경우 더 이상 주식을 거래하지 않으려면 자신이 가진 주식을 몽땅 팔면 됩니다. 선물 거래에서도 유사하게 자신이 취한 포지션, 즉 매수 포지션을 청산하면 됩니다. 이때 이를 청산하고 더 이상 선물 거래와 관계하지 않으려면 이른바 "반대매매(offsetting trade)"를 하면 됩니다. 반대매매란 자신의 기존 포지션을 취소시키는 매매를 의미하는데, 기존 포지션이 매수 포지션이었다면 반대매매는 매도 포지션을 취하면 되고, 기존 포지션이 매도였다면 반대매매는 매수 포지션을 취하면 됩니다. 즉,

매수(매도) 포지션 + 매도(매수) 포지션＝제로 포지션

이 됩니다. 만일 A가 t＝2/260에 선물 가격이 92가 되었을 때 이 선물 거래를 청산하고 싶다면, 그 가격에 매도를 주문하면, 즉 매도 포지션을 취하면 됩니다. 그러면 일일정산

에 의해 어제 선물 가격과의 차이인 11이 A 계좌에서 인출되면서 동시에 A의 (매수) 포지션은 사라집니다. 만일 시장이 종료되긴 전 가령 오후 1시 즈음 선물 가격이 95로 하락했을 때 A가 이 선물 포지션을 청산하고 싶으면 95의 가격으로 매도 주문을 내면 자신의 매수 포지션이 청산되면서 A는 어제 종가와의 차액인 103−95=8을 지불하고 이 선물 거래를 완전히 청산하는 것입니다. 이처럼 만기일 이전 선물 거래자가 자신의 포지션을 반대매매 통해 청산하는 것을 "중도청산(early settlement)"이라 합니다. ▣

질문 2-14〉 선물 거래 만기일(만기 시점)에도 반드시 반대매매를 해야만 내 기존 포지션이 청산됩니까?

만기일 이후에는 (정확히는 만기 시점 이후) 어차피 내 기존 포지션이 더 이상 의미가 없기 때문에, 일부러 반대 포지션을 취하여 반대매매를 하지 않아도 자동적으로 반대매매가 이루어지고 자동적으로 일일정산이 이루어집니다. 즉, 내 기존 포지션이 매수(매도)였다면 선물 거래 만기일에는 반대매도(매수)가 자동으로 실행됩니다. 반면 만기일 전에 내 기존 매수(매도) 포지션을 청산하려면 반드시 반대매도(매수)를 해야 합니다. ▣

이제 지금까지의 내용을 요약해서 선도 거래와 선물 거래의 중요한 차이를 제시하면 아래 도표와 같습니다.

➢ 도표 2-7 선물 거래와 선도 거래의 차이

구 분	선물 거래	선도 거래
거래(계약)상대방 (counterparty)	(선물)거래소 (예: 한국거래소)	각 거래자의 상대방
거래조건	표준화 (품질, 수량, 인도시점 등의 조건)	쌍방간 합의로 결정
거래 참가자	불특정 다수	거래 원하는 두 상대방
거래시간	거래소가 설정한 시간	쌍방이 정한 시간
중도청산	반대거래로 항상 가능 (만기일 거래보다 자주 발생)	일반적으로 불가능
현금흐름	일일정산으로 매일 발생	만기일에만 발생

이제 위에서 설명한 증거금, 일일정산, 마진콜에 대해 구체적 예로 살펴보겠습니다. 먼저 아래 표를 참고하기 바랍니다. 마진콜이 발동되는 상황이 포함되어야 하므로 선물 가격이 대폭 등락하는 상황을 가정합니다.

예제 2-13〉

	I. M. =	25		M.M. =	17	
day	1	2	3	4	5	6
price	100	95	84	81	75	80
Δ in price	0	−5	−11	−3	−6	5
balance in M/A	25	20	9	22	16	30
margin call	0	0	16	0	9	0
new balance in M/A	25	20	25	22	25	30
P/L in percntage		−20%	−55%	−12%	−27%	20%
MC in percntage			−64%		−36%	

위 도표는 거래자(A)가 (주식) B를 기초 자산으로 하는 선물을 거래할 때 A의 증거금 계좌의 현금흐름을 나타내고 있습니다. 위 도표에서 day는 각 거래일을 뜻하고 price는 각 거래일의 선물 종가(closing price)를 뜻합니다. "Δ in price"는 1일 선물 종가의 변화이고, "balance in M/A"는 A의 계좌(margin account)의 잔액을, "margin call"은 A에게 마진콜이 발동되어 A가 그만큼의 현금을 본인 계좌에 추가 납부함을, "new balance in M/A"는 A의 추가 납부 시 계좌의 새 잔액을, "P/L in percentage"는 A의 매 거래일당 투자 수익률을, "MC in percentage"는 마진콜 납부를 위한 현금 납부가 현재 계좌 잔액에서 차지하는 비율을 의미합니다. "MC in percentage"를 본 도표에 추가한 이유는, 선물 투자의 1일 손익률이 매우 높을 뿐 아니라, 선물 투자를 위해 추가적으로 준비해야 할 현금 비율도 매우 높을 수 있음을 보여주기 위함입니다. 가령 여러분이 B 주식에 1,000만원을 투자했는데, 주가 등락에 따라 여러분의 (미실현) 손익도 변동할 것입니다. 그렇다고 해서 추가적으로 300만원 등을 더 납부할 필요는 없습니다. 일단 주식에 투자하고 나면 그만입니다. 본인의 욕심으로 더 투자하는 경우를 제외하

고 말입니다. 반면 선물 투자의 경우, 일단 투자를 하고 나서도 추가적으로 자꾸 더 돈을 납부해야 하는 경우가 발생합니다. 마진콜 때문입니다. 이런 추가적인 납부로 인해 선물 투자가 그만큼 더 위험해집니다. 이러한 위험을 "funding liquidity risk"라고 합니다. 즉, 선물 투자는 그 가격 변동이 매우 심하다는 위험 외에도, 자꾸 추가적으로 돈을 납부해야 할 경우가 있는데 이때 자금 마련(funding)이 어려울 수 있다는 위험에도 노출된다는 것입니다. 참고로 선물 가격 변동과 관련된 위험은 "시장 위험(market risk)" 혹은 "가격 위험(price risk)"이라 합니다.

이제 본격적으로 선물 투자의 일일정산, 마진콜, 그리고 투자의 다양한 위험에 대해 알아보겠습니다. 먼저 이 선물 1계약을 매매하기 위해서는 개시 증거금 25가 필요하고 유지 증거금 17이 필요하기에 A는 day 1에 현금 25를 자신의 증거금 계좌에 예치했습니다. 그리고 day 1에 A가 선물 1계약에 대해 매수 포지션을 취했습니다. 그날 종가 100에 말입니다.[30] 이날은 종가에 선물 매매를 했기에 A의 손익(profit and loss)에도 아무 변화가 없습니다. 참고로 이 선물의 만기일은 한참 후라서 위 도표에는 나타나 있지 않습니다.

이제 day 2가 되었습니다. 선물 가격은 95로 하락했습니다. 일일정산으로 인해 A의 계좌에서 5가 인출됩니다. A의 선물 매매 상대방에게로. 그 결과 A의 계좌 잔액은 25에서 20이 됩니다. 선물 가격은 5% 하락했지만, 이날 A의 투자 성과는 "−20%"가 됩니다. 투자 자금 25가 20이 되었기 때문입니다. 다행히 이 계좌 잔액은 매일 유지해야 하는 최소한의 잔액인 유지 증거금 17보다 크므로 A가 추가 증거금을 납입할 필요는 없습니다. 여기서 중요한 사실이 뭘까요? 이날 A의 손실율 20%가 선물 가격 하락률 5%의 4배에 달한다는 사실입니다. 이것이 바로 "선물 투자가 위험하다"고 세상 사람들이 말하는 이유입니다. 기초 자산인 주식 투자의 경우 주가의 하락만큼 주식 보유자들의 손실이 발생합니다. 하지만 선물 투자의 경우 선물 가격 하락(률)보다 몇 배의 선물 투자자 손실(율)이 발생합니다. 선물 투자에 필요한 자금이 선물 거래 규모 전체가 아니라 개시 증거금 수준의 적은 금액이었기 때문입니다. 물론 그 반대의 경우도 있습니다. 가령 이날 선물 가격이 105가 되었다면, 선물 가격은 5% 상승했지만 A의 투자 성과는 5/25 = 20% 이익 실현일 것이기 때문입니다. 일반적으로 이처럼 투자 성

---

[30] 영어로는, A takes a long position in one futures contract on date 1.

과의 변동이 과도하면, 이익 실현할 때도 있지만, 투자 위험이 크다고 인식합니다. 이를 선물 투자의 "leverage effect"라고 합니다. 이 "leverage effect"를 사랑하는 투자자는 적극적으로 선물 투자를 할 수도 있습니다.

이제 day 3가 되었습니다. 선물 가격은 84로 하락했습니다. 가격은 95에서 84로 11만큼 하락, 즉 11.6% 하락했습니다. 일일정산으로 인해 A의 증거금 계좌에서 11의 현금이 빠져 나갑니다. 그러므로 A의 1일 투자 성과는 −11/20=−55%가 됩니다. 어제(day 2) 시장 종료 시 증거금 잔액이 20이었는데, 즉 오늘(day 3) 장 오픈 때 증거금 잔액이 20이었는데, 그 중 11을 잃었으니 손실 비율은 55%에 달합니다. 이날 장 종료 시 A의 계좌에서 11이 빠져 나가니 잔액이 20−11=9가 됩니다. 이 잔액은 유지 증거금 17보다 작습니다. 그러므로 마진콜이 발동되고, A는 자신의 계좌 잔액을 개시 증거금 수준인 25로 만들어야 합니다. 현재 잔액이 9에 불과하니 A는 25−9=16을 납부해야 합니다. 애초 A의 투자 금액은 개시 증거금인 25였는데, 새로운 자금 납입(funding)을 16만큼 해야 하니 16/25=64%만큼 추가 납부해야 하는 결과가 도출됩니다. 이 수치는 위 도표의 "MC in percentage" 항목에 −64%로 나와 있습니다. 이 자금을 다음날(day 4) 낮 12시까지 납부하지 않으면 A의 선물 매수 포지션은 강제로 청산됩니다. 즉, day 4 낮 12시까지 A가 추가 증거금 16을 본인 계좌에 납부하지 않으면, (A 선물 매매 중개하는) 증권회사가 A를 대신하여 제 맘대로 매도 포지션을 취하여 A의 기존 매수 포지션을 청산해버립니다. 이런 위험을 피하려면 A는 day 4 낮 12시까지 16을 납부해야 합니다. 그리고 이 위험을 "funding liquidity risk"라 합니다.

이제 day 4가 되었습니다. A가 어제 마진콜 받고 오늘 오전 9시 이전에 현금 16을 본인 계좌에 납부하여 A 계좌 잔액은 다시 25가 되었습니다. 이날 선물 가격은 84에서 81로 3만큼, 즉 3.6% 하락했습니다. 일일정산으로 인해 A의 증거금 계좌에서 3의 현금이 빠져 나갑니다. 그러므로 A의 1일 투자 성과는 −3/25=−12%가 됩니다. 역시 이날도 A의 투자 성과에는 "leverage effect"가 나타납니다. 이런 식으로 이날도, 이 다음날도, 그 다음날도 매일 A의 계좌 잔액에는 일일정산이 적용됩니다.

3. 미결제약정(Open Interest)과 반대매매

미결제약정(open interest)이란 (반대매매로) 청산되지 않고 남아 있는 선물 계약의 총합계를 말합니다. "open interest"라는 용어를 직역하면, 선물 거래자들의 이해 관계(interest)가 혹은 손익 관계가 완전히 종결되지 않고 아직 살아 있는 상태, 아직 열려 있는(open) 상태라는 의미가 됩니다. 가령 투자자 A와 B가 서로 선물 1계약을 거래하여 A는 매수 1계약, B는 매도 1계약을 보유하고 있으면, A와 B의 미결제약정은 각각 1계약이 됩니다. 다른 투자자들의 선물 매수나 매도 포지션이 없다면 선물시장 전체적으로도 미결제약정은 1계약이 됩니다. 그런데 이후 B가 C로부터 선물 1계약을 매수하면, B는 기존의 매도 계약을 청산한 결과가 되고 C는 새로이 선물 1계약의 매도 포지션을 취하게 된 결과가 됩니다. 그러므로 이때 B의 미결제약정 수는 0이 되고 C의 미결제약정 수는 1계약이 됩니다. 선물시장 전체적으로도 미결제약정은 여전히 1계약이 됩니다.

일반적으로 새로이 선물 거래가 발생했을 때 미결제약정 수는 항상 증가하는 것은 아니며 불변이거나 감소할 수 있습니다. 이것이 의미하는 바는, 선물 거래량이 증가했다 해서 미결제약정 수가 반드시 증가하는 것은 아니라는 것입니다. 아래 도표를 참고하여 이를 설명하겠습니다.

➢ 도표 2-8 거래량과 미결제약정

Original position (long – short)	Transaction (long – short)	New position (long – short)
(0 – 0)	(A – B)	(A – B)
(A – B)	(C – A)	(C – B)
(A – B)	(B – D)	(A – D)
(A – B)	(B – A)	(0 – 0)

위 도표의 첫 행(row)을 보면 각 열(column)이 무엇을 의미하는지 그 이름이 나와 있습니다. 첫 열 "Original position"은 현재 상태에서 누가 매수 포지션을 취하고 누가 매도 포지션을 취한 상태인가를 나타냅니다. "(A – B)"의 형태인데, 좌측의 A가 매수 포지션(long position), 우측의 B가 매도 포지션(short position)을 취하고 있음을 나타냅니다. 가령 (0 – 0)은 현재 아무도 포지션을 취하지 않고 있다는 의미입니다. 둘째 열

"Transaction"은 "Original position"이 주어진 상태에서 새로이 실행된 선물 매매의 내용을 나타냅니다. 가령 (A−B)가 이 새 선물 매매라면, 새로이 A가 long position을, B가 short position을 취함을 의미합니다. 셋째 열 "New position"은 "original position"에다 "Transaction"이 추가되어 결국 어떤 새로운 매수-매도 포지션이 산출되었는지를 나타냅니다. 이제 이런 이해를 바탕으로 위 도표에 표시된 네 번의 선물 매매에 대해 그 매수-매도 포지션 변화를 알아보겠습니다.

처음에 이 선물시장에서 아무도 어떤 포지션도 취하지 않은 상태가 (0−0)입니다. 이 상태에서 오늘 A가 매수 주문을 B가 매도 주문을 내어 체결되면 매수와 매도 포지션에 위치한 매매자들은 (A−B)가 됩니다. 그 결과 애초 미결제약정 수는 0이었다가 이제 1이 됩니다(A, B 등의 선물 매매 규모가 1계약으로 가정합니다). 이제 (A−B)가 주어진 상태에서 세 개의 다른 선물 매매가 미결제약정에 어떤 상이한 영향을 미치는지 하나씩 파악해 보겠습니다. (A−B)가 주어진 상황이란 현재 A가 매수 포지션을, B가 매도 포지션을 보유하고 있는 상태를 의미합니다. 이때 A는 자신의 매수 포지션을 청산하기 위해 반대매매를 하려고 한다고 합시다. 즉, A는 새로이 매도 주문을 냅니다. 그리고 선물 투자자 C가 새로이 매수 주문을 낸다고 합시다. A의 매도 주문과 C의 매수 주문의 가격 조건이 맞아 매매가 체결되었습니다. A와 C의 이 매매로 인한 결과는 다음과 같습니다. 일단 A는 원래 자신이 보유했던 매수 포지션을 이번 반대매도로 청산하였기에 이제는 아무런 포지션을 보유하고 있지 않습니다. 그리고 C는 새로이 매수 포지션을 보유하게 되었는데, 이는 마치 C가 A의 포지션을 대체한 것과 같은 결과가 됩니다. 한편 B는 아무 짓도 안 했으므로 자신의 매도 포지션을 그대로 보유하고 있습니다. 그 결과 선물시장에서 남아 있는 미결제약정은 애초의 (A−B)에서 (C−B)로 변합니다. 미결제약정 수는 여전히 1입니다. 즉, 이 매매로 미결제약정 수가 증가하지는 않고 매매 전 1이었다가 매매 후에도 1이 됩니다. 미결제약정 수는 변하지 않고 그 내용만 변한 것입니다. 이 과정이 위 도표의 세 번째 행(row)에 나타나 있습니다.

한편 (A−B)가 주어진 상황에서 이번에는 B가 자신의 매도 포지션을 청산하기 위해 반대매수를 하려고 한다고 합시다. 즉, B는 새로이 매수 주문을 냅니다. 그리고 선물 투자자 D가 새로이 매도 주문을 낸다고 합시다. D의 매도 주문과 B의 매수 주문의 가격 조건이 맞아 매매가 체결되었습니다. D와 B의 이 매매로 인한 결과는 다음과 같습니다. 일단 B는 원래 자신이 보유했던 매도 포지션을 이번 반대매수로 청산하였기에 이제는 아무런 포지션을 보유하고 있지 않습니다. 그리고 D는 새로이 매도 포지션을 보유하게 되었는데, 이는 마치 D가 B의 포지션을 대체한 것과 같은 결과가 됩니다. 한편 A는 아무 짓도 안 했으므로 자신의 매수 포지션을 그대로 보유하고 있습니다. 그 결과 선물시장에서 남아 있는 미결제약정은 애초의 (A−B)에서 (A−D)로 변합니다. 미결제약정 수는 여전히 1입니다. 즉, D와 B의 선물 매매로 미결제약정 수가 증가한 것이 아니고 매매 전 1이었다가 매매 후에도 1이 됩니다. 미결제약정 수는 변하지 않고 그 내용만 변한 것입니다.

마지막으로 (A−B)가 주어진 상황에서 이번에는 A, B 모두가 자신들의 포지션을 청산하기 위해 반대매매를 하려고 한다고 합시다. 즉, A는 매도 주문을, B는 매수 주문을 냅니다. 두 거래자의 가격 조건이 맞아 매매가 체결되었습니다. 이 매매로 인한 결과는 다음과 같습니다. A와 B는 원래 자신이 보유했던 매수-매도 포지션을 이번 반대매매로 청산하였기에 이제는 아무런 포지션을 보유하고 있지 않습니다. 그 결과 선물시장에서 남아 있는 미결제약정 수는 1에서 0으로 감소합니다.

위의 네 개의 선물 매매에서와 같이, 선물 매매가 이루어질 때 미결제약정 수는 증가할 수도, 불변일 수도, 또 감소할 수도 있습니다. 매매 결과 미결제약정 내용이 (0−0)에서 (A−B)로 변할 때에는 미결제약정 수가 0에서 1로 증가하고, (A−B)에서 (C−B) 혹은 (A−D)로 변할 때에는 미결제약정 수가 1에서 1로 불변이고, (A−B)에서 (0−0)으로 변할 때에는 미결제약정 수가 1에서 0으로 감소합니다. 선물 매매는 동일하게 1계약이었는데 미결제약정 수는 이처럼 다양하게 변할 수 있습니다. 즉, 거래량(trading volume)이 미결제약정 수에 미치는 영향은 이처럼 다를 수 있습니다.

참고로 여러분은 다음 의문을 가지고 있을지 모릅니다.

> 질문 2-15〉 기존 포지션이 (A-B)인 상황에서 A와 C가 거래한 후 미결제약정 내용이 (C-B)로 바뀌었습니다. 이 과정에서 B와 C는 직접 가격에 합의한 적이 없는데, 어떻게 B와 C가 서로 선물 매매 상대방이 되었나요?

B와 C가 서로 매매 체결한 적은 없지만, 결과적으로는 그렇게 됩니다. 이에 대해 예시를 통해 알아보겠습니다. 가령 첫 거래일에 A와 B의 매매 가격이 10이라 하겠습

니다. 이날 선물 종가가 12로 끝났다면 일일정산에 의해 A의 계좌에는 현금 2가 유입되고 B 계좌에는 2가 유출됩니다. 다음 거래일에 A와 C가 매매를 실행했습니다. A는 매도, C는 매수했습니다. 참고로 A는 이 매도를 통해 자신의 매수 포지션을 청산하게 되어 이 매매 후 A는 아무 포지션도 보유하지 않습니다.

그 매매 가격이 15라 하겠습니다. 이 매매로 C 계좌에는 아직 아무 현금 입출이 없습니다. C는 이때 15에 매도하기로 새로이 약속만 한 상태이기 때문입니다. 한편 A는 좀 다릅니다. 어제 선물 종가가 12였는데 오늘 A의 매도 가격이 15이므로, 어제부터 매수 포지션을 보유했던 A에게는 3만큼 이익이 발생하기에 A 계좌로 3이 유입되는 것입니다. 즉, 어제 장 종료 시점에서 A의 매수 포지션의 내용은, A가 12의 가격으로 이 선물의 기초 자산을 (만기일에) 매수하겠다는 계약을 보유하고 있는 것입니다. 그런데 만기일이 되기 전 오늘 이 기초 자산을 15의 가격으로 C에게 매도하였습니다. 이 매도 계약의 내용을 엄격히 따지면, A가 이 기초 자산을 (만기일에) 15의 가격으로 매도하겠다는 의미입니다. 그러므로 A의 애초 매수 포지션과 오늘 매도 포지션을 엄격히 따진다면, 만기일에 이 기초 자산을 12에 사서 15에 파니 만기일에 3의 이익이 발생해야 합니다. 하지만 선물 거래에서는 만기일까지 기다리지 않고 오늘 A에게 그 이익을 실현시켜 줍니다. 이것이 일일정산의 속성이기 때문입니다. 만기일까지 기다리지 않고 매일 즉각적으로 손익을 실현시켜 줌으로써 거래자들의 상대방 위험(counterparty risk)을 없애는 것이 일일정산의 취지이기 때문입니다. 그러므로 3의 현금이 A 계좌로 입금되는 시점은 이날 장 종료 후 모든 선물 거래자들의 일일정산이 실행될 때입니다.

이제 A는 선물 계약에서 'out' 되고 남은 거래자는 B와 C뿐입니다. 이날 실제로 선물 종가가 14가 되었다고 하겠습니다. 그러면 일일정산에 의해 B에게는 2만큼의 손실이 "실현"됩니다. 어제는 12에 매도하겠다고 했는데 오늘 시장 가격이 14가 되니 2만큼 손실을 입기 때문입니다. 즉, (오늘 시점에서) 14의 가치가 있는 자산을 12의 가격으로 팔겠다고 한 B에게는 2만큼의 손실이 발생한 것입니다. 또한 일일정산에 의해서 C에게는 1만큼의 손실이 실현됩니다. 이날 C의 최초 거래를 통해 (만기일에) 그 기초 자산을 15의 가격으로 C가 매수하겠다는 계약을 보유하게 됐는데, 이날 시장 종료 시점에서 시장의 평가에 따르면 (만기일에) 14의 가격으로 매매하는 것이 균형 가격이기 때문입니다. 결국 B의 손실이 2이고 C의 손실이 1입니다. B, C의 손실의 합이 3이니 3만큼의 현금이 B, C 계좌로부터 인출됩니다. 그럼 이 3은 누구 계좌로 유입될까요? 바로 A의 계좌로 유입됩니다. 이날 장중 거래에서 A는 3의 이익을 확정하였는데, 장 종료 후 일일정산 시점에 이 3이 B, C의 계좌로부터 인출되어 A 계좌로 유입되는 것입니다.

일일정산으로 인한 A, B, C 계좌로의 현금 유출, 유입 과정을 일반적으로 분석하면 다음과 같습니다. 아래 도표에서 F_1, $F_{1.5}$, F_2는 각각 A, B의 첫째 거래일 선물 종가, 둘째 거래일 A와 C의 선물 거래 체결 가격, 둘째 거래일 선물 종가를 말합니다. "Open L-S position"은 둘째 거래일 시장 개시 시점에서 누가 long position, short position을 취하고 있는지를 말하고, "Closed L-S position"은 이날 시장 종료 시점에서 누가 long position, short position을 취하고 있는지를 나타냅니다. "transaction"은 이날 매매 당사자를 말합니다. "CF to A"는 A의 계좌에 대한 현금흐름을 나타냅니다. 참고로 본 예시에서 $F_1 = 12, F_{1.5} = 15, F_2 = 14$가 됩니다. 이날 매매 결과 A, B, C 세 거래자의 일일정산 결과를 다 더하면 0이 되어, 선물 투자는 'zero-sum game'임이 입증됩니다.

➢ 도표 2-9 A, B, C의 일일정산

선물 가격	F_1	$F_{1.5}$	F_2
Open L-S position	A − B		
transaction		C − A	
Closed L-S position			C − B
CF to A	$F_{1.5} - F_1$		
CF to B			$F_1 - F_2$
CF to C			$F_2 - F_{1.5}$
Net CF	$(F_{1.5} - F_1) + (F_1 - F_2) + (F_2 - F_{1.5}) = 0$		

질문 2-16〉 반대매매의 메커니즘을 수식으로 설명해 주세요.

네, 좋은 질문입니다. 엄격히 따진다면, 반대매매를 한다고 해서 선물 기존 포지션이 사라져야 할 이유는 없는 것처럼 보입니다. 왜냐하면 기존 포지션이나 반대매매 포지션이나 모두 독립적인 별도의 계약이기 때문입니다. 그런데 "결과적으로" 보면 기존 포지션을 없애버리는 것과 동일한 매매가 됩니다. 이를 간단한 수식을 통해 설명하겠습니다.

➢ 도표 2-10 반대매매 분석

	기존 포지션(매수)	새 포지션(매도)
# of contracts (계약 수)	C_1	C_2
Price (체결 가격)	F_1	F_2
Closing price (만기일 선물 종가)	F_c	F_c

투자자 A가 시점 1에서 선물 가격 F_1으로 C_1계약을 매수합니다. 이 선물의 만기일은 시점 c이고, 이 선물의 만기일 종가는 F_c라 하겠습니다. 그후 A가 시점 2에서 선물 가격 F_2로 C_2계약을 매도합니다. 이러한 두 매매의 최종 결과를 두 관점에서 산출해 보겠습니다. 첫째는 이 매수 및 매도 포지션을 개별적으로 만기일까지 보유할 때의 손익이고 둘째는 반대매매의 효과를 시점 2에 즉각 반영할 때의 손익입니다. 단, 세 시점 관계는 $1 < 2 < c$입니다.

첫째 방식으로 두 매매를 별도로 취급하여 선물 만기일까지 보유하는 경우의 A의 손익을 산출해 보겠습니다. 매수 포지션의 만기일 손익은 $C_1(F_c - F_1)$이고 매도 포지션의 그것은 $C_2(F_2 - F_c)$이 됩니다. 즉, A의 총손익은 $C_1(F_c - F_1) + C_2(F_2 - F_c)$인데 이를 "$x$"라고 표시하겠습니다. 이 결과는 C_1과 C_2의 크기에 관계없이 성립합니다.

이제 둘째 방식으로, 두 번째 매도를 첫 번째 매수의 반대매매(매도)로 인식한 후 A의 만기일 손익을 산출해 보겠습니다. 이때는 C_1과 C_2의 상대적 크기를 감안하여 분석하는 것이 효율적입니다. 먼저 $C_1 \leq C_2$인 경우를 분석해 보겠습니다. 두 번째 매도 계약 수가 첫 번째 매수 계약 수보다 더 크므로, 두 번째 매도 중 일부만이 첫 번째 매수 계약을 100% 청산하는 반대매도로 사용되고 나머지는 선물 만기일까지 가서야 청산될 것입니다. 즉, $C_2 = C_1 + (C_2 - C_1)$인데 이 중 C_1개의 계약만이 반대매도로 사용되고 $(C_2 - C_1)$개는 만기일까지 가서 청산됩니다. 그리고 시점 2에서 반대매도로 청산될 때 이 반대매도의 구체적 내용은 C_1개의 계약을 선물 가격 F_2로 매도하는 것입니다. 반면 시점 1에서의 매수 계약 내용은 C_1개의 계약을 선물 가격 F_1으로 매수하는 것이었습니다. 그러므로 이 두 매매를 서로 상쇄시키면 A의 손익은 $C_1(F_2 - F_1)$이 됩니다. 이제 남은 것은 $(C_2 - C_1)$ 계약의 매도 포지션입니다. 만기일까지 가서 이 포지션이 정산되면 A의 손익은 $(C_2 - C_1) \times (F_2 - F_c)$이 됩니다. 만기일에는 자동적으로 F_c 가격으로 되사는(buy back) 효력이 발생해서 이 매도 포지션이 청산되기 때문입니다. 그러므로 A의 총손익은

$$
\begin{aligned}
& C_1(F_2 - F_1) + (C_2 - C_1) \cdot (F_2 - F_c) \\
& = C_1(F_2 - F_1 - F_2 + F_c) \;\; + \;\; C_2(F_2 - F_c) \\
& = C_1(F_c - F_1) \;\; + \;\; C_2(F_2 - F_c) \\
& = x
\end{aligned}
$$

가 되어 첫 번째 방식으로 산출한 A의 총손익과 같습니다.

이제 $C_1 \geq C_2$인 경우를 분석해 보겠습니다. 두 번째 매도 계약 수가 첫 번째 매수 계약 수보다 더 작으므로, 두 번째 매도 계약이 모두 반대매도로 사용되어도 첫 번째 매수 계약을 100% 청산하지 못합니다. 그러므로 첫 번째 매수 계약 중 일부는 만기까지 살아 남은 계약이 되며 이들은 선물 만기일까지 가서야 청산될 것입니다. 즉, $C_1 = C_2 + (C_1 - C_2)$인데 이 중 C_2개의 계약은 시점 2에 반대매도로 청산되고 $(C_1 - C_2)$개는 만기일까지 가서 청산됩니다. 그리고 시점 2에서 반대매도로 청산될 때 이 반대매도의 구체적 내용은 C_1의 매수 계약 중 C_2개의 계약만을 선물 가격 F_2로 매도하는 것입니다. 그러므로 이 반대매도 결과 A의 손익은 $C_2(F_c - F_1)$이 됩니다. 이제 남은 것은 $(C_1 - C_2)$ 계약의 매수 포지션입니다. 만기일까지 가서 이 포지션이 정산되면 A의 손익은 $(C_1 - C_2) \times (F_c - F_1)$이 됩니다. 만기일에는 자동적으로 F_c 가격으로 되파는(sell back) 효력이 발생해서 이 매수 포지션이 청산되기 때문입니다. 그러므로 A의 총손익은

$$
\begin{aligned}
& C_2(F_2 - F_1) + (C_1 - C_2) \cdot (F_c - F_1) \\
& = C_2(F_2 - F_1 - F_c + F_1) \;\; + \;\; C_1(F_c - F_1)
\end{aligned}
$$

$$= C_2(F_2 - F_c) \ + \ C_1(F_c - F_1)$$
$$= x$$

가 되어 첫 번째 방식으로 산출한 A의 총손익과 같습니다. ■

이제 실제 선물 투자에 있어 미결제약정이 중요한 이유를 조금 설명해 보겠습니다. 여러분들은 증권 투자에 있어서 이른바 "기술적 분석(technical analysis)"에 대해서 들어 본 적이 있었을 것입니다. 이 기술적 분석을 전문적으로 하는 사람들을 "chartists"라 합니다. 주로 과거의 증권 가격 및 거래량 데이터를 분석하여 미래 주식 등의 가격 움직임을 예측하려는 투자자, 분석가를 말합니다. 구체적으로는 다양한 챠트(chart) 분석 등을 통해 시장의 방향성을 예측하려 하기에 이들은 chartists라고 불립니다. 주식의 기술적 분석의 대상은 주가 자료와 거래량 자료입니다. 반면 선물 투자에 있어서도 기술적 분석이 있을 수 있습니다. 그런데 선물 투자의 기술적 분석이 주식 투자의 그것과 다른 점은 전자는 미결제약정 수의 증감도 분석한다는 것입니다. 미결제약정의 증가나 감소가 향후 선물 가격의 방향성에 일정한 정보를 제공하고 있다고 믿기 때문입니다. 이처럼 실제 선물 투자에 있어서도 미결제약정은 중요한 요인이 될 수 있습니다.

마지막으로 선물 투자자 A가 여러 거래일에 걸쳐 선물 매매를 하는 과정과 결과를 간단한 도표를 통해 파악해 보겠습니다. 매 거래일에 선물 종가(closing price)에 선물 매매를 한다고 가정합니다.

➢ 도표 2-11 선물 투자

거래일	1	2	3	4
선물 가격	10	8	11	17
약정 수	4	−6	5	
순 약정	4	−2	3	
손익		−8	−6	18
누적 손익		−8	−14	4
미결제약정 수	4	2	3	
거래량	4	6	5	

거래일 1에 A는 선물 4계약을 1단위당 10의 가격으로 매수했습니다. 거래일 2에는 이 선물 6계약을 8의 가격으로 매도했습니다. 거래일 1에 선물 매수로 미결제약정 4계약 매수 포지션을 보유하고 있기에 일단 이 매수 4계약 포지션이 청산되고, 추가적으로 선물 2계약 매도 포지션이 생성됩니다. 그러므로 A의 순수한 포지션은 2계약 매도 포지션이고 위 도표에서는 "순 약정=-2"로 표시됐습니다. 그리고 이 4계약이 청산될 때 첫 거래일에 10의 가격으로 매수해서 둘째 거래일에 8의 가격으로 매도했으므로 1계약당 2의 손실이 발생하고 4계약에는 8의 손실이 발생합니다. 그리고 나머지 2계약 매도로 인한 손익은 0입니다. 이날 종가로 선물 매매를 했으므로 이 2계약에 관한 한 정산할 것이 없기 때문입니다. 그러므로 이날 A의 이익은 -8이 됩니다.

거래일 3에 A는 다시 11의 가격으로 선물 5계약을 매수했습니다. 거래일 2에 선물 매도로 미결제약정 2계약 매도 포지션을 보유하고 있기에 일단 이 매도 2계약 포지션이 청산되고, 추가적으로 선물 3계약 매수 포지션이 생성됩니다. 그러므로 이날 A의 순수한 포지션은 3계약 매수 포지션이고 위 도표에서는 "순 약정=3"으로 표시됐습니다. 그리고 다른 2계약이 청산될 때 어제 8의 가격으로 매도해서 이날 11의 가격으로 매수했으므로 한 계약당 3의 손실이 발생하고 2계약에는 6의 손실이 발생합니다. 그리고 나머지 3계약 매수로 인한 손익은 0입니다. 이날 종가로 선물 매매를 했으므로 이 3계약에 관한 한 정산할 것이 없기 때문입니다. 그러므로 이날 A의 이익은 -6이 됩니다.

거래일 4에 A는 아무런 선물 매매를 하지 않았고 선물 종가는 17이 되었습니다. A는 미결제약정 매수 3계약을 보유하고 있으므로, 일일정산에 의해 계약당 17-11=6의 이익이 발생하고, 3계약의 이익을 모두 합치면 18의 이익이 발생합니다. ▣

4. 현물-선물 차익거래 정산

선도 거래의 차익거래에 대해서 이미 설명한 바 있습니다만, 이제 그 차익거래와 선물의 차익거래를 비교해 설명합니다. 선물은 그 시장이 존재하기 때문에, 공적인 시장이 존재하지 않는 선도 거래의 차익거래와는 다른 양상으로 차익거래가 이루어집니다. 단, 궁극적인 금전적 결과는 동일합니다. 동일한 기초 자산을 대상으로 하는 두 차익거래에 대해 비교해 보겠습니다. 가령 기초 자산이 특정 주식이고 현재 그 주가가 100인데 투자자 A가 이를 1년 후 B에게 110에 인도하는 선도 거래를 오늘 약속했다고 합시다. 연 이자율 $r = 0.05$이면 적정 선도 가격은 $100 \times (1 + 0.05) = 105$입니다. 그러므로 오늘 A는 차익거래를 실행할 수 있는데, C에게 100을 빌려 그 주식 1주를 사고 1년 후 B에게 그것을 110에 인도한 후 C에게 원리금 105를 갚으면 남는 5가 차익입니다. 이제 같은 거래를 선물로 했다고 가정합시다. 그런데 선물은 시장이 존재하므로, 선물 "가격"을 이용해서 현금 결제로 정산할 수 있습니다. 또 주식도 시장이 존재하므로 주식시장에서 청산할 수 있습니다. 이렇게 주식과 선물을 별도로 정산해도, 기초 자산을 선물 거래 상대방에게 인도하고 애초 약정된 선물 가격을 받는 "물리적 인도(physical delivery)"를 통한 정산과 동일함을 입증하겠습니다.

위 가정과 마찬가지로 A가 C에게 100을 빌려 그 주식 1주를 삽니다. 그리고 동시에 선물시장에서 그 기초 자산을 110의 (선물) 가격으로 매도 포지션을 체결합니다. 기초 자산이 같다고 아무 선물이나 거래하는 것은 아니고 만기가 1년인 선물에 대해 매도 포지션을 취하는 것입니다. 이제 1년 후 그 주식의 가격이 뭐가 되든지 관계 없이 A가 5의 차익을 실현함을 입증하겠습니다. 1년 후 선물 만기일에 그 주가가 X가 되면, 주식시장에서 그 주식을 X에 매도하고 C에게 105를 갚으면 X−105가 남습니다. 또 선물 만기일에는 기초 자산과 선물 가격이 같아지므로 선물 가격도 X가 되고, A의 선물 매도 포지션은 자동적으로 이 가격으로 청산됩니다. 즉, 선물 만기일에는 이 매도 포지션에 대해 매수 가격 X로 반대매매가 자동적으로 실행되는 것입니다. 그러므로 선물시장에서의 A의 이익은 110−X가 됩니다. 이제 주식 거래로부터의 현금흐름 X−105와 선물 거래로부터의 그것 110−X를 더하면 (X−105) + (110−X) = 5가 됩니다. 현실에서도 현-선물 차익거래는 이처럼 각 시장에서 별도로 정산하여 차익을 실현합니다. 그리고 그 차익은 선도 거래의 실물 인도(physical delivery)의 차익과 일치합니다(일일정산은 추후 설명).

질문 2-17〉 일반적으로, 수식을 통해 입증할 수 있을까요?

네, 물론 가능합니다. 이를 일반적으로, 수식을 통해 입증해 보겠습니다. 기초 자산이 주식 S이고 현 시점은 t이며 이 기초 자산에 대한 선도 거래의 만기일은 $T = t + n$이라 하겠습니다. 현재 기초 자산 주가는 S_t이고, 선도 거래 상대방인 B는 $F_t = S_t \cdot e^{r(T-t)} + a$의 가격으로 이 주식을 시점 T에 사거나 팔 의향이 있습니다($a > 0$). B가 제시하는 이 선도 가격은 이론 선도 가격 $S_t \cdot e^{r(T-t)}$보다 높은 가격입니다. 이 기회를 이용하여, 투자자 A가 이 주식을 시점 T에 B에게 F_t의 가격으로 매도하는 선도 거래를 오늘 약정했다고 합시다. 이 선도 거래를 전제로 A는 차익거래를 실행할 수 있는데, 오늘 C에게 현금 S_t만큼을 빌려 이 주식 1주를 삽니다. 시점 T가 도래하면 A는 B에게 그 주식을 선도 가격 $F_t = S_t \cdot e^{r(T-t)} + a$에 인도한 후 C에게 원리금 $S_t \cdot e^{r(T-t)}$를 갚으면 A의 이익은

$$F_t \; - \; S_t \cdot e^{r(T-t)} = \left(S_t \cdot e^{r(T-t)} + a\right) \; - \; S_t \cdot e^{r(T-t)} = a(> 0)$$

가 됩니다.

이제 같은 거래를 선물로 했다고 가정합시다. 즉, 위 가정과 마찬가지로 A가 C에게 S_t를 빌려 그 주식 1주를 삽니다. 그리고 동시에 선물시장에서 그 기초 자산을 $F_t = S_t \cdot e^{r(T-t)} + a$의 선물 가격으로 매도 포지션을 체결합니다. 이제 선물 만기일에 주식은 주식시장에서 청산하고 선물은 선물시장에서 청산한 후 A의 이익을 산출해 보겠습니다. 이를 위의 예제보다 더 엄밀히 하기 위해 선물의 일일정산까지 반영해 보겠습니다. 먼저 선물 만기일(T)에 A의 주식 투자 이익은

$$S_T - S_t$$

가 아니고

$$S_T - S_t \cdot e^{r(T-t)}$$

입니다. C에게 이자까지 합친 원리금을 갚으려면 $S_t \cdot e^{r(T-t)}$를 지불해야 하기 때문입니다. 이제 A의 선물 투자 이익을 산출해 봅시다. 선물 만기일에 선물 가격은 그 기초 자산 가격과 같아지므로

$$F_T = S_T$$

가 됩니다. A가 시점 t에 선물시장에서 F_t의 가격으로 매도 포지션을 취했는데, 선물 만기일에는 이 매도 포지션이 반대매수로 자동 정산되므로 A의 선물 투자 이익은

$$F_t - F_T$$

가 됩니다. $F_T = S_T$를 반영하여 이 두 이익을 더하면

$$\begin{aligned}&(S_T - S_t \cdot e^{r(T-t)}) + (F_t - F_T)\\&= (F_T - S_t \cdot e^{r(T-t)}) + (S_t \cdot e^{r(T-t)} + a - F_T)\\&= a\end{aligned}$$

가 됩니다. 즉, 선도 거래에서 이 기초 자산을 선도 거래 상대방에게 직접 전달하고 정산하는 경우의 이익과 일치합니다.

선물 거래의 일일정산을 반영하면 어떻게 될까요? 결론부터 말하면, 위처럼 일일정산을 생략한 경우의 결과와 일치합니다. 일일정산은 매일매일 선물 가격에 따라 현금흐름을 조정할 뿐이지 선물 투자 이익에 영향을 미치는 것은 아니기 때문입니다. 즉, 일일정산에 의한 현금흐름의 추가적인 영향은 0이라 할 수 있습니다. 이를 수식으로 보이면, 시점 t에서 선물 "매도"를 한 이후 선물 만기일 $T = t + n$까지의 일일정산을 반영한 A의 선물 투자 이익은 다음과 같습니다. 편의상 A가 시점 t에서 선물 종가(closing price)로 매도한다고 가정합니다. 그러므로 이날의 일일정산은 0이고 그 다음날부터 일일정산이 반영됩니다. 이날 포함한 매 거래일 선물 종가를 F_t, F_{t+1}, F_{t+2}, ⋯ , F_{t+n-1}, $F_{t+n} = F_T$라 합시다. 선물 "매도"를 했기에, 일일정산의 현금흐름은 항상 "−" 부호가 붙습니다. 즉, 시점 $t+1$의 일일정산은 $(F_{t+1} - F_t)$가 아니고 $(-F_{t+1} + F_t)$이며 매 거래일 이 부호로 일일정산이 이루어집니다. 그러면 일일정산을 포함한 A의 선물 투자 이익은 다음과 같습니다.

$$(-F_{t+1} + F_t) + (-F_{t+2} + F_{t+1}) + \cdots \left(-F_{t+(n-1)} + F_{t+(n-2)}\right) + \left(-F_{t+n} + F_{t+(n-1)}\right)$$

이 식에서 서로 상쇄되는 항들을 없애 봅시다. F_{t+1}항부터 $F_{t+(n-1)}$항은 각각 2개씩 있어 서로 상쇄되지만 첫 항 F_t와 마지막 항 $-F_{t+n}(= -F_T)$은 상쇄되지 않습니다. 그

러므로 위 식의 결과는

$$F_t - F_{t+n} = F_t - F_T$$

가 됩니다. 즉, 일일정산을 반영하지 않은 선물 투자 이익 결과와 동일합니다. ▣

그런데 보다 정교한 분석을 위해 다음과 같은 질문을 할 수도 있습니다.

> 질문 2-18〉 선물 매도 가격이 그날 종가(closing price)가 아니어서 그날에도 일일정산이 발생하는 경우를 다루는 것이 더 일반적인 분석일 것 같습니다.

네, 좋은 질문입니다. 최초 선물 매도한 시점이 그날의 장 종료에 맞춘, 즉 동시호가에 따른 종가가 아니라, 장중 가격(intraday price)인 경우에도 위 결론은 변하지 않을까요? 네, 변하지 않습니다. 일일정산을 반영하지 않을 때의 A의 선물 투자 이익과 일일정산을 반영할 때의 A의 선물 투자 이익은 일치합니다. 이를 입증하겠습니다. A의 최초 선물 매도 가격을 F_t가 아니고 $F_{t-\Delta}$라 하겠습니다$(t-1<t-\Delta<t)$. 먼저 일일정산 없는 선물 투자 이익은, A의 매도 포지션을 감안하면,

$$F_{t-\Delta} - F_T$$

입니다. 반면 일일정산을 반영한 A의 선물 투자 이익은, 위에서 파악한 매일매일의 일일정산의 합인

$$(-F_{t+1} + F_t) + (-F_{t+2} + F_{t+1}) + \cdots \left(-F_{t+(n-1)} + F_{t+(n-2)}\right) + \left(-F_{t+n} + F_{t+(n-1)}\right)$$

에다 이날(t)의 일일정산인

$$-F_t + F_{t-\Delta}$$

를 더하면 됩니다. 매일 일일정산의 합은 이미 위에서 산출됐는데 그것은 $F_t - F_T$입니다. 그러므로 이 값에다 $(-F_t + F_{t-\Delta})$를 더하면

$$(F_t - F_T) + (-F_t + F_{t-\Delta}) = F_{t-\Delta} - F_T$$

가 됩니다. 그러므로 일일정산을 고려하지 않았을 때의 A의 선물 투자 이익과 일치합

전자는 B로부터 받을 달러화의 원화 가치의 변동성을 제거하게 됩니다.

반면 차익거래자는 상호 긴밀한 관련이 있는 현물과 선물의 가격들이 이 긴밀한 관계에서 벗어난 경우 상대적으로 비싼 것을 매도하고 (동시에) 상대적으로 저렴한 것을 매수함으로써 위험 없는 이익을 얻으려는 투자자입니다. 이들의 현 · 선물 차익거래는 본장 앞절에서 다양한 기초 자산을 대상으로 심도 있게 논의했습니다. 기회비용과 기회혜택을 반영하면 상호 완벽한 대체재가 될 수 있는 현물과 선물 사이에 "the law of one price"가 성립해야 하는데 이 법칙이 성립하지 않을 때에는 "replication principle"에 의거하여 특정 자산과 동일한 현금흐름을 갖는 복제 자산을 창출하여 높은 가격의 자산을 매도하고 동시에 낮은 가격의 자산을 매수하여 차익거래자들은 그로 인한 차익을 아무 위험 없이 얻을 수 있습니다.

현 · 선물 시장에 투기자, 헤저, 차익거래자가 공존할 때에는 선물 가격이 항상 선물의 이론 가격으로만 실현되지는 않습니다. 선물 가격이 항상 선물의 이론 가격으로만 결정되기 위해서는 중요한 전제가 있습니다. 차익거래자가 무한정 자금을 (무위험 이자율로) 차입할 수 있고, 필요에 따라서는 무한정 자금을 (무위험 이자율로) 투자할 수 있어야 합니다. 하지만 현실은 이런 무지막지한 가정을 허용하지는 않습니다. 차익거래자도 다른 헤저나 투기자처럼 일정한 예산 제약(budget constraint)에 노출되기 때문입니다. 그러므로 선물 가격은 통상적으로는 선물 이론 가격과 유사한 값으로 결정되지만 그렇지 않은 경우도 있습니다. 가령 2008년도 세계금융위기(the Global Financial Crisis) 때 우리나라의 코스피200 선물 가격도 코스피200 현물 가격보다 낮게 형성되는 경우가 장중 시점에 자주 목격되었습니다.[32]

향후 주가가 하락하리라는 투기적 전망이 시장을 지배하면 더 많은 투기자들의 자금이 주가 하락에 베팅하는 데 사용되므로, 선물시장에서도 수많은 투기자들이 코스피200 선물의 매도 포지션을 취하게 되면, 차익거래자나 헤저가 설혹 그와 반대되는 매수 포지션을 취하더라도 선물시장 전체적으로는 매도 포지션이 우세하게 되어 선물 가격은 하락하며, 심한 경우에는 현물 가격보다도 더 하락할 수 있습니다.[33] 물론 이때

---

[32] 코스피200 선물에 대해서는 다음 주제에서 상세히 설명합니다.

[33] 헤저도 자신의 기존 포지션에 따라 선물시장에서 매도 포지션을 취할 수 있습니다. 가령 미달러화를 미래에 받게 될 우리나라의 한 수출 회사는 그 달러화를 매도하는 선도 거래 혹은 선물 거래를 할 수 있습니다. 물론 달러화를 팔고 원화를 사는 거래입니다. 기초 자산이 주식인 경우에도 헤저의 현재 혹은 미래 확정된 포지션

차익거래자들은 선물 이론 가격보다 과도하게 낮은 실제 선물 가격을 그대로 두지 않고 선물 매수, 현물 매도의 차익거래를 실행하여 일정한 무위험 차익을 실현할 수 있습니다. 그럼에도 불구하고, 즉 차익거래가 가능하도록 선물 가격이 하락함에도 불구하고 시장 전체적으로 투기적 선물 투자가 지배적이면 선물 가격은 그 이론 가격보다 유의하게 하락할 수 있습니다.

참고로 현·선물의 가격은 이 둘의 시장 가격 외에도 예상 현물 가격 및 선물 이론 가격이 존재합니다. 아래 도표를 참조하여 이 네 가격의 관계 및 용어에 대해 알아보겠습니다.

➢ 도표 2-12 현물과 선물 가격 관계

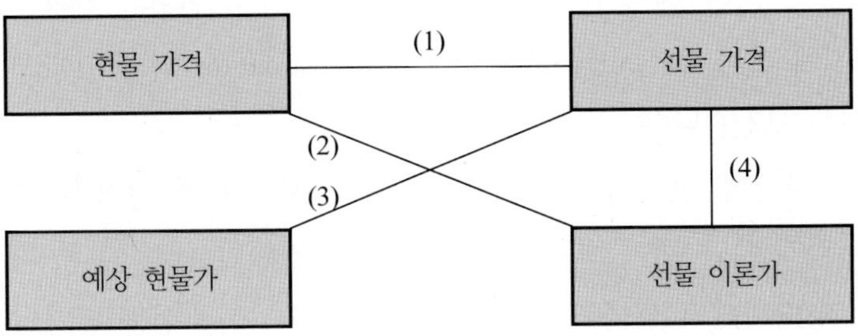

먼저 현물 가격과 선물 가격 간의 관계를 나타내는 용어로 "Basis", "Contango"와 "Backwardation"이 있습니다. "Basis"는 선물의 기초 자산 유형에 따라 다르게 정의될 수 있는데, 개별 주식이나 주가지수 선물과 같은 금융 선물의 경우에는 선물 가격에서 현물 가격을 뺀 수치로 정의됩니다.

정의 3〉 선물의 Basis
주가 등을 기초 자산으로 하는 금융 선물의 경우 Basis의 정의는 다음과 같다.
Basis = 선물 가격 − 현물 가격

에 따라 선물로 주식 매도를 할 수 있습니다.

이 수치가 '+'일 때, 즉 선물 가격이 현물 가격보다 높을 때를 Contango, 그리고 이 수치가 '−'일 때를 Backwardation이라 합니다. 위 도표에서는 (1)의 관계를 말합니다. 그런데 이때 Contango는 엄밀하게 정의된 용어는 아닙니다. 전통적인 의미의 Contango는 이와는 다소 다릅니다. 위 도표에서 (3)은 선물 가격과 미래 예상 현물 가격 간의 관계를 나타내고 있습니다. 가령 현 시점의 소(live cattle, feeder cattle)의 선물 가격과 이 선물의 만기일의 소의 현물 가격의 기댓값과의 관계를 말합니다.[34] 이 관계에서, 선물 가격이 예상 현물 가격보다 높으면 Contango, 그리고 그 반대일 때를 Normal Backwardation이라 합니다. Contango와 Normal Backwardation의 용어는 선물 가격과 예상 현물 가격 간의 관계이므로, 차익거래에 의한 선물 이론 가격과는 관계가 없습니다. 오히려 헤저가 이 두 가격과 관계가 있습니다. 헤저의 포지션이 매수인지 매도인지에 따라 Contango와 Normal Backwardation 현상이 발생한다는 것입니다. 이를 설명해 보겠습니다.

(기초 자산의) 생산자나 공급업자들 중 일부는 미래 가격 하락에 대한 헤지를 위해 다소 가격에서 손해를 보더라도, 즉 선물 만기일의 예상 현물 가격보다 낮은 가격에도, 이 기초 자산의 선물을 매도할 수 있습니다. 가령 선물 만기일이 3개월 후인데, 특정 기초 자산의 3개월 후 평균 가격이 10이라고 시장에서 전망하고 있다고 하겠습니다. 이것은 시장의 예상 가격일 뿐 실제 3개월 후 이 기초 자산 가격이 10보다 클지 작을지는 불확실합니다. 이때 헤저는 9.5의 (선물) 가격으로도 이 기초 자산에 대한 선물을 매도할 의향이 있다는 것입니다. 평균 매도 가격에서 손해 보더라도 미래 가격 위험(price risk)을 제거하는 일종의 비용으로 0.5를 부담할 용의가 있기 때문입니다. 또한 헤저의 선물 거래 상대방인, 리스크를 부담하며 선물 매수 포지션을 취할 투기자들(speculators)에게 일종의 보상을 제공해야 이들이 선물 매매에 응할 수 있기 때문이기도 합니다. 이들 투기자들은 애초 기존 포지션이 없는 이들이기에 위험 헤지를 위해 선물 매매를 할 유인이 없는 사람들이기 때문입니다. 이들은 오로지 이윤 동기에 의해서만 선물 매매를 하려 하기에, 헤저가 다소 손해를 보는 한이 있어도 투기자들에게

---

[34] 미국 시카고 상품거래소(CME Group)에서 거래되는 소고기 관련 선물은 엄밀히 말하면 소고기가 아니고 소 자체입니다. 이 소 선물은 두 가지가 있는데, 바로 도축 가능한 'live cattle' 선물이 있고, 도축을 위해 살찌우는 과정에 있는 'feeder cattle' 선물이 있습니다.

다소 유리한 가격으로 선물 매매가 이루어질 수 있습니다.

반면 상품(commodity)이나 천연자원의 미래 가격 상승을 우려하는 제조업체나 생산자들은 미래 가격 상승에 대한 헤지를 위해 다소 가격에서 손해를 보더라도, 즉 선물 만기일의 예상 현물 가격보다 높은 가격에도, 이 기초 자산의 선물을 매수할 수 있습니다. 가령 선물 만기일이 3개월 후인데, 특정 기초 자산의 3개월 후 평균 가격이 10이라고 시장에서 전망하고 있다고 하겠습니다. 이것은 시장의 예상 가격일 뿐 실제 3개월 후 이 기초 자산 가격이 10보다 클지 작을지는 불확실합니다. 이때 헤저는 10.5의 (선물) 가격으로도 이 기초 자산에 대한 선물을 매수할 의향이 있다는 것입니다. 평균 매수 가격에서 손해 보더라도 미래 가격 위험(price risk)을 제거하는 일종의 비용으로 0.5를 부담할 용의가 있기 때문입니다. 또한 헤저의 선물 거래 상대방인, 리스크를 부담하며 선물 매도 포지션을 취할 투기자들(speculators)에게 일종의 보상을 제공해야 이들이 선물 매매에 응할 수 있기 때문이기도 합니다.

참고로, 기초 자산 매수자나 매도자 모두가 "동시에" 헤저가 될 수 있습니다. 즉, 두 거래 상대방이 모두 헤저가 될 수 있습니다. 어떤 면에서(in a sense) 대부분의 거래에 있어 이것이 어느 정도는 사실입니다. 가령 원유(crude oil)의 경우 산유국이나 수입국이나 모두 원유를 팔 수밖에 또 살 수밖에 없습니다. 산유국이라 해서 항상 베짱을 튀기란 법은 없습니다. 가령 세일 가스, 원자력, 태양열, 풍력 등 원유의 대체 자원이 풍부한 시대에 산유국의 위상은 1970년대 전 세계 경제를 강타했던 오일 쇼크(Oil shock) 때와는 다릅니다. 농산물도 마찬가지입니다. 농산물 생산자도 또 농산물 구입자도 모두 팔 수밖에 또 살 수밖에 없습니다. 가령 우리나라 쌀의 경우 최근 수십 년간 쌀 소비가 줄어 들어, 쌀 생산 농가가 오히려 약자가 되기도 합니다. 이런 점에서 선물 가격 결정에 있어서는 누가 더 절박한(desperate) 헤저인가가 중요합니다. 더 절박한 사람이 가격을 양보하면서도 기초 자산의 매도나 매수 가격을 확정해야 하기 때문입니다.

추가로, (4)의 관계를 괴리도라 합니다. 즉, 시장의 선물 가격과 이론 선물 가격의 차이를 괴리도라 하고, 이 값을 선물 이론 가격으로 나눈 값을 괴리율이라 합니다. 괴리율이 클수록 현·선물 차익거래 가능성이 높아집니다. 참고로 괴리율이 0과 다르다고 해서 언제나 시장에서 차익거래가 발생하는 것은 아닙니다. 선물 이론 가격 산출

시 가정하는 완전한 시장(perfect market)이 실제로 존재하지는 않기 때문입니다. 선물 이론 가격 산출 시에는 거래 비용과 세금이 0이고 차익거래가 자금을 무위험 이자율로 무한정 차입할 수 있다는 비현실적 가정이 동원됩니다. 실제 시장은 그렇지 않으므로, 괴리율이 0보다 크거나 작다고 해서 바로 차익거래가 실행되지는 않습니다. 실제 현·선물 차익거래를 수행하는 기관들은 자신들이 처한 현실에 맞게 특정 괴리율 이상이 되어야 차익거래를 수행할 수밖에 없습니다. 가령 다음 주제인 주가지수차익거래(index arbitrage)의 경우, 주가지수에 편입된 수백 개 종목의 주식을 매매할 때에는, 유동성이 낮은 주식의 경우 현재 시장 가격으로 매매를 하기 어려울 수도 있습니다. 이런 종목을 매수(매도)하려면 현재 시장 가격보다 유의적으로 더 높은(낮은) 가격으로 매수(매도)해야 할 경우도 있습니다. 이런 유동성 위험까지 다 감안하여 차익거래를 실행하기 때문에, 괴리율이 일정 수준을 초과해야만 실제적으로 차익거래가 가능합니다. 마지막으로 (2)의 관계를, 즉 선물 이론 가격과 현물 가격의 차이를 "이론 Basis"라 합니다. 반면 앞에서 설명한 선물 가격에서 현물 가격을 뺀 수치인 "Basis"는 "시장 Basis"라고도 합니다. 선물 투자자의 컴퓨터 화면에는 투자자의 참고를 위해 선물 가격, 미결제약정, 거래량은 물론이고 선물 이론 가격, (시장) Basis, 이론 Basis, 괴리도, 괴리율 등이 모두 보여집니다.

참고로 실제로 KOSPI 200 지수를 매매하는 투자자들을 위한 온라인 트레이딩 모니터의 기본적인 화면은 대략 아래와 같습니다.

➤ 그림 2-2 KOSPI 200 지수 온라인 트레이딩 기본 화면

KOSPI 200 선물	368.30	이론가	369.35	이론 Basis	0.15
거래량	236,281	괴리도	−1.05	괴리율	−0.28%
미결제	230,810	시장 Basis	−0.90	거래대금	21,732,092
증감	−23,690	KOSPI 200	369.20	이자율	3.60
				기준가	371.90

위 화면은 2024년 6월 10일 특정 시점의 KOSPI 200 선물 지수의 가격 및 그와 관련된 정보를 제공하는 일반적인 온라인 트레이딩 화면입니다. 지수 선물 투자자들은 그들의 증권사가 제공하는 이런 화면을 보면서 투자를 실행합니다. 물론 이보다 훨씬 더

많은 다른 정보를 담은 모니터들을 동시에 보면서 말입니다. 위 화면을 보면, 위 시점의 KOSPI 200 선물 가격은 368.30이고 그 기초 자산인 KOSPI 200 주가지수는 369.20임을 알 수 있습니다. 위 화면에서 '이론가'는 차익거래가 발생하지 않을, 이 선물의 무차익 가격을 말합니다. 이론가 계산을 위한 이자율로는 3개월 CD 이자율을 사용하는데, 이 거래일의 그 이자율이 3.60입니다. 또 이 선물의 만기일은 2024년 6월 13일로 잔존 만기는 4일입니다.[35] 그러므로 이 선물의 이론가는 (잔존 만기 4일 중 배당이 거의 없다고 가정)

$$
\begin{aligned}
&369.20 \times \left(1 + r \times \frac{d}{365}\right) \\
&= 369.20 \times \left(1 + 0.036 \times \frac{4}{365}\right) \\
&= 369.35
\end{aligned}
$$

가 됩니다. 또 위 화면에서 '시장 Basis'는 선물 가격과 그 기초 자산 가격의 차이, '이론 Basis'는 선물 이론가와 그 기초 자산 가격의 차이를 각각 의미합니다. '괴리도'는 선물시장 가격과 이론가의 차이, '괴리율'은 괴리도를 선물 이론가로 나눈 값(%)입니다.

또한 선물 등의 파생상품 매매에 있어서는 거래량 못지 않게 미결제약정 수도 중요할 수 있습니다. 위 화면에 따르면 이날 이 시점까지의 KOSPI 200 선물 거래량과 미결제약정 수가 유사합니다. 또한 미결제약정의 증감은 거래량의 약 10% 정도입니다. 이 세 수치가 의미하는 바는 무엇일까요? 첫째로, 이날 거래 중 약 90%는 미결제약정 수를 그대로 유지하는 거래였다는 것입니다. 특정 거래에서 한 당사자는 기존 선물 매매 포지션을 청산하고 다른 당사자는 새로이 선물 매매 포지션을 잡으면, 미결제약정 수는 변하지 않습니다. 이런 거래가 이날 거래량의 90% 정도를 차지했고, 나머지 10% 정도만이 두 당사자가 서로의 기존 포지션을 청산하는 거래를 했다는 것입니다. 이런 거래는 미결제약정 수를 감소시키기 때문입니다. 마지막으로, 이날 거래량과 미결제약정 수가 유사한 것은 특별한 의미는 없습니다. 거래량이 많아도 미결제약정은 적을 수 있고, 두 수치 모두 같은 방향으로 증감할 수도 있기 때문입니다. 가령 선물

[35] 6월 10일 거래일이 아직 진행중이므로 잔존 만기를 4일로 잡습니다.

거래자 A가 이날 이 시간까지 이 선물 사고팔기를 지속했다면, 거래량은 많이 증가하지만 미결제약정은 거의 변함이 없을 것이기 때문입니다. A 같은 거래자가 이날 많았다면 말입니다. 혹은 이날 대부분 거래자들이 자신의 기존 포지션을 청산하는 거래를 했다면, 거래량은 많아도 (남은) 미결제약정 수는 적을 수 있습니다. 그러므로 이날 이 시점의 거래량과 미결제약정 수는 이론적으로는 그다지 긴밀한 관계에 있지 않기에, 두 수치가 유사하다 해서 특별한 의미를 부여할 필요는 없습니다.

6. 지수차익거래

이제 현 · 선물 차익거래의 최고봉인 지수차익거래를 공부합니다. 여러분이 지수차익거래를 이해할 수 있다면 여러분은 모든 유형의 차익거래를 이해할 수 있다고도 말할 수 있습니다. 여러분이 신문, 인터넷, 방송의 증권 뉴스를 읽거나 듣다 보면 주가지수차익거래라는 표현을 접할 수 있을 것입니다. 그 지수차익거래를 본 주제에서 심층적으로 공부하겠습니다.

지금까지 소개한 선물의 기초 자산은 특정 주식 같은 단일 자산이었습니다. 그리고 차익거래 또한 단일 자산을 대상으로 하는 거래였습니다. 그런데 이 말고도 "지수차익거래(index arbitrage)"라는 차익거래가 존재하며, 오히려 개별 주식의 차익거래보다 훨씬 더 활발히 실행되고 있습니다. 이러한 차익거래의 대표적인 기초 자산은 S&P 500 Index, KOSPI 200 지수와 같은 주가 지수입니다. 주식이 아닌 주가 지수를 기초 자산으로 한다는 점에서 매우 이상하게 여겨질 수 있습니다. 그런데 따져 보면, 주식을 기초 자산으로 하는 경우도 사실은 주가라는 "숫자"를 대상으로 한다는 사실, 그리고 실물 주식 인도 없이 주가라는 "숫자"만 있으면 주식 차익거래가 가능하다는 사실을 여러분은 이미 배운 바 있습니다. 즉, 거래자들 사이의 신용위험이 없다면, 주식 선도 거래에서도 만기일 주식의 교환 없이 두 숫자만을 비교하여 두 거래자들이 현금 정산할 수 있습니다. 선도 거래 개시 때의 선도 가격과 그 만기일의 기초 자산 가격을 비교함으로써 말입니다. 마찬가지로 지수차익거래에서도 실물 자산의 인도 없이 KOSPI 200 지수라는 숫자의 변화만을 이용하여 차익거래가 가능합니다. 그리고 지수(index)라는 개념 자체가, 한 개별 자산의 가격이 아닌, 여러 개 자산을 포함하는 "평균 가격"이라는 뜻이므로, 주가든 지수든 어떤 자산의 "가격"을 의미한다는 점에서 주식 차익거래나 지수차익거래가 본질적으로 다르지는 않습니다.

KOSPI 200 지수에는 우리나라를 대표하는 삼성전자, SK하이닉스, 현대차 등 시가총액 상위 200개 기업이 포함되어 있고, 이들 기업의 시가총액(market capitalization)에 비례하여 각 기업의 주가들의 가중평균으로 지수 값이 산출됩니다. 그런데 한 지수에 포함된 주가가 200개든 20개든 2개든 지수차익거래의 원리는 동일합니다. 그러므로 여기서는 2개 기업의 주가가 포함된 (가상의) 어떤 지수를 기초 자산으로 하는 지수차익거래를 예로 들어 설명합니다. 구체적으로, S&P 500와 KOSPI 200 지수와 같이 가중평균 주가지수(market-capitalization weighted stock index)를 대상으로 하는 지수차익거래를 대상으로 분석하겠습니다. 참고로 Dow Jones Industrial Average(DJIA) 지수는 30개 주식의 주가들만의 단순평균인 지수로 이를 price-weighted index라 합니다.

특정 주식 거래소에 두 기업 X와 Y만 상장되어 있다고 합시다. 이 두 기업의 시가총액을 정확히 반영하는 지수 I가 있다고 합시다. 이 두 기업이 발행한 주식의 총수는 (total number of shares outstanding) X와 Y 각각 300만주와 100만주이고 현재 X와 Y의 주가는 각각 $10과 $20입니다. 그러면 X의 시가총액은 10×300만=$3,000만, Y의 그것은 20×100만=$2,000만이고 주식시장 전체의 시가총액은 $3,000만+$2,000만=$5,000만입니다. 그러므로 이 시가총액에서 X와 Y가 차지하는 비중은 각각 60%와 40%가 됩니다. 이는 곧 지수 I에서 차지하는 두 주식의 비중 또한 각각 60%와 40%임을 의미합니다. 그러면 I는 어떻게 결정될까요? 오늘 이 지수 값을 100이라 하겠습니다. 내일 두 주식 주가가 모두 오늘의 2배가 된다면 이 지수 값은 200이 되어야 할 것입니다. 이 200이 어떻게 결정되는지 그 원리를 알면 향후 두 주가가 어떤 값을 가지더라도 그 지수 값을 알 수 있습니다.

기준이 되는 오늘 두 주식의 시가총액은 $5,000만입니다. 그리고 내일 두 주식 주가가 모두 오늘의 2배가 된다면 내일 두 주식의 시가총액은 $10,000만이 될 것입니다. 그러면 내일 지수 값은 내일의 두 주식 시가총액을 지수 "기준값"인 $5,000만으로 나누어야 합니다. 그러면 $\frac{10000\text{만}}{5000\text{만}} = 2$가 됩니다. 그런데 내일 지수 값은 2가 아니라 200이니, 2에 100을 곱해주면 됩니다. 마찬가지로 오늘 지수 값 100은, 오늘의 두 주식 시가총액을 지수의 기준값 $5,000만으로 나눈 후 100을 곱해서 나온 값입니다. 즉,

$\frac{5000만}{5000만} \times 100 = 100$입니다. 그러므로 향후 매 거래일의 지수 값은 그날 두 주식의 시가총액을 5,000만으로 나눈 후 100을 곱한 값이 됩니다. 여기서 분모 5,000만은 시간이 지나도 변하지 않는 상수이고 분자는 매 거래일 장 종료 시점의 시가총액입니다. 또 이를 간편히 하려면, 그날의 총 시가총액을 단순히 "$50만"으로 나누면 됩니다. $5,000만으로 나누었다가 다시 100을 곱하는 것을 간단히 하면 단순히 $50만을 나눠주면 되기 때문입니다. 가령 내일의 지수 값 200은 $\frac{10000만}{5000만} \times 100 = 200 = \frac{10000만}{50만}$입니다. 편의상 "만" 단위를 각각 생략하면 간단히 50으로 나누면 됩니다.

참고로 이 산출 방식을 기억하며 KOSPI 200 지수 값을 분석해 보겠습니다. 2024년 2월 20일 이 지수의 종가는 356.92입니다. 이 지수 산출 기준 시점이 1990년 1월 3일이므로 이때 이 지수의 값은 100이었습니다. 그러므로 약 34년간 우리나라 주가는 약 3.56배 상승했고, 이를 연 상승률로 환산하면 $(1+r)^{34} = 3.56$이 되므로 $r = 0.038 = 3.8\%$가량 됩니다.

이제 다시 두 주식만 있는 주식시장으로 돌아갑시다. 지수 산출 방식을 알았으니 현실적인 지수 값을 산출해 보겠습니다. 첫날 두 주식 X와 Y의 종가는 $10과 $20이었습니다. 둘째 거래일에는 각 주가가 $12와 $26으로 상승한다고 합시다. 그러면 총 시가총액은 $12 \times 300 + 26 \times 100 = 3{,}600 + 2{,}600 = 6{,}200$이고 새 지수 값은 $6{,}200/50 = 124$가 됩니다. 이를 다르게 입증한다면, X 주가는 20%, Y 주가는 30% 상승했고, 이들이 이 지수에서 차지하는 비중이 각각 60%, 40%이니, 가중평균 주가의 상승은 $20\% \times 0.6 + 30\% \times 0.4 = 12\% + 12\% = 24\%$가 되니, 지수 값이 100에서 124로 상승한 것이 맞습니다. 셋째 거래일에도 X와 Y 주가가 어떻게 변하든지 지수 I 값은 이 방식으로 산출됩니다.

이제 지수 I를 기초 자산으로 하는 선물 상품 F가 있다고 합시다. 이를 지수 선물 혹은 index futures라 합니다. F의 만기는 1년이고, 시장의 이자율은 모든 만기에 걸쳐 연 2%로 가정합니다. 그런데 F값 1포인트를 $1로 환산하면 F = 100 혹은 124일 때 이 선물의 가치는 $100 혹은 $124가 되어 지수 선물 거래자들이 투자하기에는 너무나 작은 금액입니다. 그래서 이 선물 상품에서는 지수 1포인트의 가치를 $50으로 설정합니다(참고로 우리나라의 KOSPI 200 지수 선물의 1포인트는 25만원이고 "미니 KOSPI

200 지수 선물"의 1포인트는 5만원). 가령 F = 150이면 그 실제 가치는 150 × 50 = $7,500이라는 뜻입니다. 여기서 50을 계약승수, 거래승수, 혹은 승수라 하고 영어로는 (contract) multiplier라 합니다. 물론 실제 승수는 $50이 아니라 $500이 될 수도 있습니다.

지수 선물의 만기는 1년이고 $r = 0.02$가 주어진 상황에서, I의 이론 선물 값을 산출해 보겠습니다. 먼저 지수 선물이 아닌, 개별 주식의 선물이라면 어떻게 이론 선물 가격이 산출될까요? X의 이론 선물 가격은 10 × (1 + 0.02) = 10.2이고 Y의 그것은 20×(1 + 0.02) = 20.4입니다. 그렇다면 이 주식들을 그 시가총액 비중으로 포함하는 지수 I의 선물 이론 가격은 다음과 같이 산출됩니다.

$$\frac{10.2 \times 300\text{만} + 20.4 \times 100\text{만}}{50000\text{만}} = \frac{5100\text{만}}{5000\text{만}} = 1.02$$

이고, 지수 기본값이 100이므로 이 1.02에 100을 곱하면 102가 됩니다. 즉, 지수 I의 현물 값은 100, 이론적인 선물 값은 102가 됩니다. 이 값이 합당한 이유는, 기초 자산 값이 100이고 $r = 0.02$이니 선물 이론 값이 102가 되기 때문입니다. 이 102가 도출된 과정을 다시 보면

$$\frac{10.2 \times 300\text{만} + 20.4 \times 100\text{만}}{50000\text{만}} \times 100 = \frac{5100\text{만}}{5000\text{만}} \times 100 = 1.02 \times 100 = 102$$

입니다. 일반적으로, X와 Y의 개별 선물 이론가를 각각 F_A, F_S라 하면 이 지수의 이론 선물 값은

$$\frac{\mathrm{F_A} \times 300\text{만} + \mathrm{F_S} \times 100\text{만}}{5000\text{만}} \times 100 = \frac{\mathrm{F_A} \times 300 + \mathrm{F_S} \times 100}{5000} \times 100$$

$$= 6\mathrm{F_A} + 2\mathrm{F_S}$$

인데, 위 예에서는 $\mathrm{F_A} = 10.2, \mathrm{F_S} = 20.4$이므로 $6\mathrm{F_A} + 2\mathrm{F_S} = 6 \times 10.2 + 2 \times 20.4 = 102$가 된 것입니다.

이제 지수차익거래가 어떻게 실행되는지 공부해 봅시다. 현재 선물시장에서 이 지수 선물의 가격이 110이라 합시다. 110 > 102이니, 선물의 "시장 가격"이 선물의 "이론

가격"보다 높습니다. 그러므로 높은 시장 가격으로 팔고 낮은 이론 가격으로 사면 됩니다. 뭐를 말입니까? 위 표현 그대로라면, 높은 시장 가격으로 선물을 팔고 동시에 낮은 이론 가격으로 선물을 사면 됩니다. 두 가격 모두 선물의 가격이기 때문입니다. 그런데 실제 선물 가격은 시장 가격 110만이 존재합니다. 그러므로 선물을 시장 가격 110에 매도하는 것은 가능합니다. 자 그렇다면, 시장에 존재하지 않는 (선물) 이론 가격 102로 선물을 매수한다는 것은 무엇을 의미할까요? 이 가격 102는 현물 가격 100에 근거한 값입니다. 그러므로 102의 가격으로 선물을 매수한다는 것은 결국 100의 가격으로 "현물"을 매수하는 것과 동일한 투자인 것입니다. 물론 이렇게 복잡하게 생각할 필요 없이, 현재 선물의 시장 가격이 과도하게 높으니 선물을 팔고, (만기일에 선물 가격과 동일한 가격이 될) 현물을 산다고 생각해도 됩니다. 제2절 "선도 거래"에서 설명된 것처럼 말입니다. 또 지금은 100의 가격으로 현물을 사지만 만기까지 이자 비용을 반영하면 102에 사는 셈이니, 만기일 시점에서 기초 자산을 (선물 매도로) 110에 팔기로 하고 동시에 (현물 매수로) 102에 사는 것이 정확히 적용되는 셈입니다.

그렇다면 기초 자산인 주가 지수를 선물시장에서 110의 가격에 팔고 현물시장에서 100에 산다는 것은 실제적으로 어떤 투자 행위를 의미할까요? 이 주가 지수의 선물 가격의 1포인트는 $50을 의미하니, 110×50=$5,500만큼을 판다는 것입니다. 즉, 이 선물 1계약을 110에 매도한다는 것은 곧 $5,500만큼을 판다는 뜻입니다. 그래서 이 지수 선물 1계약을 110에 매도했다고 가정하겠습니다. 그러면 현물을 100에 산다는 것은 동일하게 100×50=$5,000만큼을 산다는 의미가 될 것입니다. 내가 현재 돈이 없어 이 금액만큼 현금을 빌려서 이 현물(지수)을 사면 (즉 두 주식을 사면) 1년 후 선물 만기일에는 100×50×(1+0.02)=5,000×1.02=$5,100만큼을 갚아야 합니다. 그럼 두 주식을 합쳐 $5,000만큼 사야 한다면 과연 어떻게 사야 할까요? 두 주식이 이 지수에서 차지하는 비중만큼 사야 합니다. 우리가 선물로 팔고 현물로 사는 대상은 바로 그 지수이기 때문입니다. 오늘 이 지수에서 X와 Y의 비중은 각각 60%와 40%이니, 현물 매수 비용 $5,000 중 X 주식 매수에 $3,000을 그리고 Y 주식 매수에 $2,000을 사용합니다. 이는 곧 오늘 X와 Y의 주가가 각각 $10, $20이니 이들을 각각 300주, 100주 매수함을 의미합니다. 이 현물 매수를 오늘 내가 실행했다고 가정하겠습니다.

이제 선물 만기일이 되어 X와 Y의 주가가 각각 어느 값을 가지더라도 나는 무위험 차익을 실현할 수 있을 것입니다. 먼저 구체적 사례를 들겠습니다. 선물 만기일에 그 각각의 주가가 $15, $25라 하겠습니다. 그러면 이 지수는

$$\frac{15 \times 300 + 25 \times 100}{50} = \frac{4500 + 2500}{50} = \frac{7000}{50} = 140$$

이 됩니다(숫자 단위 "만"을 분모, 분자 모두에서 생략했습니다). 그리고 선물 만기일에는 현물 가격과 선물 가격이 일치하므로 이 지수 선물의 값도 140이 됩니다. 이제 이 지수차익거래로 인한 내 차익을 현물시장과 선물시장에서 별도로 산출해 보겠습니다. 먼저 현물시장에서는 내가 X, Y 주식을 각각 $10, $20의 가격에 각각 300주, 100주 매수했는데 1년 후 만기일 주가를 반영하면 $15×300 + $25×100 = $4,500 + $2,500 = $7,000의 현금흐름이 발생합니다. 이 중 내가 빌렸던 $5,000의 원리금 $5,100을 갚으면 $1,900이 내게 남습니다.

선물시장에서의 내 현금흐름은 어떻게 될까요? 지수 선물을 110에 팔고 만기일에 자동 반대매매로 140에 샀으니 110 − 140 = −30의 현금흐름이 발생할 텐데, 지수 1포인트가 $50이니 (−30) × $50 = −$1,500의 현금흐름이 됩니다. 그러므로 두 시장에서의 내 손익을 합계하면 $1,900 − $1,500 = $400이 됩니다. 이 차익 수준은, 지수 선물의 이론 값 110과 선물시장의 값 102의 괴리로부터 예상되는 차익의 크기와 일치합니다. 즉, 110 − 102 = 8인데, 지수 1포인트가 $50의 가치가 있으니 8 × $50 = $400의 차익이 예상되는 것입니다.

마지막으로, 선물 만기일 두 주가가 임의의 두 수치 S_X, S_Y가 되더라도 애초에 예상했던 $400의 차익을 얻음을 입증하겠습니다. 만기일 지수는

$$\frac{S_X \times 300\text{만} + S_Y \times 100\text{만}}{50\text{만}} = 6S_X + 2S_Y$$

가 됩니다. 그리고 지수 선물의 가격도 이와 같습니다. 이날 현물시장에서는 내 주식을 모두 팔면, 즉 X 주식 300주와 Y 주식 100주를 모두 팔면 $S_X \cdot \$300 + S_Y \cdot \$100$의 현금흐름이 발생합니다. 이 중 내가 빌렸던 $5,000의 원리금 $5,100을 갚으면 $S_X \cdot \$300 + S_Y \cdot \$100 - \$5100$이 내게 남습니다. 또한 선물시장에서는 이 지수 선물을 110에 팔기로 하고 만기일에 지수 선물 가격인 $6S_X + 2S_Y$에 되샀으니 $110 - (6S_X + 2S_Y)$

의 현금흐름이 발생할 텐데, 지수 1포인트가 $50이니

$$[110-(6S_X+2S_Y)]\times 50=5500-300\cdot S_X-100\cdot S_Y$$

의 현금흐름이 됩니다. 두 시장에서의 손익을 합계하면 다음과 같습니다.

$$\begin{aligned}&profit\ from\ stock\ market\ +\ profit\ from\ futures\ market=\\&(S_X\cdot 300+S_Y\cdot 100-5100)\ +\ (5500-300\cdot S_X-100\cdot S_Y)\\&=\$400.\end{aligned}$$

즉, 선물 만기일 두 주가 S_X와 S_Y가 어떤 값을 갖더라도 애초 예상됐던 차익 $400이 항상 실현됩니다. 이제 관련된 문제를 하나 풀어 봅시다.

예제 2-14〉

"둘째 거래일"의 특정 시점에 X, Y 가격이 각각 $12와 $26이고 F 가격은 125가 되었다고 합시다. (첫째 거래일이 아닌) 둘째 거래일의 이 가격들을 활용하여 내가 차익거래를 한다고 가정하면 어떻게 차익거래를 할 수 있을까요?

이 예제를 통해, 이전 문제와 이 문제의 차이점을 알아보겠습니다. 이 사례는 앞에서 설명한 바 있는데, X, Y 가격이 각각 $12와 $26이면 총 시가총액은 12×300+26×100=3,600+2,600=6,200이 되고 새 지수 값은 6,200/50=124가 됩니다. 그러면 지수 선물의 이론 가격은 124×(1+0.02)=126.48이 됩니다(1일 이자 무시). 선물의 시장 가격과 이론 가격을 비교하면 125 < 126.48이 됩니다. 즉, 선물시장 가격이 (현물 가격에 근거한) 이론 가격보다 낮으니, 선물을 사고 현물을 팔면 됩니다. 즉, 선물 매수 포지션을 취하고 현물 주식(지수)은 공매도합니다.[36] 구체적으로는 125의 가격으로 선물을 사고, (126.48의 근거인) 124의 가격으로 현물을 공매도한다는 뜻입니다. 지수 124를 금액으로 환산하면 124×$50=$6,200이니, 이 금액만큼 주식을 공매도합니다. 그리고 둘째 거래일 시점에서 지수 I에서 각 주식이 차지하는 비중은 다음과 같습니다. X 비중은

---

[36] 내게 현물 주식이 없다는 전제로 차익거래를 시작하기에 주식을 공매도 하는 것입니다.

$$\frac{12 \times 300\text{만}}{12 \times 300\text{만} + 26 \times 100\text{만}} = 0.580645$$

이고 Y 비중은 $1-0.580645=0.419355$입니다. 즉, \$6,200 중 X 주식 공매도 규모를 $6{,}200 \times 0.580645 =$ \$3,600, Y 주식 공매도 규모를 $6{,}200-3{,}600=$ \$2,600으로 설정합니다. 이 시점의 X와 Y의 주가가 각각 \$12, \$26이니 이들을 각각 3,600/12 = 300주, 2,600/26 = 100주 공매도함을 의미합니다.

(참고로) 그런데 X 주가는 20%, Y 주가는 30%로 서로 다르게 상승했는데, 왜 첫째 날 지수차익거래 시 X, Y의 거래 주식 수와 둘째 날 지수차익거래 시 X, Y의 거래 주식 수가 각각 300주, 100주로 동일할까요? 상식적으로 이 주가지수에서 Y 비중이 0.4에서 0.419355로 더 커졌으니, 둘째 날 거래되는 Y 주식 수가 첫째 날 그것보다 더 많아야 하지 않을까요? 이에 대한 정답은 다음과 같습니다.

"Y 주식 비중이 (예전보다) 더 커졌으니 더 커진 비중만큼 더 많은 금액을 Y 주식 거래에 할당하는데, Y 비중이 더 커진 정도는 Y 주가가 더 상승한 정도와 정확히 똑 같습니다. 즉, Y 주가가 X 주가보다 더 상승한 정도만큼 Y 비중이 더 커진 것입니다. 그러므로 더 많은 금액을 Y 거래에 할당한 후 그 금액을 다시 Y의 (더 많이 상승한) 주가로 나누면, 그 결과인 Y 주식 수는 첫째 날 지수차익거래 때 Y 주식 수와 같습니다. X도 마찬가지로 지수차익거래 때 둘째 날 거래 주식 수는 첫째 날 그것과 같게 됩니다." 네, 지수차익거래 이해하는 것이 만만치 않죠? Nevertheless, you can count on this book.

X, Y를 \$6,200만큼 공매도한 후에는 이 현금을 1년간 2% 무위험 이자율로 투자해 놓으면 1년 후에는 $6{,}200 \times (1+0.02) =$ \$6,324의 현금 수입이 예상됩니다. 이제 1년 후 선물 만기일이 되어 X와 Y의 주가가 각각 \$15, \$25라 하겠습니다. 그러면 이 현물 지수의 값은

$$\frac{15 \times 300\text{만} + 25 \times 100\text{만}}{10 \times 300\text{만} + 20 \times 100\text{만}} \times 100$$

$$= \frac{15 \times 300\text{만} + 25 \times 100\text{만}}{5000\text{만}} \times 100$$

$$= \frac{15 \times 300 \ + \ 25 \times 100}{50} = 140$$

이 됩니다. 여기서 분모 5,000만은 첫째 날 두 주식의 시가총액 합입니다. 즉, 이 차익거래 실행 시점인 (둘째 날 특정 시점의) 두 주식의 시가총액 "$6,200만"이 아니라 (이 지수가 100의 값을 가지던) 첫째 날의 두 주식의 시가총액 "$5,000만"입니다. 둘째 날 실행되는 차익거래라 해서, 이 차익거래의 만기일의 지수 값 산출식의 분모를 둘째 날 두 주식의 시가총액으로 6,200으로 계산하면 오류입니다. 이 지수의 분모는 항상, 차익거래가 언제 실행되든지 관계 없이, 그 지수가 탄생한 첫째 날의 두 주식의 총 시가총액입니다.

선물 만기일에는 지수 선물의 값도 지수 값과 같이 140이 됩니다. 이제 지수차익거래로 인한 차익을 현물시장과 선물시장에서 별도로 산출해 보겠습니다. 먼저 현물시장에서는 내가 X, Y 주식을 각각 300주, 100주 공매도했는데 1년 후 만기일 주가를 반영하면 이만큼을 재매입해서 공매도 상대방(들)에게 갚으면 내 현금 유출은 $15×300 + $25×100 = $4,500 + $2,500 = $7,000이 됩니다. 내 현금 수입 $6,324와 현금 유출 $7,000을 합산하면 6,324 − 7,000 = −$676이 됩니다.

선물시장에서는 지수 선물을 125에 사고 만기일에 140에 팔았으니 140 − 125 = 15의 현금흐름이 발생할 텐데, 지수 1포인트가 $50이니 15×$50 = $750의 현금흐름이 됩니다. 그러므로 두 시장에서의 내 손익을 합계하면 $750 − $676 = $74가 됩니다.[37] 이 차익 수준은 1년 전 지수 선물의 이론 값 126.48과 시장 가격 125의 괴리로부터 예상되는 차익의 크기와 일치합니다. 즉, 126.48 − 125 = 1.48인데, 지수 1포인트가 $50의 가치가 있으니 1.48×$50 = $74의 차익이 예상되는 것입니다. ▣

[37] 정확히는 주식시장, 선물시장 및 채권시장에서의 손익입니다. 내 돈 $6,200을 2% 수익률을 제공하는 1년 만기 무위험 채권(zero-coupon bond)에 1년간 투자했기 때문입니다. 물론 편의상 정기예금에 투자했다고 가정해도 됩니다만, 엄밀히 말하면 1년 만기 무위험 무이표채에 투자한다고 가정하는 것이 더 합당합니다. 엄밀히 말하면, 상업은행의 정기예금은 무위험 자산이 아니라 그 상업은행의 신용 등급을 따르는 위험 자산이기 때문입니다.

예제 2-15〉

위에서 직관적으로 설명한, 첫째 날과 둘째 날의 주가가 서로 다름에도 불구하고 지수차익거래 시 매매하는 주식 수가 동일함을 입증할 수 있습니까?

네, 수식으로 증명할 수 있습니다. 지수에 포함된 두 주식 X, Y의 발행된 주식 총수를 각각 Q_X, Q_Y라 하고, 이들의 첫째 날 주가를 각각 P_X, P_Y 그리고 둘째 날 주가를 각각 $P_X(1+r_X)$, $P_Y(1+r_Y)$라 하겠습니다. 즉, 1일 주가 변동률이 r_X, r_Y인 것입니다. 편의상 둘째 날을 가정하지만, 첫째 날 이후의 그 어떤 날에 지수차익거래가 실행되어도 상관 없습니다. 첫째 날 지수의 값은 100이고 둘째 날 지수의 값 I_2는 다음과 같이 정해집니다.

$$I_2 = \frac{P_X(1+r_X)\times Q_X + P_Y(1+r_Y)\times Q_Y}{P_X\times Q_X + P_Y\times Q_Y}\times 100.$$

첫째 날 지수차익거래가 실행되는 경우 현물 지수의 값은 100이므로 100×C만큼의 현금이 주식 매매에 할당됩니다. 여기서 C는 지수 1포인트당 계약 승수입니다. 둘째 날 지수차익거래의 경우의 현물 지수 값은 I_2이므로 $I_2\times C$ 만큼의 현금이 주식 매매에 할당됩니다. 이 두 거래일에 차익거래에 사용될 X의 주식 수는, 전체 주식 매매에 할당된 금액 중 그날 X가 차지하는 비중을 그 전체 주식 매매 규모에 곱해서 산출됩니다. 그러므로 첫째 날 매매될 X 매매 규모는 $(100\cdot C)\times\frac{P_X\times Q_X}{P_X\times Q_X+P_Y\times Q_Y}$이고, 이를 X 주가로 나누면 X 주식 수는

$$(100\cdot C)\times\frac{\frac{P_X\times Q_X}{P_X\times Q_X+P_Y\times Q_Y}}{P_X} = (100\cdot C)\times\frac{Q_X}{P_X\times Q_X + P_Y\times Q_Y} = K$$

입니다. 한편 둘째 날 이 지수에서 차지하는 X의 비중은

$$\frac{P_X(1+r_X)\times Q_X}{P_X(1+r_X)\times Q_X + P_Y(1+r_Y)\times Q_Y}$$

입니다. 둘째 날 지수차익거래에서 매매될 X 매매금액은 이 비중과 이날 주식 총매매

금액 $I_2 \times C$를 사용하면 $(I_2 \times C) \times \frac{\mathrm{P_X}(1+r_X)\times Q_X}{\mathrm{P_X}(1+r_X)\times Q_X+\mathrm{P_Y}(1+r_Y)\times Q_Y}$가 됩니다. 그런데

$$I_2 = \frac{\mathrm{P_X}(1+r_X)\times Q_X + \mathrm{P_Y}(1+r_Y)\times Q_Y}{\mathrm{P_X}\times Q_X + \mathrm{P_Y}\times Q_Y}\times 100$$

이므로 이를 이용하면 X 매매 금액은 다음과 같습니다.

$$\begin{aligned}
&(I_2 \times C) \times \frac{\mathrm{P_X}(1+r_X)\times Q_X}{\mathrm{P_X}(1+r_X)\times Q_X + \mathrm{P_Y}(1+r_Y)\times Q_Y} \\
&= \left(\frac{\mathrm{P_X}(1+r_X)\times Q_X + \mathrm{P_Y}(1+r_Y)\times Q_Y}{\mathrm{P_X}\times Q_X + \mathrm{P_Y}\times Q_Y}\times 100 \times C\right) \\
&\qquad\qquad \times \frac{\mathrm{P_X}(1+r_X)\times Q_X}{\mathrm{P_X}(1+r_X)\times Q_X + \mathrm{P_Y}(1+r_Y)\times Q_Y} \\
&= (100\cdot C)\times \frac{\mathrm{P_X}(1+r_X)\times Q_X}{\mathrm{P_X}\times Q_X + \mathrm{P_Y}\times Q_Y}
\end{aligned}$$

이제 이날 이 금액만큼 X 주식을 매매하므로 이 금액을 이날 주가 $\mathrm{P_X}(1+r_X)$로 나누면

$$(100\cdot C)\times \frac{\frac{P_X(1+r_X)\times Q_X}{P_X\times Q_X+P_Y\times Q_Y}}{P_X(1+r_X)} = (100\cdot C)\times\frac{Q_X}{P_X\times Q_X + P_Y\times Q_Y} = K$$

가 그 주식 수가 되어, 첫째 날 지수차익거래에서 매매되는 X 주식 수와 동일합니다. ▣

> 질문 2-19〉 실제 주가지수는 코스피200 지수, S&P500 index 등 수백 개의 주식 종목이 포함됩니다. 그러면 이 수백 개 주식을 모두 한번에 사고팔면서 현-선물 지수 차익거래가 이루어집니까?

실제로는 대략 50개 내외의 혹은 수십 개 정도의 주식만을 대상으로 현-선물 지수 차익거래가 이루어집니다. 왜냐하면 어떤 주가 지수라 하더라도 시가총액 상위 수십 개 정도의 주식으로 이루어진 포트폴리오 지수와 원 지수의 상관관계가 1에 근접하기 때문입니다. 정확히 몇 개의 주식을 포함하여 지수차익거래를 실행할 것인가는 각 기관에서 이를 담당하는 전문가의 노하우 등이 반영되어 결정됩니다. 참고로 2023년

8월 25일 현재 S&P500 지수를 구성하는 주식 중 시가총액 상위 주식의 비중은 다음과 같습니다.

- Apple Inc. (AAPL) : 7.12%,
- Microsoft Corp. (MSFT) : 6.49%,
- Amazon.com Inc. (AMZN) : 3.21%,
- NVIDIA Corp. (NVDA) : 3.18%,
- Alphabet Inc. Class A (GOOGL) : 2.10%,
- Alphabet Inc. Class C (GOOG) : 1.82%,
- Meta Platforms Inc. (META) (예전 Facebook, Class A) : 1.73%,
- Berkshire Hathaway Inc. (BRK.B) : 1.73%,
- Tesla Inc. (TSLA) : 1.69% 등

입니다. 그러므로 시가총액 50위 미만 주식들의 비중은 매우 작음을 미루어 짐작할 수 있습니다.

수십 개 정도의 주식 바스켓을 사용하여 현-선물 지수차익거래가 이루어지는 또 다른 이유는 이른바 "체결 위험(execution risk)"입니다. 특정 주식 지수에 포함된 200개 혹은 500개 주식을 동시에 매매하고 싶어도 이 중 유동성이 높지 않은 주식들은 제대로 매매 체결이 되지 않을 수도 있습니다. 가령 다수의 현-선물 지수차익거래 기관들이 지수차익거래를 위해 (현재 주가 $100인) 주식 A를 1,000주를 매수해야 할 때, 이 주식 유동성이 풍부하지 않아 $100이나 이보다 미소하게 높은 가격에 매도 주문을 낸 주식 수가 1,000주에 근접하지 않으면, 실제로 1,000주 매수 주문이 체결되는 상황은 $101에 90주, $102에 110주, $103에 130주 등이 체결될 수 있습니다. 이렇게 되면, 지수차익거래의 근거가 되는 현재의 지수 현물 가격으로 매매가 이루어지지 않습니다. 적어도 일부 주식에 대해서 말입니다. 나의 매수 주문이 과연 내가 현재 눈으로 목격하고 있는 주가와 동일한 혹은 유사한 가격에 체결되지 않을 가능성이 크다면, 차익거래가 예상과 다른 가격으로 이루어져 궁극적으로 무위험 차익을 얻지 못하고 심지어 손실을 입을 가능성도 있습니다. 이런 점을 감안할 때, 시가총액 상위 수십 개 종목들은 대부분 유동성이 커서 위의 지수차익거래 매수 주문이 있어도 이 종목들은 그들의 현재 주가와 유사한 가격으로 체결될 수 있습니다. 이런 이유로도 전체 200개 혹은

500개 종목으로 지수차익거래를 실행하기는 어려워, 유동성이 풍부한 시가총액 상위 수십 개 종목으로만 현물 바스켓을 구성해서 이를 대상으로 현물 매매를 합니다. 이 현물 바스켓이 실제 지수를 얼마만큼 잘 성공적으로 복제하느냐에 따라 차익거래를 수행하는 기관들의 역량과 노하우가 결정된다고 할 수 있습니다. 현물 바스켓과 실제 지수와의 차이를 추적 오차(tracking error)라고 합니다. 추적 오차를 최소화하는 것은 각 기관의 역량과 노하우에 달려 있습니다.

마지막으로, 이러한 유동성 높은 종목들도 현재 가격 그대로 (많은 지수차익거래 기관들의) 모든 매매 주문이 체결되기는 어려울 수 있기에 그러한 오차를 예상하여 차익의 크기가 충분히 클 때에만 실제 지수차익거래를 실행하기도 합니다. 이때에도 어느 정도의 차익 크기가 충분히 큰 것인가(how large is large enough)를 결정하는 것도 각 기관의 역량과 노하우입니다. 안전을 중시하여 너무 큰 차익이 예상될 때만 차익거래를 실행하는 기관은 영영 차익거래를 실행하지 못할 수도 있고, 차익이 그다지 크지 않을 때에도 차익거래를 실행하는 기관은 그 결과 손실을 입을 수도 있습니다. ▣

7. 파생상품 거래소(Exchange markets)

파생상품 혹은 파생상품 거래소를 거론할 때 빼놓을 수 없는 도시가 바로 시카고입니다. 뉴욕의 증권 거래소(New Yor Stock Exchange, NYSE)가 글로벌 블루칩 주식들의 거래로 유명하듯이[38] 현재 가장 큰 규모의 파생상품 거래소 운영 주체는 CME 그룹(Chicago Mercantile Exchange Group)으로, 이 기관은 시카고상업거래소(CME, Chicago Mercantile Exchange), 시카고상품거래소(CBOT, Chicago Board of Trade), 뉴욕상품거래소(NYMEX, New York Mercantile Exchange) 및 상품거래소(COMEX, The Commodity Exchange) 등 4개 거래소 시장을 운영하고 있습니다. CBOT가 1848년 먼저 설립되었고 1898년에 CME가 설립되었는데 2007년 CME가 CBOT를 합병하여, 현재 CME 그룹이 운용하는 시카고의 파생상품 거래소는 CME와 CBOT 두 개입니

[38] Apple, Microsoft, Alphabet, Amazon을 비롯한 많은 기술주들(technical stocks)의 전산화된 거래는 NASDAQ의 전 세계적으로 분산된 데이터 센터에서 이루어지지만 전통적인 제조업체, 금융회사, 에너지 기업들의 주식들은 뉴욕의 NYSE에서 거래됩니다.

다. 두 거래소에서 거래되는 주요 파생상품은 다소 차이가 있는데, CBOT에서는 여러 곡물 선물(wheat, corn, soybeans, soybean oil, and soybean meal)이 주로 거래되는데 반해 CME에서는 보다 다양한 선물 상품들이 거래되고 있습니다. 구체적으로 CME에서는 cattle과 hogs와 같은 축산물, crude oil과 natural gas 같은 천연자원, gold와 silver 같은 귀금속, 다양한 외환(foreign currencies), 이자율, 주가 지수 등을 기초 자산으로 하는 금융선물 상품들이 거래되고 있습니다. 그러나 두 거래소의 선물 상품들의 종류가 특정 범위로 제한되지는 않습니다. 가령 CBOT에서도 US Treasury note futures와 같은 이자율 선물이 거래되고 있습니다. 표현 방식에 따라 이 두 개의 거래소를 별도로 구분하지 않고 위의 모든 선물 상품(futures products)이 CME 그룹의 선물 상품이라고 하기도 합니다.

우리나라의 한국거래소(Korea Exchange, KRX)에서 거래되는 선물 상품 중 가장 활발하게 큰 규모로 거래가 이루어지는 상품은 KOSPI 200 (지수) 선물입니다. 이는 KOSPI 200 주가지수를 기초 자산으로 하는 선물로 1996년부터 거래되기 시작했습니다. 이와 유사한 지수 선물로 미니KOSPI 200 선물이 있습니다. 이 선물의 기초 자산도 KOSPI 200 지수인데 그 계약승수는 1포인트당 5만원으로, KOSPI 200 지수 선물의 1포인트당 25만원의 1/5에 불과하여 소액투자자도 투자하기 용이합니다. 이밖에도 코스닥의 대표적 주식 150개가 편입된 KOSDAQ 150 지수를 기초 자산으로 하는 KOSDAQ 150 선물도 거래되고 있습니다. 물론 이 같은 지수 선물 외에 삼성전자, SK 텔레콤, 현대차 등 개별 주식을 기초 자산으로 하는 선물도 거래되고 있습니다. 개별 주식을 기초 자산으로 하는 선물의 계약승수는 10입니다. 가령 삼성전자 선물을 그 선물 가격으로 1계약 매수(매도)한다 함은 삼성전자 10주를 선물로 매수하는 것과 동일한 결과가 됩니다.

이제 위 선물 중 가장 많이 거래되는 KOSPI 200 선물에 대해 조금 더 알아보겠습니다. 이 선물의 만기는 3개월로, 매년 3, 6, 9, 12월의 두 번째 목요일이 이 선물의 만기일입니다. 3, 6, 9, 12월을 이 선물의 결제월이라 하며, 결제월이 다른 KOSPI 200 선물들이 거래될 때 3월물, 6월물 등으로 각 선물들을 구별하여 부릅니다. 특정 시점에서는 항상 7개 결제월의 KOSPI 200 선물들이 동시에 거래되는데, 12월물이 3개, 6월물이 2개이고 3월물과 9월물이 각 1개씩입니다. 가령 현 시점이 2025년 5월이라면, 2025년

6월물, 2025년 12월물, 2026년 6월물, 2026년 12월물, 2027년 12월물이 거래됨과 동시에 2025년 9월물과 2026년 3월물도 거래됩니다. 유사하게, 만일 현 시점이 2025년 10월이라면, 2025년 12월물, 2026년 6월물, 2026년 12월물, 2027년 6월물, 2027년 12월물이 거래됨과 동시에 2026년 3월물과 2026년 9월물도 거래됩니다. 즉, 항상 특정 시점에서 가장 가까운 6월물 2개, 가장 가까운 12월물 3개에, 가장 가까운 3월물 1개 및 가장 가까운 9월물 1개가 동시에 거래됩니다. 이처럼 12월물과 6월물이 다른 결제월 선물보다 더 많이 상장되어 거래되는 이유는, 재무금융 업계에서 12월과 6월이 특별히 중요한 시기이기 때문입니다. 가령 이 시기가 많은 기업들이 회계연도를 마감하거나 중간 결산을 하는 시기인데, 많은 투자 기관들도 이 시기에 자산 포트폴리오 성과를 평가하고 리밸런싱을 하기도 하는데 이때 이들에게 KOSPI 200 선물이 자신들의 투자 성과 헤지 등을 위해 필요할 수 있습니다. 이 선물들의 거래 시간은 매 거래일 오전 8시 45분부터 오후 3시 45분까지인데 선물 만기일에만 오전 8시 45분부터 오후 3시 20분까지입니다.

이 선물의 호가 단위는 0.05로, 즉 1 tick이 0.05로, 가령 특정 시점의 이 선물 가격은 400.25 등이 됩니다. 이 선물의 1포인트가 25만원이므로, 이 선물 가격의 최소 변동 범위는 25만원×0.05＝12,500원입니다. 결제 방식은 당연히 현금 결제입니다. 또한 이 선물에도 이른바 상한가, 하한가, 즉 가격제한이 적용되는데 세 단계에 걸쳐 적용됩니다. 일단 전일 종가 대비 8% 등락이 이루어지면 1단계 가격제한이 발동되고 그 이후 2단계 및 3단계 가격제한은 15% 등락 및 20% 등락이 실현될 때 발동됩니다.

한국거래소에서는 주가 관련 선물 외에도 통화 선물, 일반 상품 선물도 거래되고 있습니다. 통화 선물의 기초 자산인 외환은 미달러화, 일본엔화, 유로화 및 중국위안화가 있습니다. 일반 상품 선물로는 금 선물과 돈육 선물이 거래되고 있습니다. 이외에도 KOSPI 200 변동성 지수 선물 및 ETF 선물도 거래됩니다. 이밖에 국채 선물(government bond futures)도 거래되고 있습니다.

제 5 절 베이시스 리스크(Basis risk)

앞에서 설명했듯이, 선물 투자자들 중에는 차익거래자뿐 아니라 헤저 및 투기자도 있습니다. 본서에서 지금까지 차익거래(자)를 중심으로 선물 거래를 논의한 이유는 무엇보다도 선물 이론 가격을 설명하기 위함이었습니다. 더욱이 차익거래자들의 투자 행위에는 불확실성이 거의 없어, 선물을 최초로 접하는 독자들이 이들의 투자 행위를 이해하는 것이 간단했습니다.[39] 다시 말하면, 차익거래들은 선물 가격이 그 이론 가격과 (유의하게) 다르면, 현물과 선물 중 싼 것을 매수하고 동시에 비싼 것을 매도하는 것이 유일한 투자 행위였기에 이것만 제대로 이해하면 모든 문제가 해결됐습니다. 그런데 타 유형의 선물 투자자 중 특히 헤저의 투자 행위에도 관심을 가져야 할 이유가 있습니다. 역사적으로, 근본적으로 선물이 탄생하게 된 이유가 생산자나 상인들의 위험 헤지를 위해서였기 때문입니다. 또 차익거래자들의 차익거래 상대방은 당연히 비차익거래자들일 수밖에 없는데, 헤저와 투기자가 바로 그들이기에 이들의 투자 행태에 대해서도 파악할 필요가 있습니다. 투기자들의 (주관적) 투자 행태는 그야말로 천차만별이기에 이를 일반화하여 분석하기는 어렵습니다만, 헤저의 투자 행태는 어느 정도 일반화하여 논할 수 있습니다. 이런 측면에서 본절에서는 헤저들의 투자 행태, 그리고 그에 수반되는 위험을 공부해 보겠습니다. 후자의 대표적 위험으로는 "Basis risk"가 있습니다. 헤저의 Basis risk를 논한 후에는 추가적으로 차익거래자들의 Basis risk도 파악해 보기로 합니다.

1. 헤저와 Basis risk

전문 투자자 A가 자신의 자산 포트폴리오 가치를 확정하고 싶은 미래 시점이 있다고 합시다. 가령 A가 매년 연말에 자신의 투자 성과를 평가받는다면, 매년 연말이 가까워오면 자신의 투자 포트폴리오 가치를 시장 가격 변화에 맡기지 않고 일정 값으로 확정하고자 할 수 있습니다. 즉, 가격 위험(price risk) 혹은 시장 위험(market risk)을

---

[39] 물론 선물 거래의 기회비용과 기회혜택을 파악하는 것이 주의를 요하는 문제이긴 했습니다만.

헤지하고자 할 수 있습니다. 이때 가장 확실한 헤징 방식은 A의 주식 등 모든 자산을 매도하여 현금화하는 것입니다. 그런데 A뿐 아니라 다른 많은 전문 투자자들도 연말에 성과 평가를 받게 된다면, 그래서 이들의 헤징 수요로 인해 이 시기에 이 자산들의 매도가 한꺼번에 몰리면 자산 가격이 단기간에 급락하여 자신들의 투자 성과가 오히려 악화될 수 있습니다. 이런 이유 말고도 다양한 이유로 A가 당장 모든 주식을 매도하지는 못할 수 있습니다. 이런 경우에 현물 가격의 하락을 초래하지 않고 A의 자산 가치를 확정시키는 방법 중 하나가 선물(매도)을 이용하여 자신의 포트폴리오 가치를 고정시키는 것입니다.

아주 쉬운 예로, A가 가진 자산이 삼성전자 주식뿐이라고 합시다. 올해 연말에 A의 투자 성과에 대한 평가가 이루어진다면 당연히 삼성전자 주가만이 그 대상이 됩니다. 그런데 연말이 다가오면서 삼성전자 주가가 어떻게 변동할지 A는, 아니 A뿐 아니라 그 누구도 확실하게 알 수 없습니다. 그렇다면 연말을 만기일로 하는 삼성전자 주식의 (개별 주식) 선물을 매도하면 바로 그 시점에서 A의 연말 투자 성과는 확정됩니다. 가령 2030년 12월 2일 현재 A가 삼성전자 주식 1,000주를 보유하고 있고, 12월 31일이 이 해의 마지막 거래일(trading day)이라 합시다. 현재 삼성전자 주가는 15만원인데 12월 31일 주가는 어떨지 아무도 알 수 없습니다. 12월 31일 주가가 현 주가보다 많이 낮을 가능성도 배제할 수 없습니다. 이런 위험을 헤지하기 위해 A는 오늘 12월 2일 시점에서 삼성전자 선물을 매도할 수 있습니다. 한국거래소의 개별 주식 선물의 거래승수는 10이기에, 현물 1,000주 매도에 상응하는 선물 매도를 하려면 이 선물 100계약을 매도해야 합니다. 이런 이유로 A는 이 선물 100계약을 12월 2일 시점의 선물 가격으로 매도했습니다. 그 선물 가격이 15.1만이었다면, 이 선물 거래로 인해 A는 12월 31일에 자신의 삼성전자 1,000주를 1주당 15.1만원에 모두 (선물 매매 상대방에게) 매도할 것이므로 A의 자산 가치는 1,000주×15.1만원=15,100만원=1억 5천 100만원으로 고정됩니다. 가령 12월 31일 삼성전자 종가가 14만원으로 실현되더라도, A의 주식 1,000주를 A의 선물 거래 상대방에게 1주당 15.1만원으로 매도하는 셈이므로 1억 5천 100만원의 현금으로 A의 자산 가치가 고정됩니다.[40] 또 실물 인도를 하지 않고 현금

[40] 물론 선물 일일정산과 선물시장과 주식시장의 별도 정산을 감안해야 하지만, 이들을 감안해도 동일한 결과가 산출됩니다. 일일정산으로 인한 현금 유출입이 발생하는 것만 제외하고는 말입니다. 또 일일정산으로 인한

결제해도 동일한 가치가 확보됩니다. 즉, 선물 만기일의 선물 종가는 그날 현물 종가와 일치하니, 그날 현물 종가가 14만원이면 주식에서의 손실이 선물에서의 이익으로 상쇄될 것입니다. 구체적으로, 이날 A 보유 주식 가치는 14만원×1,000주=1억 4천만원이고, 선물 투자로 인한 이익은 (15.1만원에 매도해 놓은 후 만기일에 14만원에 반대매수가 자동적으로 실행되므로)

(15.1만 − 14만) × 100계약 × 10주 = 1,100만원

이 됩니다. 그러므로 선물 만기일 A의 총 자산 가치는

1억 4천만원 + 1,100만원 = 1억 5천 100만원

이 되어, 12월 31일 실물 인도 시의 A의 자산 가치와 동일합니다.

그런데 과연 이것이 실제로 가능할까요? 가능할 수도 가능하지 않을 수도 있습니다. 이것이 가능하기 위해서는 선물시장에서 거래되는 삼성전자 선물 상품 중 그 만기일이 정확히 12월 31일인 상품이 존재해야 합니다. 그런데 A의 개인 사정과 시장의 선물 상품의 만기가 항상 정확히 일치할 이유가 없습니다. 모든 개인 사정에 맞는 선물이 존재하려면 12월의 20여 개의 각 거래일을 만기일로 하는 20여 개 선물들이 모두 존재해야 할지도 모릅니다. 반면 한국거래소의 개별 주식 선물 상품들의 만기일은 12월의 두 번째 목요일입니다. 그러므로 이런 경우 A는 본의 아니게 완전한 헤지를 하지 못하고 불완전한 헤지를 할 수밖에 없습니다. 가령 A는 일단 12월의 두 번째 목요일인 12월 12일에 만기가 되는 삼성전자 선물로 (매도)헤지를 하고, 그날이 되면 다시 그 다음 결제월의 선물, 즉 2031년 3월의 두 번째 목요일인 3월 13일에 만기가 되는 삼성전자 선물로 다시 (매도)헤지를 해야 합니다. 즉, 2030년 12월물 선물의 매도 포지션을 그 만기일인 12월 12일에 (자동 반대매매로) 청산하고 그 즉시 2031년 3월물 선물의 매도 포지션을 잡아야 합니다(이를 "roll-over"라 함). 이렇게 하면 2030년 12월 31일까지 삼성전자 현물은 롱 포지션, 삼성전자 선물은 숏 포지션을 취하게 되어 현물 주가가 여하히 변동하더라도 두 포지션에서의 손익이 대부분 상쇄되어 안정적 자산 가치를 유지할 수 있습니다. 단, A가 새로이 취한 2031년 3월물 선물의 만기

영향도 궁극적으로는 0가 됩니다. 증거금 부족으로 선물 거래에서 퇴출되지만 않는다면 말입니다.

일은 A가 원하는 시점인 2030년 12월 31일이 아니라서, 2030년 12월 31일의 A의 자산 가치가 완벽하게 확정되지는 않습니다. '만기일 mismatch'로 인해 일정한 오차가 발생하게 되며, 이런 mismatch가 없어야 (전술한) 자산 가치가 1억 5천 100만원 등 상수 값으로 고정됩니다. '만기일 mismatch'가 있을 때는 이른바 'Basis risk'가 발생하며, 완전한 헤지를 원했던 A도 이 위험을 피해갈 수 없습니다. 이때 A는 본의 아니게 결과적으로 투기자와 유사한 행태를 보일 수 있습니다.

이제 이 'Basis risk'를 분석하여, 의도적이 아닌 불완전한 헤지와 의도적인 불완전한 헤지에 대해 공부해 보겠습니다. 먼저, 의도적이 아닌 불완전한 헤지를 논하기로 하고, 편의를 위해 수치들을 간단한 값들로 대체합니다. A는 현재 시점 $t0$에서 삼성전자 주식 1주를 보유하고 있는데 시점 $t1$에서 자신의 투자 성가를 평가받기에 이 주식 가치를 안정화시키고자 합니다($t0 < t1$). 아니면 개인적인 이유로 지금은 이 주식을 팔지 못하고 시점 $t1$에서 이 주식을 팔고자 합니다. 이런 연유로 A는 미래 $t1$ 시점의 주가 하락 리스크를 헤지하기 위해 삼성전자 선물 1계약을 매도합니다. 이 선물의 계약승수는 1이고 만기일은 $t2$입니다($t1 < t2$). 이러한 '시점 mismatch'에도 불구하고 A는 이 선물의 매도 포지션을 취하는 것이 바람직합니다. 왜냐하면 현물 가격과 선물 이론 가격은 같은 방향으로 움직이는데, 시장의 선물 가격이 그 이론 가격과 일치하지는 않더라도 이론 가격과 매우 유사한 값으로 대부분 실현되기 때문입니다. 이처럼 같은 방향으로 움직이는 현물시장 가격과 선물시장 가격을 감안하면, 현물 매수 포지션과 선물 매도 포지션을 동시에 보유하면 두 포지션의 가치의 합은 안정적입니다. 가령 현물 가격과 선물 가격이 하락하면 A는 현물 매수 포지션으로부터 손실을 입지만 선물 매도 포지션에서는 이익을 얻습니다. 반대로 현물 가격과 선물 가격이 상승하면 A는 현물 매수 포지션으로부터 이익을 얻지만 선물 매도 포지션에서는 손실을 입습니다.

시점 t의 삼성전자 주식의 현물 가격과 선물 가격을 각각 S_t, F_t라 하겠습니다. 현재 시점 $t0$에서 A의 자산 가치는 S_{t0}입니다. A는 현 시점 $t0$에서 이 선물 1계약을 매도합니다. 선물 매도 가격은 F_{t0}이고 이 시점의 basis는 "$F_{t0} - S_{t0}$"이 됩니다. 이 선물의 만기일 $t1$이 도래하면 현물과 선물 가격은 각각 S_{t1}, F_{t1}입니다. 그러므로 이 시점에서 A의 현물 자산의 가치는 S_{t1}이고 선물 포지션의 가치는 (누적된 일일정산을 합계하면) "$F_{t0} - F_{t1}$"입니다.[41] 다르게 설명하면, A는 시점 $t0$의 선물 거래에서는 삼성전자 1주를 F_{t0}에 팔기로 했는데 시점 $t1$의 이 선물 가격은 F_{t1}이니, 이 시점에서 A의 선물 (헤지를 위한) 투자로 인한 A의 손익은 $F_{t0} - F_{t1}$가 됩니다. 그러므로 A의 전체 자산 포트폴리오의 가치는

$$S_{t1} + F_{t0} - F_{t1}$$

입니다. 만일 $t1$이 이 선물의 만기일이었다면 이날의 현물 가격과 선물 가격은 같으니 $(S_{t1} = F_{t1})$, A의 자산 가치는

$$S_{t1} + F_{t0} - F_{t1} = F_{t1} + F_{t0} - F_{t1} = F_{t0}$$

이 됩니다. 즉, 시점 $t0$에서 매도한 선물 가격이 바로 A의 (시점 $t1$의) 확정적인 자산 가치가 되는 것입니다. 하지만 $t1$이 이 선물의 만기일이 아니면 A의 현 · 선물 자산 포트폴리오 가치는

$$S_{t1} + F_{t0} - F_{t1}$$

일 뿐입니다. 위 식을 조금 다르게 표시하면 다음과 같습니다.

$$\begin{aligned} &S_{t1} + F_{t0} - F_{t1} \\ &= F_{t0} - (F_{t1} - S_{t1}) \\ &= F_{t0} - Basis\ \ (at\ \ t1). \end{aligned}$$

만일 시점 $t1$이 이 삼성전자 선물의 만기일이어서 현물과 선물 가격이 일치했다면 위 식의 결과는 단순히 F_{t0}이 되었을 것이고, 이 값은 A가 헤지를 시도하던 시점 $t0$에서 이미 확정된 상수 값이라 A의 자산 포트폴리오의 가치는 미래 시점 $t1$에서 F_{t0}로 확정될 것입니다. 하지만 '만기일 mismatch'로 인해 A의 미래 시점 $t1$에서의 자산 가치는 불확실한 "$S_{t1} + F_{t0} - F_{t1}$"이 됩니다. 이 값을 다시 정리하면 "$F_{t0} -$

[41] 가령 $t1$과 $t0$ 사이에 9개의 거래일이 있다고 하고 이들을 각각 $t0.1, t0.2, \cdots, t0.9$라 하면, 이 10거래일 동안의 누적 일일정산은 $(-F_{t0.1} + F_{t0}) + (-F_{t0.2} + F_{t0.1}) + (-F_{t0.3} + F_{t0.2}) + \cdots (-F_{t0.9} + F_{t0.8}) + (-F_{t1} + F_{t0.9})$이 됩니다. A의 최초 포지션이 (종가) 매도였으므로 그 다음날 일일정산은 $(-F_{t0.1} + F_{t0})$이 되는 것입니다. 이 10개 항을 다 더하면 그 결과는 "$-F_{t1} + F_{t0}$"이 됩니다.

$Basis\ (at\ t1)$"이 되는데, 여기서 F_{t0}는 상수이지만 $Basis\ (at\ t1)$는 확률변수가 되어 이 전체 식의 값은 불확실합니다. 만일 $t1$이 이 선물의 만기일이었다면 $Basis\ (at\ t1) = F_{t1} - S_{t1} = S_{t1} - S_{t1} = 0$이 될 것이므로 $Basis\ (at\ t1)$는 사라져버립니다. 반면 실제로는 이 $Basis\ (at\ t1) \neq 0$인 불확실한 확률변수이므로 A의 자산 가치 확정에 리스크 요인이 됩니다. 이를 "Basis risk"라 합니다.

'Basis risk'는, A가 원하는 시점에서 "Basis = 0"이 되지 않기에 발생하는 리스크로 그 배경에는 다양한 이유가 있을 수 있습니다. 우리는 '만기일 mismatch'만을 다루었지만, '만기일 mismatch' 문제가 없더라도 'Basis risk'가 존재할 수 있습니다. 가령 A가 특정 주식 B를 보유하고 있었는데 선물시장에서 B를 기초 자산으로 하는 선물 상품은 존재하지 않고, B와 유사한 주식 C를 기초 자산으로 하는 선물 상품만이 거래된다면 A는 주식 B의 가격 위험을 헤지하기 위해 C의 선물 상품을 매도할 수도 있습니다(가정이지만, 삼성전자 주식의 선물 상품은 없고 LG전자나 SK하이닉스의 선물 상품만이 존재하는 경우 등). 주식 B의 가격과 주식 C의 가격의 상관계수가 (엄밀히는 두 주식 수익률의 상관계수) 유의하게 높다면 말입니다. 이런 간접 헤지를 "Cross hedging"이라 합니다. Cross hedging의 경우에는 A의 만기일 mismatch 문제가 없더라도, 즉 $t1 = t2$이더라도 A의 현물 자산과 A가 이용하는 선물의 기초 자산이 완전히 똑같지는 않아, 여전히 만기일에 현 · 선물의 Basis가 0으로 사라지지는 않습니다. 즉, $F_{t1} - S_{t1} \neq 0$이 됩니다. 그러므로 A는 이 경우에도 'Basis risk'에 노출됩니다.

> **정의 4〉 Basis risk**
> 헤저가 원하는 미래 시점의 현 · 선물 Basis가 0이 되지 않을 위험을 'Basis risk'라 한다.

2. 차익거래자와 Basis risk

위에서는 헤저 A가 "Basis risk"에 노출되는 상황을 설명했습니다. 여기서는 차익거래자 A의 "Basis risk"를 다루어 보겠습니다. A는 선물 가격이 그 이론 가격과 다를 때 현 · 선물 차익거래를 통해 무위험 차익을 실현하고자 합니다. 차익거래를 통해 이런 무위험 차익을 실현하려면 선물 만기일까지 반드시 현 · 선물 포지션을 보유하고 있어야 함을 여러분은 이미 잘 알고 있습니다. 이를 "Basis risk" 관점에서 설명한다면, "Basis = 0"이 되는 시점까지 현물과 선물 포지션을 보유해야 한다는 뜻입니다.

그런데 상황에 따라 A가 선물 만기일까지 현 · 선물 포지션을 계속 보유하지 못할 수도 있습니다. 가령 차익거래를 시작한 시점 $t0$와 차익거래를 종료하는 시점 T의 기간이 상대적으로 오랜 기간일 수 있습니다. 간단한 예를 들어 봅시다. 특정 선물 상품의 만기가 3개월인데, 차익거래 기회가 시장에서 출현하는 시점은 만기일 전 12주가 될 수도 있고 만기일 전 5주가 될 수도 있습니다. 이 시점은 오로지 시장에 의해서만 결정되기에, 즉 이 선물의 투기자나 헤저의 과도한 수요 · 공급에 의해서만 결정되기에, 차익거래자들은 이 시점을 예상할 수 없습니다. 만일 이 기회가 일찍 나타나면, 가령 특정 선물의 만기일 10주 전에 나타나면 차익거래자 A는 이 시점에 현 · 선물 차익거래 포지션을 잡은 후 향후 10주까지 그 포지션들을 그대로 유지해야 합니다. 하지만 이 기간 동안 A에게 매우 불리한 상황이 발생할 수 있습니다. 가장 흔하게 발생하는 그런 상황은, 이 기간 동안의 선물 일일정산이 A에게 불리하게 이루어지는 경우입니다. A가 이 차익거래를 위해 (현물 매수 및) 선물 매도 포지션을 취했는데, 그후 선물 가격이 한동안 지속적으로 상승하는 경우를 들 수 있습니다. 가령 시점 $t0$에서 선물시장에서 차익거래 기회가 나타나 A가 즉각 현물 매수, 선물 매도 포지션을 잡았다고 합시다. 이후 10거래일 동안 선물 가격이 지속적으로 상승할 수 있습니다. 즉, 선물 최초 (매도) 가격이 F_{t0}이고 그 후 10거래일 동안 선물 가격들인 F_{t1}, F_{t2}, $F_{t3}, \cdots$ 등의 값이 $F_{t0} < F_{t1} < F_{t2} < F_{t3} < \cdots < F_{t10}$이 될 수 있습니다($t1 - t0 = t2 - t1 = \cdots = t10 - t9 =$ "1거래일"이라 가정). 그러면 A의 매 거래일 일일정산 현금흐름은

$$
\begin{gathered}
F_{t0} - F_{t1} < 0, \\
F_{t1} - F_{t2} < 0, \\
F_{t2} - F_{t3} < 0, \\
\cdots \\
F_{t9} - F_{t10} < 0
\end{gathered}
$$

이 되어, 최악의 경우 10거래일 동안 지속적인 추가 증거금 납부가 요청될 수 있고, A의 자금 동원 역량이 이에 못미치면 마진 콜을 받게 되어 자동적으로 A의 선물 매도 포지션은 청산됩니다. 즉, A의 차익거래가 완성되지 않고 도중에 종료되는 것입니다.

또한 매 거래일 일일정산의 현금흐름이 반드시 현금 유출은 아닐지라도, 일부 거래일의 일일정산 현금흐름이 막대한 현금 유출이 될 수도 있습니다. 이러한 경우들에 있어 거래소의 강제적인 반대매매로 A의 선물 매도 포지션이 청산될 수 있고 이때 A는 투자 손실을 입을 수 있습니다. 이런 위험을 "funding liquidity risk"라 합니다. 선물 포지션을 만기일까지 지속적으로 유지하려면 일일정산에 필요한 현금이 풍족하거나 외부에서 조달할 수 있어야 하는데, 그렇지 못하고 거래소의 강제 청산으로 인해 A가 손실을 입을 위험을 말합니다.

이제 A의 이 위험을 "Basis risk" 관점에서 설명해 보겠습니다. 현재 시점 $t0$에서 삼성전자 주식의 현물과 선물 가격은 각각 S_{t0}, F_{t0} 입니다. 이 시점에서 선물 가격이 그 이론 가격과 다르다면 A는 차익거래를 실행할 것입니다. 이 시점의 선물 이론 가격을 $F^{Th} = S_{t0} \cdot \mathrm{e}^{r\cdot(T-t0)}$라 하고 $F_{t0} = F^{Th} + \alpha = S_{t0} \cdot \mathrm{e}^{r\cdot(T-t0)} + \alpha$라 합시다($\alpha > 0$, $T =$ 선물 만기일). A는 이 기회를 놓치지 않고, 현물을 매수하고 과도하게 비싼 선물을 매도할 것입니다. 만일 A가 자신의 자금 없이 이 차익거래를 실행하면, S_{t0}만큼 현금을 빌려 삼성전자 주식 1주를 사고 동시에 삼성전자 선물 1계약을 F_{t0} 가격으로 매도합니다(선물의 계약승수=1로 가정). 이 시점에서 basis는 "$F_{t0} - S_{t0}$"이 됩니다. 이 선물의 만기일 T가 도래하면 현물과 선물 가격이 같아져 $F_T = S_T$이 되고 그 basis는 $F_T - S_T = 0$이 됩니다. 결국 A의 차익거래란 basis 관점에서는 다음과 같이 설명할 수 있습니다. 시점 $t0$에서 확보한 basis인 "$F_{t0} - S_{t0}$"를 그대로 따먹는 투자입니다. 왜냐하면 선물 만기일의 basis는 0이 되기에, 즉 현 · 선물 가격이 일치하기에 서로 상쇄되어, 그 순 현금흐름은 0이 되기 때문입니다. 그러므로 차익거래 개시 때 확보한 $F_{t0} - S_{t0}$의 현금흐름 혹은 이익을 만기일까지 그대로 보존할 수 있게 되고, 이 중에서 현물 매수 비용의 원리금까지 감안하여 현금흐름을 계산하면 $F_{t0} - S_{t0} \cdot \mathrm{e}^{r\cdot(T-t0)}$의 현금흐름이 확보됩니다. 그런데 $F_{t0} = S_{t0} \cdot \mathrm{e}^{r\cdot(T-t0)} + \alpha$이므로 A의 최종 현금흐름(이익)은 $F_{t0} - S_{t0} \cdot \mathrm{e}^{r\cdot(T-t0)} = \alpha(> 0)$가 됩니다.

반면 매 거래일 일일정산을 제대로 충족하지 못하여 시점 $t5$에서 A의 선물 포지션이 강제로 청산되었다고 합시다($t5 < T$). 이때 현물과 선물 가격은 각각 S_{t5}, F_{t5}입니다. A의 현물 주식의 가치는 S_{t5}이고 선물의 일일정산으로 누적으로 인한 이익은 $F_{t0} - F_{t5}$입니다. 그러므로 이 시점의 A의 투자 자산들의 가치는

$$S_{t5} + F_{t0} - F_{t5}$$
$$= F_{t0} - (F_{t5} - S_{t5})$$
$$= F_{t0} - basis\ at\ t5$$

입니다. 여기서 A의 주식 구입비용의 원리금을 빼면

$$F_{t0} - S_{t0} \cdot \mathrm{e}^{r\cdot(t5-t0)} - basis\ at\ t5$$

가 됩니다.[42] 또한 $F_{t0} = S_{t0} \cdot \mathrm{e}^{r\cdot(T-t0)} + \alpha$를 위 식에 대입하면

$$S_{t0} \cdot \mathrm{e}^{r\cdot(T-t0)} + \alpha - S_{t0} \cdot \mathrm{e}^{r\cdot(t5-t0)} - basis\ at\ t5$$

이 됩니다. 만일 이 시점이 선물 만기일이었다면 위 식에서 $basis\ at\ t5$가 아니고 "$basis\ at\ T = 0$"이 되고 ($S_{t0} \cdot \mathrm{e}^{r\cdot(T-t0)} - S_{t0} \cdot \mathrm{e}^{r\cdot(t5-t0)}$이 아닌) "$S_{t0} \cdot \mathrm{e}^{r\cdot(T-t0)} - S_{t0} \cdot \mathrm{e}^{r\cdot(T-t0)} = 0$"이 되었을 것입니다. 그리고는 차익 $\alpha(> 0)$만이 남았을 것입니다. 하지만

$$S_{t0} \cdot \mathrm{e}^{r\cdot(T-t0)} + \alpha - S_{t0} \cdot \mathrm{e}^{r\cdot(t5-t0)} - basis\ at\ t5$$

의 값이 0보다 클지 작을지는 오롯이 "$basis\ at\ t5$"에 달렸습니다. 일일정산을 A가 충족하지 못하여 그 결과 예상치 못한 시점 $t5$에서 선물이 반대매매로 청산되면 A에게는 위와 같은 최종 현금흐름(이익)이 남는데 이 값이 0보다 클지는 불확실하다는 것입니다. 이러한 위험의 근본 원인을 "Basis risk" 관점에서 본다면, 현 · 선물 포지션을 청산할 때의 basis가 0이 되지 못하기에 발생하는 위험이라고 할 수 있습니다.

헤저의 경우에도 이 위험은 존재합니다. 즉, 앞에서 헤저의 "Basis risk"는 기본적으로 헤저가 원하는 헤징 시점과 선물 상품의 만기일의 mismatch로 인한 "Basis risk"였습니다. 그러나 설혹 두 시점의 mismatch가 존재하지 않더라도, 헤저 또한 자신의 선물 포지션으로 발생하는 일일정산을 충족하지 못하면 이러한 또 다른 "Basis risk"에 노출될 수 있습니다. 이때의 "Basis risk"는 만기일 mistmatch에 기인한 것이 아니고 "funding liquidity risk"에 기인한 것입니다. 물론 이외에도 다양한 원인의 "Basis risk"에 헤저나 차익거래자가 노출될 수 있습니다.

---

42 미래 시점 $t5$에서의 A의 주식 구입비용(원리금)은 $S_{t0} \cdot \mathrm{e}^{r\cdot(t5-t0)}$입니다.

Chapter

3

옵션(Options)의 기초

지금까지는 선도 계약 및 선물 상품에 대해 공부해 왔습니다. 제3장부터는 또 다른 파생상품인 옵션(options)에 대해 공부해 보겠습니다. 제2장에서도 서술했듯이, 파생상품의 가장 중요한 특성은 그 가치가 타 자산의 가치에 연계되어 결정된다는 것입니다. 그렇기에 이들이 파생상품이라 불리는 것입니다.

우리가 이미 배운 선물과 이제부터 논의할 옵션도 대표적인 파생상품입니다만 둘의 특성은 사뭇 다릅니다. 가장 대표적인 차이점은, 선물의 가치평가는 비교적 명료했음에 반해 옵션의 가치평가는 그보다는 복잡하다는 것입니다. 옵션의 가치평가가 복잡한 이유는 다양합니다. 첫째 이유로는, 옵션 가치에 영향을 미치는 변수(parameters)가 최소 다섯 가지로, 선물의 그것에 비해 더 많습니다. 둘째로는, 대부분의 선물 상품은 그것의 대체재를 쉽게 찾을 수 있음에 반해 옵션은 그렇지 못합니다. 가령 미래 만기일에 주식 A를 주고 받는 선물 상품이 있다면, 그것의 대체재는 주식 A의 현물입니다. 이렇게 쉽게 대체재를 찾을 수 있기에 선물의 가치평가가 비교적 쉽습니다. 주식 A를 현물로 구입하는 데 필요한 취득원가(acquisition cost)에다 이 선물 만기일까지의 이자 비용을 더하면 됩니다. 반면, 미래 만기일에 이 주식 A를 95의 가격으로 구입할 수 있는 권리를 부여한 콜 옵션의 대체재는 (단일 자산으로는) 존재하지 않습니다. 그러므로 이 콜 옵션과 동일한 가치를 가질 자산(B)을 찾는 것 자체가 어렵습니다. B를 찾아야 B 구입비용을 산출할 수 있고 그에 따른 이자 비용 등도 계산할 수 있는데, B를 찾는 과정 자체가 어려우니, 이 콜의 가치평가가 (대체재를 쉽게 찾을 수 있는 선물에 비해) 더 어렵습니다. 참고로, 이러한 콜 옵션의 대체재인 B는 특정한 단일 자산이 아니고 여러 자산을 함께 모은 하나의 포트폴리오임이 입증됐습니다. 옵션의 가치평가가 이러한 특성을 가지기에, 여러분들에게는 처음에는 하나의 'challenge'로 다가올 것입니다. 이 책은 여러분들의 그런 어려움을 해결하기 위해서 쓰여진 것입니다.

선물과 옵션의 또 다른 차이점은, 선물은 대부분 공적인 시장(exchange market)에서 거래되지만 옵션은 장외시장(OTC market)에서도 많이 거래된다는 것입니다. 그 한 이유는 일반적으로 옵션에 대한 투자자들의 수요가 선물에 대한 수요만큼 높지 않기 때문입니다. 선물이 이해하기 더 쉽고 가치평가도 더 쉽고 거래하기도 더 쉽기 때문입니다. 여기에다가, 옵션 중에는 청산가치 구조가 매우 복잡한 상품들도 있습니다. 이 복잡한, 가끔은 특정 거래자들의 'needs'에 맞춘, 옵션들에 대한 수요는 당연히 높지 않아, 한정된 수의 (전문) 투자자들이 주로 거래하는 장외시장에서 옵션이 거래되는 경우가 많습니다. 이런 옵션들은 이름부터 어렵고 무섭습니다. 가령 Knock-out option, Lookback option, Chooser option, 버뮤다 삼각 지대가 연상될 수 있는 Bermuda option, 또한 옵션을 기초 자산으로 하는 옵션인 Compound option 등 다양한 옵션이 존재합니다. 본서의 좋은 점 중 하나는, 이런 무서운 옵션들은 (대부분) 공부하지 않는다는 것입니다. 단, 최소한 knock-out, knock-in option까지는 공부합니다. 이런 이색 옵션(exotic option)들의 가치평가를 어떻게 해야 하는지 알게 해주는 좋은 실례가 되기 때문입니다.

본장에서는 옵션의 개념, 용어부터 시작해서 옵션의 기본적인 내용을 모두 논의합니다. 한마디로 옵션 가치평가를 제외한 옵션의 모든 내용에 대해 공부한다고 생각하면 됩니다. 그러다 보니 제7절까지 다양한 주제를 포함하게 되었습니다. 옵션은 한편으로는 복잡하지만 다른 한편으로는 선물보다 훨씬 더 흥미있는 파생상품입니다. 복잡한 내용들은 차근차근 공부하면서 해결될 것이므로 여러분들은 옵션의 흥미있는 내용을 기대하며 본장을 공부하기를 바랍니다.

제 1 절 기본 개념과 용어

파생상품의 가치를 결정하는 자산을 그 파생상품의 "기초 자산"이라 함은 이미 알고 있습니다. 가령 삼성전자 주식에 대한 옵션(option)이 있다면 이 옵션의 가치는 삼성전자 주가에 의해 주로 결정됩니다.

질문 3-1〉 기초 자산 가격이 파생상품 가치를 '주로' 결정한다?

위에서 저자는, "삼성전자 주식에 대한 옵션(option)의 가치는 삼성전자 주가에 의해 (주로) 결정된다"고 설명했습니다. 여기서 "주로 결정된다"의 의미는, 삼성전자 주가뿐 아니라 이 옵션 자체의 특성, 가령 옵션 만기, 옵션 행사 가격, 기초 자산 가격의 변동성 등도 옵션 가치에 영향을 미치기 때문입니다. 단, 이러한 옵션 자체의 사양 혹은 모수(specifications or parameters)는 변하지 않는 상수이거나 상수에 가까운 변수인 반면, 파생상품의 기초 자산 가격은 시간 흐름에 따라 끊임없이 변하는 진짜 변수로 이런 변수를 'stochastic variable'이라 합니다.

여기서 '상수에 준하는 변수' 중 하나로 옵션의 만기(maturity)를 예로 들 수 있습니다. 특정 옵션의 만기가 3개월이라 합시다. 하루 하루가 지날수록 이 옵션의 남은 만기가 1일씩 감소하므로 이 옵션의 (잔존)만기는 고정된 상수는 아닙니다. 그러나 이런 잔존만기의 변화는 누구나 예상할 수 있으므로 진정한 의미에서 변수라고 하기도 애매합니다. 반면 (시간에 따른) 삼성전자 주가의 변화는 누구도 예상할 수 없는 변수입니다. 옵션의 가치는 이 두 부류의 수치, 즉 상수 같은 변수와 변수다운 변수에 의해 결정되는데, 후자가 옵션 가치평가에 핵심적 역할을 한다는 것입니다. 이런 맥락에서 "삼성전자 주식에 대한 옵션(option)의 가치는 삼성전자 주가에 의해 (주로) 결정된다"고 설명한 것입니다. 참고로 옵션의 '행사(exercise)'라는 표현이 나왔는데, 이는 옵션 보유자가 옵션에 부여된 권리를 사용한다는 의미입니다. 옵션 권리를 사용하고 나면 그 옵션은 소멸됩니다. 이런 용어에 대해서는 추후 하나씩 설명하겠습니다. 또 옵션 '만기(maturity)'라는 표현도 나왔는데, 이는 옵션을 행사할 수 있도록 정해진 기간이란 뜻입니다. ▣

옵션의 가치가 주로 그 기초 자산에 의해 결정된다는 사실은, 옵션 가치평가나 옵션 투자를 잘 하기 위해서는 그것의 기초 자산을 잘 알아야 함도 암시하고 있습니다. 삼성전자 주가를 기초 자산으로 하는 옵션 가치가 삼성전자 주가 변동성에 의해 주로 결정되는데, 삼성전자 주가 변동성의 특성을 잘 알지 못하면 이 옵션의 가치평가를 효율적으로 하기 어렵기 때문입니다.[1] 가령 여러분이 어느 상대방과 한국의 특정 프로 바둑 기사의 대결 결과에 대해 내기를 한다면 그 내기의 손익은 두 바둑 기사들의 실력에 달려 있습니다. 그러므로 그런 내기에서 안정적 이익(?)을 얻으려면 무엇보다 이 바둑 기사들의 (상대) 전적을 포함한 실력을 잘 분석해야 할 것입니다. 여기서 '바둑 기사들의 실력'을 기초 자산으로 생각할 수 있고, 이러한 내기는 그 기초 자산을 바탕으로 하는 파생상품이라 비유할 수도 있습니다.

옵션은 영어 단어 "option"에서 알 수 있듯이 "선택할 수 있는 권리", 즉 선택권을 의미합니다. 그렇다면 무엇을 선택한다는 걸까요? 옵션의 기초 자산을 either 사거나 or 사지 않거나를 선택한다는 것입니다. 또는 옵션의 기초 자산을 either 팔거나 or 팔지 않거나를 선택한다는 것입니다. 전자의 권리를 갖는 옵션을 콜(call), 후자를 풋(put)이라 합니다. 콜 옵션, 풋 옵션이라고도 하는데 본서에서는 간단히 콜, 풋이라 하겠습니다. 우리말로는 매수권 혹은 매도권이라 할 수 있습니다.

콜을 예로 설명하면 옵션이란 이런 것입니다. 삼성전자 주식을 기초 자산으로 하는 콜이 있다 합시다. 구체적으로 설명하면, 이 콜을 보유하고 있으면 삼성전자 주가와 관계 없이 그 주식 1주를 미래 특정일에, 즉 콜 만기일에, 8만원에 살 수 있습니다. 그 특정일에 삼성전자 주가가 10만원이어도 이 콜 보유자는 그 주식 1주를 8만원에 살 수 있습니다. 물론 그 주가가 7만원이라면 이 콜 보유자는 8만원을 지급하며 자신의 매수권을 행사하지 않을 것입니다. 결국 이 콜 옵션 보유자는 이 콜 옵션의 사용이 본인에게 유리할 때만 사용할 것입니다. 불리하면 사용하지 않아도 됩니다. 이런 의미에서 콜 옵션을 '기초 자산을 매수할 수 있는 권리'로, 풋 옵션을 '기초 자산을 매도할 수 있는 권리'로 이해할 수 있습니다. 이러한 '선택할 수 있는 권리'가 바로 옵션의 본질적 특성입니다. 반면 '선택할 수 없고 반드시 이행해야 하는 의무'가 특징인 파생상

[1] 물론 이 옵션을 사용하여 "차익거래"를 할 경우에는 예외입니다. 차익거래란 특정 자산에 대한 면밀한 분석이 필요하기보다는 관련된 자산들의 기본적 관계만 이해하면 되기 때문입니다.

품도 있을까요? 네, 여러분이 앞에서 배운 선물이 바로 그러한 파생상품입니다.

1. 옵션, 보험 및 옵션 발행

이러한 옵션과 완전히 동일하지는 않지만 유사한 특성을 갖는 상품 혹은 계약으로는 어떤 것이 있을까요? 하나의 예를 든다면, 자동차 보험을 생각할 수 있습니다. 대부분 국가에서는 모든 운전자에게 자동차 보험(상품)을 의무적으로 가입하게 합니다. 이는 국민들의 생명과 재산상 안전을 위한 것입니다. 그런데 정부의 이런 강제 가입이 없더라도 대부분 운전자는 자신 스스로를 위해서도 자동차 보험에 가입할 것입니다.[2] 이런 자동차 보험의 특성은 위에서 설명한 옵션의 특성과 유사합니다. 어떤 점에서 가장 유사한가 하면, 보험에 가입되어 있다 해서 반드시 그 보험을 사용할 필요가 없다는 것입니다. 가령 보험 가입 기간에 아무런 교통사고가 발생하지 않으면 보험사에 보험금을 (청구하고 싶어도) 청구할 수 없습니다. 둘째로, (합법적으로) 청구할 수 있는 사고 발생 경우조차도 보험 가입자는 실제 청구할까 말까를 본인에게 가장 유리하게 선택할 수 있습니다. 가령 보험 가입자 A의 실수로 경미한 자동차 사고가 발생하여, A의 차와 상대방(B)의 차가 서로 조금씩 손상이 발생했다고 가정하겠습니다. 인명 피해는 전혀 없는 상황입니다. 이때 A는 자신의 자동차 보험을 사용하여 보험사에게 이 피해에 대한 보상을 청구할 수 있습니다. 혹은 보험사에 연락하지 않고 A가 B와 합의하여 B에게 일정액을 보상금으로 지불할 수도 있습니다. 보험사가 A와 B의 차를 수리하게끔 할 수는 있지만, 이 경우 A의 다음 해 자동차 보험료가 인상될 수 있기 때문입니다. 그러므로 실제 교통사고가 발생하면 어떤 선택이 A에게 가장 유리한지를 따져 A가 최종 선택을 하게 됩니다. 보험 가입자(보유자)가 아닌 옵션 보유자(C)에게도 유사한 상황이 전개될 수 있습니다. 옵션 만기일이 도래하면 C는 옵션 사용 여부를 결정하게 되는데, C 자신에게 가장 유리한 방향으로 선택을 하기 때문입니다. 이런 점에서 옵션과 (자동차) 보험은 매우 유사하며, 실제 옵션 용어와 보험 용어도 유사한

---

2 실제로도 대부분 국가에서 모든 운전자가 가입하도록 강제하는 보험 종류는 '책임 보험'이라 해서, 내가 제3자에게 끼친 피해에 대해서만 보상해 주는 보험입니다만, 많은 보험 가입자들은 이런 최소의 커버리지만 갖는 책임 보험이 아니라, 상대방이 내게 끼친 피해에 대해서도 보장하는 '종합 보험'에 가입합니다. 본문에서는 종합 보험을 전제로 설명하고 있습니다.

것들이 있습니다. 가령 보험의 가격, 즉 보험료를 'premium'이라고 하는데 옵션 가격 또한 'premium'이라고 합니다.[3]

위 사례에서 알 수 있듯이, 보험에 가입되어 있다고 해서 반드시 그 보험을 사용해야 하는 것은 아닙니다. 이런 면에서 사후적으로만 보면, 보험 가입을 후회할 수도 있습니다. 가령 A가 본인의 건강을 위해 1년짜리 생명보험 상품 B를 보험료를 지불하고 구입했는데, 사후적으로 그 1년간 A 건강에 아무 문제가 없어 보험료만 날리고(?) 만 경우도 있을 것입니다. 그러나 이 경우에도 보험료만 날렸다고 A가 상실감에 빠지지는 않을 것입니다. 1년 동안 특정 사건, 사고가 발생하는 경우에는 보험사로부터 금전적 도움을 받을 수 있다는 사실 자체가 '혜택'이기 때문입니다. 사후적으로 받았어야만 혜택이 아니라 사전적으로 그런 보장 장치가 마련되어 있다는 사실 자체가 혜택인 것입니다. 가령 승용차 안전벨트를 잘 매서 특정 교통사고에서 다치지 않았어야만 안전벨트 혜택이 존재하는 것이 아니고, 사고 발생 유무와 관계 없이 안전벨트 착용으로 그런 위험을 사전적으로 예방할 수 있다는 안도감 자체가 혜택이라는 것입니다. 이런 '혜택'은 분명 가치가 있습니다. 그러한 '혜택'을 필요로 하는 수요자들에게 말입니다. 가치가 있다 함은 일정 대가(금액)를 지불해야만 구입할 수 있다는 뜻입니다. 그러므로 이런 혜택을 보험 상품이 제공하는 한 보험 상품의 가격은, 즉 보험료는, 0이 될 수 없습니다. 그리고 이 미래 (금전적) 혜택의 확률을 현재가치로 할인한 것이 그 보험의 가격, 즉 보험료가 됩니다. 물론 보험사가 설정한 일정 이익(margin)을 더해서 말입니다.

옵션도 마찬가지입니다. 미래에 옵션 보유자에게 일정한 선택권을 주는 상품이기에 옵션 가격은 (거의) 항상 0보다 크게 결정됩니다. 전술한 삼성전자 콜 옵션의 경우를 소환해 보겠습니다. 이 콜을 보유하고 있으면 삼성전자 주가와 관계 없이 그 주식 1주를 특정일에, 즉 콜 만기일에, 8만원에 살 수 있습니다. 그러므로 삼성전자 주가가 옵션 만기일에 8만원보다 클 가능성이 존재하기만 하면 이 콜의 (현재)가치는 0보다 큽니다. 이때 이 8만원을 이 콜의 "행사 가격(exercise price, strike price)"이라 합니다. 그런데 콜 보유자에게 이런 권리가 영원히 주어지지는 않습니다. 향후 3개월 후 혹은

[3] 단 위에서 든 사례에서는 자동차 보험의 사용 여부가 옵션 사용 여부보다 조금 더 복잡한 경우라 할 수 있습니다.

6개월 후 등 미리 설정된 날에만 이런 권리를 행사할 수 있습니다. 혹은 이 기간 중 어느 하루에만 그 권리를 행사할 수 있습니다. 이 3개월 혹은 6개월을 콜의 “만기(maturity)”라 하고 만기의 마지막 날(거래일)을 “만기일(maturity date, expiration date, expiry)”이라 합니다. 가령 이 삼성전자 콜의 만기가 지금으로부터 3개월이라 합시다. 그리고 이 콜이 그 만기일에만 매수권을 행사할 수 있는 유러피언 옵션(European option)이라면, 3개월 후 만기일에 삼성전자 주가(종가)가 어떤 값이든지 관계없이 이 콜 보유자가 원하면 이 주식 1주를 8만원에 살 수 있습니다. 즉, 이날 삼성전자 주가 종가가 12만원이라도 이 콜 보유자는 8만원에 살 수 있습니다.

여기서 한 가지 질문을 해 봅시다.

질문 3-2〉 누가 그 콜 보유자에게 그 주식을 8만원만 받고 건네 줍니까?

이 질문에 답하기 위해 다시 자동차 보험의 사례로 돌아가 봅시다. 교통사고 발생 시 보험 가입자는 누구로부터 보상을 받습니까? 그 보험 가입자에게 돈을 받고 자동차 보험을 판매한 보험사로부터 보상을, 즉 보험금을 받습니다. 마찬가지로, 특정일 삼성전자 주가가 10만원인 상황에서 누가 그 콜 보유자에게 이 주식을 8만원만 받고 건네 주겠습니까? 그렇게 하겠다고 약속을 하고 미리 돈을 받은 주체가 있을 것입니다. 즉, 애초 그 콜을 돈 받고 판 ‘콜 발행자’가 있을 것입니다. 바로 이 주체에게, 삼성전자 주가가 10만원이어도 단돈 8만원만 (콜 보유자로부터) 받고 이 주식 1주를 건네 줘야 할 의무가 있는 것입니다. 즉, 그런 권리(증서)를 A에게 발행한 사람 혹은 기관이 이런 의무를 이행해야 합니다. 이런 점에서 이들을 옵션 발행자, 즉 ‘option writer’라고 합니다. 실제로 옵션이 만들어져 거래된 초기에는, 당연히 옵션 발행자가 옵션 계약서를 작성해서 옵션 매수자에게 건네 주며 옵션을 팔았습니다. 우리는 편의상 이 옵션 발행자를 W로 표기하겠습니다. 물론 W는 동시에 이 옵션을 A에게 판매한 주체, 즉 매도자이기도 합니다. 하지만 엄밀히 말하면, 옵션 발행자와 옵션 매도자는 일반적으로는 그 의미가 다릅니다. 굳이 그 다른 점을 표현한다면, 옵션 발행자는 이 옵션의 “최초” 매도자라 할 수 있습니다. 이에 대해서는 바로 아래에서 자연스럽게 설명됩니다.

일단 W가 옵션을 (누구에겐가) 발행한 이후에는 매번 옵션이 거래될 때마다 매수자와 매도자가 바뀔 것입니다. 가령 W가 A에게 최초로 옵션을 발행하면 이 거래에서는

W가 옵션 매도자, A가 옵션 매수자입니다. 그후 A가 B에게 이 옵션을 매도하면 이 거래에서는 A가 매도자, B가 매수자가 됩니다. 다시 B가 C에게 이 옵션을 매도하면 이 거래에서는 B가 매도자, C가 매수자가 됩니다. 그리고 C가 이 옵션을 만기일까지 보유하다가 만기일에 이 옵션을 행사한다고 합시다. 위 사례를 이용하면, 콜 만기일에 삼성전자 주가가 10만원인데 C가 보유한 콜은 이 주식 1주를 8만원에 살 권리가 부여된 증권입니다. 이 경우 C는 만기일에 이 콜을 사용하여 10만원짜리 주식을 8만원에 살 수 있습니다. 누구로부터? 네, 바로 옵션 발행자 W로부터. 이 사례에서 알 수 있듯, 옵션이 최초 발행된 이후 매번 옵션이 매매될 때마다 매수자, 매도자는 바뀝니다. 하지만 옵션(증서)을 발행한 '발행자' 혹은 'writer'는 항상 W이고 바로 이 사람이 (최종) 옵션 보유자의 옵션 사용에 대응할 의무를 지고 있습니다. 애초 W가 이 옵션을 발행할 때 일정 가격을 받고 발행했으므로 그에 대한 의무와 책임이 있는 것입니다.

이를 유사한 사례를 들어 설명하면 다음과 같습니다. 특정 로또를 어떤 기관(W)이 A를 포함한 여러 투자자들에게 발행했다고 합시다. 이후 A가 그 로또를 B에게 팔았습니다. B는 이를 다시 C에게 팔았습니다. 그리고 로또 당첨일에 C가 가진 로또가 당첨되었습니다. 그러면 W는 C에게 그 로또 당첨금을 지급해야 합니다. 이때 A, B는 처음에는 로또 매수자였지만 그후에는 로또 매도자가 되어, 로또에 대한 권리가 사라집니다. 옵션도 이와 마찬가지입니다. 위 예에서 A와 B는 옵션을 매수한 이후 다시 옵션을 매도했으므로 이들의 최종적인 옵션 포지션은 long position도 short position도 아닌 0이 됩니다.

위 예에서 확연히 드러났듯 옵션 발행자와 매수자, 매도자의 의미는 다릅니다. 그런데 옵션 발행자는 최초 시점에서는 옵션 매도자이기도 합니다. 이런 이유로 옵션 발행자와 옵션 매도자라는 표현을 혼용할 수 있습니다. 하지만 이 경우 오류가 발생하는데, 옵션 매도자는 옵션이 거래될 때마다 바뀔 수 있기 때문입니다. 그러므로 이런 혼선을 없애기 위해 본장(this chapter)에서는 최초 옵션을 발행한 주체를 의미할 때는 가능한 옵션 발행자라는 표현을 사용합니다. 그리고 이 발행자를 의미하는 표기는 항상 W로 합니다.

또 옵션 매수자도 옵션 거래 때마다 지속적으로 바뀝니다. 그러므로 단순히 옵션 매수자라 하면 누구를 지칭하는지 혼선이 올 수 있습니다. 그러므로 본장에서는 만기일 시점의 (최종) 옵션 매수자 혹은 현재 옵션 매수자를 옵션 '보유자'라고 표현하고 'H'로 표기하겠습니다(H는 'option holder' 의미). 물론 맥락상 이런 혼선이 없는 경우 매수자라는 표현으로 갈음할 수 있습니다. 옵션을 소개하는 본절에서는 이렇게 용어를 구별했지만, 이후부터는 맥락상 의미가 분명할 경우 단순히 '매도자', '매수자'라는 표현을 사용할 수 있습니다. ▣

질문 3-3〉 옵션 발행자가 자신의 의무를 벗어나는 경우도 있다는데요?

네, 옵션 발행자 W가 옵션 보유자의 권리 행사로부터 자유로워지는 유일한 경우가 존재합니다. 그것은 W가, 자신이 발행한 옵션을 자신이 매수하는 경우입니다. 위의 우리 예에서는 W는 옵션을 최초 발행하여 A에게 매도만 했을 뿐이고 더 이상 옵션 매매에 관여하지는 않았습니다. 그런데 W가 추후 이 옵션을 시장에서 매수해버리면 어떻게 될까요? 위 예를 그대로 적용하면 다음과 같은 결과가 도출됩니다.

➢ 도표 3-1 옵션 매매의 포지션

매매		Net Effect		# of positions
매도	매수	Short position 보유	Long position 보유	
W	A	W	A	1
A	B	W	B	1
B	C	W	C	1
C	W	W	W	0

W가 특정 옵션을 발행하여 이를 A에게 매도하면 최초로 옵션 거래가 이루어지는데, 이때 옵션에 대한 의무를 지는 주체와 권리를 가진 주체는 각각 W와 A가 됩니다. 즉, 이 매매 결과 W는 옵션 short position을, A는 옵션 long position을 보유합니다. 그 후 두 번째 거래에서 A가 이 옵션을 B에게 매도합니다. 그 "결과" A는 이 옵션과 관련해서는 퇴출됩니다. 즉, 이 옵션의 권리는 B가 보유하고 이 옵션의 의무는 여전히 W에게 있습니다. 즉, 이 매매 결과, W는 옵션 short position을, B는 옵션 long position을 보유합니다. 그후 세 번째 거래에서 B가 이 옵션을 C에게 매도합니다. 그 결과 B는 'out'됩니다. 이제 옵션의 권리는 C가 보유하고 이 옵션의 의무는 여전히 W에게 있습니다. 즉, W는 옵션 short position을, C는 옵션 long position을 보유합니다. 그후

마지막 거래에서 C가 이 옵션을 W에게 매도합니다. 그 결과 C는 퇴출됩니다. 이제 옵션의 권리는 W가 보유하고 이 옵션의 의무도 여전히 W가 보유합니다. 즉, W는 옵션 short position과 옵션 long position을 모두 보유합니다.

W가 short position과 long position을 모두 보유하는 것이 의미하는 바는 무엇일까요? 이 옵션이 소각되어 사라진다는 것입니다. 가령 삼성전자가 자신이 발행한 주식 중 일부를, 가령 1억 주 사들여 자사주 매입(소각)을 했다면 이 1억 주는 사라지고 이 1억 주에 대한 기존 주주의 권리와 삼성전자의 의무도 사라지는 것입니다. W가 자신이 발행한 옵션을 스스로 매수한 경우에도 옵션 자체가 사라져버립니다. 옵션 발행자가 스스로 옵션을 사들여 옵션 자체가 사라지면 우리가 옵션 논의를 하는 것 자체가 불가능하므로, 우리 논의에서 이런 경우는 제외합니다.

단, 실제 옵션 시장에서는, 최초 옵션 발행 시점에서도 수많은 발행자와 수많은 매수자가 있습니다. 위 도표를 활용한다면, W가 한 기관 혹은 한 사람만 있는 것이 아니고, $W_1, W_2, \cdots, W_N$ 등 N명의 W_i가 있다는 것입니다. 이 N명의 W_i가 각각 한 종류의 (동일한 내용의) 옵션을 한 개만 발행한다 합시다.[4] 그러면 이 옵션 매수자도 한 사람만 있는 것이 아니고 $A_1, A_2, \cdots, A_N$ 등 N명의 A_i가 있습니다. 이 N명의 A_i가 각각 1개의 옵션만 매수한다면 말입니다. 물론 A로부터 옵션을 사고 다시 파는 B, C라는 투자자도 있을 수 있습니다. 이처럼 수많은 투자자들이 이 옵션을 지속적으로 매매하는데, 어느 시점에서는 최초 발행자인 N명의 W_i 중 일부는 자신이 발행한 옵션을 스스로 다시 사들일 수 있습니다. 마치 삼성전자가 자신이 발행한 주식을 다시 사들여 소각하듯이 말입니다.[5] 마찬가지로, 최초 옵션을 발행한 N명의 W_i 중 일부는, 자신의 부채(옵션) 부담에 비해 현재 그 옵션 가격이 낮다고 생각되면 그 옵션을 사들여 자신의 부채를 소각할 수 있습니다. 다만 동시에 수많은 (N명의) W_i들이 모두 이런 생각을 하지는 않기에, 일부 W_i들은 옵션을 사들일 수 있지만 다른 W_i들은 만기일까지 자신

---

4 옵션의 기초 자산인 삼성전자 기업 자체는 이 $W_1, W_2, \cdots, W_N$ 등 N명의 W_i에 포함되지 않습니다. N명의 W_i는 삼성전자 주식을 대상으로 하는 옵션 계약 증서를 발행하여 투자 행위를 하는 제3의 투자자일 뿐입니다.

5 다시 사들이는 이유는 다양합니다. 그 어떤 이유든 삼성전자 입장에서 자사주 소각이 더 이익이 된다고 추정되기에 자사주 소각을 단행할 것입니다. 가령 이 회사가 매년 일정 배당률의 배당금을 주주들에게 지급하기에 그 부담이 상당한데, 특정 시점에서 주가가 상대적으로 저렴하다고 분석되면 아예 싼 값으로 그 부채(=주식)를 사들여 소각하는 것이 더 유리할 수 있습니다. 매년 (혹은 영원히) 그 부채(주식)에 대해 배당금을 지급할 때 그 배당금 총액의 현재가치보다 현재 삼성전자 1주의 가격이 낮다면 말입니다.

의 매도 포지션(short positon)을 그대로 유지할 것입니다. 그래서 이 옵션은 옵션 시장에서 완전히 사라지지는 않고 여전히 일부는 만기일까지 거래될 것입니다.

지금까지 실제 시장에서 옵션 발행자가 옵션을 다시 사들이는 경우를 설명했습니다. 우리는 논의의 편의상 1명의 옵션 발행자 W가 옵션 만기일까지 그 옵션을 사들이지 않는다고 가정합니다. 혹은 많은 옵션 발행자가 있는 경우에도 일부 발행자는 만기일까지 그 옵션을 사들이지 않는다고 가정합니다. 즉, 본서에서 옵션 발행자라 하면 이처럼 만기일까지 계속 매도 포지션을 보유하는 옵션 발행자를 의미합니다.

마지막으로, 많은 옵션 매매가 순차적으로 이루어지는 경우의 'net effect'에 대해 살펴보겠습니다. 여기서의 net effect란, 옵션이 최초 발행된 이후 지속적으로 매매된 결과 누가 옵션에 대한 권리를 가지고 누가 옵션에 대한 의무를 지는가 하는 것입니다. 위 도표에서 확인되듯이, 옵션이 여러 번 매매를 거쳤지만 이 옵션에 대한 권리와 의무가 있는 당사자는 1명씩입니다. 단, 마지막 매매의 경우는 W가 권리와 의무를 모두 보유하고 있으니 이때는 아예 이 옵션 자체가 사라지고 따라서 이 옵션의 권리와 의무를 보유한 자는 아무도 없습니다. 이때 사용되는 용어가 옵션의 'open interest (O.I.)'라는 개념입니다. 이는 특정 시점에서 '열려 있는 옵션 계약 수', 즉 '아직 청산되지 않은 옵션 계약 수'를 의미합니다. 위 도표에서 세 번째 거래까지는 이 옵션이 살아 있습니다. 그러므로 살아있는 옵션 수는 각 거래 후에 1개입니다. 반면 네 번째 거래에서는 이 옵션이 더 이상 살아있지 않습니다. 그러므로 이때에는 '열려 있는 옵션 수'는, 즉 open interest는 1개입니다. 'open interest'에 대해서는 선물에서도 설명한 바 있습니다. ▣

다시 본론으로 복귀하겠습니다. 우리는 삼성전자 1주를 옵션 만기일에 8만원에 살 수 있는 콜 옵션을 분석하고 있었습니다. 이 콜 가격은 0보다 큽니다. 이 콜을 사고파는 사람들이, 특히 사려는 사람들이 콜 만기일에 그 주가가 8만원보다 클 확률이 0보다 크다고 생각하는 한 이 콜 가격은 0보다 큰 값으로 거래됩니다. 최초에 이 콜을 매수자 A와 발행자 W가 1만원에 매매했다고 합시다. 매수자 A가 이 콜을 1만원 주고 W로부터 샀다는 것은 곧 A는 콜 만기일에 삼성전자 1주를 8만원에 살 수 있는 "권리"를 산 것이며 W는 그 권리를 현금 1만원을 받고 발행했기에 만기일 A의 권리 행사에 응해야 하는 것입니다. 만기일 삼성전자 주가가 10만원이면, A는 W에게 8만원을 주고 이 주식 1주를 요구하며, W는 이 8만원을 받고 그 주식 1주를 A에게 건네야 합니다. W가 이미 그 주식을 보유하고 있으면 그것 중 1주를 건네면 되고, 그렇지 않으면 만기일 가격 10만원인 그 주식 1주를 사서 A에게 건네야 할 것입니다. 물론 A와 W가 현금 결제하기로 미리 약속했다면 W가 A에게 현금 2만원을 주면 그것으로 두 사람 간 거래는 완결됩니다.

한편 A는 콜 만기일에 삼성전자 1주를 8만원에 살 수 있는 "권리"를 산 것이지 "의무"를 산 것은 아닙니다. "의무"라는 것은 돈을 주고 사지는 않습니다. A는 "권리"를 가지고 있기에 이 권리를 행사할 수도 행사하지 않을 수도 있습니다. 즉, 만기일 삼성전자 1주 가격이 6만원이라면 A는 그 주식을 8만원에 살 이유가 없으니 콜을 행사하지 않습니다(A call buyer does NOT have to exercise her call at maturity). 이 점에서 옵션과 선물의 (혹은 옵션과 선도 계약의) 차이가 두드러집니다. 선물 거래자는, 매수자이든 매도자이든, 선물 약정에 따라 매수 혹은 매도를 이행하여야 할 의무가 있기 때문입니다.

한편 위에서 "옵션 보유자에게 일정한 선택권을 주는 상품이기에 옵션 가격은 (거의) 항상 0보다 크게 결정된다""라고 했습니다. 이와 관련 두 질문을 생각해 볼 수 있습니다.

질문 3-4〉 '항상'이 아니라 '거의 항상'은 왜인가요?

현재 삼성전자 주가가 8만원이고 이 주식에 대한 만기 1개월인 콜을 생각해 봅시다. 만기일에만 콜을 행사할 수 있는 유러피언 콜(European call)을 가정합시다. 이 콜의 행사 가격이 40만원이라면 이 콜을 가치있다고 생각하는 사람은 거의 없을 것입니다. 만기일까지 1개월이 남았는데 그 동안 주가가 (40−8)/8＝4＝400% 상승하리라 믿는 매수자는 거의 없을 것이기 때문입니다. 이 회사가 거래소에 상장되어 거래된 지 수십 년이 지났지만 1개월 만에 주가가 5배가 된 적은 단 한 번도 없었습니다. 더구나 삼성전자가 시가총액이 작은 주식도 아니고 우리나라에서 시가총액이 가장 큰 무거운 주식이 1개월만에 주가가 5배가 된다는 것은 상상하기 어려우며, 어쩌면 1개월 만에 주가가 0.5배 상승하는 것도 어려울 수도 있습니다. 그렇다면 아무도 (특히 매수자가) 이 콜을 돈을 주고 살 만한 가치가 있다고 생각하지 않을 것이므로 이 콜 가격은 0이 됩니다. 콜을 발행하려는 자는 이 콜을 가치있다고 생각해서, 혹은 매수자를 부추겨서 돈을 받고 팔려 할 수도 있지만, 매수자의 호응이 있어야만 콜 가격이 0보다 큰 값이 됩니다. 어떤 매수자도 그 콜이 가치있다고 생각하지 않으면, 그 콜 발행자가 매우 저렴한 가격으로 그 콜을 팔려 해도 그 콜에 대한 매수자의 수요는 0이 되어 그 가격은 0이 됩니다.[6] ■

질문 3-5〉 그런 극단적 경우를 제외하면 콜 가격은 항상 0보다 클까요?

결론부터 말하면, 그런 극단적 경우를 제외하면 '차익거래'에 의해 콜 가격은 항상 0보다 큽니다. 그렇다면 '극단적 경우'를 어떻게 정의해야 할까요? 모든 매수자들이 그 콜의 만기일 가치를 0으로 생각하는 경우가 됩니다. 만일 매수자 중 한 사람이라도 그 가치를 0보다 크게 생각한다면 그 매수자가 사려 하는 가격에 콜이 매매될 것입니다. 매수자 중 1명이라도 (가령 매수자 A) 콜 만기일에 그 콜 가치가 0보다 클 가능성이 있다고 생각하면 그 콜의 현재 가격이 0보다 크게 되는데, 이를 차익거래 관점에서도 설명할 수 있습니다. 만일 그런 콜의 가격이 실제로 0이라면, A는 이런 콜을 아무런 비용을 지불하지 않고 무한정 많이 매수할 수 있습니다. 그리고 만기일 그 콜 가치가 실제로 0보다 더 큰 사건이 발생하면, 그 사건 발생 확률이 0.000001이라 하더라도 A는 "평균적으로" 혹은 "확률적으로" 돈을 벌게 됩니다. 애초 콜 취득원가=0이었기 때문입니다. 이는 마치 로또를 0원에 사는 것과 같습니다. 그 로또가 맞을 확률이 아무리 작더라도 0보다 크기만 하다면 그리고 그 로또를 공짜로 얻을 수 있다면 누군가 (아마도 모두가) 이 로또를 원할 것이기 때문입니다. 이처럼 'cost=0'인데 "profit > 0이 될 확률"이 0보다 크면, A는 이런 콜을 마다할 이유가 없습니다. 여러분은 마다하겠습니까? 내 자금은 전혀 들어가지 않지만 돈 벌 가능성은 존재하는 경우이기 때문입니다. (이처럼 차익거래를 확률 관점에서 파악한 것은, 좁은 의미의 차익거래가 아닌 넓은 의미의 차익거래 개념입니다.) 그러므로 A뿐 아니라 많은(모든) 사람들이 이

---

[6] 가격이 0인 콜은 시장에 존재할 수 없습니다. 이런 점에서, 기초 자산이나 만기 등이 동일하고 행사 가격은 다양한 어떤 콜 집단(class)에서 (위 40만원 경우처럼) 특정 행사 가격의 콜이 존재하지 않는다면 그 이유 중 하나는 그 콜 가격이 0이기 때문이라고 추론할 수도 있습니다. 특정 행사 가격의 콜이 존재하지 않는다 해서 반드시 그 가격이 0이기 때문이라고는 할 수 없겠지만 말입니다. (이거 골치 아프면 you can just forget this)

콜을 원하게 되어 그 수요는 매우 커집니다(무한대가 됩니다). 돈 안 받고 이런 콜을 발행하여 만기일 손해를 볼(지도 모를) 거래를 할 발행자는 없을 것이므로 (이 콜 수요는 무한대인데) 이 콜 공급은 0입니다. 그러므로 콜 가격이 상승하여, 수요와 공급이 일치하는 가격에서만 콜 가격이 균형을 이룰 수 있습니다. 가령 콜 가격이 150원이 될 때 매도자와 매수자가 이 콜을 매매할 수 있습니다. ▣

다음 주제로 넘어가기 전에 옵션 발행자에 관해 하나만 더 질의 응답을 하겠습니다. 이로써 여러분은 발행자와 매도자의 관계에 대해 종지부를 찍게 될 것입니다.

질문 3-6〉 옵션 발행자는 최초 발행자인 W로만 국한되나요?

아닙니다. 누구든지 원하면 옵션을 발행할 수 있습니다. 옵션 발행(매도)이 금전적 이익 측면에서 매우 위험할 수 있음을 향후 설명하겠지만, 그런 일을 하겠다는 주체가 얼마든지 있을 수 있습니다.[7] 위험을 감당할 만한 충분한 금전적 혜택이 주어진다고 생각하면 말입니다. 시중의 표현으로 '가성비'만 높다면 위험하더라도 옵션을 발행하려는 경제 주체들이 언제나 존재합니다. 가령 특정 옵션 C가 발행된 이후 시장의 수요 공급에 의해 C의 가격이 높아지면, 이 시점에서 C의 위험이 그 가격에 비해 낮다고 생각하는 투자자들이 M명 있을 수 있습니다. 이들은 동일한 내용의 C 옵션을 그 현재 가격으로 발행하여 매도할 수 있는데, 이들이 바로 C 옵션의 새로운 발행자들입니다.

현금 결제가 대부분인 옵션시장에서 옵션 발행의 의미는 다음과 같습니다. 마치 선물시장에서 누구든지 원하면 새로운 long position, 새로운 short position을 취할 수 있듯이, 옵션시장에서도 "언제든지" 새로이 옵션의 short position을 취할 수 있는데, 이들이 옵션의 새로운 발행자인 것입니다. 결국 옵션 발행이란 옵션 매수자를 찾는 과정에 다름 아닙니다. 위에서 최초 옵션 발행자가 N명인 경우를 생각해 보겠습니다. 발행자 중 일부는 추후 다시 옵션을 사들여 소각할 수 있습니다. 가령 시점

---

[7] 옵션 발행뿐 아니라 자발적으로 위험한 일을 선택하는 사람들은 주위에 많습니다. 옵션 발행은 금전적으로 위험한(risky) 일에 그치는 반면, 신체적으로도 위험한(dangerous) 일들, 가령 파쿠르(Parkour) 등의 익스트림 스포츠나 오토바이 타고 전속력으로 달리는 일들을 자발적으로 실행하는 사람들도 있는 현실을 감안하면, 자발적으로 'risky'한 선택을 선호하는 사람들도 많을 수도 있습니다.

$t=0$에서 C 옵션 최초 발행 시 발행자는 N(>100)명이고 이들은 각자 C 옵션 1개씩을 성공적으로 발행했다고 하겠습니다. '성공적으로 발행했다' 함은 누군가 이들이 발행한 C 옵션을 매수했다는 뜻입니다. 그후 시점 $t=\frac{1}{52}$에서 이 N명의 발행자 중 100명이 자신이 발행한 옵션을 재매수하면(buy back), 남은 발행자는 (N−100)명이고 남은 옵션 개수도 그만큼입니다. 그런데 시점 $t=\frac{2}{52}$에서 동일한 조건의 C 옵션을 새로이 발행할 사람이 M명 나타날 수 있습니다. 가령 이들은 이 시점의 C 옵션 가격이 C 옵션 사양에 비해 너무 높다고 생각하기 때문입니다. 반면 이들과는 반대되는 생각을 하는 투자자들도 있습니다. 이들은 이 시점 옵션 가격이 저평가되어 있다고 생각합니다. 이러한 잠재적 매수자들이 가령 (M−200)명이라면 현재 옵션 가격으로 즉각적으로 (M−200)개의 옵션이 '새로이' 발행되어 거래될 것입니다. 이런 식으로 시점 $t>\frac{2}{52}$에도 또 이 옵션이 추가적으로 발행되어 거래될 수 있습니다. 시간이 흐름에 따라 이렇게 이 옵션의 추가적으로 거래된다는 것은, 그때마다 이 옵션의 새로운 발행자가 생긴다는 뜻입니다. 그러므로 최초 C 옵션 발행 시의 거래량(=미결제약정=open interest)은 1,000개였는데 그후 어느 시점에선가 그 거래량이 더 증가할 수도 있고 더 감소할 수도 있습니다.

그리고 사실 이는 선물의 경우에도 마찬가지입니다. 최초 특정 선물 거래 계약 수(=미결제약정 수)는 500계약이었는데, 그후 새로이 선물의 매도 및 매수 포지션을 취하려는 투자자들이 생기면 동일한 선물 계약을 이 새로운 투자자들이 거래할 수 있고, 이 경우 선물의 전체 미결제약정 수가 증가할 수 있습니다. ▣

2. 옵션 청산가치와 손익

여기서는 콜을 비롯한 옵션들의 기본적 유형에 관해 도표를 통해 알아보겠습니다. 먼저 도표를 보여 주고 용어를 설명하겠습니다.

➢ 도표 3-2 옵션 종류(분류)

기초 자산의 권리 유형	권리 행사 시점
매수권 (콜, Call)	만기일에만 (European Call)
	언제라도 (American Call)
매도권 (풋, Put)	만기일에만 (European Put)
	언제라도 (American Put)

위 도표에서처럼 콜과 정반대인 풋 혹은 풋 옵션(put option)도 존재합니다. 풋은 콜과 반대로 그 기초 자산을 특정 (행사) 가격에 "매도"할 수 있는 권리를 주는 증권입니다. 가령 행사 가격 15만원인 풋을 매수한 A는 (자신에게 풋을 발행하여 돈을 받았던) W에게 그 풋의 기초 자산을 15만원에 팔 수 있습니다. 설혹 그 기초 자산 가격이 10만원인 경우에도 말입니다. 이런 행위를 옵션 만기일에만 할 수 있다면 A는 유러피언 풋(European put option)을 보유한 것이고, 만기일 이전 언제라도 할 수 있다면 A는 어메리칸 풋(American put option)을 보유한 것입니다. 즉, 옵션 사용 시점에 따라, (만기일 이전에) 언제라도 사용가능한 어메리칸 옵션과 만기일에만 사용할 수 있는 유러피언 옵션으로 구분됩니다. 여기서 저자는 '옵션 보유자가 옵션을 사용한다'고 표현했는데, 옵션 용어로는 '행사한다(exercise)'라고 표현합니다. '사용'이 아닌 '행사'라는 표현을 굳이 쓰는 이유는, 아마도 '사용'은 반복적 이용을 의미할 수도 있기 때문일 것입니다. 가령 직장에 출근하기 위해 승용차를 사용한다고 말할 수 있는데, 이때 이 승용차를 한 번만 사용하지는 않지 않습니까? 하지만 옵션은 단 한 번만 사용할 수 있습니다. 그러므로 옵션을 (단 한 번) 사용해서 기초 자산을 팔거나 사는 경우 우리는 옵션을 '행사한다'라고, 영어로는 'exercise'라고 말합니다.[8]

---

8 영단어 'exercise'의 의미 중 하나로 집행한다는 뜻이 있는데, 영어 exercise의 경우 여러 번이 아닌 단 한 번의 집행을 의미할 수도 있습니다.

참고로 옵션 행사 시점에 관해서 부연할 내용이 있습니다. 어메리칸 옵션은 만기일 포함하여 언제라도 행사 가능하므로, 어메리칸 옵션 보유자는 '과연 언제 행사하는 것이 최적인가'의 물음에 직면합니다. 이 문제는 추후 어메리칸 콜 옵션과 어메리칸 풋 옵션을 논할 때 상세히 설명하겠습니다. 그 이전까지는 유러피언 옵션을 기준으로 옵션 행사를 설명합니다. 즉, 어메리칸 옵션을 명시적으로 언급하지 않으면, 옵션 행사란 옵션 만기일에(만) 행사함을 뜻합니다.[9]

옵션을 몰랐던 사람들이 옵션이란 증권을 이해하기 위해 자주 사용되는 개념 혹은 그래프가 하나 있습니다. 바로 콜, 풋 매수자와 매도자가 옵션 만기일에 갖게 될 현금흐름입니다. 이들이 옵션 만기일에 갖는 현금흐름을 옵션의 '청산가치' 혹은 'payoff'라 합니다. 청산가치가 암묵적으로 가정하는 시점은 옵션 만기일이기에, '만기일 청산가치'로 표현할 수도 혹은 단순히 '청산가치'로 표현할 수도 있습니다. 옵션 보유자는 만기일에 반드시 옵션을 행사할 의무를 가지고 있지는 않습니다. 본인이 원하면 행사할 수 있는 '권리'만을 가지고 있습니다. 그러므로 옵션 보유자는 만기일에도 본인에게 이익이 될 때만 옵션을 행사합니다. 여기서 이익이 된다는 의미가 무엇일까요? 이는 '옵션 투자 이익'은 아닙니다. 옵션 투자 이익은 옵션 취득원가(acquisition cost)와 매도 가격을 반영한 옵션 매매 이익입니다. 하지만 옵션 보유자가 옵션 행사 여부를 결정할 만기일 시점에서는 옵션 취득원가는 아무 의미 없는 '매몰비용(sunk cost)'일 뿐입니다. 즉, 옵션 (최적) 행사 여부에 어떤 영향력을 행사해서도 아니되는 (과거)수치일 뿐입니다. 그러므로 옵션 보유자의 옵션 행사에 있어서 유일하게 의미있는 질문은,

> "옵션 행사를 하지 않을 때와 비교해서, 옵션 행사를 하면 내게 새로이 발생할 혜택이 무엇일까?"

일 뿐입니다. 이 개념이 바로, 여러분들이 재무관리나 재무 경제학에서 배운 "증분 현금흐름(incremental cash flow)"입니다.[10] 그리고 이에 대한 답은 명확합니다. 옵션을 행

---

[9] 네, 지금 정신 없이 옵션 용어가 쏟아져 나오고 있어 골치가 아플 독자들도 있을 수 있습니다. 하지만 곧 이런 용어에 친숙해집니다. At most, 하루 정도 읽으면 옵션 용어 때문에 고생하는 일은 사라질 것입니다.

[10] 물론 재무관리 수업 시 'sunk cost'에 대해서도 여러분들이 배웠을 것입니다. 가령, 투자안의 현금흐름 산출 시 'sunk cost'는 고려하면 안 되고 'incremental cash flow'만 고려해야 한다고…. 결국 finance 영역은 재무관리를 공부하든 파생상품을 공부하든 모두 연관이 되어 있습니다.

사하지 않으면 옵션 보유자가 얻게 될 현금(흐름)은 0입니다. 그러므로 옵션 행사 시 본인이 얻을 (증분) 현금흐름이 0보다 크기만 하면 옵션 보유자는 옵션을 행사하는 것이 최적입니다. 그런데 옵션은 만기일에 행사되니, 결국 만기일 옵션 행사 시 현금흐름이 0보다 커야만 옵션 보유자는 옵션을 행사합니다. 이 '만기일 옵션 보유자의 현금흐름'이 바로 옵션의 '청산가치'입니다. 그리고 위의 설명에 의해, 옵션 청산가치는 0보다 크거나 같을 수밖에 없습니다. 이를 수식으로 표시하면 다음과 같습니다. 아래 도표에서 K는 콜 옵션의 행사 가격을, T는 옵션의 만기일을, S_T는 옵션의 기초 자산의 만기일 가격을 뜻합니다.[11] 또한 아래 도표에서 $Max[A,B]$는 A, B 중 더 큰 값을 말합니다. 즉, 다음을 의미합니다.

$$Max[S_T - K, 0] = \begin{Bmatrix} S_T - K & if & S_T - K \geq 0 \\ 0 & if & S_T - K < 0 \end{Bmatrix}.$$

➢ 도표 3-3 옵션 청산가치

(콜 옵션)	(풋 옵션)
$Max[S_T - K, 0]$ (≥ 0)	$Max[K - S_T, 0]$ (≥ 0)

콜과 풋 매수자와 매도자의 만기일 청산가치를 Y-축으로 하여 그래프로 나타내면 다음 그림과 같습니다. X-축은 만기일 이 옵션들의 기초 자산 가격(S_T)입니다. 이 그림은 옵션 공부에 있어 너무나 유명한 그림이니 잘 기억, 이해하기 바랍니다. 참고로 아래 그림에서 S_T, c_T, p_T, K는 각각 옵션 만기일의 기초 자산 가격, 콜 가격, 풋 가격 및 이 콜과 풋의 행사 가격을 의미합니다. 'long position'과 'short position'은 옵션 매수 및 매도 포지션을 뜻하므로, 가령 'short call'은 콜을 매도한 사람이 콜 만기일에 실현할 현금흐름입니다. 'short position'의 청산가치는 $-c_T$ 혹은 $-p_T$처럼 음수 부호가 있음을 기억하기 바랍니다.

---

[11] T를 보다 정확히 정의하면, 만기일이라기보다는 만기 시점(time)입니다. 가령 특정 옵션의 만기일은 2030년 1월 10일이지만 정확한 만기 시점은 이날 오후 3시 45분일 수 있습니다.

➢ 그림 3-1 옵션 거래자의 만기일 청산가치(payoff)

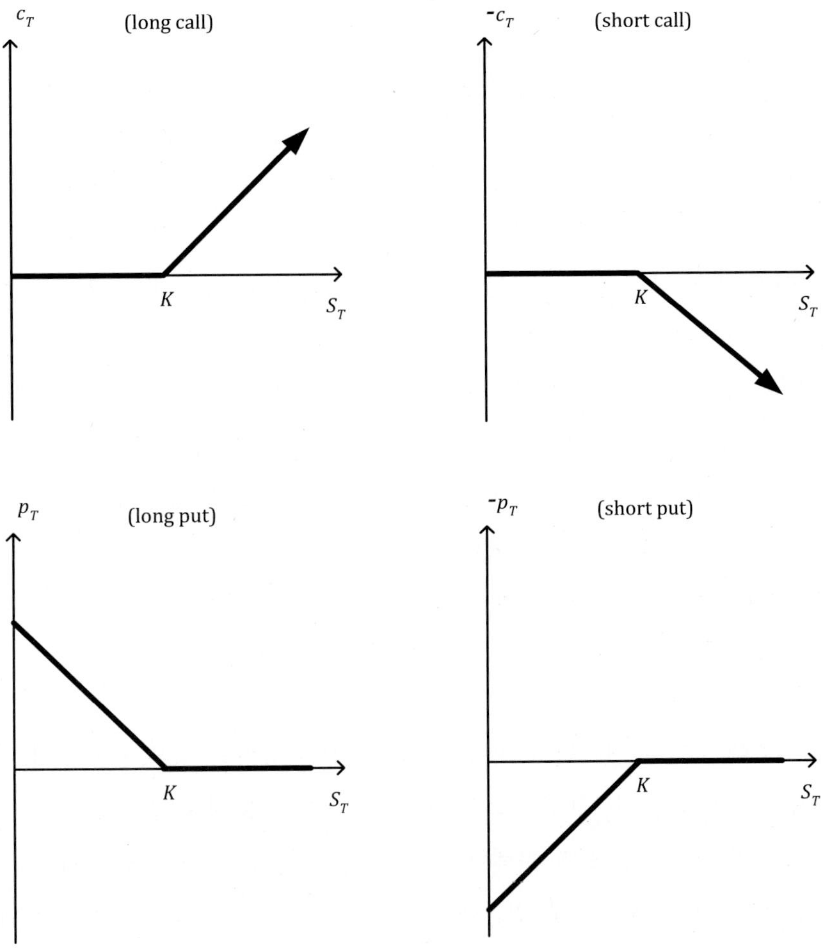

콜 옵션과 풋 옵션 각각에 매수, 매도의 두 포지션을 생각할 수 있으므로, 만기일 옵션 거래자들의 청산가치는 위 그림처럼 4개 유형이 있습니다. 위의 4개 청산가치 유형을 보면 다음과 같은 결론을 얻게 됩니다.

정리 1〉 옵션 청산가치의 특성 (매매 포지션에 따른 특성)

1) 옵션 보유자, 즉 long position 보유자는 만기일 현금흐름이 언제나 0보다 크거나 같다.
2) 옵션 발행자, 즉 short position 보유자는 만기일 현금흐름이 언제나 0보다 작거나 같다.
3) 콜 옵션 보유자의 만기일 실현 가능한 최대 청산가치는 제한이 없다.
4) 콜 옵션 발행자의 만기일 실현 가능한 최소 청산가치도 제한이 없다.
5) 풋 옵션 보유자와 발행자의 만기일 실현 가능한 청산가치는 제한이 있다.

이제 위의 다섯 가지 특성을 설명해 보겠습니다. 1)은 비단 옵션뿐 아니라 모든 자산 보유자에게 적용되는 원리입니다. 가령 주식이나 채권 보유자의 경우에도, 미래 그 자산의 가치가 가장 작게 되면 0이 되지만 이 경우를 제외하면 항상 자산 가치가 (+)입니다. 옵션 또한 자산의 일종이므로 이 원칙이 적용됩니다. 반면 자산을 매도한 사람은 자산 보유자와 100% 정반대의 현금흐름을 가지게 됩니다. 옵션 발행자를 비롯한 모든 '자산 매도자'는 '부채 보유자'이기 때문입니다. 이를 입증하기 위해, "매도＝−매수", "−자산＝부채" 관계를 이용하고 또 '−' 부호를 각 등식에서 적절히 이동시키면

자산 '매도자'＝자산 '−매수자'＝'−자산' 매수자＝부채 매수자＝부채 보유자

가 되기에 2)가 자연스럽게 성립합니다. 부채 보유자의 경우, (운 좋게) 상대방이 권리 행사를 하지 않으면 '부채 (가치)＝0'이 됩니다.[12] 3)의 경우는 위 그림 중 'long call'의 청산가치 그림을 보면 이해할 수 있습니다. 콜 보유자는 콜 만기일에 콜의 기초 자산을 K의 가격으로 살 수 있는데, 만기일의 기초 자산 가격이 반드시 어떤 금액 이하여야 한다는 법칙은 없습니다. 가령 $K=10$인데 만기일 그 기초 자산 가격은 20, 100, 200도 될 수 있습니다. 이는 이론 및 실증 두 차원에서 모두 설명할 수 있습니다. 첫째, 이론적으로는 미래 실현될 주가에 특정한 제한은 없습니다. 실증적으로는, 즉 현실적으로는 통상 만기가 길수록 기초 자산 가격의 변동도 커지기 때문에, 만기가 길수록 기초 자산 가격의 상승폭도 매우 커질 수 있습니다. 결국 콜 보유자의 만기일 청산가치의 최대치는 특정 금액으로 제한되어 있지 않습니다. 이처럼 콜 보유자의 혹은 long call 포지션의 청산가치 제한이 없다는 점을 표시하기 위해 위 그림에서는 '화살표'를

[12] 물론 상대방이 (옵션) 권리 행사를 하지 않는 이유는 그것이 그녀 자신에게 더 유리하기 때문입니다.

사용했습니다. 만기일 기초 자산 가격이 커질수록 콜 보유자의 청산가치는 계속 커집니다. 동일한 이치로, 콜 발행자의 만기일 청산가치의 최소치도 제한이 없습니다. 만기일 기초 자산 가격이 높을수록 콜 발행자가 지불해야 할 (부채) 금액이 커집니다. 가령 $K = 10$인데 만기일 그 기초 자산 가격은 100, 1,000, 10,000도 될 수 있으므로, 콜 발행자의 청산가치는 −90, −990, −9,990 등으로 더욱 더 하락하고 어느 한계가 정해져 있지 않습니다. 이런 문제가 있기에 일반적으로 콜 매도 포지션은 위험하다고(risky) 말합니다. 설령 막대한 손실을 보는 경우가 그다지 자주 발생하지 않아도, 그 막대한 손실 발생 가능성이 원천 봉쇄되지는 않기에 콜 매도는 위험하다고 인식되는 것입니다. 위 그림의 'short call'을 참조하기 바랍니다. 참고로, 이러한 극단적인 경우의 위험은 VaR(value at risk) 같은 위험 척도를 통하여 분석됩니다.[13]

질문 3-7〉 옵션 발행의 위험성을 보다 쉬운 예로 설명해 주세요.

콜 발행이 위험하다는 사실은 옵션과 보험이 유사하다는 사실에서도 잘 설명될 수 있습니다. 자동차 보험을 판매하는 보험사는 보험 가입자에게 1년 보험료로 (차종에 따라) 수십만 원 혹은 수백만 원을 받지만, 혹시라도 그 가입자에게 심각한 교통사고가 발생하면 보험료의 수십 배, 수백 배의 보험금을 지급해야 하는 경우도 있습니다. 보험사가 보험 상품을 판매하는 것은 이런 위험에 노출됨을 의미하기에, 아무나 쉽게 보험사를 설립하거나 경영하지 못합니다. 만약의 경우에 대비한 막대한 자금 보유 혹은 자금 동원이 가능해야 하고, 또 많은 가입자들에게 동시에 보험을 판매하여 이른바 '대수의 법칙', 즉 'the law of large numbers'의 효과를 얻을 수 있어야 합니다. 많은 자동차 보험 가입자들이 동시에 모두 심각한 교통사고를 당할 확률은 매우 낮기에, 가입자 A가 당한 교통사고 보험금을 다른 가입자 10,000명에게서 받은 보험료로 충당하는 것입니다. (수)많은 사람들에게 보험 상품을 팔거나, 그렇지 못하면 엄청난 자금 동원 역량이 있어야 보험상품을 팔 수 있습니다. 통상 두 가지 조건을 모두 충족할 때 보험 판매를 할 수 있습니다. 옵션 판매 즉 옵션 '매도'도 마찬가지여서, 위 두 조건 중 적어도 하나를 충족해야 합니다. 그 중에서도 첫째 요건, 즉 막대한 자금 동원 능력이

---

[13] VaR 개념은 위험 관리에 있어 매우 중요한 개념으로, 자세한 내용은 위험 관리에 관한 문서나 책자를 참조하기 바랍니다. 본서는 파생상품에 관한 기본서로서 VaR에 대한 설명은 생략합니다.

있어야 합니다.[14] 이런 이유로, 막대한 자금 동원 능력이 없는 대부분의 개인투자자들은 옵션을 팔지 않습니다. 심대한 위험에 직면할 수 있기 때문입니다. 옵션을 팔더라도 어느 정도 위험을 관리하면서, 즉 'hedge'하면서 옵션을 팝니다. 가령 'covered call' 같은 전략으로 콜을 파는 것이 그 한 사례입니다.[15] ■

5)의 경우는 여러분들이 보다 유의해야 할 내용입니다. 왜냐하면, (콜, 풋을 막론하고) 일반적으로 옵션 매수자의 청산가치의 최대치는 한계가 없고 발행자의 청산가치의 최소치도 한계가 없다고 생각할 수도 있기 때문입니다. 그런데 이러한 인식은 "풋의 경우에는 오류"입니다. 왜냐하면 (기초) 자산의 가격이 상승하는 데에는 일반적으로 제한이 없지만 그 가격이 하락할 때에는 명확한 제한이 있습니다. 0 이하로 하락할 수는 없기 때문입니다. 그러므로 풋 보유자의 경우 기초 자산 가격이 하락할수록 청산가치가 커지지만, 기초 자산 가격이 0보다 작을 수는 없기에 풋의 청산가치의 상승에는 일정 한도가 있습니다. 동일한 이유로, 풋 발행자의 청산가치도 무한대로 낮을 수는 없고 일정 한계가 있습니다.

질문 3-8〉 옵션 청산가치와 옵션 투자 이익의 관계는?

마지막으로, 옵션 청산가치와 옵션 투자 이익은 서로 다른 개념입니다. 하지만 이 둘은 밀접하게 관련되어 있고, 그 크기는 같은 방향으로 움직입니다. 만기일 옵션의 청산가치와 만기일 옵션 투자 이익 혹은 손익은 어떻게 다를까요? 청산가치는 옵션 최초 매매 시의 현금흐름이 반영되지 않은 채로 옵션 청산 시의 현금흐름만이 반영된 것입니다. 반면 옵션 투자 손익은 옵션의 최초 매매와 최종 청산을 모두 포함하는

---

[14] 둘째 요건인 the law of large numbers는 옵션 판매의 경우 그다지 잘 적용되지 않습니다. 가령 조금씩 조건이 다른 콜을 10,000명에게 발행했는데, 만기일에 기초 자산 가격이 충분히 높아져 대부분 콜 보유자가 콜을 행사할 수도 있고, 또 이 중 많은 콜 보유자에 대해서는 콜 매도자가 손실을 볼 수도 있기 때문입니다. 만일 동일 내용의 콜을 10,000명에서 발행했다면 더 큰 위험에 노출될 것입니다. 한꺼번에 10,000명 모두가 콜을 행사할 수도 있기 때문입니다.

[15] 참고로 'covered call' 전략은 콜을 매도하고 기초 자산을 보유하는 경우입니다. 콜 보유자가 내게 콜을 행사하려 할 때는 이 기초 자산을 건네 주면 됩니다. 구체적으로, 기초 자산 가격이 상승하면 콜 매도 포지션에서는 손실이 발생할 수 있지만 나의 기초 자산 매수 포지션으로 이익이 발생하므로 위험 헤지가 됩니다. 기초 자산 가격이 하락하면 내 기초 자산 매수 포지션에서는 손실이 발생하지만 콜 매도 포지션에서는 이익이 발생하므로 이 또한 위험 헤지가 됩니다.

▶ 그림 3–2 옵션 투자 손익(=이익)

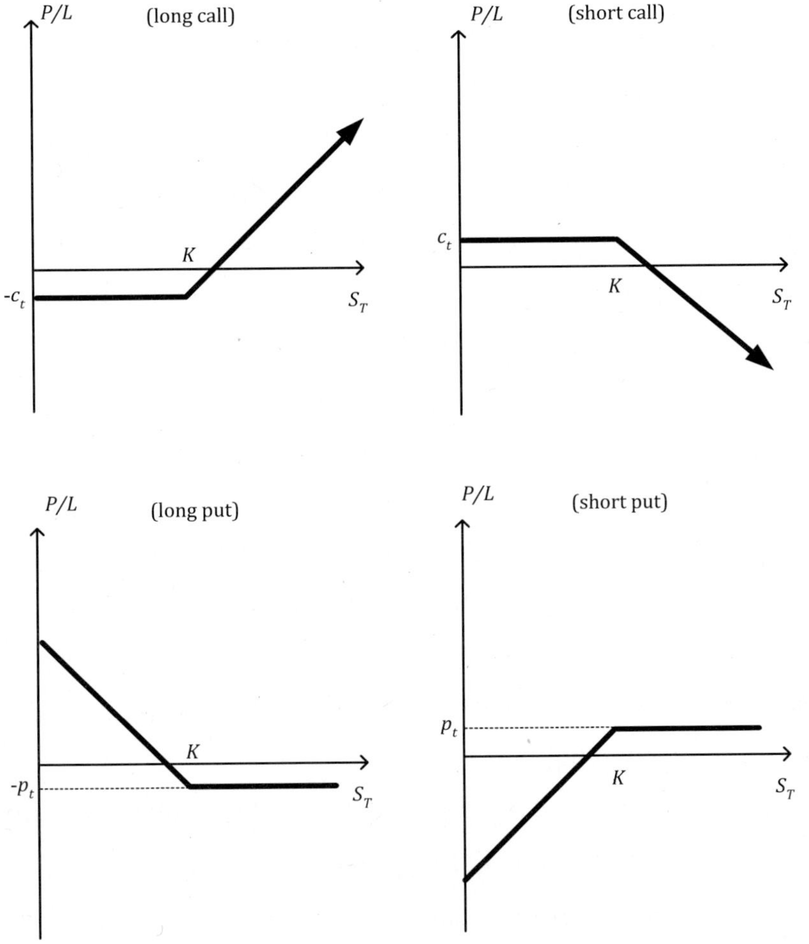

현금흐름을 뜻합니다. 이 관계를 명확히 구별하기 위해 위의 그림을 참조하겠습니다. 그림에서 Y-축은 옵션 투자 손익 혹은 P/L(profit and loss)로, 그 값이 (+)면 이익, (−)면 손실을 뜻합니다. 콜의 매매 시점은 $t(< T)$이고 c_t, p_t는 매매 시점의 콜 가격 및 풋 가격을 뜻합니다. 매수자는 이 가격을 지불했고 매도자는 이 가격을 받았으므로 이들의 최초 매매 현금흐름은 각각 (−), (+) 부호를 가집니다.[16] 참고로 옵션 투자 '이익'

[16] 이 매수자가 '최초 옵션 발행 시 매수자'든 '그후의 매수자'든 자신이 지불한 옵션 가격이 c_t, 혹은 p_t라고 가정합니다.

이라는 표현이 옵션 투자 '손익'이라는 표현보다 정확합니다. 이익의 관점에서는, 투자 결과가 (+) 값이면 이익, (−) 값이면 손실이 되기 때문입니다. 단지 관행적으로 손익이란 표현을 더 자주 쓰므로 여기서는 두 표현을 혼용합니다.

이제 옵션 매매 손익과 옵션 청산가치와의 관계를 파악해 보겠습니다. 이를 수식으로 파악하기 전에 먼저 손익 그래프와 청산가치 그래프를 다시 한번 비교해 보기 바랍니다. 뭔가 비슷하지 않나요? 네, 상당히 비슷합니다. 사실 전체적인 형태는 똑같습니다. 단지 두 그래프의 위치, 즉 높이만 다를 뿐입니다. 구체적으로는, 옵션 손익 그래프는 옵션 청산가치 그래프를 Y-축으로 수직 이동한 것입니다. 얼만큼 수직 이동했을까요? 최초 옵션 거래 시 옵션 가격만큼 이동했습니다. 가령 콜 보유자의 경우, 만기일 청산가치는 애초 시점 t에서 c_t를 지불하고 콜을 산 것을 반영하지 않았습니다 $(t < T)$. 이제 콜 투자 손익을 계산하려면 이것을 반영해야 합니다. 즉, 최초 콜 매수 때 발생한 '$-c_t$'의 현금흐름을 콜 청산가치에 더해야 합니다. 이렇게 더해 주는 것은 만기일 청산가치가 어느 값이든 관계없이 더해 줘야 합니다. 즉, 청산가치의 모든 값에 '$-c_t$'를 더해줍니다. 만기일 청산가치는 Y-축, 만기일 기초 자산 가격 S_T는 X-축이므로, 모든 X-값에 대해 Y 값이 '$-c_t$'만큼 이동합니다. '$-c_t$'만큼 이동한다는 것은 곧 'c_t'만큼 수직으로 하락함을 뜻합니다. 그 결과 위 'long call'의 옵션 투자 손익 그래프가 그려진 것입니다.

한편 콜 발행자(매도자)의 경우의 옵션 매매 손익은 어떻게 될까요? 복잡하게 생각할 필요 없이, 콜 매수자의 손익과 정반대가 될 것입니다. 그러므로 long call의 손익 그래프를 반대로 그리면 short call의 손익 그래프가 됩니다. 여기서 반대로 그린다 함은 손익 수치의 '부호'가 반대임을 말하므로, Y-축의 값들의 부호가 반대가 되도록 그리면 됩니다. 가령 특정 S_T 값에 대한 콜 매수자의 이익이 '+3'이라면, 그 S_T 값에 대한 콜 매도자의 이익은 '−3'이 됩니다. 풋 매수자와 풋 매도자의 경우도 동일한 원리로 그래프를 그릴 수 있습니다. 지금까지의 논의를 바탕으로 옵션 매매 손익과 옵션 청산가치의 관계를 수식으로 표현하면 다음과 같이 간단한 등식이 됩니다. 아래 식에서 '옵션 매매 시 현금흐름'이란 옵션 매수자에겐 $-c_t$, 혹은 $-p_t$이고, 옵션 매도자에겐 c_t, 혹은 p_t입니다. ▣

정리 2〉 옵션 매매 이익과 옵션 청산가치의 관계

옵션 매매 이익 = 옵션 청산가치 + 옵션 매매 시 현금흐름

지금까지는 옵션의 행사 시점이 반드시 그 만기일로 제한되는 'European options(유러피언 옵션)'을 설명했습니다만, 옵션 보유자가 만기일 이전 언제라도 그 옵션을 행사할 수 있는 'American options(어메리칸 옵션)'도 존재합니다. 가령 특정 콜이 만기 2개월의 American call이라면, 그 콜 보유자는 그 2개월 동안 어느 시점에서도 그 콜을 행사할 수 있습니다. 그 2개월 중 어느 날이라도 콜 기초 자산 가격(가령 10만원)이 콜 행사 가격(가령 7만원)보다 크면 즉각 콜을 행사하여 현금 수입(3만원)을 얻을 수 있습니다. 이 점에서 일반적으로는 다른 모든 조건이 동일할 때 어메리칸 옵션의 가치는 유러피언 옵션의 가치보다 크거나 같습니다. 여기서 다른 모든 조건이 동일하다 함은 그 두 옵션의 기초 자산, 행사 가격, 만기, 시장 이자율 등의 사양(specifications)이 동일함을 의미하고, 이때 어메리칸 옵션 가격이 유러피언 옵션 가격보다 크거나 같다는 의미입니다. 왜냐하면 어메리칸 옵션 보유자는 유러피언 옵션 보유자보다, 행사 시점이란 점에서 더 융통성 있는(flexible) 권리를 향유하기 때문입니다. 더 융통성 있는 권리를 제공하는 자산 가격은 그렇지 못한 자산의 가격보다 더 높거나 최소한 같기 때문입니다. 비유한다면, 기말 고사를 여러분(각자)이 (2030년) 1월 7일에만 치러야 하는 경우와, 1월 7일-8일-9일-10일-11일 중 각각의 날짜에 치를 수 있는 경우 중 하나를 선택한다면 여러분의 선택은 어떻게 될까요? 아마도 후자가 될 것입니다.[17] 두 선택권에 가치를 매긴다면? 후자 선택권에 더 큰 가치를 부여할 것입니다. 옵션도 마찬가지입니다. 행사 시점 선택에 더 폭넓은 권리가 주어진 어메리칸 옵션 가치가 유러피언 옵션의 그것보다 더 크거나 같을 것입니다.

그런데 옵션에 관한 한 아주 요상한 현상이 하나 있습니다. 풋의 경우는 American put의 가치가 European put의 가치보다 더 큰 반면, 콜의 경우는 American call의 가치가 European call의 가치보다 더 크지는 않고 동일한 가치를 가지게 됩니다.[18] 네, 여러

---

[17] As a joke, 후자 중에서도 무조건 1월 11일을 선택할 가능성이 가장 높을 것 같습니다. We know why.

[18] 엄밀하게 말하면, American put의 가치가 European put의 가치보다 더 크거나 같습니다.

분들 직관에 반하는(counter-intuitive) 내용이라 할 수 있습니다. 콜의 이러한 직관에 반하는 특성에 대해서는 추후 어메리칸 옵션의 '조기 행사(early exercise)' 개념을 소개할 때 자세히 설명하겠습니다.[19]

3. 옵션의 내재가치

'만일' 지금 당장 옵션이 강제로 행사되면 현금흐름이 '+', '−', '0' 중 어떤 부호(값)를 갖느냐에 따라 옵션의 '상태'를 세 가지로 구분할 수 있습니다. 현금흐름이 '+'이면 (옵션이) 'in the money' 상태라 하고, 현금흐름이 '−'이면 'out of the money' 상태, 현금흐름이 '0'이면 'at the money' 상태라 합니다. 이 표현들을 줄여서 각각 ITM, OTM, ATM이라 하고, 이러한 상태에 있는 옵션들을 각각 ITM 옵션, OTM 옵션, ATM 옵션이라 합니다. 우리말로는 이 옵션들을 각각 내가격 옵션, 외가격 옵션, 등가격 옵션이라 합니다. 이를 요약하면 아래 도표와 같은데, 여기서 K는 옵션의 행사 가격이고 S_t는 (시점 t의) 기초 자산 가격입니다.

➢ 도표 3-4 옵션의 세 가지 상태(Moneyness)

옵션 상태 (Moneyness)	현금흐름 (즉시 옵션 행사)	콜	풋
내가격 (in the money, ITM)	+	$S_t - K > 0$	$K - S_t > 0$
등가격 (at the money, ITM)	0	$S_t - K = 0$	$K - S_t = 0$
외가격 (out of the money, OTM)	−	$S_t - K < 0$	$K - S_t < 0$

---

[19] 저자가 30여년 전 MBA 과정을 밟던 Stern School of Business(NYU)에서 난생 처음 옵션 수업을 수강할 때 어메리칸 콜과 유러피언 콜의 가치가 같다는 내용을 듣고 "상식적으로 어메리칸 콜의 가치가 유러피언 콜의 가치보다 더 커야 하지 않는가?"를 담당 강사님께 질문했던 기억이 납니다. (타대학 교수님이 당시 강사로 그 강의를 했습니다.) 그러자 그분이 "That's a good observation."이라 답하시면서도 왜 그런지에 대해서는 별 설명이 없었던 것으로 기억합니다. 당시만 하더라도 어메리칸 콜의 이런 특성을 잘 설명하는 교재도 별로 없었습니다. 본서에서는 어메리칸 콜의 이런 counter-intuitive 한 특성을 독자들에게 이해시키려는 노력을 경주했습니다. 나중에 관련 본문을 읽어 보면 알게 될 것입니다.

위 정의에는 '만일' 옵션이 행사된다면 발생할 현금흐름(부호)이라는 전제가 있습니다. 이처럼 '만일'을 강조하는 이유가 있습니다. 첫째, 지금 당장 옵션을 행사하는 것이 비합리적인 경우가 있습니다. 가령 행사 가격=$7, 기초 자산 가격=$5인 콜 옵션을 그 보유자가 지금 행사한다면, $5 가격의 그 자산을 $7에 구매하게 되어 비합리적입니다. 이런 경우조차도 (강제적으로) 이 콜이 행사될 때의 현금흐름이 어떤 부호를 가질 것인가에 따라 옵션 상태를 세 가지로 분류한다는 의미입니다. 둘째로, 유러피언 옵션은 어차피 만기일에만 행사 가능하기에 현 시점이 만기일이 아니면 지금 당장 유러피언 옵션를 행사할 수 없습니다. 그럼에도 불구하고 옵션 행사가 실행된다면 그 결과가 어떨 것인가에 따라 세 가지 상태로 구별할 수 있다는 것입니다.

구체적 사례로 옵션의 세 가지 상태를 설명하겠습니다. 만기일까지 약 한 달 남았고 그 기초 자산 가격이 $10이고 행사 가격이 $12인 풋을 가정합시다. 이 풋 보유자 A가 이 풋을 그 발행자(매도자) B에게 지금 행사하면, A가 $10에 그 자산을 사서 B에게 $12에 팔 수 있으니 $2의 (순)현금흐름이 발생합니다. 혹은 바로 A, B 사이에 현금 정산을 해도 A에게는 $2의 현금흐름이 발생합니다. 이처럼 지금 당장 옵션을 행사할 때 이로 인한 순 현금흐름이 양수가 되면 그 옵션을 내가격 옵션(in-the-money option, ITM option)이라 합니다. 만일 이 풋의 행사 가격이 $10이라면 A가 지금 이 풋을 행사하면 발생할 현금흐름은 0인데, 이런 옵션을 등가격 옵션(at-the-money option, ATM option)이라 합니다. 반면 이 풋의 행사 가격이 $9라면 어떻게 될까요? 누군가의 강요에 의해 A가 이 풋을 행사할 수밖에 없다면, A는 이 기초 자산을 $10에 사서 풋 발행자에게 $9에 판매해야 할 것입니다. 이때 A의 현금흐름은 $9−$10=−$1이 됩니다. 이처럼 (강제) 행사 시 현금흐름이 음수가 되는 옵션을 외가격 옵션(out-of-the-money option, OTM option)이라 합니다. 또 즉각적 옵션 행사 시 발생할 현금흐름의 이런 상이한 상태들을 'Moneyness'라 합니다. 세 가지의 'money 상태'가 있다는 의미입니다.

한편 세 상태의 옵션과 관련하여 함께 거론되는 개념이 옵션의 "내재가치(intrinsic value)"입니다. "옵션 내재가치"는 지금 당장 옵션 보유자가 옵션을 행사할 수 있다면 받을 구체적 현금액을 뜻합니다. 다만 외가격 옵션처럼 당장 (강제적) 옵션 행사 시 현금흐름이 음수가 되는 경우에는 당연히 옵션 행사를 하지 않는다고 가정합니다. 그러므로 외가격 옵션의 내재가치는 0이 됩니다.

> **정의 1〉 옵션 내재가치(intrinsic value)**
>
> 옵션 내재가치는 다음 두 수치 중 더 큰 수치를 뜻한다.
> 1) 지금 옵션 행사 시 얻게 될 현금흐름
> 2) 0

옵션 내재가치를 콜과 풋 옵션에 각각 적용하면 다음과 같습니다. S_t, K는 각각 (시점 t의) 옵션의 현재 기초 자산 가격과 행사 가격이고, Max[A, B]는 두 값 A, B 중 더 큰 값을 뜻합니다. 참고로 옵션의 청산가치는 옵션의 만기일 기초 자산 가격과 행사 가격을 비교한 것이고, 옵션의 내재가치는 현재의 옵션 가치와 행사 가격을 비교한 것입니다.

➢ **도표 3-5 콜과 풋의 내재가치(Intrinsic value of options)**

(콜 옵션)	(풋 옵션)
$Max[S_t - K, 0]$	$Max[K - S_t, 0]$

옵션 내재가치와 옵션의 상태(moneyness)가 서로 관련은 있지만 동일한 개념은 아닙니다. 첫째, 옵션 '내재가치'는 옵션 보유자가 지금 당장 옵션 행사을 할 수 있을 때 얻을 구체적 현금 액수이고 옵션의 '상태'는 옵션 행사 시 얻게 되는 현금 액수의 부호(sign)입니다. 가령 기초 자산 가격=10, 행사 가격=11인 어떤 풋의 내재가치는 '1'이고 이 풋의 상태는 '내가격'입니다. 둘째로, 옵션 내재가치는 위 정의에 의해 음수가 될 수 없습니다.

이제 특정 풋 옵션의 사례로 이 개념들을 설명해 보겠습니다. 행사 가격 $K = 10$이고 기초 자산 가격(S_t)이 변할 때 풋 옵션의 상태와 내재가치는 다음과 같은 관련이 있습니다. 가령 등가격 옵션과 외가격 옵션의 내재가치는 0으로 서로 같습니다.

➢ **도표 3-6 풋 옵션 내재가치 vs. 풋 옵션 상태(moneyness)**

K	S_t	Moneyness (옵션 상태)	내재가치
10	9	ITM (내가격)	1
	10	ATM (등가격)	0
	11	OTM (외가격)	0

옵션 내재가치가 이렇게 정의되면, (모든 기초 자산 가격에 있어서) 옵션 내재가치와 옵션 (만기일) 청산가치는 일치합니다. 왜냐하면 옵션 내재가치는 마치 오늘이 만기일인 것처럼 옵션 행사가 가능할 때의 현금흐름이기 때문입니다. 가령 위 도표를 그대로 활용하여 풋 옵션 내재가치와 청산가치를 비교하면 아래와 같습니다. 기초 자산의 현재 가격 S_t에 관해서는 내재가치라 하고 이 자산의 만기일 가격 S_T에 대해서는 청산가치라 하는 것입니다.

➢ 도표 3-7 풋 옵션 내재가치와 청산가치

K	$S_t(S_T)$	내재가치(청산가치)
10	9	1
	10	0
	11	0

그러므로 다음 정리가 성립합니다.

정리 3〉 옵션 내재가치와 옵션 청산가치

(기초 자산의 각 가격에 대해) 옵션 내재가치와 옵션 청산가치는 일치한다.

시점 $t(\leq T)$의 옵션 내재가치 IV_t와 옵션 청산가치가 같음을 아래 그래프로 명료하게 확인할 수 있습니다. 옵션 청산가치와 옵션 내재가치의 차이는 X-축과 Y-축이 무엇을 의미하는가에 달려 있습니다. 청산가치의 경우 (x, y)는 만기일 기초 자산 가격과 옵션 가치이고, 가령 콜 보유자의 경우 $(S_T,\ c_T) = (S_T,\ Max[S_T - K, 0])$이 됩니다. 내재가치의 경우 (x, y)는 현 시점 $t(\leq T)$의 기초 자산 가격과 옵션 행사 시 현금흐름입니다(행사 안 할 수 있음). 가령 콜 보유자의 경우 $(S_t,\ IV_t) = (S_t,\ Max[S_t - K, 0])$입니다. 청산가치를 그린 이전 그래프와 내재가치를 그린 아래 그래프를 비교하면 그래프 형태는 동일하되 X-축, Y-축의 의미만이 다름을 알 수 있습니다.

➢ 그림 3-3 옵션의 내재가치(IV_t)

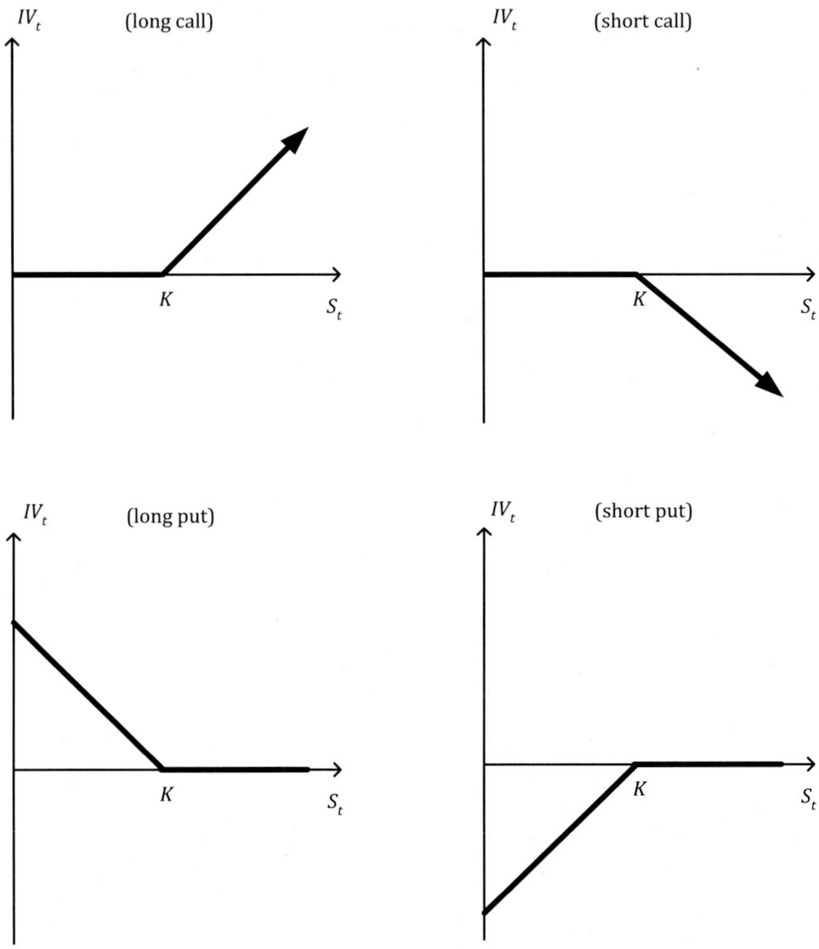

4. 옵션의 시간 가치와 외가격 옵션

옵션 내재가치와 대비되는 개념이 옵션의 '시간 가치', 즉 'time value of options'입니다. 옵션 내재가치의 이해는 그리 어렵지 않습니다. 반면 옵션의 시간 가치는 옵션이라는 자산의 핵심이며 그 이해도 그다지 쉽지만은 않습니다. 본서에서는 옵션의 본질적 특성을 잘 담고 있는 옵션의 시간 가치에 대해 많은 지면을 할애하여 최대한 여러분들의 이해를 돕고자 합니다. 저자가 알고 있는 바로는, 대부분의 파생상품 교재에서 옵션의 시간 가치는 본서에서만큼 상세히 다루고 있지 않습니다. 하지만 옵션이라는 자산을 심도있게 이해하기 위해서는 옵션의 시간 가치를 다각도로 이해할 필요가 있고, 본서에서는 이 점에 주목하였습니다.

그런데 옵션 시간 가치를 잘 이해하려면 필수적으로 외가격 옵션(out-of-the-money option, OTM option)을 논의해야 합니다. 시간 가치가 가장 의미있는 옵션 상태, 시간 가치가 가장 적나라하게 드러나는 옵션 상태가 바로 외가격 옵션이기 때문입니다. 어떤 면에서, 외가격 옵션의 시간 가치를 잘 이해할 수 있으면 모든 (상태의) 옵션의 시간 가치를 잘 이해할 수 있다고도 할 수 있습니다. 이런 이유로, 옵션 '시간 가치'를 설명하기 전에 외가격 옵션에 대해 먼저 설명하겠습니다. 여러분이 앞에서 보았던 도표 '옵션 상태'에서도 알 수 있듯이, 외가격 옵션이란 지금 당장 옵션을 (강제적으로) 행사하면 그 현금흐름이 음수가 되는 옵션입니다.[20] 이런 외가격 옵션은, 옵션 시간 가치와 마찬가지로, 대부분의 파생상품 교재에서 상세히 설명되고 있지는 않습니다. 그럼에도 불구, 옵션 투자의 묘미는 외가격 옵션에 있다고 할 수도 있습니다. 왜냐하면, 가령 이 옵션은 현재로서는 (내재)가치가 0인데 만기일에 $4의 가치를 가질 수 있기 때문입니다. 이는 현재 내재가치가 $20인 (내가격) 옵션이 만기일에 $24가 되는 경우와는 그 임팩트가 다릅니다. 외가격 옵션의 이런 독특한 특성을 감안하여 본서에서는 외가격 옵션을 자세히 별도로 설명하고자 합니다.

어떤 (유러피언 혹은 어메리칸) 풋의 기초 자산 가격이 $10이고 그 풋의 행사 가격이 $8인 경우, 지금 A가 풋 발행자에게 이 풋을 행사한다면, $10 가치의 자산을 $8에 매도하는 것이니 A에게 $2 손실이 발생합니다.[21] 즉, 이 풋은 외가격 풋 옵션입니다. 그런데도 외가격 옵션의 가격은 일반적으로 0보다 높습니다. 왜 그럴까요? 옵션 만기일에 그 옵션이 ITM 옵션이 될 확률이 조금이라도 있다고 생각되면 그 옵션은 현재 시점에도 최소한의 가치가 있기 때문입니다. 만일 그 옵션의 현재 가격이 0이라면 다음과 같은 차익거래가 발생할 것입니다. 그 옵션을 공짜로 매입하여 만기일까지 보유하면 운이 좋으면 이익을 얻을 수도 있습니다. 기초 자산 가격이 옵션 보유자에게 유리한 방향으로 매우 크게 움직인다면 말입니다. 이는 마치 로또를 공짜로 사서 기다려

---

[20] 하지만 외가격 옵션의 '내재가치'는 그 정의에 따라 0이 됩니다.

[21] 현실에서는 A는 이 외가격 옵션을 지금 행사하지는 않습니다. 어메리칸 옵션의 경우라도.

보는 것과 같은 경우가 될 것입니다. 모든 로또는, 비록 그 확률은 적어도, 당첨될 확률이 0보다 크기 때문입니다. 가령 위 외가격 풋의 경우 그 만기일에 기초 자산 가격이 $8 미만이 될 수 있고 그러면 이 풋의 가치는 0보다 크므로 이 확률을 감안하면 현재 시점에서도 이 풋의 가격은 0보다 커야 합니다. 이와 관련하여 여러분들이 궁금해 할 질문을 하나 다루어 보겠습니다.

질문 3-9〉 왜 어떤 투자자들은 (굳이) 외가격 옵션을 매수하려 할까요?

그 이유는 투자자마다 서로 다른 전망과 투자 행태를 가지고 있기 때문입니다. 이 질문은 '왜 사람들이 로또를 사는지'라는 질문과도 일맥상통하는 면이 있습니다. 왜 어떤 투자자들은 굳이 확률적으로 손해 보는 게임을 하려고 하는 것일가요? 이들 모두가 비합리적이라서일까요? 반드시 그렇지만은 않습니다. 옵션 투자자들이 외가격 옵션을 매수하는 다양한 이유가 존재합니다.

첫째, 애초 옵션을 매수했을 때는 등가격 혹은 내가격 옵션이었는데 그후 기초 자산 가격이 변동하여 그 옵션이 외가격 옵션이 될 수 있습니다. 가령 투자자 A가 행사 가격이 $11인 어떤 풋을 처음 매수했을 때 그 기초 자산 가격은 $10이라고 가정하겠습니다. 이 시점에서 풋은 내가격 옵션입니다. 그런데 그 다음 거래일 그 기초 자산 가격이 $11이 되면 이 풋은 등가격 옵션이 되고, 추후 그 기초 자산 가격이 $12가 되면 이 풋은 외가격 옵션이 됩니다. 그러므로 애초 내가격 옵션 매수자였는데 사후적으로 외가격 옵션 매수자가 될 수 있습니다. 특정 시점에 A가 외가격 옵션 보유자라 해서 반드시 A가 외가격 옵션(만)을 원했던 투자자임을 의미하지는 않습니다. 또 반대 경우도 가능합니다. 투자자 A가 어떤 풋을 처음 매수했을 때 그 기초 자산 가격은 $10, 풋의 행사 가격은 $9라 하겠습니다. 이 시점에서 풋은 "외가격" 옵션입니다. 그런데 그 다음 거래일 그 기초 자산 가격이 $9가 되면 이 풋은 등가격 옵션이 되고, 그 기초 자산 가격이 $8이 되면 이 풋은 내가격 옵션이 됩니다. 그러므로 애초 외가격 옵션 매수자였는데 사후적으로 내가격 옵션 매수자가 될 수 있습니다. 즉, 특정 시점에 A가 내가격 옵션 보유자라 해서 반드시 A가 내가격 옵션(만)을 원했던 투자자임을 의미하지는 않습니다. 이런 점을 감안하면, 내가격 옵션 투자와 외가격 옵션 투자를 상호 매우 이질적인 것으로만 간주할 필요는 없습니다.

둘째, "가격" 차원에서 외가격 옵션 매수를 생각해 볼 수 있습니다. 무슨 말인가 하면, 어떤 이상한(?) 자산이어도 가격 차원에서 투자할 만한 가치가 있다고 인식되면 매매가 가능하다는 것입니다. 흔한 표현으로 '가성비'가 있다고 생각되면 아무리 이상한 자산이라도 매매가 가능하다는 것입니다.[22] 그런데 매매에는 매수자뿐 아니라 발행자(매도자)도 필요하므로, 우리는 외가격 옵션의 '매수' 차원에만 집착하지 말고, 외가격 옵션을 "매도"하려는 투자자들과의 관계에서 외가격 옵션 매매를 설명해 볼 수 있습니다. 외가격 옵션이 만기일에 결국 가치가 0이 될 것이라고 생각하는 사람들이 많다면, 애초에는 외가격 옵션을 매수하려는 투자자들은 적고 외가격 옵션을 매도하려는 사람들은 많을 것입니다. 이처럼 더 많은 사람들이 외가격 옵션을 매도하려 하면, 즉 외가격 옵션 공급이 많아지면 외가격 옵션 가격은 하락할 것입니다. 이로 인해 외가격 옵션 가격이 "충분히" 하락했다고 인식되면, 애초 외가격 옵션 매수에 관심 없던 사람들조차도 외가격 옵션을 매수하려 할 수도 있습니다.[23] 가령 어떤 풋의 행사 가격이 $10이고 그 기초 자산 가격이 현재 $20이라 하겠습니다. 이 풋의 남은 만기는 약 한 달입니다. 한 달 동안 기초 자산 가격이 $10보다 낮아져야 이 풋은 만기일에 가치가 있습니다. 하지만 어떤 기초 자산이든지 한 달 수익률이 −50%를 하회할 가능성은 매우 낮습니다. 그렇기에 이 외가격 옵션의 현재가치도 매우 낮게 평가될 것입니다. 또이 외가격 옵션을 매도하려는 사람들이 수는 많을 것입니다. 이런 외가격 풋의 초과공급 결과 이 외가격 풋이 현재 $0.1의 낮은 가격으로 거래되고 있다고 합시다. 그러면 이 상황에서는 다시 이 외가격 풋을 사려는 사람이 많아질 수도 있습니다. 이 외가격 풋이 저렴해도 너무 저렴하다고 생각되기 때문입니다. 그러면 이 외가격 옵션은 시장에서 거래가 잘 될 것입니다. 즉, 거래량이 많을 것입니다. ▣

---

[22] '가성비'에 더해 이른바 '가심비'가 있다면 금상첨화입니다. 외가격 옵션 고유의 특성을 감안하면 일부 투자자들에게는 이 옵션에는 '가심비'까지도 있을 수도 있습니다. 가령 외가격 옵션 투자로부터, 다른 옵션 투자에서와는 달리, 일종의 강력한 효용을 느낀다면 말입니다.

[23] 비트코인 등 암호 화폐(crypto currency)에 관심 없던 사람도 어느날 이 코인 가격이 30% 폭락했다는 뉴스를 들으면 '한번 사 볼까' 하는 생각이 들 수 있듯이 말입니다.

질문 3-10〉 외가격 옵션 투자가 이루어지는 그럴듯한 예를 제시해 보세요.

행사 가격이 $16이고($K$=16) 기초 자산 가격이 현재 $20인 어떤 (유러피언) 풋의 가격이 $0.04라 하겠습니다. 만기일에 기초 자산 가격이 $16 이상일 확률이 0.99이고, $15가 될 확률이 0.01 정도 된다고 시장에서 대략 전망한다고 합시다. 만기일에 이 옵션이 내가격이 될 확률이 0.01에 불과해서, 이 옵션을 매도하려는 (혹은 새로 발행하려는) 투자자들이 많다고 가정하겠습니다. 그래서 A가 이 가격으로 이 풋을 많이 매수할 수 있습니다 그러면 A에게 있어 이 옵션 투자의 기대 수익률과 최대 수익률은 다음과 같이 산출됩니다. 여기서 최대 수익률이란, 실현될 확률이 0보다 큰 모든 미래 사건 중에서 A가 누릴 수 있는 최대 이익률이라 정의하겠습니다. 이는 보편적으로 정의된 개념은 아니고 외가격 옵션 투자자들이 생각해 볼 수 있는 수익률 개념입니다.

A의 풋 1개 투자당 기대 이익은

$$-0.04 + [0.99 \times 0 + 0.01 \times (16 - 15)] = -\$0.03$$

이 되어, 평균적으로 손실이 발생합니다. 풋 1개에 $0.04를 투자해서 평균적으로 $0.03의 손실을 보니, A의 기대 수익률은 −0.75 = −75%나 됩니다. 반면 A의 최대 수익률은 다음과 같습니다. 확률 0.01인 바로 그 사건이 발생하여 기초 자산 가격이 $15가 되면, A의 풋 1개 투자당 순이익은

$$-0.04 + (16 - 15) = \$0.96$$

이 됩니다. $0.04 투자해서 $0.96의 이익을 실현하므로 이때 이익률은

$$\frac{0.96}{0.04} = 24 = 2{,}400\%$$

가 됩니다. 단번에 2,400% 이익을 내는 투자를, 설혹 그 확률이 0.01이라 해도, 어디 쉽게 찾을 수 있을까요?

이런 이유로도 외가격 옵션 투자를 실행하는 투자자들이 시장에 있을 수 있습니다. 기대 수익률만 감안하면 외가격 옵션을 투자할 투자자들은 거의 없습니다. 외가격뿐 아니라 내가격이나 등가격 옵션을 매수할 사람들도 별로 없을지도 모릅니다. (반대로 기대 수익률만 감안하면 옵션을 발행(매도)하려는 사람들은 항상 더 많을 것입니다.)

그러나 기대 수익률이 아닌 다른 투자 지표에 관심을 가진다면 외가격 옵션은 타 자산이 주지 못하는 기회를 제공할 수 있습니다. 이런 기회가 존재한다는 사실 자체에 높은 효용을 느끼는 투자자들은 외가격 옵션을 매수할 수 있을 것입니다. 가령 프로 야구에서도 야구팬들이 야구장에 가는 유일한 이유가 '승률'이라면, 승률이 매우 높은 상위 몇 개 팀에만 야구팬들이 몰릴 것입니다. 하지만 현실은 다르지 않습니까? 오랜 기간 승률이 (매우) 낮았던 어느 프로 야구팀의 홈 경기에 여전히 많은 팬들이 몰릴 수 있음을 우리는 알고 있습니다. 이처럼 다양한 유형의 야구팬 아니 다양한 유형의 투자자들이 존재하는 한 외가격 옵션은 시장에서 충분히 (인기 속에) 거래될 수 있습니다.

결론적으로, 위 외가격 옵션 가격 $0.04는, 최대 수익률을 중시하는 일부 투자자들에게는 무려 2,400 %의 최대 수익률을 제공하는 투자 대상입니다. 사실 현실에서도 외가격 옵션뿐 아니라 로또, 암호 화폐 등 투자 위험이 극단적으로 높은 자산에 투자하는 투자자들도 많습니다. 이들이 주된 관심사는 기대 수익률보다는 (위에서 정의한) 최대 수익률일 가능성이 더 큽니다. 나아가 최대 수익률 이외의 또 다른 투자 지표에 따라 외가격 옵션을 매수하려는 투자자들도 존재할 수 있습니다. ▣

지금까지는 외가격 옵션에 대해 설명했습니다. 이 옵션이 옵션의 시간 가치 설명에 가장 효율적인 측면이 있기 때문입니다. 이제 본격적으로 옵션의 '시간 가치(time value of options)' 그 자체에 대해 알아보겠습니다. 현재 시점에서만 따지면 특정 옵션의 내재가치가 (매우) 작을지라도, 향후 시간이 경과함에 따라 기초 사산 가격이 옵션 보유자에게 유리하게 전개되어 만기일 등 미래 시점에는 옵션 가치가 현재의 옵션 내재가치보다 더 커질 수 있습니다. 외가격 옵션이 대표적인 경우입니다. 외가격 옵션의 내재가치는 0인데, 향후 시간이 흐름에 따라 기초 자산 가격이 옵션 보유자에게 유리하게 전개되어 미래 시점에는 옵션 가치가 현재의 옵션 내재가치보다 더 커질 수 있습니다. 옵션 가격은 이런 가능성을 미리 반영합니다. 가령 행사 가격=$8, 기초 자산 가격=$10인 어떤 풋의 가격이 $1이라면 이 외가격 옵션 가격에 시간 가치가 포함되어 있는데, 이 외가격 옵션의 시간 가치는 옵션 가격 $1에서 옵션 내재가치 $0을 뺀 $1이 됩니다.

옵션의 시간 가치는 외가격 옵션에만 존재하지 않고 내가격 및 등가격 옵션에도 존재합니다. 가령 행사 가격=$10, 기초 자산 가격=$10인 어떤 풋의 가격이 $2라면 이 등가격 옵션 가격에도 시간 가치가 포함되어 있는데 그 값은 2−0=$2가 됩니다. 또 행사 가격=$12, 기초 자산 가격=$10인 어떤 풋의 가격이 $3.5라면 이 내가격 옵션 가격에도 시간 가치가 포함되어 있는데 그 값은 3.5−2=$1.52가 됩니다. 이처럼 옵션 가격이 옵션 내재가치보다 큰 이유는, 현재 내재가치보다 (만기일 포함) 미래 시점의 청산가치가 더 클 수 있기 때문입니다. 옵션의 '시간' 가치라는 이름 자체가, '시간'이 지남에 따라 미래에는 옵션 보유자에게 (현재보다 더) 유리한 국면이 도래할 수 있다는 의미입니다.

> **정의 2〉 옵션 시간 가치(time value of options)**
>
> 옵션 시간 가치 = 옵션 가격 − 옵션 내재가치

여기서 외가격 옵션 시간 가치에 대한 질문을 하나 해 봅시다.

> 질문 3-11〉 외가격 옵션의 내재가치는 모두 0인데, 그럼 모든 외가격 옵션의 시간 가치도 같나요?

모든 외가격 옵션의 내재가치는 정의에 의해 0입니다. 그러나 이는 등가격 옵션의 내재가치가 0인 것과는 의미가 다릅니다. 등가격 옵션의 경우, 실제로 옵션을 지금 당장 행사하면 옵션 보유자에게 0의 현금흐름이 발생하지만, 외가격 옵션 보유자가 즉각 옵션을 행사하면 음(−)의 현금흐름이 발생하기 때문입니다. 이처럼 음의 현금흐름이 발생하면 자동적으로 그 옵션의 내재가치를 0으로 규정하기에 외가격 옵션의 내재가치가 0이 됩니다. 그러므로 "진정한 의미에서" 외가격 옵션의 내재가치는 음수이므로 등가격 옵션의 내재가치 0보다 작습니다. 즉, 내재가치가 0으로 같다고 해서 모든 외가격 옵션들과 등가격 옵션의 진정한 가치가 서로 같다고 할 수는 없습니다.

둘째로, 내재가치가 0인 여러 외가격 옵션들의 시간 가치들도 다릅니다. '내재가치=0'인 (다양한) 외가격 옵션들의 진정한 가치가 모두 다르기 때문입니다. 한마디로 말하면, 내가격 옵션 혹은 등가격 옵션에 가까운 외가격 옵션일수록 그 시간 가치가 큽니다. 내가격 옵션에 가까운 외가격 옵션이란, 지금 현재는 내재가치가 0이지만 기초 자산 가격이 조금만 변해도 내가격 옵션이 될 수 있는 외가격 옵션을 말합니다. 즉, 내가격 옵션이 될 확률이 큰 외가격 옵션일수록 그 시간 가치가 큽니다. 당연하지 않겠습니까? 옵션 시간 가치는 "미래에는 현재보다 옵션 가치가 더 커질 가능성"이 주로 반영되어 결정되는 것이니까 말입니다. 동일한 외가격 옵션이라도 이런 가능성이 별로 높지 않는 옵션도 있고 이 가능성이 높은 옵션도 있는데, 후자의 시간 가치가 전자의 시간 가치보다 더 큽니다. 이를 간단하게 도표로 나타내면 다음과 같습니다. 아래 도표의 외가격 콜 옵션들의 가격은, (동일한) 기초 자산 가격이 변할 때의 옵션 가격들입니다. 구체적으로 이 콜들의 행사 가격=10, 만기=1년을 전제로, 블랙-숄즈 콜 옵션 가격 공식에 의거하여 산출한 이론 콜 옵션 가격들 및 시간 가치들입니다(기초 자산 가격이 10인 등가격 옵션도 비교를 위해 포함).[24] 풋이 아니고 콜 옵션임을 기억하기 바랍니다.

➢ 도표 3-8 외가격 콜 옵션들의 시간 가치 (행사 가격 10)

기초 자산 가격	9	9.2	9.4	9.6	9.8	10
옵션 가격	0.87	0.97	1.07	1.18	1.3	1.42
(내재가치)	0	0	0	0	0	0
시간 가치	0.87	0.97	1.07	1.18	1.3	1.42

위 도표에서 확인할 수 있듯이, 외가격 옵션의 시간 가치는 기초 자산 가격이 옵션 행사 가격 10에 가까울수록 커집니다. 그럴수록 이 옵션이 내가격 옵션이 될 확률이 커지기 때문입니다. 한편 기초 자산 가격이 행사 가격에 가장 가까운 옵션이 바로 등가격 옵션입니다. 즉, 등가격 옵션의 경우, 기초 자산 가격이 0.01만 커져도 내가격 옵션이 되니까, 그 시간 가치가 그 어떤 외가격 옵션의 시간 가치보다 큽니다. 다르게 표현하면, 외가격 옵션이 극단적으로 수렴하는 대상이, 혹은 외가격 옵션의 끝판왕이, 등가격 옵션입니다. 그 결과 등가격 옵션의 시간 가치가 가장 크고, 다른 외가격 옵션들의 경우 이 등가격 옵션에 가까울수록 그 시간 가치가 큽니다. 덧붙여 우리가 알 수 있는 사항은,

---

[24] 블랙-숄즈 옵션 공식은 추후 제8장에서 상세히 공부합니다. 이 공식 사용에 필요한 다른 옵션 모수들(parameters)이 있는데, 위 외가격 옵션 가치평가에는 연 무위험 이자율=0.05, 기초 자산 수익률 연 변동성=0.3을 적용했습니다.

외가격 옵션 가격은 100% 시간 가치만으로 이루어져 있다는 것입니다. 이는 등가격 옵션도 마찬가지입니다. 이들 옵션들의 내재가치가 0이기 때문입니다. ▣

그러므로 외가격 옵션의 시간 가치 특성에 대해 다음 정리가 도출됩니다.

정리 4〉 외가격 옵션 시간 가치의 특성

1) 외가격 옵션이 등가격 옵션과 가까울수록 그 시간 가치는 커진다.
2) 외가격 및 등가격 옵션의 가격은 100% 시간 가치로만 형성된다.

이제 조금 주제를 바꿔, 옵션 시간 가치에 대해 좀 충격적인(?) 내용을 말해볼까 합니다.

정리 5〉

시간 가치가 음(−)인 옵션도 있다.

나중에 유러피언 풋 혹은 어메리칸 풋을 상세히 설명할 때 배우겠지만, 시간 가치가 (−)인 옵션도 있습니다. 엥? 그런 옵션이? Yes, such options do exist. 왜일까요? 시간이 흐름에 따라 기초 자산 가격이 옵션 보유자에게 "항상 불리하게만" 움직일 것으로 예상되는 경우가 있기 때문입니다. 또는 기초 자산 가격의 움직임이 옵션 보유자에게 "평균적으로 불리할" 것으로 예상되는 경우도 있기 때문입니다. 이런 경우에는, 만기일까지 시간이 남아 있다는 사실 자체가 (유러피언) 옵션 보유자에게 곤혹스러울 따름이고 옵션 가치를 하락시키는 원인이 될 것입니다. 이 경우 옵션 보유자들은 시간이 화살처럼 빨리 지나가 바로 만기일이 도래하기를 바랄 수도 있습니다. 가장 대표적인 예를 들면, 풋 보유자의 경우 기초 자산 가격이 0에 근접한 상황입니다. 특정 행사 가격을 가지는 모든 풋의 가치는 그 기초 자산 가격이 낮아질수록 상승합니다. 그런데 그 기초 자산 가격이 이미 0에 근접했다면 더 이상 낮아질 수는 없습니다. 반면 그 기초 자산 가격이 (남은 만기일까지) 다시 상승할 수는 있습니다. 그러므로 기초 자산 가격이 0에 근접한 경우에는, 만기일까지 기다려야 행사를 할 수 있는 유러피언 풋의 경우 시간 가치가 (−) 값을 가집니다. 가령 행사 가격 = \$10, 기초 자산 가격 = \$0.1,

만기일은 2주 후인 어떤 유러피언 풋의 내재가치는 10−0.1=$9.9입니다. 그리고 (기초)자산 가격은 0보다 낮을 수 없으므로, 만기일까지 기다려도 이 풋의 최대 가치는 $10으로 제한됩니다. 반면 2주 후 만기일에 기초 자산 가격이 $2가 되면 그 청산가치는 10−2=$8이 되어 현재 이 풋의 내재가치보다 작습니다. 만기일에 기초 자산 가격이 $4가 되면 그 청산가치는 더 작아져 $6이 됩니다. 그러므로 이런 가능성을 감안하면, 만기까지 시간이 아직 남아있다는 상황이 오히려 풋 보유자에게 불리하게 작용합니다. 이런 풋 보유자는 만기가 1초 후라면 가장 행복할 것입니다. 그러므로 이런 경우 풋의 시간 가치는 (−)가 됩니다. 즉, 현재 이 풋의 내재가치는 $9.9이지만 풋 가격 자체는 $8.9가 될 수 있습니다. 또 이런 풋을 단순히 내가격 풋이라 하기보다는 '심내가격(deeply-in-the-money) 풋'이라 합니다. 일반적으로 옵션의 시간 가치는 음수가 되지 않지만 '심내가격 풋'은 예외입니다.

질문 3-12〉 '시간 가치가 음수가 되는 것'을 비유로 설명할 수 있을까요?

일상 생활에서도 무언가를 실행할 시간이 많이 남아 있다면 적게 남은 경우보다는 (일반적으로) 더 큰 효용을 얻을 수 있습니다. 가령 여러분이 학교에서 수강하는 어느 수업의 기말 고사 혹은 자격증 관련이나 국가 고시 등의 시험에 있어서, 시험일이 내일이 아니고 1주일 후라면 얼마나 좋을까라고 생각해 본 적 없나요? 저자는 대학생일 때 중간, 기말 고사 즈음에서 그런 생각을 한 적이 많았습니다. 그런데 반대로, 기말고사나 국가 고시를 다른 경쟁자들에 비해 충분히 많이 대비했다고 생각하는 사람들은 어떨까요? 이들도 내일이 아니고 1주일 후 시험 치르면 더 좋겠다고 생각할까요?[25] 현재 자신이 그 시험에 대해 타 수험생에 비해 상대적으도 더 잘 준비되었다고 생각한다면, 오히려 빨리 시험을 보고 싶다는 생각을 할 수도 있지 않을까요? 만일 이들이 시험일까지 남은 시간이 많은 상황보다 남은 시간이 적은 상황을 더 선호한다면, 이들에게는 시간 가치가 (−)가 되는 것입니다. (상대평가 시험에서) 시간이 흘러 본인에게 유리한 국면이 조성되기보다는 상대적으로 불리한 국면이 도래할 가능성이 더 높기 때문입니다. (유러피

[25] 굳이 따지면, 상대평가 요소가 가미된 모든 시험이 이에 해당됩니다. 그리고 절대평가라 해도, 결국 시험 준비가 더 잘된 사람의 경우 굳이 시험 날짜를 미루어서 본인에게 혜택이 더 발생하지는 않는다고 생각하면, 이 경우에도 이 사람에게는 시간 가치가 음수 혹은 0이 될 수 있습니다.

언) 심내가격 풋 보유자의 경우도, 풋 만기일이 내일이어서 신속히 행사해버리면 매우 행복하겠지만 반대로 만기일이 한 달 후라면 너무 불안할 것입니다.

시간 가치가 음수인 또 다른 예를 든다면, 가령 어느 축구 경기에서, 특히 결승전에서 1-0으로 이기고 있는 팀을 생각해 볼 수 있습니다. 경기 종료 휘슬이 울릴 시간이 1초 남았다면 이 팀은 가장 행복할 것입니다. 반면 경기 종료까지 5분, 10분, 15분이 남았다면 이 팀은 남은 시간이 길수록 긴장을 늦출 수 없고 그만큼 덜 행복할 것입니다. 결국 현 시점이 본인에게 더 유리하다고, 가장 유리하다고 생각될수록 옵션 보유자든 수험생이든 축구팀이든 이들의 시간 가치는 음수가 될 수 있습니다. ■

심내가격 풋의 시간 가치를 포함한, 콜와 풋의 시간 가치는 제2절부터 제4절에 걸쳐 다음 주제를 다룰 때 상세히 분석하겠습니다.

i) 옵션 만기가 옵션 가치에 미치는 영향
ii) 어메리칸 콜과 유러피언 풋

여기서는 이 정도로만 소개합니다만, 옵션의 시간 가치 개념은 대단히 중요한 개념이니 추후 상세 설명 시 여러분들의 집중이 필요합니다. 유러피언 풋의 경우 시간 가치가 '-'가 될 수도 있다는 사실을 위에서 예로 들었는데, 콜의 시간 가치도 여러분들의 주의를 요하는 내용이 있습니다. 어메리칸 콜은 만기일까지 절대로 행사하지 않는 것이 최적의 전략이라는 내용입니다. 아니, 만기일 이전에 언제라도 행사할 수 있는 옵션이 어메리칸 옵션인데, 어메리칸 콜의 경우 만기까지 행사하지 않는 것이 가장 바람직하다는 주장이 도대체 무슨 의미입니까? 네, 그때 가서 설명하겠습니다. 그때 가서 설명을 잘 들으면 그런 내용도 이해가 될 것입니다. 어떤 면에서는, 이런 예외적 내용이 옵션 공부에 포함되기에 옵션 공부가 흥미진진(?)할 수도 있지 않나 생각합니다.

질문 3-13〉 옵션 시간 가치 개념의 단점은 무엇입니까?

위에서 설명한 (전통적인) 시간 가치 개념은 한 가지 단점이 있습니다.[26] 옵션 가격

[26] 여기서 '전통적인'은 '관행적인' 혹은 '통상적인'으로 대체할 수 있는 단어입니다. 영단어로는 "conventional"입니다. "conventional wisdom"이 "common sense"와는 달리 부정적 의미가 더 강하듯이, 위 본문의 '전통적인' 또한 부정적 의미로 사용된 것입니다.

에서 내재가치를 뺀 수치가 시간 가치 수치가 되는데, 내재가치 개념은 (전술한 대로) 다소 오해를 불러 일으킬 수 있기 때문입니다. 위에서 사용한 "외가격 옵션의 시간 가치" 도표를 확장하여 이를 설명하겠습니다. 행사 가격=10, 만기=1년을 전제로, 블랙-숄즈 콜 옵션 가격 공식에 의거하여 산출한 이론 콜 옵션 가격 수치들이 아래 도표에 제시되어 있습니다. 이 콜 옵션들의 시간 가치가 각 기초 자산 가격에 따라 산출되어 있고, 추가적으로 "행사 가치"를 <도표 3-10>에 산출했습니다. "행사 가치" 혹은 "value at exercise"란 저자가 고안한 개념으로, 옵션 보유자가 즉각 옵션을 행사할 때 실제로 얻을 현금흐름입니다. 이에 대해서는 추후 상세히 설명하겠습니다.

➤ 도표 3-9 콜 옵션의 시간 가치

기초 자산 가격	9	9.2	9.4	9.6	9.8	10	10.2	10.4	10.6
옵션 가격	0.87	0.97	1.07	1.18	1.3	1.42	1.55	1.68	1.82
(내재가치)	0	0	0	0	0	0	0.2	0.4	0.6
시간 가치(time value)	0.87	0.97	1.07	1.18	1.3	1.42	1.35	1.28	1.22
(행사 가격)	10	10	10	10	10	10	10	10	10

➤ 그림 3-4 옵션의 시간 가치

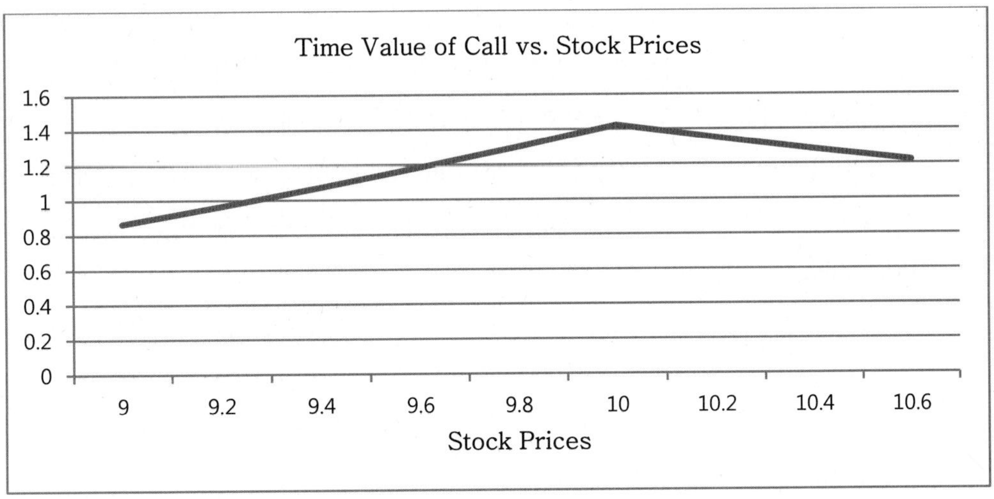

위 그림에서 알 수 있듯이, 다른 모든 옵션 사양(specifications)이 동일하고 기초자산 가격만이 다를 때, 내가격, 등가격, 외가격 옵션 중 시간 가치가 가장 큰 옵션은 등가격 옵션입니다. 이것이 통상적으로 사람들이, 전문가들이 알고 있는 옵션 시간 가치의 특성입니다. 그런데 이러한 결론은 모든 외가격 옵션의 내재가치=0으로 정의된 데서 비롯된 것입니다. 하지만 모든 외가격 옵션의 내재가치를 0으로 결정하면, 다양한 외가격 옵션의 외가격 상태를 정확히 반영할 수 없기에. 이 내재가치에 근거하여 산출한 외가격 옵션의 시간 가치는 사람들에게 혼란을 줄 수 있습니다(misleading).

반면 저자가 고안한 "행사 가치" 개념은 내재가치 산출의 단점을 보완한 개념입니다. 외가격 옵션이든 내가격 옵션이든 구분하지 않고 실제로 지금 옵션을 행사할 때 옵션 보유자에게 발생하는 현금흐름을 뜻합니다. 이 정의에 따르면, 모든 외가격 옵션의 "행사 가치"는 음수가 됩니다. 모든 외가격 옵션의 내재가치가 0이 되는 것과는 다른 결과입니다. 이 "행사 가치" 수치가 바로 현 외가격 옵션이 얼마나 외가격인지를 나타내는 척도(measure)가 됩니다. 혹은 현재 옵션 보유자가 얼마나 불리한 상태인지를 나타내는 척도가 될 수 있습니다. 단순히 모든 외가격 옵션들의 내재가치=0이라 하면, 과연 그 각각의 외가격 옵션이 얼만큼 외가격에 위치하고 있는지를 명확히 나타낼 수 없습니다. 즉, 외가격 옵션의 진정한 "상태"를 차별적으로 표시할 수 없다는 말입니다. 반면 옵션의 시간 가치가 '행사 가치'를 활용하여 측정되면 더 의미있는 수치가 될 수 있습니다. 다양한 외가격 옵션들의 '현 상태의 불리함'은 '행사 가치'에 의해 차별화되기 때문입니다. 그러므로 (외가격) 옵션 가격에서 그 '행사 가치'를 뺀 나머지 수치가 옵션의 진정한 시간 가치, "true time value"라 할 수 있습니다. 아래 도표에 이런 내용이 반영되어 있고 그 아래에 그래프로 제시되어 있습니다. 이 콜 옵션의 "true time value"는 (옵션의 시간 가치와는 다르게) 내가격에서 외가격으로 전환됨에 따라, 그리고 외가격 상태가 심화될수록 점점 더 커지고 있어, 직관적으로도 이해하기 쉽습니다.

정의 3〉 옵션의 행사 가치(value at exercise)

옵션의 행사 가치란, 옵션 행사가 옵션 보유자에게 불리할 수 있음에도 불구하고, 특정 시점에서 실제로 옵션을 행사할 때 발생하는 현금흐름이다.

이 개념을 사용하여 콜의 진정한 시간 가치(true time value)를 산출하면 다음 도표 및 그림과 같습니다.

➢ 도표 3-10 콜 옵션의 행사 가치(value at exercise)

기초 자산 가격	9	9.2	9.4	9.6	9.8	10	10.2	10.4	10.6
옵션 가격	0.87	0.97	1.07	1.18	1.3	1.42	1.55	1.68	1.82
(내재가치)	0	0	0	0	0	0	0.2	0.4	0.6
행사 가치 (value at exercise)	−1	−0.8	−0.6	−0.4	−0.2	0	0.2	0.4	0.6
True time value	1.87	1.77	1.67	1.58	1.5	1.42	1.35	1.28	1.22
(행사 가격)	10	10	10	10	10	10	10	10	10

➢ 그림 3-5 옵션의 True time value

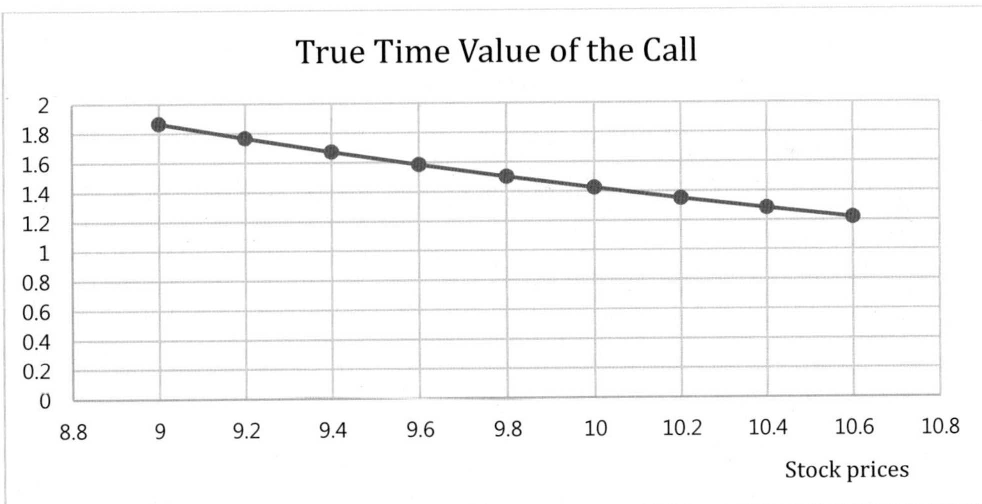

이제 옵션 시간 가치에 대해 마지막 코멘트를 하겠습니다. 옵션의 'true time value'는 전통적 의미의 옵션 시간 가치가 제공할 수 없는 중요한 옵션 투자 지표를 제공할 수 있습니다. 옵션 투자 시, 특히 외가격 옵션 투자 시, 옵션의 시간 가치는 중요한 투자 지표입니다. 왜냐하면, 사양(specifications)이 같은 외가격 옵션들의 내재가치는 모두 0이기에, 시간 가치만이 유일하게 활용할 수 있는 지표이기 때문입니다. 가령 현 옵션 가격에 비해 시간 가치가 지나치게 높다고 생각되면 외가격 옵션의 매수를 포기할 것입니다. 그런데 이렇게 중요한 지표인 (전통적) 시간 가치는 외가격 옵션 내재가치의 문제점을 고스란히 안고 있습니다. 기초 자산 가격에 따라 차별화되지 않고 모든 외가격 옵션의 내재가치가 0인 문제를 옵션 시간 가치도 그대로 이어받고 있기 때문입니다. 반면 'true time value' 개념은 이런 모순이 해소된 척도를 제공합니다. 이런 점에서, 실제 (외가격) 옵션 투자 시에는 적어도 옵션 시간 가치와 'true time value'를 모두 참고하여 투자하는 전략이 합리적이라 할 수 있겠습니다.[27]

'true time value'에 대한 또 하나의 사실은, 내가격 옵션이나 등가격 옵션의 경우는 "시간 가치 = true time value"가 성립한다는 것입니다. 이들 옵션에는 내재가치가 옵션 가격의 실체를 왜곡하지 않고 정확히 반영하기 때문입니다. 그렇다면 일관성(consistency)를 위해서라도 외가격 옵션 시간 가치도 'true time value'를 사용하는 것이 더 합리적일 수 있습니다. 마지막으로, 옵션의 'true time value'는 저자가 주창하는 새로운 개념이고 용어이니, 이 점을 유의하여 이 개념을 기억하기 바랍니다.[28] ▣

한편 옵션의 "행사 가치"는 어메리칸 옵션이 특정 시점에서 조기 행사를 할 것인가의 여부를 결정할 때 실제로 활용됩니다. 조기 행사 결과 현금흐름이 음수(−)가 될 수도 있는데, 이때는 당연히 어메리칸 옵션 보유자는 조기 행사를 하지 않을 것입니다. 이 옵션 보유자는 매 시점에서 조기 행사 여부를 결정해야 하는데, 이때 사용되는 개념은 옵션의 내재가치가 아니라 옵션의 행사 가치라는 말입니다. 옵션 내재가치는 무조건 0보다 크거나 같게 정의되기에, 실제로 어메리칸 옵션 보유자의 조기 행사 시 현금흐름을 정확히 반영하지 못하기 때문입니다.

> **정리 6〉 어메리칸 옵션 조기 행사와 옵션 행사 가치(value at exercise)**
>
> 어메리칸 옵션 보유자가 매 시점에서 조기 행사 여부를 결정할 때 사용할 조기 행사 시 현금흐름은 옵션의 내재가치가 아니라 옵션의 행사 가치이다.

---

[27] 또는 true time value에 확고한 믿음이 있다면, 전통적 옵션 시간 가치를 참조하지 않고 true time value만 참조하여 투자 판단을 할 수도 있습니다.

[28] 가령 true time value 개념의 좋은 점을 하나 든다면, 나쁜 점이 될 수도, 아직 학계에 알려진 개념이 아니니 아마 여러분들이 치를 파생상품 관련 시험에는 학교 내 시험이든 자격증 시험이든 이 개념이 출제되지는 않을 것입니다.

이제 마지막으로, 옵션의 true time value를 잠시 제외하고, 옵션의 "time value(시간 가치)"에 대한 감각을 얻기 위해 한 콜 옵션의 시간 가치가 포함된 옵션 가격 그래프를 한 번 보겠습니다.

➢ 그림 3–6 콜 가격, 시간 가치 및 내재가치

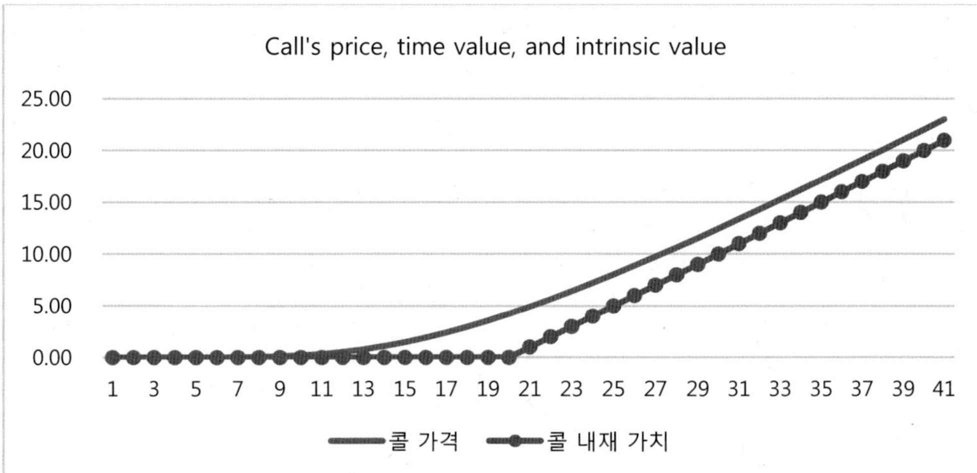

위 그림은 콜의 이론 가격(실선)과 내재가치를 함께 그린 것입니다. 즉, x-축은 S 값이고 y-축은 콜의 내재가치 및 콜의 (이론)가격입니다. 이 콜은 기초 자산 주식 (가격) S에 대한 콜 옵션으로 그 사양은 $K = 20, T = 2(\text{년}), \sigma = 0.3, r = 0.05$입니다. 콜 가격은 그 내재가치와 시간 가치의 합이고, 내재가치는 오늘이 콜 만기일일 때의 가치와 같습니다. 그래서 그래프 상에는 (실선인) 콜 가격보다 콜 내재가치가 작거나 같습니다. 콜 가격이 콜 내재가치보다 큰 경우는 물론 콜 시간 가치가 0보다 큼을 의미합니다. 콜의 이론 가격은, 옵션 가치평가 공식으로 가장 잘 알려진 블랙-숄즈의 (콜) 이론 가격 공식(Black-Scholes option pricing model)을 사용했습니다. 블랙-숄즈 공식에 대해서는 제8장에서 상세히 공부합니다. 또한 블랙-숄즈의 풋 이론 가격 공식을 사용한 유러피언 풋 가격 그래프도 아래에 나와 있습니다.

➢ 그림 3-7 풋 가격, 시간 가치 및 내재가치

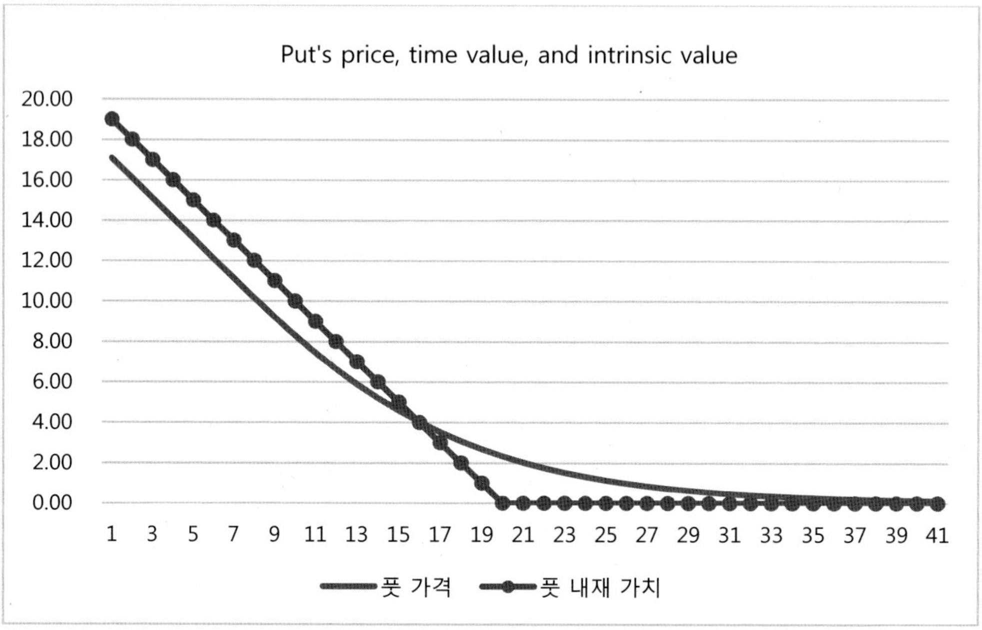

위 그림은 유러피언 풋의 이론 가격(실선)과 내재가치를 함께 그린 것입니다. 다른 모든 내용은 위 콜 그림과 같습니다. 즉, x-축은 S값이고 y-축은 풋의 내재가치 및 풋의 (이론)가격입니다. 풋 가격은 그 내재가치와 시간 가치의 합이고, 내재가치는 오늘이 풋 만기일일 때의 가치와 같습니다. 그런데 심내가격 풋(deeply in-the-money put)의 시간 가치는 음(−)이기에, 풋의 가격(실선)이 풋의 내재가치보다 작은 경우도 있습니다. 가령 S값이 15보다 작으면 상대적으로 풋은 심내가격 풋이 되어, 그 시간 가치가 음(−)이 되는데, 이는 위 그래프에 잘 나타나 있습니다.

5. 옵션의 매도

옵션에 있어 매도란, 굳이 따지자면, 공매도입니다. 자신이 보유한 자산을 파는 것이 아니고, 마치 보험사가 보험 상품을 팔 듯 먼저 돈을 받고 나중에 그 의무를 이행하는 것입니다. 이런 점을 감안해, 이전에 선물(futures) 배울 때 처음 공부했던 공매도 개념을 새롭게 설명한 후 옵션의 (공)매도를 논의하겠습니다.

대부분 자산의 "최초" 거래에 있어서 일반 거래자의 현금흐름은 '−'가 됩니다. 최초 거래는 대부분 자산 취득이기 때문입니다. 즉, 그 자산에 대한 거래자의 포지션은 매수 포지션이고 이를 재무금융에서는 'long position'이라 합니다. 물론 주식의 경우에도 어느 거래자 A가 공매도를 실행하면 A의 그 자산에 대한 포지션은 공매도, 즉 short position이 됩니다. 엄밀한 의미의 공매도 혹은 short positions은 말 그대로 '자신이 보유하지 않은 자산을, 누구에게 빌려 오지도 않은 상태에서, 거래 상대방에게 파는 것'입니다. 이것이 가능한 이유는 여러 측면에서 설명할 수 있습니다만 '숫자'와 '신뢰'의 측면에서 설명해 보겠습니다.

주식 등의 금융 자산을 매매하는 주된 이유는 돈을 벌기 위함입니다. 실물 주식 보유가 그 자체만으로 가치가 있어서 수집하지는 않기 때문입니다. 금이나 원유(crude oil) 같은 실물 자산(commodity) 거래의 목적은 금융 자산의 그것과는 사뭇 다릅니다. 금을 매입하는 이유 중 하나는 실제 필요에 의해서입니다. 가령 금목걸이, 금반지, 귀걸이 등 보석 및 장신구 제작에 금이 필요합니다. 또 금 매수의 다른 목적은 안전 자산으로서의 투자를 위한 것입니다. 또 원유의 경우는 어떻습니까? 원유를 매입하는 가장 보편적인 이유 또한 실제 필요에 의해서입니다. 가솔린, 디젤 등 연료 제품을 생산하기 위해, 플라스틱 등 화학 제품 생산을 위해, 또 전력 생산을 위해 원유가 필요한 것입니다. 반면 주식을 매수하는 주된 목적이 무엇인가요? 목걸이나 반지 만들기 위해서도 아니고, 가솔린이나 플라스틱을 만들기 위해서도 아닙니다. 기업 대주주 등을 제외하면, 어떤 경제 주체가 주식을 매입하는 보편적 목적은 투자 이익을 위해서, 즉 돈을 벌기 위해서입니다.

그 결과 대부분의 금융 자산 거래자는 매수 가격과 매도 가격에만 관심이 있습니다. 즉, 두 '숫자'에만 관심이 있습니다.[29] 그러므로 이들은 주식을 실물로 보관하는 데에는 별 관심이 없고 단지 공적으로 신뢰받는 기관이 주식을 보관하고 있기만 하면 됩니다. 그 공적인 기관이 우리나라의 경우 한국예탁결제원입니다.[30]

가령 A는 주식 D의 주가 $100이 저평가되어 있다고 생각하고 B는 그것이 고평가

[29] 사실은 실물 자산도 금전적 이익만을 위해 투자한다면 실제 자산 인도 없이 현금 결제로만 정산할 수 있습니다.

[30] 그런데 금융 자산 거래자 A와 B가 매수 가격 및 매도 가격이라는 두 숫자에만 관심 있다면, 심지어 한국예탁결제원 같은 제3의 공적 기관이 없어도 주식 매매가 가능할 수 있습니다.

되어 있다고 생각하고 있습니다. A는 D를 매수하려 하고 B는 D를 매도하려 하며, 1년 뒤에는 자신들의 투자를 청산하려 합니다. 그런데 A는 본인의 현금만 있으면 D를 매수할 수 있지만, B는 고평가된 D를 매도하려 해도 이 주식을 현재 보유하고 있지 않으면 이를 실행할 수 없습니다. 단, A와 B가 서로 신뢰한다면 이들은 이 주식을 매매할 수 있습니다. 오늘 A가 B로부터 이 주식 1주를 사는 것으로 서로 약속하고 A가 B에게 $100을 송금합니다. 그리고 1년 후 D 주가가 어떤 값이 되더라도, 가령 $90이라고 하면, B가 $90을 A에게 송금합니다. 이렇게 하면 A는 이 1년간 주식 D를 $100에 사서 $90에 팔아 $10 손실을 실현하고, B는 $100에 먼저 팔고 나중에 $90에 되사서 이익을 실현합니다. 실물 주식을 주고 받지 않아도 위와 같은 거래를 충실히 이행할 것이라는 A, B 사이의 신뢰만 있다면 주식 공매도가 가능하며, 이때 공매도를 실행하는 B는 오늘 먼저 그 주식 가격에 해당하는 $100을 A로부터 받고 1년 후 그 주식을 매입하여 A에게 건네 줘야 하므로, B의 현금흐름은 오늘은 "+" 그리고 1년 후에는 "−"가 됩니다.

다시 옵션 거래로 돌아오면, 옵션을 매도(발행)하는 사람은 마치 주식 공매도 경우처럼 오늘 먼저 옵션 가격을 (옵션 매수자로부터) 받고 옵션 만기일에 그 옵션 매수자의 요구에 응하면 됩니다. 만기일에 그 옵션의 청산가치가 0보다 클 때에만 옵션 매수자가 권리를 행사할 것이고 그렇지 않으면 아예 행사 자체를 포기할 것입니다. 전자의 경우 만기일에 옵션 매도자의 현금흐름은 "−"가 될 것이고 후자의 경우에는 0이 됩니다. 그러므로 옵션 매도자의 현금흐름은 최초 매도 시에는 "+"이고 만기일에는 0 혹은 "−"가 됩니다.

한편 콜의 가치는, 그 기초 자산 가격이 '이론적으로는' 만기일까지 지속적으로 상승할 수 있으므로, 거의 무한대로 커질 수 있습니다. 만기가 충분히 길기만 하다면 말입니다. 가령 현재 주가가 1만원인 어느 주식을 3만원에 살 수 있는 콜이 있다고 합시다. 만기가 50년이라면 이 콜의 현재 적정 가격은 얼마가 될까요? 가령 삼성전자 주가는 1990년대 말에 2만원 수준이었다가 2018년 50 : 1로 주식 분할 직전에는 약 250만원까지 상승했습니다. 약 20년 동안 100배 이상 상승한 것입니다. 미국 Tesla 주가는 2011년부터 10년간 약 200배의 상승을 보였습니다. 이처럼 콜 만기가 충분히 길면, 기초 자산의 가격 상승에 따라서는 콜 가치가 수백 배까지 상승할 수도 있습니다. 게다가 콜 가격은 기초 자산 가격보다 훨씬 낮기에 이를 감안하면 그 이상이 될 수도 있습니다.[31] 가령 만기가 20년이고 행사 가격이 9만원인 어떤 콜의 기초 자산인 주식 D 가격이 현재 1만원이라 합시다. 이 콜이 가치가 있으려면 만기일 D 주가가 9만원보다 커야 하고, 그러려면 D 주가가 800% 보다 높게 상승해야 합니다. 콜 만기를 20년으로 길게 잡아도 이는 일반적으로 매우 가능성이 낮은 사건에 해당합니다. 그러므로 이런 콜의 가치가 높을 수는 없어 현재 콜 가격은 매우 낮게 형성되는데, 가령 100원이 현재 콜 가격일 수 있습니다. 20년 후 만기일에 D 주가가 10만원이 된다면, 20년 동안 그 주가는 1만원에서 10만원으로 9배 혹은 900% 상승한 셈입니다. 한편 이 만기일에 콜 가치는 10만원−9만원=1만원이 되므로, 20년 동안 콜 가격은 100원에서 1만원으로 99배 혹은 9,900% 상승하게 됩니다. 애초 OTM 콜의 가격이 매우 낮았기 때문입니다. 이를 옵션의 "레버리지 효과(leverage effect)"라 합니다.[32]

이런 점에서 옵션 투자는 그 기초 자산인 주식 투자보다 훨씬 더 위험할 수 있습니다. 이 콜 매수자의 경우, 만기일 이 주가가 9만원을 넘지 않으면 투자금 100원 전부를 잃게 되므로, 투자 손실이 100%가 됩니다. 반대로 만기일 이 주가가 9만원을 넘으면, 가령 위 예처럼 10만원이 된다면 투자 이익이 9,900% 됩니다. 물론 그 가능성은 매우 낮을 것이므로, 대부분의 경우 이 콜 매수자의 투자 손익은 손실 100%가 될 것입니다.[33] 콜 매도자의 경우 더 위험한 투자를 한다고 볼 수 있습니다. 100원을 받고 행사 가격 9만원인 콜을 매도했는데, 만기일에 주가가 10만원이 되면, 그리고 간단히 콜 매수자와 현금 결제하면 1만원의 현금 유출이 발생하니 원래의 투자 규모(=수령액 100원)의 99배에 달하는 손실을 입은 것입니다.[34] 통상 옵션 거래가 위험하다고 하는

---

[31] 이를 옵션 투자의 레버리지 효과(leverage effect)라고 합니다. 선물 투자에도 이 효과가 적용됩니다. 이들 파생상품은 그 기초 자산의 매수(매도)권 혹은 그 기초 자산을 거래할 의무만을 대상으로 하는 자산이기 때문에 그 가격이(증거금이) 기초 자산 가격에 비해 매우 낮기 때문입니다.

[32] 본절 앞에서도 옵션 매도 포지션은 옵션 매수 포지션보다 더 위험하다는 내용을 (만기일 옵션 청산가치의 형태를 보면서) 배웠습니다. 그래서 자금 동원(보유) 역량이 뛰어난 기관들은 옵션 매도를 상대적으로 자주 이용하는 반면, 자금이 제한적인 개인투자자들은 상대적으로 옵션 매도를 잘 하지 않는다는 내용도 설명했습니다. 그런데 이런 옵션 청산가치 관점과 별개로, 옵션 가격 자체의 레버리지 효과 때문에 옵션 매도는 그만큼 더 위험합니다.

[33] 콜 가격이 100원에 불과해서 설사 콜 투자 손실 100%라 해도 심각하지 않을 것 같지만, 이런 콜을 매수하는 사람은 보통 100원만 투자하지는 않고 10만원, 100만원을 투자하여 콜을 1,000개, 10,000개 살 수도 있습니다.

[34] 물론 대부분의 경우에는, 만기일 주가가 9만원을 넘을 확률이 거의 0이라고 하면, 콜 매도자는 거의 항상

것은 이처럼 매수나 매도의 경우 모두 극한의 리스크를 가지게 되며, 특히 매도의 경우 원 투자 규모보다 수십 배나 더 큰 '손실'을 볼 수 있기 때문입니다.

제 2 절 옵션 가격 결정 요인

주식을 기초 자산으로 하는 콜이나 풋 옵션 가격에 영향을 미치는 요인은 여럿 있습니다. 이 요인들은 기본적으로 5개인데 배당금을 포함하면 6개로 생각할 수도 있습니다. 우리는 일단 배당을 고려하지 않고 5개 영향 요인을 살펴본 후 나중에 배당에 관해 분석하겠습니다. 이 6개 요인은 각각 S = underlying asset price = 기초 자산 가격, K = strike price = 행사 가격, V = volatility = 변동성, τ = time to maturity = (잔존)만기, r = interest rate = 무위험 이자율, 그리고 D = dividend = 배당입니다. 이들이 어메리칸 혹은 유러피언 콜이나 풋 가격에 미치는 영향을 편미분 개념을 이용하여 표로 제시하면 아래와 같습니다. 가령 유러피언 콜 가격을 그 기초 자산 가격인 S로 편미분하면 그 결과는 (+) 부호가 된다는 것입니다. 물론 콜이나 풋 가격 공식을 아직 우리가 모르기에 이 편미분의 수학적 결과가 어떤 형태의 함수일지 아직 알 수 없습니다(제8장에서 편미분 논의). 다만 편미분의 뜻이 무엇인지 우리가 알고 있으니, "x가 커지면 $f(x)$도 커진다"라는 문제를 우리가 다루고 있음을 기억하면 됩니다. 나중에 우리가 블랙-숄즈 옵션 가치 공식(Black-Scholes option pricing formulas)을 배운 후에는 실제 그 공식들을 사용하여 편미분 결과가 어떤 수식이 되는지 정확히 알 수 있습니다. 이 편미분 결과를 옵션의 민감도(Greeks)라고 합니다. Greeks에 대한 본격적 논의는 우리가 블랙-숄즈 공식을 공부한 이후 제8장에서 진행하며, 본절에서는 직관과 논리 중심으로 논의를 진행합니다.

100% 이익을 실현하게 됩니다. 그럼에도 불구하고, 99배의 손해를 볼 위험을 감수하고 100% = 1배의 이익을 실현하는 것이니 이 또한 극도로 위험한 투자입니다.

➤ 도표 3-11 옵션 가격 결정 변수(편미분 부호)

	c	p	C	P
S	+	−	+	−
K	−	+	−	+
σ	+	+	+	+
τ	+	?	+	+
r	+	−	+	−
D	−	+	−	+

위 도표에서 c = 유러피언 콜, p = 유러피언 풋, C = 어메리칸 콜, 그리고 P = 어메리칸 풋 옵션을 의미합니다. 또 이 옵션들의 기초 자산을 주식으로 할 때 S = 주가, K = 옵션의 행사 가격, σ는 주가의 변동성(정확히는 수익률의 변동성), τ는 옵션의 잔존 만기, 그리고 r은 무위험 이자율입니다. 또 각 셀의 + 혹은 − 부호는 이 6개 변수 각각의 옵션 가치에 대한 편미분 부호를 뜻합니다. 가령 첫 줄 첫 번째 부호인 "+"는 $\frac{\partial c}{\partial s} > 0$을, 그리고 두 번째 부호인 "−"는 $\frac{\partial p}{\partial s} < 0$을 의미합니다. 여기서 기억해야 하는 사실은 편미분의 의미입니다. 편미분이란 다른 모든 변수는 변하지 않고 특정 변수 값이 커질 때 옵션 가치에 미치는 영향을 뜻합니다. 가령 $\frac{\partial c}{\partial s} > 0$의 의미는, 다른 4개(배당 포함하면 5개)의 변수의 값은 변하지 않았는데 주가만이 상승할 경우 유러피언 콜 가치에 미치는 영향이 "+"란 뜻입니다. 적어도 이론적으로 그렇습니다. 추가적으로, 유러피언 풋 가격을 잔존 만기(τ)로 편미분한 결과는 "?"로 제시되고 있습니다. 이는 곧 잔존 만기가 더 길어지면 유러피언 풋 가치가 상승할 수도 하락할 수도 있다는 의미입니다. 이에 대해서는 본절의 "만기의 영향"에서 상세히 설명합니다.

1. 기초 자산 가격(주가)의 영향

이제 위 도표상 부호의 의미를 하나씩 차례로 파악해 보겠습니다. 유러피언 콜은 특정 주가의 주식을 (고정된) 행사 가격 K로 살 수 있는 증권이므로 그 주식의 주가가 높아질수록 콜 보유자에게 이익이 됩니다. 왜냐하면 만기일 콜 행사하여 얻을 현금흐름은 $S_T - K$이므로 (행사 안 하면 0) S_T가 커질수록 콜의 만기일 가치가 커지기 때문입니다. 물론 위 도표 상의 S는 S_T가 아니라 현재 주가를 말하지만, 현재 주가가 상승하면 만기일 주가 S_T도 상승한다고 볼 수 있음을 아래 질문에서 자세히 설명합니다. 이때 만기일 옵션 가치를 청산가치(payoff)라 함은 이미 알고 있습니다. 가령 유러피언 콜의 경우 청산가치는 $S_T - K$와 0 중에서 더 큰 값이 되며 이를 $\text{Max}[S_T - K, 0]$으로 표현합니다.[35] 여기서 질문을 하나 하겠습니다.

> 질문 3-14〉 현재의 주가 S_t가 커지는 것과 미래 만기일 주가 S_T가 커지는 것이 무슨 관계가 있을까요? 유러피언 콜의 현재가치는 만기일 청산가치에 기인한 것인데, 만기일 S_T가 아닌 현재 S_t가 커지는 것도 유러피언 콜의 "현재" 가격에 영향을 미칠까요?

S_T와 S_t 간에는 밀접한 관계가 있습니다. 모든 자산의 가격은 그 자산이 창출할 미래가치(가격)를 적정한 할인율로 현재 시점으로 할인한 현재가치를 의미하기 때문입니다. 즉, "$S_t = PV\ of\ S_T$"인 것입니다(PV = present value). 동일한 논리로 "$S_T = FV\ of\ S_t$"입니다(FV = future value). 그런데 현재 가격과 미래 가격 간의 관계는 비단 주식이라는 자산에서만 적용되는 것이 아니라, 모든 자산에 적용됩니다. 가령 오늘 콜 가격은 만기일 콜 가격의 현재가치입니다. 그러므로 오늘 콜 가격이 상승한다면, 할인율이 일정할 때, 만기일 콜 가치가 상승했음을 암시합니다. 일반적으로 미래 시점이 옵션 만기일에만 국한되는 것은 아니고, 어떠한 미래 시점에도 적용됩니다. 우리는 지금 옵션을 공부하고 있으므로 미래 시점을 만기일 중심으로 파악하는 것뿐입니다.

정리 7〉 현재 가격과 미래 가격과의 관계 (옵션 만기일 중심으로)

1) 현재 주가 S_t는 미래 옵션 만기일 주가 S_T의 현재가치(PV)이다.
2) 미래 옵션 만기일 주가 S_T는 현재 주가 S_t 의 미래가치(FV)이다.
3) 현재 옵션 가격은 만기일 옵션 가격의 현재가치(PV)이다.
4) 만기일 옵션 가격은 현재 옵션 가격의 미래가치(FV)이다.

---

[35] 맥락에 따라서는 만기일에 국한하지 않고, 단순히 옵션 행사 시 얻을 현금흐름을 payoff라 하기도 합니다. 어메리칸 옵션의 경우에는 만기일 아닌 시점에서도 옵션을 행사할 수 있으므로 이 옵션의 청산가치는 반드시 만기일 옵션의 가치를 의미하지는 않습니다.

그러므로 오늘 새로운 (좋은) 뉴스로 인해 기초 자산 가격 S_t가 상승하면, 그것의 미래가치인 S_T도 상승합니다. 다른 모든 조건의 변함이 없다고 가정하면 말입니다. S_t에서 $S_t{}'$로 커지면($S_t < S_t'$) 그 미래가치인 S_T도 $S_T{}'$로 커지는데($S_T < S_T'$) 편의상 $S_T{}' = S_T + a$라 하겠습니다($a > 0$). 이는 곧 미래 주가 S_T의 기존 확률분포가 어떠하든, 현 주가가 커지면 S_T의 모든 값에서 α만큼 커짐을 뜻합니다. 이 경우 콜이나 풋의 만기일 청산가치는 아래 그림과 같이 변할 것입니다. 아래 그림에서 X-축은 만기일 주가, Y-축은 만기일 콜의 청산가치, 즉 $c_T = Max[S_T - K, 0]$입니다.

➤ 그림 3-8 만기일 청산가치의 변화

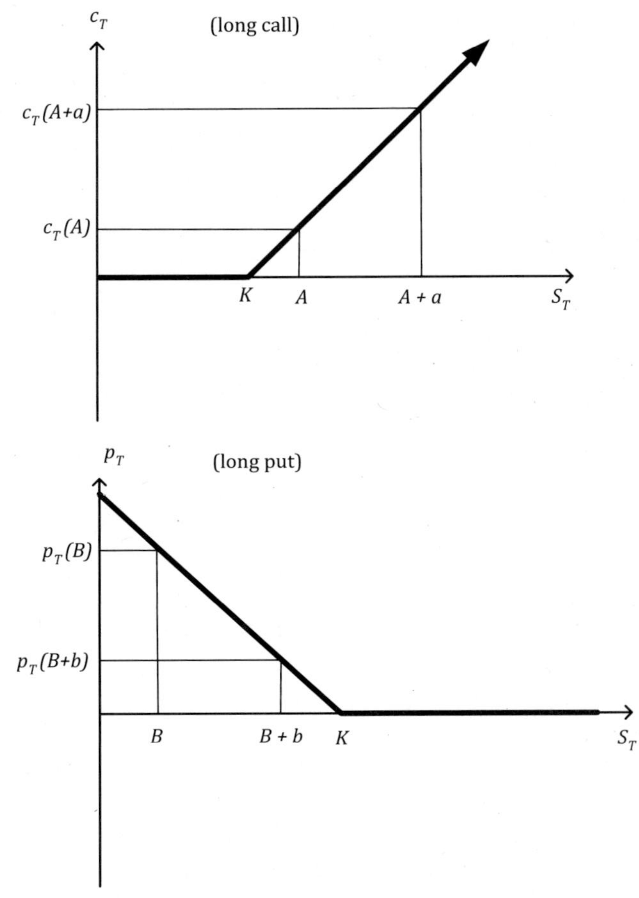

먼저 콜에 대해 분석해 보겠습니다. 현 주가 S_t가 주어졌을 때 만기일 S_T가 실현될 값 중 하나인 A를 예로 들겠습니다. 만기일에 이 값이 실현되면 콜의 가치는 $c_T(A)$가 됩니다. 그런데 오늘 새로운 뉴스가 전해져 현 주가 S_t가 상승하면 그 미래가치도 상승하여 $A+a$가 될 것입니다. 그러면 이때 콜의 가치도 $c_T(A+a)$가 되며, 위 그림에서와 같이, $c_T(A+a) > c_T(A)$입니다. 그리고 $S_T = A$뿐 아니라 모든 실현가능한 S_T가 이처럼 상승하므로, 그 결과 콜 미래 (청산)가치는 상승합니다.

다만 S_T의 구체적인 실현값에 따라 콜 가격이 상승하지 않는 경우도 있습니다. 가령 S_T가 매우 낮은 값 L로 실현되면 $S_T' = L+a$로 상승하더라도 $c_T(L) = c_T(L+a) = 0$이 되는 경우도 있습니다. 위 그림을 보면 $S_T \le K-a$인 경우입니다. 이때는 $S_T' = S_T + a \le (K-a)+a = K$가 되므로, 미래 주가가 α만큼 상승하더라도 여전히 콜 행사 가격 K보다 크지 않아 콜 가치는 0이 됩니다. 이런 경우만 제외하면, 오늘 주가 상승으로 인하여 그 미래가치인 S_T가 (a만큼) 상승하면, 콜의 미래 가격은 항상 상승합니다. 가령, 위 그림에서는 S_T 실현값이 행사 가격보다 큰 경우였지만($S_T = A > K$), 설혹 S_T가 행사 가격보다 작거나 같더라도 일정 구간에만 있으면 여전히 콜 만기일 가격은 상승합니다. 구체적으로 $K-a < S_T \le K$인 경우에도, $S_T' = S_T + \alpha$에 의하여 $K < S_T' = S_T + a$입니다. 즉, $S_T \le K$인 반면 $K < S_T'$입니다. 그 결과 $c_T(S_T) = 0$이고 $c_T(S_T') > 0$이 됩니다. 위 그림에는 이 경우까지 반영되지는 않았을 따름입니다.

결과적으로, 현 주가 S_t가 상승하면 미래 주가 S_T도 $S_T'(> S_T)$로 상승하고, 그 결과 미래 콜 가격은 다음 세 가지 중 하나가 실현됩니다.

1) $K < S_T$이면 콜 가격 상승: $0 < c_T(S_T) < c_T(S_T')$
2) $K-a < S_T \le K$이면 콜 가격 상승: $0 = c_T(S_T) < c_T(S_T')$
3) $S_T \le K-a$이면 콜 가격 불변: $0 = c_T(S_T) = c_T(S_T')$

이 세 가지 미래 콜 가격들 모두가 현재 시점에서 반영된 것이 바로 오늘 콜 가격입니다. 그러므로 다음 다단계 논법이 성립합니다.

i) 주가에 긍정적인 뉴스로 인해 오늘 주가가 상승한다.
ii) 오늘 주가의 미래가치인 미래 주가(의 분포)도 상승한다.
iii) 미래 주가의 실현 값에 따라, 상승된 주가 때문에 콜 가격이 상승할 수도 불변일 수도 있다[위 1), 2), 3) 경우].

ⅳ) 미래 콜 가격 상승과 불변(의 확률)이 반영되어 오늘 콜 가격이 상승한다. ▣

반면 기초 자산 가격이 상승하면 풋 가격은 하락합니다. 이에 대한 증명은 위의 콜의 경우와 유사한 방식으로 보여 줄 수 있습니다. 위에 제시된 두 그림 중 아래 그림을 참고하면 이해가 쉬울 것입니다. 풋의 경우 오늘 주가 상승으로 인해 미래 주가가 S_T에서 $S_T + b$로 상승함을 가정했습니다($b > 0$). 이러한 일련의 분석 결과 다음 정리가 성립합니다.

> **정리 8〉**
>
> 기초 자산 가격이 상승하면 콜 가격은 상승하고 풋 가격은 하락한다. 단, 다른 모든 조건은 불변임을 가정한다.

질문 3-15〉 주가 상승과 다른 요인의 변화가 함께 발생해도 콜 가격이 상승할까요?

아주 좋은 질문입니다. 먼저 위 정리의 단서에 유의하기 바랍니다. 기초 자산 가격(주가)만이 상승하지 않고 옵션 가격에 영향 미칠 다른 변수(parameter)도 함께 변한다면, 주가 상승으로 콜 가격이 반드시 상승한다고는 할 수 없습니다. 이에 관한 쉬운 예를 들기 위해 (우리가 사용했던) 다음 도표를 참조하겠습니다. 이 콜들의 행사 가격 = 10, 만기 = 1년, 무위험 이자율 = 0.05, 주가 수익률의 변동성 = 0.3을 설정하여 블랙-숄즈 콜 옵션 가격 공식에 의거하여 산출한 콜 가격들입니다.

➢ 도표 3-12 변동성 하락과 콜 가격

행사 가격 (K)	10					
현 주가	9	9.2	9.4	9.6	9.8	10
콜 가격 ($\sigma = 0.3$)	0.87	0.97	1.07	1.18	1.3	1.42
콜 가격 ($\sigma = 0.2$)	0.51	0.6	0.7	0.81	0.92	1.05
콜 가격 ($\sigma = 0$)	0	0	0	0	0	0

이 도표에서도, 현 주가가 9에서 10까지 상승할 때 콜 (현재) 가격이 상승함을 알 수 있습니다. 단, (변동성을 포함한) 다른 모든 조건은 변함이 없는 경우입니다. 만일 오늘 주가가 상승은 했는데 동시에 주가의 변동성이 하락하면 어떤 일이 발생할까요?

주가 변동성이 현재는 $\sigma = 0.3$인데 $\sigma = 0.2$로 하락하는 경우를 보겠습니다. 위 도표에서 알 수 있듯이, (주가 변동 없이) 변동성만 하락하면 콜 가격은 일제히 하락합니다. 가령 현 주가 $S_t = 9$가 주어졌을 때 주가 변동성이 하락하면 콜 (현재) 가격은 0.87에서 0.51로 하락합니다. S_t가 다른 가격일 때에도 마찬가지입니다.

이제 주가 상승과 변동성 하락이 동시에 발생하면 어떤 일이 벌어질까요? 가령 현 주가 $S_t = 9$에서 $S_t' = 9.2$로 상승하되 그 변동성은 $\sigma = 0.3$에서 $\sigma' = 0.2$로 하락하는 경우를 보겠습니다. 그러면 콜 가격은 0.87에서 0.6으로 하락합니다. 현 주가 $S_t = 9$에서 $S_t' = 9.4$로 상승하고 변동성이 하락하면? 그러면 콜 가격은 0.87에서 0.7로 하락합니다. 현 주가 $S_t = 9$에서 $S_t' = 9.8$로 대폭 상승해야만 콜 가격이 0.87에서 0.92로 간신히(?) 상승합니다. 그 이유는 다음과 같습니다. 위 콜의 경우, 만기일 주가가 그 행사 가격 10보다 커야만, 정확히는 10보다 클 가능성(확률)이 있어야 비로소 콜 가치가 발생합니다. 그런데 주가의 변동성이 낮아지면 만기일 주가가 10보다 클 확률도 낮아지기에 만기일 콜 가치가 0보다 클 확률이 낮아지고, 이를 반영하여 현재 콜 가격도 낮아지는 것입니다. 즉, 변동성 하락이 콜 가격에 미치는 임팩트가 주가 상승이 콜 가격에 미치는 임팩트를 상회(초과)하기에 결과적으로 콜 가격은 하락하는 것입니다. 주가 상승이 매우 크지 않다면 말입니다.

단적인 사례를 들면 이 문제가 더 선명해집니다. 주가는 S_t에서 $S_t'(> S_t)$로 다소 상승했는데 이 시점에서 주가 변동성에 대한 시장의 컨센서스(consensus)가 달라져 주가 변동성이 거의 0에 가깝다는 인식이 지배적이 되었다고 합시다. 이런 특별한 경우가 실제로 발생한다면, '변동성 $\approx$ 0'의 의미는 시간이 지나도 주가가 거의 변하지 않는다는 의미이니 $S_t' \approx S_T$임을 암시합니다. 그렇다면, 새 주가 $S_t' \leq 10$에서 모든 외가격 및 등가격 콜은 만기일에도 거의 가치가 발생하지 않을 것입니다. 왜냐하면 변동성이 거의 0이니 만기일에도 $S_T \leq 10$일 확률이 매우 높기 때문입니다. 모든 외가격 및 등가격 옵션의 가치는 사실상 시간 가치(time value)에서 발생하는데, 시간이 지나도 주가가 그 행사 가격보다 더 커질 움직임이 거의 없다면, 현재의 외가격 및 등가격 콜은 만기일까지 여전히 외가격 및 등가격 콜로 남을 확률이 높습니다. 그러므로 이를 반영하면 (주가는 상승했어도) 콜 가격은 거의 0이 됩니다. 곧 주가가 상승하더라도 ($S_t = 9$에서 $S_t' = 9.2, 9.4, 9.6, 9.8, 10$ 등으로 상승해도) '변동성≈0'으로 하락하면 새 콜 가격(≈0)은 '변동성=0.3'인 현재의 콜 가격 0.87보다 하락하게 됩니다. ▣

지금까지는 그래프와 도표 위주로 위 정리를 설명했습니다. 그런데 그래프 없이도 만기일에 콜이 내가격이 될 확률만을 활용하여 위 정리를 간접적으로 입증할 수도 있습니다.[36] 즉, 현 주가가 상승하면 만기일에 콜이 내가격이 될 확률이 더 커짐을 보이겠습니다. 다른 모든 조건이 불변일 때 만기일 콜이 내가격이 될 확률이 더 커지면, 이를 반영하여 현재의 콜 가격도 상승할 것입니다.[37]

만기일 주가의 확률분포는 다음 정규분포를 따른다고 가정하겠습니다. $E[S_T]$, $Var[S_T]$는 각각 S_T의 평균과 분산 값을 의미합니다.

$$S_T \sim N(E[S_T], \quad Var[S_T])$$

현 주가 상승으로 만기일 주가도 상승할 것이므로, "$S_T' = S_T + a$"의 확률분포는 다음과 같습니다. (S_T에 상수(a)가 더해진 새 확률변수 S_T'의 분산은 여전히 S_T의 분산과 동일)

$$\begin{aligned} S_T' &\sim N(E[S_T'], Var[S_T']) \\ &= N(E[S_T + a], Var[S_T + a]) \\ &= N(E[S_T] + a, Var[S_T]). \end{aligned}$$

즉, S_T'의 분포는 S_T의 분포가 오른쪽으로 a만큼 수평 이동한 것입니다. 콜 행사 가격 K는 변하지 않았는데, 만기일 주가들이 오른쪽으로 이동하면 당연히 콜이 내가격이 될 확률이 더 커지겠죠. 한 예로, $K = E[S_T] = 100$이라 가정하겠습니다(100 아닌 어떤 수치라도 좋습니다). 그러면 이 콜이 만기일 내가격이 될 확률은 애초에는 0.5였습

[36] 이는 엄밀한 수학적 증명은 아니고 독자들의 이해를 돕기 위해 추가적으로 제시하는 설명입니다.

[37] 물론 100% 정교하게 입증하려면, 내가격 확률뿐 아니라 콜의 현재 가격 자체가 더 커짐을 보여야 하는데, 이는 이미 위에서 증명했습니다.

니다. $K = 100$인데 $E[S_T] = 100$이니 (평균을 중심으로 대칭적인 정규분포 특성상)

$$Pr[S_T > K]$$
$$= Pr[S_T > E[S_T]] = 0.5$$

입니다. 반면 새로운 만기일 주가 $S_T{}'$의 분포에서 이 콜이 만기일에 내가격이 될 확률은

$$Pr[S_T{}' > K]$$
$$= Pr[S_T + a > K]$$
$$= Pr[S_T > K - a]$$
$$= Pr[S_T > E[S_T] - a] > 0.5$$

가 됩니다. S_T가 그 평균보다 작은 '$E[S_T] - a$'보다 클 확률은 0.5보다 크기 때문입니다. 평균을 중심으로 대칭인 정규분포에서 말입니다.

2. 행사 가격의 영향

이제 옵션의 행사 가격의 변화가 옵션 가격에 미치는 영향을 논의해 보겠습니다. 콜의 청산가치는 $S_T - K$이고 풋의 그것은 $K - S_T$입니다. 즉, K가 커지면 콜의 청산가치가 작아지고 풋의 청산가치는 커집니다. 이제 이를 그래프로 확인해 보겠습니다. 옵션의 행사 가격은 옵션 발행 시 특정 값으로 설정되므로 만기일 주가의 분포와는 아무 관련이 없습니다. 그러므로 우리는 옵션 만기일 실현될 주가 자체에는 아무 변화를 주지 않고 단지 행사 가격만이 이동함을 그래프에 반영해야 할 것입니다. 다르게 표현하면, 우리는 지금 행사 가격이 더 커진 새 콜 혹은 새 풋을 다루는 것입니다. 가령 옵션 행사 가격이 K에서 $K' = K + a$로 ($K' = K + b$로) 커지면 콜과 풋의 만기일 청산가치는 아래 그림과 같이 변합니다.

먼저 콜에 대해 분석해 보겠습니다. 만기일 $S_T = A(> K' > K)$로 실현되면 원래 콜의 가격은 $c_T(A)$임에 반해 새 콜 가격은 $c'_T(A)$가 되며 그 결과 $c'_T(A) < c_T(A)$가 도출됩니다. 그리고 $S_T = A$뿐 아니라 $S_T > K$인 모든 S_T 값에 대해서도 새 콜의 가격이 더 작을 것입니다.

➢ 그림 3-9 행사 가격의 영향

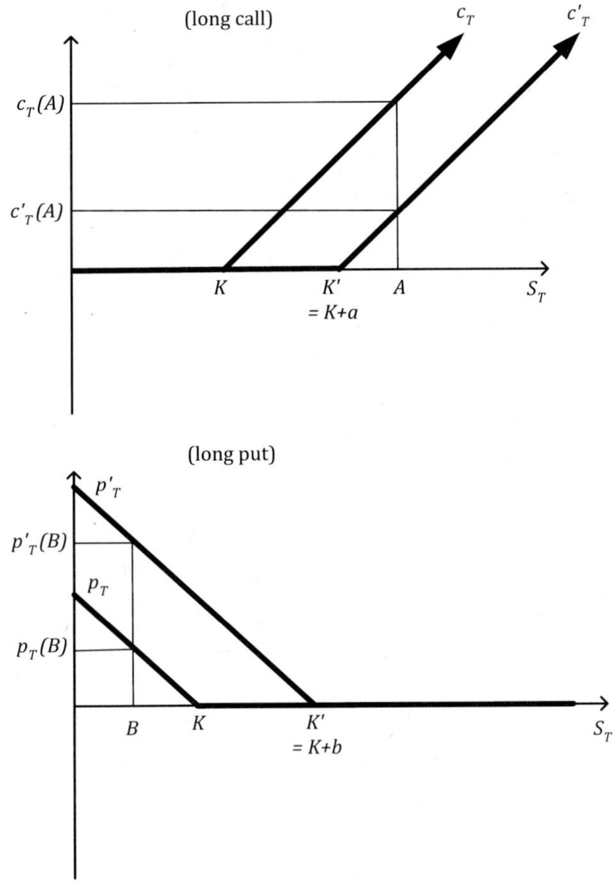

다만 S_T의 구체적 값에 따라 콜 가격이 변하지 않는 경우도 있습니다. 가령 S_T가 매우 낮은 값 L로 실현되면 주가가 $L + a$로 상승하더라도 $c_T(L) = c'_T(L) = 0$이 되는 경우가 있습니다. 위 그림을 참조하면 $S_T \leq K$ 인 경우입니다. 이때는 $c_T(S_T) = c'_T(S_T) = 0$이 되어 원래 콜와 새 콜 가격이 같습니다. 이런 경우만 제외하면, 행사 가격이 더 큰 콜의 만기일 가격은 항상 원래 콜 만기일 가격보다 작습니다. 가령 $K < S_T \leq K'$인 경우에도 새 콜 가격이 더 작습니다. 왜냐하면, 그림을 보면 알 수 있는데, 이때는 $c_T(S_T) > 0 = c'_T(S_T) = 0$이기 때문입니다.

결과적으로, 행사 가격이 더 큰 경우에 콜 가격은 만기일에 다음 세 가지 중 하나가 성립합니다.

1) $K' < S_T$이면 새 콜 가격이 더 작음: $0 < c'_T(S_T) < c_T(S_T)$
2) $K < S_T \leq K'$이면 새 콜 가격이 더 작음: $0 = c'_T(S_T) < c_T(S_T)$
3) $S_T \leq K$이면 두 콜 가격 동일: $0 = c'_T(S_T) = c_T(S_T)$

이 세 가지 경우 모두가 (확률적으로) 현재 시점에서 반영되어 새 콜 가격이 원래 콜 가격보다 작아집니다. 이 내용을 단계적으로 정리하면 아래와 같습니다.

a) 행사 가격이 더 큰, 새로운 콜이 발행된다.
b) 만기일 S_T 실현 값에 따라, 새 콜 가격이 원래 콜 가격보다 작거나 같다[위 1), 2), 3) 경우].
c) b)가 반영되어 현 시점에서 새 콜 가격이 원래 콜 가격보다 작다.

반면 행사 가격이 더 큰 풋이 발행되면, 이 풋의 현재 가격은 원래 풋보다 더 큽니다. 이에 대한 증명은 위의 콜의 경우와 유사한 방식으로 보여 줄 수 있습니다. 위에 제시된 두 그림 중 아래 그림을 참고하면 이해가 쉬울 것입니다. 풋의 경우 새 풋은 p'로 표시했고 만기일 주가가 S_T일 때 이 풋의 가격은 $p'(S_T)$로 표시했습니다. 이러한 일련의 분석 결과 다음 정리가 성립합니다.

정리 9〉

행사 가격이 더 높을수록 콜(풋) 가격은 더 낮다(높다). 단, 다른 모든 조건은 불변임을 가정한다.

물론 위 정리에도 단서가 존재합니다. 옵션 가격에 영향 미치는 다른 모수(parameters)의 변화가 없다는 단서입니다. 가령 행사 가격이 커지면서 동시에 기초 자산의 변동성이 낮아지면, 풋 옵션 가격도 낮아질 수 있습니다. 변동성 하락은 모든 옵션의 가치를 하락시키기 때문입니다.

3. 변동성의 영향

이제 드디어 기초 자산 혹은 주가의 '변동성'이 옵션 가치에 미치는 영향을 논의해 보겠습니다. 변동성은 위에서 분석한 현 주가의 상승 혹은 행사 가격의 상승과는 근본적으로 다른 개념입니다. 변동성은 상승이나 하락 같은 특정 방향을 의미하는 것이 아니고 주가 변동의 크기를, 정확히는 수익률의 변동의 크기를 의미하기 때문입니다. 현 주가 S_t의 3개월 수익률을 $r(S)$라 하면 3개월 후 주가 S_T는 $S_T = S_t \cdot e^{r(S)}$, 혹은 이산복리법을 사용하면 $S_T = S_t \cdot (1 + r(S))$ 입니다. 이때 변동성이란 $r(S)$의 변동성을 말하는 것으로 통상 $r(S)$의 표준편차를 의미하며 이를 보통 $\sigma(r(S))$ 혹은 간단히 σ로 표시합니다. 변동성은 옵션 가치평가의 핵심이며, 어떤 면에서 옵션 가치평가란 변동성 평가라 해도 과언이 아닙니다. 옵션 가치 자체가 기초 자산의 변동성으로부터 발생되기 때문입니다. 또 이 변동성은 앞절에서 옵션의 시간 가치가 옵션 가치의 핵심이라고 강조한 것과도 관련 있습니다. 옵션 보유자에게 남겨진 시간의 가치가 크다 함은 이 시간 동안 기초 자산의 변동이 크다는 것과 거의 동등한 말입니다. 마지막으로 변동성은 옵션의 (잔존)만기와도 관련 있습니다. 만기가 길수록 향후 기초 자산 가격이 크게 변동할 가능성이 높아지기 때문입니다. 이처럼 옵션의 시간 가치, 변동성, 만기는 긴밀히 연관되어 있고, 이들이 옵션 가치에 미치는 영향을 체계적으로 파악할수록 옵션에 대한 이해와 옵션 투자가 더 용이해집니다.

변동성을 쉬운 예로 설명해 보겠습니다. 주식 A의 현재 주가가 10인데 3개월 후 주가의 분포가 9~11로 추정되고, B의 현재 주가가 9인데 3개월 후 주가 분포가 5~13으로 추정되고 있습니다. 두 주식을 기초 자산으로 하고 잔존 만기가 3개월인 두 유러피언 콜 C_A와 C_B의 행사 가격이 모두 10이라 하겠습니다. 이때 어느 콜 가격이 더 높을까요? 현재 주가만 보면 C_A의 가격이 더 높아야 할 것 같습니다. A 주가가 현재 B 주가보다 더 높으니까, '기초 자산 가격(주가)의 영향'만 고려하면 'C_A의 가격 $>$ C_B의 가격'이 되어야 하기 때문입니다. 하지만 '기초 자산 가격(주가)의 영향'을 공부할 때는 주가의 변동성 등 다른 변수들은 불변이라는 전제가 있었습니다. 반면 현재 우리가 지금 다루는 문제는 두 콜 간에 기초 자산 가격(주가)도 다르고 변동성도 다른 경우입니다. 주식 B의 현재 가격은 주식 A의 그것보다 작지만, B의 변동성이 더 높으면 B의 만기일 청산가치(분포)가 A의 그것보다 더 높을 수 있습니다. 옵션의 현재 가격은 궁극적으로 미래 청산가치(분포)에 의해 결정되므로 콜 C_B의 가격은 콜 C_A의 가격보다 높을 수 있습니다.

이제 주가를 포함한 다른 모든 변수는 동일한 상황에서, 주가의 변동성이 상이한 경우를 다루어 보겠습니다. 주가의 변동성이 높으면, 정확히는 주식 투자 수익률의 변동성이 높으면, 옵션 보유자에겐 좋은 소식이 됩니다. 가령 특정 주식 주가가 10인 주식을 기초 자산으로 하고 (잔존) 만기가 3개월인, 그리고 행사 가격 13인 콜이 있다고 하겠습니다. 이 콜의 보유자는 3개월 후 주가가 13보다 크기를 바랄 것입니다. 그러기 위해서는 기본적으로 이 주가의 변동성이 높아야 합니다. 물론 주가가 하락하는 변동성이 아니라 주가 상승 변동성만이 이 콜 보유자에겐 중요하지만, 일반적으로 변동성을 논할 때 주가가 변하는 방향을 따지지는 않습니다. 즉, 주식 투자 수익률이 상승하든 하락하든 그 변화 정도의 절대값을 나타내는 변동성을 의미하며, 흔히 (투자) 수익률의 표준편차($=\sigma$)로 표시합니다. 만일 이 주식의 변동성이 낮아 향후 3개월 동안 주가가 현재 수준 10에서 거의 움직이지 않고, 움직인다 해도 대략 9~11의 구간에서 움직인다고 예상되면 이 콜의 가치는 거의 없을 것이고 그 가격도 낮을 것입니다. 반면 이 주식의 변동성이 높아 향후 3개월 동안 주가가 대략 5~15의 구간에서 움직인다고 예상되면 이 콜의 가치와 가격은 (변동성이 낮은 경우보다) 더 높을 것입니다. 이는 콜에만 적용되는 사실이 아니고 풋에도 적용됩니다. 변동성은 옵션 가격에 있어 이처럼 중요한 것입니다.

사실 옵션 투자 자체가 변동성에 투자하는 것입니다. 실제 기관투자자들 사이에서도 "volatility를 사고판다"고도 말합니다. 현재의 옵션 가격으로부터 시장이 예상하는 (기초 자산) 변동성을 역추정할 수 있는데, 그 추정된 변동성 수치가 저평가되었다고 생각하는 투자자는 (이로 인해 저평가된) 옵션을 살 것이고 반면에 그 추정된 변동성 값이 고평가되었다고 생각하는 투자자는 옵션을 팔 것입니다. 이렇게 추정한 변동성 값을 옵션의 '내재 변동성(implied volatility)'이라고 합니다. 가령, 기초 자산인 주식의 주가=20, 행사 가격=20, 잔존 만기=1년, 무위험 이자율=0.05인 어느 유러피언 콜의 현재 가격이 3.98이라고 하겠습니다. Black-Scholes option pricing model을 이용하여 이 옵션의 내재 변동성을 역추정하면 $\sigma = 0.45$로 추정됩니다. 이것이 현재 시장의 이 콜 투자자들이 평균적으로 동의하는 이 주식의 변동성에 대한 'consensus'입니다. 그런데 이 옵션 기초 자산의 변동성이 향후 증가할 것이라고 전망하는 투자자도 있을 수 있습니다. 가령 투자자 D가 주관적으로 전망하는 변동성(σ_D)은 $\sigma_D = 0.5 > \sigma = 0.45$일 수 있습니다. 그러면 D는 ($\sigma = 0.45$이 반영된) 현재 옵션 가격이 저평가되었다고 인식하고 이 값에 옵션을 매수할 수 있습니다. 이를 시장에서는 '변동성을 산다'라고 말합니다. 또 반대로 $\sigma_D = 0.3 < \sigma = 0.45$일 수 있습니다. 그러면 D는 ($\sigma = 0.45$이 반영된) 현재 옵션 가격이 고평가되었다고 인식하고 이 값에 옵션을 매도할 수 있습니다. 이를 시장에서는 '변동성을 판다'라고 말합니다.

다만, 실제 주식시장 혹은 채권시장에서 '변동성이 증가할 것이다'라고 표현하는 경우는 주가나 채권 가격이 상승하기보다는 하락할 가능성을 염두에 두고 말하는 경우가 더 많습니다. 이는 엄밀한 의미의 변동성, 즉 상승이나 하락 등 특정 방향을 염두로 하지 않는 변동성은 아닌 것입니다. 단지 '하락 우려' 등의 표현이 투자자들에게 너무 부정적으로 들리고 주가나 채권 가격에도 악영향을 줄 것을 우려해서 상대적으로 완화된, 중립적인 표현을 사용하는 것이 아닌가 합니다. 이런 사례는 사실 여럿 있습니다. 가령, 어떤 사건이 주식시장에 미칠 영향은 "제한적"이라고 표현하는 경우가 있는데, 여기서 "제한적"의 의미는 통상 "부정적 영향을 줄 것인데 그 영향이 (아주) 크지는 않다"라는 의미로 받아들여집니다. 혹은 어떤 equity analyst가 특정 주식의 매수/매도 추천 시, 그 주가의 향후 전망이 밝다면 확실하게 '매수'라고 표현합니다. 반면 그 반대의 경우에는 '매도' 혹은 '중립'이라고 표현하기도 합니다. 이런 경우의 '중립'은 사실상 '(약한) 매도' 표현을 완화시킨 것으로 인식되기도 합니다.

다시 옵션 주제로 돌아오겠습니다. 변동성이 옵션 가격에 미치는 영향을 간단한 도표로 나타내면 아래와 같습니다.

➢ 도표 3–13 변동성과 옵션 가격

K = 10			
$S_t(A)$	$S_T(A)$	$C_T(A)$	Pr.
	12	2	1/5
	11	1	1/5
10	10	0	1/5
	9	0	1/5
	8	0	1/5
	$E[C_T(A)] =$		0.60

K = 10			
$S_t(B)$	$S_T(B)$	$C_T(B)$	Pr.
	13	3	1/7
	12	2	1/7
	11	1	1/7
10	10	0	1/7
	9	0	1/7
	8	0	1/7
	7	0	1/7
	$E[C_T(A)] =$		0.86

행사 가격이 10인 두 등가격 콜 $C(A)$, $C(B)$가 있습니다. 이 두 콜의 옵션 모수들(parameters)은 기초 자산의 변동성만 제외하고는 동일하다고 가정하겠습니다. 즉, 만기일도 같고, 행사 가격, 무위험 이자율, 기초 자산 가격도 같습니다. 다만 두 콜의 기초 자산(주식)의 변동성만이 다른데, 위 도표에서처럼 $C(A)$의 기초 자산인 A의 변동성이 $C(B)$의 기초 자산인 B의 변동성보다 낮습니다. 즉, 현재 A와 B의 가격은 $S_t(A) = S_t(B) = 10$으로 동일하지만 두 콜 만기일의 A와 B의 가격 $S_T(A)$, $S_T(B)$의 (확률)분포는 위 도표에서처럼 서로 다릅니다(도표에서 'Pr.'은 각 사건의 확률). 편의상 만기일 주가 확률분포가 균등분포(uniform distribution)를 따른다고 가정하면, 두 콜의 만기일 기대 가격 $\mathrm{E}[C_T(A)]$, $\mathrm{E}[C_T(B)]$은 다음과 같습니다.

$$\mathrm{E}[C_T(A)] = \frac{1}{5} \times (2+1+0+0+0) = \frac{3}{5} = 0.6,$$
$$\mathrm{E}[C_T(B)] = \frac{1}{7} \times (3+2+1+0+0+0+0) = \frac{6}{7} = 0.86.$$

즉, 두 콜의 만기일에는, 변동성이 더 높은 B를 대상으로 한 $C(B)$의 (평균) 가격이 $C(A)$의 (평균) 가격보다 높습니다. 그러면 이를 반영하여 현 시점에서도 $C(B)$의 가격이 $C(A)$의 가격보다 높아야 합니다.

질문 3-16〉 위의 예를 보다 정교하게 부연 설명해 주세요.

네, 위의 예에 존재하는 두 가지 이슈를 부가적으로 설명하겠습니다. high-risk-high-return에 의해 콜 C(B)에 대한 할인율은 콜 C(A)에 대한 할인율보다는 더 높습니다. 그러므로 미래 만기일의 콜 C(B)의 평균 가격이 콜 C(A)의 그것보다 크다 해도, 더 높은 할인율로 할인된 콜 C(B)의 '현재 가격'이 콜 C(A)의 '현재 가격'보다 항상 더 크다고 보장할 수는 없다고 생각될 수 있습니다. 하지만 이런 점에도 불구하고 현 시점에서도 C(B)의 가격은 C(A)의 가격보다 더 클 가능성이 많습니다. 가령 만기까지 남은 기간이 상대적으로 짧다면, 할인율이 콜 현재 가격에 미칠 영향이 작아서 그렇습니다. 또 만기까지 남은 기간이 짧지 않더라도 통상적으로 더 변동성이 높은 기초 자산을 대상으로 한 콜 가격이 그렇지 않은 콜 가격보다 높습니다. 앞에서도 언급했듯이, 옵션이란 그 변동성을 보고 투자하는 상품이기 때문입니다. 일반 자산에는 대부분 high-risk-high-return 원칙이 적용됩니다. 하지만 옵션은 그 정반대입니다. high risk란 결국 변동성이 높음을 의미하는데, 변동성이 높을수록 옵션 만기일에 옵션 가치가 더 높을 수 있고, 따라서 현재 옵션 가격도 더 높을 수 있습니다. 그리고 현재 옵션 가격이 더 높으면, 그렇지 않은 경우보다, 더 낮은 return이 예상됩니다.

또 다른 유의 사항으로는, 위 그래프에서 만기일 $S_T(A) = 10$인 사건과 $S_T(B) = 10$이 되는 사건은 서로 다른 사건입니다. 만일 동일 사건이라면 그 사건이 발생할 확률도 동일해야 할 것입니다. 한 달 후 삼성전자 주가=10만원이 되는 사건과 한달 후 LG전자 주가=10이 되는 사건이 다르듯이, 만기일 $S_T(A) = 10$인 사건과 $S_T(B) = 10$이 되는 사건은 서로 다른 사건입니다. ▣

그러므로 위 도표와 위 질문을 포함하여 지금까지의 분석을 요약하면 변동성에 관해 다음 정리가 성립합니다.

> **정리 10〉**
>
> 기초 자산의 변동성이 높을수록 옵션 현재 가격(가치)이 높다.

이제 조금 다른 차원의 질문을 한 번 해 보겠습니다.

질문 3-17〉 미래 주가의 변동성을 오늘 시점에서 어떻게 추정할 수 있을까요?

이에 대한 답은 "정확히 추정하는 것은 불가능하다"입니다. 미래 특정 주가가 움직이는 양상을 현재 시점에서 정확히 안다면, 미래는 미래가 아니고 현재는 현재가 아닐 것입니다. 그러므로 향후 주가 변동성을 추정하기 위해서는 결국 불가피하게 과거 그 주가의 변동성을 참고할 수밖에 없습니다. 그렇다면 구체적으로 향후 3개월간 특정 주가의 변동성을 어떻게 과거 자료를 참고하여 추정할까요? 가장 쉬운 방법은, 과거 "3개월" 동안의 이 주가의 변동성을 참고하는 것입니다. 마찬가지로, 잔존 만기가 6개월인 옵션의 경우, 그 기초 자산인 주식의 향후 6개월 변동성은 그 주식의 과거 6개월 변동성을 참고할 수 있습니다. 그런데 미래 변동성을 추정하는 것이 이렇게 간단하다면 옵션 가치가 매우 쉽게 결정될 것입니다. 실상은 그렇지 않고, 사실상 기초 자산의 미래 변동성을 예측하는 작업은 이렇게 단순하지 않습니다. 가령 주가 변동성 자체가 시간이 지남에 따라 변할 수 있습니다. 그리고 주가 수준이 달라짐에 따라서도 물론 변할 수 있습니다. 이처럼 변동성 자체의 변화가 예상되면 단순히 과거 3개월 혹은 6개월간의 변동성의 단일 수치만을 참고하여 미래 변동성을 추정하는 것은 최적의 방법론은 아닐 것입니다. 이 경우에는 통상 계량경제학(econometrics)에서 자주 사용되는 방법론인 ARCH(autoregressive conditional heteroscedasticity), GARCH(generalized autoregressive conditional heteroscedasticity) 등의 방식을 사용하여 미래 변동성을 추정해 볼 수 있습니다. 물론 이것도 하나의 사례에 불과하고, 역량있는 기관투자자들은 자신들만의 모형을 만들어 사용할 수도 있습니다. 옵션 가치에 영향을 주는 다른 4개 요인은 모든 투자자가 동의할 수 있는 단일한, 확정된 수치로 주어지지만 이 변동성만큼은 투자자들이 스스로 추정해야 합니다. 이런 점에서, 다소 과장하면, 변동성 추정은 과학(science)일 뿐 아니라 예술(art)의 영역일 수도 있습니다 미래 변동성이 반드시 어떤 방법론으로 추정될 때 가장 정확히 추정된다는 이론이 존재하기 어렵기 때문입니다. 또 이 변동성 추정을 체계적으로, 합리적으로 잘 하는 (기관)투자자일수록 옵션 투자 성과가 좋을 것입니다. ▣

4. 만기의 영향

한편 옵션의 잔존 만기(τ)가 옵션 가치에 미치는 영향은 명확합니다. 기초 자산인 주식의 현재 주가가 주어졌을 때, 옵션의 남은 만기가 길수록 만기일 주가의 분포가 더 광범위해지기 때문입니다. 가령 현재 주가가 10이고 (행사 가격이 10인) 콜의 남은 만기가 1일이라면, 1일 후 주가는 현 주가인 10에서 크게 벗어나지는 않을 것입니다. 통상 1일 수익률이 1% 이내를 소폭 등락, 1% 초과 시 대폭 등락이라 한다면, 2% 대폭 상승해도 이 주가는 10.2에 그칠 것입니다. 하지만 남은 만기가 3개월 혹은 6개월이라면 만기일 주가는 현 주가인 10에서 크게 벗어날 수도 있습니다. 그러므로 옵션의 잔존 만기(time to maturity)가 길면 길수록 옵션 가치는 커지게 됩니다. 참고로 옵션의 만기(maturity)와 잔존 만기의 차별적 의미를 살펴보겠습니다.

질문 3-18〉 옵션의 만기 혹은 잔존 만기 중 어느 것이 더 중요한가요?

옵션 만기가 옵션 가격에 미치는 영향을 논할 때는 항상 남은 만기 혹은 잔존 만기(time to maturity)를 의미합니다. 이를 자세히 설명하겠습니다. 두 콜 옵션이 있다고 합시다. 이들은 동일한 기초 자산, 동일한 행사 가격, 동일한 무위험 이자율, 동일한 변동성을 가진 두 콜 옵션입니다.[38] 단지 잔존 만기만이 다릅니다. 가령 기초 자산=삼성전자 주식, 행사 가격=10만원, 무위험 이자율=0.03인 콜 옵션들인데, 잔존 만기만이 다릅니다. 콜 A는 잔존 만기가 1일이고 콜 B의 그것은 1개월입니다. 현재 삼성전자 주가=10만원이라면 이들은 잔존만기만이 다른 두 등가격 콜이 됩니다. 1일 후 삼성전자 주가는 현 주가인 10만원과 별 차이 없겠지만, 1개월 후 주가는 14만원이 될 수도 있습니다. 이를 반영하여 콜 B의 가격이 콜 A 가격보다 훨씬 더 큽니다.

그런데 최초 A와 B가 발행되었을 때 이들의 원래 만기는 A의 경우 3개월, B의 경우 2개월이었다고 합시다. 즉, 만기 자체는 A가 더 깁니다. 그런데 오늘 시점에서 이런 최초 만기가 중요할까요? 아닙니다. 오늘 옵션 보유자에게 중요한 수치는 (최초) 만기가 아니고 현 시점에서 유효한 잔존 만기입니다. 위 두 옵션 예에서도, 최초 만기는 콜 A가 더 길었지만 이는 흘러간 과거에 불과하고, 오늘 옵션 가격은 (잔존 만기가 더 긴) 콜 B가 더 크다는 사실에서도 잔존 만기의 중요성을 잘 알 수 있습니다. 결국 최초 옵션 발행 시의 만기는, 오늘 옵션 투자에 있어서는 고려하지 말아야 할 교란 요인(sunk cost)에 불과합니다. ▣

이제부터는 옵션 가격을 논할 때 혹여 '만기'라고만 표현해도 '잔존 만기'를 암묵적으로 의미하는 것으로 하겠습니다. 이제 잔존 만기가 옵션 가격에 미치는 영향을 간단한 도표로 나타내면 아래와 같습니다. 이 도표는 앞에서 우리가 본 '변동성과 옵션 가격'에 관한 도표를 조금 수정한 것입니다. 변동성 도표를 수정해서 만기 도표로 사용하는 것은 곧 옵션의 변동성과 만기가 밀접한 관련이 있음을 암시합니다. 물론 여기서 의미하는 변동성은 고정된 (기초 자산 가격의) 표준편차가 아니고 만기까지의 기초 자산 가격의 변동폭을 뜻합니다. 즉, 만기와 연계된 변동성이 시사하는 바는, 동일한

---

[38] 두 옵션의 기초 자산이 동일하니 두 옵션에 적용될 변동성도 동일합니다.

기초 자산을 가진 옵션이라 하더라도 옵션 잔존 만기가 길고 짧음에 따라 만기일의 기초 자산 가격 변동폭이 달라진다는 것입니다.

➢ **도표 3-14 만기와 옵션 가격**

Call A

S_t	S_{T1}	C_{T1}	Pr.
	11	1	1/3
10	10	0	1/3
	9	0	1/3
	$E[C_{T1}]$ =		0.33

Call B

S_t	S_{T2}	C_{T2}	Pr.
	13	3	1/7
	12	2	1/7
	11	1	1/7
10	10	0	1/7
	9	0	1/7
	8	0	1/7
	7	0	1/7
	$E[C_{T2}]$ =		0.86

행사 가격이 10인 두 등가격 콜이 있습니다. 이 두 콜의 옵션 모수들(parameters)은 '(잔존) 만기'만 제외하고는 동일하다고 가정하겠습니다. 즉, 동일한 기초 자산을 대상으로 발행된 두 콜인데, 콜 A의 잔존 만기가 콜 B의 그것보다 2주 더 짧다고 하겠습니다. 가령 현 시점 t에서 콜 A의 잔존 만기는 $T1$ = 1주 = 1/52, 콜 B의 잔존 만기는 $T2$ = 3주 = 3/52입니다.[39] 이 두 콜의 최초 발행 시의 만기는 우리가 알 필요도 없습니다. 도표 상의 S_x, C_x의 의미는 시점 x에서의 기초 자산의 가격 그리고 이 기초자산에 대한 콜의 가격을 의미합니다. 여기서 $x = t,\ T1,\ T2$입니다.

현재 기초 자산 가격은 10인데 1주 후가 되어도 그 가격 변동이 크지 않아 이 자산은 9, 10, 11의 값만을 가질 수 있습니다. 반면 3주 후에는 가격 변동이 충분히 커질 수 있어 7, 8, 9, 10, 11, 12, 13의 넓은 분포를 가질 수 있습니다. 만기일 기초 자산 가격 분포가 편의상 균등분포(uniform distribution)를 따른다고 가정하면 콜 A와 콜 B의 평균 가격은 다음과 같습니다.

$$\mathrm{E}[C_{T1}] = \frac{1}{3} \times (1 + 0 + 0) = 0.33,$$

$$\mathrm{E}[C_{T2}] = \frac{1}{7} \times (3 + 2 + 1 + 0 + 0 + 0 + 0) = \frac{6}{7} = 0.86.$$

---

39 1년을 52주(weeks)로 간주해서입니다.

즉, 만기일 콜 A와 콜 B의 평균 가격은 각각 0.33과 0.86이 됩니다. 그리고 이 만기일 두 콜의 (평균)가격이 반영되어 현 시점에서도 콜 A의 가격은 콜 B의 가격보다 더 작습니다. 물론 1주와 3주 동안의 할인(discounting) 정도가 다소 다르지만 콜 가격에 큰 영향을 미치지는 못하고, 만기일 기초 자산 가격의 분포가 오늘의 콜 가격에 결정적 영향을 미칩니다.

질문 3-19〉 왜 두 콜의 할인(discounting) 정도가 콜 가격에 큰 영향을 미치지 못할까요?

네, 좋은 질문입니다. 이 질문에 답하려면 설명해야 할 내용이 많습니다만, 최대한 간결하게 설명해 보겠습니다. 첫째, 이론적으로는 콜, 풋 등의 옵션 가격은 차익거래에 의해 결정됩니다. 향후 여러분이 배울, 옵션 이론 모형으로 가장 잘 알려진 블랙-숄즈 모형도 차익거래에 의거해서 콜과 풋의 가격을 결정하는 모형입니다. 또 풋-콜 패리티도, 일단 동등한 사양(specifications)의 콜(풋) 가격이 결정되면 차익거래에 의해 풋(콜) 가격이 결정된다는 내용입니다.[40] 반면 실제 시장에서는 차익거래에 별 관심 없고 자신의 전망에 따라 콜과 풋을 거래하는 투기적 투자자들(speculators)도 많습니다. 투기적 투자자들에는 물론 기관투자자들도 포함됩니다. 일단 차익거래자가 아닌 투기적 투자자들을 대상으로 위 질문에 답해 보겠습니다.

high risk-high-return 원리에 따라, 위의 두 콜의 위험을 감안하여 (연)할인율을 결정해 봅시다. 연 무위험 이자율 $r = 0.03 = 3\%$라 하고 위 콜에 대한 위험 프리미엄을 $0.07 = 7\%$라고 가정하겠습니다. 그러면 위 콜에 대한 연 할인율은 $r(C) = 0.03 + 0.07 = 0.1$이 됩니다. 위의 두 콜은 동일한 기초 자산(의 변동성)을 가지는 자산이므로 동일한 위험도를 가지고 있습니다. 단지 잔존 만기만 다르기에, 이 연 할인율을 잔존 만기에 맞춰 조정하면 두 콜의 현재 가격이 산출됩니다. 1주 후($=T1$)와 3주 후($=T1$)의 두 콜의 기대 가격을 현재 시점으로 할인하기 위해 1주 할인율과 3주 할인율을 구하면 다음과 같습니다.

$$1주\ 할인율 = 0.1 \times \frac{1}{52} = 0.002,$$

[40] 블랙-숄즈 모형은 현실적으로는 차익거래를 실행하기 어려운 점이 있고 풋-콜 패리티의 경우는 어렵지 않게 차익거래 실행이 가능하다는 차이가 있습니다.

$$3\text{주 할인율} = 0.1 \times \frac{3}{52} = 0.006.$$

두 할인율의 차이는 0.004에 불과합니다. 그러므로 (잔존 만기가 1주인) 콜 A의 현재 가격은 다음과 같이 산출됩니다.

$$PV\ of\ Call\ A = \frac{\mathrm{E}[C_{T1}]}{1+0.002} = \frac{0.33}{1.002} = 0.329.$$

(잔존 만기가 3주인) 콜 B의 현재 가격은 다음과 같이 산출됩니다.

$$PV\ of\ Call\ B = \frac{\mathrm{E}[C_{T2}]}{1+0.006} = \frac{0.86}{1.006} = 0.855.$$

두 콜의 현재 가격은 두 콜의 만기일 평균 가격 0.33과 0.86과 크게 다르지 않습니다. 그 이유는 통상 콜의 최초 만기는 1개월 혹은 길어도 수개월에 그치고, 잔존 만기는 이보다도 짧기 때문입니다. 연 할인율을 10%로 꽤 큰 값으로 설정했음에도 두 콜의 잔존 만기 자체가 짧아, 두 할인율의 차이가 'insignificant'하기 때문입니다. 즉, 두 할인율 차이가 유의하지 않기 때문입니다. 심지어 연 할인율을 15%로 설정해도 두 할인율 차이는 여전히 'insignificant'합니다.[41] 참고로 만기가 다른 이 두 콜을 완전히 다른 자산으로 보고 서로 다른 (연)할인율을 적용하려 시도할 수도 있습니다. 가령 콜 A의 연 할인율은 10%이지만 콜 B의 그것은 15%로 설정할 수도 있습니다. 그러나 그렇게 해도 결론은 바뀌지 않습니다. 즉, 콜 B의 (현재) 가격이 여전히 콜 A의 가격보다 큽니다.

마지막 부연 설명을 하겠습니다. 위 도표 상 기초 자산 가격의 만기일 분포가 콜 B의 경우 지나치게 광범위하고 콜 A의 경우 지나치게 협소하게 설정되었다고 인식될 수도 있습니다. 물론 선명한 비교를 위해 만들어진 도표이기에 그런 점이 있습니다. 그럼에도 불구하고, 다양한 만기의 많은 옵션 가격들을 비교하면, 만기가 더 긴 옵션 가격이 만기가 더 짧은 옵션 가격보다 더 큰 것으로 결론이 도출됩니다.[42] 특히 블랙-

---

[41] 이 경우 1주 할인율은 0.0029, 3주 할인율은 0.0087로 그 차이는 0.0058입니다. 그러나 두 값 모두 0.01보다도 작아, 엄밀히 따지면 거의 0에 가깝습니다.

[42] 다른 모든 조건은 같고 만기만이 다른 옵션들을 비교한다는 의미입니다.

숄즈와 같은 이론 모형에서는 그렇게 도출됩니다. 이런 결과가 도출되는 가장 중요한 이유는, 만기가 길수록 기초 자산 가격 변동폭이 커지기 때문입니다. 그리고 옵션의 가치는 바로 이런 변동성, 변동폭으로부터 나오기 때문입니다. 물론 만기가 더 긴 옵션의 경우 (현재가치 산출에 사용될) 할인율 값도 더 크지만, 위 계산에서 확인되듯이, 할인율이 옵션 가격 결정에 미치는 영향은 매우 작습니다. 그 결과 잔존 만기가 더 긴 옵션의 (현재) 가격은 잔존 만기가 더 짧은 옵션의 가격보다 더 커집니다. ▣

질문 3-20〉 그런데 풋 옵션에는 예외가 있다면서요?

네, 맞습니다. 유러피언 풋의 경우에는 위에서 설명한 논리에 예외가 존재합니다. 얼핏 생각하면 유러피언 풋도 옵션의 한 종류인데, 만기가 길면 길수록 옵션 가치가 커질 것 같습니다. 이 말이 틀린 말은 아닙니다. 다만 예외가 존재하기 때문에 모든 (가격의) 유러피언 풋이 만기에 비례하여 그 가치가 상승한다고 할 수는 없다는 것입니다. 그 예외가 무엇일까요? 여기서의 실마리는, 풋 보유자의 경우 주가가 하락할수록 유리한데 주가는 한없이 하락할 수는 없다는 사실입니다. 즉, 이론적으로나 실제적으로 주가 상승에는 제한이 없지만 주가 하락에는 명백한 제한이 존재한다는 사실입니다. 왜냐하면 주가는 0보다 낮게 하락할 수 없기 때문입니다. 그러므로 0보다 큰 행사 가격 $K(>0)$을 갖는 풋 보유자의 경우, 주가가 0에 가까워지면 심각한 불안에 사로잡힐 수 있습니다. 더 이상 주가가 하락하는 것은 불가능한 반면 주가가 (재)상승하는 것은 가능하니, 향후 주가 변동은 대부분 본인에게 불리하게 이루어질 것으로 예상되기 때문입니다.

가령 현 주가=2이고 행사 가격=20인 유러피언 풋 옵션의 잔존 만기가 1일이라고 합시다. 지금 당장 이 풋을 행사할 수 있다면 20−2=18의 현금흐름을 받게 됩니다. 즉, 이 풋의 내재가치는 18입니다. 하지만 유러피언 풋은 만기일까지 기다려야 하므로 내일까지 기다려야 합니다. 하루 동안 주가가 상승할 수도 하락할 수도 있습니다. 변한다 해도 하루 동안 크게 변하지는 않을 것입니다. 그러므로 만기가 1일 남았을 때 이 풋의 가격은 그 내재가치와 거의 같습니다. 이 내가격 풋의 내재가치는 지금 당장 행사할 때의 풋의 가치인데, 내일 행사하나 지금 당장 행사하나 이 풋의 가치가 별로 다르지 않을 것이기 때문입니다. 실제로 잔존 만기 1일의 이 풋의 가격을 블랙-숄즈 옵션 공식으로 산출하면 약 18이 산출되는데 이는 이 풋의 내재가치 18과 거의 일치합니다. [주가 (수익률) 변동성(σ) = 0.45, 무위험 이자율 = 0.05 적용]

반면 이 풋의 잔존 만기가 3개월이면 어떻게 될까요? 3개월 동안 주가가 하락한다 해도 0에 그칠 것이지만 만일 (재)상승한다면 꽤 높이 상승할 수 있을 것입니다. 이를 반영하여, 이 풋의 (블랙-숄즈에 의한) 가격은 17.75가 됩니다. 비교를 위해 하나만 더 알아보겠습니다. 이 풋의 잔존 만기가 1년이면 어떻게 될까요? 이 풋의 (블랙-숄즈에 의한) 가격은 17.02가 됩니다.

지금 우리가 목격한 이 수치들은 다음 두 가지 사실을 알려주고 있습니다. 첫째, 만기가 더 많이 남은 (유러피언) 풋의 가격이 더 적게 남은 풋 가격보다 더 작을 수 있습니다. 둘째, 기초 자산인 주가가 이 가격대에 있을 때 이 (유러피언) 풋의 시간 가치는 음수(−)라는 것입니다. 제1절에서 설명했지만, 옵션 시간 가치는 옵션 가격에서 옵션 내재가치를 빼면 산출됩니다. 만기 3개월인 이 풋의 가격은 17.75이고 그 내재가치는 18이니 이 풋의 시간 가치는 17.75−18 = −0.25가 됩니다. 또 만기 1년인 이 풋의 가격은 17.02이니 이 풋의 시간 가치는 17.02−18 = −0.92가 됩니다.

이 두 사실은 매우 의미심장한(significant)한 것입니다. 옵션에 대해서 거의 상식적으로 알려진 중요한 내용들과 배치되기 때문입니다. 첫째, 다른 모든 조건이 불변일 때, 시간이 경과할수록 즉 잔존 만기가 짧아질수록 '일반적으로' 옵션 가치는 하락합니다. 그러나 (유러피언) 풋의 경우, 시간이 흐를수록 즉 잔존 만기가 짧아질수록 옵션 가치가 상승할 수 있습니다. 잔존 만기 1년, 3개월, 1일인 풋 가치가 17.02 → 17.75 → 18로 상승하는 위 사례에서 이 사실을 확인할 수 있습니다. 둘째, 옵션은 미래 가능성에 투자하는 상품이기에 '일반적으로' 옵션의 시간 가치는 양수(+)입니다. 시간이 경과하면서 기초 자산 가격이 옵션 보유자에게 유리하게 움직일 가능성이 있기 때문입니다. 하지만 (유러피언) 풋의 경우, 시간 가치가 음수가 될 수 있습니다. 잔존 만기 1년 혹은 3개월인 풋의 시간 가치가 −0.92 혹은 −0.25가 되는 위 사례에서도 이 사실을 확인할 수 있습니다.

왜 이런 요상한 일들이 발생할까요? 시간 경과에 따라 (풋 보유자에게) 현재보다 상황이 더 나아질 가능성보다는 더 악화될 가능성이 더 크기 때문입니다. 기초 자산 가격이 어느 임계점(critical value)보다 낮으면 이런 일들이 발생합니다. 그럼 그 임계점을 어떻게 찾을 수 있을까요? 이 임계점은 풋의 만기, 기초 자산의 변동성 등 다양한 변수에 의해 영향을 받기에 일률적으로 답하기 어렵습니다. 결론부터 말하면, 현 시점에서 유러피언 풋의 이론 가격이 그 내재가치보다 작다면, 이때 기초 자산 가격이 바로 그 임계점 이하에 위치한 것입니다. 그리고 이 이론 가격은 기초 자산 가격, 풋 행사 가격뿐 아니라 만기, 변동성, 무위험 이자율 등에 의해서도 영향을 받습니다. 다만 여기서 중요한 것은, 콜과는 달리 풋의 경우 잔존 만기와 관련하여 예외가 있음을 기억하고 이해하는 것입니다. ▣

이제 위 질문으로부터 발견한 풋의 잔존 만기와 관련된 내용을 요약하면 다음과 같습니다.

정리 11〉 잔존 만기와 (유러피언) 풋 가치

1) 다른 조건이 불변일 때, 잔존 만기가 길수록 풋 가치가 작아질 수 있다.
2) 풋의 시간 가치는 0보다 작을 수 있다.
3) 위 두 경우는 풋이 심내가격(deeply OTM)인 경우에 발생한다.
4) 이 심내가격에 해당하는 기초 자산 가격대를 일률적으로 정의하기는 어렵다.

참고로, 잔존 만기가 더 길 때 풋 가치가 더 낮을 수 있음이 아래 그래프에 반영되어 있습니다. 선명한 비교를 위해 동일한 사양(specifications)의 두 유러피언 풋의 잔존 만기(τ)가 1년과 3년인 경우의 풋 가격을 (블랙-숄즈 공식으로) 비교했습니다. 또한 풋의 내재가치도 풋 가격과 함께 제시했습니다. 참고로 이 두 풋은 잔존 만기만 다를 뿐 동일한 사양의 풋이기에 이들의 내재가치도 동일합니다. (IV는 이 풋들의 내재가치, p(3)와 p(1)은 각각 잔존 만기 3년과 1년인 풋의 가치)

➢ 그림 3-10 풋의 잔존 만기와 가치

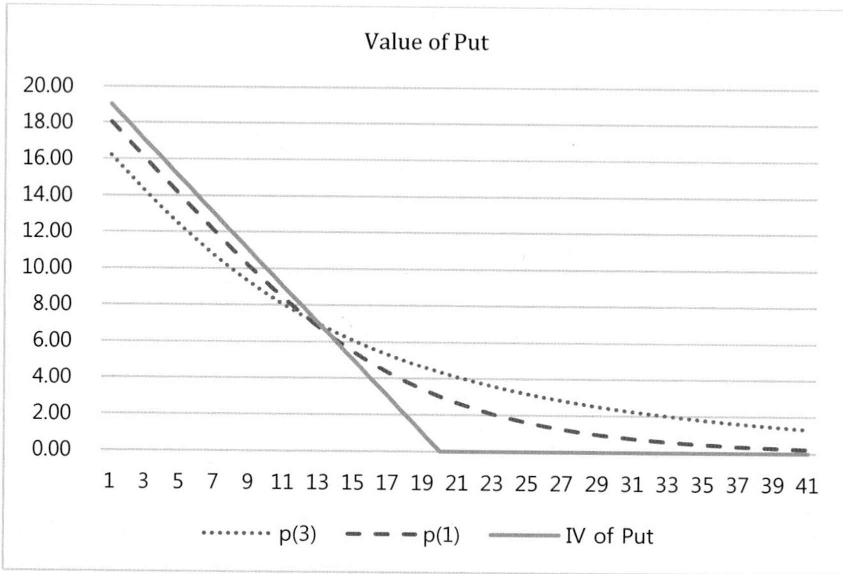

구체적으로, 행사 가격 = 20, 기초 자산 변동성(σ) = 0.45, 무위험 이자율 = 0.05가 적용되고 잔존 만기만 다른 두 풋의 가치를 블랙-숄즈 공식으로 산출하였습니다. 그래프에서 알 수 있듯이, 풋이 심내가격일 때, 즉 기초 자산 가격이 20보다 꽤 작은 13보다 작거나 같을 때 p(3) 가치가 p(1) 가치보다 더 작습니다.[43] 또 이와 유사한 기초 자산 가격대에서 두 풋의 시간 가치는 0보다 작습니다. 이를 구체적으로 비교하면 아래와 같습니다.

➢ 도표 3-15 풋의 잔존 만기와 가치 ($K = 20$)

S	1	2	3	4	5	6	7	8	9	10	11	12	13	14	15	16
IV	19	18	17	16	15	14	13	12	11	10	9	8	7	6	5	4
p(1)	18	17	16	15	14	13	12	11.1	10.1	9.23	8.37	7.56	6.8	6.09	5.44	4.85
p(3)	16.2	15.2	14.2	13.3	12.4	11.5	10.7	9.96	9.27	8.62	8.02	7.47	6.97	6.5	6.06	5.66
p(3)-p(1)	-1.81	-1.81	-1.79	-1.74	-1.65	-1.51	-1.33	-1.12	-0.87	-0.61	-0.35	-0.08	0.17	0.4	0.62	0.81

[43] 여기에서 알 수 있듯이, 풋의 시간 가치가 0보다 작기 위해서 그 기초 자산 가격이 반드시 0에 가까울 필요까지는 없습니다. 이전 예에서 기초 자산 가격이 0에 가까운 예를 들어 설명한 이유는, 독자들의 이해를 쉽게 하기 위하여 다소 극단적인 경우를 설명하였기 때문입니다.

위 도표에서 S는 기초 자산 가격(주가), 'p(3)−p(1)'은 두 풋의 가격 차이입니다. 잔존 만기가 다른 두 풋의 가격을 비교하면 "잔존 만기와 풋 가치"에 대한 앞의 정리를 확인하고 설명할 수 있습니다.

1) 다른 조건이 불변일 때, 잔존 만기가 길수록 풋 가치가 작아질 수 있다.
   위 도표의 경우, 기초 자산 가격이 12보다 작거나 같을 때 p(3)가 p(1)보다 작습니다. [p(3)−p(1) 행 참조]

2) 풋의 시간 가치는 0보다 작을 수 있다.
   p(1) 혹은 p(3)가 IV보다 작은 경우에 이들의 시간 가치는 0보다 작습니다. 위 도표에 따르면 두 풋 모두 주가가 13보다 작거나 같을 때 시간 가치가 0보다 작습니다. 즉, 두 풋의 시간 가치가 0보다 작아지는 심내가격에 해당하는 'critical' 주가는 13보다 크고 14보다 작습니다. 구체적으로, 두 풋의 'critical 주가'는 일치하지는 않고, p(3)의 그 값은 13.1에 근사하고 p(1)의 그 값은 13.7에 근사합니다.

질문 3-21〉 이러한 논리가 어메리칸 풋에도 적용될까요?

네, 점점 복잡해지고 있군요. 처음에는 모든 옵션은 만기가 길수록 그 가치가 커진다고 하더니, 풋의 경우는 심내가격 풋의 특수성 때문에 반드시 그렇지는 않다고 하더니, 이제는 또 어메리칸 풋의 경우에도 만기가 더 길다고 해서 풋 가치가 반드시 더 커진다고 할 수는 없지 않느냐고 묻고 있습니다. 왜 이 마지막 질문을 할까요? 네, 맞습니다. 어메리칸 풋의 경우는 또 다른 요소를 생각해야 하기 때문입니다. 위에서 (유러피언) 심내가격 풋의 경우 만기가 더 긴 것이 불리하게 작용되어 만기가 더 짧은 경우보다 그 가치가 더 낮다고 결론이 났습니다. 그런데 이런 결론이 난 이유는, 유러피언 풋은 반드시 만기일까지 기다려야 옵션을 행사할 수 있기 때문입니다. 심내가격 풋의 경우 잔존만기가 더 길수록 주가가 불리하게 움직일 가능성이 더 커집니다. 그렇기에 만기가 더 길게 남은 것이 심내가격 풋 보유자에게는 오히려 불리하게 작용하고 심내가격 풋 가치도 (만기가 더 짧은 경우보다) 더 작아집니다.

그런데 어메리칸 풋은 이런 논의를 한 방에 무력화시킵니다. 왜냐하면 어메리칸 풋 보유자는 만기까지 무조건 기다릴 필요가 없기 때문입니다. 만일 현재 기초 자산 가격이 심내가격이라면 어메리칸 풋 보유자는 만기일까지 기다리지 않고 현 시점에서 즉각 풋을 행사할 수 있습니다. 그러면 풋 보유자가 얻을 현금흐름은 이 (내가격) 풋의 내재가치인 $K - S_t(> 0)$가 됩니다. 이처럼 어메리칸 풋은 어느 시점에서든 행사될 수 있기에 그 가격(P_t)은 최소한 그 내재가치가 되어야 합니다. 즉,

$$P_t \geq K - S_t$$

입니다. 이는 곧

$$P_t - (K - S_t) \geq 0$$

을 뜻합니다. 그런데 위 식의 좌변이 무엇을 뜻하고 있습니까? 풋 옵션 가격에서 풋 옵션 내재가치를 뺀 것이니, 좌변은 다름 아닌 풋 옵션의 '시간 가치'를 의미합니다. 그러므로 $P_t - (K - S_t)$이 0보다 크거나 같다 함은 곧 이 어메리칸 풋 옵션의 시간 가치가 0보다 크거나 같다는 뜻입니다. 이 논리는 비단 심내가격 어메리칸 풋뿐 아니라 모든 내가격, 외가격, 등가격 어메리칸 풋에 대해서 항상 유효합니다.

이런 점에서 모든 어메리칸 풋 옵션의 경우 (일반적으로) 만기가 길수록 그 가치가 커진다고 할 수 있습니다.[44] 애초 보편적으로 적용되었던 '옵션 만기와 옵션 가치의 정비례 관계'가 복원되는 것입니다. 이는 유러피언 풋과는 다른 속성입니다. 이런 연유로 앞에서 본 "옵션 가격 결정 변수" 도표에서 어메리칸 풋 P의 잔존 만기 τ에 대한 편미분 부호는 "+"가 됩니다. ▣

위 답변에 근거, 어메리칸 풋 가치(가격)와 잔존 만기는 다음 관계가 성립합니다.

정리 12〉 어메리칸 풋의 잔존 만기와 가격

어메리칸 풋의 잔존 만기와 그 가치(가격)는 (일반적으로) 비례한다.

---

[44] 어메리칸 풋은 유러피언 풋과는 달리 블랙-숄즈 옵션 공식이 존재하지 않습니다. 어메리칸 풋의 early exercise를 정확히 반영하는 수식이나 그에 대한 closed-form solution이 존재하지 않기 때문입니다. 그러므로 이 경우 이항 모형 등을 활용하여 numerical solution(수치적 해)을 통해서 어메리칸 풋의 가치를 파악해야 합니다. 이때 어메리칸 풋의 가치는 산출되지만 그 공식(formula)은 산출되지 않기에, 어메리칸 풋의 가치를 잔존 만기로 편미분할 수는 없습니다. 그러므로 수없이 많은 모든 경우에 어메리칸 풋 가치가 잔존 만기에 항상 비례하는지를 모두 입증할 수는 없습니다. 이런 점에서 "일반적으로 비례한다"는 표현을 사용한 것입니다.

5. 이자율의 영향

이제 (무위험) 이자율 수준이 콜, 풋 가치에 미치는 영향을 살펴보겠습니다. 이자율 자체는 옵션 매매 시 직접적인 관련은 없어 보입니다. 만기일에 옵션을 행사할 때는 기초 자산 가격과 행사 가격만 비교해서 의사결정을 하기 때문입니다. 그러나 다음 상황을 감안하면 왜 이자율이 옵션 (현재)가치와 관련 있는지 알 수 있을 것입니다. 삼성전자 1주를 1년 후 10만원$(=K)$에 매수할 수 있는 콜 옵션을 투자자들은 두 은행 A, B에서만 살 수 있다고 하겠습니다. 즉, 두 은행이 이 콜의 발행자가 됩니다. 그런데 A은행이 제공하는 1년 정기예금 이자율은 $3\%(=r(A))$이고 B의 정기예금 이자율은 $30\%(=r(B))$라 하겠습니다(선명한 비교 위해 이자율 차이 극대화). 또 하나, 정기예금 투자든 옵션 매수든 각 소비자는 한 은행만 이용해야 합니다. 가령 A은행에서 위 콜을 매수하고 싶다면 A은행의 정기예금만을 이용할 수 있고, B은행에서 이 콜을 매수하고 싶다면 B은행의 정기예금만을 이용할 수 있습니다. 이런 특이한 상황을 설정하는 이유는, 동일한 콜 옵션을 매매하는 데 있어 이자율만 서로 다른 두 경우를 비교하기 위함입니다. 즉, 이자율이 서로 다른 두 상황에서 동일한 콜 옵션이 같은 가격으로 거래될 수 있는가를 따져보기 위함입니다.

만기일에 콜을 행사하여 기초 자산인 주식을 취득하려면 콜 보유자는 그 행사 가격 $K=10$만원을 지불해야 합니다. 이를 대비하여 오늘 미리 현금을 준비한다면 두 은행 이용자는 각각 얼마를 준비해야 할까요? A, B 각 은행 이용자가 1년 뒤 10만원을 마련하기 위해 오늘 현금을 1년 정기예금에 예치(deposit)한다면 다음 금액을 오늘 예치해야 합니다.

$$\text{A은행: } \frac{100{,}000}{e^{r(A)}} = \frac{100{,}000}{e^{0.03}} = 97{,}045,$$

$$\text{B은행: } \frac{100{,}000}{e^{r(B)}} = \frac{100{,}000}{e^{0.3}} = 74{,}082.$$

즉, 동일한 자산인 이 콜을 매수할 때, 추가적으로 필요한 (미래) 비용 10만원을 A은행을 이용하면 97,045원에 마련할 수 있고 B은행에서는 74,082원에 마련할 수 있습니다. 이처럼 서로 다른 비용이 소요되지만, 1년 후 이 옵션 보유자에게 발생할 혜택은 동일합니다. 동일한 콜 옵션을 보유하고 있기 때문입니다. 그렇다면 여러분은 어느 은행에서 이 콜을 사겠습니까? 두 은행 모두 동일한 가격으로 콜을 판매하고 있다면, 가령 5,000원에 말입니다. 모든 사람이 B은행에서 콜을 사려고 할 것입니다. 그러면 B은행에서 판매하는 콜에 대한 수요가 증가하여 B은행의 콜 가격은 5,000원보다 상승할 것입니다. 마찬가지로 A은행에서 판매하는 콜에 대한 수요는 감소하여 이 은행의 콜 가격은 5,000원보다 하락할 것입니다. 이 비교가 뜻하는 바는 무엇일까요? 콜 매수자가 자금을 예치할 수 있는 (무위험) 이자율이 상승하면, 콜 가격도 상승한다는 것입니다.[45]

> **정리 13〉**
>
> 이자율이 상승하면 콜 가격은 상승한다.

한편 풋의 경우는 이자율 상승이 풋 보유자에게 어떤 영향을 줄까요? 위 사례를 그대로 이용해 설명하겠습니다. 삼성전자 1주를 1년 후 10만원$(=K)$에 매도할 수 있는 풋 옵션을 투자자들은 두 은행 A, B에서만 살 수 있다고 하겠습니다. 두 은행에서는 고객들에게 1년 만기 대출 서비스도 제공하고 있습니다. 다만 각 은행에서는 대출금리를 예금 금리보다 2%포인트 더 높게 설정했습니다. 즉, A은행에서 1년 만기로 대출받을 때 대출 이자율은 5%$(= r'(A))$이고 B의 1년 대출 이자율은 32%$(= r'(B))$라 하겠습니다. 또, 대출 서비스든 풋 매수든 각 소비자는 한 은행만 이용해야 합니다. 가령 A은행에서 위 풋을 매수하고 싶다면 A 은행의 대출 서비스만을 이용할 수 있고, B은행에서 이 풋을 매수하고 싶다면 B은행의 대출 서비스만을 이용할 수 있습니다. 이 가정은 동일한 풋 옵션이 (대출) 이자율이 서로 다른 두 상황에서 동일한 가격으로 거래될 수 있는가를 따져보기 위함입니다.

투자자 D가 삼성전자 주식 1주를 보유하고 있고 현금 보유액은 0이라 가정하겠습니다. D는 A은행이나 B은행에서 이 풋을 동일한 가격에 살 수 있습니다. 그런데 만기

[45] 이 사례에서는 편의상 은행 정기예금 이자율을 다루었는데, 일반적으로는 정부가 한국은행을 통해 발행하는, 국채의 한 종류인 국고채 금리를 무위험 이자율로 사용합니다. 특히 만기 3개월 혹은 1년의 국고채 금리가 무위험 이자율로 재무금융 분야에서 인식됩니다. 재무금융 분야에서는 자금을 대출하거나 차입할 때 통상 이 금리를 무위험 이자율로 인식합니다.

일에 풋을 행사하는 경우에는 행사 가격 10만원의 현금을 받게 됩니다. 이를 예상하여 D는 '10만원의 PV'만큼의 돈을 은행들로부터 대출받을 수 있습니다. 구체적으로 은행에 따라 다음 금액의 현금을 대출받을 수 있습니다(대출받은 돈을 편의상 오늘 다 사용한다고 가정).

$$\text{A은행: } \frac{100{,}000}{e^{r'(A)}} = \frac{100{,}000}{e^{0.05}} = 95{,}123$$

$$\text{B은행: } \frac{100{,}000}{e^{r'(B)}} = \frac{100{,}000}{e^{0.32}} = 72{,}615.$$

그렇다면 D는 어느 은행에서 풋을 사고 또 대출도 받겠습니까? 어느 은행에서 이 작업을 하든, D의 미래(만기일)의 순자산은 같습니다. 즉, 만기일에 주가가 10만원보다 낮다면 D는 풋을 행사하여 삼성전자 1주를 은행에 10만원에 팔 것입니다. 그리고 이 돈으로 (본인이 대출받은) 10만원을 은행에 갚을 것입니다. 이로 인한 D의 주식과 현금 수준은 주식=0, 현금=0입니다. D가 어느 은행에서 풋을 샀고 또 대출을 받았든지 이와 동일한 자산-부채 수준에 이르게 됩니다. 또한 만기일에 주가가 10만원보다 높다면 D는 풋 행사를 단념할 것이고 부채 10만원은 그대로 남을 것입니다. 즉, 이로 인한 D의 주식과 현금 수준은 주식=1주, 현금=−10만원입니다. D가 어느 은행에서 풋을 샀고 또 대출을 받았든지 이와 동일한 자산-부채 수준에 이르게 됩니다.

하지만 D의 현재 순자산 수준은 어느 은행에서 대출받았는가에 따라 다릅니다. 위 산출식에 따라, A은행에서 대출받는다면 D는 오늘 95,123원을 소비할 수 있습니다. B은행에서 대출받는다면 D는 오늘 72,615원을 소비할 수 있습니다. 그러므로 D는 A은행에서 대출받으려 할 것입니다. 대출도 받고 풋도 매수하려 할 것입니다. D뿐 아니라 모든 투자자가 A은행에서 풋도 사고 대출도 받으려 할 것입니다. 그러므로 A은행에서 판매하는 풋 가격은 상승하고, 반대로 B은행에서 판매하는 풋 가격은 하락합니다. 이 차이의 근본 원인은, 투자자가 이용할 수 있는 (무위험) 이자율 크기의 차이입니다. 이자율이 더 낮은 상황에서는(A은행) 풋 가격은 (그렇지 않은 B은행 경우보다) 더 높습니다. 그러므로 이자율 '상승'을 전제로 풋 가격 변화를 추정하면 다음 정리와 같습니다.

정리 14〉

이자율이 상승하면 풋 가격은 하락한다.

지금까지는 은행 예금 및 대출 금리를 활용하여 이자율 변화와 옵션 가격 변화를 살펴보았습니다. 이제 여러분들은 이 주제와 관련하여 어느 정도 이해를 했으리라 생각합니다. 그렇다면 이제는 보다 직접 이 주제를 설명해 보겠습니다. 만기에 콜을 행사하여 기초 자산인 주식을 취득하는 경우 콜 보유자는 그 행사 가격 K를 지불해야 합니다. 이를 대비하여 오늘 미리 현금을 준비한다면 그 금액은 $K \cdot e^{-r \cdot \tau}$가 됩니다. 이는 미래 발생할 현금 유출(cash outflow)이므로 일종의 부채인 셈입니다.[46] 오늘 이만큼 현금을 준비해서 무위험 (연)이자율 r로 남은 만기 τ까지 투자하면 만기일 K만큼의 현금이 확보됩니다. 그런데 오늘 준비할 현금액은 이자율 r이 클수록 작아집니다. 그리고 여기서 이자율은 사실 할인율을 의미합니다. 그러므로 콜 보유자에게 있어, 다른 모든 조건이 동일할 때 이자율 수준이 높을수록 미래 지급할 (부채) K에 대한 실질 비용이 작아 더 유리하므로(better off), 콜 가치는 높아집니다. 반면 풋의 경우는 그 반대로, 풋 보유자는 만기일에 (풋 매도자에게) 주식을 건네 주고 그 행사 가격 K를 받습니다. 이는 미래 발생할 현금 유입(cash inflow)이므로 일종의 자산인 셈입니다. 이를 현재가치로 표시하면 그 받을 금액은 $K \cdot e^{-r \cdot \tau}$가 됩니다. 이 금액은 이자율(할인율) r이 클수록 작아집니다. 그러므로 풋 보유자에게 있어, 다른 모든 조건이 동일할 때 이자율 수준이 높을수록 만기일 받을 (자산) K에 대한 현재가치가 작아지므로 풋의 (현재)가치도 작아지는 것입니다. 이자율과 콜, 풋 가격의 관계는 다른 방식으로도 설명할 수 있지만 이렇게 설명하는 것이 비교적 이해하기 쉬운 방식이라 할 수 있습니다.

[46] 더 정확히 표현하면 잠재적 부채, 회계학에서 말하는 우발부채(contingent liability)입니다.

6. 배당의 영향

한편 기초 자산인 주식으로부터 배당을 받게 되면 어떨까요? 이론적으로 보면, 배당을 주는 날에는 주가가 (1주당) 배당금만큼 하락합니다. 그러므로 이론적으로는 배당 지급 여부는 주식 보유자에게 큰 영향을 주지 않을 수 있습니다. 가령 어느 기업의 현 주가가 100인데 이 기업이 1주당 배당금 10을 지급하면 주가에 배당락이 발생하여 주가가 90이 될 것입니다. 반면 배당금을 전혀 지급하지 않으면 주가는 100을 유지할 것입니다. 그러므로 이 주식 보유자의 자산 가치는 변하지 않습니다. '현금 10+주식 90' 혹은 '주식 100'의 가치를 가지기 때문입니다. 결국 배당 지급 여부는 주식 보유자에게는 별 차이가 없습니다(indifferent).

물론 현실에서 배당금에 대한 세율과 주가 상승에 대한 세율이 다르면 주식 보유자에게도 배당 지급 여부에 호불호가 있을 수 있습니다. 가령 주가 상승 혹은 자본 이득(capital appreciation, capital gain)에 대한 세율이 낮고 배당금에 대한 세율이 높으면, 주식 보유자는 기업이 배당을 지급하지 않는 것을 더 선호할 수 있습니다. 또 다른 관점을 본다면, 어떤 기업들에게는 배당 지급 여부가 시장에 보내는 일종의 암묵적인 신호(signaling)일 수 있습니다. 가령 수익률 높은 투자 대상을 많이 가진 회사들은 배당으로 지급할 현금을 새 투자 프로젝트에 투자하는 것이 더 나을 수 있습니다. 이런 경우는 현금 배당을 지급하지 않고 투자 프로젝트에 투자할 것을 주주들이 더 좋아할 수 있습니다. 반대로 안정적인 배당을 매년 지급하는 주식에 대한 투자자들의 심리적 효과나 이른바 'clientele effect'가 존재하면 배당금 지급을 선호하는 투자자들이 있을 수 있습니다.[47] 배당 지급과 관련한 이런 주제들은 기업 재무(corporate finance)에서 상세히 다루는 내용들이므로, 본서에서는 (위에서 설명했듯) 배당 지급 여부는 주식 보유자에게는 별 상관이 없다고(indifferent) 단순하게 가정하겠습니다.

반면 배당 지급 여부는 "옵션 투자자"에게는 상관이 있습니다. 그 이유를 알기 위해서는, 우선 왜 주식 보유자에게는 배당 지급 여부가 중요하지 않은지를 알아야 합니다. 위 사례에서 주식 보유자는 배당이 지급되든 지급되지 않든 그녀의 자산 가치는

[47] 'clientele effect'란, 주식 투자자들이 자신 성향에 따라 특정 주식들을 선호하는 현상으로, 가령 주가 상승도 중요하지만 현금 배당을 더 중요시하는 투자자들의 경우에는 배당률이 높은 주식들을 더 선호할 수 있습니다. 이런 현상을 'clientele effect'라 합니다.

100입니다. '현금 배당 10+주식 90' 혹은 '주식 100'이기 때문입니다. 반면 유러피언 콜 보유자의 경우 배당이 지급되는지 아닌지가 중요합니다. 배당이 지급될 때 주식 보유자는 그 배당을 항상 수령하는 것과는 달리, 콜 보유자는 배당금을 수령할 수 없을 수 있습니다(콜 만기 이전 배당금 지급 가정). 콜 보유자는 만기일에 (콜 행사하여) 주식만을 수령할 수 있는데, 본인이 받을 주식의 가치가 100이 될 수도 90이 될 수도 있습니다. 가령 위 회사가 1년에 한 번 현금 배당 10을 지급하는 경우도 있고 배당을 전혀 지급하지 않는 경우도 있다고 합시다. 구체적으로 삼성전자가 과거에 매년 10월 5일을 배당 기준일(record date)로 설정한다고 합시다. 이 회사가 현금 배당을 지급 안 하는 해(year)도 있지만, 현금 배당을 한다면 10월 5일을 배당 기준일(record date)로 설정했다는 의미입니다. 그러면, 10월 5일 현재 주주 명부에 본인의 이름이 포함된 주주만이 배당을 지급받습니다. 한편 주식 거래의 결제는 'T+2 시스템'(거래일로부터 2 영업일 후)에 따라 이루어집니다. 즉, 투자자 A가 10월 3일에 주식을 매수하면 10월 5일에 A 이름이 주주 명부에 오르게 되어 배당금을 받게 됩니다. 혹은 B가 10월 3일 이전에 이 주식을 매수해서 10월 3일까지 보유하면 B도 배당금을 받습니다. 반면 D가 10월 4일에 주식을 매수하면 이 거래는 10월 6일에야 주주 명부에 반영되기에, D는 배당금을 수령할 권리가 없습니다. 그러므로 10월 4일의 주가는 시초가(open price)부터 배당금만큼 하락하게 됩니다. 이를 배당락(ex-dividend)이라고 합니다. 10월 3일에 매수하든 4일에 매수하든 동일한 1주인데 하루 차이로 배당금을 못 받으니 그 손실을 반영하여 주가가 그만큼 더 싸진다는 의미입니다. 가령 A나 B가 보유한 주식을 10월 4일에 매도하면, 이들은 (나중에) 배당금을 받으므로, 배당락만큼 하락한 주가에 매도를 하게 됩니다. (나중에) 배당금도 받고 10월 4일에도 원 주가 그대로 매도한다면 이런 주식시장은 비효율적이고 무식한 시장일 것입니다.[48]

이제 옵션 보유자의 경우를 구체화하기 위해, 현금 배당이 없는 경우 10월 3일부터 10월 6일의 이 주식 주가는 항상 100이라 하겠습니다. 주가에 영향을 미칠 (배당 외) 다른 돌발 변수가 없기에 이 가격이 계속 유지됨을 가정합니다. 그리고 이 주식을 기초 자산으로 하는 유러피언 콜의 행사 가격이 70, 그 만기일이 10월 4일이라 하겠습니다. 그러면 배당이 있는 경우와 그렇지 않은 경우 콜 보유자의 만기일 청산가치가

[48] 참고로, 배당금 수령권을 상실하는 10월 4일을 'ex-dividend date' 혹은 '배당 제외일'이라고 합니다.

달라집니다. 배당이 없고 10월 4일 콜 보유자가 이 콜을 행사하면 자산 가치 100인 주식을 보유하게 됩니다. 반면 10의 배당이 있다면 10월 4일 주가는 배당락되어 (going ex-dividend) 하루 종일 90을 유지하게 됩니다. 이때에도 주가가 콜 행사 가격 70보다 높으므로 콜 보유자가 콜을 행사하면 자산 가치 90인 주식을 보유하게 됩니다. 하지만 배당 때문에 콜 보유자의 자산 가치가 10만큼, 즉 현금 배당만큼 줄어듭니다. 이런 연유로, 다른 모든 조건이 같을 때, 현금 배당을 지급하면 콜 보유자는 그만큼 손실을 입게 됩니다. 물론 배당락 시점이 콜 만기일 이후라면 배당으로 인한 콜 보유자의 손실은 없습니다.

배당락으로 콜 보유자가 손실을 입는 경우에는 어느 정도 손실을 입을까요? 위의 예에서는 콜 행사 가격이 70으로, 현금 배당이 있으나 없으나 만기일에 이 콜이 행사됩니다. 즉, 콜 행사 가격(70)이 배당락으로 하락한 주가(90)보다도 낮으면 배당과 관계없이 이 콜은 항상 행사됩니다. 그러므로 배당으로 인한 콜 보유자의 손실은 정확히 배당락 수준입니다. 위 예에서는 콜 보유자의 손실은 10입니다.

반면 콜 행사 가격이 배당락으로 하락한 주가(90)보다 높다면 어떻게 될까요? 가령 콜 행사 가격이 94라면 콜 보유자의 배당으로 인한 손실이 여전히 10이 될까요? 결론은 '그렇지 않다'입니다. 한 번 따져볼까요? 콜 행사 가격이 94였다면, 배당이 있는 경우 만기일에 주가가 90이니 이 콜은 행사되지 않아 만기일 청산가치는 0이 됩니다. 배당이 없으면 만기일 주가가 100이니 이 콜은 행사되어 만기일 청산가치는 6이 됩니다. 그러므로 배당 여부에 따른 만기일 청산가치의 차이는 6 – 0 = 6입니다.

여기서 또 한 가지 생각할 것이 있습니다. 우리는 위에서 배당락 없을 때 만기일 주가 = 100이라고 확정하고 논의를 전개했습니다. 하지만 미래 만기일의 주가가 어떻게 될지는 아무도 모릅니다. 배당락 없을 경우 만기일 주가가 콜 행사 가격 70보다 낮다면, 배당락이 있든 없든 콜 보유자는 이 콜을 만기일에 행사할 수 없을 것입니다. 그러므로 다음의 여러 단계를 거쳐야 배당 있는 경우의 콜 (현재)가치의 하락 정도를 합리적으로 산출할 수 있습니다.

1) 배당락 없는 경우의 만기일 주가의 전체 '확률분포'를 먼저 추정
2) 이 확률분포에서 콜이 내가격이 되는 주가들을 파악
3) 이 주가들을 사용하여 현재 콜 가치 산출($= c$)

4) 배당락 있는 경우의 만기일 주가의 전체 '확률분포'를 추정
5) 이 확률분포에서 콜이 내가격이 되는 주가들을 파악
6) 이 주가들을 사용하여 현재 콜 가치 산출($= c(D)$)
7) "$c - c(D)$"가 배당(락)으로 인한 콜 가격 하락 정도

위 방법이 가장 바람직한 '배당으로 인한 콜 가격 하락 추정' 방법론입니다. 물론 단계 3)과 단계 6)을 우리는 아직 수행할 수 없습니다. 이른바 '위험중립평가법'을 아직 배우지 않았기 때문입니다. 하지만 위의 여러 단계를 거쳐야 '배당으로 인한 콜 가격 하락 추정'을 합리적으로 추정할 수 있음은 분명합니다.

이제 현금 배당과 콜 가치의 관계를 보다 간단히 정리한다면 다음과 같습니다. "현금 배당액이 클수록 콜 가치는 하락한다"입니다. 현금 배당액이 가장 작은 경우가 바로 현금 배당을 전혀 지급하지 않는 경우이니 이 정리는 배당이 없는 경우도 포함합니다.[49]

정리 15〉

현금 배당이 클수록 콜 가치는 작아진다.

여기서 한 가지 질문을 해 봅시다.

질문 3-22〉 어느 주식의 배당 기준일(record date)이 이 주식을 기초 자산으로 하는 콜(C1)의 만기일 이후라 합시다. 그러면 배당락도 만기일 이후에 발생하니, C1은 배당 없는 주식을 기초 자산으로 하는 콜의 경우에 해당합니다. 그런데 (동일한 사양인데) 만기일(만)이 더 늦어, 만기일이 위 주식의 'record date'보다 1개월 이상 늦는 콜을 C2라 합시다. 그러면 C2 보유자가 그 만기일에 콜 행사하여 주식을 받을 수는 있지만 주가는 이미 배당락된 상황입니다. 단, C2의

[49] 조금 더 부연하면, 위 정리는 배당을 특정 금액의 현금으로 정해서 지급하는 경우에 해당합니다. 배당을 이렇게 특정 금액으로 주지 않고, 현 주가의 일정 비율로 주는 경우, 즉 배당률 방식으로 주는 경우에는 그리고 특정 모형을 사용하여 옵션 가치평가를 하는 경우에는, 위 정리가 항상 성립하지는 않을 수도 있습니다. 물론 기초 자산이 배당을 지급하는 경우의 콜 가치는, 배당을 지급 안 하는 경우의 콜 가치보다 더 작은 것은 사실입니다만. 이에 대한 자세한 내용은 제4장의 옵션 평가 2기 모형을 참조할 수 있습니다.

만기 자체는 C1보다 더 깁니다. 그렇다면 만기만 따지면 C2 가격은 C1 가격보다 높아야 할 텐데요. 그렇다면 배당의 영향을 받는 콜(C2)이라 해서 콜 가격이 반드시 더 낮아야 한다고 볼 수는 없지 않을까요?

네, 미안하지만 위 질문은 편미분의 의미를 망각한 질문입니다. 지금 우리는 옵션의 여러 모수(paremeters)의 변화가 옵션 가격에 미치는 영향을 공부하고 있습니다. 그리고 이 주제는 수학적으로는 편미분에 해당한다고 말한 바 있습니다. 편미분이란, 다른 모든 모수가 변하지 않는다고 가정하고 한 변수만의 변화가 옵션 가격에 미치는 영향을 따지는 것입니다. 위 예의 경우 배당과 만기가 동시에 증대되는 경우를 상정하고 있습니다. 즉, 만기일이 늦어짐에 따라, 배당은 0에서 일정 금액으로 증대되고, 잔존 만기 자체도 더 커졌습니다. 그러므로 위 질문은 두 옵션 모수가 동시에 커지는 경우이므로, 현재 우리가 다루는 주제와는 다른 주제입니다. 그러므로 위 질문은, 두 변수의 임팩트 모두를 감안하여 'case by case'로 접근할 수밖에 없습니다. 가령 이항 모형 등을 이용한 numerical solution을 구해 볼 수 있습니다. ▣

한편 현금 배당과 풋 가격의 관계는 어떠할까요? 결론부터 말하면 현금 배당이 (0에서) 증가하면 풋 가격은 상승합니다. 현금 배당이 (0보다) 크면 클수록 배당락이 커져 주가는 더 하락합니다. 풋 보유자의 만기일 청산가치는 $Max[K-S_T,0]$인데 배당금이 커질수록 배당락으로 인해 만기일 주가 S_T는 작아지므로 $Max[K-S_T,0]$ 자체는 상승합니다. 그리고 이 풋의 청산가치의 PV가 현재의 풋 가격이므로, 현재 풋 가격도 상승합니다. 참고로 기초 자산의 배당이 옵션 가치에 미치는 영향은, 특히 어메리칸 옵션 가치에 미치는 영향은 제4장에서 옵션 2기 이항 모형을 공부할 때 심도있게 논의됩니다.

> **정리 16〉**
>
> 현금 배당이 클수록 풋 가치는 커진다.

제 3 절 어메리칸 콜의 조기 행사

본절에서는 어메리칸 콜의 만기 전 조기 행사(early exercise)를, 다음 절에서는 어메리칸 풋의 그것을 논의하겠습니다. 그리고 우선 'non-dividend-paying stock'을 기초 자산으로 하는 콜을 분석 한 후, 추가적으로 'dividend-paying stock'을 기초 자산으로 하는 콜도 분석합니다. 전술하였듯이 어메리칸 옵션 보유자는 만기일까지 기다리지 않고 언제라도 옵션을 행사할 수 있습니다. 그런데 어메리칸 콜 옵션은 만기일까지 기다리는 것이 조기 행사보다 더 유리하다고 알려져 있습니다. 항상 말입니다. 왜 이런 예상 밖의 결론이 도출되었을까요? 본절에서는 이 주제를 수리적으로 또 직관적으로 설명해 보겠습니다.

만일 어메리칸 콜의 경우 만기일까지 기다리는 것이 조기 행사보다 더 유리하다면 어메리칸 콜은 유러피언 콜과 아무런 차이가 없을 것입니다. 네, 이상하게 들리겠지만, 어메리칸 콜 보유자는 조기 행사가 언제라도 가능함에도 불구하고 이를 실행하지 않고 만기일까지 기다리는 것이 최적(optimal)입니다. 물론 만기일까지 기다려도 기초 자산 가격이 콜 행사 가격보다 작으면 콜 행사가 불발될 수도 있습니다. 사후적으로 이렇게 되는 경우가 있더라도, 사전적으로 볼 때 어메리칸 콜은 조기 행사 하지 않고 만기일까지 일단 기다리는 것이 최적입니다. 왜 그런지 알아보겠습니다.

문제를 간단하게 접근해 보겠습니다. 어메리칸 콜 보유자가 어느 날 옵션을 행사하는 것이 좋을지의 문제를 있는 그대로 다루려면 너무 복잡합니다. 만기 전까지 많은 거래일(trading days) 중 최적 거래일을 선택해야 하기 때문입니다. 이 복잡한 문제를, 둘 중 하나를 선택하는 간단한 문제로 바꾸어 보겠습니다. 즉,

"오늘 행사 vs. 오늘 행사 안 하고 일단 내일까지 기다려 봄"

중 어느 쪽이 더 유리한지를 판단하는 문제로 바꾸어 보겠습니다. 만일 오늘 시점에서 내일까지 기다리는 것이 더 유리하다면, 그리고 그 이유가 일반적이라면, 내일이 되어도 또 그 다음날까지 기다리는 것이 더 유리하다고 생각할 것입니다. 이것이 지속되면, 결국 오늘이 아니라 만기일까지 기다리는 것이 더 유리하다는 결론이 도출될 수 있습니다. 그리고 실제로도 오늘 행사하지 않고 만기일까지 기다린 후 (행사 조건이

되면) 콜을 행사하는 것이 어메리칸 콜 보유자에게 가장 유리하다고 알려져 있습니다.

이제 그 이유를 알아보겠습니다. 첫째 이유로, 오늘 행사하면 행사 가격 K를 오늘 지급해야 하지만 내일 행사하면 K를 내일 지급하므로, 미세한 차이지만 현재가치 관점에서는 내일 행사하는 것이 비용이 덜 듭니다. 현재가치 관점에서 오늘 행사 시 비용은 K이지만 내일 행사 시 비용은 $K \cdot e^{-r \cdot \left(\frac{1}{250}\right)} (< K)$이기 때문입니다.[50] 같은 논리로 모레 콜을 행사한다면 그 비용(의 현재가치)은 $K \cdot e^{-r \cdot \left(\frac{2}{250}\right)}$가 되어 더 작아집니다. 만기가 3개월 후라면 그 비용은 $K \cdot e^{-r \cdot \left(\frac{1}{4}\right)}$이 되어 K보다 꽤 차이 나게 작을 수도 있습니다. 콜을 행사하여 (동일한) 주식을 구입하는 데 드는 비용이 오늘 아니고 나중에 K를 지급할수록 더 작아지니, 가능한 늦게 어메리칸 콜을 행사하는 것이 이익입니다.

둘째 이유로, 오늘 콜을 행사하면 이제 더 이상은 콜을 보유하지 않게 됩니다. 언제든지 내가 원하는 시점에, 내가 원하는 상황에 K를 지급하고 주식을 구입할 수 있는 콜 보유자가 오늘 그 콜을 사용해버리면 그 즉시 콜 보유의 모든 혜택, 모든 보호, 모든 'shield'를 잃게 됩니다. 또 콜 행사 시점에 있어

"오늘" vs. "만기일까지 남은 기간 중 최적인 날"

이 두 날만 비교해 볼 때 오늘이 후자보다 더 좋은 날일 가능성이 얼마나 있을까요? 잔존 만기가 많이 남아 있을수록 후자가 더 유리한 날일 확률이 더 높습니다. 잔존 만기가 60일이라면, 콜 행사 최적 시점이 오늘 하루 혹은 '남은 59일 중 하루' 중에서 어느 날이 더 유력할까요? 상식적으로 말입니다. 이런 연유로 어메리칸 콜 보유자는, 오늘 콜을 행사할 수도 있지만, 오늘이 아닌 다음 날로 일단 콜 행사를 유예하는 것이 더 유익함을 알 수 있습니다.

그렇다면 잔존 만기가 여러 날이 아니고 하루만 남은 경우는? 이때는 또 다른 관점에서 오늘 조기 행사보다 내일 행사가 더 유리할 수 있습니다. 위에서 설명했듯, 오늘 K를 지급하는 것보다 내일 지급하는 것이 비용이 덜 듭니다. 하지만 이런 정도의 설명으로는 "어메리칸 콜의 최적 활용은 항상 만기일까지 기다린 후 그날 콜을 행사

---

50 1년에 대략 250~260 trading days가 있습니다, 국가에 따라. 만일 이자율이 단순히 calendar days와 연관되어 계산된다면 250 대신 365가 쓰일 수 있습니다.

하는 것"이라는 주장을 입증하기에는 부족합니다. 그러므로 보다 자세한 내용은 아래에서 수리적으로, 일반적으로 설명하겠습니다. 참고로, 연속복리법에 의한 수익률(gross return) e^x는, $x > 0$인 한 $e^x > 1$임을 기억하기 바랍니다.

자, 이제 시작합니다. 오늘 콜을 행사하여 주식을 받으면 그 주식을 만기까지 보유할 수도 혹은 만기 이전에 주식을 매도할 수도 있습니다. 이런 두 가지 경로를 모두 감안한다 해도 오늘 콜을 행사하는 것이 최적은 아닙니다. 먼저 오늘 콜을 행사해서 주식을 받은 후 바로 주식을 매도하려는 콜 보유자의 손익을 비교해 보겠습니다. (주식을 나중에 매도하는 경우는 아래에서 자세히 다루겠습니다) 현 주가 S_t가 K보다 큰 경우 콜 보유자가 콜을 행사한 후 주식을 처분하면 그(녀)의 수익은 $S_t - K(> 0)$입니다. 이 수치는 바로 콜의 내재가치(intrinsic value)입니다. 그런데 이렇게 하지 않고 오늘 콜 자체를 매도하면 이보다 더 큰 이익을 실현할 수 있습니다. 콜 가격은 항상 내재가치($S_t - K$)와 시간 가치(α)의 합인데, 콜의 시간 가치는 항상 0보다 크기에(최소 0), 결국 콜을 그 가격에 팔면 그 수익은 $S_t - K + \alpha(> S_t - K)$가 되어 콜을 직접 행사할 때의 수익보다 커집니다.

또한 오늘 콜 행사보다 더 좋은 또 다른 전략으로, 콜을 그대로 보유하면서 기초자산인 주식을 S_t의 현재 가격으로 "공매도" 한 후 만기까지 기다리는 전략을 생각할 수 있습니다. 이 경우의 만기일 현금흐름과 오늘 콜 행사 시 만기일에 얻게 될 확정 현금액을 비교하면 됩니다. 오늘 콜 행사 시 만기일에 얻게 될 확정 현금액을 산출해 봅시다. 이 경우 오늘 받은 $(S_t - K)$를 만기일까지 무위험 이자율로 투자하면 $(S_t - K)e^{r(T-t)} = S_t \cdot e^{r(T-t)} - K \cdot e^{r(T-t)}$의 현금흐름을 얻게 됩니다. 반면 오늘 콜을 행사하지 않고 주식을 (B에게) 공매도한 S_t만큼의 현금을 일단 만기일까지 무위험 이자율로 투자하면 $S_t \cdot e^{r(T-t)}$의 현금이 만기일 확보됩니다. 그후 만기일에 $S_T > K$이면 콜을 행사해서 주식을 받은 후 그 주식을 공매도 상대방 B에게 주면 공매도 거래가 완전 청산됩니다. 이 경우 만기일 최종 수익은 $S_t \cdot e^{r(T-t)} - K$이므로 $S_t \cdot e^{r(T-t)} - K \cdot e^{r(T-t)}$보다 큽니다. 한편 만기일에 $S_T < K$이면 콜은 가치가 없으니 주식을 직접 매입해서 공매도 상대방 B에게 주면 공매도 거래가 완전 청산됩니다. 이 경우 만기일 최종 수익은 $S_t \cdot e^{r(T-t)} - S_T$인데

$$S_t \cdot e^{r(T-t)} - S_T > S_t \cdot e^{r(T-t)} - K > S_t \cdot e^{r(T-t)} - K \cdot e^{r(T-t)}$$

이므로 역시 콜을 조기 행사할 때의 수익보다 더 큽니다. 그러므로 오늘 콜을 행사해서 주식을 받은 후 바로 그 주식을 매도하려는 콜 보유자는 그러기보다는, 오늘 콜을 매도하든지 아니면 주식을 공매도하고 만기일까지 기다리는 것이 더 유리합니다. 오늘 주식 공매도 후 콜을 만기일까지 보유하는 경우와 오늘 콜 조기 행사 경우의 payoff는 다음 도표에서 정리되어 있습니다.

➢ 도표 3-16 콜 행사 vs. 주식 공매도 및 콜 만기까지 보유

	주식 공매도 및 콜 만기까지 보유	콜 조기 행사
$S_T > K$	$S_t \cdot e^{r(T-t)} - K$	$S_t \cdot e^{r(T-t)} - K \cdot e^{r(T-t)}$
$S_T < K$	$S_t \cdot e^{r(T-t)} - S_T$	$S_t \cdot e^{r(T-t)} - K \cdot e^{r(T-t)}$

그러면 다음 경우는 어떨까요?

오늘 콜을 조기 행사하여 주식을 받은 후 만기까지 보유하는 경우

는 어떨까요? 물론 오늘(t) 콜을 조기 행사한다 함은 $S_t > K$의 조건이 충족되는 경우를 말합니다. 그런데 이 경우의 수익도 콜을 만기까지 보유하는 경우의 수익보다는 작습니다. 전자의 경우 만기 시점에서의 가치는 $S_T - K \cdot e^{r(T-t)}$가 됩니다($S_t \cdot e^{r(T-t)}$가 S_T로 대체됨). 반면 콜을 행사하지 않고 만기까지 보유한다면 다음의 두 가치 중 하나가 창출됨을 위에서 입증했습니다. 만기일에 $S_T > K$이면 콜을 행사할 것이므로 그 가치는 $S_T - K$인데 이는 $S_T - K \cdot e^{r(T-t)}$보다 큽니다. 또한 만기일에 $S_T < K$이면 콜을 행사하지 않으므로 그 가치(수익)는 0이 됩니다. 그런데 이 0의 가치는 $S_T - K \cdot e^{r(T-t)}$보다 큽니다. 왜냐하면 이 경우는 $S_T < K$인 경우이므로 $0 > S_T - K > S_T - K \cdot e^{r(T-t)}$이기 때문입니다. 이런 결과가 나오는 이유는, 오늘은(t) $S_t > K$의 조건에서 콜을 조기 행사하지만, 막상 만기가 되면 주가와 행사 가격 관계가 $S_T < K$가 될 수 있기 때문입니다. 그런 경우에는, 오늘 콜을 조기 행사하여 만기까지 보유할 때 얻을 최종 가치 $S_T - K \cdot e^{r(T-t)}(< 0)$는 오늘 콜을 행사하지 않고 만기까지 보유했다가 행사 여부를 결정할 때의 가치인 0보다 (결과적으로) 작다는 것입니다. 오늘 콜을 조기 행사한 콜 보유자는 만기일에 그 주식을 보유하고 있겠지만, 콜 만기일에 그 주식의 가치는 그(녀)가 오늘 지불한 비용(K)보다도 작고 그 만기일 가치 $K \cdot e^{r(T-t)}$보다는 더더욱 작

습니다. 즉, 오늘 콜을 조기 행사한 콜 보유자의 행위는 오히려 자신의 이익에 반하는 결과를 가져오는 것입니다. 이를 도표로 정리하면 다음과 같습니다. 위 도표와 아래 도표를 보면, 오늘 콜을 조기 행사한 후 주식을 즉각 현금화하거나 오늘 콜 조기 행사 후 주식을 만기까지 보유하거나 그 어떤 방식을 선택해도, 그보다 더 나은 전략이 각각 존재하고 이 전략(들)은 모두 콜을 만기까지 보유하는 전략입니다.

➢ 도표 3-17 콜 행사 후 만기까지 주식 보유 vs. 만기까지 콜 보유

	만기까지 콜 보유	콜 행사 후 주식 보유
$S_T > K$	$S_T - K$	$S_T - K \cdot e^{r(T-t)}$
$S_T < K$	0	$S_T - K \cdot e^{r(T-t)}$

그렇다면 이제 진짜 마지막으로, 오늘 콜을 행사하여 주식을 취득한 뒤 만기일 이전 시점 $t2$에 매도하는 경우는 어떨까요($t < t2 < T$)? 놀랍겠지만, 이 경우조차 콜을 행사하지 않고 만기까지 기다리는 것이 더 유리함을 입증하겠습니다. 오늘 콜을 행사하는 경우, 시점 t에서 K를 지불하고 시점 $t2$에서 주식을 매도하여 받은 금액을 남은 만기까지 무위험 이자율로 투자한다면 만기일 시점의 총수익은 $-K \cdot e^{r(T-t)} + S_{t2} \cdot e^{r(T-t2)}$가 됩니다. 반면 오늘 콜을 행사하지 않는 경우에는 주식을 시점 $t2$에서 S_{t2} 가격으로 B에게 공매도한 후 만기일까지 기다리는 전략을 사용합니다. 공매도하여 받은 현금액 S_{t2}를 만기까지 안전하게 투자하면 $S_{t2} \cdot e^{r(T-t2)}$를 만기일에 받을 것입니다. 이제 만기일에 $S_T > K$이면 콜을 행사해서 주식을 받은 후 그 주식을 B에게 주면 공매도 거래가 완전 청산됩니다. 그러므로 만기일 최종 수익은 $S_{t2} \cdot e^{r(T-t2)} - K$가 되는데 이는 위의 $-K \cdot e^{r(T-t)} + S_{t2} \cdot e^{r(T-t2)}$보다 큽니다. 또한 만기일에 $S_T < K$이면 콜을 행사하지 않고 주식을 직접 매입해서 B에게 주면 공매도 거래가 완전 청산됩니다. 이 경우 만기일 최종 수익은 $S_{t2} \cdot e^{r(T-t2)} - S_T$ 인데, 위의 $-K \cdot e^{r(T-t)} + S_{t2} \cdot e^{r(T-t2)}$보다 큽니다. 왜냐하면 $S_T < K$인 경우

$$S_{t2} \cdot e^{r(T-t2)} - S_T > S_{t2} \cdot e^{r(T-t2)} - K > S_{t2} \cdot e^{r(T-t2)} - K \cdot e^{r(T-t)}$$

이기 때문입니다. 이를 요약하면 아래 표와 같습니다.

➢ 도표 3-18 콜 행사 후 만기 전 주식 매도 vs. 주식 공매도 및 콜 만기까지 보유

	주식 공매도 후 콜 만기까지 보유	콜 행사 후 만기 전 주식 매도
$S_T > K$	$S_{t2} \cdot e^{r(T-t2)} - K$	$-K \cdot e^{r(T-t)} + S_{t2} \cdot e^{r(T-t2)}$
$S_T < K$	$S_{t2} \cdot e^{r(T-t2)} - S_T$	$-K \cdot e^{r(T-t)} + S_{t2} \cdot e^{r(T-t2)}$

위 세 도표에서 확연히 드러나듯이, '콜 조기 행사'와 '콜 조기 행사 안 함'이라는 두 전략의 만기일 payoffs의 주된 차이점은, 전자의 경우 K를 오늘 지불해야 하지만 후자의 경우 K를 (지불해야 할 경우) 만기일에 지불한다는 차이에서 비롯됩니다. 즉, K와 $K \cdot e^{r(T-t)}$의 비용 차이에서 비롯됩니다. 게다가 만기일에 $S_T < K$가 실현되는 경우, (콜을 만기까지 행사하지 않고 오늘 주식을 공매도한) 콜 보유자가 만기일에 주식을 직접 매수하여 공매도 상대방에 넘기면 K보다 작은 S_T를 지불하기 때문에 콜 보유자에게는 더 유리합니다. 이처럼 콜을 오늘 행사하지 않는 경우에는 만기일에 콜을 행사하거나 행사하지 않는 두 경우에 직면하는데 그 어느 경우라도 콜을 오늘 행사할 때의 수익보다 더 큰 수익을 창출합니다. 그리고 그 주된 이유는 K를 지불하더라도 (콜을 행사하더라도) 만기일에 지불하는 것이 (만기일에 행사하는 것이) 현재가치 관점에서 유리하다는 것입니다. 또 하나는, 만기일 상황에 따라 자신에게 가장 유리하게 콜을 행사하는 것이 추가적 부가가치를 창출한다는 점입니다. 만일 오늘 콜을 행사해버리면 콜 보유자는 만기일 주가에 따른 최적 전략을 더는 사용할 수 없으며 이는 콜의 투자자 보호 기능을 스스로 포기하는 오류를 저지르는 짓입니다.

정리 17〉 어메리칸 콜 조기 행사

어메리칸 콜 보유자도 만기일까지 기다려 콜을 행사하는 것이 최적이다. 그러므로 어메리칸 콜 가치(가격)와 유러피언 콜 가치(가격)는 같다.

어메리칸 콜 보유자는, 만기일까지 많은 날이 남아 있어도 최적의 콜 행사는 항상 만기일까지 기다렸다가 콜 행사 여부를 결정하는 것이라는 이 결과가 여러분에게는 낯설게 여겨질 수도 있습니다. 그런데 우리 실생활에 있어서도 아주 유사하지는 않지만, 여러 선택이 가능함에도 특정 선택만을 하는 경우도 있을 수는 있습니다. 완벽한

비유는 아니겠지만, 가령 특정 과목을 수강하는 학생들에게 중간 고사 시행 날짜를 여러 개 중에서 선택해 보라고 오늘 강사가 제시했다고 합시다. 오늘로부터 2일 후, 1주일 후, 8일 후, 9일 후, 10일 후, 2주일 후의 5개 날짜를 제시하면서 말입니다. 그러면 아마 대부분의 학생들은 2주일 후를 선택할 것입니다. 6개의 초이스가 있지만 아무 의미가 없습니다.[51] 이 비유는 어메리칸 콜과 밀접한 관련은 없습니다. 어메리칸 콜의 경우는, 만기일까지 기다리는 것이 최적 선택임이 수리적으로 입증가능한 반면, 위 비유에서 무조건 가장 늦게 시험 보는 것이 각 학생에게 가장 유리한지는 입증 불가능하기 때문입니다. 단지 어메리칸 콜이 언제라도 행사할 수 있지만 항상 만기일에 행사하는 것이 최적이라는 사실을 직관적으로 이해하기 어려울 수 있어서, 우리 실생활에서도 여러 선택이 존재해도 특정 선택만 선호하는 경우도 있음을 하나의 사례로 제시한 것입니다.

질문 3-23〉 배당 지급하는 주식의 경우는 어떨까요?

네, 매우 좋은 질문입니다. 참고로 배당과 날짜 및 용어는 앞절의 "배당의 영향" 주제를 다시 리뷰하기 바랍니다. 이 질문의 핵심은 이런 것입니다. 배당을 지급하는 어느 회사의 주식을 예로 들겠습니다. 이 주식을 기초 자산으로 하는 어메리칸 콜의 만기가 한 달 후라 합시다. 오늘은 10월 1일이고 만기일은 10월 31일입니다. 그런데 배당 기준일이 10월 28일입니다. (배당 기준일이 10월 31일보다 이른 어떤 날이라도 좋습니다.) 만일 10월 28일 이전에 콜을 행사하여 주식을 받은 후 10월 28일까지 보유하면, 이 콜 보유자는 주식뿐 아니라 배당금도 받게 됩니다. 반면 만기일까지 콜 보유했다가 만기일에 주식을 행사하면 배당금을 못 받고, 배당락된 주식만을 받게 됩니다. 왜 이 사실이 중요할까요? 지금까지 우리는 non-dividend-paying stock의 경우 만기일 콜 행사가 조기 행사보다 항상 더 유리하다고 배웠지만, 이처럼 dividend-paying stock의 경우는 만기일에 콜을 행사하면 배당금을 못 받게 되어 손실이 발생할 수 있기 때문입니다. 그러므로 배당금이 있는 경우, 더 정확히는 배당금이 일정 수준을 초과하면, 콜을 조기 행사하여 배당금을 확보하는 것이 콜 보유자에게 더 유리할 수

---

[51] 그렇게 선택하고 나서는, 대부분 그 2주일 후의 2일 전부터 중간 고사 시험 공부를 할 것 같은데 말입니다.

있습니다.

참고로 여기서 왜 단지 배당금이 있는 경우만을 대상으로 하지 않고, 배당금이 일정 수준을 초과하는 경우라 할까요? 배당금이 적은 경우는, 단순히 배당 때문에 콜을 조기 행사하는 것이 콜 보유자에게 최적이 아닐 수 있기 때문입니다. 지금까지 우리가 논의했듯이, 근본적으로는 콜을 조기 행사 하지 않고 만기일까지 기다리는 것이 콜 보유자에게 더 이익입니다. 만일 이 전략으로 인한 이익의 크기가 5인데 배당(락)의 크기가 2라면, 만기일까지 콜을 보유하다가 만기일에 주가를 보고 콜 행사 여부를 결정하는 것이 콜 조기 행사보다 콜 보유자에게 여전히 더 이익이라는 것입니다.

이제 이를 간단한 수식으로 설명하겠습니다. 위의 'non-dividend-paying stock'의 경우 모두 세 가지 도표를 제시했습니다만, 세 경우를 모두 설명하면 너무 복잡하니 가장 간결한 경우를 대상으로 설명하겠습니다. 그 경우는 다름 아닌,

"만기까지 콜 보유 vs. 배당 기준일 이전에 콜 조기 행사"

를 비교하는 것입니다. 공평한 비교를 위해, 콜을 조기 행사해서 받은 주식을 콜 만기일까지는 보유한다고 가정하겠습니다. 한편 현실에서 배당금 지급일은 배당 기준일보다 수 주(weeks)에서 수개월 후인 경우가 많습니다. 우리는 지금 배당 기준일만 콜 만기일보다 이른 시점으로 가정하는데, 배당 지급일도 콜 만기일보다 더 이른 시점이 될 수도 있고 혹은 배당 지급일은 콜 만기일보다 더 늦은 시점이 될 수도 있습니다. 즉, 동일한 현금 배당액 D를 받는다 할 때 콜 만기일 이전에 받을 수도, 만기일 이후에 받을 수도 있습니다. 여기서는 콜 조기 행사로 배당금 수령하는 시점을 만기일 이후로 가정하겠습니다. 이렇게 가정하면 만기일 시점의 배당금 가치가 더 작아집니다. D의 PV(present value)로 계산해야 하기 때문입니다. 반면 만기일 이전에 D를 받는다면, 만기일 시점의 배당금 가치가 더 큽니다. D의 FV(future value)로 계산하기 때문입니다. 이 두 상황 중에서 콜 조기 행사가 더 불리한 상황을 분석해 보겠습니다. 즉, 배당금 지급일이 콜 만기일보다 더 늦는 경우를 대상으로 분석해 보겠습니다. 이렇게 콜 조기 행사에 불리하게 가정해도, 콜을 조기 행사하여 배당을 받는 것이 더 유리할 수 있음을 입증하겠습니다.

오늘 시점은 t, 배당 기준일은 td, 콜 만기일은 T, 그리고 실제 배당 지급일은 TD

라 하고 $t < td < T < TD$라고 가정합니다. 오늘 콜을 조기 행사하여 주식을 받은 후 만기까지 보유하는 경우, 만기 시점에서의 수익은 $S_T - K \cdot e^{r(T-t)}$가 됩니다. 그리고 현금 배당 D를 시점 TD에서 받을 것이므로 이 배당금의 크기는 만기일 시점에서는 $D \cdot e^{-r\cdot(TD-T)}(> 0)$이 됩니다. 결국 오늘 콜을 조기 행사하면 콜 보유자는 만기일 시점에서 수익 $S_T - K \cdot e^{r(T-t)} + D \cdot e^{-r\cdot(TD-T)}$를 얻게 됩니다. 이 금액은 만기일 $S_T > K$의 여부와 관계 없습니다. 만기일 이전에 콜을 조기 행사하여 얻을 금액이기 때문입니다. 그리고 콜을 행사하지 않고 만기까지 보유하는 경우의 수익은 이미 위에서 산출되었습니다. 이를 이용하여 새 도표를 작성하면 아래와 같습니다.

➢ 도표 3–19 배당이 있는 경우(dividend–paying stock)

	만기까지 콜 보유	콜 조기 행사 후 배당 수령
$S_T > K$	$S_T - K$	$S_T - K \cdot e^{r(T-t)} + D \cdot e^{-r\cdot(TD-T)}$
$S_T < K$	0	$S_T - K \cdot e^{r(T-t)} + D \cdot e^{-r\cdot(TD-T)}$

위 도표와 이전 도표들의 차이점은, 콜 조기 행사의 경우 $D \cdot e^{-r\cdot(TD-T)}$만큼의 가치가 추가되었다는 것입니다. 그러므로 이 추가된 가치가 충분히 크다면, 경우에 따라서는 만기까지 콜 보유 시 얻을 가치보다 콜 조기 행사의 가치가 더 클 수 있을 것입니다. 즉, 두 전략의 수익의 크기를 비교하면 $D \cdot e^{-r\cdot(TD-T)}$의 크기에 따라 콜 조기 행사 후 배당금까지 수령하는 전략이 만기까지 콜 보유하는 전략보다 우월한 전략일 수도 있음을 알 수 있습니다. 가령 $S_T > K$일 때 $S_T - K > S_T - K \cdot e^{r(T-t)}$이지만 $S_T - K < S_T - K \cdot e^{r(T-t)} + D \cdot e^{-r\cdot(TD-D)}$일 수 있습니다. 마찬가지로 $S_T < K$일 때 $S_T - K \cdot e^{r(T-t)} < 0$이지만, $S_T - K \cdot e^{r(T-t)} + D \cdot e^{-r\cdot(TD-D)} > 0$일 수 있습니다. 그러므로 다음 정리가 성립합니다.

정리 18〉 배당과 어메리칸 콜 조기 행사

배당을 지급하는 주식을 기초 자산으로 하는 어메리칸 콜 보유자는 만기일 이전에 콜을 조기 행사하는 것이 최적일 수 있다.

이제 요약 정리하겠습니다. ($t < td < T < TD$의 경우) 콜을 조기 행사하여 (배당락 되지 않은) 주식을 받으면 두 가지가 가능합니다. 배당락 되지 않은 주식을 받은 후 그 주가로 매도하거나, 주식을 배당 기준일까지 보유해서 (주가는 추후 배당락 되더라도) 배당금을 받을 수 있습니다. 하지만 만일 이 콜 보유자가 만기일까지 기다리면 배당도 못 받고 또 만기일 콜을 행사해도 (배당락된) 주식을 받으므로 주가도 배당락으로 낮아진 상태입니다. 그러므로 배당이 예상되는 주식을 기초 자산으로 하는 어메리칸 콜 보유자는 만기일까지 기다릴 필요 없이 그 이전에 콜을 행사하는 것이 유리할 수 있습니다. 단, 위의 예는 배당 기준일(record date)이 만기일 이전이라 콜 조기 행사가 더 유리한 경우이지만, 'record date'가 콜 만기일 이후면 콜을 조기 행사 해도 (배당 관련하여) 특별히 더 유리한 점은 없습니다. 이런 경우에는, 앞에서 'non-dividend-paying stock'에서 도출된 결론, 즉 "어메리칸 콜 행사는 항상 만기일에 하는 것이 최적"이 여전히 유효합니다.[52] 즉, 배당을 주는 주식이라 해도, 그 배당 기준일과 만기일의 관계를 파악하지 않고는, 콜 조기 행사가 항상 더 유리하다고 말할 수는 없습니다.

제 4 절 어메리칸 풋의 조기 행사

자, 이제 어메리칸 풋에 대해 알아볼 시간입니다. 위의 어메리칸 콜 경우처럼 'non-dividend-paying stock'을 기초 자산으로 하는 어메리칸 풋을 먼저 생각해 보겠습니다. 이 어메리칸 풋에 대해서도 어메리칸 콜처럼 조기 행사가 열등한 전략일까요? Well, 어메리칸 풋은 어메리칸 콜과는 달리 조기 행사가 최적 전략이 될 수 있습니다. 왜냐하면 풋 행사 시 청산가치 부호가 콜의 그것과는 정반대이기 때문입니다. 즉, 풋 행사 때에는 행사 가격 K만큼 현금이 유출되는(cash outflow) 것이 아니고 그 반대로 현금이 유입되기(cash inflow) 때문입니다. 그러므로 다른 조건이 같을 때, 풋을 더 이른 시점에 행사할수록 K의 더 큰 현재가치를 얻게 되어 더 유리합니다. 즉, 오늘 시점을 t, 만기일을 T라 하면, $K > K \cdot e^{-r(T-t)}$이므로 오늘 현금 K를 받는 것이 만기일 T에 K를 받는 것보다 풋 보유자에게 더 이익입니다. 나아가, 오늘(t)보다 늦은 어느 시점

[52] 이런 점은 학내외 시험이나 국내외 시험에서 유의할 필요가 있습니다.

유일한 방법은 현 상황에서의 풋의 이론 가격을 산출하는 것입니다. 이때 풋의 이론 가격은 유러피언 풋의 이론 가격은 물론 아닙니다. 즉, 오늘 풋을 행사하지는 않되, 추후에는 필요하면 만기 이전에 언제라도 행사할 가능성을 그대로 반영하여 이론 가격을 구하는 것입니다. 그러므로 유러피언 옵션을 전제로 한 블랙-숄즈의 옵션 이론 가격과는 다른 이론 가격이 됩니다. 이제 이 이론 가격을 어떻게 산출해야 하는지를 공부해 보겠습니다.

하나의 예로 공부해 봅시다. 다음과 같은 사양(specifications)의 어메리칸 풋을 생각해 보겠습니다. 만기 $T = 0.5$(년), 행사 가격 $K = 21$인 어메리칸 풋으로, 이 풋의 기초 자산인 주식의 현 주가는 $S_0 = 20$입니다. 만기가 6개월이나 남아 있으니, 오늘 이 풋을 행사하지 않아도 남은 '6개월 – 1일' 동안 언제라도 이 풋을 행사할 수 있습니다. 6개월 기간 동안 약 125일의 거래일(trading days)이 있으니, 오늘 제외한 향후 124일 중 언제라도 이 풋이 행사될 수 있다는 말입니다. 이를 반영하려면, 매 거래일마다 서로 다른 주가가 실현된다고 설정하면 124개의 주가를 포함해야 합니다. 나아가 미래 특정일 주가는 확률변수이므로 그 주가는 특정 값이 아니라 하나의 확률분포를 이루기에, 실제로는 124개보다 훨씬 더 많은 주가를 포함해야 합니다. 이를 여기에 다 반영하기는 어려우므로, 이런 풋 이론가 산출 방법론의 핵심만을 여기서는 설명하고자 합니다.

다음 장(chapter)인 이항 모형(binomial model)에서 여러분이 배울 어메리칸 풋의 이론가 산출 방식을 간략히 알아보겠습니다. 위 풋의 만기 6개월을 2개의 3개월 기간으로 나눠, i) 오늘 ii) 3개월 후, iii) 만기일인 6개월 후의 세 개의 시점에서만 이 어메리칸 풋을 행사할 수 있다고 가정해 보겠습니다(실제 풋 이론가 산출은, 이 6개월 기간 동안 수십, 수백 개 시점에서 이 풋이 행사될 수 있도록 모형에 반영하여 풋의 이론가 구함). 이 풋의 기초 자산인 주식의 변동성을 감안하여 다음 도표와 같이 (오늘 포함한) 세 시점에서의 주가의 분포를 생성합니다. 이항 모형이기에, 현 시점에서 다음 시점으로 진행될 때 두 개의 주가가 존재합니다. 자세한 내용은 다음 장에서 설명되고 여기서는 이 모형에서 어메리칸 풋의 이론 가격이 어떻게 산출되는지 알아봅니다.

➢ 도표 3-20 어메리칸 풋의 이론가 vs. 조기 행사

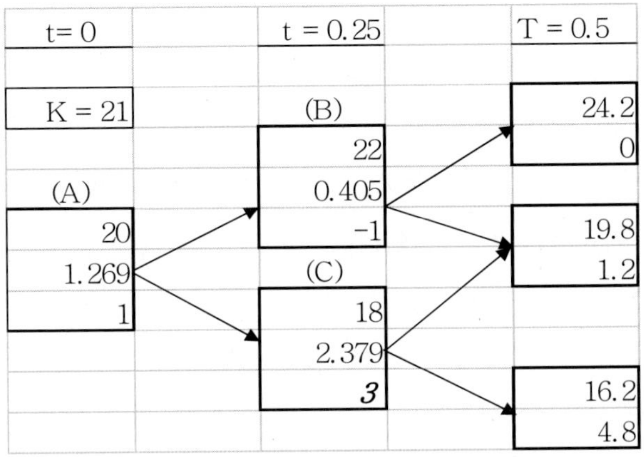

위 도표에서 각 시점의 각 노드(node)마다, 즉 각 'box'마다, 세 값이 제시되어 있습니다. 맨 위의 값은 각 노드에서의 주가입니다. 현 주가는 20이고, 3개월 후 주가는 22 혹은 18이 될 수 있고, 만기일인 6개월 후에는 24.2, 19.8, 16.2의 세 주가가 가능합니다. 이 수치들은 기초 자산인 주식의 (주어진) 변동성이 반영된 것입니다. 각 노드의 상자에는 세 값이 주어졌는데, 그 세 값은 위에서부터 차례로 1) 주가, 2) 오늘 풋을 행사하지 않고 다음 기까지 기다릴 때의 풋 가치, 3) 오늘 조기 행사 시의 풋 가치가 제시되어 있습니다. 만기일 $T(= 0.5)$의 풋 가치부터 산출해서 역방향으로(backward) 풋 가치를 산출해 봅시다. 만기일 풋 가치는 $\text{Max}[K - S_T, 0]$로 간단히 산출됩니다. 이제 3개월 후, $t = 0.25$ 시점의 풋 가치를 산출해 보겠습니다. 이 시점에서 바로 풋을 행사하면, B 노드에서는 −1, C 노드에서는 3의 현금을 얻습니다. 반면 B 노드에서 풋을 행사하지 않고 다음 기(=만기)까지 기다리면 0 혹은 1.2의 가치를 얻고, 이들의 확률을 감안하여 시점 $t = 0.25$까지 할인하면 0.405의 현재가치를 얻습니다. 이 값은 풋 조기 행사 시 가치 −1보다 크므로, 풋 보유자는 이 상황에서는 이 풋을 다음 기까지 기다리는 것이 최적입니다. 마찬가지로 C 노드에서도 풋 행사하지 않고 다음 기까지 기다리면 1.2 혹은 4.8의 가치를 얻고 이들의 확률을 감안하여 시점 $t = 0.25$까지 할인하면 2.379의 현재가치를 얻습니다. 이 값은 풋 조기 행사 시 얻을 3보다 작으므로 이 상황에서는 풋을 조기 행사합니다. 그러므로 이 시점, 이 노드에서 어메리칸 풋의 조기 행사가 실제로 실행됩니다. 이때가 바로 이 어메리칸 풋이 "심내가격 풋"이 되는

순간입니다. 즉, 18이 바로 이 어메리칸 풋을 심내가격 풋으로 만드는 기초 자산 가격입니다. 네, 생각보다 0에 많이 가깝지는 않은 것 같군요. 하지만 적어도 이 이항 모형에서는 기초 자산 가격이 가장 낮은 상태입니다.

마지막으로, A 노드, 즉 현 시점 $t = 0$에서도 풋을 행사하지 않고 다음 기까지 기다린다고 해 봅니다. 그러면 다음 기 $t = 0.25$ 시점 때 (B 노드에서) 주가가 22가 되면 0.405의 가치를 선택할 것입니다. 즉, 풋 행사하지 않고 만기까지 기다리는 전략을 택할 것이며 이때 이 풋의 가치는 0.405입니다. 반면 (C 노드에서) 주가가 18이 되면 3의 가치를 선택할 것입니다. 즉, 풋 "행사"하여 3의 현금흐름을 얻을 것입니다. 이 두 수치, 0.405와 3의 수치들을 현 시점인 $t = 0$까지 할인하면 1.269의 풋 현재가치를 얻습니다. 이 수치는, 오늘 풋을 행사하지 않고 일단 다음 기까지 기다려 보는데, B 노드에서는 다음 기까지 한 번 더 기다리고 C 노드에서는 바로 풋을 행사하는 전략을 사용하는 것을 가정한 ($t = 0$ 시점의) 풋 가치입니다. 이 가치와 즉각 풋 행사 시 얻게 될 1을 비교하여 더 큰 가치를 선택합니다. 그 결과 오늘 시점에서는 풋을 조기 행사하지 않고 일단 다음 기까지 기다리는 것이 최적 전략입니다.

다시 한번 강조하지만, 오늘 A 노드의 수치 1.269는 단순히 (무조건) 만기까지 기다리는 유러피언 풋 가치가 아님을 유의하기 바랍니다. 1.269는 다음과 같은 과정을 거쳐 산출한 Z와 Y 중 더 큰 값인 것입니다. 이 과정을 위 사례에 적용한 값이 바로 1.269입니다. 이를 차근차근 설명해 보겠습니다.

각 노드에서의 어메리칸 옵션의 가치는 단순히 유러피언 옵션으로서의 가치(X)와 옵션 조기 행사 시 가치(Y) 중 더 큰 값이 되는 것은 아닙니다.[54] X와는 다른 수치인 (각 노드의) Z를 계산한 후 이 Z와 Y 중 더 큰 값이 각 노드에서의 어메리칸 옵션의 가치가 되는 것입니다. 이 Z를 설명해 보겠습니다.

만기$(= T)$가 매우 긴 어메리칸 옵션이 있다고 합시다. 각 시점을 $0 < t0 < t1 < t2 < t3 < \cdots < tn = T$라 하고 오늘$(= t0)$ 시점의 Z 값을 산출한다면 다음과 같습니다.

---

[54] 여기서 조기 행사 혹은 즉각 행사 시 옵션 가치는 제3장에서 외가격 옵션 관련하여 설명한 "행사 가치"에 해당합니다. "행사 가치" 혹은 "value at exercise"란 저자가 고안한 개념으로, 옵션 보유자가 즉각 옵션을 행사할 때 "실제로 얻을 현금흐름"입니다. 이 현금흐름은 음수가 될 수도 있습니다. 반면 옵션 내재가치(intrinsic value)는 정의에 의해 항상 0보다 큽니다. 가령 A 노드에서도 콜의 내재가치는 그 정의 $Max[S_t - K, 0]$에 의해 0이 됩니다. 행사 가치에 자세한 내용에 대해서는 제3장 제1절을 참고할 수 있습니다.

시점 $t0$에서 옵션을 행사하지 않고 $t1$까지 기다려 보되
$t1$에서 옵션 행사가 최적이면 옵션 행사하고 그렇지 않으면 $t2$까지 기다리고
$t2$에서 옵션 행사가 최적이면 옵션 행사하고 그렇지 않으면 $t3$까지 기다리고
$t3$에서 옵션 행사가 최적이면 옵션 행사하고 그렇지 않으면 $t4$까지 기다리고
…

를 만기(T)까지 반복할 때 얻을 최대 현금흐름을 오늘의 현재가치로 할인한 값이 바로 Z 값입니다. 위 사례에서는 Z=1.269입니다. 그런데 이런 Z 값은 오늘 시점에서만 산출하지 않고 미래 매 노드에서 산출할 수 있습니다. 그리고 미래 매 노드에서 어메리칸 옵션 조기 행사 시 가치도 계산할 수 있습니다. 가령 위 사례에서는

B 노드의 Z 값은 0.405,
C 노드의 Z 값은 2.379

입니다. 이런 식으로 매 노드에서 Z 값과 Y 값(조기 행사 가치)을 산출합니다. 그리고 만기일로부터 역으로(backward) 각 노드에서 Z, Y 중 더 큰 값을 선택할 수 있습니다. 이 더 큰 값이 각 노드에서의 어메리칸 옵션의 가치입니다. 이 과정을 지속하면 오늘 시점의 Z 값과 Y 값도 산출되고, 이 둘 중 더 큰 값이 바로 오늘의 어메리칸 옵션 가치가 됩니다.

참고로 위 어메리칸 풋 이론 가격 산출에 대한 상세한 내용은 다음 장(chapter)인 제4장 "이항 모형"에서 논의됩니다. 그리고 제4장에서 오늘 시점 A 노드의 "유러피언" 풋의 가치는 1.059로, 위에서 우리가 산출한 "일단 다음 기까지 기다린 후 최적 시점에 어메리칸 풋을 행사할 때의 가치 1.269"보다 작습니다. 다시 말하면, 유러피언 풋이나 어메리칸 풋 보유자 모두 A 노드에서는 이 풋을 행사하지 않고 기다려야 하는데, 전자는 무조건 만기까지 기다려야 하기에 A 노드에서도 풋 행사를 "못 하고" 기다리는 것인 반면, 후자는 오늘 이후의 조기 행사 가능성을 염두에 두고 풋 행사를 "안 하는" 것입니다. 즉, A 노드에서 어메리칸 풋 보유자가 비교해야 할 두 값은, 바로 풋 행사 시의 현금흐름인 1과 일단 행사하지 않고 미래 최적 행사를 기다릴 때의 현금흐름 1.269입니다. 1과 1.059를 비교하는 것이 아니고 말입니다. 왜냐하면 어메리칸 풋 보유자가 A 노드에서 풋 행사하지 않고 일단 다음 기까지 기다리는 경우에는 이

보유자는 여전히 어메리칸 풋을 보유하고 있기에, 이 보유자에게 의미있는 수치는 1.269이지 (유러피언 풋 보유자에게 적용될) 1.059가 아니기 때문입니다.

참고로 이 내용은 일반적인 옵션 교재에는 상세히 설명되어 있지 않은 것 같습니다. 어쩌면 독자들을 믿어서(?) 그럴 수도 있습니다만, 저자는 독자들 중 이 부분을 놓칠 수 있는 사람도 있다고 생각하기에 지면을 할애하여 설명하였습니다.

제 5 절 옵션 시간 가치 재요약

우리는 앞에서 "옵션 가격 결정 요인"을 배우면서 옵션의 시간 가치에 대해서도 기본적인 사항을 배웠습니다. 그것은 다름 아닌, (유러피언) 콜의 잔존 만기가 길수록 옵션 가치도 커진다는 것입니다. 이는 직관적으로도 이해할 수 있습니다. 가령 기초자산인 주식의 현재 가격이 10만원이고 이에 대한 어떤 유러피언 콜의 행사 가격이 14만원이라 하겠습니다. 이 콜의 만기일에 그 주가가 14만원보다 높아야 콜 보유자는 수익을 얻을 수 있습니다. 그런데 잔존 만기가 1주일이라면 그 기간 동안 현 주가에서 40% 초과해서 상승할 확률은, 통상적인 주식을 생각할 때, 매우 낮을 것입니다. 반면 잔존 만기가 1개월이나 3개월 혹은 1년이면 어떨까요? 이 기간 동안 현 주가에서 40% 초과해서 상승할 확률은 1주일 만에 그만큼 상승할 확률보다 더 클 것으로 예상되고, 나아가 일반적으로 이런 확률은 잔존 만기가 길어질수록 더 커진다고 추정할 수 있습니다.

물론 이 대목에서 여러분은 다음과 같은 질문을 할 수 있습니다.

질문 3-25〉 잔존 만기가 길어질수록 주가가 대폭 하락할 확률도 커지는데요?

네, 좋은 지적입니다. 잔존 만기가 길어질수록 주가 상승폭만 커지는 것이 아니고 동시에 주가 하락폭도 커집니다. 하지만 콜 옵션 보유자는 불안해 할 필요가 없습니다. 주가가 아무리 많이 하락한다 해도 콜 보유자가 단지 콜을 행사하지 않으면 콜 가치는 0이기 때문입니다. 그러므로 주가 하락으로 인한 청산가치는 0으로 제한되는 반면 주가 상승의 혜택은 더 많이 상승할수록 더 커집니다. 즉, 주가 상승과 하락의 임팩트가 비대칭적(asymmetrical)이며 콜 보유자에게 우호적입니다. 이를 흔히 "downside risk는 제한되는 반면 upside potential은 커진다"라고 말합니다.

이는 풋 보유자에게도 마찬가지입니다. 잔존 만기가 길어질수록 주가 하락폭뿐만 아니라 주가 상승폭도 커집니다. 그런데 주가가 아무리 많이 상승한다 해도 풋 보유자가 풋을 행사하지 않으면 풋 가치는 0입니다. 그러므로 주가 상승으로 인한 청산가치는 0으로 제한되는 반면 주가 하락의 경우 더 많이 하락할수록 그 혜택이 더 커집니다. 즉, 만기가 길어질 때 풋 옵션에 있어서도 "downside risk는 제한되는 반면 upside potential은 커진다"가 유효합니다. (심내가격 풋에 대해서는 추후 설명)

이제 이를 간단한 동전 던지기 게임으로 설명해 보겠습니다. 앞면과 뒷면에 각각 1과 '-1'이 인쇄된 동전을 던져서 나온 결과에 따라 특정 주식의 주가가 정해진다고 가정하겠습니다. t번 동전을 던졌을 때의 결과를 S_t라 하고 이 주식의 현재가는 $S_0 = 10$이라 하겠습니다. 이제 동전을 던져 $1(-1)$이 나오면 $1(-1)$을 S_0에 더한 값이 S_1이 됩니다. 그 이후에도 동전을 던져 나온 결과를 S_1에 더해서 S_2 값을 결정하는 방식입니다. 그리고 행사 가격 $K = 10$인 콜 옵션과 풋 옵션을 생각해 봅시다. 동전을 1번 던질 때와 동전을 3번 던질 때 두 옵션의 평균 청산가치(expected payoff)는 어떻게 될까요? 여기서 동전을 1번만 던지는 게임은 마치 A와 B가 가진 옵션들의 잔존 만기가 1개월(3개월)인 것과 유사하고, 동전을 3번 던지는 게임은 이들 옵션들의 잔존 만기가 3개월(9개월)인 것과 유사합니다. 이 두 상황에서 두 옵션들의 청산가치 및 현재가치가 어떻게 달라지는지 파악해 보겠습니다.

➢ 도표 3-21 옵션의 시간 가치

S_0	S_1	c_1	p_1	Pr.
10	11	1	0	1/2
	9	0	1	1/2
$E[c_1]$, $E[p_1]$ =		0.5	0.5	

S_0	S_3	c_3	p_3	Pr.
10	13	3	0	1/8
	11	1	0	3/8
	9	0	1	3/8
	7	0	3	1/8
$E[c_3]$, $E[p_3]$ =		0.75	0.75	

위 표에서 Pr.은 각 사건의 확률을 나타냅니다. 동전의 앞, 뒤가 나올 확률을 각각 0.5라 가정했습니다. 가령 동전 세 번 던져서 두 번 앞면(1)이 나오고 한 번 뒷면(−1)이 나올 확률은

$$\binom{3}{2}(0.5)^2 \cdot (0.5) = \binom{3}{1}(0.5)^2 \cdot (0.5) = \ 3 \cdot (0.5)^3 = \frac{3}{8}$$

입니다. 이런 식으로 각 사건의 확률을 콜(풋)의 청산가치와 곱해서 더해 주면, 만기일 콜과 풋의 청산가치 기댓값이 위 도표와 같이 산출됩니다. 위 도표에서 알 수 있듯, 만기가 길어짐에 따라 콜과 풋의 만기일 평균 청산가치는 커집니다.

이제 남은 과제는, 만기가 길어짐에 따라 이 콜과 풋의 "현재가치" 또한 상승하는가를 따져 보는 것입니다. 참고로 이 콜과 풋의 현재 가격을 산출하기 위한 할인율이 0이라면 두 상이한 만기를 가진 콜(풋)의 현재 가격은 각각 0.5와 0.75일 것입니다. 이제 현실적으로, 위험 자산인 콜과 풋의 위험 프리미엄을 더해 1년 할인율이 (크게 잡아) 0.24=24%를 가정합시다. 이 할인율을 높게 잡을수록 만기가 더 긴 옵션의 현재가치가 (만기가 더 짧은 옵션의 현재가치보다) 더 심하게 영향을 받을 것입니다. 즉, 높은 할인율이 장·단기 옵션의 가격에 미치는 부정적 영향은 장기 옵션의 경우가 더 클 것입니다. 이런 불리한 설정에도 불구하고, 동전 한 번 던지는 게임의 콜과 풋의 (즉 단기 옵션의) 현재가치는

$$\frac{0.5}{e^{0.24\times\frac{3}{12}}} = \frac{0.5}{1.062} = 0.471$$

인 반면, 동전 세 번 던지는 게임의 콜과 풋의 (즉 장기 옵션의) 현재가치는

$$\frac{0.75}{e^{0.24\times\frac{9}{12}}} = \frac{0.75}{1.197} = 0.627$$

이 됩니다. 결국, 만기가 더 긴 옵션의 가격이 만기가 더 짧은 옵션의 가격보다 더 크다는 사실을 확인했습니다. 만기가 길어짐에 따라 주가 상승폭과 하락폭이 동시에 확대됨에도 불구하고, 옵션 보유자는 자신에게 유리할 때만 옵션을 행사하고 불리할 때는 행사하지 않기에, 주가 변동폭 확대로 인한 혜택은 100% 누리면서 그로 인한 손실

은 0으로 제한하기 때문입니다. ▣

이를 다른 말로 표현하면, 유러피언 옵션의 시간 가치(time value)는 0보다 크며, 남은 잔존 만기가 길수록 옵션의 시간 가치는 커진다는 것입니다. 단, 유러피언 풋의 경우는 이 일반적인 원리가 적용되지 않음도 우리는 공부한 바 있습니다. 구체적으로는 심내가격인 유러피언 풋에는 옵션 시간 가치에 대한 일반적 원칙이 적용되지 못합니다.

이런 사실에 완벽하게 들어맞는 비유는 아니지만 현실에서의 흥미있는 "시간의 가치"에 대해 예를 들어 보겠습니다. A, B 팀이 축구 경기를 하고 있는데, 현재 A 팀이 3 : 2로 이기고 있다고 하겠습니다. 그러면 이 팀은 경기 시간이 많이 남아 있는 상황을 선호할까요 아니면 거의 남지 않은 상황을 선호할까요? 경기에서 이기는 것이 A 팀의 목적인 경우에는, 둘 중 어느 상황이 자신들이 B 팀과의 경기에서 이기는데 유리할까를 생각해 보겠지요. 독자들도 즉각 정답에 도달했겠지만, A 팀은 당연히 남은 경기 시간이 적을수록 유리합니다. 가령 1초 남았다면 A 팀의 승리 확률은 거의 1일 것입니다. 반면 남은 경기 시간이 길수록 A 팀의 승리 확률은 1보다 작아질 것입니다.[55] 물론 남은 시간에 A 팀이 추가 골을 넣어 4 : 2가 될 수도 있지만, 4 : 2로 이기나 3 : 2로 이기나 A 팀이 이기는 것은 마찬가지입니다. 반면 남은 경기 시간에 B 팀이 추격 골을 넣어 3 : 3 혹은 3 : 4의 스코어로 끝나면 A 팀으로서는 승리의 목적을 달성하지 못하니, 아니 승리할 수 있었는데 승리를 놓치니 큰 손실입니다. 이처럼 시간이 많이 남은 것이 A 팀에는 불리하게 작용할 수 있는데, 이 경우 A 팀의 남은 경기 시간의 가치는 "−"가 됩니다. 즉, 자신들에게 불리하게만 작용한다는 뜻입니다. 물론 경기를 지고 있는 상대방인 B 팀에게는 시간 가치가 "+"가 될 것입니다. 현재 지고 있는 상황이므로, 경기 시간이 많이 남아 있을수록 현재 상황을 극복할 확률이 높아질 것으로 예상할 수 있기 때문입니다. 물론 결과적으로 더 큰 점수 차로 지게 될 수도 있지만, 이는 B 팀에게는 중요하지 않습니다. 어차피 지금도 지고 있기 때문입니다.

이제 다시 유러피언 풋의 심내가격 논의로 돌아갑시다. 이처럼 특이한 심내가격 유러피언 풋의 시간 가치는 유러피언 풋 매도자(발행자)에게는 정반대로 적용될 것입니다

---

[55] 정확히 추정하면, 남은 경기 시간이 1초보다 더 길어질수록 A 팀의 승리 확률이 낮아지겠지만, 어느 정도 임계치를 초과하면 더 이상 낮아지지 않을 수 있습니다.

다. 심내가격 유러피언 풋의 시간 가치가 '−'라는 의미는 그 풋의 매도자(writer)에게는 그 시간 가치가 '+'라는 뜻이 됩니다. 그 풋 보유자가 지금 당장 그 풋을 행사하면 풋 매도자는 상대적으로 저렴한 가격의(S_t) 주식을 고가(K)에 매입해야 하므로 큰 손실이지만 다행히도 유러피언 풋이기에 한숨 돌릴 수 있습니다. 그리고 만기일까지 기다리면 오히려 주가가 상승하여 풋의 청산가치가 더 작아질 가능성이 높습니다. 그러므로 만기일까지 시간이 많이 남아 있을수록 (현재 심내가격인) 풋의 매도자는 쾌재를 부를 것입니다. 가령 기초 자산인 주가가 현재 1인 유러피언 풋의 행사 가격이 10이고 그 잔존 만기가 3개월이라 하겠습니다. 지금 당장 풋 보유자가 풋을 행사하면 10−1=9의 청산가치를 얻습니다. 이는 곧 풋 매도자의 청산가치는 −9가 됨을 뜻합니다. 하지만 유러피언 풋이기에 만기일까지 3개월 기다린 후 행사가 가능하고, 3개월 후 만기일에는 주가가 3, 6이 될 수도 있고 이때 풋의 청산가치는 보유자에게는 7 혹은 4이며 매도자에게는 −7 혹은 −4입니다. 그러므로 잔존 만기가 1일 남았을 때 주가가 1인 경우와 잔존 만기가 3개월 남았을 때 주가가 1인 경우 중에서 풋 매도자는 후자를 훨씬 더 선호할 것이며, 이는 곧 남아 있는 시간이 많을수록 풋 매도자에게는 더 유리함을 의미하므로 결국 심내가격 유러피언 풋의 시간 가치는 풋 "매도자"에게는 '+'가 됩니다.

어메리칸 및 유러피언 옵션의 시간 가치는 이처럼 다소 복잡한 내용이 많습니다. 이 내용들이 초심자들에게는 무척 어려울 수 있습니다. 하지만 신기하게도, 자주 반복해서 접하다 보면 차차 자연스럽게 이해가 됩니다. 이 시간 이후 옵션의 시간 가치 주제를 가령 다른 서적에서 접하게 되면, 여러분들은 그 내용들이 지금보다 훨씬 더 친숙하게 느껴질 수도 있습니다. 사실 옵션의 시간 가치에 대해 본서처럼 상세히 설명한 파생상품 서적도 별로 없을 것입니다. 이런 점에서는, 시간을 내어서 본서의 옵션 시간 가치 내용을 처음부터 다시 복습해 보는 것도 이 주제를 확실히 이해하는 데 도움이 될 것입니다.

제 6 절 옵션 가격의 범위

이제 옵션에 관한 기초적인, 기본적인 내용을 어느 정도 파악했으니 슬슬 옵션 가치평가에 대해 공부할 때가 됐습니다. 그런데 특정 옵션의 가격이 어떤 값이 되어야 한다를 공부하기 전에, 그 옵션의 가격의 대략적인 “범위”는 어느 정도일지 먼저 공부하는 것이 더 효과적입니다. 특정 옵션의 합당한 가격을 구하려면 Black-Scholes option pricing model과 같은 옵션 평가 모형이 필요하지만, 아니면 최소한 이항 모형이 필요하지만, 옵션 가격의 “범위”를 알기 위해서는 옵션의 기본적인 내용만 알면 되기 때문입니다. 또 하나 중요한 사실은, 옵션 가격이 어떤 “범위”에 있어야 하는지를 공부하는 과정에서 옵션의 중요한 특성들이 파악되기에, 옵션 가격 결정을 바로 공부하는 것보다는 옵션 가격 범위를 먼저 공부하는 것이 더 효과적입니다.

이제 다음의 질문을 해 봅시다. 유러피언 콜이나 유러피언 풋 가격은 어떤 논리에 의해서 결정될까요? 가령 현재 7만원인 삼성전자 주가를 기초 자산으로 하며, 만기 3개월, 행사 가격 7만원인 ATM 콜 가격은 어떤 범위에 있어야 할까요? 가장 기본적으로는, 가격이 0보다 작은 자산은 없으므로 이 콜(이라는 자산)의 가격도 0보다는 크거나 같아야 한다는 것입니다. 이는 풋도 마찬가지입니다. 그러므로 모든 유러피언 콜과 풋의 최저가는 0입니다. 그런데 이는 너무 자명한 사실이라 옵션 가격 범위에 그다지 중요한 내용은 아닙니다. 옵션 가격의 최소값으로 단순히 0이 아닌, 특정 양수(+) 값을 탐색하는 것이 필요합니다. 본절에서는 이 특정 양수 값에 대해 공부하도록 하겠습니다. 그리고 왜 특정 값이 특정 옵션의 최소 가격이 되는가에 대해서는 차익거래를 통해서 설명하도록 하겠습니다.

1. 콜 가격 범위

현 시점을 0이라 합시다$(t = 0)$. 어느 유러피언 콜의 기초 자산이 특정 주식의 주가 S이고 현재 주가는 S_0라 하겠습니다. 또 이 옵션 행사 가격은 K, 연 무위험 이자율은 r, 옵션 만기일은 $T(> 0)$라 하겠습니다. 그러면 이 유러피언 콜의 가격 c의 범위는 다음과 같습니다.

정리 19〉 유러피언 콜 가격 범위

$$c \geq \text{Max}[S_0 - K \cdot e^{-r \cdot T}, 0]$$

이제 왜 그런지 살펴보겠습니다. 위 정리를 입증하는 가장 효과적인 방법은, 위 정리가 성립하지 않으면 차익거래가 발생하고, 수많은 투자자들이 이 차익거래에 참여하여 신속하게 위 정리가 다시 성립하게 함을 보여주는 것입니다. 그러므로 위 정리가 성립하지 않을 때 어떤 일이 벌어지는지 분석해 보겠습니다. 그런데 만일 $S_0 - K \cdot e^{-r \cdot T} \leq 0$이면 $\text{Max}[S_0 - K \cdot e^{-r \cdot T}, 0] = 0$입니다. 그러면 $c \geq 0$이 도출되는데 이는 너무 자명(trivial)합니다. 모든 자산 가격은 0보다 크거나 같기 때문입니다. 가령 $S_0 = 10, K = 11, r = 0.05, T = 1$인 콜이 있다면

$$S_0 - K \cdot e^{-r \cdot T} = 10 - 11 \cdot e^{-0.05 \times 1} = -0.46$$

이 됩니다. 그러므로 이런 콜의 경우는 위 정리가 별 의미가 없습니다. 왜냐하면 위 정리에 따르면

$$c \geq \text{Max}[S_0 - K \cdot e^{-r \cdot T}, 0] = \text{Max}[-0.46,\ 0] = 0$$

이 되어 너무 자명한 결과가 도출되기 때문입니다. 그러므로 여기서 우리가 다루는 유러피언 콜의 가격의 최소값은 $c \geq S_0 - K \cdot e^{-r \cdot T} > 0$인 경우만을 대상으로 함을 기억하기 바랍니다. 즉, S_0, K, r, T가 어떤 값을 가지든지 $S_0 - K \cdot e^{-r \cdot T} > 0$인 경우만을 대상으로 합니다. 이런 경우라면 유러피언 콜의 최소 가격도 $c \geq S_0 - K \cdot e^{-r \cdot T}$를 충족한다는 것입니다.

이제 그것을 입증하겠습니다.

$$c \geq \text{Max}[S_0 - K \cdot e^{-r \cdot T}, 0] = S_0 - K \cdot e^{-r \cdot T} (> 0).$$

만일 위 부등식이 성립하지 않으면 콜 가격은 다음의 범위에 놓이게 됩니다.

$$c < S_0 - K \cdot e^{-r \cdot T} (> 0).$$

가령 $c = 1,\ S_0 = 10,\ K = 9,\ T = 1,\ r = 0.05$이면

$$c = 1 < 10 - 9 \cdot e^{-0.05\times 1} = 1.439$$

가 되므로 $c < S_0 - K \cdot e^{-r\cdot T}$를 충족합니다.

이때 이 잘못된 관계를 이용하여 여러분은 차익거래를 실행하고 무위험 차익을 얻을 수 있습니다. How? 네, buy-low-sell-high 원칙에 따라, 싼 것을 사고 비싼 것을 (공)매도합니다. 즉, 좌변 c가 작고 우변 $S_0 - K \cdot e^{-r\cdot T}$가 더 크므로, 좌변을 사고 우변을 매도합니다. 우변 매도 시 얻게 될 현금액은 '$S_0 - K \cdot e^{-r\cdot T}$'이고 좌변 매수에 필요한 비용은 c입니다. 그리고 여러분이 얻게 될 차익은

$$S_0 - K \cdot e^{-r\cdot T} - c(> 0)$$

가 됩니다. 이 값은 (가정에 의해) 양수입니다. 그렇다면 어떻게 하는 것이 좌변 c를 매수하고 우변 $S_0 - K \cdot e^{-r\cdot T}$를 공매도 하는 것일까요? 좌변 c를 매수하는 것은 쉽습니다. 그냥 이 콜을 가격 c에 매수하면 됩니다. 그럼 우변 $(S_0 - K \cdot e^{-r\cdot T})$를 매도하는 것은 무엇을 뜻할까요? 여기서는 영어로 접근하면 더 쉽습니다.

$$\begin{aligned}
&\text{sell } (S_0 - K \cdot e^{-r\cdot T}) \\
&= \text{sell } S_0 + \text{sell } (-K \cdot e^{-r\cdot T}) \\
&= \text{sell } S_0 - \text{sell } K \cdot e^{-r\cdot T} \\
&= \text{sell } S_0 + \text{buy } K \cdot e^{-r\cdot T}.
\end{aligned}$$

"$-$sell"은 곧 "buy"를 의미하므로 위와 같이 해석할 수 있습니다. 이제 위 해석에 따라 주식 1주를 S_0 가격으로 공매도하고 $K \cdot e^{-r\cdot T}$를 매수합니다. 그런데 $K \cdot e^{-r\cdot T}$가 도대체 무슨 의미일까요? 그리고 '$K \cdot e^{-r\cdot T}$를 매수함'은 또 무슨 의미일까요? $K \cdot e^{-r\cdot T}$는 주식도, 콜도, 풋도 아닌 그냥 현금 액수입니다. 구체적으로 어떤 현금 액수를 뜻할까요? K는 단순한 현금 액수로, 가령 $K = 50$이라면 50만큼의 현금액이란 뜻입니다. 그러면 '$K \cdot e^{-r\cdot T}$'는 어떤 현금 액수일까요? 이를 풀이해 보면

$$K \cdot e^{-r\cdot T} = \frac{K}{e^{r\cdot T}} = PV\ \ of\ \ K$$

가 됩니다. 즉, 일종의 현재가치입니다. 더 정확히는, 미래 시점 T의 현금 K를 할인율 r로 현재 시점까지 할인한 값입니다. 그러면 이것이 무엇을 의미할까요? 이 수치는 바

로 무이표채(zero-coupon bond)를 의미합니다.[56] 즉, 미래 만기 시점 T에서 액면가(par value) K를 지급하는 무이표채의 현재 가격입니다. 그러므로 '$K \cdot e^{-r \cdot T}$를 매수함'은 바로 이런 무이표채를 매수한다는 뜻입니다. 만일 이 수치 앞에 음수(−) 부호가 붙어 '$-K \cdot e^{-r \cdot T}$을 매수함'이라는 표현이 있다면 이는 '$K \cdot e^{-r \cdot T}$을 (−) 방향으로 매수함'이라는 뜻이므로, 이 무이표채를 (공)매도함이라는 뜻이 됩니다. 동일한 논리로 '$-K \cdot e^{-r \cdot T}$을 매도함'이라는 표현이 있다면, 이는 '$K \cdot e^{-r \cdot T}$을 (−) 방향으로 매도함'이라는 뜻이므로 결국 이 무이표채를 매수함이라는 뜻입니다.

그러므로 $c < S_0 - K \cdot e^{-r \cdot T}$의 부등식이 성립하면 이를 이용한 차익거래는

1) 좌변을 매수하고 = 유러피언 콜을 매수하고
2) 우변을 매도한다 = 주식을 공매도하고 무이표채를 매수한다

의 의미가 됩니다(어떤 콜, 어떤 주식, 어떤 무이표채인지는 곧 설명). 이렇게 하면 일정 규모의 현금이 남는데, 이것이 바로 이 차익거래의 차익이 될 것입니다. 어느 정도 규모의 현금이 남는지 한 번 보겠습니다. 이 차익거래의 현금 수입과 현금 지출을 계산하면

1) 현금 수입은 주식 공매도 시 주가 $= S_0$
2) 현금 지출은 콜 매수와 무이표채 매수액 $= c + K \cdot e^{-r \cdot T}$

입니다. 그러므로 현금 수입에서 현금 지출을 빼면

$$S_0 - (c + K \cdot e^{-r \cdot T}) = S_0 - c - K \cdot e^{-r \cdot T}$$

가 되는데 이 값은 0보다 큽니다. 왜냐하면 애초 우리 가정이

$$c < S_0 - K \cdot e^{-r \cdot T}$$

이었는데, 이 부등식이 성립하면 $S_0 - c - K \cdot e^{-r \cdot T} > 0$이 되기 때문입니다. 결국 이 차익거래로 발생할 오늘의 차익은 위 부등식의 우변에서 좌변을 뺀 나머지가 됩니다.

---

[56] 정확히는 무위험 무이표채입니다. 즉, default risk가 없는, 정부가 발행한 (단기) 국채 중 무이표채가 가장 대표적인 무위험 무이표채에 해당합니다.

우변이 더 비싸고 좌변이 더 싸기에 실행하는 차익거래이므로, 두 변의 차이가 정확히 오늘 실현될 차익의 규모가 되는 것입니다.

이제 이 투자자의 차익거래 결과 다음의 포트폴리오가 구성되었습니다. 즉, 이 투자자는 콜과 무이표채를 보유하고 주식을 공매도한 상태입니다. 그렇다고 아무 주식, 아무 콜, 아무 무이표채를 매매해도 차익거래가 자동적으로 성립하는 것은 아닙니다. 가령 주식은 삼성전자 주식을 매수하고 콜은 POSCO 주식을 기초 자산으로 하는 콜을 매수한다면 차익거래가 가능하겠습니까? 서로 아무 관련 없는데 말입니다. 마찬가지로, 콜 만기와 무이표채 만기가 서로 다르면 두 증권도 아무 관련 없는 증권이 됩니다. 만기가 일치해야지만 만기 시점에서 현재의 차익거래를 한 방에 정산할 수 있기 때문입니다. 또한 이 무이표채의 액면가 K와 이 콜의 행사 가격이 같아야 이 두 증권도 서로 의미있는 관계에 놓이게 됩니다. 마지막으로 주식 공매도 상대방에게는 시점 T에 주식을 되갚아 주겠다고 약속합니다. 다른 시점이 아닌, 채권과 콜의 만기일인 T 시점에 주식을 되갚는 것으로 합니다. 이런 식으로 주식, 콜, 채권이 서로 유기적인 관련을 맺는 거래를 맺어야 차익거래가 되는 것입니다.

그러므로 오늘 이 투자자 A가 실행할 차익거래의 "구체적" 내용은 다음과 같습니다.

1) 만기일 T, 행사 가격 K인 콜을 매수 (콜 발행자는 B)
2) 만기일 T, 액면가 K인 무이표채 매수 (무이표채 발행자는 정부＝C)
3) 위 콜의 기초 자산인 주식 1주를 공매도 (공매도 상대방은 D)

그러면 오늘 현재 A의 자산은 콜과 무이표채이고 부채는 주식이 됩니다. 또한 오늘 A는 '$S_0 - c - K \cdot e^{-r \cdot T}$'만큼의 차익을 얻습니다.

이제 시점 T가 도래했다고 가정하겠습니다. A는 D에게 그 주식 1주를 되갚아 주어야 합니다. 이때 S_T와 K의 크기에 따라 다음 방식으로 D에게 주식을 되갚아 주면 됩니다.

i) $S_T > K$인 경우 :

A가 보유한 채권이 만기가 되었으므로 C로부터 (현금) K를 받는다. 또한 A가 보유한 콜을 B에게 행사하여, 즉 B에게 K를 주고 주식을 1주 받아, 그 주식을

$$PV\ of\ (S_T - K) = PV\ of\ S_T - PV\ of\ K.$$

위의 콜 경우에서 설명됐듯이, 여기서 $PV\ of\ K$는 $K \cdot e^{-r \cdot T}$입니다. 또 $PV\ of\ S_T$는 S_0입니다. 즉, 미래 주가의 현재가치는 현재 주가입니다. 그러므로 $c \geq \text{Max}[S_0 - K \cdot e^{-r \cdot T}, 0]$에서 '$S_0 - K \cdot e^{-r \cdot T}$'는 다름 아닌 이 유러피언 콜의 현재가치를 의미합니다. 이 유러피언 콜의 가격은 최소한 이 수치보다는 크거나 같아야 한다는 뜻입니다. 물론 $S_0 - K \cdot e^{-r \cdot T} < 0$인 경우에는 $c \geq \text{Max}[S_0 - K \cdot e^{-r \cdot T}, 0] = 0$이 되어 $S_0 - K \cdot e^{-r \cdot T}$는 이 콜 가격을 제약하지 않습니다(unbinding). 이런 방식으로 $c \geq \text{Max}[S_0 - K \cdot e^{-r \cdot T}, 0]$를 이해하거나 기억할 수 있습니다. ▣

2. 풋 가격 범위

이제 위의 콜 가격 범위를 분석한 방식과 유사하게 풋 가격 범위를 분석해 봅시다. 현 시점을 0이라 합시다. $(t = 0)$. 어느 유러피언 풋의 기초 자산이 특정 주식의 주가 S이고 현재 주가는 S_0라 하겠습니다. 또 이 옵션 행사 가격은 K, 연 무위험 이자율은 r, 옵션 만기일은 $T(> 0)$라 하겠습니다. 그러면 이 유러피언 풋의 가격 p의 범위는 다음과 같습니다.

정리 20〉 유러피언 풋 가격 범위

$$p \geq \text{Max}[K \cdot e^{-r \cdot T} - S_0, 0]$$

이제 왜 그런지 살펴보겠습니다. 위 정리를 입증하는 가장 효과적인 방법은, 위 정리가 성립하지 않으면 차익거래가 발생하고, 수많은 투자자들이 이 차익거래에 참여하여 신속하게 위 정리가 다시 성립하게 함을 보여주는 것입니다. 그러므로 위 정리가 성립하지 않을 때 어떤 일이 벌어지는지 분석해 보겠습니다. 그런데 만일 $K \cdot e^{-r \cdot T} - S_0 \leq 0$이면 $\text{Max}[K \cdot e^{-r \cdot T} - S_0, 0] = 0$입니다. 그러면 $p \geq 0$가 도출되는데 이는 너무 자명(trivial)합니다. 모든 자산 가격은 0보다 크거나 같기 때문입니다. 그러므로 우리는 $K \cdot e^{-r \cdot T} - S_0 > 0$인 경우를 분석 대상으로 하겠습니다. 즉, 우리는 다음을 입증하겠습니다.

$$p \geq \text{Max}[K \cdot e^{-r \cdot T} - S_0, 0] = K \cdot e^{-r \cdot T} - S_0 (> 0).$$

만일 위 부등식이 성립하지 않으면 풋 가격은 다음의 범위에 놓이게 됩니다.

$$p < K \cdot e^{-r \cdot T} - S_0 (> 0).$$

가령 $p = 1, S_0 = 10, K = 12, T = 1, r = 0.05$이면

$$p = 1 < 12 \cdot e^{-0.05 \times 1} - 10 = 1.415$$

가 되므로 $p < K \cdot e^{-r \cdot T} - S_0$를 충족합니다.

이때 이 잘못된 관계를 이용하여 여러분은 차익거래를 실행하고 무위험 차익을 얻을 수 있습니다. 그러기 위해서는, 좌변 p가 작고 우변 $K \cdot e^{-r \cdot T} - S_0$가 더 크므로, 좌변을 사고 우변을 매도합니다. 우변 매도 시 얻게 될 현금액은 $K \cdot e^{-r \cdot T} - S_0$이고 좌변 매수에 필요한 현금은 p입니다. 그리고 여러분이 얻게 될 차익은

$$K \cdot e^{-r \cdot T} - S_0 - p (> 0)$$

가 됩니다. 이 값은 양수입니다. 그렇다면 어떻게 하는 것이 좌변 p를 매수하고 우변 $K \cdot e^{-r \cdot T} - S_0$를 공매도 하는 것일까요? 좌변 p를 매수하는 것은 쉽습니다. 그냥 이 풋을 가격 p에 매수하면 됩니다. 그럼 우변 $K \cdot e^{-r \cdot T} - S_0$를 매도하는 것은 무엇을 뜻할까요? 영어로 접근하면 더 쉽습니다.

$$\begin{aligned} &\text{sell } (K \cdot e^{-r \cdot T} - S_0) \\ &= \text{sell } K \cdot e^{-r \cdot T} + \text{sell } (-S_0) \\ &= \text{sell } K \cdot e^{-r \cdot T} - \text{sell } S_0 \\ &= \text{sell } K \cdot e^{-r \cdot T} + \text{buy } S_0 \end{aligned}$$

"−sell"은 곧 "buy"를 의미하므로 위와 같이 해석할 수 있습니다. 이제 위 해석에 따라 $K \cdot e^{-r \cdot T}$를 (공)매도하고 주식 1주를 S_0 가격으로 매수합니다. $K \cdot e^{-r \cdot T}$는 미래 만기 시점 T에서 액면가(par value) K를 지급하는 무이표채를 의미합니다. 그러므로 '$K \cdot e^{-r \cdot T}$를 공매도함'은 바로 이 무이표채를 공매도한다는 뜻입니다. 이제 $p < K \cdot e^{-r \cdot T} - S_0$의

부등식이 성립하면 차익거래자는

1) 좌변을 매수하고 = 유러피언 풋을 매수하고
2) 우변을 매도한다 = 무이표채를 공매도하고 주식을 매수한다

는 의미가 됩니다(어떤 풋, 어떤 주식, 어떤 무이표채인지는 곧 설명). 이렇게 하면 일정 규모의 현금이 남는데, 이것이 바로 이 차익거래의 차익이 됩니다. 어느 정도 규모의 현금이 남는지 한 번 보겠습니다. 이 차익거래의 현금 수입과 현금 지출을 계산하면

1) 현금 수입은 무이표채 공매도 시 채권 가격 $= K \cdot e^{-r \cdot T}$
2) 현금 지출은 풋 매수와 주식 매수액 $= p + S_0$

입니다. 그러므로 현금 수입에서 현금 지출을 빼면

$$K \cdot e^{-r \cdot T} - (p + S_0) = K \cdot e^{-r \cdot T} - p - S_0$$

가 되는데 이 값은 0보다 큽니다. 왜냐하면 애초 우리 가정이

$$p < K \cdot e^{-r \cdot T} - S_0$$

이었으므로 $K \cdot e^{-r \cdot T} - p - S_0 > 0$이 되기 때문입니다. 이 값, 즉 위 부등식에서 우변에서 좌변을 뺀 나머지가 바로 이 차익거래로 발생할 오늘의 차익이 됩니다.

이제 이 투자자 A의 차익거래 결과 A는 풋과 주식을 보유하고 무이표채를 공매도한 상태입니다. 구체적으로 이 증권들 사이에는 다음 관계가 성립합니다. 먼저 풋 만기와 무이표채 만기가 서로 같아야 합니다. 만기가 일치해야지만 만기 시점에서 현재의 차익거래를 한 방에 정산할 수 있기 때문입니다. 또한 이 무이표채의 액면가 K와 이 풋의 행사 가격이 같아야 이 두 증권도 서로 의미있는 관계에 놓이게 됩니다. 마지막으로 무이표채 공매도의 상대방에게는 시점 T에 그 무이표채를 되갚아 주겠다고 약속합니다. 시점 T는 이 무이표채의 만기일이므로 이날 이 무이표채는 단순히 그 액면가인 (현금) K가 됩니다. 그러므로 이 무이표채 공매도 상대방에게는 시점 T에 현금 K를 지급하겠다고 약속한다는 것입니다. 물론 이 K만큼의 현금은 A가 자신의 풋을 행사함으로써 (혹은 K보다 비싼 주식을 매도함으로써) 얻게 될 것입니다. 이런 식으로 서로 밀접한 관계에 있는 주식, 풋, 채권을 매매해야만 차익거래가 되는 것입니다.

그러므로 오늘 이 투자자 A가 실행할 차익거래의 구체적 내용은 다음과 같습니다.

1) 만기일 T, 행사 가격 K인 풋을 매수 (풋 발행자는 B)
2) 위 풋의 기초 자산인 주식 1주를 매수
3) 만기일 T, 액면가 K인 무이표채를 공매도 (상대방은 C)

그러면 오늘 현재 A의 자산은 풋과 주식이고 부채는 무이표채가 됩니다. 또한 오늘 A는 $K \cdot e^{-r \cdot T} - p - S_0$만큼의 현금(=차익)을 얻습니다.

이제 시점 T가 도래했다고 가정하겠습니다. A는 C에게 그 무이표채를 되갚아 주어야 합니다. 이때 S_T와 K의 크기에 따라 다음 방식으로 C에게 무이표채를 되갚아 주면 됩니다. 무이표채의 만기일 T에 이 무이표채를 C에게 되갚는다 함은, C에게 그 무이표채의 액면가 K를 현금으로 지급한다는 의미입니다.

ⅰ) $S_T < K$인 경우 :
A가 보유한 주식과 풋을 사용하여 B에게 풋을 행사한다. 즉, 주식을 B에게 주고 현금 K를 받는다. 이 K를 C에게 지급한다. 이때 A의 순자산=0이 된다.

ⅱ) $S_T \geq K$인 경우 :
A는 풋을 행사하지 못한다. A가 보유한 주식을 S_T의 가격으로 매도하여 현금화한 후 그 현금 중 K만큼을 C에게 지급한다. 이때 A의 순자산 $= S_T - K (\geq 0)$가 된다.

결국 미래 시점 T에서 A의 순자산은 항상 0이거나 0보다 큽니다. 그러므로 A는 오늘 차익거래를 실행해 놓으면 미래의 부채 청산에 대해서는 아무 걱정할 필요가 없습니다. 결국 오늘 이 차익거래로 인하여 A에게 남은 현금 "$K \cdot e^{-r \cdot T} - p - S_0$"는 A의 '무위험 차익'이 됩니다.

예제 3-2〉

$p = 1,\ S_0 = 10,\ K = 12,\ T = 1,\ r = 0.05$일 때 어떻게 차익거래를 할 수 있는지 보여 주세요.

네, 주식-옵션-채권시장에서 혹시라도 그렇게 가격 형성이 되었다면 여러분은 다음 차익거래를 실행할 수 있습니다.

1) 그 주식 1주를 10의 가격으로 매수
2) 이 주식을 기초 자산으로 하는, 만기가 1년 후이고 행사 가격 K =12인 풋을 1의 가격으로 매수 (풋 발행자는 B)
3) 만기가 1년 후이고 액면가 12인 무이표채를 공매도. 이 무이표채의 가격은 $K \cdot e^{-r \cdot T} = 12 \cdot e^{-0.05 \times 1} = 11.41$ (무이표채 거래 상대방은 C)

그러면 오늘 현재 여러분의 자산은 풋과 주식이고 부채는 무이표채가 됩니다. 또한 오늘 여러분은 "$11.41 - 10 - 1 = 0.41$"만큼의 차익을 얻습니다. 이 현금이 여러분의 완전한 공짜 이익임을 입증하겠습니다. 즉, 1년 후 어떤 일이 발생하더라도 여러분의 모든 계약 관계는 완전히 청산될 것이고 이 시점에서 여러분의 순자산은 0 혹은 0보다 클 것임을 입증하겠습니다.

1년의 시간이 경과했습니다. 여러분은 C에게 그 무이표채를 되갚아 주어야 합니다. 즉, C에게 $K = 12$만큼의 현금을 지불해야 합니다. 이때 S_T와 $K(= 12)$의 크기에 따라 다음 방식으로 B에게 그 무이표채를 되갚아 주면 됩니다.

i) $S_T < 12$인 경우 :

여러분이 보유한 주식과 풋을 이용하여 B에게 주식을 12의 가격으로 매도한다. 이 현금 12를 C에게 갚아 준다. 이때 여러분의 순자산=0이 된다.

ii) $S_T \geq 12$인 경우 :

Forget about your put; it's worthless. 여러분이 보유한 주식을 S_T 가격에 매도하여 현금화한 후 그중 12를 C에게 갚는다. 이때 여러분의 순자산= $S_T - 12(\geq 0)$가 된다.

결국 1년 후 여러분의 순자산은 0이거나 0보다 큽니다. 그리고 1년 전 여러분이 받아 챙긴 0.41은 여러분의 영원한, 완전한 공짜 이익이 됩니다. ▣

이제 이 주제를 마치기 전에 다음 질문을 해 보겠습니다.

질문 3-27〉 $p \geq \text{Max}[K \cdot e^{-r \cdot T} - S_0, 0]$ 이 공식을 쉽게 기억하고 싶은데요.

네, 그 표현을 쉽게 기억하는 방법이 하나 있습니다. 외우려고 하지 말고 이해하는 것입니다. 우선 $p \geq \text{Max}[x, 0]$의 형식은 잘 이해될 것입니다. 풋을 비롯한 모든 자산 가치는 0보다 크거나 같으니까 말입니다. 혹시라도 $x < 0$이 될까 봐 Max$[x, 0]$이란 식이 필요합니다. 그렇다면 $x = K \cdot e^{-r \cdot T} - S_0$의 형태만 잘 기억하면 될 텐데, 이것도 별로 어렵지 않게 이해할 수 있습니다. "$K \cdot e^{-r \cdot T} - S_0$"이 바로 이 유러피언 풋의 PV, 즉 현재가치라는 것입니다. 미래 만기일 이 풋이 내가격이라면 그때 이 풋의 가치는 "$K - S_T$"가 될 것입니다. 그러면 이 만기일의 풋 가치를 현재 시점까지 할인한 PV는 어떻게 될까요? 이를 산출해 보겠습니다. 그러면 다음이 성립합니다(미래 시점은 풋 만기일 T).

$$PV \ of \ (K - S_T) = PV \ of \ K - PV \ of \ S_T.$$

앞에서 설명했듯이, $PV \ of \ K$는 $K \cdot e^{-r \cdot T}$입니다. 또한 $PV \ of \ S_T$는 S_0입니다. 그러므로 $p \geq \text{Max}[K \cdot e^{-r \cdot T} - S_0, 0]$에서 "$K \cdot e^{-r \cdot T} - S_0$"은 다름 아닌 이 유러피언 풋의 현재가치를 의미합니다. 이 유러피언 풋의 가격은 최소한 이 수치보다는 크거나 같아야 한다는 뜻입니다. 이러한 해석은 $p \geq \text{Max}[K \cdot e^{-r \cdot T} - S_0, 0]$를 쉽게 기억하기 위한 하나의 방법입니다. ▣

제 7 절 풋-콜 패리티(Put-call Parity)

콜과 풋 옵션 가치평가를 본격적으로 논의하기 앞서 유러피언 콜과 유러피언 풋 사이의 특별한 관계를 알아둘 필요가 있습니다. 이 관계는 옵션 가치평가에서 매우 잘 알려지고 매우 중요한 내용으로, 동일한 사양(specifications)의 유러피언 콜과 유러피언 풋 옵션 가격 사이의 균형 혹은 동등한 관계에 대한 내용인데 이를 풋-콜 패리티(Put-call Parity)라고 합니다. 이 명칭에서 'parity'가 바로 균형 혹은 동등성의 의미입니다. 여기서 동일한 사양의 콜과 풋이란, i) 기초 자산인 주식(S), ii) 행사 가격(K), iii) 만기 시점(T)이 동일한 유러피언 콜과 풋을 말합니다. 이 두 유러피언 옵션들의 가격 사이에는 다음 관계가 성립합니다.

정리 21〉 풋-콜 패리티(Put-call Parity)

$$S_t + p_t = c_t + K \cdot e^{-r(T-t)}.$$

위 식에서 두 시점 관계는 $t < T$이고, r은 $(T-t)$ 기간에 적용될 무위험 이자율을 연율화하여(risk-free rate per annum) 표현한 것입니다. '$T-t$'는 잔존 만기(time to maturity)이므로, 만일 현 시점이 2025년 3월 1일이고 만기일이 2025년 5월 1일이고 이 사이에 42일의 영업일(business days) 혹은 거래일(trading days)이 있다면, $T-t = \frac{42}{250} = 0.168$이 됩니다. 물론 투자자에 따라서는 영업일이 아닌 calendar days를 기준으로 잔존 만기를 산출할 수도 있고 이때는 $T-t = \frac{61}{365} = 0.167$이 됩니다(두 값 차이가 거의 없음). 이처럼 잔존 만기는 '1년=1'을 단위로 합니다. 또 S_t, p_t, c_t는 (시점 t의) 기초 자산 가격, 풋 가격 및 콜 가격입니다. 풋-콜 패리티가 뜻하는 바는, 풋과 그 기초 자산으로 구성된 포트폴리오의 가격과 콜과 (특정한) 무이표채로 구성된 포트폴리오의 가격이 같아야 한다는 것입니다.

이제 왜 풋-콜 패리티가 성립하는지 먼저 일반적으로 설명해 보겠습니다. 일반적으로 미래 특정 시점 T에서의 포트폴리오 A의 가치와 포트폴리오 B의 가치가 같다면, 그 이전 시점 t에서도 두 포트폴리오의 가치가 같아야 합니다. 가령 두 자산 혹은 포트폴리오 A와 B의 1개월 후 가격이 모두 10이라 하겠습니다. 그러면 오늘 현재 시점에서도 A, B의 가격은 같아야 한다는 것입니다. 만일 A, B의 현재 가격들이 같지 않다면, 차익거래에 의해 무위험 차익이 발생하고, 모든 투자자들은 무위험 차익을 좇아 이런 차익거래를 실행하게 되어, 신속하게 A, B의 현재 가격들이 같아지기 때문입니다. 한 예로, A, B의 현재 가격이 A = 9, B = 8이라면, 'buy low sell high' 원칙에 따라 B를 사고 A를 (공매)도 하면 오늘 1의 현금을 얻습니다. 1개월 후가 되면 B를 팔아 받은 10을 나의 공매도 상대방에게 지불하면 나의 모든 자산-부채 관계가 사라지고 나는 1의 이익을 얻습니다.[58] 이 예에서와 같이, 미래 특정 시점에 두 자산의 가격이 같을 것이 확인되면, 이 자산들의 현재 가격도 같아야 합니다. 사실은 현재 가격뿐 아니라, 그 특정된 미래 시점 이전의 모든 (미래) 시점에서도 두 자산의 가격이 같아야 합니다.

풋-콜 패리티는 특정 미래 시점에서 '주식과 풋'의 가치와 '콜과 (특정) 무이표채'의 가치가 같기 때문에 이 두 포트폴리오의 오늘 가격도 같아져야 한다는 것을 의미합니다. 여기서 특정 미래 시점이란 콜, 풋, 무이표채의 공통된 만기 시점(T)입니다. 또 풋-콜 패리티의 '행사 가격' K는 K만큼의 현금액을 말합니다. 더 정확히 설명하면, 시점 T에 만기가 되는 이 무이표채의 액면가가 K임을 뜻합니다. 이런 무이표채를 매수하면 시점 T에는 그 액면가 K를 현금으로 지급받으므로, 시점 T에서의 이 무이표채는 현금 K가 됩니다. 이제 왜 '주식과 풋'의 가치와 '콜과 무이표채'의 가치가 만기일 T에 같아져야 하는지 알아보겠습니다. 이를 먼저 도표로 정리하면 아래와 같습니다. 아래에서 무이표채란, 시점 T에 액면가 K를 주는, 즉 현금 K가 되는 무이표채를 오늘 $K \cdot e^{-r(T-t)}$의 가격으로 매수하여 보유함을 의미합니다.

➢ 도표 3-22 풋–콜 패리티 증명

(시점)	(사건)	주식과 풋	콜과 무이표채
t		$S_t + p_t$	$c_t + K \cdot e^{-r(T-t)}$
T	$S_T > K$	$S_T + 0 = S_T$	$(S_T - K) + K = S_T$
T	$S_T < K$	$S_T + (K - S_T) = K$	$0 + K = K$
T	$S_T = K$	$S_T + 0 = S_T = K$	$0 + K = K$

[58] 그것도 미래 시점이 아니라 오늘 시점에서 1을 얻습니다.

만기일에 두 포트폴리오의 가치는 미래 발생할 사건에 따라 다릅니다. 주가가 이 옵션들의 행사 가격보다 크면, 즉 $S_T > K$가 발생하면 풋의 가치는 0이 됩니다. 그러므로 '주식과 풋' 포트폴리오의 가치는 $S_T + 0 = S_T$가 됩니다. 한편 콜 보유자는 콜을 행사할 것이므로 '콜과 무이표채'의 가치는 $(S_T - K) + K = S_T$가 됩니다. 이처럼 두 포트폴리오의 가치는 같아집니다. 두 포트폴리오의 가치는 $S_T < K$가 발생해도 같아지는데 이를 보이겠습니다. 이때 풋 가치평가는 $K - S_T$가 되므로, '주식과 풋' 포트폴리오의 가치는 $S_T + (K - S_T) = K$가 됩니다. 한편 콜 가치는 0이 되므로, '콜과 무이표채'의 가치는 $0 + K = K$가 됩니다. 즉, 두 포트폴리오의 가치는 같아집니다. 마지막으로, $S_T = K$가 발생해도 같아집니다. 이때 풋이나 콜 가치는 모두 0이 되므로, '주식과 풋' 포트폴리오의 가치는 S_T가 됩니다. 또 '콜과 무이표채'의 가치는 K가 됩니다. 그런데 전제 조건이 $S_T = K$였으므로 결국 두 포트폴리오의 가치는 같아집니다.

참고로 옵션 만기일 두 포트폴리오의 가치를 위 도표에서는 세 가지 경우로 분류했는데, 이를 모두 묶어 한 방에 표시한다면 $\text{Max}[S_T, K]$라 할 수 있습니다. $\text{Max}[S_T, K]$란 $S_T > K$의 경우는 S_T, $S_T < K$의 경우는 K, 그리고 $S_T = K$의 경우에는 $S_T(= K)$라는 의미인데, 위 도표의 내용이 정확히 그런 내용입니다. 즉, 두 포트폴리오 중 어느 하나를 가지고 있든, 옵션 만기일에는 주가 S_T나 현금액 K 중에 더 높은 수치만큼의 가치를 가질 것이라는 의미입니다.

정리 22〉

풋-콜 패리티에서 두 포트폴리오의 만기일 가치는 동일하게 $\text{Max}[S_T, K]$가 된다.

결국 이 두 포트폴리오의 가치들은 미래 어떤 사건(event), 혹은 어떤 상태(state)가 발생해도 항상 같습니다. 그러므로 이 두 포트폴리오의 가치는 현재 시점에서도, 나아가 (T 이전의) 모든 미래 시점에서도 항상 같아야 합니다. 그렇지 않으면 차익거래가 발생하여 신속하게 두 포트폴리오의 가치를 같게 만들기 때문입니다.

풋-콜 패리티에서 기억할 것은, 여기서 기초 자산인 주식이란 배당금을 지급하지 않는 주식을 말한다는 것입니다. 더 정확히 말하면, 두 시점 t와 T 사이에는 배당을 지급하지 않은 주식이란 의미이고, 만기일(T) 이후에는 배당을 지급하든 안 하든 관계 없습니다. 어차피 이 시점이 되면 두 콜의 만기일을 이미 지난 시점이 되는데, 풋-콜 패리티는 (현 시점이) 만기일까지만 유효한 방정식이기 때문입니다.

풋-콜 패리티에서 배당 지급 여부가 왜 중요한가 하면, 시점 t와 T 사이에 배당을 지급하는 경우 '주식과 풋'의 포트폴리오에는 '중간 현금(interim cash flow)'이라는 추가 수익이 발생하기 때문입니다. 즉, 만기일 '주식과 풋'과 '콜과 무이표채'의 가치가 같다 해도, '주식과 풋'을 보유한 투자자는 만기일 이전에 (주식으로부터의) 배당을 받게 됩니다. 그러므로 '주식과 풋'을 보유한 투자자가 이 포트폴리오로부터 받는 (현재) 가치가 '콜과 무이표채' 포트폴리오로부터 받는 (현재)가치보다 실질적으로 더 큽니다. 곧 풋-콜 패리티는 두 옵션의 기초 자산인 주식이 배당을 지급하지 않는 경우에만 유효합니다. 적어도 현 시점과 만기일 사이에 말입니다. 마찬가지로, 현금 배당뿐 아니라 주식 배당(stock dividend)도 지급하지 않는 주식이어야 합니다. 만기 이전에 (주식 보유자에게) 주식 배당이 지급되면, 결국 '주식과 풋'의 포트폴리오는 애초의 주식 1주가 아니라 1주보다 많은 주식을 보유하는 포트폴리오가 되어, 위 풋-콜 패리티의 만기일 등가성에 위배되기 때문입니다. 이런 의미에서 만기 이전에 주식 분할이나 주식 병합이 있어도 풋-콜 패리티는 성립하지 않습니다. 현재의 주식 1주가 만기일의 주식 1주가 되지 않기 때문입니다.

질문 3-28〉 콜과 풋뿐 아니라 K가 포함되어 있어, 이와 관련된 차익거래가 어떻게 실행되는지 궁금합니다.

네, 좋은 질문, 중요한 질문입니다. 풋-콜 패리티는 학교 시험 및 다양한 국내외 금융 자격증 시험에도 자주 출제되기에, 풋-콜 패리티를 배울 때 아예 이 주제를 정확히 이해하는 것이 필요합니다. 왜냐하면 차익거래의 실제 이행에 대해 구체적으로 배울 수 있기 때문입니다. 여기서 관건은 $e^{-r(T-t)} \cdot K$ 및 $-e^{-r(T-t)} \cdot K$를 어떻게 해석하는가입니다. 왜냐하면 풋-콜 패리티와 관련된 차익거래 실행 시 우변 포트폴리오를 매수하면 '$c_t + K \cdot e^{-r(T-t)}$'를 매수한다는 의미가 되고, 우변 포트폴리오를 매도하면 '$c_t + K \cdot e^{-r(T-t)}$'를 매도한다는 의미가 되는데 이에 대한 이해가 확실해야 차익거래를 수행할 수 있기 때문입니다. 가령 차익거래에서 '$K \cdot e^{-r(T-t)}$'를 매도한다는 것이 무슨 뜻일까요? 앞에서 즉 "옵션 가격의 범위"에서 한 번 설명했지만, "풋-콜 패리티

차익거래"를 다루면서 한 번 더 설명해 보겠습니다.

현 시점 $t = 0$이라 하면 풋-콜 패리티는 다음과 같습니다. 편의상 S_0 같은 표현을 단순히 S라고 하겠습니다.

$$S + p = c + K \cdot e^{-rT}.$$

한 예로, $T = 1$, $r = 0.1$, $K = S = 10$, $p = 3$, $c = 3$이라 하겠습니다. 즉, 이 경우는, 기초 자산 주식의 현 주가 = 10이고 만기 = 1년이며 행사 가격 = 10인 (등가격) 콜과 풋의 가격이 모두 3인 경우입니다. 무위험 (연)이자율 = 0.1으로 주어졌습니다. 이 수치들이 과연 풋-콜 패리티를 충족하는지 알아보겠습니다. $K \cdot e^{-rT} = 10 \cdot e^{-0.1\times1} = 9.048$이므로

$$S + p = 10 + 3 = 13 > c + K \cdot e^{-rT} = 3 + 9.048 = 12.048$$

이 되어 풋-콜 패리티가 위배됩니다. 그럼 투자자들은 이 기회를 이용하여 'buy low, sell high'전략으로 차익거래를 실행합니다. '$c + K \cdot e^{-rT}$' 가격이 더 낮으므로 이를 사고 '$S + p$'를 (공)매도합니다. 그런데 '$c + K \cdot e^{-rT}$'를 사고 '$S + p$'를 (공)매도한다는 것이 실제 차익거래에서 무엇을 뜻하는지 알아보겠습니다. '$S + p$'를 (공)매도한다 함은, 주식을 현재 가격 10으로 내 상대방(B)에게 공매도하고 또 풋을 상대방(C)에게 3을 받고 (공)매도함을 뜻합니다. 그러면 나는 오늘 13의 현금을 받는 대신, 1년 후 B에게는 주식 1주를 되돌려 줘야 하고 C에게는 (그녀가 풋을 행사하면) 풋 행사를 수용해야 합니다. 그리고 나는 오늘 받은 13의 현금 중에서 12.048을 지불하여 콜을 D로부터 3의 가격으로 사고, 어떤 채권을 $K \cdot e^{-rT} = 9.048$의 가격으로 매수합니다. 그러면 13 – 12.048 = 0.952의 현금이 내 수중에 남습니다. 이렇게 해도 1년 후에 나의 순자산 = 순부채 = 0이 되고, B나 C에게 내 의무를 다할 수 있음을 보이고자 합니다.

그런데, 콜을 3의 가격으로 산다는 것은 이해가 되는데 $K \cdot e^{-rT} = 9.048$을 지불하고 산다는 것은 도대체 무슨 뜻일까요? $K = 10$은 현금 액수이고 $e^{-rT} = e^{-0.1\times1} = 0.9048$은 1년 후 현금 1이 오늘 0.9048의 가치를 갖는다는 의미입니다. 무위험 (연)이자율 $r = 0.1$이 적용된다면 말입니다. 그러므로 "$K \cdot e^{-rT} = 10 \times 0.9048 = 9.048$을 매수한다" 함은 1년 후 10의 가치를 갖을 현금을 오늘 9.048에 산다는 뜻입니다. 쉽게

말하면, 1년 후 현금 10이 될 '무이표 채권(zero-coupon bond)'에 오늘 9.048을 투자한다는 것입니다. 이 채권의 만기는 1년이며 그 액면가(par value)는 10입니다. 그리고 시장의 1년 이자율 0.1이 반영되어 이 채권의 현재 가격은 9.048인 것입니다.[59] 왜 만기가 1년 후인 채권을 사야 할까요? 그 이유는 콜과 풋의 만기와 채권의 만기를 일치시켜야 하기 때문입니다. 옵션 만기일이 지나면 이 콜과 풋은 더 이상 존재하지 않고, 또 옵션 만기일의 콜과 풋의 가치에 기반하여 풋-콜 패리티가 유효한 것이기에, 이 채권의 만기는 옵션 만기일과 일치해야 하는 것입니다.

이제 만기일이 되었다고 하겠습니다. 나는 콜과 채권을 보유하고 있습니다. 또 (내가 매도한) 주식과 풋에 대한 의무 혹은 부채도 보유하고 있습니다. 이제 만기일에 주가가 (옵션 행사 가격인) 10보다 크다고 합시다. 그러면 콜은 가치가 있고 풋은 가치가 없게 됩니다. 채권의 가치는 10이 됩니다. 그러므로 내가 보유한 '콜과 채권'의 가치는 '콜+현금 10'이 됩니다. 한편 내가 매도한 풋의 가치는 0이 되어 나는 C에게 아무런 의무(=부채)도 없습니다. 또 내가 공매도한 주식 때문에 나는 B에게 이 주식 1주를 되돌려 줘야 합니다. 어떻게 되돌려 줍니까? 내가 보유한 콜을 (콜 발행자인 D에게) 행사하여, D에게 10을 주고 주식 1주를 요구합니다. 이렇게 받은 주식을 B에게 전달하면 내 의무는 다한 것입니다. 결과적으로, 이런 일련의 거래를 다 이행하면 내게는 순자산=순부채=0이 됩니다. 그러므로 (1년 전) 내 수중에 들어온 0.952의 현금은 오롯이 나의 무위험 차익이 되는 것입니다.

한편 만기일에 주가가 (옵션 행사 가격인) 10보다 작다면 어떤 일이 벌어질까요? 그러면 콜 가치는 0이고 풋은 가치가 있게 됩니다. 채권의 가치는 여전히 10입니다. 그러므로 내가 보유한 '콜과 채권'의 가치는 0+10=10, 즉 현금 10이 됩니다. 내가 매도한 풋의 가치는 0보다 크니, C는 내게 그 풋을 행사할 것입니다. 즉, 주식 1주를

---

[59] 만기일이 되기 전 이자(coupon)를 주는 이표채(coupon bond)를 사지 않고 이 "무이표채"를 사야 만기일에 정확히 10을 받을 수 있습니다. 이표채를 사는 경우에는 만기(=1년 후) 전에 일정 액수의 coupon을 받으므로, 이 채권의 만기일 가치는 그 액면가 10에다 이 coupon 가치를 더해야 하기 때문입니다. 그것도 단순한 coupon 가치가 아니라, 이 coupon을 받은 후 만기일까지 재투자하여 얻게 될 "coupon의 미래가치"를 더해 줘야 합니다. 물론 이러한 이표채를 사더라도 1년 후 그 가치가 10이 되도록 할 수는 있지만, 그러기 위해서는 복잡한 투자 방정식을 풀어야 합니다. 가령 미래 받을 coupon을 다시 1년 후 시점까지 재투자해야 하는데 이 재투자 수익률을 확정하기 위해서는 이자율 선도 계약 등을 이용해야 합니다. 반면 1년 만기 무이표채를 구입한다면, 간단히 액면가 10인 무이표채를 구입하면 됩니다. Which would you like?

내게 들이대며 10의 가격으로 팔려고 할 것이고 나는 그 요구를 수용해야 합니다. 내게는 현금 10이 있으므로 C에게 10을 지불하고 그 주식을 받습니다. 한편 (내가 공매도했던 주식 때문에) 나는 B에게 주식 1주를 되돌려 줘야 하는데, C가 내게 매도한 주식을 B에게 돌려주면 내 의무는 다한 것입니다. 결과적으로, 이런 일련의 거래를 다 이행하면 내게는 순자산 = 순부채 = 0이 됩니다. 그러므로 (1년 전) 내 수중에 들어온 0.952의 현금은 오롯이 나의 무위험 차익이 되는 것입니다. ▣

참고로 이처럼 말로 설명하는 것이 번거롭게 느껴지면, 애초 풋-콜 패리티 설명할 때 여러분이 봤던 도표의 형식으로 설명할 수도 있습니다. 이제 풋-콜 패리티의 차익거래 실행에 관한 마지막 질문을 하나만 더 다루겠습니다. 참고로 위 질문에서 말로 설명한 답을 잘 이해했으면 굳이 아래 질문을 다시 복습하지 않아도 됩니다. 아래 질문은 위 질문과 비교하여 부등호 방향만 바뀐 것입니다.

질문 3-29〉 $S + p < c + K \cdot e^{-rT}$인 경우는 어떻게 차익거래를 할 수 있나요?

이 경우도 유사하게 설명할 수 있습니다. 이제 여러분은 $K \cdot e^{-rT}$를 사고파는 것이 무이표채를 사고파는 것임을 알았으니 본 설명은 훨씬 더 쉽게 이해되리라 봅니다. 한 예로, $T = 1,\ r = 0.1,\ K = S = 10,\ p = 3,\ c = 5$라고 하겠습니다. 이 수치들이 과연 풋-콜 패리티를 충족하는지 알아보겠습니다. $K \cdot e^{-rT} = 10 \cdot e^{-0.1\times 1} = 9.048$이므로

$$S + p = 10 + 3 = 13 < c + K \cdot e^{-rT} = 5 + 9.048 = 14.048$$

이 되어 풋-콜 패리티가 위배됩니다. 그럼 투자자들은 이 기회를 이용하여 'buy low, sell high'전략으로 차익거래를 실행합니다. '$c + K \cdot e^{-rT}$' 가격이 더 높으므로 이를 (공)매도하고 '$S + p$'를 매수합니다. 먼저 (공)매도 부분을 설명하겠습니다. '$c + K \cdot e^{-rT}$'를 (공)매도한다 함은 콜을 현재 가격 5를 받고 B에게 발행하고 또 무이표 채권을 C에게 9.048을 받고 공매도한다는 뜻입니다. 그러면 나는 오늘 5+9.048=14.048의 현금을 받는 대신, 1년 후 B가 콜을 내게 행사하면 이를 수용해야 하고 C에게는 1년 후의 채권 가격인 10을 지불해야 합니다. 오늘 받은 14.048의 현금 중에서 3을 지불하여 D로부터 풋을 매수하고 또 10을 지불하여 주식 1주를 매수합니다. 그러면

14.048 – (3 + 10) = 1.048의 현금이 내 수중에 남습니다. 이렇게 해도 1년 후에 나의 순자산 = 순부채 = 0이 됨을 보이고자 합니다.

이제 만기일이 되었다고 하겠습니다. 나는 주식과 풋을 보유하고 있습니다. 또 (내가 매도한) 콜과 채권에 대한 의무도 이행해야 합니다. 만일 만기일에 주가가 (옵션 행사 가격인) 10보다 크게 되면, 콜은 가치가 있고 풋은 가치가 없게 됩니다. 채권의 가치는 10이 됩니다. 그러므로 내가 보유한 '주식과 풋'의 가치는 단순히 주식 1주의 가치가 됩니다. 한편 B는 내게 와서 콜을 행사할 것입니다. 즉, 내게 10을 주며 주식 1주를 요구할 것입니다. 또 나는 C에게도 만기일 채권 가치인 10을 줘야 합니다. 이를 충족하기 위해, 내가 보유한 주식 1주를 B에게 주며 나는 현금 10을 받습니다. 그리고 이 현금을 C에게 주면, 내 의무는 다 완수한 것입니다.

반면 만기일에 주가가 (옵션 행사 가격인) 10보다 작다면 콜 가치는 0이고 풋은 가치가 있게 됩니다. 채권의 가치는 여전히 10입니다. 그러므로 내가 보유한 주식과 풋을 이용하여 이 풋을 행사할 수 있습니다. 즉, 내게 풋을 발행(매도)했던 D를 찾아가서 주식 1주를 10의 가격으로 팔 수 있습니다. 그리고 이 현금 10을 (내가 채권을 공매도했던) C에게 주면 됩니다. (내가 콜을 매도했던) B는, 이제 그 콜이 아무 가치가 없기에 내게 그 콜을 행사하지 않을 것입니다. 그러므로 나는 모든 의무를 완수한 것입니다. 즉, 나의 순자산 = 순부채 = 0이 됩니다. 결국, 만기일에 주가가 (콜, 풋의 행사 가격인) 10보다 작든 크든 (1년 전) 내 수중에 들어온 1.048의 현금은 오롯이 나의 무위험 차익이 됩니다. ▣

이제 다소 'advanced question'을 다루어 보겠습니다. 이 질문은 일반적인 파생상품 서적에서는 다루지 않는 내용입니다만, 풋-콜 패리티와 관련된 차익거래의 또 다른 측면을 이해하기 위해서 필요한 내용입니다.

> 질문 3-30〉 풋-콜 패리티 이전에 우리가 공부한 풋과 콜에 대한 또 다른 차익거래와의 관계는 어떻게 되나요?

네, 우리가 공부했던 콜의 무차익 조건과 풋의 그것은 다음과 같습니다.

$$c \geq \text{Max}[S - K \cdot e^{-r \cdot T},\ 0],$$

$$p \geq \text{Max}[K \cdot e^{-r \cdot T} - S,\ 0].$$

그리고 풋-콜 패리티는 다음과 같습니다.

$$S + p = c + K \cdot e^{-rT}.$$

이제 $S_0 - K \cdot e^{-r \cdot T} > 0$이라 합시다. 즉, $K \cdot e^{-r \cdot T} - S < 0$입니다. 그러면 위 콜과 풋 자체의 조건에 의해

$$c \geq \text{Max}[S - K \cdot e^{-r \cdot T},\ 0] = S - K \cdot e^{-r \cdot T},$$
$$p \geq \text{Max}[K \cdot e^{-r \cdot T} - S,\ 0] = 0,$$

이 됩니다. 이제 이 자체적인 조건 말고, 풋-콜 패리티에 의한 콜과 풋의 조건을 봅시다.

$$c = S - K \cdot e^{-rT} + p,$$
$$p = c + K \cdot e^{-rT} - S.$$

콜과 풋에 두 개의 조건이 존재하는데, 이들은 서로 양립할 수 있을까요? 먼저 콜의 두 조건을 비교해 보겠습니다.

$$c \geq \text{Max}[S - K \cdot e^{-r \cdot T},\ 0] \quad vs. \quad c = S - K \cdot e^{-rT} + p.$$

$S - K \cdot e^{-r \cdot T} > 0$으로 가정했으므로, 위 두 조건을 달리 표현하면 다음과 같습니다.

$$c \geq S - K \cdot e^{-r \cdot T} \quad vs. \quad c = S - K \cdot e^{-rT} + p.$$

풋 가격은 항상 0보다 크거나 같으니($p \geq 0$)

$$c = S - K \cdot e^{-rT} + p \ \rightarrow \ c \geq S - K \cdot e^{-rT}$$

이 됩니다. 그러므로 양 조건은 양립할 수 있습니다. 이제 풋의 두 조건을 비교해 보겠습니다.

$$p \geq \text{Max}[K \cdot e^{-r \cdot T} - S_0, 0] \quad vs. \quad p = c + K \cdot e^{-rT} - S.$$

$S - K \cdot e^{-r \cdot T} > 0$으로 가정했으므로, 위 두 조건을 달리 표현하면 다음과 같습니다.

$$p \geq 0 \quad vs. \quad p = c + K \cdot e^{-rT} - S.$$

그런데 $p = c + K \cdot e^{-rT} - S$의 경우에도 $p \geq 0$일까요? 위에서 $c \geq S - K \cdot e^{-rT}$이 도출되었으니 $p = c + K \cdot e^{-rT} - S = c - (S - K \cdot e^{-rT}) \geq 0$입니다. 즉, 양 조건은 양립할 수 있습니다. 또한 $S_0 - K \cdot e^{-r \cdot T} < 0$의 경우에도 콜과 풋 각자의 조건과 풋-콜 패리티는 서로 양립할 수 있음을 보일 수 있습니다.

하지만, 우리가 지금까지 다룬 콜과 풋 각자의 무차익 조건은 콜과 풋의 여러 무차익 조건들 중 하나일 뿐입니다. 이 두 조건은 단순히 부등식으로만 표시된 무차익 조건이지만, 선물 이론가처럼 등식으로 표현된 (옵션의) 무차익 조건도 있습니다. 가령 블랙-숄즈의 콜 및 풋 가격 공식도 콜과 풋의 무차익 조건들입니다. 우리가 위에서 다룬 부등식 형태의 콜, 풋의 무차익 조건이 풋-콜 패리티와 양립한다고 해서, 콜과 풋의 또 다른 무차익 조건들도 무조건 풋-콜 패리티와 양립한다고는 말할 수 없습니다. 이는 입증을 해야 하는 문제입니다.

이제 편의상 블랙-숄즈 모형 혹은 이항 모형 등의 이론 모형에서의 콜 이론가 공식과 풋 이론가 공식을 콜과 풋 자체적인 무차익 조건이라 합시다. 그리고 풋-콜 패리티의 무차익 조건도 생각해 봅시다. 이렇게 세 종류의 차익거래가 존재한다면 풋-콜 패리티는 어떻게 이해해야 할까요? 결론부터 말하면, 세 가지 종류의 차익거래가 각자 개별적으로 발생할 수 있습니다. 또한 하나의 차익거래가 다른 차익거래에도 영향을 줄 수 있습니다. 가령 이 세개의 차익거래와 관련된 무차익 조건(no-arbitrage conditions)을 A, B, C라 합시다. A = 풋-콜 패리티, B = 풋과 관련된 무차익 조건, C = 콜과 관련된 무차익 조건을 각각 의미한다고 하겠습니다. A를 충족하는 풋 가격 p와 콜 가격 c가 자동적으로 각각 B, C를 충족하지는 않습니다. 가령 A를 충족하는 두 옵션 가격 중 풋 가격 p는 B를 충족하지만 콜 가격 c는 C를 충족하지 않는다고 합시다. 그러면 C를 충족하기 위한 차익거래가 콜과 다른 자산 (포트폴리오) 사이에 발생할 것입니다. 그리하여 그 결과 C를 충족시킬 수 있습니다. 그런데 C를 충족시키는 콜 가격 c'는, 이전에 A를 충족시켰던 콜 가격 c와는 다른 가격입니다. 그러므로 새 콜 가격 c'는 A를 충족시킬 수 없습니다. 뿐만 아니라 C를 충족시키기 위한 차익거래가 발생하면, 콜 가격만 (c에서 c'로) 변하는 것이 아니라 콜 기초 자산인 주식 가격과 특정 무이표채 가격도 달라질 수 있습니다. 콜을 복제하는 데 사용될 이들 자산에 대한 수요가 변하면 이들 자산 가격들도 영향을 받기 때문입니다. 단, 대부분 옵션 모형에서는 이 타 자산 가격의 변화를 무시하기에, 이런 문제를 정교하게 다루지 못합니다. 그리고 이 주식과 이 무이표채는 바로 풋-콜 패리티에서 사용되는 주식과 무이표채일 수 있습니다. 그렇게 되면 새로이 C를 충족시키는 콜과 다른 자산들의 가격들은 기존의 A를 충족시키지 못합니다. 우연의 일치로 A를 충족시키는 경우를 제외하면 말입니다. 그렇다면 또 다시 A를 충족시키기 위한 차익거래가 발생할 수 있습니다. 뿐만 아니라, C를 충족시키기 위한 새 주식 가격과 새 무이표채 가격은 A를 충족시키지 못할 뿐 아니라 B도 충족시키지 못할 수 있습니다. B에도 동일한 주식, 동일한 무이표채가 관련되었을 수 있는데, 이제 주식 가격과 무이표채 가격이 (C를 충족시키기 위해) 변경되었기 때문입니다. 그러므로 이 세 종류의 차익거래가 부단히, 끊임없이 계속 발생할 가능성이 존재합니다.

단지 다행스러운 것은, 풋-콜 패리티의 무차익 조건인 A는 투자자들이 실행하기 쉬우나, B나 C와 관련된 차익거래는 투자자들이 실행하기 어렵습니다. 이 두 차익거래는 매우 이상적인(ideal) 조건에서 이론적으로만 존재하는 차익거래로 간주할 수도 있습니다. 가령 블랙-숄즈 공식에 의한 B, C의 무차익 조건은 매 1초마다, 엄격히는 매 찰나 (=dt)마다 차익거래가 발생함을 전제 조건으로 하고 있기에 실제적으로 이런 차익거래를 실행하는 것은 매우 어렵습니다. 이런 연유로, 옵션 차익거래라 함은 일단 풋-콜 패리티를 먼저 떠올리게 됩니다. 이 조건이 충족되지 않으면 거의 확률 1로 차익거래가 발생하기 때문입니다.[60] 반면 B, C와 관련된 차익거래 기회가 발생하더라도 즉각 차익거래가 실행될 가능성은 풋-콜 패리티 차익거래의 가능성보다 훨씬 낮습니다. 그럼에도 불구하고 본절에서는 이 세 차익거래가 (이론적으로) 발생한다면 어떤 식으로 발생할지를 아래에서 예를 들어 설명하겠습니다. 이런 연습을 하지 않으면, 옵션과 관련된 여러 차익거래들의 유기전 관계를 제대로 인식하지 못할 수 있습니다. 가령 풋-콜 패리티를 충족하는 모든 풋 가격와 콜 가격은, 이들이 풋-콜 패리티를 충족하기 때문에, 더 이상 차익거래가 이루어질 수 없는 'untouchable'한 가격들이라고 착각할 수 있습니다. 이제 이를 구체적 예를 들어 설명해 보겠습니다.

---

[60] 물론 차익거래에 따른 여러 잡스런 비용들, 가령 매매 수수료 등을 다 감안한 차익거래를 말합니다. 즉, 이러한 비용까지 다 부담하고서도 차익이 발생한다고 예측될 때 차익거래가 실제로 이루어집니다.

예제 3-3〉

풋-콜 패리티와 두 옵션 각자의 차익거래가 상호 영향을 미치면서 옵션 가격들이 동적으로(dynamically) 결정되는 과정을 설명해 주세요.

풋-콜 패리티 $S + p = c + K \cdot e^{-rT}$에서 $S = K = 10, r = 0.1, T = 1$로 주어졌다고 하겠습니다. 또 $c = 3$으로 콜 옵션 시장에서 결정되었다고 합시다. 콜의 이 시장 가격은 이론 가격과는 다소 다를 수 있습니다. 이제 풋-콜 패리티에 따라 동일 사양의 풋 옵션 가격은 $S + p = c + K \cdot e^{-rT}$를 충족해야 합니다. 즉,

$$10 + p = 3 + 10 \cdot e^{-0.1 \times 1} = 12.05$$

가 되어야 하므로 $p = 12.05 - 10 = 2.05$가 되어야 합니다. 만일 $p \neq 2.05$이면 이 콜, 풋의 매매를 포함하는 차익거래가 발생하여 궁극적으로

$$S + p = c + K \cdot e^{-rT}$$

가 충족됩니다. 가령 $p = 1.5 < 2.05$라 하겠습니다. 그러면

$$S + p = 10 + 1.5 = 11.5 < c + K \cdot e^{-rT} = 3 + 10 \cdot e^{-0.1 \times 1} = 12.05$$

가 되어 풋-콜 패리티가 성립하지 않습니다. 그러면 투자자들이 '$S + p$'를 매수하고 '$c + K \cdot e^{-rT}$'를 매도하는 차익거래가 발생합니다. '$S + p$'를 매수하니 p 가격은 상승하고 '$c + K \cdot e^{-rT}$'를 매도하니 c 가격은 하락할 것입니다. 그리하여 적당한 p, c 값에서 다시 $S + p = c + K \cdot e^{-rT}$가 성립하게 됩니다. 가령 $p = 1.8, c = 2.75$가 되면 다음과 같이 풋-콜 패리티가 다시 충족됩니다.

$$S + p = 10 + 1.8 = 11.8 = c + K \cdot e^{-rT} = 2.75 + 9.05 = 11.8$$

이때 $p = 1.8, c = 2.75$가, 서로의 관계에서는 no-arbitrage prices입니다. 그래서 풋-콜 패리티를 충족하므로 이들간 차익거래는 발생하지 않습니다. 하지만 풋과 주식, 채권 등으로 이루어진 관계에서는 차익거래가 발생할 수 있습니다. $p = 1.8$이 이러한 차익거래를 허용하지 않은 효율적 가격이 아니라면 말입니다. 물론 우리는 아직 이 차익거래에 대해서는 배우지 않았습니다만 말입니다. 마찬가지로, 콜과 주식, 채권 등으로 이

루어진 관계에서도 차익거래가 발생할 수 있습니다. $c = 2.75$가 이러한 차익거래를 허용하지 않은 효율적 가격이 아니라면 말입니다. 물론 우리는 아직 이 차익거래에 대해서 배우지 않았습니다만. 편의상 $c = 2.75$에는 이런 문제가 있고 $p = 1.8$에는 차익거래 문제가 없다고 합시다. 예를 들면, $c = 2.75$는 너무 낮은 가격이라서, 이 콜을 매수하고 이 콜의 기초 자산인 주식을 공매도하고 또 이들과 관련된 무이표채를 매수하여 차익거래를 할 수 있다고 합시다. 이 차익거래에서 콜을 매수하니 콜 가격은 상승하여 $c > 2.75$가 될 것입니다.[61] 만일 이 차익거래로 $c = 2.9$가 되었다고 합시다. 그렇다면 또 다시 풋-콜 패리티는 성립하지 않을 것입니다.

$$S + p = 10 + 1.8 = 11.8 < c + K \cdot e^{-rT} = 2.9 + 9.05 = 11.95.$$

그러면 다시 '$S + p$'를 매수하고 '$c + K \cdot e^{-rT}$'를 매도하는 차익거래가 발생할 것입니다. 그리하여 신속히 다시 풋-콜 패리티가 성립할 것입니다. 이때의 풋, 콜 가격을 각각 p', c'라 하면 다음이 성립할 것입니다.

$$S + p' = c' + K \cdot e^{-rT}.$$

이와는 별도로 이 p', c' 가격들이 스스로 효율적 가격인지 아닌지는 이들 각 가격과 이들의 기초 자산인 주식의 가격 및 관련된 무이표채 등의 가격과 비교해 봐야 합니다. 이 비교 결과 이 p', c' 가격들이 효율적일 수도 있고 그렇지 않을 수도 있습니다. 만일 다행히 이 p', c' 가격들이 효율적이었다면, 세 가치 차익거래 중 어느 것도 더 이상 발생하지 않게 됩니다.

결론은, 풋-콜 패리티를 충족하는 콜 가격, 풋 가격이라 해서 이들이 아무 문제 없는 가격이라 할 수는 없고 과연 그런 가격인지는 따져 봐야 한다는 것입니다. 풋-콜 패리티를 충족하는 한 콜과 풋 사이의 관계에서는 더 이상 차익거래가 발생하지 않지만, 자신들 스스로가 효율적인 가격이 아니라면 신속히 콜, 풋 가격들이 수정될 수 있습니다. 이렇게 수정된 콜, 풋 가격들이 다시 풋-콜 패리티를 충족하지 않는다면, 또 다시 이 풋, 콜을 거래하는 차익거래가 발생합니다. 결국 이런 식으로 세 가치 차익거래가 끊임없이 지속됩니다.

---

[61] 무이표채와 주식 가격도 영향을 받을 수 있는데 여기서는 편의상 생략합니다.

이처럼 풋-콜 패리티를 설명하면서 굳이 이런 복잡한 내용을 소개하는 이유는 단 하나입니다. 풋-콜 패리티를 충족하는 풋, 콜 가격이라 해서 문제가 없는 가격은 아닐 수 있다는 것입니다. 풋이 저평가 혹은 고평가된 가격일 수도 있고 콜이 저평가 혹은 고평가된 가격일 수도 있습니다. 그렇다면 풋을 대상으로 혹은 콜을 대상으로 다른 유형의 차익거래가 발생할 수도 있습니다. 그리고 이 차익거래의 영향으로 풋 가격과 콜 가격이 변하게 되면, 이 가격들이 풋-콜 패리티를 준수하는지를 다시 체크해야 합니다. 물론 시장에서 이 모든 일들은 컴퓨터 프로그램으로 자동적으로 실시간으로 체크되고 있습니다.

마지막으로 부연한다면, 이 세 가치 차익거래 중 어느 하나가 실행될 때 그 영향으로 풋, 콜 가격만 변하는 것이 아니라, 주식 가격 및 (관련된) 채권 가격도 변할 수 있습니다. 위 예에서 알 수 있듯이, 이들도 함께 매매되기 때문입니다. 단지 이항 모형이나 블랙-숄즈 모형과 같은 옵션 가격 결정 모형에서는 통상 이런 주식, 채권 등의 가격은 주어진 것으로 하고 옵션 가격만을 이들의 함수로 산출하는 경우가 많습니다. 이런 점에서 옵션 가격 모형도 완벽한 모형은 아닐 수 있습니다. 단, 대부분의 경제, 재무금융 모형들 중 현실을 완벽히 반영하는 모형은 거의 없다고 봐도 무방하다는 말로 본절을 마무리합니다.

마지막 참고로, 추후 본서에서 공부하겠지만, Black-Scholes option pricing model에 의한 콜 가격 공식은 다음과 같습니다.

$$c = S \times N(d_1) - K \times e^{-rT} \times N(d_2).$$

네, 지금은 복잡한 공식으로 보일 것입니다. 여기서 $N(\cdot)$ = 표준정규분포의 누적분포함수를 의미합니다. 가령 $N(0) = 0.5$이고 $N(1) = 0.8413$, $N(2) = 0.9772$, $N(\infty) = 1$입니다. 또 d_1과 d_2는 다음과 같습니다.

$$d_1 = \frac{\ln\left(\frac{S}{K}\right) + \left(r + \frac{\sigma^2}{2}\right)T}{\sigma\sqrt{T}}, \text{ and}$$

$$d_2 = \frac{\ln\left(\frac{S}{K}\right) + \left(r - \frac{\sigma^2}{2}\right)T}{\sigma\sqrt{T}}.$$

물론 지금은 골치 아프게만 여겨지는 $N(d_1)$과 $N(d_2)$의 의미에 관해서는 본서에서 추후 자세히 설명될 것입니다. 때가 되면 말입니다. 이 콜 공식이 얼마나 복잡한 과정을 거쳐 산출되었는가 하면, 이 공식을 제시한 Fischer Black과 Myron Scholes는 (이 콜 공식을 산출한) 자신들의 논문에서조차 그 도출 과정을 생략하고 결과만 제시했습니다.[62] 편미분 방정식(partial differential equation)을 풀어 closed-form으로 이 콜 공식을 도출하는 과정이 너무 복잡했기 때문입니다. 마찬가지로 풋 옵션 공식도 역시 복잡한 편미분 방정식을 풀어 도출해야 합니다. 하지만 우리에게는 매우 강력한 풋-콜 패리티가 있기에 풋 가격 공식은 손쉽게 구해질 수 있습니다. 즉

$$p = -S + c + K \cdot e^{-rT}$$

를 사용하면

$$p = -S + [S \times N(d_1) - K \times e^{-rT} \times N(d_2)] + K \cdot e^{-rT}$$

로 구해지기 때문입니다. 이 풋 가격 공식에 대한 자세한 내용은 추후 본서에서 블랙-숄즈 옵션 모형(Black-Scholes option pricing model)을 다루는 별도의 장(chapter)에서 상세히 제시하고 설명하겠습니다.

정말 마지막으로, 풋-콜 패리티가 여러분에게 현실적으로 중요한 또 하나의 이유는, (대)학교 시험이나 국내외 공인 금융자격증 시험 등에도 출제되었고 향후에도 출제될 수 있는 주제이기 때문입니다. 한마디로, 풋-콜 패리티와 관련하여 유의미한 단 하나의 결론은

"Put-call parity matters!"

입니다.[63] ▣

---

62 다음 논문입니다. Fischer Black and Myron Scholes, "The pricing of options and corporate liabilities," *Journal of Political Economy*, 81 (May/June 1973): 637-659.

63 재무금융, 경제학의 대부분의 parity에는 the가 붙지 않습니다. 가령 "the interest rate parity"가 아니고 "interest rate parity"가 맞습니다. 왜냐하면 이 parity는 이자율과 환율의 일반적 관계에 대한 내용이기 때문입니다. Put-call parity도 또한, 동일한 사양의 풋과 콜 옵션에 일반적으로 적용되기에 정관사 "the"가 붙지 않습니다. 참고로 정관사는 영어로 'the definite article'이라 합니다.

Chapter

4

이항 모형(Binomial Model)

옵션 이항 모형은 옵션의 기초적 가치평가에 있어 가장 중요한 내용이라 할 수 있습니다. 이 방식은, 옵션 만기를 한 기간(one period)으로 인식하고, 기초 자산이 만기일에 두 개의 가격만을 가질 수 있다고 가정하여 현재 옵션의 적정 가격을 구하는 접근방법입니다. 현실에서는 물론 옵션 만기일까지 통상 수 개월, 수 주가 남아 있고, 기초 자산 가격이 하루에도 여러 번 변동되고, 옵션 만기일에 기초 자산이 광범위한 가격대에서 특정 값으로 실현됩니다. 그러므로 이 점에서는 옵션 이항 모형이 비현실적이라 할 수 있습니다. 그렇지만, 옵션 만기까지의 기간을 무수히 많은 기간으로 나눈 뒤, 각 기간에 대해서만 기초 자산 가격이 두 개의 값을 가진다고 가정하면 결과가 달라집니다. 가령 현 주가 $S = 100$인데 10분 후 주가는 어떤 값을 가질까요? 매우 짧은 기간이므로, 10분 후 주가는 100.5 혹은 99.5 정도로 미약한 변동만이 가능할 수 있습니다.[1] 그런데 만기가 1개월인 옵션에 대해 이런 식으로 기간을 나누면, 수많은 구간으로 나누어질 것입니다. 가령 1 거래일＝6시간을 가정한다면, 1거래일만 해도

$$6(h) \times \frac{60(m)}{10(m)} = 36$$

개의 10분짜리 기간이 존재합니다.[2] 그리고 만기 1개월까지는 (약 21거래일)

$$36 \times 21 = 756$$

---

1 사실은 이 사례의 경우 1시간에 기초 자산 가격이 0.5% 변동하는 것이므로 미약한 가격 변동은 절대 아니고 오히려 과도한 변동을 예시로 든 것입니다.

2 물론 위 식의 h, m은 각각 1시간(one hour) 및 1분(one minute)을 의미합니다.

개의 10분짜리 기간이 존재합니다. 즉, 이항 모형의 단위기간을 10분으로 작게 설정하면, 1개월 후 만기에는 기초 자산 가격이 756개의 값을 가질 수 있습니다.[3] 특정일(=옵션 만기일)에 756개의 상이한 가격 분포가 확보된다면, 이항 모형이 비현실적이라고 할 수는 없을 것입니다(사실은 756개까지는 필요 없습니다). 이런 점에서 이항 모형은 단순성과 현실성을 모든 갖춘, 옵션 공부에 더할 나위 없이 좋은 모형이라 할 수 있습니다. 먼저 예제를 통해 이 모형의 특성을 알아보기로 합시다.

제 1 절 1 기 모형(One-step Binomial Model)

옵션 이항 모형에서도 1단계 모형(1기 모형), 즉 현재와 옵션 만기 사이에 1기간만 존재한다고 설정하는 모형은 가장 기본적 모형입니다. 이 모형은 2기 모형으로 확장될 수 있으며, 심지어 100기 모형으로도 확장될 수 있습니다. 저자가 기업에서 근무할 때에도 대략 50기 이항 모형으로 옵션 가치평가 모형을 만들었던 기억이 있습니다. 이 이항 모형의 단계(number of steps)를 충분히 많게 확장하면 정규분포 모형에 가까워집니다.[4] 그러므로 블랙-숄즈 모형처럼 (로그 수익률이) 정규분포를 따름을 가정하는 것과 유사한 결과가 도출됩니다. 이 1기 모형을 예제를 통해 공부해 보겠습니다. 이 예제는 1절 전체에 걸쳐 논의됩니다.

---

3 가장 대표적 이항 모형은 recombining model인데, 이는 첫 1기에는 기초 자산 가격 수가 2개이고 그 다음부터는 1기가 증가할 때마다 기초 자산 가격 수가 1개씩만 증가합니다. 본장 제4절 "2기 모형"에서 이를 확인할 수 있습니다.

4 고등학교 수학에서 이항 모형을 배울 때 이 내용도 함께 배우는 경우도 있습니다.

예제 4-1〉 파생상품 가격 결정 원리

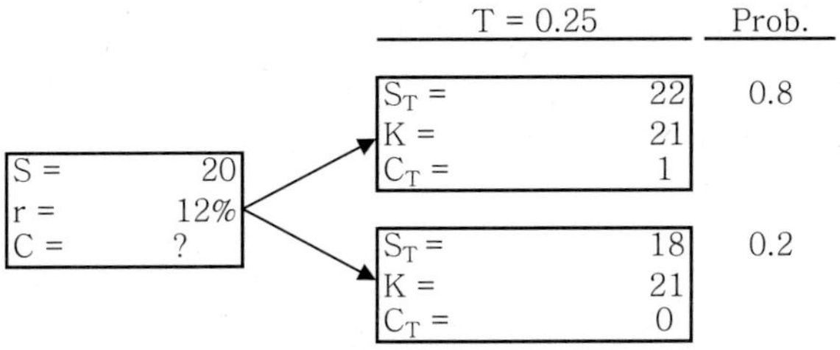

삼성전자의 현재 주가는 S, 3개월 후 주가는 S_T, 콜 옵션의 현재 가격은 C, 3개월 후의 가치는 C_T, 그리고 이 콜 옵션의 행사가격은 K로 표기하였습니다.[5] 시장에서 추정하기로는 3개월 후 주가가 22가 될 확률은 0.8$(= q)$, 18이 될 확률은 0.2$(= 1 - q)$입니다. 이 확률은, 22와 18의 가격 변동성을 감안하여 이 주식에 투자자들이 요구하는 적절한 위험 프리미엄(α)을 계산한 후 그 프리미엄을 무위험 이자율에 더해 이 주식의 요구 수익률로 사용하고, 그 결과 현재 주가 20이 결정되었다고 봤을 때 산출되는 확률이라고 할 수 있습니다.[6] 이를 수식으로 표현하면 다음과 같습니다. 그리고 $q = 0.8$일 때 이 식을 충족하는 α 값은 $\alpha = 0.0283$입니다.

$$\frac{22 \times \mathrm{q} \ + \ 18 \times (1 - \mathrm{q})}{e^{\mathrm{r} \times \left(\frac{3}{12}\right) + \alpha}} = \frac{21.2}{e^{0.03 + \alpha}} = 20$$

그렇다면 이러한 조건에서 이 콜 옵션의 현재가치는 어떤 값이 될까요? 일반적으로는, 모든 자산의 현재가치는 이 자산의 미래가치를 현재 시점으로 할인한 값이라고 할 수 있으므로, 우리는 먼저 이 옵션의 미래가치를 구하여야 합니다. 이 옵션의 3개월 후 가치는 0.8의 확률로 1, 또 0.2의 확률로 0의 가치를 갖습니다 그러므로 이 옵션의 3개월 후 가치의 기댓값은

$$E[C_T] = 0.8 \times 1 + 0.2 \times 0 = 0.8$$

---

[5] 콜의 경우 동일 사양의 유러피언 콜이나 어메리칸 콜 모두 같은 가치를 가지므로 특별히 어떤 종류라고 지정하지 않았습니다.

[6] 이 확률은 적정 주가 산출에는 필요하겠지만, 콜이나 풋 같은 이 주식의 파생상품 가격 결정에는 별 관계가 없습니다. 이는 추후 설명됩니다.

입니다. 3개월 후의 이 기댓값을 시장의 이자율 12%로 현재 시점으로 할인하면,

$$E[C_T] \times e^{-12\% \times \left(\frac{3}{12}\right)} = 0.8 \times e^{-12\% \times \left(\frac{3}{12}\right)} = 0.776$$

입니다. 그러므로 이 방법에 따르면 이 옵션의 현재 시점에서의 가치는 0.776이라 할 수 있을 것입니다.

하지만 0.776은 이 옵션의 적정한 현재가치가 될 수 없습니다. 왜냐하면 이 현재가치는 옵션의 미래의 기댓값인 0.8을 "무위험 이자율"인 12%로 할인하여 산출되었기 때문입니다. 무위험 이자율이란 미래가치가 확정된 무위험 자산의 현재가치를 구할 때 사용되는 할인율이고, 미래가치가 불확실한 위험 자산(risky asset)의 경우에는 이 수치를 직접 할인율로 사용할 수 없습니다. 위의 옵션은 3개월 후의 가치가 경우에 따라 1 혹은 0의 값을 가지는 "위험 자산"입니다. 이러한 위험 자산의 현재가치를 구하기 위하여 사용하는 할인율은, 무위험 이자율의 값에 "위험 프리미엄(risk premium) β"가 가산된 값이어야 합니다. 그러므로 이 옵션의 미래가치 0.8은 $r \times \left(\frac{3}{12}\right)$의 할인율이 아니라 $\left[r \times \left(\frac{3}{12}\right) + \beta\right]$의 할인율로 할인되어야 합니다.

참고로, 주식 S의 위험 프리미엄을 산출할 때에는 α로 표기했는데, 이 콜의 위험 프리미엄을 산출할 때에는 왜 α가 아닌 β로 표기했을까요? 그 이유는, 이 주식의 위험 정도와 이 콜의 위험 정도가 다르기 때문입니다. 이 주식의 3개월 후 미래 가격은 22 혹은 18이지만 이 콜의 미래 가격은 1 혹은 0이니, 그 위험 정도는 같지 않습니다. 그러므로 콜의 위험 프리미엄은 α로 표기해서는 안 될 것입니다.

이제 과연 어떤 β 값이 이 옵션의 위험 프리미엄으로 적절한 값이 될까요? 옵션의 위험 프리미엄에 대한 이 질문에 대하여는 이론적으로나 실무적으로 마땅한 해법이 존재하지 않습니다.[7] 결론부터 말한다면, 이 옵션의 시장 균형가격은 주식처럼 위험 프

---

[7] 사실 이는 주식 가치평가에서도 마찬가지입니다. 각 투자자들이 생각하는 특정 주식, 특정 옵션, 특정 회사채의 적정한 위험 프리미엄은 서로 다를 수밖에 없기에, 동일한 가격의 주식이나 채권들에 대해 어떤 투자자는 사려 하고 다른 투자자는 팔려고 하는 것입니다. 위에서 주식 위험 프리미엄이 $\alpha = 0.0283$라 했지만, 이는 현재 주가 20을 사용하여 사후적으로 역산하여 산출한 값입니다. 즉, 주가가 현재 20으로 주어진 상황에서는, (더 많은) 주식 투자자들이 $\alpha = 0.0283$이 이 주식의 위험 프리미엄이라 생각한다고 유추할 뿐입니다. 그렇게 생각하지 않은 투자자들은 상대적으로 소수여서 현재 시장의 이 주식 가격이 20으로 결정된 것입니다. 이 예제에서는 주식 가격은 $\alpha = 0.0283$에 의해서 결정됐다고 전제하고, 이제 콜의 위험 프리미엄을 구하는 문제가 당면과제로 남은 상황에서 논의를 전개하고 있습니다. 주식의 위험 프리미엄이 주식시장에서는 이런 식으

리미엄을 활용하는 방식이 아니라 그보다 훨씬 더 강력하고 확실한 방식으로 결정됩니다. 누구나 다 동의할 수밖에 없는 방식으로 말입니다. 그것이 뭘까요? 바로 차익거래를 통한 방식입니다. 특정 옵션 가격이 투자자들에게 무위험 차익을 얻을 수 있는 가격이라면 많은 투자자들이 이 무위험 차익을 얻으려 그 잘못된 옵션 가격을 이용하여 차익거래를 수행할 것입니다. 그리고 궁극적으로 더 이상 이런 무위험 차익이 가능하지 않는 가격이 그 옵션의 적정 가격이 됩니다.

참고로 주식의 가치평가에는 이런 차익거래 방식이 활용되지 못합니다. 주식과 일정한 관계를 가질 수밖에 없는 파생상품인 콜, 풋, 선물 등의 경우만 이런 차익거래 방식이 활용될 수 있습니다. 물론 거꾸로, 콜 가격이나 선물 가격을 먼저 주어진 것으로 가정하고 주식의 무차익 가격을 구하는 것도 기술적으로는(technically) 가능합니다만, 다양한 이유로 인해 이런 방식은 받아들여지지 않습니다. 가령 그 이유 중 하나는, 삼성전자 주식을 거래하는 시장이 삼성전자 콜을 거래하는 시장보다 훨씬 더 규모가 크기 때문에, 삼성전자 주식 가격은 삼성전자 콜 가격에 영향을 주지만 그 반대는 아니라는 것입니다. 이런 논리는 대체로 사실입니다. 다만 가끔 더 반대의 경우도 발생할 수는 있습니다. 가령 코스피200 선물시장 규모가 코스피200 주식을 거래하는 시장보다 더 규모가 커진다면, 선물 가격이 주식 가격을 결정할 수도 있습니다. 단, 현실에서 이런 경우는 자주 발생하지는 않고, 특히 이론적으로 논의할 때는 항상 파생상품 가격은 그 기초 자산이 주어진 상태에서 사후적으로 결정된다고 가정합니다. 이와 같은 이유로, 콜 가격은 (주어진 주식 가격을 그대로 수용하면서 이에 기반한) 차익거래에 의해 결정된다고 전제하고 아래에서 이를 본격적으로 분석하겠습니다.

차익거래에 대한 부연 설명을 하나 하겠습니다. 차익거래의 기본 전제 중 하나가 많은 투자자들이 차익거래에 필요한 자금을 무한정 무위험 이자율로 차입할 수 있다는 비현실적인 가정입니다. 이런 문제에도 불구하고, 즉 현실과 차익거래 이론이 이처럼 다르다고 해도, 옵션의 실제 가격은 이항 모형이나 블랙 숄즈의 이론 모형 등이 중

로 특정 값으로 산출된다고 가정하면서 왜 콜 시장에서는 콜 위험 프리미엄이 특정 값으로 산출된다고 가정하지 못할까요? 그 이유는 본문에서 알게 되겠지만, 파생상품인 콜 가격을 결정하는 것은 (논란 소지가 있는) 위험 프리미엄보다 '차익거래'를 통한 방식이 더욱 강력하고 현실적이기 때문입니다. 반면 기초 자산인 주식 가격 결정에는 차익거래가 활용되지 못하기에, 차익거래보다 열등한 방법인 (논란 소지가 있는) 위험 프리미엄을 통해 산출한다고 가정하는 것입니다.

요히 활용됩니다. 그 하나의 이유는, 이런 이론 모형이 완벽하지 않다 하더라도, 그보다 더 좋은 모형이 존재하지 않는다면 차선책으로 이런 모형을 활용할 수밖에 없기 때문입니다.[8]

1. 옵션 복제(Replication of Options)

이제 다시 위 콜의 적정 가치평가로 돌아가겠습니다. 결론부터 말한다면, 위 콜 가격은, 그 콜과 동일한 청산가치(payoffs)를 제공하는 다른 자산(포트폴리오)의 가격과 같은 가격으로 결정됩니다. 즉, 3개월 후 삼성전자 주가가 22일 때는 1의 가격을, 그리고 18일 때는 0의 가격을 갖는 자산 B가 있다면, 자산 B는 위 콜과 동일한 자산이 됩니다. 그렇다면 자산 B의 현재 가격과 위 콜의 그것이 같아져야 합니다. 만일 그렇지 아니하면, 실제적으론 동일한 두 자산이 서로 다른 가격에 거래된다는 모순을 이용한 차익거래가 발생할 것이고 이 차익거래는 아무런 위험이 없으므로 (수)많은 투자자들이 참여하게 되어, 더 높은 가격의 자산은 내려가고 더 낮은 자산의 가격은 올라갈 것인데, 그 두 가격 차이가 0이 될 때까지 차익거래가 이루어질 것이기 때문입니다.

여기서 참고로 질문을 하나 하겠습니다. 과연 이런 동일한 자산이 시장에 존재할까요? 그 가능성은 대단히 낮습니다. 위 콜과 같은 자산이 이미 시장에 존재한다면, 두 자산은 동일한 자산이 되므로 둘 중 하나는 불필요한 잉여 자산(redundant)이 됩니다. 이는 마치 삼성전자와 완벽하게 동일한 또 다른 주식이 주식시장에 존재하는 것과 같은 것입니다. 그러므로 위 콜과 동일한 자산이 이미 시장에 존재할 가능성은 거의 없습니다. 그러면 어떻게 위 콜과 같은 자산(A)을 찾아내서 A의 현재 가격과 같은 값으로 위 콜의 가격을 결정할 수 있을까요? 그 답은, 그 자산(A)을 "만들어 내면" 됩니다. 그렇다면 과연 A를 만들어 낼 수 있을까요? 결론부터 말하면 만들어 낼 수 있습니다.

---

[8] 물론 역량을 갖춘 기관이 자신만의 현실적인 옵션 평가 모형(in-house model)을 만들어 옵션 투자에 사용할 수는 있습니다. 그리고 통상 이런 모형들은 외부에는 혹은 제3자들에게는 잘 알려지지 않을 수 있습니다. 가령 Mortgage-backed securities에 투자하는 기관들에게 있어서 가장 중요한 변수는 prepayment rate(중도상환 확률)인데, 이 확률을 가장 정교히 예측할 수 있는 기관투자자들이 이 증권 투자에서 승리할 확률이 높습니다. 그리고 그 기관들이 prepayment rate(중도상환 확률)을 예측하는 모형들은 외부에는 잘 알려지지 않을 수 있습니다.

이렇게 만들어 낸 자산(A)을 "합성 콜(synthetic call)"이라 합니다. 기존의 다른 자산들을 합쳐서 만들어낸 콜이란 뜻입니다. 이 합성 콜을 어떻게 만들어낼지는 독자들은 아직 모르지만, 기존 연구들에 의하면 삼성전자 주식과 무위험 채권으로 이루어진 포트폴리오가 합성 콜이 될 수 있습니다. 그리고 여기서 무위험 채권은 특정 만기에 특정 액면가(par value)만 지급하는 무이표채를 사용하겠습니다. 이제 이 포트폴리오에는 삼성전자 주식 s개와 어떤 무이표채가 포함되어 있다 하겠습니다.[9] 물론 여기서 포함되어 있다는 말은 롱포지션이거나 숏포지션을 의미합니다. 즉, 주식과 채권을 모두 롱포지션으로만 보유한다는 뜻은 아닙니다. 학자들의 연구에 따르면 합성 콜을 만들기 위해서는 삼성전자 주식을 s개 롱포지션으로 보유하고, 채권을 숏포지션으로 보유해야 합니다. 여기서 채권은 구체적으로 어떤 채권을 말하는가 하면, 콜 만기처럼 3개월 후가 만기이고 이때 액면가(par) Y를 지급하는 무이표채라 하겠습니다.

이제 이 포트폴리오의 3개월 후 가치를 콜의 그것과 같게 설정하여 과연 이 포트폴리오가 어떤 내용인지 파악해 보겠습니다. 먼저 위 합성 콜 전략에 따라, 위에서 언급한 그 무이표채를 내가 공매도하므로, 3개월 후 만기가 되면 그 채권을 되사서 내 공매도 상대방에게 되돌려 줘야 하는데 그 채권 가격은 바로 Y가 되므로, 3개월 후 이 포트폴리오의 'cash flow' 혹은 payoff는 다음과 같습니다.

$$22s - Y = 1 \qquad (\text{주가} = 22,\ \text{콜 가치} = 1\text{일 때})$$

$$18s - Y = 0 \qquad (\text{주가} = 18,\ \text{콜 가치} = 0\text{일 때})$$

이 방정식을 풀면 s = 0.25, Y = 4.5입니다. 즉, 3개월 후에 (액면가) 4.5를 지급하는 무이표채를 오늘 공매도하고, 주식 S를 0.25개 매수합니다. 이 두 거래를 나는 오늘 실행합니다. 이 주식의 현재 시장 가격은 20으로 주어져 있고, 또 3개월 후 액면가 4.5를 지급하는 이 채권의 현재 시장 가격은 $4.5 \times e^{-12\% \times \left(\frac{3}{12}\right)} = 4.367$ 입니다. 오늘 이 0.25 주를 매입하기 위해서는 20×0.25의 자금이 필요하며, 위의 채권을 (공)매도하면 4.367의 자금이 유입됩니다. 그러므로 콜 옵션을 복제하는 이 합성 콜의 순비용(net cost)은

[9] 물론 만기일에 그 액면가를 확실하게 지급하는, 무위험(default-risk-free) 무이표채를 말합니다.

$$20 \times 0.25 - 4.367 = 0.633$$

입니다. 즉, 0.633을 투자하여 이러한 합성 콜을 구성하면, (위 두 식에 의해) 3개월 후 어떤 주가가 실현되더라도 이 합성 콜은 항상 (진짜) 콜과 동일한 가치를 가지게 됩니다. 그러면 진짜 콜의 시장 가격도 합성 콜 가격과 같은 0.633이 되어야 합니다.

질문 4-1〉 만일 이 진성 콜의 가격이 1이라면 어떤 일이 발생할까요?

위 합성 콜 가격이 0.633임을 아는 투자자 A는 'buy low, sell high'라는 차익거래 원리에 따라 진성 콜을 1의 가격으로 (B에게) 발행하고 합성 콜을 0.633에 매수합니다. 즉, 삼성전자 주식을 0.25주 사고(비용=5), 만기가 3개월이고 액면가 4.5인 채권을 D에게 공매도하면(매도가=4.367) 0.633의 총비용이 소요됩니다. 그러면 지금 즉시 1 – 0.633=0.367의 무위험 공짜 이익이 실현됩니다.

그후에 투자자 A가 해야 할 일은 명확합니다. 3개월 후 주가가 18로 실현되면 콜 매수자 B는 A에게 콜을 행사하지 않을 것입니다. 그리고 주가가 18이면 A의 0.25주의 가치는 0.25×18=4.5가 됩니다. 또 D에게 그 채권의 액면가 4.5를 지불하면 A의 잔여 현금은 0이 됩니다. 즉, 주가가 18로 실현되면 진성 콜이나 A의 합성 콜이나 그 가치가 0이 되어서, A의 부채 가치=0, 자산 가치=0이 되어, A의 잔여 재산 가치는 0입니다. 한편 3개월 후 주가가 22로 실현되면 콜 매수자 B는 A에게 콜을 행사합니다. 그리고 A와 B가 현금 결제한다면 A가 B에게 22 – 21=1을 지급해야 합니다. 그런데 주가가 22이면 A의 0.25주는 0.25×22=5.5가 됩니다. 이 5.5 중에서 D에게 그 채권의 액면가 4.5를 지불하면 1이 남습니다. 이 1을 B에게 지급하면 모든 채무 관계가 청산됩니다. 그러므로 오늘 시점에서 비싼 (진성) 콜을 매도하고 싼 합성 콜 포트폴리오를 매수하여 남는 0.367은 A의 공짜 이익이 됨이 확인됩니다.

또한 A가 이 차익거래 규모를 (가령 100배로) 확대하면, 혹은 다른 투자자들도 A와 같은 차익거래에 가담하면 (이들이 매도하는) 콜 가격은 1에서 점차 하락하고, 이들이 매수하는 합성 콜 포트폴리오 가격은 상승합니다. 합성 콜을 매수한다 함은 "삼성전자 주식 0.25주 매입+채권 (공)매도"를 실행한다는 의미이므로 주가는 상승하고 채권 가격은 하락할 것입니다. 가령 삼성전자 주가는 20보다 커지고 채권 가격은

4.367에서 하락할 것입니다. 이러한 콜, 주식, 채권의 가격 변화가 지속되다가 진짜 콜과 합성 콜의 가격이 일치하는 수준에서 차익거래는 멈추고 그때 콜 가격이 시장 가격이 됩니다. 가령 콜 가격이 0.825로 하락하고, 삼성전자 주가=20.1, 채권 가격=4.2가 되면 합성 콜 가격은 20.1×0.25 – 4.2=0.825가 되어 진성 콜과 합성 콜 가격이 일치하게 됩니다. 이 가격에서 옵션 투자자들의 차익거래는 더 이상 발생하지 않고 콜 가격은 시장의 균형가격이 됩니다.

단, 대부분 옵션 교재에서는, 많은 사람들이 이 차익거래에 가담할 때 주식과 채권 가격은 변함 없고 단지 (진성) 콜 가격만 하락한다고 가정할 수 있습니다. 이 경우에는 진성 콜 가격은 위에서 구한 대로 0.633으로 하락할 것입니다. 하지만 이는 옵션 교재에서 편의상으로 콜 가격을 이렇게 산정하는 것뿐이고 실제로는 합성 콜을 구성하는 주식과 채권 가격도 영향 받을 수 있습니다. 물론 주식과 채권 시장 규모가 콜 시장 규모보다 훨씬 크면, 주식과 채권 가격은 콜 가격만큼 변동하지는 않을 것입니다만…. ▣

흥미있는 사실은, 콜 가격을 구하는 이 과정에서 주가가 22로 상승하거나 18로 하락할 각 확률, 즉 콜 가격이 1 혹은 0이 될 각 확률은 전혀 활용되지 않는다는 것입니다. 이 확률 수치들이 어떤 형태로든 활용되어야 할 것 같은데 말입니다. 각 확률이 활용되지 않는 표면적 이유는, 우리는 합성 콜과 진성 콜 가격이 같다는 두 방정식만을 사용하였기 때문입니다. 각 방정식을 충족하는 주식과 채권을 구하는 데에는 이 확률들이 필요하지 않습니다. 가령 주가가 22로 상승할 (18로 하락할) 확률이 0.7이거나 0.4이거나 (0.3이거나 0.6이거나) 두 방정식을 충족하는 미지수들의 값은 변함이 없고 따라서 콜 가격도 변함이 없습니다. 두 방정식에는 이런 확률 자체가 등장하지 않기 때문입니다.

그렇다면 도대체 이 확률들은 아예 아무런 의미도 쓸모도 없는 것일까요? Well, 이 확률들은 위의 콜 가격 결정 단계에서는 쓸모없습니다. 하지만 이 확률들이 반영된 수치가 하나 있는데, 그것은 바로 오늘의 주가 20입니다. 주식시장에서 주가가 결정되는 통상적인 방식은 먼저 그 주식의 미래 주가의 기댓값을 추정한 뒤 이를 적절한 (위험 프리미엄이 포함된) 할인율로 할인하는 방식이기 때문입니다. 이 미래 주가 기댓값은 당연히 주가가 22로 상승하거나 18로 하락할 확률이 반영되어 결정됩니다. 즉, 이 주식의 위험 프리미엄(α) = 0.02827이고 (3개월) 무위험 이자율 = 0.12×(3/12) = 0.03이라면, 이 주식 평가의 적정 할인율은 0.03 + 0.02827 = 0.05827이고, 이 주식의 현재 적정 주가는

$$\frac{22 \times 0.8 + 18 \times 0.2}{e^{0.05827}} = 20$$

이 됩니다.[10]

하지만 이 주식의 파생상품인 콜이나 풋에 투자할 때는 과연 주가 20이 적정 가격인가를 따질 필요가 없습니다. 주어진 주가를 이용하여 구한 합성 옵션의 가격과 실제 옵션 가격이 같은가만을 분석하면 됩니다. 이는 마치, 풋-콜 패리티와 관련된 차익거래를 수행하는 투자자들이 콜, 풋의 가격이 적정 가격인지 고민할 필요가 없이, 주어진 주식 가격과 채권 가격에 대해 풋과 콜이 풋-콜 패리티를 충족시키는지만을 따져 보고 차익거래를 수행하는 것과 같은 이치입니다.

정리 1〉

차익거래 수행 시, 직접 차익거래 대상이 되는 자산을 제외한 다른 모든 자산의 가격에 대해서는 고민할 필요가 없다. 다른 모든 자산 가격들은 있는 그대로 수용하고 차익거래를 수행하면 된다.

주식 S의 3개월 후 가격과 긴밀한 관계에 있는 콜(풋)의 청산가치를 고려하면, 이 콜의 현재 가격도 이러한 긴밀한 관계를 반영해야 할 것입니다. 즉, 현재 주가 20인 상황에서 이 긴밀한 관계가 합당하게 반영되어 콜 가격이 결정되어야 합니다. 실제적으로도 합성 콜 가격을 구하는 과정에서 현재 주가 20을 이용하게 됩니다. 이렇게 구한 합성 콜 가격이 실제 콜 가격과 같아야 하기에, 실제 콜 가격은 이 합성 콜 가격과 같이 결정됩니다. 그렇지 않으면, 신속한 차익거래에 의해 실제 콜 가격이 그 합성 콜

10 그러나 이런 확률과 위험 프리미엄은 시장 평균적인 수치일 뿐 모든 투자자들이 다 동의하는 수치는 아닙니다. 모두가 그렇게 생각한다면 주가 20이 하루 종일 변하지 않겠지요. 모두가 그렇게는 생각하지 않기에 오늘 오전 10시 15분 22초 시점의 주가는 20이지만 10분 후 주가는 달라질 수 있습니다. 그리고 주가의 이런 가변적 속성 때문에, (장기적으로) 과연 어느 가격이 특정 주식의 적정 가격인가를 전문적으로 연구하는 사람들이 바로 주식 분석가(equity analysts)인 것입니다.

가격과 같아질 것입니다.

이 과정을 쉽게 설명하면, 여러분은 이 상황에서 주식 투자자가 아니라 옵션 투자자임을 기억할 필요가 있습니다. 주식의 고평가, 저평가 여부는 주식 투자자들이 알아서 하도록 내버려두고 여러분은 단지 주어진 주식 가격에 대해 적정 콜이나 풋 가격을 구할 뿐입니다. 즉, 현재 합당한 옵션 가격을 산출하기 위해 합성 콜 가격 0.633을 구했던 것이고, 만일 현재 옵션 가격이 0.6이라면 (0.7이라면) 여러분은 콜을 직접 0.6에 매입하고 (0.7에 매도하고) 위 합성 콜 포트폴리오를 0.633에 매도하여 (매수하여) 오늘 공짜 이익 0.033(0.067)을 얻기만 하면 되는 것입니다. 이 과정에서는 미래 주가 상승과 하락 확률이 전혀 관여되지 않습니다. 이 확률이 관여되는 경우는 주식시장에서 현재 주가를 결정할 때입니다.[11]

예제 4-2〉

옵션 투자를 하려는 사람이 그 기초 자산인 주식 가격에 신경 쓸 필요가 없음을 비유로 설명해 보시오. 주식 가격에 신경 쓸 필요가 없다는 말은 주가 상승 확률 0.8이 과연 합당한 수치인지, 이 주식 투자의 위험 프리미엄 0.02827이 합당한 수치인지 따져 보는 일을 모두 포함합니다.

어떤 사람 A가 다음을 발견했습니다. 특정 메이커, 특정 모델의 TV가격이 매장 C에서는 총비용 100만원에, 매장 D에서는 총비용 115만원에 판매된다는 사실을 알게 되었습니다. 여기서 총비용이란 A의 집으로 이 TV를 배달하는 비용까지 포함한 것입니다. 두 매장 사이의 거리는 꽤 멀고 인터넷 등이 도입되기 전 1985년에 벌어진 일이라 하겠습니다. 인터넷 등이 없기에 소비자들은 전국의 많은 매장들이 이 모델의 TV를 각각 어떤 가격으로 판매하는지 모른다고 하겠습니다. 매장 C, D는 제품 구입 방식 등에서 차이가 커서 D는 이 TV를 이 값으로만 판매할 수 있습니다. 가령 매장 D가 이 TV 구매에 지불하는 총비용은 110만원이고 5만원의 이익을 덧붙여 115만원

---

[11] 옵션 차익거래가 아닌 옵션 투기자들에게는 미래 주가 상승, 하락의 확률이 중요할 수 있고 이들을 자신들의 옵션 투자에 활용할 수 있습니다. 단 옵션의 이론가 산출에 있어서는 옵션 차익거래자를 대상으로 분석하고, 옵션 투기자들을 대상으로 하지는 않습니다. 그 한 이유는, 투기자들의 거래는 체계적 이론으로 정립하기 어렵기 때문입니다.

에 판매하고 있습니다. D 매장이 커버하는 반경 30km의 주민들은 주로 매장 D만을 이용하여 TV를 구매합니다. 이런 조건에서 두 매장의 TV 가격 차이가 지탱되고 있는 상황입니다.

A가 TV를 구매하려고 한다면, 매장 C에서 총비용 100만원에 구입할 것입니다. 하지만 A가 TV 자체에는 큰 관심이 없는 반면 공짜 이익에는 관심을 가진 사람이면 과연 어떤 행동을 할까요? 아마 매장 C에서 그 TV를 100만원에 구입하고, 매장 D에 그 TV를 (최대) 109만원에 판매하려 하지 않을까요? 이러한 과정에서 A에게 발생할 추가 비용이 9만원보다 적다면 말입니다. 매장 D로서는 기존 방식의 TV 구입 총비용 110만원보다 A가 제시하는 총비용 109만원이 더 낮으므로 A에게 TV를 구입할 유인이 발생합니다. A가 TV 한 대만 거래하지 않고 만일 100대를 이렇게 거래하면 A의 총이익도 매우 커질 수 있습니다. 이러한 TV 유통으로 A에게 TV 1대당 순이익 5만원이 남는다면 A의 순이익은 500만원에 달합니다. 반면, 단지 더 싼 가격에 TV를 구입하는 것에서 그친다면 A는 15만원 더 싸게 TV 1대를 구입하는 것에 그치겠죠. 여러분이 A라면 어떻게 할 것 같습니까? 본인을 위하여 TV 1대를 총비용 100만원에 구입도 하고, 동시에 TV 500대를 위 방식으로 유통하여 차익거래도 할 수도 있겠네요. 이때 A의 행태는 마치 옵션 투자자의 행태와 유사합니다. 매장들의 TV 가격이 합당한 가격인지를 고민할 필요 없이, 두 매장의 가격 차이를 이용하여 공짜 이익을 실현할 따름입니다. A가 무려 100대 혹은 그 이상의 TV를 이런 식으로 유통하면, 수요와 공급의 법칙에 따라 매장 C의 TV 가격은 100만원에서 점차 상승할 것이고 매장 D의 그것은 115만원에서 점차 하락할 것입니다. 그럼에도 불구하고 A는 계속 이 유통 행위를 지속할 수 있습니다. TV 1대 유통으로 인한 순이익이 0보다 크기만 하면 말입니다. 그러므로 A가 이런 유통 행위를 계속하면, 그리고 다른 사람들도 이런 행위에 가담하면, 궁극적으로 두 매장의 TV 구입 총비용이 거의 같아지게 될 것입니다. 그때가 되어야 이러한 TV 유통 행위를 하는 사람들의 움직임이 멈출 것입니다.[12]

---

[12] TV 구매자들에게 있어 두 매장의 TV 구입 "총비용"이 같아질 때까지 유통업자들의 이런 행위가 계속된다는 전제입니다. TV 구매자들의 거주지 등에 따라 두 매장의 TV 1대 가격은 다를 수 있지만, 배송 비용 등을 포함한 TV 구입 총비용은 (TV 구매자들에게) 거의 같아지는 상황이 되면 A 및 타 유통업자들의 차익거래 행위가 멈출 것입니다. 하드웨어인 TV 구입과는 달리 옵션이나 주식, 채권 거래는 (거래자의 위치와 관계 없이) 전산화되어 있기에 금융자산 거래에는 그 가격만 다르면 쉽게 차익거래가 발생합니다.

여기서 두 매장의 TV 구입 총비용이 바로 위 예제의 합성 콜 가격과 진성 콜 가격이라 할 수 있습니다. 실체가 같은 TV들의 구입 총비용이 다르면 A의 차익거래가 발생할 수 있듯이, 실체가 같은 합성 콜과 진성 콜의 가격이 다르다면 역시 차익거래가 발생할 수 있습니다. 이 차익거래에 의해 콜 가격이 no-arbitrage price로 합당하게 결정됩니다. ▣

다시 본 문제로 돌아갑시다. 참고로 설명한다면, 애초 위 두 식을 다음과 같이 주식과 채권을 모두 롱포지션으로 보유하는 것으로 설정할 수도 있습니다.

$$22s + Y = 1 \qquad (\text{주가} = 22,\ \text{콜 가치} = 1\text{일 때})$$
$$18s + Y = 0 \qquad (\text{주가} = 18,\ \text{콜 가치} = 0\text{일 때})$$

그런데 이렇게 하더라도 사실상 결론은 같습니다. 즉, 이 경우 이 방정식들을 풀면 s = 0.25, Y = −4.5가 됩니다. Y = −4.5라 함은 결국 이 채권을 숏포지션으로 보유함을 의미하기 때문입니다. 즉, 애초 다르게 방정식을 설정했더라도 결론은 같게 됩니다. 이는 마찬가지로 애초 주식을 숏포지션으로 보유한다고 가정하여 다음과 같이 방정식을 설정하더라도,

$$-22s + Y = 1 \qquad (\text{주가} = 22,\ \text{콜 가치} = 1\text{일 때})$$
$$-18s + Y = 0 \qquad (\text{주가} = 20,\ \text{콜 가치} = 0\text{일 때})$$

s = −0.25, Y = −4.5가 됩니다. 오늘 이 주식을 s개 팔았는데 그 s개가 사실은 s = −0.25라 함은, −0.25개 팔았으니 결국 0.25개 샀다는 의미가 되기 때문입니다. 그러므로 애초 어떻게 방정식을 설정하는가와 관계 없이 이 포트폴리오는 주식을 사고 채권을 공매도하는 포지션으로 구성되어 있습니다. 심지어 위 두 식을 간단히

$$X + Y = 1$$
$$\frac{18}{22} \cdot X + Y = 0$$

로 표시해도 같은 연립방정식 체계가 됩니다. 이때 결국 X = 5.5, Y = −4.5라는 유일한 해가 산출될 수밖에 없습니다. 방정식 2개에 미지수 2개인 연립방정식 체계의 속성이

니까요.[13] 그러므로 위의 X가 22s로 표현되든 −22s로 표현되든 그 값은 항상 5.5를 산출할 s 값이 되어야 합니다. 롱포지션 22s이거나 숏포지션 −22s이거나 5.5를 산출해야 하니, 결국 이 주식을 0.25개 샀다는 동일한 결론에 도달하게 됩니다.

질문 4-2〉 그렇다면 왜 항상 주식을 롱포지션으로 보유하고 채권을 숏포지션으로 보유해야만 합성 콜을 만들 수 있는 건가요?

네, 좋은 질문입니다. 결론을 먼저 말하면, 이 결과는 우연이 아니라 필연에 따른 것입니다. 즉, (합성) 콜을 만들기 위해서는 반드시 그 기초 자산인 주식을 롱포지션으로 보유하고 (무위험 무이표) 채권을 숏포지션으로 보유해야만 합니다.[14] 이는 콜의 만기일 청산가치의 형태인 (0이 아닌 경우) $S_T - K$를 보면 알 수 있습니다. 여기서 S_T는 물론 그 기초 자산인 주식(가격)이고 K는 특정 현금액입니다. 그러므로 만기일 이 청산가치를 발생시킬 합성 콜을 만들려면 일단 이 주식을 매수해서 S_T의 현금흐름을 산출해 내어야 합니다. 또 만기일 특정 금액 $-K$를 만들려면, 그날 그만큼의 현금이 빠져나가는 자산을 보유해야 하는데, 이를 위해서는 그날 K를 지급하는 채권을 오늘 '공매도'하면 됩니다. 가령 만기=3개월, 액면가=K인 무이표를 공매도하면 됩니다. 이것이 바로, 콜을 복제하기 위해서 기본적으로 주식은 매수하고 채권은 공매도의 방향으로 포트폴리오를 구성해야 하는 근거가 됩니다. 이런 이유로 인해, 애초 합성 콜 만드는 연립방정식 체계를 어떻게 구성하든, 즉 주식(채권)을 롱, 숏포지션으로 구성하든 그러지 않든, 합성 콜 결과는 항상 주식을 매수하고 채권을 공매도하는 것으로 도출될 수밖에 없습니다. ▣

질문 4-3〉 그렇다면 청산가치 $S_T - K$를 콜 만기일에 창출하기 위해서는 오늘 손쉽게 주식을 1주, 그리고 액면가 $K = 21$인 채권을 한 개 공매도하면 되지 않습니까? 그런데 왜 합성 콜은 주식 0.25주와 액면가 4.5인 채권 공매도의 포트폴리오로 구성되는 것인가요?

---

[13] 물론 중학교 수학 때 배운 불능, 무한이라는 특이한 해의 경우도 있을 수 있지만 이 경우는 해당 안 됩니다.

[14] 무위험 무이표 채권이어야 하는 이유는, 만기에 특정 금액(만)을 확실히 주는 채권이 필요한데, 신용위험이 있는 채권은 만기일 지급불이행(default)이 발생할 수 있고, 이표채는 만기 이전에 쿠폰이자를 지급할 수 있기에 현금흐름이 콜 옵션의 그것과 다르기 때문입니다.

왜냐하면 콜 청산가치는 완벽하게 $S_T - K$와 일치하는 것은 아니기 때문입니다. 주지하듯이 콜 청산가치는 Max$[S_T - K, 0]$입니다. 실제로 우리 문제에서도 $S_T = 18$이면 콜 가치는 Max$[S_T - K, 0]$ = Max$[18 - 21, 0]$ = 0이 됩니다. 반면 주식 1주 보유하고 액면가 = $K = 21$인 채권을 공매도하면, 콜 만기일에 $S_T = 18$이 되면 이 포트폴리오 가치는 $S_T - K = 18 - 21 = -3$이 되어, 콜 가치 0과 다릅니다. 그러므로 $S_T = 22$일 때는 1을, $S_T = 18$일 때는 0을 창출할 합성 콜을 만들기 위해 단순히 주식 1주 롱포지션 및 액면가 = $K = 21$인 채권 숏포지션(= 공매도)으로 구성하는 것은 잘못입니다. 미래 주가에 따른 콜 청산가치를 동일하게 창출할 합성 콜 구성은 두 청산가치 방정식을 충족하는, 주식 0.25주 보유 및 액면가 4.5인 채권 공매도인 것이 올바른 답으로 확인됩니다. 그러나 이 정답에서도 주식은 롱포지션, 채권은 숏포지션으로 구성해야 하는 것은 똑같습니다. 그 이유는, 다시 말하지만, 애초 콜의 청산가치를 분석해 보면 (0이 아닌 경우) $S_T - K$의 형태이기 때문입니다.

또한 이 논의를 통해, 합성 풋을 만들려면 주식과 채권을 여하히 보유해야 할지 쉽게 추정할 수 있습니다. (유러피언) 풋의 만기일 청산가치가 (0이 아닌 경우) $K - S_T$입니다. 그러므로 만기일 이 청산가치를 발생시킬 합성 풋을 만들려면 채권을 매수하고 그 기초 자산인 주식을 공매도해야 합니다. 구체적으로 어떤 채권을 그리고 몇 주의 주식을 매매해야 할 것인가는 추후 합성 풋 구성할 때 논의하겠습니다. ▣

다시 원래 논의로 돌아갑시다. 이제 우리는 위 콜을 주식과 채권으로 완벽하게 복제(replication)할 수 있음을 알았습니다. 사실 대부분의 파생상품은 기존 증권들의 포트폴리오로 복제할 수 있습니다. 이런 완벽한 복제가 가능하기 때문에 그 파생상품의 가격은 그 복제파생상품의 가격과 동일해야만 하는 것입니다. 그렇지 아니하면 차익거래가 발생하여 결국 두 가격을 동일하게 만들기 때문입니다. 대부분 파생상품 가격이 무차익 가격, 즉 차익거래가 발생하지 못하는 가격으로 결정된다는 사실은, 이미 그 파생상품을 복제할 수 있는 기존 증권들의 조합이 가능함을 암시하고 있었던 것입니다.

2. 옵션 복제의 일반 원리

이제 옵션의 복제 과정을 일반화하여, 기초 자산 가격과 채권 가격이 주어졌을 때 파생상품의 가격결정 과정을 분석하고, 이로부터 파생상품 가격결정의 보다 일반적인 원리를 찾아봅시다. 아래 그림은 이러한 내용을 나타낸 것입니다.

➢ 도표 4-1 파생상품의 가격결정

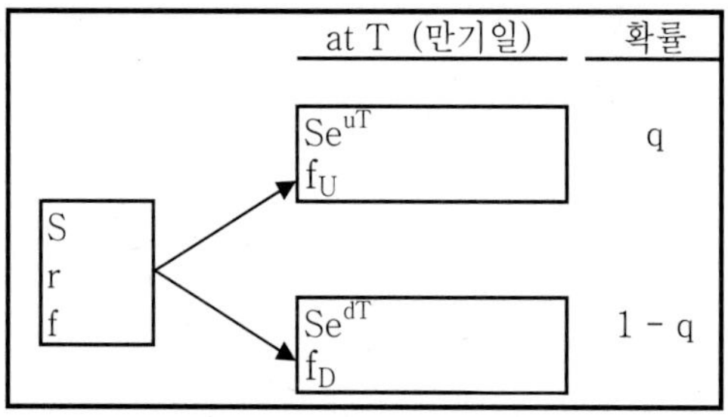

위 그림에서 (연율화된) 무위험 이자율은 r, 옵션과 같은 파생상품의 현재 가격은 f, 기초 자산의 현재 가격은 S, 파생상품의 만기 시점은 T로 표시하였습니다. 만기 시점 T에서 기초 자산은 두 값을 가질 수 있는데, 보다 높은 가격은 $S \times e^{u \cdot T}$로, 보다 낮은 가격은 $S \times e^{d \cdot T}$로 표시하였고, 기초 자산의 가격이 $S \times e^{u \cdot T}$일 때 파생상품의 가치는 f_U로 기초 자산의 가격이 $S \times e^{d \cdot T}$일 때 파생상품의 가치는 f_D로 표시하였습니다.[15] 이처럼 모든 것을 특정 수치가 아닌 일반화된 변수 차원에서 논의하므로, 이 파생상품은 콜이 될 수도, 풋이 될 수도 있고 이들보다 더 복잡한 파생상품이 될 수도 있습니다. 가령 행사 가격 K인 풋의 경우라면

$$f_U = \text{Max}[K - S \cdot e^{u \cdot T}, 0],$$
$$f_D = \text{Max}[K - S \cdot e^{d \cdot T}, 0]$$

이 됩니다. 행사 가격 K인 콜의 경우라면 f_U, f_D가 어떤 표현이 될지 스스로 파악해 보기 바랍니다. 시장에서 많은 투자자들이 전망하는 주가 상승 및 하락 확률은 각각 q, $1 - q$로 표시하였습니다. 또 본 장에서는 $U = e^{u \cdot T}$, $D = e^{d \cdot T}$로 치환하여 두 가

---

[15] f_U, f_D를 파생상품의 청산가치(payoffs)라고도 함은 배운 바 있습니다.

지 표현을 모두 사용하기로 합니다. 여기서 u, d는 각각 주가 상승 및 하락 시의 (연율화된) 수익률을 의미합니다. 한편 u, d, r의 상대적인 크기는 다음과 같습니다.

$$d < r < u \quad \leftrightarrow \quad e^{dT} < e^{rT} < e^{uT}.$$

위 관계가 성립하는 이유는, 주가와 채권 가격을 이용한 차익거래 가능성 때문입니다. 가령 $r < d < u$인 경우에는 주식 투자 수익률이 낮을 때나(d) 높을 때나(u) 채권 투자 수익률 r보다 높으므로, 투자자들은 주식을 매입하고 채권을 매도하는 차익거래를 할 것입니다. 그러면 주가는 상승하고 채권가격은 하락합니다. 그러므로 $r < d < u$인 경우 주식시장과 채권시장은 균형을 이룰 수 없습니다. $d < u < r$인 경우에도 동일한 논리가 적용됩니다. $d < r < u$가 되어야만 이런 차익거래가 불가능합니다. 즉, 주식 투자의 수익률이 높을 때는 채권의 그것보다 더 높고, 주식 투자 수익률이 낮을 때는 채권의 그것보다 낮게 되면, 위의 차익거래가 불가능합니다.

오늘 기초 자산을 δ개 매입하고 또 만기 T, 액면가 Y인 무위험 무이표채를 (공) 매도하여, 시점 T에서 이 파생상품과 동일한 가치를 가지는 복제파생상품을 구성할 수 있다고 가정합시다. 그러면 다음의 두 식이 성립하는데, 여기서 δ와 Y는 미지수이고 나머지는 상수입니다.

$$\delta \cdot S \cdot U - Y = f_U. \qquad (1)$$
$$\delta \cdot S \cdot D - Y = f_D. \qquad (2)$$

이 복제파생상품은 만기 시점 T에서 파생상품과 동일한 청산가치를 가져오므로 파생상품의 현재 가격 f와 복제파생상품의 현재 가격은 같아야 합니다. 복제파생상품은 기초 자산의 δ개 매입 포지션과, 시점 T에서 Y를 지불하는 무이표채의 매도 포지션으로 구성되어 있으므로 그 현재 가격은 $\delta \times S - Y \cdot e^{-r \cdot T}$가 되어, 다음의 식이 성립합니다.

$$f = \delta \times S - Y \cdot e^{-r \cdot T}. \quad (3)$$

또한 (1)에서 (2)를 빼고 δ에 관해 정리하면 다음 식이 도출됩니다.

$$\delta = \frac{f_U - f_D}{S \cdot (U - D)}. \quad (4)$$

또 (1)로부터 다음이 도출됩니다.

$$Y = \delta \cdot S \cdot U - f_U. \quad (5)$$

이제 (4), (5)를 (3)에 대입하여 파생상품의 현재 가격 f를 산출하여 봅시다. 독자들은 이 과정을 스스로 검증하면서 따라가기를 권합니다. 그렇지 아니하고 단순히 결과만 암기하면, 그 결과에 대한 본인의 신뢰가 강하지 못할 수 있습니다.[16]

$$\begin{aligned}
f =& \ \delta \times S - Y \cdot e^{-r\cdot T} \\
=& \ \delta S - (\delta \cdot S \cdot U - f_U)e^{-r\cdot T} \\
=& \ \delta S(1 - Ue^{-r\cdot T}) + f_U \times e^{-r\cdot T} \\
=& \ e^{-r\cdot T}[\delta S(e^{r\cdot T} - U) + f_U] \\
=& \ e^{-r\cdot T}\left[\frac{f_U - f_D}{S(U-D)} \times S(e^{r\cdot T} - U) + f_U\right] \\
=& \ e^{-r\cdot T}\left[\frac{f_U - f_D}{U-D} \times (e^{r\cdot T} - U) + f_U\right] \\
=& \ e^{-r\cdot T}\left[f_U \times \left(1 + \frac{e^{r\cdot T} - U}{U-D}\right) - f_D \times \left(\frac{e^{r\cdot T} - U}{U-D}\right)\right] \\
=& \ e^{-r\cdot T}\left[f_U \times \left(\frac{e^{r\cdot T} - D}{U-D}\right) + f_D \times \left(\frac{U - e^{r\cdot T}}{U-D}\right)\right].
\end{aligned}$$

여기에서 $\frac{e^{r\cdot T}-D}{U-D} = p$라 하겠습니다. 그러면

$$\frac{U - e^{r\cdot T}}{U-D} = \frac{U-D}{U-D} - \frac{e^{r\cdot T} - D}{U-D} = 1 - p$$

가 됩니다. 그러므로 위의 f는 결국 다음과 같이 표시할 수 있습니다.

---

[16] 이 과정의 각 한 줄 한 줄을 이해하며 따라가는 것은 5분 소요 예정이니, 5분을 투자하고 20년 이상을 편안하게…

> ➢ 식 1〉 파생상품의 가격 결정
>
> $$f = e^{-r \cdot T}[f_U \times p \ + \ f_D \times (1-p)],$$
>
> $$\text{여기서 } p = \frac{e^{r \cdot T} - D}{U - D} = \frac{e^{r \cdot T} - e^{d \cdot T}}{e^{u \cdot T} - e^{d \cdot T}}.$$

여기서 f_U, f_D는 각각 주가 상승 및 하락 시의 파생상품의 가치이고, u, d, r은 각각 주가 상승 및 하락 시의 수익률과 무위험 이자율입니다. 또한 $e^{d \cdot T} < e^{r \cdot T} < e^{u \cdot T}$이므로 다음이 성립합니다.[17]

$$0 < p < 1 \text{ 그리고 } 0 < 1 - p < 1.$$

3. 파생상품 가격의 해석

이제 우리는 f에 관한 위 식에 의해 파생상품의 현재 가격 f를 보다 의미있게 재해석할 수 있습니다. 위 식에 의하면 p와 $(1-p)$는 모두 확률로서의 요건을 충족하고 있습니다. 즉, 두 값은 모두 0과 1 사이에 있고 또 두 값을 합치면 1이 됩니다. 그러므로 p를 어떤 사건이 일어날 확률로 해석한다면 $(1-p)$는 그 사건이 일어나지 않을 확률로 해석됩니다. 이제 다시 위 식의 형태를 살펴봅시다. p를 주가 S가 $S \cdot e^{u \cdot T}$로 상승할 확률로 또 $(1-p)$를 주가가 $S \cdot e^{d \cdot T}$로 하락할 확률로 해석한다면, 위 식에 대한 해석은 명료해집니다. 주가 상승 시의 파생상품의 가치는 f_U, 주가 하락 시의 파생상품의 가치는 f_D이므로 위 식의

$$f_U \times p \ + \ f_D \times (1-p)$$

는 만기 시점 T에서의 이 파생상품의 기대 가치 혹은 평균 가치입니다. 그리고

$$f = e^{-r \cdot T}[f_U \times p + f_D \times (1-p)]$$

---

[17] 참고로 향후 이 p와 유러피언 풋의 표기인 p의 혼동이 우려될 경우에는 유러피언 풋의 표기를 대문자(P)로 하기로 합니다. 어메리칸 풋의 표기는 추후 설명합니다.

는 미래 시점 T의 이 파생상품 기대 가치를 무위험 이자율 r로 현재 시점까지 할인한 값으로 해석할 수 있습니다.

만일 우리가 이렇게 해석하기만 한다면, 파생상품의 가격 공식인 위 식은 매우 쉽게 이해될 수 있습니다. 즉, 투자자들은 이 파생상품의 현재가치를 구하기 위하여 먼저 이 파생상품의 만기 시점의 기대 가치를 구한 후 이를 무위험 이자율로 할인한다는 것입니다. f_U, f_D, r, T는 모두 알려진 상수이므로, p 값만 구하면 투자자들은 파생상품의 현재가치를 쉽게 구할 수 있는데, p 값은 위 식에 의하여 기계적으로 산출됩니다.

그런데 실제로는 파생상품은 무위험 자산이 아니라 미래가치가 f_U, f_D 중 하나의 값으로만 실현되는 위험 자산입니다. 위험 자산의 현재가치는, 통상 이 자산의 미래의 기대 가치를 구한 후 이를 (무위험 이자율 + 위험 프리미엄)의 할인율로 할인하여 산출합니다. 그런데 위 식의 해석에 따르면, 위험 자산인 파생상품의 미래 기대 가치 "$f_U \times p \ + \ f_D \times (1-p)$"를 구한 후 이를 단순히 무위험 이자율로 할인하여 파생상품의 현재가치를 구한다는 것입니다. 무위험 이자율로 할인한다 함은 파생상품 투자에 대한 요구 수익률이 무위험 이자율과 같다는 의미이므로, 이는 결국 투자의 위험성을 전혀 고려하지 않고 기대 수익률만을 따지는 "위험중립적(risk-neutral) 투자자"들만이 시장에 존재함을 암시하는 것입니다.

자, 이제 이 문제를 좀 진지하게 따져 보겠습니다. 위에서처럼 위험 자산에 투자할 때 투자 위험을 고려하지 않고 기대 수익률만을 따지는 (위험중립적) 투자자를 가정하면, 이들은 무위험 이자율보다 높은 기대 수익률을 가지는 어떠한 위험 자산이라도 매입하려 할 것입니다. 그러면 이러한 위험 자산의 가격은 상승하게 됩니다(이 위험 자산의 현재 가격이 상승하면 이 자산의 기대 수익률은 점차 낮아짐). 이 위험 자산의 기대 수익률이 무위험 이자율을 초과하는 한 투자자들은 지속적으로 이 위험 자산을 구입하려 할 것입니다. 결국 시장의 균형은 이 위험 자산의 기대 수익률이 무위험 이자율과 일치할 때 이루어집니다. 가령 무위험 이자율이 10%일 때 어떤 주식의 주가가 200에서 "균형"을 이루고 있다면, 이는 투자자들이 전망하는 1년 후 주가의 기댓값이 $200 \times e^{0.10} = 221.034$임을 암시하는 것입니다. 이 위험중립 투자자들만이 존재하는 시장에서는 말입니다.

그런데 모든 투자자가 위험중립적이라는 해석은 현실적으로 수용하기 어렵습니다. 무엇보다 이러한 해석은 전통적인 재무관리의 자산가격결정(asset pricing)과 모순되기 때문입니다. 이러한 모순을 푸는 실마리는, 투자자의 위험중립을 가정한 세계에서의 주가 상승 확률 "p"는 실제의 확률이 아니라 가상적인 확률이라는 사실에서 찾을 수 있습니다. 실제의 확률은 위 그림의 "q"인데 이 값은 p와 항상 일치하지는 않으며 또 파생상품의 가격에도 직접 영향을 미치지 않는 것처럼 보입니다. 파생상품의 가격은, 차익거래에 의해, 이 파생상품과 동일한 미래가치를 갖는 복제파생상품(replicated call), 즉 합성파생상품(synthetic call)의 현재 가격으로 결정됩니다. 여기서 파생상품과 복제파생상품의 가격이 차익거래에 의해 같아져야 한다는 원리가 반영된 식이 바로 위 논의에서의

$$f = \delta \times S - Y \cdot e^{-r \cdot T}$$

입니다. 그리고 이 식을 계속 전개한 결과 위 식

$$f = e^{-rT}[f_U \times p + f_D \times (1 - p)]$$

이 도출되었으므로, 두 식은 동일한 수식입니다. 결국

$$f = e^{-rT}[f_U \times p + f_D \times (1 - p)]$$

는 파생상품 가격이 그 복제파생상품과 같아야 한다는, 그렇지 않으면 차익거래에 의하여 결국 같아짐을 의미하는 수식입니다. 단, 우리가 p를 '주가 상승 확률'로 해석한다면 이 식이 보다 편리하게 이해될 수 있습니다. 즉, 이 식을 있는 그대로 쉽게 이해하는 한 방법은, "p"를 이용하여 이 파생상품의 미래 "기댓값"을 구한 뒤 이를 다시 무위험 이자율로 할인한 값이 바로 이 파생상품의 현재가격이라고 해석하는 것입니다.

파생상품 f에 관한 위의 두 식은 동일한 내용을 갖는 하나의 실체이므로 우리는 필요에 따라 이 두 식의 원리를 모두 활용할 수 있습니다. 특히 두 번째 식에서 "p"를 하나의 확률로 간주하면, 파생상품의 가격 결정에 관한 직관적인 이해나 문제 풀이에 있어서 많은 도움이 됩니다. 그러므로 앞으로 우리는 파생상품의 적정 가격을 결정할 때에는 언제나 이 접근방법을 쓰기로 하겠습니다. 즉, 파생상품의 가격을 결정할 때에는 이 p를 확률로 해석하는 동시에, 모든 투자자들이 순간적으로 "위험중립적" 투자자

로 변한다고 가정하자는 것입니다. 이러한 가정 아래 구한 파생상품의 가격과 실제 시장에서 복제파생상품을 만들어서 구한 가격이 일치함을 우리는 이미 알고 있기 때문입니다. 이러한 접근 방식을 위험중립평가법 영어로는 risk-neutral valuation이라 합니다. 이 위험중립평가법에 대해서는 다음 절에서 자세히 다루겠습니다.

마지막으로 위 예제의 파생상품의 가격을 위 식에 의하여 구하여 봄으로써 이 정리의 유효성을 점검해봅시다. 먼저 $22 = S \times e^{uT} = 20 \times e^{uT}$로부터 $e^{uT} = 22/20 = 1.1$, 또 $18 = S \times e^{dT} = 20 \times e^{dT}$로부터 $e^{dT} = 18/20 = 0.9$입니다. 또 $e^{rT} = e^{0.12 \times (3/12)} = e^{0.03} = 1.03045$입니다. 그러므로

$$p = \frac{e^{r \cdot T} - e^{d \cdot T}}{e^{u \cdot T} - e^{d \cdot T}} = \frac{1.03045 - 0.9}{1.1 - 0.9} = 0.65225$$

이고

$$1 - p = 1 - 0.65225 = 0.34775$$

입니다. 이제 위 식에 의거하여 파생상품의 가격 f를 구하면

$$\begin{aligned} f &= e^{-rT}[f_U \times p + f_D \times (1 - p)] \\ &= e^{-0.12 \times 0.25}[1 \times 0.65225 + 0 \times 0.34775] \\ &= 0.633 \end{aligned}$$

이 됩니다. 이 값은 실제 시장에서 복제파생상품을 이용하여 차익거래불가 원칙에 의하여 구한 파생상품의 가격 0.633과 일치함을 알 수 있습니다. 사실 이 식은 위 예제의 파생상품 가격 결정 원리를 일반화한 것이므로 이는 자명한 결과입니다.

참고 1〉 두 개의 상이한 확률 시스템(확률측도)

여러분들은 위 파생상품 가치평가 사례에서, 실제 확률(들의 집합)이 존재하고 또 이와는 다른 위험중립 세계의 확률(들의 집합)이 존재한다고 배웠습니다. 이러한 내용은 많은 사람들에게 여러 가지 의문을 갖게 할 것입니다. 단, 후자의 확률이 거론되는 이유는, 이들이 실제 확률은 아니고, 차익거래에 의한 콜과 풋의 가치평가 원리를 분석하다 보니, 그런 (가상적) 확률이 별도로 존재한다고 이해하다 보니까 도출된 결론

입니다. 여기서는 그 정도 설명으로 그쳤습니다. 아직은 파생상품 공부의 초기 단계이기 때문입니다. 하지만 엄밀히 말하면, 동일한 값을 산출하는 두 개의 상이한 확률 집합은 (항상) 있을 수 있습니다. 우리는 이 중에서 콜과 풋의 가치평가를 더 쉽게 하기 위해 더 편리한 확률(의 집합)인 p와 $1-p$를 사용했던 것입니다.

두 개의 상이한 확률 집합, 혹은 확률 시스템, 혹은 확률측도(probability measure)의 예를 하나 들어 보겠습니다. 여기서 확률측도란, 특정 사건(event)에 확률을 지정하는 방식을 의미합니다. 미래 다양한 사건들이 발생할 수 있는데, 이는 곧 미래에 다양한 상태(state)가 도래할 수 있음을 의미합니다. 이 각 사건 혹은 각 상태가 발생할 확률을 정해 주는 시스템이 확률측도인 것입니다. 위의 예에서는 주가 상승 혹은 하락이라는 사건에 대해 지정한 확률들이, 실세계에서는 0.8, 0.2였고 위험중립 세계에서는 0.65225, 0.34775였습니다. 이제 주가가 아닌 보다 일반적인, 다른 사건들의 확률을 논의해 보겠습니다. 주사위를 던지면 나오는 숫자의 기댓값은 어떻게 될까요? 1, 2, 3, 4, 5, 6의 여섯 숫자 각각에 그 확률 1/6을 곱해서 산출되는 3.5입니다. 즉,

$$\frac{1}{6}\times(1+2+3+4+5+6)=\frac{1}{6}\times 21=3.5$$

인 것입니다. 그런데 만일 다른 확률 수치들을 사용해서도 주사위 던질 때 기댓값이 3.5가 될 수 있을까요? 네, 사실 얼마든지, 다른 확률 수치들을 사용해서도 주사위 던질 때 기댓값이 3.5가 될 수 있습니다. 가령 아래의 표에서와 같이 말입니다. 두 개의 확률측도를 각각 P, Q라 하겠습니다. 혹은 P-measure, Q-measure라 하겠습니다.

➤ 도표 4-2 주사위 기댓값 3.5를 산출할 두 개의 확률측도

	확률측도 P (P-measure)	확률측도 Q (Q-measure)
1	1/6	1/24
2	1/6	10/24
3	1/6	1/24
4	1/6	1/24
5	1/6	10/24
6	1/6	1/24
기댓값	3.5	3.5

확률측도 Q하에서도 각 확률을 다 더하면 1이 됩니다. 즉,

$$\frac{1}{24}+\frac{10}{24}+\frac{1}{24}+\frac{1}{24}+\frac{10}{24}+\frac{1}{24}=\frac{24}{24}=1$$

이 되므로 이 수치들은 확률로서의 기본적 성질을 충족합니다. 이제 이 새로운 확률 수치를 사용하여 주사위 던질 때 나오는 기댓값을 구하여 보면 다음과 같이 3.5가 됩니다.

$$\frac{1}{24}\times(1+3+4+6)+\frac{10}{24}\times(2+5)=\frac{14+70}{24}=\frac{84}{24}=\frac{14}{4}=3.5.$$

그러므로 만일 우리가 주사위 기댓값을 정확히 구하는 것만을 목표로 한다면, 우리가 잘 알고 있는 실세계에서의 확률 수치들인 1/6만을 사용하여 구할 수도 있고, 또 지금 소개한 새로운 확률 수치들인 1/24과 10/24을 사용하여 구할 수도 있습니다.[18] 즉, 확률측도 P를 사용하거나 확률측도 Q를 사용해서 주사위 기댓값을 정확히 구할 수 있다는 말입니다. 이 사례에서의 확률측도 Q는 어떤 정교한 체계로 만들어진 것은 아닙니다. 하지만 만일 확률측도 Q가 어떤 정교한 체계로 만들어질 수 있다면, 두 확률측도 중 어느 것을 사용하더라도 "언제나" 주사위 기댓값을 정확히 산출할 수 있을 것입니다. 마찬가지로, 두 개의 확률측도가 상호 밀접하게 관련되게 만들어지면, 두 확률측도 중 어느 것을 사용하더라도 "언제나" 자산 가격을 정확히 산출할 수 있을 것입니다. 콜, 풋, 주식, 채권 등의 모든 자산 가격을 말입니다.

갑자기 확률측도니 'probability measure'니 하는 용어가 튀어 나와 다소 당황했나요? 이런 개념을 소개한 이유는 단순합니다. 우리가 콜과 풋 가치평가에 사용한 p, $1-p$의 특별한 확률이 우연히 혹은 억지로 만든 것이 아니고, 일반적인 자산 가치평가에 보편적으로 쓰이는 방법론의 일부임을 알려 주고자 여기에 그 맛보기로 이 용어들을 소개한 것입니다. 추후 일반적인 자산 가치평가를 다루는 제9장에서 이러한 개념들이 명확하게 설명될 것이고 그때는 여러분들이 'Oh, yeah, I got it!'의 탄성(?)을 발하

[18] 우리 파생상품 가치평가 사례에서는 단순히 어떤 증권의 미래 기대 가격을 구하는 것이 아니라 현재의 합당한 가격을 구하는 일이기에 할인율 개념이 추가적으로 개입됩니다. 즉, 위에서 예를 든 단순한 주사위 기댓값 산출하는 것보다는 조금 더 복잡한 문제입니다. 하지만 두 개의 서로 다른 확률 체계가 동일한 기댓값을 산출할 수 있다는 사실을 직관적으로 보여주기 위해, 주사위 기댓값을 사례로 취했습니다.

기를 기대합니다. 처음 들었을 때는 생소했지만, 두 번째로 들을 때에는 (여기서 처음 들었기에, hopefully) 더 친숙하게 여길 것입니다. ■

4. 주식 가격

이제 조금 더 흥미있는 결과를 보이겠습니다. 우리가 위에서 사용한 p, 즉 편의적으로 "주가 상승 확률"로 해석한 이 값이 옵션 가치평가뿐 아니라 그 기초 자산인 주식 가치평가에도 사용될 수 있음을 보이겠습니다. 즉, 이 p 값은 시장에 존재하는 모든 유형의 금융자산의 가치평가에 유효함을 증명하겠습니다. 이러한 놀라운 사실은 우연의 일치는 아니고(not a coincidence), (한참) 후에 우리가 공부할 '확률측도'에 의한 필연적 결과입니다.(확률측도 개념은 제9장에서 자세히 설명)

이제 우리가 실제로 풀었던 구체적 사례를 여기 다시 소환해 보겠습니다. 이 사례에서 현 주가 $S = 20$은 애초에 주어졌습니다. 즉, 우리의 과제는 이 주가를 기초 자산으로 하는 콜의 현재 가격을 구하는 것이었기에, 주가 자체는 그대로 받아들였습니다. 그런데 콜 가격을 구하기 위해 우리가 사용했던 $p = 0.65225$와 $(1-p) = 0.34775$가 현재 주가 $S = 20$도 설명할 수 있는지 한 번 알아보겠습니다.

위험중립 투자자들만이 존재하는 위험중립 세계를 가정하여 이 주식의 (합당한) 현재 가격을 구하려면, 미래 주가 22와 18의 기대 가격을 구한 후 이를 무위험 이자율 r로 현재 시점까지 할인하면 됩니다. 이 방법론에 의거하여 주가 S를 구하면

$$
\begin{aligned}
S &= e^{-r\times T}[22\times p + 18\times(1-p)] \\
&= e^{-0.12\times\frac{3}{12}}\times[22\times 0.65225 + 18\times 0.34775] \\
&= e^{-0.03}\times[20.609] \\
&\approx 20
\end{aligned}
$$

이 됩니다!

나중에 확인할 수 있지만, 이렇게 위험중립 세계를 가정한 확률 p와 $(1-p)$를 사용하면 콜, 풋, 채권 및 주식의 (현재) 가격을 모두 정확하게 설명할 수 있습니다. 네, 놀라운 사실입니다. 그런데 이 하나의 사례만을 가지고 p와 $(1-p)$가 모든 주식의 가

격을 설명할 수 있다고 결론을 내릴 수 있을까요? 이 지적을 감안하여, 특정 주가가 아닌 일반화된 변수들을 이용하여 이를 입증하겠습니다. 먼저 p와 $(1-p)$의 공식을 여기 소환해 보겠습니다.

$$p = \frac{e^{rT} - e^{dT}}{e^{uT} - e^{dT}},$$

$$1 - p = \frac{e^{uT} - e^{rT}}{e^{uT} - e^{dT}}.$$

그러므로 이 p와 $(1-p)$를 이용하여 시점 T 주가의 기대 가격을 구하면 다음과 같습니다.

$$\begin{aligned}
E[S_T] &= p \times S \cdot e^{uT} + (1-p) \times S \cdot e^{dT} \\
&= p \times (S \cdot e^{uT} - S \cdot e^{dT}) + S \cdot e^{dT} \\
&= p \times S(e^{uT} - e^{dT}) + S \cdot e^{dT} \\
&= \left(\frac{e^{rT} - e^{dT}}{e^{uT} - e^{dT}}\right) \times S(e^{uT} - e^{dT}) + S \cdot e^{dT} \\
&= (e^{rT} - e^{dT}) \times S + S \cdot e^{dT} \\
&= e^{rT} \cdot S - e^{dT} \cdot S + S \cdot e^{dT} \\
&= e^{rT} \cdot S.
\end{aligned}$$

네, 놀랍게도, 위험 자산인 이 주식의 미래 기대 가격은 단순히 현 주가 S에 무위험 이자율 r을 곱한 값으로 산출됩니다. 이는 곧, 주식 투자자들도 이 주식 투자 시 위험 프리미엄을 요구하지 않고 단순히 무위험 이자율만을 요구함을 암시합니다. p, $1-p$를 주가 상승, 하락의 확률로 간주한다면 말입니다. 이제 이 미래 시점 T의 기대 주가를 현 시점 0까지 무위험 이자율 r로 할인하면 현 주가는 어떤 값으로 산출될까요? 당연히 S로 산출됩니다. 즉,

$$\frac{E[S_T]}{e^{rT}} = \frac{e^{rT} \cdot S}{e^{rT}} = S$$

가 됩니다.

채권 가격은 어떨까요? 채권의 미래 가격은 주가가 $S \cdot e^{uT}$로 상승하든 (확률 p) $S \cdot e^{dT}$로 하락하든 (확률 $1-p$) 언제나 같습니다. 즉, 그 가격은 현재 채권 가격에 무위험 이자율(gross rate) e^{rT}를 곱한 값입니다. 수식으로는 현 가격을 A라 하면, 이 채권 가격은

$$p \times A \cdot e^{rT} \ + (1-p) \times A \cdot e^{rT} = A \cdot e^{rT}$$

입니다. p와 $(1-p)$를 사용하여 구한 이 미래 채권 기대 가격을 현 시점까지 무위험 이자율 r로 할인하면, 즉 e^{rT}로 나누면

$$\frac{A \cdot e^{rT}}{e^{rT}} = A$$

가 됩니다. 즉, 위험중립평가법에 의한 채권 가치평가도 현 채권 가격을 훌륭하게 잘 설명하고 있습니다.

풋 가격은 어떨까요? 이 또한 p와 $1-p$를 이용한 위험중립평가법으로 용이하게 구할 수 있으며, 이 과정은 곧 설명될 것입니다. 결론적으로, 위험중립평가법을 사용하면 콜, 풋 같은 옵션뿐 아니라 채권, 주식을 포함한 모든 유형의 금융자산의 (합당한) 현재 가격을 구할 수 있습니다. 사실 이처럼 오묘한 위험중립평가법은 우연하게 발견된 방법론이 아니라 보다 일반적이고 근본적인 자산 가치평가 방법론의 일부로 사용되고 있는 것입니다. 후자를 공부하기 위해서는 확률측도(probability measure)를 공부해야 하는데, 이에 대해서는 본서의 "일반적 자산 가치평가"를 다루는 제9장에서 심층적으로 공부합니다.

5. 풋 가격

위 논의에서 f는 파생상품 가격 결정에 일반적으로 적용되므로, 이를 유러피언 풋 옵션에 적용해 보겠습니다. 행사가격 $K = 21$인 풋은 3개월 후 주가가 22일 때에는 아무 소용 없고 주가가 18인 때에는 21−18=3의 payoff를 가져오게 됩니다. 그러므로 $f_{\mathrm{U}} = 0$, $f_{\mathrm{D}} = 3$이 됩니다. 이제 f 식을 적용하면 이 풋의 현재 가격은

$$\begin{aligned} f &= e^{-rT}[f_U \times p + f_D \times (1-p)] \\ &= e^{-0.03}[0 \times p + 3 \times (1-p)] \\ &= e^{-0.03} \times [3 \times 0.34775] \\ &= 1.012 \end{aligned}$$

입니다. 이 풋 가격이 정확한 것인가를 확인하는 한 가지 방법은 풋-콜 패리티를 적용하는 것입니다. 풋-콜 패리티에 의하면

$$S + P = c + K \cdot e^{-rT}$$

이 성립해야 합니다(위험중립 확률 p와 혼동 우려 있기에 대문자 P로 유러피언 풋을 표기). 동일한 사양의 유러피언 풋, 콜에 대해서 말입니다. 그러면 이제 좌변 값과 우변 값을 계산해 보겠습니다.

$$\text{좌변} = S + P = 20 + 1.012 = 21.012,$$
$$\text{우변} = c + K \cdot e^{-rT} = 0.633 + 20.379 = 21.012$$

이므로 양변 값이 같아 풋-콜 패리티가 성립함을 알 수 있습니다.

아래 도표는 오늘 및 3개월 후 두 경우의 주식, 콜, 풋 가격을 각 상자 안에 표시한 것입니다. 오늘뿐 아니라 3개월 후 두 경우 각각에 대해서도 풋-콜 패리티가 성립함을 알 수 있습니다. 물론 3개월 후 풋-콜 패리티는

$$S + P = c + K$$

가 됩니다($K = 21$).

➢ 도표 4-3 현재와 미래의 옵션 가격

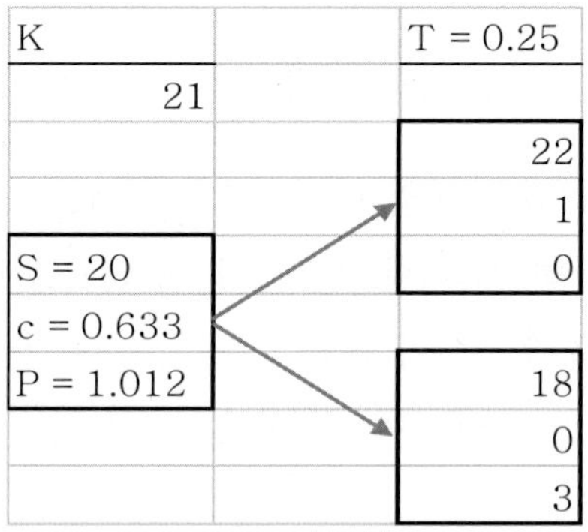

오늘의 풋 가격이 콜 가격보다 월등히 높은 이유는, 미래 두 주가 22와 18이 두 옵션의 행사 가격 $K=21$과 비대칭적이기 때문입니다. 가격 22인 주식을 21의 금액으로 매입할 수 있는 콜과 가격 18인 주식을 21에 매도할 수 있는 풋의 비대칭적인 조건으로 인해 풋 가격이 콜 가격보다 더 크게 산출됩니다. 물론 각 경우의 확률인 p와 $(1-p)$의 상대적 크기도 중요하지만, 이 예제에서는 행사 가격 $K=21$로 인한 영향이 훨씬 더 크기 때문입니다.

(풋-콜 패리티로 풋 가격을 검산하기 전에) 우리가 수행한 풋 가격 산출 과정이 전술한 콜 가격 산출 과정과 상이한 점은 무엇일까요? 네, 맞습니다. 풋 가격 계산은 매우 간편하게 f에 관한 공식을 이용하여 이루어졌다는 사실입니다. 만일 전술한 콜 가격 계산과 같은 과정을 거쳤다면, 진성 풋과 동일한 payoffs를 갖는 합성 풋을 만들기 위해 주식과 채권으로 구성된 포트폴리오를 찾고, 그 포트폴리오의 현재가치를 구했어야 합니다. 하지만 이미 우리는 풋이든 콜이든 모든 파생상품에 적용될 f에 관한 공식을 알고 있으므로 이제부터는 f에 관한 공식만 이용하여 파생상품 가격을 산출할 수 있습니다.

예제 4-3〉

합성 콜 경우처럼, 합성 풋을 구성해서 그 가격을 구하는 과정을 보여주세요.

그렇다면, 마지막 검증 작업으로, 콜 가격 산출과 같이 풋 가격도 합성 풋을 사용하여 산출해 보도록 하겠습니다. 콜 가격 산출 과정이 콜에 특화된 것이 아니고 풋에도 적용할 수 있음을 입증하기 위해서, 합성 콜과 동일한 형태로 합성 풋 포트폴리오를 구성해 보겠습니다. 먼저 행사 가격 21인 풋의 3개월 후 청산가치(payoff)는 아래 도표와 같습니다.

➢ 도표 4-4 풋 가격 결정

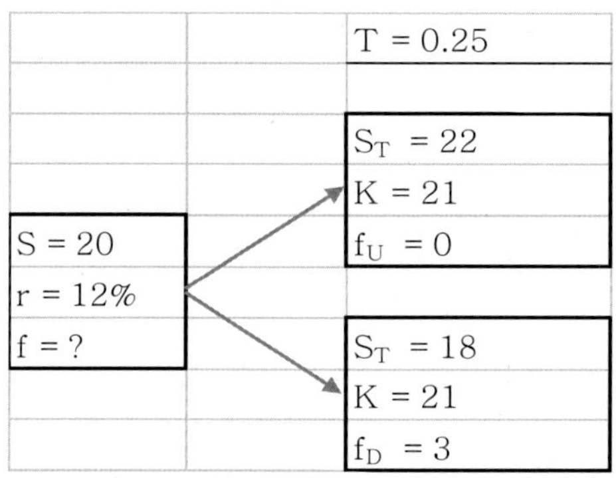

합성 풋을 만들기 위해 (합성 콜 경우처럼) 삼성전자 주식을 s개 보유하고, 채권을 숏포지션으로 보유한다고 가정하겠습니다. 여기서도 채권은 3개월 후 만기가 되면 액면가 Y를 지급하는 무이표채입니다. 이런 주식과 채권을 보유하는 포트폴리오의 3개월 후 가치가 풋의 그것과 같게 설정합니다. 오늘 그 채권을 특정 거래인에게 공매도하므로, 3개월 후 만기가 되면 그 채권을 되사서 그 거래인에게 되돌려 줘야 하는데 그 채권 가격은 바로 Y가 되므로, 3개월 후 이 포트폴리오의 청산가치는 다음과 같습니다.

$$22s - Y = 0 \qquad \text{(주가}=22\text{, 풋 가치}=0\text{일 때)}$$

$$18s - Y = 3 \qquad \text{(주가}=18\text{, 풋 가치}=3\text{일 때)}$$

이 방정식을 풀면 $s = -0.75$, $Y = -16.5$입니다. 애초 우리는 이 채권을 공매도한다고 가정해서 3개월 후 $(-Y)$의 현금흐름을 예상했는데, $-Y=-(-16.5)=16.5$이니, 우리는 결과적으로 오늘 채권을 공매도한 것이 아니고 매수한 것입니다. 그렇기 때문에 3개월 후 우리가 받을 이 채권의 현금흐름이 $-Y=-(-16.5)=16.5$이 되는 것입니다. 반면 $s=-0.75$개이니 우리는 오늘 이 주식을 매수한 것이 아니라 (공)매도한 것입니다. 그렇기 때문에 3개월 후 이 주식을 0.75개 재매입해서 오늘의 공매도 상대방에게 전달해야 하므로, 3개월 후 이 주식으로부터의 현금흐름은 $22s=22\times(-0.75)=-16.5$ 혹은 $18s=18\times(-0.75)=-13.5$가 되는 것입니다.

이 주식의 현재 시장 가격은 20으로 주어져 있고, 또 3개월 후 액면가 16.5을 지급하는 이 채권의 현재 시장 가격은 $16.5\times e^{-0.12\times\frac{3}{12}}=16.012$입니다. 즉, 오늘 이 채권을 매입하려면 16.012의 비용이 소요되고, 이 금액 중 일부를 주식 0.75개를 공매도해서 조달합니다. 공매도로 인한 현금흐름은 $20\times0.75=15$이므로, 합성 풋을 만들기 위한 총비용은 $16.012-15=1.012$가 되어, 애초 f 공식을 이용하여 구한 값과 동일함을 알 수 있습니다. ▣

지금까지 본절에서는 유러피언 옵션의 가치평가에 대해 논의했습니다. 어메리칸 옵션의 가치평가는 추후 2기 이항 모형에서 상세히 설명합니다.

제 2 절 위험중립평가법(Risk-neutral Valuation)

본절에서는 옵션 가치평가(option pricing)에 매우 중요한, "위험중립평가법(risk-neutral valuation)"을 공부해 보겠습니다. 앞절에서 우리는 콜 및 풋 가치평가를 공부할 때 '위험중립적 세계'를 가정하면 매우 효율적으로 옵션 가치평가를 할 수 있음을 알았습니다. 또 옵션 가격뿐 아니라 주식 가격도, 채권 가격도 위험중립평가법으로 잘 설명됨을 알았습니다. 그러므로 위험중립평가법은 모든 유형의 자산의 가치평가에 유용한 방법론입니다. 본절에서는 이 방법론이 증권의 현재 가격과 미래 가격, 그리고 가격 변동성에 어떤 함의(implication)를 가지는지 알아보겠습니다. 먼저 다음 도표를 보기 바랍니다.

➢ 도표 4-5 위험중립평가법의 의미

risk free rate =		0.1				
Asset	future economy	future price	probability	future expected price	required return	current price
A	boom	130	0.5			
				110	0.1	100
	recession	90	0.5			
B	boom	115	0.5			
				110	0.1	100
	recession	105	0.5			
C	boom	110	0.5			
				110	0.1	100
	recession	110	0.5			

1년 후 미래 경제 상태(state)는 두 가지가 예상되는데, 구체적으로 호황(boom)과 불황(recession)이 동일한 확률 0.5로 발생하리라고 (증권)시장에서 예상되고 있습니다. 또 이 증권시장에는 세 유형의 자산이 있는데 이들의 미래 각 상태별 수익률은 다음과 같습니다. 주식 A의 경우, 1년 후 호황이 도래하면 1주당 가치가 130이 되고 1년 후 불황이 도래하면 1주당 가치가 90이 될 것으로 시장에서는 추정되고 있습니다. 그러므로 A의 1년 후 기대 주가는 130과 90의 평균인 110이 됩니다. 주식 B의 경우, 1년 후 호황(불황)이 도래하면 1주당 가치가 115(105)가 될 것으로 시장에서는 추정되고 있습니다. 그러므로 B의 1년 후 기대 주가는 115와 105의 평균인 110이 됩니다. 두 주식의 1년 후 기대 가격은 110으로 동일하지만, B는 상대적으로 덜 위험한 주식이고 A는 더 위험한 주식입니다. 반면 대한민국 정부가 발행한 1년 만기 무이표채인 채권 C의 액면가(par value)를 110이라 하면, 이 채권은 1년 후 호황이 도래하든 불황이 도래하든 상관없이 항상 110의 가격을 가집니다. 그러므로 1년 후 그 기대 가격도 당연히 110입니다. 이처럼 세 증권 모두 1년 후 기대 가격은 110이지만 이들의 위험(risk) 수준은 다릅니다. A는 매우 위험하고 B는 위험하며 C는 위험하지 않습니다.

그런데 증권시장의 투자자들의 위험에 대한 태도(attitude)가 모두 'risk-neutral'하다면, 즉 위험중립적이라면 이 세 자산의 현재 가격은 모두 같은 가격이 됩니다. 이를 설명해 보겠습니다. 1년 무위험 이자율이 0.1이라 합시다. 그러면 위험중립 투자자들은

A, B, C의 상이한 위험 수준에 관계 없이 항상 기대 수익률(=무위험 이자율) 0.1만을 요구할 것입니다. 평균적으로 10%의 수익률만 얻을 수 있다면 이 세 자산들의 위험 수준에 대해서는 전혀 신경 안 쓴다는 것입니다. 그러므로 이들에게 중요한 것은,

> "이 자산들의 현재 가격과 이 자산들의 1년 후 기대 가격이 기대 수익률 10%를 충족하는가?"

입니다. 이 세 자산들의 미래 기대 가격은 알려졌으므로, 이들에게 남은 과제는

> "이 자산들의 어떤 현재 가격이 과연 기대 수익률 10%를 충족할 것인가?"

입니다. 기대 수익률 10%를 충족하는 현재 가격을 구하기 위해서는 이 자산들의 미래 기대 가격을 (1+0.1)로 나누면 됩니다(편의상 단위기간=1년인 이산복리를 가정). 그런데 이 세 자산들의 1년 후 기대 가격은 모두 110이므로, 이 기대 가격을 (1+0.1)로 나누면 모두 100이 됩니다. 좀 말이 안 되는 것 같지만, 우리의 전제 조건을 생각하면, 즉 모든 투자자들이 risk-neutral 하다면, 이 세 자산들의 현재 가격은 100이 됩니다.[19]

자, 이제 동일한 내용을 조금 다르게 설명해 보겠습니다. 위에서는 시간의 흐름이 미래(가격)에서 현재(가격)로 'backward'였는데, 이제는 현재에서 미래로 'forward'로 한번 생각해 보겠습니다. 위험중립적 투자자들이 (오늘) 세 자산 중 어느 자산에 투자하더라도 이들의 평균 수익률은 0.1이 됩니다. 왜냐하면 위 세 자산의 현재 가격이 모두 100인데, 이 투자자들이 이 세 자산 중 어느 자산에 투자해도 각 자산의 기대 가격은 110이니, 각 자산의 기대 수익률은 0.1로 산출되기 때문입니다. 혹시라도 평균 수익률이 0.1보다 큰 자산이 있(었)다면, 가령 주식 A의 호황 시 가격이 141로 예상되었

---

[19] 참고로 실세계에서도 이런 유형의 투자자들이 있을까요? 저자 생각에는, 이런 투자자들이 없지는 않은 것 같습니다. 가령 위험을 감수하고 주식 투자를 했는데, 4년 후 주식 투자 수익률 결과가 14%로 계산됐다고 합시다. 그리고 우연히 이 14% 이자율은, 이 사람이 4년간 은행 정기예금에 투자했을 때 얻을 총 수익률과 유사하다고 합시다. 이 사람이 '내 주식 투자 수익률이 높지는 않지만 이 정도면 그런대로 OK'라고 생각한다면 이 사람은 어떤 면에서 위험중립적 투자자라 할 수 있습니다. 4년간 이 사람이 그렇게 위험을 무릅쓰고 주식에 투자했건만 은행 정기예금 이자율만 얻었을 뿐인데 '이 정도면 OK'라고 생각한다면, 이 사람은 적어도 사후적으로는 위험중립적 투자자인 셈입니다. 왜냐하면 투자에 있어서 4년은 중장기라 할 수 있는데, 위험 자산인 주식에 투자하면 "high risk, high return" 원리에 따라 이 사람의 4년간 총 수익률은 '4년간 무위험 이자율 + 위험 프리미엄'을 실현했어야 했기 때문입니다.

다면, 위험중립 투자자들은 (궁극적으로 A의 기대 수익률이 0.1로 하락할 때까지) A를 더 많이 매수하여 그 현재 가격을 105까지 끌어올릴 것입니다. 왜냐하면 141과 90의 기대 가격인 115.5를 (1+0.1)로 나누면 105가 되기 때문입니다. 이처럼 위험중립 투자자들은 자신들의 요구 기대 수익률 0.1을 초과하는 자산에 대해서는 계속 매수하므로, 균형 상태에서 모든 자산 (현재) 가격은 0.1의 기대 수익률을 가지게 됩니다.

그런데 이러한 결론은 주식이나 채권에 국한되지 않습니다. 위험중립 투자자들은, 투자 대상이 주식이든 국채든 회사채든 부동산이든 가상화폐(crypto currency)든 가리지 않고 항상 무위험 이자율 수준의 기대 수익률만 충족되면 투자하는 사람들이기 때문입니다. 그것이 바로 '위험중립 투자자'의 정의(definition)입니다.

정리 2〉 위험중립 투자자(risk–neutral investors)

위험중립 투자자(risk-neutral investors)는 어떤 위험 자산에 투자하는 경우에도 항상 무위험 이자율만큼의 기대 수익률 혹은 평균 수익률을 요구한다. 가령 무위험 이자율을 초과하는 기대 수익률이 예상되는 자산에는 계속 투자하여 궁극적으로 그 자산 가격이 상승하여 그 자산의 기대 수익률이 무위험 이자율 수준이 되면 투자를 멈춘다. 반면 무위험 이자율에 못미치는 기대 수익률이 예상되는 자산은 (공)매도하여 궁극적으로 그 자산 가격이 하락하여 그 자산의 기대 수익률이 무위험 이자율 수준이 되면 투자를 멈춘다. 그러므로 위험중립 투자자들을 가정하는 세계에서는 (모든) 자산의 기대 수익률이 무위험 이자율과 같을 때 그 자산 가격이 균형 가격이 된다.

그러므로 투자 대상이 콜이나 풋 같은 옵션일 경우에도 이 원칙이 유효합니다. 이러한 원칙은 추후 우리가 별로도 제8장에서 '블랙-숄즈 옵션 가치평가'를 다룰 때 유용하게 활용됩니다. 즉, Black-Scholes option pricing 공식으로 산출된 값과 위험중립평가법을 이용하여 (Excel 같은 spreadsheet software 활용하여) 산출한 값과 비교할 때 유용하게 사용될 것입니다. 물론 이 위험중립평가법에 의한 자산들의 미래 및 현재 가격은 실제 확률(real probability)이 아닌, p와 $(1-p)$와 같은 가상의 확률(risk-neutral probability)을 사용하여 산출된 것임을 기억해야 합니다.

이제 이런 결론들을 차례로 요약하면 다음과 같습니다. 아래 첫 정리는 합성 콜을 만드는 과정에서 우리가 발견한 (인위적) 확률 p와 $(1-p)$에 관한 내용입니다.

정리 3〉 위험중립평가법과 확률

위험중립평가법을 사용하여 자산 가치평가를 할 때는 미래 사건(상태)들의 실제 확률 (real probability)이 아닌 위험중립 확률(risk-neutral probability)을 이용한다.

정리 4〉 위험중립평가법의 증권 가격에의 함의(implication)

위험중립 세계에서는, 특정 자산의 미래 기대 가격은 그 자산의 현재 가격에 무위험 이자율을 곱하면 산출된다. 마찬가지로, 특정 자산의 현재 가격은 그 자산의 미래 기대 가격을 무위험 이자율로 나누면 산출된다.

한편 p와 $(1-p)$를 이용한 위험중립평가법의 태동 과정을 다시 살펴보면, 콜과 동일한 자산인 합성 콜을 만들어 두 개의 콜의 가격이 일치하지 않으면 차익거래가 발생한다는 원리가 그 배경에 있었습니다. 즉, 위험중립평가법에 의한 파생상품 가격과 그 파생상품의 무차익 가격(no-arbitrage price)은 사실 동일한 의미가 됩니다. 그러므로 위험중립평가법으로 산출되는 파생상품 가격은 그 파생상품의 차익거래를 허용하지 않는 무차익 가격입니다.[20]

정리 5〉 위험중립평가법과 차익거래

위험중립평가법을 사용하여 산출된 증권 (현재) 가격은 차익거래를 허용하지 않는 무차익 가격(no-arbitrage price)이다.

이제 마지막으로 위험중립평가법이 파생상품 가치평가에 있어서 얼마나 "powerful"한지 하나의 사례를 통해 알아보겠습니다. 제1절 예제에서의 콜과 풋 가격은 아래와 같습니다.

---

[20] 즉, 위험중립평가법에 의한 가격은 단순히 (위의 정의에서 설명한 대로) 균형 가격일 뿐 아니라 무차익 가격이라는 의미입니다. 사실은, 차익거래를 허용하지 않을 무차익 가격이기에 차익거래자들이 더 이상 파생상품에 대한 매수, 매도가 없어 결과적으로 시장 균형 가격이 된다고 이해해도 됩니다.

➢ 도표 4-6 위험중립평가법과 풋 가치평가

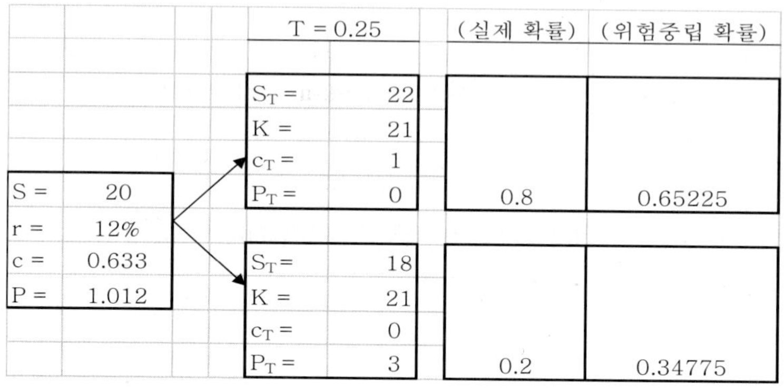

일단 위험중립 확률을 구한 후 이 확률 수치들을 이용하여 콜과 풋 가격을 손쉽게 산출할 수 있음을 우리는 배웠습니다. 다시 이를 리뷰하면, 현재의 콜과 풋 가격은 다음 식들에 의해 산출된 것입니다.

$$c = \frac{1 \times p + 0 \times (1-p)}{e^{r \times \left(\frac{3}{12}\right)}} = \frac{1 \times 0.65225}{e^{0.12 \times \left(\frac{3}{12}\right)}} = \frac{0.65225}{1.0305} = 0.633,$$

$$P = \frac{0 \times p + 3 \times (1-p)}{e^{r \times \left(\frac{3}{12}\right)}} = \frac{3 \times 0.34775}{e^{0.12 \times \left(\frac{3}{12}\right)}} = \frac{1.04325}{1.0305} = 1.012.$$

그런데 풋 가격을, 통상적인 위험 자산 가치평가 방식을 이용하여 산출하면 어떤 결과가 나올까요? 통상적인 위험 자산 가치평가란, 위험 자산의 미래 기대 가격을 구한 후, 그 위험 자산의 위험의 정도를 감안한 적절한 할인율을 사용하여 현재가치를 구함을 말합니다. 여기서 적절한 할인율이란 위험 자산에 투자자들이 요구하는 위험 프리미엄 $\alpha(>0)$을 무위험 이자율에 더한 값을 말합니다. (콜이나) 풋은 위험 자산 중에서도 매우 위험한 자산입니다. 3개월 후 풋 가격이 0 또는 3만원이 되는 위 도표에서 알 수 있듯이, 풋은 거의 로또와 비견할 만한 위험을 가지고 있습니다(콜도 마찬가지). 주식 가격이 22 혹은 18이 되는 것과 비교해서도 풋이 얼마나 "더" 위험한 자산인지 알 수 있습니다. 그러므로 당연히 풋의 할인율은, 혹은 풋에 대해 투자자들이 요구하는 기대 수익률은, $r \times \left(\frac{3}{12}\right) + \alpha = 0.12 \times \left(\frac{3}{12}\right) + \alpha = 0.03 + \alpha$가 될 것입니다.

이제 실제 시장에서 예상하는 주가 상승 및 하락 확률 0.8과 0.2를 사용하여 풋의 기대 가격을 구한 후 이를 할인율 '$r+\alpha$'로 할인해서 현재의 풋 가격을 산출해 봅시다. 현재 풋 가격은 1.012이므로 α 값은 다음과 같이 산출됩니다.

$$\frac{0 \times 0.8 + 3 \times 0.2}{e^{0.03+\alpha}} = \frac{0.6}{e^{0.03+\alpha}} = 1.012.$$

$$e^{0.03+\alpha} \times 1.012 = 0.6.$$

$$e^{0.03+\alpha} = \frac{0.6}{1.012} = 0.593.$$

$$0.03 + \alpha = \ln(0.593) = -0.523.$$

$$\alpha = -0.553$$

그런데 뭔가 이상하지 않습니까? 네, α 값이 이상합니다. 분명히 우리는 위험 프리미엄 α가 당연히 양수임을 알고 있는데, 너무나 어이 없게 음수 값이 나온 것입니다. 이것이 의미하는 바는 무엇일까요? 적어도 한 가지는 확실하게 의미하고 있습니다. 통상적인 위험 자산 가치평가 방법론으로는 풋 같은 파생상품 가격을 올바르게 산출할 수 없다는 것입니다. $\alpha < 0$이라는 것은 풋이라는 자산이 위험 자산이 아님은 물론이고, 심지어 일반적인 안전 자산보다 "더" 안전한 자산이란 뜻입니다. 가령 정부가 발행한 채권 같은 무위험 자산에 대한 투자자들의 요구 수익률이 r입니다. 그리고 위험 자산에 대한 요구 수익률은 r에 위험 프리미엄을 더해 $r+\alpha > r$ 가 됩니다. 그런데 $\alpha < 0$이면, 즉 위험 프리미엄이 음수이면 투자자들의 풋에 대한 요구 수익률은 r보다 더 작습니다. 위의 풋의 경우 투자자들의 요구 수익률이 $r + \alpha = 0.03 + (-0.553) = -0.523$입니다. 즉, 전통적인 자산 가치평가 방식에 따르면 위험 자산 풋의 요구 수익률은 r보다 작게 산출됩니다. 우리 사례에서는 풋의 요구 수익률은 심지어 음수가 산출됩니다. 위험 자산인 풋에 대한 요구 수익률이 음수로 나온 것을 어떻게 해석해야 할 것인가를 논하기 전에 일단 지금까지의 결과를 요약해 보겠습니다.

정리 6〉

풋 옵션을 전통적 위험 자산 가치평가 방법론으로 접근하면, 풋 옵션에 대한 위험 프리미엄이 음수가 될 수 있다.

지금까지의 파생상품 논의에서 가장 중요한 결론은, 파생상품인 콜이나 풋은 통상적인 위험 자산 가치평가 방식으로 그 적정 가격을 산출하지 않고, 차익거래가 발생하지 않을 '무차익 가격(no-arbitrage price)'으로 산출해야 한다는 것입니다. 위 사례의 콜과 풋 가격인 $c = 0.633,\ P = 1.012$도 차익거래가 발생하지 않을 조건에 의해 구한, 즉 위험중립 확률을 사용하여 구한 무차익 가격들입니다. 이것이 가장 확실한 풋 가치평가 방법론입니다.

이제, 음수로 산출된 풋의 위험 프리미엄에 대해 해석해 봅시다. 아래 해석은 이 기이한 현상에 대한 "하나의 해석"입니다.[21] 그러므로 여러분들도 아래 해석을 저자(만)의 견해라고 생각해도 됩니다. 이 해석은 저자의 2003년도 저서인 "채권과 이자율 파생상품"에 제시된 해석을 (거의) 그대로 활용했습니다.[22] 다시 강조하지만, 풋 가격은 전통적 위험 자산 가치평가 방식으로는 구하기 어렵습니다. 차익거래 방식에 의해 산출해야 합니다. 그럼에도 불구하고 전통적 위험 자산 가치평가 풋 가격을 산출하려는 시도는 있을 수 있습니다. 이때 직면하게 되는 기이한 현상, 즉 위험 프리미엄이 음수가 되는 현상을 아래 참고 내용이 설명하고 있습니다.

참고 2〉 음의 위험 프리미엄을 갖는 풋 가격에 대한 하나의 해석

여기에서 중요한 사항은, 위험 자산인 이 풋 옵션의 위험 프리미엄이 음(−)의 값을 가진다는 사실입니다. 위험 프리미엄이 음의 값을 가진다는 사실은, 이 풋 옵션에 내재하는 위험 때문에 투자자들이 이 증권에 요구하는 요구수익률이 무위험 이자율보다 오히려 낮아졌음을 의미합니다. 즉, 이 풋 옵션에 내재한 위험으로 인하여 이 증권은 (동일한 기대 가치를 가지는) 무위험 자산보다 오히려 높은 가격으로 거래되고 있다는 것입니다. 어떻게 이 놀랄 만한 일이 발생하였을까요? 투자자들의 위험 회피 성향이 갑자기 위험 선호 경향으로 돌변하였을까요? 앞의 예제에서 주식의 위험 프리미엄은 0.0287 = 2.87%로 양(+)의 값을 가졌었습니다. 위험 자산인 주식에 대해서 투자자들은 이처럼 위험 회피적인 태도를 보였습니다. 또 콜 옵션의 위험 프리미엄도 (+) 값을 가

---

[21] 이 해석에 동의하지 않을 사람들도 있을 수 있습니다.

[22] 본서와 그 책의 사례 수치들이 다르기에 수치 부분만 수정해서 반영했습니다.

짐을 증명할 수 있습니다. 하지만 또 다른 위험 자산인 풋 옵션에 대해서는 음의 위험 프리미엄에서 나타나듯이 위험 선호적인 태도를 보이고 있습니다. 이러한 모순은 과연 어떻게 설명될 수 있을까요?

이 문제에 대한 답은, "투자자들은 모순된 태도를 보이지 않고 있다"는 것입니다. 즉, 투자자들은 콜 옵션에 대해서나 풋 옵션에 대해서 줄곧 위험 회피적인 태도를 보이고 있다는 것입니다. 그렇다면 위험 자산인 풋 옵션에 대한 (−)의 위험 프리미엄은 어떻게 설명될까요? 이에 대한 실마리는, "여기에서 풋 옵션은 위험 자산이 아니다"라는 사실에서 찾을 수 있습니다. 어떻게 이러한 논리가 성립할까요? 관점에 따라 다르지만, 풋 옵션 하나만을 볼 때에는 물론 위험 자산입니다. 그러나 기초 자산인 주가와 연관하여 볼 때에는 풋 옵션은 위험 자산이 아니라는 것입니다. 왜냐하면 풋 옵션과 기초 자산의 가격이 서로 반대 방향으로 움직이기 때문에, 두 자산을 같이 보유하고 있으면 기초 자산의 위험이 제거될 수 있기 때문입니다. 풋 옵션은 언제나 그 기초 자산의 존재를 전제로 하므로, 풋 옵션이 거래된다면 그 기초 자산도 거래된다는 의미가 됩니다.

만일 기초 자산과 무위험 자산을 함께 보유하고 있다면 어떤 결과가 초래될까요? 무위험 자산이 풋 옵션처럼 기초 자산의 위험을 제거할 수 있을까요? 그렇지는 않습니다. 무위험 자산의 가격은 기초 자산 가격이 움직임과 전혀 상관 없이 움직이므로 기초 자산의 위험을 증가시키지 않을 뿐 이를 제거하지는 못합니다. 또 콜의 경우는 어떨까요? 콜의 가격은 기초 자산의 가격과 같은 방향으로 움직이므로 두 자산을 함께 보유하면 기초 자산만을 보유할 때보다 위험이 더 커집니다. 반면 풋을 기초 자산과 함께 보유하면, 기초 자산만을 보유할 때의 위험보다 전체적인 위험이 감소합니다. 그러므로 위험의 감소라는 측면에서는 풋 옵션은 콜 옵션보다 매력적인 증권임은 물론이고 심지어 무위험 자산보다도 더 매력적인 증권입니다. 이처럼 풋 옵션이 무위험 자산보다 가치있는 증권이므로 그 가격은 (동일한 기대 가치의) 무위험 자산의 가격보다 높게 형성됩니다. 그리고 이를 할인율로 환산하면, 풋 옵션의 할인율은 무위험 자산의 할인율인 무위험 이자율보다도 낮게 형성된다는 것입니다.

이제 우리는 기초 자산과의 관계를 고려하면, 콜 옵션의 위험은 (+)의 값을 가지고 무위험 자산의 위험은 0, 그리고 풋 옵션의 위험은 (−)가 됨을 알았습니다. 그리고 이 때문에 위험 프리미엄의 크기도 콜 옵션의 경우에는 (+), 무위험 자산은 0, 그리고 풋 옵션의 경우에는 (−)가 됨을 이해할 수 있었습니다. 그런데 풋 옵션은 기초 자산과 함께 포트폴리오를 구성하고 있을 때에만 (−)의 위험을 갖습니다. 풋 옵션 자체만으로는 여전히 위험한 증권입니다. 그러므로 풋 옵션만을 매입하려는 투기적 투자자들은 당연히 이러한 위험에 대한 (+)의 위험 프리미엄을 요구하게 될 것입니다. 이들에게 있어서 이 증권의 적정 가격은, 이 풋 옵션의 미래 기댓값 $0.2 \times 3 = 0.6$을 (무위험 이자율 + 위험 프리미엄)으로 할인한 값이 됩니다. 예로서 이 풋의 위험 프리미엄을 $\alpha = 0.05$로 가정하면

$$P = \frac{0.6}{e^{0.03+0.05}} = \frac{0.6}{e^{0.03+0.05}} = 0.554$$

가 됩니다.

그렇다면 이 풋 옵션의 적정가격으로 차익거래 투자자들은 1.012를, 다른 투자자들은 0.554로 산정하고 있다는 결론이 도출됩니다. 그러면 시장의 균형을 가져 오는 풋 옵션 가격은 과연 어떤 값이 될까요? 당연히 1.012가 이 풋 옵션의 시장 균형 가격이 됩니다. 왜냐하면 '$P = 1.012$'가 성립하지 않으면, 차익거래가 발생하여 투자자들은 무한의 이익을 공짜로 얻을 수 있기 때문입니다. 위에서 든 차익거래를 통한 합성 풋 옵션을 창출하는 데는 1.012의 비용이 소요됐습니다. 그런데 현재 시장의 풋 옵션 가격이 0.554라면 어떤 일이 벌어지겠습니까? 주식과 채권 포트폴리오로 합성 풋 옵션을 만들되, 이 합성 풋 옵션을 매도하는 포지션을 취할 것입니다. 즉,

"합성 풋 매수 = 주식 0.75주 공매도 + 채권을 16.012만큼 매수"

이므로 그 반대로

"합성 풋 매도 = 주식 0.75주 매수 + 채권을 16.012만큼 공매도"

합니다. 이때 1.012의 현금을 얻습니다. 즉, $(-0.75) \times 20 + 16.012 = 1.012$입니다. 그리고 동시에 시장에서 현재 0.554의 가격으로 거래되는 (실물, 진성) 풋 옵션을 매수합니다. 그러면 오늘 당장 0.458의 현금 수익을 얻을 수 있습니다. 그리고 3개월 후가 되면, 나의 합성 풋 매도로 인한 모든 현금흐름은 (즉, 내 부채의 현금흐름은) 나의 진

성 풋 매수로 인한 현금흐름으로 완벽히 상쇄시킬 수 있어 내 순 현금흐름은 0가 됩니다. 즉, 오늘 내 차익거래로 발생한 0.458의 현금은 완전한 내 무위험 차익이 되는 것입니다. 그렇다면, 겨우 0.458의 이익만 얻고 내 차익거래를 멈추겠습니까? 그 10배 규모로 거래하면 10배의 차익이 발생하고 100배 규모로 거래하면 100배의 차익이 발생할 텐데 말입니다. 그러므로 나는 이 차익거래 규모를 최대한으로 늘릴 것입니다. 나뿐 아니라 시장의 모든 차익거래자들도 이런 거래를 최대한 실행할 것입니다. 그렇게 되면, 진성 풋 매수 수요가 늘어나, 즉 초과 수요가 발생하여, 시장의 풋 가격은 상승할 것입니다. 또한 합성 풋 매도 수요가 증가하여 합성 풋 가격은 하락할 것입니다. 그리고 이 두 개의 풋 가격이 일치할 때까지 나와 차익거래자들은 공짜 이익을 계속 확대해 나갈 수 있을 것입니다. 효율적인 시장이라면 이런 시나리오를 모두 충분히 예상하기에, 애초에 풋 가격이 0.544에 거래되지 않습니다. 위 차익거래 가능성이 반영된, 무차익 가격 1.012의 가격으로 거래될 수밖에 없습니다.

물론 이 경우에도 단 하나 예외가 있기는 합니다. 개별 풋 옵션에만 투자하는 투기적 투자자들(speculators)이 "압도적으로" 많다면 시장의 풋 가격이 (차익거래에 근거한) 1.012로 항상 유지되지는 않을 수도 있습니다. 단, 재무금융 세계에서는, 특히 논문이나 교과서에서는, 이런 모든 가능성을 일일이 다 챙기면서 논의를 하지는 않습니다. 이렇게 하다 보면 끝도 없이 논박만 지속되기 때문입니다. 그러므로 적어도 이론 모형에서는, 차익거래에 의한 풋 가격이 시장의 균형 가격이 된다고 결론 짓습니다. 참고로, 과연 이런 결론이 합당한 것인지는 파생상품 연구자들이 실증 분석(empirical analyses) 등을 통하여 분석합니다. ▣

제 3 절 위험중립평가법 활용

본절에서는 위험중립평가법의 진정한 의미, 응용 및 가치에 대해 논의해 보겠습니다. 이를 통해 위험중립평가법이 대단히 중요하고 파워풀한 접근방법임을 알게 될 것입니다. 그리고 자연스럽게 이 접근법에 더 많은 흥미와 열의를 가지게 될 것이고, 나중에 필요 시 이 접근방법을 유효하게 사용할 수 있을 것입니다.

1. 풋-콜 패리티(Put-call Parity)와 위험중립평가법

우리는 본서에서 옵션의 기초를 배울 때 풋-콜 패리티(put-call parity)에 대해서도 배운 바 있습니다. 본절 이 주제에서는 풋-콜 패리티를 대상으로 하여 위험중립평가법의 의미를 다시 한 번 생각해 보겠습니다. 본절 이 주제의 이러한 내용은 다른 파생상품 교재에는 없는 매우 독특한 내용이지만 동시에 매우 흥미있는 내용이기도 합니다. 무엇보다도 위험중립평가법의 위력(power)을 여러분들에게 강렬하게 기억하게 해 주는 내용이 될 것입니다.

풋-콜 패리티를 여기 소환하면, 이 식은 동일한 사양(specifications)의 콜과 풋 옵션 가격 사이의 일정한 균형 관계에 대한 내용입니다. 동일한 사양의 콜과 풋이란 다음 항목이 동일한 두 콜과 풋 옵션을 말하는 것입니다. 기초 자산(S), 행사 가격(K) 및 만기 시점(T)이 같은 유러피언 콜과 풋의 가격 사이에는 다음 관계가 성립합니다.

$$S_t + p_t = c_t + K \cdot e^{-r(T-t)}.$$

위 식에서 두 시점 관계는 $t < T$이고, r은 1년 무위험 이자율, '$T-t$'는 잔존 만기이며, S_t, p_t, c_t는 (시점 t의) 기초 자산 가격, 풋 가격 및 콜 가격입니다. 풋-콜 패리티가 뜻하는 바는, 풋과 (기초 자산인) 주식으로 구성된 포트폴리오의 가격과 콜과 (액면가 K의) 무이표채로 구성된 포트폴리오의 가격이 같아야 한다는 것입니다. 여기서 무이표채의 만기도 두 옵션들의 만기와 같은 T입니다. 이에 대한 자세한 설명은 옵션의 기초에 관한 제3장 제7절을 리뷰하기 바랍니다.

이제 이 풋-콜 패리티에 관계된 콜과 풋 옵션이 등가격 옵션(at-the-money option,

ATM)인 경우를 살펴보겠습니다. 등가격 옵션이란 그 행사 가격과 그 기초 자산 가격이 같은 옵션을 말하니, 위 풋-콜 패리티에서 $K = S_t$인 경우입니다. 그러면 풋-콜 패리티는 다음과 같이 됩니다.

$$K + p_t = c_t + K \cdot e^{-r(T-t)}.$$

편의상 $t = 0$으로 하고 $c_t = c_0 = c,\ p_t = p_0 = p$로 간단히 표기하면 위 풋-콜 패리티는 다음과 같아집니다.

$$K + p = c + K \cdot e^{-rT}.$$

이제 좌변의 풋을 우변으로, 우변의 $K \cdot e^{-rT}$를 좌변으로 옮기면 다음이 성립합니다.

$$K - K \cdot e^{-rT} = c - p.$$

이를 다시 이해하기 쉽게 정리하면 다음이 성립합니다.

$$c - p = K(1 - e^{-rT}).$$

혹시 여러분은 이 식을 보면서 뭔가 느껴지는 게 있나요? 우변의 $e^{-rT} = \frac{1}{e^{rT}} < 1$이니 $\left(1 - e^{-rT}\right) > 0$이고 따라서 $K(1 - e^{-rT}) > 0$이 성립합니다. 즉, 콜과 풋이 모두 동일한 사양의 등가격 옵션일 때 두 옵션 가격은 다음 관계를 갖습니다.

$$c - p = K(1 - e^{-rT}) > 0.$$

(사양이 같은) 등가격 옵션들의 경우 "항상" 콜 가격이 풋 가격보다 커야 한다는 것입니다. 이 내용은 풋-콜 패리티로부터 직접 도출된 것으로 이를 "따름 정리"라 하는데, 이는 특정 정리가 성립하면 그 결과 언제나 함께 성립하는 부수적인 정리라는 뜻으로 영어로는 "corollary"라 합니다. 즉, '동일한 사양(specifications)의 등가격 콜의 가격은 등가격 풋의 가격보다 항상 높다'는 진술(statement)은 항상 성립한다는, 항상 참(true)이라는 것입니다.

정리 7〉

동일한 사양(specifications)을 갖는 등가격 콜의 가격은 등가격 풋의 가격보다 높다.

$$c - p = K(1 - e^{-rT}) > 0.$$

한 예로, $T = 1$, $r = 0.1$, $K = 10$, $S = 10$, $p = 3$이라 하겠습니다. 즉, 이 경우는 기초자산 주식의 현 주가 = 10이고 만기 = 1년이며 행사 가격 = 10인 (등가격) 풋의 가격이 3인 경우입니다. 이때 동일한 사양의 등가격 콜 가격은 다음과 같습니다.

$$\begin{aligned} c &= p + K(1 - e^{-rT}) \\ &= 3 + 10 \cdot (1 - e^{-0.1\times 1}) \\ &= 3 + 10 \cdot (1 - 0.905) \\ &= 3.95 > 3 = p. \end{aligned}$$

그러므로 콜 가격 3.95는 풋 가격 3보다 더 큽니다. 왜 그럴까요? 1년 후 주가가 현재 주가 10보다 높을지(콜에 유리) 낮을지(풋에 유리) 아무도 모르는데, 왜 풋-콜 패리티를 적용하면 콜 가격이 풋 가격보다 더 높을까요? 이것이 우연한 결과일까요 아니면 어떤 필연적 사연이 있는 건가요? 여러분은 어떻게 생각하나요? 이와 관련하여 다음과 같은 질문을 하는 사람들이 있습니다.

> 질문 4-4〉 (등가격) 콜과 풋의 본질상 콜 가격이 풋 가격보다 더 높은 것은 자명하지 않나요? 만기일에 S_T가 K보다 클수록 콜(풋) 가치는 높아(낮아)집니다. 그런데 만기일에 S_T가 상승하는 데에는 아무 제한이 없지만 S_T가 하락하는 데에는 제한이 있습니다. S_T가 0보다 작을 수 없으니까요. 이를 고려하면 만기일에 콜의 기대 가격은 풋의 그것보다 높습니다. 또 위험중립평가법에 따르면 현재 콜(풋) 가격은 만기일 기대 콜(풋) 가격을 무위험 이자율 r로 현 시점까지 할인한 것인데, 만기일 기대 콜 가격이 만기일 기대 풋 가격보다 높으므로 현 시점에서도 콜 가격은 풋 가격보다 더 높아야 합니다.

네, 매우 예리한 지적입니다. 사실 오래 전 저자가 어떤 재무금융 학자에게도 위와 같은 주장을 개인적으로(in person) 직접 들은 적 있습니다. 즉, 위 질문은 재무금융 학자에게조차 합리적으로 여겨지는 질문입니다. 그런데 결과적으로 위 질문에서 주장하는 내용은 오류가 있습니다. 왜 틀렸는지를 먼저 설명하겠습니다.

등가격 옵션을 대상으로 한 풋-콜 패리티 버전을 다시 소개하면 다음과 같습니다.

$$c = p + K(1 - e^{-rT})$$

그런데 이 식에서 K에 관해서 어떠한 제약도 없습니다. 또한 T에 관해서도 그러합니다. 그러므로, 가령 K가 매우 큰 값이고 T가 매우 작은 값인 경우에도 풋-콜 패리티는 성립합니다. 그러므로 이 경우를 감안하며 위 질문의 주장이 유효하지 않습니다. 가령 $(S =)K =$ \$100,000이고 $T = 1$일 $= 1/260 = 0.0038$(년)이라 가정하겠습니다. 그러면 현 주가 = \$100,000인 주식의 주가가 남은 1일 동안 0이 될 확률이 얼마나 될까요? (거의) 0입니다. 나아가, K에는 제한이 없으므로, $K = S =$\$9,000,000인 주식을 가정하면, 하루 동안 주가가 0이 될 확률은 0에 더욱 더 가깝습니다. $K = S =$\$90,000,000인 주식도 마찬가지입니다. 주가 하락에는 0이라는 제약이 있는 것은 사실이지만, 그 제약이 실제로 아무런 효과가 없는(unbinding) 위와 같은 경우도 비일비재하므로 그 제약으로 인해 만기일의 콜 가격이 (그 현재가치인 현재 콜 가격이) 만기일 풋 가격보다 (그 현재가치인 현재 풋 가격보다) 더 높아야 한다는 주장은 잘못된 것입니다.

이 주장이 틀린 또 다른 근거를 제시하겠습니다. 이자율 시장에서 무위험 이자율 $r = 0$ 혹은 0에 매우 가까운 경우를 생각해 보겠습니다. 실제로도 2008년 세계금융위기 이후 독일을 비롯한 여러 유럽 국가와 일본 등의 국가에서 무위험 이자율이 0 혹은 심지어 (−) 값을 가지는 시기도 장기간 존재했습니다. $r = 0$이면 등가격 옵션에 대한 풋-콜 패리티는 다음과 같이 변합니다.

$$\begin{aligned} c &= p + K(1 - e^{-rT}) \\ &= p + K(1 - e^{-0 \times T}) \\ &= p + K(1 - e^{0}) \\ &= p + K(1 - 1) \\ &= p. \end{aligned}$$

즉, 현 시점에서 '콜 가격 = 풋 가격'이 되는 것입니다. 주가 상승에는 제한이 없으니 등가격 콜의 가격이 등가격 풋의 가격보다 높아야 한다는 주장이 틀린 것입니다. 무위험 이자율 $r = 0$일 때는, 두 옵션의 가치가 같아지기 때문입니다. 더구나 우리는 K의 크기나 T의 크기에 대해서 아무런 제한을 두지 않았습니다. 즉, K가 크든 작든, T가 크든 작든, $r = 0$이기만 하면 항상 '콜 가격=풋 가격'이 됩니다. 그러므로 동일 사양의 등가격 콜과 풋 중 콜 가격이 풋 가격보다 "당연히" 높아야 한다는 주장은 일단 틀렸습니다. 그리고 이런 주장의 논거, 즉 주가 상승에는 제한이 없어서 그렇다는 내용도 오류임도 설명됐습니다. ▣

지금 우리는 등가격 콜과 풋에 대한 새로운 두 진실에 직면하고 있습니다. 그 내용은 다음과 같습니다.

i) $r = 0$일 때는 동일 사양의 등가격 콜과 등가격 풋의 가격은 같다.

ii) $r > 0$일 때는 동일 사양의 등가격 콜 가격이 등가격 풋 가격보다 높다.

이런 놀라운 결론에 이른 유일한 이유는 바로 위험중립평가법 때문입니다. 또한, 이런 놀라운 결론을 설명할 수 있는 이론도 위험중립평가법입니다. 위험중립평가법 외의 다른 이론으로는 i), ii)의 사실을 달리 설명할 수가 없습니다. 위험중립평가법이 뭐였죠? 위험중립평가법의 핵심은, 파생상품(을 비롯한 모든 자산) 가치평가 때 시장의 모든 투자자들은 위험중립 투자자가 된다고 가정할 수 있다는 주장입니다.[23] 이렇게 가정하고 문제를 풀면, 파생상품 가격들을 정확히 산출할 수 있다는 것이고 이 내용은 이미 앞절에서 증명됐습니다. 이제 우리는 위의 등가격 옵션들에 대한 놀라운 내용도 위험중립평가법으로 설명하고자 합니다.

이제 위의 두 진실에 대한 설명을 차근차근 해 보겠습니다. 위험중립 투자자들은 주식, 채권, 옵션 등에 투자할 때 오로지 한 가지만 요구합니다. 어떠한 자산에 투자하든 이들이 요구하는 수익률은, 즉 기대 수익률은 무위험 이자율(r)과 같아야 한다는 것입니다. 그런데 그 무위험 이자율이 0이라면, 즉 $r = 0$이라면, 다음과 같은 일이 벌어질 것입니다. 현재 주가$= S$인 주식이 있다고 하겠습니다. 이 주식의 (옵션 만기일) 미래 가격은 얼마가 될까요? 우리가 바로 앞절에서 배운 정리 "위험중립평가법의 증권 가격에의 함의(implication)"에 따르면 다음이 성립합니다.

---

[23] 그리고 이 주장은 입증되었습니다. 위험중립 확률 $p, 1 - p$를 사용할 때 말입니다.

정리 8〉

특정 자산의 미래 기대 가격은 그 자산의 현재 가격에 무위험 이자율을 곱하면 산출된다.

즉, 위험중립평가법에 따르면, 이 주식의 (옵션 만기일) 미래 기대 가격은 다음과 같습니다.

$$E[S_T] = S \times e^r.$$

S_T 자체를 정확히 예측할 수는 없지만, 만기일의 "기대 주가(expected price)"는 $S \times e^r$이 된다는 것입니다. 위험중립평가법에서 말입니다. 그런데 $r = 0$이면 다음이 성립합니다.

$$E[S_T] = S \times e^r = S \times e^0 = S \times 1 = S.$$

한편 $r = 0$이면 $E[S_T] = S$ 외에 또 하나 일치하는 것이 있습니다. 우리는 지금 등가격 콜과 풋을 대상으로 하고 있으므로 다음이 성립하는 것입니다.

$$E[S_T] = S = K.$$

위 식이 왜 중요할까요? $E[S_T] = K$이면, 콜이나 풋 중 만기일에 누가 더 가치있는 옵션인가를 고민할 필요가 없습니다. 둘 다 동일한 가치를 갖는 옵션이 됩니다. $E[S_T] = K$의 의미는, 만기일에 $S_T > K$일 수도 $S_T < K$일 수도 있지만 이 모든 사건을 다 반영할 때 평균적으로는 $S_T = K$가 된다는 것입니다. 그러니, $S_T > K$일 확률이 높을수록 가치가 높아지는 콜과 $S_T < K$일 확률이 높을수록 가치가 높아지는 풋 중 어느 일방의 가치가 더 높다고 할 수 없고 둘의 가치는 동일해지는 것입니다.[24] 단, 만기일에는 $S_T > K$도 $S_T < K$도 발생할 수 있으니, 만기일 당일에는 콜과 풋 중 어느 한쪽의

---

[24] 참고로, $E[S_T] = K$와 $S = K$는 다른 것입니다. 후자는 등가격 옵션을 의미하고, 전자는 현재 옵션이 등가격인지와 관계 없이 만기일 주가가 옵션 행사 가격과 같다는 것입니다. $S = K$라고 해서 현재 콜과 풋 가격이 같을 필요는 없습니다. 하지만 $E[S_T] = K$라면 현재 (등가격) 콜과 (등가격) 풋 가격이 같아야 됩니다. $r = 0$이면, $S = K$인 두 등가격 옵션에 대해 $E[S_T] = K$이 성립하여 두 옵션 현재 가격이 같아지는 것입니다. 단순히 등가격 옵션이라 해서, 즉 $S = K$라 해서, 등가격 옵션 가격이 같아지지는 않고, 풋-콜 패리티에 따르면 콜 가격이 풋 가격보다 높습니다($r > 0$).

가치가 더 높을 수 있습니다. 즉, 사후적으로는 콜과 풋 중 어느 한쪽의 가치가 더 높을 수 있습니다. 하지만 (사전적으로) 현 시점 t에서 볼 때($t < T$), 미래 시점 T에서 $E[S_T] = K$이면, 이를 반영하여 현 시점에서의 (등가격) 콜과 풋의 가격은 일치해야 한다는 것입니다. ▣

> **정리 9〉**
>
> 무위험 이자율 $r = 0$이면, 등가격 콜의 가격과 등가격 풋의 가격은 같다.
>
> $$c - p = 0.$$

이제 비로소 우리는 "왜 (일반적으로) 등가격 콜 가격이 등가격 풋 가격보다 높은가"의 근본 원인을 알 것 같습니다. 그 근본 원인은 무위험 이자율 r에 있습니다. 위험중립평가법에 따르면 투자자들은 모든 자산의 기대 수익률은 r인데, $r > 0$이라면 미래 주가 $E[S_T]$는 현 주가 S보다 크다는 것입니다. 즉,

$$E[S_T] = S \times e^r > S, \qquad \text{where } r > 0.$$

그런데 등가격 옵션의 경우 $S = K$이므로 다음이 성립합니다.

$$E[S_T] > K.$$

즉, 위험중립평가법에 따르면 $r > 0$일 때에는 $E[S_T] > K$가 성립합니다.[25] 이 사실은 (등가격) 콜 보유자에게 유리하고 (등가격) 풋 보유자에겐 불리합니다. 이 때문에 콜 가치가 풋 가치보다 항상 더 높은 것입니다. 이 둘이 등가격 옵션이고 또 $r > 0$임을 전제한다면 말입니다. 이로써 우리는 (동일 사양의) 등가격 콜이 등가격 풋보다 가격이 높은 이유를 확실하게 알았습니다.

또한 $r = 0$일 때 등가격 콜과 풋의 가격이 같음을, 풋-콜 패리티를 사용하지 않아도 "위험중립평가법의 증권 가격에의 함의(implication)"를 활용하여 직관적으로 이해할 수도 있습니다. 그 함의는 다음과 같습니다.

---

[25] 물론 실세계에서는 이렇다는 보장이 없습니다. $r > 0$이라 해서, 미래 특정 주식의 평균 가격이 현재 그 주식의 가격보다 높아야 한다는 당위성이 없습니다.

"특정 자산의 현재 가격은 그 자산의 미래 기대 가격을 무위험 이자율로 나누면 산출된다."

즉, 시간의 흐름을 미래에서 현재로 바꾸어도(backward) 증명할 수 있습니다.

$$S = \frac{E[S_T]}{e^r} = \frac{E[S_T]}{e^0} = \frac{E[S_T]}{1} = E[S_T].$$

이처럼 분석의 출발을 미래 시점 T에서 시작해도,

무위험 이자율 = 위험중립평가법에서의 주식의 기대 수익률

이라는 전제에서는, $r = 0$이면 위의 수식에서처럼

$$S = E[S_T]$$

가 입증됩니다. 만기일 주가의 기대 가격이 현 주가 S와 같고, $S = K = E[S_T]$이니 만기일에 (평균적으로는) 콜의 가치와 풋의 가치가 같다고 추측할 수 있습니다. 만기일 두 옵션의 기대 가격이 같다면 현재 두 옵션의 가격도 같아야 합니다. 왜냐하면 현재 두 옵션의 가격은 각 옵션의 미래 기대 가격을 동일한 r로 할인한 결과이기 때문입니다. 위험중립평가법에서 말입니다.

자, 이제 본격적인 문제를 다뤄 보겠습니다.

Challenging Q 1〉 첫째로 $r > 0$일 때 등가격 콜 가격이 등가격 풋 가격보다 높은 이유, 둘째로 $r = 0$일 때 등가격 콜 가격과 등가격 풋 가격이 같은 이유를 보다 "엄밀하게" 입증해 보세요.

(증명이 좀 깁니다. 반면 내용은 그다지 어렵지는 않습니다.)

위 질문이 필요한 이유가 있습니다. 위에서 $r = 0$일 때 등가격 콜 가격과 등가격 풋 가격이 같은 이유를 입증한 내용은 아주 엄밀한 의미에서는 부족한 부분이 있기

때문입니다. 이제 이를 교정해 보겠습니다. 먼저, 만기일 T에서의 콜의 기대 가격은 단순히 $E[S_T]$와 K만의 함수는 아닙니다. 왜냐하면 만기일 T에서의 콜의 가격은

$$\text{Max}[S_T - K, 0]$$

이기 때문입니다. 즉, 정확하게는 S_T와 K, 그리고 Max[·] 함수가 모두 관계된 것입니다. 물론 시점 T에 S_T가 어떤 값을 갖는가에 따라 $\text{Max}[S_T - K, 0]$ 값은 달라집니다. 가령 $S_T = K + 1$이면 $\text{Max}[S_T - K, 0] = 1$이고 $S_T = K + 2$이면 $\text{Max}[S_T - K, 0] = 2$이며 $S_T = K - 1$이면 $\text{Max}[S_T - K, 0] = 0$입니다. 또한 이 각각의 사건의 확률이 어떤가에 따라 만기일 콜의 기대 가격이 달라질 것입니다. 위험중립평가법에 따르면, 현재 콜의 (무차익) 가격을 구하는 방법은 미래 콜의 기대 가격을 r로 할인하는 것입니다. 그러므로 우리는 먼저 콜의 만기일 기대 가격을 구해야 합니다. 콜의 만기일에 주가가 S_T로 실현되면 콜 가격은 $\text{Max}[S_T - K, 0]$가 됩니다. 그런데 S_T은 확률변수이므로 아직 우리가 그 값을 모릅니다, 시점 T가 도래하기 전에는. 그러므로 만기일의 콜 가격 $\text{Max}[S_T - K, 0]$ 자체도 확률변수입니다. 다른 말로 하면, 확률변수 S_T의 함수인 $\text{Max}[S_T - K, 0]$도 확률변수인 것입니다(S_T가 확률변수면 그 함수인 $(S_T)^2$도 확률변수인 것과 같은 이치). 그러면 만기일 콜의 "기대 가격"은 어떻게 표현할 수 있을까요? 콜 가격 $\text{Max}[S_T - K, 0]$에 기대 연산자(expectation operator) $E[\cdot]$를 적용하여 그 기댓값을 구하면 됩니다. 즉, 만기일 콜의 기대 가격은

$$E[\text{Max}[S_T - K, 0]]$$

이 됩니다. 마찬가지로 만기일 풋의 기대 가격은

$$E[\text{Max}[K - S_T, 0]]$$

입니다.

그런데 $E[\text{Max}[S_T - K, 0]]$ 혹은 $E[\text{Max}[K - S_T, 0]]$을 계산하려면 확률변수인 $\text{Max}[S_T - K, 0]$ 혹은 $\text{Max}[K - S_T, 0]$의 확률분포를 알아야 합니다. 그러므로 다음과 같이 이산형 확률변수 S_T를 가정하도록 하겠습니다.[26]

---

[26] 물론 연속형 확률변수를 가정해도 똑같이 증명할 수 있습니다.

1) S_T는 $S_{T,1}$, $S_{T,2}$, $\cdots$, $S_{T,n}$, $S_{T,n+1}$, $\cdots$, $S_{T,N}$의 N개의 값을 가진다.
2) 각 값의 크기는 $S_{T,1} < S_{T,2} < \cdots < S_{T,n} < K < S_{T,n+1} < \cdots < S_{T,N}$이다.
3) 각 값의 확률 $\Pr[S_T = S_{T,i}] = p_i$이다. 단 $i = 1, 2, \cdots, N$이고 $p_i > 0$이며 $\sum_{i=1}^{N}(p_i) = 1$이다.

그러므로 $E[S_T]$는 다음과 같이 표시할 수 있습니다.

$$E[S_T] = \sum_{i=1}^{N}(S_{T,i} \times p_i).$$

이제 $S_T = S_{T,n+2}$로 실현됐다고 하겠습니다. 가정 2)에 의해 $S_{T,n+2} - K > 0$이므로

$$\text{Max}[S_{T,n+2} - K, 0] = S_{T,n+2} - K$$

로 산출됩니다. 뿐만 아니라 K보다 큰 모든 $S_{T,i}$에 대해, 즉 $i > n$인 모든 $S_{T,i}$에 대해 다음이 성립합니다.

$$\text{Max}[S_{T,i} - K, 0] = S_{T,i} - K, \qquad \forall i > n.$$

그리고 가정 3)에 의해 $Pr[S_T = S_{T,i}] = p_i$이므로, 만기일 콜 가격이 $S_{T,i} - K$가 될 확률이 바로 p_i입니다. (단 $i > n$)

한편 $S_T = S_{T,n-3}$로 실현됐다고 하겠습니다. $S_{T,n-3} - K < 0$이므로 가정 2)에 의해

$$\text{Max}[S_{T,n-3} - K, 0] = 0$$

입니다. 뿐만 아니라 K보다 작은 모든 $S_{T,i}$에 대해, 즉 $i \leq n$인 모든 $S_{T,i}$에 대해 다음이 성립합니다.

$$\text{Max}[S_{T,i} - K, 0] = 0, \qquad \forall i \leq n.$$

그런데 콜 가격 $\text{Max}[S_{T,i} - K, 0] = 0$이 되는 사건은 여럿입니다. $i \leq n$인 모든 $S_{T,i}$에 대해 $\text{Max}[S_{T,i} - K, 0] = 0$이기 때문입니다. 결국 만기일 콜 가격이 0이 될 확률은 (가정 2, 3에 의해)

$$\sum_{i=1}^{n} p_i$$

입니다.

이런 배경 정보를 알고 만기일 콜의 "기대 가격"을 구해 보겠습니다. 만기일 콜 가격은 $c_T = \text{Max}[S_T - K, 0]$이므로 그 기대 가격은 $E[c_T] = E[\text{Max}[S_T - K, 0]]$입니다. 그런데 $\text{Max}[S_T - K, 0]$은 (S_T값의 확률분포에 따르는) 확률변수입니다. 즉, N개의 $\text{Max}[S_{T,i} - K, 0]$ 값이 발생할 수 있고, 각 사건 $\text{Max}[S_{T,i} - K, 0]$의 확률은 바로 $S_T = S_{T,i}$의 확률입니다. 즉, $Pr[\text{Max}[S_{T,i} - K, 0]] = p_i$이므로 다음이 성립합니다.

$$\begin{aligned}
E[c_T] &= E[\text{Max}[S_T - K, 0]] \\
&= \sum_{i=1}^{N} \left(\text{Max}[S_{T,i} - K, 0] \times p_i\right) \\
&= \sum_{i=1}^{n} \left(\text{Max}[S_{T,i} - K, 0] \times p_i\right) \ + \sum_{i=n+1}^{N} \left(\text{Max}[S_{T,i} - K, 0] \times p_i\right) \\
&= \sum_{i=1}^{n} (0 \times p_i) \ + \sum_{i=n+1}^{N} \left(S_{T,i} - K\right) \times p_i \\
&= 0 \ + \sum_{i=n+1}^{N} \left(S_{T,i} - K\right) \times p_i \\
&= \sum_{i=n+1}^{N} \left(S_{T,i} - K\right) \times p_i \\
&= \sum_{i=n+1}^{N} (S_{T,i} \times p_i) \ - \sum_{i=n+1}^{N} (K \times p_i) \\
&= \sum_{i=n+1}^{N} (S_{T,i} \times p_i) \ - \ K \cdot \left(\sum_{i=n+1}^{N} p_i\right).
\end{aligned}$$

마찬가지로 만기일 풋 가격은 $p_T = \text{Max}[K - S_T, 0]$이므로 그 기대 가격은 $E[p_T] = E[\text{Max}[K - S_T, 0]]$입니다. 그러므로 다음이 성립합니다.

$$
\begin{aligned}
E[p_T] &= E[\text{Max}[K - S_T, 0]] \\
&= \sum_{i=1}^{N} \left(\text{Max}[K - S_{T,i}, 0] \times p_i\right) \\
&= \sum_{i=1}^{n} \left(\text{Max}[K - S_{T,i}, 0] \times p_i\right) \ + \sum_{i=n+1}^{N} \left(\text{Max}[K - S_{T,i}, 0] \times p_i\right) \\
&= \sum_{i=1}^{n} \left(K - S_{T,i}\right) \times p_i \ + \sum_{i=n+1}^{N} (0 \times p_i) \\
&= \sum_{i=1}^{n} \left(K - S_{T,i}\right) \times p_i \\
&= K \cdot \left(\sum_{i=1}^{n} p_i\right) - \sum_{i=1}^{n} (S_{T,i} \times p_i).
\end{aligned}
$$

이제 만기일 두 옵션의 기대 가격을 비교해 봅시다.

$$
\begin{aligned}
& E[c_T] - E[p_T] \\
&= \sum_{i=n+1}^{N} (S_{T,i} \times p_i) - K \cdot \left(\sum_{i=n+1}^{N} p_i\right) - \left[K \cdot \left(\sum_{i=1}^{n} p_i\right) - \sum_{i=1}^{n} (S_{T,i} \times p_i)\right] \\
&= \sum_{i=n+1}^{N} (S_{T,i} \times p_i) + \sum_{i=1}^{n} (S_{T,i} \times p_i) - K \cdot \left(\sum_{i=n+1}^{N} p_i\right) - K \cdot \left(\sum_{i=1}^{n} p_i\right) \\
&= \sum_{i=1}^{N} (S_{T,i} \times p_i) - K \cdot \left(\sum_{i=n+1}^{N} p_i + \sum_{i=1}^{n} p_i\right) \\
&= \sum_{i=1}^{N} (S_{T,i} \times p_i) - K \cdot \left(\sum_{i=1}^{N} p_i\right) \\
&= \sum_{i=1}^{N} (S_{T,i} \times p_i) - K \cdot 1 \\
&= E[S_T] - K.
\end{aligned}
$$

즉,

$$E[c_T] - E[p_T] = E[S_T] - K$$

입니다. 그런데 "위험중립평가법의 증권 가격에의 함의(implication)"와 관련된 정리에 따르면

특정 자산의 미래 기대 가격은 그 자산의 현재 가격에 무위험 이자율을 곱하면 산출되므로

$$E[S_T] = S \times e^r$$

입니다. 그러므로 (보편적인 상황인) $r > 0$인 경우

$$\begin{aligned} & E[c_T] - E[p_T] \\ & = E[S_T] - K \\ & = S \times e^r - K \\ & = K \times e^r - K \ (\because \text{등가격 옵션}) \\ & = K \times (e^r - 1) > 0 \end{aligned}$$

이 됩니다. 이는 현재 두 옵션 가격 비교가 아니라 만기일 두 옵션 기대 가격을 비교한 것입니다.

위험중립평가법에 따르면, 모든 옵션의 "현재" 가격은 그 옵션의 미래(만기일) 기대 가격을 무위험 이자율 r로 할인한 값입니다. 즉, 현재의 콜 가격과 풋 가격을 c, p라 하면

$$c = \frac{E[c_T]}{e^r}, \qquad p = \frac{E[p_T]}{e^r}$$

입니다. 그러므로 다음이 성립합니다.

$$\begin{aligned} c - p &= \frac{E[c_T]}{e^r} - \frac{E[p_T]}{e^r} \\ &= \frac{E[c_T] - E[p_T]}{e^r} \\ &= \frac{K \times (e^r - 1)}{e^r} \\ &= K \times (1 - e^{-r}) > 0. \end{aligned}$$

즉, ($r > 0$이면) 등가격 콜과 풋의 경우 콜 가격이 풋 가격보다 높습니다. 이것이 첫째 질문에 대한 증명입니다.

또한 $r = 0$을 위 식에 입력하면 다음이 성립합니다.

$$\begin{aligned} c - p &= K \times (1 - e^{-r}) \\ &= K \times (1 - e^{-0}) \\ &= K \times (1 - 1) \\ &= 0. \end{aligned}$$

이것이 $r=0$일 때 등가격 콜과 등가격 풋의 가격이 같은 "엄밀한" 증명입니다. ▣

참고로, 위 증명에서 각 단계를 하나도 skip하지 않고 일일이 포함하다 보니, 결과적으로 증명이 좀 깁니다(lengthy). 저자 입장에서 쉽다고 생각되는 단계들을 skip하다 보면, 독자 입장에선 skip이 아니라 ski (jump)로 느껴질 수 있을 것 같아 모든 단계를 포함했습니다. 이 증명이 어떤 의미인지 체감하기 위해 다음 예제를 한 번 풀어 보겠습니다.

예제 4-4〉 등가격 콜과 풋 가격 차이

현재 주가 $S = 10$인 주식을 기초 자산으로 하고, 만기 = 1(년), 행사 가격 = 10인 등가격 콜(c)과 풋(p)의 가격 차이를 무위험 이자율 $r = 0.1$인 경우와 $r = 0$인 경우로 나누어 살펴보겠습니다. 1년 후 주가는 이산형 균등분포(uniform distribution)을 따른다고 가정하는데 구체적으로는 아래 도표와 같습니다. 즉, $S_T(= S_1) = 10 \cdot e^r$를 대칭으로 5개의 주가가 각 확률 0.2로 실현됩니다. c_T와 p_T는 이 등가격 콜과 풋의 만기일 가치입니다. E[·]는 만기일에 각 S_T, c_T, p_T의 기대 가격을, PV는 현재 시점의 S, c, p의 가격을 말합니다. 물론 아래 도표에서의 확률(들)은 위험중립 확률(들)을 전제로 합니다.

➤ 도표 4-7 등가격 콜과 풋의 현재 가격 ($S = K = 10$)

K = 10	r = 0.1				r = 0			
	S_T		c_T	p_T	S_T		c_T	p_T
	$10 \cdot e^r + 2$	13.05	3.05	0	$10 \cdot e^r + 2$	12	2	0
	$10 \cdot e^r + 1$	12.05	2.05	0	$10 \cdot e^r + 1$	11	1	0
	$10 \cdot e^r$	11.05	1.05	0	$10 \cdot e^r$	10	0	0
	$10 \cdot e^r - 1$	10.05	0.05	0	$10 \cdot e^r - 1$	9	0	1
	$10 \cdot e^r - 2$	9.05	0	0.95	$10 \cdot e^r - 2$	8	0	2
E[·] =	$10 \cdot e^r$	11.05	1.24	0.19	$10 \cdot e^r$	10	0.6	0.6
PV =		10	1.12	0.17		10	0.6	0.6

1년 후 주가는 $10 \cdot e^r$, $10 \cdot e^r \pm 1$, $10 \cdot e^r \pm 2$의 5개의 값들이 각각 확률 0.2로 실현되기에 이들 주가의 기댓값은 $\mathrm{E}[S_T] = 10 \cdot e^r$이 됩니다. $r = 0$이든 $r = 0.1$이든 상관 없이 말입니다. 그렇기 때문에, 위험중립평가법에 근거하여 오늘 현재의 주가를 구하면

$$S_0 = \frac{E[S_T]}{e^r} = \frac{10 \cdot e^r}{e^r} = 10$$

이 됩니다. 그러나 미래 주가 S_T의 분포는 r 값에 따라 위 도표처럼 다르게 됩니다. $r = 0$이면 S_T의 분포는 10을 중심으로 10 ± 1, 10 ± 2의 값들이 포진해 있지만, $r = 0.1$이면 S_T의 분포는 $10 \cdot e^r = 11.05$를 중심으로 11.05 ± 1, 11.05 ± 2의 값들이 포진하고 있습니다. 그러므로 $r = 0$인 경우 등가격 콜이나 등가격 풋의 만기일 기대 가격이 공히 0.6으로 일치합니다. 그러므로 (위험중립평가법에 따라) 이 기대 가격을 무위험 이자율 $r(= 0)$으로 할인한 두 옵션의 현재 가격도 같습니다. 구체적으로 다음이 성립합니다.

$$c = \frac{E[c_T]}{e^r} = \frac{0.6}{e^0} = \frac{0.6}{1} = 0.6, \qquad \text{and}$$

$$p = \frac{E[p_T]}{e^r} = \frac{0.6}{e^0} = \frac{0.6}{1} = 0.6.$$

반면 $r = 0.1$인 경우 $S_T = 10 \cdot e^r = 11.05$를 중심으로 대칭적 분포를 이루고 $K = 10$이기에 콜 가격의 평균$(= \mathrm{E}[c_T] = 1.24)$이 풋 가격의 평균$(= \mathrm{E}[p_T] = 0.19)$보다 큽니다. 물론 이 두 평균은 다음 계산으로 산출된 것입니다.

$$\mathrm{E}[c_T] = 0.2 \times (3.05 + 2.05 + 1.05 + 0.05 + 0) = 1.24, \text{ and}$$
$$\mathrm{E}[p_T] = 0.2 \times (0 + 0 + 0 + 0 + 0.95) = 0.19.$$

그러므로 이들의 현재가치도 콜이 풋보다 더 큽니다. 구체적으로는, 위험중립평가법에 의해

$$c = \frac{E[c_T]}{e^r} = \frac{1.24}{e^{0.1}} = \frac{1.24}{1.105} = 1.12, \qquad \text{and}$$
$$p = \frac{E[p_T]}{e^r} = \frac{0.19}{e^{0.1}} = \frac{0.19}{1.105} = 0.17$$

이 산출됩니다. 그리고 이 두 옵션 가격의 차이는 1.12−0.17=0.95입니다. 이 값은 무엇과 같을까요? 위에서 설명한, $r > 0$일 때 등가격 콜과 풋의 가격 차이인

$$\begin{aligned} & K \times (1 - e^{-r}) \\ & = 10 \times (1 - e^{-0.1}) \\ & = 10 \times (1 - 0.905) \\ & = 10 \times 0.095 \\ & = 0.95 \end{aligned}$$

와 같은 것입니다. 이러한 예제를 통해 등가격 콜 가격이 등가격 풋 가격과 왜 차이가 나는지, 또 $r = 0$일 때는 왜 차이가 없는지 알아보았습니다. ▣

질문 4-5〉 이 콜, 풋 가격들에 대해 풋-콜 패리티가 성립하나요?

네, 좋은 질문입니다. r의 값에 따라 콜과 풋 가격들의 두 조합이 존재합니다. 위 도표에서 알 수 있듯이, $r = 0$이면 $(c, p) = (0.6, 0.6)$이고 $r = 0.1$이면 $(c, p) = (1.12, 0.17)$입니다. 이들이 풋-콜 패리티를 충족시키는지 알아보겠습니다. 먼저 풋-콜 패리티는 다음과 같습니다.

$$S + p = c + K \cdot e^{-rT}.$$

그리고 위 문제에서 $S = K = 10,\ T = 1$입니다. $r = 0$일 때 $(c, p) = (0.6, 0.6)$이 위 패리티를 충족시키는지 알아보면,

$$S + p = 10 + 0.6 = 10.6$$

이고

$$c + K \cdot e^{-rT} = 0.6 + 10 \times e^{-0 \times 1} = 0.6 + 10 = 10.6$$

이므로 풋-콜 패리티가 충족됩니다. $r = 0.1$일 때 $(c, p) = (1.12, 0.17)$이 위 패리티를 충족시키는지 알아보면,

$$S + p = 10 + 0.17 = 10.17$$

이고

$$c + K \cdot e^{-rT} = 1.12 + 10 \times e^{-0.1 \times 1} = 1.12 + 9.05 = 10.17$$

이므로 풋-콜 패리티가 충족됩니다. ▣

2. 위험중립평가법의 응용: 내기에서 돈 벌기

위험중립평가법의 개념, 원리를 제대로 이해하면 실제 주가 관련 내기에서도 언제나 이길 수 있습니다. 내기에서 이긴다는 말은 곧 돈을 번다는 것이고, 내기에서 "언제나" 이긴다는 말은 언제나 돈을 번다는 것을 뜻합니다. 이것이 어떻게 가능할까요? 보통 내기라 함은 미래 불확실한 결과가 그 대상이므로, 누가 내기를 하든 항상 내기에서 이긴다는 것은 불가능합니다. 하지만 위험중립평가법을 제대로 이해했다면 이를 "응용하여(apply)" 내기에서 언제나 이길 수 있습니다. 여기서는 여러분들의 이 평가법에 대한 흥미와 관심을 위해, 구체적 예를 들어 설명해 보겠습니다.

현 시점은 $t = 0$이고 미래 두 시점을 $t = t1, t2$라 하겠습니다. 물론 시점 $t2$가 시점 $t1$보다 늦은 시점입니다($t2 > t1 > 0$). 가령

$t2 = 2$일 후 $= \frac{2}{250}$, $t1 = 1$일 후 $= \frac{1}{250}$이 될 수 있고, 혹은

$t2 = 2$주일 후 $= \frac{2}{52}$, $t1 = 1$주일 후 $= \frac{1}{52}$, 혹은

$t2 = 2$개월 후 $= \frac{2}{12}$, $t1 = 1$개월 후 $= \frac{1}{12}$

이 될 수 있습니다. 이 두 미래 시점의 특정 주식의 주가를 각각 S_{t1}, S_{t2}라 하겠습니다. 이 주식은 편의상 배당이 없는 주식이라 하겠습니다. 혹은 적어도 시점 $t2$까지는 예정된 배당이 없는 주식이라 하겠습니다. 이제 여러분(A)이 상대방(B)과 다음 거래(X)를 한다고 합시다.

X의 내용:

시점 $t2$에서 (혹은 그 이후)

A는 상대방(B)으로부터

$S_{t2} - S_{t1}$의 현금을 받든지 $S_{t1} - S_{t2}$의 현금을 받는다.

위 거래는 결국 어느 미래 시점의 주가가 더 큰 것인가에 대한 내기와 같습니다. 그런데 두 미래 시점의 두 주가 중 어느 주가가 더 클 것인지 현재로서는($t = 0 < t1 < t2$) 알 수가 없습니다. 두 주가 S_{t1}, S_{t2}은 현재 시점에서 알 수 없는 확률변수이기에, 시점 $t2$가 지나야만 어느 주가가 더 큰지 알 수 있기 때문입니다. 그러기에 거래 상대방 B는, 위 거래의 손익을 운에 맡겨, A가 어떤 쪽을 선택하든 그대로 응하겠다는 것입니다. 이때 A는 어떤 쪽을 선택해야 할까요? 혹은 B가 특정 거래만을 선택할 수도 있습니다. 즉, B가 개인적 전망으로 $S_{t2} - S_{t1}$의 현금을 주든지 $S_{t1} - S_{t2}$의 현금을 주든지 둘 중 하나만을 선택할 수도 있습니다. 그렇다면 B가 둘 중 어떤 방식을 선택할 때에만 A는 그 거래에 응하면서 돈을 벌 수 있을까요?

이런 거래에서 A가 항상 돈을 벌 수 있는 방법이 과연 있기는 있는 것일까요? 결론부터 말하면 그런 거래가 있습니다. "위험중립평가법"을 제대로 이해한다면 말입니다. 이에 대해서 설명해 보겠습니다.

편의상 시장의 모든 (연율화된) 현물이자율이 r이라 가정합니다. 이 경우 선도 거래를 이용하면 두 미래 시점 $t1$, $t2$ 간에도 현금을 (선도)이자율 r로 투자하거나 차입할 수 있습니다.[27] 이제 위험중립평가법을 제대로 이해하는 투자자 A가 그 상대방 B

[27] 이에 대해서는 제2장에서 배운 선도 이자율 항목을 참조할 수 있습니다.

와 어떤 거래를 해야 할지 파악해 봅시다.

미래 두 시점의 주가 S_{t1}, S_{t2} 중 어느 값이 더 클지는 물론 현재 시점에서는 알 수 없습니다. 가령 2일 후 주가가 항상 1일 후 주가보다 높은 것도 아니고, 1달 후 주가가 2주일 후 주가보다 더 높다고 단언할 수 없습니다. 그런데 그 기댓값은 어떨까요? 가령 $S_{t2} - S_{t1}$의 기댓값은 어떨까요?

$$\begin{aligned} &E[S_{t2} - S_{t1}] \\ &= E[S_{t2}] - E[S_{t1}] \end{aligned}$$

인데, 여전히 $E[S_{t2}]$와 $E[S_{t1}]$ 중 어느 기댓값이 더 클지 알 수 없습니다.

그런데 "위험중립평가법"을 응용하면 이 질문에 답할 수 있습니다. 실제 확률을 사용하는 위의 일반적 기댓값 산출과 구분하기 위해, 위험중립 확률을 사용하는 위험중립 세계에서의 기댓값을 $E^R[\cdot]$로 표기하겠습니다. 위험중립 투자자가 계산하는 S_{t2}의 기댓값과 S_{t1}의 기댓값은 각각 $S_0 \cdot e^{r \cdot t2}$와 $S_0 \cdot e^{r \cdot t1}$입니다. 혹은 이산복리로 계산하면 각각 $S_0 \cdot (1 + r \times t2)$와 $S_0 \cdot (1 + r \times t1)$입니다. 그러므로 이 두 기댓값의 차이는 다음과 같습니다. 혹은 두 주가 차이의 기댓값은 다음과 같습니다.

$$\begin{aligned} &E^R[S_{t2} - S_{t1}] \\ &= E^R[S_{t2}] - E^R[S_{t1}] \\ &= S_0 \cdot (e^{r \cdot t2} - e^{r \cdot t1}) \\ &= S_0 \cdot \left(e^{r \cdot (t1 + t2 - t1)} - e^{r \cdot t1}\right) \\ &= S_0 \cdot \left(e^{r \cdot t1} \cdot e^{r \cdot (t2 - t1)} - e^{r \cdot t1}\right) \\ &= S_0 \cdot e^{r \cdot t1}\left(e^{r \cdot (t2 - t1)} - 1\right) > 0. \end{aligned}$$

위에서 $S_0 \cdot e^{r \cdot t1}\left(e^{r \cdot (t2-t1)} - 1\right) > 0$인 이유는, $e^{r \cdot (t2-t1)}$에서 $r > 0$이고 $t2 - t1 > 0$이기에 $r \cdot (t2 - t1) > 0$이고 $e^{r \cdot (t2-t1)} > 1$이며, 그 결과 $S_0 \cdot e^{r \cdot t1}\left(e^{r \cdot (t2-t1)} - 1\right) > 0$이기 때문입니다.

또한 이산복리법을 사용해서도 동일한 결과가 도출됩니다.

$$\begin{aligned} &E^R[S_{t2} - S_{t1}] \\ &= E^R[S_{t2}] - E^R[S_{t1}] \end{aligned}$$

$$= S_0 \cdot (1 + r \times t2) - S_0 \cdot (1 + r \times t1)$$
$$= S_0 \cdot (r \times t2 - r \times t1)$$
$$= S_0 \cdot \left(r \times (t2 - t1)\right) > 0.$$

그러므로 위험중립평가법을 이해하는 A는 거래 상대방 B와 다음의 거래를 합니다.

> 시점 $t2$에 (혹은 S_{t1}, S_{t2} 값이 다 알려진 이후)
> A는 B로부터 "$S_{t2} - S_{t1}$"의 현금을 받고
> B는 A로부터 $-(S_{t2} - S_{t1})$ = "$S_{t1} - S_{t2}$"의 현금을 받는

거래를 선택합니다. 물론 거래 계약 시점은 $t2$ 이전 시점이 되어야 하고, 일반적으로 $t1$ 이전 시점이 될 것입니다. 어차피 두 값 S_{t1}, S_{t2} 중 어느 값이 더 클지 $t2$ 이전 시점에서는 알 수 없기에, 위와 같은 거래에 응하는 거래자 B가 존재할 가능성이 높습니다. 특히 자신의 개인 전망으로, 주가 S가 당분간 혹은 단기간은 상승하고 그 이후에는 하락할 가능성이 있다고 추정하는 거래자가 있다면 이런 거래를 할 B를 쉽게 찾을 수 있습니다.

이제 이 거래 결과 A는 다음 현금흐름이 확정됐습니다.

$$S_{t2} - S_{t1}.$$

그런데 A가 위험중립평가법을 잘 이해하고 있다 해서, 위의 현금흐름이 (사후적으로) 항상 0보다 크지는 않습니다. $S_{t2} < S_{t1}$로 실현될 가능성도 얼마든지 있습니다. 그렇다면 A는 과연 어떻게 해서 이 거래의 현금흐름을 '+'로 만들 수 있을까요? 그 방법은 다름 아니고

$$S_{t1} - S_{t2}$$

형식의 (정반대의) 현금흐름을 추가적으로 만들어 내는 것입니다. 그렇게 되면 애초 A의 내기의 현금흐름과 이 정반대 현금흐름이 합쳐져서 "확실하게" 미래 A의 순 현금흐름(net cash flow)이 "0"이 될 것입니다.

그런데 문제가 있습니다. A의 목표는 순 현금흐름을 0으로 만드는 것이 아니고 '+'로 만드는 것, 즉 이 거래로부터 돈을 버는 것이었습니다. 그러므로 순 현금흐름을 0으로 만들지 않고 '+'로 만들기 위해서는

$$S_{t1} - S_{t2} + \alpha$$

의 현금흐름을 A가 만들어내야 합니다($\alpha > 0$). 어떻게 이를 만들어 낼 수 있을까요? 이를 위해서는 적어도 다음의 두 가지 전략이 있습니다.

(1) 선물을 활용하지 않는 전략
(2) 선물을 활용하는 전략

첫 번째 전략은 선물을 사용하지 않고 이 문제를 해결하는 전략이고, 두 번째 전략은 선물을 사용하는 전략입니다. 먼저 선물을 사용하지 않는 전략부터 설명해 보겠습니다.

(1) 선물을 활용하지 않는 전략

오늘($t = 0$) A는 제3의 거래자 C로부터 이 주식 1주를 빌려서 미래 시점 $t2$에 되돌려 주기로 합니다. 그리고 시점 $t1$에 이 주식을 매도하면 S_{t1}의 현금을 얻습니다. 이 현금을 시점 $t2$까지 무위험 이자율로 예치하면, 시점 $t2$에는 $S_{t1} \cdot e^{r\times(t2-t1)}$의 현금을 얻습니다. 또 시점 $t2$에 A는 이 주식 1주를 매수하여 C에게 돌려 줍니다. 그러면 이 매수로부터 $-S_{t2}$의 현금흐름을 얻습니다. 결국 이러한 거래들을 통하여 시점 $t2$에 A는 C에게 부채를 청산하고 다음 현금흐름을 얻게 됩니다.

$$S_{t1} \cdot e^{r\times(t2-t1)} - S_{t2}.$$

이 현금흐름에, 애초 A의 내기에 따른 현금흐름 $S_{t2} - S_{t1}$을 더하면 종국적으로 A의 최종 현금흐름은

$$S_{t1} \cdot e^{r\times(t2-t1)} - S_{t2} + (S_{t2} - S_{t1})$$

이 됩니다. 이를 정리하면

$$\begin{aligned} & S_{t1} \cdot e^{r\times(t2-t1)} - S_{t1} \\ & = S_{t1} \cdot \left(e^{r\times(t2-t1)} - 1\right) > 0 \quad (\because t2 > t1) \end{aligned}$$

입니다. 즉, 이 전략을 사용하여 A는 B와의 내기에서 이익을 얻을 수 있습니다.

다만 이 때문에 B가 이 내기에서 항상 돈을 잃는 것은 아닙니다. B는 오로지 내기만 했을 것이므로, B의 내기로 인한 이익은 단순히

$$S_{t1} - S_{t2}$$

가 될 뿐입니다.[28] 이 수식도 일종의 확률변수이므로 이 값의 부호는 미리 알 수는 없고 사후적으로만 알게 됩니다. 물론 여러분 중에는 "B도 A처럼 추가 전략을 통해서 '+'의 현금흐름을 만들 수 있지 않을까"라는 생각을 할 수도 있습니다. 하지만 여러분이 여러 전략을 시도해봐도 그런 결과가 나오지는 않을 것입니다. 위에서 증명한 바, 위험중립평가법에 따르면

$$E^R[S_{t1} - S_{t2}] < 0$$

이기 때문입니다.

한편 A의 전략을 이산복리법으로 접근해도 동일한 결과, 즉 A가 돈을 버는 결과가 도출됩니다. 동일한 전략을 쓰면 A의 시점 $t2$의 현금흐름은 다음과 같습니다.

$$S_{t1} \cdot \big(1 + r \times (t2 - t1)\big) - S_{t2}.$$

이 현금흐름에, 애초 A의 내기에 따른 현금흐름 $S_{t2} - S_{t1}$을 더하면 종국적으로 A의 최종 현금흐름은

$$S_{t1}\big(1 + r \times (t2 - t1)\big) - S_{t2} \; + \; (S_{t2} - S_{t1})$$

이 됩니다. 이를 정리하면

$$S_{t1}\big(r \times (t2 - t1)\big) > 0$$

입니다.

A의 이 이익이 그다지 크지 않을 수도 있습니다만, 이는 전적으로 A가 애초 내기에서 주식 1주만을 대상으로 했기 때문입니다. 즉, 내기의 규모가 애초 1주에 관한 것이었기 때문입니다. 만일 그러지 아니하고 내기 규모가 $N(> 1)$주에 관한 것이었다면, 즉 $N \times (S_{t2} - S_{t1})$에 베팅했다면, 추가 전략도 이에 맞게 N배로 증가했을 것이고 A의 이익 또한 N배로 증가했을 것입니다.

---

[28] 참고로 A가 이 내기에서 돈을 버는 이유는 이 내기에 그치지 않고 추가적인 자신만의 투자를 더 실행했기 때문입니다. A도 이 내기만 했다면 반드시 돈을 번다고 보장할 수는 없습니다.

(2) 선물을 활용하는 전략

오늘($t = 0$) A는 이 주식을 기초 자산으로 하고 만기가 다른 두 선물을 거래합니다. 한 선물은 만기가 $t1$인 선물이고 다른 선물은 만기가 $t2$인 선물입니다. 오늘 A는 만기가 $t1$인 선물 한 계약을 "매수"하고 만기가 $t2$인 선물 한 계약을 "매도"합니다. 우리가 배운 바와 같이 무차익 조건에서는,

첫 번째 선물의 매수 가격은 $S_0 \times e^{r \times t1} = F_{1,0}$,
두 번째 선물의 매도 가격은 $S_0 \times e^{r \times t2} = F_{2,0}$

입니다. 두 선물이 하나는 매수, 다른 하나는 매도임을 유의하기 바랍니다. 왜냐하면 각 선물 만기 시점에는 자동적으로 반대매매로 결제되기에, 결제될 때 그 부호가 두 선물이 서로 정반대가 되기 때문입니다.

시점 $t1$이 도래하면 첫 번째 선물 가격은 그 기초 자산 가격과 같아집니다($F_{1,t1} = S_{t1}$). 그러므로 이날 A의 선물 투자 이익은, 선물 매도가격에서 선물 매수가격을 빼면, 혹은 반대매매로

$$\begin{aligned} & -F_{1,0} + F_{1,t1} \\ & = -S_0 \times e^{r \times t1} + S_{t1} \end{aligned}$$

이 됩니다. 이 금액은 시점 $t2$에는 $(-S_0 \times e^{r \times t1} + S_{t1})e^{r(t2-t1)}$이 됩니다. 왜냐하면 $-S_0 \times e^{r \times t1} + S_{t1} > 0$이라면 '$t2 - t1$' 시기에 예치하면 이자까지 붙을 것이고 $-S_0 \times e^{r \times t1} + S_{t1} < 0$이라면 '$t2 - t1$' 시기에 이자까지 더해 갚아야 하기 때문입니다. 또 시점 $t2$가 도래하면 두 번째 선물 가격은 그 기초 자산 가격 S_{t2}와 같아집니다($F_{1,t2} = S_{t2}$). 그러므로 이날 A의 선물 투자 이익은, 선물 매도가격에서 선물 매수가격을 빼면, 혹은 반대매매로

$$\begin{aligned} & F_{2,0} - F_{2,t2} \\ & = S_0 \times e^{r \times t2} - S_{t2} \end{aligned}$$

가 됩니다. 결국 이 두 선물 거래들을 통하여 시점 $t2$에 A는 다음 현금흐름을 얻게 됩니다.

$$\begin{aligned} & (-S_0 \times e^{r \times t1} + S_{t1})e^{r(t2-t1)} \; + \; (S_0 \times e^{r \times t2} - S_{t2}) \\ & = -S_0 e^{r \times t2} + S_{t1} e^{r(t2-t1)} + S_0 \times e^{r \times t2} - S_{t2} \end{aligned}$$

$$= S_{t1}e^{r(t2-t1)} - S_{t2}.$$

이 현금흐름에, 애초 A의 내기에 따른 현금흐름 $S_{t2} - S_{t1}$을 더하면 종국적으로 A의 최종 현금흐름은

$$S_{t1}e^{r(t2-t1)} - S_{t2} \;+\; (S_{t2} - S_{t1})$$
$$= S_{t1}\left(e^{r(t2-t1)} - 1\right) > 0 \;\; (\because t2 > t1)$$

이 됩니다. 즉, 선물을 사용하지 않았던 첫째 전략과 유사한 결과를 얻어, A는 이 내기로부터 돈을 벌게 됩니다. 결국 A처럼 선물 투자를 하면 미래 두 주가의 크기와 관계없이 항상 내기에서 이겨 돈을 벌 수 있습니다.

질문 4-6〉 이산복리법으로 입증해 보세요. 선물 활용 전략에서.

오늘$(t = 0)$ A는 이 주식을 기초 자산으로 하고 만기가 다른 두 선물을 거래합니다. 한 선물은 만기가 $t1$인 선물이고 다른 선물은 만기가 $t2$인 선물입니다. 오늘 A는 만기가 $t1$인 선물 한 계약을 "매수"하고 만기가 $t2$인 선물 한 계약을 "매도"합니다. 우리가 배운 바와 같이 무차익 조건에서는,

첫 번째 선물의 매수 가격은 $S_0 \times (1 + r \times t1) = F_{1,0}$,
두 번째 선물의 매도 가격은 $S_0 \times (1 + r \times t2) = F_{2,0}$

입니다. 두 선물이 하나는 매수, 다른 하나는 매도임을 유의하기 바랍니다. 왜냐하면 각 선물 만기 시점에는 자동적으로 반대매매로 결제되기에, 결제될 때 그 부호가 두 선물이 서로 정반대가 되기 때문입니다.

시점 $t1$이 도래하면 첫 번째 선물 가격은 그 기초 자산 가격과 같아집니다$\left(F_{1,t1} = S_{t1}\right)$. 그러므로 이날 A의 선물 투자 이익은, 선물 매도가격에서 선물 매수가격을 빼면, 혹은 반대매매로

$$-F_{1,0} + F_{1,t1}$$
$$= -S_0 \cdot (1 + r \cdot t1) + S_{t1}$$

이 됩니다. 이 금액은 시점 $t2$에는 $(-S_0 \cdot (1 + r \cdot t1) + S_{t1})[1 + r(t2 - t1)]$가 됩니

다. 또 시점 $t2$가 도래하면 두 번째 선물 가격은 그 기초 자산 가격 S_{t2}와 같아집니다 $(F_{1,t2} = S_{t2})$. 그러므로 이날 A의 선물 투자 이익은, 선물 매도가격에서 선물 매수가격을 빼면, 혹은 반대매매로

$$\begin{aligned} &F_{2,0} - F_{2,t2} \\ &= S_0(1 + r \cdot t2) - S_{t2} \end{aligned}$$

가 됩니다. 결국 이 두 선물 거래들을 통하여 시점 $t2$에 A는 다음 현금흐름을 얻게 됩니다.

$$\big(S_{t1} - S_0 \cdot (1 + r \cdot t1)\big)[1 + r(t2 - t1)] + S_0(1 + r \cdot t2) - S_{t2}.$$

이 현금흐름에, 애초 A의 내기에 따른 현금흐름 $S_{t2} - S_{t1}$을 더하면 종국적으로 A의 최종 현금흐름은 다음과 같습니다.

$$\begin{aligned} &\big(S_{t1} - S_0 \cdot (1 + r \cdot t1)\big)[1 + r(t2 - t1)] + S_0(1 + r \cdot t2) - S_{t2} + (S_{t2} - S_{t1}) \\ &= \big(S_{t1} - S_0 \cdot (1 + r \cdot t1)\big)[1 + r(t2 - t1)] + S_0(1 + r \cdot t2) - S_{t1}. \end{aligned}$$

이 복잡한 수식을 모두 정리하면 다음의 식이 됩니다.

$$r(t2 - t1)(S_{t1} - S_0 \cdot r \cdot t1).$$

범위를 아주 넓게 취해 $r \leq 0.1,\ t1 \leq 1$을 가정해도 위 식은 다음 값을 갖습니다.

$$S_{t1} - S_0 \cdot r \cdot t1 = S_{t1} - \frac{S_0}{10}$$

즉, 애초 주가 S_0가 S_{t1}보다 10배 이상 크지 않은 한 위 식의 부호는 (+)입니다. 현실적으로 $t1 = \frac{1}{12}$, 즉 1달이라면, S_0가 S_{t1}보다 120배 이상 크지 않은 한 위 식의 부호는 (+)입니다. 즉, A는 이 내기로부터 돈을 벌게 됩니다. ▣

이 내기 사례로부터 우리가 알게 된 것은, 위험중립평가법이 단순히 옵션의 무차익 이론 가격을 산출하기 위한 이론적 방법론일 뿐 아니라, 실제 투자에 있어서도 응용 가능한 체계적 지식이라는 것입니다. 이렇듯 유용한 위험중립평가법은 추후 블랙-숄즈 옵션 이론가를 수치적으로(numerically) 산출할 때에도 활용될 수 있습니다. 이에 대해서는 추후 블랙-숄즈 옵션 모형을 배운 뒤 제9장 마지막 절에서 상세히 공부합니다.

제 4 절 2 기 모형(Two-step Binomial Model)

옵션 이항 모형의 2단계 모형(2기 모형)은 현재와 옵션 만기까지 2기간을 설정하여 옵션 가치평가를 하는 모형입니다. 앞에서 공부한 옵션 1기 모형은 현실을 매우 단순화시킨 모형으로, 옵션 만기까지 기초 자산 가격이 한 번만 변동함을 가정한 것입니다. 하지만 현실은 옵션 만기까지 무한히 많이 기초 자산 가격이 변동합니다. 가령 만기가 1주일 남은 옵션이라 하더라도, (주가와 같은) 기초 자산 가격이 단 하루에도 매우 자주 변동합니다. 그러므로 보다 현실적인 옵션 모형을 정립하려면 1기 모형으로는 불가능하며 다기간 모형(multi-step model)이 되어야 합니다. 본절의 옵션 2기 모형은 바로 이 다기간 모형을 만들기 위한 중간 단계입니다. 이 2기 모형을 제대로 이해하면, 동일한 원리로 10기 모형, 100기 모형도 만들 수 있습니다. 특히 이 2기 모형에서는 어메리칸 풋이 만기일 이전에 조기 행사(early exercise)를 하는 경우를 반영할 수 있다는 점에서 1기 모형과의 차이가 두드러집니다. 또한 다기간 이항 모형이 성공적으로 정립되면, 기초 자산 가격의 연속 확률분포를 가정한 블랙-숄즈 옵션 모형에서 산출한 옵션 이론 가격과 동일한 가격을 다기간 이항 모형이 산출할 수도 있습니다. 이제 이 다기간 이항 모형의 초석이 될 2기 모형을 차근차근 배워 봅시다.

1. 유러피언 옵션 가격

1기 모형에서 사용한 옵션을 확장하여, 다른 모든 조건(specifications)이 동일한 상황에서 만기가 0.5년인 옵션들의 가치평가를 하겠습니다. 즉, 두 (유러피언) 옵션의 행사 가격은 21이고 시장의 무위험 이자율은 연율로 12%입니다. $p, 1-p$ 값들도 1기 모형의 값들과 같습니다. 또 본절에서는 콜과 풋 모두의 가치평가를 하므로, 아래 그림과 같이 각 시점과 각 상태(state)에서 주식, 콜, 풋의 가격을 구할 수 있습니다. 특정 시점, 특정 상태의 각 지점을 node(노드)라고 합니다. 6개의 각 노드의, 즉 6개의 각 상자 안의 세 개의 가격은 위에서부터 주식, (유러피언) 콜, 그리고 (유러피언) 풋의 가격입니다. 주가 전개 양상은 이전 예제와 같이 매 3개월(=0.25년)마다 현 주가에서 $1.1(=U=e^{0.25\times u})$을 곱한 가격 혹은 현 주가에서 $0.9(=D=e^{0.25\times d})$를 곱한 가격으로 변동됩니다. 이 조건에서 콜, 풋의 확실한 가격은 만기일 주가가 주어졌을 때에만 알 수 있습니다. 만기일 콜과 풋의 payoff는 Max(S_T－K, 0)과 Max(K－S_T, 0)이므로 아래 그림과 같이 확정됩니다. 단, C 노드의 콜의 경우 3개월 후 주가가 18이 되면 그후 만기일에 주가가 상승해도 19.8에 불과하고, 그러면 행사 가격 21의 콜은 가치가 없게 되므로 t＝0.25＝3개월 후 시점의 콜 가격도 0이 됩니다. 만기일에만 행사하는 유러피언 콜인데 이 상황에서는 만기까지 기다려도 주가가 충분히 상승하지 못해 이 콜은 만기에 가치가 없게 되므로, 이 시점의 콜 가치도 0이 되기 때문입니다.

➢ 도표 4-8 2기 이항 모형

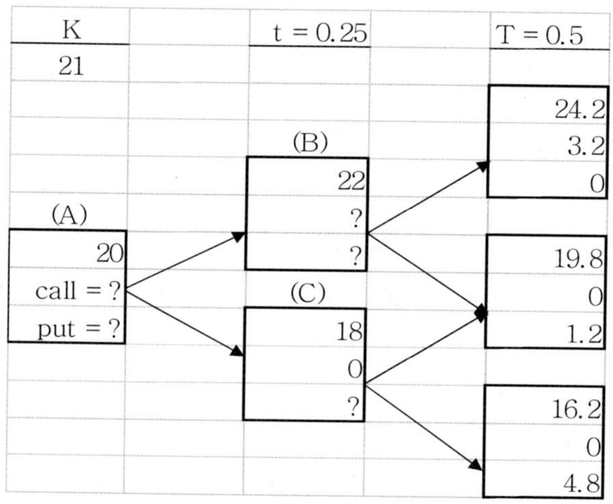

이제 B 노드의 콜 가격을 f 공식을 이용해서 구하면 다음과 같습니다.

$$
\begin{aligned}
f &= e^{-0.25\times r}[f_U \times p + f_D \times (1-p)] \\
&= e^{-0.25\times 0.12}[3.2 \times 0.65225 + 0 \times 0.34775] \\
&= e^{-0.03}[2.0872] \\
&= 2.026.
\end{aligned}
$$

또 이 노드의 풋 가격은 다음과 같이 산출됩니다.

$$
\begin{aligned}
f &= e^{-0.03}[0 \times p + 1.2 \times (1-p)] \\
&= e^{-0.03}[1.2 \times 0.34775] \\
&= 0.405.
\end{aligned}
$$

이 콜과 풋 가격이 정확한 가격인지 풋-콜 패리티를 통해 검증해 보겠습니다. 물론 두 옵션 가격이 모두 잘못 산출된 가격이라도 우연의 일치로 풋-콜 패리티를 충족시킬 수는 있지만 현 상황에서 그 확률은 0에 가까우므로 여기서는 무시합니다.

풋-콜 패리티에 의하면

$$S + p = c + K \cdot e^{-r \cdot T}$$

가 성립해야 합니다. 이제 좌변 값과 우변 값을 계산해 보겠습니다.

좌변$= S + p =$ 22 + 0.405 = 22.405이고 우변$= c + K \cdot e^{-r \cdot T} =$ 2.026 + 21 $\cdot\, e^{-0.03} =$ 2.026 + 20.379 = 22.405이므로 양변은 같아 풋-콜 패리티가 성립함을 알 수 있습니다. 여기서 유의할 점은 B 노드에서는 기초 자산 주식 가격이 1기와 같은 20이 아니고 B 노드에서는 22라는 사실입니다.

이제 C 노드의 콜 가격은 0이고 풋 가격을 구합니다.

$$\begin{aligned} f &= e^{-0.03}[1.2 \times p + 4.8 \times (1-p)] \\ &= e^{-0.03}[1.2 \times 0.65225 + 4.8 \times 0.34775] \\ &= 2.379. \end{aligned}$$

C 노드의 콜과 풋 가격이 정확한 가격인지 풋-콜 패리티를 통해 검증해 보겠습니다.

$$S + p = c + K \cdot e^{-r \cdot T}$$

에 따라, $S + p =$ 18 + 2.379 = 20.379이고 우변$= c + K \cdot e^{-r \cdot T} =$ 0 + 20.379 = 20.379이므로 양변은 같아 풋-콜 패리티가 성립함을 알 수 있습니다.

마지막으로 A 노드의 콜 가격을 구합니다. A 노드에서의 콜의 f_U는 B 노드의 콜 가격이므로 $f_U = 2.026$이고, 콜의 f_D는 C 노드의 콜 가격이므로 $f_D = 0$임을 반영하여 다음과 같이 산출됩니다.

$$\begin{aligned} f &= e^{-0.03}[f_U \times p + f_D \times (1-p)] \\ &= e^{-0.03}[2.026 \times 0.65225 + 0 \times 0.34775] \\ &= 1.282. \end{aligned}$$

또 A 노드의 풋 가격을 구합니다. A 노드에서의 풋의 f_U는 B 노드의 풋 가격이므로

$f_U = 0.405$이고, 풋의 f_D는 C 노드의 풋 가격이므로 $f_D = 2.379$를 반영하여

$$f = e^{-0.03}[0.405 \times 0.65225 + 2.379 \times 0.34775]$$
$$= 1.059.$$

이 콜과 풋 가격이 정확한 가격인지 풋-콜 패리티를 통해 검증해 보겠습니다.

$$S + p = c + K \cdot e^{-r \cdot T}$$

에서 좌변$= S + p = 20 + 1.059 = 21.059$이고 우변$= c + K \cdot e^{-r \cdot T} = 1.282 + 20.379 = 21.661$이므로 양변은 같지 않습니다. 무엇이 잘못된 것일까요?

A 노드의 콜과 풋은 더 이상 만기가 3개월인 옵션들이 아니고 만기가 6개월인 옵션들입니다. 반면 B 노드와 C 노드의 이 옵션들은 만기가 3개월 남은 옵션들이었습니다. 위 계산에서 $K \cdot e^{-r \cdot T} = 20.379$는 만기가 3개월 남았을 때의 $K \cdot e^{-r \cdot T} = 21 \times e^{-0.12 \times 0.25} = 21 e^{-0.03} = 20.379$인 것입니다. 그러므로 A 노드에서는 $K \cdot e^{-r \cdot T} = 21 \times e^{-0.12 \times 0.5} = 21\, e^{-0.06} = 19.777$이 맞습니다. 그러면 풋-콜 패리티의 우변은 $c + K \cdot e^{-r \cdot T} = 1.282 + 19.777 = 21.059$이므로 이 패리티의 좌변 값과 같습니다. 그러므로 각 노드에서의 각 옵션의 가격은 아래 그림과 같습니다.

➤ 도표 4-9 유러피언 옵션 가격

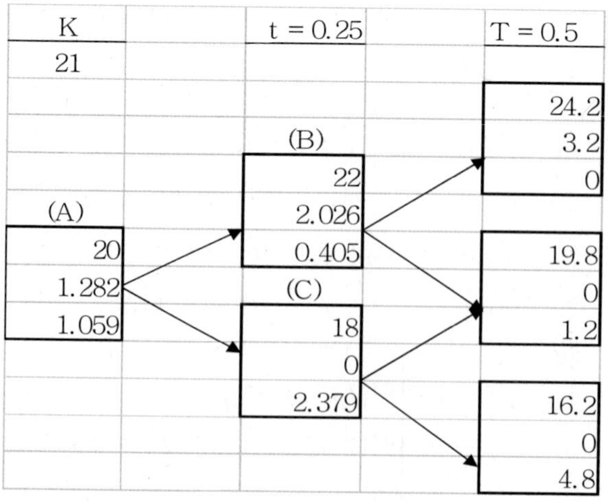

마지막으로 1기 모형과 2기 모형의 콜, 풋의 가격의 변화를 살펴보겠습니다. 만기가 3개월인 1기 모형의 콜과 풋 가격은 0.633과 1.012였고, 이 콜과 풋의 만기만 6개월로 확장되면 콜과 풋 가격은 1.282와 1.059가 됩니다. 그러므로 만기가 길어짐에 따라 콜과 풋 각각 그 가격이 상승했음을 확인할 수 있습니다. 물론 상승한 정도는 콜과 풋이 서로 다른데, 그 하나의 이유는 주가 상승 확률 $p = 0.65225$가 주가 하락 확률 $1 - p = 0.34775$보다 훨씬 크기 때문입니다. 게다가 상승 정도와 하락 정도는 각각 +10%와 −10%로 같아 보이지만, 상승이 계속될수록 누적 상승 정도와 누적 하락 정도는 차이가 납니다. 2기 모형의 경우 위 그림에서 알 수 있듯이, 주가 상승이 두 번 지속되면 현 주가 20에서 24.2가 되어 4.2만큼 차이가 나지만, 주가 하락이 두 번 지속되면 현 주가 20에서 16.2가 되어 되어 3.8만큼만 차이가 납니다. 즉, 주가 하락의 크기가 더 작게 되며 이는 풋의 가치에 불리하게 작용합니다. 애초 $K = 21$이라는 행사가격 관점에서 풋이 콜보다 더 유리했고 이는 1기 모형에서 풋 가격 1.012가 콜 가격 0.633보다 큰 것으로도 확인됩니다. 하지만 만기가 길어질수록 상승 확률인 p 값의 크기 및 주가 변동 절대값의 중요성이 점차 두 옵션 가치에 점차 더 큰 영향을 미치기 시작하면서 2기 모형에서는 콜 가격이 풋 가격보다 더 커졌습니다. 이런 현상은 3기, 4기 모형으로 확장해도 마찬가지입니다. 게다가 주가 하락에는 제한이 있지만, 즉 주가는 0보다 작을 수 없지만, 주가 상승에는 제한이 없으므로, 동일한 사양을 가진 콜과 풋의 만기가 길어질수록 콜 가격이 풋 가격보다 큰 정도가 더 커지게 됩니다. 즉, 1기 모형에서는 콜 가격이 풋 가격보다 큰 정도가 $0.633 - 1.012 = -0.379$였으나 2기 모형의 그것은 $1.282 - 1.059 = 0.223$이므로 $0.223 > -0.379$임을 알 수 있습니다.

2. 어메리칸 콜 가격

한편 어메리칸 콜 가격은 각 노드에서 어떻게 될까요? 일반적으로 어메리칸 옵션의 경우 만기까지 기다리지 않고 각 노드에서 즉각 옵션을 행사할 수 있으므로, 유러피언 옵션의 각 노드에서의 가치를 어메리칸 옵션의 확장된 권리에 맞게 수정해서 산출해야 합니다. 먼저 유러피언 옵션을 살펴보면, (만기일 제외한) 모든 노드에서 그 다음 기의 옵션 가치에 근거하여 현재의 옵션 가치가 산출됩니다. 이처럼 “다음 기”를 계속 추적하다 보면 최종적인 다음 기는 옵션 만기일이 됩니다. 즉, 매 노드의 유러피언 옵션의 가치는 궁극적으로는 만기일 청산가치를 현재 시점까지 할인하여 산출되는 것입니다. 반면 각 노드에서 어메리칸 옵션의 가치 산정은 복잡합니다. 각 노드에서의 어메리칸 옵션의 가치는 단순히 유러피언 옵션으로서의 가치(X)와 옵션 조기 행사 시 가치(Y) 중 더 큰 값이 되는 것은 아닙니다.[29] X와는 다른 수치인 (각 노드의) Z를 계산한 후 이 Z와 Y 중 더 큰 값이 각 노드에서의 어메리칸 옵션의 가치가 되는 것입니다. 이 Z가 어떤 수치인지를 아래에서 설명해 보겠습니다.

만기$(=T)$가 매우 긴 어메리칸 옵션이 있다고 합시다. 각 시점을 $0<t0<t1<t2<t3<\cdots<tn=T$라 하고 오늘$(=t0)$ 시점의 Z 값을 산출한다면 다음과 같습니다.

시점 $t0$에서 옵션을 행사하지 않고 $t1$까지 기다려 보되
$t1$에서 옵션 행사가 최적이면 옵션 행사하고 그렇지 않으면 $t2$까지 기다리고
$t2$에서 옵션 행사가 최적이면 옵션 행사하고 그렇지 않으면 $t3$까지 기다리고
$t3$에서 옵션 행사가 최적이면 옵션 행사하고 그렇지 않으면 $t4$까지 기다리고…

를 만기(T)까지 반복할 때 얻을 최대 현금흐름을 오늘의 현재가치로 할인한 값이 바로 Z 값입니다. 여기서 미래 특정 시점의 특정 노드(=가령 L 노드)에서 옵션 행사가 "최적"이라 함은, 그 시점 이후 만기일까지의 그 어느 노드에서 옵션 행사해도 L 노드에서 옵션 행사 시 받을 현금흐름보다는 작은 현금흐름이 창출됨을 뜻합니다.[30] 이런 맥락에서, 가령 $t4$의 L 노드에서 어메리칸 옵션을 행사하는 것이 최적이라 분석되면, L 노드에서 옵션 행사로부터 얻을 현금흐름을 현재 시점까지 할인한 값이 바로 Z 값입니다$(t4<tn=T)$. 이렇게 산출된 매 노드에서의 Z 값과 Y 값 중 더 큰 값이 바로 어메리칸 옵션의 가치가 됩니다.

단, 어메리칸 풋과는 달리, 어메리칸 콜은 만기일까지 기다려서 행사하는 것이 최

[29] 여기서 조기 행사 혹은 즉각 행사 시 옵션 가치 Y는 제3장에서 설명한 "행사 가치"에 해당합니다. "행사 가치" 혹은 "value at exercise"란 저자가 고안한 개념으로, 옵션 보유자가 즉각 옵션을 행사할 때 "실제로 얻을 현금흐름"입니다. 이 현금흐름은 음수가 될 수도 있습니다. 반면 옵션 내재가치(intrinsic value)는 정의에 의해 항상 0보다 큽니다. 가령 A 노드에서도 콜의 내재가치는 그 정의 $\text{Max}[S_t-K,0]$에 의해 0이 됩니다. 행사 가치에 자세한 내용에 대해서는 제3장을 참고할 수 있습니다.

[30] 물론 현재가치 관점에서 양자를 비교해야 합니다.

적임을 우리는 제3장에서 이미 입증했습니다. 그러므로 본 2기 모형에서는 굳이 어렵게 어메리칸 콜의 Z 값을 산출할 필요가 없습니다. 어차피 각 노드에서 어메리칸 콜 보유자가 (rational 하다면) 콜을 행사하지 않을 것이기 때문입니다. 혹은 이론적으로 그렇게 가정하기 때문입니다. 그러므로 여기에서는 Z와 Y를 비교하지 않고 단순히 X와 Y를 비교하겠습니다. 즉, 각 노드에서 유러피언 옵션으로서의 가치 X와 조기 행사 시 가치 Y를 비교합니다. 그리고 X 값은 다름 아닌, 무조건 만기까지 기다릴 때의 옵션 (기대)가치를 현 시점, 현 노드까지 할인한 값입니다.

아래 도표에서는 각 노드 상자의 두 번째 값과 세 번째 값이 각각 유러피언 콜 가치와 즉각 행사 시 콜 가치를 나타냅니다. 가령 A 노드에서 두 번째 값인 1.282는 이 노드에서의 유러피언 콜 가치이고, 세 번째 값인 '−1'은 현 주가 20인 주식을 콜을 행사하여 (즉 21을 지불하여) 살 때의 가치(현금흐름)를 나타냅니다.

➢ 도표 4-10 어메리칸 콜의 가치

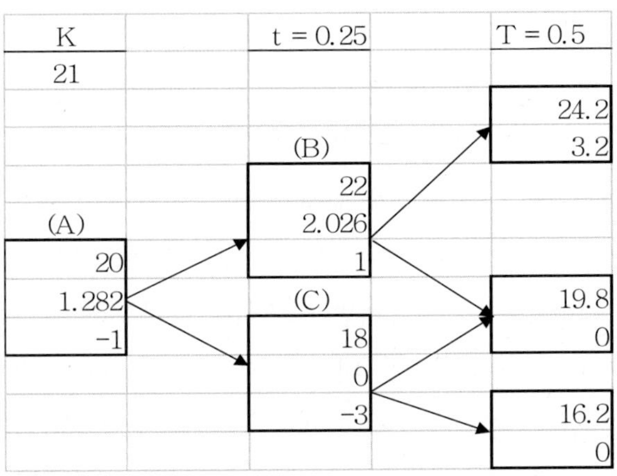

A, B, C 각 노드에서 어메리칸 콜을 즉각 행사(early exercise)할 때의 가치가 각 상자의 맨 아래에 나와 있습니다. 그림에서 확인되듯이, 각 노드에서의 어메리칸 콜의 즉각 행사로 인한 가치는, 우리가 산출했던 유러피언 콜의 가치보다 항상 작습니다. 즉, 각 노드에서 어메리칸 콜은 즉각 행사될 때의 가치보다 (유러피언 콜처럼) 다음 기까지 기다리는 것이 더 큰 가치를 갖습니다. 그리고 이 원리는 그 다음 기가 되어도 계속 유효합니다. 즉, A 노드에서 행사할 때 가치 −1보다 기다릴 때의 가치 1.282가

더 크고, B 노드에서도 행사 때 가치 1보다 기다릴 때 가치 2.026이 더 크며, C 노드에서도 행사 때 가치 −3보다 기다릴 때 가치 0이 더 큽니다. 사실 A, C 노드에서는 조기 행사 자체가 비합리적입니다. 왜냐하면 A (C) 노드에서 콜을 조기 행사하면 가격 20 (18)인 주식을, 콜 매도자에게 21을 지불하고 매입함을 의미하기 때문입니다. 즉, 이 두 노드에서는 콜을 조기 행사하면 음의 현금흐름을 얻게 됩니다. 이처럼 각 시점, 각 노드에서 어메리칸 콜 보유자도 콜을 조기 행사하기보다 기다리는 것이 본인에게 더 유리하므로, 결국 어메리칸 콜의 가치는 유러피언 콜의 그것과 같습니다.

이를 동등하게(equivalently) 설명하면, 콜을 조기 행사하는 것보다는 콜을 매도하는 것이 콜 보유자에게 더 좋은 선택이라는 것입니다. 콜을 매도하면 현재 콜 가격 모두를 얻게 됩니다. 현재 콜 가격에는 만기까지 기다릴 때의 가치, 즉 콜의 시간 가치가 포함되어 있으므로, 이 시간 가치를 온전히 100% 누리려면 이 가격으로 콜을 매도하는 것입니다(콜을 조기 행사하지 않고 말입니다). 반면 어메리칸 콜이 조기 행사되면, 시간 가치는 난데 없이 사라져버리고 오로지 기초 자산 가격과 행사 가격의 차이만이 남게 되기 때문입니다. 시간 가치가 '기다릴 때의 가치'라는 뜻을 생각해도 이는 명백합니다. 이런 이유로 콜 매도가, 시간 가치를 포기하면서 콜을 즉각 행사하는 것보다 더 나은 선택이라는 것입니다.

각 노드에서 콜 조기 행사가 전혀 합리적 선택이 아님을 입증하기 위해서는 콜 조기 행사 대신 주식을 공매도하는 전략도 생각할 수 있습니다. 콜 조기 행사가 가능한 B 노드에서 콜을 그대로 보유하면서 주식을 공매도하는 전략의 가치와 콜 조기 행사의 그것을 비교해 보겠습니다. 비교를 일관적으로 하기 위해, 이 두 선택이 콜 만기일에 가져올 현금흐름의 크기를 비교하겠습니다. 먼저 B 노드에서 콜을 행사하면 $22-21=1$을 얻게 되고 이를 콜 만기까지 3개월 동안 무위험 (연)이자율 $r=12\%$로 투자하면 3개월 후 만기에는 $1\times e^{rT}=e^{0.03}=1.03$의 현금이 확보됩니다. 반면 B 노드에서 주식을 (투자자) D에게 공매도하면 나중에 (콜 만기일에) D에게 주식을 갚아줘야 하는데, 콜 보유자는 만기일에 (콜 발행자에게 $K=21$의 가격으로) 콜을 행사해서 주식을 구입할 수 있으므로 미래 주가가 아무리 상승해도 21의 현금만으로 주식이 확보됩니다.[31] B 노드에서 콜 보유자가 주식을 D에게 공매도하면 22의 현금이 유입되고

[31] "투자자" D를 강조한 이유는, 주가 상승 시 gross return인 D와 혼동하지 말라는 의도입니다.

이를 콜 만기까지 3개월 동안 무위험 (연)이자율 $r = 12\%$로 투자하면 3개월 후 만기에는 $22 \times e^{rT} = 22 \times e^{0.03} = 22.67$의 현금이 확보됩니다. 만기에 주가는 24.2 혹은 19.8로 실현되는데, 먼저 24.2로 실현되는 경우를 살펴보겠습니다. 콜 보유자는 콜 매도자에게 콜을 행사하여 $K = 21$을 지불하고 주식 1주를 얻습니다. 그리고 이 주식을 D에게 주고 나면 콜 보유자의 만기일 최종 현금흐름은 $22.67 - 21 = 1.67$이 되어, 콜 조기 행사 시 얻게 되는 1.03보다 큽니다. 또한 만기일 주가가 19.8이 되면 콜 보유자는 콜을 행사하지 않고 그냥 19.8을 지불하여 주식 1주를 사서 D에게 지급합니다. 이때 콜 보유자의 만기일 최종 현금흐름은 $22.67 - 19.8 = 2.87$이 되어 역시 1.03보다 큽니다.

더 흥미로운 사실을 하나 알려 주겠습니다. 이렇게 B 노드에서 콜을 즉각 행사하지 않고, 대신 주식을 공매도하는 전략의 가치는 어떻게 될까요? 바로 위에서 구한 이 전략의 만기일 가치를 B 노드로 당겨서 환산하면 될 것입니다. 만기일 주가가 24.2가 되면 이 전략의 가치는 1.67이 됩니다. 또 만기일 주가가 19.8이 되면 이 전략의 가치는 2.87이 됩니다. 이제 이 전략의 가치를 B 노드에서의 현재가치 PV로 환산해 봅시다. 그러면

$$\begin{aligned} PV &= e^{-0.25 \times r}[1.67 \times p + 2.87 \times (1 - p)] \\ &= e^{-0.25 \times 0.12}[1.67 \times 0.65225 + 2.87 \times 0.34775] \\ &= e^{-0.03}[2.0873] \\ &= 2.026 \end{aligned}$$

이 됩니다. 이 2.026은 어떤 수치와 같을까요? 네, B 노드에서의 유러피언 콜의 가치와 일치합니다. 즉, B 노드에서 어메리칸 콜 보유자가 이 콜을 행사하지 않고 그 대신 기초 자산인 주식을 공매도하고 만기일에야 콜을 활용하는 전략의 가치는 다름 아닌 바로 (무조건 만기일까지 기다려야 하는) 유러피언 콜 가치와 같습니다.

질문 4-7〉 수리적으로 명료하게, 만기일까지 기다려야 하는 유러피언 콜의 B 노드에서의 가치와 어메리칸 콜 보유자가 B 노드에서 콜 행사하지 않고 공매도를 실행하는 전략의 가치가 같음을 증명해 주세요.

네, 좋습니다. 참고로 이 답변은 좀 깁니다(long). 두 가치가 "일반적으로" 동일함을 수리적으로 입증해 보겠습니다. 아래 도표에서는 B 노드를 중심으로 주가의 변동 과정과 콜의 만기일 가치를 나타냈습니다. 도표에서 사용된 U, D는 1기 이항 모형에서 정의된 바와 같습니다. 즉, U, D는 이 모형에서 각각 주가 상승, 하락 시의 총수익률(gross return)인데, 가령 주가가 애초 20에서 22 혹은 18로 변함에서 알 수 있듯이 $U = 1.1$, $D = 0.9$입니다. 그리고 (설정에 의해) $U + D = 2$, 혹은 $D = 2 - U$이고 $S \times U \times D = 19.8 < K = 21$인 경우입니다. 그리고 위험중립 세계에서의 상승 확률 p는

$$
\begin{aligned}
p &= \frac{e^{r\cdot(T-t)} - D}{U - D} \\
&= \frac{e^{r\cdot(T-t)} - (2 - U)}{U - (2 - U)} \\
&= \frac{e^{r\cdot(T-t)} + U - 2}{2(U - 1)}
\end{aligned}
$$

가 됩니다. 참고로, 이 위험중립 확률을 최초로 소개했던 1기 모형에서는 단위기간이 T였습니다만, 2기 모형에서는 단위기간이 "$T - t$"이기에, 1기 모형의 t는 2기 모형의 "$T - t$"로 대체되었습니다.

➢ 도표 4-11 공매도 전략의 가치 (수식)

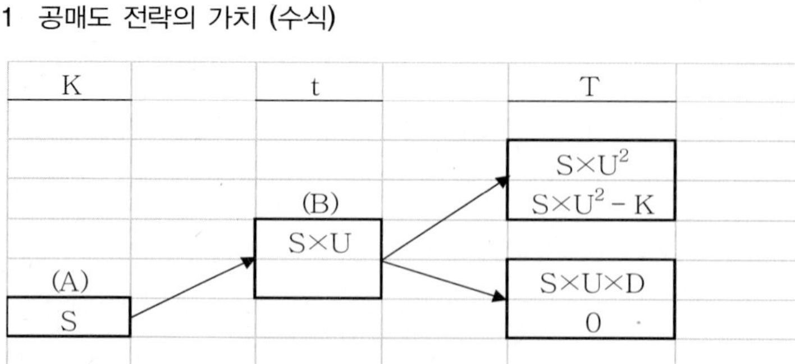

먼저 B 노드에서의 유러피언 콜의 가치를 산출해 보겠습니다. 위 도표와 같이 콜 보유자가 만기일까지 기다리면 기초 자산의 가격은 $K+h$이거나 $K-g$가 됩니다 $(h>0,\ g>0)$. 즉, 만기일 유러피언 콜 가치는 $h(>0)$ 혹은 0이 됩니다. 그러면 B 노드에서의 유러피언 콜 가치 $c(B)$는 위험중립평가법에 의해 다음과 같이 결정됩니다.

$$\begin{aligned} c(B) &= e^{-r\cdot(T-t)}[(S\cdot U^2-K)\times p+0\times(1-p)] \\ &= e^{-r\cdot(T-t)}\cdot(S\cdot U^2-K)\cdot p \\ &= e^{-r\cdot(T-t)}\cdot(S\cdot U^2\cdot p-K\cdot p) \end{aligned}$$

한편 B 노드에서 어메리칸 콜 보유자가 콜을 행사하지 않고 기초 자산을 공매도하는 전략을 택할 때의 (만기일) 가치를 산출해 보겠습니다. 일단 (B 노드에서) 이 기초 자산을 D에게 공매도하면 $S\cdot U$의 현금을 받습니다. 이 현금을 만기일 T까지 무위험 이자율 r로 예치하면 만기일에는 $S\cdot U\cdot e^{r\times(T-t)}$의 현금을 받습니다. 이 현금 액수는 만기일 주가와 관계 없습니다. 이제 만기일에 주가가 $S\cdot U^2$가 되면 콜 보유자는 콜을 콜 발행자에게 K를 지급하고 주식 1주를 받습니다. 이 주식을 D에게 주면 정산이 끝납니다. 이때 콜 보유자에게 남은 현금은

$$S\cdot U\cdot e^{r\times(T-t)}-K$$

가 됩니다. 또한 만기일에 주가가 $S\cdot U\cdot D$가 되면 콜 가치는 0가 됩니다. 콜 보유자는 주식 1주를 $S\cdot U\cdot D$의 가격에 구입하여 D에게 주면 정산이 끝납니다. 이때 콜 보유자에게 남은 현금은

$$\begin{aligned} &S\cdot U\cdot e^{r\times(T-t)}-S\cdot U\cdot D \\ &= S\cdot U\cdot\left(e^{r\times(T-t)}-D\right) \\ &= S\cdot U\cdot\left(e^{r\times(T-t)}-(2-U)\right) \\ &= S\cdot U\cdot\left(e^{r\times(T-t)}+U-2\right) \end{aligned}$$

가 됩니다. 어메리칸 콜을 B 노드에서 조기 행사하지 않으면 만기일 이 (어메리칸) 콜 가치가 이렇게 산출되므로, 이 콜의 B 노드에서의 콜 가치 $C(B)$는 위험중립평가법에 의해 다음과 같습니다.

$$C(B) = e^{-r\cdot(T-t)}\left[\left(S\cdot U\cdot e^{r\times(T-t)} - K\right)\times p + S\cdot U\cdot\left(e^{r\times(T-t)} + U - 2\right)\times(1-p)\right]$$

이를 정리하면 다음과 같습니다.

$$\begin{aligned} C(B) &= e^{-r\cdot(T-t)}\left[\left(S\cdot U\cdot e^{r\times(T-t)} - K\right)\times p + S\cdot U\cdot\left(e^{r\times(T-t)} + U - 2\right)\times(1-p)\right] \\ &= e^{-r\cdot(T-t)}\left[S\cdot U\cdot e^{r\times(T-t)}\times(p+1-p) - K\cdot p + S\cdot U\cdot(U-2)\times(1-p)\right] \\ &= e^{-r\cdot(T-t)}\left[S\cdot U\cdot e^{r\times(T-t)} - K\cdot p + S\cdot U\cdot(U-2)\times(1-p)\right] \\ &= e^{-r\cdot(T-t)}\left[S\cdot U\cdot\left(e^{r\times(T-t)} + (U-2)(1-p)\right) - K\cdot p\right] \end{aligned}$$

자, 이제 어메리칸 콜을 B 노드에서 행사하지 않고 주식을 공매도하는 전략을 택할 때의 이 콜이 (B 노드에서) 창출하는 가치 $C(B)$와 유러피언 콜의 B 노드에서의 가치 $c(B)$가 과연 같은지 비교해 봅시다. 두 산출 식은 각각

$$\begin{aligned} c(B) &= e^{-r\cdot(T-t)}\cdot(S\cdot U^2\cdot p - K\cdot p), \text{ 그리고} \\ C(B) &= e^{-r\cdot(T-t)}\left[S\cdot U\cdot\left(e^{r\times(T-t)} + (U-2)(1-p)\right) - K\cdot p\right] \end{aligned}$$

입니다. 양 식을 자세히 비교해 보면 $e^{-r\cdot(T-t)}$와 '$-K\cdot p$'가 공통이므로 결국

$$S\cdot U^2\cdot p \quad \text{vs.} \quad S\cdot U\cdot\left(e^{r\times(T-t)} + (U-2)(1-p)\right)$$

의 두 값이 크기에 따라 $c(B)$와 $C(B)$의 상대 크기가 파악됩니다. 그러므로 앞에서 파악한 p의 값을 두 식에 대입하여 이를 판가름하겠습니다.

$$\begin{aligned} &S\cdot U^2\cdot p \\ &= \frac{S\cdot U^2\cdot\left(e^{r\times(T-t)} + U - 2\right)}{2(U-1)} \end{aligned}$$

이고

$$\begin{aligned} &S\cdot U\cdot\left(e^{r\times(T-t)} + (U-2)(1-p)\right) \\ &= S\cdot U\cdot\left(e^{r\times(T-t)} + (U-2)\left(1 - \frac{e^{r\times(T-t)} + U - 2}{2(U-1)}\right)\right) \end{aligned}$$

$$= S \cdot U \cdot \left(e^{r \times (T-t)} + (U-2)\left(\frac{2(U-1) - e^{r \times (T-t)} - U + 2}{2(U-1)}\right)\right)$$

$$= S \cdot U \cdot \left(e^{r \times (T-t)} + (U-2)\left(\frac{U - e^{r \times (T-t)}}{2(U-1)}\right)\right)$$

$$= S \cdot U \cdot \left(\frac{e^{r \times (T-t)} \cdot 2(U-1)}{2(U-1)} + \frac{(U-2)\left(U - e^{r \times (T-t)}\right)}{2(U-1)} \right)$$

$$= S \cdot U \cdot \left(\frac{e^{r \times (T-t)} \cdot (2U-2)}{2(U-1)} + \frac{(U-2) \cdot U - (U-2) \cdot e^{r \times (T-t)}}{2(U-1)} \right)$$

$$= S \cdot U \cdot \left(\frac{e^{r \times (T-t)} \cdot U}{2(U-1)} + \frac{(U-2) \cdot U}{2(U-1)} \right)$$

$$= S \cdot U^2 \cdot \left(\frac{e^{r \times (T-t)}}{2(U-1)} + \frac{U-2}{2(U-1)} \right)$$

$$= \frac{S \cdot U^2 \cdot \left(e^{r \times (T-t)} + U - 2\right)}{2(U-1)}$$

$$= S \cdot U^2 \cdot p$$

입니다. 즉,

$$S \cdot U^2 \cdot p = S \cdot U \cdot \left(e^{r \times (T-t)} + (U-2)(1-p)\right)$$

입니다. 그러므로 어메리칸 콜을 B 노드에서 행사하지 않고 주식을 공매도하는 전략을 택할 때의 이 콜이 (B 노드에서) 창출하는 가치 $C(B)$와 유러피언 콜의 B 노드에서의 가치 $c(B)$는 같음이 입증됩니다. ▣

정리 10〉

만기일 전 어메리칸 콜 보유자가 콜을 행사하지 않고 기초 자산을 공매도하는 전략의 가치는 유러피언 콜의 가치와 일치한다.

네, 그럼 이제 진짜 마지막으로, 왜 위 정리와 같은 결과가 나오는지 그 이유를 한 번 알아볼까요? 분명히 두 전략은 다릅니다. 만기까지 무조건 기다린 후 콜 행사 여부를 결정하는 전략과 현 시점에서 기초 자산을 공매도한 후 만기일에 콜을 활용하여, 혹은 직접 현금으로, 기초 자산을 매입하여 공매도 상대방에게 전달하는 전략은 서로 다른 전략입니다. 그런데 왜 두 전략의 가치가 항상 동일해야 할까요?

> 질문 4-8〉 특정 노드에서 공매도를 하지 않고 단순히 만기일까지 기다릴 때의 콜 (현재)가치와 공매도를 한 후 만기일에 콜 행사 여부를 결정하는 콜 (현재)가치가 일치하는 이유는 뭔가요?

네, 이 질문은 꽤 어렵게 느껴집니다. 그런데 질문 내용에서 정답의 실마리를 어렴풋이 찾을 수도 있습니다. B 노드에서 공매도를 하는 전략은 당연히 콜을 행사하지 않고 만기까지 기다리는 행위를 포함하고 있습니다. 그렇다면 이 전략은 B 노드에서 콜을 행사하지 않는 행위와 기초 자산 공매도를 하는 행위, 이 두 행위가 합쳐진 전략입니다. 이 두 행위의 (현재)가치를 합친 것이 곧 B 노드에서 공매도하는 전략의 가치인 것입니다. 여기서 두 행위 중 첫 번째 행위의 가치는, 즉 콜을 행사하지 않고 만기까지 기다리는 행위의 가치는 곧 유러피언 콜의 가치입니다. 두 번째 행위의 가치는 기초 자산 공매도(만)의 가치입니다. 결국, 이 두 행위의 가치의 합이 유러피언 콜의 가치와 같다는 것은, 두 번째 행위인

공매도 행위의 (순)가치 = 0

임을 암시합니다. 그러므로 우리는 과연

B 노드에서 기초 자산을 공매도하는 행위의 가치가 0인지를

따져 보겠습니다. 이 가치가 0이면, 공매도 행위는 콜 보유자에게 아무런 부가가치를 제공하지 못합니다. 그렇기에 공매도를 포함한 이 전략의 가치가 단순히 (공매도 없이) 만기까지 기다릴 때의 유러피언 콜 가치와 같아지는 것입니다. 물론 이 여러 개의 가치들은 모두 B 노드에서의 (현재)가치를 말합니다.

여기서 한 가지 질문을 해 봅시다. 공매도의 순가치 = 0이라면 우리는 대체 왜 이

공매도 전략을 애초에 논의했던 것일까요? 네, 그 이유는 다름 아닌, 어메리칸 콜 보유자는 B 노드에서 콜을 행사할 수도 있는데, 그러기보다는 콜은 그대로 두고 기초 자산을 공매도하는 것이 콜 보유자에게 더 이익임을 보여주기 위해서 공매도를 애초 끌어들였던 것입니다. 무턱대고 어메리칸 콜 보유자라도 콜 조기 행사하지 않고 무조건 만기일까지 기다리는 것이 최적이라고 주장하면 누구라도 의아해할 것이기 때문입니다. 아무튼 이런 이유로 공매도를 끌어들였는데 결과적으로, 위 수리적 증명에서 알 수 있듯이, B 노드에서 기초 자산 공매도를 한 전략의 (현재)가치와 그냥 아무것도 하지 않고 만기일까지 기다리는 (유러피언 콜) 전략의 (현재)가치가 항상 동일한 것으로 밝혀졌습니다. 그리고 이제 이 결과의 원인을 찾아 보는 단계에 이르렀습니다. 즉, 우리는 "기초 자산 공매도 후 만기일에 콜 행사"라는 전략의 가치가 공매도 행위의 가치에 유러피언 콜 가치를 더한 것이라는 데 착안해서, 공매도 행위의 (순)가치 = 0임을 입증하겠다는 것입니다. 이를 입증하면

"기초 자산 공매도 및 만기일에 콜 행사"라는 전략의 가치와 유러피언 콜의 가치

가 일치한다는 위의 수리적 증명을 쉽게 이해할 수 있을 것입니다.

이제 콜 보유자 A가 B 노드에서 주식을 (D에게) 공매도하고 만기일에 그 공매도를 정산하는 행위의 (현재)가치가 0임을 증명하겠습니다. 이 공매도 및 그 정산 행위에서 콜을 연계시키면 안 됩니다. 즉, 만기일에 주식을 사서 D에게 갚아 주되, 콜을 사용(행사)하여 주식을 매입하는 경우는 배제합니다. 이런 식으로 접근하면, 공매도만의 가치가 아니라 콜의 가치도 합쳐지기 때문입니다. 그러므로 공매도만의 가치를 산출하기 위해서는, 만기일에 D에게 주식 1주를 되갚을 때 반드시 현금으로 직접 매입함을 전제해야 합니다.[32]

B 노드에서 주가를 S_t라 하고 만기일을 T라 하겠습니다$(T > t)$. 그리고 만기일에 주가가 콜 행사 가격인 K보다 클 수도 작을 수도 있는데, 클 경우의 주가를 $K + a(a > 0)$, 작을 경우의 주가를 $K - b(b > 0)$라 하면, 이 각 경우의 (위험중립) 확률은 p와 $1 - p$입니다. 그러면 (위험중립평가법에 따라) S_t는 다음과 같이 산출된 것임

---

[32] 콜은 별도로 보유하다가 만기일 $S_T > K$ 여부에 따라 행사하면 됩니다. 공매도와 연계시키지 않고. 이것이 유러피언 콜의 가치이기 때문입니다.

을 우리는 기억하고 있습니다.

$$\begin{aligned} S_t &= \frac{p(K+a)+(1-p)(K-b)}{e^{r(T-t)}} \\ &= [p(K+a)+(1-p)(K-b)]\cdot e^{-r(T-t)}. \end{aligned}$$

이 주식을 공매도한 금액을 만기까지 무위험 이자율 r로 예치하면 만기일에는 다음 현금이 확보됩니다.

$$\begin{aligned} S_t \cdot e^{r(T-t)} &= [p(K+a)+(1-p)(K-b)]\cdot e^{-r(T-t)} \cdot e^{r(T-t)} \\ &= p(K+a)+(1-p)(K-b). \end{aligned}$$

이 금액은, 만기일에 주가가 $K+a$가 되든 $K-b$가 되든, A가 항상 확보할 현금입니다.

이제 만기일에 주가가 $K+a$가 될 때와 $K-b$가 될 때 A의 현금흐름을 산출해 보겠습니다. 먼저 주가가 $K+a$가 되면 A는 이를 매입하여 D에게 갚아 주어야 합니다. 그러면 D와의 정산 관계가 종료됩니다. 이 경우 A의 현금흐름은, 만기일 받을 본인의 예치금 $p(K+a)+(1-p)(K-b)$에서 $K+a$를 뺀 금액입니다. 마찬가지로 주가가 $K-b$가 되면 A의 현금흐름은, 본인의 예치금 $p(K+a)+(1-p)(K-b)$에서 $K-b$를 뺀 금액입니다. 또한 만기일에 주가가 $K+a$가 될 확률이 p, $K-b$가 될 확률이 $1-p$이므로, 만기일 A의 현금흐름의 기댓값은

$$\begin{aligned} & p\cdot[p(K+a)+(1-p)(K-b)-(K+a)] \\ & \quad +\ (1-p)[p(K+a)+(1-p)(K-b)-(K-b)] \\ & = p\cdot[K(p+1-p)+p\cdot a+(1-p)(-b)-K-a] \\ & \quad +\ (1-p)[K(p+1-p)+p\cdot a+(1-p)(-b)-K+b] \\ & = p\cdot[p\cdot a-(1-p)\cdot b-a]\ +\ (1-p)[p\cdot a-(1-p)\cdot b+b] \\ & = (p+1-p)[p\cdot a-(1-p)\cdot b]\ +\ p\cdot[-a]\ +\ (1-p)\cdot[b] \\ & = p\cdot a-(1-p)\cdot b-p\cdot a\ +\ (1-p)\cdot b \\ & = 0 \end{aligned}$$

이 됩니다.

만기일 이 공매도의 기대 가치가 0이면 당연히 B 노드에서의 이 공매도의 가치도

0입니다. 왜냐하면 후자는 전자를 무위험 이자율 r로 할인한 값이기 때문입니다. 위험중립평가법에 따라서. 즉, B 노드에서 이 공매도 행위의 순가치=0이기에, "공매도 행위의 가치"에 "콜을 행사 않고 만기까지 보유하는 행위의 가치"를 더한 값은 단순히 후자가 됩니다. 그리고 이 후자가 다름 아닌 "유러피언 콜의 B 노드에서의 가치"인 것입니다. ▣

3. 어메리칸 풋과 조기 행사

이제 옵션 2기 모형에 있어 어메리칸 풋을 논의하겠습니다. 먼저 결과부터 보면, 동일한 사양(specifications)의 어메리칸 풋 가치의 변화는 아래 그림에 나와 있습니다.

➢ 도표 4-12 어메리칸 풋의 조기 행사

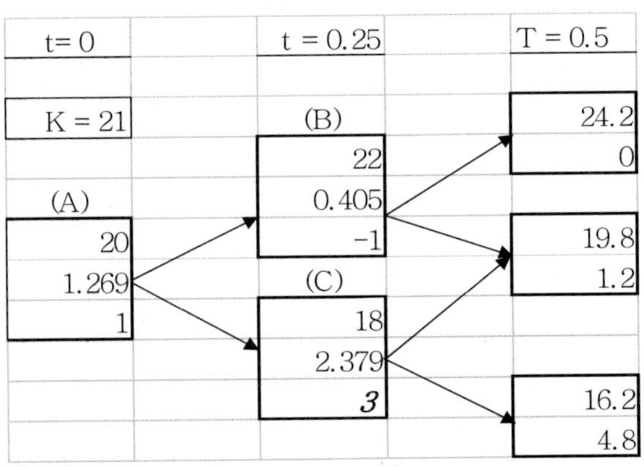

위 그림에서 각 노드의 상자에는 주가, 조기 행사 안 할 때의 풋 가치, 조기 행사 시의 풋 가치가 위에서부터 차례로 제시되어 있습니다.[33] 그런데 여기서 어메리칸 콜과 다른 점이 있어 여러분이 유의해야 합니다. 특정 시점, 특정 노드에서 조기 행사 안 할 때의 어메리칸 풋 가치는 단순히 유러피언 풋 가치를 의미하지는 않는다는 것입니

[33] 조기 행사 시 풋 가치는 이 풋의 내재가치는 아니고 이 풋의 실제 행사 시의 가치입니다. 그것이 조기 행사 시의 풋 보유자에게 발생할 현금흐름이기 때문입니다. 제3장 제1절에서 설명된 "행사 가치(value at exercise)"가 바로 이 개념입니다. 반면 모든 옵션의 내재가치는, 내재가치 정의에 의해, 항상 0보다 크거나 같습니다. 그러므로 내재가치 개념은 실제 풋 보유자의 조기 행사 시 현금흐름이 음(−)이 되는 사실을 반영하지 못합니다.

다.[34] 왜냐하면 제3장에서 자세히 공부했듯이, 어메리칸 풋 보유자는 풋을 조기 행사하는 것이 최적인 경우가 있기 때문입니다. 풋이 심내가격일 때 그러합니다. 그러므로 어메리칸 풋의 경우

조기 행사 안 할 때의 풋 가치 = 일단 다음 기까지 기다릴 때의 풋 (현재)가치

를 의미합니다. 일단 다음 기까지 기다려 보되, 다음 기에 조기 행사가 최적이라면 조기 행사를 실행합니다. 실제로 이 사례에서도 미래에 (만기일 전에) 풋 보유자가 조기 행사를 하는 경우가 있습니다. 그러므로 A 노드에서 1.269는 유러피언 풋 가치와는 다를 수 있습니다. 실제로도, 앞에서 산출한 2기 모형의 유러피언 옵션 가격을 참고하면,

A 노드에서 유러피언 풋 가치 = 1.059

에 불과합니다. 비교를 위해, 앞에서 본 관련 도표를 여기 소환합니다. 각 노드의 맨 아래 수치가 유러피언 풋의 가격입니다.

소환 1〉 유러피언 풋 가격

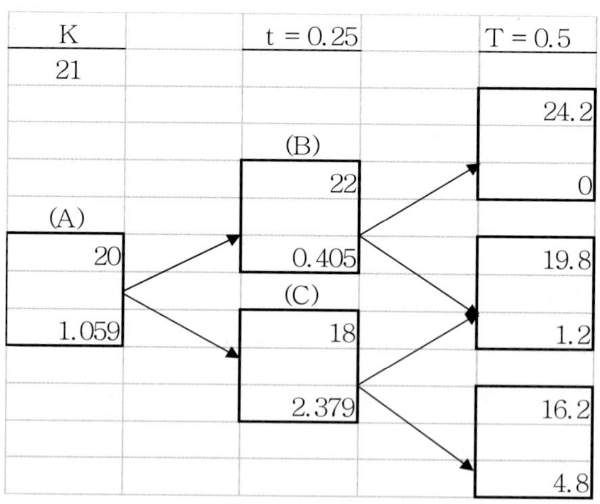

[34] 이는 사실 어메리칸 콜에 대해서도 유효합니다. 즉, 특정 시점에서 조기 행사 안 할 때의 어메리칸 콜 가치는 유러피언 콜 가치를 의미하지는 않는다는 것입니다. 전자가 후자보다 같거나 큽니다. 사전적으로 혹은 이론적으로 말입니다. 그 이유는 (어메리칸 풋에 대해) 계속 본문을 읽어 보면 알 수 있습니다. 단, 결과적으로 보면, 어메리칸 콜과 유러피언 콜은 매 시점에서 같은 가치를 가집니다. 즉, 전자와 후자의 크기가 같아집니다.

이제 다시 어메리칸 풋으로 돌아가겠습니다. 만기일인 $T = 0.5$ 시점에서 풋의 청산가치는 쉽게 산출됩니다. 이제 시점 $t = 0.25$로 가 봅시다. 노드 B에서는 이 풋이 행사되지 않습니다. 왜냐하면 이 풋이 행사되면 21−22=−1이기 때문입니다. 반면 만기까지 기다리는 경우의 풋의 가치는 다음과 같습니다.

$$\begin{aligned} f &= e^{-0.03}[f_U \times p + f_D \times (1-p)] \\ &= e^{-0.03}[0 \times 0.65225 + 1.2 \times 0.34775] \\ &= 0.405. \end{aligned}$$

그러므로 B 노드에서는 어메리칸 풋이 행사되지 않습니다. 반면 C 노드에서는 이 풋이 (조기) 행사됩니다. 왜 그럴까요? C 노드와 다른 노드의 차이점을 살펴보면 알 수 있습니다. C 노드는 세 개의 노드 중에서 주가가 가장 낮아 풋 옵션이 심내가격(deeply in the money) 상태에 있습니다. 즉, 이처럼 주가가 낮은 경우에는 만기까지 기다리지 않고 풋을 조기 행사하는 것이 더 유리함을 제3장에서 이미 배운 적이 있습니다. C 노드에서 이 풋이 즉각 행사되면 풋 보유자는 21−18=3의 수익을 얻습니다. 반면 만기까지 기다리는 경우의 풋의 가치는 다음과 같습니다.

$$\begin{aligned} f &= e^{-0.03}[f_U \times p + f_D \times (1-p)] \\ &= e^{-0.03}[1.2 \times 0.65225 + 4.8 \times 0.34775] \\ &= 2.379. \end{aligned}$$

결국 (심내가격인) C 노드에서는 어메리칸 풋의 조기 행사가 더 유리합니다. 만일 만기까지 기다리면 주가가 16.2로 더 하락할 수도 있지만, 주가가 19.8로 재상승하면 풋 가치가 1.2로 급격히 작아지기에, 노드 C의 주가 18은 이 모형에서는 '심내가격'인 것입니다. 어메리칸 풋이 심내가격일 때 조기 행사가 최적일 수 있다는 사실은 제3장에서 이미 설명한 바 있고 이 구체적 모형을 통해서 확인이 됩니다.

오늘 시점인 노드 A에서는 어떨까요? 풋이 행사되면 21−20=1의 수익이 발생합니다. 반면 일단 행사하지 않고 "다음 기"까지 기다리면 B 노드에서는 0.405의 가치를 누릴 수 있고 C에서는 (조기 행사되어) 3의 가치를 누릴 수 있습니다. 그러므로 A 노드에서 풋을 행사하지 않고 다음 기까지 기다릴 때의 가치는 다음과 같습니다.

$$\begin{aligned} f &= e^{-0.03}[f_U \times p + f_D \times (1-p)] \\ &= e^{-0.03}[0.405 \times 0.65225 + 3 \times 0.34775] \\ &= 1.269. \end{aligned}$$

결과적으로 A 노드에서는 풋 행사하지 않고 다음 기까지 기다리는 것이 최적입니다.

3장에서도 강조했지만, 오늘 A 노드의 수치 1.269는 단순히 만기까지 무조건 기다리는 유러피언 풋 가치가 아님을 유의하기 바랍니다. 이 1.269는,

> 오늘 A 노드에서는 풋을 조기 행사하지 않고 일단 다음 기까지 기다려 보되
> 다음 기에서 풋 조기 행사가 최적이면 풋을 행사하고
> 그렇지 않으면 다시 더 기다리는

전략에서 도출되는 풋의 (현재)가치입니다. 참고로 A 노드의 "유러피언" 풋의 가치는 1.059로, 위에서 우리가 산출한 "일단 다음 기까지 기다린 후 최적 시점에 어메리칸 풋을 행사할 때의 가치 1.269"보다 작습니다. 다시 말하면, 유러피언 풋이나 어메리칸 풋 보유자 모두 A 노드에서는 이 풋을 행사하지 않고 기다려야 하는데, 전자는 무조건 만기까지 기다려야 하기에 A 노드에서도 풋 행사를 "못 하고" 기다리는 것인 반면, 후자는 오늘 이후의 조기 행사 가능성을 염두에 두고 기다리기에 풋 행사를 "안 하고" 기다리는 것입니다. 그러므로 A 노드에서 어메리칸 풋 보유자가 비교해야 할 두 값은, 풋 조기 행사 시의 현금흐름인 1과 일단 행사하지 않고 미래 최적 행사를 기다릴 때의 현금흐름의 현재가치 1.269입니다. 1과 1.059를 비교하는 것이 아니고 말입니다. 왜냐하면 어메리칸 풋 보유자가 A 노드에서 풋 행사하지 않고 일단 다음 기까지 기다리는 경우에는 이 보유자는 여전히 어메리칸 풋을 보유하고 있기에, 이 보유자에게 의미있는 수치는 1.269이지 (유러피언 풋 보유자에게 적용될) 1.059가 아니기 때문입니다.

4. 배당과 어메리칸 옵션

지금까지는 배당을 주지 않는 주식이 기초 자산인 옵션의 가치를 분석했습니다. 이제 드디어 배당을 주는 주식(dividend-paying stock)을 기초 자산으로 하는 옵션 가치를 분석할 때가 됐습니다. 2기 이항 모형이 이 상황을 분석하기에도 적합한 모형이기 때문입니다. 배당이 있는 경우에는 어메리칸 콜 가치와 유러피언 콜 가치가 다를 수 있음도 이 모형을 통해 쉽게 알 수 있습니다. 즉, 어메리칸 콜의 조기 행사가 최적일 수 있음을 이해할 수 있습니다. 또 어메리칸 풋의 경우에도 기초 자산에 배당이 있는 경우 (배당 없는 경우보다) 그 가치가 더 커질 수 있음도 공부해 보겠습니다. 이 내용들은 사실 제3장의 제2절의 "옵션 가격 결정 요인"에서 설명한 바 있는 내용들인데, 2기 이항 모형을 통해 구체적으로 알아보겠습니다.

이항 모형에서 주식의 배당을 반영하는 방법은 크게 두 가지가 있습니다. 하나는 배당률을 적용하는 것이고 다른 하나는 배당금을 적용하는 것입니다. 후자인 배당금을 적용하는 것이 현실을 보다 잘 반영하는 방법이지만, 전자인 배당률 방식을 사용하기도 합니다. 배당금을 이항 모형에 반영할 경우 주가의 변화가 "recombining"하지 않는 문제가 있기 때문입니다. 이를 잠시 알아보고 본격적으로 배당과 옵션 가치 문제를 분석하기로 하겠습니다.

(시가)배당률 방식이란 현 주가의 일정 비율을 배당금으로 주는 방식을 말합니다. 가령 현 주가가 100일 때 배당률이 0.1이면 배당금이 $100 \times 0.1 = 10$이 됩니다. 현 주가가 120이라면 배당금이 $120 \times 0.1 = 12$가 됩니다. 반면 배당금 방식은, 현 주가와 관련 없이 절대 금액을 배당으로 주는 것입니다. 편의상 우리는 전자 방식으로 배당률 $= \delta(> 0)$인 경우와 후자 배당금 방식으로 $D(> 0)$만큼의 현금을 주는 경우를 비교해 보겠습니다.

(1) 배당률과 배당 절대 금액 비교

본 이항 모형에서는 오늘$(t = 0)$과 다음 기$(t = t1)$ 사이의 시점 t_D에서 배당을 준다고 가정하겠습니다$(0 < t_D < t1)$. 그리고 모든 것을 일반화하기 위해 단위기간을 0.25라는 특정 수치가 아니라 일반적 표현인 tn으로 하겠습니다. 즉, $0 < t1 < t2 < t3 < \cdots$이고 $t1 - 0 = t2 - t1 = t3 - t2 = t4 - t3 = \cdots = \Delta t$ 입니다. 앞의 이항 모

형에서는 $\Delta t = 0.25$이고 $t2 = T = 0.5$인 경우였습니다.

기존 이항 모형에서 현 주가 $S_0 = S$가 다음 기에 상승하거나 하락하는데, (연)상승률은 $u(> 0)$이고 (연)하락률은 $d(< 0)$였습니다. 즉, 다음 기에 상승하는 경우 주가는 $S \cdot e^{u \times t1}$이 되고 다음 기에 하락하는 경우 주가는 $S \cdot e^{d \times t1}$가 됩니다. 먼저 상승의 경우를 살펴보겠습니다. 시점 t_D에 배당률 δ에 의거하여 배당을 지급하므로 이 시점까지 상승하는 주가는 $S \cdot e^{u \times t_D}$가 됩니다. 이 주가에서 일정 비율, 즉 δ만큼을 배당금으로 주므로, 배당금을 준 직후의 주가는 $S \cdot e^{u \times t_D} \cdot (1 - \delta)$가 됩니다.[35] 그 이후 $t = t1$이 될 때까지는 상승 비율 u가 그대로 다시 적용되므로, 시점 $t1$의 주가는 $[S \cdot e^{u \times t_D} \cdot (1 - \delta)] \cdot e^{u \times (t1 - t_D)}$가 됩니다. 그런데 이 수치를 정리해 보면 결국

$$[S \cdot e^{u \times t_D} \cdot (1 - \delta)] \cdot e^{u \times (t1 - t_D)} = S \cdot e^{u \times t1} \cdot (1 - \delta)$$

가 됩니다.

한편 현 주가 $S_0 = S$가 다음 기에 하락하는 경우의 주가는 $S \cdot e^{d \times t1}$입니다. 그런데 시점 t_D에 배당률 δ에 의거하여 배당을 지급하므로 이 시점까지의 주가는 $S \cdot e^{d \times t_D}$가 됩니다. 이 주가에서 일정 비율, 즉 δ만큼을 배당금으로 주므로, 배당금을 준 직후의 주가는 $S \cdot e^{d \times t_D} \cdot (1 - \delta)$가 됩니다. 그 이후 $t = t1$이 될 때까지는 하락 비율 d가 그대로 다시 적용되므로, 시점 $t1$의 주가는 $[S \cdot e^{d \times t_D} \cdot (1 - \delta)] \cdot e^{d \times (t1 - t_D)}$가 됩니다. 그런데 이 수치를 정리해 보면 결국

$$[S \cdot e^{d \times t_D} \cdot (1 - \delta)] \cdot e^{d \times (t1 - t_D)} = S \cdot e^{d \times t1} \cdot (1 - \delta)$$

가 됩니다. 그런데 여기서 여러분들이 궁금해 할 수도 있는 질문을 하나 해 보겠습니다.

> 질문 4-9〉 시점 t_D에서 배당을 줄 때$(0 < t_D < t1)$, 상대적으로 이른 시점에 배당을 줄 수도, 늦은 시점에 배당을 줄 수도 있을 것입니다. 가령 $t_{D1} = 0.1 \times t1$이면 (상대적으로) 이른 시점, $t_{D2} = 0.9 \times t1$이면 늦은 시점이라 할 수 있습니다. 그러면 주가 상승 경로의 경우, $t_{D1} = 0.1 \times t1$ 시점의 배당 규모는
>
> $$S \cdot e^{u \times t_{D1}} \cdot \delta = S \cdot e^{u \times 0.1 \times t1} \cdot \delta$$

---

[35] 즉, 시점 t_D를 더 정확히 표현하면, 주가가 배당락되는 시점입니다(= 배당 제외 시점 = ex-dividend time).

이고 $t_{D2} = 0.9 \times t1$ 시점의 배당 규모는

$$S \cdot e^{u \times t_{D2}} \cdot \delta = S \cdot e^{u \times 0.9 \times t1} \cdot \delta$$

이므로

$$S \cdot e^{u \times 0.1 \times t1} \cdot \delta < S \cdot e^{u \times 0.9 \times t1} \cdot \delta$$

이 되어, 더 늦은 시점에 배당을 주면 당연히 배당 금액도 더 커집니다. 즉, 배당 시점이 다르면 배당 금액도 다릅니다. 배당 시점이 이른 시점이어서 배당 금액이 작으면 배당락 크기도 작으니 최종 주가는 (배당 시점이 늦는 경우보다) 더 커야 하지 않을까요? 그런데 왜 $0 < t_D < t1$ 범위에 있는 모든 배당 시점 t_D에서 배당을 줄 때, (주가 상승 경로든 하락 경로든) 배당락된 주가는 동일하게

$$S \cdot e^{u \times t1} \cdot (1 - \delta)$$

혹은

$$S \cdot e^{d \times t1} \cdot (1 - \delta)$$

가 됩니까?

네, 좋은 질문입니다. 과연 무슨 이유로 이런 이해하기 힘든 결과가 도출됐을까요? 그 이유는 다음과 같습니다. 주가 상승 경로를 먼저 설명해 보겠습니다. 이른 시점에 배당을 지급하면, 주가가 아직 많이 상승하지 못했기에, 배당 금액 자체도 더 작고 주가도 더 작습니다. 가령 $t_{D1} = 0.1 \times t1$이면 주가는 $S \cdot e^{u \times 0.1 \times t1}$인데 이 중 $S \cdot e^{u \times 0.1 \times t1} \cdot \delta$은 배당으로 지급되고 $S \cdot e^{u \times 0.1 \times t1} \cdot (1 - \delta)$이 배당락된 주가입니다.

이 수치들은 배당 시점이 늦는 경우와 대비하여 각각 더 작습니다. 왜냐하면 배당 시점이 늦으면($t_D = 0.9 \times t1$이면) 주가는 $S \cdot e^{u \times 0.9 \times t1}$인데, 이 중 $S \cdot e^{u \times 0.9 \times t1} \cdot \delta$은 배당으로 지급되고 나머지 $S \cdot e^{u \times 0.9 \times t1} \cdot (1 - \delta)$가 배당락된 주가입니다. 즉, 배당 시점이 늦으면, 배당 직전 주가 자체가 더 커진 상태라서, 그 일정 비율인 배당금이나 배당락된 주가가 (배당 시점이 이른 경우보다) 더 커집니다.

이처럼 배당 시점이 이른 경우에는 배당락 직후의 주가가 더 작습니다. 반면, 동시에, 이른 시점에 배당을 했기에, 배당 시점(t_D)부터 $t1$까지의 남은 기간이 더 깁니다. 남은 기간이 더 길므로 이 더 긴 기간 동안 주가 상승률을 적용하면 실질적 주가 상승률은 (배당이 늦는 경우보다) 더 높습니다. 이 두 효과가 정확히 상쇄되어, 배당락된

최종 주가는 배당 시점과 관계 없이 동일해집니다.

주가 하락의 경우는 그 반대로 적용되지만 결과는 동일합니다. 즉, 배당이 이르면, 주가가 아직 많이 하락하지 않았기에, 배당금과 배당락된 주가가 더 큽니다. 배당 시점이 늦는 경우보다. 반면 배당 시점(t_D)부터 $t1$까지의 남은 기간이 더 깁니다. 남은 기간이 더 길므로 이 더 긴 기간 동안 주가 하락률을 적용하면 실질적 주가 하락률은 (배당이 늦는 경우보다) 더 커져 주가가 더 하락합니다. 이 두 효과가 정확히 상쇄되어, 배당락된 최종 주가는 배당 시점과 관계 없이 동일해집니다.

결과적으로 이렇게 (시가)배당률 개념을 사용하면 구체적인 배당 시점과 관계 없이 $t1$ 시점의 주가가 항상 동일하게 산출됩니다. 주가가 상승하는 경우에도 그러하고 하락하는 경우에도 그러합니다. 반면 동일한 분석을 이산복리 수익률을 사용하면, 배당 시점에 관계없이 $t1$ 시점의 주가가 동일하게 산출되지 않습니다. 관심 있는 독자들은 한번 스스로 확인해 보기 바랍니다. 이런 점에서도 연속복리 수익률이 보다 편리한, 일관적인 수익률 개념이라고 할 수 있을지 모릅니다. ▣

이제 동일한 원리로, 첫 번째 기간에는 (주가가) 상승하고 두 번째 기간에는 하락할 경우의 최종 주가와 첫 번째 기간에는 (주가가) 하락하고 두 번째 기간에는 상승할 경우의 최종 주가를 비교해 보겠습니다. 두 번째 기간에는 더 이상 배당락이 없으므로 이 계산은 쉽게 이루어집니다. 즉, 첫 번째 기간에는 (주가가) 상승하고 두 번째 기간에는 하락할 경우의 최종 주가는

$$S \cdot e^{u \times t1} \cdot (1-\delta) \cdot e^{d \times (t2-t1)}$$

가 됩니다. 그런데 이항 모형에서는 $t1 = t2 - t1 = \Delta t$이므로

$$\begin{aligned} & S \cdot e^{u \times t1} \cdot (1-\delta) \cdot e^{d \times (t2-t1)} \\ &= S \cdot e^{u \times \Delta t} \cdot (1-\delta) \cdot e^{d \times \Delta t} \\ &= S \cdot e^{(u+d)\Delta t} \cdot (1-\delta) \end{aligned}$$

가 됩니다.

한편 첫 번째 기간에는 (주가가) 하락하고 두 번째 기간에는 상승할 경우의 최종 주가는

$$S \cdot e^{d \times t1} \cdot (1-\delta) \cdot e^{u \times (t2-t1)}$$

가 됩니다. 그런데 $t1 = t2 - t1 = \Delta t$이므로

$$\begin{aligned} & S \cdot e^{d \times t1} \cdot (1-\delta) \cdot e^{u \times (t2-t1)} \\ &= S \cdot e^{d \times \Delta t} \cdot (1-\delta) \cdot e^{u \times \Delta t} \\ &= S \cdot e^{(u+d)\Delta t} \cdot (1-\delta) \end{aligned}$$

가 됩니다. 즉, 상승-하락 시의 최종 주가와 하락-상승 시의 최종 주가가 같아지는 것입니다. 결과적으로 시점 $2\Delta t$에서는 이 두 개의 상이한 경로를 거친 주가는 하나의 주가로 귀결됩니다. 즉, 동일 주가로 모아집니다.

이것이 이항 모형에서 뜻하는 바는 무엇일까요? 앞에서 우리가 분석한 2기 모형을 통해서 알아보겠습니다. 이 사례에서는 한 기간이 $t1 = t2 - t1 = 0.25$ 였고, $e^{0.25 \times u} = 1.1$, $e^{0.25 \times d} = 0.9$, $S = 20$였습니다. 만일 배당률 $\delta = 0.2$이라면 주가의 변화는 다음과 같습니다. 주가 상승 시 첫 번째 기간 말 주가는

$$S \cdot e^{u \times t1} \cdot (1-\delta) = 20 \times 1.1 \times (1-0.2) = 17.6$$

이 됩니다. 그리고 이 주가로부터 그 다음 기의 주가는 다음과 같이 결정됩니다. 주가가 다시 상승하면

$$17.6 \times e^{u \times t1} = 17.6 \times 1.1 = 19.36$$

이 되고, 주가가 하락하면

$$17.6 \times e^{d \times t1} = 17.6 \times 0.9 = 15.84$$

가 됩니다.

한편 주가 "하락" 시 첫 번째 기간 말 주가는

$$S \cdot e^{d \times t1} \cdot (1-\delta) = 20 \times 0.9 \times (1-0.2) = 14.4$$

가 됩니다. 그리고 이 주가로부터 그 다음 기의 주가는 다음과 같이 결정됩니다. 주가가 상승하면

$$14.4 \times e^{u \times t1} = 14.4 \times 1.1 = 15.84$$

가 되어, 위의 주가 상승-하락 경로를 거친 최종 주가와 같습니다. 주가가 한 번 더 하락하면

$$14.4 \times e^{d \times t1} = 14.4 \times 0.9 = 11.52$$

가 됩니다. 이를 도표로 나타내면 다음과 같습니다. 아래 도표에서 B 노드에서 주가가 하락하는 경우와 C 노드에서 주가가 상승하는 경우의 최종 주가가 15.84로 일치합니다. 이 경우 이를 (이항 모형의) "recombining" 속성이라 합니다.

➤ 도표 4-13 주가의 Recombining

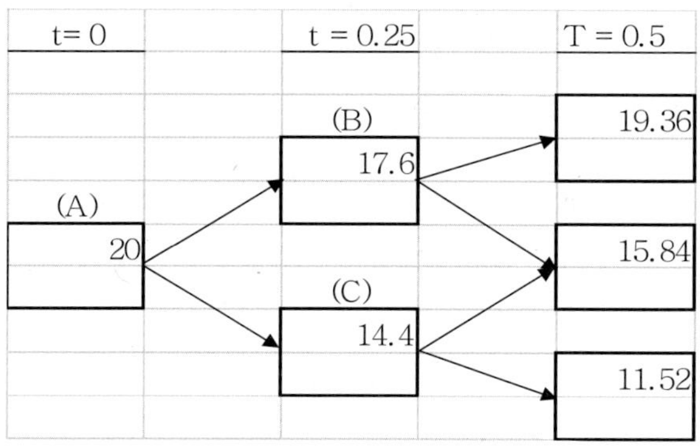

반면 배당금 방식은, 현 주가와 관련 없이 절대 금액 $D(>0)$를 배당으로 주는 것입니다. 배당 주는 시점은 여전히 t_D입니다$(0 < t_D < t1)$. 먼저 주가 상승의 경우를 살펴보겠습니다. 시점 t_D에 배당을 지급하므로 이 시점까지 상승하는 주가는 $S \cdot e^{u \times t_D}$가 됩니다. 이 시점에 D를 배당금으로 주므로, 배당금을 준 직후의 주가는 $S \cdot e^{u \times t_D} - D$가 됩니다. 그 이후 $t = t1$이 될 때까지는 상승 비율 u가 그대로 다시 적용되므로, 시점 $t1$의 주가는

$$[S \cdot e^{u \times t_D} - D] \cdot e^{u \times (t1 - t_D)} = S \cdot e^{u \times t1} - D \cdot e^{u \times (t1 - t_D)}$$

가 됩니다. 한편 현 주가 $S_0 = S$가 다음 기에 하락하는 경우 주가는 $S \cdot e^{d \times t1}$입니다. 그런데 시점 t_D에 배당을 지급하므로 이 시점까지의 주가는 $S \cdot e^{d \times t_D}$가 됩니다. 이 시점

에 D를 배당금으로 주므로, 배당금을 준 직후의 주가는 $S \cdot e^{d \times t_D} - D$가 됩니다. 그 이후 $t = t1$이 될 때까지는 하락 비율 d가 그대로 다시 적용되므로, 시점 $t1$의 주가는

$$[S \cdot e^{d \times t_D} - D] \cdot e^{d \times (t1 - t_D)} = S \cdot e^{d \times t1} - D \cdot e^{d \times (t1 - t_D)}$$

가 됩니다. 이 두 주가가 recombining 할까요?

두 주가의 recombining을 알아보기 위해, 주가 경로가 "상승-하락"하는 경우의 시점 $t2$의 최종 주가와 "하락-상승"하는 경우의 시점 $t2$의 최종 주가가 같은지를 따져봅시다. 참고로 $t1 = t2 - t1 = \Delta t$입니다. 전자는

$$\begin{aligned} &\left[S \cdot e^{u \times t1} - D \cdot e^{u \times (t1 - t_D)}\right] \cdot e^{d \times (t2 - t1)} \\ &= \left[S \cdot e^{u \times \Delta t} - D \cdot e^{u \times (\Delta t - t_D)}\right] \cdot e^{d \times \Delta t} \\ &= S \cdot e^{(u+d)\Delta t} - D \cdot e^{u \times (\Delta t - t_D) + d \times \Delta t} \\ &= S \cdot e^{(u+d)\Delta t} - D \cdot e^{(u+d)\Delta t - u \times t_D} \end{aligned}$$

입니다. 또 후자는

$$\begin{aligned} &\left[S \cdot e^{d \times t1} - D \cdot e^{d \times (t1 - t_D)}\right] \cdot e^{u \times (t2 - t1)} \\ &= \left[S \cdot e^{d \times \Delta t} - D \cdot e^{d \times (\Delta t - t_D)}\right] \cdot e^{u \times \Delta t} \\ &= S \cdot e^{(u+d)\Delta t} - D \cdot e^{d \times (\Delta t - t_D) + u \times \Delta t} \\ &= S \cdot e^{(u+d)\Delta t} - D \cdot e^{(u+d)\Delta t - d \times t_D} \end{aligned}$$

입니다. 두 값이 같으려면

$$S \cdot e^{(u+d)\Delta t} - D \cdot e^{(u+d)\Delta t - u \times t_D} = S \cdot e^{(u+d)\Delta t} - D \cdot e^{(u+d)\Delta t - d \times t_D}$$

곧

$$D \cdot e^{(u+d)\Delta t - u \times t_D} = D \cdot e^{(u+d)\Delta t - d \times t_D}$$

이어야 하고, 이는 다시

$$e^{(u+d)\Delta t - u \times t_D} = e^{(u+d)\Delta t - d \times t_D}$$

이어야 하며, 이는 다시

$$-u \cdot t_D = -d \cdot t_D$$

곧

$$u = d$$

이어야 합니다. 그런데 $u(> r)$와 $d(< r)$는 같을 수 없습니다. 그러기에 배당을 특정 금액으로 주는 경우는 이항 모형에서 주가의 "recombining" 특성을 활용할 수 없습니다. 그러면 이항 모형의 주요한 장점인 (적은) 노드 수에 있어서 문제가 됩니다. 가령 2기 이항 모형에서 알 수 있듯이, n-기 이항 모형의 최종 노드 수는 n+1입니다. 주가의 recombining에 의해 한 기간이 증가할 때 최종 노드 수도 1만큼 증가하기 때문입니다. 반면 주가의 recombining 속성이 없다면, n-기 이항 모형의 최종 노드 수는 (가장 많은 경우) 2^n까지 이를 수 있습니다. 가령 $n = 30$개의 단계를 필요로 하는 경우 이항 모형에서 주가의 recombining 속성을 활용하면 31개의 노드만 분석하면 됩니다. 반면 이항 모형에서 주가의 recombining 속성을 활용할 수 없다면 하면 (최대) $2^{30} \approx 10$억 개의 노드를 분석해야 합니다. 이런 이유로 이항 모형에서 기초 자산 배당을 반영할 때에는 특정 금액의 배당이 아닌 배당률을 사용하는 것을 선호합니다.

(2) 어메리칸 콜의 조기 행사

위에서는 주가의 recombining을 위해서는 배당률을 활용하는 이항 모형이 더 선호됨을 설명하였습니다. 이제 기초 자산이 배당을 주는 경우에는 어메리칸 콜도 조기 행사가 최적인 경우가 있음을 보이겠습니다. 이를 위해서는 배당 지급 시점(t_D)을 다음과 같이 설정해야 합니다.

$$t1 < t_D < t2 = T$$

즉, 두 시점 $t1$과 $t2$ 사이에 배당이 지급되면 기초 자산인 주가는 $t2$ 시점에 배당락이 반영되어 하락하므로, 설혹 주가가 $t1$에서 $t2$ 사이에 상승하는 경우에도 이 배당락 때문에 $S_{t1} > S_{t2}$가 될 수 있습니다. 물론 주가가 $t1$에서 $t2$ 사이에 하락하는 경우에도 이 배당락 때문에 S_{t2}가 (배당락 없을 때보다) 더 하락합니다. 이런 이유로 어메리칸 콜 보유자는 시점 $t1$에서 콜을 조기 행사하는 것이 최적일 수 있습니다. $S_{t1} > K > S_{t2}$일 수 있기 때문입니다. 즉, 시점 $t1$에서 콜은 내가격이지만 시점 $t2$에서는 외가격이 될 수 있기 때문입니다. 물론 $S_{t1} > S_{t2} > K$일 수도 있고, 이때 두 시점 노드에서 콜은 내가격이긴 하지만, 시점 $t1$에서 조기 행사하는 것이 여전히 최적입니다.

여기서 참고로 한 가지 알립니다. 이전에 배당 시기를 $0 < t_D < t1$로 가정한 이유는, 이 시기에 배당이 지급되어 $t1$ 시점의 주가가 배당락 되어도 시점 $t2(= T)$의 주가는 다시 recombining함을 보여주기 위함이었습니다. 그런데 이 경우 시점 $t1$이나 $t2$의 (모든 노드) 주가는 배당락되어 오늘$(t = 0)$의 주가보다 더 낮을 수 있습니다. 즉, $S_0 > S_{t1} > S_{t2}$이면 되면 (K 값에 따라) $K > S_0 > S_{t1} > S_{t2}$가 될 수도 있어 어메리칸 콜 보유자는 그 어느 시점에서도 콜을 행사할 수 없어, 이 콜의 조기 행사를 논의할 수 없습니다. 실제로 위 도표에서도 $K = 21 > S_0 = 20 > S_{t1}$ 및 $K > S_0 = 20 > S_{t2}$가 됩니다. ($S_{t1} = 17.6\ or\ 14.4$이고 $S_{t2} = 19.36,\ 15.84\ \ or\ 11.52$)

이제 어메리칸 콜의 조기 행사를 설명하기 위해서는 배당 시점이 $t1 < t_D < t2$으로 설정하는 것이 필요합니다. 이렇게 되면 $t1$ 시점의 주가는 원 모형의 그것과 같습니다. 즉, B 노드 주가는 22, C 노드 주가는 18입니다. 이제 배당률 $\delta = 0.1$로 설정하면 $t2 = T$ 시점의 주가는 다음과 같습니다. B 노드에서 주가 상승 시 T 시점의 최종 주가는

$$S_{t1} \cdot e^{u \times t1} \cdot (1 - \delta) = 22 \times 1.1 \times (1 - 0.1) = 21.76$$

이 됩니다. 또 B 노드에서 주가 "하락" 시 T 시점의 최종 주가는

$$S_{t1} \cdot e^{d \times t1} \cdot (1 - \delta) = 22 \times 0.9 \times (1 - 0.1) = 17.82$$

가 됩니다.

C 노드에서 주가 상승 시 T 시점의 최종 주가는

$$S_{t1} \cdot e^{u \times t1} \cdot (1 - \delta) = 18 \times 1.1 \times (1 - 0.1) = 17.82$$

가 됩니다.[36] 또 C 노드에서 주가 "하락" 시 T 시점의 최종 주가는

$$S_{t1} \cdot e^{d \times t1} \cdot (1 - \delta) = 18 \times 0.9 \times (1 - 0.1) = 14.58$$

---

[36] 여기서도 주가의 recombining이 성립합니다.

이 됩니다. 이를 도표로 표시하면 다음과 같습니다.

➢ 도표 4–14 배당 지급 시 주가 변화

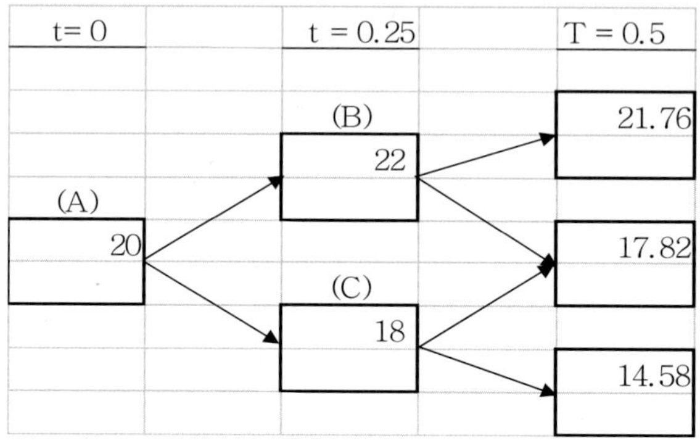

그렇다면 $K = 21$인 어메리칸 콜 보유자는 과연 어느 시점에서 이 콜을 행사하는 것이 최적일까요? 위 도표를 보기만 해도 알 수 있지 않을까요? 일단 주가가 $K = 21$보다 커야 하니, 주가가 22인 B 노드 혹은 만기일 주가가 최고인 21.76의 상황에서만 콜 행사가 가능합니다. 이 두 주가와 시점을 보면, 자명하게도 콜 보유자는 B 노드에서 콜을 행사해야 합니다. 콜 행사 시 얻을 현금흐름이 22−21=1이므로 21.76−21=0.76보다 더 크고, 게다가 B 노드가 더 이른 시점이므로 현재가치 관점에서도 더 유리합니다. 결국 위 도표를 참조하면 어메리칸 콜 보유자는 B 노드에서 콜을 조기 행사하는 것이 최적이고, 그 어느 다른 시점이나 다른 노드에서는 콜을 행사하지 않습니다(못합니다). 그러므로 배당이 있는 경우 이 어메리칸 콜의 오늘($t = 0$)의 현재가치는 다음과 같습니다. B 노드에서 콜 조기 행사 시 현금흐름은 1이므로.

$$\begin{aligned} c_0 &= \frac{p \times 1 + (1-p) \times 0}{e^{r \times t1}} \\ &= \frac{0.65225 \times 1 + 0.34775 \times 0}{e^{0.12 \times 0.25}} \\ &= \frac{0.65225}{e^{0.03}} \\ &= 0.633. \end{aligned}$$ [37]

---

[37] 1기 이항 모형에서 유러피언 콜의 현재 가격도 0.633이었습니다. 이것은 단순히 우연의 일치입니다. 1기 이항 모형에서의 유러피언 콜의 만기는 0.25년이었고, 현 어메리칸 콜의 만기는 0.5년입니다. 만기만 따지면 후자

그러면 동일 사양(specifications)의 유러피언 콜 가격은 얼마일까요? 위 도표를 보면, 유러피언 콜 보유자는 시점 T에서 주가가 21.76인 경우에만 비로소 콜을 행사할 수 있습니다. 그러므로 유러피언 콜의 오늘의 가격은 다음과 같습니다.

$$\begin{aligned} c_0 &= \frac{p^2 \times (21.76 - 21)}{e^{r \times T}} \\ &= \frac{(0.65225)^2 \times 0.76}{e^{0.12 \times 0.5}} \\ &= \frac{(0.65225)^2 \times 0.76}{e^{0.06}} \\ &= 0.304. \end{aligned}$$

즉, 드디어 여러분은 어메리칸 콜 가격이 유러피언 콜 가격보다 더 큰 경우도 있음을 목격하고 있는 것입니다.

질문 4-10〉 그런데 배당 있는 경우의 어메리칸 콜 (현재) 가격은 배당 없는 경우의 유러피언 콜 가격 1.282보다는 작습니다. 어떻게 어메리칸 콜 가격이 유러피언 콜 가격보다 더 작을 수 있나요? 가격이 같다면 모르겠지만…

네, 이 질문에는 함정이 하나 있습니다. 동일한 사양(specifications)의 어메리칸 콜과 유러피언 콜을 비교하는 것이 아니기 때문입니다. 동일 사양이라 함은, 어메리칸 콜이 언제나 행사 가능하다는 점을 제외하고는 모든 면에서 유러피언 콜과 같은 조건임을 의미합니다. 그런데 위 사례에서는 동일한 조건이 아닙니다. 어메리칸 콜의 경우는 배당을 주는 기초 자산을 대상으로 한 옵션이고, (현재 가격이 1.282인) 유러피언 콜의 경우는 배당을 주지 않는 기초 자산을 대상으로 한 옵션입니다. 그러므로 두 콜의 사양(specifications)은 같지 않습니다. 기초 자산의 유형이 서로 다르기 때문입니다. 그러므로 비교 대상이 될 수 없습니다. 단지 제3장 "옵션 가격 결정 요인"에서 배웠듯이, 배당이 있으면 (배당 없을 때보다) 콜 가치는 더 작아진다는 정리를 여러분은 확

의 현재 가격이 더 커야 되지만, 후자의 경우 기초 자산의 배당 지급으로 인해 기초 자산 가격이 하락하여 결국 콜 가치도 하락하는데, 만기 증가로 인한 콜 가치 증대와 배당 지급으로 인한 콜 가치 하락이 완벽하게 서로 상쇄되는 결과가 도출된 것입니다. 실제로도 이 2기 모형에서는, 1기 이후 배당금 지급으로 인해 1기말이 도달하면 콜을 행사합니다. 즉, 결과적으로, 만기가 1기인 경우와 정확히 동일한 상황이 된 것입니다, 우연히 말입니다.

인했습니다. 그 작아지는 정도가 어느 정도인가 하면, 배당 있을 때 어메리칸 콜의 특성을 활용하여 옵션 조기 행사를 한 최대 콜 가치가 배당 없을 때 조기 행사 안 하는 유러피언 콜의 현재가치보다도 더 작다는 것입니다. ▣

(3) 어메리칸 풋

한편 배당 있는 경우 어메리칸 풋 가격은 어떻게 될까요? 그리고 조기 행사는 또 어떻게 될까요? 먼저 배당 없는 경우의 어메리칸 풋의 가치를 소환해 보겠습니다. 각 노드 상자의 두 번째 값은, 어메리칸 풋 보유자가 조기 행사하지 않고 일단 다음 기까지 기다리며 최적 기회를 노릴 때의 어메리칸 풋 가치입니다. 세 번째 값은 각 노드에서 조기 행사 시 어메리칸 풋 가치입니다.

소환 2〉 어메리칸 풋 가치 (배당 없음)

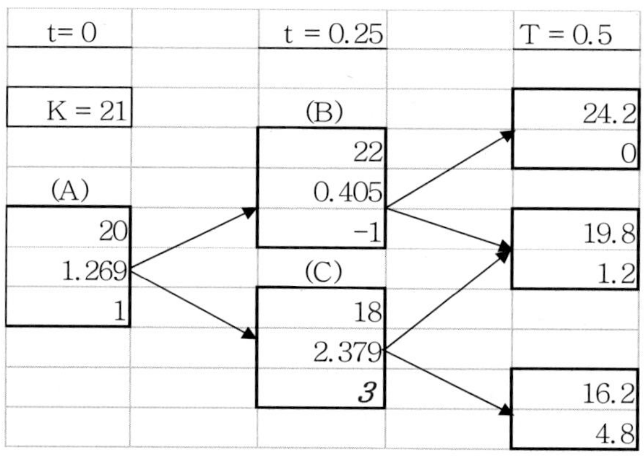

위 도표에서와 같이, 어메리칸 풋 보유자는 C 노드에서만 풋을 조기 행사하고, 이를 반영하여 오늘 시점에서 이 풋 가치는 1.269가 됩니다. 즉, A 노드에서 풋을 행사하지 않고 다음 기까지 기다릴 때의 가치는 다음과 같이 산출됩니다.

$$
\begin{aligned}
f &= e^{-0.03} \times [f_U \times p + f_D \times (1-p)] \\
&= e^{-0.03} \times [0.405 \times 0.65225 + 3 \times 0.34775] \\
&= 1.269.
\end{aligned}
$$

반면 배당이 있는 경우에는 어떨지 아래 도표를 다시 보겠습니다. 각 노드 상자의 아래 값은 조기 행사 시 풋의 가치입니다. 배당이 없는 위 도표와 비교하여, 배당이 있는 경우 만기일 주가가 배당락되어 14.58처럼 대단히 낮은 가격이 될 수 있음을 알 수 있습니다.

➤ 도표 4-15 배당과 어메리칸 풋

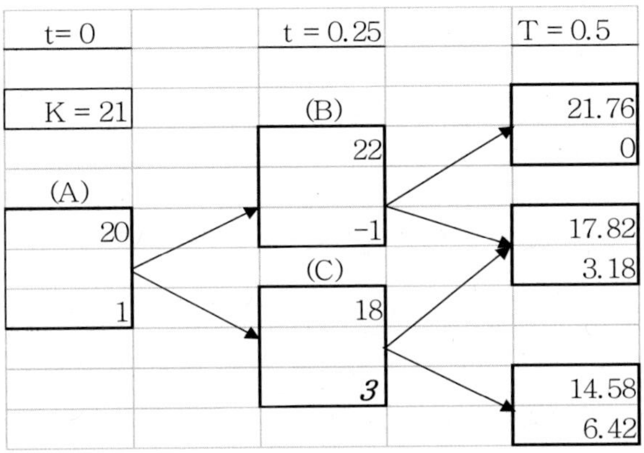

B 노드에서는 어차피 풋을 행사할 수 없습니다. 현금흐름이 '−1'이기 때문입니다. 그러므로 다음 기까지 기다려야만 합니다. 그런데 T의 주가는 배당락되어, 배당 없는 경우에 비해 더 하락합니다. 그러므로 주가가 17.82가 되는 경우에는 풋 가치가 21−17.82=3.18이 되어, 배당 없는 경우의 21−19.8=1.2보다 큽니다. 이를 반영하면 B 노드의 풋 가치 f_B는 다음과 같습니다.

$$\begin{aligned} f_B &= e^{-0.03} \times [f_U \times p + f_D \times (1-p)] \\ &= e^{-0.03} \times [0 \times 0.65225 + 3.18 \times 0.34775] \\ &= 1.073. \end{aligned}$$

C 노드에서는 풋을 행사할 수도, 다음 기까지 기다릴 수도 있습니다. 전자의 현금흐름은 3이 되고, 이 선택이 배당 없는 경우에는 최적이었습니다. 하지만 이제는 배당락으로 T 시점의 주가가 대폭 하락했고 만기일 풋 가치는 그만큼 상승했습니다. 만기일까지 기다린 후 풋을 행사하면 C 노드의 풋 가치 f_C는 다음과 같습니다.

$$\begin{aligned} f_C &= e^{-0.03} \times [f_U \times p + f_D \times (1-p)] \\ &= e^{-0.03} \times [3.18 \times 0.65225 + 6.42 \times 0.34775] \end{aligned}$$

$$= 4.179 > 3.$$

그러므로 C 노드에서 어메리칸 풋 보유자는 풋을 행사하지 않고 다음 기까지 기다리는 것이 최적입니다. 이제 B 노드와 C 노드의 최적값을 반영하여 A 노드의 어메리칸 풋 가치 f_0를 도출하면 다음과 같습니다.

$$\begin{aligned} f_0 &= e^{-0.03} \times [f_U \times p + f_D \times (1-p)] \\ &= e^{-0.03} \times [1.073 \times 0.65225 + 4.179 \times 0.34775] \\ &= 2.089. \end{aligned}$$

어메리칸 풋의 현재 가격 2.089는, 기초 자산의 배당이 없는 경우의 어메리칸 풋 현재 가격 1.269보다 더 큽니다. 왜냐하면 배당락으로 인해 만기일 주가가 (배당 없는 경우보다) 각 노드에서 하락했고, 이로 인해 만기일 풋의 청산가치가 두 노드에서 더 커졌습니다(한 노드에서는 주가가 배당락 됐어도 풋의 청산가치는 여전히 0으로, 배당 없는 경우의 청산가치와 똑같음). 이를 반영하여 노드 B와 노드 C에서, 다음 기까지 기다려 풋을 행사할 때의 가치가 (배당 없을 경우보다) 더 커졌습니다. 특히 C 노드에서는, 배당 없는 경우엔 조기 행사가 최적이었는데, 배당락 주가로 인해 이제는 만기까지 기다리는 것이 최적으로 판명되었습니다. 이 모든 것이 반영되어 오늘의 어메리칸 풋 가치도 (1.269에서) 2.089로 상승했습니다. 이를 도표에 반영하면 아래와 같습니다. 도표에서 이탤릭체로 보이는 수치들은 모두 (배당 없는 경우보다) 상승한 수치들입니다.

➢ 도표 4-16 배당과 어메리칸 풋 가치 변화

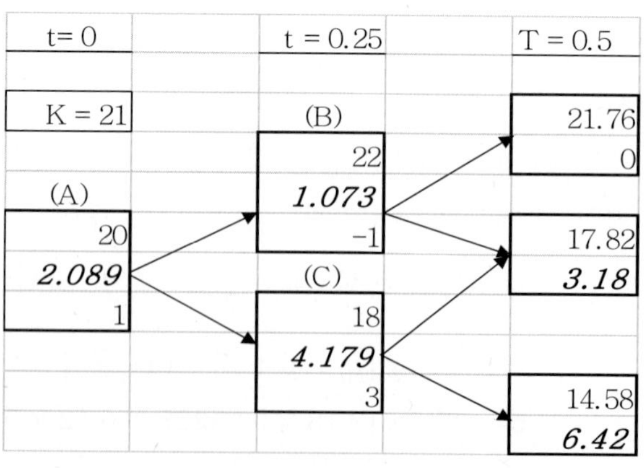

5. 블랙-숄즈 모형과의 관련성

이항 모형에 대하여 한 가지만 더 부연 설명을 하겠습니다. 이항 모형은 옵션 가치 평가에 매우 중요한 모형이지만 이에 대한 비판도 없지 않은데, 가장 주요한 비판은, 기초 자산 주가가 만기일에 두 값 혹은 세 값만을 가지는 이항 모형이 비현실적이라는 것입니다. 왜냐하면 현실에서는 특정일 실현 가능한 주가는 이보다 훨씬 넓은 범위이기 때문입니다. 가령 1일 가격제한폭이 30%인 우리나라 주식시장에서도, 오늘 종가가 100이라면 내일 가능한 주가는 70에서 130까지이니 최소 61개 주가가 가능합니다.[38] 그런데 이런 비판은 이항 모형을 잘 모르고 하는 얘기에 불과합니다. 그렇다면 이런 문제점을 이항 모형은 어떻게 해소할 수 있을까요?

이 문제는,

만기일까지의 노드 수를 많이 설정함으로써 해결

할 수 있습니다. 가령 만기일까지 1개월 혹은 약 20여 거래일이 남은 경우, 이항 모형 노드 수를 30개, 40개, 50개로 설정하면 만기일에는 (recombining nodes의 경우) 주가가 31개, 41개, 51개가 되어, 현실적인 주가 범위를 모두 포함하게 됩니다.

그러면 이항 모형의 다른 문제점은 없을까요? 노드 수를 증가시켜 만기일 주가 범위를 꽤 넓게 한다고 해서, 자동적으로 이항 모형이 충분히 뛰어난 옵션 이론가 평가 모형이 된다고 할 수 있을까요? 결국 이 문제가 더 중요할 것입니다. 다른 뛰어난, 광범위하게 인정 받은 옵션 가치평가 모형이 산출하는 옵션 이론가와 이항 모형이 산출하는 옵션 이론가가 얼마만큼 유사한가 말입니다. 옵션에 관한 한, (노벨상을 받게 한) 블랙-숄즈 옵션 가치평가 모형(Black-Scholes option pricing model)이 현재까지는 가장 저명하고 뛰어난 모형입니다. 또 이 모형은 이산 주가가 아니라 연속 주가를 전제로 하는 모형이기도 합니다. 그러므로 이항 모형의 현실성과 타당성에 대한 의문은 다음의 질문으로 요약될 수 있습니다.

이항 모형 노드 수가 충분히 증가하면 블랙-숄즈 모형에서 산출되는
옵션 이론 가격과 유사한 가격을 산출할 수 있을까요?

---

[38] 물론 특정 거래일에 상한가나 하한가를 기록할 확률은 매우 작지만 말입니다.

결론부터 말하면, 위 질문에 대한 답은 "Yes"이고 이는 재무금융 학자들인 Cox, Ross와 Rubinstein이 자신들의 논문에서 이미 입증했습니다.[39] 이것이 무슨 의미인지를 아래 그림을 통해 파악해 보겠습니다.

➤ 그림 4-1 이항 모형

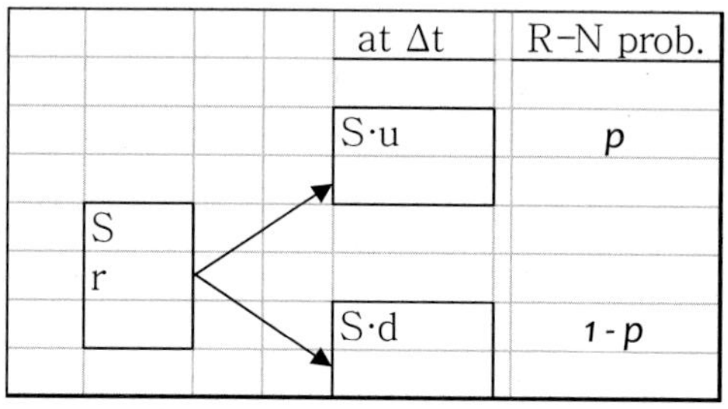

특정 주식의 수익률 변동성이 σ라 합시다. 또 현 주가 S는, (짧은) 기간 Δt 동안 $S \cdot u$로 상승하거나 $S \cdot d$로 하락한다고 설정합니다. 이것이 이항 모형의 한 노드에 해당합니다. 이러한 노드 수를 30개 이상으로 증가시켜 이 이항 모형을 사용할 것입니다. 그리고 주가 상승 확률과 하락 확률은 각각 p, $1-p$입니다. 이 확률들은 물론 위험중립 확률들입니다. 또 이 주식의 연속배당률은 q이고 시장의 무위험 이자율은 r로 표기합니다. 그러면 이 상승률과 하락률, 배당률, 그리고 주가 상승 및 하락 확률은 이 주식의 수익률 변동성 σ를 정확히 반영하여 설정되어야 합니다. 이를 충족하기 위해서는 다음과 같이 u, d, p가 설정되어야 함을 위 세 저자들은 발견했습니다.

$$u = e^{\sigma \cdot \sqrt{\Delta t}},$$
$$d = e^{-\sigma \cdot \sqrt{\Delta t}},$$
$$p = \frac{a-d}{u-d}.$$
$$a = e^{(r-q) \cdot \Delta t}.$$

위 모수들의 값을 한 번 봅시다. 일단

39 그 논문은 "Option Pricing: A Simplified Approach"로 *Journal of Financial Economics*라는 학술지에 1979년에 실린 논문입니다(October, 1979, 229-263쪽).

$$u > 1 > d > 0$$

을 확인할 수 있습니다. 이 수치들은 합리적 범위에 있습니다. 또한

$$u = u(\sigma, \Delta t), \qquad d = d(\sigma, \Delta t)$$

입니다. 즉, 주가 상승률과 하락률이 S의 (수익률)변동성의 함수이며 또 기간의 함수입니다. 변동성이 클수록 상승률과 하락률 차이가 커야 하고, 또 경과된 기간에 비례하여 상승률과 하락률 정도가 결정되어야 하기 때문입니다. 또한 주가 상승 확률인 p를 구성하는 요소들을 보면 다음이 성립합니다.

$$u > a = e^{(r-q)\cdot\Delta t} > 1 > d.$$

그렇기에 확률 p가 0과 1 사이 값을 가집니다.

$$0 < p = \frac{a-d}{u-d} < 1$$

그런데 여기서 $u = e^{\sigma\cdot\sqrt{\Delta t}} > a = e^{(r-q)\cdot\Delta t}$이 과연 성립할까요? 네, (현실적으로) 성립합니다. 이를 입증해 보겠습니다. 먼저 양변에 자연로그를 취하겠습니다. 그러면

$$\ln(u) = \sigma\cdot\sqrt{\Delta t}, \qquad \ln(a) = (r-q)\cdot\Delta t$$

이고 다시 이들을 Δt로 나누면

$$\frac{\ln(u)}{\Delta t} = \frac{\sigma}{\sqrt{\Delta t}}, \qquad \frac{\ln(a)}{\Delta t} = r - q$$

입니다. 그런데 한 노드의 길이인 Δt는 1(년)보다 매우 짧습니다. 가령 $\Delta t =$one (trading) day라고 좀 길게 잡아도

$$\Delta t = \frac{1}{250} = 0.004$$

이고 $\sqrt{\Delta t} = \sqrt{0.004} \approx 0.063$이므로

$$\frac{\ln(u)}{\Delta t} = \frac{\sigma}{\sqrt{\Delta t}} = \frac{\sigma}{0.063} \approx 16 \times \sigma$$

입니다. 그리고 대부분 주식의 (연)수익률 변동성(σ)은 대략 0.1~0.3 정도이므로

$$\frac{\ln(u)}{\Delta t} = 16 \times \sigma \geq 16 \times 0.1 = 1.6$$

입니다. 반면, 대부분 무위험 이자율은 $r \leq 0.06$이고 배당수익률은 $q \geq 0$입니다. 그러므로 $r - q \leq 0.06$이고

$$\frac{\ln(a)}{\Delta t} = r - q \leq 0.06$$

입니다. 결국

$$\frac{\ln(u)}{\Delta t} \geq 1.6, \qquad \frac{\ln(a)}{\Delta t} \leq 0.06$$

이므로

$$u > a$$

는 현실적으로 항상 성립합니다.

이항 모형의 모수들을 이렇게 설정하면, 연속 주가 모형이며 현존하는 가장 뛰어난 옵션 평가 모형인 블랙-숄즈 모형의 옵션 이론가에 근사하는 혹은 일치하는 옵션 이론가들을 산출할 수 있음을 위 세 저자는 자신들의 연구를 통해 입증했습니다. 물론 만기일까지의 노드 수를 (30개 이상으로) 충분히 많이 설정할 때 두 모형의 옵션 이론가격이 유사하다는 의미입니다. 또 노드 수를 증가시키는 방식은, 본절 2기 이항 모형에서 노드 수를 1개에서 2개로 증가시킨 방식과 동일하게 recombining 방식을 쓰면 됩니다. 그런데 우리는 아직 블랙-숄즈 모형에 대해서 논의하지 않았기에, 이 주제에 대해서는 이 정도로 언급하고, 자세한 내용은 블랙-숄즈 모형을 주제로 하는 제8장에서 더 논의하기로 합니다.

Chapter

5

주가의 추세적 변화

옵션의 가치는 기초 자산 가격의 "변동성"에 있습니다. 가령 기초 자산 가격이 거의 변동하지 않는다면 대부분 외가격 옵션의 가치는 0일 것이며, 등가격 옵션의 가치도 0을 크게 벗어나지 않을 것이고, 내가격 옵션의 가치는 옵션의 내재가치(intrinsic value)와 크게 다르지 않을 것입니다.[1] 그러므로 옵션 가치를 공부한다는 것은 어떤 면에서 기초 자산 가격의 변동성을 공부하는 것에 다름 아닙니다. 그리고 이 변동성을 심도있게 공부하기 위해서는 제6장의 브라운 운동(Brownian Motion)과 이토스 렘마(Ito's Lemma)를 공부해야 합니다. 또 이 브라운 운동과 이토스 렘마를 잘 이해하기 위해서는 주가의 추세적 변화, $dx, dy, \Delta x, \Delta y$ 및 Taylor Series 등을 이해해야 합니다. 본장에서는 바로 이 개념들을 공부하겠습니다.

이제 한 가지 질문으로 이 장을 시작해 봅시다. (배당을 주지 않는) 주식의 가격은 어떻게 움직이는 특성이 있나요?[2] 통상적으로 시간 경과에 다른 주가(지수)의 변동은 다음과 유사한 모습일 것입니다.

---

[1] 물론 아주 정확히 표현하면 현재가치 차원에서 말해야 합니다만, 옵션의 만기는 대부분 길지 않고 무위험 이자율 r의 값도 작기에, 위와 같이 말해도 큰 오차는 없습니다.

[2] 배당을 주는 주식의 경우에는 배당락 되는 날 주가가 배당금만큼 하락하므로 주가의 하락을 적어도 부분적으로 예측할 수 있습니다. 옵션 가치평가에서는 통상 배당을 주지 않는 주식을 기초 자산으로 하는 옵션을 대상으로 합니다. 물론 배당이 있는 주식의 경우에는, 배당 없는 경우의 옵션 가치평가 모형에서 배당을 반영하여 수정할 수 있습니다.

➢ 그림 5–1 시간 경과에 따른 일반적 주가 변동

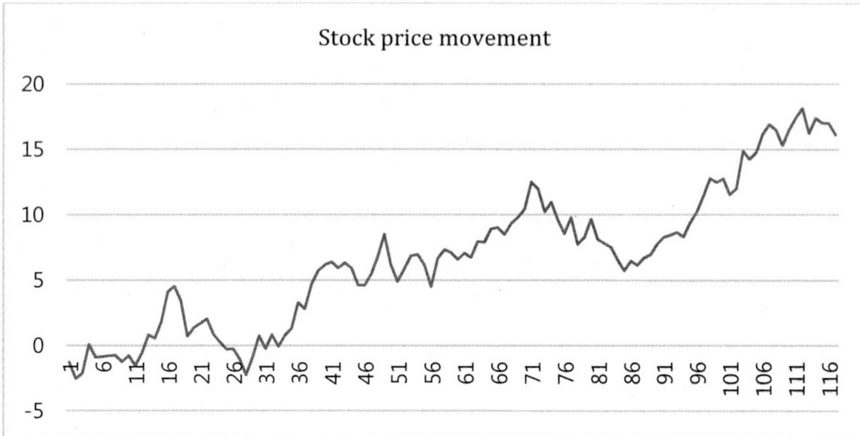

물론 위 그림은 궁극적으로 주가(지수)가 상승하는 경우로, 대표적인 주가지수인 미국의 S&P500이나 Nasdaq 종합지수 혹은 Dow Jones 산업지수는 위와 같은 흐름을 보입니다.[3] 주가지수가 이런 모습을 보이면, 주가지수를 구성하는 개별 주가들도 시간 경과에 따라 이런 모습을 보인다고 생각할 수 있습니다. 그러면 시간 경과에 따른 이런 주가의 모습의 특성은 무엇일까요?

간단히 말하면,

1) 끊임 없이 변하는 특성
2) 일정한 추세를 따르는 특성

의 두 가지 특성이 있다고 할 수 있습니다. 위 그림을 다시 끊임 없이 변하는 특성과 일정한 추세를 따르는 특성으로 구분해 볼까요?

<그림 5-1>과 <그림 5-2>(실선)는 사실 동일한 주가 자료에 의한 그래프들입니다. 단지 <그림 5-2> 그래프에는, 주가의 장기적 추세(drift)를 점선으로 나타낸 직선을 추가했을 뿐입니다. 이처럼 시간 경과에 따른 주가 변동은 일정한 추세와 (방향성 없는) 변동성을 보이는 것이 일반적입니다. 참고로 <그림 5-2>에서 실선은 주가 추세를 포함하고 있기에, 방향성 있는 변동성을 나타난 셈입니다. 엄밀히는 <그림 5-2>의 두 그

---

[3] 우리나라 KOSPI 200 지수도 장기적으로 이런 모습이 되길 바랍니다.

➤ 그림 5-2 주가의 추세와 변동성

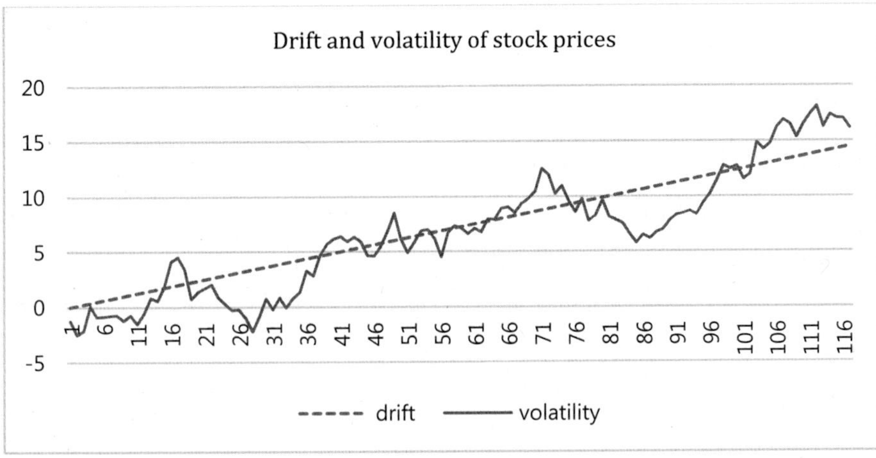

래프 중 실선 그래프에서 점선 그래프를 뺀 나머지 주가 그래프가 (방향성 없는) 변동성 혹은 순변동성을 나타낼 것입니다. 이 순변동성은 어차피 곧 브라운 운동을 공부하면서 그 형태를 여러분이 보게 될 것입니다.

네, 지금까지는 주가 변동과 관련된 기초적인 배경 지식이었습니다. 지금부터는 (다음 장에서 배울) 브라운 운동과 관련된 내용들을 공부하겠습니다. 가령 삼성전자 주가가 현재 10만원이라면 10분 후, 20분 후의 주가는 얼마가 될까요? 네, 아무도 모릅니다. 단지 이 10분, 20분 동안에도 지속적으로 변할 것이라고는 대부분 투자자들이 공감할 것입니다. 그렇다면 3개월 후, 6개월 후 혹은 1년 후 이 주가는 어떻게 될까요? 물론 이에 대해서도 아무도 모르지만, 이 주식 주가의 과거 3개월, 6개월 혹은 1년 동안의 변화 패턴(pattern)을 참고하여 투자자 나름의 주관적 전망을 할 수도 있습니다.[4] 하지만 이렇게 장기적 미래 주가 전망을 제시하는 사람들조차도 10분 후, 20분 후의 주가를 전망하기는 어렵습니다. 10분, 20분 혹은 1분, 1초처럼 짧은 기간에는 주가는 이른바 'random walk'를 한다고 예상하기 때문입니다. 즉, 거의 방향성 없이 움직이는 것을 말합니다. 그러므로 주가 변동의 이러한 두 특성을 모두 적절히 반영할 때 합리적 주가 전망이 가능합니다. 이 두 특성이란 단기간에는 거의 특별한 방향성이 없는

---

[4] 물론 대체적인 전망이 대부분이고 향후 3개월 후 주가가 11만원, 5천원이라는 식으로 전망하기는 어렵습니다.

(그러나 끊임 없이 움직이는) 특성과 (장기적으로는) 일정한 추세를 따라 변화하는 특성을 말합니다. 주가 변동의 이 두 특성을, 전자는 "변동성(volatility)"이라 하고 후자는 "추세적 변화(drift)"라고 합니다.

하지만 위와 같이 주가에 있어서 단기간 변화와 장기간 변화를 무 자르듯 구분하는 인식은 다소 부족한 면이 있습니다. 왜냐하면, 보다 엄격히 말하면, 단기간에도 주가는 방향성이 없이 움직이는 특성과 일정한 추세를 따라 변화하는 특성을 모두 가지고 있기 때문입니다. 단기간이기에 후자는 잘 포착되지 않을 뿐입니다. 사실 장기간을 여러 기간으로 나눈 것이 단기간이기에, 장기적으로 주가 변화가 두 특성을 가지고 있다면 단기적으로도 그 두 특성을 그대로 가지고 있어야 합니다. 가령 특정 주식의 주가가 평균적으로, 즉 추세적으로, 1년에 7% 상승한다면 1개월에는 주가가 평균적으로

$$\frac{7\%}{12} = 0.583\%$$

상승하는 추세를 가지고 있음을 의미하고, 1일에는

$$\frac{7\%}{260} = 0.027\%$$

상승하는 추세를 가지고 있음을 의미합니다. 마찬가지로 1분 동안에는

$$\frac{7\%}{260 \times 6 \times 60} = 0.000075\%$$

상승하는 추세를 가지고 있음을 의미합니다.[5] 만일 단기간이라 해서 이런 추세를 무시하면, 장기간인 1년 기간에도 연 평균 7% 상승을 무시하고 0%로 추정하는 오류를 범하는 것입니다. 이 점에 관해서는 본장에서 추후 상세히 설명될 것입니다. 결론으로, 단기간 주가 추정에도 주가의 변동성과 평균 변화를 모두 반영하는 것이 합리적입니다.

앞에서 언급한 미국 시장의 대표적인 주가지수들은 수십 년간 강한 상승 추세를 보이고 있지만 소구간별로 보면 하락하는 추세 또한 존재하며, 더 짧은 기간으로 보면

---

[5] 1거래일에 6시간 주식이 거래됨을 가정했습니다.

끊임없이 상하로 움직이고 있음을 알 수 있습니다. 즉, 일정한 추세와 일정한 변동성을 함께 보여 주고 있습니다. 그러므로 미래 주가를 합리적으로 예측하기 위한 주가의 추세적 변화와 변동성을 모두 잘 반영해야 합니다. 본장에서는 주가의 추세적 변화를 다루고 다음 장에서는 주가의 변동성을 다룹니다. 그런데 주가의 변동성을 잘 이해하기 위해서는 다양한 사전 지식을 필요로 합니다. 반면 주가의 추세적 변화는 상대적으로 이해가 그리 어렵지 않습니다. 이런 연유로 본장에서는 주가의 추세적 변화를 공부한 후, 주가 변동성 공부를 위한 기초 지식이라 할 수 있는 개념들을 소환하여 다시 공부합니다. 여러분이 고등학교 때 배웠을 수도 있는 미분의 dx, dy 개념을 다시 심도 있게 리뷰하고, 또 dx, dy와 Δx, Δy의 차이를 가장 확실하게 이해시켜 주는 "Taylor Series(테일러 급수)"도 배웁니다. 참고로 Taylor Series를 잘 이해하면, 다음 장에서 배울 브라운 운동(Brownian motion)과 이토스 렘마(Ito's Lemma)도 잘 이해할 수 있습니다. 또 브라운 운동과 이토스 렘마를 잘 이해하면 (주가 변동성의 함수인) 옵션의 가치평가 모형도 잘 이해할 수 있습니다.

제 1 절 주가의 추세적 변화

다행히도 주가의 추세적 변화를 모형에 반영하는 것은 그다지 어렵지 않습니다. 삼성전자 주가의 수익률 평균 $\mu = 0.1$ =10%라 하겠습니다. 재무금융에서는 단위기간이 항상 1년이므로 $\mu = 0.1$이라 함은 연평균 수익률=0.1임을 의미합니다. 그리고 이 수익률은 연속복리로 산출된 수익률이라 하겠습니다. 이 경우 가령 오늘 삼성전자 주가 S_0가 10만원이면, 1년 후 이 주가의 "평균"은

$$S_1 = S_0 \times e^{0.1} = 100{,}000 \times e^{0.1} = 110{,}517\text{원}$$

입니다. 보다 일반적으로는, 변동성을 고려하지 않을 때, 시점 t에서 이 주식의 주가는 $S_t = S_0 \times e^{0.1t}$입니다($t \geq 0$). 또 S_t를 시간 t로 미분하면

$$\frac{d(S_t)}{dt} = S_0 \times e^{0.1t} \times 0.1 = 0.1S_t$$

이고 이는 곧

$$d(S_t) = dt \times 0.1S_t = 0.1 \times dt \times S_t$$

를 뜻합니다. 여기서

$d(S_t)$의 의미는 주가 S_t의 변화(량)

입니다. 어떤 변화인가 하면,

시간이 dt만큼 지날 때의 주가 S_t의 변화 정도

를 말하는 것입니다. 더 정확히는 현재 시점 t의 주가 S_t로 주어졌을 때, 시간이 dt만큼 지나 실현될

새 주가 S_{t+dt}와 현재 주가 S_t의 차이가 바로 $d(S_t)$

입니다. 위에서 삼성전자 주가의 $d(S_t) = 0.1 \times dt \times S_t$이니,

$$d(S_t) = S_{t+dt} - S_t = 0.1 \times dt \times S_t$$

라는 의미입니다. 그러므로

$$S_{t+dt} = S_t + 0.1 \times dt \times S_t$$

가 됩니다. 이 내용들을 정리로 요약해 봅시다.

정리 1〉

$d(S_t)$는 "시간이 dt만큼 변할 때의 주가 S_t의 변화량"을 뜻한다. 즉, $d(S_t)$는 시간 dt가 지나서 실현될 새 주가 S_{t+dt}와 현재 주가 S_t의 차이이다.

정리 2〉

연속복리 수익률의 평균이 μ이고 오늘 주가가 S_0일 때, 미래 시점 $t(>0)$의 평균 주가는 다음과 같다.

$$\mathrm{E}[S_t] = S_0 \times e^{\mu \times t}$$

이렇게 산출된 식 $S_{t+dt} = S_t + 0.1 \times dt \times S_t$가 과연 맞는 수식인지 따지려면, 원래의 식 $S_t = S_0 \times e^{0.1t}$를 이용하여 검증하면 됩니다. 즉, $S_{t+dt} = S_t + 0.1 \times dt \times S_t$와 $S_t = S_0 \times e^{0.1t}$의 두 식이 동치(equivalent)인지 아닌지 따지려면, 두 식에 동일한 수치 S_t를 대입했을 때 같은 답이 나오는지 확인하변 되는 것입니다.[6] 이제 $S_{t+dt} = S_t + 0.1 \times dt \times S_t$가 과연 동일한 수식인지 알아보기 위해, 원래의 식 $S_t = S_0 \times e^{0.1t}$를 이용하여 다음 사례를 살펴봅시다.

> 질문 5-1〉 현 주가 $S_0 = 100{,}000$에서 $S_t = S_0 \times e^{0.1t}$에 따라 주가 S가 변한다면, $t = 0 + dt = dt$가 되면 주가 S_{dt}의 값은 얼마가 될까요?

원 식에 따르면 $S_{dt} = S_0 \times e^{0.1 \times dt}$인데, dt는 가장 작은 시간의 변화량을 의미하니 가령 1초라면 $dt = \frac{1}{365 \times 24 \times 60 \times 60} = 0.000000031$(년)입니다. 이 값을 원 식에 대입하면 $S_{dt} = S_0 \times e^{0.1 \times dt} = 100{,}000.0003$이므로 $S_{dt} - S_0 = 0.0003$입니다. 이 수치가 바로 $d(S_t)$의 의미인 $S_{dt} - S_0$인 것입니다. 한편 미분에 따른 $d(S_t)$ 값을 구하면, $d(S_t) = (0.1 \times dt) \times S_t = (0.1 \times 0.000000031) \times 100{,}000 = 0.00031$로 $S_{dt} - S_0 = 0.0003$과 대단히 유사합니다. 두 값의 차이 0.00001이 발생하는 이유는 수학에서의 dt의 의미가 0에 무한히 가까운 양수임에 비해 우리는 $\frac{1}{365 \times 24 \times 60 \times 60} = 0.000000031$이라는 상수를 사용한 데서 기인합니다. 즉, 0.000000031도 매우 작은 수이지만, dt의 정의에 맞는 '0에 무한히 가까운 양수' 혹은 '무한소'를 생각하면 0.000000031은 상대적으로 꽤 큰 수치이기 때문에 두 식의 결과가 미세하게 다른 것입니다.[7] 아무튼 이 사례를 통해 다음 정리를 제시할 수 있습니다. ▣

> **정리 3〉 연평균 수익률이 μ일 때 주가의 추세적 변화:**
>
> $$dS_t = \mu \times S_t \times dt$$

---

[6] 한편 식 $S_t = S_0 \times e^{0.1t}$는 $t = 0$에서도 성립합니다. 왜냐하면 $t = 0$을 우변에 입력하면 $S_0 \times e^{0.1 \times 0} = S_0 \times 1 = S_0$이기에 좌변 $S_t = S_0$과 일치합니다.

[7] 한편 재무금융 영역에서 1년의 거래일은 대략 250 ~ 260일이므로 $dt = \frac{1}{260 \times 24 \times 60 \times 60} = 0.000000044$를 사용했다면 위의 오차 0.00000001보다는 조금 더 큰 오차가 발생했을 것입니다.

참고로 위의 μ를 "drift"라고 하고, 다음 장에서 공부할 주가의 변동성은 "volatility"라 합니다.

제 2 절 dx와 dy

이제 다음 주제로 넘어갑시다. 주가의 평균 변화를 알아보았으니, 이제 주가가 방향성 없이 끊임없이 움직이는 특성, 즉 변동성을 알아봅시다. 주가의 변동성은 어떻게 주가 모형에 반영할 수 있을까요? 현재까지 많은 학자들이 동의하는 방법은 물리학 등에서 주로 공부하는 브라운 운동(Brownian Motion)을 활용하는 것입니다. 물론 브라운 운동을 처음 들어보는 독자들이 많을 것입니다. 이 운동에 대해서는 제6장에서 자세히 설명합니다. 브라운 운동을 설명하기 전에 우리에게 익숙한 함수 중 하나인 $y = x^3$을 활용해 dy, dx의 의미를 다시 공부해 보겠습니다. 사실 이 개념들은 독자들이 고등학교 수학에서 배운 개념들이지만, 그 정확한 의미를 기억하지는 못할 수 있습니다. 그런데 이 개념들을 정확하고 정교하게 이해하면 궁극적으로 브라운 운동을 이해하는 데 큰 도움이 됩니다.

독자들은 고등학교에서 수학을 배울 때, $y = x^3$일 때, y를 x로 미분하면 $3x^2$이 된다고 배웠을 것입니다. 그리고 이를 수학적으로 표현하면 $\frac{dy}{dx} = 3x^2$이라고 배웠을 것입니다. 그런데 $\frac{dy}{dx} = 3x^2$이면 $dy = 3x^2 \cdot dx$로 표시할 수도 있다고 배우기도 했을 것입니다. 주가 모형이나 브라운 운동을 공부할 때는 $dy = 3x^2 \cdot dx$의 표현을 활용하는 것이 더 의미가 있으므로 우리는 미분에 있어 이 표현을 사용하기로 하겠습니다. 사실은 경제수학 혹은 수리경제학에서 전미분(total differentiation)을 배울 때 이 표현을 배웠을 수 있는데, 여기서 다시 리뷰하기로 하겠습니다.[8] $dy = 3x^2 \cdot dx$에서 좌변 dy의 의미는 "y의 변화량"이란 뜻입니다. 마찬가지로 우변 dx의 의미도 "x의 변화량"이란 뜻입니다. 그런데 두 변수의 변화량의 의미는 서로 다릅니다. 어떻게 다른지 차근차근 알아보겠습니다.

---

[8] 본서가 self-contained book이 되기 위해서입니다. 즉, 본서를 이해하기 위해 다른 책을 볼 필요가 없도록 하기 위함입니다.

예제 5-1〉

0과 1 사이의 숫자들은 몇 개가 있을까요? 그리고 0보다 크면서 가장 작은 양수는 무엇일까요?

네, 그 개수는 '무한대'입니다. 두 숫자 사이의 구간 1을 얼마든지 좁게 쪼갤 수 있기 때문입니다. 그렇다면 0보다 크면서 가장 작은 수는 어떤 수일까요? $0.000001 = 10^{-5}$일까요? 물론 아닙니다. $0.0000000001 = 10^{-10}$일까요? 물론 아닙니다. 10^{-11}도 있으니까요. 네 이렇게 따지면 도대체 어떤 수가, 0보다 크지만 다른 어떤 양수보다도 작은 수일까요? 네, 찾을 수 없습니다. ▣

예제 5-2〉

그렇다면 0 다음의 숫자(양수)는 어떻게 표현할 수 있을까요?

수학자들이 만들어낸 개념이 하나 있는데, dx라는 개념입니다. 이 수치는 혹은 이 질량(mass)은 0보다 큰, 그러나 0에 무한히 가까운 값으로 '무한소(infinitesimal)'라고도 불립니다. dx는 무한히 작은 수이므로 $dx < 10^{-11}$일 뿐 아니라 $dx < 10^{-100}$입니다. 나아가 10^{-n}의 n이 아무리 큰 수치라도 $dx < 10^{-n}$입니다.[9] 그러므로 x가 0에서 점차 커지는 양상을 세밀하게, 촘촘하게 묘사한다면, $0 \rightarrow dx \rightarrow 2 \times dx \rightarrow 3 \times dx, \cdots$ 식으로 표현할 수 있습니다. 아, 물론 더 촘촘하게 묘사한다면, $0 \rightarrow 0.1 \times dx \rightarrow 0.2 \times dx \rightarrow 0.3 \times dx, \cdots$ 식으로 표현할 수도 있고, 이보다도 더 촘촘하게 표현할 수도 있습니다. 이는 수학적으로 엄밀한 표현이라기보다는 독자들의 이해를 위한 설명입니다. 그런데 아무리 많은 dx를 더해도 결코 1이 되지는 않습니다. 이는 마치 무한대(∞)에서 100을 빼도 혹은 100억을 빼도 여전히 무한대인 것과 유사한 논리입니다. 아무튼 x가 0에서 점차 커지는 양상을 가장 세밀하게 묘사한다면 0에서 dx를 지속적으로 더하는 과정으로 생각할 수는 있습니다. 일단 이렇게 이해하는 것이 브라운 운동의 이해에 도움이 됩니다. ▣

---

[9] n이 무한대(∞)보다는 작은 어떠한 큰 수라도 $dx < 10^{-n}$입니다.

참고로 위에서 dx를 마치 하나의 상수(a constant)인 것처럼 표현했는데, 이는 수학적으로 엄밀한 표현은 아닙니다. 단지 여러분의 이해를 돕기 위해 일단 그렇게 "해석"한 것입니다. 추후 Ito's Lemma를 공부할 때 (dx보다 작은) $0.5 \times dx$는 0이 아닌데, 왜 (dx보다 작은) $(dx)^2$는 0이 되는지도 공부할 것입니다. 이때 dx의 '무한소'로서의 의미가 더 잘 설명될 것입니다.

예제 5-3〉

그래서 결국 dx와 dy의 차이가 뭔가요?

쉬운 예를 들어 설명하겠습니다. $y = f(x) = x^3$이라 하겠습니다. 또 x 범위가 (혹은 정의역이) $0 \leq x \leq 10$으로 정해졌다 하겠습니다. 현재 x 값이 0이면, x가 0.1만큼 변할 때 ($\Delta x = 0.1$일 때) y의 변화량 Δy는 다음과 같습니다. $y = x^3$에 의해, $x = 0$이면 $y = 0$이고 $x = 0.1$이면 $y = 0.1^3 = 0.001$이므로 $\Delta y = 0.001$입니다. 반면 현재 x 값이 9라면, $\Delta x = 0.1$일 때 Δy는 다음과 같습니다. $y = x^3$에 의해, $x = 9$면 $y = 9^3 = 729$이고 $x = 9.1$이면 $y = 9.1^3 = 753.571$이므로 $\Delta y = 24.571$입니다. 그러므로 현재 x 값(위치)에 따라 (x 변화량인 $\Delta x = 0.1$로 동일해도) y 변화량인 Δy는 크게 차이가 납니다.

그렇다면, $\Delta x = 0.1$로 주어졌지만 Δy는 어떻게 표시해야 할까요? Δy는 x가 Δx만큼 변할 때의 y의 변화량이란 의미입니다. $y = f(x)$로 표시할 수 있으므로 다음과 같이 표시합니다. $\Delta y = f(x + \Delta x) - f(x)$. 이로 인해 현재 x가 어떤 값인가에 따라 Δy 값이 달라집니다. 가령 우리의 예를 보면 $f(0 + \Delta x) - f(0) = 0.001$ 이지만 $f(9 + \Delta x) - f(9) = 24.571$입니다. 즉, ($\Delta x = 0.1$로 고정됐을 때) $x = 0$일 때에는 $\Delta y = 0.001$이고 $x = 9$일 때에는 $\Delta y = 24.571$입니다. 그러므로 Δy는 x 값의 함수입니다 물론 $x = 0$일 때나 $x = 9$일 때나 $\Delta x = 0.1$이라는 동일한 값을 사용함을 전제하면서 말입니다. 즉, 일반적으로 "Δy는 동일한 x 변화량 Δx가 주어졌을 때 x 값의 함수"입니다. ($y = 3x$와 같은 특별한 경우(1차 함수)에는 x 값과 관계 없이 $\Delta y = 3\Delta x$이므로 Δy는 Δx만의 함수인 경우도 있습니다)

마지막으로 더 자명한 사실은 "Δy는 Δx의 함수"이기도 하다는 것입니다. 당연하지 않겠습니까? Δy의 정의가 "x가 Δx만큼 변할 때의 y 변화량"이니 말입니다. $\Delta x = 0.1$

일 때와 $\Delta x = 0.01$일 때의 Δy는 서로 다르지 않겠습니까? 그러니 "Δy는 Δx의 함수"이기도 합니다.

> **정리 4〉 Δx와 Δy**
>
> y가 x의 함수일 때, 즉 $y = f(x)$일 때, Δy의 정의는 "x가 Δx만큼 변할 때의 y 값의 변화량"이다. $\Delta y = f(x + \Delta x) - f(x)$. 이때 Δy는, Δx가 동일한 값으로 주어졌을 때, x 값의 함수이다. Δx 크기가 다르면 Δy 크기도 다를 것이므로, Δy는 Δx의 함수이기도 하다 $(\Delta x > 0)$. 즉, 일반적으로 Δy는 x 값 및 Δx 값의 함수이다.

사실 "Δy는 x 값 및 Δx의 함수"임은 $\Delta y = f(x + \Delta x) - f(x)$에서 바로 알 수 있습니다. 즉, Δy의 정의에서 바로 알 수 있습니다. 함수 $f(x)$의 입력 변수로 Δx뿐 아니라 x도 포함되기 때문입니다.

위 정리는 모든 Δx에 대해 성립하므로, x의 변화량 Δx가 무한히 작은 경우(그러나 0보다는 큰 경우)를 생각해 보겠습니다. Δx가 무한히 작은 경우의 값이 바로 dx입니다. 이것이 dx의 정의입니다. 그리고 x가 dx만큼 변할 때의 y의 변화량이 바로 dy인 것입니다. 즉, $dy = f(x + dy) - f(x)$입니다. 그런데 위의 Δy 경우에서 보았듯이, (x 변화량이 dx로 동일해도) 현재의 x 값에 따라 dy 값이 달라집니다. 가령 $x = 0$에서 $x = 0 + dx = dx$로 변할 때의 dy와, $x = 9$에서 $x = 9 + dx$로 변할 때의 dy 값이 다르다는 말입니다. 이를 함수로 표시하면 $f(0 + dx) - f(0)$과 $f(9 + dx) - f(9)$가 다르다는 말입니다. 그럼에도 불구하고 이 두 식은 모두 dy를 나타내는 식인 것입니다. 더 정확히는

$$f(0 + dy) - f(0) = dy|_{x=0}\text{으로}$$
$$f(9 + dy) - f(9) = dy|_{x=9}\text{로}$$

구분하여 표시할 수는 있습니다만, 아무튼 둘 다 dy임은 사실입니다.[10]

결론적으로 "dy는 x가 dx만큼 변할 때의 y의 변화량"을 의미합니다. 또 "dx는 0

---

[10] $y = 3x$와 같은 특별한 경우(1차 함수)에는 x 값이 무엇이든 항상 $dy = 3dx$입니다.

에 무한히 가까운 무한소"로서 현재 x 값이 무엇이든 동일한 변화량, 동일한 질량을 의미합니다. 반면 (x의 변화량인) dx에 의해 발생하는 y의 변화량 dy는 x 값이 무엇이었느냐에 따라 달라질 수 있습니다. 가장 쉽게 기억하려면, dx는 0에 무한히 가까운 어떤 "상수"로 기억해도 되고, dy는 현재 x 값이 dx만큼 변할 때 발생하는 y 값의 변화량으로 dy는 "x의 변수"로 기억할 수 있습니다. 단, "dx = 무한히 작은 어떤 상수"라고 기억은 해도 좋지만 독자들의 편리한 이해를 위한 것일 뿐 엄밀히 수학적으로 정확한 정의는 아닙니다. ▣

> **정리 5〉 dx와 dy**
>
> $y = f(x)$일 때, dy의 정의는 "x가 dx만큼 변할 때의 y 값의 변화량"이다. 즉, $dy = f(x + dx) - f(x)$. 이때 dy는 x 값의 함수이다.

그런데, 위 정리는 왜 이전 정리 "Δy는 x 값 및 Δx의 함수이다"와 다를까요? 위 정리 또한 "dy는 x 값 및 dx의 함수이다"가 되어야 하지 않나요? 분명히 $dy = f(x + dx) - f(x)$ 식에서는 dy는 dx의 함수처럼 보이는데 말입니다. 네, 이 부분이 좀 미묘하게 어려운 부분입니다만, 정확한 사실을 알면 이해될 것입니다. 우리가 일반적으로 "p는 q의 함수다"라고 말할 때 q는 독립 변수라 불리며 그 자체 값이 변하는 경우를 의미합니다. q 값이 0.5 등으로 고정되어 있다면 q는 더 이상 독립 "변수"가 아닙니다. 그런데 dx는 변하는 값이 아닙니다. 여러 번 설명했지만, dx는 0에 무한히 가까운 무한소로서 그 값을 수치로 표현할 수는 없지만 확실한 것은 dx는 변하는 변수는 아니라는 사실입니다. 이것이 Δx와 dx의 차이입니다. 그러므로 $dy = f(x + dx) - f(x)$ 식에서 dy 값을 표현할 때 분명히 dx가 사용되고는 있기만, 그렇다고 해서 dy는 dx의 함수라고 하기는 어렵습니다. 단, 외형적으로는 dx가 포함되고 있으므로 별 생각 없이 dy는 dx의 함수라고 말하는 사람도 있을 수 있습니다.

참고로 우리는 위에서 dx를 설명하기 직전에 dt를 설명했습니다. 그런데 x가 가장 작게 변할 때의 그 변화량이 dx이듯이, 시간 t가 가장 작게 변할 때의 그 변화량이 바로 dt입니다. 그러니 굳이 따지자면, dx와 dt의 크기는 같습니다. 둘 다 무한히 작은 무한소 개념입니다. 변수 표시가 x, t로 다를 뿐 그 가장 미소한 변화량인 dx와 dt의 크기는 같습니다. 참고로 아래 그래프가 $y = x^3$을 나타냅니다. x 값이 dx, $2dx$일 때의 y 값을 각각 y_1, y_2라 하면 $x=0$일 때 $dy = y_1$이고 $x=dx$일 때 $dy = y_2 - y_1$을 의미합니다. 이를 더 자세히 표현하면, $x=0$에서 $x=dx$로 변할 때 $dy = y_1$이고, $x=dx$에서 $x=2dx$로 변할 때 $dy = y_2 - y_1$입니다. x 출발점이 어디인가에 따라, 즉 현재 x 위치가 어디인가에 따라, 이처럼 dy 크기가 변함을 알 수 있습니다.

➢ 그림 5-3 dy 값의 변화

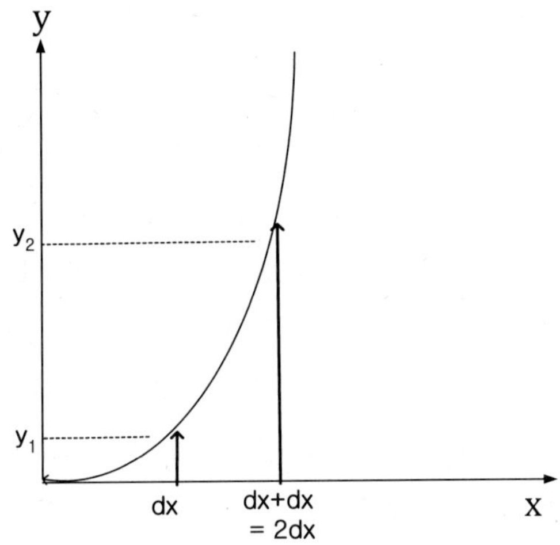

제 3 절 Taylor Series

이제 우리는 dx, dy에 관한 논의와 Δx, Δy에 관한 논의를 보다 일반화하여 그들의 관계를 파악해 보겠습니다. $y = f(x) = x^3$을 가정하겠습니다. 이때 x가 dx만큼 변하면 y는 얼만큼 변할까요? 이에 대해서는 $\frac{dy}{dx} = 3x^2$ 혹은 $dy = 3x^2 \cdot dx$로 표시할 수도 있다고 위에서 이미 설명했습니다(이 식에서도 dy의 크기는 x 값의 함수임이 입증됩니다). 그렇다면 x가 dx만큼 변하면 y는 얼만큼 변할까요? 즉, dy는 무엇이 될까요? 이를 설명하기 위한 공식이 있으니 이것이 바로 '테일러 급수' 혹은 'Taylor Series'입니다.

정리 6〉 Taylor Series(테일러 급수)

x의 (n+1)차 이상의 함수 y와 y의 도함수들이 $x = x_0$에서 $y(x_0)$, $y'(x_0)$, $y''(x_0)$, $y^{(3)}(x_0)$, … 값을 갖는 것이 알려져 있으면, x가 x_0로부터 Δx만큼 증가할 때 y의 증분인 Δy의 근사치는 다음과 같이 구할 수 있다.

$$\Delta y = y(x_0)' \times \Delta x + y''(x_0) \times \frac{(\Delta x)^2}{2!} + \cdots + y^{(k)}(x_0) \times \frac{(\Delta x)^k}{k!} + R_k$$
$$= \sum_{i=1}^{k} \left(y^{(i)}(x_0) \times \frac{(\Delta x)^i}{i!} \right) + R_k,$$

where $k = 1,2,\cdots,n+1,\ R_k = y^{(k+1)}(x^*) \times \frac{(\Delta x)^{k+1}}{(k+1)!}$, and $x_0 < x^* < x_0 + \Delta x$.

네, 식이 좀 부담스럽죠? 그런데 예제를 풀게 되면 그다지 어렵지는 않음을 알 수 있습니다. 이제 위 식을 설명하겠습니다. 위 식에서 좌변 Δy는 실제 y 값의 증분이고, 우변 중 R_k를 제외한 부분은 Δy를 y의 도함수와 Δx로 추정하기 위한 수식이며 마지막 항 R_k는 좌변 Δy와 우변의 Δy 추정의 오차를 뜻합니다. 이때 사용되는 도함수들의 차수는 1차 도함수만 사용하는 경우, 2차 도함수까지 사용하는 경우, 3차 도함수까지 사용하는 경우 등 다양한데, 더 높은 차수의 도함수를 포함할수록 Δy 추정은 보다 정교해지고 오차의 크기는 점차 작아집니다. 그러면 Δy 추정에 Δx와 y의 도함수들이 필요한 이유는 왜일까요? 먼저 Δy는 Δx에 의한 y의 변화량이니 Δx의 함수일 수밖에 없습니다. 또 x가 x_0 → $x_0 + \Delta x$로 변할 때 y의 변화량 Δy는 x_0에서의 y의 기울기(=1차 도함수)인 $y'(x_0)$와 관계 있기 때문에 Δy는 $y'(x_0)$의 함수가 됩니다. 가령 그 기울기가 크면 x가 변할 때 y가 크게 변함을 의미하니 Δy도 (이를 반영하여) 커지게 되는데, '이를 반영한다' 함은 곧 Δy 추정에 y의 기울기 $y'(x_0)$를 사용함을 의미합니다.

그러면 y의 2차 도함수 y''는 Δy 추정에 왜 포함될까요? 그 이유는, y의 1차 도함수 $y'(x_0)$는 x가 x_0 → $x_0 + dx$로 변화하는 경우에 한해서만 유효하고 $\Delta x > dx$인 경우에는 $y'(x_0)$만으로는 y의 변화 Δy를 정확하게 추정하지는 못하기 때문입니다.[11] 즉, x

[11] 만일 Δx의 크기가 극단적으로 작아 dx가 된다면 1차 도함수와 dx만 사용해도 Δy를 완벽하게 추정할 수 있습니다. 그리고 이때 Δy를 dy라고 (정의)합니다.

가 dx 이상으로 변동하는 경우 y의 기울기 y'도 변화하기 때문에, 이 기울기의 변화를 따라잡기 위해 y'의 변화를 측정하는 2차 도함수 y"가 필요한 것입니다. 만일 x가 dx 이상으로 변동하는 경우 y의 기울기 y'뿐 아니라 y"도 변화한다면, 이 y"의 변화를 따라잡기 위해서는 3차 도함수 y'''도 필요합니다. 일반적으로, y가 x의 (n+1)차 함수이면 x가 변함에 따라 y', y", … $y^{(n)}$도 변화합니다. 그러므로 x가 Δx만큼 변할 때 y의 변화량 Δy를 추정하기 위해서는 y', y", … $y^{(n)}$의 n차 도함수까지 모두 필요합니다.

마지막으로, 차수가 큰 도함수를 2!, 3!, 4! 등의 점차 큰 분모로 나누는 이유를 생각해 봅시다. 미분을 거듭함에 따라 새로이 추가되는 도함수인 $n(\Delta x)^{n-1}$, $n \times (n-1) \times (\Delta x)^{n-2}$, $n \times (n-1) \times (n-2) \times (\Delta x)^{n-3}$의 계수도 n, $n(n-1)$, $n(n-1)(n-2)$로 커지게 됩니다. 이 효과를 감안하여 분모의 크기도 2!, 3!, 4! 등으로 함께 커지게 됩니다.[12] 이제 다음 예제를 풀어보면 Taylor Series를 잘 이해할 수 있을 것입니다.

예제 5-4〉 Taylor Series

$y(x) = x^3$이고 현재의 x 값은 1, y 값은 $1^3 = 1$입니다. $\Delta x = 0.1$일 때 Δy의 값을 테일러의 정리를 이용하여 구하여 봅시다. $y(x) = x^3$의 함수를 직접 사용하면 $y(1.1) = 1.1^3 = 1.331$이므로 $\Delta y = 1.331 - 1 = 0.331$입니다. 이제 Δy를 추정할 때 필요한 사항들을 파악하여 봅시다. 먼저 y의 도함수는, $y' = 3x^2$, $y'' = 6x$, $y^{(3)} = 6$이고, 또 $2! = 2$, $3! = 6$입니다. 이제 차례로 1차, 2차, 3차 도함수까지 사용하여 Δy의 추정치를 구할 때의 오차 R_1, R_2, R_3를 구하여 봅시다.

1차 근사:

$$0.331 = y'(1) \cdot \Delta x + R_1 = (3 \cdot 1^2) \times 0.1 + R_1 = 0.3 + 0.031$$

$$\therefore R_1 = 0.031$$

[12] 보다 엄밀히 말하면 도함수들의 계수가 n, $n(n-1)$, $n(n-1)(n-2)$로 커질 때 좌변과 우변을 일치시키기 위하여 (순전히 수학적 이유로) 분모의 크기 또한 2!, 3!, 4! 등으로 함께 커져야 합니다.

2차 근사:

$$0.331 = y'(1) \cdot \Delta x + y''(1) \cdot \Delta x^2/2 + R_2$$
$$= (3 \cdot 1^2) \times 0.1 + (6 \cdot 1) \times 0.1^2/2 + R_2$$
$$= 0.3 + 0.03 + 0.001$$
$$\therefore R_2 = 0.001$$

3차 근사:

$$0.331 = y'(1) \cdot \Delta x + y''(1) \cdot \Delta x^2/2 + y^{(3)}(1) \cdot \Delta x^3/6 + R_3$$
$$= (3 \cdot 1^2) \times 0.1 + (6 \cdot 1) \times 0.1^2/2 + (6) \times 0.1^3/6 + R_3$$
$$= 0.3 + 0.03 + 0.001 + 0$$
$$\therefore R_3 = 0$$

한편 1차 근사의 오차 $R_1 = 0.031$은 다음과 같이 표시됩니다.

$$R_1 = 0.031 = y(x^*)'' \times \frac{(\Delta x)^2}{(1+1)!}$$
$$= 6x^* \times \frac{(0.1)^2}{2!} = 6x^* \times 0.005 = 0.031$$
$$\therefore x^* = \frac{0.031}{0.03} = 1.033$$

즉, 오차 R_1은 $x_0(=1)$와 $x_0 + \Delta x(= 1 + 0.1)$ 사이의 특정 $x^*(= 1.033)$ 값에 의하여 표시될 수 있습니다. 또 2차 근사의 오차 R_2에 대하여도 이러한 x^* 값을 언제나 1과 1.1 사이에서 찾을 수 있는데, 이러한 사실은 테일러의 정리에 다음과 같은 단서로 잘 나타나 있습니다.

$$R_n = y^{(n+1)}(x^*) \times \frac{(\Delta x)^{n+1}}{(n+1)!}, \quad \text{where} \quad x_0 < x^* < x_0 + \Delta x.$$

▣

그렇다면 $y = f(x, z)$와 같이 독립 변수가 2개인 경우의 Taylor Series는 어떨까요? 이를 논할 때 일단 독자들에게 반가운 소식은, 독립 변수가 3개 이상인 경우는 본서에서는 생략한다는 것입니다. 왜냐하면 독립 변수가 2개인 경우를 이해하면 3개 이상인 경우도 예상할 수 있고, 또 우리의 궁극적 목표인 콜, 풋과 같은 옵션 함수는 기초 자산 가격과 잔존 만기의 2개의 독립 변수만을 입력 변수로 취하기 때문입니다. $y = f(x, z)$처럼 독립 변수가 2개인 경우의 Taylor Series는 다음과 같습니다. 우리는 곧 예제를 통해 이를 확인할 것입니다.

정리 7〉 독립 변수 2 개일 때의 Taylor Series

$y = f(x, z)$입니다. 또한 다음 편미분들을

$$\frac{\partial f(x,\ z)}{\partial x} = f_x(x, z),$$
$$\frac{\partial^2 f(x,\ z)}{\partial x^2} = f_{xx}(x, z).$$
$$\frac{\partial f(x,\ z)}{\partial z} = f_z(x, z),$$
$$\frac{\partial^2 f(x,\ z)}{\partial z^2} = f_{zz}(x, z)$$
$$\frac{\partial f(x,\ z)}{\partial x \cdot \partial z} = f_{xz}(x, z) = \frac{\partial f(x,\ z)}{\partial z \cdot \partial x} = f_{zx}(x, z)$$

로 표기합니다. 그러면 x가 x_0로부터 Δx만큼 증가하고 z가 z_0로부터 Δz만큼 증가할 때 y의 증분인 Δy의 근사치는 다음과 같이 구할 수 있습니다.

$$\begin{aligned}
&\Delta y \\
&\approx \quad f_x(x_0, z_0) \cdot \Delta x + f_z(x_0, z_0) \cdot \Delta z \\
&\quad + \frac{f_{xx}(x_0, z_0) \cdot \Delta x^2 + f_{zz}(x_0, z_0) \cdot \Delta z^2 + 2 f_{xz}(x_0, z_0) \cdot \Delta x \cdot \Delta z}{2!}.
\end{aligned}$$

위 정리에서 $f(\cdot)$의 3차 도함수 이상은 사용하지 않았습니다. 물론 3차 도함수 이상을 사용하면 Δy에 대한 더 정확한 근사치를 구할 수 있습니다. 그런데 Taylor Series가 적용되는 상황은 통상 Δx와 Δz 값이 매우 작은 경우입니다. 그러므로 Δx^2과 Δz^2은 각각 Δx와 Δz보다 더 작으며, 나아가 Δx^3과 Δz^3은 각각 Δx^2과 Δz^2보다 더 작기에 Δy 추정에 큰 영향은 미치지 않습니다. 이제 우리는 y가 x와 z 각각의 2차 함수인 경우를 사례로 위 정리를 입증하겠습니다.

예제 5-5〉 독립 변수 2개일 때의 Taylor Series

$y = f(x, z) = x^2 \cdot z^2$이고 현재 $x = 1$, $z = 2$이고 $f(1, 2) = 1^2 \cdot 2^2 = 4$입니다. $\Delta x = 0.1$, $\Delta z = 0.2$일 때 Δy의 값을 구하여 봅시다. 그러면 $f(1.1, 2.2) = (1.1)^2 \cdot (2.2)^2 = 5.8594$이므로 $\Delta y = 5.8594 - 4 = 1.8594$입니다. 이제 Δy를 추정할 때 필요한 사항들을 파악하여 봅시다. 먼저 도함수들을 파악하면

$f_x(x, z) = 2xz^2,$

$f_z(x, z) = 2x^2z,$

$f_{xx}(x, z) = 2z^2,$

$f_{zz}(x, z) = 2x^2,$

$f_{xz}(x, z) = f_{zx}(x, z) = 4xz$

입니다.

1차 근사:

$$f_x(x, z) \cdot \Delta x + f_z(x, z) \cdot \Delta z = 2xz^2 \cdot \Delta x + 2x^2z \cdot \Delta z$$
$$= 2 \cdot 1 \cdot 2^2 \cdot (0.1) + 2 \cdot 1^2 \cdot 2 \cdot (0.2) = 1.6.$$

2차 근사:

$$\frac{1}{2} \cdot [f_{xx}(x, z) \cdot (\Delta x)^2 + f_{zz}(x, z) \cdot (\Delta z)^2 + 2f_{xz}(x, z) \cdot \Delta x \cdot \Delta z]$$
$$= \frac{1}{2} \cdot [2z^2 \cdot (\Delta x)^2 + 2x^2 \cdot (\Delta z)^2 + 2 \cdot 4x \cdot z \cdot \Delta x \cdot \Delta z]$$
$$= \frac{1}{2} \cdot [2 \cdot 2^2 \cdot (0.1)^2 + 2 \cdot 1^2 \cdot (0.2)^2 + 2 \times 4 \times 1 \times 2 \times 0.1 \times 0.2]$$
$$= \frac{1}{2} \cdot [0.48]$$
$$= 0.24.$$

그러므로 1차 근사와 2차 근사를 더하면 1.6 + 0.24 = 1.84가 되어, 실제 y의 변화량

$\Delta y = 1.8594$와의 오차가 0.0194입니다. 만일 우리가 3차 근사까지 실행하면 오차는 더 줄어듭니다. 3차 근사는 이보다 복잡하지만 2차 근사의 원리를 그대로 적용할 수 있고 또한 2차 근사까지만 해도 오차가 작으므로 편의상 여기에서는 생략합니다.

마지막으로, 실제 Taylor Series가 적용되는 경우는 Δx, Δz가 0.1, 0.2보다 훨씬 더 작은 경우라서 2차 근사만으로 오차를 충분히 작게 만들 수 있습니다. 한 예로, 여전히 (x, z) = (1, 2)으로 주어졌을 때, Δx, Δz가 각각 0.01, 0.02인 경우의 Δy의 값을 구하여 봅시다. $f(1, 2) = 1^2 \cdot 2^2 = 4$이고 $f(1.01, 2.02) = (1.01)^2 \cdot (2.02)^2 \approx 4.162416$이므로 $\Delta y = 4.162416 - 4 = 0.162416$입니다.

1차 근사:

$$f_x(x, z) \cdot \Delta x + f_z(x, z) \cdot \Delta z = 2xz^2 \cdot \Delta x + 2x^2 z \cdot \Delta z$$
$$= 2 \cdot 1 \cdot 2^2 \cdot (0.01) + 2 \cdot 1^2 \cdot 2 \cdot (0.02) = 0.16.$$

이미 1차 근사만으로도 $\Delta y = 0.162416$와의 차이가 0.002416밖에 나지 않습니다. 위의 사례에서 2차 근사까지 했을 때의 오차 0.0194보다도 적습니다.

2차 근사:

$$\frac{1}{2} \cdot [f_{xx}(x, z) \cdot (\Delta x)^2 + f_{zz}(x, z) \cdot (\Delta z)^2 + 2f_{xz}(x, z) \cdot \Delta x \cdot \Delta z]$$
$$= \frac{1}{2} \cdot [2z^2 \cdot (\Delta x)^2 + 2x^2 \cdot (\Delta z)^2 + 2 \cdot 4x \cdot z \cdot \Delta x \cdot \Delta z]$$
$$= \frac{1}{2} \cdot [2 \cdot 2^2 \cdot (0.01)^2 + 2 \cdot 1^2 \cdot (0.02)^2 + 2 \times 4 \times 1 \times 2 \times 0.01 \times 0.02]$$
$$= \frac{1}{2} \cdot [0.0048]$$
$$= 0.0024.$$

그러므로 1차 근사와 2차 근사를 더하면 0.16 + 0.0024 = 0.1624가 되어, 실제 y의 변화량 $\Delta y = 0.162416$와의 오차가 0.000016에 불과합니다. 상대적으로 오차 비율은 $\frac{0.000016}{0.162416} = 0.0000985 \approx 0.0001 = 0.01\%$입니다. ▣

제 4 절 무한소의 Taylor Series

앞 절의 Taylor Series는 x, z의 변화량이 Δx, Δz인 경우였습니다. 만일 x, z의 변화량이 dx, dz인 경우에는 Taylor Series는 어떤 형태가 될까요? 네, 이것이 바로 독자들이 고등학교 때 배운 미분(微分, differentiation)입니다. 가령 $y = x^3$일 때, y를 x로 미분하면 $3x^3$이 된다고 배웠고, 이를 수학적으로 표현하면 $\frac{dy}{dx} = 3x^2$이며 혹은 $dy = 3x^2 \cdot dx$로 표시할 수도 있다고 배웠을 것입니다. 면밀히 따져 보지 않고 배웠던 이 내용들은 사실 Taylor Series의 특별한 경우로서, Δx가 dx로 바뀌어진 경우입니다. 이제 위에서 배웠던 Taylor Series를 여기에 다시 소환해 보겠습니다. 일단 y가 x만의 함수인 경우부터 보겠습니다. 현재 x 값은 $x = x_0$입니다.

$$\Delta y = y(x_0)' \times \Delta x + y"(x_0) \times \frac{(\Delta x)^2}{2!} + \cdots + y^{(k)}(x_0) \times \frac{(\Delta x)^k}{k!} + R_k.$$

물론 R_k는 Taylor Series에서 k–차 미분까지만 한 경우 발생하는 오차를 뜻합니다. 이 표현을 $y = f(x)$의 형태로 다시 쓰면 다음과 같습니다.

$$\Delta y = f_x(x_0) \cdot \Delta x + \frac{f_{xx}(x_0) \cdot \Delta x^2}{2!} + \frac{f_{xxx}(x_0) \cdot \Delta x^3}{3!} + \cdots + R_k.$$

이제 x 변화량이 Δx가 아닌 dx인 경우를 보겠습니다. 그러면 y의 변화량도 dy로 표시해야 합니다.

$$dy = f_x(x_0) \cdot dx + \frac{f_{xx}(x_0) \cdot dx^2}{2!} + \frac{f_{xxx}(x_0) \cdot dx^3}{3!} + \cdots + R_k.$$

이 대목에서 여러분들에게 반가운 소식이 있습니다. 그 소식은, dx는 0에 가장 가까운 무한소로서, 0이 아닌 양수 중에는 dx보다 더 작은 (양)수는 없다는 사실입니다. 한편 이와 관련된 또 하나의 사실은, 어떤 양수 a에 1보다 작은 양수 b를 곱하면 그 결과는 a보다 작은 양수가 된다는 것입니다. 그렇다면 dx에 dx를 곱하면 어떤 결과가 나올까요? dx이라는 양수에 (1보다 작은 양수) dx를 곱하면 dx보다 작은 양수가 산출될 것입니다. 그런데 dx의 정의에 의해, dx보다 작은 양수는 없습니다. dx보다 작은 수는

0과 음수뿐입니다. 그런데 $dx \cdot dx = dx^2$은 제곱수이므로 양수입니다. 또 dx보다 작아야 합니다. 그러므로, $dx \cdot dx = dx^2$이 dx보다 작다면 이는 곧 $dx^2 = 0$임을 의미합니다. dx^3은 어떨까요? 얘는 무려 dx^2보다도 작습니다. 그러면서 dx는 양수이니 $dx^2 \cdot dx = dx^3$은 음수가 될 수 없습니다. 그러니 $(dx)^3 = (dx)^4 = (dx)^5 = \cdots = 0$일 수밖에 없습니다. 정확히는 $(dx)^3 = (dx)^2 \cdot dx = 0 \cdot dx = 0$이고 마찬가지로 $(dx)^4 = (dx)^3 \cdot dx = 0 \cdot dx = 0$인 것입니다. 뭔가 개운하지 않습니까? 그러니 x 변화량이 Δx가 아닌 dx인 경우의 Taylor Series는 다음과 같이 간단하게 변합니다.

$$\begin{aligned} dy &= f_x(x_0) \cdot dx + \frac{f_{xx}(x_0) \cdot dx^2}{2!} + \frac{f_{xxx}(x_0) \cdot dx^3}{3!} + \cdots + R_k \\ &= f_x(x_0) \cdot dx + \frac{f_{xx}(x_0) \cdot 0}{2!} + \frac{f_{xxx}(x_0) \cdot 0}{3!} + 0 + 0 + \cdots \\ &= f_x(x_0) \cdot dx. \end{aligned}$$

결국 $dy = f_x(x_0) \cdot dx$가 되므로, 양변을 dx로 나누면 $\frac{dy}{dx} = f_x(x_0)$이고 더 정확히는 $\left.\frac{dy}{dx}\right|_{x=x_0} = f_x(x_0)$인 것입니다. 여기서 우변의 f_x는 통상 y가 1개 이상 독립 변수들의 함수일 때 x로 미분한 편미분 표기 형식이고, y가 x만의 함수일 때는 $f'(\cdot)$로 표기합니다. 즉, $\left.\frac{dy}{dx}\right|_{x=x_0} = f'(x_0)$입니다. 또 이를 간단하게는 $\frac{dy}{dx} = f'$로 표시합니다. 또한 $y = f(x)$이니, $\frac{dy}{dx} = f' = y'$라고도 표시합니다. 이 표시가 여러분들이 고등학교 때 배웠던, 여러분 눈에 익숙한 표현일 것입니다. 여러분들은 고등학교 때 이 표현에 대해서 심층적 배경까지는 배우지 못했지만, 사실 $\frac{dy}{dx} = f' = y'$의 기원, 배경은 Taylor Series인 것입니다. 즉, Taylor Series의 특별한 경우인 것입니다.

정리 8〉 $\Delta x = dx$일 때의 Taylor Series

$y = f(x)$이고 $\Delta x = dx$일 때 Taylor Series의 표현은 다음과 같다.

$$\frac{dy}{dx} = f'(x) = y'.$$

한편 독립 변수가 x, z 이렇게 2개이고 이들의 변화량이 각각 dx, dz이면 y의 변화량 dy는 어떻게 될까요? 이것도 동일한 방식으로 접근하면, dy를 dx와 dz만의 함수로 만들 수 있습니다. 위에서 설명했듯이 dx, dz 모두 0에 무한히 가까운 무한소이므로 $(dx)^2 = (dz)^2 = dx \cdot dz = 0$이고, 또 당연히 $(dx)^3 = (dz)^3 = (dx)^2 \cdot dz = dx \cdot (dz)^2 = 0$입니다. 나아가, 일반적으로 $\mathrm{a} + \mathrm{b} > 1$이면 $(dx)^a \cdot (dz)^b = 0$입니다. 왜냐하면 dx와 dz는 x, z로 표현되어 있을 뿐 그 질량은 모두 0에 무한히 가까운 무한소이기 때문입니다. 즉, 질량의 크기만을 따지면 $dx = dz$인 것입니다. x든 z든 이들이 가장 작게 변할 때, 바로 그때의 변화량이란 의미가 바로 dx, dz이므로, 수학이나 물리학적인 크기에 있어서는 $dx = dz$입니다. 그러니 $(dx)^a \cdot (dz)^b = (dx)^a \cdot (dx)^b = (dx)^{a+b} = (dx)^c$입니다($c = a + b$). 그런데 $\mathrm{c} > 1$이면, 1보다 작은 모든 양수 K에 있어서 $K^c < K$인 것처럼, $(dx)^c < dx$ 이고 이는 곧 $(dx)^c = 0$을 의미합니다.

이제 본격적으로 $y = f(x, z)$일 때 dy는 어떻게 될지 논의하겠습니다. Δy를 Taylor Series로 표시하면 다음과 같음을 위에서 배웠습니다.

$$\begin{aligned}&\Delta y\\ \approx\quad & f_x(x_0, z_0) \cdot \Delta x + f_z(x_0, z_0) \cdot \Delta z\\ &+ \frac{f_{xx}(x_0, z_0) \cdot \Delta x^2 + f_{zz}(x_0, z_0) \cdot \Delta z^2 + 2f_{xz}(x_0, z_0) \cdot \Delta x \cdot \Delta z}{2!}.\end{aligned}$$

$\Delta x = dx$, $\Delta z = dz$이면 위 식은 다음과 같습니다.

$$\begin{aligned}&dy\\ \approx\quad & f_x(x_0, z_0) \cdot dx + f_z(x_0, z_0) \cdot dz\\ &+ \frac{f_{xx}(x_0, z_0) \cdot dx^2 + f_{zz}(x_0, z_0) \cdot dz^2 + 2f_{xz}(x_0, z_0) \cdot dx \cdot dz}{2!}.\end{aligned}$$

여기서 $(dx)^2 = (dz)^2 = dx \cdot dz = 0$이니 위 식은 결국 다음과 같습니다.

$$\begin{aligned}&dy\\ \approx\quad & f_x(x_0, z_0) \cdot dx + f_z(x_0, z_0) \cdot dz.\end{aligned}$$

그런데 위 식이 애초 등호가 아닌 근사치 '≈'로 표시된 이유는 $y = f(x, z)$의 3차 도함수인 $f_{xxx}, f_{zzz}, f_{xxz}, f_{xzz}$를 생략했고, 나아가 4차 도함수, 5차 도함수 등 모든 (2차

보다 큰) 고차도함수를 생략했기 때문입니다. 그런데 3차 도함수를 포함하면 그 도함수 각각에는 $(dx)^3, (dz)^3, (dx)^2 \cdot dz,\ dx \cdot (dz)^3$가 곱해집니다. 이때 $(dx)^3 = (dz)^3 = (dx)^2 \cdot dz = dx \cdot (dz)^2 = 0$이므로, 3차 도함수들를 포함해도 그 각각은 0이 됩니다. 마찬가지로 4차, 5차 도함수들을 포함해도 그 각각은 그리고 그 전부도 0이 됩니다. 결과적으로, 어차피 2차 도함수 이상의 모든 항은 0이 되니 결국 dy의 Taylor Series는 다음과 같습니다.

$$dy = f_x(x_0, z_0) \cdot dx + f_z(x_0, z_0) \cdot dz.$$

이 Taylor Series는 $x = x_0$, $z = z_0$뿐 아니라 모든 x, z 값에 대해서 성립하므로 다음과 같이 일반화할 수 있습니다.

정리 9〉 $y = f(x,z)$**이고** $\Delta x = dx$, $\Delta z = dz$**일 때의 Taylor Series**

$$dy = f_x(x,z) \cdot dx + f_z(x,z) \cdot dz$$

마지막으로 여러분들에게 왜 우리가 Taylor Series를 이토록 상세히 공부하는지 그 이유를 상기시킨다면, 다음 장(chapter)에서 배울 브라운 운동(Brownian Motion)과 이또스 렘마(Ito's Lemma) 이해에 있어서 Taylor Series가 필수적인 사항이기 때문입니다. 그럼 왜 Brownian Motion과 Ito's Lemma를 배우는가 하면, 이들이 옵션 가치평가 모형을 이해하는 데 필수적이기 때문입니다. 더 정확히는 주가를 기초 자산으로 하는 옵션 가치의 변화는 주가 변동의 함수인데, 주가 (수익률의) 변동을 이론적으로 가장 잘 설명할 수 있는 것이 바로 브라운 운동이기 때문입니다. 참고로 영단어 'lemma'는 '보조 정리'라는 뜻입니다.[13]

이제 진짜 마지막으로 dx에 관한 마지막 질문을 하겠습니다. 참고로 이 부분은 생략하고 넘어가도 본서 이해에 큰 문제가 되지는 않습니다.

[13] 반면 'theorem'은 '정리'로 번역됩니다.

질문 5-2〉 $0.2 \times dx$도 dx보다 작은데, 왜 $0.2 \times dx$는 0이 되지 않나요?

네, 좋은 질문입니다. 첫째 이유로, 가령 0.2에 어떤 수를 곱해서 그 결과가 0이 되려면, 즉 $0.2 \times a = 0$이라면 a는 반드시 0이어야 합니다. 그런데 dx는 0은 아닌 양수이기에 $0.2 \times dx$는 0이 되지 않고 양수(+)가 됩니다. 이런 점에서, 아무리 작은 크기의 "상수" b를 dx에 곱해도 $\mathrm{b} \times dx = 0$이 될 수 없습니다. 상수 $\mathrm{b}(\neq 0)$가 주어졌을 때 $\mathrm{b} \times dx = 0$이 되려면 반드시 $dx = 0$이어야 하는데, $dx > 0$이므로 $\mathrm{b} \times dx = 0$이 될 수 없습니다. 결론적으로 $\mathrm{b} \times dx = 0$이 되려면 $\mathrm{b}(\neq 0)$가 상수가 되면 안 됩니다. b가 상수가 아니면서 또 0도 아니면서 $\mathrm{b} \times dx = 0$이 되려면 과연 b는 어떤 형태의 양수가 되어야 할까요?

결론부터 말하면, 수학적으로 b가 dx와 같이 (상수 아닌) 무한소 개념의 질량(mass, quantity)이어야 합니다. 우리가 지금까지 '편의상' dx를 0에 가장 가까운 상수처럼 다루었지만, 수학적으로 엄밀히 따지면 dx는 상수는 아닌, 0에 무한히 수렴하는 무한소입니다. 그러므로 $\mathrm{b} \times dx = 0$이 되려면 가령 $\mathrm{b} = dx$이어야 합니다. $dx < 1$이므로 $dx \times dx < 1 \times dx = dx$입니다. 즉, $(dx)^2 < dx$입니다. 그런데 $0.2 \times dx$ 또한 $0.2 \times dx < dx$입니다. 그러면 $dx \times dx$나 $0.2 \times dx$나 모두 dx보다 작은데 어떤 차이가 있을까요? $dx \times dx$는 dx보다 작되 '무한히' 작다고 할 수 있습니다. 반면 0.2는 유한한 수치이므로 $0.2 \times dx$는 dx보다 작되 '유한히' 작다고 할 수 있습니다. 결국 $\mathrm{b} \times dx = 0$이 되려면 b는 무한히 작은 값이 되어야 합니다. 가령 $10^{-999999} \times dx$도 0이 되지는 못합니다. $10^{-999999}$도 유한한 값이기 때문입니다. 반면 $\sqrt{dx} \times dx = dx^{1.5} = 0$입니다. $\sqrt{dx}$는 "무한히" 작은 질량이기 때문입니다. 마찬가지로 $dx^{0.1} \times dx = dx^{1.1} = 0$입니다. $dx^{0.1}$도 무한히 작은 질량이기 때문입니다.

결국 $\mathrm{b} \times dx = 0$이 되려면 $\mathrm{b} = (dx)^{\beta}$의 형태가 되어야 하고 이때 $\beta > 0$이어야 합니다. 그러면 $\mathrm{b} \times dx = (dx)^{\beta} \times dx = (dx)^{1+\beta} = 0$이 됩니다. 저자는 이 내용을 다음과 같이 묘사합니다. "단순히 dx보다 작다고 무조건 0이 되는 것이 아니라, dx보다 작되 '$dx-$스럽게' 작아야 한다."라고 말입니다. 영어로는 '$dx - ly\ smaller$'라고 저자 나름대로 표현합니다.

이런 저자 나름의 설명은 수학자로서의 설명은 아닙니다. dx보다 작은 값이(가령 $0.2 \times dx$) 왜 어떤 때는 0이 안 되고, 왜 어떤 때는 0이 되는지를(가령 $dx^{1.5}$) 이해하는 데 도움이 되도록 저자가 독자적으로 고안한 설명 방식입니다. 수학 전공이 아닌 한 이런 방식으로 dx 관련 개념을 정리해도 파생상품에 관한 서적들을 이해하는 데에 문제는 없을 것입니다. ▣

Chapter 6

브라운 운동과 이또스 렘마

지금까지는 주가의 추세적 변화 그리고 dx, dy, Δx, Δy의 의미 및 Taylor Series를 배웠습니다. 이제 이를 바탕으로 주가의 변동성을 본격적으로 공부할 차례입니다. 이를 공부하기 위해서는 주가 변동성을 체계적으로 가장 잘 설명한다고 알려진 브라운 운동(Brownian motion)과 브라운 운동의 함수인 이또스 렘마(Ito's Lemma)를 잘 이해할 필요가 있습니다. 본장에서는 이 두 개념을 심도있게 공부합니다.

제 1 절 마팅게일과 마르코프(Martingale and Markov)

물리학에서 브라운 운동은 1827년 스코틀랜드의 식물학자 Robert Brown이 발견한, 액체나 기체 속에서 미소한 입자들이 불규칙하게 움직이는 현상을 말합니다. 자연과학 영역의 브라운 운동을 재무금융 분야의 주가 변동과 연관시키는 이유는, 브라운 운동의 여러 특성이 주가 변동의 (이론적) 특성과 유사하기 때문입니다. 그렇다면 브라운 운동의 이런 특성이 무엇인지 하나씩 알아보겠습니다.

1. 마팅게일(Martingale)

앞면과 뒷면에 각각 1과 (-1)이 인쇄된 동전을 던져서 나온 결과로 현금을 주고받는 내기를 A와 B가 한다고 하겠습니다. 구체적으로, 나온 수치만큼의 현금을 A가 B에게 준다고 가정하겠습니다. 즉, 1이 나오면 A가 B에게 \$1을 줘야 하고 (-1)이 나오면 B가 A에게 $1을 줘야 합니다. 동전은 다른 사람 D가 던집니다. D가 이 동전을 n번 던지고 그 결과의 누적값을 w(n)이라 합시다(n = 1, 2, 3, …). 가령 처음 던져서 1이 나오고 두 번째 던져서 (−1)이 나오고 세 번째 던져서 (−1)이 나오면 w(1) = 1, w(2) = w(1)+(−1) = 0, 그리고 w(3) = w(2)+(−1) = −1이 됩니다.

D가 이 동전을 10번 던졌고 그 결과를 w(10)이라 하겠습니다. 이제 동전을 한 번 더 던지면 w(11)의 값은 어떻게 될까요? w(11) = 'w(10)+1' 혹은 'w(10)−1'이 되겠지만 현재로서는 그 값을 확정적으로 알 수는 없는 확률변수(random variable)입니다. 하지만 w(11)과 관련하여 현재로서도 확실하게 알 수 있는 값이 있습니다. 그것은 바로 w(11)의 기댓값 혹은 평균입니다. 동전 앞면과 뒷면이 나올 확률을 각각 0.5라고 보면, w(11)의 평균인 E[w(11)]는 다음과 같습니다.

$$\begin{aligned}
&E[w(11)] \\
&= [w(10) + 1] \times 0.5 + [w(10) - 1] \times 0.5 \\
&= 2 \times 0.5 \times w(10) + 0.5 - 0.5 \\
&= w(10).
\end{aligned}$$

즉, w(11)의 평균은 바로 w(10)입니다. 이러한 특성을 가진 확률변수를 "Martingale" 속성(the martingale property)을 가졌다고 합니다. 이는 곧, 이러한 확률변수의 미래 값이 어떤 수치로 실현될지는 알 수 없지만,

그 미래 실현될 값의 평균은 바로 현재 값과 같다

는 뜻입니다. 만일 오늘 주식 C의 종가(closing price)가 100이고 내일 종가는 알 수 없지만 그 평균은 여전히 100이라고 예상되면, 그 주가도 "martingale 특성을 가진다"고 말할 수 있습니다. 반면 이 주식이 평균적으로 매일 1%씩 상승한다고 예상되면, 내일 종가의 평균은 100이 아니라 101일 것이므로, 이 주식의 종가는 더 이상 martingale 특성을 보유하지는 못합니다. 브라운 운동을 하는 입자도 martingale의 특성을 가지고 있음을 곧 배우게 될 것입니다. 즉, 현재 이 입자의 위치가 1초 후 미래 이 입자가 있게 될 평균 위치라는 것입니다. 브라운 운동을 하는 이 입자는 전후좌우로 불규칙하고 빠르게 움직이지만, 그 움직임의 방향성이 없기 때문에, 현재의 위치(혹은 값)가 특정 수치라면 미래 이 입자의 위치(혹은 값)의 "평균"도 바로 그 특정 수치

가 된다는 것입니다. 가령 현재 시점이 이 입자가 운동한 지 10분 후라면, 그리고 이 입자의 현재 위치가 (그 위치를 수치로 표시한 값이) w(10)=3이라면, 20분 후 위치(값)인 w(20)의 "평균"도 3이고 나아가 50분 후의 위치 w(50)의 "평균"도 3이라는 것입니다.

> **정의 1〉 Martingale의 정의**
>
> 시간의 흐름에 따라, 확률변수 X의 미래 시점의 기댓값이 현재 시점의 X 값과 같은 경우 "X는 martingale 속성을 가진다"라고 한다. 이를 수식으로 표현하면 다음과 같다.
>
> $$E[X_t \mid \{X_\tau, \tau \le s\}] = X_s, \qquad \text{where } s < t.$$

즉, 현 시점을 s라 할 때 이 확률변수의 값은 X_s이고 이 값은 알려져 있습니다. 뿐만 아니라 현재를 포함한 모든 과거 시점의 값, 즉 $\{X_\tau, \tau \le s\}$도 다 알려져 있습니다. 이 조건에서, 이 확률변수 X의 미래 시점 t의 값은 물론 불확실하지만, 그 기댓값 $E(X_t)$는 현 시점의 값 X_s와 같을 때, 확률변수 X는 martingale 속성을 가진다고 합니다.[1] 위 수식에서는 현재뿐 아니라 모든 과거 시점 값들을 포함했지만, 과거 시점의 값들을 생략하고 현재 시점 s만 사용하여 간단히 아래와 같이 표현하기도 합니다.

$$E[X_t] = X_s, \qquad \text{where } s < t.$$

여기서 X를 확률변수로 표현했지만, 이처럼 시간이 지남에 따라 새로운 값을 갖는 확률변수를 특히 "stochastic process" 혹은 "확률과정"이라 합니다. 일반적으로 확률변수라고 하면 시간이 경과할 때마다 발생하는 결과를 집합적으로 지칭하지는 않고, 일회성 결과만을 지칭합니다. 아래에서 정의하겠지만, stochastic process란 다음과 같은 것입니다. 주사위를 던져서 나오는 숫자는 상수가 아니라 확률변수입니다. 그런데 만일 주사위를 100번 던지면 100개의 확률변수의 값들이 산출됩니다. 이 100개의 확률

---

[1] 중요한 것은, 미래 시점 t 관점에서는 현재 시점 s를 포함하는 많은 과거 시점들이 있습니다. 그 많은 과거 시점 중, t에 가장 가까운 과거 시점의 (즉 현재 시점의) 값 X_s가 바로 미래 이 확률변수의 기댓값 $E(X_t)$가 된다는 것입니다. 가령 내일 삼성전자 종가의 기댓값은 어제나 그제의 삼성전자 종가와 같은 것이 아니라, 알려진 가장 최근 시점인 오늘 삼성전자 종가와 같다는 것입니다. 어제나 그제의 종가는 이미 노후된 자료로 내일 종가 평균 추정을 위한 최대한의 정보가 아니고 가장 최근 정보가 아니기 때문입니다.

변수들의 집합이 stochastic process인 것입니다. 이 개념을 활용하면, 가령 특정 주식의 주가의 경우도 stochastic process입니다. 이처럼 특정 확률변수에 시간의 흐름이 가미된 경우 이 확률변수들의 전체 과정을 stochastic process라 부릅니다. 내친김에 stochastic process를 정의하면 다음과 같습니다.

> **정의 2〉 Stochastic Process(확률과정)**
>
> A **stochastic process** is usually defined as a sequence of random variables.

stochastic process, 즉 확률과정이란 특정 확률변수(들)의 시간에 따른 집합입니다. 왜 단순히 확률변수만을 다루지 않고 stochastic process를 다루냐 하면, 주식이나 콜 같은 금융자산들의 가격은 오늘, 내일, 1주일 후 등 지속적으로 시간의 흐름에 따라 그 값이 변합니다. 특정 시점에 이 자산들이 어떤 값을 가질 것인가는 하나의 확률변수라 할 수 있지만, 시간의 흐름에 따라 이 확률변수들이 어떤 값, 어떤 특성을 가질 것인가는 stochastic process의 관점에서만 다룰 수 있습니다.

2. 마르코프(Markov)

마르코프 속성(the Marcov property)은 martingale과는 유사하지만 다른 속성입니다. 그런데 하나의 확률변수가 두 속성을 모두 가질 수는 있습니다. 가령 어떤 한 사람이 친절하면서 또한 유머 감각을 보유할 수 있듯이, 한 확률변수가 두 속성을 모두 가질 수 있습니다. Martingale에서 설명한 동전 던지기 게임의 확률변수 w(k)가 그런 확률변수입니다. 이제 동일한 동전 던지기를 조금 다른 관점에서 설명해 보겠습니다.

동전을 4번 던진 결과 w(4)=0이 되었다고 하겠습니다. 그런데 w(4)=0이 되는 경로(path)는 여러 가지입니다. 4번 던진 결과를 순차적으로 봤을 때 1−1−(−1)−(−1)로 나오면 w(4)=0입니다. 이 경우를 경로 a라 하겠습니다. 또한 (−1)−(−1)−1−1로 나와도 그렇습니다(경로 b). 1−(−1)−1−(−1)도 그러하고(c), (−1)−1−1−(−1)도 그러합니다(d). 결국 4번의 던지기에서 1이 몇 번째 몇 번째에 위치하는가 혹은 (−1)이 몇 번째 몇 번째에 위치하는가의 경우의 수만큼의 경로가 존재합니다. 즉, w(4)=0이 되는 모든 경로의 수는 $_4C_2 = 6$가지입니다. 나머지 두 경로를 경로 e와 경로 f라 하겠습니다. 이 6가지 다른 경로를 거쳐서 w(4)=0에 이르게 됩니다.

이제 w(5)를 생각해 보겠습니다. 서로 다른 6가지 경로 a ~ f를 통해 w(4)=0에 이르렀는데, 서로 다른 경로를 거쳤다는 사실이 w(5) 값 결정하는 데 영향을 미칠까요? 가령 경로 a를 거쳐서 w(4)=0에 이른 경우와 경로 b를 거쳐 w(4)=0에 경우에, w(5)=1 혹은 w(5)=−1이 될 확률이 달라질까요? 그렇지 않습니다. 어떤 경로를 거쳐서 w(4)=0에 도달했든 간에 일단 w(4)=0이면, 과거 경로는 w(5)에 영향을 미치지 않습니다. 즉, w(5)는 과거 경로에 대해 '독립(independent)'입니다.[2] w(5)라는 확률변수 값에 영향을 미치는 단 하나의 요인은 현재의 w(4) 값일 뿐이고, 과거 w(3)−w(2)−w(1)이 어떤 값을 가졌는지는 아무 영향을 미치지 않습니다. 이러한 w(k)같은 확률변수의 특성을 "마르코프 속성(the Marcov property)"이라 합니다.

마르코프 속성을 가지는 확률변수의 미래 값이 어떤 수치로 실현될지는 알 수 없지만, 그 미래 실현될 값은 오로지 현재 값에 의해서만 결정될 뿐 과거의 값들이나 과거 값들이 거쳐온 경로와는 상관 없습니다. 가령 오늘 주식 C의 종가(closing price)가 100이라 하겠습니다. 그런데 오늘 종가 100에 도달한 지난 4일간 종가 시계열(time series)은 92−95−97−100(경로 a) 혹은 105−104−101−100(경로 b) 혹은 93−102−95−100(경로 c) 등 다양한 경로가 있을 수 있습니다. 그런데 오늘 종가 100에 이른 서로 다른 각 경로에 있어 내일 종가=102가 될 확률이 다를까요? 아니면 내일 종가=99가 될 확률은 어떨까요? 만일 오늘 종가 100에 이르는 서로 다른 경로마다 내일 종가가 특정 값을 가질 확률이 다른 주식 S가 있다면 S의 주가는 마르코프 속성을 가지지 않은 것입니다. 더 정확히는, 오늘 종가 100에 이르는 모든 서로 다른 경로에 있어 내일 종가의 '확률분포'가 항상 동일하지는 않다면, S의 주가는 마르코프 속성을 가지지 않은 것입니다. 반면 오늘 종가 100에 이르는 그 어떠한 경로에 있어서도 내일 종가의 '확률분포'가 동일한 주식 P가 있다면 P의 주가는 마르코프 속성을 보유하고 있는 것입니다.[3]

---

[2] 주사위 던지는 것이 이른바 독립시행이기 때문입니다. 여러분들이 고등학교 수학에서 배웠습니다. 영어로는 independent trials 혹은 independent experiments라고 합니다.

[3] 여기서 내일 종가의 '확률분포'가 동일하다 함은, x가 어떤 (양)수이든 내일 종가가 x가 될 확률이 (종가의 과거 경로와 상관 없이) 동일하다는 뜻입니다.

재무금융 이론학자들은 주가가 마르코프 속성을 가지고 있다고 가정하며 이론을 전개하는 경우가 많습니다. 과거 주가 경로가 다르다고 해서 미래 주가 확률분포가 다르다면, 단순히 과거 주가 경로만 열심히 분석해서 최적의 주식 투자를 할 수 있을 것입니다. 실제로 이런 믿음으로 주식 투자를 하는 사람들을 chartists 혹은 기술적 분석(technical analysis)을 하는 사람들이라고 합니다. 과연 주식 투자 시 과거 주가 분석(만)으로 추가적인 이익을 실현할 수 있는지는 면밀한 실증 연구를 통해 검증되어야 할 사항입니다. 하지만 효율적 시장(efficient market)에서는 이런 과거 분석(만)으로 유의적인 추가 이익을 실현하기는 어려우리라고 예상할 수 있습니다. 가령 워렌 버핏(Warren Buffett)이 과거 주가를 열심히 연구해서 오늘의 위치에 오르지도 않았습니다. 이처럼 다양한 이유로 재무금융 학자들은 주가가 마르코프 속성을 지니고 있다고 “가정”하고 이론을 전개하는 경우가 많습니다. 반면 수학자, 통계학자 등의 전문가들의 이른바 알고리듬 투자(algorithm trading) 등은 현재 주가는 물론이고 과거의 주가 경로나 거래량 수준 혹은 다른 많은 시장-경제적 요인들을 입력변수로 하여 미래 주가의 확률분포를 더 잘 예측하려는 방법론입니다. 이들은 현재 주가만이 미래 주가의 확률분포를 결정한다는 주장에 동의하지 않는 사람들일 확률이 높습니다.

만일 이론적으로 혹은 편의적으로 주가가 마르코프 속성을 지니고 있다고 가정한다면, 이 속성을 잘 갖춘 브라운 운동을 활용하여 주가 예측 모형을 정립할 수 있습니다. 이렇게 주가 예측 모형을 정립하면, 주가를 기초 자산으로 하는 옵션의 가치평가도 가능해집니다. 왜냐하면 이러한 주가 예측 모형으로 미래 주가의 확률분포를 추정하여, 옵션 (만기일의) 청산가치 분포를 추정하고 미래 옵션 가치의 확률분포를 알 수 있기 때문입니다. 이것을 알게 되면 위험중립평가법 등으로 미래 옵션 가치의 평균을 현재의 가치로 할인하여 오늘의 적정 옵션 가격을 산출할 수 있습니다.

정의 3〉 Markov property(마르코프 속성)

Stochastic process인 X가 다음 성질을 가지고 있으면 X가 마르코프 속성을 가진다고 한다.

$$X_t = f(X_s), \qquad \text{where} \quad s < t, \quad given\ \{X_\tau, \tau \le s\}.$$

즉, stochastic process X의 미래 시점 t의 값 X_t는, 그것의 모든 과거 시점들의 값이 주어졌을 때, 오로지 현재 시점 s에서의 값 X_s만의 함수입니다. 즉, 모든 과거 시점들의 값들은 미래 시점의 값 X_t에 영향을 미칠 수 없고, 오로지 현재 시점의 값만이 X_t에 영향을 미칠 수 있습니다.

가령 X를 특정 주식의 가격이라 합시다. 만일 X가 Markov property를 보유했다면, 내일의 주가는 오늘 현재 시점의 주가만이 영향을 미칠 뿐 과거 주가들은 전혀 영향을 미칠 수 없다는 것입니다. 가령 이 주식의 현재 주가가 100인 경우에도 그 과거 주가들은 서로 다른 값일 수 있습니다. 어제 주가가 90인 경우도 있을 수 있고 또 92인 경우도 있을 수 있습니다. 하지만 어제 주가가 90이든 92이든, 나아가 그제 주가가 무엇이었든지, 이 주식의 내일 주가에 영향을 미치는 것은 오로지 현재 주가 100일 뿐, 현재 주가 100에 도달하기까지 어떠한 과정을 거쳤는지는 전혀 중요하지 않다는 것입니다. 실세계에서도 과연 그러한지는 실증 분석을 해보아야 알 수 있습니다. 반면, 오늘뿐 아니라 과거 주가의 흐름 혹은 과거 주가의 집합이 미래 주가에 영향을 미친다고 믿으며 과거 주가를 열심히 분석하는 주식 전문가들이 있는데 이들이 바로 "chartists"입니다. 챠트를 연구하는 사람들이란 뜻입니다.

참고로 martingale은 확률변수의 미래 평균 값에 대한 내용이고, Markov는 확률변수의 미래 특정 실현 값에 대한 내용이므로, 이 둘을 구분하여 기억할 필요가 있고 실제 문제에서도 이런 구분이 도움이 됩니다.

질문 6-1〉 다음 네 가지 각각의 경우, 확률변수 X는 martingale 속성과 Markov 속성을 보유하고 있는지 답하시오. X_t를 시점 t의 주가라고 간주해도 됩니다. 아래 네 경우는 모든 t에 대해 성립합니다.

➢ 도표 6-1 martingale과 Markov 구별

	A	B	C	D	Prob.
X_{t+1}	$X_t + 2$	$X_t + 2$	$X_t + 2X_{t-1}$	$X_t + 2X_{t-1}$	0.5
	$X_t - 2$	$X_t - 3$	$X_t - 2X_{t-1}$	$X_t - 3X_{t-1}$	0.5
Martingale	O	X	O	X	
Marcov	O	O	X	X	

시점 t를 현재 시각으로, 또 시간이 1분 단위로 변한다고 가정하겠습니다. "X_t = 현재 시점의 주식 X의 주가"라 하겠습니다. A의 경우는, 1분 후 주가 X_{t+1}이 '$X_t + 2$' 혹은 '$X_t - 2$'로 동일한 확률로 실현되는 경우입니다. 그러면

$$E[X_{t+1}] = 0.5 \times (X_t + 2) + 0.5 \times (X_t - 2) = X_t$$

가 되므로 이 주가 X_t는 martingale 속성을 가지고 있습니다. 또한 미래 주가 X_{t+1}은 (X_t +2) 혹은 (X_t −2)이므로 단지 X_t만의 함수입니다. 그러므로 X는 Markov 속성도 가지고 있습니다.

B의 경우, 1분 후 주가 X_{t+1}가 'X_t +2' 혹은 'X_t −3'으로 동일한 확률로 실현되는 경우입니다. 그러면

$$E[X_{t+1}] = 0.5 \times (X_t + 2) + 0.5 \times (X_t - 3) = X_t - 0.5 \neq X_t$$

이므로 X_t 는 martingale 속성을 가지고 있지 않습니다. 반면 미래 주가 X_{t+1} 은 (X_t +2) 혹은 (X_t −3)이므로 단지 X_t만의 함수입니다. 그러므로 X는 Markov 속성은 가지고 있습니다.

C의 경우, 1분 후 주가 X_{t+1}이 '$X + 2X_{t-1}$' 혹은 '$X - 2X_{t-1}$'로 동일한 확률로 실현되는 경우입니다. 그러면

$$E[X_{t+1}] = 0.5 \times (X_t + 2 \cdot X_{t-1}) + 0.5 \times (X_t - 2 \cdot X_{t-1}) = X_t$$

이므로 X는 martingale 속성을 가지고 있습니다. 하지만 X_{t+1}의 개별적인 실현 값은 현재 주가인 X_t만의 함수가 아니라 과거 주가인 X_{t-1}의 함수이기도 합니다(단지 그 평균 $E[X_{t+1}]$ 계산할 때는 $2 \cdot X_{t-1}$과 $-2 \cdot X_{t-1}$이 상쇄될 뿐입니다). 이처럼 X_{t+1}가 X_t만의 함수가 아니라 과거 주가인 X_{t-1}의 함수이기도 하므로 주가 X는 Markov 속성을 가지고 있지 않습니다.

D의 경우, 1분 후 주가 X_{t+1}이 '$X_t + 2X_{t-1}$' 혹은 '$X_t - 3X_{t-1}$'로 동일한 확률로 실현되는 경우입니다. 그러면

$$E[X_{t+1}] = 0.5 \times (X_t + 2 \cdot X_{t-1}) + 0.5 \times (X_t - 3 \cdot X_{t-1}) = X_t - 0.5 \cdot X_{t-1}$$

이므로 X_t는 martingale 속성을 가지고 있지 않습니다. 또한 X_{t+1}의 개별적인 실현 값

도 현재 주가인 X_t만의 함수가 아니라 과거 주가인 X_{t-1}의 함수이기도 하므로 주가 X는 Markov 속성을 가지고 있지도 않습니다. 참고로, 이제 우리가 배울 브라운 운동은 martingale 속성과 Markov 속성을 모두 보유한 stochastic process입니다. ▣

제 2 절 브라운 운동(Brownian Motion)

물리학에서 브라운 운동은 액체나 기체 속에서 미소한 입자들이 불규칙하게 움직이는 현상을 말합니다. 구체적으로, 1827년 스코틀랜드의 식물학자 Robert Brown은 물에 떠있는 꽃가루의 작은 입자들이 지속적이지만 매우 불규칙하고 빠르게(jittery), 들쭉날쭉 삐뚤빼뚤 톱니 모양으로(jagged) 움직인다는 사실을 발견했습니다. 그런데 이러한 브라운 운동을 재무금융 분야의 주가 변동과 연관시키는 이유는, 브라운 운동의 여러 특성이 주가 변동의 (이론적) 특성과 유사하기 때문입니다. 그렇다면 브라운 운동의 그런 특성들은 무엇일까요?

첫째는 브라운 운동을 따르는 입자들은 불규칙하고 랜덤한 운동을 한다는 것입니다. 즉, 이들의 움직이는 방향을 전혀 예측할 수 없다는 것입니다. 그러므로 브라운 운동은 마팅게일(martingale) 속성을 가지고 있습니다. 가령 브라운 운동을 하는 입자의 시점 t에서의 위치 혹은 값이 w_t라면, 시간 Δt가 지났을 때 그 값의 평균인 $\mathrm{E}[w_{t+\Delta t}] = w_t$라는 뜻입니다. 브라운 운동 입자는 어느 특정 방향으로 움직이지 않고 완벽하게 랜덤하게 움직이기에, 결국 이 입자의 미래 시점의 위치는, 평균적으로, 현재 위치와 같다는 것입니다. 브라운 운동의 이러한 특성은, 주식투자자들이 특정 주가의 움직임을 사전적으로 예측할 수 없다는 사실과 연결시켜 활용할 수 있습니다. 물론 주가를 예측할 수 없다 해서 반드시 미래 주가의 평균이 현재 주가임을 의미하지는 않습니다. 장기적으로 주가의 일정한 추세도 있을 수 있습니다. 그렇다면 그러한 주가를 예측하는 모형은 브라운 운동을 하는 변수에다가 추세적으로 움직이는 변수를 더하면 됩니다. (주가의 추세적 변화는 앞에서 배운 바 있습니다)

브라운 운동의 둘째 특성은, 이 운동을 하는 변수는 마르코프(Markov) 속성을 보유한다는 사실입니다. 가령 브라운 운동을 하는 변수의 시점 t에서의 위치 혹은 값이

w_t 이고 시간 경과의 최소 단위가 Δt 라 할 때, $w_{t+\Delta t} = f(w_t)$ 일 뿐 $w_{t+\Delta t} = g(w_t, w_{t-\Delta t}, w_{t-2\Delta t}, \cdots)$는 아니라는 말입니다. 현재 값 w_t에 어떤 경로로 도달했든, 이 변수의 미래 값 $w_{t+\Delta t}$를 결정하는 유일한 요인은 이 변수의 현재 값 w_t일 뿐이고 다른 모든 (과거) 요인은 전혀 영향을 미칠 수 없습니다. 가령 $\Delta t = 1$초 정도로 간주한다면, 1초 후 주가는 현재 주가 수준만이 영향을 미칠 뿐이지 1초 전 주가, 2초 전 주가, 나아가 현재 주가에 도달한 과거 전체 경로는 영향을 미칠 수 없다는 것입니다. 사전적으로 또 일반적으로 주가 예측 모형을 만들 때에는, 대부분 별 도리 없이 이렇게 전제하고 모형을 만듭니다. 물론 주가 예측 모형을 만드는 기관, 학자에 따라서는 과거 주가의 패턴 등을 반영하여 만들 수는 있습니다만, 일반적으로 과거 주가가 미래 주가에 미치는 어떤 정형화된 법칙 등을 발견해 내기가 쉽지는 않습니다. 또 그런 법칙을 발견했다 하더라도 그 법칙이 향후 얼마나 오랜 기간 성공적으로 적용될 수 있을지 알 수 없습니다. 그러므로 보다 일반적으로는 주가가 마르코프 속성을 가졌다는 전제 하에 주가 예측 모형을 만듭니다. 그런데 브라운 운동은 마르코프 속성을 지니고 있기에, 주가 예측 모형에 브라운 운동을 활용하는 것입니다.

브라운 운동의 또 하나의 특성은 그 변동이 시간이 지남에 따라 점점 더 확대된다는 것입니다. 이는 아래의 "브라운 운동의 변동성"을 주제로 하는 대목에서 상세히 설명될 것입니다. 여기서는 간략하게 이를 주가 변동성의 특성과 관련시켜 설명해 보겠습니다. 오늘 시점 t에서 삼성전자 종가(closing price)가 8(만원)이라 하겠습니다. 그러면 내일의 종가는 어떻게 될까요? 네, 모릅니다. 하지만 최소한의 범위는 예측할 수 있습니다. 오늘 종가가 8이니, 내일 종가는 아마도(probably) 8에서 상하로 1 정도 차이가 날 수 있습니다. 가령 내일 종가가 가장 높다면 9만원, 가장 낮다면 7만원 정도가 될 거라고 많은 투자자들이 생각할 수 있습니다. 1/8 = 12.5%이니, (하루 동안) 상하 12.5% 구간에서 변동할 것이라는 예측이니 충분히 광범위한 예측이라 할 수 있습니다. 자, 그러면 모레 종가는 어떨 것이라고 예측할 수 있을까요? 내일 종가를 오늘 종가로부터 출발하여 예측했듯이, 모레 종가는 내일 종가로부터 예측하여 출발할 수 있습니다. 가령 내일 종가가 9라면, 모레 종가는 최대 상하 1만큼 변동한다 생각하면, 모레 종가의 범위는 8~10이 될 것입니다. 마찬가지로 내일 종가가 7이라면, 모레 종가는 6~8이 될 것입니다. 이런 식으로 생각하면 모레 종가의 범위가 예측될 수 있습니다.

그렇다면 모레 종가의 최대 범위는 어떻게 될까요? 내일 종가의 최대 범위가 7~9이니, 그 최대 범위의 가장 끝에 있는 7 혹은 9의 종가를 기준으로 한다면 각각 6~8 및 8~10의 범위가 됩니다. 이 최고, 최저 종가 안에서 모레 종가가 실현된다면 결국 모레 종가의 범위는 6~10이 됩니다. 또 이런 식으로 글피의 종가를 예측하면 5~11이 됩니다. 결국 시간이 지남에 따라 종가의 범위는 점점 더 커지게 될 것입니다.[4]

이처럼 시간이 지남에 따라 종가 범위가 점차 확대되는 현상은, 브라운 운동을 하는 입자가 시간이 지남에 따라 점점 더 큰 반경 안에 위치하는 현상과 유사합니다. 이 입자의 위치는 동서남북의 네 차원(축)에서 표시할 수 있지만, 주가의 경우 위 아래 두 방향만 있음을 감안하면 이 입자의 위치도 위 아래(남북)의 관점에서만 측정하면 됩니다. 이처럼 브라운 운동을 하는 입자의 움직임과 주가 등의 금융변수들의 움직임에 밀접한 연관성이 있기 때문에 재무금융 혹은 경제학 학자들이 브라운 운동을 주가, 이자율, 환율 예측 모형에 활용할 수 있는 것입니다.

1. 브라운 운동의 평균(Drift)

브라운 운동을 하는 입자 혹은 변수를 w라 하고, 현재 시점을 0, 현재 w의 값을 0이라 하겠습니다. 우리는 이제, 시간이 지남에 따라 w 값이 여하히 변할지를 살펴보겠습니다. 이를 위해 일반적으로 시점 t에서의 w 값을 w_t라 하겠습니다. 그리고 $w_0 = 0$으로 가정합니다. 이제 시간 변화에 따른 브라운 운동을 분석하기 위해 시간이 가장 짧게 변함을 가정하겠습니다. 시간이 가장 짧게 변함을 가정하려면 뭘 어떻게 가정해야 할까요? 시간이 1초 단위로 변함을 가정해야 할까요? 그렇지 않습니다. 1초와 0초 사이에 0.5초도 있고 0.5초와 0초 사이에 0.25초도 있습니다. 그러므로 시간의 최소 단위는 1초가 아닙니다. 그러면 도대체 무엇이 시간 t의 최소 단위일까요?

네, 맞습니다. 변수 x의 변화(량)의 최소 단위가 dx이듯, 시간 t 변화의 최소 단위는 바로 dt로 표시할 수 있습니다. 이를 굳이 표현한다면, 순간적 시간 흐름, 찰나적 시간 흐름 등으로 애기할 수 있습니다. 그리고 dt 값도 dx 값과 동일한 특성을 가집

[4] 주가가 상승 혹은 하락함에 따라 상하 25% 폭 자체도 달라짐을 반영하면, 주가의 상승폭은 더 커질 수 있고 하락폭은 줄어들 수 있습니다.

니다. 가령 $(dt)^2 = (dt)^3 = (dt)^4 = \cdots = 0$입니다. 그럼 브라운 운동을 하는 입자 혹은 변수 w의 (시간이 dt만큼 지날 때의) 변화량 dw는 어떤 특성을 가질까요?

브라운 운동의 특성상 w는 끊임없이 불규칙하게 그리고 매우 빠르게 상하좌우를 가리지 않고 변화합니다. 아무런 방향성 없이 움직이기에, 일정 시간이 지난 뒤 그 위치(혹은 값)는 평균적으로 현재의 위치와 같습니다. 즉, 'martingale 속성'을 지니고 있습니다. 그러므로 시간이 dt만큼 지나는 경우를 살펴보면, w 값의 변화(dw)는 $dw = w_{dt} - w_0$이고 그 평균은 $\mathrm{E}[dw] = \mathrm{E}[w_{dt} - w_0]$입니다. 그런데 현재 시점($t = 0$)의 w 값인 w_0는 이미 알려진 상수입니다. 그러므로 w 값의 변화 dw의 평균은 $\mathrm{E}[dw] = \mathrm{E}[w_{dt} - w_0] = \mathrm{E}[w_{dt}] - w_0$입니다. 또 미래 w 값이 특정 방향성을 가지고 변하지 않고 제멋대로, 무작위로 변화하기에 그 미래 값의 평균은 현재의 w 값과 같습니다. 즉, $\mathrm{E}[w_{dt}] = w_0$입니다. 결국

$$\mathrm{E}[dw] = \mathrm{E}[w_{dt} - w_0] = \mathrm{E}[w_{dt}] - w_0 = w_0 - w_0 = 0$$

입니다.

더 일반적으로 또 더 정확하게 표현하면, w의 출발 시점을 $t = 0$으로 하지 않고 일반적으로 $t(\geq 0)$라 하고 이때의 w 값의 변화를 dw_t로 하면 다음의 정리가 가능합니다.

정리 1〉 브라운 운동의 평균

$$E[dw_t] = E[w_{t+dt}] - w_t = w_t - w_t = 0, \qquad \forall t(\geq 0).$$

2. 브라운 운동의 변동성(Volatility)

위에서 브라운 운동을 하는 변수 w의 평균에 대해 알아보았습니다. 그러면 w의 변동성 혹은 분산은 어떤 특성을 가질까요? 브라운 운동의 변동성을 이해하기 위해서는 아래에 설명된 많은 개념들을 하나씩 차근차근 이해하여야 합니다. 즉, 어떤 면에서 갈 길이 멉니다. 하지만 이 개념들을 하나씩 이해하다 보면 어느새 여러분은 브라운 운동을 거의 완벽히 이해할 수 있게 될 것입니다.

현재 시점 $t = 0$에서 w의 위치 혹은 w의 값 $w_0 = 0$으로 하고 이를 알아보겠습니다. 또 w는 동서남북 방향으로 움직이지만 우리는 위 아래 위치만 기록하겠습니다. 즉, $w_t = 1$이면($t > 0$) 위쪽으로 (북쪽으로) 1만큼 움직인 것이고 $w_t = -1$이면 아래로 (남쪽으로) 1만큼 움직인 것입니다. 자 그럼, 방향성 없이 끊임없이 움직이는 w가 10초 후에는 어떤 값을 가질까요? 정확히는 모르지만 가령 ± 1 내에서 움직인다고 가정하겠습니다. 그러면 20초 후에는 w가 가질 값의 범위는 어떻게 될까요? 어느 값에서 출발했든 어느 시점에서 출발했든 관계없이 w가 방향성 없이 제멋대로 움직이니 유사한 결과가 도출될 것입니다. 가령 10초 후 w 값이 1이었다면 20초 후 위치의 범위는 $1 \pm 1 = 0 \sim 2$가 될 것입니다. 만일 10초 후 w 값이 0.5였다면 20초 후 위치의 범위는 $0.5 \pm 1 = -0.5 \sim 1.5$가 될 것입니다. 마찬가지로 10초 후 w 값이 -1이었다면 20초 후 위치의 범위는 $-1 \pm 1 = -2 \sim 0$이 될 것입니다. 결국, 10초 후 w 값의 범위가 ± 1이라 가정했다면, 20초 후 w 값의 (최대) 범위는 $(-2) \sim (+2)$가 됩니다. 마찬가지로 30초 후 w 값의 범위는 $(-3) \sim (+3)$이 됩니다. 이처럼 w 값의 범위는 시간이 지날수록 확대됩니다. 그러면서도, 10초 후, 20초 후, 30초 후 w 값의 "평균"은 애초 출발점이었던 값 0을 유지합니다(현 시점 = 0을 가정). w 움직임에 아무런 방향성이 없기 때문입니다.

참고로, 이는 현재 시점 $t = 0$일 때 그러하다는 말입니다. 만일, 시간이 경과해, 현재 시점이 $t = 0.1$인데 $w_t = w_{0.1} = 1$이라면, 이 가장 최신의 w 값을 바탕으로 모든 미래 시점 $w_{0.1+s}$의 평균은 현재 값인 $w_{0.1} = 1$과 같습니다. 현재의 값 $w_{0.1} = 1$에서 출발한 후 완벽하게 불규칙적으로 $w_{0.1+s}$가 움직이기 때문입니다($s > 0$).

w의 이러한 움직임은, 마치 1, -1이 앞면과 뒷면에 각각 쓰여져 있는 동전을 계속 던질 때의 최종 합계와 유사합니다. 구체적으로 알아볼까요? 투자자 A와 투자자 B가 이 동전을 던져 나오는 값만큼 A가 B에게 현금을 "받는" 내기 G를 한다고 합시다.[5] 그런데 동전을 아무리 많이 던져도 A가 받을 현금의 평균은 0입니다. 이 내기가 A에게나 B에게나 fair한 게임이기 때문입니다. 그런데 A가 받을 현금의 범위, 현금의 규모는 점점 확대됩니다. 1번 던지면 A가 받을 현금 규모는 $(-1) \sim (+1)$입니다. 2번 던지

---

[5] 2007년 미국 스탠포드대학의 교수 Persi Diaconis는, 동전 던질 때 애초 하늘을 향한 면이 나올 확률이 거의 1%포인트 더 높다는 논문을 발표한 바 있습니다. 설혹 이 논문의 주장이 맞다 해도 여기서의 논의는 이를 무시합니다. 출처 https://www.hani.co.kr/arti/science/science_general/1112556.html.

면 (−2) ~ (+2)이고, n번 던지면 (−n) ~ (+n)입니다. 이것이 이 내기의 변동성의 특성입니다.

마찬가지로, 시간이 지날수록 실제 w 값의 범위도 커집니다. 결론적으로, 브라운 운동을 연구하는 학자들은 시간이 dt만큼 지날 때 w 값의 변화가 다음과 같은 정규분포를 따름을 발견했습니다. 아래 정리에서 w 값의 변화인 dw_t는 모든 t에 대해 성립하므로, $t = 0$이든 $t = dt$이든, $t = 2dt$이든, $t = 3$이든 관계없이 성립합니다.[6] 왜냐하면 각 w_t는 t에 따라 다른 값을 가질 수 있지만, $dw_t = w_{t+dt} - w_t$는 w의 (순간) 변화량만을 의미하기 때문입니다. t 값이 무엇이든 말입니다. 이처럼 브라운 운동의 "변화(량)"의 특성은, 어느 시점 혹은 어느 값에서 출발했는지와 관계없이, 그냥 방향성 없이 불규칙하다는 공통점을 가지고 있습니다.

정리 2〉 브라운 운동의 확률분포

$$dw_t \sim N(0, dt), \quad \text{where } t \geq 0.$$

이제 우리는 시간 dt가 지날 때의 "w 값 변화"인 dw의 평균은 0이라는 사실을 알았습니다. 이에 더해, 시간 dt가 지날 때 dw의 '분산'은 dt라는 사실도 학자들이 발견했음도 알았습니다. 마지막으로, 단순히 dw가 평균 0, 분산 dt를 가질 뿐 아니라, 평균 0, 분산 dt의 "정규분포"를 따름을 학자들이 발견했습니다. 위 정리에서

정규분포 $N(0, dt)$란 표준편차가 아닌 분산이 dt

라는 뜻입니다. 즉, 평균 0, 분산 dt의 'uniform distribution'이나 'exponential distribution'이 아니라 평균 0, 분산 dt의 "정규분포"를 따른다는 것입니다. 이런 브라운 운동을 특별히 'a standard Brownian motion' 혹은 'a Wiener process'라고도 합니다. 본서에서는 "표준브라운 운동"으로 번역합니다.

---

[6] $t = 3$이란 $t = 3$(년)의 시점을 의미합니다. 재무금융에서 시간 단위 1은 1년을 의미하기 때문입니다.

질문 6-2〉 그러면 만일 시간이 $2dt, 3dt, \cdots, n \cdot dt$ 지나면 w 값은 어떤 분포를 따를까요?

먼저 시간이 $2dt$ 지나는 경우의 결론부터 말하면 다음과 같습니다.

$$w_{2dt} - w_0 \sim N(0, 2dt),$$

혹은

$$w_{2dt} \sim w_0 + N(0, 2dt) = N(w_0, 2dt).$$

이를 증명하기 위해서는 최소한 3가지를 증명해야 합니다. 먼저 $w_{2dt} - w_0$의 평균이 0임을, 둘째로 그 분산이 $2dt$임을, 그리고 $w_{2dt} - w_0$가 평균 0, 분산 $2dt$인 "정규분포"를 따름을 증명해야 합니다. 이를 아래에서 하나씩 증명해 보겠습니다.

먼저 $\mathrm{E}[w_{2dt}] = w_0$에 대한 증명입니다. 이를 위해서 w_{2dt}를 분해해 보겠습니다. w_{2dt}에 다음 두 항을 더하는 것에서 시작합니다. 그 두 항은 $(w_{dt} - w_{dt})$와 $(w_0 - w_0)$입니다. w_{2dt}에 이 두 항을 더해도 w_{2dt}가 됩니다.

$$\begin{aligned} w_{2dt} &= w_{2dt} + (w_{dt} - w_{dt}) + (w_0 - w_0) \\ &= (w_{2dt} - w_{dt}) + (w_{dt} - w_0) + w_0 \\ &= dw_{dt} + dw_0 + w_0. \end{aligned}$$

dw_{dt}란 시간이 dt만큼 지날 때의 w의 변화량인데, 구체적으로 w가 시점 dt에 있을 때의 변화량, 즉 w_{dt}의 변화량을 의미합니다. 그렇다면 시간이 dt만큼 흐르면 w_{dt}는 어떤 값으로 변할까요? 네, w_{dt}는 w_{2dt}가 될 것입니다. w_t의 의미가 바로 시점 t의 w 값이니 말입니다. 즉, w_{dt}와 w_{2dt}를 더 구체적으로 표현하면 각각 $w_{t=dt}$, $w_{t=2dt}$가 됩니다. dw_0도 이런 식으로 해석하면 됩니다. 즉, dw_0란 시간이 dt만큼 지날 때의 w의 변화량인데, 구체적으로 w가 시점 $t = 0$에 있을 때의 변화량, 즉 w_0의 변화량을 의미합니다.

이제 w_{2dt}의 평균을 구해 봅니다. 위에서 $w_{2dt} = dw_{dt} + dw_0 + w_0$로부터, 그리고 $w_0 = 0$의 상수 값을 가정하므로 $\mathrm{E}[w_0] = \mathrm{E}[0] = 0$이므로

$$\mathrm{E}[w_{2dt}] = \mathrm{E}[dw_{dt}] + \mathrm{E}[dw_0] + \mathrm{E}[w_0] = \mathrm{E}[dw_{dt}] + \mathrm{E}[dw_0].$$

두 0이 되기 때문입니다. 즉,

$$Cov[dw_{dt},\ dw_0] = 0,$$
$$Cov[dw_{2dt},\ dw_0] = 0,$$
$$Cov[dw_{dt},\ dw_{2dt}] = 0$$

입니다.

이제 이를 일반화하면 다음과 같습니다.

$$Var[w_{n \cdot dt} - w_0] = n \cdot dt, (n > 0).$$

이제 아래 첨자 dt를 떼어버리고 이를 더욱 일반화하면, 시간의 흐름 T 동안의 브라운 운동 변화량의 분산은 다음과 같습니다. 아래 정리에서 두 번째 내용은, 브라운 운동의 출발 시점을 0이 아닌 $t1(\geq 0)$으로, 그리고 브라운 운동의 도착 시점을 T가 아닌 $t2(> t1)$로 대체한 것으로, 이 또한 동일한 방식으로 증명할 수 있습니다. 결국 브라운 운동을 하는 변수의 특정 기간 동안의 분산은 바로 그 특정 기간(의 길이)이 됩니다.

정리 3〉 브라운 운동의 분산(일반화)

$$Var[w_T - w_0] = Var[w_T] = T, \quad \text{where } T > 0.$$
$$Var[w_{t2} - w_{t1}] = t2 - t1, \quad \text{where } t2 > t1 \geq 0.$$

셋째로 "$w_{2dt} - w_0 \sim N(0, 2dt)$"를 증명하기 위해서는 $w_{2dt} - w_0$이 (평균 0, 분산 $2dt$인) 정규분포를 따름을 증명해야 합니다. 이에 앞서, 통계학에서 정규분포를 따르는 확률변수들에 대해 일반적으로 알려진 사실이 있습니다. 가령 확률변수 x와 y가 각각 $N(a, b^2)$, $N(c, d^2)$인 정규분포를 따른다고 하겠습니다. 즉,

$$x \sim N(a, b^2),$$
$$y \sim N(c, d^2)$$

입니다. 그리고 두 확률변수가 서로 독립이라고 하겠습니다. 즉, x 값이 y 값에 아무런 영향을 끼치지 못하고 그 역도 마찬가지입니다. 이를 수학적으로는

$$Pr(x = x_1, y = y_1) = Pr(x = x_1) \times Pr(y = y_1)$$

라 표시합니다. 여기서 $Pr(\cdot)$는 확률을, x_1과 y_1은 특정 상수 값을 뜻합니다.[10] 그러면 새로운 확률변수 $z = x + y$는 다음의 분포를 따름이 이미 통계학에서는 입증되었습니다.[11]

$$x + y \sim N(a + c,\ b^2 + d^2).$$

그렇다면 우리도 위 사실을 활용하여 $w_{2dt} - w_0$가 어떤 확률분포를 따르는지 증명할 수 있습니다. 먼저 $w_{2dt} - w_0$를 두 개의 확률변수로 분해해 보겠습니다.

$$w_{2dt} - w_0 = (w_{2dt} - w_{dt}) + (w_{dt} - w_0) = dw_{dt} + dw_0.$$

그리고 이 각각의 확률변수는 "브라운 운동의 확률분포"의 정리에서 다음과 같이 증명됐습니다.

$$dw_t \sim N(0, dt), \forall t$$

즉, $dw_{dt} \sim N(0, dt)$이고 $dw_0 \sim N(0, dt)$입니다. 이제 이 두 확률변수가 서로 독립인지 파악해 보겠습니다. 그런데 파악하고 말 것도 없이 이 둘은 독립입니다. 왜냐하면 브라운 운동은 마르코프 속성(the Marcov property)을 지니고 있기 때문입니다. 브라운 운동을 하는 변수 w에 있어서, $t = 0$에서의 변화량 dw_0는 $t = dt$에서의 변화량 dw_{dt}에 아무 영향을 미치지 못합니다. 왜냐하면 브라운 운동을 하는 변수의 움직임은 과거 변화량과 관계 없는, 아무도 예측할 수 없는 불규칙한 운동이기 때문입니다. 사실 모든 두 변수 $dw_{n \times dt}$와 $dw_{m \times dt}$의 공분산은 0입니다. n, m이 서로 다른 정수이기만 하면 이 둘이 서로 다른 시간대에 움직인 것이기에 둘의 공분산 혹은 상관관계는 0입니다. 확률변수 dw_{dt}는 두 시점 dt, $2dt$ 사이의 변화량이고 확률변수 dw_0는 두 시점

---

[10] 상수를 포함한 변수가 될 수도 있습니다만 여기서는 상세한 설명을 생략합니다. 또 이 두 확률변수가 독립이면 Cov[x, y] = 0도 성립합니다. 단 그 역은 성립하지 않습니다. 이에 대해서도 자세한 설명은 생략합니다. 결론적으로 두 확률변수가 독립이란 뜻은 두 확률변수의 선형관계를 포함한, 어떠한 관계도 없음을 의미합니다. (만일 두 확률변수에 일정한 선형관계가 존재한다면 Cov[x, y] ≠ 0입니다)

[11] 이 증명은 각 확률변수의 'moment-generating function'을 이용해서 가능합니다. 또 이 변수들의 확률밀도함수(probability density function)를 사용해서도 가능합니다. 이밖에도 다른 방법론을 이용하여 증명 가능합니다.

0, dt 사이의 변화량이니, 서로 다른 시간대에 움직인 것입니다. 그러므로 두 확률변수는 서로 독립적인 확률변수입니다. 그러면 이미 통계학에서 증명된 정리인

$$x + y \sim N(a + c,\ b^2 + d^2)$$

가 온전히 적용됩니다. 즉,

$$x = dw_0 \sim N(0,\ dt), \qquad y = dw_{dt} \sim N(0,\ dt)$$

이고 서로 독립이므로,

$$dw_0 + dw_{dt} \sim N(0 + 0,\ dt + dt) = N(0,\ 2dt)$$

가 됩니다. 이제 드디어 다음 사항이 완벽하게 증명되었습니다.

$$w_{2dt} - w_0 \sim N(0, 2dt).$$

동일한 논리로, 경과한 시간이 $2dt$가 아니라 임의의 $n \cdot dt$여도 다음이 성립합니다.

$$w_{n \cdot dt} - w_0 \sim N(0, n \cdot dt).$$

일반적으로, 경과한 시간이 임의의 $T(> 0)$이어도 다음이 성립합니다. 참고로 아래 정리에서 두 번째 내용은, 브라운 운동의 출발 시점을 0이 아닌 $t1(\geq 0)$으로, 그리고 브라운 운동의 도착 시점을 T가 아닌 $t2(> t1)$로 대체한 것으로, 이 또한 동일한 방식으로 증명할 수 있습니다.

정리 4〉 브라운 운동의 확률분포(일반화)

$$w_T - w_0 \sim N(0, T), \quad \text{where } T > 0.$$
$$w_{t2} - w_{t1} \sim N(0, t2 - t1), \quad \text{where } t2 > t1 \geq 0.$$

이제 마지막으로, 위 정리를 따르는 브라운 운동을 하는 변수 w 혹은 이 변수의 변화량 dw의 특징을 공부하겠습니다. 그것은

(출발) 시점들이 dt만큼 떨어져 있는
각 브라운 운동의 변화량인

dw_0, dw_{dt}, dw_{2dt}, dw_{3dt}, … 들은
"i.i.d. 확률변수(independent and identically distributed random variables)"

라는 사실입니다. 즉, 동일한 변수 w의 움직임에 있어 서로 겹치는 시간대가 없으면 각 (dt만큼의) 기간의 w의 움직임은 독립적입니다. 그리고 동일한 기간 dt 동안의 w의 움직임의 특성도 동일합니다. 결국 서로 떨어져 있는, 그리고 기간의 길이가 같은, w의 움직임들은 서로 독립적이고 또 서로 동일한 분포를 따른다는 것입니다. 그런데 이 (브라운 운동의) 단위기간 dt만큼 떨어져 있는 각 브라운 운동의 변화량 dw가 서로 i.i.d.라면 다음 두 가지 사실도 입증됩니다.[12]

dt가 아니라 그보다 더 긴 Δt인 경우에도,
w의 Δt 동안의 변화량인
$w_{\Delta t} - w_0$, $w_{2\Delta t} - w_{\Delta t}$, $w_{3\Delta t} - w_{2\Delta t}$, $w_{4\Delta t} - w_{3\Delta t}$, …들도 서로 i.i.d.

라는 사실 말입니다. 가령 삼성전자 주가가 브라운 운동을 따른다고 합시다. 이때 이 주가의 매 1초간 움직임이 서로 i.i.d.일 뿐 아니라 이 주가의 매 1분간 움직임도 서로 i.i.d.이고, 매 1시간간 움직임도 서로 i.i.d.이라는 뜻입니다. 사전적으로 볼 때 말입니다. 이제 "$w_{t+\Delta t} - w_t$"들 각각은 다음 확률분포를 따릅니다.

정리 5〉 i.i.d. 확률변수인 브라운 운동

(출발)시점 t가 서로 다르고, 동일한 기간 Δt 동안 움직이며, 움직이는 기간이 겹치지 않는 브라운 운동 변화량 "$w_{t+\Delta t} - w_t$"들은 정규분포 $N(0, \Delta t)$를 따르는 i.i.d. 확률변수들이다. 여기서 Δt는 0보다 큰 모든 기간을 의미한다($\Delta t > 0$).

$$w_{t+\Delta t} - w_t \sim N(0, \Delta t), \qquad \text{where } \Delta t > 0, \forall t.$$

[12] 여기서 단위기간은 브라운 운동의 단위기간 dt를 말하며, 재무금융의 단위기간 1년을 의미하지 않습니다.

네, 지금까지 숨가쁘게 달려 왔습니다. 이제 브라운 운동 변화량의 제곱인 dw^2을 공부할 차례입니다. 이 내용은 다음 절에서 상세히 다룰 예정입니다. 여기서는 그 사전적인 기초만 설명하겠습니다. 먼저 기쁜 소식부터 전하면, 브라운 운동의 제곱인 dw^2을 공부하면 결과적으로 $(dw)^3, (dw)^4, \cdots, (dw)^n$도 모두 공부하는 효과를 얻을 수 있습니다. 그런데 dw^2을 공부하기 위해서는 dw를 다른 방식으로 표현하는 게 도움이 됩니다. 먼저 dw는 다음과 같은 확률변수입니다.

$$dw_t \sim N(0, dt), \qquad \forall t.$$

dw_t 논의에는 (출발)시점 t가 중요하지 않으므로 제거하겠습니다.[13]

$$dw \sim N(0, dt)$$

그런데 좋은 소식이 또 하나 있습니다. dw의 확률분포는 표준정규분포 N(0,1)을 따르는 확률변수 z의 확률분포와 유사해 보입니다.

$$z \sim N(0, 1)$$

뭔가 유사해 보이지 않습니까? 사실 두 확률변수는 다음의 밀접한 관계가 있습니다.

$$dw = \sqrt{dt} \cdot z$$

즉, dw는 표준정규분포를 따르는 확률변수 z에다 상수 $\sqrt{dt} = (dt)^{0.5}$를 곱한 것입니다. 그러면 $\sqrt{dt} \cdot z$의 평균은 z의 평균 0에다 $\sqrt{dt}$를 곱한 값이 되므로 역시 0이 됩니다. 또 $\sqrt{dt} \cdot z$의 분산은 z의 분산 1에다 "$\sqrt{dt}$의 제곱"인 dt를 곱한 값이 되므로 $1 \times dt = dt$가 됩니다.[14] (이 대목에서도 dt가 금융공학에서 마치 상수처럼 취급될 수도 있음을 알 수 있습니다.) 마지막으로 $z \sim N(0, 1)$이니 z에 상수 $\sqrt{dt}$를 곱한 결과도 역시 정규분포를 따르는데 그 평균과 분산은 0과 dt입니다. 그러므로 다음이 입증됩니다.

---

13 dw_t 논의에는 (출발)시점 t가 중요하지 않으므로 제거하겠다 하면서 왜 $dw_t \sim N(0, dt)$에서의 'dt'는 그대로 이용합니까? 네, 'dt'는 시점 t와 관계없이, 시간의 흐름 중 "가장 짧은 기간"을 의미합니다. 가령 'dt=1초' 같은 의미입니다. 여기서 1초가 특정 시점 t와 관계가 있지 않듯이 'dt'도 특정 시점 t와 관계가 없습니다.

14 $\text{Var}[aX] = a^2 \cdot \text{Var}[x]$임을 배운 적 있을 것입니다. 단 a=상수, X=확률변수이고, Var는 variance의 약어로 분산을 의미합니다.

$$dw = \sqrt{dt} \cdot z \sim N(0, dt)$$

정리 6〉 dw와 z

$$dw = \sqrt{dt} \cdot z \sim N(0, dt), \quad \text{where } z \sim N(0, 1).$$

그런데 여기서 한 가지 분명히 해야 할 게 있네요. 앞에서 Taylor Series를 소개하면서 무한소 개념을 설명할 때, dx는 가장 작은 양수이니 dx보다 작은 양수는 0이라는 설명을 한 적이 있습니다. 가령 다음 설명을 한 적 있습니다.

dx에 dx를 곱하면 어떤 결과가 나올까요? dx이라는 양수에 (1보다 작은 양수) dx를 곱하면 dx보다 작은 양수가 산출될 것입니다. 그런데 dx의 정의에 의해, dx보다 작은 양수는 없습니다. dx보다 작은 수는 0과 음수뿐입니다. 그런데 $dx \cdot dx = dx^2$은 제곱수이므로 음수가 될 수 없습니다. 또 dx보다 작아야 합니다. 그러므로, $dx \cdot dx = dx^2$이 dx보다 작다면 이는 곧 $dx^2 = 0$임을 의미합니다. dx^3은 어떨까요? 얘는 무려 dx^2보다도 작습니다. 그러면서 dx는 양수이니 $dx^2 \cdot dx = dx^3$은 음수가 될 수 없습니다. 그러니 $(dx)^3 = (dx)^4 = (dx)^5 = \cdots = 0$일 수밖에 없습니다. 정확히는 $(dx)^3 = (dx)^2 \cdot dx = 0 \cdot dx = 0$이고 마찬가지로 $(dx)^4 = (dx)^3 \cdot dx = 0 \cdot dx = 0$인 것입니다.

그리고 dx와 dt는 서로 다른 변수 x와 t를 사용했을 뿐 같은 무한소 개념이라는 사실도 설명한 적 있습니다. 여기서 중요한 질문을 하나 하겠습니다.

질문 6-3〉 그러면 $\sqrt{dt}$도 dt보다 작지 않을까요?

흠, 정답은

$$\boxed{\sqrt{dt}\text{는 } dt\text{보다 크다}}$$

입니다. 1보다 작은 모든 양수 x에게 있어 $\sqrt{x} > x$입니다. 이는, 가령 $x = 0.81$을 대입하면 쉽게 알 수 있습니다. $\sqrt{x} = \sqrt{0.81} = 0.9 > 0.81 = x$이기 때문입니다. 비단

0.81뿐 아니라, 1보다 작은 모든 양수를 x에 대입해도 $\sqrt{x} > x$이 성립합니다. 그러므로 $\sqrt{dt}$는 dt보다 큰 양수이고 0이 아닙니다. ▣

이어서 dw^2에 대해서는 다음 절에 자세히 설명합니다.

참고로 브라운 운동의 모습은 아래 그래프와 같습니다. 물론 이는 브라운 운동을 따르는 입자 혹은 변수의 하나의 경로(sample path)에 불과한 것입니다. 이와 다른, 무수히 많은 다른 경로 중 하나를 따를 수도 있지만, 아래 경로가 비교적 브라운 운동이 제멋대로 랜덤하게 움직이는 모습을 잘 나타내고 있어 여기에서 보여주는 것입니다. 실제로는 이보다도 더 삐쭉삐쭉 삐뚤삐뚤 움직입니다. 그림에서 $x-$축은 시간의 경과를 나타나는데, 가령 숫자 $x = 17$라면 17초(second)를 뜻한다고 생각해도 됩니다. 더 정확히는 '$17dt$'를 뜻합니다.

➢ 그림 6-1 브라운 운동의 전형적 sample path

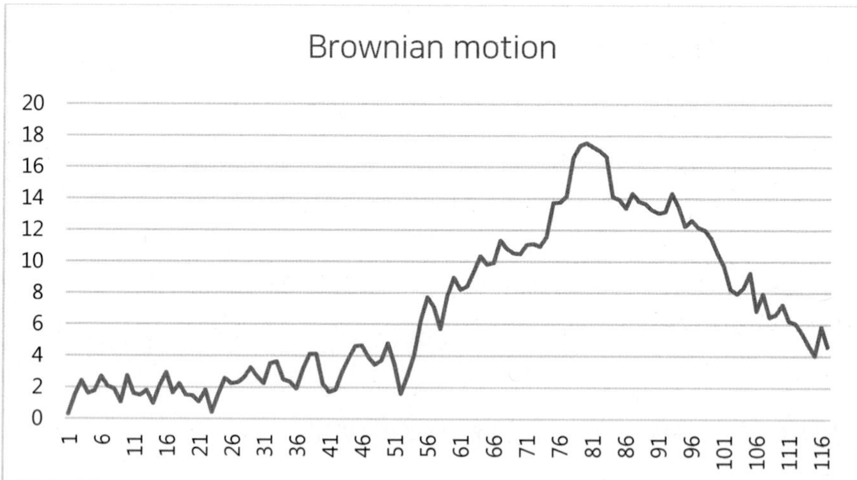

제 3 절 이또스 렘마(Ito's Lemma)

이제 드디어 "Ito's Lemma"를 공부할 때가 되었습니다. 브라운 운동에 더해 이 개념까지 익히면 (노벨 경제학상까지 받게 한) 블랙-숄즈 옵션 가치평가 모형이 어떻게 전개되는지도 잘 이해할 수 있습니다. 본절에서는 이 개념을 차근차근 공부해 보겠습니다. 참고로 지금까지 우리가 사용한 (표준) 브라운 운동이란 표현은 원래 물리학에서 사용하는 용어이고, 동일한 개념의 운동을 재무금융 분야에서는 "Wiener process"라 합니다. 그러므로 우리가 본절에서 배울 '기하 브라운 운동' 개념도 재무금융에서는 "일반 Wiener process", 즉 "generalized Wiener process"라 합니다. 본서에서는 지금까지 사용해 온 브라운 운동이란 용어를 (Wiener process 대신) 주로 사용합니다.

> **정의 4〉**
>
> (표준) 브라운 운동과 Wiener process는 동일한 개념이다.

$y = f(x, z)$이고 $\Delta x = dx$, $\Delta z = dz$일 때의 Taylor Series는 다음과 같음을 우리는 Taylor Series를 배울 때 익힌 바 있습니다.

$$dy = f_x(x, z) \cdot dx + f_z(x, z) \cdot dz$$

그런데 이 식은 원래의 Taylor Series의 형태가 아니고 그것이 축약된 식입니다. 원래의 Taylor Series 식은 n차 도함수까지 포함하는 복잡한 식이었지만 $(dx)^n = 0$ 혹은 $(dx)^{n-k} \times (dz)^k = 0$이 되기 때문에 위 식처럼 간결해진 것입니다$(n \geq 2,\ k \geq 1$인 정수$)$.

y가 브라운 운동을 하는 변수 w와 시간 t의 함수인 경우라고 합시다. 이런 경우를 상정하는 이유는 기초 자산이 주가인 옵션의 가치는 주가와 시간의 함수인데, 통상 주가는 (일반화된) 브라운 운동을 따른다고 모델링하기 때문입니다. 이제 $y = f(w, t)$일 때 Taylor Series는 다음과 같습니다.

$$dy = f_w(w, t) \cdot dw + f_t(w, t) \cdot dt$$

위에서 설명했지만 이 식은 Taylor Series의 원래 형태가 아니고, $(dw)^n = 0$, 혹은 $(dt)^n = 0$, 혹은 $(dw)^{n-k} \times (dt)^k = 0$이 되기 때문에 위 식처럼 간결해진 것입니다. 가령 $(dw)^2 = 0, (dt)^2 = 0, (dw) \cdot (dt) = 0$이 되기 때문입니다. 그런데 여기서 뭔가 이상한 것 같지 않습니까? 뭐가 틀렸을까요?

놀랍게도 $(dw)^2 = 0$이 틀렸습니다. 왜냐하면, 위에서 설명했듯이 dw는 (dx나 dt 같은) 무한소가 아니라 다음과 같은 확률변수이기 때문입니다.

$$dw = \sqrt{dt} \cdot z \sim N(0, dt), \qquad \text{where } z \sim N(0,1).$$

그러면 $(dw)^2$은 어떤 특성의 변수가 될까요? dw의 분산 dt를 다른 측면에서 분석하면서 이 문제를 풀어 보겠습니다.

> $\text{Var}[dw] = dt$입니다.
> 그런데 분산의 특성으로 인해
> $\text{Var}[dw] = \text{E}[dw^2] - \text{E}[dw]^2$입니다.
> 또 $\text{E}[dw] = 0$이므로
> $\text{Var}[dw] = \text{E}[dw^2] - \text{E}[dw]^2 = \text{E}[dw^2]$입니다.
> 그런데 $\text{Var}[dw] = dt$이기도 합니다. 그러므로
> $\text{Var}[dw] = dt = \text{E}[dw^2]$입니다.

즉, dw^2의 평균 $E[dw^2]$은 다름 아닌 dt임을 알았습니다. 그럼 dw^2의 분산은 어떨까요? $dw = \sqrt{dt} \cdot z$를 이용하여 dw^2의 분산을 산출할 수 있습니다. 즉,

$$Var[dw^2] = Var\left[\left(\sqrt{dt} \cdot z\right)^2\right] = Var[dt \cdot z^2]$$

입니다. 즉, dw^2의 분산은 확률변수 z^2에 (상수) dt가 곱해진 것의 분산인데, 분산의 특성으로 인해 상수 dt는 Var[·] 밖으로 끄집어 낼 수 있습니다. 단, 제곱의 형태로. 즉

$$Var[dw^2] = Var[dt \cdot z^2] = dt^2 \cdot Var[z^2]$$

입니다. 이제 뭔가 보이나요? 네, $dt^2 = 0$입니다. 그러므로

$$Var[dw^2] = dt^2 \cdot Var[z^2] = 0 \cdot Var[z^2] = 0$$

입니다.

이제 dw^2의 평균$(= dt)$과 분산$(= 0)$에 대해 알게 되었습니다. 특히 dw^2의 분산 = 0임을 알았습니다. 그럼 이것의 의미는 뭘까요? 어떤 변수의 분산이 0이라 함은 그 변수가 (확률)변수가 아니라 "상수"임을 의미합니다. 즉, 그 변수 값은 일정한 확률분포를 가지지 않고 고정된 값을 갖는 "상수(a constant)"라는 것입니다. 그럼 어떤 상수일까요? 그 상수 값이, 그 고정된 값이 바로 $E[dw^2] = dt$인 것입니다. 즉,

> 어떤 확률변수 x의 평균이 7이고 그 분산이 0이라면
> x는 확률변수가 아니라 상수 7

인 것입니다. 마찬가지로

> dw^2의 평균이 dt이고 분산이 0이니 dw^2은 다름 아닌 (상수) dt

즉,

$$dw^2 = dt$$

입니다.

이를 비유로 표현하면, 어떤 학생이 초등학교, 중학교, 고등학교 시절 매 학년에서 자신 수학 성적의 평균이 85점이었다 합시다. 게다가 그 성적들의 분산이 0이었다면, 이 학생은 지난 12년간 어느 학년이었든, 중간고사 혹은 기말고사였든 상관 없이, 수학 시험을 보면 항상 85점을 받은 것입니다. 분산이 0이라는 뜻은 (평균인) 85점과 다른 점수는 한 번도 없었음을 말하기 때문입니다. 그러므로 이 시기 동안 이 학생의 수학 성적은 (확률)변수가 아니라 상수 85였다는 의미가 됩니다.

정리 7〉 dw^2의 실체

$$dw^2 = dt.$$

이제 다시 $y = f(w, t)$일 때 1차식으로 근사한 Taylor Series를 보겠습니다.

$$dy = f_w(w, t) \cdot dw + f_t(w, t) \cdot dt$$

위에서 설명했지만 이 식은 Taylor Series의 원래 형태가 아니고, $(dw)^n = 0$, $(dt)^n = 0$, $(dw)^{n-k} \times (dt)^k = 0$을 가정하고 도출된 식입니다. 가령 $(dw)^2 = 0$, $(dt)^2 = 0$, $dw \cdot dt = 0$을 전제한 결과입니다. 그런데 위 정리에서 알 수 있듯이 $(dw)^2 = 0$이 아니고 $(dw)^2 = dt$입니다. 그러므로 위 1차 도함수만으로 표현한 Taylor Series는 틀린 것입니다. (0이 아닌) dw^2 항을 다시 살려 포함되어야 하므로, 이는 곧 최소한 2차 도함수들을 포함해야 한다는 것입니다. 즉, 적어도 다음 형태가 되어야 합니다.(아직 3차 도함수 이상을 포함하지 않기에 '≈' 부호를 사용했습니다)

$$\begin{aligned} &dy \\ &\approx f_w(w,t) \cdot dw + f_t(w,t) \cdot dt \\ &\quad + \frac{f_{ww}(w,t) \cdot dw^2 + f_{tt}(w,t) \cdot dt^2 + 2f_{wt}(w,t) \cdot dw \cdot dt}{2!}. \end{aligned}$$

위 식에서 $dw^2 = dt$입니다. 그리고 $dt^2 = 0$입니다. 마지막으로 $dw \cdot dt$는 다음과 같습니다.

$$dw \cdot dt = \left(\sqrt{dt} \cdot z\right) \cdot dt = (dt)^{1.5} \cdot z.$$

그런데 $k > 1$이면 $dt^k < dt$입니다. 이는 dt뿐 아니라 1보다 작은 모든 양수 x에 대해 성립합니다. 즉,

$$x^k < x, \qquad \text{where } 0 < x < 1 \text{ and } 1 < k$$

이 성립합니다. 가령 $x = 0.9$이고 $k = 1.5$이면 $x^k = 0.9^{1.5} = 0.854 < 0.9 = x$입니다. dt 또한 $0 < dt < 1$이므로 $(dt)^{1.5} < dt$입니다. 즉, $(dt)^{1.5}$는 dt보다 작습니다. 그런데 dt보다 작은 양수는 존재하지 않으므로 결국 $(dt)^{1.5} = 0$이 됩니다. 즉, 다음이 성립합니다.

$$dw \cdot dt = \left(\sqrt{dt} \cdot z\right) \cdot dt = (dt)^{1.5} \cdot z = 0 \cdot z = 0.$$

정리 8〉 Taylor Series의 dw^2, dt^2 및 $dw \cdot dt$

$$dw^2 = dt, \qquad dt^2 = 0, \qquad dw \cdot dt = 0.$$

위 정리를 흔히 아래와 같은 표로 표시하기도 합니다. 즉, 세로축의 dt, dw와 가로축의 dt, dw 각각이 서로 곱한 네 개의 결과 각각이 0 혹은 dt임을 이 표는 보여주고 있습니다.

➢ 도표 6-2 dt와 dw의 곱셈

	dt	dw
dt	0	0
dw	0	dt

그러므로 $y = f(w,t)$일 때 2차식으로 근사한 Taylor Series는 다음과 같습니다.

$$\begin{aligned} &dy \\ &\approx f_w(w,t)\cdot dw + f_t(w,t)\cdot dt \\ &\quad + \frac{f_{ww}(w,t)\cdot dw^2 + f_{tt}(w,t)\cdot dt^2 + 2f_{wt}(w,t)\cdot dw\cdot dt}{2!} \\ &= f_w(w,t)\cdot dw + f_t(w,t)\cdot dt + \frac{f_{ww}(w,t)\cdot dw^2}{2!} \\ &= f_w(w,t)\cdot dw + f_t(w,t)\cdot dt + \frac{f_{ww}(w,t)\cdot dt}{2!} \\ &= f_w(w,t)\cdot dw + \left(f_t(w,t) + \frac{f_{ww}(w,t)}{2!}\right)\cdot dt \end{aligned}$$

이를 다시 dy에 관한 식으로 직접 연결하면 다음과 같습니다.

$$dy \approx \; f_w(w,t)\cdot dw + \left(f_t(w,t) + \frac{f_{ww}(w,t)}{2!}\right)\cdot dt$$

위의 근사식(≈)이 등식(=)이 되려면, f에 대한 w, t의 3차 도함수 이상의 모든 도함수를 포함해야 합니다. 그리고 이 고차도함수의 계수로는 $(dw)^3$, $(dt)^3$, $(dw)^2\cdot dt$, $dw\cdot(dt)^2$, 또 $(dw)^4$, $(dt)^4$, $(dw)^3\cdot dt$, $dw\cdot(dt)^3$, $(dw)^2\cdot(dt)^2$ …이 모두 포함될 것입니다. 그런데 천만다행하게도 이 모든 계수들의 값은 0이 됩니다. 가령

$$(dw)^3 = (dw)^2 \cdot dw = dt \cdot dw = dt \cdot \left(\sqrt{dt} \cdot z\right) = (dt)^{1.5} \cdot z = 0 \cdot z = 0,$$
$$(dt)^3 = 0$$
$$(dw)^2 \cdot dt = dt \cdot dt = (dt)^2 = 0$$
$$dw \cdot (dt)^2 = dw \cdot (0)^2 = 0$$

이 됩니다. 이렇게 이 모든 계수가 0이 되는 특성은 $(dw)^4$, $(dt)^4$, $(dw)^3 \cdot dt$, $dw \cdot (dt)^3$, $(dw)^2 \cdot (dt)^2$ …에도 그대로 적용됩니다.

그러므로 이제 $y = f(w,t)$일 때, 그리고 $\Delta w = dw, \Delta t = dt$일 때 Taylor Series는 궁극적으로 다음과 같습니다. 이제 근사식이 아니라 정확한 등식이 됩니다.

> **정리 9〉 표준 브라운 운동 w에 대한 Ito's Lemma:**
>
> $y = f(w,t)$이고 w는 표준 브라운 운동일 때 dy는 다음과 같다.
>
> $$dy = f_w(w,t) \cdot dw + \left(f_t(w,t) + \frac{f_{ww}(w,t)}{2!}\right) \cdot dt$$

위 식을 일본의 저명(해진) 수학자 이또가 정립했다 해서 "Ito's Lemma"라 하는 것입니다. 물론 보다 일반적인 "Ito's Lemma" 형태는 추후 더 공부할 것입니다.

그런데 만일 y가 단순한 브라운 운동 w가 아니라 보다 복잡한 브라운 운동이라면 어떻게 될까요? 복잡한 브라운 운동이란, 가령 바로 다음 절에서 자세히 배울, 이른바 "주가(S)의 확률과정"인 dS와 같은 변동인데, 이는 일반적으로 다음과 같이 표현합니다.

$$dS = \mu \cdot S \cdot dt + \sigma \cdot S \cdot dw.$$

이처럼 표준 브라운 운동 w만을 포함하지 않고. 시간과 관련된 dt가 더해지고 또 dt, dw 앞에 일정한 계수(coefficients)가 곱해지는 형태를 "일반(화된) 브라운 운동" 혹은 "기하 브라운 운동"이라 합니다. 영어로는 "generalized Brownian motion" 혹은 "geometric Brownian motion"이라 합니다. 위 식의 형태에서 알 수 있듯이, 통상 확률과정이라 하면 (시간 흐름을 나타내는) dt 항과 (표준 브라운 운동을 나타내는) dw

항이 모두 포함됩니다.

> **정의 5〉 기하 브라운 운동(Geometric Brownian motion)**
>
> $$dS = a \cdot dt + b \cdot dw.$$

참고로 위 식에서 a, b는 S의 함수가 될 수도 있고 다른 모수(parameter)가 포함할 수도 있습니다. 가령 바로 위에서 언급한 '주가의 확률과정'도 기하 브라운 운동을 따르는데 여기서 $a = \mu \cdot S$, $b = \sigma \cdot S$이므로 a, b 모두 S의 함수입니다.

이제 다시 주가의 확률과정 식을 보겠습니다.

$$dS = \mu \cdot S \cdot dt + \sigma \cdot S \cdot dw.$$

위 식에서 좌변 dS의 의미는 'S의 변화량'입니다. 시간 dt가 경과할 때의 주가 S의 변화량이란 뜻입니다. 우변에 보이는 μ와 σ는 이 주가(수익률) 변화량의 평균과 표준편차를 나타내는 모수(parameters)입니다. 재무금융에서 금융변수(financial variables)의 평균, 표준편차를 논할 때는 1년을 기준으로 하기에, μ와 σ는 '1년간 주가(수익률) 변화'의 평균과 표준편차를 나타냅니다. 이 수치는 보통, 과거 주가 자료를 활용하여, 알려진 상수로 주어집니다. 그리고 S는 '현재 주가'입니다. 한 예를 들면 다음과 같습니다.

$$dS = 0.15 \cdot S \cdot dt \ + \ 0.2 \cdot S \cdot dw.$$

브라운 운동 w가 포함된 위 식과 같은 형태의 식을 '일반(화된) 브라운 운동' 혹은 '기하 브라운 운동(geometric Brownian motion)'이라 합니다. 다음 절에서 자세히 공부하겠지만, 위 식에서 '$0.15 \times S \times dt$'은 주가의 평균 변화를, '$0.2 \times S \times dw$'은 주가 변화의 변동성을 나타냅니다. 즉, 시간이 dt만큼 흐를 때의 주가 변화의 평균과 변동성을 각각 나타냅니다. 왜냐하면, 일정 기간의 주가 변화를 추정하려면 그 평균과 변동성이 반영되어야 하기 때문입니다. 가령 주사위를 던져서 나오는 수의 평균은 3.5이고 표준편차(변동성)는 1.71입니다. 이 두 수치를 모두 알고 있어야, 주사위 던질 때 나오는 숫자의 (확률)분포를 대략 추정할 수 있습니다.

이제 위 주가 S와 시간 t의 함수 $f(S,t)$를 생각해 보겠습니다. 시간이 dt만큼 지날 때 이 함수는 어떻게 변할까요? 이 질문은 곧 다음 형태에서 a와 b가 어떤 형태인지 찾으라는 것입니다.

$$d[f(S,t)] = a \cdot dt + b \cdot dw.$$

그런데 여러분은 바로 위에서 Ito's Lemma를 배웠습니다. 즉, $y = f(w,t)$일 때 dy는 다음과 같습니다.

$$dy = f_w(w,t) \cdot dw + \left(f_t(w,t) + \frac{f_{ww}(w,t)}{2!}\right) \cdot dt$$

지금 우리의 식에서는 $y = f(S,t)$이고 S도 일종의 브라운 운동이므로 (즉, '일반화된 브라운 운동') 일단 위 Ito's Lemma를 바로 적용해 보겠습니다. 또 $dS = \mu \cdot S \cdot dt + \sigma \cdot S \cdot dw$를 가정하겠습니다.

$$dy = d[f(S,t)] = f_S(S,t) \cdot dS + \left(f_t(S,t) + \frac{f_{SS}(S,t)}{2!}\right) \cdot dt.$$

그런데 함수 $f(\cdot)$의 입력변수(arguments)가 (w 같은) 표준 브라운 운동이 아니고 (S 같은) 기하 브라운 운동일 때는 $d[f(S,t)]$의 우변의 형태가 조금 달라집니다. 이를 구체적으로 설명하겠습니다. 원래 아래 식은

$$dy = f_w(w,t) \cdot dw + \left(f_t(w,t) + \frac{f_{ww}(w,t)}{2!}\right) \cdot dt$$

Taylor Series에 근거한 것입니다. Taylor Series에 따르면 y의 변화 dy를 결정할 때 1차 편미분, 2차 편미분, 3차 편미분 등을 계속 이용해야 합니다. 그런데 변수 t에 관한 (y의) 2차 편미분에 곱해지는 계수 $(dt)^2 = 0$이고 또 그 n차 편미분에 (n > 2) 곱해지는 계수 $(dt)^n = 0$이기에 위 식에서는 모두 사라집니다. 한편 변수 w의 2차 편미분에 곱해지는 계수 $(dw)^2 = dt$이고 또 그 n차 편미분에 (n > 2) 곱해지는 계수 $(dw)^n = 0$이기에 위 식에서는 $(dw)^2 = dt$를 제외하곤 모두 사라진 것입니다.

하지만 $dy = d[f(S,t)]$일 때는, t의 2차 이상 편미분은 모두 사라지지만 S의 2차 편미분은 다른 형태가 됩니다. 즉, 더 이상 $(dS)^2 = dt$가 아닙니다. 왜냐하면 다음이

성립하기 때문입니다.

$$\begin{aligned}(dS)^2 &= (\mu \cdot S \cdot dt + \sigma \cdot S \cdot dw)^2 \\ &= (\mu \cdot S \cdot dt)^2 + (\sigma \cdot S \cdot dw)^2 + 2(\mu \cdot S \cdot dt)(\sigma \cdot S \cdot dw) \\ &= \mu^2 \cdot S^2 \cdot dt^2 + \sigma^2 \cdot S^2 \cdot (dw^2) + 2\mu \cdot \sigma \cdot S^2 \cdot (dt \cdot dw) \\ &= \mu^2 \cdot S^2 \cdot 0 + \sigma^2 \cdot S^2 \cdot dt + 2\mu \cdot \sigma \cdot S^2 \cdot 0 \\ &= \sigma^2 \cdot S^2 \cdot dt.\end{aligned}$$

즉 '$dS^2 = dt$'가 아니고 '$dS^2 = \sigma^2 \cdot S^2 \cdot dt$'인 것입니다. 한편 다행히도 $dS^3 = dS^4 = dS^5 = \cdots = 0$이 됩니다. 왜냐하면

$$\begin{aligned}dS^3 &= dS^2 \cdot dS \\ &= (\sigma^2 \cdot S^2 \cdot dt) \cdot (\mu \cdot S \cdot dt + \sigma \cdot S \cdot dw) \\ &= \sigma^2 \cdot \mu \cdot S^3 \cdot (dt^2) + \sigma^3 \cdot S^3 \cdot (dt \cdot dw) \\ &= \sigma^2 \cdot \mu \cdot S^3 \cdot 0 + \sigma^3 \cdot S^3 \cdot 0 \\ &= 0.\end{aligned}$$

$dS^3 = 0$이므로 $dS^4 = dS^3 \cdot dS = 0$이고, 한마디로 $dS^n = 0$이 됩니다$(n \geq 3)$. 결국 S가 기하 브라운 운동을 따르는 경우, 즉 $dS = \mu \cdot S \cdot dt + \sigma \cdot S \cdot dw$인 경우, 함수 $y = f(S, t)$의 확률과정은 $y = f(w, t)$의 확률과정을 다소 수정해야 합니다. 그 수정 방법을 알아보겠습니다.

아래 표준 브라운 운동 w에 Ito's Lemma가 적용된 식은 다음과 같은데

$$dy = f_w(w, t) \cdot dw + \left(f_t(w, t) + \frac{f_{ww}(w, t)}{2!}\right) \cdot dt$$

위 식에서는 w의 2차 편미분에 곱해진 $(dw)^2$이 다름 아닌 dt였습니다. 하지만 기하 브라운 운동 S에 Ito's Lemma가 적용될 때는

$$f_{SS}(S, t) \cdot (dS)^2 = f_{SS}(S, t) \cdot (\sigma^2 \cdot S^2 \cdot dt)$$

가 되는 것입니다.

그렇다면 일반적으로

$$dS = a \cdot dt + b \cdot dw$$

인 경우, $y = f(S,t)$의 확률과정 $d[f(S,t)]$는 어떤 형태가 될까요? 이를 위에서와 유사하게 풀어 보겠습니다. 여기서도 t에 관한 (y의) 2차 편미분, 3차 편미분, …에 곱해지는 계수들인 $(dt)^2$, $(dt)^3$, …은 모두 0입니다. 관건은 $(dS)^2$, $(dS)^3$, …이 어떻게 되는가입니다. 먼저 $(dS)^2$은 다음과 같습니다.

$$\begin{aligned}(dS)^2 &= (a \cdot dt + b \cdot dw)^2 \\ &= a^2 \cdot dt^2 + b^2 \cdot (dw^2) + 2ab \cdot (dt \cdot dw) \\ &= a^2 \cdot 0 + b^2 \cdot (dt) + 2ab \cdot (0) \\ &= b^2 \cdot dt.\end{aligned}$$

또한 $dS^3 = dS^4 = dS^5 = \cdots = 0$이 됩니다. 왜냐하면 다음이 성립하기 때문입니다.

$$\begin{aligned}dS^3 &= dS^2 \cdot dS \\ &= (b^2 \cdot dt) \cdot (a \cdot dt + b \cdot dw) \\ &= b^2 \cdot a \cdot (dt^2) + b^3 \cdot (dt \cdot dw) \\ &= b^2 \cdot a \cdot 0 + b^3 \cdot 0 \\ &= 0.\end{aligned}$$

$dS^3 = 0$이므로 $dS^4 = dS^3 \cdot dS = 0$이고, 일반적으로, 한마디로 $dS^n = 0$이 됩니다 $(n \geq 0)$. 결국 '기하 브라운 운동 S'를 입력변수(argument)로 하는 함수 $y = f(S,t)$에 대한 Ito's Lemma는 다음과 같습니다.

$$dy = f_S(S,t) \cdot dS + f_t(S,t) \cdot dt + \frac{f_{SS}(S,t) \cdot (dS)^2}{2!}.$$

위 식에서 $(dS)^2$의 구체적 형태는 dS의 주어진 형태 $dS = a \cdot dt + b \cdot dw$ 따라 달라질 것입니다. 가령 $a = 0,\ b = 1$인 형태라면 $dS = dw$이고 그렇지 않으면 일반적으로 $dS = a \cdot dt + b \cdot dw$의 형태입니다. 두 가지 형태 중 보다 일반적인 후자의 경우를 대상으로 Ito's Lemma를 적용하면 다음과 같습니다.

정리 10〉 기하 브라운 운동 S에 대한 Ito's Lemma:

$y = f(S,t)$이고 S는 기하 브라운 운동일 때 dy는 다음과 같다.

$$dy = f_S(S,t)\cdot dS + f_t(S,t)\cdot dt + \frac{f_{SS}(S,t)\cdot (dS)^2}{2!}.$$

이 정리를 dw와 dt의 함수로 표현하면 다음과 같습니다.

$$\begin{aligned}
dy &= f_S(S,t)\cdot dS + f_t(S,t)\cdot dt + \frac{f_{SS}(S,t)\cdot (dS)^2}{2!} \\
&= f_S(S,t)(a\cdot dt + b\cdot dw) + f_t(S,t)dt + \frac{f_{SS}(S,t)(a\cdot dt + b\cdot dw)^2}{2!} \\
&= f_S(S,t)(a\cdot dt + b\cdot dw) + f_t(w,t)dt \\
&\qquad + \frac{f_{SS}(S,t)(a^2\cdot dt^2 + b^2\cdot dw^2 + 2a\cdot b\cdot dt\cdot dw)}{2!} \\
&= f_S(S,t)(a\cdot dt + b\cdot dw) + f_t(S,t)dt + \frac{f_{SS}(S,t)(b^2\cdot dt)}{2!} \\
&= \left(f_S(S,t)\cdot a + f_t(S,t) + \frac{f_{SS}(S,t)\cdot b^2}{2!}\right)dt + f_S(S,t)\cdot b\cdot dw.
\end{aligned}$$

그러므로 다음 정리가 성립합니다.

정리 11〉 $\boldsymbol{dS = a\cdot dt + b\cdot dw}$에 대한 Ito's Lemma:

$y = f(S,t)$이고 $dS = a\cdot dt + b\cdot dw$일 때 dy는 다음과 같다.

$$dy = \left(f_S(S,t)\cdot a + f_t(S,t) + \frac{f_{SS}(S,t)\cdot b^2}{2!}\right)dt + f_S(S,t)\cdot b\cdot dw.$$

참고로, $y = f(S)$이고 $dS = a \cdot dt + b \cdot dw$일 때에도 Ito's Lemma가 성립합니다. 즉, y가 S만의 함수이고 t의 함수는 아닐 때에도 Ito's Lemma가 성립한다는 것입니다. 왜냐하면, Ito's Lemma의 적용에 있어서 중요한 사항은 브라운 운동을 따르는 S이기 때문입니다. 가령 $y = \ln(S_t) = f(S_t)$의 경우 y는 S만의 함수입니다.[15] 그럼에도 불구하고 dy의 확률과정을 결정할 때는 Ito's Lemma가 적용됩니다. 이제 우리가 주가 확률과정에서 자주 사용하는 $dS = \mu \cdot S \cdot dt + \sigma \cdot S \cdot dw$를 위 정리에 적용하면 다음과 같습니다.

$$\begin{aligned}
dy &= f_S(S,t) \cdot dS + f_t(S,t) \cdot dt + \frac{f_{SS}(S,t) \cdot (dS)^2}{2!} \\
&= f_S(S,t)(\mu S \cdot dt + \sigma S \cdot dw) + f_t(S,t)dt + \frac{f_{SS}(S,t)(\mu S \cdot dt + \sigma S \cdot dw)^2}{2!} \\
&= f_S(S,t)(\mu S \cdot dt + \sigma S \cdot dw) + f_t(S,t)dt \\
&\qquad + \frac{f_{SS}(S,t)(\mu^2 S^2 \cdot dt^2 + \sigma^2 S^2 \cdot dw^2 + 2\mu\sigma S^2 \cdot dt \cdot dw)}{2!} \\
&= f_S(S,t)(\mu S \cdot dt + \sigma S \cdot dw) + f_t(S,t)dt + \frac{f_{SS}(S,t)(\sigma^2 S^2 \cdot dt)}{2!} \\
&= \left(f_S(S,t) \cdot \mu \cdot S + f_t(S,t) + \frac{f_{SS}(S,t)(\sigma \cdot S)^2}{2!} \right) dt + f_S(S,t) \cdot \sigma \cdot S \cdot dw.
\end{aligned}$$

그러므로 다음 정리가 성립합니다.

> **정리 12〉 $dS = \mu \cdot S \cdot dt + \sigma \cdot S \cdot dw$에 대한 Ito's Lemma:**
>
> $y = f(S,t)$이고 $dS = \mu \cdot S \cdot dt + \sigma \cdot S \cdot dw$일 때 dy는 다음과 같다.
>
> $$dy = \left(f_S(S,t) \cdot \mu \cdot S + f_t(S,t) + \frac{f_{SS}(S,t)(\sigma \cdot S)^2}{2!} \right) dt + f_S(S,t) \cdot \sigma \cdot S \cdot dw.$$

---

[15] $\ln(S_t)$의 입력변수가 S_t인데 S_t의 하첨자에 t가 있다고 해서 $ln(S_t)$가 S와 t의 함수인 것은 아닙니다. S_t가 시점 t에 따라 변하는 내용은 S의 확률과정 $dS_t = a \cdot dt + b \cdot dw$에 의해 별도로, 완전하게 반영됩니다.

Ito's Lemma에 관한 간단한 예제를 풀어보면 다음과 같습니다.

예제 6-1〉

$dS_t = \mu \cdot S_t \cdot dt + \sigma \cdot S_t \cdot dw$이고 $y = f(S_t) = \ln(S_t)$일 때 dy를 구해 보세요.

이 문제에서 S_t는 S와 같은 의미입니다. 즉, $S_t = S$. 또한 $\ln(S_t)$를 S_t로 미분한 결과는 다음과 같습니다.

$$f_S(S_t) = (S_t)^{-1} = \frac{1}{S_t},$$

$$f_{SS}(S_t) = (-1) \cdot (S_t)^{-2} = -\frac{1}{(S_t)^2}.$$

그러므로 다음이 성립합니다.

$$dy = f_S(S,t) \cdot dS + f_t(S,t) \cdot dt + \frac{f_{SS}(S,t) \cdot (dS)^2}{2!}$$

$$= \frac{1}{S_t} \cdot (\mu \cdot S_t \cdot dt + \sigma \cdot S_t \cdot dw) + 0 \cdot dt + \frac{\left(-\frac{1}{(S_t)^2}\right)(\mu \cdot S_t \cdot dt + \sigma \cdot S_t \cdot dw)^2}{2!}$$

$$= \mu \cdot dt + \sigma \cdot dw - \frac{\frac{1}{(S_t)^2}(\mu^2 \cdot S_t^2 \cdot dt^2 + \sigma^2 \cdot S_t^2 \cdot dw^2 + 2\mu \cdot \sigma \cdot S_t^2 \cdot dt \cdot dw)}{2!}$$

$$= \mu \cdot dt + \sigma \cdot dw - \frac{\frac{1}{(S_t)^2}(0 + \sigma^2 \cdot S_t^2 \cdot dt + 0)}{2!}$$

$$= \mu \cdot dt + \sigma \cdot dw - \frac{\sigma^2 \cdot dt}{2!}$$

$$= \left(\mu - \frac{\sigma^2}{2}\right) dt + \sigma \cdot dw.$$

즉, $dS_t = \mu \cdot S_t \cdot dt + \sigma \cdot S_t \cdot dw$, $y = \ln(S_t)$일 때 Ito's Lemma에 따르면

$$d[\ln(S_t)] = \left(\mu - \frac{\sigma^2}{2}\right)dt + \sigma \cdot dw$$

입니다. 로그함수 및 로그 주가는 재무금융에서 자주 사용되니 이 결론은 외어 두면 좋습니다. ▣

또한 위험중립 세계에서는 (μ를 포함하여) 모든 자산의 기대수익률은 무위험 이자율 r이 되니, 즉 $\mu = r$로 치환되니

$$d[\ln(S_t)]^Q = \left(r - \frac{\sigma^2}{2}\right)dt + \sigma \cdot dw$$

가 대신 사용되기도 합니다. $d[\ln(S_t)]^Q$에서 Q의 의미는, 실세계의 확률측도가 아닌 위험중립 세계의 확률측도라는 뜻입니다. 실세계의 확률측도는 종종 $P - Measure$, 위험중립 세계의 확률측도는 $Q - Measure$라고 불립니다.

유사한 예제를 하나 더 풀어 봅시다.

예제 6-2〉

$f(t,\ S_t) = S_t \cdot e^{-r \cdot t},\ dS_t = \mu \cdot S_t \cdot dt + \sigma \cdot S_t \cdot dw_t$일 때 $d[f(t,\ S_t)] = ?$

먼저 각 편미분을 구해 봅시다. $\frac{d[e^{f(t)}]}{dt} = e^{f(t)} \cdot \frac{d[f(t)]}{dt}$를 기억하면,

$$\frac{\partial f}{\partial S} = e^{-r \cdot t},$$

$$\frac{\partial f}{\partial t} = (S_t \cdot e^{-r \cdot t})(-r),$$

$$\frac{\partial^2 f}{\partial S^2} = 0,$$

입니다. Ito's Lemma를 여러 방식으로 적용할 수 있는데, 일단 원초적 방식으로 적용해 보겠습니다.

$$
\begin{aligned}
df &= \frac{\partial f}{\partial S} \cdot dS \;+\; \frac{\partial f}{\partial t} \cdot dt \;+\; \frac{\frac{\partial^2 f}{\partial S^2} \cdot (dS)^2 + \frac{\partial^2 f}{\partial t^2} \cdot (dt)^2 + 2 \cdot \frac{\partial^2 f}{\partial S \cdot \partial t} \cdot dS \cdot dt}{2} \\
&= \frac{\partial f}{\partial S} \cdot dS \;+\; \frac{\partial f}{\partial t} \cdot dt \;+\; \frac{0 \cdot (dS)^2 + \frac{\partial^2 f}{\partial t^2} \cdot 0 + 2 \cdot \frac{\partial^2 f}{\partial S \cdot \partial t} \cdot 0}{2} \\
&= \frac{\partial f}{\partial S} \cdot dS \;+\; \frac{\partial f}{\partial t} \cdot dt \\
&= e^{-r \cdot t} \cdot (\mu \cdot S_t \cdot dt + \sigma \cdot S_t \cdot dw_t) \;+\; (S_t \cdot e^{-r \cdot t})(-r) \cdot dt \\
&= (\mu - r) S_t \cdot e^{-r \cdot t} \cdot dt \;+\; \sigma \cdot S_t \cdot e^{-r \cdot t} \cdot dw_t
\end{aligned}
$$

가 됩니다.

또한 Ito's Lemma 공식을 그대로 이용하면

$$
\begin{aligned}
dy &= \left(f_S(S,t) \cdot \mu \cdot S_t + f_t(S,t) + \frac{f_{SS}(S,t)(\sigma \cdot S_t)^2}{2!} \right) dt \;+\; f_S(S,t) \cdot \sigma \cdot S_t \cdot dw_t \\
&= \left(e^{-r \cdot t} \cdot \mu \cdot S_t + (S_t \cdot e^{-r \cdot t})(-r) + \frac{0 \cdot (\sigma \cdot S_t)^2}{2!} \right) dt \;+\; e^{-r \cdot t} \cdot \sigma \cdot S_t \cdot dw_t \\
&= (e^{-r \cdot t} \cdot \mu \cdot S_t - (S_t \cdot e^{-r \cdot t}) r) dt \;+\; e^{-r \cdot t} \cdot \sigma \cdot S_t \cdot dw_t \\
&= (\mu - r) S_t \cdot e^{-r \cdot t} \cdot dt \;+\; \sigma \cdot S_t \cdot e^{-r \cdot t} \cdot dw_t
\end{aligned}
$$

가 되어, 위 결과와 일치합니다. ■

위 두 예제는 공교롭게도 $\frac{\partial^2 f}{\partial S^2} = 0$이 되는 경우였습니다. 하지만 $\frac{\partial^2 f}{\partial S^2} \neq 0$인 경우에는

$$\frac{\partial^2 f}{\partial S^2} \cdot (dS)^2$$

항이 사라지지 않으므로

$$(dS)^2 = \sigma^2 \cdot S_t^2 \cdot dt$$

를 사용하여 $\frac{\partial^2 f}{\partial S^2} \cdot (dS)^2$ 항을 완성하면 됩니다.

이제 마지막으로, $(dw)^n$에 관한 앞에서의 부분적인 설명을 하나의 정리로 완결함으로써 브라운 운동과 Ito's Lemma에 관한 본장을 마치도록 하겠습니다. 앞에서 저자는

> "브라운 운동의 제곱인 dw^2을 공부하면 결과적으로 $(dw)^3, (dw)^4, \cdots, (dw)^n$도 모두 공부하는 효과를 얻을 수 있습니다"

라고 말한 적 있습니다. $dw = dt^{0.5} \times z$, 그리고 $dw^2 = dt$ 를 활용하면 실제로 $(dw)^3$, $(dw)^4, \cdots, (dw)^n$를 쉽게 구할 수 있습니다. 즉,

$$dw^3 = dw^2 \times dw = dt \times (dt^{0.5} \cdot z) = dt^{1.5} \cdot z = 0 \cdot z = 0$$

이 되므로

$$dw^4 = dw^3 \cdot dw = 0$$

입니다. 더 정확하게는 다음이 성립합니다.

$k = 2 + a$이면$(a > 0)$

$$\begin{aligned}(dw)^k &= (dw)^{2+a} \\ &= dw^2 \times dw^a \\ &= dt \cdot (dt^{0.5} \cdot z)^a \\ &= dt \cdot dt^{0.5 \times a} \cdot z^a \\ &= dt^{1+0.5 \times a} \cdot z^a \\ &= 0 \cdot z^a \\ &= 0.\end{aligned}$$

그러므로 우리는 다음 정리를 얻습니다.

정리 13〉 $(dw)^k$의 정체

$k = 2 + a$이면$(a > 0)$, $(dw)^k = 0$이다.

Chapter 7

로그 주가 확률과정과 배리어 옵션 평가

본장에서는 제5장, 제6장에서 배운 개념 및 정리들을 토대로, 주가 및 로그 주가의 확률과정을 배웁니다. 그리고 이 개념들이 옵션 가치평가에 실제로 도움이 됨을 보이기 위해 배리어 옵션(barrier options) 가치평가도 공부합니다.

제 1 절 주가의 확률과정

우리는 제5장에서 "주가의 추세적 변화"에 대해 공부했습니다. 또 제6장에서 브라운 운동과 이토스 렘마 등을 추가적으로 공부했습니다. 그런데 브라운 운동과 이토스 렘마를 추가적으로 공부한 이유는 단 하나입니다. 주가의 추세적 변화가 아닌, 주가가 아무 방향성 없이 끊임없이 움직이는 속성, 즉 주가의 변동성을 향후 제대로 공부하기 위해서였습니다. 나아가, 주가를 기초 자산으로 하는 옵션(가격) 등의 가치평가를 제대로 공부하기 위해서이기도 합니다. 주가 변동성을 잘 이해하기 위해서는 주가의 추세적 변화와 변동성의 차이를 구별해야 하고, 또 이것들이 수식으로는 어떻게 표현되는지를 잘 이해할 필요가 있습니다.

일단 주가의 추세적(평균적) 변화에 관한 정리를 소환해 보겠습니다.

$$dS_t = \mu \times S_t \times dt$$

위 식에서 양변을 S_t로 나누면 다음이 성립합니다.

$$\frac{dS_t}{S_t} = \mu \times dt.$$

위 두 식은 동치(equivalent)입니다. 동일한 식을 약간 다르게 표현한 것입니다. 첫 번째 식은 주가의 변화이고 두 번째 식은 (주가)수익률의 변화입니다. 순간적으로 시간 dt가 지날 때의 변화 말입니다. 그리고 어떤 식을 사용하든 이 두 식에 따르면, 시간 dt가 흐를 때 주가 혹은 수익률의 변화는 이미 알려진 수치입니다. 가령 첫 번째 식을 보면,

좌변 dS_t란 시점 t에서 시간이 dt만큼 지날 때 주가 S_t의 변화를 말하는데

그 변화량은 우변에 나와 있듯이 $\mu \times dt \times S_t$ 입니다. 그런데 시점 t에서 μ도, dt도, 그리고 주가 S_t도 (통상) 모두 알려진 수치이기 때문에, 우변의 값은 확정되어 있습니다. 우변이 확정된 이유는, 위 식은 주가의 평균적 변화, 즉 주가 변화의 "평균"만 나타낸 식이기 때문입니다. 유사한 예로, 주사위를 던지면 어떤 값이 나올지는 확실히 알 수 없지만, 그 수치들의 "평균"은 3.5임을 이미 우리가 알 수 있듯이 말입니다. 이제 우리는 주가의 평균적 변화를 나타낸 위 식에다, 주가의 변동성을 반영해야 합니다. 그래야 미래 주가를 제대로 표현할 수 있습니다. 그럼 어떻게 반영하는 게 좋을까요?

결론부터 말하면, 주가의 변동성도 주가의 추세적 변화와 유사한 방식으로 모형에 반영하면 됩니다. 이제 이에 관해 자세히 알아봅시다. 어떤 확률변수의 값을 예측하기 위해 통상적으로 어떤 방법을 사용하는지 기억해 보겠습니다. 가령 앞뒷면에 각각 1, (−1)이 인쇄된 동전을 1회 던질 때 그 결과를 확률변수 x라 하겠습니다. 그러면 x의 평균은 0이고 표준편차는 1이 됩니다. 표준편차가 1이 되는지 어떻게 그렇게 쉽게 알 수 있냐구요? 표준편차를 계산하라고 하면, 아마 여러분들은 표준편차의 공식부터 떠올리면서 계산을 할 것입니다. 실제로 계산을 한다면

$$\sqrt{\frac{1}{2}(1-\mu)^2 + \frac{1}{2}(-1-\mu)^2} = \sqrt{\frac{1}{2}(1-0)^2 + \frac{1}{2}(-1-0)^2}$$

$$= \sqrt{\frac{1}{2} \times 1^2 + \frac{1}{2}(-1)^2} = \sqrt{1^2} = 1$$

이 됩니다. 그런데 표준편차란 대략적으로 해석하면,

> 확률변수의 각 값이 평균(mean, μ)으로부터 "평균적으로(on average)" 얼마만큼 떨어져 있는가

에 대한 척도라 할 수 있습니다.[1] 위 동전 값의 경우 확률변수의 값 1과 (−1)이 평균 0으로부터 각각 1만큼 떨어져 있으니(절대값으로), 이 떨어진 정도의 평균 또한 1이 될 수밖에 없습니다. 그러면 '동전 던질 때의 결과'라는 확률변수 x의 값은 어떻게 표시할 수 있을까요? 네, 평균(μ) 0과 표준편차(σ) 1을 사용해서 표시할 수 있습니다. 동전 던져서 1이 나오는 경우는 $\mu+\sigma$, (−1)이 나오는 경우는 $\mu-\sigma$로 표시하면 됩니다. 만일 이 동전의 앞뒷면에 1, (−1)이 아니라 3, (−3)이 인쇄되어 있다면 $\mu=0$, $\sigma=3$이기에, 이때에도 동전 결과를 $\mu+\sigma$, $\mu-\sigma$로 표시하면 됩니다.

물론 이 이항분포의 경우는 대단히 단순한 경우라서 분석이 쉽습니다만, 보다 복잡한 확률변수의 경우에도 이 근본적 속성은 변하지 않습니다. 가령 동전이 아니라 999개의 면으로 이루어진 "정999면체"를 생각해 보겠습니다. 그리고 각 면에는 각 숫자가 적혀 있는데, 그 확률분포가 $N(\mu,\sigma^2)$인 정규분포와 매우 유사하다고 가정해 보겠습니다. 편의상 $\mu=5$, $\sigma=2$라 가정하면, 999개의 면에 숫자 5가 가장 많이 적혀 있고, 5보다 일정한 차이로 크거나 작은 숫자들의 (가령 5.5 혹은 4.5) 개수가 대칭을 이루고 있고, 또 5에서 멀리 떨어진(5보다 크든지 작든지) 숫자일수록 이들은 더 적게 이 "정999면체"에 적혀 있습니다. 이런 경우에는, 이 정999면체를 던져서 나온 모든 결과를 $\mu\pm\sigma=5\pm2$라고 할 수는 없습니다. 여전히 "평균 + 변동성"의 형태로 나타낼 수는 있지만, 정규분포의 변동성은 이항분포의 변동성과는 달리 단순히 $\pm\sigma=\pm2$로 표시할 수는 없기 때문입니다. 왜냐하면 $\sigma=2$인 상수이기에, 실제 정999면체 던져서 나온

---

1 표준편차란 분산의 제곱근인데 분산이란, 확률변수의 각 값이 평균(mean)으로부터 얼마만큼 떨어져 있는가의 제곱들의 평균입니다. 그러므로 표준편차를 한마디로 해석하기에는 어려움이 있는데, 이항분포의 경우에는 위처럼 해석해도 무방합니다. 확률변수의 각 값의 확률이 0.5인 이항분포의 경우에만 그러합니다.

다양한 숫자들을 (가령 5.4나 4.6) 다 반영할 수 없기 때문입니다. 그러므로 정규분포의 변동성을 구체적으로 표현하려면, 변동성 "정도"를 나타내는 $\sigma = 2$ 라는 모수(parameter)를 또 다른 어떤 "변수"에 곱해줘야 합니다. 이 변수는, 999면에 적힌 다양한 숫자들을 반영하는 확률변수여야 하는 것입니다. 가령 σ에 표준정규확률변수인 z를 곱해서 $\sigma \cdot z$로 나타낼 수도 있습니다.

실제로, 확률변수 x가 $N(\mu, \sigma^2)$를 따를 때 x와 표준정규확률변수 z의 관계는, 여러분도 알고 있지만, 다음과 같습니다.

$$z = \frac{x - \mu}{\sigma} \sim N(0,1).$$

이를 x로 다시 표시하면

$$x = \mu + \sigma \cdot z$$

입니다. 그러므로 연속 확률분포인 정규분포를 따르는 확률변수 x는 위와 같이

"평균 + 표준편차 × (표준화된)확률변수(z)"

로 표시될 수 있습니다. 참고로, 여기서 z를 '표준화된 확률변수'라 명명하는 이유는, x는 그 평균(μ)과 표준편차(σ) 크기에 따라 얼마든지 큰 (작은) 수치가 될 수 있지만, z는 x를 그 변동성 수준인 σ로 나누어서 "normalize"했기에[2] 원래 x 값들의 절대적 크기와 관계없이 일정 범위의 값만을 가지기 때문입니다. 실제로 z 값의 주된 범위는 $-2 \le z \le 2$이고, 더 정확히 말하면 z는 $N(0,1)$을 따릅니다.[3]

---

2 더 정확히는, z는 '$x - \mu$'를 그 변동성 수준인 σ로 나눈 것입니다. 여기서 이처럼 μ를 사용하면, x 값들의 분포가 μ만큼 수평이동한 효과가 나타나는데, x의 (절대적) 변동성에는 영향이 없습니다. 가령 매달 급여가 500만원 혹은 600만원을 각각 한 번씩 받는 경우나, 700만원 혹은 800만원을 각각 한 번씩 받는 경우, 급여 액수의 (절대) 변동성이 차이가 없는 것과 마찬가지 원리입니다.

3 비유하자면, 우리가 채권 가격의 변동성을 말할 때 사용하는 "dollar duration" 개념과 "modified duration" 개념의 차이와 같습니다. "dollar duration"은 채권 가격의 절대적 변동성을, "modified duration"은 채권 가격의 상대적 변동성을 말하기에, 전자의 채권 가격 변동성은 얼마든지 다른 값을 가질 수 있지만 후자의 채권 가격 변동성은 제한된 범위 내에서만 변화할 수 있습니다. 여기서 후자에 해당하는 변수가 z이고 전자에 해당하는 변수가 x입니다. "dollar duration" 개념과 "modified duration" 개념에 대해서는 채권 교재를 참고할 수 있습니다.

참고 1〉 이항분포의 경우

앞뒷면에 1, −1이 적힌 동전을 던지는 이항분포의 경우, 이 확률변수의 평균=0, 표준편차=1이었으므로 다음과 같이 표시될 수 있었습니다.

평균 + 표준편차 × 확률변수=0 + 1 × 확률변수.

게다가 이 확률변수는 1, −1의 두 값만 가졌기에

"0 + 1 × 1" 혹은 "0 + 1 × (−1)"

로 표시될 수 있었고 이는 곧

$$\mu + \sigma \cdot (1 \text{ or} - 1) = \mu \pm \sigma = 0 \pm 1$$

로 간단히 표시 가능했었던 것입니다. ▣

이제 확률변수 x가 다름 아닌 (기간 dt 동안의) "(주가) 수익률"이라면 어떨까요? 우리는 이미 (기간 dt 동안의) "(주가) 수익률"을 모형화한 적이 있습니다. 바로 다음 식인 것입니다.

$$\frac{dS_t}{S_t} = \mu \times dt.$$

S_t가 '시점 t의 주식 S의 가격'을 나타내는 확률변수라면, 이 주가의 (기간 dt 동안의) 수익률은 위 식과 같습니다. 단 위 식은 수익률의 평균만 반영한 것입니다. 통상 어떤 변수의 평균은 미리 알 수 있는데, 주사위 던질 때 평균이 3.5인 것처럼, 위 식의 우변도 μ 및 dt가 알려진 값이기에 모두 알 수 있습니다. 이제 우리가 궁금해하는 이 수익률의 변동성 혹은 표준편차는 어떻게 반영할 수 있을까요?

재무금융에서 주가 수익률이 변하는 양상을 브라운 운동을 이용하여 모형화하는 이유는 이미 설명한 바 있습니다. 즉, 랜덤하게 움직이는 주가 수익률의 변동성이 브라운 운동을 닮았다고 가정하는 것입니다. 그러면 이 변동성만을 감안한다면 다음과 같이 수익률을 모형화해야 할 것입니다.

$$\frac{dS_t}{S_t} = dw.$$

그런데 이렇게만 하면 이 수익률의 평균과 분산은 다음과 같습니다.

$$E\left[\frac{dS_t}{S_t}\right] = E[dw] = 0.$$
$$Var\left[\frac{dS_t}{S_t}\right] = Var[dw] = dt.$$

기간 dt 동안의 어느 주가의 수익률의 분산이 (그 기간에 비례하여) dt가 된다는 것은 어느 정도 수용할 수 있습니다만, 그 기간 동안 수익률의 평균이 0이 된다는 것은 다소 비현실적입니다. 왜냐하면 dt 기간 동안 수익률 평균이 0이 되면, 1분 동안의 수익률 평균도 0이고, 1시간 동안의 수익률 평균도 0, 1일 수익률 평균도 0이며, 1년 수익률 평균도 0임을 암시하기 때문입니다. 왜냐하면 1년은 매우 작은 기간들의 합이라 할 수 있는데, 가령 $dt=1$초라 하면 "1년=365×24×60×60초"이고, 1초 동안의 주식 S의 투자 수익률 평균이 항상 0이라면 1분이 경과해도, 1시간이 경과해도, 1일 혹은 1년이 경과해도 그 수익률 평균은 0이 되기 때문입니다. 이처럼 위험 자산인 주식에 (1년간) 투자할 때 (예상되는) 평균 수익률이 0이라면 아무도 투자하지 않을 것입니다. 물론 '사후적으로' 평균 수익률이 0이 되거나 음수가 되는 것은 납득할 수도 있지만, "사전적으로는" 그렇지 않습니다. 사전적으로 그렇게 예상된다면 애초에 누구도 주식 투자를 하지 않을 것입니다. 항상 양의 평균 수익률을 얻을 수 있는 채권이나 정기예금에 투자할 것입니다. 채권이나 정기예금보다 훨씬 더 위험한 주식 투자에 있어 그 평균 수익률마저 0으로 예상되면 말입니다. 또한 주가 모형은 "사전적으로" 정립하는 것이기에, 주식 투자의 사전적 평균이 0보다 큼을 반영해야 합니다. 그것이 바로 앞에서 우리가 다루었던 다음 식입니다.

$$\frac{dS_t}{S_t} = \mu \times dt.$$

이 식의 의미는, 이 주식에 투자하면, 1년 평균 수익률이 μ이고, 따라서 dt 기간 동안의 평균 수익률은 $\mu \times dt$라는 것입니다. 그렇다면 이러한 수익률 평균과 분산을 모두 반영하면 다음의 식이 될 것입니다.

$$\frac{dS_t}{S_t} = \mu \times dt + dw.$$

$dw = \sqrt{dt} \cdot \mathrm{z}$이므로, 위처럼 주가 수익률 변화를 모형화하면 결국 다음 의미가 됩니다.

$$\begin{aligned} \frac{dS_t}{S_t} &= \mu \times dt + dw \\ &= \mu \times dt + \sqrt{dt} \cdot \mathrm{z}. \end{aligned}$$

이 형태가 바로, 위 이항 모형에서 언급했던

평균 + 표준편차 × 확률변수

형태가 되는 것입니다. 실제로 dt 기간의 주가 수익률 $\frac{dS_t}{S_t}$의 분산은 dt로 통상 가정하므로 그 표준편차는 $\sqrt{dt}$가 됩니다. 이를 다시 확인한다면, 이렇게 모형화된 수익률의 평균과 분산은 다음과 같이 각각 $\mu \times dt$와 dt가 됩니다.

$$\begin{aligned} E\left[\frac{dS_t}{S_t}\right] &= E[\mu \times dt + dw] \\ &= E[\mu \times dt] + E[dw] \\ &= \mu \times dt + 0 \\ &= \mu \times dt, \\ Var\left[\frac{dS_t}{S_t}\right] &= Var[\mu \times dt + dw] \\ &= Var[\mu \times dt] + Var[dw] + 2 \cdot Cov[\mu \times dt, dw] \\ &= 0 + dt + 2 \cdot 0 \\ &= dt. \end{aligned}$$

그럼 이런 설정이 현실적일까요? 일단 (수익률) 평균에 대한 내용은 타당해 보입니다. 1년 평균 수익률을 μ라고 할 때 기간 dt 동안의 평균 수익률은 $\mu \times dt$이 되기 때문입니다. 그리고 주식에 따라 μ를 서로 다른 값들로 설정할 수 있기 때문입니다. 가령 미국의 Apple이나 Microsoft 같은 주식들은, 과거 수십 년 자료를 보면, 평균 수익률이 타 주식에 비해 유의하게 높았으므로 이들 주식에 대해서는 μ_{Apple}, $\mu_{Microsoft}$

를 높은 값으로 설정하면 됩니다.[4] 반면 기간 dt 동안 이 주식 수익률의 분산은 dt가 된다는 것이 그럴듯한가요? 물론 이 주식 수익률이 100% 브라운 운동과 동일하게 움직인다면 이런 결과는 정확히 맞습니다. 그런데 이렇게 수익률 변동성을 모형화하면 모든 주식 수익률 변동성이 dt와 같게 됩니다. 즉, 여러 주식이 상이한 변동성을 갖는 사실을 전혀 반영할 수 없습니다. 가령 "high risk, high return"이라는 말도 있듯이 위험이 높은 주식에 대해서는 투자자들이 높은 수익률을 요구하는데, 여기서 high risk의 risk는 주식의 변동성을 뜻합니다. 즉, 위 표현은 시장에는 high risk 주식도 있고 low risk 주식도 있음을 뜻합니다. 그러므로 모든 주식 수익률 변동성이 동일하게, 즉 dt의 값으로, 설정하는 것은 비현실적입니다. 마찬가지로 시장에는 high return 주식도 있고 low return 주식도 있음을 뜻합니다. 그런데 이런 높고 낮은 return에 대해서는 기간 dt 동안의 평균 수익률 $\mu \times dt$에서 μ 값을 높거나 낮게 설정하면 반영됩니다. 그렇다면 각 주식의 상이한 수익률 변동성(분산)을 반영하기 위해서도, 마치 $\mu \times dt$에서의 μ처럼, 변동성 크기를 나타내는 모수(parameter)를 곱해줘야 합니다. 만일 특정 주식의 변동성 크기를 σ로 표현한다면 이를 dw 앞에 곱해주면 될 것입니다. 재무금융 학자들은 이런 이유로 dt 기간의 주식 수익률을 일반적으로 다음과 같이 모형화합니다.

$$\frac{dS_t}{S_t} = \mu \times dt + \sigma \times dw.$$

이렇게 모형화된 수익률의 평균과 분산을 알아볼까요? 물론 시간이 dt만큼 지날 때의 수익률의 평균과 분산입니다. 그 평균은

$$\begin{aligned} E\left[\frac{dS_t}{S_t}\right] &= E[\mu \cdot dt + \sigma \cdot dw] \\ &= E[\mu \cdot dt] + E[\sigma \cdot dw] \\ &= \mu \times dt + \sigma \cdot E[dw] \\ &= \mu \times dt + \sigma \cdot 0 \\ &= \mu \times dt \end{aligned}$$

---

[4] 반면 우리나라의 KOSPI 200 지수의 과거 수십 년간 수익률을 보면 상대적으로 매우 낮았으므로 대부분의 주식들의 주가 수익률 평균 $\mu_{K1}, \mu_{k2}, \mu_{k3}, \cdots$을 낮게 설정해야…

이고, 그 변동성(= 분산)은

$$
\begin{aligned}
Var\left[\frac{dS_t}{S_t}\right] &= Var[\mu \cdot dt + \sigma \cdot dw] \\
&= Var[\mu \cdot dt] + Var[\sigma \cdot dw] + 2 \cdot Cov[\mu \cdot dt, \sigma \cdot dw] \\
&= 0 + \sigma^2 \cdot Var[dw] + 2 \cdot \mu \cdot \sigma \cdot Cov[dt, dw] \\
&= 0 + \sigma^2 \cdot dt + 2 \cdot \mu \cdot \sigma \cdot 0 \\
&= \sigma^2 \cdot dt
\end{aligned}
$$

가 됩니다. 그러므로 이제는 각 주식의 상이한 변동성을 σ 값을 서로 다르게 설정함으로써 위 모형에 반영할 수 있습니다. 가령 "high risk, high return"의 상식이 대부분 주식에 (사전적으로) 적용될 수 있다면, "high σ, high μ"를 매치(match)시킴으로써 주식 수익률을 모형화할 수 있습니다.

한편 우리가 이렇게 구한 위 방정식

$$\frac{dS_t}{S_t} = \mu \times dt + \sigma \times dw$$

의 양변에 S_t를 곱하면 다음 형태가 됩니다. 위 방정식이나 아래 방정식이나 서로 동일한(equivalent) 내용입니다.

$$dS_t = \mu \cdot S_t \cdot dt + \sigma \cdot S_t \cdot dw_t.$$

이러한 형태의 방정식을 "stochastic differential equation(SDE)"이라 하고, 이를 주가에 적용한 경우 이를 "stochastic process of S_t" 혹은 "주가의 확률과정"이라 합니다.

> **정리 1〉 주가의 확률 과정(stochastic process)**
>
> $$dS_t = \mu \cdot S_t \cdot dt + \sigma \cdot S_t \cdot dw_t.$$

위의 SDE를 간략하게, 아래 첨자 t를 생략해서 다음과 같이 쓰기도 합니다.

$$dS = \mu \cdot S \cdot dt + \sigma \cdot S \cdot dw.$$

위 SDE는 시간이 dt만큼 변할 때 주가 S_t의 순간적인 변화, 찰나적 변화를 나타냅니다. 그러면 이 순간적 변화의 (확률)분포는 어떻게 될까요? 이 확률변수에 평균 및 분산 연산자(operator)를 덮어 씌우면 알 수 있습니다. 먼저 그 평균은

$$\begin{aligned} E[dS_t] &= E[\mu \cdot S_t \cdot dt + \sigma \cdot S_t \cdot dw_t] \\ &= E[\mu \cdot S_t \cdot dt] + E[\sigma \cdot S_t \cdot dw_t] \\ &= \mu \cdot S_t \cdot dt + \sigma \cdot S_t \cdot E[dw_t] \\ &= \mu \cdot S_t \cdot dt + \sigma \cdot S_t \cdot 0 \\ &= \mu \cdot S_t \cdot dt \end{aligned}$$

이고 그 분산은 다음과 같습니다.

$$\begin{aligned} Var[dS_t] &= Var[\mu \cdot S_t \cdot dt + \sigma \cdot S_t \cdot dw_t] \\ &= Var[\sigma \cdot S_t \cdot dw_t] \\ &= \sigma^2 \cdot (S_t)^2 \cdot Var[dw_t] \\ &= \sigma^2 \cdot (S_t)^2 \cdot dt. \end{aligned}$$

위 식에서 $Var[\mu \cdot S_t \cdot dt + \sigma \cdot S_t \cdot dw_t] = Var[\sigma \cdot S_t \cdot dw_t]$인 이유는 μ, S_t, dt 모두가 알려진 상수이기 때문입니다. 또한 $dw_t \sim N(0, dt)$이므로, 즉 dw_t가 정규분포를 따르므로, 이 정규분포에 상수를 곱한 $\sigma \cdot S_t \cdot dw_t$도 (새로운) 정규분포를 따르고, 이 새 정규분포에 상수를 더한 $\mu \cdot S_t \cdot dt + \sigma \cdot S_t \cdot dw_t$도 또다른 정규분포를 따릅니다. (시점 t에서 주가 S_t는 알려진 상수입니다.) 그 정규분포의 평균이 $\mu \cdot S_t \cdot dt$이고 분산이 $\sigma^2 \cdot (S_t)^2 \cdot dt$란 의미입니다.

정리 2〉 $\boldsymbol{dS_t = \mu \cdot S_t \cdot dt + \sigma \cdot S_t \cdot dw_t}$의 확률분포

$$dS_t \sim N(\mu \cdot S_t \cdot dt,\ \sigma^2 (S_t)^2 dt).$$

제 2 절 로그 주가의 확률과정

앞 절에서 우리는 주가의 확률과정이 다음과 같음을 배웠습니다.

$$dS_t = \mu \cdot S_t \cdot dt + \sigma \cdot S_t \cdot dw_t.$$

주가의 확률과정이 결정되면 이 주가의 확률분포도 파악됩니다. 위 확률과정을 따르는 주가의 확률분포는 다음과 같음을 배웠습니다.

$$dS_t \sim N(\mu \cdot S_t \cdot dt,\ \sigma^2 (S_t)^2 dt).$$

그렇다면 우리는 시점 t에서 dS_t의 확률분포를 알 수 있습니다. 왜냐하면, μ, σ는 이미 알려진 모수(parameters)이고 dt는 '가장 짧은 시간'으로 이 또한 변수 혹은 미지수가 아닙니다. 가령 '$dt \approx 1$초'로 간주하면 $\frac{1}{365 \times 24 \times 60 \times 60} = 0.000000031 = 31 \times 10^{-9}$의 값이 됩니다. 또한 (현)시점 t의 주가 S_t 값도 우리가 알 수 있습니다. 이처럼 어떤 확률분포의 평균과 분산 같은 적률(moments) 값들이 알려진 수치라면, 우리는 그 확률분포를 알고 있다고 말합니다. 위의 dS_t의 확률분포는, 편의상 $dt \approx 1$초라 간주하면, '1초 동안의 주가 변동'의 확률분포입니다. 그런데

> 현 주가를 알고 있고,
> '1초 동안의 주가 변동'의 확률분포를 알고 있으면
> '1초 후 주가의 확률분포'도 알 수 있습니다.

가령 현 시점 $t = 0$, 현재 주가는 S_0, 1초 후 주가를 S_{dt}라 하겠습니다. 그러면

$$dS_0 = S_{0+dt} - S_0$$

이 되므로 dS_0의 의미는 현 시점($t = 0$)에서 '1초 동안의 주가 변동'이 됩니다.[5] 그러면 '1초 동안의 주가 변동'인 dS_0은 다음과 같이 표시될 수 있습니다.

$$dS_0 = \mu \cdot S_0 \cdot dt + \sigma \cdot S_0 \cdot dw_0.$$

---

[5] 물론 더 정확하게는 dS_0의 의미는 'dt 동안의 주가 변동'이 됩니다.

또 이 '1초간 주가 변동'의 확률분포는 다음과 같습니다.

$$dS_0 = \mu \cdot S_0 \cdot dt + \sigma \cdot S_0 \cdot dw_0 \sim N(\mu \cdot S_0 \cdot dt,\ \sigma^2 (S_0)^2 dt).$$

또한 '1초 후 주가'는 현 주가에다 '1초간 주가 변동'을 더한 것입니다. 즉, 다음이 성립합니다.

$$S_{dt} = S_0 + dS_0.$$

$t = 0$에서 S_0는 상수입니다. 정규분포를 따르는 dS_0에 상수 S_0를 더하면, 그 정규분포의 평균만 S_0만큼 더 커집니다.

$$\begin{aligned} S_{dt} &= S_0 + dS_0 \\ &= S_0 + (\mu \cdot S_0 \cdot dt + \sigma \cdot S_0 \cdot dw_0) \sim N(S_0 + \mu \cdot S_0 \cdot dt,\ \sigma^2 (S_0)^2 dt). \end{aligned}$$

위 확률분포의 평균과 분산은 모두 알려진 수치들입니다. 그러므로 우리는 '1초 후 주가의 확률분포'를 알 수 있습니다.

하지만 시간이 $2dt$만큼 지나면 우리는 (2초 후 혹은 $2dt$ 후) 주가의 확률분포가 어떠할지 알 수 없습니다. 이를 설명해 보겠습니다. 현 시점 $t = 0$에서 시간 dt가 지날 때 주가 변화는 다음과 같습니다.

$$dS_0 = \mu \cdot S_0 \cdot dt + \sigma \cdot S_0 \cdot dw_0.$$

만일 현 시점이 $t = dt$라면 S_0는 S_{dt}가 되고 dw_0는 dw_{dt}가 되어 주가 변화는 다음과 같을 것입니다.

$$dS_{dt} = \mu \cdot S_{dt} \cdot dt + \sigma \cdot S_{dt} \cdot dw_{dt}.$$

그렇다면, 시점 $t = 0$에서 시간이 $2dt$만큼 흐른다면 주가의 확률분포는 어떻게 될까요? 즉, S_{2dt}의 확률분포는 어떻게 될까요? 우리가 그 확률분포의 평균과 분산 값을 모두 알 수 있을까요? 이에 답하기 위해 S_{2dt}의 확률과정을 알아야 합니다. S_{2dt}의 확률과정을 우리가 알면

그 확률분포의 평균과 분산을 우리가 알 수 있는지

파악됩니다. 이제 이를 알아보겠습니다. 먼저 S_{2dt}에다 두 개의 (0이 되는) 항을 더해 보겠습니다. 즉, S_{2dt}에다 $(S_{dt} - S_{dt})$와 $(S_0 - S_0)$를 더해 보겠습니다.

$$\begin{aligned} S_{2dt} &= S_{2dt} \ + \ (S_{dt} - S_{dt}) \ + \ (S_0 - S_0) \\ &= (S_{2dt} - S_{dt}) \ + \ (S_{dt} - S_0) \ + \ S_0 \end{aligned}$$

그런데 첫째 항 $S_{2dt} - S_{dt} = dS_{dt}$이고 둘째 항 $S_{dt} - S_0 = dS_0$입니다. 그러므로 다음이 성립합니다.

$$\begin{aligned} S_{2dt} &= dS_{dt} \ + \ dS_0 \ + \ S_0 \\ &= (\mu \cdot S_{dt} \cdot dt + \sigma \cdot S_{dt} \cdot dw_{dt}) \ + \ (\mu \cdot S_0 \cdot dt + \sigma \cdot S_0 \cdot dw_0) + S_0 \\ &= S_0 + \mu(S_0 + S_{dt})dt + \sigma(S_0 \cdot dw_0 + S_{dt} \cdot dw_{dt}). \end{aligned}$$

그런데 현 시점 $t = 0$에서 위 식의 S_{dt}를 우리가 알 수 있을까요? S_{dt}는 가령 '1초 후 주가'인데 우리가 이런 미래 주가를 알 수 없습니다. 또한 S_{2dt}는 S_{dt}의 함수인데, 즉 $S_{2dt} = f(S_{dt})$인데, 그 입력변수인 S_{dt} 값을 모르므로 S_{2dt}의 확률분포의 평균과 분산도 우리가 알 수는 없습니다. 현재 우리가 알 수 있는 값들은 μ, σ, S_0뿐입니다.

질문 7-1〉 'S_{2dt}의 확률분포의 평균과 분산을 알 수 없다.'를 좀 친절하게 설명해 주세요.

그럼 친절하게 설명해 보겠습니다. S_{2dt} 값을 결정하는 모수나 변수 값이 알려져 있다고 "가정"하겠습니다. 즉, S_0, S_{dt}, μ, σ가 모두 알려진 수치들입니다. 그렇다면 S_{2dt}의 평균은 다음과 같습니다.

$$\begin{aligned} &E[S_{2dt}] \\ &= E[S_0 \ + \ \mu(S_0 + S_{dt})dt \ + \ \sigma(S_0 \cdot dw_0 + S_{dt} \cdot dw_{dt})] \\ &= E[S_0] \ + \ E[\mu(S_0 + S_{dt})dt] \ + \ E[\sigma(S_0 \cdot dw_0 + S_{dt} \cdot dw_{dt})] \\ &= S_0 \ + \ \mu(S_0 + S_{dt})dt \ + \ E[\sigma \cdot S_0 \cdot dw_0] \ + \ E[\sigma \cdot S_{dt} \cdot dw_{dt}] \\ &= S_0 \ + \ \mu(S_0 + S_{dt})dt \ + \ \sigma \cdot S_0 \cdot E[dw_0] \ + \ \sigma \cdot S_{dt} \cdot E[dw_{dt}] \\ &= S_0 \ + \ \mu(S_0 + S_{dt})dt \ + \ \sigma \cdot S_0 \cdot 0 + \ \sigma \cdot S_{dt} \cdot 0 \\ &= S_0 \ + \ \mu(S_0 + S_{dt})dt. \end{aligned}$$

위 식의 전개를 위해 우리는 S_{dt} 값을 알고 있다고 가정했습니다. 그런데 사실은, (현 시점 $t = 0$) 우리는 S_{dt} 값을 모릅니다. S_{dt} 값을 모르니, S_{dt}를 포함하는 'S_{2dt}의 평균'인 "$S_0 + \mu(S_0 + S_{dt})dt$" 값도 우리는 알 수 없습니다.

혹시 S_{2dt}의 분산은 우리가 알 수 있을까요? 한번 따져 보겠습니다.

$$
\begin{aligned}
& Var[S_{2dt}] \\
&= Var[S_0 \ + \ \mu(S_0 + S_{dt})dt \ + \ \sigma(S_0 \cdot dw_0 + S_{dt} \cdot dw_{dt})] \\
&= Var[S_0 \ + \ \mu(S_0 + S_{dt})dt \ + \ \sigma \cdot S_0 \cdot dw_0 \ + \ \sigma \cdot S_{dt} \cdot dw_{dt}].
\end{aligned}
$$

여기서 S_0, S_{dt}, μ, dt는 모두 상수라 가정해 봅시다. 두 브라운 운동 dw_0와 dw_{dt}의 공분산(=$Cov[\cdot]$)은 0이며, 이 두 브라운 운동과 다른 상수들과의 공분산도 각각 0입니다. 또한 상수의 분산은 0이며, 확률변수에 상수가 더해져도 그 확률변수의 분산은 변하지 않습니다. 그러므로 다음이 성립합니다.

$$
\begin{aligned}
& Var[S_{2dt}] \\
&= Var[S_0 \ + \ \mu(S_0 + S_{dt})dt \ + \ \sigma \cdot S_0 \cdot dw_0 \ + \ \sigma \cdot S_{dt} \cdot dw_{dt}] \\
&= Var[\sigma \cdot S_0 \cdot dw_0 \ + \ \sigma \cdot S_{dt} \cdot dw_{dt}] \\
&= Var[\sigma \cdot S_0 \cdot dw_0] + Var[\sigma \cdot S_{dt} \cdot dw_{dt}] + 2 \cdot Cov[\sigma \cdot S_0 \cdot dw_0, \ \sigma \cdot S_{dt} \cdot dw_{dt}] \\
&= Var[\sigma \cdot S_0 \cdot dw_0] + Var[\sigma \cdot S_{dt} \cdot dw_{dt}] \\
&= (\sigma \cdot S_0)^2 \cdot Var[dw_0] + (\sigma \cdot S_{dt})^2 \cdot Var[dw_{dt}] \\
&= (\sigma \cdot S_0)^2 \cdot dt + (\sigma \cdot S_{dt})^2 \cdot dt \\
&= \sigma^2 \left({S_0}^2 + {S_{dt}}^2 \right) dt.
\end{aligned}
$$

그런데 위 식의 전개를 위해 우리는 S_{dt} 값을 알고 있다고 가정했습니다. 하지만 사실은 (현 시점 $t = 0$에서) 우리는 S_{dt} 값을 모릅니다. S_{dt} 값을 모르니, S_{dt}를 포함하는 'S_{2dt}의 분산' $\sigma^2\left({S_0}^2 + {S_{dt}}^2\right)dt$도 우리는 알 수 없습니다. 즉, 우리는 현 시점에서 S_{2dt}의 확률분포의 평균과 분산을 알 수 없습니다. 간단히 말하면, 우리는 S_{2dt}의 확률분포를 알 수 없습니다. ▣

마찬가지로, 만일 시간이 $3dt$만큼 경과하면 S_{3dt}의 확률분포도 우리는 알 수 없을 것입니다. 게다가 통상 우리가 옵션 가치평가에서 알고 싶어하는 (그 기초 자산인) 주가의 확률분포는, 단순히 2초 후, 3초 후의 주가 확률분포가 아니라 그 옵션 만기일의 주가의 확률분포입니다. 옵션 만기일은 현 시점으로부터 1개월 후, 3개월 후도 될 수 있습니다. 2초 후, 3초 후의 주가의 확률분포를 알 수 없다면, 1개월 혹은 3개월 후 주가의 확률분포는 더더욱 알기 어려울 것입니다. 그러면 만기일 특정 옵션의 기초 자산인 주가의 확률분포를 모르므로, 그 옵션의 만기일 기대 가격을 알 수 없습니다. 옵션의 만기일 기대 가격을 알 수 없으면, 위험중립평가법도 아무 쓸모가 없습니다. 이 평가법의 원리가, 미래 옵션 기대 가격을 산출한 후 그 값을 현재 시점까지 무위험 이자율 r로 할인하여 구하는 방식이기 때문입니다.

질문 7-2〉 그렇다면 과연 어떻게 이 문제를 해결해야 할까요?

이 문제는 (미래) 주가의 확률분포가 아닌, (미래) 로그 주가의 확률분포를 파악함으로써 해결할 수 있습니다. 왜냐하면 우리는 미래 주가의 확률분포를 알 수는 없지만, 미래 로그 주가의 확률분포는 알 수 있기 때문입니다. 이상하게 들리겠지만 이는 사실입니다. ▣

그렇다면, 이제 로그 주가의 확률과정에 대해 알아보겠습니다. 사실 제6장 "이또스 렘마" 주제에서 로그 주가 확률과정에 대한 질문과 정답이 제시되었습니다만, 여기서 다시 해보겠습니다. 앞 절에서 우리는 주가의 확률과정이 다음과 같음을 배웠습니다.

$$dS_t = \mu \cdot S_t \cdot dt + \sigma \cdot S_t \cdot dw_t.$$

그렇다면, 로그 주가, 즉 $\ln(S_t)$의 확률과정은 어떨가요? 독자 여러분은

"왜 주가 확률과정을 말하다 갑자기 로그 주가의 확률과정을 말하지?"

라고 의아해 할 수 있을 것입니다. 그 의문은 정당한 의문이지만, 왜 느닷없이 저자가 로그 주가를 말하는지는 곧 알게 될 것입니다. 자, 로그 주가의 확률과정이란 다음 형태의 식을 말하는 것인데,

$$d[\ln(S_t)] = a \times dt + b \times dw_t$$

우리는 이 식에서 a와 b가 각각 무엇이 될까를 알아보려 합니다. 결론부터 말하면, a와 b에는 S_t가 포함되지 않고 μ, σ 등의 알려진 값만이 포함됩니다(상수 외에 'dw_t'도 포함되나, 이 브라운 운동의 특성은 잘 알려져 있어 아무 문제가 안 됩니다). 여기서 시점(t)은 일반적인 아무 시점이나 될 수 있으므로, 시점 '$t + dt$'에서도 이 사실이 적용됩니다. 즉, $d[\ln(S_{t+dt})]$의 확률과정에서도 S_{t+dt}가 포함되지 않고 μ, σ 등의 상수(모수)만이 포함될 것입니다. 그렇다면 어떤 (흐뭇한) 결과가 초래될까요? 네, '2초 후 로그 주가 $\ln(S_{t+2dt})$'의 확률과정에도 상수만이 포함될 것입니다. '2초 후 로그 주가 $\ln(S_{t+2dt})$'라는 것은 다름 아닌, 현재 로그 주가 $\ln(S_t)$에다 '첫 1초간 로그 주가의 변동량'과 '그 다음 1초간 로그 주가의 변동량'을 더한 것이기 때문입니다. 즉, $\ln(S_{t+2dt})$는 다음의 항등식(identity)으로 이해될 수 있는데

$$\begin{aligned} &\ln(S_{t+2dt}) \\ &= \ln(S_{t+2dt}) + [\ln(S_{t+dt}) - \ln(S_{t+dt})] + [\ln(S_t) - \ln(S_t)] \\ &= \ln(S_t) + [\ln(S_{t+dt}) - \ln(S_t)] + [\ln(S_{t+2dt}) - \ln(S_{t+dt})] \end{aligned}$$

이 식은 바로 다음을 의미하기 때문입니다.

$$\ln(S_{t+2dt}) = \ln(S_t) + d[\ln(S_t)] + d[\ln(S_{t+dt})].$$

위 식의 우변에 상수만이 포함된다면, 즉 현 시점 t에서 알 수 있는 $\ln(S_t)$ 값을 위시하여 다른 상수들만이 포함된다면, 결국 우변의 확률과정을 우리는 알 수 있을 것입니다. 또 '1초 후 로그 주가'나 '2초 후 로그 주가'의 확률과정을 알 수 있다면, '1분 후 로그 주가'의 확률과정도 그리고 궁극적으로 '3개월 후 로그 주가'의 확률과정도 알 수 있을 것입니다. 여기서 우리는 다음 질문을 할 수 있습니다.

> 질문 7-3〉 그런데 우리가 궁극적으로 알고 싶은 것은 (미래) 옵션 만기일의 (그 기초 자산인) 주가의 확률분포이지, 로그 주가의 확률분포가 아니지 않습니까?

네, 이 시점에서 필요한 질문입니다. 위에서 설명했듯, 현재 우리는 직접적으로 (3개월 후) 주가의 확률분포를 알 수는 없기에 그 대신 로그 주가의 확률분포를 알려고

하는 것입니다. 그런데 천만다행히도 로그 주가의 확률분포를 알게 되면 주가의 확률분포도 알 수 있습니다. 이를 하나의 사례를 들어 설명해 보겠습니다.

확률변수 x의 범위가 1부터 50까지의 양의 실수(real numbers)라 가정하겠습니다. 단, 우리는 이 x가 특정 값이 될 확률을 알지는 못한다고 하겠습니다. 가령 x가 2가 될 확률이나 5.5가 될 확률 혹은 7.2가 될 확률 등을 알지 못합니다. 즉, x의 확률분포를 우리가 모릅니다. 다만 x^2의 확률분포는 알고 있다고 합시다. 즉, $\mathrm{x}^2 = (5.5)^2 = 30.25$가 될 확률이나 $\mathrm{x}^2 = (7.2)^2 = 51.84$가 될 확률 등은 우리에게 알려져 있다고 하겠습니다. 그렇다면 결국은 x의 확률분포도 우리가 (간접적으로) 알 수 있는 것이나 다름 없습니다. $\mathrm{x}^2 = 30.25$가 되는 사건(event)은 $x = 5.5$가 되는 사건과 동일하고, $\mathrm{x}^2 = 51.84$가 되는 사건은 $x = 7.2$가 되는 사건이기 때문입니다. $x > 0$의 조건에서 말입니다. 즉, x의 함수 $f(x)$의 확률분포를 알 수 있다면, 역으로 x의 확률분포도 알 수 있습니다.

다만 $f(x)$와 x가 1 : 1로 대응하는 경우에만 가능합니다. 만일 위 사례에서 $x > 0$라는 조건이 없었다면, $\mathrm{x}^2 = 30.25$가 되는 사건(event)은 $x = 5.5$가 되는 사건뿐 아니라 $x = -5.5$가 되는 사건도 포함됩니다. 그러므로 $\mathrm{x}^2 = 30.25$의 확률을 우리가 안다고 해서 자동적으로 $x = 5.5$가 될 개별 확률이나 $x = -5.5$가 될 개별 확률을 우리가 알 수 있지는 않습니다.[6]

그런데 다행히도, $\ln(S_t)$와 S_t는 1 : 1로 대응합니다. S_t가 커질수록 $\ln(S_t)$도 커지기 때문입니다. 이는 곧 $\ln(S_t)$가 특정 값을 가지면 S_t도 어떤 특정 값을 가짐을 뜻합니다. 즉, $\ln(S_t)$의 값을 알면 S_t 값을 특정할 수 있습니다. 가령 $\ln(S_t) = 3$이라면 $S_t = e^3 = 20.1$입니다. $\ln(S_t) = 4.2$라면 $S_t = e^{4.2} = 66.7$입니다. 일반적으로 $\ln(S_t) = x$이라면 $S_t = e^x$입니다. 즉, 모든 $\ln(S_t)$에 대해 S_t 값을 알 수 있고, 모든 $\ln(S_t)$ 값의 확률이 알려지면 S_t 값의 확률도 알 수 있습니다. 가령 $\ln(S_t) = x$가 될 확률이 0.2라면 $S_t = e^x$가 될 확률도 0.2입니다. 그러므로 미래 로그 주가의 모든 확률들을 알면 미래 주가의 모든 확률들도 알 수 있습니다. 그런데 '모든 확률들'을 부르는 또 다른 이름이 무엇일까요? '모든 확률들'이 바로 '확률분포' 아니겠습니까? 이런 연유로, 미래 로그 주

---

6 즉, "$\mathrm{x}^2 = 30.25$의 확률 = 0.1"이라면 "$x = 5.5$가 되거나 $x = -5.5$가 될 확률이 0.1"임을 알 수 있을 뿐이고, "$x = 5.5$의 개별 확률"과 "$x = -5.5$의 개별 확률"을 알 수는 없습니다.

가의 확률분포를 알면 미래 주가의 확률분포도 알 수 있다는 것입니다. 참고로 다음 표를 첨부합니다.

➢ 도표 7-1 확률변수의 함수의 확률

	확률
$X = x$	p
$f(X) = f(x)$	p

정리 3〉

확률변수 X와 그 함수 $f(X)$가 1:1로 대응하면, $f(X)$의 확률(분포)을 알면 X의 확률(분포)을 알 수 있고, 그 역도 마찬가지이다.

일반적으로 확률변수 자체는 X처럼 대문자로 표시하고, 이 확률변수의 특정 값은 x처럼 소문자로 표시합니다. 가령 확률변수 X가 '주사위 던질 때 나오는 숫자'라면

$$\Pr[X = x] = \frac{1}{6}, \qquad \text{where } x = 1, 2, \cdots, 6$$

으로 표시합니다. 위 표처럼, "$X = x$"의 확률과, "$f(X) = f(x)$"의 확률은 동일합니다. 단, 위에서 설명했듯 X와 $f(X)$가 1 : 1로 대응하는 경우에 한해서입니다. "X와 $f(X)$가 1 : 1로 대응하는 경우"란 $f(X)$가 X에 대해서 단조증가(strictly increasing) 혹은 단조감소(strictly decreasing)하는 경우를 말합니다. 즉, $\frac{df(X)}{dX} > 0$ 혹은 $\frac{df(X)}{dX} < 0$이 모든 x 값에 대해 성립하는 경우입니다. 이때 "$X = x$"라는 사건과 "$f(X) = f(x)$"라는 사건이 일치하기 때문에 "$X = x$"의 확률과 "$f(X) = f(x)$"의 확률이 같게 됩니다.

다시 본론으로 돌아갑시다. "미래 로그 주가의 확률분포를 알면 미래 주가의 확률분포도 알 수 있다"까지 설명했는데, 계속 이어서 설명하겠습니다. 이처럼 미래 주가의 확률(분포)을 알게 되면 그 주가의 함수인 옵션 가격의 확률(분포)을 알 수 있고, 따라서 그 옵션 가격의 평균, 즉 옵션의 기대 가격도 알 수 있습니다. 또 그 옵션의 미래 기대 가격을 알 수 있으면 (위험중립평가법을 이용하여) 이를 무위험 이자율 r로 할인하면 현재 옵션의 합당한 가격도 알 수 있습니다. 결국, 로그 주가의 확률분포를

알면 그 주가를 기초 자산으로 하는 옵션의 현재 가격을 산출할 수 있습니다.

마지막으로, 이처럼 위험중립평가법을 이용하여 미래 옵션 기대 가격을 r로 현재 시점까지 할인한 '옵션 현재 가격'은 바로 '차익거래에 의한 가격'과 같음도 우리는 알고 있습니다. 물론 '차익거래에 의한 가격'이란 '차익거래를 불허하는 가격(no-arbitrage price)'임을 기억하기 바랍니다. ■

지금까지의 논의를 단계적으로 개별 정리로 요약해 보겠습니다. 바로 위 정리와 동일한 내용도 있는데, 단계별 정리로 여기에 다시 제시합니다.

정리 4〉

주가 S_t의 확률과정이 $dS_t = \mu \cdot S_t \cdot dt + \sigma \cdot S_t \cdot dw_t$일 때, 미래 주가의 확률분포를 직접 알 수는 없지만 미래 로그 주가의 확률분포는 알 수 있다.

정리 5〉

확률변수 X와 그 함수 $f(X)$가 1 : 1로 대응하면, $f(X)$의 확률분포를 알면 X의 확률분포도 알 수 있다.

정리 6〉

위 정리에 따라, 미래 로그 주가의 확률분포를 알면 미래 주가의 확률분포도 알 수 있다.

정리 7〉

미래 주가의 확률분포를 알 수 있으면, 그 주가를 기초 자산으로 하는 옵션의 미래 기대 가격을 알 수 있다.

정리 8〉

옵션의 미래 기대 가격을 알 수 있으면, 위험중립평가법을 사용하여 이 옵션의 적정한 현재 가격을 알 수 있다.

정리 9〉

이렇게 산출된 옵션 현재 가격은 차익거래를 불허하는 '무차익 가격(no-arbitrage price)' 이다.

이제부터는 본격적으로, 구체적으로, 로그 주가의 확률과정을 알아보겠습니다. 이 부분은 (단순 계산이지만) 지속적 계산 과정을 포함하므로 여러분들의 집중을 필요로 합니다. 보편적으로, 재무금융에서 주가 S_t의 확률과정은 다음과 같이 '기하 브라운 운동'으로 가정합니다.

$$dS_t = \mu \cdot S_t \cdot dt + \sigma \cdot S_t \cdot dw_t.$$

물론 여기서 dw_t는 '표준 브라운 운동'입니다. 또 $\ln(S_t)$는 주가 S_t의 함수입니다. 그러므로 앞에서 배운 Ito's Lemma가 적용됩니다. 즉, $y = \ln(S_t) = f(S_t)$라 하면 Ito's Lemma에 의해 다음이 성립합니다. 단, $y = \ln(S_t) = f(S_t)$는 S_t만의 함수이고 t의 함수는 아닙니다.[7] 즉,

$$\frac{\partial y}{\partial S_t} = \frac{\partial[\ln(S_t)]}{\partial S_t} = (S_t)^{-1} = \frac{1}{S_t} = f_S,$$

$$\frac{\partial^2 y}{(\partial S_t)^2} = \frac{\partial (S_t)^{-1}}{\partial S_t} = -(S_t)^{-2} = -\frac{1}{(S_t)^2} = f_{SS}$$

이지만

$$\frac{\partial y}{\partial t} = \frac{\partial[\ln(S_t)]}{\partial t} = 0$$

입니다. 우리가 y의 2차 도함수 $\frac{\partial^2 y}{(\partial S_t)^2}$까지만 파악한 이유는, 어차피 2차보다 높은 고

[7] 그러므로 $\ln(S_t)$를 S_t로 편미분하는 것이 아니라 전미분하는 것이고, 이 점에서 $\frac{\partial y}{\partial S_t}$가 아니라 $\frac{dy}{dS_t}$가 맞는 표현입니다. 다만 일반적으로 함수 $f(\cdot)$는 하나 이상의 입력변수를 가질 수 있으니 본문에서는 편미분 표시를 그대로 사용했습니다.

차 도함수에 곱해질 $(dS)^n$은 0이 되기 때문입니다($n \geq 3$).[8] 이제 $dy = d[\ln(S_t)] = d[f(S_t)]$가 어떤 확률과정을 가질지 Ito's Lemma를 통해 파악해 보겠습니다.

$$\begin{aligned} d[\ln(S_t)] &= d[f(S_t)] = f_S(S_t, t) \cdot dS + f_t(S_t, t) \cdot dt + \frac{f_{SS}(S_t, t) \cdot (dS_t)^2}{2!} \\ &= \frac{1}{S_t} \cdot (\mu \cdot S \cdot dt + \sigma \cdot S \cdot dw_t) + 0 \cdot dt + \frac{\left(-\frac{1}{(S_t)^2}\right) \cdot (\sigma \cdot S_t)^2 \cdot dt}{2} \\ &= (\mu \cdot dt + \sigma \cdot dw_t) - \frac{\sigma^2 \cdot dt}{2} \\ &= \left(\mu - \frac{\sigma^2}{2}\right) dt + \sigma \cdot dw_t. \end{aligned}$$

Ito's Lemma를 사용하여 도출되는 $d[\ln(S_t)] = \left(\mu - \frac{\sigma^2}{2}\right) dt + \sigma \cdot dw_t$는 워낙 잘 알려진 내용이니 여러분은 아예 이 표현을 외우는 것이 좋습니다. 마치 나중에 Black-Scholes option pricing formulas를 외워 두면 편한 것처럼 말입니다.[9]

정리 10〉 $\ln(S_t)$의 확률과정

$$d[\ln(S_t)] = \left(\mu - \frac{\sigma^2}{2}\right) dt + \sigma \cdot dw_t.$$

이제 이 정리가 의미하는 바를 생각해 보겠습니다. $d[\ln(S_t)]$의 의미는 '$\ln(S_t)$의 변화량'임은 아실 것입니다. 어떤 조건에서의 변화량이냐 하면, 시점 t에서 시간이 dt만큼 경과할 때의 변화량입니다. 이를 구체적으로 표현하면 다음과 같습니다.

$$d[\ln(S_t)] = \ln(S_{t+dt}) - \ln(S_t) = \left(\mu - \frac{\sigma^2}{2}\right) dt + \sigma \cdot dw_t.$$

이 식에는 두 특성이 있습니다. 첫째, t에는 아무 제한이 없으므로 일반적으로 $t \geq 0$인 모든 시점에 위 식이 유효합니다. 둘째 특징은 dS_t와 $d[\ln(S_t)]$의 확실한 차이를

---

[8] 이에 대한 리뷰는 Ito's Lemma 내용을 다시 읽어보기 바랍니다.

[9] 마치 $11^2 = 121$, $12^2 = 144$, $13^2 = 169$ 등을 외워 두고 있으면 숫자 계산 때 편한 것처럼 말입니다.

보여주는 것으로,

$$d[\ln(S_t)] = \ln(S_{t+dt}) - \ln(S_t) = \left(\mu - \frac{\sigma^2}{2}\right)dt + \sigma \cdot dw_t$$

의 우변에는 S_t 값이 없고 모두 상수만으로 이루어져 있다는 사실입니다. 그러므로 여러 다른 시점(t)들의 $d[\ln(S_t)]$를 서로 더해도 여전히 상수가 됩니다. 물론 우변에 표준 브라운 운동(dw_t)이 포함되나, 표준 브라운 운동의 특성은 우리가 잘 알고 있어 별 문제가 되지 않습니다.[10]

이제 편의상 현 시점 $t = 0$이라 가정하겠습니다. 그러면 다음이 성립합니다.

$$\ln(S_{dt}) - \ln(S_0) = \left(\mu - \frac{\sigma^2}{2}\right)dt + \sigma \cdot dw_0.$$

마찬가지로 시점 $t = dt$이면 다음이 성립합니다.

$$\ln(S_{2dt}) - \ln(S_{dt}) = \left(\mu - \frac{\sigma^2}{2}\right)dt + \sigma \cdot dw_{dt}.$$

편의상 미래 시점 T가 $T = N \times dt$라 하겠습니다. 즉, 0에서 T까지의 기간이 N개의 dt를 더한 것과 같은 값이라 가정하겠습니다.[11] 이제 시점 t가 0에서 출발하여 dt만큼씩 커지고, 종국적으로 $t = T = N \times dt$가 될 때까지 각 시점에서 $d[\ln(S_t)]$를 구하면 다음이 성립합니다($0 \le t \le (N-1)dt$).

$$\ln(S_{3dt}) - \ln(S_{2dt}) = \left(\mu - \frac{\sigma^2}{2}\right)dt + \sigma \cdot dw_{2dt}.$$

$$\cdots$$

$$\ln(S_{n \cdot dt}) - \ln\left(S_{(n-1)dt}\right) = \left(\mu - \frac{\sigma^2}{2}\right)dt + \sigma \cdot dw_{(n-1)dt}.$$

$$\cdots$$

---

[10] 반면 $dS_t = \mu \cdot S_t \cdot dt + \sigma \cdot S_t \cdot dw_t$의 우변에는 S_t 값이 있어, 시점이 $t + dt$ 이상이 되면 미래 주가 $S_{t+n\times dt}$가 포함되는데 그 값을 시점 t에서 알 수 없고 ($n = 1, 2, 3, \cdots$) 이 시점을 포함하는 더 먼 미래 시점, 가령 T의 주가 S_T도 시점 t에서는 알 수 없습니다.

[11] 이 가정은 엄밀하게는 문제가 있는 가정입니다. 무한소인 dt를 아무리 더해도 특정 값을 갖는 T가 될 수 없기 때문입니다. 하지만 설명의 편의를 위해 이렇게 가정하겠습니다.

$$\ln(S_T) - \ln(S_{T-dt}) = \left(\mu - \frac{\sigma^2}{2}\right)dt + \sigma \cdot dw_{T-dt}.$$

그러면 위 N개의 식들의 좌변을 모두 더하면 다음과 같습니다. $t = 0$ 시점부터 더하겠습니다.

$$[\ln(S_{dt}) - \ln(S_0)] + [\ln(S_{2dt}) - \ln(S_{dt})] + [\ln(S_{3dt}) - \ln(S_{2dt})]$$
$$+ \cdots + [\ln(S_{T-dt}) - \ln(S_{T-2dt})] + [\ln(S_T) - \ln(S_{T-dt})].$$

$T = N \cdot dt$이므로 위 식은 또 다음과 같습니다. 주가 S_A의 시점을 나타내는 A 값을 주목하기 바랍니다.

$$[\ln(S_{dt}) - \ln(S_0)] + [\ln(S_{2dt}) - \ln(S_{dt})] + [\ln(S_{3dt}) - \ln(S_{2dt})]$$
$$+ \cdots + \left[\ln\left(S_{(N-1)dt}\right) - \ln\left(S_{(N-2)dt}\right)\right] + \left[\ln(S_{N\cdot dt}) - \ln\left(S_{(N-1)dt}\right)\right].$$

그런데 첫째 항의 '$-\ln(S_0)$'과 마지막 항의 '$\ln(S_{N\cdot dt}) = \ln(S_T)$'를 제외하고는 다른 모든 것들은 사라집니다. 왜냐하면 각 '인접한 두 항'에서 부호가 정반대이기 때문입니다. 가령 첫 항의 '$\ln(S_{dt})$'와 둘째 항의 '$-\ln(S_{dt})$'이 서로 상쇄되어 사라지듯 말입니다. 그 결과 최종적으로 남는 것은 "$\ln(S_T) - \ln(S_0)$"입니다.

이제 (N개 식들의) 우변을 다 더하면 다음과 같습니다.

$$\left[\left(\mu - \frac{\sigma^2}{2}\right)dt + \sigma \cdot dw_0\right] + \left[\left(\mu - \frac{\sigma^2}{2}\right)dt + \sigma \cdot dw_{dt}\right] + \left[\left(\mu - \frac{\sigma^2}{2}\right)dt + \sigma \cdot dw_{2dt}\right]$$
$$+ \cdots + \left[\left(\mu - \frac{\sigma^2}{2}\right)dt + \sigma \cdot dw_{T-2dt}\right] + \left[\left(\mu - \frac{\sigma^2}{2}\right)dt + \sigma \cdot dw_{T-dt}\right].$$

$T = N \cdot dt$이므로 위 식은 또 다음과 같습니다. 브라운 운동 dw_A의 시점을 나타내는 A 값을 주목하기 바랍니다.

$$\left[\left(\mu - \frac{\sigma^2}{2}\right)dt + \sigma \cdot dw_0\right] + \left[\left(\mu - \frac{\sigma^2}{2}\right)dt + \sigma \cdot dw_{dt}\right] + \left[\left(\mu - \frac{\sigma^2}{2}\right)dt + \sigma \cdot dw_{2dt}\right]$$
$$+ \cdots + \left[\left(\mu - \frac{\sigma^2}{2}\right)dt + \sigma \cdot dw_{(N-2)dt}\right] + \left[\left(\mu - \frac{\sigma^2}{2}\right)dt + \sigma \cdot dw_{(N-1)dt}\right].$$

각 항의 첫째 값들은 모두 $\left(\mu - \frac{\sigma^2}{2}\right)dt$로 동일합니다. 그러므로 N개의 이들을 모두 더하면 $N \cdot \left(\mu - \frac{\sigma^2}{2}\right)dt$이 됩니다. 다음, N개의 $\sigma \cdot dw_t$들을 다 더하면 다음과 같습니다.

$$\sigma \cdot dw_0 + \sigma \cdot dw_{dt} + \sigma \cdot dw_{2dt} + \cdots + \sigma \cdot dw_{(N-2)dt} + \sigma \cdot dw_{(N-1)dt} = \sigma \cdot \sum_{k=0}^{N-1} dw_{k \cdot dt}.$$

결국 원래의 N개의 식들의 우변을 모두 더하면 다음 값이 됩니다.

$$N \cdot \left(\mu - \frac{\sigma^2}{2}\right)dt \ + \ \sigma \cdot \sum_{k=0}^{N-1} dw_{k \cdot dt}.$$

$N \cdot dt = T$이므로 위 식은 다음과 같습니다.

$$\left(\mu - \frac{\sigma^2}{2}\right) \cdot T \ + \ \sigma \cdot \sum_{k=0}^{N-1} dw_{k \cdot dt}.$$

이제 원래의 N개의 식들의 좌변의 합과 우변의 합을 일치시키면 다음이 성립합니다.

$$\ln(S_T) - \ln(S_0) = \left(\mu - \frac{\sigma^2}{2}\right) \cdot T \ + \ \sigma \cdot \sum_{k=0}^{N-1} dw_{k \cdot dt}.$$

우리가 알고 싶어하는 것은 $\ln(S_T)$의 확률분포이므로 위 식을 $\ln(S_T)$에 관한 식으로 정리해 봅니다.

$$\ln(S_T) = \ln(S_0) \ + \ \left(\mu - \frac{\sigma^2}{2}\right) \cdot T \ + \ \sigma \cdot \sum_{k=0}^{N-1} dw_{k \cdot dt}.$$

현 시점을 $t = 0$이라 할 때, $\ln(S_0)$은 상수이고 $N \cdot \left(\mu - \frac{\sigma^2}{2}\right)dt$도 상수이므로, 우변 맨 마지막 항만이 확률변수입니다. 이 확률변수가 어떤 확률분포를 따르는가를 알아야 $\ln(S_T)$ 확률분포가 파악됩니다. 먼저 이 확률변수의 평균을 알아보겠습니다.

$$E\left[\sigma\cdot\sum_{k=0}^{N-1}dw_{k\cdot dt}\right]$$

$$= E\left[\sigma\cdot dw_0+\sigma\cdot dw_{dt}+\sigma\cdot dw_{2dt}+\cdots+\sigma\cdot dw_{(N-2)dt}+\sigma\cdot dw_{(N-1)dt}\right]$$

$$= E[\sigma\cdot dw_0]+E[\sigma\cdot dw_{dt}]+E[\sigma\cdot dw_{2dt}]+\cdots+E\left[\sigma\cdot dw_{(N-2)dt}\right]$$

$$+E\left[\sigma\cdot dw_{(N-1)dt}\right]$$

$$= \sigma\cdot E[dw_0]+\sigma\cdot E[dw_{dt}]+\sigma\cdot E[dw_{2dt}]+\cdots+\sigma\cdot E\left[dw_{(N-2)dt}\right]$$

$$+\sigma\cdot E[dw_{(N-1)dt}]$$

$$= \sigma\cdot 0+\sigma\cdot 0+\sigma\cdot 0+\cdots+\sigma\cdot 0+\sigma\cdot 0$$

$$= 0.$$

각각의 $E[dw_t]=0$이 되는 이유는 모든 표준 브라운 운동(dw_t)의 평균이 0이기 때문입니다.

이제 이 확률변수의 분산을 알아보겠습니다.

$$Var\left[\sigma\cdot\sum_{k=0}^{N-1}dw_{k\cdot dt}\right]$$

$$= (\sigma^2)\cdot Var\left[\sum_{k=0}^{N-1}dw_{k\cdot dt}\right]$$

$$= (\sigma^2)\cdot Var\left[dw_0+dw_{dt}+dw_{2dt}+\cdots+dw_{(N-2)dt}+dw_{(N-1)dt}\right].$$

그런데 이 $Var[A]$의 A를 구성하는 변수 $dw_{k\cdot dt}$들의 상호간 공분산은 모두 0입니다. 왜냐하면 (시점을 달리하는) 표준 브라운 운동들의 공분산은 0이기 때문입니다. 즉, 다음이 성립합니다.

$$\mathrm{Cov}[dw_{a\cdot dt}, dw_{b\cdot dt}]=0, \qquad \forall a,b(a\neq b).$$

위에서 '$\forall a,b(a\neq b)$'는 '같은 값이 아닌 모든 a,b'를 뜻합니다. 물론 $0\leq a\leq N-$

1 그리고 $0 \le b \le N-1$의 범위를 충족합니다. 또 σ가 $Var[\cdot]$ 안에 있다가 바깥으로 (σ^2의 형태로) 빠져 나온 이유는 σ가 상수이기 때문입니다.[12] 이 사실들을 적용하면 다음과 같이 전개됩니다.

$$Var\left[\sigma \cdot \sum_{k=0}^{N-1} dw_{k\cdot dt}\right]$$

$$= (\sigma^2) \cdot Var\left[\sum_{k=0}^{N-1} dw_{k\cdot dt}\right]$$

$$= (\sigma^2) \cdot Var\left[dw_0 + dw_{dt} + dw_{2dt} + \cdots + dw_{(N-2)dt} + dw_{(N-1)dt}\right].$$

$$= (\sigma^2) \cdot \left(Var[dw_0] + Var[dw_{dt}] + Var[dw_{2dt}] + \cdots + Var\left[dw_{(N-1)dt}\right]\right)$$

$$= \sigma^2 \cdot Var[dw_0] + \sigma^2 \cdot Var[dw_{dt}] + \sigma^2 \cdot Var[dw_{2dt}] + \cdots$$

$$+\sigma^2 \cdot Var[\sigma \cdot dw_{(N-1)dt}]$$

$$= \sigma^2 \cdot dt + \sigma^2 \cdot dt + \sigma^2 \cdot dt + \cdots + \sigma^2 \cdot dt$$

$$= N \cdot \sigma^2 \cdot dt$$

$$= (N \cdot dt) \cdot \sigma^2$$

$$= T \cdot \sigma^2.$$

그러므로 결론만 보이면 다음과 같습니다.

$$Var\left[\sigma \cdot \sum_{k=0}^{N-1} dw_{k\cdot dt}\right] = T \cdot \sigma^2.$$

참고로 위 식의 전개에서 모든 $Var[dw_t] = dt$이 되는 이유는, 모든 표준 브라운 운동(dw_t)의 분산이 dt이기 때문입니다.

---

[12] 이처럼 분산과 공분산 입력변수에 상수가 포함됐을 때 그 상수가 어떻게 취급되는지는 고등학교 수준의 통계 혹은 대학교 수준의 (경제)통계 교재에 잘 설명되어 있습니다.

이제 마지막으로, 모든 표준 브라운 운동(dw_t)은 다음 정규분포를 따름을 우리는 알고 있습니다.

$$dw_t \sim N(0, dt), \forall t.$$

그리고 이 각 표준 브라운 운동들은 모두 독립인 정규분포 확률변수들입니다('i.i.d. Gausian random variables'라 합니다). 독립인 정규분포 확률변수들의 합도 정규분포를 따릅니다. 그러므로 다음이 성립합니다.

$$\begin{aligned}
&\sum_{k=0}^{N-1} dw_{k\cdot dt} \\
&= dw_0 + dw_{dt} + dw_{2dt} + \cdots + dw_{(N-1)dt} \\
&\sim N(0, dt) + N(0, dt) + N(0, dt) + \cdots + N(0, dt) \\
&= N(0, N \cdot dt). \\
&= N(0, T).
\end{aligned}$$

이런 사실들을 바탕으로 우리는 $\ln(S_T)$의 확률분포를 알 수 있습니다. 먼저 $\ln(S_T)$를 다시 소환해 보겠습니다.

$$\ln(S_T) = \ln(S_0) + \left(\mu - \frac{\sigma^2}{2}\right) \cdot T + \sigma \cdot \sum_{k=0}^{N-1} dw_{k\cdot dt}.$$

우변의 $\ln(S_0)$와 $\left(\mu - \frac{\sigma^2}{2}\right) \cdot T$는 상수 값들이므로 '$\ln(S_T)$의 평균'에는 그대로 포함되나 $\ln(S_T)$의 분산에는 아무 영향을 미치지 않습니다. 즉, $\ln(S_T)$의 평균은

$$E\left[\ln(S_0) + \left(\mu - \frac{\sigma^2}{2}\right) \cdot T + \sigma \cdot \sum_{k=0}^{N-1} dw_{k\cdot dt}\right]$$

$$= E[\ln(S_0)] + E\left[\left(\mu - \frac{\sigma^2}{2}\right) \cdot T\right] + E\left[\sigma \cdot \sum_{k=0}^{N-1} dw_{k\cdot dt}\right]$$

$$= \ln(S_0) + \left(\mu - \frac{\sigma^2}{2}\right) \cdot T + 0 \ (\leftarrow \text{앞에서 증명})$$

$$= \ln(S_0) + \left(\mu - \frac{\sigma^2}{2}\right) \cdot T$$

이며 $\ln(S_T)$의 분산은 다음과 같습니다.

$$Var\left[\ln(S_0) + \left(\mu - \frac{\sigma^2}{2}\right) \cdot T + \sigma \cdot \sum_{k=0}^{N-1} dw_{k \cdot dt}\right]$$

$$= Var\left[\sigma \cdot \sum_{k=0}^{N-1} dw_{k \cdot dt}\right]$$

$$= T \cdot \sigma^2. \quad (\leftarrow \text{앞에서 증명})$$

결국 $\ln(S_T)$는 다음의 정규분포를 따릅니다.

$$\ln(S_T) = \ln(S_0) + \left(\mu - \frac{\sigma^2}{2}\right) T + \sigma \cdot \sum_{k=0}^{N-1} dw_{k \cdot dt}$$

$$\sim N\left(\ln(S_0) + \left(\mu - \frac{\sigma^2}{2}\right) \cdot T,\ T \cdot \sigma^2\right).$$

정리 11〉

주가의 확률과정이 $dS_t = \mu \cdot S_t \cdot dt + \sigma \cdot S_t \cdot dw_t$일 때 로그 주가의 확률분포는 다음과 같다.

$$\ln(S_T) \sim N\left(\ln(S_0) + \left(\mu - \frac{\sigma^2}{2}\right) \cdot T,\ T \cdot \sigma^2\right).$$

위 정리처럼 $\ln(S_T)$의 확률분포에는 이미 알려진 상수들만이 포함되기에 우리가 그 확률분포를 알 수 있습니다. 또한 $\ln(S_T)$와 S_T는 1:1로 대응하기에, 간접적으로 S_T의 확률분포도 우리는 알 수 있습니다. 이것이 로그 주가의 확률분포를 우리가 공부해야 하는 이유입니다. 옵션 만기일의 청산가치의 확률분포를 알기 위해서 말입니다.

제 3 절 배리어 옵션 가치평가

이제 우리는 옵션 가치평가의 진수인 블랙-숄즈 옵션 가치평가 모형(Black-Scholes option pricing model)을 공부할 수 있는 기본 지식을 갖추었습니다. 우리는 다음 장(chapter)에서 이 블랙-숄즈 옵션 가치평가 모형을 본격적으로 공부합니다. 이에 앞서 본절에서는 이색 옵션(exotic options) 중 가장 잘 알려진 배리어 옵션(barrier options)의 가치평가를 시도해 보겠습니다. 옵션 중에서도 상대적으로 복잡한 배리어 옵션을 먼저 다루는 이유는, 바로 앞서 전까지 우리가 배운 브라운 운동과 로그 주가 확률과정에 관한 지식을 명확히 활용할 수 있는 주제이기 때문입니다. 결과적으로, 여러분은 배리어 옵션 공부를 통해 브라운 운동과 로그 주가에 대한 이해를 확고히 할 수 있고, 브라운 운동과 로그 주가에 대한 이해가 옵션 가치평가에 얼마나 중요한지도 감 잡을 수 있습니다.

이색 옵션이란 말 그대로 '특이한 옵션'을 말합니다. 이들은 지금까지 우리가 배운 (전통적인) 콜 옵션이나 풋 옵션보다 더 복잡한 조건과 특징을 가진 파생 금융상품입니다. 구체적으로, 이들은 전통적인 옵션과 달리 특별한 지급 구조(payoff structures), 만기 조건, 행사 가격, 기초 자산 등을 포함할 수 있습니다. 참고로 이색 옵션과 대비되는 전통적인 혹은 일반적인 옵션은 'plain options', 'plain vanilla options', 'vanilla options', 'regular options', 'traditional options', 혹은 'conventional options'라고 불립니다.

이색 옵션 중 가장 잘 알려진 배리어 옵션을 쉽게 설명하면 다음과 같습니다. 배리어 옵션은, 기초 자산 가격이 either (미리 정해진) 특정 값에 도달하거나 or 도달하지 않아야만 만기에 행사할 수 있는 옵션입니다. 이 특정 값을 'barrier'라 하기에 'barrier option'이라 불리는 것입니다. 굳이 번역하자면 '장벽 옵션'이라 할 수 있습니다. 즉, 배리어 옵션은 일반적인 옵션에 특정 장벽, 특정 조건이 붙은 옵션입니다. 한 예로, 어떤 콜 옵션의 기초 자산이 특정 주가 S이고, 현재 주가 $S_0 = \$100$, 그 행사 가격 $K = 120$이며 만기는 1개월이라 하겠습니다. 이 일반 유러피언 콜 옵션의 행사에 다음 조건이 붙을 수 있습니다. "만기 전에 S가 한 번이라도 $80에 도달해야만 이 옵션을 만기에 행사할 수 있다"는 조건입니다. 이런 배리어 옵션을 'knock-in call'이라 합니다. 반면 그 반대 조건의 배리어 옵션도 존재합니다. 즉, '만기 전에 *S*가 한 번이라도 $80에 도달하면 옵션 가치가 0이 되는 콜 옵션'입니다. 이런 콜을 'knock-out call'이라 합니다.

참고로 현 주가=$100인 상황에서 '$80에 도달해야 한다'는 조건은 '$80 미만으로 하락하는 경우를 포함'하는 조건입니다. 현 주가=$100인 상황에서 이 주가가 $80보다 아래로 하락하면 당연히 $80에 도달해야 하기 때문입니다. "$80을 정확히 'hit'하되 그 아래로 하락하면 안 된다"는 조건이 아님을 유의하기 바랍니다. 즉, 이 'knock-in call'은 "만기 전 *S*가 $80에 도달하거나 그 아래로 하락해야만 만기에 행사할 수 있는 콜"이고, 이에 상응하는 'knock-out call'은 '만기 전에 *S*가 $80에 도달하거나 그 아래로 하락하면 옵션 가치가 0이 되는 콜'입니다. 물론 여기서 'out'을 'out된다'로 기억해도 되고 'out-of-the-money'가 된다고 기억해도 됩니다. 또 'knock-in call'의 'in'도 'in-the-money'가 된다고 기억해도 됩니다.

콜 옵션의 경우에만 'knock-in' 혹은 'knock-out' 유형의 배리어 옵션이 있는 것은 아닙니다. 풋 옵션의 경우에도 이런 'knock-in' 혹은 'knock-out' put option이 있습니다. 그러므로 모두 네 가지 배리어 옵션이 존재합니다. 이와 관련하여 아래 도표를 참조할 수 있습니다.

➢ 도표 7-2 배리어 옵션 종류

	종류	만기일 옵션 행사 조건
콜	knock-in call	특정 배리어 도달(hit)해야
	knock-out call	특정 배리어 도달하지 않아야
풋	knock-in put	특정 배리어 도달해야
	knock-out put	특정 배리어 도달하지 않아야

참고로, 위 도표보다 더 상세히 배리어 옵션 종류를 구분할 수도 있습니다. 구체적으로, 배리어가 현 주가(가령 100)보다 낮아 주가가 '하락(down)'하여 배리어(가령 80)를 'touch'해야 옵션 효력이 유지되는 경우를 "down-and-in knock-in call"이라 하고, 반대로 주가가 '상승(up)'하여 배리어를 touch해야 옵션 효력이 유지되는 경우

를 "up-and-in knock-in call"이라 합니다. 역으로, 배리어가 현 주가보다 낮아 주가가 '하락(down)'하여 배리어를 'touch'하면 옵션 효력이 사라지는 경우를 "down-and-out knock-out call"이라 하고, 반대로 주가가 '상승(up)'하여 $80을 touch하면 옵션 효력이 사라지는 경우를 "up-and-out knock-out call"이라 합니다. 물론 콜뿐 아니라 풋에 대해서도 이에 상응하는 배리어 옵션들이 존재하며, 아래 도표는 이를 분류한 것입니다.

➢ 도표 7-3 배리어 옵션의 분화

	종류	Up or Down
콜	knock-in call (KI)	down-and-in KI-call, up-and-in KI-call
	knock-out call (KO)	down-and-out KO-call, up-and-out KO-call
풋	knock-in put (KI)	down-and-in KI-put, up-and-in KI-put
	knock-out put (KO)	down-and-out KO-put, up-and-out KO-put

여기서 한 가지 질문을 해 봅시다.

질문 7-4〉 본절 서두에서 "배리어 옵션을 먼저 다루는 이유는 브라운 운동과 로그 주가 확률과정에 관한 지식을 가장 잘 활용할 수 있는 주제이기 때문"이라 했는데, 구체적으로 이것이 어떤 의미입니까?

네, 아직 일반 옵션의 가치평가도 제대로 공부하지 않았는데 왜 이런 무책임한(?) 주장을 했을까요? 그 이유는, 배리어 옵션 가치평가에 가장 중요한 것이 "특정 배리어를 건드릴(hit) 확률"을 계산하는 것인데, 우리는 그 준비가 되어 있기 때문입니다. 어떻게 우리가 그런 준비가 되어 있을까요? 네, 우리는 브라운 운동과 이토스 렘마를 배웠기 때문입니다. 그리고 이로 인해 로그 주가의 확률과정 및 (만기일) 주가의 확률분포도 알 수 있기 때문입니다. 이러한 배경 지식을 보유하고 있으면 배리어 옵션이 특정 배리어를 건드릴 확률을 계산할 수 있는데, 아래에서 이를 상세히 보이겠습니다. ▣

참, 여러분은 대한민국에서 2008년도에 큰 경제·사회적 문제가 됐던 '키코(KIKO) 사태'를 들어 보았나요? 여기서 KIKO란 'knock-in knock-out option portfolio'를 줄인 표현입니다. 그 사태가 발생하기 전 2~3년 동안 우리나라 많은 상업은행(commercial banks)들이 주로 수출(입) 중소기업들에게 환율과 관련된 KIKO 금융상품을 많이 판매했습니다. 중소기업들이 이 옵션 포트폴리오를 구매한 일반적인 이유는 환위험(exchange rate risk) 헤지를 위해서였습니다. 하지만 그것이 오히려 이 중소기업들의 (환)위험을 더 증가시켜 많은 기업들이 막대한 손실을 입는 결과가 초래된 비극적 사태를 '키코 사태'라 합니다.[13] 이로 인해 많은 수출입 중소기업들이 막대한 손실을 입거나 심지어 파산에 이르렀는데, 이에 대한 근본 원인으로는 은행들의 불완전 판매(mis-selling)가 가장 자주 거론됩니다. 동시에, 배리어 옵션에 관한 지식이나 정보의 부족도 부수적인 이유가 될 수 있습니다.[14] 심지어 이런 배리어 옵션을 판매하는 금융기관조차 배리어 옵션이 무엇인지 잘 모르고 판매했다는 주장도 있습니다. 본절에서는 KIKO 같은 복잡한 구조의 금융상품도 잘 이해할 수 있는 방법론을 제공하는데 이는 브라운 운동, Ito's Lemma, 로그 주가 확률과정 등을 적절히 활용함으로써 가능합니다. 2008년도의 KIKO뿐 아니라 그 이후에도 특히 2020년대 금융기관들의 ELS(equity-linked securities)의 판매 또한 많은 구매자들에게 막대한 손실을 입혀 사회문제화 됐는데, 이 또한 배리어 옵션이 연관된 문제입니다. 여러분들은 본절에서 배리어 옵션을 배움으로써, 앞으로 있을지 모를 금융기관들의 그런 불완전판매의 희생자가 될 위험을 회피할 수 있을 것으로 희망합니다.

배리어 옵션이 특정 배리어를 건드릴 확률을 본격적으로 다루기 전에, 배리어 옵션과 일반 옵션의 관계를 먼저 파악해 보겠습니다. 그 관계는 다음과 같습니다.

> **정리 12〉**
>
> 'knock-in' 옵션과 'knock-out' 옵션을 모두 보유하면 일반 옵션(vanilla options)을 보유한 것과 같다.

---

[13] 이에 대한 자세한 내용은 인터넷 등을 참고할 수 있습니다.

[14] 배리어 옵션에 관한 지식 부족과 불완전 판매(mis-selling)가 서로 관련되어 있기도 합니다.

이 정리를 이해하기 위해, 위에서 예를 든 배리어 옵션을 생각해 보겠습니다. 기초 자산이 특정 주가 S라 하고 현재 주가 $S_0 = \$100$, 그 행사 가격 $K = 120$이며 만기는 1개월인 콜 옵션을 생각해 봅시다. 동일한 사양(specifications)이지만 다음 조건이 붙은 'knock-in call' 옵션이 있을 수 있습니다. '만기 전에 S가 한 번이라도 \$80에 도달해야만 만기에 행사할 수 있다.'는 조건입니다. 또한 그 반대의 'knock-out call'도 있습니다. 즉, '만기 전에 S가 한 번이라도 \$80에 도달하면 옵션 가치가 0이 되는' 콜 옵션 말입니다. 그런데 $S_0 = \$100$인 현 시점부터 만기일까지는 다음 두 사건 중 어느 하나는 반드시 발생합니다.

사건 1: 만기까지 한 번이라도 주가가 \$80에 도달한다.

사건 2: 만기까지 단 한 번도 주가가 \$80에 도달하지 않는다.[15]

즉, 'knock-in' 콜과 'knock-out' 콜을 함께 보유하고 있으면, 만기일까지 주가가 \$80에 도달했는지 여부와 관계 없이 둘 중 하나는 만기일에 행사할 수 있습니다.[16] 그러므로 동일한 사양의 "일반" 콜 옵션을 보유한 것과 똑같은 효력이 있습니다. 이런 이유로 위 정리가 성립하는 것입니다. 물론 만기일 주가가 행사 가격보다 높아야 한다는 조건도 충족해야 하는데, 이는 일반 옵션도 마찬가지입니다.

이제 구체적으로, 기초 자산이 특정 주가 S라 하고 현재 주가 $S_0 = \$100$, 그 행사 가격 $K = 120$이며 만기는 1개월인 콜 옵션, 그리고 동일한 사양을 가졌지만 배리어 $(B) = 80$인 'knock-in' 콜과 'knock-out' 콜을 대상으로 위 정리가 어떤 의미인지 파악해 봅시다. 'knock-in' 콜은 주가가 만기일 이전에 \$80에 한 번이라도 도달해야 '살아 있는' 콜 옵션이 됩니다. 물론 이 경우에도 만기일에 주가가 $K = 120$보다 더 높아야 옵션을 행사할 수 있습니다. 반대로 'knock-out' 콜은 주가가 만기일 이전에 \$80에 한 번이라도 도달하면 그 즉시 '죽은' 콜 옵션이 됩니다. 이제 만기일에 도달했다고 가정합시다. 그러면 이 시점까지는 필경 다음 두 사건 중 하나가 발생했을 것입니다.

---

15 즉, 위 두 사건은 배반사건(mutually exclusive events)입니다. 동시에, 배리어 \$80에 관한 한, 옵션 만기일까지 발생할 수 있는 모든 사건(all-inclusive events)이기도 합니다.

16 이는 유러피언 콜을 가정했기 때문입니다만, 어메리칸 콜도 만기일에만 행사하는 것이 최적임을 이미 배운 적 있습니다.

사건 1: 만기일 이전에 주가가 $80에 도달한 적이 있다.

사건 2: 만기일 이전에 주가가 $80에 도달한 적이 없다.

이를 수학적으로 다시 표시하면 다음과 같습니다.

사건 1: $\text{Min}(S_t) \leq 80.$

사건 2: $\text{Min}(S_t) > 80.$

여기서 $\text{Min}(S_t)$는 "현 시점과 만기일 사이 주가의 최저 수준"을 말하며, 현 시점=0이므로 t의 범위는 $0 \leq t \leq T$이고, 만기가 1개월이므로 $T = 1/12$(년)이 됩니다. 이때 일반 콜의 만기일 가치(c_T), 'knock-in' 콜의 만기일 가치(KIc_T) 및 'knock-out' 콜의 만기일 가치(KOc_T)는 위 두 사건 중 어느 것이 발생했는가에 따라 다음과 같이 결정됩니다.

➢ 도표 7-4 사건 발생과 배리어 옵션의 가치

	$S_T > 120$			$S_T \leq 120$		
	c_T	KI_{c_T}	KO_{c_T}	c_T	KI_{c_T}	KO_{c_T}
$\text{Min}(S_t) \leq 80$	$S_T - 120$	$S_T - 120$	0	0	0	0
$\text{Min}(S_t) > 80$	$S_T - 120$	0	$S_T - 120$	0	0	0

이제 위 도표를 설명하겠습니다. 만기일에 콜이 외가격 혹은 등가격이 되면, 즉 $S_T \leq 120$이면, 일반 콜이든 배리어 콜이든 콜 가치는 무조건 0이 됩니다. $\text{Min}(S_t) \leq 80$이든 $\text{Min}(S_t) > 80$이든 말입니다. 반면 만기일에 콜이 내가격(in the money)이 되면, 즉 $S_T > 120$이면, 일반 콜의 가치는 "$S_T - 120$"입니다. 하지만 배리어 콜의 경우 $\text{Min}(S_t) \leq 80$ 여부에 따라 만기일 가치가 다릅니다. $\text{Min}(S_t) \leq 80$이 발생했다면 'knock-in' 콜의 권리가 살아 있어 만기일 가치가 "$S_T - 120$"이 되지만, 'knock-out' 콜의 경우에는 콜의 효력이 사라져 만기일 가치가 0이 됩니다. 반면 $\text{Min}(S_t) > 80$이 발생했다면 'knock-in' 콜의 효력이 사라져 만기일 가치가 0이 되지만, 'knock-out' 콜의 경우에는 콜의 효력이 살아 있어 만기일 가치가 "$S_T - 120$"이 됩니다. 위 도표를 통해, 일반 콜의 가치는 'knock-in' 콜과 'knock-out' 콜로 이루어진 포트폴리오의 가

치와 같음을 확인할 수 있습니다. 이제 이를 일반화하여 'knock-in' 콜의 가치평가를 시도해 보겠습니다.

1. 배리어 옵션의 내가격 확률

이제 'knock-in' 콜의 가치평가를 시도해 보겠습니다. 아직 우리가 옵션 가치평가를 다 배운 것이 아니므로, 여기서는 'knock-in' 콜 가치평가에 핵심적인 내용만을 공부해 보겠습니다. 이는 곧 'knock-in' 콜이 만기에 옵션으로서의 효력이 살아 있을 확률을 구하겠다는 뜻입니다. 'knock-out' 콜의 경우도 유사한 방식으로 그 확률을 구할 수 있습니다. 참고로 위 도표에서 알 수 있듯이, 'knock-in' 콜의 가치와 'knock-out' 콜의 가치를 더하면 일반 콜의 가치가 됩니다. 그러므로 세 콜 중 두 개의 가치만 알면 나머지 하나의 가치를 자동적으로 알 수 있습니다. 통상 일반 콜 가치를 'Black-Scholes option pricing model' 등으로 구한 후, 두 배리어 콜 옵션 중 하나의 가치를 구하면 나머지 배리어 콜 옵션의 가치도 자동적으로 알 수 있습니다. 본 주제는 다소 내용이 많고 길기 때문에 여러분들의 집중이 필요합니다.

참고로, 곧 여러분들이 읽을 다음 주제 "배리어 옵션 가치평가(이항 모형)"에서는 배리어 옵션의 가치평가까지 시도합니다. 가치평가를 직접 실행하면서 여러분은 배리어 옵션이 만기일에 내가격이 될 확률이 배리어 옵션의 가치평가에 결정적인 역할을 함을 알 수 있을 것입니다. 이 가치평가에는 이항 모형을 사용하기에 여러분들의 이해가 용이할 수 있을 것입니다.

현재 주가 $S_0 = \$100$, 그 행사 가격 $K = 120$, 만기 = 1개월, 배리어(B) = 80인 'knock-in' 콜이 만기일에 내가격일 확률를 구해 봅시다. 주가가 배리어 B를 "최초로" 건드리는 시점을 τ라 하겠습니다($0 < \tau \le T$). 수학적으로 표시하면 $\tau = min\{t|\ S_t = 80\}$입니다. "$\tau = min\{t|\ S_t = 80\}$"의 뜻은 '$S_t = 80$'이 되는 여러 t 값 중 가장 작은 값이 'τ'라는 것입니다. 물론 t의 범위는 $0 < t$인데 생략되었습니다. 가령 $\tau = \frac{7}{260}$라 하면 S가 80을 처음 'hit'한 시점이 오늘로부터 (trading day로) 7일 후라는 뜻입니다.

> **정의 1〉 주가가 배리어를 'hit'하는 가장 빠른 시점 τ**
>
> $$\tau = min\{t|\ S_t = 80\}.$$

이제 이 'knock-in call'이 만기일에 내가격이 되려면, 다음 두 조건을 모두 충족해야 합니다.

1) $S_T > 120$
2) $\tau < T\left(=\frac{1}{12}\right)$

참고로 2)는 (등호 붙은) $\tau \leq T$의 조건과 결과적으로 동등합니다. 만기일에 (최초로) $S_T = 80$이 되면 $\tau \leq T$ 조건은 충족하지만 조건 1) 즉 $S_T > 120$ 조건을 충족하지 못하므로 어차피 만기일 콜 가치는 0이 되기 때문입니다.

이제 우리가 구할 확률은

$$Pr[S_T > 120\ and\ \tau < T]$$
$$= Pr[S_T > 120 \cap \tau < T]$$

입니다(∩는 교집합 기호). 이 확률이 바로 'knock-in call'이 만기일에 내가격이 될 확률입니다. 이제 모든 수치를 일반화하여 $B < S_0 < K$로 대체해 보겠습니다. 즉, 현재 주가는 B보다 높기에 향후 B를 아래로 돌파하여 'hit'해야만 옵션으로서의 효력을 유지하는(down-and-in) 상황입니다. 즉, 이 배리어 옵션은 'down-and-in knock-in call'입니다. 자명한 얘기지만, 모든 배리어 옵션은 현재 시점에서 아직 배리어에 도달하지 않았어야 합니다. 현 시점에서 이미 배리어에 도달했다면 배리어 옵션의 취지가 무색해지며, 배리어 옵션은 일반 옵션이 되고 맙니다. 참고로 이 'knock-in call'을 그림으로 나타내면 다음과 같습니다. 아래 그림에서 x-축은 시간, y-축은 주가입니다.

➤ 그림 7-1 'knock-in call'이 만기 시 내가격이 되는 경로 1

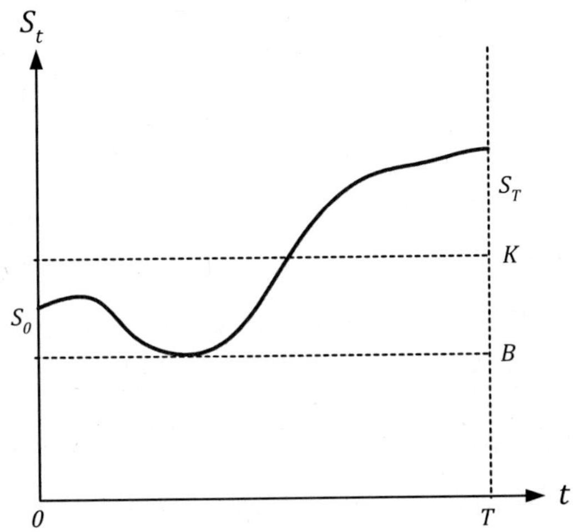

또한 다음 경우에도 'knock-in call'이 만기일에 내가격이 될 수 있습니다.

➤ 그림 7-2 'knock-in call'이 만기 시 내가격이 되는 경로 2

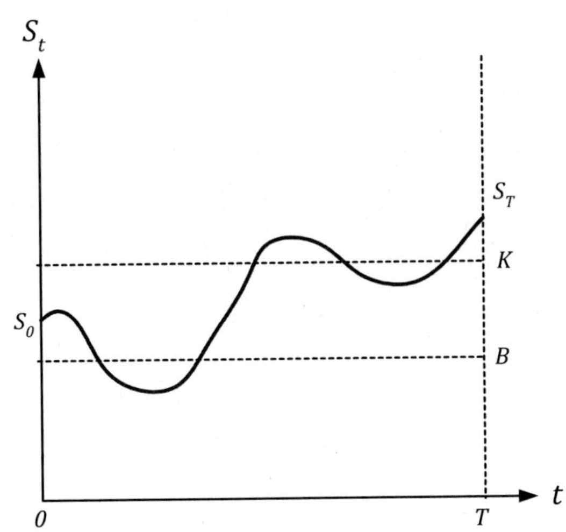

위 두 그림에서는 S_t가 B를 각각 한 번, 두 번 'hit'했습니다. 물론 세 번 이상 'hit'할 수도 있습니다. S_t가 B를 몇 번 건드리든(hit), 이 knock-in call이 만기에 내가격이 되려면 $S_T > 120$가 되어야 합니다. 나중에 설명하겠지만, 이 확률은 브라운 운동의 "대칭적" 성격을 활용하여 정확히 계산할 수 있습니다. 단, 브라운 운동에도 표준 브라운 운동과 기하 브라운 운동이 있기에 이 둘을 별도로 다룰 필요가 있습니다. 우리는 먼저 (로그)주가가 표준 브라운 운동을 따르는 경우의 이 확률을 계산해 보겠습니다.

$B < S_0 < K$를 가정하겠습니다. 그리고 T 이전에 $S_t = B$가 실현되었다고 가정하겠습니다. 즉, $\tau < T$라고 가정합니다. $\tau < T$가 달성된 상황에서, 만기일 주가가 $S_T > K$일 확률를 계산해 보겠습니다. 'knock-in call' 행사의 두 조건인 $S_T > K$과 $\tau < T$를 모두 충족할 확률을 단번에 계산하기 어려워, $\tau < T$가 달성된 시점에서 (즉, $S_\tau = B$의 시점 τ에서) 출발하는 것입니다. 추후에는, 두 조건이 모두 충족되는 확률, 즉 $Pr[S_T > 120 \text{ and } \tau < T]$을 한번에 계산할 수 있음을 보이겠습니다.

로그 주가 $\ln(S)$가 표준 브라운 운동 w를 따르면, 즉 $\ln(S_t) = w_t$이면 다음이 성립합니다.

$$d(\ln(S_t)) = dw_t, \qquad \text{where} \quad dw_t \sim N(0, dt).$$

브라운 운동 특성에 따라 기간 $T - t$ 동안 다음도 성립합니다.

$$\ln(S_T) - \ln(S_t) \sim N(0, T - t).$$

평균 0에서 알 수 있듯, 로그 주가의 변동은 0을 중심으로 상승과 하락이 대칭입니다. 현 시점 t에서 $\ln(S_t)$는 상수이고 미래의 (로그)주가 $\ln(S_T)$는 확률변수입니다. 상수 $\ln(S_t)$를 위 식의 양변에 더해 봅시다. $N(0, T - t)$를 따르는 확률변수에 상수 $\ln(S_t)$를 더해주면, 그 확률변수는 평균만 달라진

$$N(0 + \ln(S_t), T - t) = N(\ln(S_t), T - t)$$

를 따릅니다. 그러므로 $\ln(S_t)$를 위 식의 양변에 더하면 좌변에는 $\ln(S_T)$만 남습니다.

$$\ln(S_T) \sim N(\ln(S_t), T - t).$$

이제 $t = \tau$이면 $S_\tau = B$이므로 $\ln(S_\tau) = \ln(B)$입니다. 그리고 $T - t$도 $T - \tau$가 됩니다. 아래 결과가 만기일 (로그)주가 $\ln(S_T)$의 확률분포입니다. $S_\tau = B$인 경우에 말

입니다.

$$\ln(S_T) \sim N(\ln(B), T-\tau).$$

위 식의 의미가 무엇일까요? 만기일 (로그)주가 $\ln(S_T)$의 확률분포가 알려졌다는 것입니다. $N(\ln(B), T-\tau)$에서 $\ln(B)$도 알려진 상수이고 $T-\tau$도 알려진 상수니, 우리는 만기일 로그 주가의 확률분포를 명확히 알고 있습니다. 이제는 시점 τ에 $S_\tau = B$인 조건에서, 만기일 이 'knock-in call'이 내가격일 '조건부 확률' $\Pr[S_T > K | S_\tau = B]$를 구해 보겠습니다. 참고로 아래에서 '양변'이란 ($S_T > K$ 같은) 부등식의 양변을 말합니다. 각 단계마다 부등식 표현이 어떻게 조금씩 달라지는지 괄호 내용을 참조하여 보기 바랍니다.

$Pr[S_T > K|\ S_\tau = B]$
$= Pr[S_T > K|\ \ln(S_\tau) = \ln(B)]$ ($S_\tau = B$ 양변에 로그 씌움)
$= Pr[\ln(S_T) > \ln(K)\,|\ \ln(S_\tau) = \ln(B)]$ (부등식 양변에 로그 씌움)
$= Pr[\ln(S_T) - \ln(S_\tau) > \ln(K) - \ln(S_\tau)\,|\ \ln(S_\tau) = \ln(B)]$ (부등식 양변에서 $\ln(S_\tau)$ 뺌)
$= Pr[\ln(S_T) - \ln(S_\tau) > \ln(K) - \ln(B)\,|\ \ln(S_\tau) = \ln(B)]$ ($S_\tau = B$이므로)
$= Pr^C\left[\ln(S_T) - \ln(S_\tau) > \ln\left(\frac{K}{B}\right)\right].$

위 마지막 줄은 "$\ln(S_\tau) = \ln(B)$" 조건이 들어간 이 조건부 확률을 간단히 $Pr^C[\cdot]$로 표기한 것인데, 상첨자(superscript) c는 '조건부 확률'을 암시합니다.

정의 2〉 조건부 확률 표기

$$Pr^C\left[\ln(S_T) - \ln(S_\tau) > \ln\left(\frac{K}{B}\right)\right] := Pr\left[\ln(S_T) - \ln(S_\tau) > \ln\left(\frac{K}{B}\right)\Big|\ \ln(S_\tau) = \ln(B)\right].$$ [17]

[17] ':='는 "정의(define)"를 의미하는 기호입니다.

이제 다음 사실을 활용하겠습니다.

$$\ln(S_T) - \ln(S_\tau) \sim N(0, T - \tau).$$

'$\ln(S_T) - \ln(S_\tau)$'는 0을 중심으로 하는 대칭적 분포이니, 가령 "$\ln(S_T) - \ln(S_\tau)$가 3보다 클 확률"은 "$\ln(S_T) - \ln(S_\tau)$가 (-3)보다 작을 확률"과 동일합니다. 마찬가지로 "$\ln(S_T) - \ln(S_\tau)$가 $\ln\left(\frac{K}{B}\right)$보다 클 확률"은 "$\ln(S_T) - \ln(S_\tau)$가 $-\ln\left(\frac{K}{B}\right)$보다 작을 확률"과 동일합니다. 즉,

$$Pr^C\left[\ln(S_T) - \ln(S_\tau) > \ln\left(\frac{K}{B}\right)\right]$$
$$= Pr^C\left[\ln(S_T) - \ln(S_\tau) < -\ln\left(\frac{K}{B}\right)\right].$$
$$= Pr^C\left[\ln(S_T) < \ln(S_\tau) - \ln\left(\frac{K}{B}\right) = \ln(S_\tau) - \ln(K) + \ln(B)\right]$$

인데 $\ln(S_\tau) = \ln(B)$이므로

$$= Pr^C[\ln(S_T) < \ln(B) - \ln(K) + \ln(B)]$$
$$= Pr^C[\ln(S_T) < 2\ln(B) - \ln(K)]$$

가 됩니다. 이제 $Pr^C[\cdot]$의 조건 $\ln(S_\tau) = \ln(B)$을 복원하면

$$Pr^C[\ln(S_T) < 2\ln(B) - \ln(K)]$$
$$= Pr[\ln(S_T) < 2\ln(B) - \ln(K)|\ \ln(S_\tau) = \ln(B)]$$

입니다. 그러므로 전체 과정의 최종 결과는 아래와 같습니다.

$$Pr[S_T > K|S_\tau = B] = Pr[\ln(S_T) < 2\ln(B) - \ln(K)|\ \ln(S_\tau) = \ln(B)].$$

우리가 애초 $\Pr[S_T > K|S_\tau = B]$라는 조건부 확률을 다룬 이유는, 'knock-in call'이 만기일 내가격이 되기 위해선 두 사건을 충족해야 했기 때문이었습니다. 첫째로 만기일 이전에 주가가 B를 'hit'하고 $(\tau < T)$, 둘째로 만기일에 $S_T > K$, 즉 $\ln(S_T) > \ln(K)$가 되어야 합니다. 이 두 사건이 모두 발생하는 확률을 단번에 계산하기 어려워,

첫째 사건이 발생했다는 조건 아래 둘째 사건의 확률을 계산했습니다. 그런데 지금 와서 다시 보니, 이 두 사건이 모두 발생할 확률이 어떤 단일 사건이 발생할 확률과 같습니다. 그 단일 사건이 무엇인지 알아보겠습니다.

만기일 주가가 $\ln(S_T) < 2\ln(B) - \ln(K)$를 충족하면

a) $\ln(S_T) < \ln(B)$가 되어
b) $\tau < T$를 (자동) 충족

합니다. 이를 증명하겠습니다. 가정에 의해 $B < K$입니다. 그러므로

$$\ln(B) < \ln(K)$$

이고 이는 곧

$$\ln(B) - \ln(K) < 0$$

입니다. 이 부등식 양변에 $\ln(B)$를 더하면

$$2\ln(B) - \ln(K) < \ln(B)$$

가 도출됩니다. 그러므로

$\ln(S_T)$가 $2\ln(B) - \ln(K)$보다 작다면
$\ln(S_T)$는 $\ln(B)$ 보다 작습니다.

즉, 전자는 후자의 충분조건입니다. 결과적으로 다음이 성립합니다.

$$\ln(S_T) < 2\ln(B) - \ln(K) < \ln(B).$$

즉, 만기일에 $\ln(S_T) < 2\ln(B) - \ln(K)$ 가 발생한다면 이는 필연적으로 $\ln(S_T) <$ ln(B)를 의미합니다(즉 $S_T < B$를 의미). 그리고 (로그)주가는 “연속” 확률변수이므로, 만기에 $S_T < B$라면, ($S_0 > B$에서 출발한) 주가가 만기 이전에 $S_\tau = B$를 touch한 후 만기일에 B보다 낮은 값에 착지했다는 뜻입니다($\tau < T$). 결국 이 배리어 옵션이 만기일 내가격이 되는 복잡한 사건의 확률은 단순히 기초 자산 (로그)가격이 특정 값보다 작으면 된다는 간단한 사건의 확률과 같습니다. 즉, 다음이 성립합니다.

$$
\begin{aligned}
&Pr[S_T > K | S_\tau = B] \\
&\quad = Pr[\ln(S_T) < 2\ln(B) - \ln(K) | \ \ln(S_\tau) = \ln(B)] \\
&\quad = Pr[\ln(S_T) < 2\ln(B) - \ln(K)] \\
&\quad = Pr[S_T > K, \ and \ \ \tau < T] = Pr\big[\text{knock} - \text{in call이 만기일에 내가격}\big].
\end{aligned}
$$

(증명 끝)

원래 우리의 출발은 ($S_\tau = B$ 조건에서) $S_T > K$의 (조건부) 확률을 구하는 것이었는데, (로그 주가의) 표준 브라운 운동 특성을 이용하여 그 확률이 바로 $\ln(S_T) < 2\ln(B) - \ln(K)$ 확률임을 알게 되었습니다. 그런데 $\ln(S_T) < 2\ln(B) - \ln(K)$ 이면 $\ln(S_T) < \ln(B)$이 충족되므로, 즉 만기일 전에 주가가 B를 touch했으므로, $S_\tau = B$ 조건이 더는 필요 없습니다. 즉, 이 단일 사건 "$\ln(S_T) < 2\ln(B) - \ln(K)$"의 확률만 계산하면, 'knock-in call'이 $\tau < T$ 조건과 $\ln(S_T) > \ln(K)$ 조건을 모두 충족할 확률을 계산하는 셈입니다. 이를 쉽게 설명하면 다음과 같습니다. $2\ln(B) - \ln(K) = \ln\left(\frac{B^2}{K}\right)$으로 치환하여 설명합니다.

a) 시초 주가는 $\ln(S_0) > \ln(B)$.

b) 이 콜이 만기일 내가격 되려면, (로그)주가가 하락하여 $\ln(B)$를 touch하고 다시 상승하여 만기일에 $\ln(K)$보다 커야 함. ($\because$ $\ln(B) < \ln(S_0) < \ln(K)$)

c) 그런데 "로그 주가가 $\ln(B)$를 touch + 만기일에 $\ln(K)$보다 클" 사건의 확률은 "로그 주가가 $\ln(B)$를 touch하고 만기일에 $\ln\left(\frac{B^2}{K}\right)$보다 작을" 사건의 확률과 동일함.

d) 그 이유는 $\ln(B)$ touch 후 로그 주가가 $\ln(K)$보다 커지려면 $\ln(K) - \ln(B)$ 만큼 상승해야 하는데, 이 상승 확률은 로그 주가가 $\ln(K) - \ln(B)$만큼 하락할 확률과 같기에. $\left(\text{그리고 } \ln(B) - [\ln(K) - \ln(B)] = \ln\left(\frac{B^2}{K}\right)\right)$

e) 이는 (브라운 운동 따르는) 로그 주가의 대칭성에 기인.

f) 그런데 "로그 주가가 $\ln(B)$를 touch하고 만기일에 $\ln\left(\frac{B^2}{K}\right)$보다 작을" 사건은, 즉 두 조건을 충족하는 사건의 확률은, "로그 주가가 만기일에 $\ln\left(\frac{B^2}{K}\right)$보다 작을" 사건의 확률과 동일.

g) 왜냐하면, 만기일 로그 주가가 $\ln\left(\frac{B^2}{K}\right)$보다 작다면, 로그 주가는 이미 $\ln(B)$ 보다도 작기에. $\left(\ln\left(\frac{B^2}{K}\right) = \ln(B) - [\ln(K) - \ln(B)] < \ln(B)\right)$

이 'knock-in call'이 만기일에 내가격일 확률이 애초에는 '조건부 확률'을 포함하는 두 확률의 곱셈이었으나, 이제 이는 단일 사건의 확률과 같습니다. 이를 수식으로 표현하면 아래와 같습니다. 아래에서 Pr[Y]는 사건 Y의 확률을, Pr[Y|Z]는 "사건 Z가 발생한 조건에서 사건 Y가 발생할 (조건부)확률"을 뜻합니다.

$$\begin{aligned} &Pr[\text{knock}-\text{in call이 만기일에 내가격}] \\ &= Pr[\text{만기 전 } B\text{를 'hit'}] \times Pr[\text{만기에 내가격} \mid \text{만기 전 } B\text{를 'hit'}] \\ &= Pr[\text{만기 전 } B\text{를 'hit'}] \times \Pr[\ln(S_T) > \ln(K) \mid S_\tau = B,\ \ \tau < T]. \end{aligned}$$

그런데 알고 보니, 브라운 운동을 따르는 로그 주가의 특성상 위 마지막 수식의 조건부 확률은 다음과 확률 값과 같습니다.

$$Pr[\ln(S_T) > \ln(K) \mid S_\tau = B, \tau < T] = Pr[\ln(S_T) < 2\cdot\ln(B) - \ln(K) \mid S_\tau = B,\ \tau < T].$$

그러므로

$$\begin{aligned} &\Pr[\text{만기 전 } B\text{를 'hit'}] \times \Pr[\ln(S_T) > \ln(K) \mid S_\tau = B,\ \tau < T] \\ &= \Pr[\text{만기 전 } B\text{를 'hit'}] \times \Pr[\ln(S_T) < 2\cdot\ln(B) - \ln(K) \mid S_\tau = B,\ 0 < \tau < T]. \end{aligned}$$

그런데 다시 알고 보니,

"$\ln(S_T) < 2\cdot\ln(B) - \ln(K)$"가 달성되면 주가가 "만기 전에 B를 이미 hit했다"

는 것입니다. 왜냐하면 $2\cdot\ln(B) - \ln(K) < \ln(B)$ 이기에, "$2\cdot\ln(B) - \ln(K)$"보다 낮은 $\ln(S_T)$는 이미 $\ln(B)$보다 낮기 때문입니다. 그러므로 위 두 확률의 곱셈은 단일한 사건의 확률로 귀결됩니다. 즉, 다음이 성립합니다.

$$\begin{aligned} &\Pr[\text{knock}-\text{in call이 만기일에 내가격}] \\ &= \Pr[\text{만기 전 } B\text{를 'hit'}] \times \Pr[\ln(S_T) < 2\cdot\ln(B) - \ln(K) \mid S_\tau = B,\ 0 < \tau < T] \end{aligned}$$

$= \Pr[\ln(S_T) < 2 \cdot \ln(B) - \ln(K)].$

결국

$$\Pr[\text{knock} - \text{in call이 만기일에 내가격}] \\ = \Pr[\ln(S_T) < 2 \cdot \ln(B) - \ln(K)]$$

이 됩니다. 이 과정을 그림으로 표현하면 아래와 같습니다.

➢ 그림 7-3 Reflection principle(반사 원리)

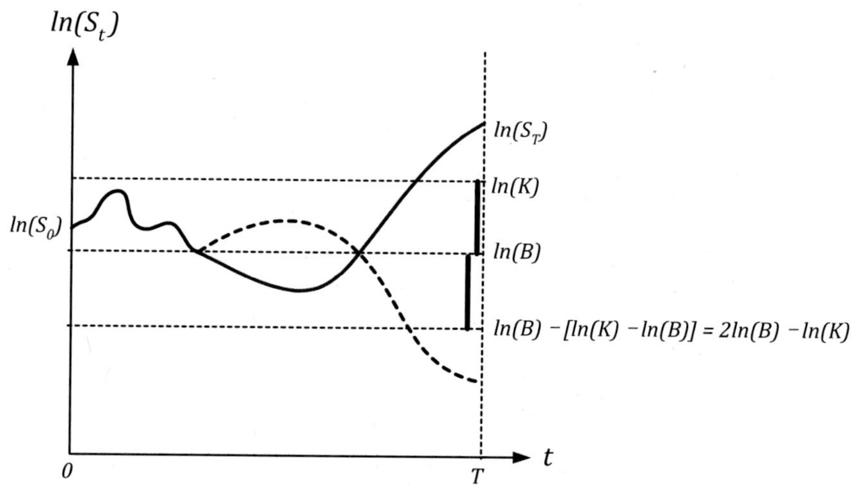

위 그림은 어느 시점에선가 주가가 B를 hit하고$(\ln(S_\tau) = \ln(B))$, 그 후 상승하여 최종적으로 $\ln(S_T)$로 착지하는 경로를 묘사하고 있습니다$(\ln(S_T) > \ln(K))$. 위 그래프에서 실선으로 이루어진 경로입니다. 그런데 로그 주가가 이 $\ln(B)$에 도달한 시점부터는 $\ln(B)$를 기준으로 위아래로 대칭을 이루는 두 경로가 존재합니다. (브라운 운동을 따르는) 로그 주가의 움직임은 대칭이기에, 로그 주가가 x만큼 상승하는 사건이나 x만큼 하락하는 사건이나 그 확률은 동일합니다$(\text{여기서 } x = \ln(K) - \ln(B))$. 후자의 경로는 마치 거울에 반사된 이미지(mirror image)와 유사합니다. 그래서 전자의 경로를 '원 경로' 그리고 후자의 경로를 '거울 이미지(mirror image)' 또는 '그림자 경로(shadow path)'라 합니다. 원 경로에서는 로그 주가가 $\ln(B)$ 'hit' 후 상승했지만 그림자 경로에서는 $\ln(B)$ 'hit' 후 하락하며, 이 하락의 크기$(= x)$는 원 경로의 상승의 크기$(= x)$와 같습니다. 이처럼 이 옵션이 만기일에 내가격이 되는 어떠한 원 경로든지 그와 동일한 확률을 갖는 그림자 경로가 존재합니다. 역으로, 어떤 그림자 경로든지 그와 동일한 확률을 갖는 원 경로가 존재합니다. B를 최초로 'hit'하는 시점이 어느 시점이든 상관없습니다. 또 B를 여러 번 hit하는 경우도 그에 상응하는 그림자 경로가 존재합니다. 이에 대해서는 아래 그래프를 참조할 수 있습니다.

➢ 그림 7-4 그림자 경로

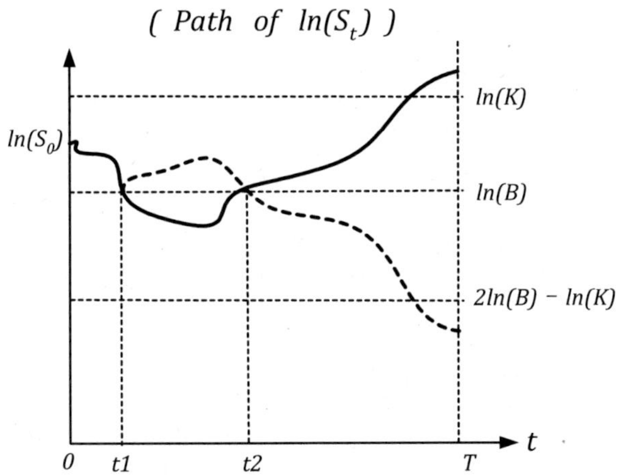

위 그림은 주가가 B를 만기일까지 두 번 touch하고 만기일에 이 콜이 내가격이 되는 하나의 경우(경로)를 보여주고 있습니다. 이 경우의 그림자 경로는, B를 처음 touch하는 시점 $t1$까지는 원 경로와 동일하고 그 이후부터는 원 경로의 거울 이미지로 움직이는 경로가 됩니다(점선으로 표시). 이 그림자 경로 또한, 단순히 만기일 로그 주가가 $\ln(S_T) < 2 \cdot \ln(B) - \ln(K)$가 되는 한 경우로 이해할 수 있습니다. 결국, 이 knock-in call이 만기일 내가격이 되는 어떤 원 경로에서 B를 몇 번 touch하든지, 그 원 경로와 동일한 확률의 그림자 경로가 위 그림처럼 존재합니다. 그리고 그 그림자 경로는 다름 아닌 단순히 만기일에 로그 주가가 $\ln(S_T) < 2 \cdot \ln(B) - \ln(K)$이 되는 하나의 경로입니다.

이는 여러분들도 쉽게 입증할 수 있습니다. 종이와 필기도구를 준비해서, 모든 가능한 원 경로를 여러 개 그려 보기 바랍니다. 이 'knock-in call'이 만기일에 내가격이 될 원 경로들 말입니다. 어떤 원 경로를 그렸든지, 시점 $t1$ 이후부터 그에 상응하는 그림자 경로를 위 그림처럼 그릴 수 있고, 그 그림자 경로는 항상 만기일 로그 주가가 $\ln(S_T) < 2 \cdot \ln(B) - \ln(K)$인 경로가 됩니다. 역으로, $S_0(> B)$에서 출발하여 만기일에 $\ln(S_T) < 2 \cdot \ln(B) - \ln(K)$로 끝나는 임의의, 아무 그림자 경로를 그려 보기 바랍니다. B를 touch하는 것에 신경 쓰지 말고 말입니다. "B hit"에 신경쓰지 않아도, 어차피 B를 touch해야 $\ln(S_T) < 2 \cdot \ln(B) - \ln(K)$이 가능합니다. $2 \cdot \ln(B) - \ln(K) < \ln(B) < \ln(S_0)$이기 때문입니다. 이렇게 아무렇게나 그린 그림자 경로에 상응하는 원 경로가 존재하고 그 원 경로는 "$S_0(> B)$에서 출발한 주가가 B를 최초로 touch한 후 만기일에 $\ln(S_T) > \ln(K)$를 충족함을 알게 될 것입니다. 물론 이 과정에서, 그림자 경로에서 처음으로 B를 touch한 $t1$ 시점부터 원 경로는 그림자 경로의 거울 이미지로 그려져야 합니다. 이렇게 원 경로를 복원하면, 그림자 경로에서 B를 몇 번 touch하든지 상관 없이, 이 'knock-in call'이 만기일 내가격이 되는 원 경로가 복원될 것입니다.

> **정리 13〉 배리어 옵션이 만기일 내가격 확률**
>
> 현재 주가 $= S_0$이고 로그 주가 확률과정이 $d(\ln(S_t)) = dw_t$라 하자.
>
> 이 주가를 기초 자산으로 하는 어느 knock-in call의 배리어(B), 행사가격(K), 현재 가격(S_0)의 관계가 $B < S_0 < K$이라 하자.
>
> 이 knock-in call이 만기일 내가격이 되는 각 원 경로에 대해 1 : 1로 매칭되는 그림자 경로가 존재하며, 각 그림자 경로에 대해서도 이 'knock-in call'이 만기일 내가격이 되는 원 경로가 1 : 1로 존재한다.
>
> 이때 그림자 경로는 단순히 만기일 로그 주가가 $\ln(S_T) < 2 \cdot \ln(B) - \ln(K)$가 되는 경로이다. 그러므로 이 knock-in call이 만기일 내가격이 될 확률은 $\Pr[\ln(S_T) < 2 \cdot \ln(B) - \ln(K)]$이 된다.

이제 위 정리 과정과 결과를 수리적으로 표현해 봅시다. 현재 주가 $= S_0$, 배리어 $= B$, 행사 가격 $= K$이고 $B < S_0 < K$를 가정하겠습니다. 그리고 이 'down-and-in barrier call'이 '만기일에 내가격이 될 확률'을 구해 봅시다. 즉, 현재 주가보다 낮은 B를 'hit'한

후 만기일에는 주가가 K보다 클 확률을 구해 보겠습니다. 위 정리에 따라 단순히 그림자 경로(들)의 확률을 구하면 됩니다. 이 확률을 구하기 위해서는 로그 주가를 표준 정규변수로 변환하면 됩니다.

$$
\begin{aligned}
&Pr[\ln(S_T) < 2 \cdot \ln(B) - \ln(K)] \\
&= Pr[\ln(S_T) - \ln(S_0) < 2 \cdot \ln(B) - \ln(K) - \ln(S_0)] \\
&= Pr[\ln(S_T) - \ln(S_0) < 2 \cdot \ln(B) - \{\ln(K) + \ln(S_0)\}] \\
&= Pr[\ln(S_T) - \ln(S_0) < \ln(B^2) - \ln(K \cdot S_0)] \\
&= Pr\left[\ln(S_T) - \ln(S_0) < \ln\left(\frac{B^2}{K \cdot S_0}\right)\right].
\end{aligned}
$$

애초 우리는 로그 주가가 (표준) 브라운 운동의 확률과정을 따름을 가정했습니다.

$$
d(\ln(S_t)) = dw, \qquad \text{where } \ dw \sim N(0, dt).
$$

브라운 운동 특성에 따라 다음도 성립합니다.

$$
\ln(S_T) - \ln(S_t) \ \sim N(0, T - t).
$$

$t = 0$이면 다음이 성립합니다.

$$
\ln(S_T) - \ln(S_0) \ \sim N(0, T).
$$

이제 '$\ln(S_T) - \ln(S_0)$'에서 평균 0을 빼고 이를 표준편차 $\sqrt{T}$로 나누면 이 수치는 표준정규분포 $N(0,1)$을 따르는 표준정규변수 Z가 됩니다. 그러므로 $Pr\left[\ln(S_T) - \ln(S_0) < \ln\left(\frac{B^2}{K \cdot S_0}\right)\right]$는 다음과 같이 변합니다.

$$
\begin{aligned}
&Pr\left[\ln(S_T) - \ln(S_0) < \ln\left(\frac{B^2}{K \cdot S_0}\right)\right] \\
&= Pr\left[\frac{\ln(S_T) - \ln(S_0) - 0}{\sqrt{T}} < \frac{\ln\left(\frac{B^2}{K \cdot S_0}\right) - 0}{\sqrt{T}}\right]
\end{aligned}
$$

$$= Pr\left[z < \frac{\ln\left(\frac{B^2}{K\cdot S_0}\right)}{\sqrt{T}}\right]$$

$$= N\left[\frac{\ln\left(\frac{B^2}{K\cdot S_0}\right)}{\sqrt{T}}\right].$$

단, $N[\cdot]$은 표준정규변수(standard normal variable) z의 누적분포함수입니다. 결국 현재 주가 S_0, 배리어$=B$, 그리고 행사 가격은 K이고 $B < S_0 < K$인 'down-and-in barrier call'이 만기일에 내가격이 될 확률은 다음 정리와 같습니다.

정리 14〉 'down-and-in barrier call'이 만기일에 내가격이 될 확률

현재 주가 $= S_0$, 배리어 $= B$, 행사 가격 $= K$이고 $B < S_0 < K$일 때, 또 로그 주가 확률 과정이

$$d(\ln(S_t)) = dw_t$$

일 때, 이 'down-and-in barrier call'이 '만기일에 내가격이 될 확률'은 다음과 같다. 단 $N[\cdot]$은 표준정규변수(standard normal variable)의 누적분포함수이다.

$$N\left[\frac{\ln\left(\frac{B^2}{K\cdot S_0}\right)}{\sqrt{T}}\right].$$

한편 로그 주가 $\ln(S)$가 일반적으로 변동성 σ를 가지는 경우의 이 knock-in call이 만기일에 내가격이 될 확률은 어떻게 될까요? 즉,

$$d(\ln(S_t)) = \sigma \cdot dw_t$$

이면 말입니다($\sigma = 1$이면 로그 주가는 표준 브라운 운동).

질문 7-5〉 $d(\ln(S_t)) = \sigma \cdot dw_t$일 때 knock-in call이 만기일에 내가격이 될 확률?

먼저 주가가 어떤 확률과정을 가질 때 이런 결과가 나올지 따져 봅시다. 이를 알기 위해, 더 일반적인 주가 확률과정을 소환해 봅시다.

$$dS_t = \mu \cdot S_t \cdot dt + \sigma \cdot S_t \cdot dw_t.$$

이는 곧 로그 주가의 움직임이 다음 확률과정을 따름을 의미합니다.

$$d[\ln(S_t)] = \left(\mu - \frac{\sigma^2}{2}\right) dt + \sigma \cdot dw_t.$$

그리고 이 형태의 브라운 운동을 "일반(화된) 브라운 운동(generalized Brownian motion)"이라 함도 배웠습니다. 그런데 이 기하 브라운 운동에서

$$\mu - \frac{\sigma^2}{2} = 0$$

이 되면

$$d[\ln(S_t)] = \sigma \cdot dw_t$$

이 됩니다. 이런 경우에, 이 주가를 기초 자산으로 하는 knock-in call이 만기일에 내가격이 될 확률을 알아보겠다는 것입니다.

결론부터 말하면, 이 작업은 위에서 우리가 구했던

"$\ln(S)$가 표준 브라운 운동을 따를 때 knock-in call의 만기일 내가격 확률"

을 구하는 과정과 거의 유사합니다만, 최종 단계에서 그 확률을 표준정규변수의 확률 $N[\cdot]$으로 변환할 때만 다릅니다. 왜냐하면 이제는, 1년의 기간이 경과할 때 로그 주가의 분산이 1이 아니라 σ^2이기 때문입니다. 이제 knock-in call의 만기일 내가격 확률을 구하는 과정을 한 단계씩 밟아 나가겠습니다.

$d(\ln(S_t)) = \sigma \cdot dw_t$의 확률분포는

$$d(\ln(S_t)) = \sigma \cdot dw_t \sim N(0,\ \sigma^2 \cdot dt)$$

가 됩니다. 또 브라운 운동 특성에 따라 기간 $T-t$ 동안 다음도 성립합니다.

$$\ln(S_T) - \ln(S_t) \sim N\big(0,\ \sigma^2 \cdot (T-t)\big).$$

이 확률분포의 평균 0에서 알 수 있듯, 로그 주가 변동은 0을 중심으로 상승과 하락이 대칭입니다. 현 시점을 t라 하고, 상수 $\ln(S_t)$를 위 식의 양변에 더하면, $N(0,(T-t)\cdot\sigma^2)$을 따르는 확률변수에 상수 $\ln(S_t)$를 더하는 것이므로, 이 새 확률변수는 평균만 $\ln(S_t)$만큼 더해진

$$\ln(S_T) \sim N(\ln(S_t),\ (T-t)\cdot\sigma^2)$$

을 따릅니다. 또 $t=\tau(<T)$에서 $S_\tau = B$를 가정하므로 $\ln(S_\tau) = \ln(B)$입니다. 즉,

$$\ln(S_T) \sim N(\ln(B),\ (T-\tau)\cdot\sigma^2).$$

$S_\tau = B$인 조건에서, 만기일 이 knock-in call이 내가격일 '조건부 확률' $\Pr[S_T > K|S_\tau = B]$를 구해 봅시다.

$\Pr[S_T > K|\ S_\tau = B]$

$= \Pr[S_T > K|\ \ln(S_\tau) = \ln(B)]$

$= \Pr[\ln(S_T) > \ln(K)\,|\ \ln(S_\tau) = \ln(B)]$ (부등식 양변에 로그 씌움)

$= \Pr[\ln(S_T) - \ln(S_\tau) > \ln(K) - \ln(S_\tau)\,|\ \ln(S_\tau) = \ln(B)]$ (양변에서 $\ln(S_\tau)$ 뺌)

$= \Pr[\ln(S_T) - \ln(S_\tau) > \ln(K) - \ln(B)\,|\ \ln(S_\tau) = \ln(B)]$ ($S_\tau = B$이므로)

$= \Pr[\ln(S_T) - \ln(S_\tau) > \ln\left(\frac{K}{B}\right)|\ \ln(S_\tau) = \ln(B)]$

이 조건부 확률의 조건 "$\ln(S_\tau) = \ln(B)$"을 생략하고 $Pr^C[\cdot]$로 표기하면

$$= Pr^C\left[\ln(S_T) - \ln(S_\tau) > \ln\left(\frac{K}{B}\right)\right].$$[18]

[18] 즉, $Pr^C\left[\ln(S_T) - \ln(S_\tau) > \ln\left(\frac{K}{B}\right)\right] := Pr\left[\ln(S_T) - \ln(S_\tau) > \ln\left(\frac{K}{B}\right)|\ \ln(S_\tau) = \ln(B)\right]$.
여기서 ':='는 "정의(define)"를 의미하는 기호입니다.

이제 다음 사실을 활용하겠습니다.

$$\ln(S_T) - \ln(S_\tau) \sim N(0,\ (T-\tau)\cdot\sigma^2).$$

'$\ln(S_T) - \ln(S_\tau)$'는 0을 중심으로 하는 대칭 분포이니, $\ln(S_T) - \ln(S_\tau)$가 "$\ln\left(\frac{K}{B}\right)$보다 클 확률"은 "$-\ln\left(\frac{K}{B}\right)$보다 작을 확률"과 동일합니다.

$$Pr^C\left[\ln(S_T) - \ln(S_\tau) > \ln\left(\frac{K}{B}\right)\right]$$
$$= Pr^C\left[\ln(S_T) - \ln(S_\tau) < -\ln\left(\frac{K}{B}\right)\right].$$

부등식 좌변의 '$-\ln(S_\tau)$'를 우변으로 옮기면

$$Pr^C\left[\ln(S_T) < \ln(S_\tau) - \ln\left(\frac{K}{B}\right) = \ln(S_\tau) - \ln(K) + \ln(B)\right]$$

인데 $\ln(S_\tau) = \ln(B)$이므로

$$Pr^C[\ln(S_T) < \ln(S_\tau) - \ln(K) + \ln(B)]$$
$$= Pr^C[\ln(S_T) < \ln(B) - \ln(K) + \ln(B)]$$
$$= Pr^C[\ln(S_T) < 2\cdot\ln(B) - \ln(K)]$$

가 됩니다.

이제 $Pr^C[\cdot]$의 조건 $\ln(S_\tau) = \ln(B)$를 복원하면

$$Pr^C[\ln(S_T) < 2\cdot\ln(B) - \ln(K)]$$
$$= Pr[\ln(S_T) < 2\cdot\ln(B) - \ln(K)|\ \ln(S_\tau) = \ln(B)]$$

입니다. 그러므로 이 전체 과정의 최종 결과는 아래와 같습니다.

$$Pr[S_T > K|S_\tau = B] = Pr[\ln(S_T) < 2\cdot\ln(B) - \ln(K)|\ln(S_\tau) = \ln(B)].$$

우리가 애초 $\Pr[S_T > K|S_\tau = B]$라는 조건부 확률을 다룬 이유는, 이 knock-in call이 만기일 내가격이 되기 위해선 두 사건을 충족해야 했기 때문이었습니다. 첫째로 만기일 이전에 주가가 B를 'hit'하고($\tau < T$), 둘째로 만기일에 $S_T > K$, 즉 $\ln(S_T) > \ln(K)$가

되어야 합니다. 이 두 사건이 모두 발생하는 확률을 단번에 계산하기 어려워, 첫째 사건이 발생했다는 조건 아래 둘째 사건의 확률을 계산했습니다. 그런데 지금 와서 다시 보니, 이 두 사건이 모두 발생할 확률이 어떤 단일 사건이 발생할 확률과 같습니다. 그 단일 사건은 바로

$$\ln(S_T) < 2 \cdot \ln(B) - \ln(K)$$

이었음이 위에서 이미 입증됐습니다(즉 로그 주가가 표준 브라운 운동을 따르는 경우를 다룰 때 이미 입증). 즉, 다음이 성립합니다.

$$\begin{aligned}&\Pr\left[\text{knock}-\text{in call이 만기일에 내가격}\right]\\&=\Pr\left[\text{만기 전 } B\text{를 ‘hit’}\right] \times \Pr[\ln(S_T) < 2 \cdot \ln(B) - \ln(K)\,|S_\tau = B,\ 0 < \tau < T]\\&=\Pr[\ln(S_T) < 2 \cdot \ln(B) - \ln(K)].\end{aligned}$$

이제 이 확률을 구해 봅시다.

$$\begin{aligned}&Pr[\ln(S_T) < 2 \cdot \ln(B) - \ln(K)]\\&= Pr[\ln(S_T) - \ln(S_0) < 2 \cdot \ln(B) - \ln(K) - \ln(S_0)]\\&= Pr[\ln(S_T) - \ln(S_0) < \ln(B^2) - \ln(K \cdot S_0)]\\&= Pr\left[\ln(S_T) - \ln(S_0) < \ln\left(\frac{B^2}{K \cdot S_0}\right)\right].\end{aligned}$$

애초 우리는 로그 주가가 다음 브라운 운동의 확률과정을 따름을 가정했습니다.

$$d(\ln(S_t)) = \sigma \cdot dw, \qquad \text{where } \ \sigma \cdot dw \sim N(0,\ \sigma^2 \cdot dt).$$

이 브라운 운동 특성에 따라 다음도 성립합니다.

$$\ln(S_T) - \ln(S_t) \ \sim N(0,\ (T-t) \cdot \sigma^2).$$

$t=0$이면 다음이 성립합니다.

$$\ln(S_T) - \ln(S_0) \ \sim N(0,\ \sigma^2 \cdot T).$$

이제 '$\ln(S_T) - \ln(S_0)$'에서 평균 0을 빼고 이를 표준편차 $\sigma \cdot \sqrt{T}$로 나누면 이 수치는 표준정규분포 $N(0,1)$을 따르는 표준정규변수가 됩니다(이전에는 단순히 표준편차 $\sqrt{T}$로 나누었음). 그러므로 $Pr\left[\ln(S_T) - \ln(S_0) < \ln\left(\frac{B^2}{K \cdot S_0}\right)\right]$는 다음과 같이 변합니다.

$$
\begin{aligned}
&Pr\left[\ln(S_T) - \ln(S_0) < \ln\left(\frac{B^2}{K \cdot S_0}\right)\right] \\
&= Pr\left[\frac{\ln(S_T) - \ln(S_0) - 0}{\sigma \cdot \sqrt{T}} < \frac{\ln\left(\frac{B^2}{K \cdot S_0}\right) - 0}{\sigma \cdot \sqrt{T}}\right] \\
&= Pr\left[z < \frac{\ln\left(\frac{B^2}{K \cdot S_0}\right)}{\sigma \cdot \sqrt{T}}\right] \\
&= N\left[\frac{\ln\left(\frac{B^2}{K \cdot S_0}\right)}{\sigma \cdot \sqrt{T}}\right].
\end{aligned}
$$

▣

위에서 $N[\cdot]$은 표준정규변수(standard normal variable)의 누적분포함수입니다. 결국 현재 주가 S_0, 배리어$= B$, 그리고 행사 가격은 K이고 $B < S_0 < K$인 'down-and-in barrier call'이 만기일에 내가격이 될 확률은 다음 정리와 같습니다.

정리 15〉 'down-and-in barrier call'이 만기일에 내가격이 될 확률

현재 주가 $= S_0$, 배리어 $= B$, 행사 가격 $= K$이고 $B < S_0 < K$일 때, 또 로그 주가 확률 과정이

$$d(\ln(S_t)) = \sigma \cdot dw_t$$

일 때 이 'down-and-in barrier call'이 '만기일에 내가격이 될 확률'은 다음과 같다.
단, $N[\cdot]$은 표준정규변수(standard normal variable)의 누적분포함수이다.

$$N\left[\frac{\ln\left(\frac{B^2}{K \cdot S_0}\right)}{\sigma \cdot \sqrt{T}}\right].$$

여러분들은 이 정리에 $\sigma = 1$을 대입하면, 로그 주가가 표준 브라운 운동을 따를 때 knock-in call이 만기일에 내가격이 될 확률이 됨을 확인해 보기 바랍니다. 바로 앞에서 우리가 정립한 정리 14>의 내용이 그것입니다.

참고로 주가가 "일반(화된) 브라운 운동"을 따르면 다음이 성립합니다.

$$d(S_t) = \mu \cdot S \cdot dt + \sigma \cdot S \cdot dw_t$$

또 로그 주가의 확률과정은, Ito's Lemma에 의해,

$$d[\ln(S_t)] = \left(\mu - \frac{\sigma^2}{2}\right)dt + \sigma \cdot dw_t$$

임을 우리는 알고 있습니다. 우리는 위에서 $\mu - \frac{\sigma^2}{2} = 0$을 가정하여 로그 주가가

$$d[\ln(S_t)] = \sigma \cdot dw_t$$

의 확률과정을 따를 때 이 주가를 기초 자산으로 하는 knock-in call의 만기일 내가격이 될 확률을 구한 것이 위 정리 내용입니다. 즉, 기하 브라운 운동과 표준 브라운 운동의 중간 형태의 확률과정을 가정하여 knock-in call의 만기일 내가격이 될 확률을 구했던 것입니다. 추후 본절의 세 번째 주제에서는 주가가 "일반(화된) 브라운 운동"을 따를 때의 그 확률을 구해 보도록 하겠습니다.

이제 다시 로그 주가가 표준 브라운 운동을 따르는 기본 가정으로 돌아가 흥미로운 질문을 하나 해 보겠습니다. 즉, 다시

$$d(\ln(S_t)) = dw_t$$

를 가정하고 논의를 진행하겠습니다. 그 흥미로운 질문은 아래와 같습니다.

> 질문 7-6〉 동일한 사양(specifications)의 'down-and-OUT barrier call'이 만기일에 내가격이 될 확률은 어떻게 될까요?

위 'down-and-in barrier'과 동일한 기초 자산, 동일한 행사 가격 및 동일한 배리어를 가진 'down-and-out barrier call'이 만기일 내가격이 될 확률은 어떻게 구할 수 있을까요? 이 확률을 계산하기 위해서는 다음 세 사건(의 확률)을 함께 생각해 볼 필요가

있습니다.

a) (동일 사양의) 일반 콜이 만기일에 내가격이 되는 사건(의 확률)
b) (동일 사양의) knock-in call이 만기일 내가격이 되는 사건(의 확률)
c) (동일 사양의) knock-out call이 만기일 내가격이 되는 사건(의 확률)

사건 b)와 사건 c)는 이른바 배반 사건(mutually exclusive)입니다. 즉, 어느 한 사건이 발생하면 다른 사건은 발생할 수 없습니다. 또한 사건 a)는 이 두 사건을 더한 사건입니다. 사건 b)가 발생하면 사건 a)도 발생하는데 단 사건 c)는 발생하지 않습니다. 마찬가지로 사건 c)가 발생하면 사건 a)도 발생하는데 사건 b)는 발생하지 않습니다. 즉, 사건 b)가 발생하는 경우와 사건 c)가 발생하는 경우를 모두 더하면 바로 사건 a)가 발생하는 경우가 되는 것입니다. 그러므로, 사건 a)의 확률은 사건 b)의 확률과 사건 c)의 확률을 더한 것입니다. 이는 이전에 우리가 배웠던 아래 정리에 의해서도 입증됩니다.

'knock-in' 옵션과 'knock-out' 옵션을 모두 보유하면 일반 옵션이 된다.

이 정리를 콜 옵션에 적용하면 다음이 성립합니다.

'knock-in call'과 'knock-out call'을 모두 보유하면 일반 콜이 된다.

이 일반 콜은 knock-in call과 knock-out call을 모두 보유하는 포트폴리오라 할 수 있는데, 이 두 배리어 옵션이 만기일에 내가격이 되는 사건은 서로 배반 사건입니다. 그러므로 한 배리어 옵션이 만기일에 내가격이 되었다면 다른 배리어 옵션은 만기일에 내가격이 될 수 없습니다. 가령 일반 콜이 만기일에 내가격이 될 확률이 0.5라 합시다. knock-in call은 이 일반 콜의 조건에 추가 조건까지 충족해야 만기일에 내가격이 되므로, knock-in call이 만기일에 내가격이 될 확률은 0.5보다 작아야 합니다. 가령 knock-in call이 만기일에 내가격이 될 확률이 0.4라고 하겠습니다. 그렇다면,

일반 콜이 만기일에 내가격이 될 확률 0.5의 나머지 확률인 0.1은 어떻게 설명될 수 있을까요?

그 답은,

일반 콜이라는 포트폴리오가 보유한 또 다른 자산인 'knock-out call'이 만기일에 내가격이 될 확률이 0.1이라는 것입니다. 그러기에 이 두 배리어 콜을 모두 포함하는 포트폴리오인 일반 콜이 만기일에 내가격이 될 확률이 0.5가 되는 것입니다.

이 문제를 부연 설명해 보겠습니다. 위 설명이 잘 이해되면 이 부연 설명은 생략해도 됩니다.

참고 2〉 부연 설명

$S_T > K$가 될 때 그 과정에서 다음 두 경우 중 하나가 반드시 발생했다.
만기 전 기초 자산 가격 S가 B를 (한 번이라도) touch했거나
혹은 한 번도 touch하지 않았다.

이런 논리가 처음에는 다소 생소하게 여겨질 수 있는데, 사실 이런 논리가 언제나 유효함을(true) 알 수 있는 다양한 예시를 들 수 있습니다. 가령

투자자 A가 주식 투자로 1억원을 벌었는데 그 과정에서
A는 삼성전자 주식을 단 1주라도 매매한 적 있거나
그렇지 않았거나
둘 중 하나가 반드시 발생했다

도 하나의 예시가 되고

A가 공인회계사 시험에 합격했는데 그 과정에서
만 3년 이상 A가 이 시험 공부를 했거나
그렇지 않았거나
둘 중 하나였다

도 하나의 예시가 됩니다. 그렇다면 우리의 원 논리도 더 쉽게 다음과 같이 표현할 수 있습니다.

만기일에 $S_T > K$가 되었는데 그 과정에서
만기일 전 S가 B를 (한 번이라도) touch했거나

그렇지 않았거나
둘 중 하나였다.

그런데 위에서 '그렇지 않았거나'는 곧 만기일 전 S가 B를 한 번도 touch하지 않았음을 의미합니다. 이는 다름 아닌, 'knock-out call'이 만기일 내가격이 되는 조건입니다. 그러므로 다음이 성립합니다($0 \le t < T$). 아래에서 'ITM'은 'in the money'의 약어이고 ∩는 교집합을 의미하는데, 두 조건을 동시에 충족하는 사건을 의미합니다. 즉, 어느 단일 사건의 확률이란, 그와 관련된 두 배반 사건이 동시에 일어날 두 개의 결합 확률(joint-probabilities)의 합이 되는 것입니다. 배리어 옵션의 경우 (상호 배타적인) 두 사건이 바로 "S_t $hits$ B"와 "S_t $does$ not hit B"가 됩니다. 이를 아래와 같이 표현할 수 있습니다.

$$Pr[plain\ call\ is\ ITM\ at\ T]$$
$$= Pr[S_T > K]$$
$$= Pr[S_T > K \cap S_t\ hits\ B] + Pr[S_T > K \cap S_t\ does\ not\ hit\ B]$$
$$= Pr[knock - in - call\ is\ ITM\ at\ T] + Pr[knock - out - call\ is\ ITM].$$

그러므로 특정 knock-out call이 만기일에 내가격이 될 확률은, (사양 같은) 일반 콜이 만기일 내가격이 될 확률에서 (사양 같은) knock-in call이 만기일에 내가격이 될 확률을 빼면 산출됩니다. ▣

정리 16〉

사양이 같은 세 개의 plain call, knock-in call, knock-out call이 각각 만기일에 내가격이 될 확률은 다음과 같다. knock-in call과 knock-out call의 배리어는 동일하다.

Plain call이 만기일에 내가격이 될 확률
= knock-in call이 만기일에 내가격이 될 확률
+ knock-out call이 만기일에 내가격이 될 확률

그러므로 일반 유러피언 콜이 만기일에 내가격이 될 확률을 구하면, knock-out call이 만기일에 내가격이 될 확률도 구할 수 있습니다.

그럼 이제 일반 유러피언 콜이 만기일에 내가격이 될 확률을 구해 보겠습니다. 우리는 지금 표준 브라운 운동을 따르는 로그 주가를 가정하고 있음을 기억하기 바랍니다. 즉,

$$d(\ln(S_t)) = dw_t, \qquad \text{where } \ dw_t \sim N(0, dt), \text{ 그리고}$$

$$\ln(S_T) - \ln(S_0) \sim N(0,\ T \cdot \sigma^2),$$

이 성립함을 가정합니다. 일반 유러피언 콜이 만기일에 내가격이 될 확률은 (S_0에서 출발한 주가가) 만기일 T에 $S_T > K$일 확률

$$Pr[\ln(S_T) > \ln(K)]$$

을 말합니다. 양변에서 상수 $\ln(S_0)$를 빼 봅시다.

$$\begin{aligned} & Pr[\ln(\mathrm{S_T}) > \ln(K)] \\ & = Pr[\ln(S_T) - \ln(S_0) > \ln(K) - \ln(S_0)] \\ & = Pr\left[\ln(S_T) - \ln(S_0) > \ln\left(\frac{K}{S_0}\right)\right]. \end{aligned}$$

양변에서 0을 빼고 $\sqrt{T}$로 나눕니다.

$$\begin{aligned} & Pr\left[\ln(S_T) - \ln(S_0) > \ln\left(\frac{K}{S_0}\right)\right] \\ & = Pr\left[\frac{\ln(S_T) - \ln(S_0) - 0}{\sqrt{T}} > \frac{\ln\left(\frac{K}{S_0}\right) - 0}{\sqrt{T}}\right] \\ & = Pr\left[\frac{\ln(S_T) - \ln(S_0) - 0}{\sqrt{T}} > \frac{\ln\left(\frac{K}{S_0}\right)}{\sqrt{T}}\right] \end{aligned}$$

이제 다음 성질을 이용하면,

$$\ln(S_T) \ - \ \ln(S_0) \ \sim N(0, T),$$

$\frac{\ln(S_T)-\ln(S_0)-0}{\sqrt{T}}$는 표준정규분포 $N(0,1)$을 따르는 표준정규변수 z가 되는데, z의 대칭성을 이용하면 다음이 성립합니다.

$$Pr\left[\frac{\ln(S_T)-\ln(S_0)-0}{\sqrt{T}} > \frac{\ln\left(\frac{K}{S_0}\right)}{\sqrt{T}}\right]$$

$$= Pr\left[z > \frac{\ln\left(\frac{K}{S_0}\right)}{\sqrt{T}}\right]$$

$$= Pr\left[z < -\frac{\ln\left(\frac{K}{S_0}\right)}{\sqrt{T}}\right]$$

$$= N\left[\frac{-\ln\left(\frac{K}{S_0}\right)}{\sqrt{T}}\right].$$

$$= N\left[\frac{-\ln(K)+\ln(S_0)}{\sqrt{T}}\right]$$

$$= N\left[\frac{\ln\left(\frac{S_0}{K}\right)}{\sqrt{T}}\right]$$

그러므로 다음 정리를 얻게 됩니다.

정리 17〉 일반 유러피언 콜이 만기일에 내가격이 될 확률

주식 S를 기초 자산으로 하고 행사 가격 $= K$인 유러피언 콜이 만기일에 내가격이 될 확률은 다음과 같다. 단, S_0는 현재 주가이고 이 로그 주가는 표준 브라운 운동을 따르며, $N[\cdot]$은 표준정규변수(standard normal variable)의 누적분포함수이다.

$$N\left[\frac{\ln\left(\frac{S_0}{K}\right)}{\sqrt{T}}\right].$$

위 두 정리에 따라, knock-out call이 만기일에 내가격이 될 확률은 다음과 같이 산출됩니다. 참고로, 이처럼 기존 정리에 의해 자동적으로 입증되는 정리를 "따름 정리(Corollary)"라 합니다.

> **정리 18〉 'down-and-out barrier call'이 만기일에 내가격이 될 확률**
>
> 현재 주가 = S_0, 배리어 = B, 행사 가격 = K이고 $B < S_0 < K$일 때, 또 로그 주가 확률과정이 $d(\ln(S_t)) = dw_t$일 때, 이 'down-and-in barrier call'이 '만기일에 내가격이 될 확률'은 다음과 같다. 단, $N[\cdot]$은 표준정규변수(standard normal variable)의 누적분포함수이다.
>
> $$N\left[\frac{\ln\left(\frac{S_0}{K}\right)}{\sqrt{T}}\right] - N\left[\frac{\ln\left(\frac{B^2}{K\cdot S_0}\right)}{\sqrt{T}}\right].$$

우리 예의 경우 $B < S_0$이므로[19]

$$\begin{aligned}
&\ln\left(\frac{S_0}{K}\right) - \ln\left(\frac{B^2}{K\cdot S_0}\right)\\
&= \ln(S_0) - \ln(K) - [\ln(B^2) - \ln(K\cdot S_0)]\\
&= \ln(S_0) - \ln(K) - \big[2\cdot\ln(B) - [\ln(K) + \ln(S_0)]\big]\\
&= \ln(S_0) - \ln(K) - 2\cdot\ln(B) + \ln(K) + \ln(S_0)\\
&= 2\cdot\ln(S_0) - 2\cdot\ln(B)\\
&= 2\cdot[\ln(S_0) - \ln(B)] > 0
\end{aligned}$$

이 되어 위 확률은 0보다 큽니다. 즉,

$$N\left[\frac{\ln\left(\frac{S_0}{K}\right)}{\sqrt{T}}\right] - N\left[\frac{\ln\left(\frac{B^2}{K\cdot S_0}\right)}{\sqrt{T}}\right] > 0.$$

[19] 물론 $B < K$이기도 합니다만 이 부등식 관계는 위 증명과 관련 없습니다.

2. 배리어 옵션 가치평가(이항 모형)

이제 배리어 옵션이 만기에 내가격이 될 확률을 이항 모형을 통해 설명해 보겠습니다. 이항 모형의 단계가 30개 이상이면 정규분포에 근사함을 여러분들은 고등학교 수학 통계 시간에 배운 바 있습니다. 브라운 운동 자체가 $N(0,T)$ 형태의 정규분포를 따르므로, 우리는 $N(0,T)$와 근접한 이항 모형을 만들어 브라운 운동을 대략 구현할 수 있습니다. 이를 활용하여, 주가가 이런 이항분포를 따를 때 'knock-in call'이 만기에 내가격이 될 확률을 구해 보겠습니다. 이 이항 모형을 통해 여러분들은 'knock-in call'이 만기에 내가격이 되는 모든 경우와 확률을 정확하게 산출 및 이해할 수 있을 것입니다.

오늘 현재 주가가 $S_0 = 13$이라 합시다. 이 주식의 주가가 매일 1 혹은 (-1)만큼 변하고 그 각 확률은 0.5라 하겠습니다. 즉, 내일 주가는 14 혹은 12가 되고 각 확률은 0.5가 되며, 그 다음날도 마찬가지 방식으로 주가가 변합니다. 또 매일 주가가 상승 혹은 하락하는 사건들은 서로 독립이라고 가정하겠습니다. 즉, 어제 주가 변화가 오늘 주가 변화와 아무 관련이 없다고 하겠습니다. 이제 이러한 주식을 기초 자산으로 하는 'knock-in call'을 분석해 보겠습니다. 이 콜의 행사 가격은 $K = 14$, 만기일은 현재로부터 10일 후이고$(T = 10)$,[20] 만기 이전에 $B = 10$을 'hit'해야 합니다. 이제 이 콜이 만기일에 내가격이 되려면 다음 두 조건을 충족해야 합니다. 단, $\tau = min\{t | \ S_t = 10\}$로 정의됩니다.

1) $S_T > 14$
2) $\tau < T$

그러면 우리가 구할 확률은

$$\Pr[S_T > 14 \ and \ \tau < T]$$

입니다. 이 확률이 바로 'knock-in call'이 만기일에 내가격 옵션이 될 확률입니다. 이를 그림으로 표현하면 아래와 같습니다.

---

[20] 거래일 기준으로는 $T = \frac{10}{260}$ 이지만 편의상 $T = 10$으로 표시합니다.

➢ 그림 7-5 'knock-in call'이 만기 시 내가격이 되는 경로

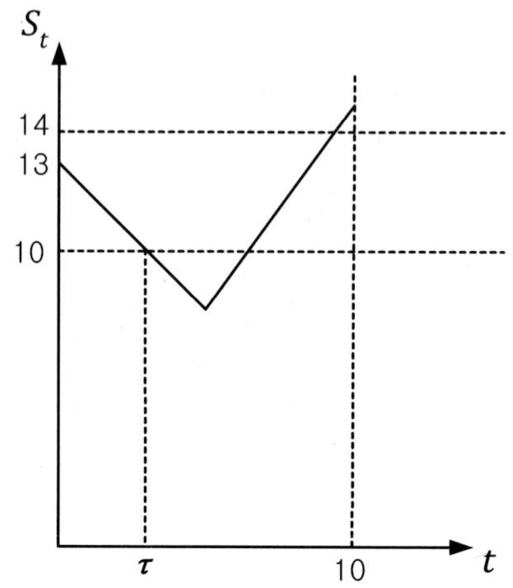

이제 이 'knock-in call'이 만기일 $T(=10)$에 내가격이 될 모든 경우를 찾아보겠습니다. 이를 위해 어떤 기준이 있으면 편한데, 우리는 τ 값을 기준으로 하겠습니다. 즉, 최초로 $B=10$을 'hit'하는 시점 τ가 $1, 2, 3, \cdots, 9$의 값을 가지는 각 경우를 차례로 분석해 보겠습니다. 일단 $\tau \le 5$이 충족되어야 합니다. 왜냐하면 τ 값이 주어졌을 때 $S_\tau = 10$인데, $S_T > 14$이려면 $S_T = 15, 16, 17, \cdots$이어야 하기 때문입니다($\because$ S가 하루에 1씩 변함). 즉, S_T가 아무리 낮아도 $S_T = S_{10} = 15$가 되어야 이 옵션이 내가격이 되므로 시점 τ의 주가 $S_\tau = 10$에서 최소한 5만큼 상승해야 하고 이를 위해서는 주가가 매일 (1만큼) 상승하더라도 5일이 걸립니다. 그러므로 $\tau \le 10 - 5 = 5$가 되어야, 남은 잔존 만기 동안 주가가 +5 혹은 그 이상의 상승을 실현할 수 있습니다.

그런데 $\tau = 5$가 실제로 실현될 수 있을까요? 즉, $S_0 = 13$에서 출발하여 5일 동안 주가 변화의 최종 결과가 (-3)이 되어 $S_5 = 10$이 될 수 있을까요? 따져 보면 알 수 있습니다. 5일 동안 주가는 매일 1 혹은 (−1)만큼 변할 것입니다. 만일 $(+1)$만큼 변하는 날이 n번 있다면 (-1)만큼 변하는 날이 $(5-n)$번 있을 것입니다. 여기서 $n = 0, 1, 2, 3, 4,$ 혹은 5가 될 수 있습니다. 그러므로 첫 5일간 주가 변화의 합은 $n \times 1 + (5-n) \times (-1) = 2n - 5$입니다. 이 결과가 (-3)이 되어야 합니다. 그러면 $2n - 5 = -3$이니 $n = 1$이어야 합니다. 즉, 첫 5일 동안 주가 상승하는 날이 1일이고 나머지 4일은 주가가 하락하면 5일 후 $S_\tau = S_5 = 10$이 됩니다.

그렇다면 $\tau = 4$도 괜찮을까요? 그렇지 않습니다. $\tau = 4$라면 현 주가 $S_0 = 13$에서 첫 4일간 주가가 3만큼 하락하여 $S_\tau = S_4 = 10$이 되었다는 뜻입니다. 그런데 4일 동안 주가 변화의 최종 결과가 (−3)이 될 수가 있을까요? 4일 동안 주가는 매일 1 혹은 (−1)만큼 변할 것입니다. 만일 (+1)만큼 변하는 날이 n번 있다면 (−1)만큼 변하는 날이 $(4-n)$번 있을 것입니다. 여기서 $n = 0, 1, 2, 3,$ 혹은 4가 될 수 있습니다. 그러므로 첫 4일간 주가 변화의 합은 $n \times 1 + (4-n) \times (-1) = 2n - 4$입니다. 이 결과가 (−3)이 되어야 합니다. 그러면 $2n - 4 = -3$이니 $n = 0.5$이어야 합니다. 그런데 n은 (음수 아닌) 정수여야 하므로 $2n - 4 = -3$을 충족하는 n은 존재하지 않습니다. 그러므로 우리는 $\tau = 4$를 제외합니다.

$\tau = 3$이라면 아무 문제 없을까요? 네, 문제 없습니다. 이 경우는 $S_0 = 13$에서 3일 연속 주가가 하락하면 $S_\tau = S_3 = 10$이 될 것입니다. 즉, $n \times 1 + (3-n) \times (-1) = 2n - 3$이 -3이 되어야 하므로 $2n - 3 = -3$으로부터 $n = 0$이 됩니다. $\tau = 2$는 어떨까요? $S_0 = 13$에서 2일 만에 주가 변화가 (−3)이 될 수 없습니다. 2일 계속 하락해도 주가는 11이 되기 때문입니다. 마찬가지로 $\tau = 1$도 불가능합니다. 결국 $\tau = 5$ 혹은 $\tau = 3$입니다. 이제 이 두 경우를 각각 살펴서 이 'knock-in call'이 만기일에 내가격이 될 확률을 구해 보겠습니다.

$\tau = 5$이면, 즉 $S_\tau = S_5 = 10$이면 잔존 만기 $T - \tau = 10 - 5 = 5$일 동안 주가가 매일 상승해야 $S_T = 15$가 될 수 있습니다. 그러므로 $\tau = 5$ 사건이 일단 발생하면 그 후 $S_T = 15$가 되는 경우의 수는 하나밖에 없습니다. 그런데 $\tau = 5$ 사건이 발생하는 경우의 수는 몇 가지일까요? $S_0 = 13$에서 $S_\tau = S_5 = 10$으로 변한 것이니 첫 5일간 주가 변화의 합이 (−3)입니다. 이것이 가능하려면, 위에서 살펴본 바와 같이, 5일 동안 주가 상승하는 날이 1일이고 나머지 4일은 주가가 하락해야 합니다. 이처럼 5일 동안 주가 상승이 1번이고 주가 하락이 4번인 경우의 수는 $\binom{5}{1} = \binom{5}{4} = 5$입니다. 즉, $\tau = 5$가 되는 경우의 수는 5입니다.

그런데 잠깐만! 이 계산은 틀렸습니다. 우리가 방금 산출한 '경우의 수=5'는 $S_5 = 10$이 되는 경우의 수가 5라는 의미일 뿐이고 $\tau = 5$의 경우의 수가 5임을 의미하지는 않습니다. 둘의 차이가 무엇일까요? $S_5 = 10$이 되는 경우 중에는 $S_3 = 10$이 되는 경우도 포함합니다. 즉, 주가가 3일 연속 하락하여 $S_3 = 10$이 된 후 1일 상승 후 1일

하락하면 $S_4 = 11$ 및 $S_5 = 10$이 됩니다. 그러므로 이 경우 주가가 "최초로" 10이 되는 시점은 3일 후, 즉 $\tau = 3$이 되는 것입니다. 또 주가가 3일 연속 하락하여 $S_3 = 10$이 된 후 1일 하락 후 1일 상승하면 $S_4 = 9$ 및 $S_5 = 10$이 됩니다. 이 경우에도 $\tau = 3$이 됩니다. 이 두 경우는 우리가 $\tau = 3$에서 다룰 것이므로 여기서는 제외합니다. 결국 $\tau = 5$가 되는 경우는, 애초 우리가 계산한 5가지에서 이 2가지를 뺀, 3가지입니다.

이를 다시 분석하면 다음과 같습니다. $S_0 = 13$ 이후 (5일 동안) 4번 하락하고 1번 상승해서 $S_5 = 10$이 되는 경우는 모두 5가지인데, 이는 곧 5일 중 주가가 상승하는 하루를 선택하는 경우의 수가 됩니다. 단, 주가 상승이 4번째 날에 발생하면 그 이전 3일 연속 주가가 하락했음을 의미하므로 이미 $S_3 = 10$이 되어 $\tau = 3$이 됩니다. 즉, 이때 $(S_1, S_2, S_3, S_4, S_5) = (12,\ 11,\ 10,\ 11,\ 10)$이 되어 $\tau = 3$입니다. 또 주가 상승이 5일에 발생해도 $(S_1, S_2, S_3, S_4, S_5) = (12,\ 11,\ 10,\ 9,\ 10)$이 되어 $\tau = 3$입니다. 그러므로 주가 상승이 첫째 날, 둘째 날, 혹은 셋째 날에 발생해야만 $\tau = 5$ 됩니다. 이때 $(S_1, S_2, S_3, S_4, S_5)$는 각각 다음과 같습니다. 결국 $\tau = 5$인 경우의 수는 3입니다. $S_0 = 13$에서 출발하여 다음의 세 가지입니다.

$$14-13-12-11-\boxed{10}$$
$$12-13-12-11-\boxed{10}$$
$$12-11-12-11-\boxed{10}$$

이후 $(S_9, S_{10}, S_{11}, S_{12}, S_{13})$까지 연결하면 다음과 같습니다.

$$14-13-12-11-\boxed{10}-11-12-13-14-15$$
$$12-13-12-11-\boxed{10}-11-12-13-14-15$$
$$12-11-12-11-\boxed{10}-11-12-13-14-15$$

그렇다면 이 세 경우에서 각 경우의 확률은 어떻게 될까요? 각 경우의 확률은 $\left(\frac{1}{2}\right)^{10}$이 됩니다. 이 각 경우는 10일간의 10개 주가로 이루어진 경로(path)인데, 10개 주가 각각은 '상승' 혹은 '하락'의 사건을 의미합니다. 그런데 주가가 상승할 확률도 0.5이고 하락할 확률도 0.5이므로, 각 주가가 실현되는 사건의 확률은 항상 0.5입니다. 그리고 각 주가가 실현되는 사건들은 독립(시행)이므로, 10일간 주가가 실현된 특정 경로의 확률은 매일 주가 상승 혹은 하락의 확률 0.5를 10일간 곱하면 됩니다. 결국

"$\tau = 5$가 발생하고 $S_T \geq 15$가 될 확률"은 세 가지 경우의 수를 포함하면 $3 \times \left(\frac{1}{2}\right)^{10}$이 됩니다.[21]

$\tau = 3$이라면 어떨까요? $S_0 = 13$에서 출발해서 3일 후 처음으로 $S_3 = 10$이 되려면 3일 연속 주가가 하락해야 합니다. 즉, 경우의 수는 하나입니다. 단, $S_3 = 10$ 이후 $S_T = S_{10} \geq 15$가 되는 여러 경우가 있습니다. 먼저, $S_{10} \leq 17$입니다. 왜냐하면 $S_3 = 10$에서 남은 7일간 주가가 매일 상승해야만 $S_{10} = 17$이 되기 때문입니다. 매일 주가가 상승해도 $S_{10} > 17$이 될 수는 없습니다. 그리고 $S_{10} = 17$의 경우의 수는 하나입니다. 둘째, $S_{10} = 16$이 될 수 있을까요? 남은 7일간 주가 변화의 합이 16−10=6이 될 수 있을까요? 7일간 주가 상승이 n번이고 하락이 $(7-n)$번이면 주가 변화의 합은 $n \times 1 + (7-n) \times (-1) = 2n - 7$인데 이 수치가 6이 되려면 $2n - 7 = 6$이므로 $n = 6.5$이니 정수가 아닙니다. 그러므로 $S_{10} = 16$이 될 수 없습니다. 셋째, $S_{10} = 15$가 될 수 있을까요? 즉, 남은 7일간 주가 변화의 합이 15−10=5가 될 수 있을까요? 7일간 주가 상승이 n번이고 하락이 $(7-n)$번이면 주가 변화의 합은 $2n - 7$인데 이 수치가 5가 되려면 $2n - 7 = 5$이므로 $n = 6$입니다. 즉, 7일간 주가가 6번 상승하고 1번 하락하면 $S_{10} = 15$가 됩니다. 그리고 이때 경우의 수는, 7일 중 주가가 상승하는 6일을 선택하는 문제이므로 혹은 7일 중 주가 하락 1일을 선택하는 문제이므로 $\binom{7}{1} = \binom{7}{6} = 7$입니다. 결과적으로 $\tau = 3$일 때 이 'knock-in call'이 만기일에 내가격이 되는 경우는 8가지입니다. $S_T = 17$인 경우 한 가지와 $S_T = 15$인 경우 일곱 가지입니다. 이 각각의 경우의 개별 확률은, 위에서 설명했듯이, $\left(\frac{1}{2}\right)^{10}$이 됩니다. 결국 $\tau = 3$이 발생하고 $S_T \geq 15$일 확률은 여덟 가지 경우의 수를 포함하면 $8 \times \left(\frac{1}{2}\right)^{10}$이 됩니다. 결과적으로, 이 'knock-in call'이 만기일에 내가격이 될 최종 확률은 다음과 같습니다.

$$3 \times \left(\frac{1}{2}\right)^{10} + 8 \times \left(\frac{1}{2}\right)^{10} = 11 \times \left(\frac{1}{2}\right)^{10}.$$

---

[21] $\tau = 5$와 $S_T = 15$를 충족할 확률입니다.

그렇다면 “reflection principle(반사 원리)”를 이용하여 계산할, 이 ‘knock-in call’이 만기일에 내가격이 될 확률은 어떤 값일까요? 과연 위의 확률 값 $11 \times \left(\frac{1}{2}\right)^{10}$과 같을까요? 이제 이를 계산해 보겠습니다. ‘reflection principle’ 원리를 이용하여, 원 경로와 확률이 똑같은, ‘그림자 경로(shadow path)’를 생성하면 아래 그림과 같습니다. 아래 그림은, 원 경로에서, 이 ‘knock-in call’이 만기일 $T(=10)$에 내가격이 되는 하나의 경우입니다. 구체적으로는 $\tau = 3$인 여러 경우 중 하나입니다. 그런데 ‘reflection principle’을 활용하면, 원 경로에서 이 ‘knock-in call’이 만기일에 내가격이 되는 모든 경우를 ‘그림자 경로’에서 단 하나의 경우로 대체할 수 있습니다. 아래 그래프에서 점선으로 표시한 경로가 ‘그림자 경로’입니다. reflection principle을 이용하면,

> 원 경로에서 주가 S가 배리어 B를 touch하고 만기일에 $S_T \geq 15$가 될 확률은
> 단순히 $S_T \leq 5$일 확률과

같습니다. 즉, 원 경로에서 배리어 $B = 10$을 ‘hit’하고 $S_T > K = 14$일 총체적 확률과 그림자 경로에서 $S_T < 2B - K = 6$일 확률이 같습니다. 그런데 S는 1씩 변하므로, “$S_T > 14$”일 확률과 “$S_T < 6$”일 확률이 같다 함은 결국 $S_T \geq 15$일 확률과 그림자 경로에서 $S_T \leq 5$일 확률이 같다는 뜻입니다.

➢ 그림 7-6 reflection principle과 ‘knock-in call’

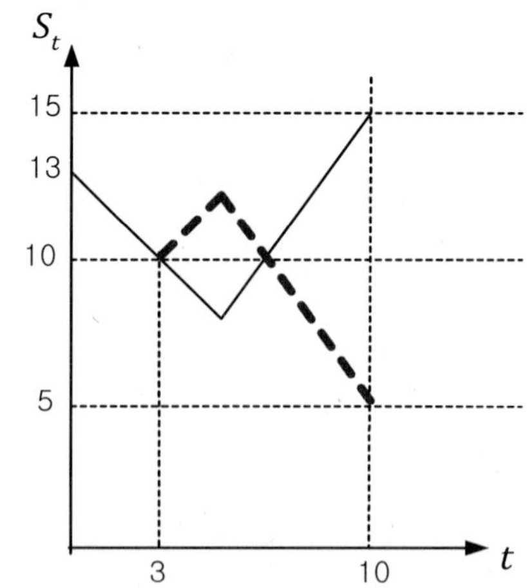

이제 우리는 원 경로에서처럼 $\tau = \tau^* < T$일 확률과 $S_T \geq 15$일 확률을 별도로 계산하여 서로 곱해서 하나의 확률을 계산하고, 또 다른 $\tau = \tau^{**} < T$일 확률과 $S_T \geq 15$일 확률을 별도로 계산하여 서로 곱해서 다른 하나의 확률을 계산하고, …, 그리고 이 모든 확률들을 다시 다 더하여 최종적으로 "knock-in call이 만기일에 내가격이 될 확률"을 산출하는 번거로움을 수행할 필요가 없습니다. 단지 $S_T \leq 5$일 확률만 계산하면 됩니다. 그리고 이렇게 산출된 확률이 원 경로 방식에서 산출한 확률 $11 \times \left(\frac{1}{2}\right)^{10}$과 일치하는지 비교해서, 그 두 수치가 일치하면 우리의 주장은 입증되는 것입니다.

$S_T = S_{10} \leq 5$이 되어야 하므로 이는 곧 $S_0 = 13$에서 10일 동안 주가가 누적적으로 (-8)만큼 변하든지 혹은 그 이하만큼, 즉 -9, -10만큼 변화함을 뜻합니다. 또 10일 동안 주가가 -11, -12만큼 변할 수는 없습니다. 1일에 1만큼만 하락할 수 있기 때문입니다. 그러므로 우리는 10일 동안 주가 변화가 -8, -9, -10인 경우만 분석하면 됩니다. 10일간 주가 상승이 n번이고 하락이 $(10-n)$번이면 주가 변화의 합은 $n \times 1 + (10-n) \times (-1) = 2n - 10$이 됩니다. $2n - 10 = -10$이면 $n = 0$이 됩니다. 즉, 10일 동안 매일 주가가 (-1)씩 변하는 경우로 이것이 가능한 경우의 수는 당연히 1입니다. 반면 $2n - 10 = -9$, 즉 $n = 0.5$는 불가능합니다. $2n - 10 = -8$은 가능할까요? $n = 1$이 되어 가능합니다. 즉, 10일간 주가 상승일이 1개 혹은 0개인 경우만 가능합니다. 10일간 주가 상승이 1일만 있다면 남은 9일 동안 매일 1만큼 하락할 것이므로 종국적인 주가 변화는 (-8)이 되어 $S_T = S_0 - 8 = 13 - 8 = 5$가 되고, 주가 상승이 0번이라면 10일간 주가가 매일 하락하여 $S_T = S_0 - 10 = 13 - 10 = 3$이 되는 경우입니다. 한편 10일간 주가 상승이 1번만 있는 경우의 수는

$$\binom{10}{1} = \binom{10}{9} = 10$$

이고, 10일간 주가 상승이 0번 있는 경우의 수는

$$\binom{10}{0} = \binom{10}{10} = 1$$

입니다. 그러므로 경우의 수는 모두 11입니다.

이 11가지 경우들 중 각 경우의 확률은 10일간 주가가 상승 혹은 하락으로 움직이

는 10개 독립시행의 확률이므로

$$\left(\frac{1}{2}\right)^{10}$$

이 됩니다. 즉, 이 11가지 경우의 수의 총 확률은

$$11 \times \left(\frac{1}{2}\right)^{10}$$

입니다. 이 값은 (우리가 위에서 계산한) 원 경로에서 'knock-in call'이 $B = 10$을 touch하고 만기일에 $K = 14$보다 더 클 확률과 일치합니다!

이제 마지막으로 부연 설명을 하겠습니다. 통상 주가는 로그노멀 분포를 따른다고 가정하므로, 위와 같은 이항 모형은 설명 편의를 위해 간단한 모형을 택한 것입니다. 그런데 로그노멀 분포와 같은 연속분포의 경우에 있어서도 이항 모형을 적용할 수는 있습니다. 가령 Monte-Carlo simulation 등을 통해 잔존 만기 10일 동안 주가 변화를 매우 많게 실행하여, 가령 주가 변화 시간을 매우 짧게 설정하여 수천 번, 수(십)만 번 이항 모형으로 시뮬레이션을 시행하여, 만기일 주가의 확률분포를 생성한 후 콜이나 풋 옵션의 기대 가격을 구하고 이를 무위험 이자율 r로 할인하면 'knock-in call'의 현재가치를 구할 수 있습니다. 물론 위험중립평가법에 따라 위험중립 세계에서의 주가의 기대 수익률 자체를 r로 설정하여 미래 주가의 확률분포를 생성해야 합니다. 원래 연속확률변수(continuous random variable)의 경우 Monte-Carlo simulation과 같은 정교한 simulation을 사용해서 그 변수의 확률분포를 생성할 수 있는데, Excel과 같은 spreadsheet software에서도 유사하게 생성할 수 있습니다. spreadsheet software를 이용하여 옵션 가격을 구하는 방법은 블랙-숄즈-머튼 옵션 모형을 배우는 제8장 후반부에서 설명될 것입니다. 블랙-숄즈-머튼의 복잡한 옵션 공식과 (공식 없이) 순전히 위험중립평가법만을 반영하는 spreadsheet software의 방법론이 일치함을 여러분은 눈으로 확인할 수 있을 것입니다.

이제 다음 질문을 해 봅시다.

질문 7-7〉 배리어 옵션이 만기일에 내가격이 될 확률을 구하는 것에서 더 나아가, 배리어 옵션의 가치평가도 할 수 있을까요?

네, 가능합니다. 위에서 구했던 확률을 기억하면서 해 봅시다. 원 경로가 아닌 그림자 경로를 통한 가치평가가 조금 더 쉬우니 이것부터 해 봅시다. 후자가 더 쉬운 이유는, 후자는 주가가 도중에 배리어를 hit하는 것을 고려할 필요 없이 만기일에 주가가 "$2 \times B - K$"보다 작기만 하면 되기 때문입니다. 위 사례에서는 S_{10}이

$$2 \times B - K = 2 \times 10 - 14 = 6$$

보다 작기만 하면 되므로

$$S_{10} = 5, 4, 3, 2, 1, 0$$

인 경우를 분석하면 됩니다. 단, $S_0 = 13$이니 주가가 10일 동안 매일 1씩 하락해도 $S_{10} = 3$이 되어 그 미만으로는 하락하지 않습니다. 또 주가가 10일 중 9일을 하락하고 하루만 상승해도 (순하락=8이 되어) $S_{10} = 5$가 되어 $S_{10} = 4$는 불가능합니다. 그러므로 우리는 이 두 경우에 한해서만 knock-in call의 가치를 구하면 됩니다.

그림자 경로를 통한 이 콜의 가치를 계산할 적에 가장 중요한 것은, $S_{10} = 5$ 혹은 3이 될 때 이 콜의 만기일 가치는 과연 무엇이 될까 하는 것입니다. 왜냐하면 원래 이 콜의 행사 가격은 $K = 14$이므로 $S_{10} = 3$ 혹은 5가 되면 그 자체로는 이 콜이 내가격이 되지 못하기 때문입니다. 그리고 그림자 경로를 이용하는 유일한 이유는 그것이 이 콜의 내가격 "확률"을 계산하는 데 편리하기 때문이지, 실제 그 그림자 가격이 이 콜을 내가격으로 만들어 주는 것은 아닙니다. 그러므로, 그림자 경로를 따를 때 $S_{10} = 3$이 발생하면 이는 원 경로에서는 어떤 S_{10} 값에 해당할까를 추적해야 합니다.

결론부터 말하면, $S_{10} = 5$(혹은 3)가 되면 배리어 $B = 10$을 hit한 이후 다시 5 (혹은 7)만큼 주가가 하락했음을 의미하므로, 그 정반대인 원 경로에서는 $B = 10$을 hit한 이후 다시 5 (혹은 7)만큼 주가가 "상승"했음을 의미합니다. 즉, 그림자 경로에서 $S_{10} = 5$(혹은 3)는 원 경로에서 $S_{10} = 15$(혹은 17)를 의미합니다. 그러므로 원 경로에서 이 주가에서 $K = 14$를 빼면 이 콜의 만기일 가치 1을 (혹은 3을) 산출할 수 있습니다. 단 아래에서는, 관심 있는 독자를 위해, 이런 전체적인 과정을 하나씩 자세히

설명합니다. 독자에 따라서는 이런 아래 과정을 skip 해도 됩니다.

원 경로에서의 이 콜의 만기일 가치를 추적하는 방법은 다음과 같습니다. 모든 그림자 경로는 주가가 B를 (최초로) hit할 때까지는 원 경로와 동일합니다. 그리고 주가가 B를 hit한 이후 특정 그림자 주가가 실현되면, B를 중심으로 원 주가와 그림자 주가가 서로 대칭이 될 것입니다. 가령 그림자 주가가 $B-5$였다면 원 주가는 $B+5$가 되어야 합니다. 이 원리를 기억하면, 주가가 원 경로를 따를 때 만기일에 실현되었을 원 주가를 쉽게 추적할 수 있습니다. 이 방법을 이용하려면 먼저 그림자 주가가 B를 hit한 최초 시점 τ를 알아야 합니다. 그러면 원 경로에서 만기일 실현될 주가 S_{10}을 밝혀낼 수 있습니다. 이것이 무슨 의미인지 차분히 보여 주겠습니다.

$S_{10}=3$인 경우는 주가가 $S_0=13$에서 10일 동안 매일 1씩 하락하는 경우입니다. 즉, 이 주가가 $B=10$을 hit하는 시점은 $t=3$이 유일합니다. 결국 $\tau=3$이 성립합니다. 그리고 (그림자 경로에서는) 만기일까지 남은 7일 동안 주가가 매일 1씩 하락하여 $S_{10}=3$이 된 것입니다. 그림자 경로는 (B를 hit한 시점 τ 이후에는) 원 경로의 주가 방향과 정반대이므로, 이 경우의 원 경로는 $\tau=3$ 이후 주가가 매일 1씩 상승하는 경우가 됩니다. 혹은 다음과 같이 설명할 수 있습니다. 그림자 경로에서 $S_{10}=3$의 의미는, 주가가 $B=10$을 hit한 후 주가의 순증가(net increase)가 (-7)이 되었다는 뜻입니다. 그러므로 원 경로에서는 주가가 $B=10$을 hit한 후 주가의 순증가(net increase)가 $+7$이 되어야 합니다. 즉, 원 경로에서의 주가 S_{10}^o는

$$S_{10}^o=S_\tau+7=10+7=17$$

이 됩니다. 이때 이 콜의 청산가치는

$$S_{10}^o-K=17-14=3$$

입니다. 그리고 이런 경로를 따르는 경우는 단 한 가지밖에 없으므로 그 확률은

$$\left(\frac{1}{2}\right)^{10}$$

입니다. 물론 여기서 "이런 경로를 따르는 경우는 단 한 가지"의 의미는, $S_0=13$인 주가가 매일 1씩 하락하는 경우를 뜻합니다.

$S_{10}=5$인 경우는 $S_0=3$인 경우보다는 다소 복잡합니다만, 그렇다고 해서 어렵지는 않습니다.[22] 우선 $S_{10}=5$인 경우 τ는 어떤 값을 가질지를 알아 내야 합니다. $S_\tau=B=10$임을 감안하면 $\tau\le 5$입니다. $S_\tau=10$ 이후 주가가 매일 1씩 하락한다 해도 $S_{10}=5$가 되려면 최소한 5일이 걸리기 때문입니다. 즉, 시점으로 보면

$$T-\tau=10-\tau\ge 5$$

가 되고, 이를 다시 정리하면

$$\tau\le 5$$

가 되는 것입니다. $\tau\le 5$가 되는 경우의 수는, 위에서 우리가 논의한 바에 따르면, 단 두 가지입니다. $\tau=5$ 그리고 $\tau=3$인 경우입니다. 먼저 $\tau=5$인 경우를 살펴보겠습니다. 이 경우 $S_\tau=S_5=B=10$을 hit한 이후 잔존 만기 5일 동안 주가가 매일 1씩 하락해야 $S_{10}=5$가 됩니다. 그러니 $S_\tau=S_5=10$ 이후 $S_{10}=5$가 되는 경우의 수는 한 개입니다. 그러면 애초 $S_0=13$에서 $\tau=5$가 되는 경우의 수는, 즉 $S_\tau=S_5$가 되는 경우의 수는 몇 가지일까요? 이미 우리가 파악된 바와 같이 $\tau=5$인 경우의 수는 3입니다. 즉, $S_0=13$에서 출발하여 다음의 세 가지입니다.

$$14-13-12-11-\boxed{10}$$
$$12-13-12-11-\boxed{10}$$
$$12-11-12-11-\boxed{10}$$

결국 $S_0=13$에서 출발하여 $S_{10}=5$가 되는 경우들 중 $\tau=5$가 되는 경우의 수는 3입니다. $\tau=5$가 되기까지의 경우의 수가 3이고, $S_\tau=S_5=10$에서 $S_{10}=5$가 되는 경우는 1이므로, $3\times 1=3$이 되기 때문입니다.

그러면 이때 원 경로에서의 주가 S_{10}^o는 얼마가 될까요? 시점 $\tau=5$ 이후 그림자 경로와 정반대로 주가가 움직이니, 주가가 매일 1씩 상승하는 경우가 되어 원 경로에

[22] 어떤 사안이 복잡하다 해서 그것이 반드시 어려워야 할 필요는 없습니다. 그 반대로 어떤 사안은 단순합니다만, 그렇다고 해서 반드시 쉽지는 않을 수 있습니다. 가령 의과대학에 입학하기 위해서는, 내신과 수능 시험에서 좋은 성적을 올려야 할 것입니다. 어찌 보면 단순한 내용입니다. 하지만 그렇다고 해서 그런 대학에 성공적으로 입학하는 것이 쉽지는 않습니다. 아니 쉽지 않은 것이 아니라 어렵습니다.

서의 주가는

$$S_{10}^{o} = S_{\tau=5} + 5 \times 1 = 10 + 5 = 15$$

가 됩니다. 이때 이 콜의 청산가치는

$$S_{10} - K = 15 - 14 = 1$$

입니다. 그리고 이 확률은

$$3 \times \left(\frac{1}{2}\right)^{10}$$

입니다.

이제 마지막으로 $S_{10} = 5$이면서 $\tau = 3$인 경우를 살펴보겠습니다. 이 경우 $S_\tau = S_3 = 10$을 hit한 이후 잔존 만기 7일 동안 주가의 순증가가 (-5)가 되려면, 7일 중 1일은 주가가 상승하고 나머지 6일은 하락해야 합니다. 이런 경우의 수는, 위에서 파악했듯이 7(가지)입니다. 그러면 애초 $S_0 = 13$에서 $\tau = 3$이 되는, 즉 $S_3 = 10$이 되는 경우의 수는 몇 가지일까요? 한 가지입니다. 첫 3일간 주가가 매일 1씩 하락해야 합니다. 결국 $S_0 = 13$에서 출발하여 $S_{10} = 5$가 되는 경우들 중 $\tau = 3$이 되는 경우의 수는 7입니다. $\tau = 3$이 되기까지의 경우의 수가 1이고, $S_\tau = S_3 = 10$에서 $S_{10} = 5$가 되는 경우는 7이므로, $1 \times 7 = 7$이 되기 때문입니다.

그러면 이때 원 경로에서의 주가 S_{10}^{o}는 얼마가 될까요? 그림자 경로에서 $S_{10} = 5$의 의미는, 주가가 $B = 10$을 hit한 후 ($\tau = 3$이든 $\tau = 5$든) 주가의 순증가(net increase)가 (-5)가 되었다는 뜻입니다. 그러므로 원 경로에서는 주가가 $B = 10$을 hit한 후 주가의 순증가(net increase)가 +5가 되어야 합니다. 즉, 원 경로에서의 주가는

$$S_{10}^{o} = S_\tau + 5 = 10 + 5 = 15$$

가 됩니다. 이때 이 콜의 청산가치는

$$S_{10}^{o} - K = 15 - 14 = 1$$

입니다. 그리고 이 확률은

$$7 \times \left(\frac{1}{2}\right)^{10}$$

입니다.

이 전체 과정과 결과를 도표로 나타내면 다음과 같습니다. S_{10}^{sh}, S_{10}^{o}는 각각 그림자 경로와 원 경로에서의 만기일 주가 S_{10}을 나타냅니다.

➢ 도표 7-5 knock-in call의 그림자 경로와 원 경로 통한 가치평가

	S_{10}^{sh}	S_{10}^{o}	K	KIC_T	τ	$Prob.$	$KIC_T \times Prob.$	$E[KIC_T]$
Shadow Path	3	17	14	3	3	$\left(\frac{1}{2}\right)^{10}$	$3 \times \left[\left(\frac{1}{2}\right)^{10}\right]$	$13 \times \left(\frac{1}{2}\right)^{10}$
	5	15	14	1	5	$3 \cdot \left(\frac{1}{2}\right)^{10}$	$1 \times \left[3 \cdot \left(\frac{1}{2}\right)^{10}\right]$	
					3	$7 \cdot \left(\frac{1}{2}\right)^{10}$	$1 \times \left[7 \cdot \left(\frac{1}{2}\right)^{10}\right]$	
Original Path		15	14	1	5	$3 \cdot \left(\frac{1}{2}\right)^{10}$	$1 \times \left[3 \cdot \left(\frac{1}{2}\right)^{10}\right]$	$13 \times \left(\frac{1}{2}\right)^{10}$
		17	14	3	3	$\left(\frac{1}{2}\right)^{10}$	$3 \times \left[\left(\frac{1}{2}\right)^{10}\right]$	
		15	14	1		$7 \cdot \left(\frac{1}{2}\right)^{10}$	$1 \times \left[7 \cdot \left(\frac{1}{2}\right)^{10}\right]$	

우리가 위의 논의에서 그림자 경로(shadow path)에서는 S_{10}^{sh}을 중심으로 경우의 수를 따졌고 원 경로(original path)에서는 τ를 중심으로 경우의 수를 따졌기에 위 도표도 그에 맞추어 작성됐습니다. 위 도표에서 KIC_T는 이 knock-in call의 만기일 청산가치(payoff), $Prob.$는 각 경우의 확률, $KIC_T \times Prob.$는 각 경우 이 콜의 청산가치에 그 확률을 곱한 값, 그리고 $E[KIC_T]$는 이 콜의 만기일 기대 가격입니다. 일반적으로 두 경로에서 이 콜의 만기일 기대 가격이 같으면 두 경로에서 이 콜의 현재 가격도 같음을 의미합니다. 위험중립평가법에 의해 두 경로에서의 콜의 기대 가격 모두 무위험 이자율 r로 할인하면 콜의 현재가치가 산출되기 때문입니다. 그리고 위 도표에서 알 수 있듯이, 실제로도 두 경로에서 이 콜의 만기일 기대 가격이 같으므로 두 경로를 통한 현재 이 콜의 가치평가도 같음을 알 수 있습니다. 물론 우리가 주가 상승 및 하락 확

률로 가정한 0.5가 위험중립 세계에서의 주가 상승 및 하락 확률인 $p, 1-p$였음을 전제로 합니다. ▣

3. 배리어 옵션 가치평가(기하 브라운 운동 모형)

이제 로그 주가가 표준 브라운 운동이 아닌, 기하 브라운 운동을 따를 때 배리어 옵션이 만기에 내가격이 될 확률을 파악해 보겠습니다. 결론부터 말하면, 본 논의의 내용은 다소 길며, 논의 결과도 이전의 표준 브라운 운동 경우만큼 간단하지는 않습니다. 왜냐하면 로그 주가가 기하 브라운 운동을 따르는 경우에는 시간 경과에 따른 일정한 추세가 존재하므로, 이 추세를 감안하여 배리어 옵션이 만기일에 내가격이 될 확률을 계산해야 하기 때문입니다. 결국 기하 브라운 운동을 따르는 로그 주가의 경우에는 이 추세가 배리어 옵션의 만기일 내가격 확률에 미치는 영향을 이해하는 것이 관건입니다.

먼저 주가 S는 다음의 확률과정을 따른다고 가정하겠습니다.

$$dS_t = \mu \cdot S_t \cdot dt + \sigma \cdot S_t \cdot dw_t.$$

이는 곧 로그 주가의 움직임이 다음 확률과정을 따름을 의미합니다.

$$d[\ln(S_t)] = \left(\mu - \frac{\sigma^2}{2}\right) dt + \sigma \cdot dw_t.$$

이 경우 만기일 로그 주가는 다음 확률과정을 따름을 우리는 알고 있습니다.[23]

$$\ln(S_T) \sim N\left(\ln(S_0) + \left(\mu - \frac{\sigma^2}{2}\right) \cdot T,\ \sigma^2 \cdot T\right).$$

그러면 우리의 "knock-in call"이 만기일에 내가격이 될 확률은 어떻게 될까요? 이를 파악하기 위해, 로그 주가가 시점 $\tau(< T)$에 배리어 $\ln(B)$를 touch했다고 합시다 $\left(\ln(S_\tau) = \ln(B)\right)$. 또 $\ln(S_\tau) = \ln(B)$의 조건이 붙은 조건부 확률을 $Pr^c[\cdot]$이라 합시

23 제7장 제2절 "로그 주가의 확률과정"에서 정리 11>에 제시되어 있습니다.

다. 참고로 로그 주가가 표준 브라운 운동을 따를 때에는 다음이 성립했습니다.[24]

$$Pr^c[\ln(S_T) > \ln(K)] = Pr^c[\ln(S_T) < 2 \cdot \ln(B) - \ln(K)].$$

즉, $\ln(S_\tau) = \ln(B)$의 조건에서는, $\ln(S_T) > \ln(K)$의 확률과 $\ln(S_T) < 2 \cdot \ln(B) - \ln(K)$의 확률이 같았습니다. 이번에도 그럴까요?

결론부터 말하면, 이번에는 두 확률 값이 같지 않습니다. "이번에는"의 의미는, 로그 주가가 "기하 브라운 운동(geometric Brownian motion)"을 따를 때라는 의미입니다. 왜 이번에는 두 확률 값이 다를까요? 로그 주가 움직임에 일정 추세(drift)가 존재하기 때문입니다. 그 추세가 무엇일까요? 로그 주가의 확률과정을 보면 알 수 있습니다.

$$d[\ln(S_t)] = \left(\mu - \frac{\sigma^2}{2}\right) dt + \sigma \cdot dw_t.$$

위 확률과정 식에서 알 수 있듯이, 매 dt마다 로그 주가는 $\left(\mu - \frac{\sigma^2}{2}\right)$만큼 "평균적으로" 변동하는데 이것이 로그 주가의 추세(drift)입니다. 대부분 주식의 주가는 $\mu - \frac{\sigma^2}{2} > 0$을 충족하므로, 매 dt마다 로그 주가는 $\left(\mu - \frac{\sigma^2}{2}\right) dt$만큼 평균적으로 "상승"한다고 생각해도 됩니다.[25] 만일 경과 기간이 dt가 아니라 '$T - \tau$'라면, (기하) 브라운 운동의 특성에 의해, 로그 주가는 평균적으로 $\left(\mu - \frac{\sigma^2}{2}\right) \times (T - \tau)$만큼 상승할 것입니다 $(T > \tau)$. 이처럼 단순히 시간만 지나도 로그 주가는 (평균적으로) 상승하기에, 로그 주가가 만기일에 $\ln(K)$보다 클 확률은, 로그 주가의 이런 상승 추세가 없던 경우와는 다릅니다. 이를 차분히 따져 봅시다.

로그 주가가 시점 $\tau(< T)$에 배리어 $\ln(B)$를 최초로 touch하여 $\ln(S_\tau) = \ln(B)$임을 가정합니다. 만기일까지 남은 기간$(= T - \tau)$ 동안 로그 주가가 $\ln(K)$보다 높게 상

---

[24] 물론 결과적으로 $Pr[\ln(S_\tau) = \ln(B)] \times Pr^c[\ln(S_T) < 2 \cdot \ln(B) - \ln(K)] = Pr[\ln(S_T) < 2 \cdot \ln(B) - \ln(K)]$이 입증됐습니다.

[25] 위험자산인 주식의 (로그)주가가 "평균적으로(나마)" 상승한다고 가정하지 않는다면, 주식에 투자할 투자자들이 별로 없을 것입니다. 만일 평균적으로(도) 상승하지 못하는 주식이 있다면, 그런 주식에 대한 투자 수요가 감소하여 주가가 하락할 것입니다. 어느 정도까지 주가가 하락할까요? 그 하락한 주가에 주식을 매입한다면 미래 주가는 그 주가보다는 평균적으로 높을 것이라 예상되는 수준까지 그 주식의 주가는 하락할 것입니다. 그렇게 되면 이 주가 수준에서는 이 주식 역시 미래 주가가 평균적으로는 상승하는 주식이 됩니다.

승해야 이 knock-in call이 만기일에 내가격이 됩니다. 그런데 로그 주가가 위의 기하 브라운 운동을 따를 때는, 잔존만기 $T-\tau$만큼 시간이 경과하면 평균적으로

$$\left(\mu-\frac{\sigma^2}{2}\right)\times(T-\tau)$$

만큼 상승합니다. 그러므로 만기일 T에 로그 주가가

$$\ln(S_T)>\ln(K)$$

가 될 확률이 그만큼 더 높아집니다. 로그 주가가 표준 브라운 운동을 따를 때보다 말입니다. 동시에, 로그 주가가 만기일에

$$\ln(S_T)<2\cdot\ln(B)-\ln(K)$$

가 될 확률은 (추세가 없었을 때보다) 더 낮아질 것입니다. "상승"하는 추세를 가진 로그 주가이기에, 이 로그 주가가 $2\cdot\ln(B)-\ln(K)$보다 작을 확률은, 이 상승 추세가 없을 때의 로그 주가의 그 확률보다 더 작을 것이기 때문입니다. 즉, 이제는

$$Pr^c[\ln(S_T)>\ln(K)]\ \ >\ \ Pr^c[\ln(S_T)<2\cdot\ln(B)-\ln(K)]$$

인 것입니다.[26]

다시 본론으로 돌아가면, 우리는

$$Pr^c[\ln(S_T)>\ln(K)]=Pr^c[\ln(S_T)<x]$$

의 "등식"이 성립할 x를 찾으려 하는데 기하 브라운 운동을 따르는 $\ln(S_T)$에게는

---

[26] 이 과정을 더 정확히 표현해 봅시다. 표준 브라운 운동을 따를 때의 (조건부) 확률을 $Pr_S^c[\ \cdot\ ]$, 기하 브라운 운동을 따를 때의 (조건부) 확률을 $Pr_G^c[\ \cdot\ ]$이라 하면

$$Pr_G^c[\ln(S_T)>\ln(K)]\ \ >\ \ Pr_S^c[\ln(S_T)>\ln(K)],$$
$$Pr_S^c[\ln(S_T)>\ln(K)]=Pr_S^c[\ln(S_T)<2\cdot\ln(B)-\ln(K)],$$
$$Pr_S^c[\ln(S_T)<2\cdot\ln(B)-\ln(K)]\ \ >\ \ Pr_G^c[\ln(S_T)<2\cdot\ln(B)-\ln(K)]$$

이 성립합니다. 그러므로 로그 주가가 기하 브라운 운동을 따르는 경우

$$Pr_G^c[\ln(S_T)>\ln(K)]\ \ >\ \ Pr_G^c[\ln(S_T)<2\cdot\ln(B)-\ln(K)]$$

이 성립합니다.

$$x \neq 2 \cdot \ln(B) - \ln(K)$$

입니다. 그러면 왜 우리는

$$Pr^c[\ln(S_T) > \ln(K)] = Pr^c[\ln(S_T) < x]$$

인 x를 찾으려 하나요? 그 이유는, 만일 운이 좋다면

$$x \leq \ln(B)$$

일 수도 있기 때문입니다. $x \leq \ln(B)$라면 우리에게 무슨 좋은 점이 있을까요? 그것은 바로,

$$\ln(S_T) < x$$

이 발생했다면, 로그 주가가 T 이전에 배리어 $\ln(B)$를 touch했음이 입증된다는 사실입니다. 왜냐하면, 시초에는 로그 주가가 배리어보다 컸는데, 즉 $\ln(S_0) > \ln(B)$이었는데, 만기일에 $\ln(S_T) < x \leq \ln(B)$라면 이 로그 주가가 T 이전에 배리어 $\ln(B)$를 touch했다는 의미가 되기 때문입니다. 즉,

$$\ln(S_T) < x \leq \ln(B) \ \rightarrow \ \ln(S_\tau) = \ln(B), \qquad \text{where } 0 < \tau < T$$

를 의미하기 때문입니다. τ가 정확히 어느 시점인지는 모르겠지만, 아무튼 만기일 전에 $\ln(S_\tau) = \ln(B)$가 발생했다는 것입니다.[27] 이렇게 되면, 우리의 knock-in call이 만기일 내가격이 되기 위해서는 원래는 두 조건을 충족해야 했었는데, 이제는 하나의 조건만 충족하면 되는 것입니다. 즉,

$$\begin{aligned}
&Pr[\text{down} - \text{and} - \text{in call이 만기일에 내가격}] \\
&= Pr[\text{만기 전 } B\text{를 'hit'}] \times Pr[\ln(S_T) > \ln(K) \mid \ln(S_\tau) = \ln(B),\ 0 < \tau < T] \\
&= Pr[\text{만기 전 } B\text{를 'hit'}] \times Pr[\ln(S_T) < x \mid \ln(S_\tau) = \ln(B),\ \text{where } 0 < \tau < T] \\
&= Pr[\ln(S_T) < x]
\end{aligned}$$

---

[27] 어차피 knock-in-call의 요구 조건도, T 이전에 배리어를 touch해야 한다는 것이지, 특정 시점에 반드시 touch해야 한다는 것이 아닙니다.

인 x를 찾을 수 있는지는 따져 봐야 합니다.

이제 그런 x를 찾아 보겠습니다. x를 찾으려면 어떻게 해야 할까요? 먼저 두 식의 형태를 봅시다.

$$Pr^c[\ln(S_T) > \ln(K)] = Pr^c[\ln(S_T) < x]$$

$\ln(S_T) > \ln(K)$인 사건의 확률과 $\ln(S_T) < x$인 사건의 확률이 같은 값을 가지려면 우리가 어떤 방법을 써야 할까요? 부등호가 서로 정반대인데 말입니다. 그 정답은

"$\ln(S_T)$을 표준정규변수인 z로 변형"

해야 한다는 것입니다. 왜냐하면 z의 경우 다음이 가능하기 때문입니다.

$$Pr^c[z > z^*] = Pr^c[z < -z^*]$$

그러므로 $\ln(S_T)$를 z로 변형하면 다음이 가능하게 됩니다.

$$\begin{aligned} & Pr^c[\ln(S_T) > \ln(K)] \\ &= Pr^c[z > z^*] \\ &= Pr^c[z < -z^*] \\ &= Pr^c[\ln(S_T) < x]. \end{aligned}$$

그리고 위에서 설명한 대로, $x \le \ln(B)$로 판명된다면

$$\begin{aligned} & Pr[\text{down} - \text{and} - \text{in call이 만기일에 내가격}] \\ &= Pr[\text{만기 전 } B\text{를 'hit'}] \times Pr[\ln(S_T) > \ln(K) \mid \ln(S_\tau) = \ln(B),\ 0 < \tau < T] \\ &= Pr[\text{만기 전 } B\text{를 'hit'}] \times Pr[\ln(S_T) < x \mid \ln(S_\tau) = \ln(B),\ \text{where } 0 < \tau < T] \\ &= Pr[\ln(S_T) < x] \end{aligned}$$

이 되어, 단일 사건의 확률이 되는 것입니다. $x \le \ln(B)$ 라면 말입니다. 물론 $x \le \ln(B)$가 충족되지 않으면

$$Pr[\text{down} - \text{and} - \text{in call이 만기일에 내가격}] = Pr[\ln(S_T) < x]$$

은 성립하지 않습니다. 이제 과연 x는 어떤 값이고 $x \le \ln(B)$는 성립하는지 따져 봅

시다.

이를 위해 $\ln(S_T)$를 z로 만들어 봅시다. 주가가 기하 브라운 운동을 따르면 다음 수식들이 성립합니다.

$$dS_t = \mu \cdot S_t \cdot dt + \sigma \cdot S_t \cdot dw_t.$$

$$d[\ln(S_t)] = \left(\mu - \frac{\sigma^2}{2}\right)dt + \sigma \cdot dw_t.$$

$$\ln(S_T) \sim N\left(\ln(S_0) + \left(\mu - \frac{\sigma^2}{2}\right) \cdot T,\ \sigma^2 \cdot T\right).$$

간편하게 $\mu - \frac{\sigma^2}{2} = a(> 0)$로 치환하겠습니다.[28] 그러면 위 확률분포는 다음과 같이 표현됩니다.

$$\ln(S_T) \sim N(\ln(S_0) + a \cdot T,\ \sigma^2 \cdot T).$$

$\ln(S_T)$에서 상수 $\ln(S_0)$를 빼면 다음 정규분포를 따를 것입니다.

$$\ln(S_T) - \ln(S_0) \sim N(a \cdot T,\ \sigma^2 \cdot T).$$

왜냐하면 정규분포를 따르는 특정 확률변수에서 특정 상수를 빼거나 더하면, 그 새로운 확률변수의 평균만 감소 혹은 증가하며 분산은 불변이고, 또 그 새 확률변수도 정규분포를 따르기 때문입니다. 같은 원리로, $\ln(S_T) - \ln(S_0)$에서 상수 $a \cdot T$를 빼면 다음 정규분포를 따를 것입니다.

$$\ln(S_T) - \ln(S_0) - a \cdot T \sim N(0,\ \sigma^2 \cdot T).$$

그리고 이를 다시 (이 정규분포의 표준편차인) 상수 $\sigma \cdot \sqrt{T}$로 나누면 다음 표준정규분포를 따를 것입니다.

$$\frac{\ln(S_T) - \ln(S_0) - a \cdot T}{\sigma \cdot \sqrt{T}} \sim N(0, 1).$$

---

[28] 대부분 주식에 있어 $\mu - \frac{\sigma^2}{2} > 0$이 성립한다고 가정합니다.

왜냐하면 평균 m, 분산 v^2인 정규분포를 따르는 특정 확률변수에 특정 상수 $c(>0)$를 곱하면 그 새로운 확률변수는 평균 $c \cdot m$, 분산 $c^2 \cdot v^2$인 정규분포를 따르기 때문입니다. 위에서 $c = \frac{1}{\sigma \cdot \sqrt{T}}$이기에, 원 평균 $m = 0$이 $c \cdot m = \frac{1}{\sigma \cdot \sqrt{T}} \cdot 0 = 0$이 되고 원 분산 $v^2 = \sigma^2 \cdot T$이 $c^2 \cdot v^2 = \left(\frac{1}{\sigma \cdot \sqrt{T}}\right)^2 \cdot (\sigma^2 \cdot T) = 1$이 되기 때문입니다. 이로써 우리는 표준정규(확률)변수 z를 만들어 냈습니다.

$$\frac{\ln(S_T) - \ln(S_0) - a \cdot T}{\sigma \cdot \sqrt{T}} = z \sim N(0, 1).$$

로그 주가가 시점 $\tau(< T)$에 배리어 $\ln(B)$를 touch했다고 가정하므로($\ln(S_\tau) = \ln(B)$), 현 시점이 τ라면 다음 수식들이 차례로 성립할 것입니다.
(아래에서 $T - \tau$와 $\ln(S_\tau)$는 각각 위의 $T - 0(= T)$와 $\ln(S_0)$을 대체한 것임)

$$\ln(S_T) \sim N\big(\ln(S_\tau) + a \cdot (T - \tau),\ \sigma^2 \cdot (T - \tau)\big).$$
$$\ln(S_T) - \ln(S_\tau) - a \cdot (T - \tau) \sim N\big(0,\ \sigma^2 \cdot (T - \tau)\big).$$
$$\frac{\ln(S_T) - \ln(S_\tau) - a \cdot (T - \tau)}{\sigma \cdot \sqrt{T - \tau}} = z \sim N(0, 1).$$

이 조건 아래서, 우리의 knock-in call이 만기일에 내가격이 될 확률은 아래와 같습니다. $\ln(S_\tau) = \ln(B)$이 실현된 조건에서 말입니다. 아래 전개는 부등식 양변에 동일한 상수 $\ln(S_\tau)$를 빼고, 필요에 따라 $\ln(S_\tau) = \ln(B)$로 치환하여 이루어집니다.

$$Pr[\ln(S_T) > \ln(K) \mid \ln(S_\tau) = \ln(B)]$$
$$= Pr[\ln(S_T) - \ln(S_\tau) > \ln(K) - \ln(S_\tau) \mid \ln(S_\tau) = \ln(B)]$$
$$= Pr[\ln(S_T) - \ln(S_\tau) > \ln(K) - \ln(B) \mid \ln(S_\tau) = \ln(B)]$$
$$= Pr\left[\ln(S_T) - \ln(S_\tau) > \ln\left(\frac{K}{B}\right) \mid \ln(S_\tau) = \ln(B)\right].$$

$Pr[\ \cdot \mid \ln(S_\tau) = \ln(B)]$를 $Pr^c[\ \cdot\ ]$로 표시하면 위 확률은

$$Pr\left[\ln(S_T) - \ln(S_\tau) > \ln\left(\frac{K}{B}\right) \mid \ln(S_\tau) = \ln(B)\right]$$

$$= Pr^c\left[\ln(S_T) - \ln(S_\tau) > \ln\left(\frac{K}{B}\right)\right]$$

$$= Pr^c\left[\ln(S_T) - \ln(S_\tau) - a\cdot(T-\tau) > \ln\left(\frac{K}{B}\right) - a\cdot(T-\tau)\right]$$

$$= Pr^c\left[\frac{\ln(S_T) - \ln(S_\tau) - a\cdot(T-\tau)}{\sigma\cdot\sqrt{T-\tau}} > \frac{\ln\left(\frac{K}{B}\right) - a\cdot(T-\tau)}{\sigma\cdot\sqrt{T-\tau}}\right]$$

$$= Pr^c\left[z > \frac{\ln\left(\frac{K}{B}\right) - a\cdot(T-\tau)}{\sigma\cdot\sqrt{T-\tau}}\right]$$

$$= Pr^c[z > z^*]$$

$$= Pr^c[z < -z^*]$$

$$= Pr^c\left[\frac{\ln(S_T) - \ln(S_\tau) - a\cdot(T-\tau)}{\sigma\cdot\sqrt{T-\tau}} < -\left(\frac{\ln\left(\frac{K}{B}\right) - a\cdot(T-\tau)}{\sigma\cdot\sqrt{T-\tau}}\right)\right]$$

가 됩니다. 이제는 드디어 위 식을

$$Pr^c[z < -z^*] = Pr^c[\ln(S_T) < x]$$

로 변형해 볼 수 있게 되었습니다. z 안에 $\ln(S_T)$가 포함되어 있기 때문입니다. 그리고 이렇게 변형했을 때 $x \leq \ln(B)$가 판명되면

$$Pr[\text{knock}-\text{in}-\text{call}\text{이 만기일에 내가격}]$$
$$= Pr[\ln(S_T) < x]$$

로 간단한 확률이 됩니다. 이제 이 작업을 수행해 보겠습니다.

$$Pr^c[z < -z^*]$$

$$= Pr^c\left[\frac{\ln(S_T) - \ln(S_\tau) - a\cdot(T-\tau)}{\sigma\cdot\sqrt{T-\tau}} < -\left(\frac{\ln\left(\frac{K}{B}\right) - a\cdot(T-\tau)}{\sigma\cdot\sqrt{T-\tau}}\right)\right].$$

위 부등식에 다음을 차례로 해 보겠습니다.

1) 양변에 $\sigma \cdot \sqrt{T-\tau}(>0)$를 곱하고
2) $\ln(S_\tau) = \ln(B)$로 치환하고
3) $\ln(S_T)$만 좌변에 남기면

$$Pr^c\left[\frac{\ln(S_T) - \ln(S_\tau) - a \cdot (T-\tau)}{\sigma \cdot \sqrt{T-\tau}} < -\left(\frac{\ln\left(\frac{K}{B}\right) - a \cdot (T-\tau)}{\sigma \cdot \sqrt{T-\tau}}\right)\right]$$

$$= Pr^c\left[\ln(S_T) - \ln(S_\tau) - a \cdot (T-\tau) < -\left(\ln\left(\frac{K}{B}\right) - a \cdot (T-\tau)\right)\right]$$

$$= Pr^c[\ln(S_T) - \ln(B) - a \cdot (T-\tau) < -\ln(K) + \ln(B) + a \cdot (T-\tau)]$$

$$= Pr^c[\ln(S_T) < -\ln(K) + 2 \cdot \ln(B) + 2a \cdot (T-\tau)]$$

$$= Pr^c\left[\ln(S_T) < 2 \cdot \left(\ln(B) + a \cdot (T-\tau)\right) - \ln(K)\right]$$

가 도출됩니다. 즉,

$$Pr^c[z < -z^*] = Pr^c[\ln(S_T) < x]$$

에서

$$x = 2 \cdot \left(\ln(B) + a \cdot (T-\tau)\right) - \ln(K)$$

로 판명되었습니다.[29] 그렇다면 과연

$$x \le \ln(B)$$

가 성립할까요? 즉, 다음이 성립할까요?

---

[29] 참고로 $x = 2 \cdot \left(\ln(B) + a \cdot (T-\tau)\right) - \ln(K)$에서 $a = \mu - \frac{\sigma^2}{2} = 0$을 가정하면 $x = 2 \cdot \ln(B) - \ln(K)$가 되어 표준 브라운 운동의 결과와 같아집니다. 물론 이 경우에도 기하 브라운 운동에서는 변동성 $\sigma = 0$이 아닌 한 표준 브라운 운동이 되지는 않습니다만, $\ln(S_T) < x$의 critical value x 값을 결정하는 데에는 σ가 영향을 미치지 않습니다. 물론 $\ln(S_T) < x$일 확률에는 σ가 영향을 미칠 수 있습니다. 주가 변동성이 클수록 만기일 주가가 특정 값보다 작을 확률이 더 클 수 있기 때문입니다.

$$2 \cdot \big(\ln(B) + a \cdot (T-\tau)\big) - \ln(K) \le \ln(B)$$

이것이 성립하려면 이 부등식 좌변에서 우변을 뺀 값이 0보다 작거나 같아야 합니다. 좌변에서 우변을 빼면

$$\begin{aligned} &2 \cdot \big(\ln(B) + a \cdot (T-\tau)\big) - \ln(K) - \ln(B) \\ &= 2a \cdot (T-\tau) + \ln(B) - \ln(K). \end{aligned}$$

그런데 주어진 조건은 $B < K,\ a = \mu - \frac{\sigma^2}{2} > 0,\ T - \tau > 0$입니다.[30] 그러므로

$$\begin{gathered} 2a \cdot (T-\tau) > 0, \\ \ln(B) - \ln(K) < 0 \end{gathered}$$

입니다. 결국 이 두 항의 합인

$$2a \cdot (T-\tau) + \ln(B) - \ln(K)$$

이 0보다 작은지, 같은지, 큰지를 우리는 확실하게 알 수는 없습니다. 즉, 확률 1로 알 수는 없습니다. 단지 주어진 수치들인 $B,\ K,\ a,\ T,\ \tau$ 값들을 위 식에 실제로 대입해 봐야 합니다. 이 수치들을 위 부등식에 대입해서

$$2a \cdot (T-\tau) + \ln(B) - \ln(K) \le 0$$

이면

$$Pr\big[\text{knock} - \text{in} - \text{call이 만기일에 내가격}\big] = Pr[\ln(S_T) < x]$$

이 성립하고, 그렇지 않으면 성립하지 않습니다.

> **정리 19〉**
>
> 로그 주가가 기하 브라운 운동을 따를 때에는, 배리어 옵션이 만기일에 내가격이 될 확률이 항상 단일 확률로 간단하게 산출된다고 할 수는 없다.

---

[30] 대부분 주식에 있어 $\mu - \frac{\sigma^2}{2} > 0$이 성립한다고 가정했습니다.

지금까지는 변수를 사용하여 knock-in call이 만기일에 내가격이 될 확률을 구해보았습니다. 이제 구체적인 값들을 사용하여, 위 정리가 무엇을 뜻하는지 감각적으로 이해를 해 보겠습니다.

예제 7-1〉

$dS_t = \mu \cdot S_t \cdot dt + \sigma \cdot S_t \cdot dw_t$ 의 확률과정을 갖는 주가를 기초 자산으로 하는 knock-in call이 두 종류가 있다. 이들의 공통 배리어는 $B = 80$이고 공통된 만기는 $T = 0.75$(년)이다. 현재 기초 자산의 주가는 $S_0 = 85$이고 이 주가 모수들의 관계는 $\mu - \frac{\sigma^2}{2} = 0.2$이다. 첫 번째 knock-in call의 행사 가격은 $K_1 = 90$, 두 번째 knock-in call의 행사 가격은 $K_2 = 100$이다. 이 두 개의 knock-in calls이 각각 만기일에 내가격이 될 확률을 단일 사건의 확률 값으로 구할 수 있는가?

네, 결론부터 말하면, 행사 가격이 90인 knock-in call의 경우 만기일에 내가격이 될 확률을 단일 사건의 확률 값으로 구할 수 없지만, 행사 가격이 100인 knock-in call의 경우에는 가능합니다. 먼저 아래 그림을 참고하면서 이 문제를 풀어 봅시다. 아래 그림의 x-축은 시간의 흐름$(= t)$이고 y-축은 로그 주가$(= \ln(S_t))$입니다$(0 \le t \le T)$. 주가가 최초로 B를 touch한 시점을 t^*라고 하겠습니다$(0 < t^* < T)$.

➢ 그림 7-7 Mirror image와 'knock-in call' (기하 브라운 운동의 경우)

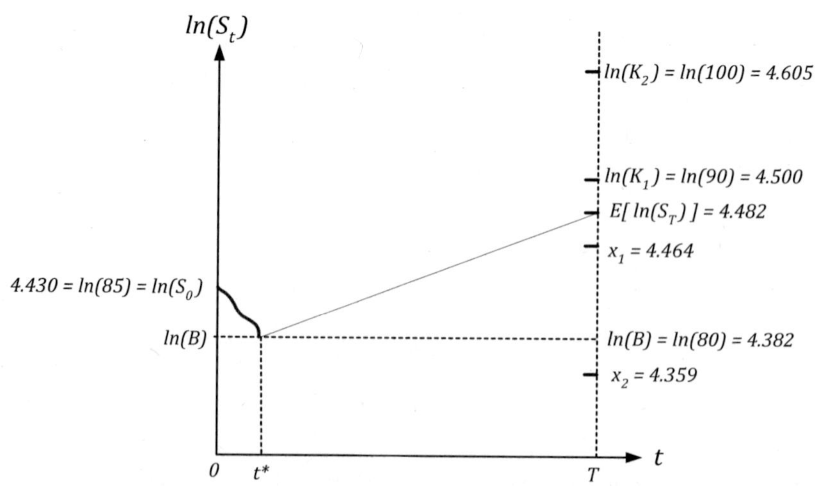

기초 자산인 (로그)주가의 확률과정은 다음과 같이 주어졌습니다.

$$d[\ln(S_t)] = \left(\mu - \frac{\sigma^2}{2}\right)dt + \sigma \cdot dw_t = 0.2 \times dt + \sigma \cdot dw_t.$$

이 로그 주가의 추세가 $\mu - \frac{\sigma^2}{2} = 0.2$이므로, 1년에 평균적으로 0.2만큼 로그 주가 값이 커집니다. 가령 주가가 최초로 B를 touch한 시점을 $t^* = 0.25$라 하면, $\ln(S_{t^*}) = \ln(S_{0.25}) = \ln(B) = \ln(80) = 4.382$ 입니다. 그러면 남은 $T - t^* = 0.75 - 0.25 = 0.5$ (년)이 경과하면 만기일에 도달합니다. 그런데 이 로그 주가의 추세 때문에 만기일 로그 주가의 "평균"은 $\ln(S_{t^*})$보다 높습니다($E[\ln(S_T)] > \ln(S_{t^*}) = 4.382$). 즉, 잔존 만기 동안 로그 주가의 추세가 반영되어

$$E[\ln(S_T)] = \ln(S_{t^*}) + \left(\mu - \frac{\sigma^2}{2}\right)(T - t^*)$$
$$= 4.382 \ + \ 0.2 \times 0.5 = 4.482$$

가 됩니다. 주가로 환산하면 $E[S_T] = e^{4.482} \approx 88.4$입니다. 행사 가격이 90인 첫 번째 knock-in call이 만기일에 내가격이 되려면, 주가가 90보다도 커야 합니다. 90을 로그로 환산하면

$$\ln(90) = 4.5$$

입니다. 또 $\ln(90) - E[\ln(S_T)] = 4.5 - 4.482 = 0.018$ 입니다. 그런데 만기일 로그 주가 $\ln(S_T)$는 정규분포를 따르므로, 그 평균 $E[\ln(S_T)] = 4.482$를 중심으로 대칭으로 분포되어 있습니다. 그러므로 $\ln(S_T)$가 그 평균보다 0.018 더 큰 $\ln(90)$에 도달할 확률과 그 평균보다 0.018 더 작은 $E[\ln(S_T)] - 0.018 = 4.464$에 도달할 확률은 같습니다.[31] 이 사실을 활용하여 이 콜이 만기일에 내가격이 될 확률을 구하면

$$Pr[\ln(S_T) > \ln(90)]$$
$$= Pr[\ln(S_T) > 4.5]$$

[31] 물론 로그 주가는 연속분포이므로 정확히 이러한 값들에 도달할 'point probability'는 0인데, 실제 확률 계산에서는 이 값들보다 더 크거나 더 작은 범위의 확률을 구하므로 아무 문제 없습니다. 본문에서는 너무 복잡해서 마치 'point probability'를 구하는 것처럼 표현했을 뿐입니다.

$$
\begin{aligned}
&= Pr[\ln(S_T) > 4.482 + 0.018] \\
&= Pr[\ln(S_T) > E[\ln(S_T)] + 0.018] \\
&= Pr[\ln(S_T) < E[\ln(S_T)] - 0.018] \\
&= Pr[\ln(S_T) < 4.482 - 0.018] \\
&= Pr[\ln(S_T) < 4.464] \\
&= Pr[\ln(S_T) < x_1]
\end{aligned}
$$

이 성립합니다. 우리가 찾던 그 x 값을 찾은 것입니다. 즉, $K = K_1 = 90$인 경우 $x = x_1 = 4.464$ 입니다(주가로 환산하면 $e^{4.464} \approx 86.8$). 그런데 $x_1 = 4.464$은 $\ln(B) = \ln(80) = 4.382$보다 큽니다(주가로 환산하면 86.8은 $B = 80$보다 큼). 그렇기에, 만기일 로그 주가가 $x_1 = 4.464$보다 작다 해서, 자동적으로 그 로그 주가가 $\ln(B) = 4.382$보다 작지는 않습니다. 가령 주가가 시초가 $S_0 = 85$에서 $S_T = 86(< e^{4.464} = 86.8)$로 끝난 경우, 주가가 도중에 배리어 $B = 80$을 touch했다고 보장할 수가 없다는 것입니다. 그러므로 다음이 성립합니다.

$$Pr[\ln(S_T) < x_1] \neq Pr[\text{콜이 만기일 내가격}].$$

반면 $K = K_2 = 100$인 경우 이 콜이 만기일에 내가격이 될 확률은

$$
\begin{aligned}
&Pr[\ln(S_T) > \ln(100)] \\
&= Pr[\ln(S_T) > 4.605] \\
&= Pr[\ln(S_T) > 4.482 + 0.123] \\
&= Pr[\ln(S_T) > E[\ln(S_T)] + 0.123] \\
&= Pr[\ln(S_T) < E[\ln(S_T)] - 0.123] \\
&= Pr[\ln(S_T) < 4.482 - 0.123] \\
&= Pr[\ln(S_T) < 4.359] \\
&= Pr[\ln(S_T) < x_2]
\end{aligned}
$$

가 성립합니다. 우리가 찾던 그 x 값을 찾은 것입니다. 즉, $K = K_2 = 100$인 경우 $x = x_2 = 4.359$ 입니다(주가로 환산하면 $e^{4.359} \approx 78.2$). 그런데 $x_2 = 4.359$는 $\ln(B) = \ln(80) = 4.382$보다 작습니다(주가로 환산하면 78.2는 $B = 80$보다 작음). 그렇기에, 만기일 로그 주가가 $x_2 = 4.359$보다 작으면, 자동적으로 그 로그 주가가 $\ln(B) =$

4.382보다 작음을 의미합니다. 가령 주가가 시초가 $S_0 = 85$에서 $S_T = 78(< e^{4.359} = 78.2)$로 끝난 경우, 항상 그 도중에 배리어 $B = 80$을 touch했음을 알 수 있습니다. 그러므로 다음이 성립합니다.

$$Pr[\ln(S_T) < x_2] = Pr[\text{콜이 만기일 내가격}].$$

이 두 예에서 입증됐듯이, (로그)주가에 추세가 존재하는 경우, 즉 로그 주가가 기하 브라운 운동을 따르는 경우에는, knock-in call이 만기일에 내가격이 될 확률이 단일 사건의 확률로 될 수도 있고 되지 않을 수도 있습니다. ■

그렇다면 이 두 knock-in calls 간의 이런 불일치는 왜 발생했을까요? 왜 첫 번째 콜은 만기일에 내가격이 될 확률이 단일 사건의 확률로 대체될 수 없었고, 왜 두 번째 콜은 그 확률이 단일 사건의 확률로 대체될 수 있었을까요? 이 문제를 진지하게 논의해 봅시다.

질문 7-8〉 왜 첫 번째 콜은 만기일에 내가격이 될 확률이 단일 사건의 확률로 대체될 수 없었고, 왜 두 번째 콜은 그 확률이 단일 사건의 확률로 대체될 수 있었을까요?

그 이유는, t^* 이후 만기일까지의 로그 주가 변화량의 평균이 어떠한가에 따라 결과가 달라지기 때문입니다. 로그 주가가 표준 브라운 운동을 따를 때에는 로그 주가 변화량의 평균은 0입니다. 그러므로 $\ln(S_{t^*}) = \ln(B)$에 일단 도달하면, 자동적으로 $E[\ln(S_T)] = \ln(B)$가 됩니다. 즉, "만기일 로그 주가"의 평균도 $\ln(B)$가 됩니다. 이런 평균을 가질 만기일 로그 주가가 $\ln(K)$보다 클 확률을 구하면 됩니다. 그런데 정규분포를 따르는 로그 주가는 그 평균을 중심으로 상하 대칭입니다. 그러므로 만기일 로그 주가도 $\ln(B)$를 중심으로 위 아래로 대칭 분포를 이룹니다. 만기일 로그 주가가 $\ln(K)$보다 클 확률은 로그 주가 평균 $\ln(B)$에서 $\ln(K) - \ln(B)$ 이상 상승할 확률입니다. 대칭 분포를 이루는 만기일 로그 주가이므로, 이 확률은 로그 주가가 평균 $\ln(B)$에서 $\ln(K) - \ln(B)$ 이상 "하락"할 확률과 같습니다. 그림자 경로에서 말입니다. 이제 이 하락을 감안하면 $\ln(B) - (\ln(K) - \ln(B)) = 2 \cdot \ln(B) - \ln(K)$이므로

$$\begin{aligned} &Pr[\ln(S_T) > \ln(K) \mid \ln(S_{t^*}) = \ln(B)] \\ &= Pr[\ln(S_T) < 2 \cdot \ln(B) - \ln(K) \mid \ln(S_{t^*}) = \ln(B)] \end{aligned}$$

가 됩니다. 그런데 다행히도

$$2 \cdot \ln(B) - \ln(K) < \ln(B)$$

가 충족되기에 (그림자 경로에서는) $\ln(S_{t^*}) = \ln(B)$ 의 조건이 불필요합니다. 애초 $\ln(S_0) > \ln(B)$에서 출발했기에, 도중에 로그 주가가 $\ln(B)$를 touch했음이 확실하기 때문입니다.

반면, 로그 주가가 기하 브라운 운동을 따를 때에는 로그 주가 변화량의 평균은 0이 아니고

$$\left(\mu - \frac{\sigma^2}{2}\right)(T - t^*) > 0$$

입니다. 그러므로 $\ln(S_{t^*}) = \ln(B)$ 에 일단 도달했다 해서 자동적으로 $E[\ln(S_T)] = \ln(B)$가 되지는 않고

$$E[\ln(S_T)] = \ln(B) + \left(\mu - \frac{\sigma^2}{2}\right)(T - t^*)$$

가 됩니다. 이런 평균을 가질 만기일 로그 주가가 $\ln(K)$보다 클 확률을 구하면 됩니다. 그런데 정규분포를 따르는 만기일 로그 주가는 그 평균을 중심으로 상하 대칭입니다. 그러므로 만기일 로그 주가도

$$\ln(B) + \left(\mu - \frac{\sigma^2}{2}\right)(T - t^*) = BB$$

를 중심으로 위 아래로 대칭 분포를 이룹니다. 만기일 로그 주가가 $\ln(K)$보다 클 확률은 로그 주가 평균 BB에서 $\ln(K) - BB$ 이상 상승할 확률입니다. 이 확률은 로그 주가가 평균 BB에서 $\ln(K) - BB$이상 "하락"할 확률과 같습니다. 그림자 경로에서 말입니다. 이제 이 하락을 감안하면 $BB - (\ln(K) - BB) = 2 \cdot BB - \ln(K)$이므로

$$\begin{aligned} &Pr[\ln(S_T) > \ln(K) \mid \ln(S_{t^*}) = \ln(B)] \\ &= Pr[\ln(S_T) < 2 \cdot BB - \ln(\mathrm{K}) \mid \ln(S_{t^*}) = \ln(B)] \end{aligned}$$

가 됩니다. 그런데 이 경우 과연

$$2 \cdot BB - \ln(K) < \ln(B)$$

가 충족될까요? 그럴 수도 그렇지 않을 수도 있습니다. 이를 따져 봅시다.

$BB = \ln(B) + \left(\mu - \frac{\sigma^2}{2}\right)(T - t^*)$이므로

$$\begin{aligned}
&2 \cdot BB - \ln(K) \\
&= x \\
&= 2\left[\ln(B) + \left(\mu - \frac{\sigma^2}{2}\right)(T - t^*)\right] - \ln(K) \\
&= 2 \cdot \ln(B) - \ln(K) + 2\left(\mu - \frac{\sigma^2}{2}\right)(T - t^*) \\
&= 2 \cdot \ln(B) - \ln(K) + 2 \cdot drift
\end{aligned}$$

입니다. 즉, 원 경로의 $\ln(S_T) > \ln(K)$는 그림자 경로에서는

$$\ln(S_T) < x = 2 \cdot \ln(B) - \ln(K) + 2 \cdot drift$$

이 되는데, x 값이 표준 브라운 운동 때의 $2 \cdot \ln(B) - \ln(K)$보다 $2 \cdot drift$만큼 더 커졌습니다. 그러므로 $x < \ln(B)$일 확률은 더 이상 1이 아닙니다. $x < \ln(B)$ 여부는

$$2 \cdot \ln(B),$$
$$\ln(K),$$
$$2 \cdot drift$$

의 크기에 달려 있습니다. 일단 $\ln(K)$만 보면, $\ln(K)$가 클수록 x 값

$$x = 2 \cdot \ln(B) - \ln(K) + 2 \cdot drift$$

은 작아집니다. 그러므로 $x < \ln(B)$이 될 확률이 커집니다. 바로 이 이유 때문에 K가 클 때는 $x < \ln(B)$이지만 K가 작을 때는 $x > \ln(B)$일 수 있습니다. 우리 예제의 경우 $K = 90$, 100의 경우였는데, 결과적으로

$K_2 = 100$일 때는 $x_2 = 4.359 < \ln(B) = 4.382$
$K_1 = 90$일 때는 $x_1 = 4.464 > \ln(B) = 4.382$

가 되었습니다. 즉, $K_2 = 100$이면, 그림자 경로에 따른 결과

$$\ln(S_T) < x_2 < \ln(B)$$

가 되어, $\ln(S_0) > \ln(B)$에서 출발한 주가가 도중에 $\ln(B)$를 hit했음이 확실합니다. 그러므로 $\ln(B)$를 hit할 조건은 자동 충족되어, 단순히 $Pr[\ln(S_T) < x_2]$만 구하면 이것이 바로 이 knock-in call이 만기일에 내가격이 될 확률입니다.

하지만 $K_1 = 90$이면, 그림자 경로에 따른 결과

$$x_1 > \ln(B)$$

가 됩니다. 즉, $\ln(S_T) < x_1$이라 해도, $\ln(S_0) > \ln(B)$에서 출발한 주가가 도중에 $\ln(B)$를 hit했음이 보장되지 않습니다. 그러므로 주가가 만기 전에 $\ln(B)$를 hit할 확률을 별도로 구해서 이 값에 $Pr[\ln(S_T) > \ln(K_1) \mid \ln(S_{t^*}) = \ln(B)]$를 곱해야, 이 knock-in call이 만기일에 내가격이 될 확률을 구할 수 있는 것입니다. 이 내용에 관해서는 아래 그림을 참조할 수 있습니다. ▣

➢ 그림 7-8 Mirror image와 'knock-in call' (기하 브라운 운동의 경우)

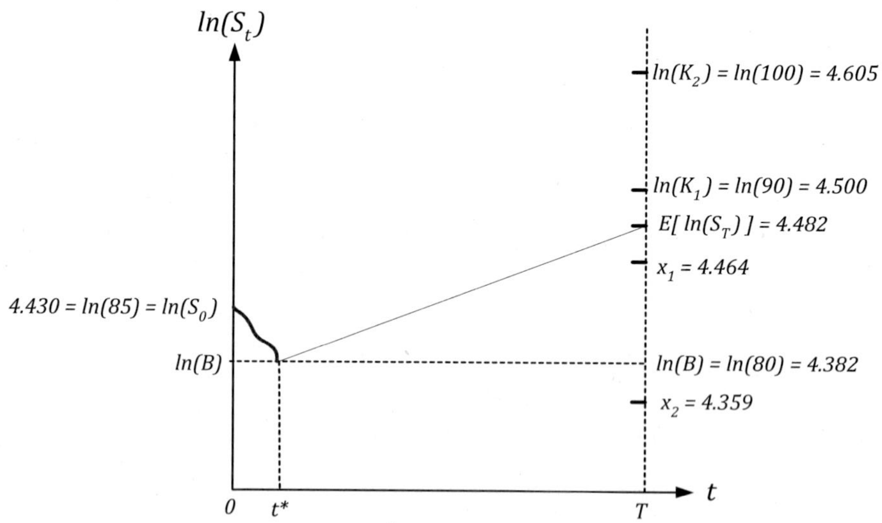

위에서는 위 질문에 대한 근본적인 원리를 간단히 설명했습니다. 아래에서는 그 원리에 크게 구애 받지 않고 단순히 상세하게 이 내용을 전개했습니다. 위 논리가 명료하게 이해가 되는 경우에는 아래 내용은 skip 해도 됩니다. 물론 위 논리가 이해되더라도 아래 내용을 일독해도 됩니다.

행사 가격이 $K_2 = 100$인 경우에는, mirror image를 활용하면 $\ln(S_T)$가 $x_2 = 4.359$보다 작을 확률과 $\ln(S_T)$가 $\ln(K_2)$보다 클 확률이 같습니다. 그리고 $\ln(S_T) < x_2$라는 사건은, 그 전에 시점 $t^*(< T)$에 주가가 B를 touch했다는 조건 혹은 전제에서 출발했습니다. 그런데 $x_2 = 4.359 < \ln(B) = 4.382$이므로, 만기일 로그 주가는 $\ln(B)$보다 작습니다. 즉, 시점 $t^*(< T)$에 로그 주가가 $\ln(B)$를 touch했다는 조건이 불필요합니다. $\ln(S_0) > \ln(B)$에서 출발한 주가가 $\ln(S_T) < x_2 < \ln(B)$로 끝나면, 도중에 로그 주가가 $\ln(B)$를 hit했음이 확실하기 때문입니다. 그러므로 이 경우에는 단순히 $\ln(S_T) < x_2$만 충족하면 이 knock-in call은 만기일에 내가격이 됩니다.

반면 행사 가격이 $K_1 = 90$인 경우에는, mirror image를 활용하면 $\ln(S_T)$가 $x_1 = 4.464$보다 작을 확률과 $\ln(S_T)$가 $\ln(K_1)$보다 클 확률이 같습니다. 그리고 $\ln(S_T) < x_1$라는 사건은, 그 전에 시점 $t^*(< T)$에 주가가 B를 touch했다는 전제에서 출발했습니다. 그런데 $x_1 = 4.464 > \ln(B) = 4.382$이므로, 만기일 주가는 B보다 큽니다. 그러기에 만기일 주가의 값만으로는 "주가가 B를 touch해야 한다"는 조건이 자동적으로 충족되지는 않습니다. 그러므로 시점 $t^*(< T)$에 주가가 B를 touch 했다는 전제가 실제로 충족되어야만, 이 mirror image를 활용한 확률이 의미가 있습니다. 즉, 이 경우 단순히 $\ln(S_T) < x_1$을 충족한다고 해서 이 knock-in call이 만기일에 내가격이 되지는 않습니다. 만기 이전에 주가가 B를 touch하는 사건이 발생해야만 합니다. 그러므로 이 콜이 만기일에 내가격이 될 확률은 (원 경로에서) "만기 이전에 B를 touch할 확률"에다 "만기일 로그 주가가 $\ln(K_1)$보다 클 (조건부)확률"을 곱해야 합니다. 물론 두 번째 조건부 확률만 보면, 그림자 경로에서 만기일 로그 주가가 x_1보다 작을 확률과 일치합니다. (상세 내용 끝)

한편 로그 주가가 기하 브라운 운동을 따를 때, mirror image만을 이용하여 단일한 사건으로 knock-in call의 내가격 확률을 구하는 것이 항상 유효하지 않은 또 다른 이유를 하나 더 제시하면, 로그 주가가 $\ln(B)$를 touch한 "시점"도 중요하기 때문입니다.

로그 주가가 표준 브라운 운동일 때에는 이 점이 상관 없었습니다. 그런데 로그 주가가 기하 브라운 운동을 따를 때는 여러 요인이 상관 있습니다. 바로 위에서 우리가 도출한 결론을 보면 알 수 있습니다.

$$x = 2 \cdot \ln(B) - \ln(K) + 2 \cdot drift$$

이므로 $x < \ln(B)$ 여부는

$$2 \cdot \ln(B),$$
$$\ln(K),$$
$$2 \cdot drift$$

의 크기에 달려 있습니다. 이제 여기서 "$2 \cdot drift$"에 주목합시다. "$2 \cdot drift$"가 작을수록 x 값은 작아집니다. 그러므로 $x < \ln(B)$이 될 확률이 커집니다. 그런데

$$drift = \left(\mu - \frac{\sigma^2}{2}\right)(T - t^*)$$

이므로, 여러 변수의 영향을 받습니다. 그 중에서 로그 주가가 $\ln(B)$를 처음 touch한 시점 t^*에 관해서 생각해 보겠습니다. 이 시점이 늦으면, 즉 t^*가 크면, "$drift$"는 작아집니다.[32] "$drift$"가 작아지면 x 값도 작아지므로, $x < \ln(B)$이 될 확률이 커집니다. 이에 대해 아래의 질의 응답을 통하여 더 확실히 알아봅시다. 본 단락의 내용이 잘 이해되었으면 아래 질문은 skip 해도 되고, 이런 내용을 차근차근 분석하는 것에 관심 있는 독자들은 아래 질의 응답을 참고해도 될 것입니다.

질문 7-9〉 주가가 최초로 B를 touch한 시점이 더 늦은 시점이었다면 어떤 결과가 나올까요?

원래 예에서 $t^* = 0.25$(년)이고 $K_1 = 90$인 첫 번째 knock-in call은 만기일에 내가격이 될 확률이 단일 사건의 확률로 계산될 수 없었습니다. 하지만 $t^* = 0.5$(년)인 경우에도 그럴까요? 한번 따져 보겠습니다. $t^* = 0.5$(년) 이면 $\ln(S_{t^*}) = \ln(S_{0.5}) = \ln(B) =$

---

[32] $\mu - \frac{\sigma^2}{2} > 0$을 가정합니다.

$\ln(80) = 4.382$입니다. 그러면 남은 $T - t^* = 0.75 - 0.5 = 0.25$(년)이 경과하면 만기일에 도달합니다. 이 경우 만기일 로그 주가의 "평균"은

$$E[\ln(S_T)] = \ln(S_{t^*}) + \left(\mu - \frac{\sigma^2}{2}\right)(T - t^*)$$
$$= 4.382 \ + \ 0.2 \times 0.25 = 4.432$$

가 됩니다. 주가로 환산하면 $E[S_T] = e^{4.432} \approx 84.1$입니다. $K_1 = 90$인 knock-in call이 만기일에 내가격이 되려면, 주가가 90보다 커야 합니다. 90을 로그로 환산하면

$$\ln(90) = 4.5$$

입니다. 만기일 로그 주가 $\ln(S_T)$는 정규분포를 따르므로, 그 평균 $E[\ln(S_T)] = 4.432$를 중심으로 대칭으로 분포되어 있습니다. 그러므로 이 콜이 만기일에 내가격이 될 확률은 mirror image를 활용하면 $\left(\ln(S_{0.5}) = \ln(B) = \ln(80)\text{을 전제로}\right)$

$$\begin{aligned}
&Pr[\ln(S_T) > \ln(90)] \\
&= Pr[\ln(S_T) > 4.5] \\
&= Pr[\ln(S_T) > 4.432 + 0.068] \\
&= Pr[\ln(S_T) > E[\ln(S_T)] + 0.068] \\
&= Pr[\ln(S_T) < E[\ln(S_T)] - 0.068] \\
&= Pr[\ln(S_T) < 4.432 - 0.068] \\
&= Pr[\ln(S_T) < 4.364 = y_1]
\end{aligned}$$

이 성립합니다(주가로 환산하면 $e^{4.364} \approx 78.8$). 그런데 $y_1 = 4.364$는 $\ln(B) = \ln(80) = 4.382$보다 "작습니다"(주가로 환산하면 78.8은 $B = 80$보다 작음). 그렇기에, 만기일 로그 주가가 $y_1 = 4.364$보다 작으면, 자동적으로 그 로그 주가가 $\ln(B) = 4.382$보다 작음을 의미합니다. 가령 주가가 시초가 $S_0 = 85$에서 $S_T = 78(< 78.8 = e^{4.364})$로 끝난 경우, 도중에 배리어 $B = 80$을 touch했음을 알 수 있습니다. 그러므로 "$\ln(S_{0.5}) = \ln(80)$"라는 전제가 없어도, 즉 T 이전에 주가가 B를 touch했다는 전제가 없어도, 다음이 성립합니다.

$$Pr[\ln(S_T) < y_1] = Pr\big[\text{knock} - \text{in} - \text{call이 만기일 내가격}\big].$$

즉, 행사 가격 $K_1 = 90$인 첫 번째 knock-in call의 경우라도, 최초로 B를 touch한 시점이 언제인가에 따라, 이 콜이 만기일에 내가격이 될 확률이 단일 사건의 확률과 같을 수 있습니다. 그 시점이 $t^* = 0.5$라면 $Pr[\ln(S_T) < 4.364 = y_1]$라는 단일 사건 확률이 바로 그 콜이 만기일에 내가격이 될 확률이고, 반면 그 시점이 $t^* = 0.25$라면 그 콜이 만기일에 내가격이 될 확률은 단일 사건의 확률로 대체될 수 없습니다. 이를 그림으로 나타내면 다음과 같습니다. 늦은 시점 $t^* = 0.5$에 B를 hit했기에, 남은 $T - t^*$ 기간 동안 로그 주가의 평균이 크게 높아질 수 없었습니다. 그 결과, 행사 가격 $\ln(K)$와 $E[\ln(S_T)]$과의 차이가 커졌습니다. 이는 곧 mirror image에 따른 y_1 값이 $E[\ln(S_T)]$보다 많이 작음을 시사합니다. y_1 값이 이렇게 작다 보면 $y_1 < \ln(B)$인 경우도 발생할 수 있는데, 이 경우에는 (그림자 경로에서) $\ln(S_T) < y_1$이라는 단일 사건의 확률이 바로 이 knock-in call이 (원 경로에서) 만기일에 내가격이 될 확률과 일치하게 됩니다.

➢ 그림 7-9 t^*가 늦은 시점일 때의 Mirror Image

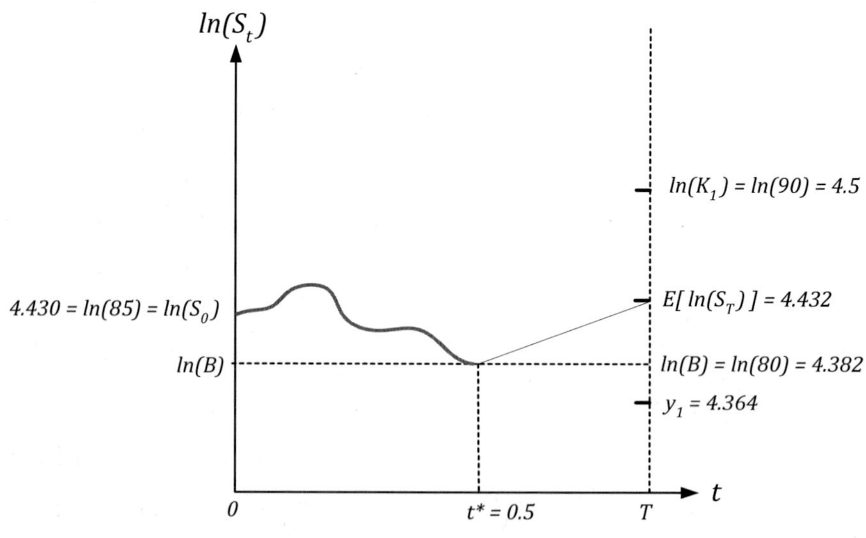

▣

이제 결론을 내려 봅시다. 로그 주가가 기하 브라운 운동을 따르는 경우에는, knock-in call이 만기일에 내가격이 될 확률을 (브라운 운동의 mirror image를 이용하여) 단일 사건의 확률로 대체하는 것이 항상 유효하지는 않습니다. 그 이유는, mirror image 활용 결과 도출되는 $\ln(S_T) < x$에서, $x \le \ln(B)$가 항상 보장되지는 않기 때문입니다. $x \le \ln(B)$가 보장되려면 일단 x 값이 작을수록 유리합니다. 그런데 x 값이 충분히 작지 않은 한 이유는, 기하 브라운 운동을 따르는 로그 주가는 t^* 시점 이후 만기일까지 상승하기 때문입니다. 평균적으로 말입니다. 반면 로그 주가가 표준 브라운 운동을 따르면 t^* 시점 이후 만기일까지 (평균적으로) 전혀 상승하지 않습니다. 이로 인해, 기하 브라운 운동을 따를 때의 로그 주가의 만기일 평균은 항상 표준 브라운 운동을 따를 때의 그것보다 더 높습니다.[33]

그러면 로그 주가의 만기일 평균이 높아지면 과연 무슨 문제가 발생할까요? 이 문제는 바로 위에서 간단히 설명한 바 있지만, 여기에서 본격적으로 설명해 보겠습니다. 다시 아래 그림을 참조해 보겠습니다. 그림에서는 표준 브라운 운동을 따르는 로그 주가를 $\ln(S_t)$로, 기하 브라운 운동을 따르는 로그 주가를 $\ln(Q_t)$로 표시했습니다. t^* 시점 이후부터 말입니다.

➢ 그림 7-10 표준 브라운 운동과 기하 브라운 운동

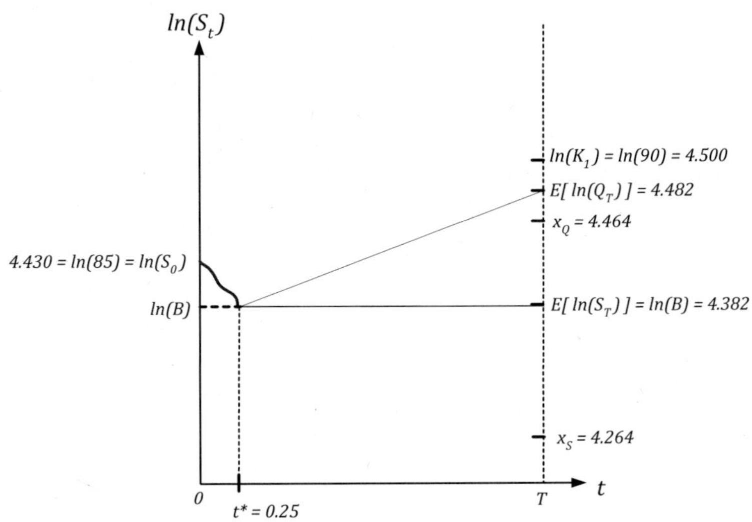

33 물론 로그 주가의 추세가 음(-)이라면 그 반대가 되겠지만, 음의 추세로 사전적으로 추정되는 주식은 거의 존재하지 않습니다.

표준 브라운 운동을 따르는 로그 주가가 시점 t^*에서 배리어 $\ln(B)$를 touch했다고 하면 $\ln(S_{t^*}) = \ln(B)$입니다. 그러면 이 로그 주가의 만기일 "평균"도

$$E[\ln(S_T)] = \ln(B)$$

입니다. 또 $\ln(S_T)$는 그 평균 $\ln(B)$를 중심으로 대칭 분포이므로 mirror image를 활용하면 다음이 성립합니다.

$\ln(S_T)$가 $\ln(K_1)$보다 클 확률 = $\ln(S_T)$가 x_S보다 작을 확률.

여기서 x_S와 $E[\ln(S_T)]$와의 거리는 $E[\ln(S_T)]$와 $\ln(K_1)$와의 거리와 같습니다. 즉, $E[\ln(S_T)] = \ln(B)$에서 "$\ln(K_1) - \ln(B)$"만큼을 빼면 x_S가 됩니다. 그 결과 x_S의 값은 항상 $E[\ln(S_T)] = \ln(B)$보다 작습니다. 결과적으로, 로그 주가가 시점 t^*에서 배리어 $\ln(B)$를 touch했다는 가정이 없어도, $\ln(S_T)$가 x_S보다 작다면 당연히 어느 시점에선가 배리어 $\ln(B)$를 touch했음이 입증됩니다. 애초 출발점이 $\ln(S_0) > \ln(B)$였기 때문입니다. 그러므로 로그 주가가 표준 브라운 운동을 따르면, 브라운 운동의 mirror image를 활용한 단일 사건의 확률 $Pr[\ln(S_T) < x_S]$이 바로 우리의 knock-in call이 만기일에 내가격이 될 확률이 됩니다.

반면 로그 주가가 기하 브라운 운동을 따르면 어떻게 될까요? 이 로그 주가를 $\ln(Q_t)$라 하고 이 역시 시점 t^*에서 배리어 $\ln(B)$를 touch했다고 하면 $\ln(Q_{t^*}) = \ln(B)$입니다. 그런데 이 로그 주가의 만기일 "평균"은, 위 그림에서처럼

$$E[\ln(Q_T)] > \ln(B)$$

입니다. $\ln(Q_t)$에는 0보다 큰 추세가 있기 때문입니다. 즉, 이전에 사용했던 동일한 추세 값을 사용하면

$$\mu - \frac{\sigma^2}{2} = 0.2$$

가 되어 잔존만기 $T - t^* = 0.75 - 0.25 = 0.5$ 동안

$$\left(\mu - \frac{\sigma^2}{2}\right) \times (T - t^*) = 0.2 \times 0.5 = 0.1$$

만큼 (평균적으로) 로그 주가가 상승합니다. t^*가 이른 시점이어서 남은 기간 $T-t^*$가 비교적 큰 값이고 그래서 로그 주가의 평균 $E[\ln(Q_T)]$도 많이 커집니다. 그 결과

$$E[\ln(Q_T)] = \ln(S_{t^*}) + 0.1 = \ln(B) + 0.1 = 4.382 + 0.1 = 4.482$$

가 됩니다. 이제 $\ln(K_1) = 4.5$와 $E[\ln(Q_T)] = 4.482$과의 차이는 0.018로 매우 작습니다. (기하) 브라운 운동의 mirror image를 활용하면, $E[\ln(Q_T)]$에서 0.018만큼 빼 준 값이 $4.482-0.018=4.464=x_Q$ 입니다. 그리고 (기하) 브라운 운동 또한 그 평균을 중심으로 대칭으로 분포하므로 다음이 성립합니다.

$$\ln(Q_T)\text{가 } \ln(K_1)\text{보다 클 확률} = \ln(Q_T)\text{가 } x_Q\text{보다 작을 확률.}$$

그런데, 위 그림에서와 같이, $x_Q > \ln(B)$입니다. 즉, $\ln(Q_T)$가 x_Q보다 작게 실현되어도 $\ln(Q_T) < \ln(B)$가 보장되지 않습니다. 그러므로 기하 브라운 운동을 따르는 $\ln(Q_t)$의 경우에는, 브라운 운동의 mirror image를 활용하여 단일 사건의 확률로 이 knock-in call이 만기일에 내가격이 될 확률을 구하고 싶어도, 그것이 불가능할 수 있습니다.[34]

이제 종합적으로 결론을 내려 보겠습니다. 위의 시점 t^*에 더해 다른 요인들도 영향을 미칩니다. 앞에서 설명한 부분을 다시 소환하면, 그림자 경로 혹은 mirror image에 의해 도출된 $\ln(S_T)$의 특별한 값 x에 있어서 $x < \ln(B)$ 여부는

$$2 \cdot \ln(B),$$
$$\ln(K),$$
$$2 \cdot drift$$

의 크기에 달려 있습니다. 또한

$$drift = \left(\mu - \frac{\sigma^2}{2}\right)(T - t^*)$$

---

[34] 물론 가능한 경우도 존재합니다. 행사 가격 $\ln(K_1)$가 더 크면, 그래서 $\ln(K_1)$와 $E[\ln(Q_T)]$와의 차이가 더 크면, 가능합니다. 이전의 예에서 $\ln(K_2) = 100$의 경우에는 기하 브라운 운동을 따르는 로그 주가의 경우에도 단일 사건의 확률로 knock-in-call이 만기일에 내가격이 될 확률을 대체할 수 있었던 경우가 바로 그런 경우입니다.

이므로

$$T - t^*,$$
$$\mu,$$
$$\sigma$$

의 영향도 함께 받습니다. 우리는 이 여러 요인 중에서 K, t^*에 대해서만 논의했던 것입니다. 이제 이러한 여러 요인을 망라하여 다음 정리로 요약할 수 있습니다.

정리 20〉

로그 주가가 "기하" 브라운 운동을 따르면, 다음 여러 요인으로 인해, knock-in call이 만기일에 내가격이 될 확률이 단일 사건의 확률로 대체되지 못할 수 있다.

1) **로그 주가의 "$\boldsymbol{drift}$"** : (t^*, μ, σ 포함)
2) **행사 가격 $\boldsymbol{K}$**
3) **배리어 $\boldsymbol{B}$**

Chapter

8

블랙-숄즈 옵션 모형

본장에서는 옵션 가치평가의 진수인 블랙-숄즈 혹은 블랙-숄즈-머튼 옵션 가치평가 모형(Black-Scholes-Merton option pricing model)을 심도있게 공부합니다. 이 모형을 제대로 알지 못하면 옵션 공부를 혹은 파생상품 공부를 했다고 말하기 어려울 정도로 이 모형은 중요하고 또 널리 알려진 모형입니다. 비유를 든다면, 축구를 좋아하는 어느 한국인이 손흥민 선수를 모른다고 하면 과연 저 사람이 축구를 좋아하는 한국인 맞나라는 생각이 들 수 있는 것처럼, 블랙-숄즈 모형을 모르면서 스스로는 파생상품 공부를 했다는 사람이 있다면 좀 말이 안 되는 주장이라 여겨질 수도 있을 정도입니다. 블랙-숄즈 모형의 이해는 그 자체로서 중요할 뿐 아니라, 이를 활용한 추가적인 논의에 있어서도 중요한 모형입니다. 저자는 이 중요한 주제를 가능한 독자들이 쉽게 이해할 수 있도록 본장을 저자 나름대로 저술했으니, 차분히 각 주제를 공부해 봅시다.

제 1 절 옵션의 확률과정

시간이 지남에 따라 주가가 어떻게 변하는지 제7장에서 파악했으니, 본절에서는 주가를 기초 자산으로 하는 (유러피언) 콜이나 (유러피언) 풋 옵션의 가치는 어떻게 변하는지 파악해 보겠습니다. 우리가 알고 싶어하는 옵션의 가치 혹은 (이론)가격 V가 그 기초 자산인 주가 S와 시간 t의 함수라 가정하겠습니다. 물론 $V = V(S,t)$라 해서 V가 오로지 S와 t만으로 표시되는 것은 아니고, 옵션 행사 가격인 K, 기초 자산 수익률의 변동성 σ, 옵션 만기 T, 그리고 무위험이자율 r의 함수이기도 합니다. 다만 K,

σ, T, r은 변하지 않는 모수(parameter)임에 반해, S와 t는 변하는 (독립) 변수(independent variable)입니다. 그러므로 V는 다음과 같이 상세히 표시할 수도 있습니다.

$$V = V(S,t) = V(S,t|K,\sigma,T,r) = V(indep.var.|parameters).$$

통상적으로는 $V = V(S,t)$로 표시합니다.

그렇다면, 시간 dt가 찰나적으로 지날 때 순간적인 옵션 가격의 변화 dV는 어떻게 될까요? Taylor Series에서 ΔS를 dS로, Δt를 dt로 대체하면 다음과 같이 됩니다(아래에서 V_x는 V를 x로 편미분 의미).

$$dV = V_S \cdot dS + V_t \cdot dt + \frac{V_{SS}(dS)^2 + V_{tt}(dt)^2 + 2 \cdot V_{St}(dS)(dt)}{2!} + \cdots$$

그런데 $(dt)^2 = (dt)^3 = \cdots = 0$일 뿐 아니라 $(dS)^3 = (dS)^4 = \cdots = 0$이 됩니다. 단, $(dS)^2 > 0$입니다. $(dt)^2 = (dt)^3 = \cdots = 0$은 이제 너무나 익숙한 내용이고, $(dS)^m$도 앞장에서 배운 바 있지만, (앞장으로 돌아가 읽는 것도 번거로우니) 여기서 다시 복습해 보겠습니다. 먼저 $(dS)^2$에 대해 알아봅시다. 여기서 주가 S는 기하 브라운 운동을 따른다고 가정합니다. 즉,

$$dS = \mu \cdot S \cdot dt + \sigma \cdot S \cdot dw$$

를 가정합니다. 그러면,

$$\begin{aligned}
&(dS)^2 \\
&= (\mu S \cdot dt + \sigma S \cdot dw)^2 \\
&= \mu^2 S^2 (dt)^2 + \sigma^2 S^2 (dw)^2 + 2\mu\sigma S^2 (dt)(dw) \\
&= \mu^2 S^2 (0)^2 + \sigma^2 S^2 \cdot dt + 2\mu\sigma S^2 (dt)\left(\sqrt{dt} \cdot z\right) \\
&= \sigma^2 S^2 \cdot dt + 2\mu\sigma S^2 (dt^{1.5} \cdot z) \\
&= \sigma^2 S^2 \cdot dt
\end{aligned}$$

가 됩니다. 위에서 $dt^{1.5} = 0$이 되는 이유는, $m > 1$일 때 $(dt)^m < dt$인데 dt보다 작은 (양)수는 없기 때문에 $dt^{1.5} = 0$입니다.[1] 그러면 $(dS)^3$은 어떻게 될까요? 0이 됩니

---

[1] 단순히 dx보다 작다고 무조건 0이 되는 것은 아닙니다. 가령 $0.2 \times dx$는 dx보다 작지만 $0.2 \times dx > 0$입니

다. 다음과 같이.

$$
\begin{aligned}
&(dS)^3 \\
&= (dS)^2 \cdot (dS) \\
&= (\sigma^2 S^2 \cdot dt) \cdot (dS) \\
&= \sigma^2 S^2 \cdot dt \cdot (\mu S \cdot dt + \sigma S \cdot \sqrt{dt} \cdot z) \\
&= \sigma^2 S^2 \cdot \mu S \cdot dt^2 + \sigma^3 S^3 \cdot dt^{1.5} \cdot z \\
&= 0.
\end{aligned}
$$

그러면 $(dS)^2 \cdot dt$는 어떻게 될까요? 이것도 0이 됩니다. 다음과 같이.

$$
\begin{aligned}
&(dS)^2 \cdot dt \\
&= (\sigma^2 S^2 dt) dt \\
&= \sigma^2 S^2 (dt)^2 \\
&= \sigma^2 S^2 \cdot 0 \\
&= 0.
\end{aligned}
$$

이런 과정을 거쳐, 일반적으로 $m > 0$이면 $(dS)^2(dt)^m = 0$이 됨을 증명할 수 있습니다. 즉, 다음이 성립합니다.

$$
\begin{aligned}
&(dS)^2(dt)^m \\
&= (\sigma^2 S^2 dt)(dt)^m \\
&= (\sigma^2 S^2)(dt)^{1+m} = 0, \qquad \text{where } 1 + m > 1.
\end{aligned}
$$

또한 $n \geq 1$이면 $(dS)(dt)^n = 0$이 됨도 증명할 수 있습니다. 더 정확하게는, $n > 0.5$면 $(dS)(dt)^n = 0$이 됩니다. 왜냐하면 다음이 성립하기 때문입니다.

$$
\begin{aligned}
&(dS)(dt)^n \\
&= (\mu S \cdot dt + \sigma S \cdot dw)(dt)^n \\
&= \left(\mu S \cdot dt + \sigma S \cdot \left(\sqrt{dt} \cdot z\right)\right)(dt)^n
\end{aligned}
$$

다. 저자는 이런 혼란함에 대해, 브라운 운동에서 dw^2을 설명할 때, 다음과 같이 설명한 적 있습니다. "dx보다 작되 'dx – 스럽게' 작아야 한다."라고 말입니다. 즉, $(dx)^m$의 "형태"를 유지하면서 dx보다 작은 경우에 그 값이 0이 됩니다.

$$= \mu S \cdot (dt)^{1+n} + \sigma S \cdot (dt)^{0.5+n} \cdot z$$

인데, $(dt)^{1+n} < dt$임은 물론이고 $(dt)^{0.5+n} < dt$가 되기 때문입니다. $n > 0.5$이면 말입니다.

다시 원 주제로 돌아갑시다. 시간 dt가 찰나적으로 지날 때 순간적인 옵션 가격의 변화 dV는 Taylor Series에서 ΔS를 dS로, Δt를 dt로 대체하면 다음과 같이 됩니다.

$$dV = V_S \cdot dS + V_t \cdot dt + \frac{V_{SS}(dS)^2 + V_{tt}(dt)^2 + 2V_{St}(dS)(dt)}{2!} + \cdots$$

그런데 위 식 우변의 3차 도함수(편미분) 항들은, 즉 $n + m \geq 3$이면, $(dS)^n(dt)^m = 0$이 됨을 위에서 입증한 방식으로 유사하게 증명할 수 있습니다. (특히 위 식 우변의 모든 편미분 항들은 항상 $n \geq 1, m \geq 1$인 양의 정수가 되어 이해가 더욱 간결) 그러므로 위 Taylor Series 식 우변의 3차 도함수 이상은 모두 0이 됩니다. 즉, 위 식은 간결히 아래와 같습니다.

$$dV = V_S \cdot dS + V_t \cdot dt + \frac{V_{SS}(dS)^2 + V_{tt}(dt)^2 + 2V_{St}(dS)(dt)}{2!}.$$

그런데 위 식의 우변 세 번째 항에서도 $(dt)^2 = 0$이고 $(dS)(dt) = (\mu S \cdot dt + \sigma S \cdot dw)(dt) = \left(\mu S \cdot dt + \sigma S \cdot \sqrt{dt} \cdot z\right)(dt) = \mu S \cdot dt^2 + \sigma S \cdot (dt^{1.5} \cdot z) = 0 + 0 = 0$이 됩니다. 그러므로 위 식 우변 세 번째 항은 다음과 같이 간략하게 축소됩니다.

$$\begin{aligned} &\frac{V_{SS}(dS)^2 + V_{tt}(dt)^2 + 2V_{St}(dS)(dt)}{2!} \\ &= \frac{V_{SS}(dS)^2}{2} \\ &= \frac{V_{SS} \cdot \sigma^2 S^2 \cdot dt}{2}. \end{aligned}$$

최종적으로는 다음이 성립합니다.

$$dV = V_S \cdot dS + V_t \cdot dt + \frac{1}{2} \cdot V_{SS} \cdot \sigma^2 S^2 \cdot dt.$$

이 식을 더 간결하게 하기 위해 $dS = \mu S \cdot dt + \sigma S \cdot dw$를 dV 우변에 대입하면 다음 식이 됩니다.

$$dV = V_S \cdot dS + V_t \cdot dt + \frac{1}{2} \cdot V_{SS} \cdot \sigma^2 S^2 \cdot dt$$

$$= V_S \cdot (\mu S \cdot dt + \sigma S \cdot dw) + V_t \cdot dt + \frac{1}{2} \cdot V_{SS} \cdot \sigma^2 S^2 \cdot dt.$$

이제 위 식을 dt 항과 dw 항으로 묶어서 표현하면 다음과 같습니다. 여기서 V는 옵션 가치를 의미하므로, 이는 옵션의 확률과정이라 할 수 있습니다.

정리 1〉 옵션의 확률과정(Stochastic process of V)

$$dV = \left(V_S \cdot \mu S \; + \; V_t \; + \; \frac{1}{2} \cdot V_{SS} \cdot \sigma^2 S^2\right) dt \; + \; V_S \cdot \sigma S \cdot dw.$$

혹은

$$dV = \left(\frac{\partial V}{\partial S} \cdot \mu S \; + \; \frac{\partial V}{\partial t} \; + \; \frac{1}{2} \cdot \frac{\partial^2 V}{\partial S^2} \cdot \sigma^2 S^2\right) dt \; + \; \frac{\partial V}{\partial S} \cdot \sigma S \cdot dw.$$

제 2 절 블랙-숄즈 옵션 모형

이제 우리는 옵션의 확률과정을 알았습니다. 그런데 우리가 진정으로 알고 싶어 하는 것은 옵션의 확률과정이 아니라 옵션 가치평가입니다. 즉, 기초 자산인 주가가 100, 행사 가격이 105, 잔존 만기가 0.2년, 무위험 이자율이 0.05, 주가(수익률)의 변동성이 0.1일 때 콜 혹은 풋의 가치가 얼마가 되어야 할지를 알고 싶은 것입니다. 그러므로 옵션 확률과정을 알았다고 해서 우리의 목적이 달성된 것은 아닙니다. 하지만 결과적으로 90% 가량 달성된 것도 사실입니다. 그만큼 옵션 확률과정의 이해는 옵션 가치평가에 중요합니다. 이제 옵션 가치평가에 대해 자세히 알아보겠습니다.

옵션 가치평가 모형은 다음과 같이 만들어질 수 있습니다. 먼저 옵션과 그 기초 자산을 포함하는 어떤 포트폴리오를 구성합니다. 그리고 이 포트폴리오를 무위험 포트폴리오가 되도록 어떤 짓을 합니다. 이 어떤 짓을 하는 이유는 다음과 같습니다. 일단 무위험 포트폴리오가 만들어지면, 그것의 (연)수익률이나 (연)할인율은 (연)무위험 이자율과 같아야 합니다. 그렇지 않으면, 실제적으로 동일한 두 무위험 자산의 가격이 달라져 차익거래가 발생하기 때문입니다. 이런 점에서 이 무위험 포트폴리오의 1개월 수익률도 1개월 무위험 이자율과 같아야 하고, 그 1일 수익률도 1일 무위험 이자율과 같아야 하며, 1초 수익률도 1초 동안의 무위험 이자율과 같아야 할 것입니다. 그렇다면 시간이 dt만큼 경과할 때의 이 포트폴리오의 수익률 또한 dt 기간에 해당하는 무위험 이자율과 같아야 할 것입니다. 이처럼 dt 기간의 이 포트폴리오의 수익률과 무위험 포트폴리오의 그것이 같아야 한다는 방정식을 설정하면, 이에 근거하여 그 해(solution)를 구함으로써 옵션 가치평가가 가능해질 수 있습니다. 여러분이 지금 저자가 무슨 얘기를 하는지 잘 모르겠다면, 네 그것이 지극히 정상적인 반응입니다. 이제 자세히 설명될 내용을 공부한 후에 다시 이 (축약된) 내용을 읽으면 훨씬 더 이해가 쉬울 것입니다.

다음의 포트폴리오를 생각해 보겠습니다. 특정 옵션의 가치를 V라 하고 이 옵션 가치는, 옵션의 기초 자산 가격 S와 시간 t의 함수라 합시다. 즉

$$V = V(t, S),$$

혹은 더 정확히는

$$V_t = V(t, S_t)$$

입니다(여기서 V_t는 t 시점의 V 값. 수식에서는 통상 편미분 의미). 우리 목적은, 아직은 우리가 그 구체적 표현을 모르는 V_t를 t와 S_t의 구체적 함수 형태로 표현하는 것입니다. 이제 이 옵션을 1개 매도하고 $V_S = \frac{\partial V}{\partial S}$ 개의 기초 자산을 매수하는 포트폴리오를 생각해 보겠습니다. 이 포트폴리오의 가격 P는 다음과 같을 것입니다. 혹은 이 포트폴리오를 보유하기 위한 취득원가(acquisition cost)는 다음과 같을 것입니다.

정리 2〉 무위험 포트폴리오 구성과 가격

$$P = -V + \frac{\partial V}{\partial S} \cdot S.$$

또한 시간 dt가 경과할 때 이 포트폴리오 가치의 찰나적 변화는 다음과 같을 것입니다.

$$\begin{aligned} dP &= d\left(-V + \frac{\partial V}{\partial S} \cdot S\right) \\ &= -dV + d\left(\frac{\partial V}{\partial S} \cdot S\right) \\ &= -dV + \frac{\partial V}{\partial S} \cdot dS. \end{aligned}$$

위 식 우변의 $\frac{\partial V}{\partial S}$는 상수임을 기억해야 합니다. 가령 $\frac{\partial V}{\partial S} = 3$이 되는 것입니다. 더 정확히는, 이 기초 자산을 매수하는 시점이 t라면, 그때의 이 편미분 값 $\frac{\partial V_t}{\partial S_t}$도 알려져 있을 것이기 때문입니다. 왜냐하면, 우리가 아직 V_t의 함수 형태를 모르기에 $\frac{\partial V_t}{\partial S_t}$라고 표현했지만, V_t는 S_t의 일정한 함수이기 때문입니다. 그리고 dt, dV의 $d(\cdot)$는 변수의 변화를 나타내는 표시이므로 (상수 아닌) 변수에 대해서만 적용될 수 있습니다. 그렇기에

$$d\left(\frac{\partial V}{\partial S} \cdot S\right) = d(3 \cdot S) = 3 \cdot d(S) = 3 \cdot dS$$

로 표시되는 것입니다. 이제 위 식 우변에 (우리가 알고 있는) dV와 dS의 각 확률과정을 대입하면 다음과 같습니다. 참고로 우리는 앞의 제1절에서 옵션의 확률과정은

$$dV = \left(V_S \cdot \mu S + V_t + \frac{1}{2} \cdot V_{SS} \cdot \sigma^2 S^2\right) dt + (V_S \cdot \sigma S) dw$$

라고 배운 적 있습니다. 그러면 다음이 성립합니다.

$$\begin{aligned} dP &= -dV + \frac{\partial V}{\partial S} \cdot dS \\ &= -\left[\left(V_S \cdot \mu S + V_t + \frac{1}{2} \cdot V_{SS} \cdot \sigma^2 S^2\right) dt + (V_S \cdot \sigma S) dw\right] + \frac{\partial V}{\partial S} \cdot [\mu S \cdot dt + \sigma S \cdot dw]. \end{aligned}$$

그런데 $\frac{\partial V}{\partial S}$와 V_S는 동일한 편미분을 다르게 표현한 것입니다. 그러므로 위 식은 다음과 같이 표현할 수 있습니다.

$$dP = -\left[\left(V_S \cdot \mu S + V_t + \frac{1}{2} \cdot V_{SS} \cdot \sigma^2 S^2\right) dt + (V_S \cdot \sigma S) dw\right] + V_S \cdot [\mu S \cdot dt + \sigma S \cdot dw].$$

우변의 여러 항들을 잘 보면 동일한 내용의 항들이 부호만 다른 형태로 존재합니다. 이들이 차례로 모두 cancel out 되어버리면 위 식은 다음과 같이 간략해질 것입니다.

$$\begin{aligned} dP &= -\left[\left(V_S \cdot \mu S + V_t + \frac{1}{2} \cdot V_{SS} \cdot \sigma^2 S^2\right) dt + (V_S \cdot \sigma S) dw\right] + V_S \cdot [\mu S \cdot dt + \sigma S \cdot dw] \\ &= -\left[V_S \cdot \mu S \cdot dt + V_t \cdot dt + \frac{1}{2} \cdot V_{SS} \cdot \sigma^2 S^2 \cdot dt + V_S \cdot \sigma S \cdot dw\right] \\ &\quad + V_S \cdot \mu S \cdot dt + V_S \cdot \sigma S \cdot dw \\ &= -V_t \cdot dt - \frac{1}{2} \cdot V_{SS} \cdot \sigma^2 S^2 \cdot dt \\ &= \left[-V_t - \frac{1}{2} \cdot V_{SS} \cdot \sigma^2 S^2\right] dt. \end{aligned}$$

자, 어떻게 보면 너무 간단해졌죠? 네, 근데 이보다 더 좋은 소식이 있으니… 위 식을 잘 보면 뭔가 흐뭇하지 않습니까? 네 맞습니다. 우리에게 뭔가 부담스럽게 느껴지던 브라운 운동 dw가 사라진 것입니다. 이거 사라진 것만 해도 어딥니까? 그런데 이보다 더 좋은 소식이 있으니…

이 포트폴리오에서 dw 항이 사라지고 dt 항만 남은

사실의 의미가 무엇일까요? 이는 다름 아니고,

이 포트폴리오의 가치 변화에 불확실성 혹은 risk가 없다

는 뜻입니다. $dt \approx 1$초 $= \frac{1}{360 \times 24 \times 60 \times 60} = 10^{-9} \times 32$처럼 극히 미소한 상수 값에 불과하고, 변수가 아니기 때문입니다.[2] 즉, 시간 dt 동안의 가치 변화에 불확실성이 없는

[2] 물론 1년을 calendar days가 아니라 trading days로 환산하거나 하루를 24시간이 아닌 trading hours로 환산하면 dt 값은 다소 커집니다.

포트폴리오라는 의미인데 이는 곧 이 포트폴리오가 무위험 포트폴리오라는 뜻입니다.[3] 이제 이 식을 해석해 보겠습니다.

$$dP = \left[-V_t - \frac{1}{2} \cdot V_{SS} \cdot \sigma^2 S^2\right] dt.$$

이 식의 의미는, 시간이 dt만큼 경과할 때 포트폴리오 V의 가치의 변동은 (알려진) 상수

$$-\left[V_t + \frac{1}{2} \cdot V_{SS} \cdot \sigma^2 S^2\right] dt$$

라는 것입니다.

물론 이 대목에서 독자들은 한 가지 의문이 떠오를 수 있습니다. 엥? 이 포트폴리오는 시간이 지남에 따라 가치가 감소하네? 왜냐하면 dt 앞에 곱해진 계수의 부호가 모두 (−)이기 때문입니다. 즉,

$$\begin{aligned} &-\left[V_t + \frac{1}{2} \cdot V_{SS} \cdot \sigma^2 S^2\right] dt \\ &= -V_t \cdot dt - \frac{1}{2} \cdot V_{SS} \cdot \sigma^2 S^2 \cdot dt \end{aligned}$$

이기 때문입니다. 네, 두 항의 계수가 모두 (−)인 것은 사실이지만, 두 항 자체가 음수인지 양수인지는 아직 알 수 없습니다. 나아가, 사실 따져보면, $V_t < 0$입니다. 왜냐하면 (다른 모든 조건이 불변일 때) 시간이 경과할수록, 즉 잔존 만기가 짧아질수록, 옵션 가치는 작아지기 때문입니다. 즉, "만기 $= T =$ 고정"된 상황에서 시간 t가 커진다 함은 시간이 경과함을 의미하는데, 시간이 경과할수록 옵션 가치는 작아지고 이를 편미분으로 표시하면 $V_t < 0$입니다. 그러므로 위 식에서 $-V_t > 0$임을 알 수 있습니다.

이제 포트폴리오 P가 무위험 포트폴리오임을 알았습니다. 그렇다면 이 포트폴리오의 (연)수익률은, 모든 시점 $t(t \geq 0)$에서, 시장의 무위험 이자율인 r이 되어야 합니다.[4] 그러므로 이 포트폴리오의 시점 t에서의 가치를 $P(t)$라 하고($t \geq 0$) 최초 가치

---

3 수학적으로 엄밀하게는 상수는 아니지만 본서에서는 이해의 편의를 위해 상수로 인식해도 별 문제 없는 경우에는 상수처럼 간주하고 있습니다.

4 더 정확히는, 이 (무위험) 이자율 곡선(yield curve)이 r에서 수평(flat)한 경우입니다. 혹은, 찰나의 기간 dt에 적용될 무위험 이자율을 연이자율로 환산한 값이 r인 경우입니다.

를 $P(0)$라 하면 다음이 성립합니다.

$$P(t) = P(0) \cdot e^{r \times t}.$$

양변을 t로 미분하면

$$\frac{dP(t)}{dt} = (P(0) \cdot e^{r \times t}) \times r = P(t) \times r$$

이 되므로 결국

$$dP(t) = P(t) \times r \times dt$$

가 되며, t를 없애고 간결히 표시하면

$$dP = P \cdot r \cdot dt$$

입니다. 이제, 위에서 파악된 $dP = \left[-V_t - \frac{1}{2} \cdot V_{SS} \cdot \sigma^2 S^2\right] dt$와 이 $dP = P \cdot r \cdot dt$를 연결하면

$$\left[-V_t - \frac{1}{2} \cdot V_{SS} \cdot \sigma^2 S^2\right] dt = P \cdot r \cdot dt.$$

위 등식 양변에서 공통인 dt를 제거하면 다음과 같이 표시할 수 있습니다.

$$-V_t - \frac{1}{2} \cdot V_{SS} \cdot \sigma^2 S^2 = P \cdot r.$$

그런데 이 식의 우변 P는 원래 어떻게 구성이 되어 있었던가요? 옵션 V의 매도 포지션과 기초 자산인 주식 $\frac{\partial V}{\partial S}$개로 이루어졌었습니다. 즉, 다음과 같았습니다.

$$P = -V + \frac{\partial V}{\partial S} \cdot S.$$

그러므로 이를 위 식 우변에 대입하면 다음이 성립합니다.

$$-V_t - \frac{1}{2} \cdot V_{SS} \cdot \sigma^2 S^2 = \left(-V + \frac{\partial V}{\partial S} \cdot S\right) r.$$

이 식 좌변을 우변으로 옮긴 후 정리하면 다음과 같고

$$V_t + r \cdot S \cdot \frac{\partial V}{\partial S} + \frac{1}{2} \cdot \sigma^2 S^2 \cdot V_{SS} - rV = 0$$

V_t, V_{SS}를 편미분의 다른 표현으로 표시하면 다음 결과를 얻습니다.

정리 3〉 블랙-숄즈 미분방정식(Black-Scholes differential equation)

$$\frac{\partial V}{\partial t} + r \cdot S \cdot \frac{\partial V}{\partial S} + \frac{1}{2} \cdot \sigma^2 S^2 \cdot \frac{\partial^2 V}{\partial S^2} - rV = 0.$$

참고로 이 미분방정식을 단순히 블랙-숄즈 미분방정식이 아닌, 블랙-숄즈-머튼 미분방정식이라고도 부릅니다. 그 이유는 Robert Merton 당시 M.I.T. 교수도 블랙-숄즈와 독립적으로 연구하여 동일한 옵션 평가 모형을 제시했으며, 그가 그 이후에도 옵션 가치평가를 확장하여 연구한 공헌을 인정받았기 때문입니다. 초기에 이 방정식은 블랙-숄즈 미분방정식이라 불렸습니다. 하지만 점차 머튼 교수의 이 분야에서의 공헌이 인정되어 블랙-숄즈-머튼 미분방정식으로도 불리게 되었습니다.[5] 또 이 세 사람이 옵션(파생상품) 가치평가에 공헌한 점이 학계에서 널리 인정되어 (블랙 교수가 별세한 이후인) 1997년에 숄즈와 머튼 교수가 노벨 경제학상을 받았습니다.[6]

그런데 위 편미분방정식의 해는 옵션 (혹은 파생상품) V가 어떤 파생상품인가에 따라 달라질 수 있습니다. "해(solution)를 구한다" 함은 옵션 V의 (현재)가치를 구한다는 의미로 V를 S, t 등의 구체적 함수 형태로 나타냄을 뜻합니다. 그러므로 콜 혹은 풋 옵션의 가치평가를 원한다면 다음과 같은, 이른바 "boundary condition"을 추가해야 위 편미분방정식의 해를 정확히 구할 수 있습니다. 편미분방정식을 풀기 위해서는 이런 추가 조건이 필요합니다. 아래에서 V_T는 옵션 만기일 T의 옵션 가치를

---

[5] 다음 두 논문이 그것들입니다. Fischer Black and Myron Scholes, "The pricing of options and corporate liabilities," *Journal of Political Economy*, 81 (May/June 1973): pp.637-659, 그리고 Robert C. Merton, "Theory of rational option pricing," *Bell Journal of Economics and Management Science*, 4 (Spring 1973): pp.141-183.

[6] 본서에서는 편의상 블랙-숄즈, 블랙-숄즈-머튼, 혹은 Black-Scholes, Black-Scholes-Merton을 혼용하여 사용하겠습니다.

뜻합니다(V를 T로 편미분했다는 의미가 아닙니다. T는 상수이므로, 편미분을 적용할 수도 없습니다).

> **정리 4〉 블랙-숄즈-머튼 미분방정식의 경계조건(boundary conditions for the Black-Scholes-Merton partial differential equation)**
>
> $$European\ call\colon V_T = \max[S_T - K, 0]$$
> $$European\ put\colon V_T = \max[K - S_T, 0]$$

위의 두 정리, 즉 블랙-숄즈-머튼 미분방정식과 그 경계조건에 의해 현재의 콜과 풋 가격이 산출됩니다. 이 콜과 풋 가격은 사실 차익거래가 불가하다는 원리에 의해서 산출된 것입니다. 왜냐하면 주식과 옵션으로 구성된 포트폴리오가 무위험 포트폴리오로 판명되었기에 그 수익률도 무위험 수익률과 같아야 한다는 원리에 따라, 즉 "no-arbitrage principle"에 의해 블랙-숄즈-머튼 편미분방정식이 도출되었고 그 방정식의 해가 바로 블랙-숄즈 옵션 공식이기 때문입니다.

참고로, 일반적으로 편미분방적식의 해(solution)는 거의 항상 수치적 방법으로 그 해가 구해지는데 이를 'numerical solution'이라 합니다. 블랙-숄즈-머튼 미분방정식의 해는 예외적으로 '닫힌 해(closed solution)'로 산출됩니다. 여기서 닫힌 해란 우리가 일반적으로 '공식(formula)'이라고 부르는 형태의 식을 말합니다. 블랙-숄즈-머튼의 콜 가격은 아래와 같은 공식으로 산출됩니다. 이 공식의 유도를 증명하려면, 편미분방정식을 풀어야 하는데, (편)미분방정식을 푸는 방법을 공부한 적이 없는 사람들에게는 너무 어려운 작업이기에, 여기서 그 증명 과정은 생략합니다.[7]

> **정리 5〉 블랙-숄즈-머튼 콜 옵션 가격**
>
> $$c = S \cdot N(d_1) - K \cdot e^{-r \cdot T} \cdot N(d_2),$$
>
> where
>
> $N(\cdot)$ = the standard normal cumulative distribution function,

7 심지어 블랙-숄즈의 해당 논문에서조차 이 증명 과정이 생략되어 있습니다.

$$d_1 = \frac{\ln\left(\frac{S}{K}\right) + \left(r + \frac{\sigma^2}{2}\right)T}{\sigma\sqrt{T}}, \qquad \text{and}$$

$$d_2 = \frac{\ln\left(\frac{S}{K}\right) + \left(r - \frac{\sigma^2}{2}\right)T}{\sigma\sqrt{T}} = d_1 - \sigma\sqrt{T}.$$

여기서 S = 기초 자산인 주식의 현재 가격, K = 콜의 행사 가격, r = 무위험 이자율, T = (잔존)만기, 그리고 σ = S의 (수익률의) 변동성, $N(\cdot)$ = 표준정규분포의 누적분포함수를 의미합니다. 가령 $N(0) = 0.5$이고 $N(1) = 0.8413$, $N(2) = 0.9772$, $N(\infty) = 1$입니다. 참고로 블랙-숄즈의 풋 가격 공식은 다음 절에서 공부합니다. 일단 콜 가격 관련 예제를 하나 풀어 봅시다.

예제 8-1〉 블랙-숄즈 콜 가격

이제 위 방식을 적용하여, $K = 100$, $T = 0.1$(년), $S = 100$, $r = 0.05$, $\sigma = 0.2$인 콜 가격을 산출해 보겠습니다. 블랙-숄즈 옵션 모형에 의한 콜 가격은 다음과 같습니다.

$$c = S \times N(d_1) - K \times e^{-r \cdot T} \times N(d_2),$$

where

$N(\cdot)$ = the standard normal cumulative distribution function,

$$d_1 = \frac{\ln\left(\frac{S}{K}\right) + \left(r + \frac{\sigma^2}{2}\right)T}{\sigma\sqrt{T}}, \qquad \text{and}$$

$$d_2 = d_1 - \sigma\sqrt{T}.$$

먼저

$$d_1 = \frac{\ln\left(\frac{100}{100}\right) + \left(0.05 + \frac{0.2^2}{2}\right) \cdot 0.1}{0.2 \cdot \sqrt{0.1}} = 0.1107,$$

$$d_2 = 0.1107 - 0.2 \cdot \sqrt{0.1} = 0.0475$$

입니다. 그러면

$$N(d_1) = N(0.1107) = 0.5441, \qquad N(d_2) = N(0.0475) = 0.5189$$

가 됩니다. 그러므로 블랙-숄즈 옵션 모형에 의한 콜 가격은

$$\begin{aligned} c &= S \times N(d_1) - K \times e^{-r \cdot T} \times N(d_2) \\ &= 100 \times 0.5441 - 100 \times e^{-0.05 \times 0.1} \times 0.5189 = 2.779 \end{aligned}$$

입니다. ▣

이제 콜 가격 공식을 알게 됐습니다. 그런데 여러분들이 이 공식을 처음 봤을 때의 느낌은 아마도 "뭐 이렇게 복잡하냐?" 아닐까요? 네 그것도 사실입니다. 가령 선물의 이론 가격 공식과 비교한다면 그보다는 훨씬 더 복잡합니다. 공식 형태도 복잡한데 거기에 더해 표준정규분포의 누적분포함수인 $N(\cdot)$도 동원되고 있고, 마지막으로 $N(d_1)$, $N(d_2)$의 d_1, d_2 자체도 복잡한 공식입니다. 옵션 공부에 자신감이 확 떨어지는 순간입니다.

그런데 이 복잡성으로 인한 스트레스는 여러분이 이 공식을 두 번째 봤을 때는 많이 사라집니다. 가령 이 시간 이후 여러분 다른 책에서 이 공식을 보게 되면 여러분은 지금처럼 스트레스를 느끼지는 않을 것입니다. 심지어 조금 더 자주 보면 이 공식을 외울 수도 있습니다. 그리고 왜 이런 공식이 나왔는지 그 배경을 알게 되면 오히려 희열마저 느낄 수 있습니다. 복잡한 공식이지만 그 의미를 정확히 이해할 때의 희열 말입니다. 그러기 위해서는 이제 왜, 어떻게 이런 공식이 산출되었는지를 공부하겠습니다.

먼저, 복잡해 보이는 (유러피언) 콜 가격 공식을 다시 한 번 보겠습니다.

$$c = S \cdot N(d_1) - K \cdot e^{-rT} \cdot N(d_2).$$

이 공식은 완전히 뜬금없는 형태는 아닙니다.[8] 이 공식이 근거가 전혀 없는 형태가 아님을 보이기 위해, 이 콜의 만기일 청산가치를 생각해 보겠습니다. 콜의 만기일 청산가치는 다음과 같습니다.

---

[8] 영어로는 This did not come out of nowhere.

$$c_T = \max[S_T - K, 0].$$

그러므로 c와 c_T 사이에는 다음의 밀접한 관계가 있습니다. 아래에서 PV = present value = 현재가치를 의미합니다.

$$c = PV\ \ of\ \ c_T = PV\ \ of\ \ \max[S_T - K, 0].$$

그런데 만일 만기일 청산가치가 0보다 크다고 해봅시다. 즉, 만기일에 $S_T > K$을 가정하면 다음이 성립합니다.

$$c = PV\ \ of\ \ (S_T - K).$$

이는 다시 다음과 같이 표현할 수 있습니다.

$$c = (PV\ \ of\ \ S_T) - (PV\ \ of\ \ K).$$

그럼 $PV\ \ of\ \ S_T$는 무엇일까요? 즉, 미래 주가의 현재가치는 무엇일까요? 그것은 다름 아닌 현재 주가 S입니다. 또 $PV\ \ of\ \ K$는 무엇일까요? 여기서 K는 단순히 현금 액수이고 상수이므로 그 현재가치는 K를 무위험 이자율 r로 현재 시점으로 할인한 값입니다. 그러므로 콜의 현재가치는 다음과 같습니다.

$$c = S - e^{-rT} \cdot K.$$

그런데 이렇게 산출된 콜 가격은 어떤 가능성을 무시하고 도출된 값입니다. 그 가능성이란, 콜의 미래 청산가치가 0이 될 가능성입니다. 즉, 만기일에 $S_T \leq K$가 발생할 확률입니다. 그러므로 이 확률을 감안하여 다시 콜 현재가치를 정확히 계산하려면 어떤 형태로든 이 확률을 반영하여 위 식의 형태를 바꾸어야 할 것입니다. 가령 위 식 둘째 항인 $-e^{rT} \cdot K$은 항상 $S_T > K$임을 전제로 만기일에 콜 보유자가 콜 매도자에게 지급하는 행사 가격 K를 현재 시점으로 할인한 것입니다. 하지만 $S_T > K$라는 사건의 확률이 1보다 작기에, 즉 $\Pr[S_T > K] < 1$이기에 이 확률을 반영하면 다음과 같이 수정되어야 합니다.

$$(-e^{rT} \cdot K) \rightarrow (-e^{rT} \cdot K) \cdot \Pr[S_T > K]$$

이제 다시 블랙-숄즈의 콜 가격 공식을 보면 다음과 같습니다.

$$c = S \cdot N(d_1) - e^{-rT} \cdot K \cdot N(d_2).$$

첫째, 이 공식은 이 콜의 만기일 청산가치의 형태와 유사합니다. 둘째, 이 공식의 두 번째 항의 $N(d_2)$는 이 콜이 만기일에 내가격 콜이 될 확률을 의미한다고 볼 수 있습니다. 즉, $N(d_2)$는 이 콜의 만기일 청산가치가 0보다 클 확률을 말합니다.

> **정리 6〉**
>
> 블랙-숄즈 콜 공식의 $N(d_2)$는 만기일 콜이 내가격 콜이 될 확률이다.
> 즉, $N(d_2) = \Pr[S_T > K]$이다.

단, 위 정리에서 전제하는 것이 하나 있습니다. 지금까지 우리가 파생상품 가치평가에서 가정해 왔듯이, $N(d_2)$가 "콜이 만기일에 내가격이 될 확률"이라고 해석되는 것은 위험중립 세계에서만 가능하다는 사실입니다. 이를 질의-응답 형태로 설명해 보겠습니다.

질문 8-1〉 왜 $N(d_2)$가 "위험중립 세계에서 콜이 만기일에 내가격이 될 확률"이 되는 것입니까?

미래 콜 보유자가 지불할 비용은 사실 상수 K가 아니라 일종의 확률변수입니다. 즉, 만기일에 $S_T > K$ 사건이 발생하면 현금 K를 지불하고 만기일에 $S_T \leq K$ 사건이 발생하면 콜 행사를 하지 않으므로 아무런 현금도 지불하지 않습니다. 그러므로 이는 (cash flow 관점에서는) 만기일에 $-K$ 혹은 0이 되는 확률변수입니다. 그리고 콜 보유자에게 이 확률변수는 일종의 부채를 의미합니다. 이 부채는 미래가치가 불확실하므로 일종의 위험 부채(risky debt)라 할 수 있습니다. '위험 부채'는 '위험 자산'을 숏 포지션으로 보유한 개념이기 때문에, 위험 자산의 가치평가 방법을 그대로 사용합니다. 앞에 음의 부호 (−)만 붙이면 되기 때문입니다.

만기일에 $S_T > K$가 발생하면 K를 지불하고 $S_T \leq K$가 발생하면 0을 지급하는 이 위험 부채의 현재가치를 산출하려면, 이 위험 부채의 미래 기댓값을 구한 후 이를 적절한 할인율로 현재 시점으로 할인해야 합니다. 이때 적절한 할인율은 이 위험 부채의 위험을 반영한 위험 프리미엄(α)을 무위험 이자율 r에 더해서 산출합니다. 즉, $r+\alpha$이 할인율로 사용되어야 하며 이 위험 부채의 현재가치는

$$-e^{-(r+\alpha)\cdot T}\cdot K\cdot \Pr[S_T>K]$$

의 형태가 되어야 합니다. 그런데 블랙-숄즈-머튼의 콜 공식에서는 이 위험 자산의 현재가치가

$$-e^{-r\cdot T}\cdot K\cdot N(d_2)$$

로 산출되어 있습니다. 위 두 식이 같아야 하므로 이는 곧

$$\alpha=0,$$
$$\Pr[S_T>K]=N(d_2)$$

가 성립한다는 뜻입니다. 이처럼 $\alpha=0$이란, 즉 위험 프리미엄이 0이라 함은, 블랙-숄즈 공식의 저자와 그 사용자들은 위험중립 세계에서 이 콜 옵션의 가치평가를 하고 있음을 의미합니다. 결국

$$\Pr[S_T>K]=N(d_2)$$

에서 $\Pr[S_T>K]$는 위험중립 세계에서 콜이 만기일에 내가격이 될 확률을 뜻하는 것입니다. 그리고 이 사실이 그리 놀랍지는 않습니다. 우리는 이미 제4장 이항 모형에서 위험중립평가법에 대해 배웠고, 모든 파생상품 가치는 위험중립 투자자들만이 존재하는 세계를 가정하고 결정할 수 있음을 이미 배웠기 때문입니다. 그리고 위험중립평가법이 no-arbitrage principle에 근거한 가치평가와 사실상 같음도 배웠는데, 블랙-숄즈의 옵션 공식도 (옵션과 기초 자산으로 구성된) 무위험 포트폴리오의 수익률과 실제 무위험 자산의 수익률 r이 같아야 한다는 전제에서, 즉 no-arbitrage principle에 의해 산출된 결과이기 때문입니다. ▣

그렇다면 $\Pr[S_T>K]$이 위험중립 세계에서 콜이 만기일에 내가격이 될 확률을 뜻한다면 이는 구체적으로 무엇을 의미하는 것일까요?

질문 8-2〉 $\Pr[S_T > K]$이 위험중립 세계에서 콜이 만기일에 내가격이 될 확률을 뜻한다면 이는 구체적으로 무엇을 의미합니까?

위험중립 세계에서 모든 자산의 미래 기대 수익률은 r입니다. 그러므로 어떤 특정 주식의 미래 기대 (연)수익률을 현실에서는 $\mu = 0.1 = 10\%$로 추정한다 하더라도, 위험중립 세계에서는 단순히 이를 r로 대체하여 미래 주가의 확률분포를 추정한다는 말입니다. 좀 더 구체적으로는, 실세계에서의 특정 주식의 주가 S의 확률과정이

$$dS = \mu \cdot S \cdot dt + \sigma \cdot S \cdot dw$$

라면, 위험중립 세계에서는 μ를 r로 대체하여

$$dS = r \cdot S \cdot dt + \sigma \cdot S \cdot dw$$

를 가정하여 미래 주가의 확률분포를 추정한다는 뜻입니다.[9] 실제로도 블랙-숄즈-머튼 콜 옵션 가치평가 공식에서도 콜의 기초 자산인 주가의 평균 수익률인 μ는 보이지 않고, 그 대신 무위험 이자율 r만 보이는 이유가 바로 이런 이유 때문입니다. 일단 여기서는 이 정도로만 정리하고, 곧 상세한 내용을 추가하겠습니다. ▣

위에서 $\Pr[S_T > K]$이 위험중립 세계에서 콜이 만기일에 내가격이 될 확률을 뜻한다고 했습니다. 그런데, 엄밀히 말하면, $\Pr[S_T > K]$은 위험중립 세계가 아닌, 실세계에서의 $S_T > K$의 확률을 표시하는 표현입니다. 그러므로 보다 정확하게는, 위험중립 세계에서의 확률임을 나타내기 위해

$$N(d_2) = Pr^R[S_T > K]$$

로 표시할 수도 있습니다. 여기서 $Pr^R[x]$는 사건 x의 확률을 의미하되, 실세계가 아닌 위험중립 세계에서의 x의 확률을 의미합니다.

---

9 물론 이로 인해 다른 변수들이 영향을 받게 되어, $dS = \mu \cdot S \cdot dt + \sigma \cdot S \cdot dw$에서의 dw와 위험중립 세계의 $dS = r \cdot S \cdot dt + \sigma \cdot S \cdot dw$에서의 dw는 동일한 확률과정은 아닙니다. 위에서는 편의상 동일하게 표시했을 뿐입니다.

질문 8-3〉 그런데 이렇게 우리 마음대로 위험중립 세계를 가정하여 콜 옵션의 가치를 평가해도 되는 건가요?

네, 필요한 질문입니다. 위에서 조금은 설명했는데, 다시 본격적으로 설명해 보겠습니다. 실세계가 아닌 이런 위험중립 세계를 가정해도 아무 문제가 없음을 말입니다. 그 이유는 다음과 같습니다. 옵션을 포함한 파생상품 가격은 차익거래의 no-arbitrage price에 의해 결정됨은 이미 우리가 선도 가격 결정이나 옵션의 이항 모형 등을 배울 때 공부했습니다. 또한 이러한 no-arbitrage pricing에 의한 가격 결정 과정이 다름 아닌 위험중립평가법과 일치한다는 사실을 우리는 이미 알고 있습니다. 제4장에서 이항 모형을 공부할 때 2절, 3절을 통째로 이 원리에 대해서 할애하여 공부한 적이 있습니다. 그러므로 콜이나 풋 가치평가에 no-arbitrage price를 찾으려 한다면 다름 아닌 위험중립 세계를 가정하여 이 자산들의 가치를 산출해야 합니다. ▣

이제 다시 위험중립 세계로 돌아가 위의 내용들을 더 구체적으로 설명해 보겠습니다. 위험중립 투자자들의 세계에서는 위험하거나 위험하지 않은 모든 자산에 대해 무위험 이자율 r만을 요구하기에, 이 콜의 기초자산인 주가의 평균 수익률(μ)도 결국은 $\mu = r$이 됩니다. 가령 $r = 0.2$이고 현 주가 $S_0 = 1$이라 합시다. 이 수치가 암시하는 이 주식의 1년 후 주가의 기댓값은 무엇일까요? 그 기댓값을 $E[S_1]$라 하면, 위험중립 세계를 가정하면 현 주가 $S_0 = 1$은 다음 관계로부터 도출된 것입니다. 참고로 $E^R[S_1]$는 위험중립 세계에서의 S_1의 기대 가격이라는 의미를 '강조'하는 표현입니다. (계산 편의상 이산복리로 표현)

$$S_0 = \frac{E^R[S_1]}{1+r} = 1.$$

혹은 다음이 성립합니다

$$E^R[S_1] = S_0 \times (1+r) = 1 \times (1+0.2) = 1.2.$$

이 식이 시사하는 바는, 위험중립 투자자들은 1년 후 주가가 평균 1.2를 중심으로 일정한 확률분포를 형성한다고 생각하고 있다는 것입니다. 가령 1년 후 주가 분포는 다음과 같을 수 있습니다. 참고로 1/8 = 0.125입니다.

➢ 도표 8-1 미래 주가 확률분포

S_1	(확률)
0.85	0.125
0.95	0.125
1.05	0.125
1.15	0.125
1.25	0.125
1.35	0.125
1.45	0.125
1.55	0.125
$E^R[S_1]$	1.2

반면, 위험회피형 투자자에게 현 주가 $S_0 = 1$이 암시하는 이 주식의 1년 후 주가의 기댓값은 무엇일까요? 그 기댓값을 $E[S_1]$라 하면, 현 주가 $S_0 = 1$은 다음 관계로부터 도출된 것입니다. (α는 위험 프리미엄으로 $\alpha = 0.1$를 가정합시다.)

$$S_0 = \frac{E[S_1]}{1 + r + \alpha} = 1.$$

혹은

$$E[S_1] = S_0 \times (1 + r + \alpha) = 1 \times (1 + 0.2 + 0.1) = 1.3.$$

이 식이 시사하는 바는, 가령 1년 후 주가 분포는 다음과 같을 수 있다는 것입니다. 위 위험중립 세계의 확률과 비교한다면, S_1이 0.85나 0.95가 될 확률은 작아졌고 1.45나 1.55가 될 확률은 커진 경우입니다.

➢ 도표 8-2 미래 주가 확률분포

S_1	(확률)
0.85	0.0417
0.95	0.0417
1.05	0.125
1.15	0.125
1.25	0.125
1.35	0.125
1.45	0.2083
1.55	0.2083
$E[S_1]$	1.3

이처럼 위험중립 투자자와 위험회피 투자자가 추정하는 미래 주가의 확률분포는 다릅니다. 그렇다면 K가 특정 값으로 주어졌을 때 $\Pr[S_T > K]$도 이들 상이한 투자자들에게는 상이한 값이 될 것입니다. 가령 만기 T =1년인 이 콜 옵션이 등가격 콜이라면 $K = S_0 = 1$ 입니다. 그렇다면 만기일에 이 콜이 내가격이 될 확률 $\Pr[S_T > K] = \Pr[S_T > 1]$도 두 유형의 투자자에게는 다릅니다. 위험중립 투자자에게는

$$\Pr^{\mathrm{R}}[S_T > 1] = \Pr^{\mathrm{R}}[S_1 = 1.05, 1.15, \cdots, \text{or } 1.55] = \frac{6}{8} = 0.75\text{이고}$$

위험회피 투자자에게는

$$\Pr[S_T > 1] = \Pr[S_1 = 1.05, 1.15, \cdots, \text{or } 1.55] = 1 - 2 \times 0.0417 = 0.9166$$

입니다. 이때 블랙-숄즈-머튼의 콜 공식의 $N[d_2]$는 다음 값을 뜻합니다.

$$N[d_2] = \Pr^{\mathrm{R}}[S_T > 1] = 0.75$$

이 값이 위험중립 세계에서 만기일 이 콜이 내가격이 될 확률입니다.

질문 8-4〉 $N(d_2) = \Pr[S_T > K]$를 위험중립평가법을 이용하여 직접 입증할 수 있다는데요?

네, 맞습니다. 이에 대해 설명하겠습니다. Black-Scholes option pricing model에서는 주가의 확률과정을 다음과 같이 가정합니다.

$$dS_t = \mu \cdot S_t \cdot dt + \sigma \cdot S_t \cdot dw_t.$$

이때 로그 주가의 확률과정은 다음과 같음을 이미 배웠습니다. (제7장 참조)

$$\ln(S_T) \sim N\left(\ln(S_0) + \left(\mu - \frac{\sigma^2}{2}\right) \cdot T,\ T \cdot \sigma^2\right).$$

또한 우리는 위험중립평가법이 다음을 의미함도 배웠습니다. (이항 모형에 관한 제4장 참조)

특정 자산의 미래 기대 가격은
그 자산의 현재 가격에 무위험 이자율을 곱하면 산출된다.

이처럼 위험중립 세계에서는 투자자들이 모든 위험 자산에 대한 기대(평균) 수익률로서 무위험 이자율 r만을 요구합니다. 그러므로 이 세계에서 주가의 확률과정은 이를 반영하여 $\mu = r$로 대체하게 됩니다.

$$dS_t = r \cdot S_t \cdot dt + \sigma \cdot S_t \cdot dw_t.$$

그러므로 로그 주가의 확률분포 또한 다음과 같이 변합니다.

$$\ln(S_T) \sim N\left(\ln(S_0) + \left(r - \frac{\sigma^2}{2}\right) \cdot T,\ T \cdot \sigma^2\right).$$

이를 간단히 다음과 같이 표기합시다.

$$\ln(S_T) \sim N(m,\ v^2).$$

여기서 $m = \ln(S_0) + \left(r - \frac{\sigma^2}{2}\right) \cdot T$, $v = \sqrt{T} \cdot \sigma$ 입니다. 이제 위험중립 세계에서의 이 $\ln(S_T)$의 확률분포를 알았으니 $\ln(S_T) > \ln(K)$, 즉 만기일 콜이 내가격이 될 확률도

알 수 있습니다. 이제 이 확률을 구해 보겠습니다. (편의상 Pr[·]로 표시)

$$\Pr[\ln(S_T) > \ln(K)]$$

$$= \Pr[\ln(S_T) - m > \ln(K) - m]$$

$$= \Pr\left[\frac{\ln(S_T) - m}{v} > \frac{\ln(K) - m}{v}\right].$$

즉, 부등식 $\ln(S_T) > \ln(\mathrm{K})$에서 m을 빼고, 다시 양변을 $v(> 0)$로 나눕니다. 그러면 $\frac{ln(S_T)-m}{v}$은 표준정규분포 $N(0,1)$을 따르는 정규확률변수 z가 됩니다.

$$= \Pr\left[z > \frac{\ln(\mathrm{K}) - m}{v}\right]$$

z는 좌우 대칭인 확률분포를 따르므로 $\Pr[z > a] = \Pr[z < -a]$입니다.

$$= \Pr\left[z < -\left(\frac{\ln(\mathrm{K}) - m}{v}\right)\right]$$

이제 다시 $m = \ln(S_0) + \left(r - \frac{\sigma^2}{2}\right) \cdot T,\ v = \sqrt{T} \cdot \sigma$를 복원합니다.

$$= \Pr\left[z < -\left(\frac{\ln(\mathrm{K}) - \ln(S_0) - \left(r - \frac{1}{2}\sigma^2\right) \cdot T}{\sigma\sqrt{T}}\right)\right]$$

부등식 우변의 (−)부호를 분자에 적용합니다.

$$= \Pr\left[z < \frac{-\ln(K) + \ln(S_0) + \left(r - \frac{1}{2}\sigma^2\right) \cdot T}{\sigma\sqrt{T}}\right]$$

$$= \Pr\left[z < \frac{\ln(S_0) - \ln(K) + \left(r - \frac{1}{2}\sigma^2\right) \cdot T}{\sigma\sqrt{T}}\right]$$

$$= \Pr\left[z < \frac{\ln\left(\frac{S_0}{K}\right) + \left(r - \frac{1}{2}\sigma^2\right)\cdot T}{\sigma\sqrt{T}}\right]$$

이제 위 확률을 표준정규분포의 누적분포함수(cumulative distribution function) $N[\cdot]$으로 표시합니다.

$$= N\left[\frac{\ln\left(\frac{S_0}{K}\right) + \left(r - \frac{1}{2}\sigma^2\right)\cdot T}{\sigma\sqrt{T}}\right]$$

그런데 블랙-숄즈의 콜 옵션 공식에서

$$\frac{\ln\left(\frac{S_0}{K}\right) + \left(r - \frac{1}{2}\sigma^2\right)\cdot T}{\sigma\sqrt{T}} = d_2$$

입니다. 즉, 다음이 성립합니다.

$$N\left[\frac{\ln\left(\frac{S_0}{K}\right) + \left(r - \frac{1}{2}\sigma^2\right)\cdot T}{\sigma\sqrt{T}}\right] = N[d_2].$$

애초 이 전개 과정의 시작은 $\Pr[\ln(S_T) > \ln(\mathrm{K})]$이었습니다. 결국 다음이 성립합니다.

$$\Pr[\ln(S_T) > \ln(\mathrm{K})] = N[d_2]$$

물론 위 확률이 위험중립평가법에 의한 확률임을 표시하기 위해

$$\Pr^{\mathrm{R}}[\ln(S_T) > \ln(\mathrm{K})] = N[d_2]$$

로 표기하는 것이 더 정확합니다. ▣

이제 또 다른 유사한 질문을 하나 해보겠습니다. 콜 보유자가 만기일 콜 매도자에게 지불할 K의 현재가치를 구할 때는 간단히

'만기일 콜이 내가격이 될 확률' $N(d_2)$에다
'K의 현재가치'인 $e^{-rT} \cdot K$를 곱해주면

됐습니다. 그리고 이는 콜 보유자에게 부채에 해당하므로 콜 가치평가 공식에서는

$$-e^{-rT} \cdot K \cdot N(d_2)$$

로 표시됐습니다. 그렇다면 콜 보유자가 받을 주식의 현재가치도 "내가격 콜이 될 확률" $N(d_2)$에다 "주식의 현재가치인 S"를 곱해주면 안 될까요? 즉, 블랙-숄즈-머튼의 콜 옵션 공식이

$$c = S \times N(d_2) - e^{-rT} \cdot K \cdot N(d_2)$$

가 되어야 하지 않을까요?

질문 8-5〉 위와 같은 논리에 따라, 블랙-숄즈-머튼의 콜 옵션 가치평가 공식이

$$c = S \times N(d_2) - e^{-rT} \cdot K \cdot N(d_2)$$

이 되어야 하지 않을까요?

네, 정답은 "No"입니다. 그 이유를 차근차근 설명해 보겠습니다. 이 질문에 대한 설명은 다소 길기 때문에, 마음의 준비를 하고 읽기 바랍니다.

위 식의 두 항을 보면 각각 주식의 현재가치 S와 K의 현재가치 $e^{-rT} \cdot K$에 일정 확률(처럼 보이는) $N(d_2)$가 곱해져 있습니다.[10] 아무튼 위 식의 형태를 보면,

주식의 현재가치인 S에 이 콜의 만기일 내가격 확률인 $N(d_2)$가 곱해졌고
K의 현재가치인 $e^{-rT} \cdot K$에 이 콜의 만기일 내가격 확률인 $N(d_2)$가 곱해진

형태입니다. 즉, 이 주장은 만기일에 콜이 내가격이 될 때 콜 보유자에게 발생한 가치

---

[10] 실제 블랙-숄즈-머튼 공식에서는 물론 S에 $N(d_1)$이 곱해져 있기는 합니다만, $N(d_2)$나 $N(d_1)$이나 모두 표준정규함수의 누적분포함수이므로 $0 \le N(d_2) \le 1$, $0 \le N(d_1) \le 1$이 되어 확률로서의 필요조건을 충족하고는 있습니다. 특히 대부분 (콜)옵션의 경우 $0 < N(d_2) < 1$, $0 < N(d_1) < 1$이 성립합니다. 왜냐하면, $N(d_2) = 1$ 혹은 $N(d_2) = 0$이라면, 특정 옵션이 만기일에 내가격이 될 확률이 1이거나 0임을 뜻하기에 옵션으로서의 의미가 없기 때문입니다. 그리고 $N(d_2) = 1$이면, $N(d_1)$도 1임이 쉽게 증명됩니다.

인 $S_T - K$의 현재가치인

$$PV\ \ of\ \ [S_T - K] = S - e^{-rT} \cdot K$$

에다 그 확률

$$N(d_2)$$

를 곱한 것이 이 콜의 현재가치가 되어야 할 것 같다는 주장입니다. 그러면

$$(S - e^{-rT} \cdot K) \times N(d_2) = S \cdot N(d_2) - e^{-rT} \cdot K \cdot N(d_2)$$

이 되니, 이 콜 현재가치는

$$c = S \times N(d_2) - e^{-rT} \cdot K \cdot N(d_2)$$

이 되어야 할 것이라는 주장입니다.

이 주장에는 오류가 존재하며, 이 오류는 만기일 주가와 현 주가의 관계에 관한 것입니다. 이를 입증하겠습니다. 가령 $T = 1$(년 후)에 특정 주가 $S_T = S_1$의 확률분포가 다음과 같다고 가정하겠습니다(위험중립 세계의 확률). 여러분들 이해의 편의를 위해 특정 수치들도 사용하고 또 이 수치들을 일반화한 $S_{1,e(1)}$, $\Pr[e_1]$ 등의 변수들도 사용하면서 이 논의를 전개합니다. 아래의 일반적 논의를 이해하기 어려우면 구체적 수치들을 연상하면 도움이 될 것입니다.

➢ 도표 8-3 만기일 주가 분포

S_1	(확률)	S_1	(확률)
11	0.25	$S_{1,e(1)}$	$\Pr[e_1]$
12	0.25	$S_{1,e(2)}$	$\Pr[e_2]$
16	0.25	$S_{1,e(3)}$	$\Pr[e_3]$
17	0.25	$S_{1,e(4)}$	$\Pr[e_4]$
$E[S_1]$	14	$E[S_1]$	$\sum_{i=1}^{4}(S_{1,e(i)} \cdot \Pr[e_i])$

이제 이 주식을 기초 자산으로 하는, 만기 1년의 콜의 행사 가격을 $K = 13$이라 하겠습니다. 일반적으로는

$$S_{1,e(1)} < S_{1,e(2)} < K < S_{1,e(3)} < S_{1,e(4)}$$

로 기억하면 됩니다. 만기일에 이 콜이 내가격이 되는 경우는 $S_1 = S_{1,e(3)}$, $S_1 = S_{1,e(4)}$의 두 경우뿐입니다. 그러므로 만기일 이 콜의 (청산)가치의 기댓값은 다음과 같습니다.

$$\left(S_{1,e(3)} - K\right) \cdot \Pr[e_3] \ + \ \left(S_{1,e(4)} - K\right) \cdot \Pr[e_4].$$

이 콜이 만기일에 내가격이 될 확률은 $\Pr[e_3] + \Pr[e_4]$이고 이것이 결국 $N(d_2)$가 됩니다.

$$N(d_2) = \Pr[e_3] + \Pr[e_4].$$

이 콜의 현재가치는, 위험중립평가법에 따라, 이 콜의 미래 기대 가격을 무위험 이자율 r로 할인한 값이 됩니다. 위험중립평가법에 따른 이 식을 $RN\ call$이라 표시합시다. 그러면 다음이 성립합니다.

$$RN\ call = e^{-rT} \times \left[\left(S_{1,e(3)} - K\right) \cdot \Pr[e_3] \ + \ \left(S_{1,e(4)} - K\right) \cdot \Pr[e_4]\right]$$

위 식의 우변을 좀 정리해 봅시다.

$$\begin{aligned}
& e^{-rT} \times \left[\left(S_{1,e(3)} - K\right) \cdot \Pr[e_3] \ + \ \left(S_{1,e(4)} - K\right) \cdot \Pr[e_4]\right] \\
&= e^{-rT} \times \left[S_{1,e(3)} \cdot \Pr[e_3] \ - \ K \cdot \Pr[e_3] \ + \ S_{1,e(4)} \cdot \Pr[e4] \ - \ K \cdot \Pr[e_4]\right] \\
&= e^{-rT} \times \left[S_{1,e(3)} \cdot \Pr[e_3] \ + \ S_{1,e(4)} \cdot \Pr[e_4] \ - \ K \cdot \Pr[e_3] \ - \ K \cdot \Pr[e_4]\right] \\
&= e^{-rT} \times \left[S_{1,e(3)} \cdot \Pr[e_3] \ + \ S_{1,e(4)} \cdot \Pr[e_4] \ - \ K \cdot (\Pr[e_3] + \Pr[e_4])\right] \\
&= e^{-rT} \cdot \left(S_{1,e(3)} \cdot \Pr[e_3] \ + \ S_{1,e(4)} \cdot \Pr[e_4]\right) \ - \ e^{-rT} \cdot K \cdot (\Pr[e_3] + \Pr[e_4]) \\
&= e^{-rT} \cdot \left(S_{1,e(3)} \cdot \Pr[e_3] \ + \ S_{1,e(4)} \cdot \Pr[e_4]\right) \ - \ e^{-rT} \cdot K \cdot N(d_2)
\end{aligned}$$

$$= e^{-rT} \cdot \sum_{i=3}^{4} \left(S_{1,e(i)} \cdot \Pr[e_i] \right) - e^{-rT} \cdot K \cdot N(d_2).$$

이제 *RN call* 식과 블랙-숄즈의 콜 공식을 비교해 보겠습니다.

$$Black - Scholes\ \ call = S \times N(d_1) - e^{-rT} \cdot K \cdot N(d_2).$$

RN call 식과 *Black − Scholes call* 공식의 두 번째 항은 완벽하게 일치합니다. 그러나 첫 번째 항은 동일 형태가 아닙니다. 두 식 모두 오류가 없는 식입니다. 왜 첫째 항에서 이런 차이가 발생하는지 찾아 보아야 되겠습니다.

이를 위해서 먼저 현 주가 S와 미래 주가 $S_{1,e1}$, $S_{1,e2}$, $S_{1,e3}$, $S_{1,e4}$들의 관계를 살펴봅시다. 위험중립평가법에서 이들의 관계는 간단합니다.

$$\begin{aligned} S &= e^{-rT} \cdot E[S_1] \\ &= e^{-rT} \cdot \left(S_{1,e(1)} \cdot \Pr[e_1] + S_{1,e(2)} \cdot \Pr[e_2] + S_{1,e(3)} \cdot \Pr[e_3] + S_{1,e(4)} \cdot \Pr[e_4] \right) \\ &= e^{-rT} \cdot \sum_{i=1}^{4} \left(S_{1,e(i)} \cdot \Pr[e_i] \right). \end{aligned}$$

S에 대한 이 식을 블랙-숄즈 공식에 대입해 보겠습니다.

$$\begin{aligned} Black - Scholes\ \ call &= S \cdot N(d_1) - e^{-rT} \cdot K \cdot N(d_2) \\ &= \left[e^{-rT} \cdot \sum_{i=1}^{4} \left(S_{1,e(i)} \cdot \Pr[e_i] \right) \right] \cdot N(d_1) - e^{-rT} \cdot K \cdot N(d_2) \\ &= e^{-rT} \cdot \left[\sum_{i=1}^{4} \left(S_{1,e(i)} \cdot \Pr[e_i] \right) \right] \cdot N(d_1) - e^{-rT} \cdot K \cdot N(d_2) \end{aligned}$$

이제 다시 위험중립평가법에 따른 *RN call* 식을 소환해 볼까요?

$$RN\ \ call = e^{-rT} \cdot \sum_{i=3}^{4} \left(S_{1,e(i)} \cdot \Pr[e_i] \right) - \ e^{-rT} \cdot K \cdot N(d_2).$$

위 두 식을 비교하면, 첫째 항들은 여전히 서로 달라 보입니다. 어떻게 다를까요?

첫째, 블랙-숄즈 공식에서는 원래 첫째 항이 $S \cdot N(d_1)$이었는데

$$S = e^{-rT} \cdot \sum_{i=1}^{4} \left(S_{1,e(i)} \cdot \Pr[e_i]\right)$$

를 대입하면 첫째 항에 모든 가능한 S_1 값들, 즉 $S_{1,e(1)}$, $S_{1,e(2)}$, $S_{1,e(3)}$, $S_{1,e(4)}$가 다 포함되어 있음을 알 수 있습니다. 반면 *RN call* 식의 첫째 항에는 이들 중 이 콜이 내가격이 될 $S_{1,e(3)}$, $S_{1,e(4)}$만이 포함되어 있습니다($K < S_{1,e(3)} < S_{1,e(4)}$). 왜냐하면 *RN call* 식의 근거 자체가

$$RN\ call = e^{-rT} \times \left[\left(S_{1,e(3)} - K\right) \cdot \Pr[e_3] \ + \ \left(S_{1,e(4)} - K\right) \cdot \Pr[e_4]\right]$$

이기에, 즉 만기일 내가격이 되는 경우로 제한되기에, $S_{1,e(3)}$, $S_{1,e(4)}$만 포함됩니다. 하지만 블랙-숄즈 콜 공식은 무슨 이유에서인지 그 첫째 항에 떡 하니 S가 나와 있기에, S를 굳이 $S_{1,e(i)}$들과 연관시키자니

$$S = e^{-rT} \cdot E[S_1] = e^{-rT} \cdot \sum_{i=1}^{4} \left(S_{1,e(i)} \cdot \Pr[e_i]\right)$$

처럼 $S_{1,e(1)}$, $S_{1,e(2)}$, $S_{1,e(3)}$, $S_{1,e(4)}$를 모두 포함시켜야 합니다. 곧 *RN call* 식의 첫째 항

$$e^{-rT} \cdot \sum_{i=3}^{4} \left(S_{1,e(i)} \cdot \Pr[e_i]\right)$$

에다

$$e^{-rT} \cdot \sum_{i=1}^{2} \left(S_{1,e(i)} \cdot \Pr[e_i]\right)$$

를 더해야 S가 됩니다. 그러니 S는 *RN call* 식의 첫째 항보다 클 수밖에 없습니다. 그런데 블랙-숄즈 공식의 첫째 항은 이렇게만 끝나지는 않습니다. 뒤에 $N(d_1)$이 곱해져 있기 때문입니다.

$$Black - Scholes\ \ call = S \times N(d_1) - e^{-rT} \cdot K \cdot N(d_2).$$

$N(d_1)$은 표준정규변수의 누적분포함수이므로 $0 < N(d_1) < 1$입니다. 그러니

$$S \times N(d_1) < S$$

입니다. 즉, 블랙-숄즈 공식의 첫째 항은 S보다 작습니다. 또 $RN\ \ call$ 식의 첫째 항도

$$e^{-rT} \cdot \sum_{i=3}^{4} \left(S_{1,e(i)} \cdot \Pr[e_i]\right) < e^{-rT} \cdot \sum_{i=1}^{4} \left(S_{1,e(i)} \cdot \Pr[e_i]\right) = S$$

입니다. 즉, $RN\ \ call$ 식의 첫째 항도 S보다 작고 블랙-숄즈의 식의 첫째 항도 S보다 작으니, 이 두 첫째 항의 크기가 같을 수 있을 것 같기도 합니다.

$$e^{-rT} \cdot \sum_{i=3}^{4} \left(S_{1,e(i)} \cdot \Pr[e_i]\right) < S, \quad S \times N(d_1) < S.$$

두 항의 크기가 같을지 따져 보겠습니다. 물론 결론은 가능하다는 것입니다.

원 질문으로 돌아가 봅시다. 그것은

블랙-숄즈-머튼의 콜 옵션 가치평가 공식이

$$c = S \times N(d_2) - e^{-rT} \cdot K \cdot N(d_2)$$

이 되어야 하지 않을까요?

였습니다. 네, 아닙니다. 블랙-숄즈 콜 공식에 굳이 $N(d_2)$를 사용하려면 일정한 변환을 거쳐야 합니다. 이 변환은 $RN\ \ call$ 식의 원리를 염두에 두고 진행될 것입니다. 그리고 그 변환 결과, 블랙-숄즈 공식의 첫째 항에 $N(d_2)$가 포함되더라도, 그것에 곱해지는 것은 S가 아님을 입증할 수 있습니다.

이제 블랙-숄즈를 다소 변환하여

$$c = x - e^{-rT} \cdot K \cdot N(d_2)$$

로 만든 뒤 첫째 항 x에 $N(d_2)$를 어떻게든 포함시키려면,

(블랙-숄즈 식과 결과적으로 동일한) $RN\ \ call$ 식의 첫째 항을 감안할 때

$$x = e^{-rT} \cdot \sum_{i=3}^{4} \left(S_{1,e(i)} \cdot \Pr[e_i] \right)$$

가 되어야 합니다. 그리고 여기서 $N(d_2)$, 즉 이 콜이 만기일에 내가격이 될 확률은 $N(d_2) = \Pr[e_3] + \Pr[e_4]$임을 활용해 보겠습니다.

$$x = e^{-rT} \cdot \sum_{i=3}^{4} \left(S_{1,e(i)} \cdot \Pr[e_i] \right)$$

를 $N(d_2)$로 곱해 주고 또 나눠 주면,

$$= e^{-rT} \cdot N(d_2) \cdot \sum_{i=3}^{4} \left(\frac{S_{1,e(i)} \cdot \Pr[e_i]}{N(d_2)} \right)$$

$$= e^{-rT} \cdot N(d_2) \cdot \left(\frac{S_{1,e(3)} \cdot \Pr[e_3] + S_{1,e(4)} \cdot \Pr[e_4]}{N(d_2)} \right)$$

$$= e^{-rT} \cdot N(d_2) \cdot \left(S_{1,e(3)} \cdot \frac{\Pr[e_3]}{N(d_2)} \ + \ S_{1,e(4)} \cdot \frac{\Pr[e_4]}{N(d_2)} \right).$$

그런데, $N(d_2) = \Pr[e_3] + \Pr[e_4]$이므로 다음이 성립합니다.

$$\frac{\Pr[e_3]}{N(d_2)} \ + \ \frac{\Pr[e_4]}{N(d_2)} = \frac{\Pr[e_3] + \Pr[e_4]}{N(d_2)} = \frac{N(d_2)}{N(d_2)} = 1$$

그러므로, 위 식의 괄호 안 내용은, 미래 주가 S_1의 "조건부" 평균임을 알 수 있습니다.

$$S_{1,e(3)} \cdot \frac{\Pr[e_3]}{N(d_2)} \ + \ S_{1,e(4)} \cdot \frac{\Pr[e_4]}{N(d_2)} = E[S_1 | S_1 > K]$$

즉, $\frac{\Pr[e_3]}{N(d_2)}$과 $\frac{\Pr[e_4]}{N(d_2)}$이 각각 하나의 (조건부) 확률로, 이 둘의 확률을 더하면 1이 되므로, 이 조건 하에서 모든 경우의 사건을 포함하는 셈입니다. $S_T > K$라는 전제 하에서의 모든 경우의 사건 말입니다. 이제 이 콜이 만기일 내가격이 되는 조건을 충족하는 $S_{1,e(3)}$과 $S_{1,e(4)}$에 한정하여 주가 평균을 구하면, $S_{1,e(3)}$에다 그 (조건부) 확률 $\frac{\Pr[e_3]}{N(d_2)}$

을 곱하고 또 $S_{1,e(4)}$에다 그 (조건부) 확률 $\frac{\Pr[e_4]}{N(d_2)}$을 곱하면 됩니다. 이것이 바로 만기일 콜이 내가격이 되는 경우에 한해서의 S_T의 평균이므로 다음이 성립합니다.

$$S_{1,e(3)} \cdot \frac{\Pr[e_3]}{N(d_2)} \; + \; S_{1,e(4)} \cdot \frac{\Pr[e_4]}{N(d_2)} = E[S_1 | S_1 > K]$$

이제 다시 위 수식을 풀면 다음과 같습니다.

$$\begin{aligned} x &= e^{-rT} \cdot N(d_2) \cdot \left(S_{1,e(3)} \cdot \frac{\Pr[e_3]}{N(d_2)} \; + \; S_{1,e(4)} \cdot \frac{\Pr[e_4]}{N(d_2)} \right) \\ &= e^{-rT} \cdot N(d_2) \cdot E[S_1 | S_1 > K] \\ &= e^{-rT} \cdot E[S_1 | S_1 > K] \cdot N(d_2). \end{aligned}$$

그러므로 블랙-숄즈 콜 공식의 첫째 항에 굳이 $N(d_2)$를 포함시키면

$$\begin{aligned} c &= S \times N(d_1) - e^{-rT} \cdot K \cdot N(d_2) \\ &= e^{-rT} \cdot E[S_1 | S_1 > K] \cdot N(d_2) - e^{-rT} \cdot K \cdot N(d_2) \end{aligned}$$

로 표현해야 합니다. 이 첫째 항은 $S \times N(d_2)$과는 일치하지 않습니다. 즉,

$$S \;\neq\; e^{-rT} \cdot E[S_1 | S_1 > K].$$

왜냐하면, S는 모든 가능한 미래 주가들의 평균의 현재가치고

$$S = e^{-rT} \cdot E[S_1]$$

반면

$$e^{-rT} \cdot E[S_1 | S_1 > K]$$

는 $S_1 > K$를 충족하는 S_1 값들만의 평균의 현재가치이기 때문입니다. ▣

참고로 당연히 다음도 성립할 것입니다.

$$E[S_1] \; < \; E[S_1|S_1 > K].$$

왜냐하면 $E[S_1|S_1 > K]$는 S_1가 K보다 큰 경우의 S_1의 평균이고 $E[S_1]$은 K보다 작은 값도 포함할 때의 S_1의 평균이기 때문입니다. 양변에 e^{-rT}을 곱하면 다음도 성립합니다.

$$e^{-rT} \cdot E[S_1] < e^{-rT} \cdot E[S_1|S_1 > K].$$

좌변의 $e^{-rT} \cdot E[S_1] = S$이므로

$$S < e^{-rT} \cdot E[S_1|S_1 > K].$$

그런데 $N(d_1) > N(d_2)$이기에

$$S \cdot N(d_1) = (e^{-rT} \cdot E[S_1|S_1 > K]) \cdot N(d_2)$$

가 가능합니다.[11] 실제로 블랙-숄즈 콜 공식은

$$S \times N(d_1) - e^{-rT} \cdot K \cdot N(d_2)$$

이고 이 첫째 항을 x로 대체하여 다시 표시했을 때

$$x = e^{-rT} \cdot E[S_1|S_1 > K] \cdot N(d_2)$$

임이 위에서 입증됐습니다.

[11] 즉, $a \times b$와 $c \times d$에 있어, $a > c$, $b < d$라면 $a \times b = c \times d$가 될 수도 있다는 말입니다.

질문 8-6〉 $N(d_2)$ 이슈를 새로운 관점에서 더 잘 수용할 수 있는 사례를 한 번 소개해 주세요.

네, 좋습니다. 이를 통해, 위에서 우리가 파악한 블랙-숄즈 콜 공식의 새로운 해석인

$$c = e^{-rT} \cdot E[S_1|S_1 > K] \cdot N(d_2) - e^{-rT} \cdot K \cdot N(d_2)$$

가 실제로도 블랙-숄즈 콜 공식과 같은 의미임을 "재확인"할 수 있습니다. 이제 이를 재확인하겠습니다.

만일 K가 대단히 작은 값이어서 모든 만기일 주가 S_T가 항상 $S_T > K$가 된다면 어떤 일이 벌어질까요? 물론 여러분 중 일부는 어떻게 그런 일이 가능하겠냐고 반문할지 모르지만 이것이 불가능하지는 않습니다. K 값이 충분히 작으면 가능합니다. 가령 $K = 100$원 =₩100이라 합시다. 만기일 (이 콜의 기초 자산인 주식의) 주가가 100원과 같거나 더 낮을 확률이 0이라고 시장에서 전망한다면 이는 곧 항상 $S_T > K = 100$이 되리라고 시장에서 추정한다는 것입니다. 게다가 옵션 만기는 통상 1개월 혹은 수개월 정도이기에, 수개월 만에 주가가 100원과 같거나 더 낮아질 가능성이 있다고 예상되는 주식들은 거의 없을 것입니다. 삼성전자, 현대차 같은 블루칩 주식은 물론이고, 코스피200 지수에 편입된 상장 기업 모두, 아니 유가증권 시장에 상장된 99.9% 주식이 그럴 것입니다.

아무튼 이런 경우에는 만기일에 항상 이 콜이 내가격이 되니, $N(d_2) = 1$이 될 것입니다. (표준)정규분포는 연속확률분포이므로,

$N(d_2) = 1$이라 함은 $d_2 = \infty$임을

뜻합니다. 그런데 $N(d_2)$와 $N(d_1)$의 d_2와 d_1 사이에는 다음 관계가 있습니다.

$$d_1 = \frac{\ln\left(\frac{S}{K}\right) + \left(r + \frac{\sigma^2}{2}\right)T}{\sigma\sqrt{T}}, \qquad \text{and}$$

$$d_2 = \frac{\ln\left(\frac{S}{K}\right) + \left(r - \frac{\sigma^2}{2}\right)T}{\sigma\sqrt{T}} = d_1 - \sigma\sqrt{T}.$$

즉, 다음이 성립합니다.

$$d_1 = d_2 + \sigma\sqrt{T} = \infty + \sigma\sqrt{T} = \infty.$$

그렇다면 다음도 성립합니다.

$$N(d_1) = N(\infty) = 1$$

이때 블랙-숄즈 콜 공식은

$$\begin{aligned} c &= S \times N(d_1) - e^{-rT} \cdot K \cdot N(d_2) \\ &= S \times 1 - e^{-rT} \cdot K \cdot 1 \\ &= S - e^{-rT} \cdot K \end{aligned}$$

이 됩니다. 한편 블랙-숄즈 콜 공식의 첫째 항에 (굳이) $N(d_2)$를 포함시킨 우리의 공식은 다음과 같습니다.

$$c = e^{-rT} \cdot E[S_1|S_1 > K] \cdot N(d_2) - e^{-rT} \cdot K \cdot N(d_2).$$

가정에 의해 만기일에 이 콜이 항상 내가격이 되므로, 만기일 주가 S_1이 항상 K보다 큽니다. 그러므로 조건부 확률을 의미하는

$$E[S_1|S_1 > K]$$

는 더 이상 조건부 확률이 아니고 그냥 확률입니다. $S_1 > K$이 항상 성립하기 때문입니다. 즉,

$$E[S_1|S_1 > K] = E[S_1].$$

그러면, (굳이) $N(d_2)$를 포함시킨 우리의 공식도 다음과 같이 변합니다.

$$\begin{aligned} c &= e^{-rT} \cdot E[S_1|S_1 > K] \cdot N(d_2) - e^{-rT} \cdot K \cdot N(d_2) \\ &= e^{-rT} \cdot E[S_1] \cdot N(d_2) - e^{-rT} \cdot K \cdot N(d_2). \end{aligned}$$

또 $N(d_2) = 1$이므로

$$\begin{aligned} &= e^{-rT} \cdot E[S_1] \cdot 1 - e^{-rT} \cdot K \cdot 1 \\ &= e^{-rT} \cdot E[S_1] - e^{-rT} \cdot K \end{aligned}$$

입니다. 그런데 여기서 $e^{-rT} \cdot E[S_1]$는 무엇일까요? 다름 아닌

$$e^{-rT} \cdot E[S_1] = S$$

가 됩니다. 위험중립평가법에 따라, 미래 주가의 기댓값을 무위험 이자율 r로 나눈 값은 바로 현재 주가가 되기 때문입니다. 그러므로 (굳이) $N(d_2)$를 포함시킨 우리의 콜 공식도

$$\begin{aligned} & e^{-rT} \cdot E[S_1] - e^{-rT} \cdot K \\ & = S - e^{-rT} \cdot K \end{aligned}$$

가 되어, 블랙-숄즈 콜 공식과 일치합니다.

나아가 $RN\ call$ 식도 이 경우에는

$$\begin{aligned} & e^{-rT} \times \left[\left(S_{1,e(3)} - K\right) \cdot \Pr[e_3] \ + \ \left(S_{1,e(4)} - K\right) \cdot \Pr[e_4]\right] \\ & = e^{-rT} \times \sum_{i=3}^{4} \left[\left(S_{1,e(i)} - K\right) \cdot \Pr[e_i]\right] \end{aligned}$$

이 아니고, 모든 미래 주가에 대해 $S_{1,e(i)} > K$이므로, 콜이 내가격이 되는 이 모든 경우를 포함하면

$$e^{-rT} \times \sum_{i=1}^{4} \left[\left(S_{1,e(i)} - K\right) \cdot \Pr[e_i]\right]$$

이 됩니다. 이를 정리하면

$$\begin{aligned} & = e^{-rT} \times \sum_{i=1}^{4} \left[S_{1,e(i)} \cdot \Pr[e_i] - K \cdot \Pr[e_i]\right] \\ & = e^{-rT} \times \left(\sum_{i=1}^{4} \left[S_{1,e(i)} \cdot \Pr[e_i]\right] \ - \sum_{i=1}^{4} \left[K \cdot \Pr[e_i]\right]\right) \\ & = e^{-rT} \times \left(E[S_1] \ - \ K \cdot \sum_{i=1}^{4} \left[\Pr[e_i]\right]\right) \end{aligned}$$

$$= e^{-rT} \times E[S_1] \ - \ e^{-rT} \cdot K \cdot \sum_{i=1}^{4} [\Pr[e_i]]$$

$$= e^{-rT} \times E[S_1] \ - \ e^{-rT} \cdot K \cdot 1$$

$$= S \ - \ e^{-rT} \cdot K$$

가 되어

1) 블랙-숄즈 콜 공식과도 같고
2) 블랙-숄즈 콜 공식에 (굳이) $N(d_2)$를 첫째 항에 사용한 우리의 해석과도

같음을 알 수 있습니다.

여러분 모두 이 파트를 읽느라 수고 많았습니다. 이런 내용은 다른 교재에서는 거의 제공되지 않습니다. 하지만 블랙-숄즈 공식의 심화 학습, 탄탄한 이해를 위해서는 필요한 내용입니다. 여기까지 잘 따라 온 독자들은 아마도 블랙-숄즈 공식이 이제는 그다지 복잡하게 느껴지지 않고, 그 공식을 구성하는 S, $N(d_2)$, e^{-rT}, $N(d_1)$, d_2, d_1이 존재하는 이유에 대해 더 잘 이해하리라 예상합니다! ▣

제3절 블랙-숄즈 모형과 이항 모형

여기서 잠깐 쉬어가도록 합시다. 블랙-숄즈 모형과 또 다른 옵션 가치평가 모형인 이항 모형을 비교해 보면서 말입니다. 옵션 공부 초기 시절 여러분에게 옵션 가치평가에 대해 탁월한 소개 및 인도를 해 준 이항 모형이, 블랙-숄즈 모형까지 알게 된 여러분에게 아직도 사용 가치가 있는 모형일지 궁금하지 않습니까? 만일 블랙-숄즈 모형에 비해 이항 모형 완성도가 많이 낮다면(poor quality), 이항 모형은 여러분에게 옵션 초기 공부 때 사용했던 모형 이상의 의미는 없을 것입니다. 그런데 진실은 그렇지 않습니다. 이항 모형은 옵션 공부 초기에 활용도가 높은 모형이지만, 거기에서 그치지 않고 질적으로도 뛰어난 모형입니다. 그리고 이항 모형이 질적으로 뛰어난 모형인지를 평가하는 한 가지 기준은, 현존하는 가장 뛰어난 옵션 가치평가 모형인 블랙-숄즈 모

형과 동일한 혹은 유사한 옵션 이론가를 산출할 수 있는가를 평가하는 것입니다. 결론부터 말하면, 이항 모형은 이 기준에서 "Yes"라는 평가를 (합당하게) 받고 있습니다.

우리는 이미 제4장 이항 모형의 제4절 중 "블랙-숄즈 모형과의 관련성"에서

> 이항 모형 노드 수가 충분히 증가하면 블랙-숄즈 모형에서 산출되는
> 옵션 이론 가격과 유사한 가격을 산출할 수 있다

라는 결론을 소개한 적 있습니다. 그리고 이 내용은 재무금융 학자들인 Cox, Ross와 Rubinstein이 자신들의 논문 "Option Pricing: A Simplified Approach"에서 이미 입증했음을 소개한 적 있습니다.[12]

본절에서는 두 모형이 얼마나 유사한 옵션 이론 가격을 산출하는지를 간략하게 파악해 보겠습니다. 구체적으로는, 블랙-숄즈 모형과 (노드 수가 30, 40, 50개인) 이항 모형을 사용하여 특정 옵션의 이론가를 구해 서로 비교해 보도록 하겠습니다. 먼저 블랙-숄즈 모형에 필요한 모수(parameters)의 구체적 값이 다음과 같다고 하겠습니다. 이 모수들은 이항 모형에서도 동일한 값으로 사용될 예정입니다. 가령 현재 시점에서 $S = K = 100,\ r = 0.05,\ T = 1(\text{년}),\ \sigma = 0.2,\ q = 0$인 콜 옵션의 이론 가격을 평가해 보겠습니다.

먼저 블랙-숄즈 모형에 의한 콜 이론가입니다.

$$d_1 = \frac{\ln\left(\frac{100}{100}\right) + \left(0.05 + \frac{0.2^2}{2}\right)\cdot 1}{0.2\cdot\sqrt{1}} = 0.35,$$

$$d_2 = 0.35 - 0.2\cdot\sqrt{1} = 0.15$$

입니다. 그러면

$$N(d_1) = N(0.35) = 0.6368, \qquad N(d_2) = N(0.15) = 0.5596$$

이 됩니다. 그러므로 블랙-숄즈 옵션 모형에 의한 콜 가격은

$$c = S \times N(d_1) - K \times e^{-r\cdot T} \times N(d_2)$$

---

12 *Journal of Financial Economics*라는 학술지에 1979년에 실린 논문입니다(October, 1979, pp.229-263).

$$= 100 \times 0.6368 - 100 \times e^{-0.05\times 1} \times 0.5596 = 10.45$$

입니다.

또 이항 모형에 의한 이론가를 노드 수(N)에 맞춰 산출하면 다음과 같습니다(파이썬으로 산출).

➢ 도표 8-4 이항 모형에 의한 옵션 가격

N	30	40	50
Δt	$\frac{1}{30} = 0.0333$	$\frac{1}{40} = 0.025$	$\frac{1}{50} = 0.02$
u	$e^{\sigma\cdot\sqrt{\Delta t}}$ $= e^{0.2\cdot\sqrt{0.0333}}$ $= 1.0370$	$e^{\sigma\cdot\sqrt{\Delta t}}$ $= e^{0.2\cdot\sqrt{0.025}}$ $= 1.0321$	$e^{\sigma\cdot\sqrt{\Delta t}}$ $= e^{0.2\cdot\sqrt{0.02}}$ $= 1.0287$
d	$e^{-\sigma\cdot\sqrt{\Delta t}}$ $= 0.9643$	$e^{-\sigma\cdot\sqrt{\Delta t}}$ $= 0.9689$	$e^{-\sigma\cdot\sqrt{\Delta t}}$ $= 0.9721$
a	$e^{(r-q)\cdot\Delta t}$ $= e^{0.05\times 0.0333}$ $= 1.0017$	$e^{(r-q)\cdot\Delta t}$ $= e^{0.05\times 0.025}$ $= 1.0013$	$e^{(r-q)\cdot\Delta t}$ $= e^{0.05\times 0.02}$ $= 1.001$
p	$\frac{a-d}{u-d}$ $= \frac{1.0017 - 0.9643}{1.037 - 0.9643}$ $= 0.5144$	$\frac{a-d}{u-d}$ $= \frac{1.0013 - 0.9689}{1.0321 - 0.9689}$ $= 0.5127$	$\frac{a-d}{u-d}$ $= \frac{1.001 - 0.9721}{1.0287 - 0.9721}$ $= 0.5106$
$c =$	10.3842	10.4008	10.4107

또 $N = 100$인 경우 $c = 10.4306$이 되어 블랙-숄즈 이론가 $c = 10.45$에 더욱더 가까워집니다. 이런 작업을 통해, 블랙-숄즈 모형에 의한 옵션 가격과 이항 모형에 의한 옵션 가격이 매우 유사하며, 특히 $N \to \infty$에 가까워지면 블랙-숄즈 이론가와 일치함을 확인할 수 있습니다.

제 4 절 풋 옵션

풋 옵션의 가치평가는 두 가지 방법으로 가능합니다. 첫째는 풋-콜 패리티를 이용하여 구하는 것입니다. 블랙-숄즈-머튼의 콜 옵션 공식이 주어지면 이 공식을 그대로 이용하여 풋의 가치를 쉽게 구할 수 있습니다. 둘째는, 가령 콜 옵션 공식이 주어지지 않았다면, 애초 블랙-숄즈-머튼이 콜 공식을 구해 내듯이 풋 공식도 구할 수 있습니다. 먼저 첫째 방법으로 풋의 가치를 구해 보겠습니다. 풋-콜 패리티는 다음과 같습니다.

$$S + p = c + K \cdot e^{-r \cdot T}.$$

이 풋-콜 패리티에 블랙-숄즈-머튼의 콜 가격을 입력합니다.

$$S + p = [S \cdot N(d_1) - K \cdot e^{-rT} \cdot N(d_2)] + K \cdot e^{-r \cdot T}.$$

그러면 풋 가격은 다음과 같이 산출됩니다.

$$\begin{aligned} p &= -S + [S \cdot N(d_1) - K \cdot e^{-rT} \cdot N(d_2)] + K \cdot e^{-r \cdot T} \\ &= -S[1 - N(d_1)] + K \cdot e^{-r \cdot T}\big(1 - N(d_2)\big). \end{aligned}$$

그런데 표준정규분포의 누적분포함수 $N(\cdot)$의 대칭적 특성에 의해

$$\begin{aligned} 1 - N(d_1) &= N(-d_1), \\ 1 - N(d_2) &= N(-d_2) \end{aligned}$$

입니다. 그러므로 블랙-숄즈-머튼에 의한 풋 가격 공식은 다음과 같습니다.

$$p = -S \cdot N(-d_1) + K \cdot e^{-r \cdot T} \cdot N(-d_2).$$

정리 7〉 블랙–숄즈–머튼 풋 옵션 가격

$$p = K \cdot e^{-r \cdot T} \cdot N(-d_2) - S \cdot N(-d_1),$$

Where

$N(\cdot) =$ the standard normal cumulative distribution function,

$$d_1 = \frac{\ln\left(\frac{S}{K}\right) + \left(r + \frac{\sigma^2}{2}\right)T}{\sigma\sqrt{T}}, \quad \text{and}$$

$$d_2 = \frac{\ln\left(\frac{S}{K}\right) + \left(r - \frac{\sigma^2}{2}\right)T}{\sigma\sqrt{T}} = d_1 - \sigma\sqrt{T}.$$

여기서 S = 기초 자산인 주식의 현재 가격, K = 콜의 행사 가격, r = 무위험 이자율, T = (잔존)만기, 그리고 σ = S의 (수익률의) 변동성, $N(\cdot)$ = 표준정규분포의 누적분포함수를 의미합니다.

혹은 애초 블랙-숄즈-머튼이, 콜이나 풋을 특정하지 않고 단지 옵션임을 가정하고 전개한 편미분방정식에다 풋의 boundary condition을 적용하면, 그 편미분방정식의 해(closed-form solution)로 풋 옵션의 공식이 산출됩니다. 여기 관련된 편미분방정식과 (풋의) boundary condition을 소환하면 다음과 같습니다. 먼저 블랙-숄즈-머튼 미분방정식(Black-Scholes-Merton differential equation)은 다음과 같습니다. V는 애초 파생상품의 (이론)가격이라고만 정의되었는데, 여기서는 풋 옵션의 현재가치, 그 이론 가격을 뜻합니다. 이는 boundary condition을 조정함으로써 풋 옵션임을 반영할 수 있습니다.

$$\frac{\partial V}{\partial t} + r \cdot S \cdot \frac{\partial V}{\partial S} + \frac{1}{2} \cdot \sigma^2 S^2 \cdot \frac{\partial^2 V}{\partial S^2} - rV = 0$$

또한 풋의 boundary condition은 다음과 같습니다.

$$European\ put:\ V_T = \max[K - S_T, 0]$$

블랙-숄즈의 풋 공식도, 콜 공식의 경우와 같이, 완전히 뜬금없는 형태는 아닙니다. 이에 대한 설명은 전술한 콜에 대한 설명과 유사합니다. 이 공식이 근거가 전혀 없는 형태가 아님을 보이기 위해, 이 풋의 만기일 청산가치를 생각해 보겠습니다. 풋의 만기일 청산가치는 다음과 같습니다.

$$p_T = \max[K - S_T, 0].$$

그러므로 p와 p_T 사이에는 다음의 밀접한 관계가 있습니다. 아래에서 PV = present

value = 현재가치를 의미합니다.

$$p = PV\ \ of\ \ p_T = \ \ PV\ \ of\ \ max[K - S_T, 0].$$

그런데 만일 만기일 청산가치가 0보다 크다고 해봅시다. 즉, 만기일에 $S_T < K$를 가정하면 다음이 성립합니다.

$$p = PV\ \ of\ \ (K - S_T).$$

이는 다시 다음과 같이 표현할 수 있습니다.

$$p = (PV\ \ of\ \ K) - (PV\ \ of\ \ S_T).$$

$PV\ \ of\ \ S_T$, 즉 미래 주가의 현재가치는 다름 아닌 현재 주가 S입니다. 또 $PV\ \ of\ \ K$는 K를 무위험 이자율 r로 현재 시점으로 할인한 값입니다. 그러므로 풋의 현재가치는 다음과 같습니다.

$$p = e^{-rT} \cdot K - S.$$

그런데 이렇게 산출된 풋 가격은 어떤 가능성을 무시하고 도출된 값입니다. 그 가능성이란, 풋의 미래 청산가치가 0이 될 가능성입니다. 즉, 만기일에 $S_T \geq K$가 발생할 확률입니다. 그러므로 이 확률을 감안하여 다시 풋 현재가치를 정확히 계산하려면 어떤 방식으로든 이 확률을 반영하여 위 식의 형태를 바꾸어야 할 것입니다. 가령 위 식의 $e^{rT} \cdot K$은 만기일에 항상 $S_T < K$를 가정하여 풋 보유자가 풋 매도자에게 주식을 들이대며 얻어 낸 행사 가격 K를 현재 시점으로 할인한 것입니다. 그런데 이 사건의 확률이 1보다 작기에, 즉 $\Pr[S_T < K] < 1$이기 때문에 이 확률을 반영하면 다음과 같이 수정되어야 합니다.

$$(e^{-rT} \cdot K) \rightarrow (e^{rT} \cdot K) \cdot \Pr[S_T < K]$$

이제 다시 블랙-숄즈의 풋 가격 공식을 보면 다음과 같습니다.

$$p = K \cdot e^{-r \cdot T} \cdot N(-d_2) - S \cdot N(-d_1),$$

그러므로 블랙-숄즈의 콜 가격 공식의 $N(-d_2)$는 이 풋이 만기일에 내가격 풋이 될 확률을 의미한다고 볼 수 있습니다. 즉, $N(-d_2)$는 이 풋의 만기일 청산가치가 0보다 클 확률, 즉 $\Pr[S_T < K]$을 뜻합니다.

$N(-d_2) = \Pr[S_T < K]$라는 사실은, 블랙-숄즈 콜 공식의 $N(d_2)$가 만기일 콜이 내가격 콜이 될 확률, 즉 $\Pr[S_T > K]$이라는 사실로부터도 증명할 수 있습니다.[13] 표준정규분포의 누적분포함수의 대칭적 특성에 따라 $N(d_2) + N(-d_2) = 1$입니다. 즉, $N(-d_2) = 1 - N(d_2)$입니다. 그런데 $N(d_2) = \Pr[S_T > K]$이니

$$\begin{aligned} N(-d_2) &= 1 - N(d_2) \\ &= 1 - \Pr[S_T > K] \\ &= \Pr[S_T < K] \end{aligned}$$

이 됩니다.

본절 마지막으로 풋 가격에 관한 예제를 하나 풀어 봅시다.

예제 8-2〉 블랙-숄즈 풋 가격

이제 위 방식을 적용하여, $K = 100$, $T = 0.1$(년), $S = 100$, $r = 0.05$, $\sigma = 0.2$인 풋 가격을 산출해 보겠습니다. 블랙-숄즈 옵션 모형에 의한 풋 가격은 다음과 같습니다.

$$p = K \cdot e^{-r \cdot T} \cdot N(-d_2) - S \cdot N(-d_1),$$

where

$N(\cdot) =$ the standard normal cumulative distribution function,

$$d_1 = \frac{\ln\left(\frac{S}{K}\right) + \left(r + \frac{\sigma^2}{2}\right)T}{\sigma\sqrt{T}}, \quad \text{and}$$

$$d_2 = d_1 - \sigma\sqrt{T}.$$

[13] 블랙-숄즈-머튼 공식은 (로그)주가가 연속확률변수임을 전제로 도출된 것입니다. 그러므로 (만기일에) '$S_T = K$'가 될 확률 $\Pr[S_T = K]$는 0이므로 무시합니다.

먼저

$$d_1 = \frac{\ln\left(\frac{100}{100}\right) + \left(0.05 + \frac{0.2^2}{2}\right)\cdot 0.1}{0.2\cdot\sqrt{0.1}} = 0.1107,$$

$$d_2 = 0.1107 - 0.2\cdot\sqrt{0.1} = 0.0475$$

입니다. 그러면

$$N(d_1) = N(0.1107) = 0.5441, \qquad N(d_2) = N(0.0475) = 0.5189$$

가 됩니다. 그러면 정규분포 표준정규분포의 누적분포함수 속성에 의해

$$N(-d_1) = 1 - N(d_1) = 1 - 0.5441 = 0.4559,$$
$$N(-d_2) = 1 - N(-d_2) = 1 - 0.5189 = 0.4811$$

입니다. 그러므로 블랙-숄즈 옵션 모형에 의한 풋 가격은

$$\begin{aligned} p &= K\cdot e^{-r\cdot T}\cdot N(-d_2) - S\cdot N(-d_1) \\ &= 100\times e^{-0.05\times 0.1}\times 0.4811 - 100\times 0.4559 = 2.2801 \end{aligned}$$

입니다.

이 풋 가격이 맞는지 검산하기 위해서는, 이전 예제의 콜 가격과 이 풋 가격이 풋-콜 패리티를 충족하는지를 따지면 됩니다. 이전 예제에서 이 풋과 동일 사양의 콜 가격은

$$\begin{aligned} c &= S\times N(d_1) - K\times e^{-r\cdot T}\times N(d_2) \\ &= 100\times 0.5441 - 100\times e^{-0.05\times 0.1}\times 0.5189 = 2.779 \end{aligned}$$

이었습니다. 그리고 풋-콜 패리티는

$$S + p = c + K\cdot e^{-r\cdot T}$$

입니다. 이제 콜과 풋 가격을 위 풋-콜 패리티 좌변 및 우변에 대입하여 양변이 일치하는지 따져 봅시다. 먼저 좌변은

$$S + p = 100 + 2.28 = 102.2801$$

이고 우변은

$$c + K \cdot e^{-r \cdot T} = 2.779 + 100 \times e^{-0.05 \times 0.1} = 102.2802$$

로 좌변과 우변 값이 일치합니다.[14] ▣

제 5 절 블랙-숄즈 옵션 모형과 위험중립평가법

본절에서는 블랙-숄즈 옵션 모형을 Excel과 같은 spreadsheet software로 구현하는 방법을 공부합니다. 이를 통해서 여러분은 Black-Scholes option pricing model을 더 선명하게 이해할 수 있을 것입니다. 블랙-숄즈 옵션 모형을 spreadsheet software로 구현하려면 정규분포의 특성 혹은 연속확률분포의 특성을 이해해야 하고, 이에 더해 "확률변수의 함수"의 확률분포라는 개념도 이해해야 합니다. 여기서 확률변수의 함수의 확률분포란, 확률변수 X의 확률분포가 아니라 X의 함수인 $g(X)$의 확률분포를 말합니다. 이 둘을 제대로 이해하면 블랙-숄즈 옵션 모형을 spreadsheet software로 구현하는 것이 그다지 어렵지 않게 됩니다.

그러면 "spreadsheet software로 블랙-숄즈 옵션 모형을 구현한다"는 말의 의미는 무엇일까요? 이는 저자가 spreadsheet software로 블랙-숄즈 옵션 공식을 입력하여 옵션 가격을 구한다는 뜻은 아닙니다. 공식을 이용해서 옵션 가격을 구하려면 굳이 spreadsheet software를 사용하지 않고 전자계산기 등을 사용해서 구할 수도 있습니다. 저자가 "spreadsheet software로 블랙-숄즈 옵션 모형을 구현한다" 함은, 블랙-숄즈 옵션 평가 모형이나 위험중립평가법이나 모두 차익거래에 기반한 옵션 가치평가 방법이므로, "spreadsheet software를 이용하여 위험중립평가법으로 옵션 가치평가를 하겠다"는 의미입니다. 이것이 무엇을 뜻하는지는 본절을 읽으면서 이해될 것입니다.[15] 이를

---

[14] 0.0001은 물론 반올림 오차입니다. 참고로, 사실은 양변이 일치하는 것이 자명합니다. 풋 가격 공식 자체가, 콜 가격이 주어진 상태에서, 풋-콜 패리티에 기반하여 도출되었기 때문입니다.

[15] 참고로, 여기서 우리가 논의할 연속확률변수의 확률밀도함수에 대한 개념을 여러분들은 아마도 고등학교 수학 시간에 배운 바 있었을 것입니다. 고등학교 수학 참고서 중 "수학의 ㅈㅅ" 같은 교재에서 확률밀도함수를 찾아 다시 읽어보면, 본절의 내용을 보다 잘 이해할 수 있을 것입니다.

통해 블랙-숄즈 모형과 위험중립평가법이 동일한 옵션 가격을 산출함을 확인합니다. 즉, 앞에서 이론적으로만 배웠던 "모든 파생상품의 'no-arbitrage price'를 위험중립평가법으로 구할 수 있다"는 원칙이 실제로 작동됨을 본절에서 확인합니다. 이는 독자 여러분에게 새로운 경험과 흥미를 가져다 줄 것입니다.

1. 확률밀도함수

정규분포와 같은 연속확률변수(continuous random variable)가 특정 값을 갖을 확률은 0입니다. 가령 연속확률변수 X 값이 0과 2 사이라 가정하겠습니다($0 \le x \le 2$). 그럼 $X = 0.7$일 확률은 얼마일까요? 혹은 $X = 1.3$일 확률은 얼마일까요? 그 확률은 각각 0입니다. 왜냐하면 0과 2 사이에는 "무수히" 많은, "무한히" 많은 값(value)들이 존재하기 때문입니다. 그러므로 X가 특정 값을 가질 확률은 항상 0입니다. 반면 X 값이 특정 "범위"에 있을 확률은 0보다 큽니다. 가령 X 값의 범위가 0과 2 사이인 균등분포(uniform distribution)라면, X 값이 0.4가 될 확률은 0이지만 0.4 ~ 0.5의 범위 안에 있을 확률은 $\frac{1}{20}$이라는 것입니다.

그러면 이처럼 연속확률변수 값이 특정 범위에 있을 확률은 수식으로 어떻게 표현할까요? 이때는 연속확률변수의 확률밀도함수(probability density function)라는 개념을 이용합니다. 연속확률변수의 확률밀도함수란, 확률 자체는 아니지만, 확률과 밀접한 관련이 있는 함수입니다. 가령 위 균등분포의 확률밀도함수는, 즉 이 분포를 따르는 확률변수 X가 특정 값 x를 갖는 확률밀도함수는 $f(x) = 0.5$일 수 있습니다. 이를 또 $f_X(x) = 0.5$라고도 표현합니다. 그런데 $f_X(x) = 0.5$이라고 해서, 가령 $x = 1.2$일 때 $f_X(1.2) = 0.5$라 해서, X가 1.2가 될 확률이 0.5라는 뜻은 아닙니다. 위에서 설명했듯이, $\Pr[x = 1.2] = 0$입니다. 그렇다면 $0.4 < x < 0.5$ 혹은 $0.4 \le x \le 0.5$일 확률 $\frac{1}{20}$은 어떻게 산출된 것일까요?[16] 이는 X의 확률밀도함수를 0.4에서 0.5까지 "적분"해서 계산한 결과입니다. 적분이란, 미분한 것을 모두 더하는 것을 의미하므로, 결국 확률밀도함수 $f_X(x) = 0.5 = \frac{1}{2}$에 대해 $0.4 \le x \le 0.5$ 구간에서 다 더하는 것입니다. 그 결과

---

[16] $\Pr[x = 0.4] = \Pr[x = 0.5] = 0$이므로 $\Pr[0.4 < x < 0.5] = \Pr[0.4 \le x \le 0.5]$.

$$\int_{0.4}^{0.5} \frac{1}{2} dx = \frac{1}{2} \int_{0.4}^{0.5} dx = \frac{1}{2}[0.5 - 0.4] = \frac{1}{2} \cdot \frac{1}{10} = \frac{1}{20}$$

이 도출됩니다. 만일 X의 전구간($0 \leq x \leq 2$)에서 이 확률밀도함수를 적분하면

$$\int_{0}^{2} \frac{1}{2} dx = \frac{1}{2} \int_{0}^{2} dx = \frac{1}{2} \times [2 - 0] = 1$$

이 되어, 확률변수의 확률의 총합은 1이 된다는 사실과 부합합니다.

한편 정규분포의 확률밀도함수는 균등분포의 그것보다 더 복잡해 보입니다. $X \sim N(\mu, \sigma^2)$라면 X의 확률밀도함수는 다음과 같습니다.

$$\frac{1}{\sqrt{2\pi} \cdot \sigma} e^{\left(-\frac{1}{2\sigma^2}\right)(X-\mu)^2}$$

가령 $N(5, 3^2)$을 따르는 X 값이 4가 될 확률밀도함수의 값은

$$\frac{1}{\sqrt{2\pi} \cdot 3} e^{\left(-\frac{1}{2\times 3^2}\right)(4-5)^2} = 0.1258$$

인데, 이는 확률 값은 아닙니다. 반면 $N(5, 3^2)$을 따르는 X 값이 $2 \leq x \leq 8$일 확률의 값은

$$\int_{2}^{8} \frac{1}{\sqrt{2\pi} \cdot 3} e^{\left(-\frac{1}{2\times 3^2}\right)(x-5)^2} dx = 0.683$$

이 되는 것입니다.[17]

이제 위 표현을 잘 살펴서 연속확률변수의 확률을 보다 직관적으로 이해해 봅시다. 확률변수 X 값이 x가 될 확률밀도함수를 $f_X(x)$로 표기할 때

$$\int_{2}^{8} f_X(x) \cdot dx = \int_{2}^{8} \frac{1}{\sqrt{2\pi} \cdot 3} e^{\left(-\frac{1}{2\times 3^2}\right)(x-5)^2} dx = 0.683$$

---

[17] 이 계산은 컴퓨터를 통하여 한 것입니다.

의 의미는

$$\int_a^b \frac{1}{\sqrt{2\pi}\cdot\sigma} e^{\left(-\frac{1}{2\sigma^2}\right)(X-\mu)^2} \cdot dx$$

에서

$$\mu = 5, \qquad sigma = 3$$

을 적용하고 또 x 범위인 $a \le x \le b$에서 $a = 2,\ b = 8$로 설정한 것입니다. 결국 정규분포를 따르는 확률변수가 특정 범위 $a \le x \le b$에 있을 확률은

$$\int_a^b f_X(x) \cdot dx$$

가 됩니다. 이를 그림으로 나타내면 아래와 같습니다. 아래 그래프는 x-축은 확률변수 X의 값이고 y-축은 이 확률변수의 확률밀도함수 $f_X(x)$입니다. 가령 $X = b$이면 확률밀도함수의 값은 $f_X(b)$가 됩니다. 그리고

$$\int_a^b f_X(x) \cdot dx$$

의 값은 확률밀도함수 $f_X(x)$를 $a \le x \le b$ 구간에서 적분한 것으로, 그 의미는 이 확률변수가 $a \le x \le b$ 구간에 있을 확률입니다. 아래 그래프에서는, $a \le x \le b$ 구간에서 함수 $f_X(x)$와 아래 수평선 사이의 "면적"의 크기가, 즉 빗금 친 영역이, 이 확률값이 됩니다.

➢ 그림 8-1 확률밀도함수와 확률

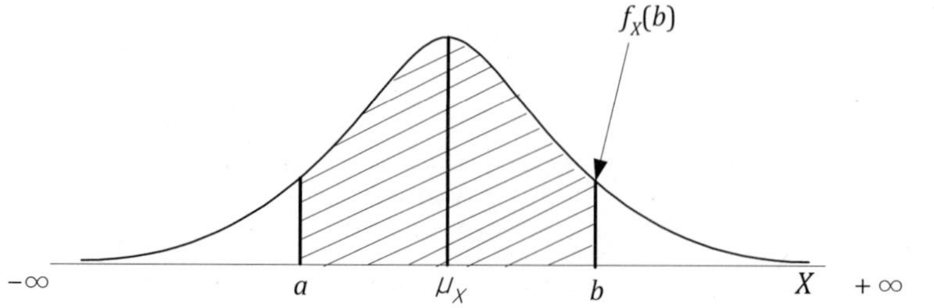

이를 다른 차원에서 설명하면, $\int_a^b f_X(x) \cdot dx$는 x가 a에서 b까지 가장 촘촘히 변할 때

$$f_X(a) \cdot dx + f_X(a + dx) \cdot dx + f_X(a + 2dx) \cdot dx + \cdots + f_X(b) \cdot dx$$

값을 적분 기호로 표시한 것입니다. 그것이 바로 적분의 정의이기 때문입니다. 즉,

$$\int_a^b f_X(x) \cdot dx = f_X(a) \cdot dx + f_X(a + dx) \cdot dx + \cdots + f_X(b) \cdot dx$$

입니다. 여기에서도 dx는, 마치 시간에 있어서 dt처럼, X의 가장 미소한 변화량을 의미하며, 마치 상수처럼 생각해도 본서 수준에서는 큰 무리가 없습니다.

자, 그렇다면 $f_X(a) \cdot dx$나 $f_X(a + dx) \cdot dx$는 어떻게 해석 혹은 취급할 수 있을까요? $f_X(a) \cdot dx + f_X(a + dx) \cdot dx + \cdots + f_X(b) \cdot dx$가 $Pr[a \leq x \leq b]$이고 dx는 x가 변하는 최소량이므로, $f_X(a) \cdot dx$, $f_X(a + dx) \cdot dx$들 각각은 다음 의미가 됩니다.

$$\begin{gathered} f_X(a) \cdot dx \approx Pr[a \leq x < a + dx], \\ f_X(a + dx) \cdot dx \approx Pr[a + dx \leq x < a + 2dx], \\ f_X(a + 2dx) \cdot dx \approx Pr[a + 2dx \leq x < a + 3dx], \\ \cdots \\ f_X(b) \cdot dx \approx Pr[b \leq x < b + dx] \end{gathered}$$

로 해석할 수 있습니다. 그런데 dx는 무한소, 즉 상상할 수 있는 가장 작은 값이므로, $a \leq x < a + dx$의 경우 a와 $a + dx$ 사이에는 아무 값도 존재할 수 없습니다. 그러므로 $\Pr[a \leq x < a + dx] = \Pr[x = a]$라고 해석할 수 있습니다. 그러면

$$\begin{gathered} f_X(a) \cdot dx \approx Pr[a \leq x < a + dx] = Pr[x = a], \\ f_X(a + dx) \cdot dx \approx Pr[a + dx \leq x < a + 2dx] = Pr[x = a + dx], \\ f_X(a + 2dx) \cdot dx \approx Pr[a + 2dx \leq x < a + 3dx] = Pr[x = a + 2dx], \\ \cdots \\ f_X(b) \cdot dx \approx Pr[b \leq x < b + dx] = Pr[x = b] \end{gathered}$$

라는 해석이 가능합니다.

참고로, 과연 이렇게 생각해도 무리가 없는지 구체적 사례를 들어 따져 봅시다.

$N(5, 3^2)$을 따르는 X의 값이 $4 \le x < 4 + 0.0001$일 확률을 계산해 봅시다. 이론적으로는, 엄밀히는

$$\int_{4}^{4.0001} \frac{1}{\sqrt{2\pi} \cdot 3} e^{\left(-\frac{1}{2\times 3^2}\right)(x-5)^2} dx = 0.00001257$$

입니다.[18] 한편 이 수치를 근사적으로 계산하기 위해 $f(a) \cdot dx$ 방식을 이용한다면, $a = 4$, $dx = 0.0001$에 해당하므로

$$\begin{aligned} f(a) \cdot dx &= f(4) \cdot 0.0001 \\ &= \frac{1}{\sqrt{2\pi} \cdot 3} e^{\left(-\frac{1}{2\times 3^2}\right)(4-5)^2} \times 0.0001 \\ &= 0.1258 \times 0.0001 \\ &= 0.00001258 \end{aligned}$$

입니다. 즉, 두 수치는 각각 0.00001257과 0.00001258로 매우 매우 유사한 값들입니다. 이 정도면 두 수치가 같다고 해도 됩니다.

이제 다시

$$f_X(a) \cdot dx \approx \Pr[a \le x < a + dx] = \Pr[x = a]$$

를 기억하면

$$f(4) \cdot 0.0001 \approx \Pr[4 \le x < 4 + 0.0001] \approx \Pr[x = 4]$$

로 해석할 수도 있습니다. 즉, 연속확률변수인 X를, 매우 촘촘히 변하는 (0.0001씩 변하는) 이산확률변수처럼 "취급"할 수 있다는 것입니다. 물론 엄밀하게 이론적으로 두 방식이 동일하다고는 할 수 없지만, 실제 오차는 극히 미소하기에, 편의에 따라 이런 방식으로 연속확률변수의 확률을 계산해 볼 수는 있다는 것입니다.

자, 그렇다면 이 확률변수의 평균은 또 어떻게 산출될까요? 평균의 개념을 소환해 봅시다. 평균이란 확률변수의 각 값에 그 확률을 곱한 수치들을 모두 더한 값입

[18] 컴퓨터로 계산한 값입니다.

니다. 가령 이산형 확률변수(discrete random variable) X가 특정 값 x_i를 갖을 확률이 $\Pr[X = x_i]$라면($i = 1, 2, \cdots, n$) 이 확률변수의 평균은

$$\sum_{i=1}^{n}(x_i \cdot \Pr[X = x_i])$$

가 됩니다. 간편한 사례 중 하나로, 주사위 던질 때 나오는 수의 평균(mean)을 구하기 위해서는, $x_i = 1, 2, \cdots, 6$이고(즉, $x_i = i$, where $i = 1, 2, \cdots, 6$) 각 $\Pr[X = x_i] = \frac{1}{6}$임을 기억하여

$$\begin{aligned} Mean\ of\ X &= \sum_{i=1}^{n}(x_i \cdot \Pr[X = x_i]) \\ &= \sum_{i=1}^{6}\left(i \times \frac{1}{6}\right) \\ &= \frac{1}{6}\sum_{i=1}^{6}(i) = \frac{1}{6} \cdot \frac{6 \times 7}{2} \\ &= \frac{7}{2} \end{aligned}$$

임을 알 수 있습니다.

동일한 이치로, $X \sim N(\mu, \sigma^2)$인 확률변수 X의 평균도,

"확률변수의 각 값에 그 값의 확률을 곱한 수치들을 모두 더한 값"

으로 이해할 수 있습니다. 단, 연속확률변수가 특정 값을 가질 확률은 0이 되기에, 이산형 확률변수의 평균 구하는 방식을 그대로 적용할 수는 없습니다. 즉, 연속확률변수의 경우에는 특정 값의 확률(point probability) 자체가 정의되지 않습니다. 그 대신 확률밀도함수를 사용하여 특정 "범위"의 확률을 계산합니다. 그리고 이 "범위"를 최소로 설정하면 마치 특정 "값"의 확률처럼 취급할 수 있습니다. 이 범위를 최소로 설정하기 위해 X 값의 최소 범위를 무한소인 dx로 설정하는 것입니다. 그 결과 평균 계산 방식이

$$\sum_{i=1}^{n}(x_i \cdot \Pr[X = x_i]) \text{ 이 아니라 } \int x \cdot f_X(x) \cdot dx$$

형태로 바뀝니다. 여기서 $f_X(x)$가 확률변수 X의 확률밀도함수입니다. 가령 $N(\mu, \sigma^2)$인 확률변수 X의 확률밀도함수를 $f_X(X = x) = f_X(x) = f(x)$라고 표기하면, X의 평균은

$$\int_{-\infty}^{\infty} x \cdot \frac{1}{\sqrt{2\pi} \cdot \sigma} e^{\left(-\frac{1}{2\sigma^2}\right)(x-\mu)^2} dx$$

$$= \int_{-\infty}^{\infty} x \cdot f_X(x) \cdot dx$$

라는 것입니다. 이 표현을 제대로 이해하면 연속확률변수의 특성을 알 수 있습니다. 먼저

$$f_X(x) \cdot dx$$

를 봅시다. 이것이 무슨 뜻일까요? 위에서 설명했듯이 이는 연속확률변수 X가 특정 값 $X = x$가 될 확률입니다. 더 정확히 말하면 그 확률과 매우 유사한 값입니다. 원래 이론적으로는 이 확률은 0이 되어야 하지만

$$f_X(x) \cdot dx \approx \Pr[X = x]$$

라는 근사식을 기억한다면 그 확률로 취급될 수 있다는 것입니다. 이런 이유로 정규분포 $N(\mu, \sigma)$를 따르는 X의 평균은

$$\int_{-\infty}^{\infty} x \cdot f_X(x) \cdot dx$$

$$= \int_{-\infty}^{\infty} x \cdot \frac{1}{\sqrt{2\pi} \cdot \sigma} e^{\left(-\frac{1}{2\sigma^2}\right)(x-\mu)^2} dx$$

로 표시됩니다.

2. spreadsheet software: 블랙-숄즈 옵션 모형과 위험중립평가법

지금까지의 논의 결과를 바탕으로, 옵션 가격을 위 방식을 활용하여 산출해 보겠습니다. 먼저 모든 파생상품 가격, 아니 모든 자산 가격은 "위험중립평가법"으로 산출할 수 있음을 여러분은 제4장 이항 모형에서 배운 바 있습니다. 이를 콜 가격 산출에 응용해 보겠습니다. 위험중립평가법에 의하면, 특정 자산의 현재 가격(가치)은, 그 자산의 미래의 기대 가격을 현 시점까지 무위험 이자율로 할인한 값입니다. 단, 미래 평균 가격을 산출할 때 사용되는 확률 수치들은 실제의 확률이 아니라 이른바 위험중립 확률입니다. 가령 이항 모형에서 콜(이나 풋)의 현재가치를 산출하는 식을 제4장에서 소환하면 다음과 같습니다.

정리 8〉 콜의 현재 가격(c) 결정

$$c = e^{-r \cdot T}[c_U \times p + c_D \times (1-p)].$$

단, $p = \frac{e^{r \cdot T} - e^{d \cdot T}}{e^{u \cdot T} - e^{d \cdot T}}$, where $0 < p < 1,\ 0 < 1-p < 1,$

c_U, c_D는 각각 만기일 주가 상승 및 하락 시의 콜 가치
u, d, r은 각각 주가 상승 및 하락 시의 수익률과 무위험 이자율
T는 잔존 만기 (현 시점 $t = 0$이니 T는 만기일이기도 함)

이 논리를 연속확률변수에 적용해 봅시다. 물론 연속확률변수인 주가가 특정 값을 가질 확률은 이론적으로는 0이지만, 실세계에서는 주가가 특정 값을 가질 수밖에 없습니다. 이론과 실세계를 모두 감안한다면, 주가 간격을 매우 촘촘히 하여 각 주가의 확률을 구한 후 이 확률을 사용하여 연속확률변수 관련 작업을 해도 두 방식의 결과가 거의 차이가 없음을 입증하려 합니다. 이는 곧, 콜 가격도 spreadsheet software에서 여러 cell의 값들을 더하여 산출할 수 있음을 암시합니다.

이제 행사 가격 K, 만기일 T인 콜 옵션의 가격을 산출해 보도록 하겠습니다. 만기일 기초 자산의 가격은 X_T인데 편의적으로 X로도 표시합니다. 위험중립평가법을 활용한 콜의 현재 가격 c는

$$c = e^{-r \cdot T} \cdot E[c_T]$$

의 형태가 될 것입니다. 물론 위에서 c_T는 이 파생상품(콜)의 미래 만기일 T에서의 가치를 뜻합니다. 그리고

$$E[c_T] = \int_{-\infty}^{\infty} c_T \cdot f_X(x) \cdot dx$$

입니다. 여기서 $f_X(x) \cdot dx$는 만기일 기초 자산 가격이 $X = x$가 될 확률이고 c_T는 그때의 콜 가격입니다. 그런데 만기일 콜 가격 c_T를 더 정확히 표현하면 단순히 $x - K$가 아니라

$$c_T = \begin{Bmatrix} x - K & if \;\; x > K \\ 0 & else \end{Bmatrix}$$

입니다. 즉,

$$c_T = Max[x - K, 0]$$

입니다. 그러므로

$$E[c_T] = \int_{-\infty}^{\infty} Max[x - K, 0] \cdot f_X(x) \cdot dx$$

이 성립합니다. 이제 x 범위를 $-\infty \le x < K$ 및 $K \le x < \infty$로 구분하면

$$\begin{aligned} E[c_T] &= \int_{-\infty}^{\infty} Max[x - K, 0] \cdot f_X(x) \cdot dx \\ &= \int_{-\infty}^{K} Max[x - K, 0] \cdot f_X(x) \cdot dx \;\; + \int_{k}^{\infty} Max[x - K, 0] \cdot f_X(x) \cdot dx \\ &= \int_{-\infty}^{K} 0 \cdot f_X(x) \cdot dx \;\; + \int_{k}^{\infty} (x - K) \cdot f_X(x) \cdot dx \\ &= \int_{k}^{\infty} (x - K) \cdot f_X(x) \cdot dx \end{aligned}$$

가 됩니다. 결국 위험중립평가법을 활용한 콜 가격은

$$
\begin{aligned}
c &= e^{-r\cdot T}\cdot[c_T] \\
&= e^{-r\cdot T}\cdot\int_k^{\infty}(x-K)\cdot f_X(x)\cdot dx
\end{aligned}
$$

가 됩니다.

자, 이제 위 콜 가격 공식을 spreadsheet software를 이용하여 구현하여 봅시다. 물론 spreadsheet software의 함수를 이용하여 구현하는 것이 아니라, 위험중립평가법의 논리를 원초적으로 반영하여 구현하겠다는 의미입니다. 이를 통하여, 여러분에게 복잡하게 여겨졌던 블랙-숄즈 옵션 공식이 어떤 의미인지를 명확히 이해할 수 있습니다. 먼저

$$
f_X(x)\cdot dx \approx \Pr[x\le X<x+dx]=\Pr[X=x]
$$

를 생각해 봅시다. 이를 spreadsheet software에 어떻게 반영할 수 있을까요? 여기서의 핵심은, dx 는 단순히 매우 작은 (상수)값이라는 것입니다. 그러므로 일단 $dx=0.0001$ 등의 값으로 대체할 수 있습니다. 그리고 $f_X(x)$는 X의 확률밀도함수입니다. 만일 X가 정규분포 $N(\mu,\sigma^2)$를 따른다면 $f_X(x)$ 값을 구하는 것은 간단합니다. 다음 값입니다.

$$
f_X(x)=\frac{1}{\sqrt{2\pi}\cdot\sigma}e^{\left(-\frac{1}{2\sigma^2}\right)(x-\mu)^2}
$$

그리고 이 값에, X의 가장 작은 변화량 $dx=0.0001$를 곱하면 이것이 바로

$$
\begin{aligned}
f_X(x)\cdot dx &= \frac{1}{\sqrt{2\pi}\cdot\sigma}e^{\left(-\frac{1}{2\sigma^2}\right)(x-\mu)^2}\times 0.0001 \\
&= \Pr[X=x]
\end{aligned}
$$

가 됩니다. 물론 근사치입니다. 그리고 여기에 $(x-K)$를 곱하면

$$
\begin{aligned}
&(x-K)\cdot f_X\ (x)\cdot dx \\
&= (x-K)\times\frac{1}{\sqrt{2\pi}\cdot\sigma}e^{\left(-\frac{1}{2\sigma^2}\right)(x-\mu)^2}\times 0.0001
\end{aligned}
$$

$$= (x - K) \times \Pr[X = x]$$

가 됩니다. 즉, "콜 가격 × 확률"의 의미가 됩니다. 이 짓을 모든 x 값에 대해 다 시행한 후($K \le x < \infty$), 이들을 다 더하면 다음 형태가 될 것입니다. 여기서 x 값은 $K \to K + dx \to K + 2dx \to \cdots$ 식으로 무한히 커지는데, $dx = 0.0001$을 적용합니다.

$$\sum_{x=K}^{\infty}([x-K] \cdot f_X(x) \cdot dx) = \sum_{x=K}^{\infty}([x-K] \times f_X(x) \times 0.0001).$$

요약하면, 위 식에서 $x - K$는 콜 가격이고 $f_X(x) \times 0.0001$는 그 확률입니다. 즉, 만기일 주가 X가 특정 값 x를 가질 확률이 $f_X(x) \times 0.0001$이고 이때 콜 가치가 $x - K$인데, 이 둘을 곱한 것입니다. 그리고

$$\sum_{x=K}^{\infty}([x-K] \times f_X(x) \times 0.0001)$$

는 이런 $(x - K) \times f_X(x) \times 0.0001$을 다 더한 값이니, 이것이 만기일 콜의 "기대" 가격, 즉 $E[c_T]$가 되고, 이 기대 가격을 현재 시점으로 할인한 값이 콜 가격이 됩니다. 이를 spreadsheet software로 구현하는 방법을 알아봅시다. 가령 $K = 100$이라면 콜 현재 가격 c는 다음 단계를 거쳐 산출됩니다.

➢ 도표 8-5 위험중립평가법에 의한 콜 가격의 spreadsheet software 구현

x	$x - K$	$f_X(x)$	dx	$[x-K] \cdot f_X(x) \cdot dx$
100	0	$f_X(100)$	0.0001	$0 \times f_X(100) \times 0.0001 = 0$
100.0001	0.0001	$f_X(100.0001)$	0.0001	$0.0001 \times f_X(100.0001) \times 0.0001$
100.0002	0.0002	$f_X(100.0002)$	0.0001	$0.0002 \times f_X(100.0002) \times 0.0001$
100.0003	0.0003	$f_X(100.0003)$	0.0001	$0.0003 \times f_X(100.0003) \times 0.0001$
…	…	…	…	…
170	70	$f_X(170)$	0.0001	$70 \times f_X(170) \times 0.0001$
				$E[c_T] = \sum_{x=K}^{170}([x-K] \times f_X(x) \times dx)$
				$c = e^{-r \cdot T} \times E[c_T]$

여기서 유의사항은, 위에서 K = 100이므로

$$\sum_{x=K}^{170}([x-K]\times f(x)\times dx)=\sum_{x=100}^{170}([x-100]\times f(x)\times dx)$$

에서 $x = 100, 100 + 0.0001, 100 + 2 \times 0.0001, \cdots$ 식으로 증가합니다. 통상적인 Σ 부호에서 $x = 100, 101, 102, \cdots$처럼 증가하는 것은 아닙니다. 편의상 Σ 부호를 사용했습니다. 또 $f_X(x) = f(x)$로 간단히 표시했습니다. ▣

위 도표를 더 자세히 설명해 봅시다. 먼저 x 값을 무한대(∞)까지 입력할 필요는 없습니다. 그렇게 입력해 보았자 $f_X(x = \infty) = 0$이기 때문입니다. 사실 $N(\mu, \sigma^2)$를 따르는 확률변수 X의 평균 μ를 크게 벗어나는 어떤 임계치 x^*에 대해서 $f_X(x^*) = 0$이고 이 임계치보다 큰 모든 x 값에 대해서도 $f_X(x) = 0$입니다. 위 표에서는 (μ 값을 제시하지는 않았지만) 편의상 $x^* = 170$을 가정하였기에 $\Pr[x > x^* = 170] = 0$이므로, 170을 초과하는 x 값은 제외한 것입니다. 물론 정확한 x^*를 산출하려면, 즉 $\Pr[x > x^*] = 0$이 되는 x^*를 알아보려면, 확률변수 X의 표준편차 σ를 알면 됩니다. 통상 이 σ 값은 주어집니다.[19] 정규분포의 확률분포 특성상 $\Pr[X \geq \mu + 4\sigma] = 0.00003 \approx 0$입니다. 즉, $x^* = \mu + 4\sigma$로 설정할 수 있습니다. 그러므로, 가령 위 확률변수가 $X \sim N(\mu = 90,\ \sigma^2 = 20^2)$였다면, $x^* = \mu + 4 = 90 + 4 \times 20 = 170$이므로 $\Pr[X > x^* = 170] = 0$이 됩니다. 즉, spreadsheet software로 콜 가격을 (위험중립평가법으로) 산출하려면, $K < x \leq 170$까지만 적용하면 됩니다.

자, 이젠 진짜 문제가 되는 부분을 논의해야 합니다. 진짜 문제가 되는 부분이 과연 무엇일까요? (어쩌면) 눈썰미 있는 독자들은 이미 의문을 품고 있었을 수도 있습니다. X의 확률밀도함수 $f(x)$를 구할 수가 없다는 것입니다. 왜냐하면, 재무금융 이론에서는, 콜의 기초 자산인 (미래) 주가 X가 정규분포를 따르는 것이 아니라, 로그 주가 $\ln(X)$가 정규분포를 따른다고 가정하기 때문입니다. 실세계에서도 주가 X가 정규분포를 따르기보다는 $\ln(X)$가 정규분포를 따른다고 가정하는 것이 더 합리적입니다. 왜냐

[19] 가령 삼성전자 주가의 σ는 과거 삼성전자 주가 자료 분석을 통해서 추정됩니다.

하면, X가 정규분포를 따르기 위해서는 $-\infty < X < \infty$여야 하는데, 실세계에서는 주가 X가 음수(−)가 될 수 없기 때문입니다. 반면 로그 주가 $\ln(X)$가 정규분포를 따른다고 가정하면, $-\infty < \ln(X) < \infty$인데, $\ln(X)$ 값이 음수라도 X 값은 여전히 양수가 됩니다. 가령 $\ln(X) = -2$이면, $X = e^{-2} \approx 0.1353$이 됩니다. 그러므로 X 차원에서 완성된 위 도표를 그대로 이용할 수는 없고, 이 도표의 모든 내용을 $\ln(X)$ 차원으로 변환해야 합니다. 즉, 이제부터는 $X \sim N(\mu, \sigma^2)$는 존재하지 않으니 아예 잊고, 오히려

$$\ln(X) \sim N(m, v^2)$$

을 사용하여 새출발하겠습니다.

이제 위 도표를 $\ln(X)$ 차원으로 하나하나 변환해 보겠습니다. x는 $\ln(x)$ 차원으로 어떻게 변환될 수 있을까요? 이는

$$x = e^{\ln(x)}$$

로 변환 가능합니다.[20] 그러면 $\Pr[X = x]$에 해당하는 $f(x) \cdot dx$는 어떻게 변환해야 할까요? 먼저 확률변수 X의 확률과 확률변수의 함수 $f(x)$의 확률을 함께 생각해 봅시다. 우리는 이 주제에 대해 제7장에서 배운 바 있습니다.

➢ 도표 8-6 확률변수의 함수의 확률

	확률
$X = x$	p
$g(X) = g(x)$	p

위 도표 내용은 다음 정리로 요약됩니다.

정리 9〉

확률변수 X와 그 함수 $g(X)$가 1 : 1로 대응하면, $g(X) = g(a)$의 확률과 $X = a$의 확률은 동일하다.

---

[20] 지수 함수 특성상 $e^{\ln(X)} = x$이 성립합니다.

가령 $x+3=g(x)=5$가 될 확률이 0.2라면 $x=2$가 될 확률이 0.2입니다. $\sqrt{x}=x^{0.5}=g(x)=3$이 될 확률이 0.2라면 $x=3^2=9$가 될 확률도 0.2입니다. 마찬가지로, $\ln(x)=4$가 될 확률이 0.2라면 $x=e^4=54.6$이 될 확률도 0.2입니다.

이제 위 논리를 바탕으로, 가령 $\Pr[X=110]$을 구하여 봅시다. 물론

$$\ln(X) \sim N(m, v^2) = N(90, 20^2)$$

과 같은 조건이 주어진 상황에서. 일단

$$\Pr[X=110] = \Pr[\ln(X) = \ln(110)]$$

이 성립합니다. 또 $\ln(X) \sim N(m, v^2)$이면 $\ln(x)$의 확률밀도함수는

$$\frac{1}{\sqrt{2\pi}\cdot v} e^{\left(-\frac{1}{2v^2}\right)(\ln(x)-m)^2}$$

입니다. 달리 표현하여 $\ln(X)=Y$라 하면, $Y \sim N(m, v^2)$이므로 Y의 확률밀도함수 $f_Y(y)$는

$$\frac{1}{\sqrt{2\pi}\cdot v} e^{\left(-\frac{1}{2v^2}\right)(y-m)^2}$$

이라는 말입니다. 결국 ($Y=\ln(X)$라 할 때)

$$\begin{aligned}\Pr[X=110] &= \Pr[Y=\ln(110)] \\ &\approx f_Y(\ln(110)) \times dy \\ &= \frac{1}{\sqrt{2\pi}\cdot v} e^{\left(-\frac{1}{2v^2}\right)(\ln(110)-m)^2} \times dy \\ &= \frac{1}{\sqrt{2\pi}\cdot v} e^{\left(-\frac{1}{2v^2}\right)(\ln(110)-m)^2} \times 0.0001\end{aligned}$$

로 구할 수 있습니다. $dy \approx 0.0001$로 간주해서. 가령 $\ln(X)=Y \sim N(4, 3^2)$이라면[21]

---

[21] $Y=\ln(X)$이기에 대략 이에 맞추어 Y의 평균과 표준편차 크기를 조절했습니다.

$$\Pr[Y = \ln(110)] \approx f_Y(\ln(110)) \cdot dy$$
$$= \frac{1}{\sqrt{2\pi} \cdot 3} e^{\left(-\frac{1}{2 \cdot 3^2}\right)(\ln(110)-4)^2} \times 0.0001$$

을 계산하면 됩니다.

x 값을 중심으로 완성했던 spreadsheet software 도표를 어떻게 변환하여 콜 가격을 구해야 할지 부연 설명을 하겠습니다. 이 설명대로 위험중립평가법의 논리를 spreadsheet software에 구현하면, 블랙-숄즈 콜 가격과 동일한 가격이 산출됨을 보이겠습니다. 먼저 위 도표를 여기에 다시 소환합니다.

➢ 도표 8-5 위험중립평가법에 의한 콜 가격의 spreadsheet software 구현

x	$x-K$	$f(x)$	dx	$[x-K] \cdot f(x) \cdot dx$

x 중심으로 완성된 위 도표를 $\ln(x)$ 중심으로 변환합니다. 이제 우리가 그 가격을 산출할 콜 옵션의 사양(parameters)이 다음과 같이 주어졌다고 합시다. $K = 100$, $T = 0.1$(년), $S = 100$, $r = 0.05$, $\sigma = 0.2$. 물론 S는 (이 콜의 기초 자산인) 주식의 현재 가격인데, 만기일 주가는 편의상 $S_T = X$로 표기합니다. 지금까지 X 및 x를 사용해 왔기 때문입니다. 그리고 다음을 가정합니다.

$$dS_t = \mu \cdot S_t \cdot dt + \sigma \cdot S_t \cdot dw_t.$$

그러면 제7장 로그 주가에서 배운 것처럼 다음이 성립합니다.

정리 10〉

주가의 확률과정이 $dS_t = \mu \cdot S_t \cdot dt + \sigma \cdot S_t \cdot dw_t$일 때 로그 주가의 확률분포는 다음과 같다.

$$\ln(S_T) \sim N\left(\ln(S_0) + \left(\mu - \frac{\sigma^2}{2}\right) \cdot T,\ \ T \cdot \sigma^2\right).$$

여기서 $\ln(S_T) = \ln(X)$로 대체하면

$$\begin{aligned}\ln(X) \ \sim \ & N\left(\ln(S_0) + \left(\mu - \frac{\sigma^2}{2}\right) \cdot T, \ \ T \cdot \sigma^2\right) \\ &= N(m, \ v^2)\end{aligned}$$

이 됩니다. 물론 $S_0 = S$로도 표현합니다. 참고로, 위에서 주어진 옵션 사양에는 μ 값이 제시되어 있지 않습니다. 그런데 만기일 (로그)주가의 확률분포에는 $\ln(X)$의 평균이 $\ln(S_0) + \left(\mu - \frac{\sigma^2}{2}\right) \cdot T$이기에 μ가 포함되어 있습니다. 그렇다면 우리가 모르는 μ를 어떻게 찾을 수 있을까요? μ를 찾아야 $\ln(X)$를 이용하여 $f_X(x)$를 구할 수 있는데 말입니다. 네, 결론은, 찾을 필요가 없습니다. 위험중립평가법에 따르면, 모든 자산의 기대 수익률은 무위험 이자율과 같습니다. 즉, 모든 자산에 있어 $\mu = r$이 됩니다. 그러므로 위험중립평가법에서는 다음과 같이 변합니다.

$$\begin{aligned}& dS_t = \mu \cdot S_t \cdot dt + \sigma \cdot S_t \cdot dw_t \\ \rightarrow \ \ & dS_t = r \cdot S_t \cdot dt + \sigma \cdot S_t \cdot dw_t.\end{aligned}$$

더 엄밀히 따지면, $\mu \rightarrow r$로 변하면서 브라운 운동 dw_t도 이에 맞게 다른 브라운 운동으로 변하며 이를 “Girsanov Theorem”이라 합니다만, 본서 수준을 넘으므로 생략합니다.

그리고 다음 식도 성립합니다.

$$\begin{aligned}& \ln(X) \ \sim \ N\left(\ln(S_0) + \left(\mu - \frac{\sigma^2}{2}\right) \cdot T, \ \ T \cdot \sigma^2\right) \\ \rightarrow \ \ & \ln(X) = N\left(\ln(S_0) + \left(r - \frac{\sigma^2}{2}\right) \cdot T, \ \ T \cdot \sigma^2\right).\end{aligned}$$

이제 $\ln(X)$의 확률밀도함수를 도출할 때

$$\ln(X) \ \sim \ N\left(\ln(S_0) + \left(r - \frac{\sigma^2}{2}\right) \cdot T, \ \ T \cdot \sigma^2\right)$$

을 이용하면 됩니다. 또 $Y = \ln(X)$이므로 이는 결국 다음을 의미합니다.

$$Y \sim N\left(\ln(S_0) + \left(r - \frac{\sigma^2}{2}\right) \cdot T,\ \ T \cdot \sigma^2\right)$$

이제 x 중심의 표를 다시 소환해 봅시다.

➢ 도표 8-5 위험중립평가법에 의한 콜 가격의 spreadsheet software 구현

x	$x-K$	$f(x)$	dx	$[x-K]\cdot f(x)\cdot dx$

위 표를 다음과 같이 하나씩 변환합니다.

i) dx는 $d\,[\ln(x)] = dy$로 바뀌어져야 합니다.

ii) 만기일 로그 주가인 $Y = \ln(X)$가 촘촘히 커지는 간격인 $dy = 0.005$ 정도로 설정합니다. 물론 더 작게 설정해야 하나, 실제 spreadsheet의 작업을 감안한 것입니다.

iii) $K = 100$이니, $\ln(x) = y = \ln(100) = 4.605$부터 적용합니다. (이후 y 크기를 $dy = 0.005$만큼씩 증가시킴)

iv) 만기일 콜 가격인 $x - K = e^{\ln(X)} - K$은 $e^y - K$로 대체합니다.

v) 만기일 주가가 x가 될 확률은, 만기일 로그 주가 y가 $\ln(x)$가 될 확률과 같습니다. 그러므로 전자의 확률인 $f(x)\cdot dx$를 $f_Y(y)\cdot dy$로 대체합니다.

vi) $f_Y(y)$는 $Y \sim N\left(\ln(S_0) + \left(r - \frac{\sigma^2}{2}\right)\cdot T,\ T\cdot\sigma^2\right)$에 의거하여 산출합니다.

vii) $e^y - K$과 $f_Y(y)\cdot dy$를 서로 곱해 "만기일 콜 가격 × 확률"을 계산합니다.

viii) 다시 $y = 4.605 + dy = 0.005 = 4.61$에 대해 $e^y - K$과 $f_Y(y)\cdot dy$를 곱하여 "만기일 콜 가격 × 확률"을 계산합니다.

ix) 이런 짓을 지속합니다. y 값이 충분치 커져 그 확률 $f_Y(y)\cdot dy$가 충분히 작아질 때까지 지속합니다. Y는 정규분포를 따르므로 그 값인 y가 충분히 커지면 (점차 평균에서 멀어지며) 그 확률도 충분히 작아집니다. 그 값을 가령 y^*라 하면, $\ln(100) \le y \le y^*$의 범위에서 위와 같은 짓을 계속합니다. 물론 y^* 값은 여러분 각자가 대략 정하면 됩니다. 가령 $f_Y(y^*)\cdot dy = 0.001$ 혹은 0.0001 등으로 정할 수 있습니다.

x) 이제 이 많은 $(e^y - K)\cdot f_Y(y)\cdot dy$들을 모두 더하면 바로 이 값이 만기일 콜

의 기대 가격이 됩니다.

xi) 이 값을, 위험중립평가법에 의거해, 무위험 이자율로 현재 시점까지 할인하면 콜의 현재가치가 산출되는데, 이 수치는 블랙-숄즈 옵션 모형에 의한 콜 가격과 일치합니다.

이제 위 방식을 적용하여, $K = 100$, $T = 0.1$(년), $S = 100$, $r = 0.05$, $\sigma = 0.2$인 콜 가격을 산출해 보겠습니다. 블랙-숄즈 옵션 모형에 의한 콜 가격은 다음과 같습니다.

$$c = S \times N(d_1) - K \times e^{-r \cdot T} \times N(d_2).$$

where

$N(\cdot) =$ the standard normal cumualtive distribution fundtion,

$$d_1 = \frac{\ln\left(\frac{S}{K}\right) + \left(r + \frac{\sigma^2}{2}\right)T}{\sigma\sqrt{T}}, \qquad \text{and}$$

$$d_2 = d_1 - \sigma\sqrt{T}.$$

먼저

$$d_1 = \frac{\ln\left(\frac{100}{100}\right) + \left(0.05 + \frac{0.2^2}{2}\right) \cdot 0.1}{0.2 \cdot \sqrt{0.1}} = 0.1107,$$

$$d_2 = 0.1107 - 0.2 \cdot \sqrt{0.1} = 0.0475$$

입니다. 그러면

$$N(d_1) = N(0.1107) = 0.5441, \qquad N(d_2) = N(0.0475) = 0.5189$$

가 됩니다. 그러므로 블랙-숄즈 옵션 모형에 의한 콜 가격은

$$\begin{aligned} c &= S \times N(d_1) - K \times e^{-r \cdot T} \times N(d_2) \\ &= 100 \times 0.5441 - 100 \times e^{-0.05 \times 0.1} \times 0.5189 = 2.779 \end{aligned}$$

입니다.

한편 위험중립평가법에 의한 콜 가격은 다음과 같이 산출됩니다.

➢ 도표 8-7 위험중립평가법에 의한 콜 가격의 spreadsheet software 구현

S_T	$c_T = S_T - K$	$y = \ln(S_T)$	$f_Y(y)$	dy	$f_Y(y) \times dy$	$c_T \times f_Y(y) \times dy$
100	0	4.605	6.301	0.005	0.032	0.000
100.501	0.501	4.610	6.305	0.005	0.032	0.016
101.005	1.005	4.615	6.269	0.005	0.031	0.032
101.511	1.511	4.620	6.195	0.005	0.031	0.047
102.020	2.020	4.625	6.084	0.005	0.030	0.061
102.532	2.532	4.630	5.938	0.005	0.030	0.075
103.045	3.045	4.635	5.758	0.005	0.029	0.088
103.562	3.562	4.640	5.550	0.005	0.028	0.099
104.081	4.081	4.645	5.316	0.005	0.027	0.108
104.603	4.603	4.650	5.060	0.005	0.025	0.116
105.127	5.127	4.655	4.786	0.005	0.024	0.123
105.654	5.654	4.660	4.499	0.005	0.022	0.127
106.184	6.184	4.665	4.202	0.005	0.021	0.130
106.716	6.716	4.670	3.901	0.005	0.020	0.131
107.251	7.251	4.675	3.599	0.005	0.018	0.130
107.788	7.788	4.680	3.300	0.005	0.016	0.128
108.329	8.329	4.685	3.006	0.005	0.015	0.125
108.872	8.872	4.690	2.722	0.005	0.014	0.121
109.417	9.417	4.695	2.449	0.005	0.012	0.115
109.966	9.966	4.700	2.190	0.005	0.011	0.109
110.517	10.517	4.705	1.946	0.005	0.010	0.102
111.071	11.071	4.710	1.718	0.005	0.009	0.095
111.628	11.628	4.715	1.508	0.005	0.008	0.088
112.187	12.187	4.720	1.315	0.005	0.007	0.080
112.750	12.750	4.725	1.140	0.005	0.006	0.073
113.315	13.315	4.730	0.981	0.005	0.005	0.065
113.883	13.883	4.735	0.840	0.005	0.004	0.058
114.454	14.454	4.740	0.714	0.005	0.004	0.052
115.027	15.027	4.745	0.604	0.005	0.003	0.045
115.604	15.604	4.750	0.507	0.005	0.003	0.040
116.183	16.183	4.755	0.423	0.005	0.002	0.034
116.766	16.766	4.760	0.351	0.005	0.002	0.029
117.351	17.351	4.765	0.290	0.005	0.001	0.025
117.939	17.939	4.770	0.237	0.005	0.001	0.021
118.530	18.530	4.775	0.193	0.005	0.001	0.018
119.125	19.125	4.780	0.156	0.005	0.001	0.015
119.722	19.722	4.785	0.126	0.005	0.001	0.012
120.322	20.322	4.790	0.100	0.005	0.001	0.010
120.925	20.925	4.795	0.080	0.005	0.000	0.008
121.531	21.531	4.800	0.063	0.005	0.000	0.007
122.140	22.140	4.805	0.049	0.005	0.000	0.005
122.753	22.753	4.810	0.038	0.005	0.000	0.004
123.368	23.368	4.815	0.030	0.005	0.000	0.003
123.986	23.986	4.820	0.023	0.005	0.000	0.003
124.608	24.608	4.825	0.018	0.005	0.000	0.002
125.232	25.232	4.830	0.013	0.005	0.000	0.002
125.860	25.860	4.835	0.010	0.005	0.000	0.001
126.491	26.491	4.840	0.008	0.005	0.000	0.001
127.125	27.125	4.845	0.006	0.005	0.000	0.001
					Sum =	2.784
			discounted sum =			2.770

위 도표에서는 왼쪽에 S_T column이 먼저 나오지만, 실제로는 $\ln(S_T)$, 즉 y 중심으로 이 표가 작성되는 것이고 S_T는 참고로 보여줄 따름입니다. 가령 최초로 $\ln(S_T) = y$ 값을 입력할 때는 $S_T = 100$을 사용하여 $\ln(S_T) = 100 = 4.605$를 입력하지만, 그후부터 $\ln(S_T) = y$ 값을 입력할 때는 $\ln(100) + dy = 4.605 + 0.005 = 4.610$으로 입력하고 그 다음에도 $\ln(S_T) = 4.610 + 0.005 = 4.615$로 입력합니다. S_T는 단지 그 후 결과로 $\ln(S_T) = e^{\ln(S_T)}$ 식을 이용하여 사후적으로 계산할 뿐입니다.[22] 그 결과 블랙-숄즈 옵션 모형에 의한 콜 가격 2.779와 위험중립평가법을 spreadsheet software에서 구현한 방법의 콜 가격 2.770의 차이는 거의 없습니다. 여러분은 이를 통하여 위험중립평가법의 타당성, 정당성을 확인하였습니다. 또, 확률변수$(= X)$의 함수$(= \ln(X))$가 연속확률변수(continuous random variable)인 정규분포를 따를 때 그 파생상품의 현재 가격을 어떻게 spreadsheet software를 통해 구현할 수 있는지도 이해하게 되었습니다.

여러분은 이 작업을 눈으로만 보지 말고 실제 Excel 등의 spreadsheet software를 통해 실행해 봐야 합니다. 그래야만 본 내용을 심도 있게 이해할 수 있고, 추후에도 복잡한 파생상품 가치평가를 할 때, 그 공식을 구할 수 없다면 이 spreadsheet 방식을 써서 구할 수 있습니다. 또, 다른 programing software를 사용하여, $dy = d(\ln(x))$의 크기를 훨씬 더 작게 설정하여, 블랙-숄즈 공식의 옵션 값과 거의 완벽하게 일치하는 값도 산출할 수 있습니다. 참고로, $y = \ln(S_T)$ 값이 $dy = 0.005$만큼 증대되는 것이지 S_T 값이 0.005만큼 증대되는 것은 아닙니다. $\ln(S_T)$의 증대에 따른 결과로 S_T 값이 결정될 뿐입니다.

---

22 단, spreadsheet software의 정확한 계산과 위 도표의 소수점 셋째 자리에서 반올림하여 보여준 수치들은 다소 오차가 있는데, 이는 오류가 아닙니다.

제 6 절 옵션 가격 민감도(Greeks)와 헤징

옵션의 이론 가격 혹은 시장 가격은 그 가격에 영향을 미치는 모수(parameters)에 의하여 변합니다. 옵션의 이론 가격이나 시장 가격은 서로 다소 다를 수 있지만, 본절에서는 편의상 두 가격이 같다고 가정하겠습니다. 그렇게 가정해야 옵션 가격의 옵션 모수 변화에 대한 민감도(sensitivity)를 측정할 수 있기 때문입니다. 즉, 옵션 이론 가격은 옵션의 여러 모수들의 함수이기 때문에, 우리는 이 모수 값이 변할 때 그 이론 가격이 여하히 변하는지 분석해 볼 수 있습니다. 반면 옵션 시장 가격은 심지어 옵션 거래자들의 심리에 의해서도 부분적으로 변동할 수 있고 옵션 모수들의 변화와의 관계가 특정되지 않기에 그 민감도를 분석할 수 없습니다. 그러므로 옵션 가격 민감도 분석은 블랙-숄즈와 같은 이론 모형을 대상으로만 실행할 수 있습니다. 참고로, 실제로 옵션 시장 가격은 블랙-숄즈 옵션 모형과 같은 이론 모형에서 산출되는 가격 혹은 각 증권 관련 기관 스스로 만든 내부 모형의 가격과 큰 차이를 보이는 경우가 흔하지는 않습니다. 옵션을 거래하려면 어떤 형태든 그 합당한 가격을 산출할 이론 모형이 필요하고 그 모형 가격에 기반하여 옵션 거래를 하는 것이 일반적이기 때문입니다.

일반적으로 옵션 민감도를 분석할 때는 블랙-숄즈 이론 가격을 각 모수로 편미분하여 분석합니다. 본서도 이런 학문적, 실무적 관행을 따라, 앞에서 우리가 산출한 블랙-숄즈 옵션 이론 가격을 편미분하며 옵션 민감도를 분석해 보겠습니다. 아울러 이러한 옵션 가격 민감도를 활용하여 어떻게 옵션 투자 위험을 헤지할 수 있는지도 공부해 보겠습니다. 여기서 여러분이 기억해야 할 사항은, 블랙-숄즈 옵션 공식은 유러피언 옵션 가격 공식이라는 사실입니다. 그러므로 어메리칸 옵션(가격)에 대한 민감도가 아니라 유러피언 옵션에 대한 민감도를 우리는 분석하고 있는 것입니다. 가령 시간 경과에 따른 옵션 가격의 변화는 유러피언 옵션과 어메리칸 옵션이 서로 다를 수 있는데, 본절에서는 유러피언 옵션만을 대상으로 논의한다는 것입니다.

1. 델타(Delta)

옵션 델타(delta)란 옵션 가격을 그 기초 자산 가격 S로 편미분한 결과를 말합니다. 내용상으로는, 기초 자산 가격이 상승할 때 옵션 가격이 변하는 정도를 말합니다. 블랙-숄즈 콜 가격을 대상으로 이를 산출해 보면 다음과 같습니다. 아래에서 물론 c, p는 각각 유러피언 콜과 유러피언 풋 가격을 뜻합니다. 일반적으로 옵션 델타는 그리스어 Δ로 표기하나, 본서에서는 통상적인 의미 '증분'의 Δ와의 혼용을 피해 δ로 표기합니다. 즉,

$$\delta(\text{call}) = \frac{\partial c}{\partial S}, \qquad \delta(\text{put}) = \frac{\partial p}{\partial S}$$

입니다. 그리고 이 편미분 결과들은 다음과 같이 입증되어 있습니다.

$$\delta(\text{call}) = \frac{\partial c}{\partial S} = N(d_1), \qquad \delta(\text{put}) = \frac{\partial p}{\partial S} = N(d_1) - 1.$$

여기서 한 가지 유의할 점은, 위 결과가 도출된 과정을 잘못 이해할 수 있다는 것입니다. 가령

$$c = S \times N(d_1) - K \times e^{-r \cdot T} \times N(d_2)$$

이므로, 콜 가격을 S로 편미분하니 S 앞에 곱해진 $N(d_1)$이 그 결과가 되었다고 생각하는 것입니다. 마치 $y = 3x$를 x로 (편)미분하니 3이 되는 것처럼 말입니다. 하지만 이는 잘못된 생각입니다. $N(d_1)$ 자체가 S의 함수이기 때문입니다. 즉, $N(\cdot)$은 표준정규분포의 누적분포함수이고,

$$d_1 = \frac{\ln\left(\frac{S}{K}\right) + \left(r + \frac{\sigma^2}{2}\right)T}{\sigma\sqrt{T}}$$

이므로 결국 $N(d_1)$는 S의 함수입니다. 뿐만 아니라 $N(d_2)$도 S의 함수입니다. 왜냐하면

$$d_2 = \frac{\ln\left(\frac{S}{K}\right) + \left(r - \frac{\sigma^2}{2}\right)T}{\sigma\sqrt{T}}$$

이기 때문입니다. 이를 반영하여 $\frac{\partial c}{\partial S} = N(d_1)$을 증명해 봅시다. 참고로 $\frac{\partial p}{\partial S} = N(d_1) - 1$도 아래 증명 방식과 유사하게 증명할 수 있습니다. 또한 풋-콜 패리티를 이용하여 더 쉽게 증명할 수도 있습니다.

증명 1〉 $\boldsymbol{\delta}$(call) $= \frac{\partial c}{\partial S} = \boldsymbol{N(d_1)}$.

$$\frac{\partial c}{\partial S} = \frac{\partial[S \times N(d_1) - K \times e^{-r \cdot T} \times N(d_2)]}{\partial S}$$

$$= N(d_1) + S \cdot \frac{\partial N(d_1)}{\partial S} - K \times e^{-r \cdot T} \cdot \frac{\partial N(d_2)}{\partial S}.$$

위 식을 계산하려면 당연히 $\frac{\partial N(d_1)}{\partial S}$과 $\frac{\partial N(d_2)}{\partial S}$의 형태를 알아야 하고, 그러기 위해서는 $N(d_1)$과 $N(d_2)$의 형태를 알아야 합니다. 그리고 $N(d_1)$과 $N(d_2)$이 S의 직접적인 함수 형태가 아니기에

$$\frac{\partial N(d_1)}{\partial S} = \frac{\partial N(d_1)}{\partial d_1} \cdot \frac{\partial d_1}{\partial S}$$

와 같은 과정을 거쳐야 합니다.[23] $N(d_2)$도 마찬가지입니다.

일반적으로 x의 함수로서의 $N(x)$의 형태를 살펴보겠습니다. 표준정규분포의 누적분포함수 $N(x)$는 표준정규분포 $N(0, 1^2)$을 따르는 확률변수의 확률밀도함수를 $-\infty$에서부터 x까지 적분한 값을 말합니다. $N(\mu, \sigma^2)$를 따르는 일반 정규확률변수의 확률밀도함수는 제4절에서 다음과 같음을 배웠습니다.

$$\frac{1}{\sqrt{2\pi} \cdot \sigma} \times e^{\left(-\frac{1}{2\sigma^2}\right)(X-\mu)^2}.$$

표준정규분포 $N(0, 1^2)$를 따르는 표준정규확률변수 z의 확률밀도함수 형태는 위 함수에 $\mu = 0, \sigma = 1$을 대입한 것이므로 다음과 같습니다.

[23] 이를 미분의 chain rule이라 합니다.

$$\frac{1}{\sqrt{2\pi}} \times e^{\left(-\frac{z^2}{2}\right)}.$$

이 확률밀도함수에 적분을 취해 $-\infty$에서부터 d_1까지의 면적을 구하면 다음과 같습니다.[24] 이것이 바로 $N(d_1)$입니다.

$$N(d_1) = \int_{-\infty}^{d_1} \frac{1}{\sqrt{2\pi}} e^{\left(-\frac{z^2}{2}\right)} dz.$$

그러므로

$$\frac{\partial N(d_1)}{\partial d_1} = \frac{\partial\left(\int_{-\infty}^{d_1} \frac{1}{\sqrt{2\pi}} e^{\left(-\frac{z^2}{2}\right)} dz\right)}{\partial d_1} = \frac{1}{\sqrt{2\pi}} e^{\left(-\frac{(d_1)^2}{2}\right)}$$

이 성립합니다. 적분의 미분을 적용하면 위 결과가 산출됩니다. 그리고 표준정규분포의 적분을 미분한 이 결과를 통상 $n(d_1)$이라 합니다. 즉,

$$\frac{\partial N(d_1)}{\partial d_1} = n(d_1)$$

입니다. 참고로 $n(\cdot)$은 표준정규분포를 따르는 확률변수 z의 확률밀도함수를 뜻하며, $n(d_1)$은 $z = d_1$일 때의 확률밀도함수 값을 뜻합니다.

정의 1〉 $n(d_1)$

$n(\cdot)$은 표준정규분포를 따르는 확률변수 z의 확률밀도함수를 뜻하며 수리적으로는

$$\frac{\partial N(z)}{\partial z} = n(z)$$

이다. 여기서 $N(z)$는 z의 누적분포함수이다. 또 $n(d_1)$은 $z = d_1$일 때의 확률밀도함수 값이며 $n(d_2)$도 유사하게 해석할 수 있다.

---

[24] 이 면적의 크기가 곧 확률변수 z가 $-\infty$에서부터 d_1까지의 값을 가질 확률을 뜻합니다.

다시 이어서 논의를 전개합시다. 위 논의와 유사하게

$$\begin{aligned}\frac{\partial N(d_2)}{\partial S} &= \frac{\partial N(d_2)}{\partial d_2}\cdot\frac{\partial d_2}{\partial S}\\ &= n(d_2)\cdot\frac{\partial d_2}{\partial S}\end{aligned}$$

입니다. 그러므로

$$\begin{aligned}\frac{\partial c}{\partial S} &= \frac{\partial[S\times N(d_1) - K\times^{-r\cdot T}\times N(d_2)]}{\partial S}\\ &= N(d_1) + S\cdot\frac{\partial N(d_1)}{\partial S} - K\times e^{-r\cdot T}\cdot\frac{\partial N(d_2)}{\partial S}\\ &= N(d_1) + S\cdot\frac{\partial N(d_1)}{\partial d_1}\cdot\frac{\partial d_1}{\partial S} - K\times e^{-r\cdot T}\cdot\frac{\partial N(d_2)}{\partial d_2}\cdot\frac{\partial d_2}{\partial S}\\ &= N(d_1) + S\cdot n(d_1)\cdot\frac{\partial d_1}{\partial S} - K\times e^{-r\cdot T}\cdot n(d_2)\cdot\frac{\partial d_2}{\partial S}\end{aligned}$$

입니다. 그런데 여기서 다음이 성립함을 증명하겠습니다. 이를 통하여 위 식이 매우 간단히 정리될 것입니다. 이는 중요한 사항이므로 정리로 요약합니다.

정리 11〉 $n(d_1)$과 $n(d_2)$의 관계

$$S\cdot n(d_1) = K\times e^{-r\cdot T}\cdot n(d_2).$$

증명 2〉 $\boldsymbol{S\cdot n(d_1) = K\times e^{-r\cdot T}\cdot n(d_2)}$

이제 위 정리를 증명해 봅시다. $d_2 = d_1 - \sigma\cdot\sqrt{T}$이므로 우변의 $n(d_2)$는 다음과 같습니다.

$$n(d_2) = \frac{1}{\sqrt{2\pi}}e^{\left(-\frac{{d_2}^2}{2}\right)}$$

$$= \frac{1}{\sqrt{2\pi}} e^{\left(-\frac{(d_1 - \sigma\cdot\sqrt{T})^2}{2}\right)}$$

$$= \frac{1}{\sqrt{2\pi}} e^{\left(-\frac{(d_1)^2 + \sigma^2 T - 2d_1\cdot\sigma\cdot\sqrt{T}}{2}\right)}.$$

그러면

$$K \times e^{-r\cdot T}\cdot n(d_2) = K\cdot e^{-r\cdot T}\cdot \frac{1}{\sqrt{2\pi}} e^{\left(-\frac{(d_1)^2 + \sigma^2 T - 2d_1\cdot\sigma\cdot\sqrt{T}}{2}\right)}$$

$$= K\cdot e^{-r\cdot T}\cdot e^{-\frac{(d_1)^2}{2}}\cdot \frac{1}{\sqrt{2\pi}} e^{\left(\frac{-\sigma^2 T + 2d_1\cdot\sigma\cdot\sqrt{T}}{2}\right)}$$

$$= e^{\ln(K)}\cdot e^{-r\cdot T}\cdot \frac{1}{\sqrt{2\pi}}\cdot e^{-\frac{(d_1)^2}{2}}\cdot e^{\left(\frac{-\sigma^2 T + 2d_1\cdot\sigma\cdot\sqrt{T}}{2}\right)}$$

이 성립합니다. 그런데 $e^{\left(\frac{-\sigma^2 T + 2d_1\cdot\sigma\cdot\sqrt{T}}{2}\right)}$에서 $d_1\cdot\sigma\cdot\sqrt{T}$은 다음과 같이 대체 가능합니다. 즉, $d_1 = \frac{\ln\left(\frac{S}{K}\right) + \left(r + \frac{\sigma^2}{2}\right)T}{\sigma\sqrt{T}}$이므로

$$d_1\cdot\sigma\cdot\sqrt{T} = \ln\left(\frac{S}{K}\right) + \left(r + \frac{\sigma^2}{2}\right)T$$

입니다. 그러면 다음이 성립합니다.

$$e^{\left(\frac{-\sigma^2 T + 2d_1\cdot\sigma\cdot\sqrt{T}}{2}\right)} = e^{\left(\frac{-\sigma^2 T}{2} + d_1\cdot\sigma\cdot\sqrt{T}\right)}$$

$$= e^{\left(\frac{-\sigma^2 T}{2} + \ln\left(\frac{S}{K}\right) + \left(r + \frac{\sigma^2}{2}\right)T\right)}$$

$$= e^{\left(\frac{-\sigma^2 T}{2} + \ln(S) - \ln(K) + \left(r + \frac{\sigma^2}{2}\right)T\right)}.$$

그러므로

$$K \times e^{-r\cdot T}\cdot n(d_2) = e^{\ln(K)}\cdot e^{-r\cdot T}\cdot \frac{1}{\sqrt{2\pi}}\cdot e^{-\frac{(d_1)^2}{2}}\cdot e^{\left(\frac{-\sigma^2 T + 2d_1\cdot\sigma\cdot\sqrt{T}}{2}\right)}$$

$$= e^{\ln(K)} \cdot e^{-r\cdot T} \cdot \frac{1}{\sqrt{2\pi}} \cdot e^{-\frac{(d_1)^2}{2}} \cdot e^{\left(\frac{-\sigma^2 T}{2} + \ln(S) - \ln(K) + \left(r + \frac{\sigma^2}{2}\right)T\right)}$$

인데, 서로 상쇄되는 항들을 모두 상쇄시키면

$$= \frac{1}{\sqrt{2\pi}} \cdot e^{-\frac{(d_1)^2}{2}} \cdot e^{\ln(S)}$$

$$= \frac{1}{\sqrt{2\pi}} \cdot e^{-\frac{(d_1)^2}{2}} \cdot S$$

$$= n(d_1) \cdot S$$

가 됩니다. 즉, 궁극적으로는

$$K \times e^{-r\cdot T} \cdot n(d_2) = n(d_1) \cdot S$$

가 됩니다. (증명 끝) ▣

이제 다시 원 식으로 돌아가면 우리가 다음까지 증명했습니다.

$$\frac{\partial c}{\partial S} = \frac{\partial[S \times N(d_1) - K \times e^{-r\cdot T} \times N(d_2)]}{\partial S}$$

$$= N(d_1) + S \cdot n(d_1) \cdot \frac{\partial d_1}{\partial S} - K \times e^{-r\cdot T} \cdot n(d_2) \cdot \frac{\partial d_2}{\partial S}.$$

위 식에다 $K \times e^{-r\cdot T} \cdot n(d_2) = n(d_1) \cdot S$를 대입하면

$$\frac{\partial c}{\partial S} = N(d_1) + S \cdot n(d_1) \cdot \frac{\partial d_1}{\partial S} - n(d_1) \cdot S \cdot \frac{\partial d_2}{\partial S}$$

$$= N(d_1) + S \cdot n(d_1) \cdot \left(\frac{\partial d_1}{\partial S} - \frac{\partial d_2}{\partial S}\right)$$

입니다. 그리고 $d_2 = d_1 - \sigma \cdot \sqrt{T}$이므로

$$\frac{\partial c}{\partial S} = N(d_1) + S \cdot n(d_1) \cdot \left(\frac{\partial d_1}{\partial S} - \frac{\partial d_2}{\partial S}\right)$$

$$= N(d_1) + S \cdot n(d_1) \cdot \left(\frac{\partial d_1}{\partial S} - \frac{\partial \left(d_1 - \sigma \cdot \sqrt{T} \right)}{\partial S} \right)$$

$$= N(d_1) + S \cdot n(d_1) \cdot \left(\frac{\partial d_1}{\partial S} - \frac{\partial (d_1)}{\partial S} \right)$$

$$= N(d_1)$$

이 됩니다. ▣

이제 풋-콜 패리티를 이용하여 풋의 델타가 다음과 같음을 증명해 봅시다.

증명 3〉 $\boldsymbol{\delta(\text{put}) = \frac{\partial p}{\partial S} = N(d_1) - 1}$.

풋-콜 패리티에 따르면

$$S + P = C + K \cdot e^{-rT}$$

이므로 양변을 S로 편미분하면 다음이 성립합니다.

$$\frac{\partial S}{\partial S} + \frac{\partial P}{\partial S} = \frac{\partial C}{\partial S} + \frac{\partial (K \cdot e^{-rT})}{\partial S}.$$

즉,

$$1 + \frac{\partial P}{\partial S} = N(d_1) + 0$$

이므로

$$\frac{\partial p}{\partial S} = N(d_1) - 1$$

이 성립합니다. ▣

$N(d_1)$은 1보다 작으므로 풋 델타는 음수입니다. 즉, 자명한 말이지만, 기초 자산인 주가 S가 상승하면 풋 가격은 하락합니다.

➢ 도표 8-8 콜 옵션과 풋 옵션 델타

콜 델타	풋 델타
$N(d_1)$	$N(d_1) - 1$

질문 8-7〉 옵션 델타의 실제적 의미, 옵션 거래 시의 의미를 알고 싶습니다.

네, 좋은 질문입니다. 옵션 델타는 옵션 매매 위험의 헤지를 원할 때 매우 중요한 수치입니다. 가령 콜을 매도한 거래자의 경우, 기초 자산(주식) 가격이 상승하면 콜 가격도 상승하게 되어 자신의 포지션으로부터 손실이 발생합니다. 콜 매도 포지션의 이런 위험을 줄이기 위해 그 기초 자산을 매수할 수 있습니다. 즉,

"콜 매도 + 주식 매수"의 합성 포지션을 구축하면

주가 상승 시 콜 매도 (주식 매수) 포지션으로부터 손실(이익)을 실현하여 전체 포트폴리오의 위험은 줄어들며, 주가 하락 시에도 콜 매도 (주식 매수) 포지션으로부터 이익(손실)을 실현하여 전체 포트폴리오의 위험이 감소합니다. 그러면 과연 주식 몇 주를 매수해야 이 합성 포지션의 위험이 0이 될까요? 이 질문의 답이 바로 콜의 델타와 직접 관련 있습니다. 가령 특정 콜의 델타가 0.5라면

$$\frac{\partial c}{\partial S} = 0.5$$

이니, 주가 상승 시 콜 가격 상승은 주가 상승 규모의 0.5배가 된다는 뜻입니다. 혹은 이를 (Δ의 또 다른 의미인 '증분' 개념을 활용하여)

$$\frac{\Delta c}{\Delta S} = 0.5$$

로 '편의상' 이해할 수 있습니다. 위 식은 주가 변화가 1이면($\Delta S = 1$) 콜 가격 변화는 0.5($\Delta c = 0.5$)라는 뜻입니다. 위 식을 다시 쓰면

$$\Delta c = 0.5 \times \Delta S$$

입니다. 콜 가격 변화량이 주가 변화량의 0.5배이니 콜을 1개 매도했다면 주식을 0.5개 매수해야 합니다. 이때 이 포트폴리오의 가치 변화는 다음과 같이 분석할 수 있습니다. 콜 1개 매도와 주식 x주 매수한 포트폴리오의 가치 Pf는

$$Pf = -c + x \cdot S$$

입니다. 그러면 이 포트폴리오의 가치 변화는 (아래서 Δ는 '증분'을 의미)

$$\begin{aligned} \Delta Pf &= \Delta(-c + x \cdot S) \\ &= -\Delta c + \Delta(x \cdot S) \\ &= -\Delta c + x \cdot \Delta S \quad (\leftarrow x\text{는 상수}) \\ &= -(0.5 \cdot \Delta S) + x \cdot \Delta S \\ &= (x - 0.5) \cdot \Delta S \end{aligned}$$

가 됩니다. 이 포트폴리오의 가치 변화를 0으로 만들면 완전한 위험 헤지가 되므로, 위 식을 0으로 설정하면

$$x = 0.5$$

가 됩니다. 즉, 콜 매도 포지션의 위험을 완벽히 없앨 수 있는 헤지 방법은 그 기초자산인 주식을 0.5주 매수하는 것입니다. 만일 콜을 100개 매도했다면 그 위험을 헤지하기 위해서는 주식을 50주 매수해야 합니다. 이러한 헤지 방법을 옵션의 "델타 헤징"이라 합니다. 풋의 델타도 이와 유사하게 해석할 수 있습니다. ▣

정의 2〉

콜 매매 포지션을 가진 투자자는 콜 기초 자산 가격 변화 시 손익이 발생한다. 이 손익 위험을 줄이거나 제거하기 위해 콜 델타만큼의 기초 자산 개수를 추가 매매하는 것을 델타 헤징(Delta hedging)이라 한다. 가령 콜 매도(매수) 포지션을 보유하고 있으면 기초 자산을 매수(매도)하는데, 이때 적절한 기초 자산 매매 수량은 콜의 델타와 같다. 이렇게 델타 헤징이 실행되면 콜과 기초 자산으로 구성된 포트폴리오는 "Delta-neutral하다"고 말한다.

콜뿐 아니라 풋에 대해서도 델타 헤징이 가능합니다. 단, 풋의 델타는 음수(−)이므로, 풋 매도(매수) 포지션을 보유하고 있으면 기초 자산을 매도(매수)하여야 합니다. 단일 파생상품이 아닌 파생상품 포트폴리오를 보유하는 경우에도 델타 헤징이 가능합니다. 가령 콜과 풋을 함께 보유하는 어떤 파생상품 포트폴리오 X가 있다 합시다. 이 포트폴리오에 대해서도 델타를 구할 수 있습니다. 즉, 이 포트폴리오의 델타 δ_X는

$$\delta_X = \frac{\partial X}{\partial S}$$

입니다. S 값이 변함에 따라 포트폴리오 X 가치가 변할 위험을 줄이거나 방지하려면, 그 기초 자산(S)을 δ_X개만큼 (X의 포지션과 반대 방향으로) 보유하면 됩니다.

단, 여기서 유의해야 할 사항이 하나 있습니다. 이러한 헤지 방법은

"극히 짧은 기간 동안만 유효"

하다는 것입니다. 사실 델타의 정의가 이러한 한계를 알려 주고 있습니다. 델타 정의가 무엇이었습니까? 이는

옵션 (포트폴리오) 가격을 기초 자산 가격 S로 "미분"

한 것입니다. 미분의 정의에 따라, S가 아주 작게 움직일 때 옵션 가격의 변화를 뜻하는 것입니다. 어느 정도 작게 움직여야 하는가 하면, 시간의 흐름에서 dt를 우리가 논할 때 그 dt만큼 작게 움직이는 경우입니다. 무한소만큼만 움직이는 것입니다. 이것이 모든 미분 혹은 (함수의) 기울기의 정의입니다. 그러니 시간이 1, 2분 지나는 동안에서 이 무한소 이상으로 S가 움직인다면, 애초의 옵션 델타 값은 유효하지 않습니다. 가령 위 예에서 콜 델타 값은 $\delta_{call} = 0.5$였습니다. 그런데 기초 자산 주가 S가 가령 현재 가격 \$100에서 \$1만큼 움직이면, 엄격히 말해, $\delta_{call} = 0.5$는 더는 유효하지 않습니다. 새 가격 $S = \$101$에서의 새로운 δ_{call} 값을 구해야 합니다. 이는 콜 델타 식을 보면 쉽게 알 수 있습니다. 콜 델타 값이 무엇이었습니까? 그것은 바로 $N(d_1)$이었습니다. 그러면 $N(d_1)$의 수식은 무엇이었습니까? 그것은

$$N(d_1) = \int_{-\infty}^{d_1} \frac{1}{\sqrt{2\pi}} e^{\left(-\frac{z^2}{2}\right)} dz$$

입니다. 그리고

$$d_1 = \frac{\ln\left(\frac{S}{K}\right) + \left(r + \frac{\sigma^2}{2}\right)T}{\sigma\sqrt{T}}$$

입니다. 즉, $N(d_1)$은 d_1의 함수이고 d_1은 S의 함수이니, 결국 $N(d_1)$은 S의 함수입니다. 그런데 S는 현재 (기초 자산) 주식의 가격입니다. 주가 S는 시시각각 변하므로, S가 변할 때마다, 가령 $S = \$100$에서 $\$101$로 변하면, $N(d_1) = \delta_{call}$이 달라집니다. 그러므로 새 주가 $\$101$에서 d_1을 다시 계산하고, 이를 $d_1{}'$라 하면, $N(d_1)$도 다시 계산하여, 이를 $N(d_1{}')$라 하면, $N(d_1{}')$를 적용하여 콜의 매도 포지션을 헤지해야 합니다. 그러므로

델타 헤징의 특징은 매우 자주, 지속적으로 실행해야

한다는 것입니다.

물론 콜의 델타 δ_{call}가 S의 영향을 받지 않는다면, S 값이 변해도 δ_{call}은 변하지 않으므로 콜 가격과 S 가격의 관계가 변하지 않습니다. 즉, 콜 가격 함수의 기울기가 S 값의 영향을 받지 않습니다. 이는 곧 $\delta_{call} = 0.5$인 경우에도, 위 사례와는 다르게, 이 0.5가 S 값의 영향을 받지 않아, 그 어떤 S 값에 대해서도 이 콜의 델타는 0.5로 고정된다는 의미입니다. 만일 이런 상황이 도래한다면 (물론 이는 가정), 콜 1개 매도 포지션을 헤지하기 위해서는 오늘 그 기초 자산 주식을 0.5개 매수하면 앞으로 더 이상 헤지에 대해 신경 쓰지 않아도 됩니다. S 값이 어떻게 변동해도 콜 가격(변화)과 S 가격(변화)의 관계가 0.5로 항상 일정하기 때문입니다. 가령 $S = \$100,\ \$105,\ \$131$이더라도

$$\delta_{call} = \frac{\partial call}{\partial S} = 0.5$$

로 고정입니다. 이러한 경우 콜 1개 매도 포지션의 헤지를 위해서 오늘 콜의 기초 자산 주식을 0.5주 매수하면, 그것으로 영원히 완벽한 헤지가 됩니다. 참고로 이러한 경우의 헤지 방식을

"hedge and forget"

이라 합니다.

> **정리 12〉**
>
> 파생상품 가격 함수와 기초 자산 가격 관계(함수 기울기)가 고정적일 때(상수일 때), 어느 시점에서 파생상품 보유 포지션의 위험을 기초 자산 매수나 매도 포지션으로 헤지하면 그후에도 이 헤지는 유효하다. (hedge and forget)

하지만 일반적으로는, 파생상품의 델타는 상수가 아니라 그 기초 자산 가격의 함수입니다. 콜의 델타의 경우 $N(d_1)$이 S의 함수인 것처럼 말입니다. 이런 이유로, 파생상품의 델타 헤징은 특정 시점에서 한 번 실행한 것으로 끝난 것이 아니고, 그 시점 이후 S가 변할 때마다 이 델타 헤징을 조정해야(rebalance) 합니다.

나아가, 델타 헤징의 이런 문제를 완화하기 위해서는, 파생상품의 델타뿐 아니라 감마에 대해서도 헤징을 할 필요가 있습니다. 아래 그림은 콜의 델타 그래프로 $x-$축은 이 콜의 기초 자산인 S 값입니다. 이 콜 사양은 $K = 30$, $T = \frac{1}{12}(\text{년}) = 1\text{달}$, $\sigma = 0.45, r = 0.05$입니다. 콜 델타의 대표적 특성이 가장 잘 나타나도록 $T = 1$개월 정도로 설정하였습니다.

➢ 그림 8–2 콜 델타 그래프: $T = 1$개월

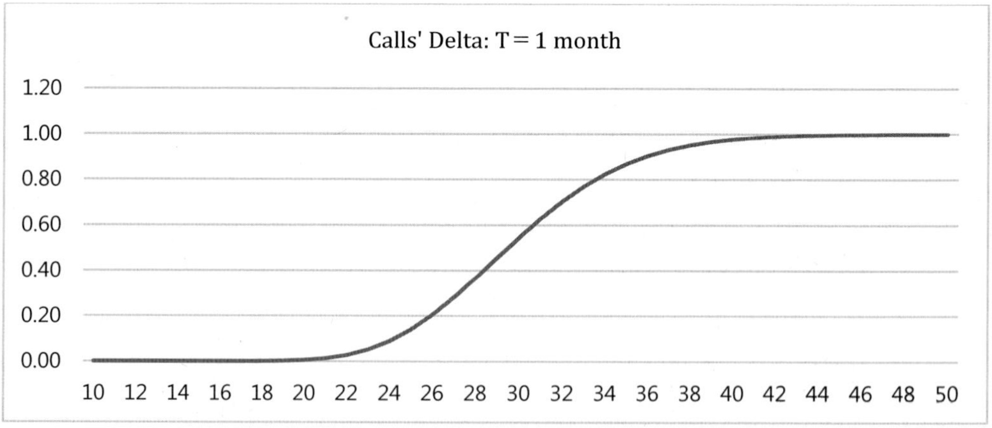

위 그래프에서 나타난 콜의 델타 값, 즉 위 콜 가격 함수의 기울기는 S 값에 따라 다음 도표와 같이 산출됩니다.

➢ 도표 8-9 콜 델타: $T = 1$개월

S	*Delta*
20	0.00
25	0.10
27	0.24
29	0.44
30	0.54
31	0.64
35	0.90
44	1.00

즉, 위 그림과 도표는 주어진 S 값에 대한 콜 델타 값을 나타낸 것입니다. S 값이 커질수록 콜 델타 값이 커져서 심내가격 콜일 때 델타 값이 거의 1에 가깝습니다. 이 콜의 경우 $K = 30$인데, $S \geq 35$가 되면 $\delta_{call} \approx 1$이 된다는 것입니다. 이는 곧, 심내가격 콜의 경우 주가가 ΔS만큼 상승하면 콜 가치도 ΔS만큼 상승함을 의미합니다. 왜냐하면 $T = 1$개월로 그다지 길지 않기에, $K = 30$으로 고정된 상황에서 주가 $1 상승은 곧 콜 가치의 $1 상승을 의미할 수 있기 때문입니다. 즉, 잔존 만기가 짧아 불확실성이 크지 않아 주가 상승 수준이 거의 그대로 콜 가치 상승 수준으로 이어진다고 할 수 있습니다. 그렇다면 잔존 만기가 1일이면 콜 델타는 어떻게 될까요?

➢ 그림 8-3 콜 델타 그래프: $T = 1$일

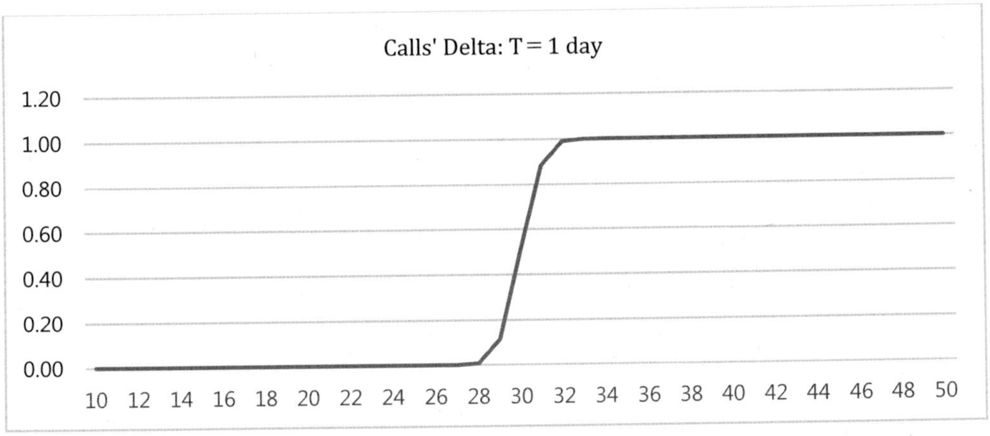

잔존 만기가 1일이면, 그야말로 미래 불확실성이 크지 않기에, 콜이 등가격일 = 30보다 S가 조금만 커져도 $\delta_{call} \approx 1$이 됩니다. 위 그래프의 경우 $S = 31$만 되어도 $\delta_{call} = 0.88$이 됩니다. 왜냐하면 이 경우 잔존 만기가 1일로 너무 짧아, 약간 과장하면, 바로 오늘이 콜 만기일이나 마찬가지입니다. 그러므로 주가가 $1 상승하면 콜 가치도 거의 $1 상승하게 됩니다. 물론 콜이 외가격이면, 특히 심외가격이면(deeply out-of-the-money), S가 상승해도 아직 콜 행사 가격보다 많이 낮은데다가 오늘이 거의 만기일이나 다름 없기에, $\delta_{call} \approx 0$이 됩니다. 또한 $S = 30$일 때, 즉 등가격 콜일 때 $\delta_{call} = 0.51$ 정도가 되어, 외가격 콜 델타인 0과 내가격 콜 델타인 1의 중간 정도가 됩니다. 물론 잔존 만기에 따라 등가격 콜의 δ_{call}도 다소 달라지기는 합니다만.

그렇다면 잔존 만기 $T = 1$년이면 콜의 델타는 어떤 값들을 가질까요? 이때는 미래 불확실성이 매우 높아, 대부분 심내가격 콜의 경우에도 $\delta_{call} \ll 1$이 됩니다. 즉, 1보다 "유의하게(significantly)" 작습니다. 이를 아래 그래프에서 확인할 수 있습니다. 지금까지의 이 세 그래프는 다른 사양은 모두 같고 잔존 만기 T만 서로 다른 경우입니다.

➢ 그림 8–4 콜 델타 그래프: $T = 1$년

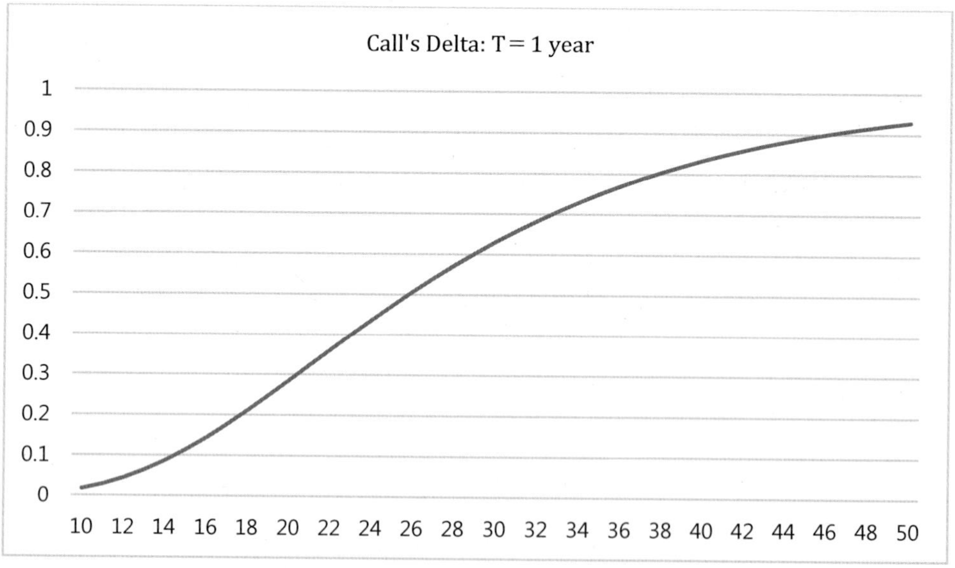

2. 감마(Gamma)

옵션 감마란 옵션 델타를 기초 자산 가격 S로 한 번 더 (편)미분한 것입니다. 왜 이런 짓을 하느냐에 관한 답은 천천히 하기로 하고, 일단 옵션 감마를 구해 봅시다. 콜 옵션의 경우 감마(Γ_{call})는 다음과 같습니다.

$$\begin{aligned}\Gamma_{call} &= \frac{\partial \Delta_{call}}{\partial S} \\ &= \frac{\partial N(d_1)}{\partial S} \\ &= \frac{\partial N(d_1)}{\partial d_1} \cdot \frac{\partial d_1}{\partial S} \\ &= n(d_1) \cdot \frac{\partial \left[\frac{\ln(S) - \ln(K) + \left(r + \frac{\sigma^2}{2}\right)T}{\sigma\sqrt{T}}\right]}{\partial S} \\ &= n(d_1) \cdot \frac{1}{S \cdot \sigma\sqrt{T}}\end{aligned}$$

이 됩니다.

풋의 감마는

$$\begin{aligned}\Gamma_{put} &= \frac{\partial \Delta_{put}}{\partial S} \\ &= \frac{\partial (N(d_1) - 1)}{\partial S} \\ &= \frac{\partial N(d_1)}{\partial S} \\ &= n(d_1) \cdot \frac{1}{S \cdot \sigma\sqrt{T}}\end{aligned}$$

이 되어 콜과 풋의 감마는 동일합니다. 그리고 그 부호는 양(+)입니다. $n(d_1) > 0$이기 때문입니다.

질문 8-8〉 왜 옵션 감마를 공부해야 할까요?

그 이유는, 앞에서도 설명했지만, 옵션 거래 헤지를 위해 사용되는 옵션 델타 값이 지극히 제한적으로만 유효하기 때문입니다. 이를 보완하기 위해 옵션의 감마 값을 산출해서 델타 헤징보다 더 안전한 헤징을 하기 위해서, 옵션 감마를 알아야 합니다. 이에 이 내용을 더 자세히 설명하겠습니다.

우리는 앞에서 옵션의 델타 헤징을 배울 때 다음 사항을 공부했습니다.

> 단, 여기서 유의해야 할 사항이 하나 있습니다. 이러한 헤지 방법은 극히 짧은 기간 동안만 유효하다는 것입니다. 델타의 정의가 이러한 한계를 알려 주고 있습니다. 델타 정의가 무엇이었습니까? 이는 옵션 (포트폴리오) 가격을 기초 자산 가격 S로 편미분한 것입니다. 미분의 정의에 따라, S가 아주 작게 움직일 때 옵션 가격의 변화를 뜻하는 것입니다.

이것이 무슨 뜻인지 감각적으로 알기 위해 옵션 가격 곡선을 다시 살펴봅시다. 가령 콜 가격 곡선의 모습은 아래 그래프와 같습니다. 가격 직선이 아니라 가격 곡선이라는 사실에 유의하기 바랍니다. 아래 그림은 제3장에서 옵션 시간 가치를 공부할 때 보았던 그림입니다.[25]

➤ 그림 8–5 콜 가격과 주가(S)

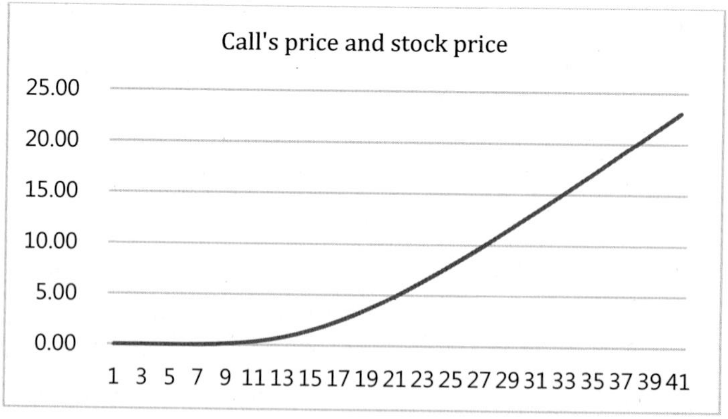

[25] 옵션 가격 "곡선"을 강조하기 위해 기초 자산 가격 S를 의미하는 x-축의 너비를 다소 좁혔습니다.

콜 델타는 이 콜 가격 곡선의 기울기인데, 그래프에서 확인되듯 이 기울기는 S 값이 변함에 따라 변합니다. 이를 보다 명확히 하면, 이 콜 가격 곡선 그래프에서 두 주가 S_1과 S_2에서의 기울기인 Delta 1$(=\delta_1)$과 Delta 2$(=\delta_2)$ 값이 다름을 아래 그림에서 쉽게 알 수 있습니다.

➢ 그림 8-6 콜의 델타

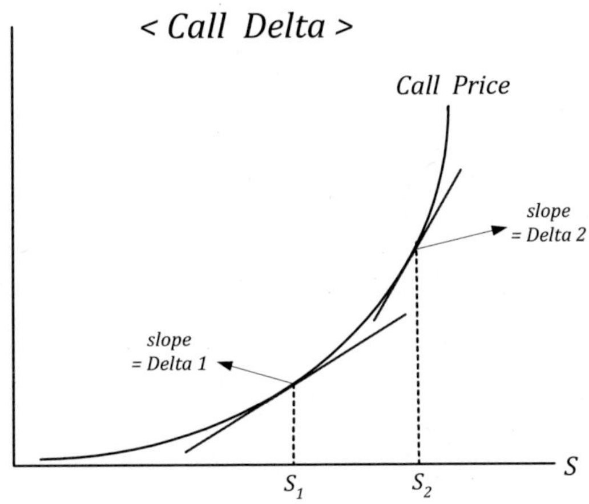

S 값이 변화함에 따라 콜 가격 기울기(델타)가 변하므로, 특정 S 값에서의 콜 델타가 모든 S 값에 유효하지는 않습니다. 그러면 원 델타 값에 기초한 델타 헤징에 문제가 발생합니다. 가령 S_1일 때의 델타 값인 δ_1을 사용하여 델타 헤징을 시도했는데, S가 S_1에서 S_2로 변하면 δ_1은 의미가 없고 δ_2 값을 사용하여 델타 헤징을 해야 합니다.[26] 즉, $S = S_1$이 주어졌을 때 δ_1에 근거하여 기초 자산(S)을 매매하여 "콜 + 기초 자산" 포트폴리오를 구성하여 "delta-neutral"한 포지션을 구축해도, 추후 S가 S_2로 변하면 또 다시 δ_2에 근거한 "delta-neutral position"을 구축해야 한다는 것입니다. 사실 델타 헤징은 S의 지극히 작은 변동에만 유효한 미분 개념이므로, 위 그래프에서처럼 S가 크게 변하지 않아도 (무한소 이상으로만 변해도) 그 한계가 드러납니다. 이런 델타 헤징의 태생적 한계를 극복하기 위해서는, 델타 값이 이렇듯 자주 변하는 사실을 잘 반영하여 헤징을 해주면 됩니다.

---

[26] 본문에서는 S를 기초 자산의 가격의 의미로도 사용하고 또한 기초 자산 자체를 가리키는 기호로도 사용하고 있습니다.

그런데 콜 델타 값이 변하는 사실을 잘 나타내는 수치가 바로 콜의 감마입니다. 감마는 델타의 기울기이므로, S가 변할 때 델타가 어떻게 변할지를 알려주기 때문입니다. 그러므로 (포트폴리오의) 감마 값이 작을수록 그 포트폴리오의 델타의 변화는 작아집니다. 그렇다면 다음 논리가 순차적으로 성립할 것입니다.

i) 내가 보유한 옵션 포지션의 가치가 그 기초 자산 가격(S) 변화에 따라 발생하므로, 이 위험을 헤지하기 위해 S를 매매한다.

ii) 즉, "옵션 + S" 포트폴리오의 델타가 0이 되는 S의 최적 거래량을 찾아 매수 혹은 매도한다.

iii) 그런데 "이 포트폴리오 델타=0"은 S 가격이 극도로 작게 변할 때에만 유효하고, 그 이상 변하면 "포트폴리오 델타=0"은 유지되지 못한다.

iv) 즉, S 가격이 (작지 않게) 변하면 이 포트폴리오 가치가 변동한다.

v) 이 위험을 줄이기 위해, 이 포트폴리오의 델타뿐 아니라 감마도 0이 되도록 만든다.

vi) 포트폴리오의 델타와 감마가 모두 0이 되면, 이 포트폴리오는 S 변화에 덜 민감해진다.

감마 값을 0으로 만들면 어떤 일이 발생할까요? 감마=0이면 "델타 기울기=0"이므로, S가 변할 때 델타 값이 불변이라는 의미입니다. S 값이 변할 때 델타 값이 변하지 않으면, 델타 헤징의 문제가 사라집니다. 델타 헤징의 문제는 (S가 변할 때) 델타 값이 변하는 속성에서 발생한 문제이기 때문입니다. 이처럼 옵션 감마 값을 0으로 만들기 위해서는 무엇보다도 먼저 옵션 감마가 어떤 개념이고 그 값이 무엇인지를 파악해야 합니다. 이런 이유로 옵션 감마를 알아야 하는 것입니다. ▣

그럼 과연 감마 헤징을 어떻게 하는지 구체적 예를 들어 공부해 보겠습니다.

예제 8-3〉 감마 헤징

시장에 기초 자산인 주식(S)과 이를 기초 자산으로 하는 콜과 풋이 거래되고 있습니다. 이들 각각의 델타와 감마 값은 아래 도표와 같습니다. 물론 이 값들은 S를 대상으로 하는(with respect to S) 값들입니다.

➢ 도표 8-10 각 증권(market variable)의 델타와 감마

Market variable	Delta w.r.t. S	Gamma w.r.t. S
Stock	1	0
Call	D_C	G_C
put	D_P	G_P

S 자신에 대한 델타는 물론 1이고, 이 1을 다시 S로 미분한 감마는 0이 됩니다. 그리고 앞에서 동일한 사양의 콜과 풋의 감마는 같음을 입증했지만, 편의상 본 예제에서는 이 둘의 감마가 다를 수 있다고 가정합니다. 왜냐하면, 감마 헤징을 위해 반드시 동일한 사양의 콜과 풋을 거래할 필요는 없고, 동일한 사양이 아닌 콜과 풋의 감마는 서로 다를 수 있습니다. 나아가 S와 콜로 이루어진 포트폴리오의 감마를 0으로 만들기 위해 반드시 풋 옵션을 사용해야 하는 것도 아닐 것입니다. 그냥 또 다른 파생상품을 사용해도 됩니다. 그러므로 본 예제에서의 풋은, 광범위하게 해석하면, 기존의 콜이 아닌 다른 파생상품으로 해석해도 됩니다. 단, 편의를 위해 본 예제에서는 풋이 사용된다고 가정하는 것입니다.

일단 내가 위 콜을 n개 매도한 상황이라 가정하겠습니다. S가 상승하면 콜 가격도 상승하는데, 나는 콜 매도 포지션을 보유하고 있으니 이 포지션으로부터 손실이 발생합니다.[27] 이 위험을 헤지하기 위해 콜 기초 자산인 S를 매매하려 합니다. 콜 1개 매수 포지션의 델타가 D_C이고 현재 n개 매도한 상황이므로, 이 포지션의 델타는 $n \cdot (-D_C) = -n \cdot D_C$입니다. 이 포지션의 델타를 0으로 만들려면 S 몇 주를 매수해야 할까요? 매수할 S의 개수를 x라 하면 (S의 델타는 1이니)

[27] 물론 S가 하락하면 내 포지션으로부터 이익을 얻습니다. 하지만 S가 상승할지 하락할지 모르기에 나는 헤지를 해야 하는 것입니다.

$$-n \cdot D_C \;+\; x \cdot 1 = 0$$

즉, $x = n \cdot D_C$만큼의 개수를 매수해야 합니다. 그러면 이 n개의 콜 매도와 $n \cdot D_C$개의 주식 매수로 이루어진 이 포트폴리오의 델타는 0이 됩니다.

여기에 더해 이 (확장된) 포트폴리오의 감마까지 0으로 만들면, S 변화에 대해 보다 안전한 포트폴리오가 됩니다. 현재 이 포트폴리오의 델타는 0이지만 감마는 0이 아닙니다. 이 포지션의 감마는, 위 도표의 감마 값에 따라,

$$-n \cdot G_C \;+\; x \cdot 0 = -n \cdot G_C$$

입니다. 이 포트폴리오의 감마를 0으로 만들기 위해서 풋을 y개 매수합니다. 그리고 이 새로운 포트폴리오의 감마를 0으로 만들면

$$-n \cdot G_C \;+\; y \cdot G_P = 0$$

이 되어야 하니

$$y = n \cdot \frac{G_C}{G_P}$$

개만큼 풋을 매수합니다. 그 결과 이 "콜+주식+풋" 포트폴리오의 감마는 0이 됩니다.

그런데 이제 이 포트폴리오의 감마는 0이 되지만, 이 풋의 매수로 인해 이 포트폴리오의 델타는 다시 0을 벗어납니다. 이 풋을 매수하기 전까지는 "콜+주식" 포트폴리오의 델타가 0이었지만 말입니다. 풋 매수로 인해 현재 이 포트폴리오의 델타는

$$\begin{aligned} &(-n \cdot D_C \;+\; x \cdot 1) \;+\; y \cdot D_P \\ &= 0 \;+\; y \cdot D_P \\ &= y \cdot D_P \end{aligned}$$

가 됩니다. 델타를 다시 0으로 만들기 위해서는, 이번에는 기초 자산 S를 매수합니다. S의 감마는 0이고 그 델타만이 1이기에, S 매수를 통해 이 포트폴리오의 델타만 다시 0으로 만들고 그 감마는 현재 0 그대로 보존할 수 있기 때문입니다. S를 z개 매수하여 이 확대된 포트폴리오의 델타를 0으로 만들려면

$$y \cdot D_P + z \cdot 1 = 0$$

이 되어야 하니

$$z = -y \cdot D_P = -n \cdot \frac{G_C}{G_P} \cdot D_P$$

가 됩니다. 즉, S를 $-n \cdot \frac{G_C}{G_P} \cdot D_P$개만큼 매수해야 합니다. 혹은 $n \cdot \frac{G_C}{G_P} \cdot D_P$개를 매도해야 합니다. 그런데 $G_C > 0$, $G_P > 0$이고 풋 델타의 부호는 $D_P < 0$이기에, 결과적으로는 S를 (양의 숫자로) 매수해야 할 것입니다. 이렇게 하면 최종 포트폴리오의 델타와 감마는 모두 0이 됩니다. 이를 도표로 확인해 보겠습니다.

➢ **도표 8-11** 델타 = 감마 = 0인 포트폴리오 구성

	S	콜	풋	S + 콜 + 풋
(개수)	$n \cdot D_C - n \cdot \frac{G_C}{G_P} \cdot D_P$	$-n$	$n \cdot \frac{G_C}{G_P}$	
델타	1	D_C	D_P	$\left(n \cdot D_C - n \cdot \frac{G_C}{G_P} \cdot D_P\right) \times 1 + (-n) \times D_C + n \cdot \frac{G_C}{G_P} \times D_P = 0$
감마	0	G_C	G_P	$\left(n \cdot D_C - n \cdot \frac{G_C}{G_P} \cdot D_P\right) \times 0 + (-n) \times G_C + n \cdot \frac{G_C}{G_P} \times G_P = 0$

■

감마 헤징이 완성되면, S가 (무한소보다) 조금 더 크게 변해도 전체 포트폴리오의 가치는 상대적으로 더 작게 변합니다. 즉, 단순한 델타 헤징보다는 더 안전한 헤징 전략이 됩니다. 이런 점에서 감마 헤징은 채권 포트폴리오의 “컨벡씨티(convexity) 매칭”과 유사합니다.[28]

참고로, 자산과 부채 포지션 모두에 채권과 유사한 속성의 증권들이나 계약 관계가 존재한다면, 향후 이자율 위험을 헤지하기 위하여 자산 전체의 수정 듀레이션(modified duration)과 부채 전체의 그것을 유사한 값으로 매칭시킬 필요가 있습니다.

---

[28] 채권 컨벡씨티에 관한 자세한 내용은 저자의 채권 관련 기존 저서, 혹은 곧 발간될 저서를 참고해도 됩니다.

그런데 이 듀레이션 매칭도 향후 이자율이 극히 작게 움직일 때에만 유효한 헤징입니다. 수정 듀레이션 자체가 이자율의 극히 미소한 움직임을 가정한 채권 가격의 변화율이기 때문입니다. 그렇기에 수정 듀레이션뿐 아니라, 듀레이션 자체의 변동을 반영하는 컨벡씨티에 대해서도 자산 부채 모두 유사한 값이 되도록 만들면, 이자율이 다소 크게 움직여도 자산 부채의 가치가 서로 유사한 값으로 유지될 수 있습니다.[29]

3. 쎄타(Theta)

옵션 쎄타란 시간 경과에 따른 옵션 가격의 변동을 나타내는 민감성 지표입니다. 그런데 블랙-숄즈 옵션 공식에는 "시간 경과"를 직접 나타내는 모수(parameter)는 없고, 단지 잔존 만기를 나타내는 모수 T만이 사용되고 있습니다. 그러므로 옵션 가격을 T로 (편)미분한다면, 시간 경과에 따른 옵션 가격 변화를 측정하는 것이 아니라 (잔존) 만기 "증가"에 따른 옵션 가격 변화를 측정하는 셈입니다. 그런데 만기 증가란 시간 경과가 아니라 오히려 시간이 거꾸로 흘러감을 뜻합니다. 벤자민의 시간도 아닌데 말입니다. 그러므로 $\frac{\partial c}{\partial T}$는 만기가 길어짐에 따른 콜 가격($c$) 변화의 기울기를 뜻합니다. 한편 시간의 경과는 곧 만기의 감소를 의미하므로, 시간 경과에 따른 옵션 가격 변화 기울기를 측정하려면 $\frac{\partial c}{\partial T}$에 음수 부호를 적용해야 합니다. 즉, 콜의 쎄타 Θ_{call}는

$$\Theta_{call} = -\frac{\partial c}{\partial T}$$

로 측정해야 한다는 것입니다. 이제 이를 구해 봅시다.

$$\begin{aligned}\Theta_{call} &= -\frac{\partial c}{\partial T} \\ &= -\frac{\partial\left(S \cdot N(d_1) - K \cdot e^{-r \cdot T} \cdot N(d_2)\right)}{\partial T} \\ &= -\frac{\partial\left(S \cdot N(d_1)\right)}{\partial T} + \frac{\partial\left(K \cdot e^{-r \cdot T} \cdot N(d_2)\right)}{\partial T}\end{aligned}$$

---

[29] 물론 이조차 상대적인 관점에서 그렇다는 것입니다. 이자율이 절대적으로 크게 변하면 컨벡씨티 매칭도 큰 보호가 되지 않습니다.

$$= -S \cdot n(d_1) \cdot \frac{\partial(d_1)}{\partial T} + (-r) \cdot K \cdot e^{-r \cdot T} \cdot N(d_2) + K \cdot e^{-r \cdot T} \cdot n(d_2) \cdot \frac{\partial(d_2)}{\partial T}$$

입니다. 그런데 위에서 입증했듯이

$$S \cdot n(d_1) = K \cdot e^{-r \cdot T} \cdot n(d_2)$$

이므로 위 식은

$$= -K \cdot e^{-r \cdot T} \cdot n(d_2) \cdot \frac{\partial(d_1)}{\partial T} - r \cdot K \cdot e^{-r \cdot T} \cdot N(d_2) + K \cdot e^{-r \cdot T} \cdot n(d_2) \cdot \frac{\partial(d_2)}{\partial T}$$

$$= -K \cdot e^{-r \cdot T} \cdot n(d_2) \cdot \frac{\partial(d_1)}{\partial T} - r \cdot K \cdot e^{-r \cdot T} \cdot N(d_2) + K \cdot e^{-r \cdot T} \cdot n(d_2) \cdot \frac{\partial\left(d_1 - \sigma \cdot \sqrt{T}\right)}{\partial T}$$

$$= -K \cdot e^{-r \cdot T} \cdot n(d_2) \cdot \frac{\partial(d_1)}{\partial T} - r \cdot K \cdot e^{-r \cdot T} \cdot N(d_2) + K \cdot e^{-r \cdot T} \cdot n(d_2) \cdot \left(\frac{\partial(d_1)}{\partial T} - \frac{\sigma}{2\sqrt{T}}\right)$$

$$= -r \cdot K \cdot e^{-r \cdot T} \cdot N(d_2) - K \cdot e^{-r \cdot T} \cdot n(d_2) \cdot \frac{\sigma}{2\sqrt{T}}$$

$$= -r \cdot K \cdot e^{-r \cdot T} \cdot N(d_2) - S \cdot n(d_1) \cdot \frac{\sigma}{2\sqrt{T}}$$

$$= -\frac{S \cdot n(d_1) \cdot \sigma}{2\sqrt{T}} - r \cdot K \cdot e^{-r \cdot T} \cdot N(d_2)$$

$$= \Theta_{call}$$

입니다. 유사하게

$$\Theta_{put} = -\frac{\partial p}{\partial T}$$

인데 풋-콜 패리티에 따라

$$= -\frac{\partial(-S + c + K \cdot e^{-rT})}{\partial T}$$

$$= -\frac{\partial(c + K \cdot e^{-rT})}{\partial T}$$

$$= -\frac{\partial c}{\partial T} - \frac{(K \cdot e^{-rT})}{\partial T}$$

$$= \Theta_{call} + r \cdot K \cdot e^{-rT}$$

$$= \left(-\frac{S \cdot n(d_1) \cdot \sigma}{2\sqrt{T}} - r \cdot K \cdot e^{-r \cdot T} \cdot N(d_2)\right) + r \cdot K \cdot e^{-rT}$$

인데, 표준정규분포 누적분포함수 특성에 따라 $N(d_2) = 1 - N(-d_2)$이므로

$$= -\frac{S \cdot n(d_1) \cdot \sigma}{2\sqrt{T}} - r \cdot K \cdot e^{-r \cdot T} \cdot \big(1 - N(-d_2)\big) + r \cdot K \cdot e^{-rT}$$

$$= -\frac{S \cdot n(d_1) \cdot \sigma}{2\sqrt{T}} \;+\; r \cdot K \cdot e^{-r \cdot T} \cdot N(-d_2)$$

$$= \Theta_{put}$$

입니다.

옵션 쎄타에서 중요한 사항 중 하나는 콜 쎄타와 풋 쎄타의 차이입니다. 구체적으로, 이 두 옵션의 쎄타의 부호는 같을 수도 다를 수도 있습니다. 먼저 콜 쎄타의 부호가 어떻게 되는지 살펴보겠습니다.

$$\begin{aligned}\Theta_{call} &= -\frac{S \cdot n(d_1) \cdot \sigma}{2\sqrt{T}} - r \cdot K \cdot e^{-r \cdot T} \cdot N(d_2) \\ &= -A - B < 0.\end{aligned}$$

Θ_{call}를 구성하는 모든 상수, 변수, 모수 값들이 양수이므로, 즉 S, $n(d_1)$, σ, $\sqrt{T}$, r, K, $e^{-r \cdot T}$, $N(d_2)$가 모두 양수이므로, $A = \frac{S \cdot n(d_1) \cdot \sigma}{2\sqrt{T}} > 0$, $B = r \cdot K \cdot e^{-r \cdot T} \cdot N(d_2) > 0$ 입니다. 즉,

$$\Theta_{call} = -A - B < 0$$

이니, 콜 쎄타의 부호는 음수입니다. 즉, 시간이 경과함에 따라 콜 가치는 하락합니다. 다른 모든 조건이 불변일 때 말입니다. 이 결론은 별로 놀랍지 않습니다. 제3장에서

우리가 옵션 시간 가치를 논할 때 이미 배웠던 내용입니다. 기초 자산 S 가격 변동이 심할수록 옵션의 가치가 커지는 옵션 본질적인 특성에 의해, 만기일까지 남은 시간이 짧아질수록 옵션 가치는 하락하기 때문입니다. 가령 잔존 만기가 1일인 경우에는 (만기일의) S_T 가격 변동 범위가 현 주가 S에 대해서 매우 제한적일 것인 반면, 잔존 만기가 1개월인 경우 S_T 가격 변동 범위는 현 주가 S에 비해 매우 클 것이므로 옵션의 현재가치도 (잔존 만기가 1일인 경우보다) 더 클 것입니다.

그렇다면 풋 쎄타의 부호는 어떨까요?

$$\Theta_{put} = -\frac{S \cdot n(d_1) \cdot \sigma}{2\sqrt{T}} + r \cdot K \cdot e^{-r \cdot T} \cdot N(-d_2)$$

에서 S, $n(d_1)$, σ, $\sqrt{T}$, r, K, $e^{-r \cdot T}$, $N(-d_2)$가 모두 양수이므로, 이론적으로는 풋 쎄타는 음수가 될 수도 양수가 될 수도 있습니다.[30] 대부분의 유러피언 옵션의 쎄타가 음수임에도 말입니다. 즉, 시간 경과에 따라 대부분 유러피언 옵션 가치가 하락하지만, 유러피언 풋의 경우 시간 경과에 따라 그 가치가 상승할 수도 있다는 것입니다. 이런 결과는 위 수식으로부터 직접 도출되는 것인데, 이를 어떻게 이해할 수 있을까요?

혹시 기억나는지요? 제3장에서 유러피언 풋의 시간 가치(time value)를 배울 때, 어떤 특별한 경우에는 유러피언 풋의 시간 가치가 음수가 될 수 있음을 배운 적 있습니다. 즉, 유러피언 풋의 쎄타가 양수가 될 수 있다는 것입니다. 구체적으로,

> 유러피언 풋이 심내가격(deeply in-the-money)일 경우에는
> 이 옵션의 시간 가치가 음수가 될 수 있다(쎄타가 양수가 될 수 있다)

는 것입니다. 즉, 현 주가 S가 풋 행사 가격 K보다 충분히 작을 때에는, 잔존 만기가 많이 남아 있을수록 오히려 풋 가치가 하락합니다. 현재 심내가격인 이 풋이 먼 훗날 만기일에는 외가격이 될 수도 있고, 외가격 아닌 내가격이 되는 경우에도 현재의 심내가격이 아닌 약간의 내가격이 될 수도 있기 때문입니다. 그렇다면 어느 경우에 풋이 심내가격이 될까요? 상대적으로 K가 크고 S가 작을 경우입니다.

---

30 $N(-d_2) > 0$임을 기억, 이해하기 바랍니다. $-d_2$가 입력 변수로 사용되었어도 말입니다. 사실 표준정규분포의 누적분포함수 특성에 의해, 모든 실수 z에 대해 $N(z) > 0$입니다. $-\infty < z < \infty$ 이기만 하면 말입니다.

이제 풋 쎄타를 다시 보면 그 형태는

$$\begin{aligned}\Theta_{put} &= -\frac{S \cdot n(d_1) \cdot \sigma}{2\sqrt{T}} \; + \; r \cdot K \cdot e^{-r \cdot T} \cdot N(-d_2) \\ &= -A + C\end{aligned}$$

입니다. 그리고 $A > 0, C > 0$ 입니다. 그런데 K가 크고 S가 작을 경우 C가 커지고 A(의 절대값)가 작아집니다.[31] 그 결과

$$\Theta_{put} = -A + C > 0$$

이 도출되는 것입니다. 이처럼 풋의 쎄타 공식은 우리가 이미 잘 이해하고 있는 유러피언 풋의 시간 가치에 대한 해석과 훌륭하게 일치합니다.[32]

4. 베가(Vega)

옵션 베가란 옵션 가격을 그 기초 자산 S의 변동성으로 편미분한 결과를 말합니다. 구체적으로, S 가격의 변동성이 아니라 S 수익률의 변동성을 말합니다. 블랙-숄즈 콜 가격 및 풋 가격을 대상으로 이를 산출해 보면 다음과 같습니다.

$$\begin{aligned}Vega_{call} &= \frac{\partial c}{\partial \sigma} \\ &= \frac{\partial\left(S \cdot N(d_1) - K \cdot e^{-r \cdot T} \cdot N(d_2)\right)}{\partial \sigma} \\ &= \frac{\partial\left(S \cdot N(d_1)\right)}{\partial \sigma} - \frac{\partial\left(K \cdot e^{-r \cdot T} \cdot N(d_2)\right)}{\partial \sigma}\end{aligned}$$

---

31 아주 엄밀히는, $n(d_1)$과 $N(-d_2)$도 S와 K의 함수입니다. 하지만 S와 K 값 변화가 이 두 함수 값에 미치는 영향은 아주 작기에, 본문에서는 이를 무시하고 논의를 전개하였습니다.

32 물론 K가 충분히 크고 S가 충분히 작지 않다면 $\Theta_{put} = -A + C < 0$가 될 수도 있고, 사실 이런 경우가 더 대표적인 경우입니다. 즉, 대부분의 경우 유러피언 풋의 시간 가치도 0보다 크고, 이 풋의 쎄타도 0보다 작습니다.

$$= S \cdot n(d_1) \cdot \frac{\partial d_1}{\partial \sigma} - K \cdot e^{-r \cdot T} \cdot n(d_2) \cdot \frac{\partial d_2}{\partial \sigma}$$

입니다. 그런데 이미 입증했듯이

$$S \cdot n(d_1) = K \cdot e^{-r \cdot T} \cdot n(d_2)$$

이므로 위 식은

$$\begin{aligned}
&= S \cdot n(d_1) \cdot \frac{\partial d_1}{\partial \sigma} - S \cdot n(d_1) \cdot \frac{\partial d_2}{\partial \sigma} \\
&= S \cdot n(d_1) \cdot \left(\frac{\partial d_1}{\partial \sigma} - \frac{\partial d_2}{\partial \sigma}\right) \\
&= S \cdot n(d_1) \cdot \left(\frac{\partial d_1}{\partial \sigma} - \frac{\partial \left(d_1 - \sigma\sqrt{T}\right)}{\partial \sigma}\right) \\
&= S \cdot n(d_1) \cdot \left(\frac{\partial d_1}{\partial \sigma} - \frac{\partial d_1}{\partial \sigma} + \frac{\partial \sigma\sqrt{T}}{\partial \sigma}\right) \\
&= S \cdot n(d_1) \cdot \left(\frac{\partial \sigma\sqrt{T}}{\partial \sigma}\right) \\
&= S \cdot n(d_1) \cdot \sqrt{T} \\
&= Vega_{call}
\end{aligned}$$

가 됩니다.

풋의 베가는

$$Vega_{put} = \frac{\partial p}{\partial \sigma}$$

인데 풋-콜 패리티에 따라

$$\begin{aligned}
&= \frac{\partial(-S + c + K \cdot e^{-rT})}{\partial \sigma} \\
&= \frac{\partial c}{\partial \sigma}
\end{aligned}$$

$$= Vega_{call}$$

가 되어 콜의 베가와 같습니다.

5. 로(Rho)

옵션 로(Rho)란 옵션 가격을 무위험 이자율 r로 편미분한 결과를 말합니다. 콜의 Rho는

$$\begin{aligned}
Rho_{call} &= \frac{\partial c}{\partial r} \\
&= \frac{\partial\left(S \cdot N(d_1) - K \cdot e^{-r \cdot T} \cdot N(d_2)\right)}{\partial r} \\
&= \frac{\partial\left(S \cdot N(d_1)\right)}{\partial r} - \frac{\partial\left(K \cdot e^{-r \cdot T} \cdot N(d_2)\right)}{\partial r} \\
&= S \cdot n(d_1) \cdot \frac{\partial d_1}{\partial r} - \left(-T \cdot K \cdot e^{-r \cdot T} \cdot N(d_2) + K \cdot e^{-r \cdot T} \cdot n(d_2) \cdot \frac{\partial d_2}{\partial r}\right)
\end{aligned}$$

입니다. 그런데

$$S \cdot n(d_1) = K \cdot e^{-r \cdot T} \cdot n(d_2)$$

이므로 위 식은

$$\begin{aligned}
&= K \cdot e^{-r \cdot T} \cdot n(d_2) \cdot \frac{\partial d_1}{\partial r} - \left(-T \cdot K \cdot e^{-r \cdot T} \cdot N(d_2) + K \cdot e^{-r \cdot T} \cdot n(d_2) \cdot \frac{\partial d_2}{\partial r}\right) \\
&= K \cdot e^{-r \cdot T} \cdot n(d_2) \cdot \frac{\partial d_1}{\partial r} + T \cdot K \cdot e^{-r \cdot T} \cdot N(d_2) - K \cdot e^{-r \cdot T} \cdot n(d_2) \cdot \frac{\partial d_2}{\partial r} \\
&= K \cdot e^{-r \cdot T} \cdot n(d_2) \cdot \left(\frac{\partial d_1}{\partial r} - \frac{\partial d_2}{\partial r}\right) + T \cdot K \cdot e^{-r \cdot T} \cdot N(d_2) \\
&= K \cdot e^{-r \cdot T} \cdot n(d_2) \cdot \left(\frac{\partial d_1}{\partial r} - \frac{\partial\left(d_1 - \sigma\sqrt{T}\right)}{\partial r}\right) + T \cdot K \cdot e^{-r \cdot T} \cdot N(d_2) \\
&= K \cdot e^{-r \cdot T} \cdot n(d_2) \cdot \left(\frac{\partial d_1}{\partial r} - \frac{\partial d_1}{\partial r} + \frac{\partial\left(\sigma\sqrt{T}\right)}{\partial r}\right) + T \cdot K \cdot e^{-r \cdot T} \cdot N(d_2)
\end{aligned}$$

$$= K \cdot e^{-r \cdot T} \cdot n(d_2) \cdot (0+0) + T \cdot K \cdot e^{-r \cdot T} \cdot N(d_2)$$
$$= T \cdot K \cdot e^{-r \cdot T} \cdot N(d_2)$$
$$= Rho_{call}$$

이 됩니다.

한편 풋의 Rho는

$$Rho_{put} = \frac{\partial p}{\partial r}$$

인데 풋-콜 패리티에 따라

$$= \frac{\partial(-S + c + K \cdot e^{-rT})}{\partial r}$$
$$= \frac{\partial(-S + c + K \cdot e^{-rT})}{\partial r}$$
$$= \frac{\partial(c + K \cdot e^{-rT})}{\partial r}$$
$$= \frac{\partial c}{\partial r} + \frac{\partial(K \cdot e^{-rT})}{\partial r}$$
$$= Rho_{call} - T \cdot K \cdot e^{-rT}$$
$$= T \cdot K \cdot e^{-r \cdot T} \cdot N(d_2) - T \cdot K \cdot e^{-rT}$$
$$= T \cdot K \cdot e^{-r \cdot T} \cdot (N(d_2) - 1)$$

인데, 표준정규분포 누적분포함수 특성에 따라 $N(d_2) - 1 = -N(-d_2)$이므로

$$= T \cdot K \cdot e^{-r \cdot T} \cdot \left(-N(-d_2)\right)$$
$$= -T \cdot K \cdot e^{-r \cdot T} \cdot N(-d_2)$$
$$= Rho_{put}$$

가 됩니다.

콜, 풋의 로(Rho) 수식을 보면, 콜의 로는 양수, 풋의 로는 음수임을 알 수 있습니다$\left(Rho_{call} > 0,\ Rho_{put} < 0\right)$. 그런데 사실 제3장 제2절 “옵션 가격 결정 요인”에서

도 이자율이 옵션 가격에 미치는 영향을 논의한 바 있습니다. 참고로 여기 그 내용을 소환해 보겠습니다. 수식을 동원하지 않고도 콜과 풋의 로가 양수가 될지 음수가 될지를 짐작할 수 있습니다.

만기에 콜을 행사하여 기초 자산인 주식을 취득하는 경우 콜 보유자는 그 행사 가격 K를 지불해야 합니다. 이를 대비하여 오늘 미리 현금을 준비한다면 그 금액은 $K \cdot e^{-r \cdot \tau}$가 됩니다. 이는 미래 발생할 현금 유출(cash outflow)이므로 일종의 부채인 셈입니다. 오늘 이만큼 현금을 준비해서 무위험 (연)이자율 r로 남은 만기 τ까지 투자하면 만기일에 K 만큼의 현금이 확보됩니다. 그런데 오늘 준비할 현금액은 이자율 r이 클수록 작아집니다. 그리고 여기서 이자율은 사실 할인율을 의미합니다. 그러므로 콜 보유자에게 있어, 다른 모든 조건이 동일할 때, 이자율 수준이 높을수록 미래 지급할 (부채) K에 대한 실질 비용이 작아 더 유리하므로(better off), 콜 가치는 높아집니다. 반면 풋의 경우는 그 반대로, 풋 보유자는 만기일에 (풋 매도자에게) 주식을 건네 주고 그 행사 가격 K를 받습니다. 이는 미래 발생할 현금 유입(cash inflow)이므로 일종의 자산인 셈입니다. 이를 현재가치로 표시하면 그 받을 금액은 $K \cdot e^{-r \cdot \tau}$가 됩니다. 이 금액은 이자율(할인율) r이 클수록 작아집니다. 그러므로 풋 보유자에게 있어, 다른 모든 조건이 동일할 때, 이자율 수준이 높을수록 만기일 받을 (자산) K에 대한 현재가치가 작아지므로 풋의 (현재)가치도 작아지는 것입니다.

이제 콜, 풋의 Greeks를 요약하면 다음과 같습니다.

➢ 도표 8-12 옵션 모수와 (블랙-숄즈) 옵션 Greeks

$Greek$	콜	풋
δ	$N(d_1)$	$N(d_1) - 1$
Γ	$n(d_1) \cdot \frac{1}{S \cdot \sigma\sqrt{T}}$	$n(d_1) \cdot \frac{1}{S \cdot \sigma\sqrt{T}}$
Θ	$-\frac{S \cdot n(d_1) \cdot \sigma}{2\sqrt{T}} - r \cdot K \cdot e^{-r \cdot T} \cdot N(d_2)$	$-\frac{S \cdot n(d_1) \cdot \sigma}{2\sqrt{T}} + r \cdot K \cdot e^{-r \cdot T} \cdot N(-d_2)$
$Vega$	$S \cdot n(d_1) \cdot \sqrt{T}$	$S \cdot n(d_1) \cdot \sqrt{T}$
ρ	$T \cdot K \cdot e^{-r \cdot T} \cdot N(d_2)$	$-T \cdot K \cdot e^{-r \cdot T} \cdot N(-d_2)$

참고로, 옵션 가격을 기초 자산의 변동성(σ)으로 편미분한 Vega는 그리스어 알파벳에는 존재하지 않습니다. 교재에 따라서는 V와 유사한 모양으로 쓰기도 합니다. 또한 Rho는 그리스 알파벳에 대문자 P나 소문자 ρ로 존재하지만 대문자는 영어 알파벳 P와 거의 같고 소문자 ρ는 통상 '상관계수(correlation coefficient)'로 사용되기에 본절에서는 사용을 절제했습니다.

Chapter 9

일반 자산 가치평가 I

본서 제5장에서 제7장까지 우리는 옵션 가치평가의 근본이라 할 수 있는 블랙-숄즈-머튼 공식 유도를 이해하기 위하여 그리고 그 공식의 형태를 이해하기 위하여 많은 것들을 공부했습니다. 브라운 운동, 이토스 렘마 등이 그것입니다. 하지만 그럼에도 불구하고 블랙-숄즈-머튼 공식의 $N(d_1)$의 의미는 잘 알 수 없었습니다. 본장에서는 단순히 파생상품의 가치평가뿐 아니라 "일반적인" 자산 가치평가(aseet pricing)를 이해하기 위한 세 가지 기본적인 개념들을 새로 배우고 이를 블랙-숄즈-머튼 공식에 적용하여 $N(d_1)$의 이해까지 완결하겠습니다. 이 기본 개념들은 단순히 블랙-숄즈-머튼 공식의 $N(d_1)$의 의미를 해석해 줄 수 있을 뿐 아니라, 이에 더해 이색 옵션(exotic options)을 포함한 다양한 옵션의 가치평가를 이해하는 데 필수적인 개념들이기도 합니다.

이 세 가지 기초 개념들은 다음과 같습니다.[1]

1) state prices
2) probability measures (PM)
3) stochastic discount factors (SDF)

네, 여러분들은 지금까지 거의 들어본 적이 없는 용어들일 것 같습니다. 하지만 걱정하지 마십시오. 그런 여러분들을 위해 이 책이 쓰여진 것이니까 말입니다. 우리는 위 세 개념들 중에서 probability measure를 먼저 공부하겠습니다. 그 이유는, 옵션 가치평가도 probability measure라는 일반적 관점에서 잘 설명될 수 있기 때문입니다. 사실

1 "building blocks"이라고도 합니다.

위험중립평가법은 probability measures 중의 하나를 사용한 경우이고, 또한 (equivalent) probability measure는 위험중립평가법에서 사용된 특정 확률측도를 포함하는 일반적인 개념입니다. 그럼 이제 이 뭔가 세련되어(?) 보이는 개념에 대해 공부해 봅시다.

제 1 절 확률측도(Probability measure)

위험중립평가법을 포함한 일반적인 옵션 가치평가를 이해하기 위해서는, 이른바 확률측도(Probability measure)를 알아야 합니다.

> **정의 1〉 확률측도(probability measure)**
>
> 확률측도란 개별 사건에 확률 값들을 할당하는 방식 혹은 함수를 말한다.

확률측도란 개별 사건(event)에 확률을 지정하는 방식, 혹은 측정하는(measure) 방식을 의미합니다. 즉, 확률측도의 '측'은 '측정하다'의 '측'인 것입니다. 미래 다양한 사건들이 발생할 수 있는데, 이는 곧 미래에 다양한 상태(state)가 도래할 수 있음을 의미합니다. 이 각 사건 혹은 각 상태가 발생할 확률을 (측)정해주는 시스템이 확률측도인 것입니다.

가령 주사위를 던지면 나오는 숫자의 기댓값은 어떻게 될까요? 1, 2, 3, 4, 5, 6의 여섯 숫자 각각에 그 확률 1/6을 곱해서 산출되는 3.5입니다. 즉, $\frac{1}{6} \times (1+2+3+4+5+6) = \frac{1}{6} \times 21 = 3.5$인 것입니다. 그런데 만일 다른 확률 수치들을 사용해서도 주사위 던질 때 기댓값이 3.5가 될 수 있을까요? 네, 사실 얼마든지 다른 확률 수치들을 사용해서도 주사위 던질 때 기댓값이 3.5가 될 수 있습니다. 가령 아래의 표에서와 같이 말입니다. 두 개의 확률측도를 각각 P, Q라 하겠습니다. 혹은 P-measure, Q-measure라 하겠습니다.

➢ 도표 9-1 주사위 기댓값 3.5를 산출할 두 개의 확률측도

	확률측도 P (P-measure)	확률측도 Q (Q-measure)
1	1/6	1/24
2	1/6	10/24
3	1/6	1/24
4	1/6	1/24
5	1/6	10/24
6	1/6	1/24
기댓값	3.5	3.5

확률측도 Q 하에서도 각 확률을 다 더하면 1이 됩니다. 즉, $\frac{1}{24}+\frac{10}{24}+\frac{1}{24}+\frac{1}{24}+\frac{10}{24}+\frac{1}{24}=\frac{24}{24}=1$이 되므로 확률의 기본적 성질을 충족합니다. 이제 이 새로운 확률 수치를 사용하여 주사위 던질 때 나오는 기댓값을 구하여 보면 다음과 같이 3.5가 됩니다.

$$\frac{1}{24}\times(1+3+4+6)+\frac{10}{24}\times(2+5)=\frac{14+70}{24}=\frac{84}{24}=\frac{14}{4}=3.5.$$

그러므로 만일 우리가 주사위 기댓값을 정확히 구하는 것만을 목표로 한다면, 우리가 잘 알고 있는 실세계에서의 확률 수치들인 1/6만을 사용하여 구할 수도 있고, 또 지금 소개한 새로운 확률 수치들인 1/24과 10/24을 사용하여 구할 수도 있습니다. 즉, 확률측도 P를 사용하거나 확률측도 Q를 사용해서 주사위 기댓값을 정확히 구할 수 있다는 말입니다. 이 사례에서의 확률측도 Q는 어떤 정교한 체계로 만들어진 것은 아닙니다. 하지만 만일 확률측도 Q가 어떤 정교한 체계로 만들어질 수 있다면, 두 확률측도 중 어느 것을 사용하더라도 "언제나" 주사위 기댓값을 정확히 산출할 수도 있을 것 같습니다.

마찬가지로, 우리의 목표가 주사위 기댓값이 아니라 콜 옵션이나 풋 옵션 (이론) 가격을 구하는 경우에도 서로 다른 확률측도를 사용하여 동일한 (합당한) 가격을 구할 수 있을지 모릅니다. 나아가, 어쩌면 실세계(real world)에서의 확률측도 P를 사용해서 콜 가격을 구하는 것보다, 확률측도 Q처럼 새로운 측도를 사용하여 구하는 것이 더

편리할 수 있을지 모릅니다. 왜냐하면 실세계에서 콜 적정 가격을 구하려면, 위험 자산인 콜에 대한 투자자들의 위험 프리미엄을 정확히 산출해야 하는데, 각 투자자들이 합의하는 콜 위험 프리미엄을 구하는 것은 대단히 어려운 작업입니다. 반면 새 확률측도를 사용하여 이 작업을 수행하면 어쩌면 훨씬 더 쉬울지도 모릅니다. 사실 콜이나 풋의 현재 가격 또한 일종의 기댓값입니다. 미래 이 옵션들의 가격은 그 기초 자산 가격에 따라 다양한 값을 가질 수 있지만, 현재 시점의 이 옵션들의 가격은 그 다양한 미래 옵션 가격들의 (현재가치로 환산된) 기댓값이라 할 수 있기 때문입니다. 그러므로 주사위 기댓값을 구하는 작업과 이 옵션들의 현재가치를 구하는 작업은 이런 면에서 일맥상통한다 할 수 있습니다.

이제 파생상품 가격 결정과 두 개 이상의 확률측도를 이해하기 위해, 우리가 이미 알고 있는 내용들을 여기 소환해 보겠습니다. 옵션 가치평가를 위한 이항모형을 배울 때 우리는 다음과 같은 그림을 본 적 있습니다.

➢ 도표 9-2 파생상품 가격 결정 원리(principle of derivatives pricing)

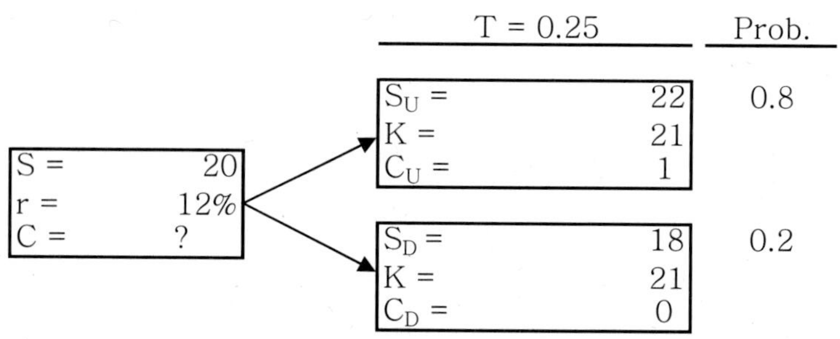

그리고 이때 콜 가격은 0.633이 됨을 알고 있습니다. 즉, 주식과 채권으로 이루어진 포트폴리오를 만들되, 이 포트폴리오 가치를 다음과 같도록 구성합니다. 3개월 후 주가가 22가 될 때는 이 포트폴리오 가치도 1이고 주가가 18이 될 때에도 이 포트폴리오 가치가 0이 되도록 합니다. 그렇다면 이 포트폴리오는 위의 콜과 동일한 현금흐름(cash flow)을 가지게 되므로, 이 포트폴리오의 현재 가격도 콜의 현재 가격과 같아야 합니다. 이때 이 포트폴리오 가격이 0.633인데, 이 가격이 바로 콜의 적정 가격이 되는 것입니다. 그리고 이 포트폴리오를 합성 콜(synthetic call)이라 합니다.

이 전체 과정을 간단히 요약한 것이, 새로운 확률 수치들을 사용하여 콜 가격을 구하는 것이었습니다. 즉, 이 간단한 방식에 따르면("위험중립평가법"이라 하죠), 3개월 후 주가 상승 확률 $p=0.65225$이고 주가 하락 확률 $1-p=1-0.65225=0.34775$이었습니다. 이 확률 수치들을 사용해 미래 콜의 기댓값을 구한 후 이를 무위험 이자율 $r=0.12$로 현재 시점으로 할인하면 콜 가격이 산출되었습니다.[2]

$$
\begin{aligned}
C &= e^{-rT}\cdot[C_U\times p \ + \ C_D\times(1-p)] \\
&= e^{-0.12\times\frac{3}{12}}\cdot[1\times 0.65225 \ + 0\times 0.34775] \\
&= 0.633.
\end{aligned}
$$

이 확률들은 실제 투자자들이 생각하는 확률인 0.8과 0.2와는 다릅니다. 그럼에도 불구하고 이 확률 수치들이 "no-arbitrage 콜 가격"을 정확히 산출하는 확률들임을 우리는 알고 있습니다. 다만 여기서 기억해야 할 것은, 이 확률들이 실제 세상의, 즉 시장의 확률들과는 다른 수치들이었을 뿐 아니라, 이 확률들로 구한 미래 옵션 기대 가격을 현재 시점으로 할인할 때 사용한 "할인율"도 실제 세상에서 사용하는 할인율과는 다르다는 것입니다. 왜냐하면 콜은 "위험 자산(risky asset)"이기에, 실제 세상에서의 콜의 적정 할인율(=요구 수익률)은 무위험 이자율에 적절한 위험 프리미엄이 더해진 값이어야 하기 때문입니다.

이때 0.8, 0.2의 두 확률들의 집합을 하나의 확률측도(probability measure)라 할 수 있고, 0.65225와 0.34775의 집합을 또 다른 확률측도라 할 수 있습니다. 참고로 전자를 "real probability measure"라 하고 후자를 "risk-neutral probability measure"라 합니다. 그리고 모든 자산 가치평가에 risk-neutral probability measure를 사용하는 방법론이 우리가 제4장 이항 모형에서 배웠던 위험중립평가법인 것입니다.

정의 2〉

risk-neutral probability measure란 위험중립평가법에서 자산 가치평가 시 사용하는 확률측도를 말한다. Equivalently, 위험중립평가법이란 자산의 가치평가에 risk-neutral probability measure를 사용하는 방법론이다.

---

[2] 유러피언 콜을 이전에는 소문자 c로 표시했지만 본장에서는 그냥 대문자로 표시합니다.

더 흥미로운 사실은, 이러한 위험중립평가법의 확률 수치들이, 즉 risk-neutral probability measure가, 단지 콜 가격에만 유효한 것이 아니고 풋이나 주식을 비롯한 모든 자산 가격에도 적용될 수 있다는 것입니다. 원래 이 옵션의 기초 자산인 주식의 현재 가격 20은 다음과 같은 위험 프리미엄을 동원하여 산출된 것입니다. 즉, 이 주식의 위험을 감안한 위험 프리미엄＝0.02827로 시장에서 인식되고 있고 (3개월) 무위험 이자율＝0.12×(3/12)＝0.03이므로, 이 주식 평가의 적정 할인율은 0.03＋0.02827＝0.05827이고, 이 주식의 현재 적정 주가는

$$\frac{22 \times 0.8 + 18 \times 0.2}{e^{0.05827}} = 20$$

이 됩니다. 우리가 애초 현재 주가＝20이라고 가정했지만, 사실은 이런 원리로 현재 주가가 20으로 시장에서 결정됐던 것입니다.

참고 1〉 위험 프리미엄의 결정

물론 이 주식의 위험 프리미엄에 대한 모든 투자자들의 평가가 0.02827로 계속 유지되지는 않습니다. 그렇기에 이 주식의 주가는 지속적으로 하루에도 자주 변하는 것입니다. 단, 현재 시점에서 주식시장에서 이 주가＝20인 경우에는, 적어도 이 시점에서는 많은 주식 투자자들의 이 주식의 위험 프리미엄에 대한 consensus가 0.02827로 순간적으로 유효하다는 의미입니다. ▣

자, 그렇다면, 이제 콜 가격 산출에 사용됐던 위험중립평가법의 확률 수치들을, 즉 risk-neutral probability measure를 사용해 보겠습니다. 주가 상승 확률 p＝0.65225이고 주가 하락 확률 $1-p$＝0.34775인데, 이 확률 수치들을 사용해 미래 주가의 기댓값을 구한 후 이를 무위험 이자율 r＝0.12로 현재 시점으로 할인하면 다음과 같이 S＝20이 산출됩니다. 즉, 이 위험중립 확률 수치들을 사용해서 콜 가격뿐 아니라 주가도 정확하게 산출 가능합니다.

$$\begin{aligned} S &= e^{-rT} \cdot [S_U \times p \;+\; S_D \times (1-p)] \\ &= e^{-0.12 \times \frac{3}{12}} \cdot [22 \times 0.65225 \;+\; 18 \times 0.34775] \end{aligned}$$

$$= 20.$$

그러면 또 다른 증권인 무위험 채권 가격은 어떨까요? 이 채권 가격도 risk-neutral probability measure를 사용하여 실제 시장의 채권 가격과 동일한 가격이 산출될까요? 결론부터 말하면 "Yes" 입니다. 먼저 실세계에서 이 채권의 가치평가를 알아보겠습니다. 가령 3개월 후 액면가(par value) 21을 지급하는 무이표채(zero-coupon bond)의 시장 가격 B는 다음과 같습니다. 실세계에서 이 채권은 무위험 증권이므로 그 할인율은 당연히 r입니다.

$$B = e^{-rT} \times 21 = e^{-0.12 \times \frac{3}{12}} \times 21 = 20.379$$

위 식을 더 정확히 파악하면, 주가가 22로 상승하는 상태(state)에서나 주가가 18로 하락하는 상태에서나 이 채권 가격은 항상 21이기 때문에 B = 20.379가 되는 것입니다.

➢ 도표 9-3 채권 가격 결정(Bond pricing)

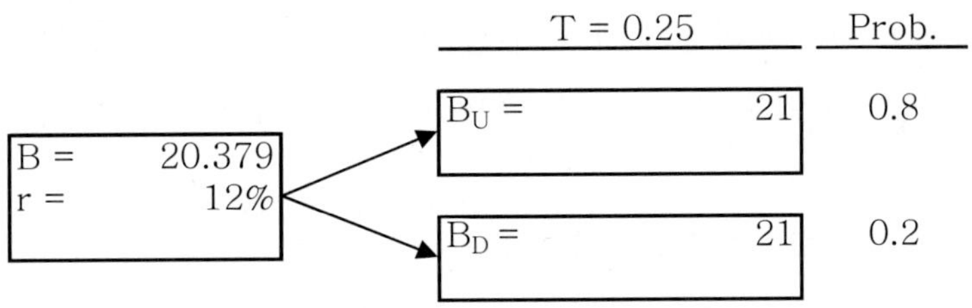

즉,

$$\begin{aligned} B &= e^{-rT} \cdot [B_U \times 0.8 \; + \; B_D \times 0.2] \\ &= e^{-0.12 \times \frac{3}{12}} \cdot [21 \times 0.8 \; + \; 21 \times 0.2] \\ &= e^{-0.12 \times \frac{3}{12}} \times 21 \\ &= 20.379 \end{aligned}$$

가 되는 것입니다. 이제 risk-neutral probability measure를 사용해서 이 채권 가격을 계산해도 동일한 가격이 산출됩니다.[3]

---

[3] 사실 무위험 채권의 경우에는 실제 세계에서나 위험중립 세계에서나 그 할인율이 r이기 때문에, 어떤 확률측

$$\begin{aligned} B &= e^{-rT} \cdot [B_U \times p \; + \; B_D \times (1-p)] \\ &= e^{-0.12 \times \frac{3}{12}} \cdot [21 \times 0.65225 \; + \; 21 \times 0.34775] \\ &= e^{-0.12 \times \frac{3}{12}} \times 21 \\ &= 20.379. \end{aligned}$$

이처럼 주식, 채권, 콜, 풋을 포함한 모든 자산을 평가할 때, 상이한 확률 체계를 사용할 수 있음을 알 수 있습니다. 즉, 실세계에서의 (0.8과 0.2의) real probability measure를 사용할 수도 있고, 위험중립 세계에의 (0.65225와 0.34775의) risk-neutral probability measure를 사용할 수도 있습니다. 놀라운 일이지만 이것이 사실입니다. 단, 이처럼

서로 다른 확률 체계를 사용할 때에는 동시에 서로 다른 할인율을 사용해야

합니다. 상이한 다른 확률 체계를 사용하면 서로 다른 미래 기댓값이 산출되는데, 이 서로 다른 미래 기댓값을 동일한 할인율로 할인하면 서로 다른 현재 가격이 산출되기 때문입니다. 상이한 확률 체계를 사용하더라도 동일한 현재 가격을 산출할 수 있을 때에만 이 상이한 확률 체계가 모두 의미가 있을 것이기 때문입니다.

정리 1〉 상이한 확률측도 사용 방법론

두 개의 상이한 확률측도를 사용하여 asset pricing을 실행할 때에는 상이한 확률 수치들을 사용할 뿐 아니라, 상이한 할인율을 사용한다.

그러므로 실제 세상에서의 할인율은 실제 세상에서 적용되는 확률 체계와 함께 사용해야 하고, 위험중립평가법에서의 할인율$(=r)$은 위험중립 세계에서의 확률 체계와 함께 사용해야 합니다. 이 각각의 확률 체계를 확률측도(probability measure)라 하는

도를 사용하여도 항상 동일한 가격이 산출됩니다. 왜냐하면 둘 중 어느 확률측도 하에서도 미래 두 상태의 확률의 합은 1인데, 미래 두 상태에서의 이 채권 가격은 항상 21이므로, (둘 중 어느 확률측도를 사용해도) 이 채권의 미래 (기대) 가격은 21입니다. 게다가 이 채권에 대한 할인율은 실제 세계에서나 위험중립 세계에서나 모두 r입니다. 그러므로 채권의 경우 두 확률측도를 사용한 가격이 항상 같음이 쉽게 입증됩니다. 물론 위험중립 확률측도가 아닌 제3의 확률측도를 사용하는 경우에는, 이 채권에 대한 할인율이 r이 되지 않습니다. 그럼에도 불구하고 이 채권 가격은 20.379가 됨이 증명되는데 이는 나중에 다루겠습니다.

것입니다.

특정 사건에 대한 확률 수치가 단일해야 한다는 것이 통상적으로는 맞습니다. 실제 세상에서는 이런 인식이 유효합니다. 그런데 파생상품에 있어서는 새로운 확률인 0.65225와 0.34775를 사용할 때 더 효율적으로, 더 편리하게 파생상품 가치평가가 이루어짐을 우리는 알게 되었습니다. 제4장 이항 모형에서 위험중립평가법을 공부하면서도 조금은 배웠습니다. 당시에는 확률측도라는 개념이 소개되지는 않았지만 말입니다. 이 위험중립 확률측도(risk-neutral probability measure)의 가장 큰 장점은, 어떤 위험자산이라 하더라도 그 자산에 대해 일반 투자자들이 요구하는 위험 프리미엄에 대해 고민할 필요가 없다는 것입니다. 단지 risk-neutral probabilities를 사용하여 (가령 0.65225와 0.34775를 사용) 그 위험 자산의 미래 기대 가격을 구한 후, 무위험 이자율 r을 이용하여 할인하면 그 현재 가격이 산출된다는 것입니다. 반면 실세계에서의 확률측도를 사용하면, 각 위험 자산마다 서로 다른 위험 프리미엄을 감안하여야 합니다. 가령 위 사례에서 주식의 위험 프리미엄과 콜의 위험 프리미엄이 다를 수 있습니다. 왜냐하면 3개월 동안 주식의 위험도와 콜의 위험도가 서로 다르기 때문입니다. 반면 위험중립 세계에서는, 즉 위험중립 확률측도를 사용하는 경우에는 투자자들은 두 자산의 위험도에는 관심이 없습니다. 그 대신 평균 가격, 기대 가격에만 관심이 있습니다. 그리고 이들이 요구하는 평균 수익률은 항상 무위험 이자율 r이므로, 주식이든 콜이든 그 (미래) 평균 가격 혹은 기대 가격을 구한 후 r을 사용하여 현재 시점으로 할인하면 적정 현재 가격이 됩니다.

자, 여러분은 지금까지 두 종류의 확률측도를 소개받았습니다. 즉, 실세계에서의 real probability measure와 위험중립 세계에서의 risk-neutral probability measure를 약간씩 배웠습니다. 이제 이러한 서로 다른 확률측도의 명확한 근거, 원리에 대해 공부할 시간입니다. 결론부터 말하면,

> 우리가 알고 있는 위험중립평가법의 위험중립 확률(측도)은
> 일반적인 확률측도의 특수한 경우

입니다. 이를 다르게 표현하면, 콜 가격을 정확히 산출할 확률측도들은 여러 개 있을 수 있습니다. 그 가운데 위험중립 확률측도가 가장 편리하기에 우리가 손쉽게 사용했

던 것입니다. 그런데 자산 가격을 결정하는 확률측도의 일반적 개념에 대해 우리가 알게 되면 파생상품 가치평가의 전체적인 이해가 가능합니다. 가령 블랙-숄즈-머튼 공식에서 우리가 이해하지 못했던 $N(d_1)$에 대해서도 선명하게 이해할 수 있게 됩니다. $N(d_1)$은 위험중립평가법만으로는 명확하게 이해할 수 없는 수치이고 개념입니다. 하지만 다양한 확률측도를 공부하면 $N(d_1)$의 의미도 정확히 알 수 있습니다.

제 2 절 기준 자산(Numeraire)

자산 가격 결정에 사용되는 확률측도(Probability measure)가 여럿 존재함을 이해하기 위해서는 먼저 기준 자산(numeraire)을 이해해야 합니다. 기준 자산이란 특정 자산의 가치를 표시하기 위해 사용되는 자산을 말합니다. 여러분이 알고 있는 가장 잘 알려진 기준 자산은 외국 통화를 자국의 통화 가치로 표시할 때 사용되는 환율에서 찾아 볼 수 있습니다. 가령 유럽연합에서 사용하는 통화인 유로화(Euro)의 가치를 여러 기준 자산 관점에서 측정할 수 있습니다. 1 Euro = 1.1 Dollars로 표시할 수 있고, 1 Euro = 0.85 GBP로 표시할 수 있고,[4] 1 Euro = 1,400 KW(원화)로도 표시할 수 있습니다. 1 Euro라는 자산의 가치를 표시하는 방식은 이처럼 다양합니다. 이때 (US) Dollar, GBP 및 한국 원화를 기준 자산(numeraire)이라 합니다.

통화가 아닌 다른 유형의 자산도 이런 기준 자산으로 표시할 수 있습니다. 가령 미국 소재 증권거래소 중 하나인 나스닥에 상장된 애플(Apple) 주식도 여러 기준 자산으로 평가될 수 있습니다. 기준 자산이 미 달러화일 경우 애플 1주의 가치는 209 Dollars가 되고 기준 자산이 유로화일 경우 194 Euros가 되며, 기준 자산이 한국 원화일 경우에는 290,301원이 됩니다.[5]

그렇다면 또 다른 기준 자산은 없을까요? 가령 평가될 자산이 주식이고 이 주식을 평가할 기준 자산이 채권일 수도 있습니다. 가령 삼성전자 1주가 (특정) 기준 채권 2.7

---

[4] GBP = Great Britain Pound의 약어로 영국 파운드화의 통화코드입니다. 가령 한국 원화의 통화코드는 KRW로 이는 (South) Korean Won의 약어입니다.

[5] 이 수치들은 본서를 쓰고 있는 시점의 대략적인 환율들을 적용한 것입니다.

개에 해당한다고 말입니다. 영어로 표현한다면, A stock's value can be evaluated using a bond as numeraire, or a stock can be priced in terms of how many units of a bond it is worth. 이제 이를 쉽게 비유적으로 접근하기 위해 사과와 바나나를 사용하여 설명해 보겠습니다.

현재 바나나 (한 송이의) 가격이 \$4이고 사과 한 개의 가격이 \$2라고 가정하겠습니다(한 송이를 편의상 한 개로). 오늘 현재 바나나의 가치를 사과라는 기준 자산으로 표시하면, 바나나의 가치는 사과 2개의 가치와 같습니다. 그러면

바나나 1개 = 사과 2개

라는 등식이 성립합니다. 이제 더 나아가, "모든" 자산의 가치를 사과라는 기준 자산으로 표시한다고 가정하겠습니다. 즉, 사과라는 자산이 이 (새로운) 경제 시스템의 "numeraire"입니다. 가령 다른 경제 시스템에서는 바나나 가격이 \$4로 표시되거나 4,000원으로 표시되지만, 이 경제 시스템 내에서는 바나나 가격은 사과 2개 혹은 그냥 2개 혹은 그냥 2로 표시합니다. 사과가 numeraire인 것을 모두가 다 알고 있으므로 (이를 "공통 지식" 혹은 "common knowledge"라고 합니다) 굳이 "사과 2개"라고 할 필요 없이 그냥 "2개" 혹은 "2"라고만 말해도 무슨 의미인지 다 알고 있기 때문입니다. 여기서 참고로 '공통 지식' 개념을 소개합니다.

참고 2〉 공통 지식(common knowledge) 1

"공통 지식(common knowledge)"은 원래는 게임 이론에서 사용되는 용어입니다. 가령 "배당 없는 주식을 기초 자산으로 하는 유러피언 콜의 가치는 시간이 지남에 따라 감소한다"라는 사실(X)이 투자자들에게 있어 공통 지식이라 한다면, 이것이 뜻하는 바는 다음과 같습니다. 투자자들 각자가 X를 알고 있고, "'투자자들 각자가 X를 알고 있다'는 것을 모든 투자자들이 알고 있고(사실 XX)", 이에 더해 "'모든 투자자들이 XX를 알고 있다는 것'을 투자자들이 알고 있고(사실 XXX)", 또한 "'모든 투자자들이 XXX를 알고 있다는 것'을 모든 투자자들이 알고 있고(사실 XXXX)", …이라는 의미입니다. 자세한 내용은 게임 이론 교재를 참조하기 바랍니다. 즉, 공통 지식은 단순한 지식보다도 더 많은, 더 강한 의미를 가지고 있습니다. 이 개념이 필요한 이유는 곧

설명될 것입니다. ▣

이제 이 경제 시스템에서는 현재뿐 아니라 미래에도 항상 모든 자산의 가격을 사과라는 numeraire의 개수로 표시한다고 가정하겠습니다. 그렇다면 바나나의 미래 가격과 바나나의 현재 가격과의 관계는 어떤 것일까요? 이를 하나의 질문으로 만들어 보겠습니다.

> 질문 9-1〉 (사과) 2에 해당하는 오늘의 바나나 가격이 미래 바나나 가격과는 어떤 관계일까요? 어떤 관계일 때 바나나의 가격 2가 균형 가격이 될까요?

이 질문은 좀 생뚱맞게 여겨질 수 있습니다. 바나나 가격을 사과 개수로 표현하는 것도 생소한데, 그렇게 표시되는 현재의 바나나 가격이 미래의 바나나 가격과 어떤 관계에 있을 때 균형 가격이 되는 것이냐를 물어보니 말입니다. 이 문제는 실상은 엄격한 수리적 증명을 통해 설명되어야 하지만 여기서는 비교적 간단히 설명하기로 하겠습니다. 가령 미래 시점을 '1주일 후'라 하겠습니다. 1주일 후 바나나 가격이 사과 몇 개에 해당할 때 현재 바나나 가격, 즉 (사과) 2가 합당한 가격일까요? 이에 답하기 위해 먼저,

절대로 "현재 바나나 가격 = 2"가 합당한 가격이 될 수 없는 상황

을 생각해 보겠습니다. 이런 상황들을 하나씩 배제하다 보면 궁극적으로 "현재 바나나 가격 = 2"가 합당한 가격이 될 수 있는 상황을 알게 됩니다.

"1주일 후 바나나 가격이 (확률 1로) (사과) 3이 된다"는 올바른 정보가 나를 포함한 100명의 투자자들 사이에 '공통 지식'이라 합시다. 그리고 오늘 현재 순간적으로 바나나 가격이 2가 되었다고 합시다. 이 가격이 균형 가격이 될 수 있을까요? 결론은, 2는 바나나의 균형 가격이 될 수 없습니다. 이 순간 뭔가 오류 등이 있어 순간적으로 시장에서 바나나 가격이 2가 될 수는 있을지 몰라도 말입니다. 왜냐하면 이 경우 즉각적으로 차익거래가 발생하기 때문입니다. 일단 누구든지 오늘 2의 비용을 지불하여 바나나를 매수하면, 1주일 뒤 이 바나나를 3의 가격으로 팔 수 있으므로 1을 공짜로 얻

게 됩니다.[6] 즉, 무위험 차익을 얻게 됩니다. 그러므로 현재 바나나 가격 2는 합당한 가격은 아닙니다.

한편, 아직 1주일 시간이 남았으므로 어쩌면 지금 당장이 아니라 좀 느긋하게 바나나를 매수해도 될 것 같다고 생각할 사람도 있을지 모릅니다. 가령 내일 바나나 가격이 1.9로 더 낮아질 수도 있으니 좀 더 기다려 볼 수도 있을 것입니다. 그런데 "1주일 후 바나나 가격이 3이 된다"는 정보가 나를 포함한 100명의 투자자들 사이에 '공통 지식'이라면 나는 지금 당장 이 바나나를 2의 가격에 사야 합니다. 왜냐하면, 다른 투자자들 각각도 이 정보를 가지고 있을 뿐 아니라, 자신이 이 정보를 가지고 있다는 사실을 다른 99명 투자자들이 모두 알고 있기에, 그리고 99명 각자도 자신들이 이런 정보를 가지고 있다는 사실을 다른 (99명) 투자자들이 모두 알고 있다는 것을 알고 있기에,[7] 지금 당장 (내가) 바나나를 사지 않으면 다른 (모든) 투자자들이 2의 가격으로 바나나를 사려 할 것이기 때문입니다. 그러므로 괜히 여유를 부리다가는 이 차익거래 기회가 신속히 사라져버릴 것입니다. 나아가, 자기가 꾸물대다가는 이 차익거래 기회가 신속히 사라져버릴 것이라는 사실을 자기만 알고 있을 뿐 아니라 다른 사람들도 알고 있다는 것도 모든 투자자들이 알고 있습니다.

반면 모든 투자자들이 "1주일 후 바나나 가격이 3이 된다"는 정보를 가지고 있다 하더라도, 자신만이 이 정보를 가지고 있다고 생각한다면 바나나 가격이 더 내려가는지를 주시하면서 더 기다려 볼 수도 있을 것입니다. 다른 사람들은 꿈에도 이런 사실을 모른다고 생각하고 있기 때문입니다. 이것이 일반적 지식과 '공통 지식'의 차이입니다. 가령 100명 모두가 "1주일 후 바나나 가격이 3이 된다"는 정보를 가지고 있는데, 각자가 '나 혼자만 이 정보를 가지고 있다'고 생각한다면, 이들은 당장 바나나를

---

[6] 이 경제에서는 바나나를 돈으로 주고 사는 것이 아니고 사과를 주고 사는 것이기에, 이자 개념이 없습니다. 즉, 현재 바나나 가격이 사과 2개라 해서, 1년 후에는 (마치 이자율 10% 적용하는 것처럼) 바나나 가격이 사과 2.2개가 된다는 이자 개념이 적용되지 않습니다. 왜냐하면 다음의 이유가 있기 때문입니다. 현재 사과 가격은 바나나 0.5개입니다. 이자율 10%를 적용한다면, 1년 후 사과 가격이 바나나 0.55개가 되어야 함을 의미합니다. 그렇다면 1년 후 바나나 가격을 사과 개수로 표현하면 1/0.55 = 1.82개가 됩니다. 이는 위의 2.2개와 다릅니다. 바나나에게도 이자를 적용하고 사과에게도 이자를 적용하면 이처럼 모순이 발생합니다.

[7] 왜 98명이 아니고 여전히 99명일까요? 왜냐하면, 처음 99명은 나를 제외한 숫자였습니다. 그런데 이 99명 중 어떤 한 명 A에게 있어서 다른 투자자들이란 '나'를 포함한 99명이 되기 때문입니다. 즉, A를 제외한 투자자 수는 여전히 99명이고 이 숫자에는 나도 포함됩니다. B에게 있어서도 다른 투자자들 수는 99명입니다.

사지 않고 며칠 간 바나나 가격 추이를 관찰하다 살 수도 있습니다. 하지만 "1주일 후 바나나 가격이 3이 된다"는 정보가 공통 지식이면, 나를 포함한 모든 투자자들이 지금 당장 바나나를 (2의 가격에) 사려고 할 것입니다. 그 결과 바나나 수요가 즉각 증가하여 그 가격이 즉각적으로 상승하며, 이 상승은 바나나 가격이 3이 될 때에만 멈출 것입니다.

참고 3〉 공통 지식 2

'공통 지식' 개념은 사실 파생상품 가치평가에 필수적인 내용은 아닙니다. 공통 지식 이해가 어려우면, 그냥 시장 대부분 사람이 알고 있는 지식이라고 생각하고 이 부분을 넘어 가도 됩니다. 저자의 논지를 엄밀하게 하기 위해 공통 지식 개념을 사용한 것입니다. ▣

동일한 논리로, "1주일 후 바나나 가격이 (사과) 1이 된다"는 정보가 100명의 투자자들 사이에 '공통 지식'이라 합시다. 그러면 현재 이 순간 바나나 가격이 2일지라도 이 가격은 균형 가격이 될 수 없습니다. 왜냐하면 이 경우에도 즉각적으로 차익거래가 발생하기 때문입니다. 즉, 1주일 후 바나나 가격이 (50%) 하락할 것이므로, 바나나를 보유한 투자자들은 바나나를 현재의 2의 가격으로 팔려고 할 것이고, 보유하지 않은 투자자들은 바나나를 (공)매도하려 할 것이므로, 바나나 가격은 즉각적으로 하락하게 됩니다. 이 하락은 바나나 가격이 1이 될 때에만 멈출 것입니다.

자, 지금까지는 미래 바나나 가격이 확실하게 (즉, 확률 1로) 3 혹은 1이 됨을 가정했습니다. 하지만 미래를 이처럼 확실하게 알 수는 없습니다. 그러므로 이런 가정은 비현실적입니다. 그러면 과연 미래 바나나 가격이 불확실성 하에서 어떻게 될 때 "현재 바나나 가격=2"가 균형 가격이 될까요? 가장 쉽게 생각할 수 있는 상황은, 1주일 후 바나나 가격이 "평균적으로" 2가 되는 상황입니다. 즉, 1주일 후 바나나의 기대 가격(expected price)이 2가 된다면, 오늘 바나나 가격은 어떻게 될까요? 결론은 "2가 되어야 한다"는 것입니다. 이를 counter-example로 설명해 보겠습니다.

가령 1주일 후 바나나 가격이 3이 될 확률이 0.8이고 1이 될 확률이 0.2라 가정하겠습니다. 이것이 투자자들 사이에 공통 지식이 된다면, 투자자들은 어떤 행태를 보일까요? 이들은 아마도 현재 바나나 가격으로, 즉 2의 가격으로 바나나를 사려고 하지 않을까요? 왜냐하면 현재 가격으로 바나나를 사면, 1주일 후에는 '평균적으로' 이익을 얻을 것이기 때문입니다. 물론 1주일 후 바나나 가격이 1이 되면 손실을 입을 것입니다만, 그 확률은 0.2로 적습니다. 즉, 오늘 바나나를 2의 가격으로 사면 1주일 후 이익을 얻을 수도 손실을 입을 수도 있지만, 이익을 얻을 확률이 더 높습니다. 그러므로 오늘 현재 가격으로 바나나를 사면 평균적으로 이익을 얻으니, 현재 가격으로 바나나를 사려는 사람들이 있을 것입니다. 반면 현재 가격으로 바나나를 팔려는 사람은 거의 없을 것입니다. 평균적으로 손실을 입을 투자를 스스로 원하는 사람은 별로 없을 것이기 때문입니다. 그러면 바나나 가격은 상승하게 될 것입니다. 언제까지 상승할까요? (1주일 후) 바나나 기대 가격인 3×0.8 + 1×0.2 = 2.6이 될 때까지 상승할 것입니다.

반면, 1주일 후 바나나 가격이 3이 될 확률이 0.2이고 1이 될 확률이 0.8이라 가정해 보겠습니다. 이것이 투자자들 사이에 공통 지식이 된다면, 투자자들은 어떤 행태를 보일까요? 이들은 아마도 현재 바나나 가격으로, 즉 2의 가격으로 바나나를 "팔려고" 하지 않을까요? 1주일 후 바나나 기대 가격은 1×0.8 + 3×0.2 = 1.4가 됩니다. 그러므로 오늘 바나나를 팔고 1주일 후 바나나를 사면 평균적으로 2 − 1.4 = 0.6의 이익을 얻을 것입니다. 그렇다면 바나나를 보유한 사람들은 팔려고 하고, 보유하지 않은 사람들은 바나나를 공매도하려 할 것입니다. 결국, 현재 바나나 가격이 1×0.8 + 3×0.2 = 1.4가 될 때까지 하락할 것이고, 이 수치가 시장 가격이 되면 바나나 가격의 하락은 멈출 것입니다.

마지막으로 이런 경우는 어떨까요? 가령 1주일 후 바나나 가격이 3이 될 확률이 0.1이고 2가 될 확률이 0.9라 가정하겠습니다. 이것이 투자자들 사이에 공통 지식이 된다면, 투자자들은 어떤 행태를 보일까요? 이때에는 명실상부한, 말 그대로 "차익거래"가 발생하기 때문에 현재 바나나 가격은 절대로 2가 될 수 없습니다. 오늘 2의 가격으로 바나나를 사면, 1주일 뒤 손실 입을 가능성은 전혀 없고 이익을 실현할 가능성만 있기 때문입니다. 이는 마치 로또를 0원의 가격으로 사는 것과 마찬가지입니다. 로또 가격이 0원이라면 여러분들도 이 로또를 사지 않겠습니까? 다른 말로 하면, 공짜로 주는 이 로또를 받지 않겠습니까? 로또가 맞을 확률이 0보다는 크기에, 이 공짜 로또를 구입하여 손실 볼 확률은 0이고 이익을 실현할 가능성은 존재하기에, (넓은 의미의)

차익거래가 되기 때문입니다. 마찬가지로, 1주일 후 바나나 가격이 3이 될 확률이 0.1이고 2가 될 확률이 0.9라면, 모든 투자자들이 현재 가격 2인 이 바나나를 사서 차익을 얻으려 할 것입니다. 그러면 바나나 가격이 상승할 것입니다. 언제까지 상승할까요? 1주일 후 바나나 기대 가격인 $3 \times 0.1 + 2 \times 0.9 = 2.1$이 될 때까지 상승할 것입니다. ■

위 세 가지 사례를 일반화하면 다음 정리가 얻어집니다.[8]

> **정리 2〉 바나나의 균형 가격**
>
> 사과를 numeraire로 하는 경제에서의 바나나의 현 시점의 균형 가격은, 특정 미래 시점에서의 (사과 개수로 표시된) 바나나의 기대 가격이다.

그렇다면 만일 오렌지를 numeraire로 하는 경제에서의 바나나의 균형 가격은 어떻게 될까요? 위 정리와 동일한 논리로

> 오렌지를 numeraire로 하는 경제에서의 바나나의 균형 가격은,
> 특정 미래 시점에서의 (오렌지 개수로 표시된) 바나나의 기대 가격

이 되어야 할 것입니다. 이에 대한 설명은 사과를 numeraire로 하는 경우와 사실상 똑같기 때문에 여기서는 생략하겠습니다.

단, 오렌지를 numeraire로 하는 경제에서 바나나 미래 기대 가격을 산출할 때 사용되는 각각의 사건(event)과 그 확률은, 사과를 numeraire로 하는 경제에서 바나나 미래 기대 가격을 산출할 때 그것들과는 다를 수 있습니다. 이를 쉽게 설명하기 위해 다음과 같이 표를 만들어 보겠습니다. 미래에는, 가령 1주일 뒤에는, 5개의 서로 다른 상태(states)가 도래할 것으로 예상됩니다. 아래 표에서 B = 바나나, A = 사과, 그리고 O = 오렌지를 뜻합니다. 그리고 각 상태마다 바나나를 비롯한 3개 과일의 ($로 표시된) 가치를 표시했습니다. 5개의 상태들이 서로 다르다(distinct)는 의미는, 각 상태마다 세 과일의 가격들이 "(다른 상태에서의 가격들과) 똑같지는 않다"는 의미입니다. 가령 상태 2에서는 바나나, 사과, 오렌지 가치가 {6, 6, 3}이지만 상태 4에서는 그것들이 {6, 2, 3}

[8] 본절에서는 바나나의 균형 가격을 설명하였고, 엄밀한 의미의 무차익 가격 차원에서 논의하지는 않았습니다. 차익거래에 의한 무차익 바나나 가격에 대한 수리적 증명은 다음 장인 10장 2절에서 제공됩니다.

이므로, 적어도 한 과일의 가격은 달라진다는 의미입니다. B/A = 사과를 numeraire로 할 때의 바나나 가격, B/O = 오렌지를 numeraire로 할 때의 바나나 가격을 의미합니다.

➢ 도표 9-4 사과와 오렌지를 numeraire로 하는 바나나 가격

State	B	A	O	B/A	B/O	Prob.
1	5	5	5	1	1	1/4
2	6	6	3	1	2	1/12
3	4	2	2	2	2	1/3
4	6	2	3	3	2	1/12
5	3	1	1	3	3	1/4
Curent Price =				2	2	

자, 사과를 numeraire로 하는 경우와 오렌지를 numeraire로 하는 경우 뭔가 달라진 것 같다는 느낌이 오는지요? 결론부터 말하겠습니다. 두 개의 서로 다른 numeraires를 사용하는 경우에는 개개 사건과 "확률"이 서로 다르게 인식될 수 있습니다. 먼저 사과를 numeraire로 사용하는 경우, 미래 바나나 가격은 1, 2, 3의 값을 갖습니다. 이 각각의 사건을 사건 1, 사건 2, 사건 3이라고 하면, "사건 1"은 미래 5개의 상태(state) 중에서 상태 1과 상태 2 중 하나가 도래하는 경우이므로 그 확률은 1/4 + 1/12 = 4/12 = 1/3입니다. "사건 2"는 상태 3이 도래하는 경우로 그 확률은 1/3이고 "사건 3"은 상태 4나 상태 5가 도래하는 경우로 그 확률은 1/12 + 1/4 = 1/3입니다. 그리고 이 확률들의 합은 1이 됩니다.

반면 오렌지를 numeraire로 사용하는 경우에 바나나 기대 가격을 산출할 때는 이런 식으로 사건들의 확률이 인식되지 않습니다. 이때에도 바나나 가격이라는 사건 자체는 사건1, 사건2, 사건 3입니다. 하지만 그 확률들은, 사과를 numeraire로 사용할 때의 그것들과는 다릅니다. 바나나 가격이 1이 되는 "사건 1"의 확률은 이제 1/4이 됩니다. 또 바나나 가격이 2가 되는 "사건 2"의 확률은 이제 1/12 + 1/3 + 1/12 = 6/12 = 1/2이 됩니다. 마지막으로, 바나나 가격이 3이 되는 "사건 3"의 확률은 이제 1/4이 됩니다. 이 확률들의 합은 1입니다. 이처럼 어떤 과일을, 즉 어떤 자산을 numeraire로 사용하는가에 따라 바나나 값이라는 각 사건의 확률은 달라질 수 있습니다. 그럼에도 불구하고, 즉 두 상이한 numeraires에 상이한 확률 수치를 사용했음에도 불구하고, 바나나

가격=2로 동일하게 산출됩니다. 이를 검증하면, 사과를 numeraire로 사용할 때의 바나나 가격은

$$1 \times \frac{1}{3} + 2 \times \frac{1}{3} + 3 \times \frac{1}{3} = 2$$

이고, 오렌지를 numeraire로 사용할 때의 바나나 가격은

$$1 \times \frac{1}{4} + 2 \times \frac{1}{2} + 3 \times \frac{1}{4} = 2$$

입니다. 그러므로 다음 정리가 성립합니다.

> **정리 3〉 numeraire, event, and probability(기준 자산, 사건 및 확률)**
>
> 한 경제의 numeraire가 달라지면, 미래 그 자산 가격이 특정 값을 가질 개별 사건들의 확률들이 달라질 수 있다. 그럼에도 불구하고 이 자산의 현재 가격이 달라지지는 않는다.

이제 우리는 기준 자산, 즉 numeraire가 달라짐에 따라 개별 사건들의 확률 수치가 달라질 수 있음을 알았습니다. 이는 곧, numeraire가 달라짐에 따라 확률측도(probability measure)가 달라진다는 뜻입니다. 확률측도가 무슨 뜻인지 잊어버렸을 것 같아 다시 여기에 소환해 보겠습니다.

"확률측도란 특정 사건에 확률 값들을 할당하는 방식 혹은 함수를 말한다."

numeraire가 사과에서 오렌지로 달라짐에 따라, 세 사건들 각각의 확률이 달라졌습니다. 그럼에도 불구하고 두 numeraire 사용 시 바나나 미래 기대 가격은 2로 동일합니다. 그러므로 바나나 현재 가격도 2가 됨이 타당합니다. 즉, 사과를 numeraire로 하는 확률측도를 사용하든 오렌지를 numeraire로 하는 확률측도를 사용하든, 바나나 기대 가격은 동일하므로, 우리 편의에 따라 더 편리한 확률측도를 사용하여 바나나의 합당한 현재 가격을 구할 수 있습니다.

그런데 혹시 이런 현상이 여러분들에게 뭔가를 생각나게 하지 않나요? 오래 전 우리가 공부했던 옵션의 이항 모형에서 이와 유사한 일이 있었습니다. 이항 모형 그림을 소환하여 다시 살펴보겠습니다.

➤ 도표 9-5 파생상품 가격 결정 원리(principle of derivatives pricing)

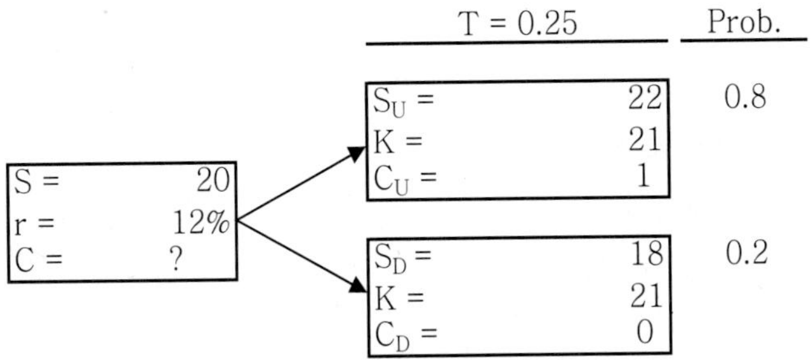

위 상황에서 3개월 후 주가가 22가 되는 사건과 18이 되는 두 사건이 있습니다. 그리고 실세계에서 그 각각의 확률은 0.8과 0.2로 인식됩니다. 반면 위험중립 세계에서는 그 각각의 확률이 0.65225와 0.34775이었습니다. 0.8과 0.2를 할당하는 확률측도를 "real probability measure"라 하고, 0.65225와 0.34775를 할당하는 확률측도를 "risk-neutral probability (measure)"라고 한다고 설명한 바 있습니다. 물론 위 그림에서는 미래 주가가 다른 두 상태만이 존재하는 매우 단순한 경우였습니다. 반면 우리가 방금 다룬 (바나나-사과) 사례에서는 미래에 세 개의 상태가 존재하는 보다 복잡한 경우입니다.[9] 이 차이를 제외하면, 두 사례에 공통점이 있습니다. 주식, 바나나 같은 자산의 미래 가격에 대한 여러 사건들에 대해 서로 다른 확률 수치를 부여하는 두 개의 확률측도가 존재한다는 사실입니다. 옵션 이항 모형에서, 이처럼 상이한 두 확률측도가 존재하지만 동일한 옵션 가격을 산출함을 알 수 있었습니다. 나아가 바나나 가격을 결정하는 상황에서도, 상이한 두 확률측도가 존재하지만 동일한 바나나 가격이 산출됐습니다.[10]

두 상이한 numeraires를 통해서 동일한 바나나 가격이 산출되는 과정, 또 두 상이한 numeraires를 통해서 동일한 옵션 가격이 산출되는 과정에서 공통적인 것은, 특정 numeraire를 사용해서 현재 합당한 자산 가격을 산출할 때

그 가격들이 "martingale" 속성을 지닌다

---

[9] 바나나 가격만 따지면 미래에 3가지 상태가 존재합니다. 1, 2, 3이 되는 세 개의 상태입니다.

[10] 주식 미래 기대 가격의 경우 두 확률측도 사용 시 서로 다른 값이 산출되지만, 현재의 가격은 동일한 값으로 산출됩니다. 반면 바나나의 경우에는 두 확률측도 사용 시 미래 기대 가격도 또 현재의 가격도 동일한 값으로 산출됩니다. 바나나 사례의 경우에는 할인율이 존재하지 않기 때문입니다.

는 것입니다. Martingale 개념을 잊은 사람들을 위해 그 개념, 그 정의를 여기 소환해 보겠습니다.

정의 3〉 Martingale의 정의

확률변수 X의 미래 시점 t에서의 기댓값 $E[X_t]$가 현재 시점의 X값인 X_s와 같으면 X는 martingale 속성을 가진다고 한다. 이를 수식으로 표현하면 다음과 같다.

$$E[X_t|X_s] = X_s, \qquad \text{where } s < t.$$

이를 좀 더 간단히 표현하면 다음과 같습니다.

$$E[X_t] = X_s, \qquad \text{where } s < t.$$

이제 위 정의의 우변과 좌변을 바꾸면

$$X_s = E[X_t]$$

가 됩니다. 이제 확률변수 X=‘바나나 값을 사과 값으로 나눈 값’으로 생각해 봅시다. 즉, 사과를 numeraire로 하여 바나나 가격을 표시한 변수가 바로 X인 경우입니다. 우리는 이미 위에서, 현재 (사과를 numeraire로 하는) 바나나 가격은 (사과를 numeraire로 하는) 미래의 바나나 기대 가격임을 알고 있습니다. 즉, 바나나 가격은 martingale입니다. 이를 수식으로 표시하면 다음과 같습니다. 현 시점 $s=0$의 바나나 (절대) 가격을 B_0, 사과 가격을 A_0라고 하면 $X_0 = \frac{B_0}{A_0}$이고 $E[X_t] = E\left[\frac{B_t}{A_t}\right]$입니다. 그러므로 다음이 성립합니다.[11]

$$\frac{B_0}{A_0} = E\left[\frac{B_t}{A_t}\right].$$

가령 앞에서 우리가 공부한 예에서 $\frac{B_0}{A_0} = 2$였고 $E\left[\frac{B_t}{A_t}\right] = 2$였습니다. 이때 미래 바나나 가격 $\frac{B_t}{A_t}$ 는 미래 어떤 상태(state)가 도래하는가에 따라 그 확률이 정해집니다. 그러므

---

[11] 여기서 바나나 절대 가격이란 사과를 numeraire로 하는 바나나 상대 가격과의 구별을 위한 표현입니다.

로 이때의 확률측도는 사과를 numeraire로 하는 확률측도입니다. 이 확률측도는 오렌지를 numeraire로 하는 확률측도와는 달랐음을 우리는 알고 있습니다. 이런 연유로, 위 식에서 미래 바나나 가격의 기댓값 $E\left[\frac{B_t}{A_t}\right]$를 산출한 확률측도는 '사과를 numeraire로 하는 확률측도'임을 강조하기 위해 다음과 같이 표시하기도 합니다.

> **정리 4〉 사과를 numeraire로 할 때 바나나 가격의 결정**
>
> $$\frac{B_0}{A_0} = E^A\left[\frac{B_t}{A_t}\right].$$

질문 9-2〉 위 정리가 옵션 가격 산출과 어떤 관계가 있을까요?

위에서 예를 든 바나나나 사과는 편의상 우리가 취한 한 예에 불과하고, 위 정리는 바나나, 사과에만 국한되는 것이 아니고 모든 자산에도 적용될 수 있습니다. 가령 주식, 콜, 채권 등의 모든 자산들의 관계에 대해서도 위 정리가 적용될 수 있습니다. 이에 대해 설명해 보겠습니다.

위 식의 양변에 A_0를 곱하면 다음이 성립합니다.

$$B_0 = A_0 \times E^A\left[\frac{B_t}{A_t}\right].$$

이제 B는 (바나나가 아니고) 콜 옵션의 가격이고, A는 (사과가 아니고) 무위험 무이표채(zero-coupon bond)의 가격이라 해 봅시다. 우리가 쓰던 알파벳은 콜의 경우 C였고 무위험 무이표채의 경우 B였으므로, 위 식의 알파벳을 달리해서 표현해 보겠습니다. 그리고 미래 시점 t를 콜의 만기일 시점인 T라 하겠습니다. 채권 B의 만기일 또한 T로 설정하겠습니다.

$$C_0 = B_0 \times E^B\left[\frac{C_T}{B_T}\right].$$

위 식은 numeraire가 채권이므로, 이 확률측도가 채권(가격)과 관련된 확률측도임을 기억하기 위해 $E^B[\cdot]$로 표시합니다. 그런데 무위험 채권의 미래 가격, 즉 만기일 가격에는 아무런 불확실성이 없으므로 B_T의 값은 현재 시점에서도 알려진 상수가 됩니다. 그러므로 B_T 값은 기댓값 계산식에서 상수로 빠져나올 수 있습니다.

$$\begin{aligned} C_0 &= B_0 \cdot E^B\left[\frac{C_T}{B_T}\right] \\ &= B_0 \cdot \frac{1}{B_T} \cdot E^B[C_T]. \end{aligned}$$

또한 무위험 이자율$=r$이라면 B_0와 B_T 사이에는 다음이 성립합니다.

$$B_T = B_0 \times e^{rT}.$$

이 관계를 C_0에 관한 위 식에 대입하면 다음이 성립합니다.

$$\begin{aligned} C_0 &= B_0 \cdot \frac{1}{B_T} \cdot E^B[C_T] \\ &= B_0 \cdot \frac{1}{B_0 \times e^{rT}} \cdot E^B[C_T] \\ &= e^{-rT} \times E^B[C_T]. \end{aligned}$$

자, 이 표현은 어디선가 많이 본 것 같지 않나요? 네 맞습니다. 바로 이것이 위험중립 평가법으로 현재 콜 가격 C_0를 산출하는 식입니다. 이 식의 우변의 $E^B[C_T]$는, 콜 기대 가격을 계산하되 무위험 채권과 연계된 확률측도를 사용해서 계산한다는 뜻입니다. 즉, 위험중립 세계의 (주가 상승 및 하락 확률인) $p, 1-p$를 사용하여 콜의 미래 기대값을 산출한다는 것으로, 이 확률 수치들은 실세계에서의 확률 수치들과는 다르다고 여러분은 배운 바 있습니다. 사과를 numeraire로 해서 바나나 가격을 구하면 "(사과로 나눈) 바나나 가격 = martingale"이 되듯이, 이를 콜 가격 산출에 적용하면, 채권을 numeraire로 하여 콜 가격을 산출하면 "(채권으로 나눈) 콜 가격 = martingale"이 된다는 것입니다. 아래처럼 말입니다.

$$\frac{C_0}{B_0} = E^B\left[\frac{C_T}{B_T}\right].$$

▣

이제 사과를 numeraire로 사용하든, 채권을 numeraire로 사용하든, numeraire로 사용되는 자산을 N이라 합시다. 그리고 이 numeraire의 시점 t에서의 가격을 N_t라고 표시합시다. 그러면 바나나 numeraire와 채권 numeraire에서 입증됐듯이, 일반적으로 다음의 정리가 도출됩니다. 아래 정리에서 Y는 주식, 콜과 같은 자산이고 $t > 0$입니다.

정리 5〉 numeraire에 의한 자산 가치평가 (수식)

$$\frac{Y_0}{N_0} = E^N\left[\frac{Y_t}{N_t}\right].$$

그런데 만일 numeraire가 채권이 아닌 다른 위험 자산일 경우에도 위 식이 성립할까요? 네 성립합니다. 가령 numeraire가 사과이거나 오렌지일 때에도 위 식이 성립했음을 우리는 알고 있습니다. 오렌지라는 자산은, 사과도 물론이고, 무위험 자산이 아닙니다. 사과나 오렌지의 미래 가격은 확정될 수 없고 미래 상태에 따라 달라집니다. 하지만 사과나 오렌지를 numeraire로 했을 때에도 위 식이 성립했었습니다. 그러므로 numeraire가 어떤 자산이든 위 식은 성립합니다. 우리는 위 식이 모든 numeraire에 대해 성립함을 보이기 위해, $N=$채권의 경우뿐 아니라 $N=$주식의 경우에도 위 식이 성립함을 차례로 입증할 것입니다.

이제 위 정리를 보다 상세하게 글로 표현하면 다음과 같습니다. 여기서 중요한 사항은 "martingale" 개념입니다. 위 정리의 내용이 곧 martingale에 관한 내용이기 때문입니다.

정리 6〉 numeraire와 martingale

자산 A의 가격을 (numeraire인) 자산 B의 가격으로 나눈 값(ratio)은 martingale이다. 단, 이때 사용되는 확률측도는 그 numeraire와 관련된 확률측도이고, 두 자산 A, B는 non-dividend-paying 자산들이다.

위 정리에서 "non-dividend-paying 자산"을 강조한 이유는, 배당, coupon interest 등의 현금을 (혹은 현금성 자산을) 지급하는 자산의 경우에는 그러한 현금 지급 후 그 자산 가격의 급격한 변화가 발생하기 때문입니다. 다른 말로는, 이러한 현금 지급 직후 자산 가격이 왜곡되기 때문입니다. 이것은 비단 현금뿐 아니라 주식 배당 등의 현금성 자산 지급의 경우에도 마찬가지입니다.

제 3 절 상태 가격(State prices)과 애로우 증권(Arrow securities)

주식이나 콜 같은 자산의 가치를 평가하는 또 다른 방법론은 이른바 "state prices" 즉 우리말로는 "상태 가격"을 사용하는 것입니다. 본 주제에서는 상태 가격에 대해 알아본 후, 그와 밀접히 관련된 애로우 증권(Arrow securities)에 대해 공부해 보겠습니다. 먼저 상태 가격이 무엇인지 알기 위해 다음 상황을 가정합시다. 3개월 후 특정 주식의 가격은 110(= S_U) 혹은 90(= S_D)이 될 것으로 시장에서 예상하고 있으며 그 각 확률은 0.8과 0.2로 추정되고 있습니다.

➢ 도표 9–6 미래 증권 가격과 현재 가격

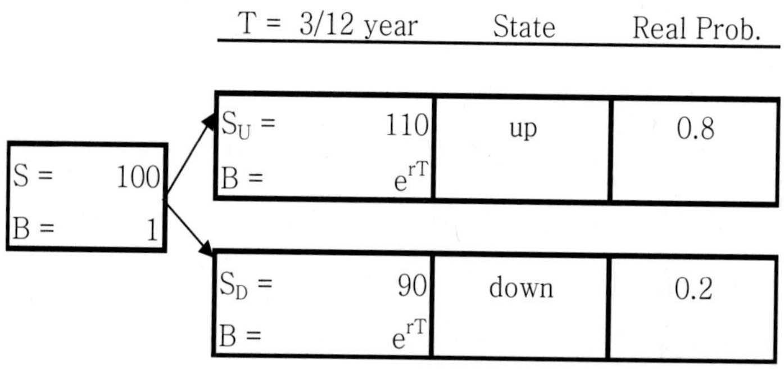

3개월 후 주가가 상승하는 상태는 'up' 그리고 하락하는 상태를 'down'이라 하겠습니다. 이 상황에서 이 주식을 다른 자산들의 포트폴리오로 구성할 수 있을까요? 네, 한 가지 방법이 있습니다. 이 방법을 알기 위해 그 다른 자산이 무엇일지를 먼저 정의해야 할 것 같습니다.

그 다른 자산이란, 미래의 상태들인 up과 down 각각에 있어서 $1을 제공하는 자산들입니다. 가령 3개월 후 상태 up이 도래하면 1을 주는 자산을 U라 하고 그 자산의 (현재) 가격을 π_U, 또 상태 down이 도래하면 1을 주는 자산을 D라 하고 그 가격을

π_D라 합시다. 이처럼 미래 특정 상태가 도래할 때(에만) $1의 가치가 있는 자산 U, D를 "Arrow securities" 혹은 "애로우 증권"이라 합니다.[12] 또 이러한 Arrow securities의 가격들인 π_U, π_D를 "state prices"라 합니다. 즉, "미래 상태의 가격"이란 뜻인데,

"미래 특정 상태의 $1이 현 시점에서는 얼마의 가격으로 환산되는가?"

를 의미합니다. π_U, π_D는 두 애로우 증권들의 가격인데, 이 애로우 증권들의 현재 가격과 미래 가격을 표시하면 아래 도표와 같습니다. 아래 도표에서 확인되듯, 이 애로우 증권은 옵션과 유사한 구조를 가지고 있습니다. 나중에 알게 되겠지만, 사실 콜이나 풋은 이 애로우 증권들을 여러 개 포함하는 포트폴리오로 이해될 수 있습니다.

➢ 도표 9-7 애로우 증권과 상태 가격

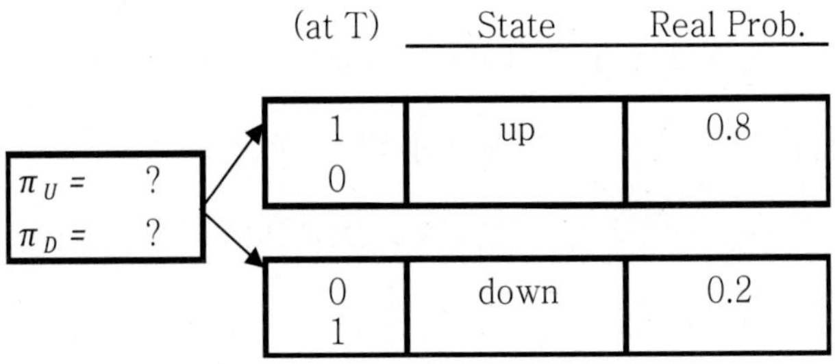

이 상태 가격을 알게 되면 주식, 채권, 콜이나 풋 가격도 이 상태 가격들의 함수로 표시할 수 있습니다. 그리고 이 사실이 의미하는 바는, 주식, 채권, 콜이나 풋은 각각 이 애로우 증권들의 포트폴리오라는 사실입니다. 무위험 무이표 채권(zero-coupon bond)을 예로 들어 봅시다. 이 채권은 미래 두 상태 모두 특정 액면가(par value)를 주는 자산입니다. 그 액면가를 $1이라 해봅시다. 그렇다면 이 채권은 애로우 증권 U와 D를 하나씩 포함하는 포트폴리오라 할 수 있습니다. 왜냐하면 U와 D를 하나씩 보유하고 있으면, 3개월 후 상태 up이 도래해도 $1을 받고 상태 down이 도래해도 $1을 받을 수 있기 때문입니다. 그리고 이 애로우 증권들의 가격은 각각 π_U 및 π_D이므로, 이 채권의 (현재) 가격 B는 다음과 같이 표시할 수 있습니다.

---

[12] 이 개념은 경제학 혹은 재무금융에서 꽤 중요한 내용이기도 하니 상식적으로라도 잘 기억하기 바랍니다.

$$B = 1 \times \pi_U + 1 \times \pi_D.$$

마찬가지로, 이 채권의 액면가가 \$12라 하면 이 채권은 애로우 증권 U와 D를 12개씩 포함하는 포트폴리오라 할 수 있습니다. 왜냐하면 U와 D를 12개씩 보유하고 있으면, 3개월 후 상태 up이 도래해도 \$12를 받고 상태 down이 도래해도 \$12를 받을 수 있기 때문입니다. 그리고 이 애로우 증권들의 가격은 각각 π_U 및 π_D이므로, 이 채권의 (현재) 가격 B는 다음과 같이 표시할 수 있습니다.

$$B = 12 \times \pi_U + 12 \times \pi_D.$$

그렇다면, "현재 가격＝\$1"인 채권(zero-coupon bond)도 위 식과 같이 표현할 수 있을까요? 네 있습니다. 물론 이 채권의 만기는 지금으로부터 3개월 후인 경우입니다.[13] 이 채권이 제공하는 (연)수익률이 r이라 하면 (즉, 이 무이표채의 yield＝r이면) 3개월 후 상태 up이 도래하든 상태 down이 도래하든 이 채권의 가격은 $1 \times e^{r \times T} = e^{r \times \frac{3}{12}}$입니다. 이 채권은 상태 up이 도래하면 \$1을 주는 게 아니라 $e^{r \times \frac{3}{12}}$를 주는 채권이므로, 애로우 증권 U를 $e^{r \times \frac{3}{12}}$개 포함하고 있습니다. 마찬가지로 상태 down이 도래해도 $e^{r \times \frac{3}{12}}$를 주는 채권이므로, 애로우 증권 D도 $e^{r \times \frac{3}{12}}$개 포함하고 있습니다. 그러므로 이 채권의 가격 1은 다음 식을 충족합니다.

$$1 = e^{r \times \frac{3}{12}} \cdot \pi_U + e^{r \times \frac{3}{12}} \cdot \pi_D.$$

유사한 논리로, 액면가 K이고 만기가 3개월인 무이표채는 애로우 증권 U와 D를 각각 K개 포함하는 포트폴리오입니다. 그러므로 이 채권의 가격 B는 다음 식을 충족합니다.

$$B = K \cdot \pi_U + K \cdot \pi_D.$$

---

[13] 만일 이 채권의 만기가 1년이면, 1년 후의 그 채권의 가격은 (차익거래에 의해) 액면가와 같지만, 3개월 후에는 이 시점의 시장 상황에 따라, 즉 이 채권에 대한 수요에 따라 그 가격이 불확실합니다. 이 사례에서는 미래 시점 3개월 후를 대상으로 하므로, 3개월 후가 만기인 이 채권을 사용합니다. 그리하여 3개월 후 이 채권의 가치(=이 채권의 액면가)에 아무 불활실성이 없도록 합니다.

질문 9-3〉 주식에 대해서도 이런 분석이 가능한가요?

네, 가능합니다. 여기에 다시, 위에서 언급했던 특정 주식의 미래 가격을 소환해 보겠습니다.

➢ **도표 9-6** 주식의 미래 가격과 현재 가격

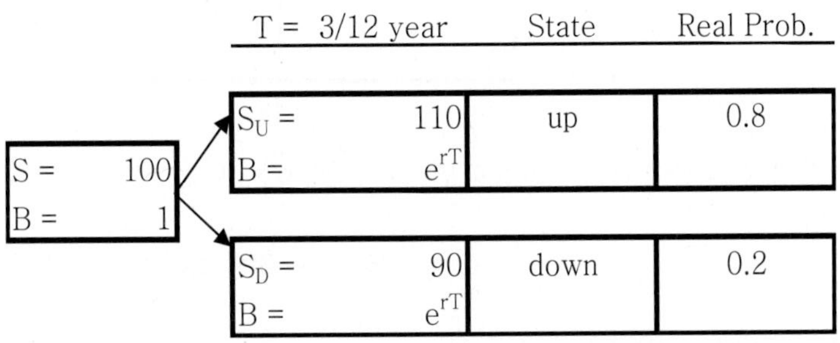

이 주식은 3개월 후 상태 up이 도래하면 S_U를 주고 상태 down이 도래하면 S_D를 주는 자산이므로, S_U개의 U와 S_D개의 D로 이루어진 포트폴리오라 할 수 있습니다. 또 U의 가격이 π_U이고 D의 가격이 π_D이므로, 이 주식의 현재 가격 S는 다음의 방정식을 충족할 것입니다.

$$S = S_U \times \pi_U + S_D \times \pi_D.$$

구체적으로는 다음 방정식이 성립합니다.

$$100 = 110 \times \pi_U + 90 \times \pi_D.$$

▣

질문 9-4〉 그럼 콜이나 풋 같은 옵션에 대해서도 이런 분석이 가능한가요?

네, 가능합니다. 행사 가격 $K = 105$인 콜의 현재 가격을 C라 하면 다음이 성립합니다.

➢ 도표 9–8 콜의 미래 가격과 현재 가격

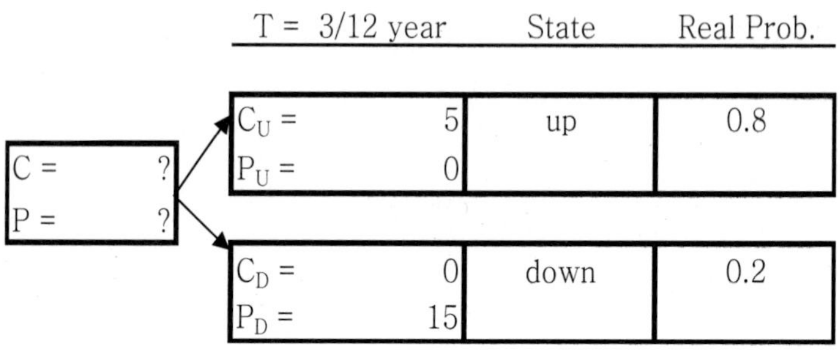

지금까지의 분석을 그대로 활용하면 콜 가격 C는 다음 방정식을 충족할 것입니다.

$$C = 5 \times \pi_U + 0 \times \pi_D.$$

또 행사 가격 $K = 105$인 (유러피언) 풋 가격 P는 다음 방정식을 충족할 것입니다.[14]

$$P = 0 \times \pi_U + 15 \times \pi_D.$$

나아가 (적어도 이항모형에서는) 3개월 후 상태 up이 도래하면 그 가격이 F_U가 되고 상태 down이 도래하면 그 가격이 F_D가 되는 임의의 자산 가격을 F라 하면 F는 다음을 충족합니다.

$$F = F_U \times \pi_U + F_D \times \pi_D.$$

▣

그러므로 채권, 주식, 옵션을 포함한 모든 자산에 대해 다음 정리가 성립합니다. 먼저 애로우 증권을 정의한 후 위 결과들을 정리로 요약합니다.

정의 4〉 애로우 증권(Arrow securities)과 상태 가격(state price)

미래 특정 상태(state)가 도래하면, 그리고 그 특정 상태에 한해서만 \$1을 지급하는 증권을 애로우 증권이라 한다. 또 이 애로우 증권의 가격을 상태 가격이라 한다.

---

[14] 통상 유러피언 풋은 p로, 그리고 어메리칸 풋은 P로 표기하지만, 여기서는 위험중립 확률 p와의 혼동을 막기 위해, 유러피언 풋을 P로 표기합니다.

정리 7〉

모든 자산은 애로우 증권(들)의 포트폴리오이다.

이 정리를 자산 가격과 상태 가격과의 관계로 설명하면 다음과 같습니다.

정리 8〉

모든 자산 가격은 상태 가격(들)의 함수이다.

이제 이와 관련된 질문을 하나 더 해 봅시다.

질문 9-5〉 상태 가격(π_U, π_D)과 실제 확률(혹은 real probability measure)이 관계가 있을까요?

네, 관계가 있습니다. 이 질문에 답하기 위해 간단한 예를 들어 봅시다. 가령 3개월 후 상태 up이 도래할 실제 확률이 0.1이라면, 이 상태에(만) $1을 주는 애로우 증권 U의 현재 가격은 높지 않을 것입니다. 극단적인 예로, 상태 up이 도래할 실제 확률이 0이라면, 이 상태에만 $1을 주기로 약속한 애로우 증권의 (현재) 가격은 0이 될 것입니다. 반면 상태 down이 도래할 실제 확률이 1이라면, 이 상태에만 $1을 주기로 약속한 애로우 증권 D의 (현재) 가격은 1에 가까울 것입니다.(이 경우에는 미래에 한 가지 상태 즉 'down'만 있는 경우이니, 애로우 증권 D는 채권이 되어, 그 현재 가격은 $\frac{1}{e^{rT}} = \frac{1}{e^{0.12\times0.25}} = \frac{1}{e^{0.03}}$이 될 것입니다.) 그러므로 상태 가격과 real probability measure는 밀접한 관계가 있습니다. 간단히 말하면, 미래에 특정 상태가 도래할 확률(=real probability)이 커질수록 그 상태의 가치는, 즉 상태 가격은 커지게 됩니다. ▣

질문 9-6〉 π_U와 π_D도 일종의 확률이라 할 수 있나요?

아니요, 그렇지 않습니다. 상태 가격들은 확률과 밀접한 관련이 있기는 하지만, 이들이 그 자체로 확률 수치가 되는 것은 아닙니다. 이를 간단히 설명해 보겠습니다. 무엇보다도, 확률 수치들의 합은 1이 되어야 합니다. 그런데 상태 가격들의 합은 1이 되지 않습니다. 이는 미래 각 상태에 $1을 주는 채권의 현재 가격을 생각해 보면 알 수 있습니다.

$$B = 1 \times \pi_U + 1 \times \pi_D.$$

위 식을 간단히 하면 아래와 같습니다.

$$B = \pi_U + \pi_D.$$

그런데 미래에 $1을 주는 이 채권의 현재 가격은 $\frac{1}{e^{rT}} = \frac{1}{e^{0.03}} < 1$이므로 다음 부등식이 성립합니다.

$$\frac{1}{e^{0.03}} = \pi_U + \pi_D < 1.$$

즉, 상태 가격들의 합은 1보다 작습니다. 이는 미래 상태 수가 2보다 많은 경우에도 마찬가지입니다. 가령 3개월 후 상태 수가 3개이고, 이 각 상태에(만) $1을 주는 애로우 증권의 가격을 각각 π_1, π_2 및 π_3이라 하고, 이 모든 상태에 $1을 주는 채권의 현재 가격을 B라 하면 다음이 성립합니다.

$$B = \pi_1 + \pi_2 + \pi_3.$$

그런데 이 채권의 가격은 $B = \frac{1}{e^{0.25 \times T}} < 1$이므로 역시 다음 부등식이 성립합니다.

$$\pi_1 + \pi_2 + \pi_3 = \frac{1}{e^{0.03}} < 1.$$

결론적으로, 상태 가격들의 합은 1보다 작으므로 상태 가격들은 확률이 아닙니다. 하지만 위에서 설명했듯이 확률과 밀접한 관계가 있습니다. 이에 대해서는 추후 설명하겠습니다. ▣

이제 상태 가격을 사용하여 콜 가격을 구해보겠습니다. 다음과 같이 무위험 이자율 $r = 0.12$일 때 만기일=3개월이고 행사 가격 $K = 105$인 콜의 현재 가격을 구해봅시다.

➢ 도표 9-9 상태 가격 이용하여 콜 가격 구하기

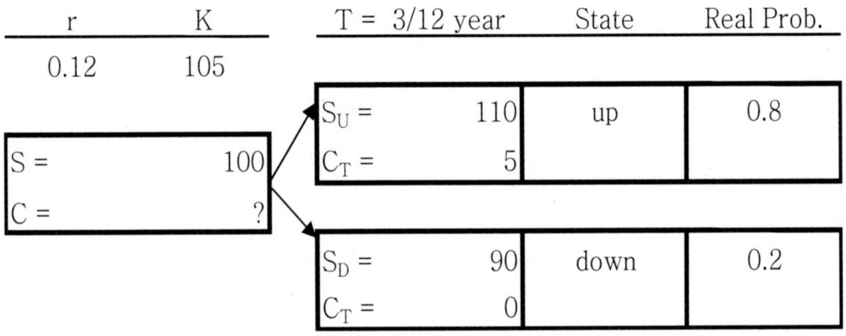

먼저 우리가 잘 아는 옵션 복제 방법을 통해 구해 보겠습니다. 만기가 3개월이고 현재 가격이 1인 무위험 무이표채는, 3개월 후 어떤 상태가 도래하든 $1 \times e^{rT} = e^{0.12 \times \frac{3}{12}} = e^{0.03}$의 가격을 가지게 됩니다. 이 채권을 b개 매수하고 기초 자산인 주식을 a개 매수하여 콜을 복제하기 위해서는 다음의 방정식(들)을 충족해야 합니다. 즉, 3개월 후에는

$$C_T = a \cdot S_T + b \cdot B_T$$

가 되어야 합니다. 여기서 S_T는 110 혹은 90의 가격을 갖고, B_T는 항상 $e^{0.03}$의 가격을 갖습니다. 그러므로 미래 상태에 따라 다음 두 방정식이 성립합니다.

$$5 = a \cdot 110 + b \cdot e^{rT} = a \cdot 110 + b \cdot e^{0.03}.$$
$$0 = a \cdot 90 + b \cdot e^{rT} = a \cdot 90 + b \cdot e^{0.03}.$$

두 방정식을 풀면 $20 \times a = 5$에 의해 $a = 0.25$가 산출되고

$$b = \frac{-90 \times a}{e^{0.03}} = \frac{-90 \times 0.25}{1.0305} = -21.8341$$

이 됩니다. 그러므로, 주식 a개와 채권 b개의 포트폴리오인 콜의 현재 가격은 다음과 같습니다(구별을 위해 현 시점을 0으로 표시).

$$C_0 = a \cdot S_0 + b \cdot B_0 = 0.25 \times 100 - 21.8341 \times 1 = 3.166.$$

위험중립평가법을 사용해서 콜 가격을 구해도 마찬가지 값이 산출됩니다.[15]

이제 상태 가격을 사용해서 구한 콜 가격도 3.166이 되는지 따져 보겠습니다. 먼저 π_U와 π_D를 구해 보겠습니다. 이를 위해 위 도표의 주식과 채권의 현재와 미래 가격들을 연계시키면 다음과 같습니다. 먼저 주식 가격에 의한 방정식이 하나 나옵니다.

$$100 = \pi_U \cdot 110 + \pi_D \cdot 90.$$

또 채권 가격에 의한 방정식도 하나 얻어집니다.

$$1 = \pi_U \cdot e^{rT} + \pi_D \cdot e^{rT} = \pi_U \cdot e^{0.03} + \pi_D \cdot e^{0.03} = (\pi_U + \pi_D) \times 1.0305.$$

채권 방정식을 간단히 하면 $\pi_U + \pi_D = 1/1.0305 = 0.9704$이므로 $\pi_U = 0.9704 - \pi_D$입니다. 이를 주식 방정식에 대입하면 $100 = \pi_U \cdot 110 + \pi_D \cdot 90 = (0.9704 - \pi_D) \cdot 110 + \pi_D \cdot 90 = -20 \times \pi_D + 106.744$이므로

$$\pi_D = \frac{106.744 - 100}{20} = 0.3372,$$
$$\pi_U = 0.9704 - \pi_D = 0.6332$$

입니다. 그러면 이 상태 가격들을 이용해 다음과 같이 콜 가격을 구할 수 있습니다.

$$C = 5 \times 0.6332 = 3.166.$$

이 값은 위에서 구한 콜 복제에 의한 값과 동일합니다. ▣

뿐만 아니라, 동일한 사양(specifications)의 풋 가격 P도 구할 수 있습니다. 즉, 만기일=3개월 후이고 행사 가격=105이며, 콜과 동일한 기초 자산(=주식)을 갖는 (유러피언) 풋은 3개월 후 상태 D가 도래할 경우에만 15의 가치가 있습니다. 그러므로 다음이 성립합니다.

$$P = 15 \times \pi_D = 15 \times 0.3372 = 5.058.$$

---

[15] 위험중립평가법이 다름 아닌, 옵션 복제 방법론을 간단히 압축한 것임을 기억하기 바랍니다.

이 풋 가격이 맞는지, 풋-콜 패리티를 통해 검증해 볼 수 있습니다. 풋-콜 패리티는 다음의 항등식을 뜻합니다.

$$S + P = C + K \cdot e^{-rT}.$$

과연 좌변과 우변이 일치할까요? 먼저 좌면 값은 S + P = 100 + 5.058 = 105.058입니다. 우변 값은

$$\begin{aligned} & C + K \cdot e^{-rT} \\ &= 3.166 + 105 \cdot e^{-0.03} \\ &= 3.166 \ \ + 105 \times 0.970446 \\ &= 3.166 + 101.897 \\ &= 105.063 \end{aligned}$$

입니다. 그러므로 좌변 값 105.058과 (반올림 오차 제외하고는) 같습니다. 반올림 오차는 0.005이므로 좌변이나 우변 값 105의 0.0047%에 불과합니다.[16]

이제 남은 것은 본절에서 공부한 "상태 가격(state prices)"과 그 이전에 공부한 "기준 자산(numeraire)"과의 관계를 파악하는 것입니다. 다음 절에서 이 두 개념의 관계를 파악하겠습니다.

제 4 절 상태 가격(State prices)과 기준 자산(Numeraire)

현 시장 내에 주식, 채권(zero-coupon bond) 및 콜 옵션, 이 세 종류의 증권이 거래되고 있다고 가정하겠습니다. 각 증권의 현재 가격을 S, R, C라 합시다. 편의상 이 채권의 현재 가격은 $R = 1$이고 그 만기수익률(yield) $= r$이어서, 미래 시점 T의 이 채권 가격은 $1 \times e^{rT} = e^{rT}$라고 가정하겠습니다. 혹은 "만기일 $= T$"인 이 무이표채의 액면

[16] 예전의 이항 모형 사례에서는 현재 주가 자체가 20이었고 콜 가격도 0.633 정도로 매우 작았습니다. 그러므로 반올림 오차는 극히 적어 거의 인지할 수 없었습니다. 반면 지금 여러분이 다루는 이항 모형은 현재 주가가 100이고 콜 가격도 3.166 정도로 이전 사례에 비해 '훨씬' 더 큽니다. 그러므로 반올림 오차가 어느 정도 인지되는 것입니다.

가(par value)가 e^{rT}라 하겠습니다. 미래 시점 T에는 상태 up과 상태 down의 두 가지가 존재하며, 이들의 각 상태 가격을 π_U 및 π_D로 표기하겠습니다.

시점 T의 up, down 두 상태에 따라 주가도 각각 S_U, 혹은 S_D로 표시하고, 채권 가격도 R_U, R_D로 표시하며($R_U = R_D = e^{rT}$), 콜 가격도 각각 C_U, C_D로 표시하겠습니다. 그러면 각 증권의 현재 가격은 다음과 같이 상태 가격들의 함수로 표시됩니다.

$$R = 1 = \pi_U \cdot R_U + \pi_D \cdot R_D.$$
$$S = \pi_U \cdot S_U + \pi_D \cdot S_D.$$
$$C = \pi_U \cdot C_U + \pi_D \cdot C_D.$$

이제 이 세 방정식의 좌변과 우변을 채권 가격 R로 나누겠습니다. 그러면 다음 방정식들이 성립합니다.

$$\frac{1}{R} = \pi_U \cdot \frac{R_U}{R} + \pi_D \cdot \frac{R_D}{R}. \quad (1)$$
$$\frac{S}{R} = \pi_U \cdot \frac{S_U}{R} + \pi_D \cdot \frac{S_D}{R}. \quad (2)$$
$$\frac{C}{R} = \pi_U \cdot \frac{C_U}{R} + \pi_D \cdot \frac{C_D}{R}. \quad (3)$$

$R=1$이므로 첫 방정식은 다음과 같이 표시할 수 있습니다.

$$1 = \pi_U \cdot \frac{R_U}{R} + \pi_D \cdot \frac{R_D}{R} = p_U + p_D. \quad (1)$$

여기서 $\pi_U \cdot \frac{R_U}{R} = p_U$, $\pi_D \cdot \frac{R_D}{R} = p_D$로 간단히 표기하겠습니다. 그러면

$p_U + p_D = 1$이 되므로, p_U, p_D는 일종의 확률

이라 해석할 수 있습니다! 나아가 p_U는 π_U와 관련되어 있으니 상태 up의 확률로, p_D는 π_D와 관련되어 있으니 상태 down의 확률로 해석할 수 있습니다.

정리 9〉

$\pi_U \cdot \frac{R_U}{R} = p_U$와 $\pi_D \cdot \frac{R_D}{R} = p_D$는 미래 상태 'up'과 'down'의 확률로 해석할 수 있다.

그리고 $\pi_U \cdot \frac{R_U}{R} = p_U$, $\pi_D \cdot \frac{R_D}{R} = p_D$를 사용하면 식 (2)는 다음과 같이 변환할 수 있습니다. 구체적으로, 식 (2) 우변의 첫 항에 R_U를 (분자, 분모에) 곱해주고, 둘째 항에 R_D를 (분자, 분모에) 곱해줍니다.

$$\begin{aligned}\frac{S}{R} &= \pi_U \cdot \frac{S_U}{R} + \pi_D \cdot \frac{S_D}{R} \\ &= \pi_U \cdot \frac{R_U}{R} \cdot \frac{S_U}{R_U} + \pi_D \cdot \frac{R_D}{R} \cdot \frac{S_D}{R_D}.\end{aligned}$$

그러면 식 (2)는 다음과 같이 간단해집니다.

$$\frac{S}{R} = p_U \cdot \frac{S_U}{R_U} + p_D \cdot \frac{S_D}{R_D}. \qquad (2)$$

이제 식 (2)는 어떻게 해석(interpretation)할 수 있을까요? 그 key는, p_U와 p_D가 "상태 up"과 "상태 down"의 확률로 해석할 수 있다는 사실을 활용하는 것입니다. 이를 활용해 봅시다. 식 (2)의 좌변은 현재 주가를 현재 채권 가격으로 나눈 것입니다. 마찬가지로 식 (2)의 우변은 상태 up의 미래 주가를 (그 상태의) 채권 가격으로, 또 상태 down의 미래 주가를 (그 상태의) 채권 가격으로 각각 나눈 것입니다. 이렇게 나눈 값들을 각 상태의 확률인 p_U와 p_D로 각각 곱해준 뒤 이들을 더한 것입니다. 그러니 식 (2)의 우변의 해석은

"채권을 numeraire로 할 때 미래 주가의 기댓값"

입니다. 혹은

"채권과 연계된 확률(측도)을 사용할 때 미래 주가의 기댓값"

의 의미입니다. 이 확률측도에서는 '상태 up'의 확률이 p_U이고 '상태 down'의 확률이 p_D입니다. 결국 식 (2)의 좌변과 우변을 해석하면,

"채권을 numeraire로 사용한 현 주가는
채권을 numeraire로 하는 확률(측도)에 의한 미래 주가의 기댓값"

과 같다는 의미입니다. 이를 수식으로 표현하면 다음과 같습니다.

$$\frac{S}{R} = E^R\left[\frac{S(T)}{R(T)}\right]. \quad (2)$$

여기서 우변을 $E^R[\cdot]$로 표기한 이유는, 이 기댓값을 산출할 때 사용한 확률 수치 p_U와 p_D가 채권 가격 R, R_U, R_D와 연계된 확률이라는 의미입니다.

이제 식 (3)에도 그 우변의 첫 항에 R_U를 (분자, 분모에) 곱해주고, 둘째 항에 R_D를 (분자, 분모에) 곱해줍니다.

$$\begin{aligned}\frac{C}{R} &= \pi_U \cdot \frac{C_U}{R} + \pi_D \cdot \frac{C_D}{R} \\ &= \pi_U \cdot \frac{R_U}{R} \cdot \frac{C_U}{R_U} + \pi_D \cdot \frac{R_D}{R} \cdot \frac{C_D}{R_D}.\end{aligned}$$

그러면 식 (3)도 아래처럼 간단해집니다.

$$\frac{C}{R} = p_U \cdot \frac{C_U}{R_U} + p_D \cdot \frac{C_D}{R_D}. \quad (3)$$

마찬가지로 식 (3)의 우변의 해석은

"채권을 numeraire로 하는 확률(측도)에 의한 미래 콜의 기대 가격"

입니다. 이를 수식으로 표현하면 다음과 같습니다.

$$\frac{C}{R} = E^R\left[\frac{C(T)}{R(T)}\right]. \quad (3)$$

물론 이 경우 무위험 채권의 가격들이기에 $R_U = R_D = R_T = e^{rT}$라는 특별한 관계가 있지만 말입니다. 여기서도 우변을 $E^R[\cdot]$로 표기한 이유는, 이 기댓값을 산출할 때 사용한 확률 수치 p_U와 p_D가 채권 가격 R, R_U, R_D와 연계된 확률이기 때문입니다. 그러므로 이를 아래처럼 표시할 수 있습니다.

$$p_U = \pi_U \cdot \frac{R_U}{R} = prob^R[up],$$
$$p_D = \pi_D \cdot \frac{R_D}{R} = prob^R[down].$$

여기서 $prob^R[up]$은 '상태 up'의 확률을 의미하되, 채권을 numeraire로 하는 확률측도에 의한 '상태 up'의 확률이라는 의미입니다. 마찬가지로 $prob^R[down]$은 '상태 down'의 확률을 의미하되, 채권을 numeraire로 하는 확률측도에 의한 '상태 down'의 확률입니다. 이 확률측도를 간단히 "채권-확률측도(bond-linked probability measure)"라 명명하면,

"$p_U = prob^R[up]$ = 채권-확률측도에 의한 'up'의 확률",
"$p_D = prob^R[down]$ = 채권-확률측도에 의한 'down'의 확률"

로 말할 수 있습니다. 결국

$$\frac{S}{R} = E^R\left[\frac{S(T)}{R(T)}\right]$$

그리고

$$\frac{C}{R} = E^R\left[\frac{C(T)}{R(T)}\right]$$

는 다음의 일반 정리가 적용된 것입니다. 여러분이 이미 배워서 알고 있는 다음의 일반 정리 말입니다. (정리 번호는 다릅니다)

정리 10〉 numeraire에 의한 자산 가치평가

$$\frac{Y_0}{N_0} = E^N\left[\frac{Y_T}{N_T}\right].$$

위 정리의 numeraire를 표시하는 자산 N이 식 (2), 식 (3)에서는 다름 아닌 바로 채권을 의미합니다. 물론 채권은 무위험 자산이므로 $N_0 = R = 1$이고 $N_T = R_U = R_D = e^{rT}$입니다.

그런데 더 흥미있는 사실이 여러분을 기다리고 있습니다. $R = 1$이고 $R(T) = e^{rT}$라는 상수이므로, 식 (2)는 다음과 같이 더 간단히 표시됩니다.

$$\frac{S}{R} = E^R\left[\frac{S(T)}{R(T)}\right] \ \rightarrow \ S = E^R\left[\frac{S(T)}{e^{rT}}\right] = e^{-rT} \cdot E^R[S(T)].$$

즉,

$$S = e^{-rT} \cdot E^R[S(T)]. \qquad (2-1)$$

또 식 (3)도

$$\frac{C}{R} = E^R\left[\frac{C(T)}{R(T)}\right] \ \rightarrow \ C = E^R\left[\frac{C(T)}{e^{rT}}\right] = e^{-rT} \cdot E^R[C(T)].$$

즉,

$$C = e^{-rT} \cdot E^R[C(T)]. \qquad (3-1)$$

식 (2-1)과 식 (3-1)은 식 (2), 식 (3)과 동일한 식인데, 어디서 많이 본 것 같지 않습니까? 네 맞습니다. 식 (2-1)과 식 (3-1)은 바로 다름 아닌, 제4장 옵션의 이항 모형에서 배웠었던

"위험중립평가법에 의한 주식 가치평가와 콜 가치평가"

를 나타내는 식입니다. 이 평가법에 따르면, 미래 주가(콜 가격)의 기댓값을 산출한 후 그 수치를 무위험 이자율 r로 현재시점까지 할인한 값이 바로 현재 주가(콜 가격)가 되어야 한다는 것입니다. 당시 우리는 상태 up과 상태 down의 실제 확률이 아닌 위험중립 확률 $p, 1-p$를 사용했었습니다. 그 위험중립 확률 $p, 1-p$가 여기서 p_U와 p_D가 되는 것이고, p_U와 p_D의 값과 해석은 다음과 같음을 우리는 알고 있습니다. (정리 번호는 다릅니다)

정리 11〉

$p_U = \pi_U \cdot \frac{R_U}{R} = prob^R[up]$과 $p_D = \pi_D \cdot \frac{R_D}{R} = prob^R[down]$은 채권(R)을 numeraire로 하는 확률측도에서 상태 'up'과 상태 'down'의 확률이다.

예전에 우리가 위험중립평가법 및 위험중립 확률을 배울 때에는 $p, 1-p$의 공식을 배우면서 이 둘의 합이 1이 되므로 이 수치들을 일종의 확률로 해석해도 된다고만 배웠습니다. 나아가 파생상품 가치평가에 있어서는 이런 확률을 사용하여 파생상품의 미래 기대 가격을 구한 후, 마치 모든 투자자들이 위험중립적 투자자(risk-neutral investors)인 것처럼 간주하여, 그 기대 가격을 무위험 이자율 r로 할인하여 현재 가격을 구한다고만 배웠습니다. 그런데 이제 우리는 이렇게 무식한(?) 가정 혹은 과도한 가정을 굳이 필요로 하지 않습니다. 그런 제약적 가정을 통해 파생상품 가치평가를 했던 방법론은, 이제 보니 다름 아니고 다음 정리의 특별한 경우였던 것입니다. 즉, "numeraire = N = 채권"인 경우였던 것입니다. 그리고 이 정리는 실제 세계를 대상으로 한 것이고, 굳이 위험중립 투자자들이 지배하는 위험중립 세계를 가정한 것은 아닙니다.

정리 12〉 numeraire N에 의한 자산 가치평가

$$\frac{Y_0}{N_0} = E^N\left[\frac{Y_T}{N_T}\right].$$

위 '일반적' 정리의 특수한 경우가 바로 위험중립평가법이었던 것입니다.

정리 13〉

"위험중립평가법(risk-neutral valuation)"은 "numeraire에 의한 자산 가치평가"의 특수한 경우이다. 구체적으로, numeraire를 채권 가격으로 설정한 경우이다.

그렇다면 이제 다음 주제는

"numeraire = 주식"인 경우에도 위 정리가 성립하는지

검증하는 것이 될 것입니다. 나아가,

"numeraire가 콜"인 경우에도 위 정리가 맞는지

도 검증해 볼 필요가 있습니다. 왜냐하면 위 정리에서는 numeraire인 N의 자산 유형을 특정하지 않았기 때문입니다. 그런데 (다음 절에서 numeraire가 주식인 경우를 다루기 전에) 흥미있는 질문을 하나 던지겠습니다.

Challenging Q 1〉 π_U와 π_D를 $S,\ S_U,\ S_D,\ r$의 함수로 나타낼 수 있나요?

네, 그렇습니다. 일단 애초의 식 (1), (2)를 보면, 2개 방정식에 두 개의 미지수 π_U와 π_D가 있는 형태입니다.

$$\frac{1}{R} = \pi_U \cdot \frac{R_U}{R} + \pi_D \cdot \frac{R_D}{R}. \quad (1)$$

$$\frac{S}{R} = \pi_U \cdot \frac{S_U}{R} + \pi_D \cdot \frac{S_D}{R}. \quad (2)$$

그리고 π_U와 π_D 외의 다른 모든 요소는, 즉 $S,\ S_U,\ S_D,\ r,\ R(=1),\ R_U = R_D = e^{rT}$는 이미 알려진 상수입니다. 그렇다면 π_U와 π_D는 이들의 함수로 표시될 수 있을 것입니다. 먼저 $R = 1,\ R_U = R_D = e^{rT}$를 식 (1), 식 (2)에 대입하면 다음과 같습니다.

$$1 = \pi_U \cdot \frac{e^{rT}}{1} + \pi_D \cdot \frac{e^{rT}}{1} = (\pi_U + \pi_D)e^{rT}. \quad (1)$$

$$S = \pi_U \cdot S_U + \pi_D \cdot S_D. \quad (2)$$

식 (1)에 의해 $\pi_U = \frac{1}{e^{rT}} - \pi_D$이고 이를 식 (2)에 대입하면 다음이 성립합니다.

$$S = \left(\frac{1}{e^{rT}} - \pi_D\right) \cdot S_U + \pi_D \cdot S_D$$

$$= \frac{S_U}{e^{rT}} + \pi_D(S_D - S_U)$$

$$= e^{-rT} \cdot S_U + \pi_D(S_D - S_U).$$

이를 π_D에 관해 정리하면 다음이 성립합니다.

$$\pi_D = \frac{S - e^{-rT} \cdot S_U}{S_D - S_U} = \frac{e^{-rT} \cdot S_U - S}{S_U - S_D} > 0.$$

$\pi_D > 0$인 이유는

i) 분모 $S_U - S_D > 0$이고
ii) 분자 $e^{-rT} \cdot S_U - S > 0$

이기 때문입니다. i)은 최초 가정에 의해 성립합니다. 또 ii)가 성립하는 이유는 다음과 같습니다. 미래 주가가 상승하는 경우에는 적어도 채권 가격의 상승보다는 더 많이 상승해야 합니다. 그렇지 않고, 주가 상승이 채권 가격 상승보다 작거나 같다면, 위험 자산이니 주식에 투자할 이유가 없습니다. 가령 무위험 채권을 사면 만기일 T 시점까지의 'gross return', 즉 총수익률은 e^{rT}입니다. 즉, 오늘 가격 B인 채권을 사면 미래 시점 T의 가격은 $B \cdot e^{rT}$가 됩니다. 한편 오늘 가격 S인 주식을 사면 미래 시점 T의 상태 up이 도래할 때에는 적어도 채권 수익률보다는 높아야 합니다. 왜냐하면 미래 상태 down에서는 이 주식의 총수익률이 up에서의 총수익률보다도 낮은데, up의 총수익률 자체가 채권 수익률보다도 낮거나 같다면, 위험 자산인 주식에 투자할 이유가 없기 때문입니다(high risk, high return). 즉, up 상태의 수익률을 'u'라 하면 $S \times e^{u \times T} = S_U$인데 이때 $e^{u \times T} > e^{rT}$이어야 한다는 것입니다. 그러면 $S_U = S \times e^{uT} > S \times e^{rT}$이므로 결국 $S_U > S \times e^{rT}$이 성립합니다. 이 부등식 양변에 e^{-rT}를 곱하면 $e^{-rT} \times S_U > e^{-rT} \cdot S \times e^{rT} = S$이므로 결국 ii) $e^{-rT} \cdot S_U - S > 0$가 성립합니다.

또한 $\pi_U > 0$인데 이를 증명하면 다음과 같습니다. 식 (1)에 의해 $\pi_U = \frac{1}{e^{rT}} - \pi_D$이므로 이를 활용하겠습니다.

$$\pi_U = \frac{1}{e^{rT}} - \frac{e^{-rT} \cdot S_U - S}{S_U - S_D}$$

$$= \frac{S_U - S_D}{e^{rT} \cdot (S_U - S_D)} - \frac{e^{rT}(e^{-rT} \cdot S_U - S)}{e^{rT} \cdot (S_U - S_D)}$$

$$= \frac{(S_U - S_D) - e^{rT}(e^{-rT} \cdot S_U - S)}{e^{rT} \cdot (S_U - S_D)}$$

$$= \frac{S_U - S_D - S_U + e^{rT} \cdot S}{e^{rT} \cdot (S_U - S_D)}$$

$$= \frac{e^{rT} \cdot S - S_D}{e^{rT}(S_U - S_D)}$$

$$= \frac{S - e^{-rT} \cdot S_D}{S_U - S_D} > 0.$$

여기서 $\pi_U > 0$인 이유는 분모가 0보다 (당연히) 크고, 분자 또한 0보다 크기 때문입니다. 분자가 0보다 큰 이유는 다음과 같습니다. 미래 상태 down에서의 이 주식의 (총)수익률은 채권의 (총)수익률 e^{rT}보다는 낮아야 합니다. 만일 이 상태에서의 주식 수익률이 채권 수익률보다 높거나 같으면, 차익거래가 발생하기 때문입니다. 미래 상태 down에서의 이 주식의 (총)수익률이 채권의 (총)수익률 e^{rT}보다 높거나 같다면, 이 주식에 투자하면 up 상태가 도래하거나 down 상태가 도래하거나 항상 채권 수익률보다는 주식 수익률이 높기 때문입니다(down 상태에서의 주식 수익률보다 up 상태에서의 주식 수익률이 더 높으니까). 그러므로, down 상태에서의 주식 수익률을 'd'라고 하면 $S_D = S \times e^{dT} < S \times e^{rT}$가 됩니다. 즉, $S_D < S \times e^{rT}$입니다. 이제 양변에 e^{-rT}를 곱하면 $e^{-rT} \cdot S_D < S$가 되므로, 위 식의 분자 $S - e^{-rT} \cdot S_D$는 0보다 큽니다.

지금까지 우리는 $\pi_U > 0$, $\pi_D > 0$임을 입증했습니다. 그런데 이 상태 가격들은 또한 $\pi_U < 1$, $\pi_D < 1$이기도 합니다. 즉, 이들은 $0 < \pi_U < 1$, $0 < \pi_D < 1$의 범위를 가지고 있습니다. 왜 이들 값이 1보다 작은지를 논리적으로 또 수식으로 증명해 보겠습니다. 논리적으로 설명하면 이렇습니다. 미래 상태 up이나 down은 확률 1로 확실히 도래하지는 않습니다. 이들 각 상태가 도래할 확률은 0보다 크고 1보다 작습니다. 이 각 상태에서 $1을 주는 애로우 증권 U 혹은 D의 현재 가격인 π_U 혹은 π_D는, 그러므

로 \$1보다는 작습니다. 왜냐하면 오늘 1의 값을 무위험 채권에 투자하면 미래 상태 up이 도래하든 down이 도래하든 $1 \times e^{rT} > 1$의 현금 수입을 창출하기 때문입니다. 반면 애로우 증권 U 혹은 D를 보유하면, 미래에 받을 수 있는 현금이 1에 불과하며, 그 확률도 1보다 작습니다. 즉, 운이 좋으면 1을 받고, 운이 나쁘면 0을 받습니다. 그러니 이러한 애로우 증권은, 미래에 e^{rT}을 주는 채권의 현재 가격 1보다는 작아야만 합니다.

더 정확히 말하면, 각 애로우 증권의 현재 가격이 1보다 작아야 할 뿐 아니라, 1보다 작은 $\frac{1}{e^{rT}}$ 보다도 작아야 합니다. 이를 입증하겠습니다. 두 애로우 증권을 모두 보유하면 미래에 확실히 1을 받습니다. up이 도래하든 down이 도래하든. 그러므로 U와 D의 가격의 합은, 미래에(T) 1을 보장하는 채권의 현재 가격과 같아야 합니다. 무위험 (연)이자율이 r일 때 이 채권의 가격은 $\frac{1}{e^{rT}}(< 1)$입니다. 그래서

$$
\begin{aligned}
\pi_U + \pi_D &= \frac{S - e^{-rT} \cdot S_D}{S_U - S_D} + \frac{e^{-rT} \cdot S_U - S}{S_U - S_D} \\
&= \frac{e^{-rT} \cdot (S_U - S_D)}{S_U - S_D} \\
&= \frac{1}{e^{rT}}
\end{aligned}
$$

가 성립하는 것입니다.

정리 14〉 상태 가격의 크기

$$
0 < \pi_U = \frac{S - e^{-rT} \cdot S_D}{S_U - S_D} < 1,
$$

$$
0 < \pi_D = \frac{e^{-rT} \cdot S_U - S}{S_U - S_D} < 1.
$$

$$
\pi_U + \pi_D = \frac{1}{e^{rT}}.
$$

수식으로 $\pi_U < 1$, $\pi_D < 1$을 증명하는 방법은, 수식으로 $\pi_U > 0$, $\pi_D > 0$을 증명했던

방법과 유사할 것입니다. 이는 독자들이 스스로 한번 입증해 보기를 권합니다.

사실은 위와 같은 복잡한 수식 없이도 $0 < \pi_U < 1$, $0 < \pi_D < 1$의 부등식은 차익거래 개념을 사용하여 논리적으로 증명할 수 있습니다. 미래 특정 상태에서만 \$1을 주는 각 상태 증권들의 현재 가격은, 그 특정 상태가 발생할 확률이 0보다 크고 1보다는 작으므로, 0보다는 크고 $\frac{1}{e^{rT}}$보다는 작아야 하기 때문입니다. 그렇지 않으면 차익거래가 발생하여 신속히 위 부등식이 성립하도록 만들 것입니다. 이 논리의 타당성에 대해서는 여러분 스스로 생각해 보시기 바랍니다.

이제 위 정리와 연관된 또 하나의 질문을 해볼까요? 이 질문은 필수적 내용은 아니고 advanced question이므로, 흥미가 충분히 많은 독자들만 일독하기를 권합니다.

> Challenging Q 2〉 다음 편미분의 부호가 왜 그렇게 될까요?
>
> $$\frac{\partial \pi_U}{\partial S_U} < 0,\ \frac{\partial \pi_D}{\partial S_U} > 0.$$

일단 이 부등식들이 성립하는지 따져 보겠습니다.

$$\frac{\partial \pi_U}{\partial S_U} = \frac{\partial\left(\frac{S - e^{-rT} \cdot S_D}{S_U - S_D}\right)}{\partial S_U}$$

$$= \frac{0 \cdot (S_U - S_D) - (S - e^{-rT} \cdot S_D) \times 1}{(S_U - S_D)^2}$$

$$= \frac{-S + e^{-rT} \cdot S_D}{(S_U - S_D)^2}$$

$$= -\left(\frac{S - e^{-rT} \cdot S_D}{S_U - S_D}\right) \cdot \frac{1}{S_U - S_D}$$

$$= -\pi_U \cdot \frac{1}{S_U - S_D} < 0.$$

또

$$\frac{\partial \pi_D}{\partial S_U} = \frac{\partial\left(\frac{1}{e^{rT}} - \pi_U\right)}{\partial S_U}$$

$$= 0 - \frac{\partial(\pi_U)}{\partial S_U}$$

$$= -\frac{\partial(\pi_U)}{\partial S_U}$$

$$= \pi_U \cdot \frac{1}{S_U - S_D} > 0.$$

그러므로 $\frac{\partial \pi_U}{\partial S_U} < 0$, $\frac{\partial \pi_D}{\partial S_U} > 0$은 성립합니다.

그렇다면 이 부등식들의 의미는 무엇일까요? 대략적인 의미는 다음과 같습니다. π_U의 값(크기) 자체는 상태 up이 발생할 실제 확률과 비례합니다. 이제 그 확률은 주어졌다고 하고, $\frac{\partial \pi_U}{\partial S_U} < 0$의 의미를 파악해 봅시다. 상태 up이 발생할 실제 확률이 주어졌다고 가정하는 이유는, 이 편미분은, 다른 모든 것은 변하지 않고 S_U 값만 커질 때 π_U 값의 변화 방향을 뜻하는데, 여기서 다른 모든 것들에는 상태 up이 발생할 확률도 포함되기 때문입니다. 이제 이 편미분 부호 $\frac{\partial \pi_U}{\partial S_U} < 0$의 의미는, 상태 up 발생 시 실현될 주가 S_U가 높을수록, 그 상태일 때 받는 \$1의 (현재)가치는 작아진다는 의미입니다. 가령, 대표 주식 S의 주가가 S_U로 상승하는 미래 경제 상태를 '호황'이라 하고 그 반대를 불황이라 해 봅시다. 경기가 호황일 때 기업들의 주가가 높아지는 경우가 많으니까 말입니다. 그런데 S_U가 커진다 함은, 호황 강도, 호황 수준이 높아짐을 뜻할 수 있습니다. 호황 강도가 클수록 절대금액 \$1의 (실질적) 가치가 더 작아질 것입니다. 그러면 호황 도래 시 \$1을 받는 애로우 증권 U의 현재 가격 π_U도, 미래 호황 규모가 더 커질수록, 더 작아질 것입니다.

혹은, 정부의 확장적 통화정책으로 시중에 돈이 많이 풀려 대부분 자산 가격이 부풀려질 수 있습니다. 이때 확장적 통화정책의 강도가 셀수록 (즉 S_U가 커질수록) 절대금액 \$1의 가치는 더 작아질 것입니다. 어느 기준에 비해서 더 작아진다는 얘기인가요? 확장적 통화정책이 시행되기 전의 (미래의) \$1의 가치와 비교해서 더 작아진다는 뜻입니다. 여러분도 자신의 호주머니에 현금이 40만원 있을 때의 1만원의 가치와, 자신 호주머니에 7만원 있을 때 1만원 가치가 다름을 체험했을 것입니다. 가령 어느 경우에 로또를 1만원만큼 구입할 가능성이 더 클까요? 로또 산다는 것은, 확률적으로 돈 버리는 것과 마찬가지라 한다면, 어떤 경우에 더 쉽게 돈을 버리게 될까요? 물론 호주머니에 현금이 두둑할 때 그러할 것입니다.

아무튼 호황 규모가 커지든 확장적 통화정책 강도가 세지든, 이런 (미래) 상태에서 $1의 가치가 작아지면, 그 가치를 오늘 시점으로 할인한 현재가치도 작아지겠지요. 그 현재가치가 π_U인 것입니다. 이런 점에서 $\frac{\partial \pi_U}{\partial S_U} < 0$의 의미를 해석할 수 있습니다. 반면 $\frac{\partial \pi_D}{\partial S_U} > 0$는 이와 정반대 경우입니다. 호황 수준이 더 높을수록, 정부가 돈을 많이 풀수록, (그런 호황이 아닌) 불황 시의 $1의 가치는 상대적으로 더 귀하게 여겨질 것입니다. 그렇다면 불황 때 $1을 주는 증권 D의 현재 가격도 또한 더 높아질 것입니다. ▣

제 5 절 기준 자산(Numeraire)이 주식

모든 상황이 위에서와 동일합니다. 또 각 증권의 현재 가격은 다음과 같이 상태 가격들의 함수로 표시됩니다.

$$R = 1 = \pi_U \cdot R_U + \pi_D \cdot R_D.$$
$$S = \pi_U \cdot S_U + \pi_D \cdot S_D.$$
$$C = \pi_U \cdot C_U + \pi_D \cdot C_D.$$

이제 이 방정식들의 좌변과 우변을 "주식 가격" S로 나누면 다음 식들이 성립합니다. 편의상 동일하게 식 (1), (2), (3)으로 표기합니다.

$$\frac{R}{S} = \pi_U \cdot \frac{R_U}{S} + \pi_D \cdot \frac{R_D}{S}. \qquad (1)$$

$$\frac{S}{S} = 1 = \pi_U \cdot \frac{S_U}{S} + \pi_D \cdot \frac{S_D}{S}. \qquad (2)$$

$$\frac{C}{S} = \pi_U \cdot \frac{C_U}{S} + \pi_D \cdot \frac{C_D}{S}. \qquad (3)$$

식 (2)는 다시 다음과 같이 표시할 수 있습니다.

$$1 = \pi_U \cdot \frac{S_U}{S} + \pi_D \cdot \frac{S_D}{S} = q_U + q_D. \qquad (2)$$

즉, $\pi_U \cdot \frac{S_U}{S} = q_U$, $\pi_D \cdot \frac{S_D}{S} = q_D$로 간단히 표기하겠습니다. 그러면

$q_U + q_D = 1$이 되므로, q_U, q_D는 일종의 확률

이라 해석할 수 있습니다. 구체적으로 q_U는 상태 up의 확률이고 q_D는 상태 down의 확률입니다. 물론 $\{q_U,\ q_D\}$는 주식 가격과 연계된 확률이니, p_U와 p_D와는 다른 수치들입니다. 즉, 사건 up과 사건 down에 대한 두 확률체계인 $\{p_U, p_D\}$와 $\{q_U, q_D\}$는 두 개의 서로 다른 확률측도(probability measures)입니다.[17] 이제 우리는 q_U와 q_D를 다음과 같이 해석할 수 있습니다.

> **정리 15〉**
>
> $q_U = \pi_U \cdot \frac{S_U}{S} = prob^S[up]$과 $q_D = \pi_D \cdot \frac{S_D}{S} = prob^S[down]$은 주식($S$)을 numeraire로 하는 확률측도를 사용할 때 상태 'up'과 상태 'down'의 확률이다.

그리고 $q_U = \pi_U \cdot \frac{S_U}{S}$와 $q_D = \pi_D \cdot \frac{S_D}{S}$를 사용하면 식 (1)은 다음과 같이 변환할 수 있습니다. 즉, 그 우변의 첫 항에 S_U를 (분자, 분모에) 곱해주고, 둘째 항에 S_D를 (분자, 분모에) 곱해줍니다.

$$\frac{R}{S} = \pi_U \cdot \frac{R_U}{S} + \pi_D \cdot \frac{R_D}{S}$$
$$= \left(\pi_U \cdot \frac{S_U}{S}\right) \cdot \frac{R_U}{S_U} + \left(\pi_D \cdot \frac{S_D}{S}\right) \cdot \frac{R_D}{S_D}.$$

---

[17] 확률측도(probability measure) 개념이 기억나지 않는다면 본장의 처음으로 되돌아가 확률측도에 관한 내용을 리뷰하기 바랍니다. 여기에 간단히 재요약하면, 확률측도란 특정 사건(들)에 확률 값(들)을 할당하는 방식 혹은 함수를 말합니다.

그러면 식 (1)은 다음과 같이 간단해집니다.

$$\frac{R}{S} = q_U \cdot \frac{R_U}{S_U} + q_D \cdot \frac{R_D}{S_D}. \quad (1)$$

그러므로 식 (1)의 의미를 함축해서 표시하면 아래와 같습니다.

$$\frac{R}{S} = E^S\left[\frac{R(T)}{S(T)}\right]. \quad (1)$$

식 (1)의 우변 $E^S[\cdot]$은 주식($= S$)을 numeraire로 하는 확률측도를 사용한 (채권의) 기대 가격을 의미합니다. 간단히 하면, $E^S[\cdot]$은 "주식-확률측도"를 사용한 (채권의) 기대 가격입니다.

식 (3)에도 그 우변의 첫 항에 S_U를 (분자, 분모에) 곱해주고, 둘째 항에 S_D를 (분자, 분모에) 곱해줍니다.

$$\begin{aligned}\frac{C}{S} &= \pi_U \cdot \frac{C_U}{S} + \pi_D \cdot \frac{C_D}{S} \\ &= \left(\pi_U \cdot \frac{S_U}{S}\right) \cdot \frac{C_U}{S_U} + \left(\pi_D \cdot \frac{S_D}{S}\right) \cdot \frac{C_D}{S_D}.\end{aligned}$$

그러면 식 (3)도 아래처럼 간단해집니다.

$$\frac{C}{S} = q_U \cdot \frac{C_U}{S_U} + q_D \cdot \frac{C_D}{S_D}. \quad (3)$$

그러므로 식 (3)의 의미를 함축해서 표시하면 아래와 같습니다.

$$\frac{C}{S} = E^S\left[\frac{C(T)}{S(T)}\right]. \quad (3)$$

식 (3)의 우변 $E^S[\cdot]$은 주식($= S$)을 numeraire로 사용한 (콜 옵션의) 기대 가격을 의미합니다. 결국 식 (1)과 식 (3)도 다음 정리의 특수한 경우인 것입니다.

정리 16〉 numeraire에 의한 자산 가치평가

$$\frac{Y_0}{N_0} = E^N\left[\frac{Y_T}{N_T}\right].$$

위 정리의 numeraire를 표시하는 자산 N이 식 (1)과 식 (3)에서는 다름 아닌 바로 "주식" S를 의미합니다.

참고 4〉 위험중립평가법의 간편한 공식

채권을 numeraire로 할 때는 (즉 위험중립평가법에서는) 콜 가격이 매우 간편한 공식으로 산출되었습니다. 즉, "$C = e^{-rT} \cdot E^R[C(T)]$"이었습니다. 또 주식 가격도 "$S = e^{-rT} \cdot E^R[S(T)]$"이었습니다. 이런 간단한 공식이 얻어진 이유는 채권이라는 특수한 자산을 numeraire로 사용했기 때문입니다. 좌변의 경우 원래 $\frac{C}{R}$ 혹은 $\frac{S}{R}$이 되어야 하지만, 현재 채권 가격 $R = 1$로 설정했기에 $\frac{C}{R} = C$ 혹은 $\frac{S}{R} = S$로 간단해집니다. 우변의 경우에도 원래는 $E^R\left[\frac{C(T)}{R(T)}\right]$ 혹은 $E^R\left[\frac{S(T)}{R(T)}\right]$ 되어야 하지만, $R(T) = e^{rT}$로 확정된 상수가 됩니다. 어느 확률측도하에서도 말입니다. 그러므로 $E^R\left[\frac{C(T)}{R(T)}\right] = E^R\left[\frac{C(T)}{\mathrm{e}^{\mathrm{r}T}}\right] = e^{-rT} \cdot E^R[C(T)]$ 혹은 $E^R\left[\frac{S(T)}{R(T)}\right] = E^R\left[\frac{S(T)}{\mathrm{e}^{\mathrm{r}T}}\right] = e^{-rT} \cdot E^R[S(T)]$이 됩니다. 반면 주식을 numeraire로 하는 경우, 미래 시점 T의 주가는 상수가 아닌 (미래 상태에 따른) 확률변수이기에 $E^S\left[\frac{C(T)}{S(T)}\right]$ 혹은 $E^S\left[\frac{B(T)}{S(T)}\right]$에서 $S(T)$가 $E^S[\cdot]$ 밖으로 빠져나올 수 없습니다.

나아가 현재 채권 가격을 $R = 1$로 설정하지 않아도 항상 $C = e^{-rT} \cdot E^R[C(T)]$ 혹은 $S = e^{-rT} \cdot E^R[S(T)]$ 같은 형태로 콜 가격 혹은 주식 가격 공식이 도출됩니다. 여기서 e^{-rT}의 T는, 더 정확하게 표시하면, "$T - 0$"인 것입니다. 즉, 현재 시점 0과 미래 시점 T 사이의 기간을 의미하는 것입니다. 이제 현재 시점 t를 일반화하여 $t(\geq 0)$ 이고 미래 시점이 T이며 현 시점의 채권 가격을 B라 하면, 시점 T의 이 채권 가격은 $B \cdot e^{r(T-t)}$가 됩니다.[18] 그러면 채권을 numeraire로 한 콜 방정식 $\frac{C}{R} = E^R\left[\frac{C(T)}{R(T)}\right]$은 $\frac{C}{B} =$

[18] 시점 T를 만기일로 하는 채권을 사용한다고 생각하면 됩니다.

$E^R\left[\frac{C(T)}{B\cdot e^{r(T-t)}}\right]$이 됩니다. 이 식에서 좌변은 $\frac{C}{B}=C\cdot B^{-1}$이 되고 우변은 $E^R\left[\frac{C(T)}{B\cdot e^{r(T-t)}}\right]=B^{-1}\cdot e^{-r(T-t)}\cdot E^R[C(T)]$이 되므로 결국 $C\cdot B^{-1}=B^{-1}\cdot e^{-r(T-t)}\cdot E^R[C(T)]$이 됩니다. 즉, 다음이 성립합니다.

$$C=e^{-r(T-t)}\cdot E^R[C(T)].$$

물론 위 식 좌변의 C는 현재 시점 t의 콜 가격이므로, 더 정확하게는 C_t라고 쓸 수 있습니다.

마찬가지로 주식에 대해서도 결국 다음이 성립함을 보일 수 있습니다. 물론 아래 식에서도 식 좌변의 S는 현재 시점 t의 주식 가격이므로, 더 정확하게는 S_t라고 쓸 수 있습니다.

$$S=e^{-r(T-t)}\cdot E^R[S(T)].$$

▣

제 6 절 기준 자산(Numeraire)이 콜 옵션

모든 상황이 위에서와 동일합니다. 또 각 증권의 현재 가격은 다음과 같이 상태 가격들의 함수로 표시됩니다.

$$R=1=\pi_U\cdot R_U+\ \pi_D\cdot R_D.$$
$$S=\pi_U\cdot S_U+\pi_D\cdot S_D.$$
$$C=\pi_U\cdot C_U+\pi_D\cdot C_D.$$

이제 이 방정식들의 좌변과 우변을 "콜 가격" C로 나누면 다음 방정식들이 성립합니다. 그러면 이 식들은 콜 가격을 numeraire로 하여 채권, 주식 및 콜 옵션 가격을 표시한 것입니다. 편의상 동일하게 식 (1), (2), (3)으로 표기합니다.

$$\frac{R}{C}=\pi_U\cdot\frac{R_U}{C}+\pi_D\cdot\frac{R_D}{C}. \qquad (1)$$

$$\frac{S}{C} = \pi_U \cdot \frac{S_U}{C} + \pi_D \cdot \frac{S_D}{C}. \qquad (2)$$

$$\frac{C}{C} = 1 = \pi_U \cdot \frac{C_U}{C} + \pi_D \cdot \frac{C_D}{C}. \qquad (3)$$

식 (3)은 다시 다음과 같이 표시할 수 있습니다.

$$1 = \pi_U \cdot \frac{C_U}{C} + \pi_D \cdot \frac{C_D}{C} = c_U + c_D. \qquad (3)$$

즉, $\pi_U \cdot \frac{C_U}{C} = c_U$, $\pi_D \cdot \frac{C_D}{C} = c_D$로 간단히 표기하겠습니다. 그러면 $c_U + c_D = 1$이 되므로, c_U, c_D는 일종의 확률이라 해석할 수 있습니다. 구체적으로, c_U는 상태 up의 확률이고 c_D는 상태 down의 확률입니다. 물론 $\{c_U, c_D\}$는 콜 가격과 연계된 확률이니, $\{p_U,\ p_D\}$나 $\{q_U,\ q_D\}$와는 다른 수치들입니다. 즉, 사건 up과 사건 down에 대한 세 확률체계인 $\{c_U,\ c_D\}$, $\{p_U,\ p_D\}$와 $\{q_U,\ q_D\}$는 세 개의 서로 다른 확률측도(probability measures)입니다. 이제 우리는 c_U와 c_D를 다음과 같이 해석할 수 있습니다.

정리 17〉

$c_U = \pi_U \cdot \frac{C_U}{C} = prob^C[up]$과 $c_D = \pi_D \cdot \frac{C_D}{C} = prob^C[down]$은 콜$(C)$을 numeraire로 하는 확률측도를 사용할 때 상태 'up'과 상태 'down'의 확률이다.

그리고 $c_U = \pi_U \cdot \frac{C_U}{C}$와 $c_D = \pi_D \cdot \frac{C_D}{C}$를 사용하면 식 (1)은 다음과 같이 변환할 수 있습니다. 즉, 그 우변의 첫 항에 C_U를 (분자, 분모에) 곱해주고, 둘째 항에 C_D를 (분자, 분모에) 곱해줍니다.

$$\begin{aligned}\frac{R}{C} &= \pi_U \cdot \frac{R_U}{C} + \pi_D \cdot \frac{R_D}{C} \\ &= \left(\pi_U \cdot \frac{C_U}{C}\right) \cdot \frac{R_U}{C_U} + \left(\pi_D \cdot \frac{C_D}{C}\right) \cdot \frac{R_D}{C_D}.\end{aligned}$$

그러면 식 (1)은 다음과 같이 간단해집니다.

$$\frac{R}{C} = c_U \cdot \frac{R_U}{C_U} + c_D \cdot \frac{R_D}{C_D}. \quad (1)$$

그러므로 식 (1)의 의미를 함축해서 표시하면 아래와 같습니다.

$$\frac{R}{C} = E^C\left[\frac{R(T)}{C(T)}\right]. \quad (1)$$

식 (1)의 우변 $E^C[\cdot]$은 콜 옵션($= C$)을 numeraire로 사용한 (채권의) 기대 가격임을 시사합니다.

식 (2)에도 그 우변의 첫 항에 C_U를 (분자, 분모에) 곱해주고, 둘째 항에 C_D를 (분자, 분모에) 곱해줍니다.

$$\begin{aligned}\frac{S}{C} &= \pi_U \cdot \frac{S_U}{C} + \pi_D \cdot \frac{S_D}{C} \\ &= \left(\pi_U \cdot \frac{C_U}{C}\right) \cdot \frac{S_U}{C_U} + \left(\pi_D \cdot \frac{C_D}{C}\right) \cdot \frac{S_D}{C_D}.\end{aligned}$$

그러면 식 (2)도 아래처럼 간단해집니다.

$$\frac{S}{C} = c_U \cdot \frac{S_U}{C_U} + c_D \cdot \frac{S_D}{C_D}. \quad (2)$$

그러므로 식 (2)의 의미를 함축해서 표시하면 아래와 같습니다.

$$\frac{S}{C} = E^C\left[\frac{S(T)}{C(T)}\right]. \quad (2)$$

식 (2)의 우변 $E^C[\cdot]$은 콜($= C$)을 numeraire로 사용한 (주식의) 기대 가격을 암시합니다. 결국 식 (1)과 식 (2)도 결국은 다음 정리의 특수한 경우입니다.

정리 18〉 numeraire에 의한 자산 가치평가

$$\frac{Y_0}{N_0} = E^N\left[\frac{Y_T}{N_T}\right].$$

위 정리의 numeraire를 표시하는 자산 N이 식 (1)과 식 (2)에서는 다름 아닌 바로 "콜 옵션"을 의미합니다.

지금까지 우리는 자산 가치평가에 있어서 위 정리에 따라 numeraire가 어떤 자산이 되든 모든 유형의 자산을 정확히 평가할 수 있음을 배웠습니다. 이제 여러분에게 한 가지 과제를 드리겠습니다. 콜이 numeraire인 경우에도 주식, 채권, 그리고 콜 옵션의 가치평가가 가능했듯이, 풋 옵션이 numeraire인 경우에도 그러할 것입니다. 이에 대해 스스로 한번 증명해 보기 바랍니다.

> Self-study 1〉
>
> 풋 옵션을 numeraire로 하여 주식, 채권, 콜 및 풋 옵션의 현재 가격을 평가해 보세요.

이제 마지막으로, 특정 자산을 numeraire로 하는 확률측도를 사용할 때 상태 'up'과 상태 'down'의 확률의 형태를 다시 살펴보겠습니다. 가장 나중에 보았던 확률들을 봅시다.

> $c_U = \pi_U \cdot \frac{C_U}{C} = prob^C[up]$과 $c_D = \pi_D \cdot \frac{C_D}{C} = prob^C[down]$은
> 콜(C)을 numeraire로 하는 확률측도를 사용할 때
> 상태 'up'과 상태 'down'의 확률이다.

결국 확률 c_U와 c_D의 형태는 다음 형태가 됩니다.

$$\pi \times \frac{C(T)}{C} = \pi \times \text{gross return of call.}$$

사실 p_U와 p_D도

$$\pi \times \frac{R(T)}{R} = \pi \times \text{gross return of bond}$$

의 형태이고, q_U와 q_D도

$$\pi \times \frac{S(T)}{S} = \pi \times \text{gross return of stock}$$

의 형태입니다. 이런 특성을 기억하고 있으면 수식 전개나 이해에 도움이 됩니다.

> **정리 19〉**
>
> 특정 자산을 numeraire로 하는 확률측도에서 특정 상태의 확률은 상태 가격과 그 자산의 (특정 상태 도래 시) gross return을 곱한 값이다.

제 7 절 다시 블랙-숄즈로

그런데 우리가 어쩌다 이런 논의를 하게 되었을까요? 어쩌다 probability measure, numeraire, state price 등을 공부하게 되었나요? 네, Black-Scholes option pricing 공식을 공부하다가 그 공식(들)을 더 잘 해석하기 위해 여기까지 온 것입니다. 더 정확히는, 그 모형의 $N(d_1)$ 의 의미를 알기 위해서였습니다. 그런데 여기까지 공부하다 보니, probability measure, numeraire, state price 등의 개념들이 비단 옵션 가치평가에만 유용한 것이 아니라 주식이나 채권 등 일반 모든 자산 평가에도 유용한 것임을 알게 되었습니다. 이제 다시 원래의 이슈로 돌아가, 이런 개념들을 사용하여 Black-Scholes option pricing models를 새로 분석하고 $N(d_1)$의 의미를 해석해 보겠습니다.

다음 콜을 생각해 보겠습니다. 행사 가격=K, 기초 자산=특정 주식의 주가 S, 만기 시점=T인 콜 C의 청산가치는 다음과 같습니다. C_t, S_t의 아랫첨자 t는 시점을 의미합니다.

$$C_T = Max[S_T - K, 0].$$

우변을 풀어 쓰면 다음과 같습니다.

$$C_T = S_T - K \quad \text{if} \quad S_T > K \quad \text{or} \quad C_T = 0 \quad \text{if} \quad S_T \leq K.$$

만기일 내가격일 때 콜 가치의 청산가치 구조를 보면

$$S_T - K$$

의 형태입니다. 이는 곧 주식이라는 자산 가격에서 현금(K)이라는 자산 가치를 차감한 값입니다. 즉, 만기일 콜이라는 자산은, 주식을 롱포지션으로 보유하고 현금(채권)을 숏포지션으로 보유한 포트폴리오와 유사해 보입니다. 이제 "if $S_T \le K$"를 간단히 "else"라 표현하겠습니다. 그러면 만기일 콜 가격은 다음과 같이 표시할 수 있습니다.

$$C_T = \begin{Bmatrix} S_T & \text{if } S_T > K \\ 0 & else \end{Bmatrix} - \begin{Bmatrix} K & \text{if } S_T > K \\ 0 & else \end{Bmatrix}$$

$$= \quad SD_T \quad - \quad D_T.$$

즉, 콜의 만기일(T) 가격은 두 자산 가격인 SD_T와 D_T의 차이입니다. 첫 번째 자산은, 시점 T에 상태 $S_T > K$가 도래하면 그 가치가 S_T가 되고 그렇지 않으면 그 가치가 0이 되는 자산입니다. 두 번째 자산은, 시점 T에 상태 $S_T > K$가 도래하면 그 가치가 K가 되고 그렇지 않으면 그 가치가 0이 되는 자산입니다. 즉, (시점 T의) 콜 가치는 첫 번째 자산 가치에서 두 번째 자산 가치를 뺀 값입니다. 이는 곧 콜이 첫째 자산을 long position으로 보유하고 둘째 자산을 short position으로 보유하는 포트폴리오와 동일한 자산이라는 의미입니다. 첫째 자산의 이름을 "stock digital call option"(=SD)이라 하고 둘째 자산을 "digital call option"(=D)이라고 명명합시다. 또는 첫째 자산을 "asset-or-nothing call", 둘째 자산을 "cash-or-nothing call"이라고 부릅니다. 참고로 "digital option"이란, 만기일에 두 값 중 하나의 값(가치)만 갖는 옵션을 의미합니다.[19] 둘째 자산처럼, 만기일에 K 혹은 0의 가치만 갖는 옵션이 대표적인 digital option인 것입니다. 첫째 자산인 "stock digital call"은 만기일에 확정된 두 유형의 값을 가집니다. 즉, 주가(=S_T) 혹은 0의 값을 갖습니다. S_T는 상수가 아니고 미래 주가 변동에 따라 다양한 값을 가질 수 있습니다. 블랙-숄즈-머튼 모형에서는 기초 자산인 주가가 (이항분포 아닌) 연속확률분포를 가짐을 전제로 하므로 당연히 S_T는 무수히 많은 값을 가집니다.[20]

만기일에 콜 가치가 (두 개 digital options으로 구성된) "digital option 포트폴리오"

---

[19] 'digital'이란 용어는, 수학에서는 이진법, 컴퓨터 사이언스에서는 0 혹은 1의 값으로 정보를 표현하고 처리하는 것을 연상시키는 용어입니다. digital option을 binary option이라고도 합니다.

[20] 더 정확히는 로그 주가가 정규분포를 따름을 가정합니다.

가치와 같다면, 현 시점에서도 콜 가격은 그 포트폴리오의 (현재) 가격과 같아야 합니다. 그렇지 않으면 차익거래가 발생하여 신속히 콜 가격이 그 포트폴리오 가격과 같게 만들 것입니다.[21] 그렇다면 (이 포트폴리오를 구성하는) 'stock digital call'의 현재 가격에서 'digital call'의 현재 가격을 빼주면 바로 우리가 구하려는 콜 가격이 되겠지요. digital call의 가격을 구하는 것이 더 쉬우니 이것부터 구해봅시다. 이 digital call은 만기일 T에 '$S_T > K$' 사건이 발생할 때만 가치가 발생하며 그 가치의 크기는 K입니다. 그러므로 '$S_T > K$' 사건이 발생할 확률을 구해서 그 확률에 K를 곱해주면, 시점 T의 이 digital call의 기대 가치가 됩니다. 그 기대 가치를 다시 오늘 현재 시점으로 할인하면 오늘의 digital call 가격이 되는 것입니다. 그럼 이 작업들을 어떻게 할까요?

이 작업을 가장 쉽게 하는 방법은, 파생상품 가치평가에 가장 효율적인 위험중립평가법을 사용하는 것입니다. 위험중립 세계에서 이 digital call의 만기일 T에 $S_T > K$일 확률이 $N(d_2)$임을 우리는 이미 알고 있습니다($0 < N(d_2) < 1$). 물론 블랙-숄즈 옵션평가 모형에서 가정하듯, 로그 주가가 정규분포를 따를 때 말입니다. 또 만기일 T에 $S_T \le K$라면 이 digital call의 가치는 0이 됩니다. 그러므로

$$\text{시점 } T\text{의 이 digital call의 기대 가격은 } E[D_T] = N(d_2) \times K$$

입니다. 이 기대 가격을 현재 시점(=0)으로 할인하면 이 digital call의 현재 가격이 됩니다. 위험중립 세계에서는 모든 자산의 기대 수익률이나 할인율이 r이므로, 이 digital call의 현재 가격은

$$D_0 = \frac{N(d_2) \times K}{e^{rT}} = e^{-rT} \cdot K \cdot N(d_2)$$

가 됩니다.

한편 stock digital call의 현재 가격인 SD_0는 어떻게 구할 수 있을까요? 본장에서 우리가 배운 '기준 자산', 즉 'numeraire'를 이용한 방법론을 이용하여 구하면 됩니다.

---

[21] 가령 오늘 콜 가격은 5, 그 포트폴리오는 7이라면, 어차피 만기일 T 시점에 두 자산 가격이 같아질 것이므로 (그 가격을 P라 하죠), 오늘 콜을 매수하고 그 포트폴리오를 (A에게) 공매도하면 2의 차익이 발생합니다. 그리고 만기일에는 그 포트폴리오를 재매수하여 A에게 주어야 하는데, 내가 오늘 매입한 콜이 그 포트폴리오와 동일한 가격을 가지므로 내가 A에게 그 콜을 주어도 되고, 아니면 내가 그 콜을 매도하고 그 수입으로 그 포트폴리오를 사서 주면 됩니다. 만기일에 말입니다.

이 방법론의 실체는 아래와 같습니다.

$$\frac{Y_0}{N_0} = E^N\left[\frac{Y_T}{N_T}\right].$$

이 공식에서 (numeraire인) 자산 N을 주식 S로 설정합니다. 그러면 $N_0 = S_0$, $N_T = S_T$가 됩니다. 그리고 우리가 가격을 구하려는 자산인 share digital call($= SD$)을 위 공식의 Y로 설정합니다. 그러면 위 공식은 다음과 같이 변합니다.

$$\frac{SD_0}{S_0} = E^S\left[\frac{SD_T}{S_T}\right].$$

이제 양변에 S_0를 곱하면 다음이 성립합니다.

$$SD_0 = S_0 \cdot E^S\left[\frac{SD_T}{S_T}\right].$$

시점 T에서 SD_T는 두 개 중 하나의 값을 가집니다. $S_T > K$이면 $SD_T = S_T$이고 그렇지 않으면(else) $SD_T = 0$입니다. 이를 묶어서 정리하면 다음과 같습니다.

$$SD_T = \begin{Bmatrix} S_T & \text{if } S_T > K \\ 0 & else \end{Bmatrix}.$$

그러므로 $SD_0 = S_0 \cdot E^S\left[\frac{SD_T}{S_T}\right]$를 전개하면 다음이 성립합니다.

$$\begin{aligned} SD_0 &= S_0 \cdot E^S\left[\frac{SD_T}{S_T}\right] \\ &= S_0 \cdot E^S\left[\begin{pmatrix} \frac{S_T}{S_T} & \text{if } S_T > K \\ \frac{0}{S_T} & else \end{pmatrix}\right] \\ &= S_0 \cdot E^S\left[\begin{Bmatrix} 1 & \text{if } S_T > K \\ 0 & else \end{Bmatrix}\right]. \end{aligned}$$

이제 위 식의 $E^S\left[\begin{Bmatrix} 1 & \text{if } S_T > K \\ 0 & else \end{Bmatrix}\right]$를 해석해 보겠습니다. 이는 기본적으로 $E^S[\cdot]$의 형태이므로 기댓값(가격)을 의미합니다. 그리고 기댓값을 구하려면 각 사건의

확률을 정해야 하는데, $E^S[\cdot]$은 주가를 numeraire로 하는 확률(측도)을 사용한다는 뜻입니다. 즉, $prob^S[S_T > K]$와 $prob^S[S_T \le K]$를 사용하여 기댓값을 구한다는 의미입니다. 결국 $E^S\left[\begin{Bmatrix} 1 & \text{if } S_T > K \\ 0 & else \end{Bmatrix}\right]$이 구하는 값은

$$1 \times prob^S[S_T > K] \;\; + \;\; 0 \times prob^S[S_T \le K]$$
$$= prob^S[S_T > K]$$

입니다. 이처럼 $E^S\left[\begin{Bmatrix} 1 & \text{if } S_T > K \\ 0 & else \end{Bmatrix}\right] = prob^S[S_T > K]$이므로, stock digital call의 현재 가격은 다음과 같이 산출됩니다.

$$\begin{aligned} SD_0 &= S_0 \cdot E^S\left[\frac{SD_T}{S_T}\right] \\ &= S_0 \cdot E^S\left[\begin{Bmatrix} \dfrac{S_T}{S_T} & \text{if } S_T > K \\ \dfrac{0}{S_T} & else \end{Bmatrix}\right] \\ &= S_0 \cdot E^S\left[\begin{Bmatrix} 1 & \text{if } S_T > K \\ 0 & else \end{Bmatrix}\right] \\ &= S_0 \cdot \left[1 \times prob^S[S_T > K] \;\; + \;\; 0 \times prob^S[S_T \le K]\right] \\ &= S_0 \cdot prob^S[S_T > K]. \end{aligned}$$

이제 stock digital call 가격과 digital call 가격을 알았으니, 우리가 구하려는 유러피언 콜의 (현재) 가격도 알 수 있습니다. 유러피언 콜은 두 디지털 옵션의 포트폴리오이기 때문입니다. 먼저 유러피언 콜의 만기일 T의 가격은 다음과 같습니다.

$$\begin{aligned} C_T &= \begin{Bmatrix} S_T & \text{if } S_T > K \\ 0 & else \end{Bmatrix} - \begin{Bmatrix} K & \text{if } S_T > K \\ 0 & else \end{Bmatrix} \\ &= \quad SD_T \quad - \quad D_T \;. \end{aligned}$$

그러므로 유러피언 콜의 현재 가격도 다음과 같습니다.[22]

$$C_0 = \qquad SD_0 \qquad - \qquad D_0 \ .$$

그런데 지금까지의 논의에 의해 SD_0와 D_0는 다음 식이 됩니다.

$$SD_0 = S_0 \cdot prob^S[S_T > K],$$

$$D_0 = \frac{N(d_2) \times K}{e^{rT}} = e^{-rT} \cdot K \cdot N(d_2).$$

그러므로 유러피언 콜 가격은 다음과 같습니다.

$$C_0 = S_0 \cdot prob^S[S_T > K] \ - \ e^{-rT} \cdot K \cdot N(d_2).$$

한편 블랙-숄즈-머튼에 의한 유러피언 콜 가격은 어땠는지 여기 소환해 보겠습니다.

$$C_0 = S \cdot N(d_1) - e^{-rT} \cdot K \cdot N(d_2).$$

뭔가 보입니까? 네 맞습니다. 블랙-숄즈-머튼에 의한 유러피언 콜 가격 공식에 나오는 $N(d_1)$이 다름 아닌 $prob^S[S_T > K]$였던 것입니다.[23]

정리 20〉

블랙-숄즈-머튼 공식의 $N(d_1)$은, 주가를 numeraire로 하는 확률측도를 사용할 때, 만기일 콜이 내가격 콜(ITM call)이 될 확률이다. 즉,

$$N(d_1) = prob^S[S_T > K]$$

이다.

참고로, $N(d_1)$이 가지는 또 다른 의미가 있습니다. 그리고 우리는 이에 대해서 이미 배운 바 있습니다. 무엇이었을까요? 그것은 다른 아닌, 콜 옵션 가격을 그 기초 자

---

22 순간적으로 위 관계가 성립되지 않을 수도 있지만, 차익거래에 의해 신속히 위 관계가 다시 충족됩니다. 즉, 미래 특정 시점에 두 자산(포트폴리오) 가격이 같다면 현재 시점에서도 두 자산(포트폴리오) 가격이 같아야 합니다. 차익거래에 의해 그렇게 됨을 이미 설명한 바 있습니다.

23 $S = S_0$로, 표기만 다소 다릅니다.

산 가격 S로 편미분한 결과가 $N(d_1)$이었다는 사실입니다. 즉, 콜의 델타가

$$\delta(\text{call}) = N(d_1) = \frac{\partial C}{\partial S}$$

임을 우리는 제8장의 제5절 "옵션 가격의 민감도"에서 배웠습니다. 즉, $N(d_1)$은 동시에 두 가지 의미가 있습니다. 첫째 의미는

$$N(d_1) = \frac{\partial c}{\partial S}$$

이고, 둘째로는, 주가 S를 numeraire로 하는 확률측도를 사용할 때, 만기일 콜이 내가격 콜(ITM call)이 될 확률

$$N(d_1) = prob^S[S_T > K]$$

의 의미입니다.

또한 이 둘을 연계해서도 의미있는 해석이 가능합니다. 만기일 콜이 내가격이 될 확률이 클수록, 현 주가 상승 시 현 콜 가격이 크게 상승하리라는 것입니다. 이런 주장이 합당한 이유는, 이 반대의 상황을 상정하면 쉽게 알 수 있습니다. 즉, 만일 만기일 콜이 내가격이 될 확률이 작다면, 현재 주가가 상승하더라도 현 콜 가격이 많이 상승하지는 않을 것입니다. 가령 현 주가 $S = 10$이고 $K = 999$인 콜이 있다면, 대부분의 만기 T에 이 콜이 내가격이 될 확률은 매우 작습니다. 그렇기에, 현 주가가 $S = 10$에서 다소 상승한다 해도 이 콜이 만기일 내가격이 될 확률은 여전히 매우 작고, 그 결과 이 콜 가격은 별로 변하지 않을 것입니다. 게다가 콜 델타는 미분 개념의 주가 상승(의 영향)을 의미하는데, 미분에서는 무한소만큼의 상승이기에 더욱 콜 가격은 거의 변하지 않을 것입니다. 이를 수식으로 표시하면

$$prob^S[S_T > K] \approx 0\text{이면 } \frac{\partial c}{\partial S} \approx 0$$

이 될 것입니다. 그런데 위 주장(statement)에 있어 좌변도 우변도 $N(d_1)$을 포함하고 있습니다. 즉, 위 주장을 달리 표현하면

$$N(d_1) \approx 0\text{이면 } N(d_1) \approx 0$$

을 의미하고 있으니, 위 주장은 자명한(trivial) 참인 명제가 되는 것입니다.

이런 추가적인 분석을 통해서, 위에서 우리가 수식으로 증명한

$$prob^S[S_T > K] = N(d_1)$$

라는 사실이, 이전에 우리가 배웠던 내용인

$$N(d_1) = \frac{\partial c}{\partial S}$$

와도 긴밀한 상관이 있음을 알 수 있습니다.

Chapter

10

일반 자산 가치평가 II

여러분은 앞의 두 장(chapters)에 걸쳐 블랙-숄즈 옵션 가치평가 공식과, 보다 일반적인 자산 가치평가에 대해 공부했습니다. 그리고 가장 powerful한 일반적 asset pricing 공식인 martingale pricing, 즉

$$\frac{Y_0}{N_0} = E^N\left[\frac{Y_T}{N_T}\right]$$

형태의 원리를 배웠습니다. 본장에서는 이 일반적이고 powerful한 공식의 더욱 탄탄한 이해(solid understanding)를 위해 새로운 개념인 'state price density'를 공부합니다. 이 개념은 다소 어려운 개념일 수도 있고 또 다소 advanced readers를 위한 개념이긴 하지만, 재무금융에서 파생상품을 비롯한 자산 가치평가를 근본적으로 이해하기 위해서는 필요한 개념이기도 합니다.[1]

제 1 절 상태가격밀도(State price density)

'state price density' 개념을 알게 되면, 자산 가치평가를 새롭게 간결히 해석할 수 있고, 보다 간결히 표시할 수 있습니다. 그런데 이 새 개념을 공부하기 위해서는 먼저 먼저 상태 가격(state price)과 no-arbitrage condition의 관계에 대해서 심층적으로 알아

[1] 본장 내용이 다소 어렵다고 생각하는 독자들이 있다면, 본장은 생략해도 됩니다.

봐야 합니다. 그 이후 state price density를 공부하는 것이 효율적입니다. 이제 상태 가격에 대한 새로운 사실을 공부해 보겠습니다.

> **정리 1〉**
>
> 상태 가격이 0보다 크면 차익거래 기회가 존재하지 않는다.

이를 입증해 보겠습니다. 이를 위해 제9장에서 우리가 사용한 상황을 그대로 여기 소환해 보겠습니다. 위 정리는 반드시 아래 상황에서만 적용되는 것은 아니지만, 이미 우리는 제9장에서 사용한 상황에 익숙하니 이를 활용합니다.

3개월 후 주가가 상승하는 상태는 'up' 그리고 하락하는 상태를 'down'이라 하겠습니다. 미래의 상태들인 up과 down 각각에 있어서 $1을 제공하는 자산들이 있다고 합시다. 가령 3개월 후 상태 up이 도래하면 1을 주는 자산을 U라 하고 그 자산의 (현재) 가격을 π_U, 또 3개월 후 상태 down이 도래하면 1을 주는 자산을 D라 하고 그 가격을 π_D라 합시다. 이처럼 미래 특정 상태가 도래할 때(에만) $1의 가치가 있는 자산 U, D를 "Arrow securities" 혹은 "애로우 증권"이라 합니다. 또 이러한 Arrow securities의 가격들인 π_U, π_D를 "state prices"라 합니다. 즉, "미래 상태의 가격"이란 뜻인데, "미래 특정 상태의 $1이 현재 시점에서는 얼마의 가격으로 환산될 수 있는가?"를 의미합니다.

미래 각 상태가 도달할 확률이 0보다 큰데 현재 상태 가격이 0이면, 즉 $\pi_U = 0$ 혹은 $\pi_D = 0$이면 차익거래가 가능할까요? 네, 가능합니다. 특정 상태 가격=0이라 함은, 특정 애로우 증권의 가격이 0임을 뜻하므로, 이 증권을 공짜로 매입할 수 있습니다. 그리고 미래 그 특정 상태가 도달하면 1을 받게 되니, 말 그대로 공짜 이익이 됩니다. 물론 그 특정 상태가 반드시 확률 1로 도달하지는 않지만, 그 상태가 도달할 확률이 0보다 크므로, 공짜로 1을 얻을 확률이 0보다 크니, 광의의 차익거래에 해당되는 것입니다. 가령 로또 가격이 0이라면 공짜로 로또를 구입해서, 자신이 공짜로 구입한 그 로또의 번호가 당첨되면 공짜로 돈을 벌게 되는데, 이 경우도 당연히 무위험 차익이라 할 수 있습니다.

그런데 이런 경우는 어떨까요? 가령 경제 내의 많은 사람들이 인식하기를, 미래

'up' 상태가 도달할 확률이 0.5인데 애로우 증권 U의 현재 가격이 0.2이라면 차익거래 기회가 있을까요? 계산을 쉽게 하기 위해 무위험 이자율=0으로 가정합니다. 이 가정에 의해, 확률 1로 미래에 1을 주는 (무위험) 자산의 현재 가격은 1이 됩니다. 그렇다면 확률 0.5로 (즉, up 상태 도래 시에만) 미래에 1을 주는 애로우 증권 U의 현재 가격은 0.5가 되어야 할 것 같은데, 어떤 이유에선지 그 가격이 현재 0.2가 되었다면 이 가격을 이용해서 차익거래가 가능할까요? 결론부터 말하면, 불가능합니다. 차익거래가 가능하려면, 동일한 미래 현금을 창출하는 또 다른 자산이나 포트폴리오(X)를 복제할 수 있어야 합니다. 그래서 그 자산이나 포트폴리오 가격이 가령 0.5라면, U의 가격 0.2와 이 자산 가격 0.5를 함께 활용하여 차익거래를 할 수 있습니다. 즉, 오늘 U를 매수하고 동시에 X를 (공)매도하면 즉각 0.3의 이익이 실현되고, 미래에 상태 up이 도래하면 U 자산을 보유하고 있으니 1을 받을 것이고, 그 1을 X의 공매도 상대방에게 건네주면 모든 자산-부채가 청산되고 순자산=순현금=0이 됩니다. 만일 미래에 상태 up이 도래하지 않으면 U와 X의 가치가 각각 0이므로 이때에도 순자산=0이 되어 아무 문제가 없습니다.

하지만 경제 내에 U와 동일한 미래 현금을 창출할 자산 X를 복제할 수 없다면, 현재 U 가격이 0.2로 저평가되었다 해서 이를 이용한 "차익거래"가 자동적으로 가능하지는 않습니다. 단지 저평가되어 있을 뿐이고, 이 증권에 대한 수요가 몰려 궁극적으로는 (더 많은 투자자들이 합의할) 가격 0.5가 될 가능성이 높아질 뿐입니다. 이는 마치 삼성전자 주가가 저평가되었다고 인식되더라도, 이 주식과 동일한 내용의 미래 현금을 창출할 주식이나 주식 포트폴리오가 존재하지 않는 한, 이 저평가된 삼성전자 주식을 매수하여 "무위험 차익"을 실현할 수는 없는 사실과 유사합니다. 물론 저평가된 것으로 인식되는 이 주식을 현재 가격으로 사면, 미래에 주가 상승으로 인한 이익(capital gain)을 얻을 확률이 높아지겠지만 단지 그것뿐입니다. 그리고 저평가되었다고 해서 미래에 확률 1로 주가가 항상 상승하지도 않습니다. 단순히 저평가된 것과 차익거래가 가능하게 저평가된 것은 서로 다른 개념입니다. 후자의 경우는 동일한 현금흐름을 창출할 자산이 2개 이상 존재하면서 한 자산이 저평가된 경우이기 때문입니다. 위 경제에서는 애로우 증권 U와 동일한 현금흐름을 갖는 자산이 없기에, U가 저평가

되었어도 차익거래는 여전히 불가능합니다.[2] 물론 U 가격이 0이 되면, U와 동일한 현금흐름을 갖는 자산이 없어도, U를 공짜로 매수하여 상태 up이 도래하면 1을 받게 되니, 이 경우에는 차익거래가 가능합니다. 어떠한 투자라도 그 손실 확률=0이고 그 이익 확률>0이면 무위험 차익(거래)이 가능합니다.

위의 로또의 경우는 그 가격이 0이라 가정했으므로, 로또가 맞지 않을 때에도 손실을 보지는 않습니다. 그러므로 이 경우에도 로또를 이용한 무위험 차익 실현이 가능합니다. 한편 이 로또가 맞을 확률이 가령 0.01이고, 이때 당첨금이 $1,000인 경우에, 현재 그 로또 가격이 $1인 경우라면 어떨까요? 차익거래가 가능할까요? 결론부터 말하면, 불가능합니다. 이는 마치 위 삼성전자 주가가 저평가된 경우와 유사합니다. 이 로또를 사면 이 투자의 가성비는 좋습니다. $1에 사서 기대 가격 $10을 얻을 수 있으니 말입니다. 하지만 이는 단지 이익 실현 확률이 손실 실현 확률보다 더 크고, 기대 이익(profit)이 0보다 클 뿐이지, 이 로또 가격을 이용하여 "무위험 차익"을 실현할 수는 없습니다. 무위험이란 손실 가능성=0임을 말하는데, 위 로또는 0.99의 확률로 당첨되지 않고 이때는 투자한 $1을 잃으므로 손실 확률이 0.99여서, 무위험 차익거래는 불가능합니다.

자, 설명이 꽤 길어졌네요. 왜 이런 긴 설명을 해야 했을까요? 상태 가격(들)이 0보다 크다는 것과 차익거래가 가능하지 않다가 서로 동치(equivalent)임을 설명하기 위해서였습니다.

정리 2〉

모든 상태 가격들이 0보다 크면 차익거래는 존재할 수 없다. 또한 차익거래가 존재한다면 상태 가격 중 적어도 하나가 0이다. 즉, "모든 상태 가격들이 0보다 크다"는 "차익거래가 존재하지 않는다"와 동치이다.

"all state prices that exist are positive"와 "there is no opportunity for an arbitrage profit or arbitrage transaction"이 같은 의미가 된다는 것입니다.

---

[2] 가령 이 애로우 증권 U(의 가격 0.2)가 저평가되었다 해서 이를 매수해도, 미래에 상태 'down'이 도래하면 U의 가치는 0이 되므로 오히려 U 매수자가 손실을 입을 수도 있습니다.

자, 그럼 이 정리는 또 무엇 때문에 우리가 필요로 할까요? 이를 파악하기 위해 앞장에서 질의-응답했던 내용을 소환해 보겠습니다.

소환 1〉

경제 내에서 차익거래가 불가능하면, 즉 (양의) 상태 가격들이 존재하면, 어떤 결과가 도출되나요?

미래 시점 T의 up, down 두 상태에 따라 주가도 각각 S_U, 혹은 S_D로 표시하고, 채권 가격도 R_U, R_D로 표시하며($R_U = R_D = e^{rT}$), 콜 가격도 각각 C_U, C_D로 표시하겠습니다. 그러면 각 증권의 현재 가격은 다음과 같이 상태 가격들의 함수로 표시됩니다. (현재 무위험 무이표채 가격은 $R = 1$)

$$R = 1 = \pi_U \cdot R_U + \pi_D \cdot R_D. \quad (1)$$
$$S = \pi_U \cdot S_U + \pi_D \cdot S_D. \quad (2)$$
$$C = \pi_U \cdot C_U + \pi_D \cdot C_D. \quad (3)$$

이제 이 세 방정식의 좌변과 우변을 채권 가격 R로 나누겠습니다. 즉, 채권을 numeraire로 하여 이 세 증권의 가격을 표시해 보겠습니다. 그러면 다음 방정식들이 성립합니다. ($R = 1$)

$$1 = \pi_U \cdot \frac{R_U}{R} + \pi_D \cdot \frac{R_D}{R}. \quad (1r)$$
$$\frac{S}{R} = \pi_U \cdot \frac{S_U}{R} + \pi_D \cdot \frac{S_D}{R}. \quad (2r)$$
$$\frac{C}{R} = \pi_U \cdot \frac{C_U}{R} + \pi_D \cdot \frac{C_D}{R}. \quad (3r)$$

식 (1r)은 또 다음과 같이 두 확률의 합으로 표시할 수 있습니다. 여기서 두 확률 $p_U = \pi_U \cdot e^{rT}$, $p_D = \pi_D \cdot e^{rT}$는 상태 up과 상태 down이 도래할 위험중립 확률로, 채권과 연계된 확률수치가 됩니다.[3]

---

[3] 식 수치를 1r, 2r, 3r로 표시한 이유는, 원 식들을 채권 가격 R로 나눴음을 암시합니다.

$$\begin{aligned} 1 &= \pi_U \cdot \frac{R_U}{R} + \pi_D \cdot \frac{R_D}{R} \\ &= \pi_U \cdot e^{rT} + \pi_D \cdot e^{rT} \\ &= p_U + p_D. \qquad (1r) \end{aligned}$$

(1r)을 이용하여 위 식들을 다시 표현하면 다음과 같음을 이미 배운 바 있습니다.

$$1 = p_U + p_D. \qquad (1r)$$

$$\frac{S}{R} = p_U \cdot \frac{S_U}{R_U} + p_D \cdot \frac{S_D}{R_D}. \qquad (2r)$$

$$\frac{C}{R} = p_U \cdot \frac{C_U}{R_U} + \pi_D \cdot \frac{C_D}{R_D}. \qquad (3r)$$

한편 주식을 numeraire로 하여 (1), (2), (3)을 각각 주가로 나눈다면 다음이 성립합니다.

$$\frac{R}{S} = \pi_U \cdot \frac{R_U}{S} + \pi_D \cdot \frac{R_D}{S}. \qquad (1s)$$

$$\frac{S}{S} = 1 = \pi_U \cdot \frac{S_U}{S} + \pi_D \cdot \frac{S_D}{S}. \qquad (2s)$$

$$\frac{C}{S} = \pi_U \cdot \frac{C_U}{S} + \pi_D \cdot \frac{C_D}{S}. \qquad (3s)$$

식 (2s)는 다시 다음과 같이 두 확률의 합으로 표시할 수 있습니다.

$$1 = \pi_U \cdot \frac{S_U}{S} + \pi_D \cdot \frac{S_D}{S} = q_U + q_D. \quad (2s)$$

(2s)를 이용하여 위 식들을 다시 표현하면 다음과 같음을 이미 배운 바 있습니다.

$$1 = q_U + q_D. \qquad (1r)$$

$$\frac{R}{S} = q_U \cdot \frac{R_U}{S_U} + q_D \cdot \frac{R_D}{S_D}. \qquad (2r)$$

$$\frac{C}{S} = q_U \cdot \frac{C_U}{S_U} \ + \ q_D \cdot \frac{C_D}{S_D}. \qquad (3r)$$

또 콜을 numeraire로 하여 원 식을 모두 콜 가격으로 나눈다면 다음이 성립합니다.

$$\frac{R}{C} = \pi_U \cdot \frac{R_U}{C} \ + \ \pi_D \cdot \frac{R_D}{C}. \qquad (1c)$$

$$\frac{S}{C} = \pi_U \cdot \frac{S_U}{C} \ + \ \pi_D \cdot \frac{S_D}{C}. \qquad (2c)$$

$$\frac{C}{C} = 1 = \pi_U \cdot \frac{C_U}{C} \ + \ \pi_D \cdot \frac{C_D}{C}. \qquad (3c)$$

식 (3c)는 다시 다음과 같이 두 확률의 합으로 표시할 수 있습니다.

$$1 = \pi_U \cdot \frac{C_U}{C} \ + \ \pi_D \cdot \frac{C_D}{C} = c_U + c_D. \quad (3c)$$

(3c)를 이용하여 위 식들을 다시 표현하면 다음과 같음을 이미 배운 바 있습니다.

$$1 = c_U \ + \ c_D. \qquad (3c)$$

$$\frac{S}{C} = c_U \cdot \frac{S_U}{C_U} \ + \ c_D \cdot \frac{S_D}{C_D}. \qquad (2c)$$

$$\frac{R}{C} = c_U \cdot \frac{R_U}{C_U} \ + \ c_D \cdot \frac{R_D}{C_D}. \qquad (1c)$$

(소환 끝)

이 내용들은 이미 앞장에서 논의됐던 것들입니다. 이 논의 전개에 공통적으로 나타나는 변수는 π_U와 π_D, 즉 상태 가격입니다. 이 상태 가격들이 각 numeraire에 의한 up과 down 상태의 확률에 반영되기 때문입니다. 즉, 채권 연계 numeraire에서는 미래 상태 'up'과 'down'의 각 확률 p_U와 p_D가 다음과 같고

$$\pi_U \cdot \frac{R_U}{R} = p_U, \qquad \pi_D \cdot \frac{R_D}{R} = p_D$$

주식 연계 numeraire에서는 미래 상태 'up'과 'down'의 각 확률 q_U와 q_D가 다음과 같고

$$\pi_U \cdot \frac{S_U}{S} = q_U, \qquad \pi_D \cdot \frac{S_D}{S} = q_D$$

콜 연계 numeraire에서는 미래 상태 'up'과 'down'의 각 확률 c_U와 c_D가 다음과 같은데

$$\pi_U \cdot \frac{C_U}{C} = c_U, \qquad \pi_D \cdot \frac{C_D}{C} = c_D$$

각 numeraire에 의한 up 확률과 down 확률에서 항상 상태 가격 π_U와 π_D가 반영되어 있음을 알 수 있습니다. 이러한 상태 가격이 존재할 때 나타나는 궁극적 결과가 무엇이었나요? 그것은 다음 정리였습니다.

정리 3〉 numeraire 에 의한 자산 가치평가

$$\frac{Y_0}{N_0} = E^N\left[\frac{Y_T}{N_T}\right].$$

상태 가격이 존재하면 위 정리가 성립함을 우리는 앞장에서 배웠습니다. 위 정리의 내용은 무엇입니까? 한 자산(Y)의 가격을 평가할 때 또 다른 자산(N)을 numeraire로 사용하여 평가할 수 있다는 것입니다. 그리고, 이렇게 평가된 Y의 가격은 'martingale'이 된다는 것입니다. 즉, 현재의 자산 가격 $\frac{Y_0}{N_0}$가 미래 이 자산 가격의 기댓값 $E^N\left[\frac{Y_T}{N_T}\right]$와 같다는 것입니다. 단, 이 기댓값 $E^N\left[\frac{Y_T}{N_T}\right]$를 산출할 때 사용하는 확률(측도)은 아무 확률(측도)이나 사용할 수 있는 것은 아니고, numeraire인 자산 N과 관련된 확률측도여야 한다는 것입니다.

이를 차익거래과 관련하여 생각해 볼까요? 위에서 우리는 상태 가격이 존재하면 위 정리가 성립함을 알았습니다. 그런데 '상태 가격 존재'와 '차익거래 불가능'은 동치(equivalent)이므로, 결국 다음 정리가 성립합니다.

정리 4〉

어떤 경제에서 차익거래가 불가능하면, 모든 (numeraire로 평가된) 자산 가격을 martingale로 만드는 확률측도가 존재하며, 그 확률측도는 그 numeraire 자산과 연계된 확률측도이다.

이것이 애초의 질문의 궁극적인 답이 됩니다. 즉, 경제 내에서 차익거래가 불가능하면, 'martingale pricing'이 가능합니다. 이러한 확률측도는 하나만 존재하지는 않습니다. 경제 내에 존재하는 모든 자산이 numeraire로 활용될 수 있기 때문입니다. 위 사례의 경우, 경제 내에 주식, 채권, 콜 등 3종류 자산이 존재하기에 3개의 서로 다른 확률측도가 존재함을 알 수 있었습니다.

그런데 numeraire에 의한 자산 평가, 즉 numeraire와 연관된 확률측도를 이용하면 모든 자산 (상대) 가격이 martingale이 된다는 내용은 이미 제9장에서 우리가 다룬 내용입니다. 그럼 우리가 왜 이 내용을 다시 리뷰하고 있을까요? 그 이유는 이 내용과 차익거래 불가능 개념을 연결시키기 위함입니다. 제9장에서는 numeraire에 의한 가치평가라는 새로운 내용을 소개하는 것에만 초점을 맞추었습니다. 차익거래와의 연관성까지는 깊게 다루지는 않았습니다. '모든 자산 가격이 martingale이 된다'는 내용 자체가 너무 새로운 내용이었기 때문입니다. 가령 바나나 가격이 오렌지 몇 개에 해당하는지를 언급하면서 기준 자산 개념을 소개했었습니다. 이때 오렌지가 기준 자산이라 설명했고, 나중에야 '기준 자산이란 numeraire를 뜻한다'고 설명했습니다. 즉, numeraire 개념 소개에 대해서도 조심했었습니다. 여러분에게 numeraire란 단어 자체가 생소하게 들릴 수 있기 때문입니다.

이제 이 모든 과정과 결과를 통해, 차익거래와 martingale pricing 개념을 서로 연관시키면, 그리고 이를 단계적으로 파악하면 다음과 같습니다.

i) 경제 내에 상태 가격이 존재한다.

ii) 그러면 numeraire에 의한 자산 평가에 의해, 모든 자산 가격이 martingale이 된다.

iii) 그런데 상태 가격이 존재한다 함은 차익거래가 불가능함과 동일한 의미이다.

iv) 그러므로 i), ii), iii)을 종합하면 다음 결론에 도달한다.

v) 차익거래가 불가능하면 모든 자산 가격이 "martingale"이 된다(numeraire에 의한 평가를 할 때).

vi) 혹은, 차익거래가 불가능하면 모든 자산 가격을 "martingale"로 만드는 확률측도가 경제 내에 존재한다.

물론, 위의 '자산 가격'을 더 구체적으로 설명하면, numeraire 가격으로 나누어진 "가격 비율" 혹은 "상대 가격"입니다.

질문 10-1〉 "차익거래 불가능"과 $\frac{Y_0}{N_0} = E^N\left[\frac{Y_T}{N_T}\right]$과 같은 "martingale pricing"을 굳이 연결시키는 이유는 뭔가요?

현재 자산 (상대)가격 $\frac{Y_0}{N_0}$가 언제나 martingale이 된다는 주장은 아주 강한, 매우 제약적인 주장입니다. 이 주장이 사실이라면, 자산의 가치평가가 매우 간단해집니다. 가령 무위험 채권을 numeraire로 사용하면, 위험중립평가법이 가능해져 파생상품 가치평가가 매우 쉬워집니다.[4] 그러므로 이렇게 편리한 세상이 그냥 저절로 실현될 수는 없을 것입니다. 특정 조건이 충족될 때에만 이런 좋은 세상이 가능합니다. 그 조건이 바로 '차익거래 불가능'이라는 조건이라는 것입니다. 즉, 경제 내에 합리적 투자자들이 존재하여 차익거래 기회 발생 시 즉각 차익거래 실행하여 모든 자산 가격은 차익거래를 허용하지 않는 효율적 가격이 되어 있을 때에만, 위의 martingale pricing이 가능하다는 것입니다. 만일 경제 내에 이런 합리적 차익거래자가 (많이) 존재하지 않는다면, 그런 경제에서는 자산 가치평가가 제대로 이루어질 수 없을 것이므로 많은 자산 가격들이 차익거래를 허용하는 가격이 될 수 있을 것입니다.[5] 그리고 자산 가격들을 이용하여 차익거래가 가능하다면 이 가격들은 균형 가격이 될 수 없습니다. 누구든지 그 가격들을 이용하여, 즉 그 가격들로 거래하여, 무위험 차익을 실현하는 차익거래를 하고자 할 것이기 때문입니다. 그러므로 그 가격들이 차익거래 관점에서 고평가(저평가)

---

[4] 물론 위험중립평가법은 파생상품 아닌 주식 등의 다른 자산 가치평가에도 사용될 수 있습니다.

[5] 이론적으로는 단 한 명의 차익거래자만 있어도 그(녀)가 무제한의 자금을 차입하여 차익거래를 실행할 수 있기에, 1명 혹은 소수의 차익거래자만 경제 내에 존재하면 모든 자산 가격은 차익거래를 허용하지 않는 효율적 가격이 될 수 있습니다.

되었다면 매도(매수)를 통해 하락(상승)할 것이며, 이러한 하락(상승)은 차익거래가 다 소진될 때에만 멈춥니다. 이처럼 가격들이 더 이상 차익거래를 허용하지 않는 값들이 될 때에만 멈추고 이때 시장 가격들은 균형에 도달합니다. 그리고 이 균형 가격이 달성되면 'martingale pricing'이 가능해진다는 것입니다.

그러므로 다음 내용들이 순차적으로 성립합니다.

i) 어느 시점에서 자산 가격들이 차익거래를 허용하지 않는다.

ii) 그러면 자산 가격들이 (구조적으로) 상승, 하락할 이유가 없다.

iii) 일시적 상승, 하락이 발생해도 곧 새 차익거래에 의해 조정되어, 다시 자산 가격들이 차익거래를 허용하지 않을 것이다.

iv) 그러므로 이 가격들은 시장 균형 가격들이기도 하다.

v) 자산 가격들이 균형이면 martingale pricing이 성립한다. 즉, $\frac{Y_0}{N_0} = E^N\left[\frac{Y_T}{N_T}\right]$이 성립한다.

마지막으로, 명제 v)의 대우(contrapositive)를 생각해 봅시다.[6] v)가 참인 명제이므로 이 명제의 대우 또한 참인 명제가 될 것입니다(If a proposition is true, so is its contrapositive). v)의 대우는 다음과 같습니다.

$\frac{Y_0}{N_0} \neq E^N\left[\frac{Y_T}{N_T}\right]$이면 자산 가격 Y_0는 균형 가격이 아니다.

이것이 무슨 뜻인지 보다 직관적으로 설명하기 위해서 다시 애초의 바나나, 오렌지의 사례를 소환해서 질의-응답을 해 보겠습니다.

질문 10-2〉 $\frac{Y_0}{N_0} \neq E^N\left[\frac{Y_T}{N_T}\right]$이면 왜 자산 가격 Y_0가 균형 가격이 아닐까요? 즉, 이 경우에는 왜 Y_0 가격이 변해야 할까요?

현재 바나나 (한 송이의) 가격이 $4이고 오렌지 한 개의 가격이 $2라고 가정하겠습니다(한 송이를 편의상 한 개로). 오늘 현재 바나나의 가치를 오렌지라는 기준 자산으로 표시하면, 바나나의 가치는 오렌지 2개의 가치와 같습니다. 그러면

---

[6] 고등학교 수학에 나오는 명제, 역, 대우의 그 대우 말입니다.

바나나 1개 = 오렌지 2개

라는 등식이 성립합니다. 나아가, "모든" 자산의 가치를 오렌지라는 기준 자산으로 표시한다고 가정하겠습니다. 즉, 오렌지라는 자산이 이 (새로운) 경제 시스템의 "numeraire"입니다. 이 경제 시스템 내에서는 바나나 가격은 오렌지 2개 혹은 그냥 2개 혹은 그냥 2로 표시합니다.

미래 시점을 '1주일 후'라 하겠습니다. 1주일 후 바나나 가격이 오렌지 몇 개에 해당할 때 현재 바나나 가격 즉 (오렌지) 2(개)가 합당한 가격, 균형 가격일까요? 이에 답하기 위해 먼저,

절대로 "현재 바나나 가격 = 2"가 균형 가격이 될 수 없는 상황

을 생각해 보겠습니다. 이런 상황을 배제하다 보면 궁극적으로 "현재 바나나 가격 = 2"가 균형 가격이 될 수 있는 상황을 알게 됩니다.

"1주일 후 바나나 가격이 (확률 1로) (오렌지) 3(개)가 된다"는 정보가 나를 포함한 100명의 투자자들 사이에 '공통 지식'이라 합시다. 그리고 오늘 현재 순간적으로 바나나 가격이 2가 되었다고 합시다. 이 가격이 균형 가격이 될 수 있을까요? 결론은, 2는 바나나의 균형 가격이 될 수 없습니다. 이 순간 뭔가 오류 등이 있어 순간적으로 시장에서 바나나 가격이 2가 될 수는 있을지 몰라도 말입니다. 왜냐하면 이 경우 즉각적으로 차익거래가 발생하기 때문입니다. 일단 누구든지 오늘 2의 비용을 지불하여 바나나를 매수하면, 1주일 뒤 이 바나나를 3의 가격으로 팔 수 있으므로 1을 공짜로 얻게 됩니다. 즉, 무위험 차익을 얻게 됩니다. 그러므로 현재 바나나 가격 2는 균형 가격은 아닙니다. 그리고, 1주일 후 바나나 가격이 확률 1로 1이 되는 경우도 마찬가지입니다. 미래 바나나 가격이 현재 바나나 가격인 2와 일치하지 않으면, 현재 바나나 가격 2는 유지될 수 없습니다.

이제 미래 바나나 가격이 확률 1로 특정 값이 되지 않는 경우, 즉 미래가 불확실한 경우를 생각해 봅시다. 미래 바나나 가격이 (불확실성 하에서) 어떻게 될 때 "현재 바나나 가격 = 2"가 균형 가격이 될까요? 가장 쉽게 생각할 수 있는 상황은, 1주일 후 바나나 가격이 "평균적으로" 2가 되는 상황입니다. 즉, 1주일 후 바나나의 기대 가격(expected price)이 2가 된다면, 오늘 바나나 가격도 2가 되어야 합니다. 가령 1주일 후

바나나 가격이 3이 될 확률이 0.8이고 1이 될 확률이 0.2라 가정하겠습니다. 이것이 투자자들 사이에 공통 지식이 된다면, 투자자들은 어떤 행태를 보일까요? 이들은 아마도 현재 바나나 가격으로, 즉 2의 가격으로 바나나를 사려고 하지 않을까요? 왜냐하면 현재 가격으로 바나나를 사면, 1주일 후에는 '평균적으로' 이익을 얻을 것이기 때문입니다. 물론 1주일 후 바나나 가격이 1이 되면 손실을 입을 것입니다만, 그 확률은 0.2로 적습니다. 즉, 오늘 바나나를 2의 가격으로 사면 1주일 후 이익을 얻을 수도 손실을 입을 수도 있지만, 이익을 얻을 확률이 더 높습니다. 그러므로 오늘 현재 가격으로 바나나를 사면 평균적으로 이익을 얻으니, 현재 가격으로 바나나를 사려는 사람들이 있을 것입니다. 반면 현재 가격으로 바나나를 팔려는 사람은 거의 없을 것입니다. 평균적으로 손실을 입을 투자를 스스로 원하는 사람은 별로 없을 것이기 때문입니다. 그러면 바나나 가격은 상승하게 될 것입니다. 언제까지 상승할까요? (1주일 후) 바나나 기대 가격인 3×0.8 + 1×0.2 = 2.6이 될 때까지 상승할 것입니다.

반면, 1주일 후 바나나 가격이 3이 될 확률이 0.2이고 1이 될 확률이 0.8이라 가정해 보겠습니다. 이것이 투자자들 사이에 공통 지식이 된다면, 투자자들은 어떤 행태를 보일까요? 이들은 아마도 현재 바나나 가격으로, 즉 2의 가격으로 바나나를 "팔려고" 하지 않을까요? 1주일 후 바나나 기대 가격은 1×0.8 + 3×0.2 = 1.4가 됩니다. 그러므로 오늘 바나나를 팔고 1주일 후 바나나를 (되)사면 평균적으로 2 – 1.4 = 0.6의 이익을 얻을 것입니다. 그렇다면 바나나를 보유한 사람들은 팔려고 하고, 보유하지 않은 사람들은 바나나를 공매도하려 할 것입니다. 결국, 현재 바나나 가격이 1×0.8 + 3×0.2 = 1.4가 될 때까지 하락할 것이고, 이 수치가 시장 가격이 되면 바나나 가격의 하락은 멈출 것입니다.

위 논의에 따라 결과적으로, 미래 바나나 기대 가격이 2가 되지 않는 한 현재 바나나 가격 2는 균형 가격이 될 수 없습니다. 즉, 시점 t의 바나나 가격을 Y_t, 오렌지 가격을 N_t라 할 때, 그리고 현재 시점 $t = 0$에서 $\frac{Y_0}{N_0} = 2$가 균형 가격이 될 조건은 미래 시점 T의 기대 가격이 $E^N\left[\frac{Y_T}{N_T}\right] = 2$라는 것입니다. $E^N[\cdot]$은 자산 N의 가격과 관련된 확률측도로 산출된 기대 가격을 의미합니다. 이를 일반적으로, 수리적으로 표시하면

$$\frac{Y_0}{N_0} = E^N\left[\frac{Y_T}{N_T}\right]\text{일 때 자산 가격 } Y_0\text{가 균형 가격이 된다}$$

라고 할 수 있다는 것입니다. ▣

마지막으로 재무금융에서 매우 중요한 개념을 여기에 소개하겠습니다. 이번에는 실제 확률(real probability)을 사용하여 자산의 미래 기대 가격을 구하는 방식입니다. 이 방식을 사용할 때 필요한 개념이 있는데, 이것이 바로 "state price density" 혹은 "stochastic discount factor"라는 것입니다. 이 개념을 설명하기 위해, 애초에 주어졌던 식 (1), (2), (3)을 소환해 보겠습니다.

$$R = 1 = \pi_U \cdot R_U \;+\; \pi_D \cdot R_D. \qquad (1)$$
$$S = \pi_U \cdot S_U \;+\; \pi_D \cdot S_D. \qquad (2)$$
$$C = \pi_U \cdot C_U \;+\; \pi_D \cdot C_D. \qquad (3)$$

이 식들에서는 미래 up, down 상태의 실제 확률이 사용되지 않았습니다. 이제 실제 확률을 사용하여 위 식들을 다르게 표현해 보겠습니다. 미래 up, down 상태가 도래할 실제 확률을 각각 $pr(u)$, $pr(d)$으로 표기합시다. 그리고 다음과 같은 개념을 도입해 봅시다.

$$\varphi_u = \frac{\pi_u}{pr(u)}, \qquad \varphi_d = \frac{\pi_d}{pr(d)}.$$

φ_u, φ_d를 state price density, stochastic discount factor, 혹은 pricing kernel이라고 합니다. 이 개념을 이용하여 식 (1), (2), (3)을 다음과 같이 표시할 수 있습니다.

$$R = pr(u) \cdot (\varphi_u \cdot R_U) + pr(d) \cdot (\varphi_d \cdot R_d). \qquad (1p)$$
$$S = pr(u) \cdot (\varphi_u \cdot S_U) + pr(d) \cdot (\varphi_d \cdot S_d). \qquad (2p)$$
$$C = pr(u) \cdot (\varphi_u \cdot C_U) + pr(d) \cdot (\varphi_d \cdot C_d). \qquad (3p)$$

이제 드디어 우리는 경제 내의 세 자산인 주식, 채권, 콜 가격을 미래 상태의 실제 확률들인 $pr(u), pr(d)$의 함수로 표시할 수 있게 됐습니다. 물론 예전에도 이 (위험) 자산들의 가격을 실제 확률을 사용하여 표시한 적 있습니다만, 그때에는 항상 위험 프리미엄 $\alpha(>0)$를 사용해야 했습니다. 실제 확률을 사용하여 이 자산들의 미래 기대 가격을 구한 후 그 기대 가격을 $(1 + r + \alpha)$의 형태로 할인(discounting)하여 현재 가격과 일치시켰던 것입니다.[7] 가령 CAPM의 체계적 위험인 베타(β)는 위험 프리미엄 α의 한 요소였던 것입니다. 반면 위 식들에서는, 실제 확률을 사용하되 그러한 할인 과정(discounting process)이 없습니다. 단순히

$$R = E[\varphi_T \cdot R_T],$$
$$S = E[\varphi_T \cdot S_T],$$
$$C = E[\varphi_T \cdot C_T]$$

로 표시됐습니다. 즉, $E[\cdot]$라는 기댓값으로만 표시됐습니다. 그러므로 asset pricing을 더 간결한 작업으로 만든 것입니다. 이런 연유로 확률변수 φ_T가 'stochastic discount factor'라고 불립니다. 참고로 'discount factor'란 미래 가격을 현재 가격으로 환산하는 기능을 하는 변수입니다. 'discount factor'가 'discount rate'과 다른 점은, 전자는 미래 가격에 곱해 줌으로써 현재 가격을 산출함에 반해 후자는 미래 가격을 나눠 줌으로써 현재 가격을 산출한다는 차이가 있습니다. 위 식에서도 φ_T는 채권, 주식, 콜 자산의 미래 가격 R_T, S_T, C_T에 곱해지면서 이 자산들의 현재 가격 R, S, C의 산출에 이용되고 있습니다. 그리고 'stochastic'이란 상수가 아닌 확률 변수를 말하는데, φ_T가 상수가 아니라 미래 상태에 따라 φ_u 혹은 φ_d로 변하기 때문에 φ_T는 확률변수이기도 합니다.

또한 φ가 'state price density'라고 불리는 이유는, 가령

$$\varphi_u = \frac{\pi_u}{pr(u)}$$

의 경우에서 알 수 있듯, 상태 가격(state price)을 그 상태가 도달할 확률로 나눴기 때문에 상태 가격의 진정한 밀도(density)를 나타낸다고 해석할 수 있기 때문입니다. 아무튼 이 변수를 통해 우리는 자산 가치를 (할인율 없이, 위험 프리미엄 없이) 실제 확률의 함수로 표시할 수 있게 되어 편리하며, 재무금융의 asset pricing의 세계에서는 과연 이 'state price density'의 정체가 무엇이냐를 밝히는 것이 매우 중요한 주제입니다. 가령 CAPM이라는 asset pricing model에서는 이 'state price density'를 위험 자산(들)의 이른바 체계적 위험인 β와 연결시켜 해석하고 있습니다.

---

[7] 물론 무위험 채권의 경우 $\alpha = 0$이 됩니다.

정의 1〉 state price density(φ): 상태가격밀도

각 상태 가격을 그 상태의 실제 확률로 나눈 (확률)변수를 state price density, stochastic discount factor, 혹은 pricing kernel이라 한다.

$$\varphi_s = \frac{\pi_s}{pr(s)}, \quad \text{where} \quad s = \text{a future state.}$$

네, 결과적으로 본절은 state price density를 소개하기 위한 논의였다고 할 수 있습니다. 이 개념을 소개하기 위해, 관련된 개념들인 상태 가격, 차익거래 불가능 개념 등을 모두 소환했어야 했습니다. 이 과정과 결과를 단계별로 정리해 보겠습니다. 애초의 방정식 체계인 (1)-(2)-(3)과 이들의 변형인 (1r)-(2r)-(3r), (1s)-(2s)-(3s)와 (1p)-(2p)-(3p)는 모두 동치(equivalent)입니다. 그리고 이 모두는 상태 가격이 존재할 때 가능한 방정식들입니다. 그러므로 이 방정식 체계들은 모두 차익거래가 불가능할 때 도출되는 결과입니다. 상태 가격 존재와 차익거래 불가능이 같은 의미이기 때문입니다. 결국 경제 내에 차익거래가 불가능하면, state price density φ가 존재하고 $P_t = E[\varphi_T \cdot P_T]$와 같은 자산 가치평가가 가능합니다($t \leq T$).

정리 5〉

경제 내에서 차익거래가 불가능하면, 어떠한 자산 가격 P_t도 다음 기댓값으로 계산된다. 여기서 φ와 P_T는 각각 state price density와 미래 자산 가격을 의미하며, 이들은 미래 상태에 따라 그 값이 다른 확률변수이다.

$$P_t = E[\varphi_T \cdot P_T], \quad \text{where} \quad 0 \leq t < T.$$

제 2 절 마팅게일 가치평가(증명)

본절에서는 martingale pricing, 즉

$$\frac{Y_0}{N_0} = E^N\left[\frac{Y_T}{N_T}\right]$$

을 수식으로 증명해 보겠습니다. 제9장에서는 바나나와 오렌지를 예로 들어 이 수식을 대략적으로, 직관적으로 설명했습니다만, 이는 이 수식을 처음으로 소개하는 시점이었기 때문입니다. 본절에서는 앞에서 새로이 배운 개념인 state price density를 이용하여 martingale pricing, 즉 $\frac{Y_0}{N_0} = E^N\left[\frac{Y_T}{N_T}\right]$을 보다 엄밀하게 수식으로 증명합니다.

자, 여러분은 위에서 $P = E[\varphi_T \cdot P_T]$의 정리를 배웠습니다. 이 정리가 성립하면 특정 사건의 확률들은 어떻게 표현할 수 있을까요? 가령 사건 A가 발생할 확률은 어떻게 표시될까요? 이에 대한 답이 아래 정리에 나와 있습니다.

정리 6〉

사건 A가 발생할 확률은 다음과 같이 표시할 수 있다.

$$pr^V(A) = E\left[1_A \cdot \varphi_T \cdot \frac{V_T}{V_0}\right].$$

단, 여기서 V_t는 자산 V의 시점 t의 가치,

$pr^V(A)$는 자산 V를 numeraire로 하는 확률측도에 의한 사건 A 발생 확률,

1_A는 사건 A 발생 시 1, 그렇지 않으면 0인 지시함수(indicator function)이다.

참고로 지시 함수(indicator function) 1_A는 다음의 값을 갖는 확률변수입니다.

$$1_A = \begin{Bmatrix} 1 & \text{if } event\ A\ occurs \\ 0 & else \end{Bmatrix}$$

이 지시 함수를 사용한 위 정리가 과연 맞는지 이제 따져 보겠습니다.

질문 10-3〉 위 정리를 증명해 주세요.

이를 위해서 $E\left[1_A \cdot \varphi_T \cdot \frac{V_T}{V_0}\right]$를 풀어서 전개해 보겠습니다. 미래에는 사건 혹은 상태 A가 발생(도래)하거나 발생하지 않는 두 가지 범주로 구분됩니다. 물론 상태 A가 이전 이항 모형에서의 up 혹은 down 상태일 수도 있고, 이항 모형이 아닌 연속확률분포에서 일정한 속성을 갖는 상태 혹은 사건일 수도 있습니다. 그리고 이산형 모형이든 연속 모형이든, 미래 상황은 A가 발생하거나 하지 않은 두 가지 경우로 구분될 수 있습니다. 이때 $E\left[1_A \cdot \varphi_T \cdot \frac{V_T}{V_0}\right]$의 값은 다음과 같이 표시됩니다($V_A$ =상태 A에서의 V_T 값).

$$
\begin{aligned}
E\left[1_A \cdot \varphi_T \cdot \frac{V_T}{V_0}\right] &= pr(A) \cdot \left[1 \cdot \varphi_A \cdot \frac{V_A}{V_0}\right] \ + \ pr(A^c) \cdot \left[0 \cdot \varphi_{A^c} \cdot \frac{V_{A^c}}{V_0}\right] \\
&= pr(A) \cdot \varphi_A \cdot \frac{V_A}{V_0}.
\end{aligned}
$$

위 식에서 A^c는 사건 A가 아닌 다른 모든 사건의 경우, 혹은 상태 A가 아닌 다른 모든 상태를 뜻합니다. 또 $pr(A)$는 사건 A가 발생할 실제 확률입니다. 위 식의 $E[\cdot]$라는 기대 연산자는 실제 확률을 사용한 기댓값이기 때문입니다. 자, 그런데

왜 $pr(A) \cdot \varphi_A \cdot \frac{V_A}{V_0}$가 (자산 V를 numeraire로 하는) 사건 A의 확률

이 될까요? 이를 따져 보기 위해, 위 식을 다시 더 상세히 풀어 보겠습니다. 이때, state price density의 정의에 의해 $\varphi_A = \frac{\pi_A}{pr(A)}$임을 기억해야 합니다.

$$
\begin{aligned}
E\left[1_A \cdot \varphi_T \cdot \frac{V_T}{V_0}\right] &= pr(A) \cdot \varphi_A \cdot \frac{V_A}{V_0} \\
&= pr(A) \cdot \frac{\pi_A}{pr(A)} \cdot \frac{V_A}{V_0} \\
&= \pi_A \cdot \frac{V_A}{V_0}.
\end{aligned}
$$

자, 어디선가 본 것 같지 않나요? 네, 맞습니다. 본장 제1절에서 봤고, 제9장에서도 봤습니다. 다음을 말입니다.

채권 연계 numeraire에서는 미래 상태 'up'과 'down'의 각 확률 p_U와 p_D가

$$\pi_U \cdot \frac{R_U}{R} = p_U, \qquad \pi_D \cdot \frac{R_D}{R} = p_D \text{이고}$$

주식 연계 numeraire에서는 미래 상태 'up'과 'down'의 각 확률 q_U와 q_D가

$$\pi_U \cdot \frac{S_U}{S} = q_U, \qquad \pi_D \cdot \frac{S_D}{S} = q_D \text{이며}$$

콜 연계 numeraire에서는 미래 상태 'up'과 'down'의 각 확률 c_U와 c_D가

$$\pi_U \cdot \frac{C_U}{C} = c_U, \qquad \pi_D \cdot \frac{C_D}{C} = c_D$$

라고 말입니다. 그러므로 자산 V와 연계된 확률측도에서는 미래 상태(사건) A의 확률 $pr^V(A)$는

$$pr^V(A) = E\left[1_A \cdot \varphi_T \cdot \frac{V_T}{V_0}\right] = \pi_A \cdot \frac{V_A}{V_0}$$

로 표시될 수 있는 것입니다. ▣

이제 또 하나의 질문을 생각해 볼 수 있습니다. $pr^V(A) = E\left[1_A \cdot \varphi_T \cdot \frac{V_T}{V_0}\right]$이 자산 V를 numeraire로 할 때의 사건 A의 확률이라면, 자산 V를 numeraire로 할 때의 (다른) "자산 X의 기대 가격"은 어떻게 될까요? 이 질문의 답은 다음과 같습니다.

정리 7〉

자산 V를 numeraire로 할 때, (미래 시점 T에서의) 또 다른 자산 X의 기대 가격 $E^V[X_T]$는 다음과 같다.

$$E^V[X_T] = E\left[X_T \cdot \varphi_T \cdot \frac{V_T}{V_0}\right].$$

위 식에서 좌변 $E^V[\cdot]$는 자산 V를 numeraire로 하는 확률에 의한 기댓값, 우변 $E[\cdot]$는 실제 확률에 의한 기댓값이라는 차이가 있습니다. 가령 이항 모형에서 위험중립평가법으로, 즉 위험중립 확률측도를 사용하여, 자산 X의 기댓값을 구해 봅시다. X를 우리에게 익숙한 주가 S로 간주하고 이를 파악해 보겠습니다. 아래에서 u, d 혹은 하첨자(subscript) U, D는 각각 미래의 up, down 상태를 의미합니다. 또 $\varphi_u = \frac{\pi_u}{pr(u)}$, $\varphi_d = \frac{\pi_d}{pr(d)}$를 기억하기 바랍니다. 또 위험중립평가법은 무위험 무이표채를 numeraire로 하므로 $\frac{V_T}{V_0} = \frac{R_T}{R}$, $\frac{V_U}{V_0} = \frac{R_U}{R}$, $\frac{V_D}{V_0} = \frac{R_D}{R}$로 표시할 수 있습니다. 정리 7>이 맞다면,

$$
\begin{aligned}
E^V[S_T] &= E\left[S_T \cdot \varphi_T \cdot \frac{V_T}{V_0}\right] \\
&= S_U \cdot \varphi_u \cdot \frac{V_U}{V_0} \cdot pr(u) \; + \; S_D \cdot \varphi_d \cdot \frac{V_D}{V_0} \cdot pr(d) \\
&= S_U \cdot \frac{\pi_u}{pr(u)} \cdot \frac{R_U}{R} \cdot pr(u) \; + \; S_D \cdot \frac{\pi_d}{pr(d)} \cdot \frac{R_D}{R} \cdot pr(d) \\
&= S_U \cdot \pi_u \cdot \frac{R_U}{R} \; + \; S_D \cdot \pi_d \cdot \frac{R_D}{R} \\
&= S_U \cdot p_U \; + \; S_D \cdot p_D.
\end{aligned}
$$

즉, $E\left[S_T \cdot \varphi_T \cdot \frac{R_T}{R}\right] = S_U \cdot p_U + S_D \cdot p_D$이고, 여기서 p_U, p_D는 각각 위험중립평가법에서의 상태 up, down의 확률이니, $E\left[S_T \cdot \varphi_T \cdot \frac{R_T}{R}\right]$는 결국 채권($R$)을 numeraire로 할 때의 자산 (가격) S_T의 기댓값임을 알 수 있습니다. 즉, 위험중립 확률측도를 사용한다면 정리 7>은 맞습니다. 자, 이제 정리 7>을 일반적으로 입증해 보겠습니다.

질문 10-4〉 정리 7〉을 일반적으로 입증해 보십시오.

미래 시점 T에서 상태가 A_1, $A_2, \cdots$, A_n으로 n개 있는 경우를 가정합니다. 참고로 $n \to \infty$이면 연속확률분포가 되므로, 이 경우에 위 정리가 입증되면 X가 이산확률변수 뿐 아니라 연속확률변수인 경우에도 입증이 되는 것입니다. 물론 연속확률분포인 경우 한 상태(state)의 확률은 0이지만, 그럼에도 불구하고 상태들의 집합이라 할 수 있는 한 "사건(event)"의 확률은 양수입니다. 그러므로 연속확률변수의 경우 $A_1, A_2, \cdots, A_n$을 n개의 "사건"으로 간주할 수 있습니다. 가령 $X_T \sim N(10,4)$일 때, $X_T = 11$이 될 확률은 0이지만, $10.8 < X_T < 11$이 될 확률은 0보다 큰데, 여기서 $10.8 < X_T < 11$을 하나의 "사건"으로 간주할 수 있습니다. 반면 이산확률변수의 경우에는 통상 한 상태(state)의 확률이나 한 사건(event)의 확률이나 모두 양수이기에 이런 구분이 필요 없습니다.

이제 다시 본론으로 돌아와, 미래 시점 T에서 상태가 A_1, $A_2, \cdots$, A_n으로 n개 있는 경우를 가정합니다. 그러면 확률변수 X_T의 기대 가격은 n개의 X_{A_i} 값을 자산 V와 연계된 확률측도로 산출한 평균 가격이 됩니다($i = 1, \cdots , n$). 즉, X_T의 기대 가격은 다음과 같습니다. 이것이 정리 7>의 좌변 식의 구체적 내용입니다.

$$E^V[X_T] = \sum_{i=1}^{n}\left(X_{A_i} \cdot pr^V(A_i)\right) = \sum_{i=1}^{n}\left(X_{A_i} \cdot \pi_{A_i} \cdot \frac{V_{A_i}}{V_0}\right).$$

한편 정리 7>의 우변 식을 전개해 봅시다. 위 정리는 실제 확률을 사용한 기댓값임을 기억할 필요가 있습니다.

$$E\left[X_T \cdot \varphi_T \cdot \frac{V_T}{V_0}\right] = \sum_{i=1}^{n}\left(X_{A_i} \cdot \varphi_{A_i} \cdot \frac{V_{A_i}}{V_0} \cdot pr(A_i)\right).$$

위 식에서 $pr(A_i)$는 상태 A_i가 도래할 '실제 확률'을 의미합니다. 또한 $\varphi_{A_i} = \frac{\pi_{A_i}}{pr(A_i)}$를 기억하기 바랍니다. 이제 이 식을 전개해 보겠습니다.

$$E\left[X_T \cdot \varphi_T \cdot \frac{V_T}{V_0}\right] = \sum_{i=1}^{n}\left(X_{A_i} \cdot \varphi_{A_i} \cdot \frac{V_{A_i}}{V_0} \cdot pr(A_i)\right)$$

$$= \sum_{i=1}^{n} \left(X_{A_i} \cdot \frac{\pi_{A_i}}{pr(A_i)} \cdot \frac{V_{A_i}}{V_0} \cdot pr(A_i) \right)$$

$$= \sum_{i=1}^{n} \left(X_{A_i} \cdot \pi_{A_i} \cdot \frac{V_{A_i}}{V_0} \right).$$

최종 표시된 이 식은 결국 다음 식과 동일합니다.

$$E^V[X_T] = \sum_{i=1}^{n} \left(X_{A_i} \cdot \pi_{A_i} \cdot \frac{V_{A_i}}{V_0} \right).$$

그러므로 $E\left[X_T \cdot \varphi_T \cdot \frac{V_T}{V_0}\right] = E^V[X_T]$입니다. 즉, $E\left[X_T \cdot \varphi_T \cdot \frac{V_T}{V_0}\right]$은 확률변수 X_T의 기댓값을 V를 numeraire로 하는 확률측도로 계산한 값이 됩니다. ▣

자, 이제 마지막 남은 작업은 무엇일까요? 네 바로 이것,

$$\frac{Y_0}{N_0} = E^N\left[\frac{Y_T}{N_T}\right]$$

즉, numeraire와 연계된 확률측도에 의한 자산의 상대 가격이 martingale이 됨을 증명하는 작업입니다. 이제 이 작업을 시작하겠습니다.

특정 시점에서, 가령 내일, 자산 가격에 관해 서로 다른 많은 상태(many distinct states)가 있을 수 있습니다. 오늘 삼성전자 종가가 9만원이라면, 내일 주가는, 1일 가격제한폭 30%를 감안하면, 6만 3천원부터 11만 7천원까지 가능합니다. 만일 내일 서로 다른 가능한 주가를 1,000원 단위로 구분한다면 몇 개의 서로 다른 상태가 가능할까요? $117 - 63 + 1 = 55$개의 (distinct) states가 있고, 주가를 100원 단위로 구분한다면 550개, 주가를 10원 단위로 구분한다면 5,500개의 states가 있습니다. 나아가, 미국 주식시장처럼 1일 가격제한폭이 없다면, 그리고 주가를 매우 촘촘한 간격으로 구분한다면, 내일 특정 주식 종가의 distinct states는 엄청 많이 존재한다고 (거의 무한대라고) 생각할 수도 있습니다. 우리는 전 세계 투자자들이 참여하고, 시가총액이 부동의 one top이고, 가장 선진 주식시장이라 할 수 있는 미국 등의 주식시장을 염두에 두고 논의

를 계속하겠습니다.

이제 오늘 종가가 확정된 어느 주식, 가령 Apple 주식에 있어, 내일 이 주식의 시초가(open price) 상태에 따라 다음과 같은 투자 전략을 생각해 볼 수 있습니다. 오늘 Apple 주식의 종가가 $180인데, 내일 이 주식의 open price에 대해 여러 상태가 있을 수 있습니다. 가령 주가를 $1 단위로 구분한다면(약 ₩1,400원 단위로 구분), 그리고 미국 주식시장에는 1일 가격제한폭이 없으므로, 이론적으로는 0~$1, $1~$2, $2~$3, …, $180~$181, $181~$182, …로 계속 distinct states를 생각해 볼 수 있습니다.[8] 이때 어느 투자자가 각 상태 도래 시 다음과 같은 투자 전략을 실행한다고 해 봅시다. 각 상태에서 다른 주식을 공매도한 자금으로 Apple 주식을 1주 매수합니다. 시점 t에서 Apple 주가를 $Y(t)$라 하고 다른 주식(N)의 주가를 $N(t)$라 하면, 이 전략은 다음을 의미합니다.

i) 주식 N을 $\frac{Y(t)}{N(t)}$개만큼 공매도하여 $\frac{Y(t)}{N(t)}\cdot N(t)=Y(t)$의 현금을 얻는다.
(그러므로 $\frac{Y(t)}{N(t)}$는 상수)

ii) 이 현금으로 주가 $Y(t)$인 Apple 주식을 1주 매수한다.

iii) 그 결과 이 투자자의 net cash flow는 $\frac{Y(t)}{N(t)}\cdot N(t)-Y(t)=0$이다.

iv) 이 투자 포트폴리오를 미래 시점 $T(>t)$까지 유지한다.

v) 시점 T에 이 포트폴리오를 청산하면, 이 투자자에게 남은 현금은 다음과 같다.

$$Y(T)-\frac{Y(t)}{N(t)}\cdot N(T)$$

단, 특정 상태 A가 도래하면 이 투자자는 위 투자 전략을 실행하고, A가 도래하지 않으면 위 전략을 실행하지 않습니다. 여기서 A의 사례를 든다면, 내일 아침 Apple 시초가가 특정 구간에 (가령 $180 ~ $181 혹은 $170 ~ $190 등등) 있는 상태를 생각해 볼 수 있습니다. 그러므로 이 전략 실행 시 시점 T에 이 투자자에게 남을 현금을 정확히 표현하면 다음과 같습니다.

---

8 정확히는, $1 ~ $2는 "$1 이상 $2 미만" 등으로 각 구간의 끝이 서로 중복되지 않게 각 state를 정의해야 합니다. 또 이렇게 정의하는 상태는 Apple 주식의 주가만을 기준으로 한 것임을 기억해야 합니다.

$$1_A \cdot \left(Y(T) - \frac{Y(t)}{N(t)} \cdot N(T) \right).$$

즉, 상태 A가 도래하면 $1_A \left(Y(T) - \frac{Y(t)}{N(t)} \cdot N(T) \right) = 1 \cdot \left(Y(T) - \frac{Y(t)}{N(t)} \cdot N(T) \right) = Y(T) - \frac{Y(t)}{N(t)} \cdot N(T)$를 받고, A가 도래하지 않으면 $1_A \left(Y(T) - \frac{Y(t)}{N(t)} \cdot N(T) \right) = 0 \cdot \left(Y(T) - \frac{Y(t)}{N(t)} \cdot N(T) \right) = 0$을 받습니다.

그러면, 이 투자자가 선택한 이 투자 전략의 금액적인 결과(proceed)의 기댓값은 어떻게 될까요? 즉, 이 전략의 기대 이익은 얼마가 될까요? 네, 물론 답하기 어려운 질문입니다. 사실, 내일 Apple 시초가(open price)가 특정 구간(= A)에 속했을 때 위 전략을 실행한 후 미래 시점 T에, 가령 1개월 후, 이 투자자에게 남을 현금이 얼마가 될지 어떻게 알 수 있겠습니까? 그러므로, 적어도 특정한 조건이 주어지지 않으면 아무도 이 질문에 답할 수 없을 것입니다. 다행히도, 우리가 이 질문에 답할 때 도움을 줄 특정 조건이 적어도 두 개가 있습니다. 하나는 이 전략의 결과를 맞히는 것이 아니라 이 전략 결과의 "기댓값"을 추정하는 것입니다. 주사위 던질 때의 결과를 추정하는 것은 어렵지만, 그 기댓값을 추정하는 것은 쉽지 않습니까? 또 하나의 조건은, 시장이 균형을 이룰 때의 이 전략의 기대 이익(=순현금)을 추정하는 것입니다. 이 기대 이익이 과연 얼마가 될 때 시장은 균형을 이룰까요? 가령 이 투자 전략의 기대 이익이 0보다 크면 시장이 균형 상태가 될까요? 그렇지 않을 것입니다. 왜냐하면 이 전략은 투자 원금이 0이기 때문입니다. 자기 돈을 0원 투자해서 기대 이익이 0보다 크게 산출되면 누구나 이 전략을 실행해서, "평균적으로" 이익을 실현할 것입니다. 즉, Y 주식을 매수하고 N 주식을 공매도하는 이 전략을 누구나 실행하여 평균적으로 돈을 벌 것입니다. 즉, 이는 일종의 차익거래가 됩니다.[9] 이를 실행하는 투자자가 많을수록, Y 주식의 주가는 상승하고 N 주식의 주가는 하락할 것입니다. 그러면서도 모든 투자자들은 평균적으로 돈을 벌 것입니다. 이런 상황이 과연 시장의 균형이라 할 수 있을까요? 한

[9] 아주 엄밀히 따지면 무차익 가격(no arbitrage price)과 시장 균형가격(equilibrium price)은 동일한 의미는 아니지만, 본장에서는 설명의 편의상 실질적으로는 같은(effectively the same) 의미로 해석합니다.

주식의 주가는 계속 상승하고 다른 한 주식의 주가는 계속 하락하는, 그것도 무한정 기간으로(indefinitely) 지속되는 상태가 시장의 균형이 될 수는 없습니다. 그러므로 이 투자의 기대 이익이 0보다 큰 상태는 시장(가격)의 균형이 아닙니다. 마찬가지로, 이 투자의 기대 이익이 0보다 작은 상태도 시장(가격)의 균형이 될 수 없습니다. 자기 돈 0원을 투자해서 평균적으로 손실을 보려 할 투자자는 없을 것이고, 오히려 이 경우에는 그 반대로 투자해서 기대 이익이 0보다 크게 하려 할 것입니다. 즉, 이 경우에는 누구든지 Y 주식을 공매도하고 N 주식을 매수하여 평균적으로 돈을 벌 것입니다. 그러면 Y 주식의 주가는 계속 하락하고 N 주식의 주가는 계속 상승할 것이므로, 이 경우에도 시장(가격)의 균형은 이루어질 수 없습니다.

그렇다면 과연 언제 시장의 균형이 이루어질까요? 다른 말로는, 언제 투자자들이 Y 주식과 N 주식을 서로 다른 방향으로 투자하기를 멈추어 이들의 가격이 안정이 될까요? 그것은 다름 아닌, 이러한 투자 전략의 기대 이익=0이 되는 경우입니다. 이 기대 이익=0이 될 때 이 두 주식 가격은 균형 가격이 됩니다. 기대 이익=0이 된다 함은 시장에서 더 이상 차익거래를 허용하지 않는다는 의미가 됩니다. 즉, 차익거래가 더 이상 가능하지 않을 때 시장(가격)의 균형은 이루어지고 이 두 주식의 가격은 더 이상 구조적으로, 한 방향으로 움직일 이유가 사라집니다. 그러면 이처럼 차익거래가 불가능할 때 주식 Y의 현재 가격은 어떤 값에서 균형을 이룰까요? 즉, 균형 가격 $Y(t)$는 어떤 형태가 될까요?

이 질문에 대답하기 위해 다음과 같이 생각을 해 봅시다. 이러한 투자로부터 발생하는 (확률변수인) 시점 T 순이익

$$1_A \cdot \left(Y(T) - \frac{Y(t)}{N(t)} \cdot N(T) \right)$$

을 특정 자산 P의 시점 T의 가치 (혹은 현금흐름) P_T라고 생각해 봅시다. 즉,

$$1_A \cdot \left(Y(T) - \frac{Y(t)}{N(t)} \cdot N(T) \right) = P_T.$$

그러면 이 자산의 시점 t의 가격 P_t와 미래 가격 P_T 사이에는($t < T$) 다음 정리가 성립함을 우리는 이미 제1절에서 배운 바 있습니다. 그 정리 내용을 여기 다시 소환합니다.

정리 5〉

경제 내에서 차익거래가 불가능하면, 어떠한 자산 가격 P_t도 다음 기댓값으로 계산된다. 여기서 φ와 P_T는 각각 state price density와 미래 자산 가격을 의미하며, 이들은 미래 상태에 따라 그 값이 다른 확률변수이다.

$$P_t = E[\varphi_T \cdot P_T], \qquad \text{where } 0 \le t < T.$$

이 정리에 의해, P_t는 다음과 같이 표시될 수 있습니다.[10]

$$P_t = E\left[\varphi_T \cdot 1_A \cdot \left(Y(T) - \frac{Y(t)}{N(t)} \cdot N(T)\right)\right].$$

그런데, 이 자산의 원가(acquisition cost)가 얼마였던가요? 네, 0입니다. 애초 가정이 다음과 같기 때문입니다.

i) 주식 N을 $\frac{Y(t)}{N(t)}$ 개만큼 공매도한다.

ii) 주식 Y를 1주 매수한다.

iii) 그 결과 이 투자자의 net cash flow는 $\frac{Y(t)}{N(t)} \cdot N(t) - Y(t) = 0$이다.

iv) 미래 시점 T에서 이 거래를 청산하면 남은 현금은 $Y(T) - \frac{Y(t)}{N(t)} \cdot N(T)$이다.

그러므로 다음이 성립합니다.

$$P_t = E\left[\varphi_T \cdot 1_A \cdot \left(Y(T) - \frac{Y(t)}{N(t)} \cdot N(T)\right)\right] = 0.$$

양변을 현재 자산 N의 가격인 상수 $N(0)$로 나눠도 0이 됩니다.

$$E\left[\frac{1}{N(0)} \cdot \varphi_T \cdot 1_A \cdot \left(Y(T) - \frac{Y(t)}{N(t)} \cdot N(T)\right)\right] = 0.$$

[10] 투자와 관련된 시점(t, T 등)이 P_t, φ_T처럼 하첨자로 혹은 $Y(T)$, $N(T)$처럼 괄호로 표시되고 있습니다.

위 표현을 조금 수정하면 다음이 성립합니다.

$$E\left[1_A \cdot \left(\frac{Y(T)}{N(T)} - \frac{Y(t)}{N(t)}\right) \cdot \varphi_T \cdot \frac{N(T)}{N(0)}\right] = 0.$$

이제 위 방정식을 이해하기 위해 (앞에서 배운) 정리 7>을 소환해 보겠습니다.

> **정리 7〉**
>
> 자산 V를 numeraire로 할 때, (미래 시점 T에서의) 또 다른 자산 X의 기대 가격 $E^V[X_T]$는 다음과 같다.
>
> $$E^V[X_T] = E\left[X_T \cdot \varphi_T \cdot \frac{V_T}{V_0}\right].$$

이 정리의 우변을 위 방정식에 적용하면, 위 정리의 X_T는 다음과 같습니다.

$$X_T = 1_A \cdot \left(\frac{Y(T)}{N(T)} - \frac{Y(t)}{N(t)}\right)$$

그러므로 위 정리에 의해 다음이 성립합니다. 우리는 현재 자산 N을 numeraire로 사용하므로 위 정리의 V를 N으로 바꿉니다.

$$E^N\left[1_A \cdot \left(\frac{Y(T)}{N(T)} - \frac{Y(t)}{N(t)}\right)\right] = E\left[1_A \cdot \left(\frac{Y(T)}{N(T)} - \frac{Y(t)}{N(t)}\right) \cdot \varphi_T \cdot \frac{N(T)}{N(0)}\right].$$

그런데 이 식에서 우변의 값은 0이므로 다음이 성립합니다.

$$E^N\left[1_A \cdot \left(\frac{Y(T)}{N(T)} - \frac{Y(t)}{N(t)}\right)\right] = 0.$$

그런데, 위 식은 특정 상태에 대해서만 성립하는 것이 아니라 모든 각각의 상태에 대해서도 성립할 것입니다. 즉, 우리는 상태 A에 대한 예로 다음과 같이 설명했습니다.

> 내일 아침 Apple 시초가가 특정 구간에 (가령 \$180 ~ \$181 혹은 \$170 ~ \$190 등등) 있는 상태를 생각해 볼 수 있습니다.

즉, 상태 A = 주가가 \$180 ~ \$181인 구간에 있는 상태일 수 있고

상태 B = 주가가 \$181 ~ \$182의 구간에 있는 상태일 수 있고

상태 D = 주가가 \$182 ~ \$183의 구간에 있는 상태일 수 있고

…

식의 추론이 가능합니다. 이 모든 상태에 있어서 위와 같은 식이 성립할 것입니다.

$$\begin{aligned} E^N\left[1_A \cdot \left(\frac{Y(T)}{N(T)} - \frac{Y(t)}{N(t)}\right)\right] &= E^N\left[1_B \cdot \left(\frac{Y(T)}{N(T)} - \frac{Y(t)}{N(t)}\right)\right] \\ &= E^N\left[1_D \cdot \left(\frac{Y(T)}{N(T)} - \frac{Y(t)}{N(t)}\right)\right] \\ &= \cdots \\ &= 0. \end{aligned}$$

이 문제를 더 명료하게 다루기 위해, 미래 서로 다른 상태들(distinct states)을 A, B, C, D, …가 아닌 $A_1, A_2, A_3, \cdots, A_n$으로 표기해 봅시다. 그러면 다음이 성립합니다.

$$E^N\left[1_{A_i} \cdot \left(\frac{Y(T)}{N(T)} - \frac{Y(t)}{N(t)}\right)\right] = 0, \qquad \text{where } i = 1, 2, 3, \cdots, n.$$

좌변의 $E^N\left[1_{A_i} \cdot \left(\frac{Y(T)}{N(T)} - \frac{Y(t)}{N(t)}\right)\right]$를 풀어서 전개해 보겠습니다. 편의상, 상태 A_i 도래 시 자산 가격 $Y(T)$, $N(T)$를 각각 $Y(A_i)$, $N(A_i)$로 표기합니다. 또한 상태 A_i가 아닌 다른 모든 상태를 A_i^c로 표기합니다. 물론 $prob^N[A_i] + prob^N[A_i^c] = 1$입니다. 그리고 1_{A_i}은 상태 A_i 도래 시 1이 되고 상태 A_i가 도래하지 않으면 0이 되는 확률변수입니다. 이제 위 식의 좌변 $E^N\left[1_{A_i} \cdot \left(\frac{Y(T)}{N(T)} - \frac{Y(t)}{N(t)}\right)\right]$를 풀어서 전개한 후 우변의 0과 등식을 만들어 보겠습니다.

$$\begin{aligned} &E^N\left[1_{A_i} \cdot \left(\frac{Y(T)}{N(T)} - \frac{Y(t)}{N(t)}\right)\right] \\ &= prob^N[A_i] \cdot 1_{A_i} \cdot \left(\frac{Y(A_i)}{N(A_i)} - \frac{Y(t)}{N(t)}\right) \; + \; prob^N[A_i^c] \cdot 1_{A_i} \cdot \left(\frac{Y(A_i^c)}{N(A_i^c)} - \frac{Y(t)}{N(t)}\right) \\ &= prob^N[A_i] \cdot 1 \cdot \left(\frac{Y(A_i)}{N(A_i)} - \frac{Y(t)}{N(t)}\right) \; + \; prob^N[A_i^c] \cdot 0 \cdot \left(\frac{Y(A_i^c)}{N(A_i^c)} - \frac{Y(t)}{N(t)}\right) \end{aligned}$$

$$= prob^N[A_i] \cdot \left(\frac{Y(A_i)}{N(A_i)} - \frac{Y(t)}{N(t)} \right) = 0.$$

이 식은 상태 A_i가 A_1이든지 A_2이든지 A_3이든지, …, A_n이든지 성립합니다. 즉

$$prob^N[A_i] \left(\frac{Y(A_i)}{N(A_i)} - \frac{Y(t)}{N(t)} \right) = 0, \qquad \text{where } i = 1, 2, 3, \cdots, n.$$

그러면 이들 각각의 합도 0이 될 것입니다.

$$\sum_{i=1}^{n} \left[prob^N[A_i] \left(\frac{Y(A_i)}{N(A_i)} - \frac{Y(t)}{N(t)} \right) \right] = 0.$$

위 식을 다르게 표현하면 어떻게 될까요? 이는 바로 다음과 같습니다.

$$\sum_{i=1}^{n} \left[prob^N[A_i] \left(\frac{Y(A_i)}{N(A_i)} - \frac{Y(t)}{N(t)} \right) \right] = E_t^N \left[\frac{Y(T)}{N(T)} - \frac{Y(t)}{N(t)} \right].$$

즉, 시점 t에서 자산 $Y(t)$의 값에 따라 여러 상태가 존재하는데, 가령 $Y =$ Apple 주식의 주가라면 시점 t에서 이 주식의 가격이 어느 상태(구간)에 속하는가에 따라 여러 상태가 존재하는데, 시점 t의 각 상태에서 (자산 N을 numeraire로 사용한) 이 자산의 상대 가격 $Y(t)/N(t)$의 변화량의 (시점 t에서의) 기댓값이 바로 $E_t^N \left[\frac{Y(T)}{N(T)} - \frac{Y(t)}{N(t)} \right]$입니다. 그리고 이 값은, 바로 위 식에 따라 0이 됩니다.

$$E_t^N \left[\frac{Y(T)}{N(T)} - \frac{Y(t)}{N(t)} \right] = 0.$$

시점 t에서 $\frac{Y(t)}{N(t)}$는 알려진 상수가 되므로 다음이 성립합니다.

$$E_t^N \left[\frac{Y(T)}{N(T)} - \frac{Y(t)}{N(t)} \right] = E_t^N \left[\frac{Y(T)}{N(T)} \right] - \frac{Y(t)}{N(t)} = 0.$$

결국 우리는 다음과 같은 결과를 얻습니다.

$$\frac{Y(t)}{N(t)} = E_t^N\left[\frac{Y(T)}{N(T)}\right].$$

이 식의 형태와 내용은 결국 다음 식과 같습니다.

$$\frac{Y_0}{N_0} = E^N\left[\frac{Y_T}{N_T}\right]$$

즉, 제9장에서 매우 강력하고 효율적인 수단으로 활용했던 martingale pricing을 우리는 본절에서 보다 엄밀한 수식 전개를 통해서 입증을 한 것입니다. 위 식을 다시 자산 Y에 대한 가치평가 식으로 조금 변환하면 다음이 성립합니다. 그리고 이 식이 성립할 조건은 경제 내에 차익거래가 불가능하다는 것입니다.

정리 8〉

자산 가격들 사이에서 차익거래가 불가능하면 martingale pricing이 가능하고, (모든) 자산의 현재 가격(Y_0)은 다음과 같다. 여기서 N은 numeraire로 사용되는 자산이고 $E^N[\cdot]$은 N과 연계된 확률측도로 계산된 기댓값이다.

$$Y_0 = N_0 \cdot E^N\left[\frac{Y_T}{N_T}\right].$$

Chapter

11

브라운 운동 심화 학습

본장에서는 브라운 운동과 Ito's Lemma의 속성과 특성들을 (새 용어들과 함께) 심도 있게 공부합니다.

제 1 절 브라운 운동의 quadratic variation

브라운 운동의 하나의 특성은 그 "quadratic variation의 특별함"에 있다고도 할 수 있습니다. 본절에서는 이 특성을 심도 있게 공부해 보겠습니다. 브라운 운동을 깊이 이해하는 데 중요하기 때문입니다. 브라운 운동을 잘 이해할수록 궁극적으로는 재무금융 세계에서의 (파생상품을 비롯한) 자산 가치평가(asset pricing)의 이해도가 높아질 수 있기 때문입니다.

그러면 브라운 운동의, 아니 모든 변수의 quadratic variation이란 무엇일까요? 먼저 이 개념을 차분히 설명해 보겠습니다. 브라운 운동을 하는 변수의 시점 t에서의 값을 $w(t)$라 표기하겠습니다. 또 $w(t)$가 시점 $t = 0$에서 $t = T(> t)$까지 움직일 때 그 구간을 N개 구간으로 나누어 보겠습니다. 그러면 전체 기간 $[0, T]$는 다음과 같이 N개의 Δt로 구분됩니다.

$$\frac{T-0}{N} = \frac{T}{N} = \Delta t.$$

이때 N개 각 소구간의 t 값은 다음과 같습니다.

$$0, \ \frac{T}{N}, \ \frac{2T}{N}, \ \frac{3T}{N}, \cdots, \ \frac{i \cdot T}{N}, \cdots, \ \frac{N \cdot T}{N} = T.$$

그리고 $w(t)$도 이 구간에 맞추어 다음과 같이 표시할 수 있습니다. $w(0) = 0$으로 가정합니다.

$$0 = w(0), \ \ w\left(\frac{T}{N}\right), \ w\left(\frac{2T}{N}\right), \ w\left(\frac{3T}{N}\right), \cdots, \ w\left(\frac{N \cdot T}{N}\right) = w(T).$$

각 소구간에서의 브라운 운동의 변화량 $\Delta w(t)$는 다음과 같이 표시할 수 있습니다.

$$\Delta w\left(i \cdot \frac{T}{N}\right) = w\left(i \cdot \frac{T}{N}\right) - w\left((i-1) \cdot \frac{T}{N}\right),$$
$$\text{where } i = 1, 2, \cdots, N.$$

그러면 이 전체 기간 동안의 브라운 운동의 순 (위치) 변화는 각 소구간의 브라운 운동의 변화를 모두 합친 값입니다.

$$\begin{aligned}
&w(T) - w(0) \\
&= \left[w\left(\frac{T}{N}\right) - w(0)\right] + \left[w\left(\frac{2T}{N}\right) - w\left(\frac{T}{N}\right)\right] + \cdots + \left[w\left(\frac{N \cdot T}{N}\right) - w\left(\frac{(N-1)T}{N}\right)\right] \\
&= \sum_{i=1}^{N} \left[w\left(i \cdot \frac{T}{N}\right) - w\left((i-1) \cdot \frac{T}{N}\right)\right] \\
&= \sum_{i=1}^{N} \left[\Delta w\left(i \cdot \frac{T}{N}\right)\right].
\end{aligned}$$

물론 각 소구간의 브라운 운동의 변화 $w\left(i \cdot \frac{T}{N}\right) - w\left((i-1) \cdot \frac{T}{N}\right)$는 0보다 클 수도 작을 수도 있습니다.

이제 다음 개념을 생각해 봅시다.

$$\sum_{i=1}^{N} \left[\Delta w\left(i \cdot \frac{T}{N}\right)\right]^2.$$

이 값은, 주어진 기간을 여러 소구간으로 나눈 후, 각 소구간에서의 브라운 운동 변화량의 "제곱"을 모두 더한 값입니다. 이제 전체 기간의 길이가 T로 고정된 조건에서, 이 소구간의 길이를 무한히 짧게 설정해 봅시다. 그러기 위해서는 소구간의 개수 N이 ∞에 수렴하도록 해야 합니다. 이를 (브라운 운동의) "quadratic variation(QV)"이라 합니다.

정의 1〉 브라운 운동의 Quadratic variation(QV)

$$QV\ of\ w(t)\ for\ time\ [0,N] = \lim_{N\to\infty}\sum_{i=1}^{N}\left[\Delta w\left(i\cdot\frac{T}{N}\right)\right]^2.$$

브라운 운동이 아닌 다른 변수라 해도 그 변수의 quadratic variation이 바로 위 표현입니다.

정의 2〉 Quadratic variation

주어진 기간을 무한히 많은 소구간으로 나눈 후, 각 소구간에서의 특정 변수의 변화량을 제곱하여 모두 더한 값을 그 변수의 quadratic variation(QV)이라 한다.

여기서 하나의 흥미있는 질문을 해 보겠습니다.

질문 11-1〉 대부분의 변수(함수)의 경우, 가령 $Y(t)$, 이 quadratic variation 값은 어떻게 될까요?

네, 정답부터 말하면, 대부분 함수의 quadratic variation은 0이 됩니다. 즉, 다음이 성립합니다.

$$\lim_{N\to\infty}\sum_{i=1}^{N}\left[\Delta Y\left(i\cdot\frac{T}{N}\right)\right]^2 = 0.$$

여기서 '대부분 함수'란,

브라운 운동과 같이 끊임없이 빠르게 삐뚤삐뚤 변하는 함수가 아닌,

제멋대로 지그재그로 변해 미분이 불가능한 함수가 아닌,

모든 함수라 생각하면 됩니다. 가령 $Y(t) = t^2$이라는 함수를 생각해 봅시다. 그리고 t가 변하는 기간을 $[0, T] = [0, 5]$라 합시다. 만일 이 전체 기간을 단 하나의 구간으로 나눈다면, $N = 1$이고 $\frac{T}{N} = T = 5$가 됩니다. 또 $Y(0) = 0$이고 $Y\left(\frac{T}{N}\right) = Y(T) = Y(5) = 25$이고 $\Delta Y(T) = \Delta Y\left(\frac{T}{N}\right) = \Delta Y(5) = Y(5) - Y(0) = 25$입니다. 그러면

$$\sum_{i=1}^{N}\left[\Delta Y\left(i \cdot \frac{T}{N}\right)\right]^2 = \sum_{i=1}^{1}\left[\Delta Y\left(i \cdot \frac{5}{1}\right)\right]^2 = \Delta Y(5)^2 = 25^2 = 625$$

가 됩니다. 만일 전체 기간을 2로 나누면 ($N = 2$이면) $\frac{T}{N} = 2.5$이고

$$Y(0) = 0,\ Y(2.5) = 6.25,\ Y(5) = 25\text{이고}$$
$$\Delta Y(2.5) = 6.25 - 0 = 6.25,\ \Delta Y(5) = 25 - 6.25 = 18.75$$

입니다. 그러면 이 소구간들에서의 ΔY^2들의 합은 다음과 같습니다.

$$\begin{aligned}
&\sum_{i=1}^{N}\left[\Delta Y\left(i \cdot \frac{T}{N}\right)\right]^2 \\
&= \sum_{i=1}^{2}\left[\Delta Y\left(i \cdot \frac{5}{2}\right)\right]^2 \\
&= \Delta Y(2.5)^2 \ + \ \Delta Y(5)^2 \\
&= 6.25^2 + 18.75^2 \\
&= 390.625 < 625.
\end{aligned}$$

즉, 다음이 성립합니다.

$$\sum_{i=1}^{2}\left[\Delta Y(t_{i,2})\right]^2 < \sum_{i=1}^{1}\left[\Delta Y(t_{i,1})\right]^2, \qquad \text{where} \quad t_{i,N} = i \cdot \frac{T}{N}.$$

만일 이 전체 기간을 3개의 소구간으로 나누면 다음이 성립함을 입증할 수 있습니다.

$$\sum_{i=1}^{3}\left[\Delta Y\left(t_{i,3}\right)\right]^{2} < \sum_{i=1}^{2}\left[\Delta Y\left(t_{i,2}\right)\right]^{2} < \sum_{i=1}^{1}\left[\Delta Y\left(t_{i,1}\right)\right]^{2}.$$

가령 계산하기 쉽게 이 전체 기간을 5개의 소구간으로 나누어 각 소구간의 길이가 1이 되면, 즉 $N = 5$이면 다음이 성립합니다.

$$\begin{aligned}
&\sum_{i=1}^{5}\left[\Delta Y\left(t_{i,5}\right)\right]^{2} \\
&= \sum_{i=1}^{5}[i^2 - (i-1)^2]^2 \\
&= [1^2 - 0^2]^2 + [2^2 - 1^2]^2 + [3^2 - 2^2]^2 + [4^2 - 3^2]^2 + [5^2 - 4^2]^2 \\
&= 1^2 + 3^2 + 5^2 + 7^2 + 9^2 \\
&= 165
\end{aligned}$$

입니다. 이처럼 N이 커질수록, 즉 소구간이 짧을수록, ΔY^2들의 합은 작아집니다. 그리고 N이 커지다 보면 모든 소구간이 아주 짧아져 모든 소구간의 ΔY가 1보다 작아지는 순간이 올 것이며, N이 더 커지면 모든 소구간에서 ΔY가 점점 더 0에 가까워질 것입니다. 만일 $N \to \infty$이면 모든 소구간에서 "$each\ \Delta Y$" $\to 0$이 되므로, 모든 ΔY^2의 합은 0이 됩니다. 즉,

$$\lim_{N\to\infty}\sum_{i=1}^{N}\left[\Delta Y\left(t_{i,N}\right)\right]^{2} = 0.$$

그리고 $\lim\limits_{N\to\infty}\sum_{i=1}^{N}\left[\Delta Y\left(t_{i,N}\right)\right]^{2}$을 함수 $Y(t)$의 quadratic variation이라 합니다. ▣

이처럼 브라운 운동을 제외한 거의 모든 (미분 가능한) 함수의 quadratic variation = 0이 됨을 증명할 수 있습니다.

반면, 브라운 운동의 quadratic variation은 0이 아닙니다. 놀랍게도, 브라운 운동의 quadratic variation은 그 전체 기간(구간)의 크기입니다. 다시 브라운 운동 $w(t)$를 소환해 봅시다. 위에서 우리는

$$QV\ of\ w(t)\ for\ time\ [0,N] = \lim_{N\to\infty}\sum_{i=1}^{N}\left[\Delta w\left(i\cdot\frac{T}{N}\right)\right]^2.$$

까지 논의했었습니다. 그런데 브라운 운동은 매우 짧은 시간에 매우 빠르게 지그재그로 변하기에, 아무리 주어진 시간의 소구간이 짧아도 $\Delta w\left(i\cdot\frac{T}{N}\right)$이 0에 수렴하지 않습니다. 즉, 양수든 음수든 0이 아닌 값이 됩니다. 그러므로 $\Delta w\left(i\cdot\frac{T}{N}\right)^2 > 0$이 됩니다. 둘째로 이러한 $\Delta w\left(i\cdot\frac{T}{N}\right)^2$을 모두 더하면, 애초 전체 기간이었던 T만큼의 길이가 됩니다. 즉, 다음이 성립합니다.

정리 1〉 브라운 운동의 quadratic variation(QV_w)

$$QV_w = \lim_{N\to\infty}\sum_{i=1}^{N}\left[\Delta w\left(i\cdot\frac{T}{N}\right)\right]^2 = T.$$

그런데 이 정리와 비슷한 내용을 전에 본 것 같지 않습니까? 데자뷰 느낌이 들지 않나요? 네 맞습니다. 제6장에서 브라운 운동을 처음으로 배울 때 다음 정리를 배운 적 있습니다.

정리 2〉 i.i.d. 확률변수인 브라운 운동

(출발)시점 t가 서로 다르고, 동일한 기간 Δt 동안 움직이며, 움직이는 기간이 겹치지 않는 브라운 운동 변화량 "$w_{t+\Delta t} - w_t$"들은 정규분포 $N(0,\Delta t)$를 따르는 i.i.d. 확률변수들이다. 여기서 Δt는 0보다 큰 모든 기간을 의미한다($\Delta t > 0$).

$$w_{t+\Delta t} - w_t \sim N(0,\Delta t), \quad \text{where } \Delta t > 0, \forall t.$$

또한 다음 정리도 배웠습니다.

정리 3〉 dw와 z

$$dw = \sqrt{dt}\cdot z \sim N(0,dt), \quad \text{where } z \sim N(0,1).$$

위 정리에 의해 $Var(dw) = dt$입니다. 그리고 분산의 속성에 의해

$$Var(dw) = E[(dw)^2] - E[dw]^2$$

인데 $E[dw] = 0$ 이므로 $Var(dw) = E[dw^2]$ 이고 또 $Var(dw) = dt$ 이므로 결국 $E[dw^2] = dt$ 입니다. 한편 $\mathrm{Var}[dw^2]$도 알아보기 위해 $dw = \sqrt{dt} \cdot z$를 활용합니다. 그러면 다음이 성립합니다.

$$\mathrm{Var}[dw^2] = \mathrm{Var}\left[\left(\sqrt{dt} \cdot z\right)^2\right] = \mathrm{Var}[dt \cdot z^2] = dt^2 \cdot \mathrm{Var}[z^2] = 0 \cdot \mathrm{Var}[z^2] = 0.$$

그러므로 우리는 dw^2의 두 적률(moments)을 알게 되었습니다. 이들은 다음과 같습니다.

$$E[dw^2] = dt,$$
$$\mathrm{Var}[dw^2] = 0.$$

자, 이것이 무엇을 말하는 걸까요? dw^2의 분산이 0임에 유의합시다. "확률변수(여기서는 dw^2)의 분산=0"이라는 사실이 의미하는 바는 뭘까요? 이는 그 확률변수가 사실은 확률변수가 아니라 "상수(a constant)"라는 것입니다. 어떤 상수일까요? 모든 상수의 평균은 바로 그 상수 값이니, 그 평균 값이 바로 그 상수 값이 됩니다. 즉, 이제 상수임이 밝혀진 dw^2에 대해 $E[dw^2] = dt$라는 사실은, $dw^2 = dt$라는 상수 값을 가진다는 것입니다. 그리하여 우리는 브라운 운동에 관한 제6장에서 다음 정리를 얻었던 것입니다.

정리 4〉 dw^2의 실체

$$dw^2 = dt.$$

이러한 정리들을 기억하면, 브라운 운동의 quadratic variation$=T$이 됨이 비교적 쉽게 이해될 수 있습니다. 이제 이 작업을 시작해 보겠습니다.

먼저 $dw^2 = dt$으로부터 다음이 추론됩니다. dw에 시점 t를 표시하면 $(dw_t)^2 = dt$입니다. 그리고 이는 다음을 뜻합니다.[1]

1 $(dw_t)^2$을 그렇게 정의할 수도 $(dw_{t-dt})^2$을 그렇게 정의할 수도 있습니다(without loss of generality).

$$(dw_t)^2 = (w_t - w_{t-dt})^2 = dt.$$

이제 이 표현을, 이 사실을 브라운 운동의 quadratic variation = T을 입증하는 데 활용해 보겠습니다. 먼저 브라운 운동의 quadratic variation(QV_w)의 표현은 다음과 같습니다.

$$QV_w = \lim_{N\to\infty}\sum_{i=1}^{N}\left[\Delta w\left(\frac{i\cdot T}{N}\right)\right]^2.$$

시점 표시를 하첨자(subscript)로 하면 다음과 같습니다.

$$QV_w = \lim_{N\to\infty}\sum_{i=1}^{N}\left[\Delta w_{\frac{i\cdot T}{N}}\right]^2.$$

여기서 $\Delta w_{\frac{i\cdot T}{N}}$는 $\Delta w_{t=\frac{i\cdot T}{N}}$의 의미입니다. 이제 $\Delta w_{\frac{i\cdot T}{N}}$를 풀어서 쓰면 다음과 같습니다.

$$\Delta w_{\frac{i\cdot T}{N}} = w_{\frac{(i-1)\cdot T}{N}+\frac{T}{N}} - w_{\frac{(i-1)\cdot T}{N}}.$$

이때 시간의 경과 Δt의 크기는 $\Delta t = \frac{T}{N}$입니다. 그러므로 위 표현을 다음과 같이 바꿀 수 있습니다.

$$\Delta w_{\frac{i\cdot T}{N}} = w_{\frac{(i-1)\cdot T}{N}+\Delta t} - w_{\frac{(i-1)\cdot T}{N}}.$$

그러면 브라운 운동의 quadratic variation도 다음과 같이 표시할 수도 있습니다.

$$QV_w = \lim_{N\to\infty}\sum_{i=1}^{N}\left[w_{\frac{(i-1)\cdot T}{N}+\Delta t} - w_{\frac{(i-1)\cdot T}{N}}\right]^2.$$

이제 $N \to \infty$이면 $\Delta t = \frac{T}{N} \to 0$이 될 것입니다. 그런데 이처럼 경과 시간 Δt가 0에 무한히 수렴할 때 Δt가 어떻게 표시되나요? 이 경우의 Δt가 바로 dt인 것입니다.

$$\lim_{N\to\infty}\left(\frac{T}{N}\right) = \lim_{N\to\infty}(\Delta t) = \lim_{\Delta t\to 0}(\Delta t) = dt.$$

그러므로 $N \to \infty$일 때는 $\Delta w_{t+\Delta t} = w_{t+\Delta t} - w_t$는 $dw_{t+dt} = w_{t+dt} - w_t$가 됩니다.

그리고 여기서 시점 t는 모든 시점에 대해 일반적으로 적용 가능합니다. 즉, 각 시점 $\frac{(i-1)\cdot T}{N}$이 t 값이 될 수 있습니다($i = 1, 2, \cdots N$). 그러므로 브라운 운동의 quadratic variation도 다음과 같이 표현할 수 있습니다.

$$QV_w = \lim_{N\to\infty}\sum_{i=1}^{N}\left[w_{\frac{(i-1)\cdot T}{N}+\Delta t} - w_{\frac{(i-1)\cdot T}{N}}\right]^2 = \lim_{N\to\infty}\sum_{i=1}^{N}\left[dw_{\frac{i\cdot T}{N}}\right]^2.$$

그런데 $(dw_t)^2 = dt$입니다. 어느 시점에 있든, 즉 t값이 무엇이든지 말입니다. 즉, $t = \frac{(i-1)\cdot T}{N}$에서 i 값이 어떤 값이든 관계없이 $\left[dw_{\frac{i\cdot T}{N}}\right]^2 = dt$입니다. 그러므로 위 식은 다시 다음과 같이 표현됩니다.

$$QV_w = \lim_{N\to\infty}\sum_{i=1}^{N}(dt).$$

그런데 이런 dt가 도대체 몇 개가 더해진 것일까요? 애초 전체 기간 $[0, T]$가 다음과 같이 N개의 Δt로 나누어졌습니다.

$$\frac{T-0}{N} = \frac{T}{N} = \Delta t.$$

이때는 소구간 Δt 개수가 N개였습니다. 즉, 다음이 성립합니다.

$$N \cdot \Delta t = N.\frac{T}{N} = T.$$

즉, 소구간의 개수에 각 소구간의 길이를 곱하면 T가 산출됩니다. 이 항등식은 소구간의 개수 N이 어떤 값이든 상관 없이 유효합니다. 가령 $T = 3$이고 $N = 2$라면 $N \cdot \Delta t = N.\frac{T}{N} = 2.\frac{3}{2} = 3 = T$이고, $N = 200$이어도 $N \cdot \Delta t = N.\frac{T}{N} = 200.\frac{3}{200} = 3 = T$라는 말입니다. 그러면 N이 (무한히) 커지는 경우에도 이 식은 성립합니다. N이 무한대에 수렴할 때의 소구간이 dt인데, 이때에도 이 식이 성립합니다.

$$\lim_{N\to\infty}(N \cdot \Delta t) = \left(\lim_{N\to\infty}(N)\right) \times \left(\lim_{N\to\infty}(\Delta t)\right) = \left(\lim_{N\to\infty}(N)\right) \times (dt) = T.$$

여기서 $\left(\lim_{N\to\infty}(N)\right) \times (dt)$는 전체 구간 $[0, T]$를 가장 작은 소구간 dt로 나눈 것을 모

두 합친 길이입니다. 그렇기에 $\left(\lim_{N\to\infty}(N)\right)\times(dt)=T$이 성립하는 것입니다. 그렇다면 이 전체 구간을 $\left(\lim_{N\to\infty}(N)\right)\times(dt)$처럼 곱셈으로 표시해도 되지만 덧셈으로 표시해도 될 것입니다. 이 소구간 dt를 계속 더하는 식으로 말입니다. 그러므로 다음이 성립합니다. 아래 식에서 dt_i는 $i-$번째 dt라는 의미입니다. 물론 dt_i의 길이는 여전히 dt입니다($dt_i = dt$).

$$\left(\lim_{N\to\infty}(N)\right)\times(dt)=\lim_{N\to\infty}\left(\sum_{i=1}^{N}(dt_i)\right).$$

그런데 $\left(\lim_{N\to\infty}(N)\right)\times(dt)=T$이므로 결국 다음이 성립합니다.

$$\left(\lim_{N\to\infty}(N)\right)\times(dt)=\lim_{N\to\infty}\left(\sum_{i=1}^{N}(dt_i)\right)=T.$$

그리고

$$\lim_{N\to\infty}\left(\sum_{i=1}^{N}(dt_i)\right)=\lim_{N\to\infty}\sum_{i=1}^{N}(dt)=QV_w$$

이므로, 우리는 브라운 운동의 quadratic variation에 대해 다음 결과를 얻게 되는 것입니다.

> **정리 5〉 브라운 운동의 quadratic variation(QV_w)**
>
> $$QV_w=\lim_{N\to\infty}\sum_{i=1}^{N}\left[\Delta w\left(i\cdot\frac{T}{N}\right)\right]^2=T.$$

우리가 지금까지 무엇을 한 것일까요? 앞에서 이미 브라운 운동의 quadratic variation에 관한 정리를 제시했는데, 이 정리를 우리가 제6장에서 배웠던 "$dw^2=dt$"와 연계하여 설명했습니다.

마지막으로, 브라운 운동의 quadratic variation이 0이 되지 않는 이유를 "직관적으로" 이해하여 봅시다. 미분가능한 일반 함수를 생각해 봅시다. 가령 $y(t) = t^3$을 생각해 봅시다. 그리고 t의 범위가 $2 \le t \le 3$이라 하겠습니다. 이 구간에서 이 함수의 quadratic variation = 0이 되는 이유를 생각해 봅시다. 먼저 t의 전체 구간을 1로 나누었을 때 quadratic variation에 준하는 값은

$$(3^3 - 2^3)^2 = 19^2 = 361$$

입니다. 또 전체 구간을 2로 나누었을 때 quadratic variation에 준하는 값은

$$(3^3 - 2.5^3)^2 + (2.5^3 - 2^3)^2 \approx 129 + 58 = 187$$

입니다. 전체 구간을 3으로 나누었을 때 quadratic variation에 준하는 값은

$$(3^3 - 2.67^3)^2 + (2.67^3 - 2.33^3)^2 + (2.33^3 - 2^3)^2 \approx 63 + 41 + 22 = 126$$

입니다. 이처럼 전체 구간을 더 많은, 더 짧은 소구간으로 나눌수록 quadratic variation에 준하는 값은 작아집니다. 이제 매우 많은, 매우 짧은 소구간으로 나누어 보겠습니다. 가령 100개의 소구간으로 나눠 봅시다($\Delta t = 0.01$). 그러면 t 값은 다음과 같이 변할 것입니다.

$$2 \to 2.01 \to 2.02 \to, \cdots, \to 2.99 \to 3.$$

이때 각 소구간에서의 $[y_{t+\Delta t} - y_t]^2 = [(t + \Delta t)^3 - t^3]^2$은 어떤 값들이 될까요? 다음과 같은, 매우 작은 값들이 됩니다.

$$(2.01^3 - 2^3)^2 = (8.12 - 8)^2 = 0.12^2 = 0.0144,$$
$$(2.02^3 - 2.01^3)^2 = 0.0148,$$
$$(2.03^3 - 2.02^3)^2 = 0.0151,$$
$$\cdots$$
$$(3^3 - 2.99^3)^2 = 0.0724.$$

이 값들을 다 더하면 약 3.8이 됩니다. 이처럼 전체 기간을 더 짧은 소구간으로 나눌수록

$$361 \to 187 \to 126 \to \cdots \to 3.8$$

로, quadratic variation에 준하는 값이 급격히 작아집니다. 만일 최대한 많은, 최대한 짧은 소구간으로 나누려면 $\Delta t \to \infty$를 가정해야 하는데, 이 경우가 바로 소구간이 dt가 되는 순간입니다. 그러면 각 소구간에서

$$\begin{aligned}[y_{t+\Delta t} - y_t]^2 &= [y_{t+dt} - y_t]^2 \\ &= [(t+dt)^3 - t^3]^2 \\ &= [t^3 + 3t^2 \cdot dt + 3t \cdot dt^2 + dt^3 - t^3]^2 \\ &= [3t^2 \cdot dt + 3t \cdot dt^2 + dt^3]^2 \\ &= [3t^2 \cdot dt + 3t \cdot 0 + 0]^2 \quad (\because dt^2 = dt^3 = 0) \\ &= [3t^2 \cdot dt]^2 \\ &= 9t^4 \cdot dt^2 \\ &= 0\end{aligned}$$

이 되어, 이 함수의 quadratic variation = 0이 됩니다.

반면, 이 함수가 브라운 운동이라면, 각 소구간 Δt의 길이가 무한히 짧아져 dt가 되어도

$$\begin{aligned}&[w_{t+dt} - w_t]^2 \\ &= [dw]^2 \\ &= dt(> 0)\end{aligned}$$

가 됩니다. 즉, 바로 그 소구간의 길이가 됩니다. 그리고 이 $[w_{t+dt} - w_t]^2 = dt$를 전체 구간($2 \le t \le 3$)에서 모두 더하면, 바로 그 전체 구간의 길이인 $T = 3 - 2 = 1$이 됩니다. 이를 수식으로 표시하면, 먼저 $\Delta t = \frac{3-2}{N} = \frac{1}{N}$이고 이는 곧 $N = \frac{1}{\Delta t}$를 의미합니다. 이때 $N \to \infty$이면 $\Delta t \to dt$가 되고

$$\begin{aligned}\lim_{N\to\infty}\left(\sum_{i=i}^{N}[w_{2+i\cdot\Delta t} - w_2]^2\right) &= \lim_{N\to\infty}\left(\sum_{i=i}^{N}\left[w_{2+\frac{i}{N}} - w_2\right]^2\right) \\ &= 3 - 2 = 1 = T\end{aligned}$$

가 되는 것입니다.

브라운 운동이 아닌 다른 미분가능한 함수들의 소구간의 $[y_{t+dt}-y_t]^2 \to 0$인 반면, 브라운 운동의 $[w_{t+dt}-w_t]^2 = dt$인 이유는 단순합니다. 브라운 운동은 아무리 짧은 소구간에서도, 충분히 빨리 그리고 충분히 많이 변동하기 때문에 $w_{t+dt}-w_t \neq 0$, $[w_{t+dt}-w_t]^2 > 0$이라는 것입니다. 반면 일반 미분가능한 함수들에서 $[y_{t+dt}-y_t]^2 \to 0$이 되는 이유는 $(y_{t+dt}-y_t) \to 0$이기 때문입니다. 즉, 모든 미분가능한 함수의 경우 t의 소구간 길이가 0에 수렴하면 그 소구간에서의 그 함수의 변화량$(y_{t+dt}-y_t)$ 자체도 0에 수렴하기에 $(y_{t+dt}-y_t)^2 \to 0$이 되는 것입니다. 모든 소구간에서의 $(y_{t+dt}-y_t)^2 \to 0$ 결과를 다 더하면, 이 함수의 quadratic variation = 0이 됩니다. 이 사실은 여러분이 임의의 미분가능한 함수 $y=\sqrt{t},\ t,\ t^2,\ t^3, \cdots$ 등에 (어떠한 전체 구간을 설정해도) 항상 유효함을 스스로 확인해 볼 수 있습니다.

> 질문 11-2〉 브라운 운동을 하는 변수나 입자는 시간이 흐름에 따라 어떻게 변하는지 '더 직관적으로' 설명해 주세요.

이 질문에 답하기 위해서, 일반 미분가능한 함수와 브라운 운동의 움직임을 비교해 보겠습니다. 위의 $y(t)=t^3$의 경우를 봅시다. t의 범위를 좁게 설정할수록 이 함수는 선형 함수(linear function)처럼 움직입니다. 가령 t 값이 2에서 2.01까지 변하면 $y(t)$ 값도 8에서 8.1206으로 변하므로, 이 구간의 $y(t)$의 기울기는

$$\frac{8.1206-8}{2.01-2} = 12.06$$

입니다. 이제 이 구간에서 $y(t)$가 선형 함수처럼 움직이는지를 따지려면 이 구간을 다시 여러 소구간으로 나누어 보면 됩니다. $y(t)$가 이 구간에서 진정 선형 함수와 유사하다면, 각 소구간에서의 기울기도 위의 12.06에 가까운 값이 되어야 합니다. 왜냐하면, 선형 함수란 그 어떤 구간에서도 기울기가 항상 동일하기 때문입니다. 이제 위 구간을 다시 10개의 소구간으로 구분하여 각 소구간에서의 기울기를 계산하면 아래 도표와 같습니다. 동시에 브라운 운동 $w(t)$의 동일 소구간에서의 기울기도 하나의 사례로 제시됐습니다. $y(t)$의 각 소구간 기울기는 전체 구간 기울기 12.06과 유사합니다. 또한 기울기가 점차 변하는데(커지는데) 매우 'smooth'하게 변하고 있습니다. 반면 $w(t)$의 소구간의 기울기들은 각각 매우 다릅니다. 일단 전체 구간의 기울기인

$$\frac{w(2.01) - w(2)}{2.01 - 2} = \frac{0.005 - (-0.008)}{2.01 - 2} = 1.3$$

과 각 소구간의 기울기가 많이 다름을 알 수 있습니다. 나아가, 각 소구간의 기울기의 변화도 전혀 smooth 하지 않습니다.

➢ 도표 11-1 브라운 운동의 비선형성(nonlinearity of Brownian motion)

t	y(t)	slope of y(t)	w(t)	slope of w(t)
2	8		-0.008	
2.001	8.0120	12.006	0.005	-3
2.002	8.0240	12.018	0.009	4
2.003	8.0361	12.030	0.002	-7
2.004	8.0481	12.042	-0.004	-6
2.005	8.0602	12.054	0.007	11
2.006	8.0722	12.066	0.005	-2
2.007	8.0843	12.078	0.003	-2
2.008	8.0964	12.090	-0.001	-4
2.009	8.1085	12.102	0.006	7
2.01	8.1206	12.114	0.005	-1

위 도표가 의미하는 바는, 브라운 운동은 일반적인 미분이 불가능하다는 것입니다. 여러분이 고등학교 수학 시간에 배웠겠지만, "미분불가능 함수"라는 개념이 있습니다. 이를 설명할 때 자주 이용되는 함수 형태가 바로 $y(t) = |t|$, 즉 절대값 함수입니다. 이 $t = 0$인 지점 좌우에서 이 함수의 모양을 보면 좌우 기울기 부호(sign)가 다릅니다. 이때는 특정 t 값에서 미분이 불가능하다고 합니다. 브라운 운동의 경우에는 이보다 더 문제가 심각해서, 각 t 값의 기울기 부호가 같더라도 여전히 각 t 값 좌우의 기울기가 다를 수 있습니다. 아래 그림을 참조하면 이해가 될 것입니다(x-축은 t 값). 각 소구간에서의 기울기 크기와 부호가 서로 매우 다르며, 기울기 변화도 전혀 부드럽지 않음을 알 수 있습니다.

➤ 그림 11-1 $y(t) = w(t)$ 그래프

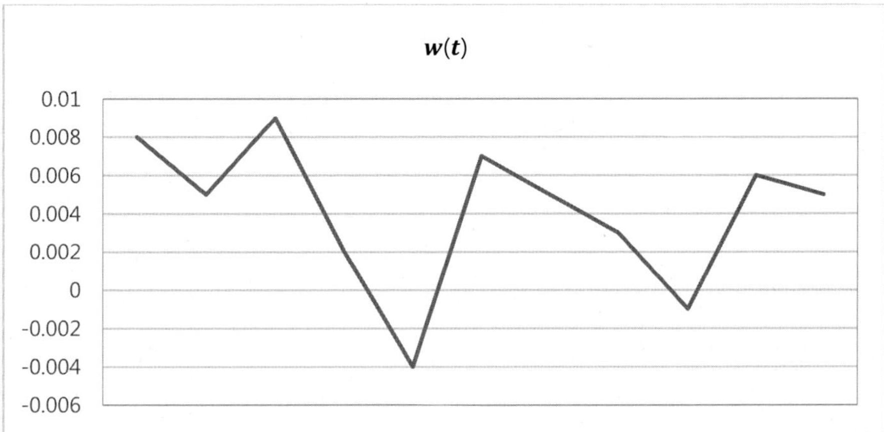

▣

더 흥미로운 것은 이 10개의 소구간 중 어느 하나의 소구간을 다시 10개로 나누어 100개의 소소구간으로 나누어 위와 같은 $w(t)$ 그래프를 그려도 위 그래프와 유사한 모양이 나온다는 사실입니다. 즉, 아무리 소구간을 미세하게 나누어도 각 소구간의 기울기가 서로 너무 다르며 전혀 smooth 하지 않게 변합니다. 이처럼 극단적으로 좁은 소구간에서도 브라운 운동은 예측할 수 없을 정도로 활발히 움직이기에, 그 quadratic variation은 결코 0이 되지 않는 것입니다.

이제 참고로, 브라운 운동의 "total" variation을 설명해 보겠습니다. Total variation이란 일정 구간에서 한 함수가 실제로 움직인 거리입니다. 가령 A4 용지에 여러분이 어떤 곡선을 마음대로 그린 다음 이 곡선 전체의 길이를 곡선자로 재면, 그것이 바로 그 곡선의 total variation입니다. 함수 $y(t)$의 total variation(TV) 공식은 다음과 같습니다. 전체 구간은 $t_{start} \le t \le t_{end}$이고 이 구간을 N개의 소구간으로 나누어

$$
\begin{aligned}
\Delta t &= \frac{t_{start} \ - \ t_{end}}{N}, \\
t_{start} &= t_{0,} \\
t_{end} &= t_0 + N \cdot \Delta t = t_N, \\
t_i &= t_0 + i \cdot \Delta t, \\
\Delta y(t_i) &= y(t_i) - y(t_{i-1})
\end{aligned}
$$

로 설정하면 다음 정리가 성립합니다.

정의 3〉 Total variation of $y(t)$

$$Total\ variation = \lim_{N\to\infty}\left[\sum_{i=1}^{N}|\Delta y(t_i)|\right].$$

브라운 운동 $w(t)$의 경우도 동일한 방식으로 total variation을 계산합니다. 즉, 위 식에 $y(t)$ 대신 $w(t)$를 넣으면 브라운 운동의 total variation이 됩니다. 전체 구간은 $t_{start} \le t \le t_{end}$이고 이 구간을 N개의 소구간으로 나누고 동일한 notation을 사용하여

$$\Delta t = \frac{t_{start}\ -\ t_{end}}{N},$$
$$t_{start} = t_{0,}$$
$$t_{end} = t_0 + N\cdot\Delta t = t_N,$$
$$t_i = t_0 + i\cdot\Delta t,$$
$$\Delta w(t_i) = w(t_i) - w(t_{i-1})$$

로 설정합니다. 그런데 브라운 운동의 경우 아무리 Δt를 작게 잡아도 $\Delta w(t_i)$의 움직임이 활발하기에, 이 무한히 많은 소구간에서의 브라운 운동 변동량의 합은 무한대(∞)가 됩니다.

정의 4〉 Total variation of $y(t)$

$$Total\ variation = \lim_{N\to\infty}\left[\sum_{i=1}^{N}|\Delta w(t_i)|\right] = \infty.$$

그러므로 일반 함수 $y(t)$의 total variation은 $y(t)$가 실제로 운동한 운동량으로 유한(finite)한데 반해 브라운 운동의 그것은 무한(infinite)하다는 큰 차이가 있습니다. 더불어 일반 함수 $y(t)$의 quadratic variation은 0임에 반해 브라운 운동의 그것은 시간

의 경과량인 T와 같다는 큰 차이가 있습니다. 브라운 운동과 일반 함수의 변동량에 관한 이러한 차이를 기억하면, 브라운 운동의 움직임을 이해, 기억하는 데 도움이 될 수 있습니다.

제 2 절 이또스 렘마 다시 보기

제6장에서 브라운 운동과 Ito's Lemma를 소개할 때 기하 브라운 운동을 정의하고 그 의미를 논의한 적이 있습니다.

> **정의 5〉 기하 브라운 운동(geometric Brownian motion)**
>
> $$dS = a \cdot dt + b \cdot dw.$$

이 정의를 더 일반적으로 표현하면, a나 b도 시간 t의 함수로 표시할 수 있습니다. 또한 서로 다른 기하 브라운 운동이 두 개 이상 있을 수 있습니다. 두 기하 브라운 운동 $X(t)$, $Y(t)$를 가장 일반적으로 표시하면 다음과 같고, 이때의 기하 브라운 운동을 Ito process, 즉 '이또 (확률)과정'이라 합니다. 이들에 관해 알려진 중요 사항은 아래와 같습니다.

> **정의 6〉 두 Ito's process $X(t)$와 $Y(t)$.**
>
> $$dX(t) = \mu_x(t) \cdot dt + \sigma_x(t) \cdot dw_x(t),$$
> $$dY(t) = \mu_y(t) \cdot dt + \sigma_y(t) \cdot dw_y(t),$$
> $$Cov\left(dw_x(t), dw_y(t)\right) = dw_x(t) \cdot dw_y(t) = \rho \cdot dt.$$
>
> where $dw_x(t) \sim N(0, dt)$, $dw_y(t) \sim N(0, dt)$. $(\forall t \geq 0)$

질문 11-3〉 위 정리를 더 친절하게 설명해 보세요.

네, 다음과 같이 설명할 수 있습니다. w_x와 w_y는 두 개의 서로 다른 (표준) 브라운 운동이기에 이 둘의 변화량 $dw_x(t)$와 $dw_y(t)$는 각각 $N(0,dt)$를 따르고 이 변화량들의 공분산 $\rho \cdot dt$도 존재합니다. 이 공분산을 이해하는 한 방법은 $x = y$인 경우를 상정해 보는 것입니다. 그러면 $dw_x(t) = dw_y(t)$이고 $dw_x(t) \sim N(0,dt)$이므로 $dw_x(t)$의 분산은 dt입니다. $dw_x(t)$의 분산을 수식으로는 어떻게 표시할까요? $dw_x(t)$의 평균이 0이고, 일반적으로 함수 X의 분산은

$$Var(X) = E[X^2] - E[X]^2$$

이므로

$$\begin{aligned}
&Var\big(dw_x(t)\big) \\
&= E[dw_x(t)^2] - E[dw_x(t)]^2 \\
&= E[dw_x(t)^2] - 0^2 \\
&= E[dw_x(t)^2] \\
&= dt
\end{aligned}$$

입니다. 그런데 제6장에서 이미 배웠듯이 $Var[dw_x(t)^2] = 0$입니다.
그러므로 $dw_x(t)^2$은 변수가 아니라 상수입니다.[2] 즉, 다음이 성립합니다.

$$Var\big(dw_x(t)\big) = E[dw_x(t)^2] = dw_x(t)^2 = dt$$

이제 같은 방식으로 $dw_x(t)$와 $dw_y(t)$의 공분산을 산출해 보겠습니다.
$dw_x(t) \sim N(0,dt)$이고 $dw_y(t) \sim N(0,dt)$이고, 일반적으로 함수 X, Y의 공분산은

$$Cov(X) = E[XY] - E[X] \cdot E[Y]$$

이므로

---

[2] 엄밀하게 수학적으로 dt를 상수라고 하지는 않습니다만, 본서의 수준에서는 그렇게 생각해도 됩니다.

$$\begin{aligned}
&Cov\left(dw_x(t), dw_y(t)\right) \\
&= E\left[dw_x(t)\cdot dw_y(t)\right] - E[dw_x(t)]\cdot E\left[dw_y(t)\right] \\
&= E\left[dw_x(t)\cdot dw_y(t)\right] - 0\cdot 0 \\
&= E\left[dw_x(t)\cdot dw_y(t)\right] \\
&= \rho\cdot dt
\end{aligned}$$

이 됩니다. 두 브라운 운동의 공분산 $\rho\cdot dt$를 브라운 운동 $dw_x(t)$의 (혹은 $dw_y(t)$의) 분산 $Var\left(dw_x(t)\right)$과 비교해 봅시다. $dw_x(t)$의 분산은

$$Var\left(dw_x(t)\right) = E[dw_x(t)^2] = dw_x(t)^2 = dt$$

인데 이는 다시 쓰면

$$Var\left(dw_x(t)\right) = E[dw_x(t)\cdot dw_x(t)] = dt$$

가 됩니다. 반면 $E[dw_x(t)\cdot dw_x(t)]$이 아닌 $E\left[dw_x(t)\cdot dw_y(t)\right]$의 경우에는 서로 다른 두 브라운 운동 $dw_x(t)$과 $dw_y(t)$이 동일하게 움직이지 않기에

$$E\left[dw_x(t)\cdot dw_y(t)\right] = \rho\cdot dt$$

이 되는 것입니다. 여기서 ρ는 $dw_x(t)$과 $dw_y(t)$의 상관계수가 됩니다. 왜냐하면 $dw_x(t)$과 $dw_y(t)$ 각각의 표준편차는 $dt^{0.5}$이므로, 이들의 상관계수는

$$\frac{Cov\left(dw_x(t), dw_y(t)\right)}{dt^{0.5}\times dt^{0.5}} = \frac{\rho\cdot dt}{dt^{0.5}\times dt^{0.5}} = \rho$$

가 됩니다. 마지막으로 $E[dw_x(t)^2] = dw_x(t)^2$가 되듯이

$$E\left[dw_x(t)\cdot dw_y(t)\right] = dw_x(t)\cdot dw_y(t)$$

가 됩니다. 결국 다음이 성립합니다.

$$Cov\left(dw_x(t), dw_y(t)\right) = dw_x(t)\cdot dw_y(t) = \rho\cdot dt.$$

▣

지금까지 우리가 기하 브라운 운동으로 부른

$$dX(t) = \mu_x(t) \cdot dt + \sigma_x(t) \cdot dw_x(t),$$
$$dY(t) = \mu_y(t) \cdot dt + \sigma_y(t) \cdot dw_y(t),$$

이 두 확률과정(stochastic process)의 또 다른 이름은 "이또 과정(Ito process)"입니다. 더 정확히는

$$dS_t = a \cdot dt + b \cdot dw_t$$

처럼 dt와 dw 앞에 곱해지는 계수가 상수인 경우를 기하 브라운 운동이라 하고 $\mu_x(t)$ 혹은 $\sigma_x(t)$처럼 시간 t의 함수인 경우를 이또 과정이라 합니다. 본절에서는 브라운 운동을 가장 일반화한 이또 과정까지 대상으로 논의합니다. 물론 맥락에 따라 단순한 기하 브라운 운동이나 표준 브라운 운동을 대상으로 논의가 전개될 수도 있습니다. 또한 표현(notation) 상의 문제로, 시간의 함수를

$$X(t),\ \mu_x(t),\ dw_x(t)$$

처럼 괄호 안에 t를 넣을 수도, 혹은

$$dS_t,\ dw_t$$

처럼 하첨자로 t를 넣을 수도 있습니다. 참고로

$$\mu_x(t),\ \sigma_x(t)$$

의 의미는 특정 이또 과정 $dX(t)$의 drift와 volatility의 모수인 μ, σ가 시간 t의 함수라는 것입니다.

이제 Ito's Lemma의 가장 일반화된 경우를 다루어 보겠습니다. 두 Ito processes의 함수 $Z(t)$의 확률과정은 어떤 모습일지 다음 정리로 알아보겠습니다.

정리 6〉 Ito's process 의 함수의 확률과정

두 Ito processes의 확률과정이 다음과 같다.

$$dX(t) = \mu_x(t) \cdot dt + \sigma_x(t) \cdot dw_x(t),$$

$$dY(t) = \mu_y(t) \cdot dt + \sigma_y(t) \cdot dw_y(t),$$
$$Cov\left(dw_x(t), dw_y(t)\right) = dw_x(t) \cdot dw_y(t) = \rho \cdot dt.$$

그러면, 이 두 확률과정 및 시간의 함수 $Z(t) = f\left(t, X(t), Y(t)\right)$의 확률과정 dZ는 다음과 같다.

$$dZ = f_t \cdot dt \ + \ f_x \cdot dX \ + \ f_y \cdot dY \ + \ \frac{1}{2}\left[f_{xx} \cdot (dX)^2 + f_{yy} \cdot (dY)^2 + 2f_{xy} \cdot (dX)(dY)\right].$$

물론

$$(dX)^2 = [\sigma_x(t)]^2 \cdot dt,$$
$$(dY)^2 = \left[\sigma_y(t)\right]^2 \cdot dt,$$
$$(dX)(dY) = \sigma_x(t) \cdot \sigma_y(t) \cdot \rho \cdot dt$$

입니다. 더 일반적으로는 ρ도 t의 함수, 즉 $\rho(t)$로 표시될 수 있습니다.

이제 두 Ito processes의 함수인 Z의 구체적 형태에 따라 dZ 혹은 $\frac{dZ}{Z}$가 어떤 형태가 될지를 살펴보겠습니다. 먼저 $Z = X \cdot Y$인 경우를 보겠습니다.

$$\begin{aligned} dZ &= Z_x \cdot dX + Z_y \cdot dY + \frac{1}{2}\left[Z_{xx} \cdot (dX)^2 + Z_{yy} \cdot (dY)^2 + 2Z_{xy} \cdot (dX)(dY)\right] \\ &= Y \cdot dX + X \cdot dY + \frac{1}{2}[0 \cdot (dX)^2 + 0 \cdot (dY)^2 + 2 \cdot 1 \cdot (dX)(dY)] \\ &= Y \cdot dX + X \cdot dY + (dX)(dY). \end{aligned}$$

그러므로 다음이 성립합니다.

$$\begin{aligned} \frac{dZ}{Z} &= \frac{Y \cdot dX + X \cdot dY + (dX)(dY)}{Z} \\ &= \frac{Y \cdot dX + X \cdot dY + (dX)(dY)}{X \cdot Y} \\ &= \frac{dX}{X} + \frac{dY}{Y} + \left(\frac{dX}{X}\right)\left(\frac{dY}{Y}\right). \end{aligned}$$

$Z=\frac{Y}{X}=Y\cdot X^{-1}$인 경우는[3]

$$\begin{aligned}dZ&=Z_x\cdot dX+Z_y\cdot dY+\frac{1}{2}\left[Z_{xx}\cdot(dX)^2+Z_{yy}\cdot(dY)^2+2Z_{xy}\cdot(dX)(dY)\right]\\&=-\frac{Y}{X^2}\cdot dX+\frac{1}{X}\cdot dY+\frac{1}{2}\left[\frac{2Y}{X^3}\cdot(dX)^2+0\cdot(dY)^2+2\cdot\left(-\frac{1}{X^2}\right)\cdot(dX)(dY)\right]\\&=-\frac{Y}{X^2}\cdot dX+\frac{1}{X}\cdot dY+\frac{Y\cdot(dX)^2}{X^3}-\frac{(dX)(dY)}{X^2}.\end{aligned}$$

그러므로 다음이 성립합니다.

$$\begin{aligned}\frac{dZ}{Z}&=\frac{-\frac{Y}{X^2}\cdot dX+\frac{1}{X}\cdot dY+\frac{Y\cdot(dX)^2}{X^3}-\frac{(dX)(dY)}{X^2}}{\frac{Y}{X}}\\&=-\frac{dX}{X}+\frac{dY}{Y}+\frac{(dX)^2}{X^2}-\left(\frac{dX}{X}\right)\left(\frac{dY}{Y}\right)\\&=\frac{dY}{Y}-\frac{dX}{X}+\left(\frac{dX}{X}\right)^2-\left(\frac{dX}{X}\right)\left(\frac{dY}{Y}\right).\end{aligned}$$

$Z=\ln(X)$인 경우는

$$\begin{aligned}dZ&=Z_x\cdot dX+\frac{Z_{xx}\cdot(dX)^2}{2}\\&=\frac{dX}{X}-\frac{(dX)^2}{2X^2}\\&=\frac{dX}{X}-\frac{1}{2}\left(\frac{dX}{X}\right)^2\end{aligned}$$

이고, $\frac{dZ}{Z}=\frac{\frac{dX}{X}-\frac{1}{2}\left(\frac{dX}{X}\right)^2}{\ln(X)}$는 간략하게 표시되지 못합니다.

$Z=e^X$인 경우는

---

[3] $Z=Y^{-1}\cdot X$의 경우는 X,Y를 서로 바꾸면 됩니다. So there is no loss of generality.

$$dZ = Z_x \cdot dX + \frac{Z_{xx} \cdot (dX)^2}{2}$$
$$= e^X \cdot dX + \frac{e^X \cdot (dX)^2}{2}$$

이므로 다음이 성립합니다.

$$\frac{dZ}{Z} = \frac{e^X \cdot dX + \frac{e^X \cdot (dX)^2}{2}}{e^X}$$
$$= dX + \frac{(dX)^2}{2}.$$

이 모든 결과를 정리로 요약하면 다음과 같습니다. 이 결과는 Ito process의 함수의 확률과정 계산 시 유용하게 사용될 수 있습니다.

정리 7〉 $Z = f(X, Y)$일 때 $\frac{dZ}{Z}$의 형태

$$\frac{dZ}{Z} = \frac{dX}{X} + \frac{dY}{Y} + \left(\frac{dX}{X}\right)\left(\frac{dY}{Y}\right) \quad \text{if } Z = X \cdot Y,$$

$$\frac{dZ}{Z} = \frac{dY}{Y} - \frac{dX}{X} + \left(\frac{dX}{X}\right)^2 - \left(\frac{dX}{X}\right)\left(\frac{dY}{Y}\right) \quad \text{if } Z = \frac{Y}{X},$$

$$\frac{dZ}{Z} = \frac{dX}{X} - \frac{1}{2}\left(\frac{dX}{X}\right)^2 \quad \text{if } Z = \ln(X),$$

$$\frac{dZ}{Z} = dX + \frac{(dX)^2}{2} \quad \text{if } Z = e^X.$$

위 정리 내용들은 Ito process의 연산을 빠르게 합니다. 가령 다음과 같은 변수 $Y(t)$가 있다고 합니다.

$$Y(t) = e^{\int_0^t q(s)ds}.$$

이 함수도 사실 Ito process의 하나입니다. 그 정체를 알기 위해 양변을 전미분해 보겠습니다. 함수 형태가

$$Y(t) = e^{f(t)}$$

이므로 지수함수 특성을 이용하면 다음과 같이 미분이 가능합니다.

$$\begin{aligned}\frac{dY}{dt} &= e^{f(t)} \cdot \frac{df}{dt} \\ &= e^{f(t)} \cdot \frac{d\left(\int_0^t q(s)d(s)\right)}{dt} \\ &= e^{f(t)} \cdot q(t) \\ &= Y(t) \cdot q(t).\end{aligned}$$

즉, 다음이 성립합니다.

$$dY = Y(t) \cdot q(t) \cdot dt.$$

그러므로 이 또한 $dY(t) = \mu_y(t) \cdot dt + \sigma_y(t) \cdot dw_y(t)$라는 Ito's process의 특별한 형태로, $\mu_y(t) = Y(t) \cdot q(t)$, $\sigma_y(t) = 0$인 경우에 해당합니다.

$Y(t) = e^{\int_0^t q(s)ds}$로 주어지고 $Z = Y \cdot X$로 주어지면 $\frac{dZ}{Z}$는 어떤 형태가 될까요? 물론 여기서 X도 Ito process인 경우입니다. 그 답은 다음과 같습니다. 우선 앞의 정리 내용 중

$$\frac{dZ}{Z} = \frac{dX}{X} + \frac{dY}{Y} + \left(\frac{dX}{X}\right)\left(\frac{dY}{Y}\right) \text{ if } Z = X \cdot Y$$

를 그대로 적용하면 다음과 같습니다.

$$\begin{aligned}\frac{dZ}{Z} &= \frac{dX}{X} + \frac{dY}{Y} + \left(\frac{dX}{X}\right)\left(\frac{dY}{Y}\right) \\ &= \frac{dX}{X} + \frac{Y(t) \cdot q(t) \cdot dt}{Y} + \left(\frac{dX}{X}\right)\left(\frac{Y(t) \cdot q(t) \cdot dt}{Y}\right) \\ &= \frac{dX}{X} + q(t) \cdot dt + \left(\frac{dX}{X}\right)\left(\frac{Y(t) \cdot q(t) \cdot dt}{Y}\right).\end{aligned}$$

그런데 우변의 셋째 항은 0이 됩니다. 왜냐하면

$$\left(\frac{dX}{X}\right)\left(\frac{Y(t)\cdot q(t)\cdot dt}{Y}\right)$$
$$=\left(\frac{\mu_x(t)\cdot dt+\sigma_x(t)\cdot dw_x(t)}{X}\right)\left(\frac{Y(t)\cdot q(t)\cdot dt}{Y}\right)$$

인데, 분자의 경우 $(dt)^2$과 $dw_x(t)\cdot dt$는 모두 $(dt)^2=0$과 $dw_x(t)\cdot dt=0$이기 때문입니다. 이 내용은 제6장의 기초적 내용이기도 합니다. 혹은 두 Ito processes $X=\mu_x(t)\cdot dt\ +\ \sigma_x(t)\cdot dw_x(t)$, $Y=\mu_y(t)\cdot dt\ +\ \sigma_y(t)\cdot dw_y(t)$의 곱의 경우, $Y(t)=e^{\int_0^t q(s)ds}$이면 $dY(t)=Y(t)\cdot q(t)\cdot dt=\mu_y(t)\cdot dt$이므로

$$\begin{aligned}(dX)(dY)&=[\mu_x(t)\cdot dt\ +\ \sigma_x(t)\cdot dw_x(t)]\times\left(\mu_y(t)\cdot dt\right)\\&=\mu_x(t)\cdot\mu_y(t)\cdot dt^2\ +\ \sigma_x(t)\cdot\mu_y(t)\cdot\left(dt\cdot dw_x(t)\right)\\&=\mu_x(t)\cdot\mu_y(t)\cdot 0\ +\ \sigma_x(t)\cdot\mu_y(t)\cdot(dt^{1.5}\cdot z)\\&=\mu_x(t)\cdot\mu_y(t)\cdot 0\ +\ \sigma_x(t)\cdot\mu_y(t)\cdot 0\\&=0\end{aligned}$$

이므로

$$\left(\frac{dX}{X}\right)\left(\frac{dY}{Y}\right)=0$$

이 되기 때문입니다. 결국 다음이 성립합니다.

정리 8〉 $Z=X\cdot Y$, $Y(t)=e^{\int_0^t q(s)ds}$일 때 $\frac{dZ}{Z}$의 형태

$$\frac{dZ}{Z}=\frac{dX}{X}+q(t)\cdot dt.$$

위 정리는 다음과 같은 경우에 유용하게 사용될 수 있습니다. 가령 여러분이 제2장에서 연속배당을 실시하는 주식에 대한 선물 이론 가격을 배운 적 있습니다. 이때 내용을 여기 소환해 보겠습니다. 참고로 위 정리의 $Y(t)$가 아래에서는 X_t에 해당합니다.

소환 1〉 연속 배당 (제 6 장)

최초 시점을 0, 현재 시점을 $t(>0)$, 현 주가를 S_t, 1년 배당수익률을 q라 합시다. 그러면 dt 기간의 배당금은 주가 S_t에 배당수익률 $q \times dt$를 곱해서 $S_t \cdot q \cdot dt$입니다. 이 배당금으로 다시 그 주식을 매수한다고 합시다. 그 결과로 산출되는, 시점 t의 주식 수를 X_t라 하겠습니다. 즉, 애초 $t = 0$에서 $X_0 = 1$이고, $0 < t \leq T$ 시점에서는 $X_t > 1$이 될 것입니다. 다시 말하면 시점 t의 {주가, 주식 수} = $\{S_t,\ X_t\}$입니다. 이 시점에서 지급할 dt 기간의 1주당 배당금은 1주당 $S_t \cdot q \cdot dt$인데, 주식 수가 X_t이므로 총배당금은 주식 수에 1주당 배당금을 곱한

$$X_t \cdot (S_t \cdot q \cdot dt) = S_t \cdot X_t \cdot q \cdot dt$$

입니다. 이 배당금으로 (현 주가 S_t인) 주식을

$$\frac{S_t \cdot X_t \cdot q \cdot dt}{S_t} = X_t \cdot q \cdot dt$$

개 더 매수할 수 있습니다. 가령 시점 t의 주식 수 $X_t = 2$라면 이때 배당금을 받아

$$X_t \cdot q \cdot dt = 2 \cdot q \cdot dt$$

개의 주식을 더 살 수 있습니다. (dt가 매우 작은 값이므로 $2 \cdot q \cdot dt$ 또한 매우 작은 양수) 또 위 논의에 따라, 현 주식 수가 X_t일 때 배당으로 증가된 주식 수는

$$X_t \cdot q \cdot dt$$

이니, 시점 t에서 dt기간이 경과하는 동안 주식 수는 X_t에서 $X_t + X_t \cdot q \cdot dt$로 증가합니다. 이것이 새 X_t가 되는 것인데, 시간이 dt만큼 증가했으므로 이 시점은 "$t + dt$"가 됩니다. 즉, 다음이 성립합니다.

$$X_{t+dt} = X_t + X_t \cdot q \cdot dt$$

좌변의 X_t를 우변으로 옮기면 다음과 같습니다.

$$X_{t+dt} - X_t = X_t \cdot q \cdot dt$$

이제 좌변의 의미는 시간이 dt만큼 경과할 때의 X_t의 변화량입니다. 이를 수식으로는 dX_t라 합니다. 즉,

$$dX_t = X_{t+dt} - X_t = X_t \cdot q \cdot dt.$$

▣

이처럼 연속적으로 지급되는 배당금을 즉각 주식을 매수하는 데 사용한다면, 시점 t의 주식 수는 X_t가 됩니다. 그리고

$$dX_t = X_t \cdot q \cdot dt, \qquad \text{where } X_0 = 1$$

의 원 식은

$$X_t = e^{q \cdot t}$$

임을 알 수 있습니다. 즉, 보다 일반적인 형태

$$X_t = e^{\int_0^t q(s)ds}$$

에서 $q(s) = q$로 상수가 되면

$$X_t = e^{\int_0^t q(s)ds} = e^{\int_0^t q \cdot ds} = e^{q \cdot \int_0^t ds} = e^{q \cdot t}$$

가 되기 때문입니다. 그리고 이를 t로 미분하면 $\frac{dX_t}{dt} = e^{q \cdot t} \cdot q = X_t \cdot q$이므로 $dX_t = X_t \cdot q \cdot dt$가 됩니다.

이런 방식으로 주식에 투자하면 자산 가치는 어떻게 변할까요? 시점 t에서 $X_t = X(t)$는 주식 수이고 $S_t = S(t)$는 주식 가격이니, 시점 t에서 그 자산 가치 $Z(t)$는

$$Z(t) = X(t) \cdot S(t)$$

가 됩니다. 이제 위 정리 $\frac{dZ}{Z} = \frac{dX}{X} + q(t) \cdot dt$를 응용하여 $Y(t) = e^{\int_0^t q(s)ds}$ 대신 $X(t) = e^{q \cdot t}X$를 대입하고 X 대신 S를 대입하여 $\frac{dZ}{Z}$의 형태를 제시하면 다음과 같습니다.

$$\frac{dZ}{Z} = \frac{dS}{S} + q \cdot dt.$$

즉, 이 방식으로 이 주식에 투자할 때 자산 가치의 순간적 증가율은 $\frac{dS}{S}$라는 price appreciation과 $q \cdot dt$라는 capital gain으로 이루어진다는 것입니다. 물론 여기서 dS란 시간 dt 동안의 주가 $S(t)$의 증가분입니다.

정리 9〉 연속배당 및 재투자 시 수익률

(연)배당률 q로 연속 지급된 배당금이 주식에 재투자될 때 이 투자의 순간 수익률은 다음과 같다. S는 이 주식의 주가이다.

$$\frac{dZ}{Z} = \frac{dS}{S} + q \cdot dt.$$

또한 우리는 다음 사실을 알고 있습니다. 주가의 확률과정이

$$dS_t = \mu \cdot S_t \cdot dt + \sigma \cdot S_t \cdot dw_t$$

일 때 로그 주가의 그것은 (Ito's Lemma에 의해)

$$d[\ln(S_t)] = \left(\mu - \frac{\sigma^2}{2}\right)dt + \sigma \cdot dw_t$$

임을 제7장에서 공부했습니다. 이것을 본절에서 우리가 새로 공부한 내용을 활용하여 다시 확인해 보겠습니다. 아울러 이때 주가 $S(t) = S_t$는 어떤 형태인지 살펴보겠습니다. 먼저 시점 t의 주가 S_t가 다음과 같이 주어졌다고 가정합시다. S_0는 시점 0의 주가입니다.

$$S_t = S_0 \cdot e^{\left(\mu - \frac{\sigma^2}{2}\right) \cdot t + \sigma \cdot w_t}.$$

Ito's Lemma를 이용하여 dS의 형태를 파악해 보겠습니다. 우선

$$S_t = S_0 \cdot e^{\left(\mu - \frac{\sigma^2}{2}\right) \cdot t + \sigma \cdot w_t} = f(t, w_t)$$

의 형태이므로 Ito's Lemma를 적용하면

$$dS_t = f_t(w_t, t) \cdot dt + f_w(w_t, t) \cdot dw_t + \frac{f_{ww}(w_t, t) \cdot (dw)^2}{2!}$$

이 됩니다. S_0, μ, σ 모두 상수이므로 위 식을 전개하면

$$\begin{aligned} dS_t &= \left[S_t \cdot \left(\mu - \frac{\sigma^2}{2}\right)\right] dt + [S_t \cdot \sigma] dw_t + \frac{S_t \cdot \sigma^2 \cdot dt}{2} \\ &= S_t \cdot \mu \cdot dt + S_t \cdot \sigma \cdot dw_t. \end{aligned}$$

가 됩니다. 즉, 우리가 본서에서 지금까지 자주 활용했던 S의 확률과정

$$dS_t = \mu \cdot S_t \cdot dt + \sigma \cdot S_t \cdot dw_t$$

는

$$S_t = S_0 \cdot e^{\left(\mu - \frac{\sigma^2}{2}\right) \cdot t + \sigma \cdot w_t}$$

로부터 도출된 것입니다. 또한 이 경우

$$d[\ln(S_t)] = \left(\mu - \frac{\sigma^2}{2}\right) dt + \sigma \cdot dw_t$$

도 도출됨을 (Ito's Lemma에 의해) 우리는 알고 있습니다.

이제 $S_t = S_0 \cdot e^{\left(\mu - \frac{\sigma^2}{2}\right) \cdot t + \sigma \cdot w_t}$로부터 $dS_t = \mu \cdot S_t \cdot dt + \sigma \cdot S_t \cdot dw_t$이 도출되는 과정을, 본절에서 새로 배운 정리들을 통하여 다시 입증해 보겠습니다. 먼저 다음 정리를 이용해 보겠습니다.

$$\frac{dZ}{Z} = dX + \frac{(dX)^2}{2} \quad \text{if } Z = e^X.$$

본 사례는 $S_t = S_0 \cdot e^{\left(\mu - \frac{\sigma^2}{2}\right) \cdot t + \sigma \cdot w_t}$이므로 $X = \left(\mu - \frac{\sigma^2}{2}\right) \cdot t + \sigma \cdot w_t$인 경우이고 S_0는 단순한 상수이며 $Z = S_t = S_0 \cdot e^X$인 경우입니다. $dX = \left(\mu - \frac{\sigma^2}{2}\right) dt + \sigma \cdot dw_t$가 되므로

$$\frac{dZ}{Z} = dX + \frac{(dX)^2}{2}$$

를 $\frac{dS}{S}$ 식으로 바꾸면

$$\begin{aligned}\frac{dS}{S} &= dX + \frac{(dX)^2}{2} \\ &= \left(\mu - \frac{\sigma^2}{2}\right)dt + \sigma \cdot dw_t + \frac{\left(\left(\mu - \frac{\sigma^2}{2}\right)dt + \sigma \cdot dw_t\right)^2}{2} \\ &= \left(\mu - \frac{\sigma^2}{2}\right)dt + \sigma \cdot dw_t + \frac{\sigma^2 \cdot dt}{2} \\ &= \mu \cdot dt + \sigma \cdot dw_t\end{aligned}$$

이 도출됩니다.

정리 10〉 주가의 형태와 그 확률과정

시점 t의 주가가 $S_t = S_0 \cdot e^{\left(\mu - \frac{\sigma^2}{2}\right) \cdot t + \sigma \cdot w_t}$이면 그 확률과정은 다음과 같다.

$$\begin{aligned}&dS_t = \mu \cdot S_t \cdot dt + \sigma \cdot S_t \cdot dw_t, \qquad \text{and} \\ &d[\ln(S_t)] = \left(\mu - \frac{\sigma^2}{2}\right)dt + \sigma \cdot dw_t.\end{aligned}$$

즉, 우리가 이미 알고 있는

$$dS_t = \mu \cdot S_t \cdot dt + \sigma \cdot S_t \cdot dw_t \text{이면}$$

Ito's Lemma에 의해

$$d[\ln(S_t)] = \left(\mu - \frac{\sigma^2}{2}\right)dt + \sigma \cdot dw_t$$

이라는 사실은,

$$\begin{aligned}&S_t = S_0 \cdot e^{\left(\mu - \frac{\sigma^2}{2}\right) \cdot t + \sigma \cdot w_t} \text{이면} \\ &dS_t = \mu \cdot S_t \cdot dt + \sigma \cdot S_t \cdot dw_t \text{이 되고}\end{aligned}$$

$$d[\ln(S_t)] = \left(\mu - \frac{\sigma^2}{2}\right)dt + \sigma \cdot dw_t$$

가 된다는 사실의 일부였습니다. 그리고 이 과정은 아래 정리에 의해 입증됩니다.

정리 11〉 $Z = e^X$일 때 $\frac{dZ}{Z}$의 형태

$$\frac{dZ}{Z} = dX + \frac{(dX)^2}{2}.$$

부 록

표준정규분포표

표준정규분포표(Z표)

표준정규분포표곡선 아래의 범위

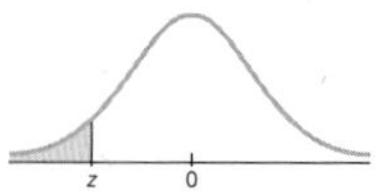

z값 (소수점 2자리까지)										
0.09	0.08	0.07	0.06	0.05	0.04	0.03	0.02	0.01	0.00	z
									0.0000†	−3.9
0.0001	0.0001	0.0001	0.0001	0.0001	0.0001	0.0001	0.0001	0.0001	0.0001	−3.8
0.0001	0.0001	0.0001	0.0001	0.0001	0.0001	0.0001	0.0001	0.0001	0.0001	−3.7
0.0001	0.0001	0.0001	0.0001	0.0001	0.0001	0.0001	0.0001	0.0002	0.0002	−3.6
0.0002	0.0002	0.0002	0.0002	0.0002	0.0002	0.0002	0.0002	0.0002	0.0002	−3.5
0.0002	0.0003	0.0003	0.0003	0.0003	0.0003	0.0003	0.0003	0.0003	0.0003	−3.4
0.0003	0.0004	0.0004	0.0004	0.0004	0.0004	0.0004	0.0005	0.0005	0.0005	−3.3
0.0005	0.0005	0.0005	0.0006	0.0006	0.0006	0.0006	0.0006	0.0007	0.0007	−3.2
0.0007	0.0007	0.0008	0.0008	0.0008	0.0008	0.0009	0.0009	0.0009	0.0010	−3.1
0.0010	0.0010	0.0011	0.0011	0.0011	0.0012	0.0012	0.0013	0.0013	0.0013	−3.0
0.0014	0.0014	0.0015	0.0015	0.0016	0.0016	0.0017	0.0018	0.0018	0.0019	−2.9
0.0019	0.0020	0.0021	0.0021	0.0022	0.0023	0.0023	0.0024	0.0025	0.0026	−2.8
0.0026	0.0027	0.0028	0.0029	0.0030	0.0031	0.0032	0.0033	0.0034	0.0035	−2.7
0.0036	0.0037	0.0038	0.0039	0.0040	0.0041	0.0043	0.0044	0.0045	0.0047	−2.6
0.0048	0.0049	0.0051	0.0052	0.0054	0.0055	0.0057	0.0059	0.0060	0.0062	−2.5
0.0064	0.0066	0.0068	0.0069	0.0071	0.0073	0.0075	0.0078	0.0080	0.0082	−2.4
0.0084	0.0087	0.0089	0.0091	0.0094	0.0096	0.0099	0.0102	0.0104	0.0107	−2.3
0.0110	0.0113	0.0116	0.0119	0.0122	0.0125	0.0129	0.0132	0.0136	0.0139	−2.2
0.0143	0.0146	0.0150	0.0154	0.0158	0.0162	0.0166	0.0170	0.0174	0.0179	−2.1
0.0183	0.0188	0.0192	0.0197	0.0202	0.0207	0.0212	0.0217	0.0222	0.0228	−2.0
0.0233	0.0239	0.0244	0.0250	0.0256	0.0262	0.0268	0.0274	0.0281	0.0287	−1.9
0.0294	0.0301	0.0307	0.0314	0.0322	0.0329	0.0336	0.0344	0.0351	0.0359	−1.8
0.0367	0.0375	0.0384	0.0392	0.0401	0.0409	0.0418	0.0427	0.0436	0.0446	−1.7
0.0455	0.0465	0.0475	0.0485	0.0495	0.0505	0.0516	0.0526	0.0537	0.0548	−1.6
0.0559	0.0571	0.0582	0.0594	0.0606	0.0618	0.0630	0.0643	0.0655	0.0668	−1.5
0.0681	0.0694	0.0708	0.0721	0.0735	0.0749	0.0764	0.0778	0.0793	0.0808	−1.4
0.0823	0.0838	0.0853	0.0869	0.0885	0.0901	0.0918	0.0934	0.0951	0.0968	−1.3
0.0985	0.1003	0.1020	0.1038	0.1056	0.1075	0.1093	0.1112	0.1131	0.1151	−1.2
0.1170	0.1190	0.1210	0.1230	0.1251	0.1271	0.1292	0.1314	0.1335	0.1357	−1.1
0.1379	0.1401	0.1423	0.1446	0.1469	0.1492	0.1515	0.1539	0.1562	0.1587	−1.0
0.1611	0.1635	0.1660	0.1685	0.1711	0.1736	0.1762	0.1788	0.1814	0.1841	−0.9
0.1867	0.1894	0.1922	0.1949	0.1977	0.2005	0.2033	0.2061	0.2090	0.2119	−0.8
0.2148	0.2177	0.2206	0.2236	0.2266	0.2296	0.2327	0.2358	0.2389	0.2420	−0.7
0.2451	0.2483	0.2514	0.2546	0.2578	0.2611	0.2643	0.2676	0.2709	0.2743	−0.6
0.2776	0.2810	0.2843	0.2877	0.2912	0.2946	0.2981	0.3015	0.3050	0.3085	−0.5
0.3121	0.3156	0.3192	0.3228	0.3264	0.3300	0.3336	0.3372	0.3409	0.3446	−0.4
0.3483	0.3520	0.3557	0.3594	0.3632	0.3669	0.3707	0.3745	0.3783	0.3821	−0.3
0.3859	0.3897	0.3936	0.3974	0.4013	0.4052	0.4090	0.4129	0.4168	0.4207	−0.2
0.4247	0.4286	0.4325	0.4364	0.4404	0.4443	0.4483	0.4522	0.4562	0.4602	−0.1
0.4641	0.4681	0.4721	0.4761	0.4801	0.4840	0.4880	0.4920	0.4960	0.5000	−0.0

† z값이 ≤ -3.90인 경우 확률은 소수 넷째 자리까지 0.0000이다.

표준정규분포표(*Z*표)(계속)

표준정규분포표곡선 아래의 범위

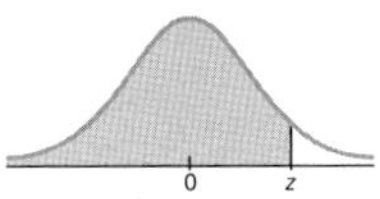

z	0.00	0.01	0.02	0.03	0.04	0.05	0.06	0.07	0.08	0.09
	*z*값 (소수점 2자리까지)									
0.0	0.5000	0.5040	0.5080	0.5120	0.5160	0.5199	0.5239	0.5279	0.5319	0.5359
0.1	0.5398	0.5438	0.5478	0.5517	0.5557	0.5596	0.5636	0.5675	0.5714	0.5753
0.2	0.5793	0.5832	0.5871	0.5910	0.5948	0.5987	0.6026	0.6064	0.6103	0.6141
0.3	0.6179	0.6217	0.6255	0.6293	0.6331	0.6368	0.6406	0.6443	0.6480	0.6517
0.4	0.6554	0.6591	0.6628	0.6664	0.6700	0.6736	0.6772	0.6808	0.6844	0.6879
0.5	0.6915	0.6950	0.6985	0.7019	0.7054	0.7088	0.7123	0.7157	0.7190	0.7224
0.6	0.7257	0.7291	0.7324	0.7357	0.7389	0.7422	0.7454	0.7486	0.7517	0.7549
0.7	0.7580	0.7611	0.7642	0.7673	0.7704	0.7734	0.7764	0.7794	0.7823	0.7852
0.8	0.7881	0.7910	0.7939	0.7967	0.7995	0.8023	0.8051	0.8078	0.8106	0.8133
0.9	0.8159	0.8186	0.8212	0.8238	0.8264	0.8289	0.8315	0.8340	0.8365	0.8389
1.0	0.8413	0.8438	0.8461	0.8485	0.8508	0.8531	0.8554	0.8577	0.8599	0.8621
1.1	0.8643	0.8665	0.8686	0.8708	0.8729	0.8749	0.8770	0.8790	0.8810	0.8830
1.2	0.8849	0.8869	0.8888	0.8907	0.8925	0.8944	0.8962	0.8980	0.8997	0.9015
1.3	0.9032	0.9049	0.9066	0.9082	0.9099	0.9115	0.9131	0.9147	0.9162	0.9177
1.4	0.9192	0.9207	0.9222	0.9236	0.9251	0.9265	0.9279	0.9292	0.9306	0.9319
1.5	0.9332	0.9345	0.9357	0.9370	0.9382	0.9394	0.9406	0.9418	0.9429	0.9441
1.6	0.9452	0.9463	0.9474	0.9484	0.9495	0.9505	0.9515	0.9525	0.9535	0.9545
1.7	0.9554	0.9564	0.9573	0.9582	0.9591	0.9599	0.9608	0.9616	0.9625	0.9633
1.8	0.9641	0.9649	0.9656	0.9664	0.9671	0.9678	0.9686	0.9693	0.9699	0.9706
1.9	0.9713	0.9719	0.9726	0.9732	0.9738	0.9744	0.9750	0.9756	0.9761	0.9767
2.0	0.9772	0.9778	0.9783	0.9788	0.9793	0.9798	0.9803	0.9808	0.9812	0.9817
2.1	0.9821	0.9826	0.9830	0.9834	0.9838	0.9842	0.9846	0.9850	0.9854	0.9857
2.2	0.9861	0.9864	0.9868	0.9871	0.9875	0.9878	0.9881	0.9884	0.9887	0.9890
2.3	0.9893	0.9896	0.9898	0.9901	0.9904	0.9906	0.9909	0.9911	0.9913	0.9916
2.4	0.9918	0.9920	0.9922	0.9925	0.9927	0.9929	0.9931	0.9932	0.9934	0.9936
2.5	0.9938	0.9940	0.9941	0.9943	0.9945	0.9946	0.9948	0.9949	0.9951	0.9952
2.6	0.9953	0.9955	0.9956	0.9957	0.9959	0.9960	0.9961	0.9962	0.9963	0.9964
2.7	0.9965	0.9966	0.9967	0.9968	0.9969	0.9970	0.9971	0.9972	0.9973	0.9974
2.8	0.9974	0.9975	0.9976	0.9977	0.9977	0.9978	0.9979	0.9979	0.9980	0.9981
2.9	0.9981	0.9982	0.9982	0.9983	0.9984	0.9984	0.9985	0.9985	0.9986	0.9986
3.0	0.9987	0.9987	0.9987	0.9988	0.9988	0.9989	0.9989	0.9989	0.9990	0.9990
3.1	0.9990	0.9991	0.9991	0.9991	0.9992	0.9992	0.9992	0.9992	0.9993	0.9993
3.2	0.9993	0.9993	0.9994	0.9994	0.9994	0.9994	0.9994	0.9995	0.9995	0.9995
3.3	0.9995	0.9995	0.9995	0.9996	0.9996	0.9996	0.9996	0.9996	0.9996	0.9997
3.4	0.9997	0.9997	0.9997	0.9997	0.9997	0.9997	0.9997	0.9997	0.9997	0.9998
3.5	0.9998	0.9998	0.9998	0.9998	0.9998	0.9998	0.9998	0.9998	0.9998	0.9998
3.6	0.9998	0.9998	0.9999	0.9999	0.9999	0.9999	0.9999	0.9999	0.9999	0.9999
3.7	0.9999	0.9999	0.9999	0.9999	0.9999	0.9999	0.9999	0.9999	0.9999	0.9999
3.8	0.9999	0.9999	0.9999	0.9999	0.9999	0.9999	0.9999	0.9999	0.9999	0.9999
3.9	1.0000†									

† *z*값이 ≥3.90인 경우 확률은 소수 넷째 자리까지 1.0000이다.

찾아보기(INDEX)

[국문]

저자소개

유진(Josaphat)

Ph. D., CFA, FRM

2024년 현재 한양대학교 경제금융대학에 재직 중인 유진 교수는 서울대학교 경영대학 및 서울대학교 대학원 석사과정(재무관리)을 졸업하였고, New York University의 Stern School of Business에서 MBA(Finance)와 경영학 박사학위를 취득하였다. 2000년대 초에 CFA 및 FRM 자격증을 취득했으며, 대한투자신탁의 주식운용부 및 국제부에서 프로그램매매, 파생상품 투자시스템 설계 및 투자전략, 유럽주식시장 투자를 담당하였다.

국내외 학술지에 Average Price Futures, Option Pricing, Value at Risk, Mortgage-Backed Securities, Asset-Backed Securities, Yield Curve, Price Limits 및 Behavioral Finance에 관한 다수 논문을 발표했으며, 국내 학술지들의 편집위원으로 활동했다. 특히 2015년에 세계 최초로 평균가격선물(Average Futures Contract)을 창안하고 그 가치평가 및 특성에 관한 논문을 발표한 바 있다.

2018년도에 한국금융학회로부터 〈금융정책〉 분야에서 우수논문상을, 2010년도에는 동 학회에서 〈국제금융·외환〉 분야에서 우수논문상을, 2009년도에 Asia Pacific Journal of Financial Studies에서 Best Paper 상을, 그리고 2005년도에 한국재무관리학회로부터 남곡학술상을 수상하였고, 2005년도에 Fulbright 재단으로부터 Mid-Career Research Grant를 받아 Stern School of Business에서 교환교수로 1년 동안 연구하였다. 주요 저서로 『채권과 이자율파생상품』, 『채권 투자론』이 있다.

파생상품 강의

초판발행 2024년 9월 20일
저자 유진
발행자 한헌주
발행처 도서출판 경문사
주소 서울특별시 서대문구 독립문로 21-9
전화 738-7035 / **팩스** 722-4678
이메일 kmsp@korea.com
홈페이지 http://www.kmsp.co.kr
등록 1995년 11월 9일 제300-1995-138호
ISBN 978-89-420-0040-1 (93320)

정가 45,000원